서남방언의 문법

이기갑

서울대학교 언어학과를 졸업(1977)하고, 동 대학에서 문학 석사학위(1979) 및 박사학위(1986)를 받았다. 목포대학교 국문과 교수(1981~2020), UC Santa Barbara 방문교수(1991~1993), Indiana University 방문교수(2001~2003)를 역임하고, 현재 목포대학교 명예교수로 있다. 주요 저서로 『전라남도의 언어지리』(1986), 『방언학의 자료와 이론』(공저, 1990), 『호남의 언어와 문화』(공저, 1998), 『전남방언사전』(공편, 1998), 『국어방언문법』(2003), 『언어유형론』1~3(공저, 2008), 『전라도의 말과 문화』(2013), 『전라도말 산책』(2015), 『국어담화문법』(2015), 『국어방언의 담화표지』(2018), 『서남방언의 문법』(2022) 등이 있고, 구술발화 자료집(표준어 대역과 주석 포함)으로 『전남 곡성 지역의 언어와 생활』(2007), 『전남 진도 지역의 언어와 생활』(2009), 『전남 영광 지역의 언어와 생활』(2011), 『전남 영암 지역의 언어와 생활』(2016), 『전남 보성 지역의 언어와 생활』(2016), 『전남 광양 지역의 언어와 생활』(2017), 『전남 신안(압해도) 지역의 언어와 생활』(2019)이 있다.

서남방언의 문법

초판 1쇄 발행 2022년 10월 15일

지은이 | 이기갑

펴낸곳 | (주)태학사
등록 | 제406-2020-000008호
주소 | 경기도 파주시 광인사길 217
전화 | 031-955-7580
전송 | 031-955-0910
전자우편 | thspub@daum.net
홈페이지 | www.thaehaksa.com

편집 | 조윤형 여미숙
디자인 | 이영아
마케팅 | 김일신
경영지원 | 김영지

값 85,000원
ISBN 979-11-6810-086-2 (93710)

책임편집 | 조윤형
표지디자인 | 이영아
본문디자인 | 최형필

이 저서는 2018년 대한민국 교육부와 한국연구재단의 지원을 받아 수행된 연구임
(NRF-2018S1A6A4A01029811)

서남방언의 문법

이기갑 지음

태학사

머리말

 글쓴이는 1986년 전남방언의 어휘 분화에 관한 박사학위 논문을 발표한 이래 30여 년 동안 전라도 방언의 이곳저곳을 톺아보며 글을 써 왔다. 1998년 에 이 지역 출신 국어학자들과 함께 전남 방언의 어휘를 수집·정리한『전남 방언사전』을 편찬하기도 했으나, 주된 관심은 늘 방언의 문법 현상에 있었 다. 2003년에 펴낸『국어방언문법』은 그러한 관심의 결과였다. 그러나『국 어방언문법』은 한반도의 모든 방언을 대상으로 한 것이었기에 정작 글쓴이 의 토박이말인 서남방언에 대한 기술이 전면적으로 이루어지지는 못했다. 언젠가는 고향말의 문법 체계를 총체적으로 기술하려니 하는 생각을 하고 는 있었으나 여러 일로 짬을 내지 못하다가, 정년퇴임과 더불어 소망하던 작 업에 매진할 수 있게 되었다. 매일같이 사라져 가는 방언의 모습과 언어의 표준화가 급속도로 진행되는 상황을 지켜보면서, 하루라도 빨리 이 지역 방 언의 문법을 정리해 놓아야 되겠다는 절박한 생각도 이 작업을 서두르는 이 유가 되었다. 여기에 한국연구재단의 저술 지원 연구비는 작업의 마중물 구 실을 해 주었다.
 이 책을 집필하면서 크게 두 가지 자료에 의존하였다. 첫째는 한국정신문 화연구원(현재의 '한국학중앙연구원')에서 간행한『한국구비문학대계』이고, 둘

4

째는 국립국어원에서 시행한 '지역어 조사 및 전사 사업'의 구술발화 전사 자료이다. 『한국구비문학대계』는 1980년대, 지역어 조사 구술발화는 2000년대 자료로서 약 20여 년의 시차를 두고 있지만, 두 자료 모두 그 시절 노인들의 자연스러운 입말을 생생하게 보여 주는 귀중한 말뭉치이다. 그러므로 이 책에서 인용한 다양한 예문들은 비교적 고형을 유지한 노인 세대의 언어가 반영된 것임에 유의해야 한다. 그 시대의 젊은이들 말과는 다를 수 있기 때문이다. 글쓴이는 홍윤표 선생님의 호의로 『한국구비문학대계』의 전사 파일을 구해 볼 수 있었는데, 귀한 파일을 이용할 수 있도록 도움을 주신 홍윤표 선생님께 특별한 감사의 말씀을 드리고 싶다. 그 밖에 뿌리깊은나무사의 『민중자서전』 시리즈, 전라도닷컴, 『전남방언사전』, 『전남 무안지방의 방언사전』, 『진도사투리사전』, 『전라북도 방언사전』 등을 함께 참고하면서 구비문학이나 구술발화 자료에 나타나지 않는 어휘나 문법 현상에 대한 도움을 얻기도 하였다. 이 책에서 이용한 자료의 사용 지역은 [전남 구비문학] 함평·고흥·승주·신안·함평·해남·화순·보성, [전남 구술발화] 곡성·진도·영광·보성·영암·신안·광양, [전남 지역 방언사전] 무안·진도, [전북 구비문학] 전주·부안·군산·정읍, [전북 구술발화] 남원·무주·군산·고창·임실 등이다.

이 책의 얼개는 『국어방언문법』을 근간으로 삼고 거기에 몇 장을 보탠 것이다. 첫째, 1장의 낱말 형성 부분이 더해졌다. 서남방언의 합성어와 파생어를 기술하였는데 여기에 포함된 예들은 서남방언의 여러 방언사전에서 가져온 것들이 대부분이다. 낱말 형성에 대해서는 『국어방언문법』에서 전혀 다루지 않았었는데, 서남방언의 문법 체계를 총체적으로 기술하는 과정에서 포함시켰다. 둘째, 2장과 3장이다. 체언과 관형사, 부사, 감탄사를 다루었는데, 이 역시 특정 방언의 총체적 체계를 기술하기 위해서는 반드시 포함시켜야 했기에 이 책에서 새롭게 기술을 시도하였다. 셋째, 확인의문, 보조용언, 높임법 등은 『국어방언문법』에서 간략하게 다루었던 분야인데, 이 책에서는 각각 별도의 장을 배당하여 비교적 상세하게 기술하였다. 넷째, 15장의 담화 문법이다. 담화론은 형태론이나 통사론과 달리 방언학에서 별로 다루어지지 않는 분야이나, 이 책에서는 기술의 범위를 담화 문법에까지 확장시켜 담화 차원의 방언 현상을 논의하려고 하였다. 그 밖의 부분도 비록 체재는 『국어방언문법』과 같으나 그 내용은 상당히 달라졌다. 다양한 예문이 추가되었고, 기술의 폭도 넓어졌고 기술의 정밀함도 보완하려고 애를 썼다. 예를 들어 16장과 같은 경우, 제목은 『국어방언문법』의 것과 같으나 소절과 내용은 전혀 다른 것이다.

이 책의 기술은 기술문법의 테두리 안에서 이루어졌다. 분석된 문법적 표현의 형태와 기능에 대한 기술이 주를 이루지만, 과거의 연구에서 미처 기술 대상에 오르지 못했던 문법 형태를 발굴하는 데도 노력을 기울였다. 이 가운데는 굳어진 관용 형식도 일부 포함되었다. 서남방언의 문법이라는 단일한 체계를 기술하려고 했지만, 그 안에서도 어쩔 수 없이 세부 지역에 따른 방언차가 나타나므로 이러한 방언 문법의 분화 양상도 함께 기술에 포함하였다. 또한 표준어와 비교하면서 서남방언의 특징을 드러내려고 애를 썼다. 표준어나 다른 방언과의 비교를 통해 드러난 차이점은 당연히 역사적인 설명을 필요로 하므로, 이에 따라 공시적 기술과 함께 통시적 기술이나 설명 또한 추가되기도 하였다. 극히 일부에서는 언어유형론적 기술이 시도된 경우도 있다. 글쓴이의 기존 연구에서 가져온 것이 대부분이지만, 서남방언을 보다 넓은 시각에서 바라보고 싶은 글쓴이의 작은 욕심에서 비롯된 것이다.

이 책은 글쓴이의 직관보다는 구술된 발화 자료에 기반을 두고 집필되었다. 그런 점에서 이 책이 제시하는 서남방언의 문법은 입말의 문법이며, 언어 사용의 문법이다. 발화 자료에 나타난 예들은 가능하면 그 존재를 존중하려 하였다. 물론 발화자의 잘못이나 말실수 등이 관여했을 가능성도 없지 않으나 그마저도 무시하지 않고 기술의 범위에 포함시켰다. 이때 출현 빈도가 매우 낮거나 개인어일 가능성을 따로 언급해 두기는 하였다. 이 책에서는 언어 현상을 단절된 범주로 구분하는 대신 원형 범주 이론에 바탕을 둔 정도의 현상으로 이해하려 하였다. 더구나 방언이 보이는 지역적 언어차는 이원적인 구분으로 설명할 수 없는 경우가 많다. 따라서 이러한 점진적인 양상을 기술하기 위해서는 정도의 방법론에 의존하지 않으면 안 된다. 그래서 이 책에서는 사용 빈도가 특별히 중요한 가치를 지닌다. 사용 빈도의 차이는 공시적으로 지역적인 방언차를 보여 주는 변수이기도 하지만, 언어 변화의 점진적 변화를 의미하는 주요한 지표이기 때문이다. 문법화, 의미의 확대, 혼태, 유추 등도 이 책에서 매우 빈번하게 사용된 기술과 설명의 도구이다. 이런 개념들은 결국 이 책이 전통적인 기술문법과 최근의 문법화 이론, 담화 이론, 용법에 바탕을 둔 언어 이론(Usage-Based Linguistic Theory) 등의 틀 안에서 쓰여진 것임을 의미한다.

'구부러진 소나무가 선산을 지킨다'는 옛말처럼 재주가 미약한 글쓴이로서 지난 30여 년 동안의 전라도말 연구는 언제나 크나큰 기쁨이자 보람이었다. 이제 눈도 흐려지고 기력도 예전만 못하다. 그래도 혹여 남은 기운이 있다면 못다 한 우리말 연구에 힘을 보태 볼 생각이다. 이렇게라도 할 수 있도록 몸과 마음의 건강을 허락해 주신 하느님께 감사의 기도를 올리며, 마음 놓고 연구에 전념할 수 있도록 가정의 평안을 지켜 준 아내와 아이들에게도 남은 고마움을 전하고 싶다.

2022년 임인년 정월
연구실 '굽은솔'에서 씀

일러두기

1. 음운과 발음: 음운은 빗금으로 표시하고, 낱말의 발음을 나타낼 때는 대괄호로 표시한다.

   (예) /ㅅ/, /ㅔ/, 책얘챙냬, 나줏덕[나주떡]

2. 콧소리 표시: 옛이응(ㆁ)은 콧소리를 나타낸다. 따라서 문장 뒤에 붙는 조사 '이'는 콧소리가 없앤 '이'의 발음을 표현한다.

3. 변이형: 낱말의 수의적 변이형 또는 지역적 변이형은 빗금으로 표시한다.

   (예) 하면/함/항/아면/암

4. 통사적 위계, 의미 성분, 지시 범위: 표현의 통사적 위계와 의미 성분은 대괄호로 표시한다. 또한 지시어의 지시 범위도 경우에 따라 대괄호로 표시한다.

   (예)
   가. [[[속]알]머리], [[[번썩]-이]], [[[높-]-직]-하-], [[내가] [혼자]]
   나. [+시공간], [+사람/시공간], [+높임], [±짐], [±물리적 실체], [-방향], [+복수], [-친밀], [-존대], [+상대], [+감탄], [+고형, +장년 이상, +대우의 말맛], [+부정적 판단, +강조], [인용]-[의문]-[높임], [만남]-[엎드려 절하기], [설명의 내용]-[상대의 공감 유도], [알려진 정보]-[궁금증 유발]-[새로운 정보]
   다. [생얼에는 빈손으로 와.] 그건 인자, 아조 형편이 곤란헌 사람언 못 허지마넌 그도(=그래도) 밥술이나 먹은 사람덜언 다 그도 갚을 지럴 알고.(남원)

5. 예문의 전사: 예문은 형태 전사를 기본으로 한다. 지역어 조사 사업의 구술발화 자료는 원래 음운 전사이지만 예문으로 제시할 때는 형태 전사로 바꾸어 제시한다. 구비문학대계 자료는 형태 전사인데, 표기법에 맞지 않은 경우에는 수정하여 제시한다.

6. 지역 표시: 각 예문 뒤에는 괄호 안에 지역 표시를 한다. 예를 들어 전남 함평의 구비문학 자료인 경우 '함평 구비'라 표시하고, 지역어 조사 구술발화 자료는 '함평'으로 표시한다. 민중자서전이나 방언사전에서 가져온 예문도 구술발화 형식을 따라 괄호 안에 지역만을 표시한다. 다만 글쓴이가 직관에 의해 만든 예문이나 출처가 불분명한 예문 그리고 표준어 예문 등에는 따로 지역 표시를 하지 않는다.

(예)

가. "질(=제일) 욱에 치(=위의 것) 한나는 서운헝께 내놓소." 그래.(함평 구비)

나. 지금마이로 잉게 두 늙은이 살잔해(=산 것이 아니라) 그런 때는 여러이 안 살았습닌
자(=살았잖습니까)?(진도)

7. 난해 어휘 설명: 예문에 포함된 방언 어휘 가운데 이해의 어려움이 예상되는 경우는 괄호
안에 대응 표준어나 뜻풀이 또는 어원을 제시한다. 이때 같음표(=)를 앞에 붙여 둔다. 예
문 속의 어휘가 아닌 경우도 마찬가지로 처리한다.

(예)

가. 나락제/껄불제(=왕겨).

나. 그랬는데 떠라서(=샘 바닥의 물까지 훑어서) 잉게 빨래를 하니 아주 기양 징하게 힘들
었소.

다. 되마(=てんま. てんません의 준말. 傳馬船의 일본어.) 하나를 매는디 끄냉이(=끈)를
이짝 저짝 양쪽이다 매 났거든이.

라. 넘도 도와줄석시 지 식구가 훼방을 논당께(=남도 도와줄망정 제 식구가 훼방을 놓는
다니까).

8. 대화 표시: 두 사람의 대화를 예문으로 제시할 때는 각자의 대화를 큰따옴표로 묶고 이어
서 제시한다.

(예)

가. "고먼 돌아가시면 바로 산에 가서 나무를 벱니까?" "야, 비여다가 또 내레갖고 하기도
하고."(영암)

나. 사랑으로 인자 왔어. 와서, "나는 호랭이 잡았다!" "아니, 니까짓 놈이 무슨 호랑이를 잡
아야?"(화순 구비)

다. "문 못 열겄다." "어째서 문을 못 열어야?" 그렁께,(함평 구비)

차례

3장 관형사, 부사, 감탄사

4장 조사

5장 마침씨끝

8장 높임법

9장 부정법

16장 그 밖의 문법

1장

낱말의 형성

1.1 합성어

낱말은 단일어와 복합어로 나뉘며, 복합어는 다시 합성어와 파생어로 나 뉜다. 합성어는 접사의 개입 없이 어기의 결합으로 이루어진 복합어이다. 합성어의 어기는 반드시 단일한 형태소일 필요는 없다. 그 자체가 복합형태소 이거나 복합어일 수 있기 때문이다.

1.1.1 통사적 합성어

통사적 합성어는 공시적으로 통사적 구성과 같은 방식으로 이루어진 합성어다. 합성어의 구조가 통사적 구성과 같기 때문에 합성어와 통사적 구성의 구별이 어려울 수 있다. 그러나 통사적 구성과 합성어의 구조가 같기 때문에 합성어의 구조를 파악하기는 상대적으로 어렵지 않다.

1.1.1.1 합성명사

a. 명사+명사

(1) 밑구녁(=밑구멍), 이매비(=부모), 낮밥(=점심), 눈애피(=안질), 살양발 (=스타킹), 짝두시암(=펌프로 땅속의 물을 끌어 올려 이용하는 샘), 가 매바가치(=쇠죽바가지), 까지꼬시래기(=가지말랭이), 개똥벌거지(=개 똥벌레), 곶감실(=곶감처럼 돌돌 만 색실), 국말국/국몰국(=국물), 소 마구(=외양간), 깔담살이(=꼴머슴), 갈쿠나무(=갈퀴나무), 끄렁나무 (=그루터기), 속창사구(=철딱서니), 손지가이나(=손녀), 손홀태/가락 홀태(=그네), 입노릇(=군것질), 입저름(=말싸움), 가래바지(=개구멍바 지), 갓내(=암내), 개정국(=개장국), 새참(=곁두리), 몸붙이(=패물), 나

부잠(=나비잠), 냉갈내(=냇내), 뉩쌀(=반쯤 찧은 쌀), 닥알(=달걀), 대
삽(=대숲), 덕석몰이(=멍석말이), 똥소매(=대소변), 무수밥/무시밥(=무
밥), 가새아짐씨(=처형), 나락제/꿀불제(=왕겨), 저릅대(=겨릅대), 삽
가래(=삽), 소드랑뚜껑(=솥뚜껑), 나락베눌(=볏가리), 모둠가리(=무
더기)

'명사+명사'의 구조에서는 구성 요소의 의미가 전체 의미에 그대로 반영되
는 경우가 대부분이다. 다만 '저릅대, 삽가래, 소드랑뚜껑, 나락베눌, 모둠가
리' 등에서는 구성 요소의 일부가 의미적으로 별다른 기여를 하지 못한다.
'저릅대'는 '껍질을 벗긴 삼대'를 뜻하는 표준어 '겨릅'에 다시 줄기를 뜻하는
'대'가 군더더기로 덧붙었다. '삽가래'는 전통적으로 흙을 파헤치거나 뜨는
데 사용하는 농기구인 '가래'에 현대적인 '삽'이 합성된 것이다. 따라서 여기
서는 '가래'가 군더더기이다. '솥뚜껑'을 가리키는 서남방언형 '소드랑뚜껑'
은 '소드랑'과 '뚜껑'의 합성어인데, '소드랑'만으로 솥뚜껑을 가리킬 수 있으
므로 '뚜껑'이 군더더기이다. '소드랑'의 '드랑'은 덮개의 뜻인 '두방'(‹ 둪앙)에
서 변화된 것인데(이기갑 1986), 그 의미를 모르는 후대에 '뚜껑'을 다시 붙인 것
이다. '나락베눌'은 볏가리를 가리키는데, 여기서 '베눌'은 원래 '벼누리'에서
변화된 말로서 '벼누리'는 곧 '볏가리'이다. 그러나 '베눌'에서 '벼'를 인식하지
못한 후대 사람들이 여기에 다시 벼를 뜻하는 방언형 '나락'을 덧붙였으니 이
또한 역사를 고려하면 군더더기라 할 수 있다. '모둠가리'에서도 '가리'가 단
으로 묶은 곡식이나 장작 따위를 차곡차곡 쌓은 더미를 가리키는 말이니, 여
기에 덧붙은 '모둠' 역시 군더더기다. 이것도 '가리'의 의미를 모르는 후대 사
람들이 덧붙인 말이다.

b. 명사+관형격조사+명사

    (2) 날구똥(=닭똥), 달구가리(=어리), 달구중태(=닭둥우리), 처남우덕(=처
       남댁), 동상아덕(=손아래 올케), 동숭에지섬(=손아래 올케/제수), 죽음
       에옷(=수의), 코에피(=코피)

두 명사 사이에 기원적인 관형격조사 '의'가 결합된 합성어이다. 관형격조
사 '의'는 선행 명사에 따라 '에', '아', '우' 등으로 실현되는데, '달구똥', '달구가
리' 외에도 '달구새끼'(='닭'을 낮추어 부르는 말), '달꽐'(=달걀)에서 '우'를 확인할 수
있다. '동생'의 방언형 '동숭'이나 '동상'에 따라 합성어 내부의 관형격조사는
'에'나 '아'로 실현된다. '동상아덕'의 '덕'은 표준어 '댁'의 방언형으로서 '동생
의 댁'이라는 뜻이다. '동숭에지섬'에서 '지섬'은 '짓-엄'으로서 '집의 어미' 즉
'지어미'이다.

c. 용언의 관형형+명사

    (3) 식은밥(=찬밥), 난물(=썰물), 든물(=밀물), 눈밥(=누룽지. 눌은밥), 늦
       인나락(=늦벼), 따순짐(=훈김), 떠렁감(=땡감. 떫은 감), 모룬버짐(=마
       른버짐), 몽군치(=고운체), 묵은밭(=묵정밭), 묵은지, 고운딩기/곤딩기
       (=등겨), 고운소금, 드들방애(=디딜방아)

관형형 씨끝 '-은' 또는 '-을'이 결합된 용언의 관형형에 명사가 합성된 경우
이다. (3)에서 보듯이 관형형 씨끝으로서 '-을'보다 '-은'이 주로 쓰임을 알 수
있다. '땡감'을 뜻하는 '떠렁감'은 형용사 '떠럽다'(=떫다)의 관형형 '떠런-'에
'감'이 결합된 것이다.

22

d. 부사(어)+명사

(4) 잘잘못, 살아생전, 모냐껀/모냐참(=먼젓번), 딸각다리(=계단), 뽕뽕다
리(=구멍이 뚫린 철판으로 만들어진 임시 다리), 땍가우(=거위), 담살
이(=남의집사는 어린 아이)

통사적으로 부사가 명사를 수식하는 구성은 '바로 앞', '아주 미인'처럼 시
간이나 공간 명사 또는 형용사적 속성을 갖는 명사를 부사가 수식하는 경우
이다. 합성어 가운데는 이러한 통사적 구성을 그대로 유지하는 경우가 있다.
예를 들어 진도의 '모냐껀'은 '먼젓번'의 뜻인데, 부사 '모냐'(=먼저)와 '때'를 의
미하는 명사 '껀'(《 쁴니)이 합성된 것으로서 '바로 앞'과 같은 구성이다. '모냐
참'도 마찬가지다. 그러나 이러한 예를 제외하고 합성어에서 부사와 명사가
결합하는 경우는 대부분 통사적 구성과는 다른 모습을 보인다. 예를 들어
'잘잘못'은 부사 '잘'이 명사 '잘못'과 동등한 자격으로 합성되었다. 또한 '살아
생전'에서 '살아'는 후행 명사인 '생전'과 거의 같은 뜻을 가지며, 따라서 의미
적으로 군더더기 구실을 한다. 서남방언에서 널리 쓰이는 합성어인 '딸각다
리, 뽕뽕다리, 땍가우' 등은 의성어나 의태어의 부사에 명사가 합성된 것으
로 후행 명사의 성격을 드러낸다. '딸각다리'는 계단을 올라갈 때 딸가닥 소
리가 난다는 뜻에서 생긴 말이며, '뽕뽕다리'는 구멍이 뽕뽕 뚫린 철판으로
만들어진 임시 다리를 가리킨다. '땍가우'에서 '가우'는 '거위'의 방언형인데
앞에 덧붙은 '땍'은 '깍'이나 '꽉'처럼 거위가 내는 큰 소리를 가리킨다. '담살
이'(《 다ᄆᆞᆯ사리)는 역사적으로 '더불어'의 뜻을 갖는 '다ᄆᆞᆺ'과 '살이'의 합성어로
서 '남의 집에 얹혀 살면서 그 집의 자질구레한 일을 맡아하는 것 또는 맡아
하는 어린 아이'를 가리킨다. 오늘날 '담'이 따로 부사로 쓰이는 예가 없으
므로 이 경우는 역사적 관점에서 '부사+명사'의 구성으로 해석되는 예라
하겠다.

1.1.1.2 합성용언

a. 명사+동사

명사와 동사가 합성된 합성용언은 (5가)처럼 명사가 동사의 주어로 기능하는 경우와 (5나)처럼 목적어로 기능하는 경우의 두 가지로 나눌 수 있다. 합성어의 수를 비교하면 (5나)가 (5가)보다 훨씬 많다. 이러한 차이는 '목적어-동사'의 관계가 '주어-동사'의 관계보다 통사적으로 더 긴밀하기 때문이다.

(5)

가. 애터지다, 귄빠지다(=밉다), 기똥차다(=기차다. 기막히다)

나. 갓내내다(=발정하다), 대붙이다/수붙이다/갓붙이다(=암구다), 욕보다, 내떼기치다(=내동댕이치다), 능살부리다(=새살거리다), 둑부리다(=고집부리다), 까람부리다(=까탈부리다), 이약이약허다(=여러 이야기를 하다), 통파다(=떼쓰다)

'암구다'의 의미로 쓰이는 서남방언형은 동사 '붙이다'에 '대, 수, 갓' 등이 합성된 것이다. '갓'은 중세에 '아내'를 뜻하던 말로서 여기서는 '암'(雌)의 뜻으로 쓰이고 있다. '갓내내다'의 '갓내'는 '암내'이므로 여기서도 '갓'이 '암'을 뜻하는 말임을 확인할 수 있다. '수'는 '갓'과 반대의 뜻을 가지므로 雄의 뜻으로 쓰인 말이다. 그렇다면 '수붙이다'와 '갓붙이다'는 동일한 사태를 가리키지만, 붙이는 주체를 어느 것으로 보느냐에 따라 달리 생겨난 말이라 하겠다. '대'의 의미는 알 수 없다. '귄빠지다'의 '귄'은 '귀염성'을 뜻하는 서남방언의 낱말이다.

b. '-어'+동사

    (6) 까파지다(=뒤집히다), 꼴아박다(=처박다), 달아매다(=매달다), 찝어까
        다(=꼬집다), 까발씨다(=까발리다), 꼴아번덕치다(=심하게 토라지다),
        끗어땡기다(=끌어당기다), 내불다(=내버리다), 달아보다(=대보다. 만
        져보다), 다려가다(=데려가다), 달개들다(=달려들다), 들처업다(=둘러
        업다)

    씨끝 '-어'가 개재된 합성동사는 다양하게 나타난다. 이러한 구성을 갖는
서남방언의 합성동사 가운데는 어원을 알기 어려운 경우도 상당하다. 예를
들어 '까파지다'와 '꼴아박다'의 '까파-'와 '꼴-'은 오늘날 서남방언에서 쓰이지
않는 동사이다. '-어지다' 구성에서 '지다'는 피동과 '-게 되다'의 두 가지 의미
로 해석되는데, '까파지다'에서는 피동의 기능을 한다. 따라서 '까파지다'의
'까파-'는 '뒤집다' 정도의 의미를 갖는 것으로 추정된다. 몸이 가벼워 잘 뒤집
어지는 사람을 서남방언에서 '까파때기'라 하는 데서 '까파-'의 의미를 확인
할 수 있다. '처박다'의 뜻을 갖는 '꼴아박다'의 '꼴-'은 의미조차 추정하기 어
렵다. '박다'의 의미를 강조하는 기능을 하므로 거센 동작과 관련된 동사일
수 있으나 정확한 정체는 알 수 없다.
    표준어와 구성 요소의 위치가 다른 경우도 있다. 예를 들어 '달아매다'는
'매달다'의 방언형이고, '찝어까다'는 '꼬집다'의 방언형이다. '달다'와 '매다'
가 합성어를 이루는 경우 선행 동사는 방법이나 과정, 후행 동사는 결과로
해석된다. 그래서 '매달다'는 '매서 달다'로, '달아매다'는 '달아서 매다'로 해
석되는 것이다. 그럼에도 두 가지의 합성어가 가능한 것은 하나의 사태에 대
한 두 개의 다른 시각이 모두 가능하기 때문이다. '찝어까다'와 '꼬집다'는 구
성요소가 완전히 같은 것은 아니다. 동사 '집다'가 사용된 것은 일치하지만
'찝어까다'에서는 '까다', '꼬집다'에서는 '꼬다'가 쓰였다. 또한 구성의 성격이

달라서 '꼬집다'는 줄기 '꼬-'와 '집-'이 합성된 비통사적 합성어지만 '찝어까다'는 통사적 합성어이다. 꼬집는 동작은 '집다-비틀다-들어올리다'의 세 동작으로 구성되어 있다. '꼬집다'가 이 가운데 '비틀다-들어올리다'에 초점을 맞추었다면, 서남방언의 '찝어까다'는 '집다-비틀다'의 두 동작에 초점을 맞춘 말이다.

1.1.1.3 합성부사

a. 명사+명사: 밤나/팜나(=밤낮)

서남방언의 '밤낮'(=밤낮)은 명사와 부사로 쓰이는데 이 점은 표준어와 같다. 다만 서남방언에서는 부사로 쓰일 때 수의적인 형태 변화가 일어나 '밤나' 또는 '팜나'와 같은 형태도 가능하다. 명사일 때는 끝 자음 /ㅅ/이 탈락하지 않으나 부사로 쓰일 때에는 /ㅅ/이 탈락하기도 하고 첫소리가 거센소리로 바뀌기도 한다. 의미를 달리하여 품사가 달라지기 때문에 형태마저 다르게 변한 것이다.

b. 명사+부사어: 멜없이/멜겁시/메겁시/빼겁시(=괜히)

'괜히'를 뜻하는 서남방언의 '멜없이/멜겁시'는 '머리 없이'에서 온 말이다. '머리'는『표준국어대사전』에서 '까닭'이나 '필요'를 뜻하는 말로 풀이되어 있다. 이 '머리'는 전남의 경우 '멜'로 줄어들어 '내가 거그 갈 멜이 없제.'처럼 쓰인다. 명사 '멜'과 '없이'가 결합하여 사용되는 빈도가 높아지면서 합성부사 '멜없이'가 생겨났고 그 의미도 '까닭 없이' 즉 '괜히'나 '공연히' 등으로 정착되었다. '멜없이'는 /ㄱ/이 첨가되어 '멜겁시', '메겁시', '빼겁시' 등으로 쓰이기도 한다.

c. 부사+부사: 그새보/금세보(=벌써. 이미)

『표준국어대사전』에 따르면 '그사이'의 준말 '그새'는 '조금 멀어진 어느 때부터 다른 어느 때까지의 비교적 짧은 동안'을 뜻하는 말이다. 한편 '금세'는 '금시에'의 준말인데 '지금 바로'의 뜻이다. 이 '그새'와 '금세'에 '벌써'나 '이미'를 뜻하는 서남방언의 부사 '보'가 합성되어 '그새보'나 '금세보'가 형성되었다. '보'는 '호랭이가 보 알고는 막 쫓아오드라요.'(해남 구비)나 '치어서 보 죽어 뻐렸응게 그냥 담 속에다 넣고는, 이냥 인자 쌓 뻐렸든가 보데.'(화순 구비) 등에서 그 의미를 확인할 수 있다. '그새'와 '금세'도 '그새 가 버렸네'나 '금세 가 버렸네'에서는 '벌써'의 의미로 쓰인다. 이와 같은 유사하거나 동일한 의미가 두 부사를 합성할 수 있게 만든 동력이었던 셈이다. '그새보'나 '금세보'는 이들의 성분 의미와 달라진 것이 없다. 오홍일(2005)에 '그새보 니가 이렇게 컸구나', '더 있다 가조와도 된당께 금세보 가조왔냐?'와 같은 예가 제시되어 있다.

1.1.2 비통사적 합성어

공시적으로 통사적 구성에 어긋나는 비통사적 합성어가 서남방언에서 몇 가지 확인된다. 비통사적 합성어는 과거에는 통사적 합성어였다가 통합적 관계의 변화로 인해 비통사적 합성어로 바뀐 것이므로 역사적 관점에서는 변화의 화석으로 해석된다.

a. 줄기+줄기: 쨈매다/짬매다(=잡아매다), 뜨집다(=꼬집다)

용언의 줄기끼리 바로 결합되는 경우로서 옛말에서는 생산적이었던 합성 방식이다. 서남방언에서는 옛말의 흔적으로서 이러한 비통사적 합성어가 일부 남아있는데, '잡미다'의 후대형인 '짬매다/쨈매다'가 전형적인 예이다.

이처럼 용언의 줄기끼리 결합할 수 있었던 것은 그만큼 줄기가 형태적 독립성을 가졌음을 의미한다. 오늘날 표준어에서 옛말의 '잡미다'는 사라졌고 '잡아매다'가 그 사리를 대신하고 있으므로 '잡미다〉잡아매다'의 대체가 일어난 셈이다. 이러한 대체는 용언의 줄기가 형태적 독립성을 잃고 이음씨끝의 도움을 받는 방향으로 언어 변화가 일어나고 있음을 말해 준다. 물론 오늘날에도 '접우산', '덮밥'처럼 줄기가 명사에 직접 합성된 합성어가 만들어지고 있으므로 용언 줄기의 형태적 독립성이 완전히 사라졌다고 보기는 어렵다. 그러나 '줄기+명사'와 달리 '줄기+줄기'와 같은 합성 방식은 오늘날 더 이상 생산적으로 사용되는 것 같지는 않다.

표준어 '잡아매다'와 서남방언 '쨈매다'는 완전한 동의어는 아니다. 『표준국어대사전』에 따르면 '잡아매다'는 아래와 같은 세 가지의 의미로 쓰인다.

① 흩어지지 않게 한데 매다. (예) 그녀는 흘러내리는 머리를 잡아맸다.
② 달아나지 못하도록 묶다. (예) 염소를 말뚝에 잡아매다.
③ (비유적으로) 꼼짝 못 하게 하다. (예) 어머니는 방학 때마다 나를 시골 집에 잡아매 두고 싶어 하셨다.

그러나 서남방언의 '쨈매다'는 오직 ①의 의미로만 쓰일 뿐 나머지 의미로의 확대는 일어나지 않았다. 아마도 ②의 의미를 나타낼 경우 '쨈매다'보다는 '매다'를 쓸 것으로 예상된다. ③과 같은 비유적 의미의 경우 '쨈매다'는 잘 쓰이지 않는다. 그러나 사람들 사이의 관계를 맺거나 혹은 결혼시키는 등의 비유적 의미로 '쨈매다'가 쓰이는 수가 있다.

(7)
가. 두 사람을 쨈매 줄라고 애를 썼는디 안 되았어.
나. 민원실로 가 고발 좀 하자고 했더니, 근무 경찰관이 형사 하나를 쨈매 주데.

그 밖에 서남방언의 '쩜매다'는 표준어의 '묶다'의 의미로도 흔히 쓰인다. '묶다'는 '끈, 줄 따위를 매듭으로 만들다'는 의미를 기본의미로 갖는 말인데, 바로 이 의미로 '쩜매다'가 쓰이는 것이다.

(8)

가. 대롱을 둘을 깔라가지고 양짝 눈에다가 대롱을 꽈악 찡그겄게 해갖고 되게 쩜매 농께 대롱만 들에다보고 있는디,(함평 구비)

나. 폴목에다 실 끝을 쩜매 중께는 쩜맸다 그라고 가서는 그 실 끝을 딱 끌러서 기둥나무에다 딱 쩜매 두고 자기는 내빼 불었제.(해남 구비)

다. 이양반이 솔나무 가지에다 새내끼 쩜매고 그 목 걸어서 죽어 불었단 말이여.(신안 구비)

전남 진도에서는 '꼬집다'의 뜻으로 '뜨집다'가 쓰인다. '꼬집다'가 '꼬다'와 '집다'의 합성어이듯이 '뜨집다'는 '뜨다'와 '집다'의 합성어이다. 앞에서 꼬집는 동작을 '집다-비틀다-들어올리다'의 세 동작으로 분석한 바 있다. '뜨다'는 '들어올리다'의 의미를 가지므로 진도 지역어의 '뜨집다'는 '집다'와 '들어올리다'에 초점을 맞춘 낱말이라 하겠다.

b. 줄기+명사

(9) 곪곳/곪발(=종기), 여우살이(=결혼생활), 몰국/말국(=국물), 몰대(=말대), 날짐성(=날짐승), 날포리(=날파리), 궁글패(=굴렁쇠), 들독(=들돌)

현대국어에서는 관형형 씨끝의 출현이 예상되는 곳인데 이 씨끝의 개재 없이 줄기가 명사에 직결되는 경우이다. '종기'의 서남방언형 '곪곳'과 '곪발'은 어원적으로 '곪다'의 줄기 '곪-'에 명사 '것'과 '발'이 바로 결합되어 비통사적 합성어를 형성한다.

서남방언에서 '여우다'는 자식을 결혼시키다는 뜻이다. 표준어 '여의다'에 딸을 시집보내다는 뜻이 있는데 이 '여의다'와 서남방언의 '여우다'는 모두 옛말 '여희다'에서 발달한 것이다. 다만 서남방언의 '여우다'는 표준어와 달리 딸뿐만 아니라 아들의 결혼에도 쓰일 수 있다. 옛말 '여희다'는 본래 '이별하다'는 뜻을 갖는 말로서 그 대상은 사람뿐만 아니라 사물도 해당되었다. 이 말이 현대에 와서 '여의다'로 바뀌면서 주로 사람에게 적용되게 되었다. 그리고 특히 죽음으로써 이별하는 경우에 이 말이 쓰이게 되는데, 서남방언에서는 부모 등이 죽어 이별하는 경우 '여이다'라고 한다. 따라서 옛말 '여희다'는 서남방언에서 '여이다'와 '여우다'의 두 가지 형태로 분화되었고, 그 의미도 '부모 등이 죽어 이별하다'와 '자식을 결혼시키다'의 두 가지 의미를 갖게 되었다. 그 결과 이 방언에서 비통사적 합성어로 쓰이는 '여우살이'는 '자식들의 결혼 또는 결혼생활'의 의미로 쓰이게 된다. 예를 들어 '즈그들 할 것 안 할 것 다 해서 여우살이 시켜 놓게'와 같은 예에서 '여우살이 시키다'는 '결혼을 시키다'의 뜻이다.

서남방언에서 '국물'은 '말국' 또는 '몰국'이라 한다. '말'과 '몰'의 형태로 보아 이는 옛말 '몰다'의 줄기 '몰-'에서 왔음을 추정할 수 있다. 따라서 '말국'이나 '몰국'은 동사의 줄기에 명사 '국'이 합성된 말이다.

'궁글패'와 '들독'처럼 용언이 /ㄹ/로 끝날 때 용언의 줄기와 관형형 씨끝 '-을' 결합형은 동형을 이룬다. 이 때문에 같은 낱말이 '줄기+명사'와 '관형형+명사'의 두 가지로 해석될 수 있다. 이 두 해석의 어느 것을 취할 것인지에 대한 분명한 근거가 없으므로, 여기서는 '궁글패'와 '들독'을 일단 '줄기+명사'로 해석해 둔다.

c. 어기+명사: 누렁내(=누린내), 구렁내(=구린내), 찌렁내(=지린내)

위의 예에 보이는 '누렁', '구렁', '찌렁'은 줄기에 접미사 '-엉'이 결합된 것인데, 이들은 독자적으로 쓰이지 않으므로, 낱말이 아닌 어기로 보아야 한다. 여기에 명사 '내'가 합성되어 각각의 독특한 냄새를 가리키는 낱말이 되었다. 표준어는 서남방언과 달리 어기가 아닌 관형형이 쓰여 차이를 보인다.

d. 명사+ㅅ+명사

(10) 샛거리(=곁두리), 실가릿국/시라릿국(=시래기국), 시숫대(=세숫대야), 이맷박(=이마), 간뎃집(=둘째 작은아버지 집), 갯갓(=갯가. 바닷가), 나뭇갓(=멧갓), 노뭇가심(=나물거리), 맷가심(=맷감. 매 맞을 짓), 부앳가심(=부아를 불러일으키는 사람이나 일), 담붓대(=담뱃대), 도굿대(=절구공이), 돗노물/돗너물(=돌나물), 밀대(=밀짚), 말건지(=말거리), 끄닛건지(=끼닛거리), 일건덕지(=일감), 가짓것(=가지), 주젯것(=변변치 못한 사람을 낮잡아 이르는 말)

명사와 명사 사이에 사이시옷이 개재된 구성이다. 이 경우는 'ㅅ'이 관형격 조사로 기능하던 옛말에서는 통사적 구성을 형성하였으나 오늘날에는 'ㅅ'이 더 이상 관형격조사로 기능하지 않으므로 비통사적 구성을 형성한다. 서남방언의 경우 'ㅅ'이 관형격 조사로 기능하는 경우가 없지는 않다. '나보고 죽으랏 소리여.'처럼 완형 보문이 '말, 소리, 이야기' 등 말과 관련된 머리명사를 수식하는 경우 관형격조사로서 'ㅅ'이 쓰일 수 있다. 이에 대해서는 4.2.3.3 참조. 또한 처격 조사 뒤에 관형격조사 'ㅅ'이 오기도 한다. 이에 대해서는 4.2.3.4 ① 참조. 그러나 중세국어처럼 명사 뒤에 직결되는 경우는 없으므로, (10)의 낱말은 비통사적 구성을 형성하게 된다.

구체적인 낱말에서 방언적 차이가 드러나기도 한다. 예를 들어 표준어에서는 'ㅅ'이 개재되지 않으나 방언에서는 'ㅅ'이 쓰인 경우가 있다. '시래기국'

의 서남방언형 '실가릿국/실가리국'에서는 표준어와 달리 사이시옷이 수의
적으로 출현한다. 반면 '샛거리(=곁두리), 시숫대(=세숫대야), 이맷박(=이마), 간
뎃집(=둘째 작은아버지 집), 갯갓(=갯가, 바닷가), 끄닛건지(=끼닛거리), 일건덕지(=일
감), 한 가짓것(=한 가지)'에서 'ㅅ'은 필수적이다.

'노릇가심'과 '돗노물'에서 보듯이 'ㅅ'이 결합할 때 선행 명사의 끝소리 /ㄹ/
이 탈락되기도 한다. '말건지'와 '끄닛건지'의 '건지', '일건덕지'의 '건덕지'는
모두 '건더기'의 방언형이다. 여기에서는 '건더기'의 의미가 확대되어 단순히
'감'이나 '거리'의 뜻으로 전이되어 쓰였다.

'가짓것'은 표준어 '가지'와 같은 뜻의 말로서 언제나 수관형사 뒤에 오는
의존명사이다. 예를 들어 '한 가짓것'은 표준어 '한 가지'에 대응되는 말인데,
'한 가짓것이라도 잘해야 허 것인디 어쩔란가 몰르겠소.'처럼 쓰인다. 다만
'가짓것'은 분류사의 용법을 갖지 않아 "나한테 한 가짓것 존 수가 있는디 들
어 볼란가(=나에게 한 가지 좋은 수가 있는데 들어 보려나)?'는 비문이다.

　e. 명사+처격조사+ㅅ+명사

　　(11) 짱앗지(=장아찌), 웃음엣소리(=우스갯소리), 집잇사람(=집사람), 욱
　　　　엣집(=윗집), 손욱엣사람(=손윗사람), 논엣일(=논일), 뒤엣일(=뒷일),
　　　　들엣치(=야생), 꼴엣것(=분수에 맞지 않게 엉뚱한 생각이나 행동을
　　　　하는 사람), 배안엣저구리(=배냇저고리), 배안엣짓(=배냇짓), 우엣돈
　　　　(=웃돈)

　처격조사 다음에 'ㅅ'이 결합되는 점에서 d와 다른 구성인데, 이 역시 옛말
에서는 통사적 구성으로 흔히 쓰였던 것이었으나 현대에 와서 비통사적 구
성으로 남게 되었다. 표준어에서도 '눈엣가시', '귀엣말'과 같은 말이 이 구성
을 보인다. '장아찌'의 옛말 '쟝앳디히'가 이러한 구성의 전형적인 예인데, 서

32

남방언이나 표준어에서는 처격조사와 'ㅅ'의 결합인 옛말 '앳'이 '앗'으로 동화되어 나타난다. 서남방언에서는 이 밖에도 '우스갯소리'의 뜻으로 '웃음엣소리'가 흔히 쓰인다. 『표준국어대사전』에도 이 말이 등재되어 있다. 그 밖에 공간의 뜻을 지닌 명사 뒤에 흔히 처격조사가 결합되어 쓰이고 여기에 'ㅅ'이 덧붙어 합성어를 만들기도 한다. '집잇사람(=집사람), 욱엣집(=윗집), 손욱엣사람(=손윗사람), 논엣일(=논일), 뒤엣일(=뒷일), 들엣치(=야생)' 등이 이런 예이다. 서남방언은 4.2.3.4 ①에서 후술되겠지만 처격조사 뒤에 관형격조사인 'ㅅ'이 결합될 수가 있다. 그러나 이 경우 'ㅅ'의 결합은 수의적인 경우가 많아 전형적인 관형격조사로 보기 어려운 점이 있다. 이 점을 고려하여 여기서는 (11)의 경우를 비통사적 합성어로 규정한다.

f. 명사+부사: 첨머냐(=처음. 첫 번째)

'처음'이나 '첫 번째'를 뜻하는 '첨머냐'는 '처음'과 '머냐'의 합성어이다. '머냐'는 '먼저'의 방언형이며, 서남방언에서 '먼저'는 '머냐' 외에도 '먼첨, 몬자, 모냐' 등의 여러 방언형으로 쓰인다. 그러나 명사 '처음'과 결합하여 합성어를 이루는 방언형은 '머냐'나 '모냐'로 국한되며, '먼첨'이나 '몬자'는 합성어 형성에 참여하지 못한다. 따라서 *'첨먼첨', *'첨몬자'는 불가능한 결합이다.

1.2 파생어[1]

Bauer(1983)에 의하면 어근(root)은 더 이상 분석되지 않는 형태를 가리키지만, 어기(base)는 접사가 결합될 수 있는 형태이면 어느 것이나 해당된다. 그래서 'touchable'의 'touch'는 어근이면서 어기가 되고, 'untouchable'의 'touchable'은 어기일 뿐 어근은 아니다. 마찬가지로 우리말에서 '높직하다'의 '높-'은 어근인 동시에 어기이며 '높직-'은 여기에 '-하-'가 결합될 수 있으므로 어기일 뿐, '높-'과 '-직-'으로의 분석이 가능하므로 어근은 될 수 없다.

1.2.1 접두사

접두사는 접미사에 비해 그 수효가 많지 않은데 이 점은 표준어나 서남방언 모두 마찬가지다. 표준어의 접두사는 대체로 서남방언에도 그대로 나타난다. 다만 형태적 변이가 있을 뿐이다. 경우에 따라 표준어에 쓰이던 접두사가 서남방언에는 다른 형태로 나타나는 수가 있다. 대표적으로 접두사 '둘-'을 들 수 있다. '둘-'은 짐승 암컷을 나타내는 명사 앞에 붙어 '새끼나 알을 낳지 못하는'의 뜻을 더하는 접두사이다. '둘암캐', '둘암소', '둘염소' 등이 있고, 이러한 불임의 짐승을 일반적으로 '둘치'라 한다. 그런데 서남방언에서 '둘치'는 지역에 따라 다양한 형태를 띤다. 전남에서는 '불소, 불암소'나 '에리소, 이리돗, 이레쟁이, 이르투이, 이리퉁' 등이 있다. 그리고 전북에서는 '들소, 부루돗, 자래종/자라종, 이레쟁이, 이리쟁이, 고재' 등이 확인된다. 전북의 '들소'에 보이는 '들-'은 표준어 '둘-'의 변이형일 것이다. 그리고 전남의 '불소'나 '불암소'의 '불-'이나 전북 '부루돗'의 '부루-' 역시 '둘-'의 변이형일 가능성이 크다. 전남북 전체에서 일반적으로 쓰이는 '에리소, 이리돗, 이레쟁이, 이

---

1 이 절은 이기갑(2005a), 이기갑(2006)을 고쳐 쓴 것이다.

리쟁이, 이르투이' 등에 보이는 '이리'나 '이레'는 어원이 분명하지 않다.

아래에서 서남방언에서 흔히 쓰이는 접두사 몇 가지를 살펴본다.

① 군-: 군임석(=군음식), 군두룸/군드럼(=군소리)

표준어 '군음식'은 서남방언에서 '군임석'으로 쓰이며, 간식이나 주전부리용 음식을 가리킨다. 표준어에서 접두사 '군-'은 '쓸데없는'이나 '덧붙은'의 뜻을 갖는데, 서남방언의 '군임석'은 후자에 해당한다. '군두룸'은 '군소리'의 방언인데, '두룸'의 어원은 분명하지 않으나 '두런두런'과의 관련성을 생각할 수도 있을 것이다. '군두룸'의 '군-'은 '쓸데없는'의 뜻이다. 이 밖에도 서남방언에는 '군입치기'(=군것질)나 '군입정거리'(=주전부리)의 구성 요소로 쓰이는 '군입'이나 '군입정'에서 접두사 '군-'을 확인할 수 있다. 이 두 말은 표준어에서도 쓰이는 말인데『표준국어대사전』에 따르면 '군입'과 '군입정'은 모두 '때없이 군음식으로 입을 다심'으로 풀이되어 동의 관계에 있다.

② 당-/땅-: 당곽/당성낭, 땅나구(=당나귀)

성냥은 '석유황'(石硫黃)에서 온 말인데(홍윤표 2009:300-309), 서남방언에서는 '성냥' 외에 '당성낭'이나 '당곽'이라는 말도 쓰인다. 접두사 '당-'은 唐으로서 중국을 가리킨다. 따라서 '당성낭'은 중국에서 들어온 석유황이라는 뜻이다. 이처럼 중국에서 들어왔음을 뜻하는 접두사 '당-'이 쓰인 표준어로 '당나귀, 당목, 당면' 등이 있는데 서남방언에서도 이에 대해 '땅나구', '당목' 등은 쓰이나 '당면'은 일반적으로 '잡채'라 불러 결과물인 요리로써 그 재료를 나타낸다. '땅나구'에서 볼 수 있듯이 접두사 '당-'은 낱말에 따라 '땅-'으로도 쓰인다.

중국에서 들어온 것을 가리키는 또 다른 접두사로 '호박', '호떡', '호주머니' 등의 '호-'(胡)가 있다. 서남방언에서는 '호박', '호떡'은 쓰이나 '호주머니'는 쓰이지 않고 대신 접두사 '개화-'에서 기원한 '개앗줌'이나 '괴비' 등이 쓰인다.

③ 도-: 도시다/되시다(=되뇌다), 도짚다(=되짚다)
④ 두-: 두섞다, 두담박질(=마음이 급해서 달리는 달음박질), 두집다

표준어의 접두사 '되-'와 '뒤-'는 서남방언에서 '도-'와 '두-'로 단모음화 되어 쓰이는 것이 보통이다. 서남방언의 '도-'는 '다시'나 '도로'의 의미, '두-'는 '매우 거세게'나 '반대로'의 의미를 갖는 점에서 표준어의 '되-'나 '뒤-'와 아무런 차이를 보이지 않는다.

⑤ 독/똘-: 독배/똘배, 똘뽕나무

표준어에서 접두사 '돌-'은 '품질이 떨어지는' 또는 '야생으로 자라는'의 의미를 지닌다. '돌'은 서남방언에서 '독'으로 쓰이는 것이 일반적이므로 표준어 '돌배'는 이 방언에서 '독배'로 쓰인다. 한편 전북 지역어에서는 '독배'와 함께 '똘배'도 쓰이는데 이때 접두사 '똘-'은 '돌-'의 방언형이다. '돌 〉 똘'의 변화는 일반 명사에서는 일어나지 않고 접두사에서만 일어나는 것으로 보인다. '똘배' 외에 전북 지역어에서는 '돌뽕나무'를 '똘뽕나무'라 하므로 여기에서도 접두사 '똘-'을 확인할 수 있다. 따라서 서남방언에서 접두사 '독-'과 '똘-'은 혼용되는 셈이다.

⑥ 떡-: 떡입(=떡잎), 떡애기(=아주 어린 갓난아기)

표준어에서 접두사 '떡-'은 동식물을 나타내는 일부 명사 앞에 붙어 '작은'이나 '어린'의 뜻을 더한다. '떡잎'이나 '떡조개'가 그 예이다. 한편 '떡니'나 '떡두꺼비'에서 '떡-'은 떡처럼 크고 넓적함을 뜻하는 접두사이다. 서남방언에

서도 접두사 '떡-'의 이러한 두 가지 용법은 그대로 나타난다. 이 방언의 '떡애기'는 갓난아이 가운데서도 아주 어린 경우를 가리키는 말이다. 서남방언에서는 '갓난아이'를 일반적으로 '깟난이'로 부르는데, '떡애기'는 이보다 더 어린 경우를 가리킨다. '떡애기'는 식물의 '떡잎'을 사람에 빗대어 표현한 것이다.

⑦ 반-: 반거치기/반거챙이/반걸칭이(=반거들충이/반거충이), 반버버리
   (=반벙어리), 반나잘(=반나절)

표준어에서 접두사 '반-'은 '절반 정도' 또는 '거의 비슷한'의 의미로 쓰인다. '반팔'과 '반죽음'이 각각의 예이다. 서남방언에서 '반-'은 '절반 정도'의 의미로 쓰이는 경우가 대부분이다. '반거치기/반거챙이/반걸칭이'는 표준어 '반거들충이'나 '반거충이'의 방언으로서 '무엇을 배우다가 중도에 그만두어 다이루지 못한 사람'을 가리킨다. 『한국구비문학대계』에 '자식놈은 글을 가르쳐 농께로는 이것이 반걸칭이가 되아가지고는 살림을 팍 망해 불었나 부데. 일을 안 하고, 그러면서 뜯어만 먹고.'(화순 구비)의 예가 보인다. '반버버리', '반나잘'에서도 '반-'은 절반의 의미를 지닌 접두사로 해석할 수 있다. 그러나 서남방언에서 '절반'을 뜻하는 '반나'와 '반틈'의 '반'은 접두사로 보기 어렵다. 이들에 포함된 '나'와 '틈'을 어근으로 볼 수 없기 때문이다. '반나'는 아마도 '한나'(=하나)에 유추되어 생긴 말로 보이며 '반틈'의 '틈'은 어원이 불명확하다. 한편 쌀과 잡곡을 반반씩 섞어서 지은 밥을 가리키는 '반쒬이'의 '반'은 동사 '섞-'의 목적어이므로 접두사가 아닌 명사로 보아야 한다. '반쒬이'는 [[반섞]-이]로 분석된다.

(12)
가. 실 쓴 놈을 방에다가 딱 해갖고 <u>반나가</u> 한나 되면 그놈 딱 뭉꺼서 독을
   콱 눌러 놓으면 꽝꽝허니 되제.(보성)

나. 그래갖고 그 쥐하고 자석을 났는디 쥐 <u>반틈</u> 사람 <u>반틈</u> 튀기를 났드라
　　　요.(해남 구비)

⑧ 쌩-: 쌩것, 쌩고기, 쌩달걀, 쌩땅, 쌩솔가지, 쌩솔깨비(=생솔가지), 쌩지,
　　쌩짐치, 쌩짜

　　표준어에서 접두사 '생-'은 '익지 않은', '마르지 않은', '가공하지 않은', '얼
리지 않은' 등의 의미를 나타내는데, '생김치', '생가지', '생가죽', '생갈치' 등
이 그런 예이다. 서남방언에서는 '생-'이 '쌩-'으로 쓰이는데, '쌩것, 쌩고기, 쌩
달걀, 쌩지, 쌩짐치'는 '익지 않은'의 의미, '쌩솔가지, 쌩솔깨비(=생솔가지)'는
'마르지 않은'의 의미, '쌩땅'은 '가공하지 않은'의 의미로 쓰인 경우이다. 반
면 '얼리지 않은'의 의미를 나타낼 때는 '쌩-'보다 '생-'을 쓰는 경향이 있다. 그
래서 이 방언에서는 '쌩갈치'보다 '생갈치'가 더 일반적이다. 표준어에서 '생-'
은 '날-'과 거의 같은 뜻으로 쓰이지만, 서남방언에서는 '날-'보다 '쌩-'을 즐겨
쓴다. 그래서 '날달걀'은 '쌩달걀', '날고기'는 '쌩고기'로 쓰이는 것이 보통이
다. '날로'와 같은 부사에 대응하여 이 방언에서 '쌩이로'를 쓰는 것도 같은 이
유다. '쌩이로'는 '억지로'의 뜻으로 쓰이기도 한다.

⑨ 웃-: 웃거름, 웃녁(=윗녘), 웃니(=윗니), 웃대(=윗대), 웃도리(=윗도리),
　　웃동네(=윗동네), 웃말/웃몰(=윗마을), 웃목(=윗목), 웃밥(=밥솥 위쪽
　　의 밥. 솥 위쪽에 안쳐서 지은 먹기 좋은 쌀밥), 웃방(=윗방), 웃사람(=윗
　　사람), 웃손(=상객), 웃시염(=콧수염), 웃입술(=윗입술)

　　표준어에서 접두사 '웃-'은 '윗-'과 달리 '아래'와의 대립이 없는 경우에 쓰인
다. '웃거름, 웃국, 웃논'의 '웃-'이 그런 예이다. 그러나 서남방언에서는 '아래'
와의 대립 유무와 관계없이 언제나 '웃-'만 쓰일 뿐 '윗-'은 쓰이지 않는다.

⑩ 왼-: 왼어매(=친어미), 왼아부지(=친아버지), 왼부모(=친부모), 왼자석(=친자식), 왼처남(=친처남)

접두사 '왼-'은 친족명에 붙어 쓰이는데, '혈족관계로 맺어진'의 의미를 가져 '이붓'(=의붓)과 대립하는 접두사이다. '왼어매, 왼아부지, 왼부모, 왼자석' 등이 그 예이다. 다만 '왼처남'은 아래 (13)에서 보듯이 '사춘처남'과 대립하고 있는데, 이로 보면 접두사 '왼-'이 '직계의'의 의미로도 쓰일 수 있음을 알수 있다. '왼'의 이러한 두 가지 의미로 미루어 보면 '왼-'이 한자어 '원'(原)의 방언형임이 분명하다. 서남방언에서 '원'이 '웬'이나 '왼'으로 대응되는 것은 흔한데, '원수'(怨讐)가 이 방언에서 '왼수'나 '웬수'로 쓰이는 것이 그런 예이다.

(13) 그래서 인자 이런 이약(=이야기) 저런 이약 오밤(=오밤중) 되도록 인자 처남들허고 사춘처남이고 왼처남이고 모도 모여갖고 인자 그런 말 저런 말 허고는 밤이 야심했단 말이여.(신안 구비)

한편 '왼-'은 (14)처럼 '원래의'의 뜻을 갖는 관형사처럼 쓰이기도 한다. 관형사 '왼'에 대해서는 3.1 ⑤ 참조.

(14) 여그는 왼 우리가 살았든 디는 아니여.

⑪ 집어-

동사 '집다'는 '손가락이나 젓가락 등으로 물건을 들어 올리다'의 의미를 갖는다. '집어내다, 집어넣다, 집어던지다, 집어먹다'와 같은 합성어에서 '집어'는 이러한 원래 의미를 보여 준다.
그런데 '집어삼키다(=거침없이 삼키다), 집어세다(=체면 없이 마구 먹다), 집어쓰다(=돈 따위를 닥치는 대로 쓰다)', '집어던지다/집어치우다(=그만두다)' 등에 포함된 '집어'는 물건을 들어 올리는 의미가 아닌 격렬한 동작성을 나타내고 있다. 따라서 이런 경우의 '집어-'는 합성어의 구성 요소가 아닌 접두사로 해석하는 것이 타당할 것이다.

서남방언에서도 '집어-'가 격렬한 동작성을 나타내는 수가 있다. 우선 (15)에서 보듯이 '내버리다/내불다, 떵기다(=던지다), 냅싸던지다(=내버려 던지다)' 등에 결합하는 '집어-'가 이런 경우이다. '집어-' 뒤의 동사가 뜻하는 동작을 수행하기 위해서는 손으로 들어 올리는 행위가 필수적이지만, 그러나 여기에 쓰인 '집어-'는 물건을 들어 올리는 것을 의미한다기보다 '세차게'와 같은 강한 동작성을 표현한다고 보아야 한다.

(15)

가. 칼 휙 <u>집어내버리고</u> 편립(片笠) 딱 벗어서 <u>집어떵게</u> 버리고 들고 담박질이라(=달음박질이라).(함평 구비)

나. 나무는 지고 오든지 마든지 <u>집어떵겨</u> 버리고 인자 각시를 데꼬(=데리고) 집으로 와서 사는디,(신안 구비)

다. 도망헝게 솟단지 <u>집어내불고는</u> 기양 들고 도망해 버렸어.(함평 구비)

라. 인자 큰애기가 아가씨가 인자 빨래통도 거그다 <u>집어내불고</u> 신도 거그다 <u>집어내불고</u> 아, 그라고는 즈그 집으로 돌아와갖고,(해남 구비)

마. 그런데 정내미가 뚝 떨어지지. <u>집어냅싸던지고</u> 올라왔어.(장성 구비)

바. 이 놈우 배는 장에(=장어) 줄만 <u>집어던지면</u> 총총 물어 불어, 고기가.(고흥 구비)

(16)에 쓰인 '집어-' 역시 세찬 동작을 나타내는데, 이때 '집어-' 뒤에 오는 동사로는 '뛰다, 물다, 쓰다, 쥐다, 치다, 삼키다, 치우다' 등이 쓰였다. '뛰다'를 제외한 나머지 동사들은 본질적으로 격렬한 동작을 필수적으로 요구하지

않는다. 그러므로 이런 동사에 접두사 '집어'가 결합되면 중립적인 동작이 격렬한 동작으로 해석되는 것이다.

(16)

가. 그래갖고 탁 쌔링께 범이 꿈찔해갖고 콕 <u>집어뿔</u> 거 아인가?(고흥 구비)

나. 개란 놈이 꼬리를 회회 이렇게 치더마는 아, 옷깃을 <u>집어물어</u>.(고흥 구비)

다. 껍떡을 발톱 하나 상하지 말게 좋게 벳기고, 호랭이가 그놈을 딱 쓰니 영락없이 비등한 땅나구여. 호랑이가 그놈을 딱 <u>집어써</u>.(화순 구비)

라. 아이, 두 손을 꽉 <u>집어쥐드마는</u> 소시랑을 쪽 니리드마는 소시랑발을 쪽 니리드마는 두 손으로 합장을 해갖고 댕기를 딱 해 부리거덩.(보성 구비)

마. 어떤 사람이 막 깽맹이(=꽹과리) 치면서 막 "내 것 사시요." 하면서 막 <u>집어치고</u> 야단이드라요.(보성 구비)

바. 그러더마는 그 이무러기(=이무기)가 나와. 나오더마는 그 담뱃진 사람 (=담뱃진으로 만든 사람 모양의 인형)을 사람인 주(=줄) 알고 딱 <u>집어 생킨</u>.(고흥 구비)

사. 칠성단도 영험 없다. 다 <u>집어치워</u> 불어라.(해남 구비)

1.2.2 접미사

접미사는 어근이나 어기 뒤에 결합하여 새로운 낱말을 만드는 말이다. 접미사는 의존성을 갖는 형태로서, 낱말이 아니며, 어근이나 어기에 부속된 형태이다. 그런데 경우에 따라 접미사가 명사와 같은 속성을 보일 때가 있다. 우선 용언이 관형형을 취하며 접미사를 수식하는 경우이다. '당글개'(=고무래)나 '앉일개'(=밀신개)가 이런 예이다. '-개' 앞에 용언이 올 때는 '덮개, 찌개, 싸개'처럼 용언의 줄기가 바로 오는 것이 일반적이다. 그런데 서남방언의 '당글개, 앉일개'에서는 줄기 대신 관형형이 와서 후행하는 접미사를 수식하는 형식을 취한다. '당글'과 '앉일'을 명사형으로 간주한다면 문제가 해결될 수 있지만, 이는 고대국어에서나 적용할 만한 헤결책이다. '-개'가 기원적으로 명사라는 증거가 없으므로 '-개'는 애초부터 접미사였을 것으로 생각할 수밖에 없다. 마찬가지로 전남 지역의 접미사 '-수'는 '묵수'(=먹보)처럼 동사의 줄기에 바로 결합되기도 하나, '폰수'(=아이의 명을 길게 하기 위해 무당에게 판 아이)에서 보듯이 관형어를 취할 수 있다. 이상의 예를 보면 서남방언의 접미사는 경우에 따라 용언의 관형형을 어근이나 어기로 세울 수 있음을 인정하지 않으면 안 된다.

용언이 접미사 앞에서 관형형을 취할 수 있듯이 명사는 접미사 앞에서 사이시옷을 취하는 경우가 있다. 서남방언에서 여자의 택호로 쓰이는 접미사 '-덕'은 원래 '댁'(宅)에서 기원한 말이다. 서남방언에서 '-덕'은 언제나 [떡]으로 소리 나는데, 예를 들어 [나주떡], [함평떡]과 같다. 이처럼 [떡]으로 소리 나는 것은 이들이 각각 '나줏덕', '함평덕'으로서 중간에 사이시옷이 개재된 탓이다. 여자의 택호를 나타내는 접미사인 '-덕'이 선행하는 지명과 사이시옷 결합체의 수식을 받는 것처럼 명사적 속성을 갖는 것은 기원적으로 명사 '댁'에서 비롯되었기 때문일 것이다. 마찬가지로 접미사 '-가심'(〈ᄀᅀᅳᆷ) 역시 원래 명사였던 것이 접미사로 쓰여 '재료'를 나타내는데 이때에도 사이시옷이 개재된다. '가심'은 현재 서남방언에서 독자적인 명사로 쓰이지 않고 언제나 명사 뒤에 붙어 '짓가심'(=김칫거리), '맷가심'(=맷감), '앳가심'(=애물단지)처럼 접미사로 쓰이는데, 이 경우도 사이시옷이 개재될 수 있다. 이처럼 명사에서 기원한 접미사의 경우 사이시옷이 오는 경우가 있는데 이는 역사적인 화석으로 해석되어야 한다.

1.2.2.1 명사 파생 접미사

파생 접미사가 언제나 특정의 의미를 갖는 것은 아니다. 예를 들어 '냉이'의 서남방언형 '나숭개'와 '나상구'는 어근 '나시'에 접미사 '-웅개'와 '-앙구'가 각각 결합된 낱말인데, 이때 어근으로 기능하는 '나시'는 중세어 '나시'의 선대형으로서 서남방언에서 홀로 쓰일 수 있는 형태이다. 그렇다면 접미사 '-웅개'나 '-앙구'는 새로운 낱말을 만드는 데 관여할 뿐 특정의 의미를 부여한다고 할 수는 없을 것이다. 이처럼 의미적으로 아무런 기여를 하지 못한 채 단지 새로운 어형만을 형성하는 접미사를 '형태적 접미사'라 부르기로 한다.

한편 파생 접미사가 특정의 의미를 표현할 경우에도 그 의미의 성격에 따라 두 가지로 나눌 수 있다. 예를 들어 '꾀보'의 '-보'나 이에 대한 서남해 지역 방언 '꾀수'의 '-수'는 '어떤 특성을 지닌 사람'이라는 인지적 의미를 갖는다. 반면 '꼬마'의 서남방언형 '꼬맹이'나 '꼬마탱이'에서 접미사 '-앵이'나 '-탱이'는 '꼬마'의 인지적 의미에 변화를 주지 않은 채 단지 '비하'라는 말할이의 심리적 태도를 표현할 뿐이다. 인지적 의미를 갖는 경우는 '의미적 접미사', 심리적 태도를 나타내는 경우는 '화용적 접미사'라 하여 구분한다.

1.2.2.1.1 의미적 접미사

의미적 접미사가 첨가하는 의미에는 여러 가지가 있으나, 여기서는 우선 사람, 동물, 사물 등을 나타내는 접미사를 들기로 한다.

① -보, -수, -바, -단, -니

표준어의 '-보'는 어떤 특성을 지닌 사람을 낮추어 가리키는 접미사로서 명사, 용언의 줄기, 어근 등에 붙는다. 이러한 기능과 분포는 서남방언에서도 마찬가지이다. 다만 표준어에 없는 예가 다수 나타난다.

> (17) 대갈보(=머리기 큰 아이), 욕보, 움보(=울보), 떼보(=떼를 잘 쓰는 아
> 이), 배보(=배불뚝이), 꼴보(=잘 토라지는 아이), 싸보(=오줌싸개와
> 똥싸개), 귀먹보(=귀머거리), 빡보(=곰보), 쩔뚝보(=절름발이), 외통
> 보(=애꾸), 쫌보(=좀팽이)

(17)이 보여 주듯이 '-보'는 부정적인 의미 영역에 나타난다. 신체적 장애를
지칭하는 '귀먹보, 빡보, 쩔뚝보, 외통보'나 장애는 아니지만 신체적 불균형
이 있는 '대갈보, 배보', 그리고 성격적인 문제나 좋지 않은 버릇을 지닌 '욕
보, 움보, 떼보, 싸보' 등이 이를 말해 준다. '움보'는 있지만 "웃음보'는 쓰이
지 않는다는 점도 '-보'의 부정적 의미 특성을 뒷받침한다.
  접미사 '-보'가 부정적 의미 영역에 주로 쓰이는 것은 이 접미사가 비하의
말맛을 갖기 때문이다. 따라서 '-보'는 의미적 기능과 화용적 기능을 함께 갖
는다고 할 수 있다. 여기에서 알 수 있듯이 의미적 접미사와 화용적 접미사
는 서로 배타적인 관계에 있지 않다. 화용적 기능은 의미적 기능에 얹혀서
표현될 수 있기 때문이다.
  '-보'와 기능이 유사한 접미사로 전남 서남해 지역의 '-수'가 있다.

> (18) 꾀수(=꾀보), 도망수(=잘 도망 다니는 사람), 대갈수(=머리가 큰 아
> 이), 묵수(=먹보), 길수(=게으름뱅이), 폰수(=아이의 명을 길게 하기
> 위해 무당에게 판 아이), 뜽금수(=예상치 못하게 태어난 아이), 떠벅
> 수(=떠버리)

'꾀수'의 예가 보여 주듯이 접미사 '-보'와 '-수'는 서로 교체되어 쓰일 정도로
유사한 면을 보인다. 우선 '꾀수, 도망수, 대갈수'는 명사 다음에 오는 예이고,

'묵수'나 '길수'는 동사나 형용사의 줄기 다음에 오는 예이다. '묵수'의 '묵-'은 동사 '묵-'(=먹-)의 줄기이며, '길수'의 '길-'은 '기우르-'(=게으르-)의 줄기이다. '폰 수'는 동사 '폴-'(=팔-)의 관형형에 '-수'가 결합된 예이다. 한편 '뜽금수'의 '뜽금' 은 부사 '뜽금없이'(=뜬금없이)의 어근이며, '떠벅수' 역시 '떠벅거리다'의 어근 이다. 이처럼 접미사 '-수'는 명사, 용언의 줄기, 용언의 씨끝, 어근 다음에 올 수 있는데, 이러한 분포는 '-보'의 경우와 완전히 같다.

전남 진도에서는 '-보'나 '-수' 대신 '-바'가 흔히 쓰인다. 그리고 이 '-바'와 대 립되어 여성에게 쓰이는 접미사로 '-단/단이'가 있다. (19)는 조병현(2014)에 서 가져온 것이다.

(19)

가. 꼬시락바(=곱슬머리의 남자), 도추바(=짱구), 둑바(=고집쟁이), 쌍바 (=쌍둥이 남자), 억지바(=억지를 잘 부리는 남자), 뺀잭바(=뱁새눈을 가진 남자), 건덕꿀바(=덜렁이), 공택바(=공짜를 좋아하는 사람)

나. 뺀잭단(=뱁새눈을 가진 여자), 뽀꿀단/뻬꿀단(=잘 토라지는 여자), 싸 낙단(=성깔이 있는 여자), 모단이(=모 심은 날 낳은 아이)

(19)에서 '꼬시락바'의 '꼬시락'은 '꼬시락머리'(=곱슬머리)에서 보이는 어기이 며, '둑바'의 '둑'은 '둑부리다'(=고집 부리다)에 포함된 명사이다. '뺀잭바/뺀잭 단'의 '뺀잭'은 '뺀잭하다'(=눈이 작고 가늘게 째지다)의 어근이며, '뽀꿀단'의 '뽀꿀' 도 '뽀꿀내다'(=잘 토라지다)의 어근이다. '싸낙단'의 '싸낙'은 '싸납다'의 줄기이다. '건덕꿀바'의 '건덕꿀'은 진도 지역어에서 '건성'의 뜻으로 쓰이는 명사이다.

위에서 언급한 접미사 '-수', '-바', '-단' 등은 아이들의 속명을 짓는 데도 생 산적으로 쓰이는 말이다. 진도나 신안에서 아이들의 속명을 짓는 방식은 두 가지이다. 첫째는 아이의 외가 지명에 접미사를 붙인다. 예를 들어 진도의 경우 '대삽골'에서 시집온 여자가 낳은 아들은 '대바', 딸은 '대단이'라 한다.

또한 읍내에서 시집온 여자가 낳은 아들은 '골바'라 하며 딸은 '골단이'라 한다. 이때 '골'은 '고을'에서 온 말일 것이다. 진도에서는 '-단' 외에 '-심'이라는 접미사를 써서 딸을 가리키기도 한다. 한편 진도군 조도 지역에서 '오름'이라는 동네에서 시집온 여자가 첫 아이를 낳았을 때, 아들이면 '오름수', 딸이면 '오름단'으로 부르는 것도 같은 방식이다. 다만 진도와 조도는 아들의 경우 접미사가 '-바'와 '-수'로 각각 달리 나타난다는 점이 특별하다. 이처럼 접미사 '-수'는 사내아이를 가리키는 뜻을 지니는데, '뜽금수'의 '-수'가 바로 이와 같은 것이다. 물론 이 '-수'는 원래 '사내아이'를 가리키는 접미사였을 것이나, 나중에는 '어린 아이'로 확대되어 쓰였고, 더 나아가서는 '사람'을 가리키기에 이르렀다. '꾀수'나 '묵수' 등이 반드시 어린 아이를 가리키는 데 그치지 않고 어른에게까지 쓰일 수 있는 것도 이러한 의미 확대의 결과이다.

아이들 속명을 짓는 두 번째 방식은 아이들의 태어난 차례를 따르는 것이다. 그래서 진도에서는 아들이 여럿인 경우 '큰놈', '두바', '시바', '니바', '오바' 등으로 부르고, 딸이면 '큰년', '장가', '시단이', '니단이', '오단이' 등으로 부른다(이돈주 1979). 여기서 '장가'는 '작은 가이내'가 줄어든 말로서 '작은 계집애'라는 뜻이다. 진도에서는 여자를 가리키는 접미사로 '-단' 외에 '-심'도 있다. 그래서 '오단이'는 때로 '오심이'라고도 한다.

한편 전남 신안 지역에서는 성별에 따라 접미사 '-수'와 '-니'를 사용한다. 사내아이에 대해 접미사 '-수'를 사용하는 점은 진도 조도와 같으나, 여성 접미사로서 진도의 '-단'이나 '-심'에 대응하는 '니'가 사용되는 점이 다르다. 구체적인 예로서 신안의 하의도나 장산도 등지에서는 '팔월에 낳은 여자아이'를 '팔월니'라 부르고, 아이의 외가가 뒷개인 여자애는 '뒷갯니'라 부른다.

②-생이[2]

---

2 '생이'는 '꼬락생이'(=꼬락서니)나 '다리몽생이'(=다리몽둥이)에서도 확인되지만, 이들은

(20)

가. 강생이(=강아지), 망생이(=망아지), 양생이(=염소), 멤생이(=염소)

나. 놈생이(=보잘 것 없는 남자. 놈팡이), 쫌생이(=좀팽이)

접미사 '-생이'는 동물 또는 그 새끼를 가리키는 데 주로 쓰인다. '강생이', '망생이'는 강아지와 망아지를 각각 뜻하며, '양생이'나 '멤생이'는 염소 또는 염소의 새끼를 가리킨다. 한편 '-생이'가 사람을 가리키기도 하는데, '놈생이'와 '쫌생이'는 각각 표준어 '놈팡이'와 '좀팽이'에 대응한다. '놈생이'와 '쫌생이'에서 보듯이 '-생이'가 사람에 쓰일 때 부정적 의미를 갖는 것도 이 접미사가 원래 동물 또는 그 새끼를 가리켰기 때문일 것이다.

'-생이'는 주로 광양, 여천 등 전남의 동부 지역에서 활발히 쓰이는데, 이들 지역에서만 확인되는 '강생이, 망생이, 양생이, 놈생이'가 이를 뒷받침한다. 반면 '멤생이'나 '쫌생이'는 전남의 서부 지역에서도 보이는 어형이다.

③ -개

사물, 특히 도구를 가리키는 접미사 '-게' 또는 '-개'는 우리말의 특징적인 것인데, 서남방언도 마찬가지이다.

(21)

가. 귀호지개(=귀이개),[3] 귄전파개(=귀이개)

나. 미랫대당글개(=고무래), 미랫당글개(=고무래), 안징개(=의자)

다. 애기업개(=업저지)

여기서 거론하는 '-생이'와는 그 성격이 다르다.

3 그 밖에도 귀이개를 뜻하는 방언형 '귀호부개, 귀호주개, 귀오지개, 귀오부지개' 등에서 접미사 '-개'를 확인할 수 있다.

(21가)는 동사의 줄기, (21나)는 관형형 씨끝 '-을' 또는 '-은' 다음에 접미사가 결합하여 도구를 나타낸다.[4] '미랫당글개'가 '-을'을 포함하고 있다면, '안징개'는 '앉-'에 씨끝 '-은'이 결합된 어형이다. (21다)의 '애기업개'는 도구가 아닌 사람을 뜻한다. 표준어에도 '오줌싸개'나 '코흘리개'처럼 '-개'가 사람을 가리키는 경우가 있다(송철의 1992).

　④ -이

　　(22) 때때시(=딱따기), 빼빼시(=빼빼)

　'매미', '개구리', '꾀꼴이'처럼 의성어에 동물을 가리키는 접미사 '-이'가 결합되는 수가 있다. 서남방언에서도 '때때시'는 의성어 '땟땟'에 '-이'가 결합된 것인데, 이는 표준어의 '딱따기'에 대응한다. '빼빼시'는 표준어 '빼빼'에 대응하는 말로서 '빼빼 마른 사람'을 뜻한다. 표준어가 부사 '빼빼'에서 영파생을 통하여 명사 '빼빼'를 파생시켰다면, 서남방언은 '뺏뺏허-'의 어근 '뺏뺏'에 접미사 '-이'를 결합시켰다. '때때시'와 '빼빼시'에서 볼 수 있는 것처럼 첩어 '땟땟'과 '뺏뺏'의 경우 첫 음절의 끝소리 /ㅅ/은 탈락되어 쓰인다. '꼽꼽(=꼼꼼)'과 '깝깝(=갑갑)'에서도 첩어에서의 첫음절 끝자음 탈락이 일어나 '꼬꼽', '까깝'으로 쓰이는 것이 일반적이다.

1.2.2.1.2 비의미적 접미사

　여기서 거론할 비의미적 접미사는 형태적 접미사와 화용적 접미사를 포괄한다. 비록 의미적 접미사로 쓰이더라도 형태적 기능과 화용적 기능이 더

---

4 '미랫당글개'의 '당글-'에 나타나는 씨끝 '-을'은 동사 '밀-'에 유추되어 생겼을 가능성도 있다.

불어 있으면 여기서 함께 다룬다.

a. '-머리'와 '-대가리'

접미사 '-머리'는 의미의 첨가 없이 오직 비하의 뜻만을 나타내는 것으로서 표준어의 '싹수머리', '씨알머리', '인정머리' 등에서 확인된다. 서남방언에서도 '중정머리' 등에서 이를 확인할 수 있다. '소갈머리'(=철딱서니), '뽄당머리'(=본때)는 각각 [[[속]알]머리], [[[뽄]당]머리]와 같은 계층구조를 갖는데, 접미사 '-머리'가 결합되는 어기 '속알'과 '뽄당'은 홀로 쓰이지 못하므로 '속알'과 '소갈머리', '뽄당'과 '뽄당머리'의 비교를 통해 그 의미적 차이를 드러낼 수 없다. 다만 '속알'이 아닌 명사 '속', '뽄당'이 아닌 명사 '뽄'과의 비교를 통해 '-머리'가 갖는 비하의 말맛을 간접적으로 확인할 수 있을 뿐이다.

한편 '머리'의 비하형 '대가리'도 접미사로 쓰이는 수가 있는데, 사이시옷이 수의적으로 개재하여 [때가리]로 실현되기도 한다. 접미사 '-대가리'가 명사에서 기원했기 때문일 것이다. 접미사 '-대가리'는 '-머리'에 비해 비하의 정도가 상대적으로 더 심하다. (23)에서 접미사 '-대가리'는 '-머리'로 대체될 수 없는데, 다만 '싹수대가리'는 '싹수머리'와의 혼용이 가능하다.

(23) 멋대가리(=멋), 귄대가리(=귀염성), 뽄대가리(=모양), 싹수대가리(=싹
수머리)

b. '아/악/앙'계 접미사
b-1. '아'계 접미사

'아'계 접미사는 기원적으로 첫 음절에 형태 '아'를 갖는 '-아기', '-아지', '-아리', '-아미' 등이 포함된다. 이들은 모두 모음조화에 따른 변동을 보이는데,

그 가운데서 '-아기'와 '-아미'는 움라우트, 그리고 모음 /ㅐ/와 /ㅔ/의 합류를 겪어 '-애기'와 '-애미'로 실현된다.

① -애기[5]

(24)

가. 웅구래기(=미꾸라지), 꼬시래기(=고수머리), 까시래기(=가시랭이. 까끄라기), 짜시래기(=자잘구레한 것),[6] 깨오래기(=개구리)

나. 소래기(=소리)

다. 오래기(=올), 덤부래기(=덤불), 트매기(=틈), 창새기(=창자), 속창새기(=창자)

(24가)의 '-애기'는 의미적 접미사로서 어떤 성격을 지닌 사람이나 동물 또는 사물 등을 가리킨다. 예를 들어 '꼬시래기'는 '고수머리를 한 사람' 또는 '고수머리 그 자체'를 지시한다. 반면 (24나)는 비하의 화용적 효과를 갖는 예이다. '소래기'는 '소리'와 달리 약간의 비하적 의미를 갖기 때문이다.[7] (24다)는 기존의 명사에 접미사 '-애기'가 붙어 단지 어형을 확대할 뿐 특별한 의미나 정의적 효과를 가져오지 못하는 형태적 접미사의 예이다. '창새기'는 창자를 낮추는 방언형이지만, 어근 '창시'가 이미 비하의 뜻을 가지고 있으므로 접미사 '-애기'에 비하의 책임을 물을 수 없다. 따라서 '창새기'의 '-애기'도 형태적 접미사에 속한다.

---

5 완도 지역에서는 '까시라기'처럼 움라우트를 거치기 전의 '-아기'가 확인되기도 한다.

6 전남방언의 '짜실허다' 또는 '짜실짜실허다'는 '자질구레하다'의 뜻을 갖는다.

7 '소래기'는 '소래기가 크다'처럼 중립적인 경우에는 잘 쓰이지 않고 '소래기를 질르다'와 같이 부정적 표현에 흔히 쓰인다.

②-아지

　접미사 '-아지'는 (25가)에서 보듯이 비하의 의미를 더하고 있다. '목'과 '모가지', '손목'과 '손모가지', '폴목'과 '폴모가지', '악'과 '아가지'의 비교에서 이를 확인할 수 있다. (25나)는 인지적 의미의 변화가 초래된 경우이다. '꼴'은 모양, 행태, 처지 등을 낮추는 말인데, '꼬라지'는 같은 의미로 쓰이면서 '꼴'보다 더 낮추는 말맛을 준다. 이런 경우의 '-아지'는 화용적 접미사에 속할 것이다. 그러나 서남방언에서 '꼬라지'는 이런 의미 외에 사람의 괴팍한 성깔을 나타낼 때가 있다. 예를 들어 '그놈은 꼬라지가 영 사납다.', '또 꼬라지 부리네.'라고 할 때가 이 경우이다. 이때의 '-아지'는 의미적 접미사의 구실을 한다. '창아지'는 '창자'의 방언형이다. 아마도 창자를 뜻하는 한자어 '장'(腸)이 거센소리로 변한 뒤 여기에 접미사 '-아지'가 덧붙은 것으로 보인다. 그러나 '창아지'는 창자 외에 '철딱서니'의 의미를 갖기도 한다. 그리고 이런 의미로 쓰일 때에는 '창아지'와 함께 '속창아지'라는 말도 쓰인다. 따라서 '창아지'가 창자가 아닌 철딱서니의 의미로 쓰인다면 이때의 '-아지'는 의미적 접미사의 구실을 하는 셈이다. '거렁뱅이'의 방언형 '거라지'는 어근 '걸(乞)'에 '-아지'가 붙은 것으로 추정되므로 이때의 '-아지'도 의미적 접미사로 기능한다. 그러나 (25나)의 경우 의미적 접미사로 기능하더라도 여기에는 비하의 말맛이 얹혀 있어 화용적 접미사의 기능도 함께 하고 있다.

　(25)
　가. 발모가지(=발목),[8] 손모가지(=손목), 폴모가지(=팔목), 아가지(=악다구니)
　나. 꼬라지(=꼬락서니), 창아지/속창아지(=철딱서니), 거라지(=거렁뱅이)

---

8 '모가지'는 때로 '모감지'로도 실현되는데, 이때는 접미사가 '-암지'이다.

한편 (26)은 순전히 방언형의 분화에 관여하는 형태적 접미사의 예이다. '벌거지'는 전남 지역에 나타나는 '벌게'나 '벌기' 등에 '-어지'가 붙은 것으로 분석되며, '쌀가지' 역시 '삵'(《 슈)에 '-아지'가 결합한 것이다.

(26) 벌거지(=벌레), 날벌가지(=날벌레), 쌀가지(=살쾡이)

③ -아리

접미사 '-아리'는 의미적 기능, 화용적 기능, 형태적 기능의 세 가지를 모두 수행한다. (27가)는 의미적 접미사, (27나)는 화용적 접미사의 예이다. (27나)의 '창아리'가 창자의 비하어가 아닌 '철딱서니'의 뜻으로 쓰일 때가 있는데 이런 경우는 의미적 접미사에 해당할 것이다. '창아리'와 '속창아리'의 관계는 앞에서 언급한 '창아지', '속창아지'의 관계와 같다. (27다)의 '트마리'는 '틈-아리', '폴꾸마리'[9]는 '폴-꿈-아리'로 분석되는데 여기에서는 비하의 말맛이 느껴지지 않아서 단지 형태적 접미사로 분류될 수 있다.

(27)
가. 귀머거리
나. 창아리(=창자)
다. 트마리(=틈), 폴꾸마리(=팔꿈치)

---

9 옛말에서 '팔꿈치'는 '풄구머리, 폴구믜, 폴구븨, 폴구브렁' 등으로 나타난다. '폴구븨, 폴구브렁'은 동사 '굽-'이 포함되어 있음이 분명하지만 '풄구머리, 폴구믜'의 '굼'을 '굽-'에서 온 것으로 볼 수 있을지는 의문이다. '굼'이 '굽-'에서 왔을 가능성이 있지만, '귀머리'가 발꿈치, 팔꿈치, 복사뼈를 가리키는 명사로 따로 쓰이기 때문이다(踝 귀머리 과 俗呼內踝 外踝/훈몽자회 초:상15). 서남방언형 '폴꾸마리'는 옛말 '풄구머리'의 후대형이다. 여기서는 '팔꿈치'와의 대조를 통해 '폴꾸마리'를 '폴-꿈-아리'로 분석하였다.

한편 (28)에서 보듯이 접미사 '-아리'가 표준어의 형태 '이'에 대응하는 경우가 있다. 표준어에서 '-둥이', '-퉁이',[10] '-뚱이', '덩이', '송이' 등과 같이 접미사 또는 명사의 일부를 이루는 형태 '이' 대신 서남방언에서는 '-아리/어리'가 쓰인다.[11] 이때의 '이'나 '아리'가 독립적인 접미사로 분석될 수 있을지는 분명하지 않으나, 형태적 접미사 '-아리'의 확대된 쓰임으로 보아도 무방할 것이다.

(28) 주둥아리(=주둥이), 모퉁아리(=모퉁이), 보퉁아리(=보퉁이), 귀퉁어리(=귀퉁이), 몸뚱아리(=몸뚱이), 괴깃덩어리(=고깃덩이/고깃덩어리), 흑덩어리(=흙덩이/흙덩어리), 밤숭어리(=밤송이)

④ -애미

(29가)에서 '미꼬래미'는 어근 '미꼴', '얼게미'는 동사의 줄기 '얽-'에 접미사 '-애미'가 결합되어 각각 동물과 물건을 나타내므로 이때 접미사는 의미적 접미사이다. 반면 (29나)의 '송사리'에 결합된 '-애미'는 방언형 '송시래미'를 파생시키므로 형태적 접미사로 기능한다.

(29)
가. 미꼬래미(=미꾸라지), 얼게미(=어레미)
나. 송시래미(=송사리)

---

10 '모퉁이'의 '모'나 '보퉁이'의 '보'는 모두 옛말에서 끝소리에 /ㅎ/을 가졌던 낱말들이다. 따라서 여기에 덧붙은 것은 '-퉁이'가 아닌 '-둥이'인 셈이다. '귀퉁이' 역시 마찬가지다.
11 팽이를 뜻하는 '뺑오리'의 '-오리'도 이러한 '-아리'와 같은 것이다. 고갱이를 뜻하는 '깡아리' 역시 같은 뜻을 갖는 전남방언형 '깡치'와의 비교를 통해 '깡-아리'로의 분석이 가능하다. '-아리'와 '-치'의 대응 관계는 '팔꿈치'의 방언형 '폴꾸마리'와 '폴꿍치'에서도 확인된다.

b-2. -악지

'악'을 첫 음절로 갖는 접미사는 '-악지'가 유일하다. '아'계의 접미사가 '기', '지', '리', '미' 등을 둘째 음절로 가질 수 있었던 것에 비하면 형태 결합이 매우 제한되어 있음을 알 수 있다.

'-악지'는 부분적으로 '-아지'와 바꿔 쓰일 수 있다. '벌걱지'와 '벌거지', '모 각지'와 '모가지', '메꼬락지'와 '메꼬라지', '웅구락지'와 '웅구라지' 등이 이런 경우이다. 다만 '지럭지', '걸럭지' 등은 오직 '-악지'만 가능하다.

'-악지'는 세 가지 기능을 다 갖는데, (30가)는 의미적 접미사, (30나)는 화용적 접미사, (30다)는 형태적 접미사의 예이다.

(30)
가. 깨구락지(=개구리), 메꼬락지(=미꾸라지), 웅구락지(=미꾸라지), 지럭
    지(=길이)[12]
나. 모각지(=모가지)
다. 벌걱지(=벌레), 검부락지(=검불), 걸럭지(=걸레)

b-3. '앙'계 접미사

'앙'계 접미사에는 '-앙구', '-앙지', '-앙기', '-앙이'가 있다. 이들은 모두 모음 조화에 따른 변동을 보이는데 그 가운데 '-앙기'와 '-앙이'는 움라우트를 겪어 '-앵기'와 '-앵이'로 실현된다. '아'계의 접미사와 비교하면 '리'나 '미'를 둘째 음절로 갖는 '-앙리'나 '-앙미'가 확인되지 않는 반면, '아'계에는 없었던 '이'의 결합이 가능하다는 차이가 있다.

---

12 '지럭지' 외에 '지럭시'도 쓰인다.

① -앙구

접미사 '-앙구'는 오로지 형태적 접미사로만 쓰인다.

(31) 가장구(=가지. 枝), 가랑구(=가랑이),[13] 나상구(=냉이), 거성구(=지렁
이),[14] 뿌렁구(=뿌리),[15] 가상구(=가. 邊)

② -앙지

'-앙지'는 '-앙구'와 마찬가지로 형태적 접미사로만 쓰인다. '뿌렁지/뿌렁
구', '가랑지/가랑구'에서 보듯이 '-앙지'는 '-앙구'와 교체되어 쓰일 수 있다.

(32) 꼬랑지(=꼬리),[16] 쇠꼬랑지(=쇠꼬리), 뿌렁지(=뿌리), 가랑지(=가랑이)

③ -앵기

'-앵기'는 의미적 접미사와 형태적 접미사로 쓰이는 예가 확인된다. (33가)
는 의미적 접미사, (33나)는 형태적 접미사의 예이다. '홀랭기'는 동사 '홀리
다'의 줄기 '홀리-'에 '-앵기'가 결합된 것이다. 이병근(2004)는 표준어 '올가미'
를 '옭-'의 선대형 또는 '유혹하다'의 뜻을 갖는 '홀-'으로부터 파생되어 나온

---

13 전남 함평에서 '가랑이'를 '가리쟁이'라 한다. 여기에서 보듯이 '가랑이'의 옛말 '가롤'이 전
   남방언에서는 '가리'로 변했음을 알 수 있는데, 다만 이 '가리'는 단독형으로 쓰이지 않고
   언제나 접미사와 결합해서 쓰이는 것이 특징이다.
14 진도에서는 '지렁이'를 '고송구'라 하는데, 이는 '거성구'의 / ㅓ/가 후설모음화 하면서 생겨
   난 변이형이다.
15 '뿌랑구'도 일부 지역에서 나타난다.
16 '꼬랑지' 외에 '꼴랑지'도 쓰인다.

것으로 해석하였다. 그렇다면 서남방언의 동사 '홀리-'나 '홀기-'는 이 '홇-'과 기원이 같은 말임이 분명하다. 그러므로 '홀랭기'와 '올가미'는 모두 동일한 동사에서 파생된 말이라 하겠다.

(33)

가. 홀랭기(=올가미)

나. 뿌렝기(=뿌리), 나생기(=냉이)

④ -앵이[17]

(34)

가. 늘갱이(=늙은이), 미꼬랭이(=미꾸라지), 얼갱이(=어레미), 얼맹이(=어레미), 홀랭이(=올가미)

나. 꼬맹이(=꼬마), 애갱이(=아이), 마누랭이(=마누라)

다. 걸랭이(=걸레), 엽구랭이(=옆구리), 꼬랭이(=꼬리), 뿌랭이(=뿌리), 호맹이(=호미), 벌갱이(=벌레), 날벌갱이(=날벌레), 가생이(=가장자리)

(34가)는 의미적 접사로 쓰인 경우인데, 사람과 동물 그리고 사물 등을 가리킨다. '얼갱이'는 '얽-', '얼맹이'는 옛말 '얼믜-', '홀랭이'는 '홀리-' 등에 '-앵이'가 각각 결합한 것이다. (34나)는 비하의 뜻으로 쓰인 경우이다. 이런 비하적 의미는 특히 사람을 가리키는 명사에서 두드러지게 나타난다. (34다)는 사물을 가리키는 예로서 비하의 말맛이 두드러지지 않아서 단순히 방언적 분화에만 기여하는 형태적 접미사로 분류된다. 이 가운데서 '벌갱이'는 구례, 광양 등 전남의 동부 지역에서 보이는데, 이들 지역에서는 또한 '벌게'나 '벌

---

17 '퇴깽이(=토끼), 산퇴깽이(=산토끼)'처럼 움라우트를 겪지 않은 어형도 확인된다.

기' 등의 어형이 단독으로 쓰이기도 한다. 그렇다면 '벌갱이'는 바로 이 '벌게'
에 '-앵이'가 첨가되어 생겨난 어형임을 쉽게 알 수 있다. '가생이'는 옛말 'ᄀᆞᆺ'
으로부터 '-앵이'가 결합되어 파생된 것이다.

　지금까지 기술한 '아/악/앙'계의 접미사들의 형태를 비교하여 표로 만들면
〈표 1〉과 같다. 접미사의 첫 음절이 각각 '아', '악', '앙'으로 구분되지만 여기
에 결합되는 둘째 음절 '기', '구', '지', '리', '미', '이' 등과의 결합 양상은 접미사
에 따라 다르다. 〈표 1〉에서 o는 결합이 가능한 경우, x는 결합이 불가능한
경우를 각각 가리킨다.

〈표 1〉 '아/악/앙'계 접미사의 형태 비교

	기	구	지	리	미	이
아	o	x	o	o	o	x
악	x	x	o	x	x	x
앙	x	o	o	x	x	o

　〈표 1〉을 보면 우선 둘째 음절이 '지'인 경우 세 형태가 모두 결합될 수 있
음을 알 수 있다. 특히 첫 음절 '악'은 오로지 둘째 음절이 '지'일 때에만 나타
나는 매우 제한된 분포를 보인다. 따라서 '지'를 제외할 경우(결과적으로 첫 음절
'악'도 고려에서 제외된다.) 남는 첫 음절 형태 '아'와 '앙'은 그 분포가 배타적이다.
그렇다면 '아'와 '앙'은 '지'와의 결합에서만 공통점을 보일 뿐 나머지 환경에
서는 상보적 분포를 보이므로, 이 두 계열은 매우 긴밀한 관계에 놓여 있는
셈이다.

　c. '다/댕'계 접미사

　'-다/댕'계 접미사에는 '-대기', '-다구', '-댕이'가 포함된다. '-다구'의 존재로
미루어 '-대기'는 아마도 기원적인 '-다기'가 움라우트를 겪은 것으로 보인다.

그렇다면 '-댕이' 역시 원래는 '-당이'였을 것이다. 따라서 이들 접미사들은 모두 '다'나 '당'을 갖는 점에서 공통이다. '-다기'와 '-당이'를 비교하면 '-다기'를 '-딕이'로 해석할 수도 있을 것이나, 그렇게 되면 '-다구'를 '-닥우'로 분석해야 하는 문제가 생긴다. 후술할 '-탕구' 등을 보면 형태 '구'를 인정할 수밖에 없으므로 '-다구'는 '-닥우'가 될 수 없고 그렇다면 '-다기'는 '-닥이'로 분석할 수 없다는 결론에 도달한다.

① -대기[18]

'-대기'는 사람과 동물 그리고 사물에 걸쳐 쓰인다. 우선 사람과 동물을 가리키는 예는 (35)와 같은데, (35가)에서 보듯이 사람을 가리킬 때에는 용언의 줄기 다음에 붙어 의미적 접미사로 기능한다.[19] '야우대기'는 '야윈 사람'을 뜻하지만 '버리대기'는 '버려진 사람'을 의미한다. 따라서 '-대기'는 동사의 주체 또는 객체의 어느 쪽도 지시할 수 있다. (35나)의 '괴대기'는 '괴'로부터 파생된 것이므로 형태적 접미사가 결합된 예라 하겠다.

(35)
가. 버리대기(=내버린 아이),[20] 야우대기(=야윈 사람)
나. 괴대기(=고양이)

한편 사물의 명사 다음에 붙는 '-대기'는 주로 비하의 화용적 접미사로 쓰인다.

---

18 고흥 지역어의 '버리더기', 해남, 완도 지역어의 '괴더기'(=고양이)는 '-더기'가 모음조화에 의한 '-다기'의 변이형임을 말해 준다.
19 표준어에서 '-대기'가 포함된 낱말로는 '새침대기, 부엌대기' 등을 들 수 있다.
20 '버리더기' 외에 '베리대기'도 확인된다.

(36)

가. 맨사대기(=맨몸),[21] 누덕대기(=누더기), 자반대기(=자반), 버신대기(=버신), 끈태기(=끈),[22] 쏘낙대기(=소나기)

나. 빠마대기(=빰따귀), 가시마대기(=가슴팍)

다. 상판때기, 손목때기, 폴목때기, 빰때기, 배때기

라. 양철때기, 종우때기, 판자때기, 헝겊때기, 가마니때기, 나무때기

마. 꾸석때기(=구석), 뿔때기(=뿔), 소쿠리때기, 뽄때기(=본때), 마수때기(=마수걸이)

위에서 (36가)는 '-대기'가 명사 다음에 바로 결합되었다면 (36나)는 기원적으로 관형격조사 '아'가 개재된 경우이다. (36다)는 신체 명사, (36라)는 넓적한 모양의 사물에 붙는 경우인데 모두 사이시옷이 개재되어 있는 점에서 (36나)와는 다르다. 한편 (36라)의 '-대기'는 의미적으로 작은 것을 가리키는 말맛도 느껴진다. 이른바 지소사로서의 기능이 있는 듯한데, 이 점에서 나머지 경우와는 구별된다.[23] (36마)는 사이시옷이 개재되어 있지만, 특별한 의미적 특징이 없이 일반 명사에 붙어 비하적 의미를 갖는 예이다. 표준어에서는 사이시옷이 합성어에 나타나지만, 서남방언에서는 앞에서도 언급한 바와 같이 접미사 앞에도 나타나 파생어 형성에 관여할 수 있다.

(37)은 어근에 접미사 '-악'이나 '-앙'이 결합되어 어기를 형성한 후 여기에 다시 '-대기'가 결합된 경우이다. '웅구락대기'는 '웅구락지'라고도 하는데 어근 '웅굴'에 접미사 '-악지'가 결합된 것이다. '웅구락대기'는 바로 이 '-악지' 대신 '-악대기'가 결합된 것으로서 '-대기'가 접미사 '-아지'나 '-악지'의 일부인

---

21 '맨사대기'의 '맨사'는 아마도 '맨살'에서 온 것일 것이다.

22 '끈'의 옛말은 '긶'이다. 그래서 '끈태기'는 통시적으로 '긶-대기'로 분석된다.

23 '요대기(=요)'의 '-대기'도 지소사로서의 기능을 하는 것으로 보인다.

'지'를 대신하는 특별한 예이다. '꼬리'를 뜻하는 '꼬랑대기' 역시 '꼬랑지'에서 같은 방식으로 생겨난 것임은 쉽게 알 수 있다. 이런 말들도 모두 특별한 비하의 의미가 느껴지지 않는 점에서 형태적 접미사로 기능하는 경우이다.

(37) 웅구락대기(=미꾸라지), 꼬랑대기(=꼬리. 꽁지)

②-다구

접미사 '-다구'는 '-따구'로도 실현되는데, 이는 사이시옷이 개재된 결과로 보인다. 접미사 앞에 사이시옷이 나타날 수 있음은 앞에서 언급한 바 있다. 사이시옷이 개재된 (38가)의 예들은 모두 '-다구'가 명사에 붙는 경우이다. '-다구'가 명사에 붙을 때에는 대체로 비하의 화용적 효과를 가져서 화용적 접미사로 기능한다. '쫄따구, 뽈따구' 등이 대표적인 예이다.

한편 (38나)는 '-다구'가 가상적 어근에 붙는 경우이다. '껍따구'의 '껍'은 '껍질', '껍데기'와 같은 낱말과의 비교를 통해 어근으로 분석될 수 있다. '꽁다구'의 '꽁'도 마찬가지이다. 꼬리나 꽁지를 뜻하는 이 말에서 '꽁'은 어근으로 분석될 수 있는데, 이는 '꽁다리', '꽁다우', '꽁댕이', '꽁지' 등의 낱말에서 확인된다. '창다구'의 '창(〈 腸)도 '창시', '창새기', '창아리' 등에서 확인되는 어근이다. '-다구'가 이러한 가상적 어근에 결합될 때에는 비하적 의미가 두드러지지 않아서 형태적 접미사로 볼 수 있다. 그러나 가상적 어근 '껍', '꽁', '창' 등이 단독으로 쓰이는 일은 없으므로 다른 경우의 형태적 접미사와는 그 성격이 다른 셈이다.

(38)
가. 쫄따구(=졸병), 멜따구(=멸치), 볼따구, 삐따구(=뼈다귀), 뽈따구(=화),
  쇠뿔따구(=쇠뿔)

나. 껍다구(=껍질), 꽁다구(=꽁지), 창다구(=창자)

③ -댕이

'-댕이'는 사람, 동물, 사물을 가리키는 점에서 '-대기'와 다를 바 없으며, '-대기'와 부분적으로 교체되어 쓰일 수 있다. 우선 '-대기'와 바꿔 쓰일 수 있는 것으로 (39)를 들 수 있다.

(39) 귀싸댕이(=귀), 멱싸댕이(=멱살), 빠마댕이(=뺨따귀), 발목댕이(=발모가지), 손목댕이(=손모가지), 맨사댕이(=맨몸. 맨살), 멱댕이(=멱살), 괴댕이(=고양이)

그러나 (40)은 '-대기'와 바꿔 쓰일 수 없으며 오직 '-댕이'로만 쓰이는 예이다. (40가)에서 보듯이 사람을 가리키는 경우 '게울댕이'처럼 줄기 다음에 오지만, '쌩댕이', '쉬운댕이'는 명사 다음에도 올 수 있음을 보여 준다. (40나)는 특별한 의미적 특징을 갖지 않는 사물 명사에 '-댕이'가 붙어 비하의 의미를 갖는 경우이다. (40다)는 신체의 일부에 붙는 예로서 비하의 말맛이 느껴지지 않는 형태적 접미사의 예이다.

(40)
가. 쌩댕이(=날 것. 초보자), 쉬운댕이(=쉰둥이), 게울댕이(=게으름뱅이)
나. 코댕이(=코), 소댕이(=소행머리), 철댕이(=철딱서니), 보리꼽사댕이(=곱삶이. 꽁보리밥)
다. 폴꿈댕이(=팔꿈치), 꽁댕이(=꽁지. 꼬리)

한편 (41)은 '-댕이' 앞에 '-앙-'이 결합된 경우이다. 앞에서 '-악대기' 또는 '-앙대기'의 결합형을 언급한 바 있는데, '-앙댕이' 역시 이런 종류에 드는 예이다. 다만 '-댕이'의 경우 '악'과 결합한 예는 찾아지지 않는다.

(41) 모강댕이(=모가지), 가랑댕이(=가랑이), 꼬랑댕이(=꼬리)

이상에서 보았듯이 '-대기'와 '-댕이'는 부분적으로 수의적 교체를 보이기는 하지만, 그 결합 방식에는 약간의 차이가 있다. '-대기'는 많은 예에서 사이시옷이 개재되어 있었지만, '-댕이'에서는 사이시옷의 결합이 허용되지 않는다.

d. '타/탕'계 접미사

접미사 '-태기', '-탱이', '-탕구', '-탱가리' 등이 이 범주에 든다. '-탕구'를 고려하면 '-탱이'는 기원적으로 '-탕이'에서 움라우트를 겪은 것으로 해석될 수밖에 없다. '-탱가리'는 '-탕가리'로부터 '-탱이'에 유추되어 변한 것으로 추정된다. 반면 '-태기'는 '-타기'로부터 움라우트를 겪어 생겨난 점에서 '-탱이'와 동일하다.

① '-태기'와 '-탱이'

서남방언에서 접미사 '-태기'와 '-탱이'는 사람과 사물을 가리키는 데 쓰이며, 특히 이 두 접미사는 많은 어휘에서 교체될 수 있는데 (42가)가 이런 경우이다. 반면 (42나)는 오로지 '-탱이'로만 쓰이고 '-태기'로는 쓰일 수 없는 예이다.[24]

---

24 반대로 '밥태기'(=밥알)는 오직 '-태기'로만 쓰이며, '-탱이'로의 교체는 불가능하다.

(42)

가. 깨골태기/깨골탱이(=개구리), 옆굴태기/옆굴탱이(=옆구리), 눈태기/
눈탱이(=눈 또는 눈 주위), 조막태기/조막탱이(=조막. 주먹), 주먹태기/
주먹탱이(=주먹), 볼태기/볼탱이(=볼), 공갈태기/공갈탱이(=공갈), 맛
태기/맛탱이(=맛), 멋태기/멋탱이(=멋), 구석태기/구석탱이(=구석), 시
말태기/시말탱이(=힘)²⁵

나. 먹탱이(=귀머거리), 가랑탱이(=가지. 枝), 오굼탱이(=오금), 곰탱이(=곰),
아굴탱이(=아가미),²⁶ 쌍탱이(=쌍판)

'-태기/탱이'가 의미적 접미사로 기능할 때에는 사람과 사물을 가리키는
데, 예를 들어 '먹탱이'는 귀머거리를 뜻하므로 이때의 '-탱이'는 '-보'와 기능
이 같다. 또한 '개구리'를 뜻하는 '깨골태기'의 '-태기'는 사물을 가리키는 접
미사 '-이'와 같다. 한편 '가지(枝)'의 방언형인 '가랑탱이'는 광양에서 확인되
는데, 같은 지역에서 '가랭이'와 혼용된다. 따라서 '가랑탱이'는 '가랭이'의 '-이'
대신 '-탱이'가 붙은 것이다.

'옆굴태기, 오굼탱이, 눈태기, 조막태기, 주먹태기, 볼태기, 공갈태기, 곰탱
이, 맛태기, 멋태기, 구석태기, 시말태기, 아굴탱이'의 '-태기/탱이'는 화용적
접미사로서 비하의 말맛을 준다. '옆굴태기, 오굼탱이, 눈태기, 조막태기, 주
먹태기, 볼태기'는 사람의 신체 일부를 가리키는 말인데, 이 점에서 '목'의 방

---

25 서남방언에는 '힘'의 방언형 '심'에 접미사 '-아리'가 결합한 '시마리'가 독자적으로 쓰이는
데, '시마리'는 '심'의 비하어이다. 여기에 다시 '-태기'가 결합한 것이 '시말태기'이며, 이는
'시마리'보다 비하의 느낌이 더 강하다. 따라서 비하의 정도를 비교하면 '시말태기 〉 시마
리 〉 심'인 셈이다.

26 '아골탱이'나 '아굴탱이'는 강진, 해남, 완도 등 남해안 지역에서 쓰이는 어형인데, 이들은
'아고리'나 '아구리'에 '-탱이'가 붙은 것으로 해석된다. '아고리'나 '아구리'는 본시 아가리
를 가리켰던 형으로 추정되는데, '아가리'에서 '아가미'로의 의미 전이가 일어난 것으로 보
인다. 실제로 곡성 지역에서는 '아구리'가 아가리의 뜻으로 쓰이고 있다.

언형 '모가지'와 같다. 그러나 서남방언에서 '-태기/탱이'와 '-아지'의 결합 환경은 비교적 엄격히 구별된다. '옆구리, 오금, 눈, 주먹, 볼, 사타구니' 등에는 '-태기/탱이'만 가능하고 '-아지'는 결합될 수 없다. 반면 '목, 배'는 오직 '-아지'만 결합될 수 있다. 그리고 '손목, 팔목'에는 '-아지'가 주로 쓰이나 '-탱이' 또는 '-대기'의 결합도 가능하다. '공갈태기, 곰탱이, 맛태기, 멋태기, 구석태기, 시말태기'의 '-태기/탱이'는 신체의 일부가 아닌 사물 또는 추상물에 붙는 경우인데 역시 비하의 말맛을 더하는 화용적 접미사로 기능한다. 특히 '맛태기/맛탱이, 멋태기/멋탱이, 시말태기/시말탱이' 등은 언제나 부정어 '없다' 또는 이와 유사한 의미의 표현들과만 결합 가능한데, 이러한 통사적 제약은 바로 이들 어휘들이 갖는 비하의 말맛 때문이다. '힘이 세다'를 "시말태기가 시다'라고 하면 비문이 되는 것도 이 때문이다.

접미사 '-태기'나 '-탱이'가 사람에 쓰일 때에도 의미적 접미사와 화용적 접미사의 두 가지 용법이 있다. (43가)처럼 의미적 접미사로 쓰일 때에는 사람을 가리키는 '-이'와 같은 기능을 하는데, 그러나 이때도 '-태기/탱이'에는 비하의 말맛이 얹혀 있어 '-이'와 차이를 보인다. '늙은탱이'와 '늙은이'에서 이 차이를 확인할 수 있다. (43나)는 화용적 접미사의 예인데, 주로 늙은 사람이나 어린 아이를 낮추어 말할 때 쓰인다. 이처럼 '-태기/탱이'가 사람을 가리킬 때에는 언제나 비하의 말맛을 풍기는데, 이 때문에 이들 접미사는 늙은이나 어린 아이 또는 바보스런 사람을 비하하는 경우에 주로 쓰인다.

(43)

가. 덜태기(=모자란 사람), 까파태기(=쉽게 뒤집히는 사람이나 물건), 쪼글탱이, 꼬구랑탱이, 꼬부랑탱이, 늙은탱이, 미련탱이

나. 영감탱이, 망구탱이, 할망태기, 할망구탱이, 꼬마탱이

②-탕구

　접미사 '-탕구'가 '-태기/-탱이'처럼 쓰이는 수가 있다. (44)의 '맛탕구'와 '엽탕구'가 이를 보여 주는데 비하의 말맛을 갖는 점에서도 '-태기/탱이'와 같다. 이 '-탕구'는 오로지 화용적 접미사로 쓰일 뿐 의미적 접미사의 예는 확인되지 않는다. 그렇다면 이것은 '-탱이'가 화용적 접미사로 기능한 이후에 유추로 생겨난 형태로 볼 수밖에 없다. '-탱이'가 움라우트를 겪기 이전에 '-탕이'이었을 것으로 추정되기 때문에 이때의 '이' 대신 '구'가 결합된 것으로 보아야 한다. 같은 해석이 형태적 기능만을 수행하는 '-앙구'와 '-앙지'에 적용된 바 있다.

　　(44) 맛탕구(=맛), 엽탕구(=옆)

③-탱가리

　'맛'과 '멋'에 붙는 '-탱가리'도 '-태기/탱이'와 기능이 같아서 비하의 느낌이 강하다. 이 역시 화용적 접미사로만 쓰이는데, 그 형성 과정은 '-탕구'와 마찬가지라 하겠다. 즉 '-탱이'의 '이' 대신 '가리'가 첨가된 것으로서 '-탱이'가 화용적 접미사로서 독자적인 지위를 갖게 된 뒤에 생겨난 어형으로 보인다.

　　(45) 맛탱가리, 멋탱가리

　e. '바/박/방'계 접미사

①-배기

접미사 '-배기'는 명사, 용언의 줄기, 어근 등에 붙어 어떤 성격이나 특징을 갖는 사람을 나타내므로 그 분포와 의미에서 '-보'와 유사하다.

(46)

가. 가난배기(=가난뱅이), 허천배기(=껄떡이)

나. 싸배기(=오줌싸개나 똥싸개),[27] 기울배기(=게으름뱅이), 께울배기(= 게으름뱅이), 얽배기(=곰보), 수두배기(=숫된 사람)

다. 쩔뚝배기(=절름발이), 껄떡배기(=깔떡이), 걸배기(=거지), 외퉁배기(=애 꾸), 나퉁배기(=나이배기)

라. 어더배기(=얻어먹기를 잘 하는 사람), 안진배기(=앉은뱅이)

위에서 (46가)는 명사, (46나)는 줄기, (46다)는 어근 뒤에 접미사 '-배기'가 붙는 예이다. (46다)의 '수두배기'는 서남방언형 '숫허다'의 줄기 '숫허-'에 '-배기'가 결합된 어형이다. 즉 '숫허배기'가 /ㅎ/이 약화되면서 /수더배기/로 소리 나고 이것이 앞 음절의 모음에 동화되어 /수두배기/로 변한 것으로 보인다. (46라)는 용언의 활용형 즉 씨끝 다음에 '-배기'가 붙는 경우이다. '어더배기'는 '얻어-배기', '안진배기'는 '앉은-배기' 등으로 각각 분석되는 어형이다. '안진배기'처럼 관형형 씨끝 다음에 접미사가 오는 경우는 '안징개'에서도 언급한 바 있다. 그런데 '어더배기'처럼 씨끝 '-어' 다음에 접미사가 오는 경우는 매우 드물기 때문에 흥미로운 예라 하겠다. '어더박수'(=얻어먹기를 잘하는 사람), '빨가댕이'(=벌거숭이) 등에서 씨끝 '-어'가 결합된 용언을 확인할 수 있다.

한편 접미사 '-배기'는 '-보'와 달리 사물이나 행위와 같은 추상적 실체에도 쓰이는 수가 있다. (47가)의 '똥글배기'가 전형적인 예이다.[28] '꼭두배기'는

---

27 전남 동부의 광양 지역에서 '싸배기'와 '싸보'가 함께 쓰인다.

'꼭대기'에 대한 방언형인데, 이는 어근 '꼭두'에 '-배기'가 결합된 것이다.[29] 반면 '육날배기'는 날이 여섯인 미투리를 가리키는 것이어서 사물 일반이 아니라 특정한 사물인 미투리를 가리키고 있다. '간질배기'의 '-배기'는 간질이는 행위를 가리키므로, 이때에는 사물이 아닌 행위를 뜻한다. 이처럼 '-배기'가 사물을 나타낼 때에는 앞에서와 같은 비하의 말맛은 느껴지지 않아서 순전히 의미적 접미사로서만 기능한다.

(47나)는 형태적 접미사의 예이다. 사전에는 표준어 '가슴패기'와 '틈바구니'를 각각 '가슴'과 '틈'의 속어로 규정하고 있는데, 서남방언의 '가심배기'와 '틈배기'에는 이러한 속된 의미가 두드러지게 드러나지 않는다.

(47)

가. 똥글배기(=동그라미), 꼭두배기(=꼭대기), 간질배기(=간질이는 짓), 육날배기(=육날미투리)

나. 가심배기(=가슴패기), 틈배기(=틈바구니)

② -뱅이

서남방언에는 '-배기'와 함께 '-뱅이'도 쓰이는데, 이 두 접미사가 같은 어근에 함께 쓰이는 수도 많다. (48)이 이런 예이다. 여기에서도 보듯이 '-뱅이'는 '-배기'와 마찬가지로 사람과 함께 사물을 나타낸다.

(48)

가. 걸뱅이(=거지), 가난뱅이(=가난뱅이), 기우름뱅이(=게으름뱅이), 게울

---

28 어근 '똥글'은 '똥글허다'(=동그랗다)에서 확인된다.
29 이와 유사한 표현인 '꼭두머리'는 국어사전에서 '꼭대기'의 잘못된 말로 풀이되어 있다.

뱅이(=게으름뱅이), 얼뱅이(=얼금뱅이. 곰보), 앉인뱅이(=앉은뱅이), 허천뱅이(=껄떡이), 어덤뱅이(=얻어먹기를 잘 하는 사람), 얼금뱅이(=얼금뱅이. 곰보),[30] 가심뱅이(=가슴패기)

나. 똥글뱅이(=동그라미)

그러나 (49)와 같은 예들은 '-배기'로 바꾸기 어려운 것들이다.[31] (49가)는 사람을 가리키므로 의미적 접미사이면서 동시에 비하의 말맛이 있는 화용적 접미사, (49나)의 '내레뱅이'는 사물을 가리키는 의미적 접미사, '코뱅이'는 아무런 의미가 없는 형태적 접미사로 쓰였다.

(49)

가. 어리뱅이(=얼뜨기), 비럼뱅이(=비렁뱅이), 거렁뱅이(=거지), 느시렁뱅이(=느림보), 용천뱅이(=문둥이), 잡뱅이(=잡놈)

나. 내레뱅이(=내리막), 코뱅이(=버선 코나 고무신 코)

'-뱅이'는 '-배기'와 달리 용언의 명사형이나 접미사 '-엄'이나 '-엉' 뒤에 붙는 예가 많다. '게으름뱅이'가 명사형 뒤에 결합된 예라면, '어덤뱅이, 비럼뱅이'는 '-엄'이 붙은 경우이고, '비렁뱅이, 거렁뱅이'는 '-엉'이 결합한 예이다. '거렁뱅이'는 '거러지'와 같은 예가 있어 어근 '걸'(乞)을 분석해 낼 수 있는데, '거렁뱅이'는 이 '걸'에 '-엉'과 '-뱅이'가 각각 결합된 것이다.

이상에서 본 바와 같이 '-뱅이'는 의미적 · 화용적 · 형태적 접미사로 쓰여 '-배기'와 동일한 쓰임의 양상을 갖는다. 그렇다면 서남방언에서 '-배기'와 '-뱅이'

---

30 '얽배기'는 접미사가 줄기에 결합되나, '얼금뱅이'는 '얽-음-뱅이' 또는 '얽은-뱅이'로 분석되므로 명사형 또는 관형사형 씨끝에 결합되는 차이가 있기는 하다.

31 '꼬뺑이'(=코빼기), '쫌뺑이'(=좁쌀뱅이)는 '-뺑이'로 실현되나, 사이시옷의 영향으로 보이므로 이 역시 '-뱅이'가 포함된 예로 분류할 수 있을 것이다.

는 그 쓰임이 매우 유사하고, 형태적으로 유사하므로 동일한 접미사로 간주할 수 있을 것이다. 즉 서로 교체되어 쓰일 수 있는 수의적 변이의 관계에 있으며, 교체가 불가능한 경우는 형태적 변이형으로 기능한다는 해석이 가능하다. 반면 표준어에서도 '-배기'와 '-뱅이'가 있으나, 그 쓰임은 구별된다. '-배기'는 '나이를 먹은 아이'나 '해당의 것이 들어있거나 차 있는 사람', '그런 물건' 등을 뜻하지만, '-뱅이'는 '어떤 특성을 지닌 사람'을 뜻하여 '주정뱅이, 게으름뱅이, 안달뱅이, 좁쌀뱅이' 등에 나타난다.[32]

③ -박시/-박지/-박수

(50) 비름박지(=비렁뱅이), 어더박수, 껄떡박시(=껄떡이)

(50)의 세 낱말에 대해 '비렁뱅이', '어더배기', '껄떡배기' 등이 서남방언에서 함께 쓰이고 있으므로 접미사 '-박시', '-박수', '-박지'는 '-배기'나 '-뱅이'에 그대로 대응되는 것임을 알 수 있다. 접미사 '-박시', '-박수', '-박지'는 오직 사람을 나타내는 데에만 쓰일 뿐 사물을 가리키는 용법은 확인되지 않는다. 그리고 접미사 '-박시', '-박수', '-박지' 등은 화순·순천·여수 등 전남의 동부 지대에 분포하여, 나머지 지역에서 보이는 '-배기'와 대립을 보인다. 이기갑(2005a)에서 '-배기'가 동사 '박-'에서 온 것임을 가정하고 '-박수'의 '박' 역시 기원이 동일한 것임을 가정한 바 있다. 그런데 최전승(2019)에서는 '-박수'가 남자 무당을 뜻하는 '박수'에서 접미사화 한 것으로 보았다. '박수'는 원래 한자어 博士에서 기원한 말로서 학자, 현자, 점성술사 등의 의미를 가졌고 일부 방언에서는 남자 무당을 뜻하게 되었다. '어더박수'의 '-박수'는 사람을 낮추는 기능을 하는데 이것은 남자 무당이 갖고 있었던 비하적 의미가 유지된 것

---

32 그러나 '주정뱅이'는 '주정배기'로도 쓰인다.

으로 해석한 것이다. 최전승(2019)에 따르면 '박수'형은 전남 외에도 경남, 경북, 충남, 충북 등 여러 지역에서 쓰이는 접미사이다.

f. '자/장'계 접미사

'-대기/-댕이', '-태기/-탱이', '-배기/-뱅이'와 같이 '-재기/-쟁이'의 접미사가 서남방언에서 쓰이는데, 실제 자료를 보면 '-재기'는 극히 소수의 예만 확인되고 대부분은 '-쟁이'로 나타난다. '-쟁이'의 어원이 '-장이'에 있다면, '-재기' 역시 '-자기'로부터 움라우트를 겪어 생겨난 어형으로 추정된다.

① -쟁이

표준어에서 '-장이'는 어원적으로 '匠이'에서 온 것이므로(송철의 1992), 전문적인 기능을 갖는 사람을 가리키는 데 흔히 쓰인다. 서남방언에서는 비록 움라우트가 일어나 언제나 '-쟁이'로 실현되지만, 전문인을 가리키는 기능은 같아서 (51)과 같은 예가 확인된다. 이런 경우 '-쟁이'에는 비하의 말맛이 얹혀 있지 않다.

> (51) 되쟁이, 중방쟁이(=함진아비), 상쟁이(=관상쟁이), 불무쟁이(=대장장이), 야쟁이(冶-), 둥글쟁이(=둥우리를 만드는 사람), 모쟁이(=못줄을 잡아주는 사람), 들럭쟁이(=도둑)

그러나 '-쟁이'는 비단 전문적인 기술을 가진 사람만을 가리키지는 않는다. 어떤 특성을 지닌 사람을 가리키는 경우가 많다.

> (52) 귀먹쟁이(=귀머거리), 귀묵쟁이(=귀머거리), 철업쟁이(=철없는 사람),

싸납쟁이(=성질이 사나운 사람), 꾀복쟁이(=벌거숭이),[33] 꼽꼽쟁이(=구두쇠),[34] 꼬시락쟁이(=고수머리를 한 사람),[35] 무럽쟁이(=잘 무는 사람), 뽈딱쟁이(=동작이 날랜 사람), 애꾸쟁이(=애꾸), 몽니쟁이(=심술쟁이), 말썽쟁이, 쌈쟁이(=싸움꾼), 선대쟁이(=일이 서투른 사람)

(52)가 보여 주듯이 '-쟁이'가 붙는 말은 대부분 부정적 의미를 내포하고 있다. 심지어 '동작이 날랜 사람'을 뜻하는 '뽈딱쟁이'처럼 중립적인 의미를 지닌 경우에도 '-쟁이'는 낮추는 말맛을 풍기는 것이다. '-쟁이'가 원래 전문적 기능을 가진 사람을 가리키는 기능에서 특별한 특성을 지닌 사람을 가리키는 기능으로 확대되면서 이러한 비하의 말맛이 추가된 것으로 추정된다.

한편 '-쟁이'는 사람뿐만 아니라 사물을 가리키는 경우에도 쓰인다.

(53)

가. 눈쟁이(=송사리), 징금쟁이(=소금쟁이),[36] 까시쟁이(=가시덤불), 폭폭쟁이(=답답하게 하는 것)

나. 발목쟁이(=발목), 때꿉쟁이(=때)

다. 오굼쟁이(=오금), 가리쟁이(=가랑이), 복쟁이(=복), 졸복쟁이(=졸복), 검부쟁이(=검불)

---

33 '꾀복쟁이'는 서남방언에서 '발가벗다'의 뜻으로 쓰이는 '꾀벗다'의 '꾀벗-'에 접미사 '-쟁이'가 결합한 것이다. '꾀벗다'는 기원적으로 '고의 벗다'에서 온 말이다(이기갑 2013a).

34 '꼽꼽쟁이'는 이 방언에서 '인색하다'의 뜻을 갖는 '꼽꼽허다'의 어근 '꼽꼽'에 '-쟁이'가 결합한 것이다.

35 '꼬시락쟁이'의 '꼬시락'은 표준어 '곱슬'에 대응하는 말이다. 이 말은 다시 어근 '꼬실'에 접미사 '-악'이 덧붙은 것이기도 하다. 표준어 '곱슬곱슬하다'는 이 방언에서 '꼬실꼬실허다', '곱슬머리'는 '꼬시락머리'('꼬실머리)로 쓰여 '꼬실'과 '꼬시락'이 구별되어 쓰이는 것이 특징이다.

36 소금쟁이를 뜻하는 '징금쟁이'의 어근 '징금'은 큰 물새우를 뜻하는 '징검새비'나 '징게미' 등에서 확인된다.

'-쟁이'가 사물을 가리킬 때에는 의미적 접미사뿐 아니라 화용적, 형태적 접미사로 쓰인다. (53가)는 의미적 접미사의 예이다. '눈쟁이'는 눈이 큰 특징을 갖는 송사리를 가리키며, '까시쟁이'는 가시나무의 넝쿨이 얽힌 수풀을 가리킨다. '폭폭쟁이'는 서남방언에서 '답답하다'의 의미를 갖는 형용사 '폭폭허다'의 어근 '폭폭'에 '-쟁이'가 붙은 것인데, 이 역시 의미적 접미사로 쓰였다.

(53나)는 화용적 접미사의 예이다. 단순히 비하의 말맛을 갖는 화용적 접미사의 예로서, 그 인지적 의미는 어기의 의미와 다를 바 없다. 즉 '발목쟁이'는 '발목',[37] '때꼽쟁이'는 '때'와 지시적 의미가 같으나,[38] 여기에 비하의 말맛이 첨가된 점이 다르다. (53다)는 형태적 접미사의 예로서 비하의 의미가 없다.

②-재기

'-재기'는 '-쟁이'와 교체되어 쓰이는 일이 드물다는 점에서 '-태기/-탱이'나 '-배기/-뱅이'와는 다르다. 여수에서 확인된 '귀먹재기'가 이 점에서 유일한 교체의 예인데, 이 어형은 또 '-재기'가 사람을 나타내는 유일한 어형이기도 하다. '-재기'는 주로 사물을 가리키는 데 쓰이며, '귀호부재기'와 '귀호재기' 등 귀이개를 뜻하는 말들이 이런 예에 속한다. 이 두 말은 광양과 곡성 등 전남의 동부 지역에서 쓰인다.

(54)
가. 귀먹재기(=귀머거리)[39]
나. 귀호부재기(=귀이개), 귀호재기(=귀이개)

---

37 '발목쟁이'와 같은 뜻으로 '발목댕이'가 흔히 쓰인다.
38 '때꼽쟁이'의 '때꼽'은 '눈곱'에서 유추된 것이다.
39 귀머거리에 대한 '귀먹자가리'나 '귀먹재가리'가 해남·진도·광양 등지에서 확인된다.

g. 비의미적 접미사의 비교

지금까지 살펴본 비의미적 접미사들의 기능을 정리하면 〈표 2〉와 같다.
표에서 o은 해당 기능을 갖는 경우이고, x는 그러한 기능이 없는 경우이다.

〈표 2〉 비의미적 접미사의 기능 비교

접미사 \ 기능	의미적	화용적	형태적
-애기	o	o	o
-아지	o	o	o
-아리	o	o	o
-애미	o	x	o
-악지	o	o	o
-앙구	x	x	o
-앙지	x	x	o
-앵기	o	x	o
-앵이	o	o	o
-대기	o	o	o
-다구	x	o	o
-댕이	o	o	o
-태기/탱이	o	o	x
-탕구	x	o	x
-탱가리	x	o	x
-배기	o	o	o
-박수	o	x	x
-뱅이	o	o	o
-쟁이	o	o	o
-재기	o	x	x

〈표 2〉에서 보듯이 대부분의 접미사들은 의미적 기능을 갖지만 유독 '-앙
구, -앙지'와 '-다구', '-탕구', '-탱가리' 등은 이 점에서 예외다. 그러나 앞에서
도 언급한 바와 같이 이들은 모두 같은 계통의 다른 접미사들로 바꿔 쓰일 수

있다. '-앙구', '-앙지'가 결합된 예들은 모두 '-앵이'와 바꿔 쓰인 예가 실증되고, '-탕구'와 '-탱가리'의 결합형은 모조리 '-탱이'로 교체된 예가 나타나기 때문이다. 따라서 '-앙구', '-앙지'는 '-앵이'가 의미적 기능으로부터 형태적 기능으로 전이된 뒤에 이 이차적 기능을 이어 받은 것으로 추정된다. 또한 '-탕구'와 '-탱가리'는 '-탱이'의 의미적 기능이 화용적 기능으로 전이된 뒤 이 전이된 기능을 이어 받은 것이다. 〈표 2〉는 '-앵기'가 '-앙구', '-앙지'와 마찬가지로 형태적 기능을 수행하고, '-탱이'는 '-탕구', '-탱가리'와 같이 화용적 기능을 수행하고 있음을 보여 준다.

다만 '-다구'는 이와는 성격이 다르다. '-다구'는 '-대기'나 '-댕이'로 바꿔 쓰인 예가 확인되지 않기 때문이다. 그렇다면 '-다구'는 '-대기', '-댕이'와 달리 독자적인 접미사로 기능하는 셈인데, 의미적 기능 없이 화용적 기능과 형태적 기능만을 수행하는 '-다구'는 이 점에서 매우 이례적인 존재라 하겠다.

'-다구'를 제외한다면 결국 대부분의 접미사는 의미적 기능을 원초적으로 갖다가 이후 화용적 기능과 형태적 기능으로 발달했다고 결론지을 수 있을 것이다.

1.2.2.2 동사 파생 접미사

서남방언의 동사 파생 접미사는 표준어와 양상이 비슷하다. 예를 들어 '-허-', '-거리-' 등이 명사나 어근에 붙어 동사를 파생시키는 점은 표준어와 다를 바 없다. 여기서는 강세의 기능을 하는 접미사로서 '-치-'와 '-클-'을 검토하기로 한다.

① -치/씨-

'밀치다', '홅치다'에서 보듯이 표준어에서 '-치-'는 동사의 줄기에 결합하여

그 동작의 강도만을 강하게 표현하는 강세접미사로 기능한다. 강세접미사
는 화용접미사의 일종이다. 그래서 사전에서는 '밀치다'를 '힘껏 밀다', '흩치
다'는 '몹시 흩어지게 하다' 등으로 뜻풀이 하고 있다. 강세접미사 '-치-'는 역
사적으로 '-티- 〉-치-'의 변화를 겪었다. 허웅(1975:192)에 '열티다, 들티다, 데티
다, 걸티다' 등의 예가 제시되어 있고,[40] 『17세기 국어사전』에는 '밀티다'가
등재되어 있다. 또한 이광호(2004:176)에 제시된 '뻬티다, 내티다, 지내티다, 믈
리티다, 썰티다' 등의 예는 '-티-'가 근대어에서 광범위하게 쓰였음을 보여 준
다. 그런데 표준어의 경우 '-치-'와 함께 '-뜨리-'도 강세접미사로 쓰여, '밀치
다/밀뜨리다', '흩치다/흩뜨리다'가 공존하기도 한다. 『표준국어대사전』에
서는 '밀뜨리다'를 '갑자기 힘 있게 밀어 버리다', '흩뜨리다'는 '흩어지게 하다'
로 뜻풀이 하여 '밀치다'나 '흩치다'와 거의 같은 뜻으로 파악하고 있다. 강세
접미사로서 '-치-'와 '-뜨리-'는 역사적인 선후 관계에 있다. '-치-'가 선대형이
며 '-뜨리-'는 후대형이다. 예를 들어 '물을 함부로 뿌리다' 또는 '끼얹다'의 뜻
을 갖는 '씨티다'는 17세기 문헌에서 확인되는데, 이후 사라져서 현대에 와서
는 쓰이지 않으며 대신 '끼뜨리다'가 쓰이고 있다. '씨티다'는 동사 '씨-'에 강
세접미사 '-티-'가 결합된 것으로서 '씨-'는 오늘날에도 '끼얹다'의 구성 요소
로 남아 있다. 이처럼 '씨티다'가 사라지고 '끼뜨리다'가 쓰이게 된 것은 접미
사 '-치-'가 '-뜨리-'로 대체되었기 때문이다. 반면 '밀치다/밀뜨리다', '흩치다/
흩뜨리다'처럼 두 접미사가 공존하는 경우는 '-치- 〉-뜨리-'의 변화가 완료되
지 않은 결과이다. 따라서 '-티- 〉-치-'의 형태 변화와 별도로 '-치- 〉-뜨리-'의
대체가 표준어에서 부분적으로 일어났음을 알 수 있다. 현대 표준어에서 '-치-'
가 동사의 줄기에 직접 결합된다면, '-뜨리-'는 줄기뿐만 아니라 씨끝 '-어'와
결합되어 '-어뜨리-' 형식으로 쓰이기도 한다. '-어뜨리-'는 피동형 '-어지-'의

---

40 '넘치다'는 중세어에서 '넘디다' 또는 '넘씨다'로 나타나는데, '넘치다'는 '넘다'에서 파생된
것이지만 강세의 의미와 함께 품사나 용법이 달라져서 '넘-'의 의미가 '넘치-'에 그대로 유
지되었다고 할 수는 없다.

사동을 나타낸다. 이에 대해서는 13.2 참조.

한편 표준어는 사동이 아닌 강세의 기능을 하는 '-어뜨리-'를 쓰기도 한다. '밀어뜨리다'나 '흩어뜨리다'가 그런 예이다. 이것은 접미사 '-뜨리-'의 세력이 강해지면서 생긴 새로운 변화로 해석된다. 즉 '밀치다 → 밀뜨리다 → 밀어뜨리다'와 같은 변화가 진행 중인 관계로 현재는 세 형태가 공존하는 상황이라고 할 수 있다.

서남방언은 표준어와 달리 강세접미사로서 '-뜨리-'는 사용하지 않으며 오직 '-치-'를 사용할 뿐이다. (55)가 '-치-'를 사용한 예이다(정성경 2012). 서남방언의 '-치-'는 '-어지-'의 사동에도 쓰이는데 이에 대해서는 13.2 참조. 그렇다면 서남방언은 표준어에서 일어났던 '-치- 〉 -뜨리-'의 변화가 없었으며, 옛말에서 쓰였던 '-티-'를 이어받은 '-치-'가 오늘날까지 그대로 쓰이고 있는 셈이다.

(55) 헏치다(=흩다), 닫치다(=닫다), 흘기치다(=흘기다)

서남방언에서 '헏치다'는 (56)에서처럼 세 가지 의미로 쓰이는데, (가)는 '흩뜨리다', (나)-(마)는 '흩뿌리다', (바)는 '잘못하여 알갱이로 떨어뜨리다' 등의 의미를 보여 준다. 원래 동사 '흩다'는 '한데 모였던 것을 따로따로 떨어지게 하다'는 뜻으로서 '흩뜨리다'와 유사한 의미를 가졌다. 그런데 여기에 접미사 '-치-'가 결합됨으로써 '흩뿌리다'와 '떨어뜨리다'의 두 의미를 더 나타낼수 있게 된 것이다. 그렇다면 '헏치다'의 '-치-'는 의미적 접미사와 화용적 접미사의 두 가지 기능을 하는 셈이다.

(56)

가. 그래 갖고 그 돈을 넣어 놓고 인자 헏쳐 넣고 그랑께는 인자 누런 인자 황금이 되거든, 엽전이.(해남 구비)

나. 난데없이 구녁이 빵 뚫여져 있는디 아, 거그다가 뭣이냐 지푸락을 살
   살 헐쳐 났거든.(정읍 구비)

다. 그러면 니가 영락없이 잽혀. 잽히면 도매 욱으(=위에) 올라 가. 도매 욱
   으 올라가면 칼로 쓸어서 소금을 헐쳐.(정읍 구비)

라. 그냥 덜어서 형의 멍석에다가 갖다가 요렇게 설설 헐치고는 아침에 갖
   다 놓은 그 분량만 가지고서 제 집으로 돌아갔단 이 말이여.(전주 구비)

마. 그 개똥을 그양 논에다가 그양 헐치고 농사를 징게 잘될 것 아니여?(정
   읍 구비)

바. 밥을 헐치면(=떨어뜨리면) 너 줘.(화순 구비)

한편 전남의 진도나 완도 등 서남해 지역어에서는 '-치-' 외에 강세접미사
로서 '-씨-'가 쓰이기도 하는데, '다물씨다'(=다물다)가 그 예이다. 물론 이 '-씨-'
는 '-치-'와 마찬가지로 '-어씨-'로써 '-어지-'의 사동을 만들기도 한다. 진도와
완도 등지에서도 '닫치다', '헐치다'가 쓰이므로 이 지역에도 강세접미사 '-치-'
가 있음을 알 수 있다. '다물씨다'를 고려하면 '-치-'와 '-씨-'는 음운적 변이 관
계에 있어, /ㄹ/ 뒤에서는 '-씨-', 그 밖의 환경에서는 '-치-'가 쓰인다고 할 수
있다.

②-클-

서남방언에서는 강세접미사로서 '-치-' 외에 '-클-'이 쓰이기도 하는데 그
예는 (57)에 보인 바와 같다. (57)에서 보듯이 '-클-'은 동사의 줄기에 직접 결
합됨으로써 그 결합 환경이 '-치-'와 같음을 알 수 있다. '미클다'는 표준어 '밀
치다'의 방언형인데, '밀-클-다'에서 /ㄹ/이 탈락한 형태이다. '찌클다'는 표준
어의 '끼얹다'에 대응하는 방언형이다. '끼얹다'는 기원적으로 '끼다'와 '얹다'
의 합성어인데, '끼다'는 '물 따위를 뿌리다'의 뜻을 가졌던 말로서, 17세기 문

헌에 '끼티다'로 나타난다(예: 믈 끼티다(濺水)/역어유해 상 48). 이 '끼티다'의 '-티-'는 강세접미사 '-치-'의 선대형이다. '끼티다'와 '찌클다'는 의미나 형태 결합에서 완벽한 일치를 보이는데, 이로써 '-클-'과 옛말 '-티-'의 대응을 쉽게 확인할 수 있다. '엎지르다'의 뜻을 갖는 '어클다'는 기원적으로 '엎클다'에서 온 것인데, 여기에서도 '-클-'을 찾을 수 있다.[41] 다만 이 경우는 어근인 '엎-'과 의미가 달라졌으므로 단순한 화용적 효과를 더하는 것이 아닌 새로운 의미 추가의 기능을 한다고 할 수 있다. 즉 의미적 기능과 화용적 기능을 겸하고 있는 것이다.

(57) 미클다(=밀치다), 찌클다(=끼었다), 어클다(=엎지르다)

서남방언에서 강세접미사 '-치-'와 '-클-'은 결합되는 어근이 상보적이어서 일반적으로 겹치는 일이 없다. 그런데 정성경(2012)에서는 서남방언에서 '-클-'과 '-치-'가 함께 쓰인 '미클치-'(=밀어뜨리-)를 제시하고 있어 흥미롭다. 이는 '미클-'에 강세접미사 '-치-'가 덧붙은 것으로서, 상대적으로 생산성이 강한 '-치-'가 제한된 분포를 갖는 '-클-'에 결합된 경우이다. 따라서 '미클치다'는 '-치-'와 '-클-'의 상보적 관계에 대한 예외적인 예라 할 수 있다.

'-클-'은 '-뜨리-'와 달리 '-어클-' 형식으로 사동이나 강세를 표현하지 않는다. 서남방언에서 '-어클-'과 같은 표현은 아예 존재하지 않기 때문이다.

---

41 김동찬(1987:298)에서는 '-지르-'와 '-치-'가 의미적으로 공통성을 가지고 있다고 하였다. 그렇다면 '-치-'와 같은 기능을 하는 전남방언의 '-클-'이 쓰인 '어클다'가 '엎지르다'에 대응하는 것 역시 아주 자연스러운 일이다. 서남방언에서 '어클다'는 '허클다'로도 쓰인다. 한편 중세어에는 '엎지르다'의 뜻으로 '업티다'가 보인다(허웅 1975:192).

1.2.2.3 형용사 파생 접미사

1.2.2.3.1 의미적 접미사

1.2.2.3.1.1 '-하-'에 의한 파생

'-하-'는 동사와 형용사를 모두 파생시킬 수 있는 매우 생산력이 강한 접미사이다. 이 접미사는 표준어와 마찬가지로 서남방언에서도 다양한 쓰임이 확인된다. '-하-'는 그 자체가 특정한 어휘적 의미를 나타내지 않으므로 전형적인 의미적 접사라 하기 어렵다. 그러나 우리는 여기에서 새로운 품사로의 전환과 같은 문법적 기능도 넓은 의미의 의미적 기능에 포함시키고자 한다. '-하-'를 따로 구분하지 않고 의미적 접미사의 범주에 포함시킨 이유도 여기에 있다.

우선 '-하-'가 어근에 바로 연결되는 경우가 있다. '따뜻하-'나 '조용하-' 등이 이에 해당하는데, 이런 '-하-'의 쓰임은 한국어의 모든 방언에 두루 나타나므로 특별히 언급할 필요는 없겠다. 이와 달리 '-하-'가 파생 접미사가 포함된 어기에 결합되는 경우가 있다. '높직하-'와 같은 예가 이 범주에 들 것이다. '높직하-'는 '높직-'에 '-하-'가 결합된 것인데, '높직-'은 다시 어근 '높-'에 접미사 '-직-'이 결합된 것이므로 결국 '높-'에 '-직-'과 '-하-'의 두 접미사가 결합된 것이라 할 수 있다. 그러나 이 두 접미사는 결코 동등한 자격을 갖는 것은 아니다. '높직하-'는 '높직은 하다'나 '높직 안 하다'처럼 '높직-'과 '-하-'가 분리될 수 있으므로, [[[높-]-직]-하]와 같은 위계를 갖는 결합체로 보아야 한다. 같은 파생의 접미사라 하더라도 '-직-'과 '-하-'는 그 기능이 다른데, 전자가 어기를 형성한다면 후자는 줄기를 형성하여 독립된 낱말을 만든다. 여기서 흥미로운 것은 '-직-'처럼 오직 어기만을 만드는 데 기여할 뿐, 독립된 낱말을 만들지 못하는 접미사가 있다는 사실이다. 우리는 이러한 접미사를 '어기 형성 접미사'로 부르는데, 이제 서남방언의 어기 형성 접미사들을 분류하고 각각의 용법을 기술하고자 한다.

a. 공간 형용사

공간 형용사는 '높다/낮다, 깊다/얕다, 멀다/가깝다' 등과 같이 어떤 대상이 공간에서 차지하는 양적 정도를 나타내는 형용사이다. 그래서 이들은 모두 정량적 측정이 가능한데, 그 단위 명사는 일반적으로 양의 정도가 큰 형용사로부터 파생된다. 예를 들어, 높고 낮은 정도를 가리키는 단위 명사는 '높이'만 가능하고 "낮이'는 불가능하다. 단위 명사가 아니더라도 '높은 정도'라고 표현할 뿐 "낮은 정도'라고 하지 않는 것도 이 때문이다. 이러한 사실들은 모두 정도가 큰 형용사가 무표적이라는 점을 말해 주는데, 그러나 공간 형용사의 무표성은 어느 언어에서나 확인되는 보편적인 현상으로서 우리말에서만 있는 특별한 것은 아니다.

전형적인 것은 아니지만 '길다/짧다, 넓다/좁다, 두껍다/얇다'처럼 양적으로 측량이 가능한 형용사들도 경우에 따라 공간 형용사와 행태를 같이 하는 경우가 있어 넓은 의미의 공간 형용사로 볼 만하다.

어기 형성 접미사 가운데 공간 형용사 또는 공간 형용사를 포함한 일부 형용사에만 결합되는 접미사가 있다. 표준어의 '-으막-', '-직-', '-다랗-' 등이 이런 예인데, 이러한 접미사들이 서남방언에도 나타나지만 그 세세한 용법에서는 차이를 보이기도 한다.

① -으막-[42]

---

42 '늘그막'의 '으막'은 낱말 형성 접미사로서 어기를 형성하는 '-으막'과 달리 '무렵' 등의 시간적 의미를 담고 있다. 이 '-으막'은 아마도 '오르막, 내리막, 가풀막'처럼 공간을 나타내는 '막'과 동일한 것으로 보인다.

접미사 '-으막-'은 표준어의 '짤막하다, 나지막하다, 야트막하다' 등에서 보인다. 이 '-으막-'은 '짧다, 낮다, 얕다'와 같은 공간 형용사의 작은 쪽에 결합되는 것이 특징이다. 다시 말하면 '길다, 높다, 깊다'와 같이 정도가 큰 공간 형용사에는 결합되지 못한다(송철의 1992:231).[43]

'-으막-'은 정도가 조금 또는 상당함을 의미한다. 사전에서는 '꽤'나 '조금' 등으로 그 정도를 표현하고 있는데, 『표준국어대사전』에서 '짤막하다'를 '조금 짧은 듯하다', '나지막하다'를 '꽤 나직하다' 등으로 뜻풀이를 하고 있는 것이 이런 예이다. 이것은 '-으막-'이 가리키는 정도가 크지 않음을 암시한다. 예를 들어 '짤막하다'는 아주 짧다기보다는 어느 정도 짧은 상태를 가리키는 것으로 해석되어야 한다.

'-으막-'이 결합된 형용사는 어근에 비해 의미의 외연이 좁아지는 특징이 있다. '얕다'와 '야트막하다'를 비교하면, '야트막하다'는 오로지 구체적인 공간에만 쓰일 수 있어 추상적인 영역에까지 번져서 사용되는 '얕다'와는 차이를 보인다. '얕은 생각, 얕은 믿음, 얕은 지식, 얕은 잠'은 가능하지만 '야트막한 생각, 야트막한 믿음, 야트막한 지식, 야트막한 잠'은 불가능하다는 사실이 이를 뒷받침한다(송철의 1992:232).[44]

표준어의 '-으막-'이 정도가 작은 공간 형용사에 제한되어 쓰인다면, 서남 방언의 쓰임은 훨씬 자유롭다. 정도가 작은 형용사인 '낮다, 나찹다(低), 얕다, 야찹다(淺), 잘룹다(短), 작다(小)' 등은 물론이고, 표준어에서 불가능한 '높다, 짚다(深), 크다'처럼 정도가 큰 경우에도 쓰일 수 있는 것이 특징이다. 다만 '질다(長)'만은 '-으막-'에 의한 파생이 불가능하다. 정도가 큰 형용사에까지 '-으막-'이 쓰일 수 있는 것은 유추의 결과로 해석된다. 의미적으로 대립

---

43 '자그맣다'는 '자그마하다'로부터 발달한 것인데, 이것이 *'작으막하다'와 기원적 관련이 있는 것인지는 알 수 없다. 만약 '자그마하다'가 '작으막하다'로부터 발달한 것이라면 '작다'에도 '-으막-'이 결합될 수 있었다고 보아야 한다.

44 이 점에서 '나지막한 소리'는 예외이다(송철의 1992:232).

관계에 있는 낱말들끼리는 유사한 형태를 유지하려는 경향이 있으므로(이기갑 1983a), '노푸막하다', '지푸막하다', '크막하다' 등은 반의어 관계에 있는 '나지막하다', '아트막하다', '자그막하다' 등과의 유추가 작용한 결과로 보인다. 다만 '잘루막하다'가 있음에도 "지르막하다'와 같은 새로운 낱말이 형성되지 못한 것은 아마도 '질쭉하다'(=길쭉하다)와 같은 낱말 때문이 아닌가 한다. 이미 '질쭉하다'가 해당의 의미 영역을 차지하고 있으므로, "지르막하다'가 따로 파생될 필요가 없었을 것이다.

(58)
가. 나지막하다, 나차막하다,[45] 야트막하다, 야차막하다, 잘루막하다, 자그막하다
나. 노푸막하다, 지푸막하다, 크막하다, ("지르막하다)

② '-직-'과 '-지막-'

접미사 '-직-'은 '높직하다, 널찍하다, 멀찍하다, 길찍하다, 얄찍하다' 등의 공간 형용사나 '묵직하다, 굵직하다, 되직하다, 늙직하다' 등의 형용사에서 찾아진다. '얄찍하다'를 제외하면 대체로 정도가 큰 공간 형용사에 사용되고 있음을 알 수 있다(송철의 1992:232). 다만 '깊다'나 '두껍다'의 경우는 '깊직하다'나 '두껍직하다'와 같은 파생어가 존재하지 않는데, 송철의(1992:232)에서는 '깊숙하다'와 '두툼하다'가 이 빈자리들을 대체하는 것으로 해석하였다. 이 '-직-'도 추상적인 경우에 쓰이지 않으며(송철의 1992:232), 상당한 정도를 의미하는 점에서 '-으막-'과 다르지 않다.

---

45 '나차막하다'는 '나찹다'에서 파생된 것이므로 접미사 '-으막-'이 결합할 때 '나찹-'의 /ㅂ/은 탈락된다. '야차막하다', '잘루막하다' 등도 마찬가지이다.

서남방언에서도 '-직-'은 표준어와 마찬가지로 주로 정도가 큰 형용사에 나타난다. '높직하다, 널찍하다, 멀찍하다, 묵직하다, 굵직하다, 되직하다'와 같은 낱말들이 이런 예이다. 다만 '널찍하다'는 '넙직하다'로, '굵직하다'는 '국직하다' 등으로 쓰이는 점이 다를 뿐이다. 표준어에서 가능한 '길찍하다, 얄찍하다, 늙직하다' 등은 쓰이지 않는데, '길찍하다'는 '질쭉하다'(=길쭉하다), '늙직하다'는 '늙수구레하다'(=늙수그레하다) 등의 방언형이 해당의 의미 영역을 차지하고 있다. '얄찍하다'는 정도가 작은 형용사로서 원칙적으로 '-직-'이 결합될 수 없는 것이기에 서남방언에서 쓰이지 않는 것은 오히려 자연스러운 일이다.

한편 표준어에 없는 '실찍하다(=실하다), 눅직하다(=묽숙하다)' 등이 이 방언에 나타난다. '실찍하다'는 '실(實)하다', '눅직하다'(=묽숙하다)는 '눅다'에서 파생된 것이다. '눅직하다'는 아마도 반의어인 '되직하다'로부터 유추에 의해 생긴 것으로 보인다.

'-직-'과 유사한 의미로 쓰이는 접미사에 '-지막-'이 있는데, 표준어의 '높지막하다, 멀찌막하다' 등에서 찾아볼 수 있다. 형태상으로 '-지막-'을 '-직-'과 '-으막-'의 결합체로 분석할 수 있다. '-직막-'의 음절 끝소리 /ㄱ/이 중복된 결과 첫 음절의 /ㄱ/이 탈락된 것으로 볼 수 있기 때문이다. 더구나 '-지막-'이 결합된 어근은 '-직-'이 결합될 수 있는 어근 중의 일부이다. 이것은 '-직-'이 포함된 형용사의 일부에 다시 '-으막-'이 결합된 것으로 해석할 수 있음을 의미한다. 다만 '-직-'이 원칙적으로 정도가 큰 형용사에 결합되고, '-으막-'이 정도가 작은 형용사에 결합되었기 때문에 이 두 접미사가 같은 어근에 함께 나타나는 것은 분포상 모순으로 해석될 수도 있다. 이러한 문제는 '-으막-'의 분포가 확대된 결과로 해석할 수밖에 없을 것이다. 이미 서남방언에서 그러한 확대가 일어났으므로 표준어에서도 부분적으로 그러한 확대가 일어났을 가능성을 생각할 수 있다.

공간 형용사라도 '널찍하다, 길찍하다, 얄찍하다'나 공간 형용사가 아닌

'묵직하다, 굵직하다, 되직하다, 늙직하다' 등에는 '-으막-'의 결합이 허용되지 않는다. 이것은 '-지막-'이 매우 제한된 낱말에서만 나타나고 있음을 보여준다. 서남방언은 표준어에 쓰이는 '높지막하다', '멀찌막하다' 외에 '넙지막하다'가 쓰이고 있음이 특별하다.

　③ -드라-

　표준어에는 주로 공간 형용사에 결합하는 접미사로 '-다랗-'이 있다(송철의 1992:221). 이 '-다랗-'은 '-다라하-'에서 /ㅏ/의 탈락으로 인해 축약된 어형이다. 기원적으로 '-다라-'와 '-하-'의 두 접미사가 결합된 것이나 공시적으로 두 접미사를 분석할 수 없으므로 하나의 접미사인 '-다랗-'을 설정하는 것이다.

　(59)
　가. 깊다랗다/얕다랗다, 높다랗다/낮다랗다, 머다랗다/가깝다랗다, 커다랗다/작다랗다
　나. 기다랗다/짤따랗다, 굵다랗다/가느다랗다, 널따랗다/좁다랗다, 두껍다랗다/얄따랗다
　다. 굵다랗다/잔다랗다, 곱다랗다, 되다랗다/묽다랗다

(59가)와 (59나)는 '-다랗-'이 공간 형용사에 결합되는 경우이고, (59다)는 그 밖의 형용사에 결합되는 경우이다. (59가)는 정도가 큰 경우에만 쓰인 예이며, (59나)는 정도의 크기에 상관없이 쓰인 경우이다. (59가)와 (59나)의 분포로 미루어 '-다랗-'은 원래 정도가 큰 공간 형용사에 쓰이다가 그 영역이 확대되어 (59나)처럼 크기에 상관없이 쓰이게 되고, 심지어는 공간 형용사가 아닌 영역에까지 넓혀져서 (59다)와 같은 쓰임을 갖게 것으로 추정된다.
　'-다랗-'은 '-으막-'이나 '-직-'과 마찬가지로 정도를 나타내지만 그 정도의 크

기는 다르다. 사전에서는 '높다랗다'를 '썩 높다', '커다랗다'를 '매우 크다' 등으로 풀이하고 있는데, 이런 뜻풀이는 곧 '-다랗-'이 가리키는 정도가 '-으막-'이나 '-직-'에 비해 상대적으로 더 크다는 사실을 말해 준다. '높다란 하늘'은 가능하지만 '높직한 하늘'은 어색하고, '널따란 평야'는 자연스럽지만 '널찍한 평야'는 부자연스럽게 느껴지는 것도 이러한 정도 차이 때문이다.

이 밖에도 '-다랗-'과 '-직-'은 용법에서도 차이를 보인다. '굵다, 넓다, 높다'는 '-다랗-'과 '-직-'의 결합을 모두 허용하지만, 의미적으로 약간 다르기 때문이다. 예를 들어 '높다란 나무 꼭대기'는 자연스럽지만 '높직한 나무 꼭대기'는 어색하다. '높직하다'는 부피가 큰 건물이나 대문 등에 어울리고, '높다랗다'는 좁고 긴 물건의 높이를 형용하는 데 더 알맞다. 한편 '-다랗-'이 구체적인 경우에만 쓰일 뿐 추상적인 의미 영역에까지 확대되어 쓰이지 못하는 점은 '-으막-'이나 '-직-'의 경우와 마찬가지다(송철의 1992:222).

표준어의 '-다랗-'에 대응하는 서남방언의 접미사로 '-드라하-', '-드란하-', '-드락하-' 등이 있다. 표준어 '-다랗-'이 원래 '-다라하-'로부터 발달한 것임을 감안하면 서남방언의 접미사들은 '하'의 축약을 겪지 않았음을 알 수 있다. 서남방언에서 '하'가 축약되지 않는 것은 일반적인 현상이어서, '만하다(=많다), 괜찬하다(=괜찮다), 놀하다(=노랗다), 안하다(=않다)' 등의 예가 이를 보여 준다. 오히려 축약 대신 서남방언은 '-드라-'와 '-하-' 사이에 /ㄴ/이나 /ㄱ/이 첨가되고 있는 것이 특징이다. /ㄱ/의 첨가는 신안, 진도 등 전남의 서남 해안 지역에서 주로 일어나고 /ㄴ/의 첨가는 나머지 내륙 지역에서 일어났다.[46] 예를 들어 '-드라하-', '-드락하-', '-드란하-'가 '질다(長)'에 결합되면 '지드라하다'(순천), '지드락하다'(진도), '지드란하다'(기타 지역) 등으로 나타난다.[47]

한편 '지드란하다'는 '란'의 모음이 /ㅐ/로 변이되어 '지드램하다'로 쓰이기

---

46 /ㄴ/이 '라'와 접미사 '-하-' 사이에 첨가되는 예로 '아시란하다'(=아스라하다)를 추가할 수 있다.
47 진도에서는 '지드륵허다'로 실현되기도 한다.

도 하는데, 이 두 어형으로부터 /ㅡ/와 /ㄹ/이 탈락된 '지단하다'(담양)나 '지댐하다'(순천·광양·광주) 등의 어형이 확인된다. 이처럼 원래의 형에서 /ㅡ/와 /ㄹ/이 탈락하는 것은 다른 낱말에서도 찾아진다. 예를 들어 '커다랗다'와 '높다랗다'에 대응하는 "크드란하다'나 "노푸드란하다'는 확인되지 않지만,[48] '크댄하다', '노푸댄하다' 등은 나타나는데 이들 낱말은 '지단하다'와 마찬가지로 /ㅡ/와 /ㄹ/이 탈락되어 생긴 어형이다.

한편 서남방언에는 '곱단하다'(=곱다랗다)나 '곱닷하다'(=곱다랗다)의 예도 찾아진다. '곱단하다'는 '곱드라하다 → 곱드란하다 → 곱단하다'처럼 /ㅡ/와 /ㄹ/이 탈락을 겪어 생긴 어형이다. 이 '곱단하다'의 어기 '곱단'이 경우에 따라 '곱닷'으로 바뀌면서 새로운 어형 '곱닷하다'가 생긴 것으로 추정된다. 다만 /ㄴ/이 /ㅅ/으로 변이하는 다른 예가 찾아지지 않는 것이 이런 추정의 설득력을 약화시킨다.[49] '곱닷하다'와 같은 유형의 낱말로 '쫍닷하다'가 더 있다.

전남의 신안·완도 등지에서는 '-드라하-' 대신 '-드라신하-' 또는 '-드락신하-'가 쓰여 흥미롭다. 이 두 형 모두 '신'을 첨가한 점에서 공통적인데, 이에 따라 '기다랗다'에 대한 '찌드라신하다', '커다랗다'에 대한 '크닥신하다' 등의 방언형이 나타난다. '크닥신하다'는 "크드락신하다'로부터 /ㅡ/와 /ㄹ/이 탈락되어 생긴 것임은 물론이다.

서남방언의 '-드라하-'는 표준어의 '-다랗-'에 비해 훨씬 제약되어 쓰인다. 공간 형용사 가운데 '크다, 높다, 길다'의 세 형용사에서만 가능할 뿐, '멀다, 깊다'에는 덧붙을 수 없다. 그뿐만 아니라 위에서 보인 '굵다랗다, 가느다랗다, 널따랗다, 두껍다랗다, 얄따랗다, 잗다랗다, 되다랗다' 등은 서남방언에

---

48 '노푸드란하다' 대신 '높다란하다'와 같은 어형이 전남방언에서 실제로 쓰이고 있다. 이것은 교육 받은 토박이들의 말에서 찾아볼 수 있는데 표준어 '높다랗다'와 토박이형 사이의 혼태로 보인다.

49 반대로 /ㅅ/이 /ㄴ/으로 변이하는 예로는 '실컷/실컨', '한껏/한컨', '여태껏/여태끈' 등을 들 수 있다.

서 전혀 쓰이지 않는 낱말이다. 그렇다면 '-드라하-'는 '-다랗-'에 비해 그 범위가 매우 좁은 것임을 알 수 있는데, 그래도 '-드라하-'가 쓰이는 형용사들이 모두 정도가 큰 것이라는 점은 '-다랗-'이 원칙적으로 정도가 큰 공간 형용사에 사용되었다는 앞에서의 추정을 뒷받침하는 것이다.

b. 상태 형용사

① -지근-

표준어에서 접미사 '-지근-'이 사용된 낱말은 다양한데,[50] 그 쓰임에 따라 분류하면 (60)과 같다.

(60)

가. 고탑지근하다, 덴덕지근하다, 뜸지근하다, 무지근하다, 숙지근하다,[51] 추접지근하다, 후텁지근하다

나. 걸쩍지근하다,[52] 께적지근하다,[53] 날짝지근하다, 늘쩍지근하다, 물쩍지근하다

다. 노리치근하다/노리착지근하다,[54] 노자근하다/노작지근하다,[55] 누리

---

50 '-지근-'은 낱말에 따라 '-치근-' 또는 '-찌근-'으로 실현되기도 한다. 또한 곡성 지역에서는 '자근'으로도 나타난다(예: 놀재짜근허다=노르스름하다). '노로꼬롬허다'도 같은 지역에서 쓰인다(이기갑 2007).

51 '숙지근하다'는 '맹렬하던 기세가 누그러진 듯하다'의 의미를 갖는데, 만약 그 어근을 '숙다'의 '숙-'에서 찾는다면 이 형용사는 동사로부터 파생된 것으로 보아야 한다.

52 '걸쩍지근하다'의 어근은 '입이 걸다'의 '걸-'이다. '걸-'은 '걸쭉하다' 등에 남아 있다.

53 『표준국어대사전』에서 '께지근하다/께적지근하다'는 '꺼림칙하다'의 북한어로 풀이되어 있다. 한편 표준어에서 '께적지근하다'는 '조금 너절하고 지저분하다'의 뜻을 갖는데, 이런 의미로 쓰이는 '께지근하다'는 사전에 올라 있지 않다. 한편 '께지근하다'의 약한 말로 '게적지근하다'가 표준어에 있으나 이 역시 '게지근하다' 형을 갖지 않는다.

치근하다/누리척지근하다, 뉘지근하다/뉘척지근하다, 들치근하다/들척
지근하다, 매지근하다/매작지근하다, 미지근하다/미적지근하다, 배
리치근하다/배리착지근하다, 비리치근하다/비리척지근하다, 빡지근
하다/빡작지근하다, 새치근하다/새척지근하다, 쉬지근하다/쉬척지근
하다,[56] 시지근하다/시척지근하다, 알찌근하다/알짝지근하다, 얼찌근
하다/얼쩍지근하다

라. 섬쩍지근하다, 트적지근하다

우선 '-지근-'이 결합된 파생 형용사는 크게 두 부류로 나뉜다. 어근에 '-지근-'
만 결합되는 경우와, '-적지근-'형으로 실현되는 경우이다. 이때 '적'은 낱말
에 따라 '척'이나 '쩍'으로 실현될 수 있는데, 이것은 접미사 '-직-'이 '-칙-'이나
'-찍-'으로 실현되는 것과 같은 현상이다. 위에서 (60가)는 어근에 '-지근-'만
결합된 경우이며, (60나)-(60라)는 '-적지근-'이 결합된 경우이다. 그런데 '-적
지근-'이 결합된 형은 다시 두 부류로 나눌 수 있는데, (60나)처럼 오직 '-적지
근-'형으로만 쓰이는 경우와, (60다)처럼 '-지근-'과 '-적지근-'의 두 가지 형이
모두 가능한 경우가 그것이다. 사전에서는 (60다)처럼 '-지근-'과 '-적지근-'이
모두 가능한 경우, 전자를 후자의 준말로 보고 있으나, 우리는 접미사 '-적-'
이 수의적으로 어근에 결합된 것으로 해석하고자 한다.[57] 그렇다면 (60나)는

---

54 '노리착지근하다'의 두 번째 음절 '리'가 탈락하여 '노착지근하다'로 쓰이기도 한다. 마찬
가지로 '누리척지근하다'에서 '누척지근하다', '배리착지근하다'에서 '배착지근하다', '비리
착지근하다'에서 '비착지근하다' 등이 축약형으로 쓰인다. 한편 '배착지근하다'와 '비착지
근하다'는 다시 '-착-'이 없는 '배치근하다'와 '비치근하다'로 쓰이기도 한다.

55 '노작지근하다'에서 '-작-'이 없는 형으로 '노지근하다'가 예상되는데, 사전에는 '노지근하
다' 대신 '노자근하다'가 올라 있다.

56 '쉬척지근하다'로 보아 '쉬치근하다'가 예상되나 사전에는 '쉬지근하다'로 올라 있다. '시
지근하다/시척지근하다'의 관계도 마찬가지이다.

57 접미사 '-적-/-작-'은 접미사 '-지-' 앞에서도 수의적인 출현을 보인다. 예를 들어 전남방언
에서는 '야물다'에 대응하는 방언형으로 '야무작지다'와 '야무지다'가 확인된다. 또한 '야

'-적-'이 필수적으로 결합된 경우이며, (60다)는 수의적으로 결합된 것이라는 차이가 있게 되는 셈이다. 한편 (60라)는 표준어에서 오로지 '-적지근-'으로만 쓰여 '-적-'의 결합이 필수적인 것처럼 보이지만, 방언에 따라서 '-적-'이 나타나지 않을 수도 있는 경우이다. 『표준국어대사전』에 따르면 '섬쩍지근하다'에 대한 '섬찌근하다'가 제주 방언에서 쓰이고, '트적지근하다'에 대한 '트지근하다'가 북한 방언에서 쓰이는 것으로 풀이되어 있다.

서남방언에서도 표준어와 마찬가지로 '-지근-'과 '-적지근-'이 쓰이는데, '-적-'이 없이 '-지근-'만 결합한 예로는 '후덥지근하다, 무지근하다', '-적지근-'만 결합될 수 있는 예로는 '달짝지근하다, 껄쩍지근하다, 뻑적지근하다'[58] 등을 들 수 있다. 그 밖에 '맨작지근하다', '미적지근하다' 등은 '맨지근하다', '미지근하다'처럼 '-적-'이 수의적으로 결합할 수 있다. 여기서 '뻑적지근하다'는 표준어의 '빡작지근하다', '맨작지근하다'는 표준어 '매작지근하다' 등에 각각 대응되는 방언형이다. 한편 '껄쩍지근하다'는 형태상으로 표준어의 '걸쩍지근하다'와 유사하지만, 의미적으로는 완전히 다르다. 즉 표준어의 '걸쩍지근하다'가 '음식을 닥치는 대로 먹거나 말을 함부로 하여 매우 걸다. 음식 따위가 매우 푸짐하다.' 등 형용사 '걸다'에서 파생된 것이라면, 서남방언의 '껄쩍지근하다'는 '꺼림칙하다'의 의미를 가져 '꺼리다'에서 파생된 것으로 보아야 하기 때문이다.

이상에서 살펴본 것처럼 서남방언에서 '-지근-'과 '-적지근-'의 사용 양상은 표준어와 크게 다르지 않다. 다만 서남방언에서 두 접미사류가 포함된 낱말이 상대적으로 소수에 그쳐 표준어에 비해 그 생산성이 많이 약화되어 있음을 알 수 있다.

무작지다'와 같은 것으로 '야물딱지다'도 쓰인다.
58 서남방언의 '뻑적지근하다'는 ① 몸이 찌뿌듯하다 ② (잔치 상 따위가) 요란할 정도로 푸짐하다 등의 의미를 나타내는 점에서 ②의 의미가 없는 표준어의 '빡작지근하다'와는 구별된다.

② '-고롬-'과 '-으롬-'

(61) 새고롬하다, 쌩고롬하다, 맹고롬하다

'새고롬하다'는 '약간 신맛이 있다' 정도의 의미를 갖기 때문에 여기에서 어근 '새-'와 접미사 '-고롬-'을 분석해 낼 수 있다. '새고롬하다' 대신 '새곰하다'와 같은 어형도 가능하므로 '-고롬-'이 경우에 따라 '-곰-'으로 축약되어 쓰임을 알 수 있다. '쌩고롬하다'는 '날씨가 차고 흐리다'의 뜻을 갖는데, 이보다 정도가 큰 형용사로 '쌔하다'가 있어 아마도 이때의 어근 '쌔-'로부터 파생된 낱말로 추정된다. '쌩고롬하다'도 경우에 따라 '쌩곰하다'로의 변이가 가능하다. 마찬가지로 차고 흐린 날씨를 가리키는 '맹그롬하다'의 어근 '맹'에 대한 기원은 분명하지 않으나, '쌩그롬하다' 등의 비교를 통해 가상적 어근 '매-' 또는 '맹-'을 추출해 낼 수 있을 것이다. 다만 '맹고롬하다'로부터 축약된 *'맹곰하다'는 확인되지 않는다.

이러한 '-고롬-'은 표준어에서 쓰이지 않는 것이다. 대신 표준어에는 '-으름-'이 있다. 이 '-으름'은 '불그름하다, 버드름하다' 등에서 확인할 수 있는데, 일부는 '-으레-/-으래-'와 혼용될 수 있다. '불그름하다'에 대한 '불그레하다'가 이를 보여 준다. 서남방언에서도 표준어의 '-으름-'에 대응하는 접미사로 '-으롬-/-으롬-'이 있는데, '불그롬하다, 물그롬하다(=묽숙하다), 꼬소롬하다(=고소하다)' 등의 예에서 찾아 볼 수 있다. '-고롬-'이 낱말에 따라 '-곰-'으로 축약될 수 있었던 데 반해 '-으롬-'은 '-옴-'으로 축약되지 않는다.

③ -스름-

표준어에는 '-스름-'이 결합된 파생 형용사로 (62)와 같은 예가 있다.

(62)

　　가. 가느스름하다, 뽈그스름하다, 열브스름하다, 꺼무스름하다, 노르스름
　　　　하다, 버스름하다, 뿌유스름하다, 파르스름하다

　　나. 걀쭉스름하다, 길쭉스름하다, 꾸부스름하다, 납작스름하다, 넓적스름
　　　　하다, 둥그스름하다

(62가)는 형용사의 줄기에 '-스름-'이 결합된 경우이고 (62나)는 어근이나 어기에 '-스름-'이 결합된 경우인데, '-스름-'은 어근이나 어기의 정도가 '조금 있음'의 의미를 나타낸다. 그래서 사전에 '가느스름하다'는 '조금 가늘다', '뽈그스름하다'는 '조금 붉은 듯하다' 등으로 풀이되어 있다.

　서남방언에도 같은 접미사가 있지만, 색채를 나타내는 '까무스름하다, 누르스름하다, 푸르스름하다, 불그스름하다'와 같은 경우에 주로 쓰이며,[59] 그 밖의 다른 상태 형용사의 경우 '둥그스름하다, 너부스름하다, 늙으스름하다, 얇시롬하다' 등을 추가할 수 있다. '-스름-'이 '-스레-'로 바꿔 쓰일 수 있는 것은 '-으름-'이 '-으레'로 혼용될 수 있는 것과 같은 것이다. 이러한 혼용은 표준어와 서남방언에서 모두 가능하다.

　④ -콤-

　맛을 나타내는 형용사에 접미사 '-콤-'이 붙는 경우가 있다. '-콤-' 외에 '-곰-', '-금-', '-큼-' 등이 있지만, 대표적으로 '-콤-'을 들기로 한다. 이 '-콤-'은 맛 가운데 '달다, 시다, 맵다'의 세 가지 경우에만 결합될 뿐, 나머지 맛인 '짜다, 쓰다, 떫다' 등에는 결합하지 못한다. '시-'에 '-콤-'이 결합될 때에는 '시-' 대신 '새-'가 쓰인다.[60] 이 '-콤-'은 대체로 해당되는 맛이 상당량 포함되어 있는 경우에

---

59 색채 형용사라 할지라도 '희다'는 '-스름-'이 결합되지 않는데 이 점은 표준어도 마찬가지이다.

쓰인다. 그래서 '달콤하다'는 '알맞게 달다', '새콤하다'는 '약간 신맛이 있다', '매콤하다'는 '가볍게 맵다'로 사전에 뜻풀이가 되어 있다.

한편 '짜다, 쓰다, 떫다' 등에는 '-콤-'이 결합되지 못하는 대신 '짭짤하다, 씁쓸하다' 등 줄기의 반복형과 여기에 덧붙은 'ㄹ'이 어기를 형성한다. '짭짤-'과 '씁쓸-'의 'ㅂ'은 '밧-', '쓰-' 등 옛말의 화석이다(송철의 1992:292). 다만 '떫다'의 경우, '떨떨하다'가 있는데, 이 말은 '떫은 맛이 약간 있다'와 같은 의미는 없고, 대신 '마음이 내키지 않다'의 의미로만 쓰인다. '짭짤하다'나 '씁쓸하다'도 원래는 특정한 맛을 가리키지만, 그 의미가 추상화하여 '짭짤하다'는 '야무지다'나 '실속이 있다'의 뜻으로, '씁쓸하다'는 '달갑지 않아 싫거나 언짢은 기분이 나다' 등의 뜻을 갖기도 한다. 따라서 '떨떨하다'가 '마음이 내키지 않다'와 같은 심리 상태를 나타내는 것은 자연스러운 것이지만, 이 낱말은 '짭짤하다'와 '씁쓸하다'와는 달리 원래의 의미인 떫은맛을 더 이상 가리키지 않는 점이 다르다.

한편 이들 낱말들에 다시 접미사 '-음-'이 결합하여 '짭짜름하다, 씁쓰름하다, 떨떠름하다'를 형성하기도 하는데, 이 세 낱말은 모두 특정의 맛과 함께 앞에서 언급한 추상적 의미를 나타내는 점에서 공통적이다. 그렇다면 '떨떠름하다'도 '짭짜름하다'나 '씁쓰름하다'와 마찬가지로 맛을 가리키는 의미와 추상화된 의미의 두 가지를 갖는 셈이 되는데, '떨떠름하다'의 어기 역할을 했던 '떨떨하다'가 맛을 가리키지 못했던 점을 생각하면 매우 이례적인 것이라 할 수 있다. 아마도 '떨떨하다'도 원래는 두 의미를 갖다가 나중에 맛을 가리키는 의미가 사라진 것으로 보아야 하며, 떨떠름하다'의 파생은 두 의미를 갖던 시기에 이루어진 것으로 해석해야 할 것이다.

'-음-'은 '-으래-/-으레-'와 바꿔 결합될 수 있는 것이 특징인데, 이에 따라 '짭짜래하다'나 '씁쓰레하다' 같은 낱말의 파생이 가능하다. 다만 "떨떠레하다'

---

60 그러나 접미사 '-콤'에는 '새' 대신 '시'가 쓰여 차이를 보인다.

는 충분히 쓰일 수 있는 어형이지만 실제로는 확인되지 않는다.

서남방언도 표준어와 마찬가지로 '-콤-'에 의한 파생과 줄기의 반복에 의한 파생이 구별되며, 그 분포에 있어서도 표준어와 완전히 같다. 다만 '떫다'의 경우, 표준어에서 '떨떨하다'가 파생되었다면 서남방언은 '떱떨하다'로 나타나는 차이가 있다. 이것은 물론 서남방언에서 기저형의 끝소리 /ㄼ/이 /ㅂ/으로 실현되기 때문이다. 표준어의 '널찍하다'가 이 방언에서 '넙직하다'로 실현되는 것과 같은 현상이라 하겠다. 그러나 서남방언의 '떱떨하다'는 표준어의 '떨떨하다'와 달리 '떫은맛이 약간 있다'를 의미할 뿐 '마음이 내키지 않다'와 같은 추상적인 의미를 표현하지는 않는다. 표준어에서 '-음-'이 결합된 것과 마찬가지로 서남방언에서도 '-옴-'을 덧붙여 새로운 형용사를 파생시키는데, 이에 따라 '짭짜롬하다, 쏩쓰롬하다, 떱떠롬하다' 등의 낱말이 만들어진다.

이상에서 본 바와 같이 여섯 가지의 맛은 파생의 방식에 따라 '-콤-'이 붙는 '달다, 시다, 맵다'와 줄기가 중복되는 '짜다, 쓰다, 떫다'의 두 부류로 나뉜다. 이 두 부류들이 왜 같은 부류를 형성하는지는 의문이다.

⑤ -음-/-엉-/-애-

(63) 써금써금하다, 사림사림하다, 얼멍얼멍하다, 날개날개하다

어기 형성에 참여하는 접미사로 '-음-', '-엉-', '-애-'가 있는데 이들은 모두 어기가 겹쳐 나타나는 것이 특징이다. (63)에서 '써금써금하다'의 '써금'은 동사 '썩-'에 접미사 '-음-'이 결합되어 어떤 물건이 매우 낡은 상태에 있음을 표현한다. '뒤안에가 요만한 오장치 바구리 같은 것이 있는디 구렝이가 사림사림해갖고 거기 있어갖고 이렇게 고개를 쭉 내밀고 내다보그덩.'(해남 구비)의 예에서 보이는 '사림사림하다'는 동사 '사리-'에 접미사 '-음'이 결합된 것으로서

뱀 따위가 자신의 몸을 칭칭 감고 있는 모양을 나타낸다. '얼멍얼멍하다'는 표준어에도 있는 말인데, 사전에서는 '실이나 털 따위로 짠 물건의 바닥이 촘촘하지 아니하고 거칠다'로 풀이되어 있다. 이때 어근 '얼멍'은 옛말 '얼믜-'에 '-엉'이 결합된 것인데 서남방언에서 '어레미'를 '얼멍치'라고 할 때 나타난다. '날개날개하다'는 옷 따위가 너무 낡아서 해어진 상태를 형용하는데 이때 어근 '날개'는 '낡-'에 '-애'가 결합된 것이다. 이 세 접미사는 모두 어근이 겹쳐 나타나 어기를 형성할 때 쓰이는 말이다.

1.2.2.3.1.2 '-시롭-'에 의한 파생

서남방언의 접미사 '-시롭-'은 표준어의 '-스럽-'에 대응하는 것으로서 그 기능은 표준어와 완전히 같다. 그런데 서남방언은 표준어에서 불가능한 여러 낱말들에서 '-시롭-'이 확인된다.

(64)

가. 미안시롭다(=미안하다), 어색시롭다(=어색하다), 귀찬시롭다(=귀찮다), 깨깟시롭다(=깨끗하다), 옹삭시롭다(=옹색하다), 이상시롭다(=이상하다), 험시롭다(=험하다)

나. 까다락시롭다(=까다롭다), 까탈시롭다(=까다롭다)

다. 재미시롭다(=재미있다), 꾀시롭다(=꾀가 많다)

라. 궁상시롭다(=궁상맞다), 몰쌍시롭다(=매몰차다), 거판시롭다(=성대하다), 끄척시롭다(=엉뚱하다)

마. 까시롭다(=까다롭다), 어시롭다(=어색하다), 성가시롭다(=성가시다)

(64가)는 표준어에서 '-하-'에 의해 파생되는 경우인데, 서남방언은 '-하-' 자리에 '-시롭-'이 쓰였다. 물론 서남방언에서도 '-하-'를 사용하여 표준어와 같은

형태의 낱말을 파생시킬 수 있으므로, 실은 두 가지의 어형을 혼용하는 셈이다. 이러한 혼용의 가능성은 서남방언의 '-시룹-'이 표준어의 '-하-'를 점진적으로 대체해 나가고 있음을 말해 준다. 그 대체의 변화가 진행 중인 탓에 두 접미사의 혼용이 나타날 수 있었던 것이다. (64나)에서 표준어의 '까다롭다'를 만약 '까다-롭-'으로 분석할 수 있다면 이때 '-롭-' 대신 서남방언은 '-시룹-'이 쓰였다고 할 수 있다. 일반적으로 '-롭-'은 모음으로 끝나는 어근에 결합하므로 자음으로 끝나는 '까다락'이나 '까탈'과 같은 경우에 '-롭-' 대신 '-스럽-'의 방언형 '-시룹-'이 쓰인 것은 매우 자연스러운 것이다. (64다)는 '있다'나 '많다'처럼 존재를 나타내는 형용사 대신 '-시룹-'이 쓰인 것으로서 이것은 결국 '-시룹-'이 어떠한 속성의 존재를 나타낸다는 점을 말해 주는 것이다. (64라)의 '궁상시룹다'는 표준어의 접미사 '-맞-'에 '-시룹-'이 대응하는 경우이며, (64라)의 나머지 예들은 모두 의존적인 어근에 '-시룹-'이 결합된 것이다. (64마)는 특정의 어근을 파악하기 어려운 경우이다. '까시룹다'는 의미로 보아 '까탈시룹다'와 같은데 그렇다면 '까시룹다'의 어근 '까'는 '까탈'의 첫 음절인 셈이다. '어시룹다'도 마찬가지이다. 이 낱말은 '어색하다'와 같은 뜻을 가지므로 '어시룹다'의 어근 '어'는 '어색'의 첫 음절인 셈이다. 따라서 '까'나 '어'는 모두 '까탈'이나 '어색'에서 온 어근이라 할 수 있다. (64마)의 '성가시룹다'도 매우 흥미로운 것이다. 표준어 '성가시다'는 본시 '성(性)'과 '가시다'의 합성어인데,[61] 서남방언에서는 '성가'를 어근으로 재분석하여 여기에 접미사 '-시룹-'이 결합되어 새로운 형용사를 파생시켰다.[62] 이처럼 어근의 재분석이 다양

---

61 중세어에서는 '성가시다'로 나타나는데, 그 의미는 '파리하다'나 '초췌하다'이다. 몸의 '성(性)'이 가시면 초췌하게 되는 것일 텐데, 오늘날에는 그러한 육체적 변화의 의미는 없고 정신적인 '성(性)'을 가시게 함으로써 마음의 평안함을 잃은 상태를 뜻할 뿐이다. 그렇다면 '성가시다'는 육체적인 것으로부터 정신적인 것으로, 구체적인 것에서 추상적인 것으로 그 의미가 바뀐 셈이다.

62 '성가시룹다'를 '성가시다'의 줄기에 접미사 '-룹-'이 결합된 것으로도 볼 수 있으나, 일반적으로 '-롭-'은 어근이나 명사에 결합하여 형용사를 파생시킨다는 점에서 이러한 해석의 어

하게 나타난다는 것은 서남방언에서 '-시롭-'이 매우 생산적인 접미사로 사용되고 있음을 보여 주는 것이다.

1.2.2.3.1.3 '-찹-'에 의한 파생

서남방언에는 '나찹다', '가찹다', '야찹다'와 같은 공간 형용사가 있다. 이들은 각각 중세어의 'ᄂᆞᆽ갑다', '갓갑다', '녇갑다' 등에 대응하는 낱말인데(이기문 1998:162), 그렇다면 서남방언의 접미사 '-찹-'은 중세어의 '-갑-'에 대응하는 것임을 쉽게 알 수 있다.[63] 물론 이 접미사는 오늘날 생산성을 잃고 일부의 형용사에만 남아 있는데, '-찹-'이 결합되는 형용사들은 공간 형용사 가운데 정도가 작은 부류에 한한다. 예를 들어 '높-, 멀-, 짚-' 등에는 결합되지 않는다('높찹다, '멀찹다, '짚찹다).[64] 특히 공간 형용사 가운데서도 '길다/짧다, 넓다/좁다' 등에는 비록 정도가 작은 경우라도 '-찹-'의 결합이 불가능하다. 이것은 공간 형용사 가운데서도 '높다/낮다, 깊다/얕다, 멀다/가깝다' 등이 더 긴밀한 자연류를 형성하고 있음을 의미하는데, 이들은 모두 입체적인 공간 안에서 특정의 기준점을 중심으로 한 거리를 나타내는 것이 특징이다. 즉 '높다/낮다'는 기준으로부터 위, '깊다/얕다'는 기준으로부터 아래, '멀다/가깝다'는 기준점으로부터 같은 평면의 거리를 나타내는 것이다(이기갑 1983a).
'-찹-'이 결합된 형용사와 원래의 형용사 사이에는 별다른 의미차가 느껴지지 않는 것이 사실이다. 예를 들어 '낮다'와 '나찹다', '야트다'와 '야찹다'는

려움이 있다.

63 '-찹-' 외에 '-삽-'이 쓰이는 수가 있는데, 전남 신안 지역에서 '가찹다' 대신 쓰이는 '가삽다'가 이런 예이다. 이처럼 지역에 따라 /ㅊ/과 /ㅅ/ 또는 /ㅆ/이 대립을 보이는 다른 예로서 접미사 '-치-'와 '-씨-'를 들 수 있다. 예를 들어 '자빨치다'는 전남 내륙, '자빨씨다'는 서남해안 지역에서 쓰이는 형으로서 모두 '넘어뜨리다'의 의미를 갖는다.

64 중세어에서는 공간 형용사가 아닌 경우에도 '-갑-'이 쓰여 '맛갑다'(=알맞다)와 같은 낱말이 가능했으나, 이런 낱말은 현대의 서남방언에는 존재하지 않는다.

거의 동의어로 생각되기 때문이다. 그러나 '-참-'이 결합된 형용사는 구체적인 공간을 나타낼 경우에만 쓰일 뿐, 추상적인 경우에는 쓰이지 않는 점에 차이가 있다. '낮은 물가'는 가능하지만 "나차운 물가'는 불가능하다는 점이 이를 말해 준다. 이러한 현상은 '-으막-', '-직-', '-드라-' 등 공간 형용사에 결합되는 접미사들에서 공통적으로 나타나는 현상이다. '-참-'을 의미적 접미사로 분류하려는 근거가 여기에 있다.

1.2.2.3.2 형태적 접미사

1.2.2.3.2.1 '-옵-'에 의한 파생

서남방언의 형용사 가운데는 접미사 '-옵-'의 유무에 의한 분화를 보이는 경우가 있다. '시리다/시롭다', '씨리다/씨롭다', '호시다/호숩다', '따시다/따숩다', '꼬시다/꼬숩다' 등이 그것이다(이기갑 1986). 일반적으로 전라도의 동부 지역에서는 '-옵-'이 없는 형용사, 서부 지역에서는 '-옵-'이 있는 형용사가 쓰여 지역에 따른 변이를 보인다. 형태상으로 보아 서부 지역형은 동부 지역형에 접미사 '-옵-'을 결합하여 생긴 것이므로, 이때의 '-옵-'은 특정한 의미를 부여하지 못한 채 오직 방언형의 형성에만 관여하는 형태적 접미사라 할 것이다.

접미사 '-옵-'은 위의 예에서 보는 것처럼 심리 형용사나 상태 형용사에 결합될 수 있을 뿐, 앞에서 언급한 공간 형용사에는 결합하지 못한다.

1.2.2.3.2.2 '-읍-'에 의한 파생

서남방언에는 접미사 '-읍-'의 유무에 따른 지역적 분화가 나타난다. 전형적으로 접미사 '-하-'에 '-읍-'이 결합되어 '-합-'으로 실현되는 경향이 있는데,

이런 변이는 주로 전남의 서남 해안 지역인 신안·진도·완도·해남 등지에서 활발하게 나타난다. 예를 들어 '징하다/징합다', '독하다/독합다', '중하다/중합다' 등의 대립이 확인된다. 어기가 모음이나 /ㄹ/로 끝날 때에는 '-합-'의 /ㅎ/이 탈락되어 '-압-'으로 되면서 선행하는 어근과 축약이 일어날 수 있다. 그래서 '간사하다/간삽다',[65] '서늘하다/서느랍다', '솔하다/소랍다'(=수월하다) 등의 변이가 나타난다.

접미사 '-읍-'이 '-하-'가 없는 형용사의 줄기에 결합되기도 한다.[66] '날쌉다'(=날쎄다/신안), '서투릅다'(=서투르다/진도), '얄뷹다'(=얇다/영암·해남), '짤뷹다'(=짧다/해남), '가늡다'(=가늘다/신안) 등의 예가 이런 경우에 속한다. '날쌉다'에 대한 '날싸다'가 전남 담양에서 확인된다. '서투릅다'는 다른 지역의 '서툴다'에 '-읍-'이 결합되어 '서투릅다'가 된 후 /ㅂ/에 동화되어 '서투룹다'로 변한 것이다.

전남의 서남부 해안 지역이 아닌데도 접미사 '-읍-'이 쓰이는 수가 있다. 이때는 대체로 전남의 동북부 지역에 나타나는 변이인데, '씹다'(=쓰다/광양·여수), '짭다'(=짜다/구례·광양·승주·순천), '찹다'(=차다/보성·고흥·광양·구례·승주·여천), '더듭다'(=더디다/고흥), '더딥다'(=더디다/곡성) 등이 여기에 속한다. 이런 '-ㅂ-'은 동남방언에서도 확인되는 것이다.

어근에 직접 '-읍-'이 결합하는 수가 있는데, '성갑다'(=성가시다/진도·완도)가 이에 속한다. '성가시다'의 '성가'가 서남방언에서 어근으로 재분석된 것은 이미 앞에서 언급한 바 있는데, '성갑다'는 이 어근 '성가-'에 '-읍-'이 결합되었다.[67] 이 '성갑다' 형 역시 전남의 서남해 지역에서 확인된다.

한편 '모둡다'(=마디다/담양·나주), '찔굽다'(=질기다/담양) 등은 전남의 북부 내

---

65 같은 뜻의 '깐삽다'가 광양 지역에서 확인된다.
66 같은 서남 해안 지역에 '마랍다'(=목이 마르다/신안), '제랍다'(=저리다/신안진도) 등의 낱말이 나타난다. '마랍다'는 다른 지역의 '모르다'(=마르다)와 대립을 보이고, '제랍다'는 '제리다'와 대립을 보이므로 이것은 '-ㅂ-'이 아닌 '-압-'에 의한 대립이다. 그렇다면 서남 해안 지역은 '-ㅂ-'과 함께 '-압-'과 같은 형태적 접미사를 사용한다고 할 수 있을 것이다.
67 '성가'가 어근으로 재분석된 것은 나주 지역에서 쓰이는 '성가싫다'에서도 확인된다.

류에서 확인된 어형으로서 접미사 '-읍-'이 낱말에 따라서는 전남의 북부 지역에까지 확대되었음을 알 수 있다.

1.2.2.4 부사 파생 접미사

①-망

(65)에서 보듯이 접미사 '-망'은 첩어 형식의 부사에 결합되어 또 다른 첩어를 형성한다. '골골'은 원래 병이 오래되거나 몸이 약하여 시름시름 앓는 모양을 나타내는 부사인데, 여기에 '-망'이 붙어 그 의미를 강조한다. 작은 동물이나 사람이 자꾸 뒤를 따라다니는 모양을 나타내는 '졸졸'의 경우에도 '졸망졸망'은 그 의미를 강조하고 있다. 마찬가지로 심하지 않게 가만가만 가볍게 만지거나 문지르는 모양을 뜻하는 '살살'이 '살망살망'이 되면 '살살'의 정도가 더 강해지는 효과를 얻는다. 이처럼 서남방언의 접미사 '-망'은 화용적 접미사로 기능한다.

(65) 골망골망(=골골), 졸망졸망(=졸졸), 살망살망(=살살)

②-이/니, -허니/하니

접미사 '-이'는 (66가)에서 보듯이 어근이나 형용사 줄기에 결합하여 부사를 파생시키는 의미적 기능을 기본으로 하는 점에서 표준어와 같다. 그러나 서남방언의 '-이'는 이 밖에도 아무런 의미적 기여를 하지 못한 채 새로운 방언형만을 형성하는 형태적 기능을 하는 경우도 있다. (66나)가 이런 부류이다. 이런 형태적 기능을 하는 접미사 '-이'는 그 결합이 수의적이어서 '-이'가 없는 어형도 함께 쓰인다. 따라서 '손세이'와 '손세', '으레이'와 '으레', '쪼깐이'

와 '쪼깐'은 모두 서남방언에서 가능한 낱말들이다.

(66)

가. 솔곳이(=솔깃이), 수북이, 얇이(=얕게), 온이(=온통)

나. 손세이(=손수), 으레이(=으레), 쪼깐이(=조금)

접미사 '-니'는 '-하-'를 포함한 형용사에 결합하여 부사를 파생시키는데, (67)이 이를 보여 준다. 이때는 '하니'를 '하게'로 대체할 수 있다. 접미사 '-하-'가 포함된 형용사의 경우 '-이'의 결합은 불가능하지만 '-니'의 결합은 가능하다는 점을 고려하면 '-니'를 '-하-' 뒤에 나타나는 '-이'의 변이형태로 볼 수도 있을 것이다.[68]

(67)

가. 하레는 비가 <u>축축허니</u> 오고 화분에 물을 줄라고 모도 큰애기들이 나왔거든.(함평 구비)

나. 이놈이 들어가서 <u>우뚝허니</u> 앙겼을 것 아닌가?(함평 구비)

다. 겉은 <u>가난하니</u> 수수한 선비 모양으로 옷을 채리고, 길손님 마냥으로 다녀요.(전주 구비)

라. 쥔 아주마가 죽을 써갖고 <u>호른허니</u> 밀죽을 써서, 국수를 해서 감나무 밑에다 탁 퍼 놓고 잠을 잔디,(보성 구비)

(68)은 '허니/하니'가 '딱', '떡', '척', '쭉'과 같은 부사에 결합한 예이다. 그러

---

[68] 접미사 '-니'와 '-이'의 변이 관계는 사람의 수를 나타내는 수사 '둘이, 셋이, 넷이, 여럿이'에 붙는 접미사 '-이'가 서남방언에서는 모음 뒤에서 '-니'나 '-이', 자음 뒤에서 '-이'의 두 가지 변이형태로 쓰이는 데서도 확인할 수 있다. '두니, 서니, 너니, 여러니/다섯이, 여섯이, 일곱이, 야달이' 등.

나 이 경우는 '허니/하니'가 없더라도 아무런 의미적 차이가 발생하지 않는다. '딱'과 '딱허니', '쭉'과 '쭉허니'는 동의어이기 때문이다. 그러므로 이때의 '허니/하니'는 부사를 같은 뜻의 부사로 만드는 형태적 접미사로 해석해야 한다. 이 경우는 (67)과 달리 '허게/하게'로의 대체가 불가능한데, 이 점도 '허니/하니'를 독자적인 접미사로 해석할 수 있는 증거라 하겠다.

(68)

가. 서울 가서는 큰길로 집구석 껄작한 집으로 <u>딱허니</u> 인자 샌님을 뫼셔 놓고는,(장성 구비)

나. 집 있웅게 어쩐 일인가 허고 <u>떡하니</u> 들어가 봉게나,(군산 구비)

다. 쿤네가 <u>척하니</u> 쳐다보드니마는,(군산 구비)

라. 미느리하고 서방님하고 시어머니하고 서이 이렇게 <u>쭉허니</u> 가다가,(장성 구비)

③ -로

접미사 '-로'는 기원적으로 도구격조사 '로'에서 온 것으로 볼 수 있지만, 공시적으로는 접미사로 분석한다. 이 '-로'는 서남방언에서 각각 의미적 기능과 형태적 기능을 수행한다.

(69)

가. 뺄로/벌로(=허투루), 새시로(=새로)

나. 뎁대로(=오히려), 연방이로(=연달아), 온이로(=온통), 젤로(=제일), 한 자로(=혼자)[69]

---

[69] '발씨로/볼쑤로'(=벌써)의 '로'도 같은 종류의 접미사로 보인다. 다만 '발씨'나 '볼쑤'는 단

(69가)는 '-로'가 명사를 부사로 만드는 의미적 접미사로 쓰이는 경우로서, '뻘로'의 어근 '뻘'은 '뻘소리'(=허튼소리), '뻘짓거리'(=허튼 짓) 등에서 확인된다. 표준어에서 '벌'은 '일정한 테두리를 벗어난'의 의미를 지닌 접두사로 쓰여 '벌모, 벌물, 벌불' 등과 같은 낱말을 만든다. '벌모'는 '허튼모'라고도 하므로 '벌'과 '허튼'의 의미가 같다고 하겠다. 이 '벌'이 서남방언에서는 '벌' 또는 '뻘'로 쓰이는데, 이 방언에서는 접두사가 아닌 명사로 기능한다. '뻘'에 조사 또는 접미사 '로'가 결합되는 분포가 이를 뒷받침한다. '새시로'는 표준어의 '새로'에 대응하는데, 어근 '새시'가 홀로 쓰이는 예는 확인되지 않지만, 이때의 '로'가 접미사로 분석되는 것이 분명하므로 가상적인 어근으로 세울 수 있을 것이다. 반면 (69나)는 형태적 접미사로 쓰이는 경우이다. 이들은 모두 '-로'가 없는 어형도 가능하여, '뎁대'와 '뎁대로', '연방'과 '연방이로', '온이'와 '온이로', '젤'과 '젤로', '한자'와 '한자로' 등이 의미 차이 없이 공존한다.

④ '-껏'과 '-씬'

접미사 '-껏'은 표준어에서 마음껏', '정성껏', '힘껏', '양껏', '이제껏', '아직껏', '여태껏'과 같이 명사나 부사에 붙어 '그것이 닿는 데까지', '그때까지 내내' 등의 의미를 첨가하는 기능을 한다. 이 점은 서남방언도 마찬가지이다. 그런데 서남방언은 이들 외에도 '배지껏', '복장껏' 등의 낱말이 더 있다. '배지껏'의 '배지'는 지역에 따라 '배아지'로도 쓰이는데 표준어의 '배때기'에 대응하는 속어이므로, '배지껏'은 '배가 부를 만큼 양껏'의 의미를 갖게 된다. 한편 '복장껏'의 '복장'은 서남방언에서는 배 또는 가슴을 가리키며 주로 '복장터지다'로 쓰인다. 따라서 '복장껏'은 앞에서 언급한 '배지껏'과 마찬가지로

독으로 쓰이지 않으며, 홀로는 '발써'나 '볼쎄' 등으로 쓰이는데, 이 점으로 보면 '발써'나 '볼쑤'는 '발써'나 '볼쎄'에 '로'가 결합할 때의 변이형으로 해석할 수 있다.

'배가 부를 만큼 양껏'의 의미로 해석된다.

'양껏'에는 접미사 '-껏'이 포함되어 있는데, 서남방언에는 '양껏'에 대응하는 방언형으로 '양씬'이 쓰이기도 한다. 그렇다면 이때의 '-씬' 역시 '-껏'에 의미적으로 대응하는 접미사인 셈이다.

⑤ -씨

서남방언에서 접미사 '-씨'는 '공연씨'나 '무담씨' 등에서 확인된다. 이 두 낱말은 '괜히'를 의미하는 동의어이다. '공연씨'의 '공연'과 '무담씨'의 '무담'은 각각 한자어 空然과 無斷으로서 이들 한자어 명사에 '-씨'가 결합되어 부사를 파생시킨 것이다. 표준어 '기어이/기어코'에 대응하는 서남방언형은 '기어니, 기언씨, 기언치, 기영코' 등이다. 표준어 어근 '기어'는 한자어 期於인데, 서남방언에서는 '기언'으로 변하여 쓰인다. '기언씨'에 포함된 접미사 '-씨' 역시 한자어 어근을 부사로 만드는 점에서 '공연씨', '무담씨'의 경우와 같다. 그렇다면 서남방언의 부사 파생 접미사 '-씨'는 주로 한자어 기원의 어근에 결합된다고 할 수 있다.

⑥ -나

접미사 '-나'는 '대차나'(=과연)와 '전히나'(=전혀) 등에서 확인된다. 이 '-나'는 오로지 형태적 기능만을 수행하는 것으로서 '대차나'와 '대차', '전히나'와 '전히'의 두 가지 형태가 의미 차이 없이 모두 함께 쓰일 수 있다. 접미사 '-나'는 그 밖에 '행여나', '혹시나' 등에서도 나타난다.

1.2.3 영파생

영파생은 어근이 곧 파생어인 경우로서, 무형의 형태소인 zero suffix가 결합된 파생이다. 표준어에서는 '품, 신, 빗, 띠, 되, 가물' 등이 영파생에 의해 파생된 말로 보고된 바 있다(송철의 1992, 이익섭/채완 1999). 이 밖에도 '사리, 톱, 가리' 등을 추가할 수 있을 것이다.

'사리'는 국수, 새끼, 실 따위를 동그랗게 포개어 감은 뭉치를 가리키는데, 이는 물론 국수, 새끼, 실 따위를 동그랗게 포개어 감다는 뜻의 동사 '사리다'에서 영파생에 의해 파생된 명사이다

'톱'은 모시나 삼을 삼을 때 그 끝을 긁어 훑는 데 쓰는 도구를 말하는데, 이 톱으로 하는 행위가 동사 '톺다'이다. 사전에 따르면 '톺다'는 '삼 따위를 삼을 때, 쩬 삼의 끝을 가늘고 부드럽게 하려고 톱으로 눌러 긁어 훑다'로 풀이되어 있다. 동사인 '톺다'의 줄기 '톺-'과 영파생된 명사 '톱'의 끝소리가 다른데, 이것은 아마도 '톺-'에서 명사 '톺'이 영파생된 뒤 '톺 〉 톱'의 변화를 겪었기 때문으로 보인다. 서남방언에서는 '톺다'가 '돛다'로 쓰이고 여기서 파생된 명사는 '돛'이 아닌 '도패'이다. 표준어와 달리 영파생이 아닌 접미사 '-애'가 결합되어 방언적 차이가 생겼음을 알 수 있다.

볏가리는 벼를 베어서 가려 놓거나 볏단을 차곡차곡 쌓은 더미를 가리킨다. 집으로 옮기기 전에 논에 임시로 쌓은 벼의 더미일 수도 있고, 아니면 집 마당 한쪽에 상당 기간 쌓아 놓은 더미일 수도 있다. 한반도의 전체 분포 상황을 보면 '볏가리'는 경기·강원·충북·충남·경북·경남 지역에서 쓰이고, 충남 일부와 전남·전북·제주 지역에서는 '볏가리'에 대응하여 '벼눌' 또는 '베눌'이라는 말이 쓰인다.

서남방언에서도 표준어와 같이 '가리'라는 말이 쓰이는데, 표준어와 달리 벼를 베어서 논에 임시로 쌓은 더미를 가리키는 말로 쓰인다. 그리고 이렇게 '가리'를 만드는 일을 '가리를 치다'라고 한다. 반면 볏단을 차곡차곡 쌓은 더

미는 따로 '베눌'이라는 말을 사용한다. '베눌'은 '벼눌'에서 변한 말인데 이 낱말에 포함된 '눌'은 동사 '누리다'에서 영파생에 의해 생겨난 명사 '누리'가 줄어든 말이다. '누리다'는 '가리다'와 마찬가지로 '곡식이나 장작 따위의 단을 차곡차곡 쌓아 올려 더미를 짓다'는 뜻의 동사인데, 16세기 문헌인 『훈몽자회』에서 한자 纍의 훈으로 쓰인 바 있다(纍 누릴 라. 훈몽 하:3). '누리다'에서 파생된 명사 '누리' 역시 『훈몽자회』에서 확인된다.

옛 문헌에 나타난 시기를 보면 중부 방언에서 '곡식이나 장작 따위의 단을 차곡차곡 쌓아 올려 더미를 짓다'는 뜻의 동사로 '누리다'가 먼저 쓰이다가 나중에 '가리다'로 바뀐 것으로 추정된다. 오늘날 경기·강원·충북·충남·경북·경남 지역은 완전히 '가리다'로 대체된 반면 충남 일부와 전남·전북·제주 지역은 '벼눌'형을 사용하여 고형을 유지하고 있다. 그렇다면 전남 지역에서 '가리'와 '베눌'이 의미를 달리하면서 함께 쓰인다는 사실은 '누리다 〉 가리다'로의 대체가 완료된 것이 아니라는 사실을 의미한다. 고형인 '누리다'가 '곡식이나 장작 따위의 단을 차곡차곡 쌓아 올려 더미를 짓다'는 애초의 의미를 유지하고, 신형인 '가리다'가 '베어 낸 벼를 임시로 논에 쌓아둠'이라는 제한된 의미로 쓰이고 있기 때문이다. 오늘날 전남 지역에서 동사 '누리다'는 '누르다' 또는 '눌르다'의 형태로 남아 있는데 대체로 '베눌을 누르다'와 같은 구성으로만 쓰일 뿐이다.

서남방언에서 '벼눌'은 '베눌'이나 '비늘' 등의 방언형으로 나타나는데, 이러한 형태 변화로 인해 '벼'가 더 이상 인식되지 못하자 경북의 '삣가리'와 마찬가지로 나뭇단이나 보릿단 등을 쌓아 놓은 더미를 가리키는 데도 쓰이게 된다. 볏단을 쌓아 둘 경우 '벼'의 방언형 '나락'이 합성된 '나락베눌'이나 '나락비늘'이 쓰이고, 보릿단을 쌓은 것은 '보릿베눌', 장작을 쌓은 더미는 '장작베눌' 등으로 쓴다. 한편 제주도에서는 '벼'의 방언형 '나록' 또는 '산듸'가 결합된 '나록눌'이나 '산듸눌'이 나타난다. 충남 지역에서는 사이시옷이 결합된 '볏누리'나 '볏눌'형이 일부 확인된다. 전북의 일부에서는 '베눌가리'와 같은 합성어도 나타난다. 이는 '벼눌'과 '가리'가 혼태된 것으로서 '볏가리' 지역과 '벼눌' 지역의 경계 지역에 나타나는 것이 흥미롭다.

'건지'는 '건더기'를 뜻하는 말이다. 이 말은 서남방언뿐만 아니라 제주방언, 강원 지역어, 동북방언에서도 확인되는 방언형이다. 강원 지역어나 동북방언의 경우 '껀지', '껑지', '껑치' 등 된소리로 변화되어 쓰이기도 한다. 서남방언에서 '건더기'는 '건덕지, 건더구, 건덕사니, 건데기, 건뎅이' 등 다양한 형태의 낱말이 쓰이는데 '건지'도 전남의 곡성·장성·목포·신안 등 여러 지역에서 확인된다. '건지'는 옛말에서 '건디'로 쓰이는데 '블근 풋 거믄 콩 녹두 각 흔 되…달혀 그 즙을 튜일 먹고 그 건디를 임의로 머그면(두창경험방 5)'과 같은 예에서 확인할 수 있다.

옛말의 '건디'는 동사 '건디다(⟩ 건지다)로부터 영파생에 의해 파생된 명사이다. '물속에 들어 있거나 떠 있는 것을 집어내거나 끌어내다'의 뜻을 갖는 '건디다'에서 집어내거나 끌어내는 대상을 가리키는 명사가 파생된 것이다. '건덕지, 건더구, 건더기, 건덕사니, 건뎅이' 등은 모두 '건디다'의 줄기 '건디-'에 '-억지', '-어구', '-어기', '-억사니', '-엉이' 등의 다양한 접미사가 결합되어 파생되었지만, '건지'는 영파생에 의해 파생된 것이다.

이처럼 '건지'는 건더기를 뜻하는 말이지만, 건더기를 뜻하는 다른 낱말과는 형태뿐만 아니라 의미도 달라졌다. 서남방언에서 '건지'는 재료나 거리의 의미로 쓰이기도 하기 때문이다. '건지'가 재료나 거리의 뜻으로 쓰이는 예로서 '말건지'(=말거리), '웃음건지'(=웃음거리), '일건지'(=일거리), 꼴통건지(=골칫거리), 끄닛건지(=끼닛거리) 등을 들 수 있다. 서남방언에서는 거리나 재료의 뜻으로 '가심'이라는 말도 쓰이는데, '짓가심'(=김칫거리), '앳가심'(=애물단지) 등에서 이를 확인할 수 있다. 이 '가심'은 옛말 'ㄱ 숨'에서 온 말로서 표준어 '감'에 대응하는 말이다. 그렇다면 서남방언에서 '가심', '건지', '거리'는 동의어인 셈이다.

2장

체언

2.1 의존명사

2.1.1 의존명사의 의미 변화

한국어는 의존명사가 매우 발달된 언어이다. 의존명사는 의존적인 통합 관계를 갖는다는 통사적 특징 외에도 자립명사에 비해 그 의미가 추상적인 경우가 많아 문법적 표현으로 기능하는 수가 흔하다. 의존명사는 자립명사로부터 의미의 추상화가 이루어지는 경우가 많다. 예를 들어 '터'는 자립명사로서 집이나 건물을 지을 자리를 가리키는 것이 기본 의미지만, 이 기본 의미로부터 의미가 확대되어 활동의 토대나 일이 이루어지는 밑바탕을 뜻하게 되고, 더 나아가서 의존명사로서 '처지나 형편' 등을 나타내거나 더 확대되면 '의지'나 '추정'을 뜻하게 된다. 표준어에서 의존명사로 기능하는 '노릇', '법', '바람', '통' 등도 애초에는 자립명사였던 것이 의존명사로 바뀐 것이다. 이와 달리 '데'는 애초부터 의존명사로 쓰여 '곳'이나 '장소'를 나타내다가 추상적인 의미인 '일', '것', '경우' 등으로의 의미 확대가 일어났다.

서남방언의 의존명사에서도 이러한 의미 변화는 쉽게 확인할 수 있다. 예를 들어 '값'은 자립명사로 쓰여 '가격'을 뜻할 경우에 서남방언은 (1가)처럼 '갑'으로 변화된 형태를 사용한다. 그러나 (1나)처럼 관형형 씨끝 '-을'을 앞세우고 조사 '에'를 뒤세워 쓰일 때는 애초의 '값' 형태를 유지하여 '-을갑세'라는 새로운 이음씨끝으로 재구조화 되는데 '-을망정'의 뜻을 갖는다(이기갑 1998c/2003:455).

(1)

가. 올 나락 갑이 어쩝디여(=올해 벼 값이 어떻습디까)?

나. 나 한차 헐갑세 고놈허고는 같이 못해라우(=나 혼자 할망정 그 녀석하고는 같이 못 해요).

위의 '값'과 같은 뜻으로 서남방언에서는 의존명사로서 '섟/샀'이 쓰이기도 한다. '섟'은 옛말에 '셗'으로 나타나며 '마땅히 해야 할 직분'을 뜻하는 명사였다(예: 혼 남진 혼 겨지븐 庶人의 셕시라/내훈 1). 이 명사는 오늘날 서남방언에서 자립명사로 쓰이지 못하고 관형형 씨끝 '-을'과 조사 '에' 사이라는 제한된 통사적 환경에 나타나 '-을석세'라는 이음씨끝으로 재구조화 되어 쓰인다(이기갑 1998c/2003:455). '-을석세'의 조사 '에'는 '이'로 실현되어 '-을석시'로 되기도 한다. 의존명사 '섟'은 때때로 '샀'으로 변동하는데 이러한 변동 양상은 의존명사 '성'이 '상'으로 변동하는 것과 같다. 이 '섟'도 '값'과 마찬가지로 의미 변화를 겪어 추상적인 의미인 '-을망정'과 같은 양보의 뜻을 나타낸다.

(2)

가. 넘도 도와줄석시 지 식구가 훼방을 논당께(=남도 도와 줄 텐데 제 식구가 훼방을 놓는다니까).

나. 내가 죽을석세 고론 짓은 못 허겠소(=내가 죽을망정 그런 짓은 못 하겠소).

2.1.2 의존명사의 재구조화

의존명사는 의미의 추상화와 함께 형태적으로도 재구조화 되는 수가 흔하다. 예를 들어 이음씨끝 '-는데'는 기원적으로 '-는-드-이'로 분석되는데, 의존명사 '드'에 처격조사 '이'가 결합된 것이다. 이것은 명사형 씨끝 '-음'이나 '-기'에 조사가 결합한 '-으므로', '-으매', '-기에' 등이 이음씨끝으로 쓰이는 것과 같은 현상이다. 의존명사와 조사의 결합체가 이음씨끝으로 재구조화 된다면 의존명사와 특정 서술어의 결합체는 보조용언으로 재구조화 되는 경향을 보이기도 한다. '듯하다', '듯싶다', '만하다', '성부르다', '성싶다' 등이 이런 예에 속한다. 따라서 한국어에서 의존명사는 새로운 문법적 표현을 만들어 내는 주요한 원천인 셈이다.

위에서 설명한 서남방언의 '-을 값에'나 '-을 섶에'는 그 통합관계가 매우 고정되어 있으므로 구성 전체를 하나의 이음씨끝으로 재분석할 수 있다. 따라서 이음씨끝으로 재구조화된 '-을갑세'나 '-을섭세'는 '-는데'와 같은 구성에서 발달된 이음씨끝이라 하겠다. 이처럼 의존명사가 이음씨끝으로 재구조화될 때에는 두 가지의 조건이 갖추어져야 한다. 첫째는 기원적인 구체적 의미가 추상적인 의미로 바뀌어야 한다. 그래서 공시적으로 기원적인 의미와의 관련성을 유지하기 어려울 때 새로운 문법 형태로의 재구조화를 상정할 수 있다. 둘째는 의존명사의 선행 요소와 후행 요소가 형성하는 통합관계가 고정되어 언제나 동일한 통합관계를 이루어야 한다. 의존명사가 다양한 통합관계를 갖게 되면 새로운 문법 형태로 재구조화 될 수 없다. 따라서 의존명사에 선행하는 관형형 씨끝이 어느 하나로 고정되고, 의존명사에 후행하는 조사 역시 특정의 조사로 한정될 때 그들의 결합체를 하나의 이음씨끝으로 재분석할 수 있게 되는 것이다. '-을갑세'나 '-을섭세'는 이와 같은 의미적 조건과 통합관계의 조건을 모두 갖추었기에 단일한 이음씨끝으로 분석할 수 있었다. 이런 점에서 보면 '성싶다'나 '성부르다'처럼 보조용언으로 분석되는 표현들은 재구조화의 조건을 모두 갖추었다고 보기는 어렵다. 따라서 이들을 굳이 보조용언으로 분석할 필연적인 이유는 없다고 하겠다. 『표준국어대사전』이 '성'을 한편으로 의존명사로 규정하면서도 다른 한편으로 '성싶다'나 '성부르다'를 보조형용사로 처리하는 등 두 가지의 해석 가능성을 보이는 것도 이 점에 이유가 있을 것이다.

한국어의 모든 방언도 표준어와 마찬가지로 여러 의존명사를 갖는다. 의존명사는 자립명사와 달리 혼자 쓰일 수 없고 항상 앞 또는 뒤에 나타나는 성분들을 필수적으로 요구하되, 그 성분의 종류에 대해서는 의존명사마다 특별한 제약이 있기 마련이다. 따라서 의존명사의 기술도 선행하는 성분의 종류와 후행하는 술어의 기술, 그리고 각 의존명사의 의미적 특성을 규정하는 방식으로 이루어지는 것이 보통이다. 여기서는 우선 선행 성분의 종류에 따라 대체적인 분류를 시도하면서 표준어와 형태나 의미 등에서 차이나는 서남방언의 몇 가지 의존명사를 살펴보기로 한다.

2.1.3 '-기' 명사절이 선행하는 의존명사

명사형 씨끝 '-기'에 의한 명사절이 의존명사 앞에 오는 경우로서, '나름, 때문' 등이 이 유형에 속한다.[1]

(3)

가. 모든 것이 다 자기 하기 나름이다.

나. 비가 왔기 때문에 거기에 갈 수 없었다.

일반적으로 의존명사가 이루는 통사적 구조는 관계문 구성과 보문 구성의 두 가지로 나눌 수 있는데 의존명사 앞에 '-기'가 이끄는 명사절이 오는 경우는 오직 보문으로만 해석된다. 결국 '-기' 명사절과 의존명사의 결합은 한국어에서 보문 구성을 형성하는 특이한 구조라 할 수 있다. 여기서는 '-기' 명사절을 선행시키는 의존명사로서 이유를 나타내는 것들을 살펴보기로 한다.

① 때문/때물/땜/따문/따물/땀

표준어의 '때문'은 서남방언에서 '때문', '따문'으로 쓰이되, 조사 '에', '으로'

---

1 이 외에도 '탓, 마련, 십상, 일쑤, 전' 등의 앞에 '-기' 명사절이 올 수 있다. (예) 모든 일이 다 자기 하기 탓이다./치밀한 준비를 하지 않으면 실패하기 마련이야./혼자 행동하다가는 죽기 십상이다./놀부 하는 짓을 보면 남의 집 호박에 침 주기 일쑤고./닭이 울기 전에 떠나야 돼.

앞에서는 '때물', '따물'로의 수의적인 변동을 보인다. 그래서 (4)에서 보듯이 '때문에'는 '때물에, 때물레, 따문에, 따물레, 따울레' 등으로 쓰이고, '때문으로'는 '때물로'로 나타난다. 이들의 출현 환경은 표준어와 비슷하여 명사나 '-기' 명사절 그리고 지시관형사 다음에 나타날 수 있고, 후행 요소로는 '이다/아니다' 또는 조사 '에'와 결합하여 부사적인 용법을 갖기도 한다. 다만 이 방언은 후행 요소로 조사 '에' 외에 (4자)처럼 '으로'가 올 수 있다.

(4)

가. 이런 염려성이 있기 때물에 옛 어른들이 그것을 방지하기 위해서,(신안 구비)

나. 우리 고장 배들은 나무로 진 목선이고 좀 다른 배에 비해서 좀 허술한 점이 있었기 때물에 해적들이 우리 고장 배를 잘 노렸든 것입니다.(신안 구비)

다. 당신 서방님의 요청이 그러기 따문에 만일 부득이 경우로 내가 헌디 왜 사람을 대허고 그렇게 운단 말이요?(함평 구비)

라. 그래서 옷을 베리기 따물레 질(=제일) 마을에 첫 집이는 어뜬 첫 집은 부잣집 베라(=별로) 없습니다.(해남 구비)

마. 오날날 급작스럽게 비가 오기 따물레 옷은 베릴 수가 없고 쿈도 없이 이렇게 떡 달라들고 보니게 내가 미안한 감이 어떻다고 말할 수가 없어.(해남 구비)

바. 내가 장작을 안 해 왔드라면 괜찮을 것인디, 장작을 해 오기 따물레 빨래가 타져 부린 것 아닌가?(신안 구비)

사. 그래서 인자 이 촌이란 곳은 병원도 없고, 약국도 없기 따물레 인자 갑자기 그 양반들을 초대해갖고 그 양반들이 거그를 들어갔었소.(신안 구비)

아. '이 토끼란 놈 따울레 내가 인자 죽게 생겼구나.' 그라고는 돌아서서 내

빼자니 내뺄 수도 없고,(해남 구비)

자. 참 지금 같으면 선생님허고 연령별로 보나 멋이로 보나 참 알맞은 정도가 되기 때물로 물론 그리 맘을 두었든 모냥이여.(함평 구비)

한편 '때문'과 '따문'은 흔히 '땜'과 '땀'으로 줄어들어 쓰이는데[2] 이 줄임은 조사 '에' 앞에서만 일어날 뿐 지정사 앞에서는 불가능하다. '땜에'와 '땀에'는 '땜이', '땀이'로도 변이된다.

(5)

가. 방을 달랑께 손님이 숙박하겠다고 미러 정해 놨기 땜에 방을 못 준대.(고흥 구비)

나. 저 어디 가서 내가 점을 해 보니까 아, 우리집 저 앞닫이 땜에 도저히 살 수가 없다.(신안 구비)

다. 그 정성을 옥녀 부인이 그렇게 들였기 땜이 일곱 애기들이 잘 낳고 그런디 내 눈에서 눈물이 펄펄 나네.(장성 구비)

라. 저 김해 김씬디 그때 집이 담양이기 땜이 처가살이를 왔던 모양이지이.(화순 구비)

마. 아버지가 죽이지는 못하고 내다버리기 땀에 하인배를 데리고 와서 가(=개)들은 가 불었고 나는 호자(=혼자) 여기 떨어져 있는디,(고흥 구비)

바. 그때는 알었기 땀에 부끄럽제.(해남 구비)

사. "거기가 물이 모두 쓰기 땀이 거기가 물이 나서 쓰겄소? 안 쓸라요." 그러거든.(화순 구비)

---

2 '따문' → '땀'으로의 변화는 표준어 '때문 → 땜'에서도 나타나며 그 밖에 서남방언의 연결 씨끝 '-으먼/음'(=-으면)이나 감탄사 '하먼/함'(=아무렴)의 변동에서도 확인할 수 있다.

'땜에', '땀에'의 '에'가 '세'로 교체된 '땜세', '땀세'가 쓰이기도 하는데, 이들은 각각 '땜시', '땀시'로 변이하기도 한다. '세'로의 교체는 이 방언에서 이유를 나타내는 또 다른 의존명사 '난세'와의 혼태에 의한 결과이다. '땀세'를 '딴세'라고도 하는데 이 역시 '난세'의 영향이다.

(6)

가. 그러나 저거(=저희) 아버지 땜세 못 쫓아내고 그대로 나날을 보내고 있는디,(고흥 구비)

나. 그놈 땜세 도적질도 못 해 먹겠구나.(함평 구비)

다. 바위가 하나 있는디 바위 그것 땜시 안 썼어, 그분이.(화순 구비)

라. 인제 여자가 인물이 그만허기 땜시 그런 정승을 낳았어.(화순 구비)

마. 너무 정성으로 하기 땀세 시님이, 옛날에는 도사가 있어요, 도사분이 오세갖고,(보성 구비)

바. 너 땀시 당체 사램이 괴로와서 못 전디아.(고흥 구비)

사. 당신 땀시 이양반을 피신할 데도 없고 해서 괴짝에다 모셨던 것이여. (화순 구비)

아. 안 오기 딴세 그랬다고.(함평 구비)

자. 에잇 자식 같으니, 너 딴세 도적질도 못 해 먹겠다고.(함평 구비)

② 난세

이유를 나타내는 의존명사 '난세'는 명사와 '-기' 명사절 다음에 나타날 수 있다(이기갑 1998c).[3] 다만 '때문'과 달리 후행 요소로 '이다/아니다'와 결합할 수

---

3 그러나 다음 예의 '난시'는 이와 달리 '나부랭이'의 뜻으로 쓰이는 다른 낱말이다. (예) 그래서 과수가 솥을 모도, 아 밥솥이라든가 여물솥이라든지, 모도 옹솥, 냄비 난시로 빵구

없고, 오직 조사 '에'와만 결합한다. '난세'는 '난시'로도 변이된다.

(7)

가. 돈 난세 맨날 걱정이여.

나. 지가 부모헌테 잘했기 난세에(ˋ난세로) 복을 받은 것이여.

다. ˋ다 그 사람난세다.

'난세'나 '난시'에 조사 '에'가 결합하면 '난세에', '난시에'가 되지만 축약되어 '난세', '난시'로 쓰이는 것이 일반적이다. 이 때문에 표면형 '난세'와 '난시'는 의존명사 또는 의존명사에 조사 '에'가 결합한 형태의 두 가지로 분석될 수 있다. (8)은 구술발화에 나타난 것으로서 모두 조사 '에'가 결합된 것이지만 '에'가 표면에 드러난 것은 (8가)뿐이다.

(8)

가. 일개 여성 난세에 장부가 품었던 마음을 버리고,(고흥 구비)

나. 내가 서울 가고 부인은 집이서 시부모님을 뫼시고 농사질 하고 있기 난세 이런 일이 생겼어.(고흥 구비)

다. 그렇께 나 난세 같이 고향으로 가신다고 허는 건 부당하니까, 서방님은 서울로 가서 글공부를 하시고, 나는 집으로 돌아가고, 이렇게야 옳소.(고흥 구비)

라. 그러기 난세 꼭 자식을 공을 디레서라도 날라(=낳으려고) 그랬어요.(보성 구비)

마. 없으니까 굶고 몇 날 며칠 긴장을 했기 난세 애가 타서 죽었어.(보성

난 놈 모도 냄비 난시로 특별할인해서 싸게 해 준다닝개 잘 좀 때와 달라고 가 하라고 했어.(전주 구비)

구비)

바. 유식헌 소리를 큰애기(=처녀)가 허기 난세 평풍(=병풍)을 걷고 보니까 큰애기가 참 이쁘드라요.(보성 구비)

사. 그전에 어른들 말씀을 들으면 미륵재라고 허는 재가 있기 난세 미륵바우가 있어요, 거가요.(보성 구비)

아. 미력(지명: 보성군 미력) 사람은 미력으로 돌리고 하기 난세 구식에 선비들이 띠 안 띠고 댕기요(=띠고 다니잖소)?(보성 구비)

자. 각 민간에다 할당하기는 한 백 원이나 이렇게 하기 난세 그것이 민폐라고 했답니다.(보성 구비)

차. 석정리라 헌 것은 사장에 가서 독이 뭉쳐갖고 있기 난세 석정이라 했었는디,(보성 구비)

카. 그래갖고 그분한트로 되았기 난세 그분이 여그 도계에 살아요.(보성 구비)

타. 중국 남쪽으로 가셨기 난세 거그서 미영씨를 가져다가,(보성 구비)

파. 칼 난시 푀(=표)가 돼서 그렇지.(부안 구비)

'난세/난시'는 '남세/남시'로도 쓰인다.

(9)

가. 너 남세 내가 살았다.(해남 구비)

나. '대체 그 사람은 얼마나 부자로 얼마나 손님 접대를 잘한고?' 하고 출문으로 인자 됐기 남시 주인이 과객한테만 이렇게 저렇게,(해남 구비)

다. '에이, 요것 남시 내가 오늘 재수를 못 봤다.' 하고는 총으로 쏴서 죽여불었어라우.(해남 구비)

라. 자네 남시 내가 잘 묵고 가네.(해남 구비)

마. 와따, 총각님 총각님, 나 남시 많이 맞었제.(해남 구비)

116

③ 쭈

　이유를 나타내는 의존명사 '쭈'는 후행 요소로 조사 '에'나 '으로'가 올 수 있는 점에서 '따문'과 같다. '쭈'에 조사 '에'나 '으로'가 결합되면 '쭈에/쭈로' 외에 '쭐레/쭐로'로 변동하기도 한다.[4]

　　(10)
　　가. 니가 잘 했기 쭈에/[?]쭈로 상을 받았제.
　　나. 자네 말 쭈에 요새 술 안 묵고 지냈디(=지냈더니) 속이 많이 좋아졌네.
　　　(무안/오홍일 2005)
　　다. 니가 잘못했다고 했기 쭐레/쭐로 한 번 봐준 거여.

　한편 '쭐레'와 같은 의미로 '쭈알레'나 '짜울레'가 쓰이기도 하는데, 이것은 '쭐레'와 '따울레'(=때문에)의 혼태에 의해 생겨난 것으로 보인다. 이러한 혼태가 가능한 것은 물론 '쭐레'와 '따울레'의 의미가 같기 때문이다.

　　(11) 지가 간닥 했기 쭈알레(짜울레) 암 말도 안 했구만. 안 그랬으면 혼짝
　　　　(=혼쭐)을 내 줄 것인디.

'쭐로'는 '찔로'로 변이되어 쓰이기도 하는데, 이때 '따울로', '따울레' 등과 혼태를 일으켜 '찌울로/찔로', '찌우레/찌울레' 등을 만들기도 한다.

---

4 표준어에서도 '-기에'와 '-길래'에서 같은 음운론적 관계를 확인할 수 있다. (예) 비가 오기에(오길래) 외출을 포기했다.

(12)

가. 나 한 쩔로 수대로 고생시키네(=나 하나 때문에 모두 고생시키네).

나. 늙은 아배 찌울로 내 말 안 듣더니 그 고상을 했구만.

다. 지리산으로 가자 한들 배가 고파 살 수 없고, 충청도로 가자 한들 양반 찌우레 살 수 없네.(해남 구비)

라. 그 구슬을 물고 하늘을 봤으면 천리를 통정을 할 것인디 땅을 보게 찌우레 땅배끼 정통 못 하겠다.(해남 구비)

마. 당신 찌울레 내가 살았응께 이 돈을 갖고 당신하고 나하고 쓰고 당신 하고 나하고 좋은 배필을 맺어 삽시다.(해남 구비)

바. 그란디 교만성 고거 하나 찌울레 내가 그랬다. 걱정 말고 먹어라.(해남 구비)

2.1.4 명사와의 결합만 허용하는 의존명사

의존명사 '치'와 '야'는 오직 체언 단독형, 또는 관형격조사가 덧붙은 체언 과의 결합만을 허용하는 매우 제약된 통합관계를 보인다(이기갑 1983b).

① 치

『표준국어대사전』에 의하면 의존명사 '치'는 사람(예: 젊은 치) 또는 사물(예: 대구 치)을 나타낸다. 그러나 서남방언의 '치'는 보통 사물만을 뜻할 뿐 사람을 의미하는 경우는 드물다. 사람을 가리키려면 '치' 대신 '놈'을 사용하는 것이 일반적이다(예: 젊은 놈). 그런데 전남의 광양에서는 다른 지역과 달리 '치'가 사람을 나타내기도 한다. 아마도 경남과 인접한 영향 탓일 것이다.

(13)

가. 꼬사리(=고사리) 끊으로 가고 인자, 요즘은 전부 꼬사리 뿌리를 캐 파다가, 꾕이르 가(=괭이를 가지고) 파다가 젝점(=각자) 밭에다 재배를 해갖고 해도, 그전에는 요 치들이(=이 사람들이) 막 점부 댕김서롱, 꼬사르 끊으로.(광양)

나. 요새는 인자 그 허가를 내 주먼 헝깨로 모(=뭐) 그자해도(=그런다 해도), 그전에는 그냥 여 치들이(=이 사람들이) 막 우이우이이 허고 댕기요.(광양)

'치'가 물건을 나타낼 때에 선행 명사는 시간이나 공간의 의미적 속성을 지녀야 한다. 이러한 의미 특성을 지닌 명사 뒤의 '치'는 그 시간이나 공간에 위치한 물건을 가리키게 된다. 예를 들어 '어제 치'는 어제 생산되거나 배달된 물건을 말한다. 마찬가지로 '학교 치'는 학교에 있는 또는 학교가 소유한 물건을 가리킨다. 따라서 시간과 공간의 의미 특성이라는 의미적 제약을 어기면 당연히 비문법적 표현이 된다. 예를 들어 사람 명사에 '치'가 결합된 "그 사람 치'는 불가능한 표현이다.

'치'가 시간이나 공간의 명사들과 결합할 때 (14)처럼 처격조사 '에'가 오는 것이 보통이다. 이 '에'는 생략이 가능하다.

(14)

가. 마당(에) 치 몬자 걷어라.

나. 우리 집(에) 치가 느그 집(에) 치보다 낫제.

다. "질(=제일) 욱에 치(=위의 것) 한나는 서운헝께 내놓소." 그래.(함평 구비)

라. 일 년 내 독(=돌)을 마을 앞에 치까지 쫘악 줏어 와 불었는디 어디 돌은 없고 배는 고프고 깜깜허기는 허고 어디로 독을 줏으로 가 것이냐?(함평 구비)

마. 그런데 이 부잣집 영감이 노적을 헐면은 제일 <u>욱에</u> 치 그놈에가 복이
들었다 해서 욱에 나락 한 가마니를 딱 띠어서 자기 마루로 딜여논다
이것입니다.(보성 구비)

바. 아니, 영감님도 제일 <u>우에</u> 치를 그렇게 띠어 놓고 줬지 않소?(보성 구비)

의존명사 '치' 앞에 처격조사가 오는 것은 옛말에서도 쉽게 확인된다. (15가)-
(15다)에서는 처격조사 '의', '예', '에'가 쓰였고, (15라)에서는 처격조사가 생
략되었다.

(15)

가. 복상화나모와 버드나못 가지를 <u>東 녀그</u> 칠 各各 세 닐굽 寸을 가져다
가(구급방 상:21)

나. 야심간은 <u>소 서리예 치사</u> 됴흐니라(분문온역이해방 22)

다. 네 <u>열 힘에</u> 치 흔 냥과 닐곱 여둛 힘에 흔 냥을 민들라(박통사언해 상
53)

라. 이 드릿보와 기동들히 <u>아릿 치와</u> 견조면 너므 굳다(번역노걸대 상 39)

서남방언에서 조사 '에'가 생략되는 것은 선행 명사의 한정성과 유관한 것
으로 보인다. 예를 들어 "앞 치', "방 치'는 불가능하나, 여기에 한정 표현이 덧
붙은 '이 앞 치', '그 방 치'는 가능하기 때문이다. '학교 치'처럼 한정 표현이 없
어도 가능한 것은 말할이와 들을이 사이에 어느 학교인지가 묵시적으로 알
려져 있기 때문이다. 조사 '에'의 이러한 생략 조건은 '에서, 에다가' 등이 '서',
'다가'로 줄어들 때에도 적용된다(예: 하숙집서/*집서, 그 방다가/*방다가). 『표준국
어대사전』에서는 '몫'의 의미로 쓰일 때 '치' 앞의 선행 명사는 '세 명 치'처럼
사람의 의미 특성을 가질 수도 있다고 하였다. 이 점은 서남방언도 마찬가지
다. 따라서 '치'의 용법에 따라 단순히 시간이나 공간에 위치한 사물을 가리

킬 때에는 '치' 앞의 명사가 [+시공간]의 의미 자질을 가져야 하지만, '몫'의 의미일 때에는 이러한 의미 제약은 사라진다. 그런데 (16)에서 보듯이 옛말에서는 '몫'이 아닌 단순 소재물을 가리킬 때 사람의 선행 명사가 오기도 하였다. 적어도 근대 국어에서 '치'의 선행 명사는 시간, 공간 외에 사람의 의미 자질을 갖는 경우까지 가능하였음을 알 수 있다. 그러나 서남방언에서 이와 같은 경우는 불가능하다. 따라서 근대 이후 서남방언에서 '치'의 선행 명사에 대한 의미 제약은 [+사람/시공간]에서 [+시공간]으로 축소되었다고 할 수 있다.

(16) 네 이 물이 흔 님자의 것가 이 각각 치가(노걸대언해 하:15)

② 야/애

의존명사 '야'는 [+사람]의 의미 자질을 갖는 명사 다음에 와서 그 사람의 소유물을 나타낸다. '야'는 자음 뒤에서 '이야'로 변동한다. 한편 전남의 남부 지역에서는 '야' 대신 '애'가 사용된다.

(17)
가. 누 야여?
나. 우리 야여.
다. 우리 삼촌 이야여.
라. 하나님이 곧 베락 때링께 내 야도 똑같이 나놔라.(함평 구비)
마. 그때에는 그렇게 글 한 장 지어 도라 지어 도락 해서 자기 야허고 자기 처남 이야허고는 좋게 쓰고 둘이 야는 물짜게(=나쁘게) 써 주었는디, (함평 구비)

이 '야'는 앞에서 서술한 의존명사 '치'와 달리 처격조사를 개입시키지 않는다. '치'가 어떤 시간이나 공간에 위치한 사물을 가리킨다면 '야'는 어떤 사람이 소유한 사물을 가리킨다는 의미적 차이를 보이는데, 이것은 순전히 선행하는 명사의 의미 속성 때문에 빚어진 결과일 뿐 사물을 가리키는 점에서는 두 의존명사가 동일하다. 따라서 의존명사 '치'와 '야'는 모두 '것'으로의 대체가 가능하다.

'야'가 명사 뒤에 직결된다고 하였지만, 일인칭과 이인칭 대명사의 경우 "나야'와 "너 야'는 불가능하며 언제나 '내 야'와 '니 야'로 쓰인다. 서남방언에서 '내'와 '니'는 관형형 또는 주격형이지만, '야'가 명사 뒤에 바로 오는 통합관계를 고려하면 주격형의 해석은 불가능하다. 또한 공시적으로 관형격으로 해석할 수도 없는 어려움이 있다. 따라서 '내'와 '니'는 역사적 해석이 필요한 경우라 하겠다.

서남방언의 '야/애'는 신라의 향가에까지 거슬러 올라가는 매우 오래된 낱말이며 중세어와 근대국어에서도 그 후대형이 찾아진다.

(18)
가. 二肹隱吾下於叱古 二肹隱誰支下焉古(두브른 내해엇고 두브른 누기핸고)(처용가/김완진 1980:91-92)
나. 네 하를 사리라(번역박통사 상:32)
다. 내 해 新羅人 人蔘이라(번역노걸대 하:3)
라. 아ᄆᆞ의 히도 됴티 아니ᄒᆞ오니(첩해신어 1:17)

(18)의 옛 어형들을 보면 고대 및 중세까지 '하'가 쓰이다가 근대에 '해'로 바뀌었음을 알 수 있다. '하 〉 해'의 변화는 주격조사 '가'의 등장, 이중모음 / ㅐ /의 단모음화의 영향으로 주격형 '해'가 독립된 명사로 굳어졌음을 의미한다. 『표준국어대사전』에도 '해'가 등재되어 있는 점으로 미루어 '해'는 적어도 20세기 전반기까지는 서울을 비롯한 중부 방언에서도 쓰였던 것으로 추정된

다. 그러나 오늘날 표준어의 입말에서 '해'는 거의 쓰이지 않는데, 이는 '해 →
것'의 대체가 완료되었기 때문이다.

　(18)을 보면 '하'나 '해' 앞의 명사는 모두 관형형이거나 관형격조사를 취하
고 있다. (18나)와 (18다)의 '네'나 '내'는 모두 성조가 평성인 점에서 관형형임
이 분명하다. 또한 (18라)는 '아므' 뒤에 '의'라는 관형격조사가 명시적으로
드러나 있다. 아마도 이러한 '하'나 '해'의 쓰임에 근거하여 김완진(1980)에서
도 (18가)처럼 관형형 '내'와 '누기'로 해독한 것으로 생각된다. 그렇다면 고
대로부터 근대국어에 이르는 동안 의존명사 '하'나 '해'는 언제나 관형격조사
가 결합된 명사 뒤에 쓰였음을 알 수 있다. 따라서 서남방언에서 '야'가 명사
뒤에 바로 오는 통합관계는 관형격조사의 탈락에 따른 결과임이 분명하다.
서남방언의 의존명사 '야/애'의 통합적 관계는 아마도 근대 이후 바뀐 것으
로 보인다. 다만 일인칭과 이인칭 대명사의 경우 오늘날까지 '내'와 '니'라는
관형형이 유지되고 있는데 이는 변화의 물결을 타지 못한 화석형으로 해석
해야 할 것이다. '야/애'의 형태가 옛말의 '하/해'와 다른 점은 어두 /ㅎ/의 탈
락이다. 서남방언은 낱말 가운데 있는 /ㅎ/ 음이 약화되어 소리 나지 않는 경
우가 일반적이다. '전화'가 [저놔], '육학년'이 [유강년], '자해'가 [자애]로 발음
되는 것이 이러한 예이다. 의존명사 '하'나 '해'는 모두 선행 명사와의 긴밀한
통합 관계를 이루며 쓰이기 때문에 마치 한 낱말 속의 /ㅎ/이 그렇듯이 약화
되었을 것으로 보인다. 따라서 '하/해'는 우선 /ㅎ/이 탈락한 '아/애'로 바뀌게
된다. '아'가 관형격조사를 필수적으로 요구하였던 시기에는 언제나 모음 뒤
에 나타나게 되므로 모음 충돌을 피하기 위해 반모음 /ㅣ/가 첨가되어 '야'로
쓰이게 된다. 이는 호격 조사 '아'가 모음 뒤에서 '야'로 실현되는 것과 같은
것이다. 이후 관형격조사의 탈락이 일어난 뒤에는 선행 명사의 끝 자음과
'야'가 직접 부딪치게 되므로 이를 막기 위한 매개모음 /ㅣ/가 개재되어 자음
뒤에서 '이야'가 나타나게 되었던 것이다. 이러한 '이야'의 출현은 보조사 '야'
와 '이야'의 변동과 같은 것이다(예: 사과야 먹지/능금이야 먹지). 그 결과 오늘날

서남방언에서는 모음 뒤에서 '야', 자음 뒤에서 '이야'의 변동형을 갖게 되었다. 그러므로 '야/이야'의 변동은 관형격조사의 탈락이 초래한 결과인 셈이다. 결국 '하'에서 '야/이야'로의 변화는 아래와 같은 과정을 겪었을 것으로 생각된다.

하 〉 아 〉 야 〉 야/이야

서남방언의 '야'는 '하 〉 해'의 변화를 입지 않은 것으로서 고대부터 이어져 내려온 '하'에 바로 소급하는 형태이다. 반면 전남의 남부 일부 지역에서 쓰이는 '애'는 후대형 '해'의 어두 /ㅎ/이 탈락한 것이다. 그러므로 전남 안에서도 지역에 따라 '하'를 계승한 것과 '해'를 계승한 것의 두 가지로 나뉜다고 할 수 있다.

2.1.5 일정한 서술어가 후행하는 의존명사

① 성

『표준국어대사전』에서 '성'은 의존명사로 규정되어 있는데, 이와 함께 '성싶다', '성부르다', '성하다' 등은 따로 보조형용사로 규정되어 있기도 하다. 표준어에서 보조형용사로 쓰이는 예를 제외하고 '성'이 따로 의존명사로 기능하는 경우가 있는지 의심스러운데, (19)와 같이 '성'에 조사 '으로'가 결합한 북한어의 예를 고려한다면 '성'의 의존명사로서의 자격을 인정할 수 있을 것이다. 이 북한어의 '성'에 대해 『표준국어대사전』은 '(어미 '-을' 뒤에 쓰여) '셈', '요량'의 뜻을 나타내는 말'로 뜻풀이를 하고 있다.

(19) 다섯이면 되겠으나 든든할 성으로 두 사람을 더 보냈다.

서남방언에서 의존명사 '성'은 '부르다', '시푸다' 등의 서술어와 결합하여 추정을 나타낸다. 아마도 '성 부르다'의 구성이 가장 원초적으로 보이며, '시푸다'는 나중에 생겨난 것으로 추정된다. '부르다'가 '시푸다'에 비해 쓰이는 빈도가 높고, '될 성 부른 나무는 떡잎부터 알아본다'처럼 의고성이 강한 속담에 '성 부르다'가 쓰인 것을 보면 '부르다'가 '시푸다'에 비해 선대형임을 짐작할 수 있다.

(20)

가. 도적놈이 갖다 먹은 성 부르냐, 장난꾼이 갖다 먹은 성 부르냐?(함평 구비)

나. 급해서 그렇게 쫓아 온 성 부릉께, 급헌 사람 구완해야제 쓸 것이냐고. (함평 구비)

다. 너 같은 놈을 그냥 둘 성 시푸냐?(부안 구비)

라. 아무리 생각혀도 울 아버지인 성 시푸다.(정읍 구비)

전북 무주에서는 의존명사 '성'이 '상'으로 나타나고 의존형용사 '부르-'는 '발르-'로 쓰인다.

(21)

가. 한 상 발란데,(무주)

나. 비가 샐 상 발라거덩.(무주)

다. 게 늫는 상 발라요.(무주)

② 폭

서남방언에는 의존명사 '폭'이 있다 '폭'은 선행 요소로 지시관형사, 명사,

관형형 씨끝 '-은'과 '-을'이 오며, 후행 서술어로는 '되다, 대다, 잡다, 이다/아니다' 등이 오는데, 그 뜻은 표준어의 '셈'과 유사하다. 물론 서남방언에서도 '셈'이 쓰이므로 이 방언에서는 '셈'과 '폭'의 두 유의어가 공존하는 셈이다.

'폭'이 주어로 쓰일 때 동사는 '되다'가 온다. '폭이 되다'는 '셈이 되다'의 뜻이다.

> (22) 그러니 애기가 그 집에 있는 줄 알고 집에다 불을 꽉 놓아 버렸어. 밑으로 나가 버렸는디, 죽였다는 폭이 됐지.(화순 구비)

그리고 '폭'이 목적어로 쓰일 때 동사는 '잡다', '대다', '하다'가 오며 그 의미는 '셈 치다'와 같다. 다만 (23가)처럼 '폭'은 지시어 '그'와 결합될 수 있어 '셈'과 차이를 보인다.

(23)

가. 그 폭 잡아라(=그런 셈 쳐라).

나. 느그 그것 줘서는 내가 적선헐 폭 잡은다 허고,(함평 구비)

다. 장가를 인자 가는 날에 즈그 형이 후배(後陪. 위요)를 종전과 같이 갈 폭을 잡고 참 창옷이나 도포나 점잔허니 입고 나선단 말이요.(함평 구비)

라. 딸 한나 없는 폭 잡고,(승주 구비)

마. 없는 폭을 대도 되지 뭐 겁낼 것이 있느냐고.(화순 구비)

바. 아리랑산이 묻히고 배가 뜰 폭을 대고 거그다 큰 산 밑에다 배를 묻은 겝디다.(함평 구비)

사. 어머니, 딸 한나 안 난 폭 하시요. 딸 한나 안 난 폭 하먼 되제 그렇구 걱정이냐고 딸이 그라거든.(해남 구비)

'폭'이 지정사와 결합할 때에는 선행요소로서 관형형 씨끝 '-을'이 올 수 없다.

씨끝 '-은'은 가능하지만[5] (24나)처럼 의문사가 있는 의문문의 경우는 불가능하다.

(24)

가. *띠어먹을(=떼어먹을) 폭인지 몰르겄다.

나. *어찌 된 폭이냐?

다. 이만하면 실컷 구경한 폭이다.

라. 그러니 그놈이 부애가 나서 복수한 폭이여.(신안 구비)

③ 줄, 중, 지, 주

의존명사 '줄'은 '인식'과 '능력'의 두 가지 의미로 쓰인다. '줄'이 인식을 나타낼 때 후행 서술어는 '알다, 모르다'가 온다. 이때는 '줄'이 보문의 머리명사로 기능하며, '줄'이 이끄는 보문은 '알다, 모르다'의 목적어로 기능한다. 인식의 '줄'이 이끄는 보문은 그 내용이 참으로 전제되지 않는다. 그 때문에 '줄 알다'는 '오해하다'의 의미로 해석될 수 있다. 인식의 '줄'은 조사 '으로'와 결합할 수 있는데, 이때에는 '알다, 모르다' 외에 '생각하다, 판단하다' 등의 인식동사가 올 수 있다. 이때에도 보문의 내용이 참임을 전제하지 않는 것은 마찬가지다.

(25)

가. 나는 네가 이미 간 줄 알았다.

나. 밖에 비가 오는 줄 알고 우산을 준비했더니 비가 그쳤구나.

---

5 서남방언에서는 관형형 씨끝 '-은'과 '-는'이 '-은'으로 중화되어 쓰이므로 '-는'과의 결합성을 확인할 수 없다.

다. 내일 올 줄 알고 미처 준비를 안 했더니 오늘 왔구나.

라. 이미 승패가 결정된 줄로 지레 판단하고 시합장을 떴었다.

한편 '능력'의 '줄'은 선행 씨끝으로 '-을'만을 허용하고, 후행 서술어도 '알다, 모르다'만을 허용한다. 조사 '으로'와는 결합되지 않는다. '줄 알다/모르다'가 능력을 나타낼 때 선행하는 술어는 동사로 제한되는데, 이 점에서 인식의 '줄'과 차이를 보인다.

(26)

가. 이것 먹을 줄 알아?

나. 술 마실 줄을 몰라 사회생활에 지장이 많다.

이상과 같은 '줄'의 쓰임은 서남방언에서도 그대로 나타난다. (27가)-(27다)는 인식, (27라)는 능력을 나타내는 경우이다.

(27)

가. 나라에서 옥새 잃고는 찾을라고 헌디 어뜬 놈이 가져간 줄을 알어야
제.(함평 구비)

나. 처음엔 도깨빈 줄 몰랐는데,(고흥 구비)

다. 그럴 줄 몰랐다가 인자 그 약속 그대로 나가 뿔라 한단 말이여.(고흥 구비)

라. 그런 상인들도 그 지인지명이 있었던가, 사람을 알아볼 줄 알았어.(고
흥 구비)

서남방언에는 '줄'과 함께 같은 기능의 의존명사 '지'가 쓰인다. '지'가 선행씨끝으로 '-은, -을'과 결합하고, 후행 서술어로 '알다, 모르다, 생각하다, …' 등의 인식동사와 결합하여 인식의 의미를 나타내는 것은 '줄'과 완전히 일치

하나, '줄'과 달리 조사 '으로'와 결합할 수 없다.

(28)

가. 올 아부지가 그 실수를 허고 잡어서(=싶어서) 헌 지 아요?(함평 구비)

나. 그런디 안에 좀 들리먼은 필요헌 점이 있을란 지도 모룽께 들리먼은 어쩌냐고 그래.(함평 구비)

다. 처녀가 인자 들어오닝까로 모두 죽은 귀신이 모도 온 지 알고 사방에서 뜬네뜬네하고,(고흥 구비)

라. 그렇게 시상에(=세상에) 아버진 지 알고 서방님인 지 알고 영갬인 질 알고 쪽 그렇게 다 알고 그렇게 있는데,(고흥 구비)

마. 그러믄 시방 그 해골을 얻다가(=어디에다가) 묻은 지 알겄소?(승주 구비)

바. 긍게 인자 다 죽을 지 알았지.(승주 구비)

사. 아따, 그 때는 얼로(=어디로) 가 분 지 알고 깜짝 놀래서,(해남 구비)

아. 그 사람이 바둑이 뭣인 지 알 것이요?(해남 구비)

자. 다시 돌아서서 나를 잡아먹을란 지도 모룽개 내가 얼른 방비를 해야지 이거 큰일이 났다.(전주 구비)

차. 뭐 이런 지 저런 지도 모르고 혼이 나가 번져서,(정읍 구비)

카. 어디서 갖다 놓던지 갖다 놔. 아, 뭐 온 지 간 지도 모리고 갖다 놔.(정읍 구비)

한편 '지'는 '알다, 모르다'와 함께 '능력'을 나타낼 수 있다. 능력의 경우 의존 명사 '지' 앞에 동사가 와야 하는 제약이 적용되는 것은 '줄'과 같다. 이때 동사는 관형형 씨끝 '-을'을 반드시 취해야 한다.

(29)

가. 자네가 사십 년 공부힜으믄 뭔 점도 헐 지 아는가?(정읍 구비)

나. 그렇게 사람이 무식헌 사람도 아, 쇠 놓고 잡을 지도 모른당게.(정읍 구비)

'지'와 음상이 비슷한 '주'가 동일한 기능의 의존명사로 쓰이는데, 아마도 '줄'과 '지'의 혼태에 의해 생겨난 어형으로 생각된다. 그 용법과 통합관계는 '지'와 같아서 조사 '으로'와 결합되지 않는다. (30)의 (가)는 인식, (나)-(마)는 능력을 각각 나타낸다.

(30)

가. 내가 니한테 죽을 주는 알고 있다.(장성 구비)

나. 주인이 어떻게 꼬꼽한지(=인색한지) 잡어묵을 줄도 모르고, 잡어 줄 주도 모르고.(신안 구비)

다. 인자 무식이라 그 편지 볼 주도 모르고 갖고 왔응께,(화순 구비)

라. 씨름할 주 알긴 아는데 내가 씨름흐먼 사람을 죽이요. 그렇게 안 합니다.(정읍 구비)

마. 저 새각시 만져볼 주도 모른 자식이 장개왔다고 말여,(정읍 구비)

의존명사 '중'은 앞에서 설명한 '지'의 용법에 완전히 일치한다. 즉 '인식'과 '능력'의 두 의미로 쓰이며, '인식'의 경우 조사 '으로'와의 결합이 불가능하다는 점도 같다. '중'은 '인식'을 나타낼 경우에 '종'으로 쓰이기도 한다. 또한 (31 아), (31자)에서 보듯이, 지시어 '그' 다음에 '중'이나 '종'은 가능하지만 '줄', '지', '주'는 불가능하다.

(31)

가. 아, 내가 쓸 중 아요? 당신 써 주씨요.(함평 구비)

나. 나 이얘기도 헐 중 모르요.(함평 구비)

다. 산중에서 얻은 자부가 아, 배움이 없는 중 알었더니 그래도 거 공개허

130

는 것과 허는 짓이 이쁘단 말이여.(함평 구비)

라. 무선 중도 어짠 중도 모르고 업고 달려갔어.(전라도닷컴 206호:17)

마. 그 이불보에다가 그냥 딱 싸가지고 그냥 어데 간 중 모르게 가.(장성 구비)

바. 계란이 삐갱이(=병아리) 된 종을 으찌 알 거요?(승주 구비)

사. 고론 종을 알아야 쓰 것인디 알란가 몰라?

아. 중이 와서 조매 자자공게(=자자고 하니까) 이웃간이 가서 짚 한 주먹을 얻어다가 딱 깔어 놓고서 자라고 허고서는 그 중 모르게 살짝 쌀자루를 갖고 나가서 밥을 헌단 말여.(군산 구비)

자. 내가 알아서 일을 처리헐 텡께 그 중/종('줄/'지/'주) 알아라.

　　서남방언의 '중/종'과 유사한 용법을 갖는 중세어로 '동'이 있다. 다만 이 '동'은 '능력'의 의미는 없고 '인식'의 의미만 나타낸다. 서남방언의 '종'이나 '중'은 옛말 '동'의 후대형으로 보이는데, '동'의 /ㄷ/이 /ㅈ/으로 바뀐 것은 비슷한 용법의 '줄'에 이끌린 결과로 추정된다.

　　(32) 아모ᄃᆞ라셔 온 동 모ᄅᆞ더시니(월인석보 2:25)

④ 짝

　　『표준국어대사전』에는 의존명사 '짝'이 '무슨'이나 지시어 '그' 뒤에 쓰여 '꼴'의 뜻을 나타내는 말로 풀이되어 있다.

　　(33)
가. 쇠뿔도 단숨에 빼라더니 꼭 그 짝이네.

나. 먹는 것도 제대로 못 얻어먹고, 비용만 나고 무슨 짝이냐?

'짝'은 중세어나 근대어의 의존명사 '쟉'에 대응되는데, '쟉'은 지정사 앞에 나타나고 관형형 씨끝을 앞세우는 통사적 구성을 형성하였다. '쟉'은 의미적으로 '것'과 같은 추상적 사태를 가리키는 것으로 보인다. 그래서 (34)의 '-을 쟉시면'은 현대 입말의 '-을 거면', '-은 쟉신고'는 '-은 건가' 등과 같은 의미를 나타낸다. 현대어의 '짝'에는 낮춤의 말맛이 느껴지지만 중세어나 근대어의 '쟉에는 그러한 말맛은 없다. 아마도 후대에 와서 생겨난 변화의 결과로 생각된다. 또한 현대 표준어 '짝'이 '무슨'이나 '그' 뒤에 쓰이는 제약을 갖는 것도 중세어 및 근대어에서는 볼 수 없는 제약이니, 이 역시 후대에 일어난 변화라 하겠다.

(34)

가. 네 이리 漢ㅅ글을 빈홀 쟉시면 이 네 ᄆᆞ음으로 빈호ᄂᆞ다 네 어버이 널로 ᄒᆞ여 빈호라 ᄒᆞᄂᆞ다(노걸대언해 상:5)

나. 동ᅙᆡᆼᄒᆞ던 다ᄉᆞᆺ 빈ᄂᆞᆫ 어ᄃᆡ로 간 쟉신고(일동장유가 4)

서남방언에서도 의존명사 '짝'이 쓰이는데, 이 방언의 '짝'은 표준어와 달리 후행 요소로서 지정사나 술어 '나다'가 올 수 있고, 선행 요소로서 지시관형사나 명사 또는 관형형 씨끝이 온다. 그러나 낮춤의 말맛을 갖는 점은 표준어와 같다.

(35)

가. 꼭 느그 아부지(=너희 아버지) 짝이다.

나. 꼭 그 짝이네.

다. 고롱게 술만 묵다가는 느그 아부지 짝 나게 생겠다.

라. 나도 그 사람이 당한 짝 나게 생겠당께.

⑤ 터

　의존명사 '터'는 서남방언에서 관형형 씨끝 '-을'을 앞세우고, 지정사 '이다'를 뒤세우는 통합관계를 갖는다. 표준어에서는 (36)처럼 관형형 씨끝 '-은', '-는', '-던' 다음에 쓰여 '형편'이나 '처지'를 뜻하는 수도 있으나 서남방언에서 이런 용법은 찾기 힘들다.

(36)
　가. 갑자기 물가가 오른 터라 모두들 살기가 어려웠다.
　나. 그는 자기 앞가림도 못하는 터에 남 걱정을 한다.
　다. 가려던 터에 그가 먼저 찾아왔다.

　서남방언에서 '터'가 씨끝 '-을'과 지정사 '이-'와 결합하여 '-을 테-'처럼 쓰일 때, 일인칭 주어의 서술문이나 이인칭 주어의 의문문에서는 '의도'를 표현하고, 그 밖의 환경에서는 '추정'을 나타낸다. 또한 접속문에서도 주어가 일인칭이면 '의도/추정'을 나타내고, 그 밖의 주어에서는 '추정'만을 나타내는 경향이 높다. 그런데 이러한 사정은 표준어의 '-겠-'이나 '-으려고' 등 사람의 심리를 드러내는 표현이 갖는 일반적 현상이다.
　서남방언에서 '터'에 지정사가 연결될 경우 '테' 또는 '티'로 실현되는데, 특히 전북 지역어의 경우 구개음화를 일으켜 '치'로 실현되기도 한다. 그래서 표준어 '할 테야?'에 대응하는 서남방언형 '헐 테여?'는 전북지역어에서 '헐 텨?'를 거쳐 '헐 쳐?'로도 쓰이게 되는 것이다. 전남에서는 축약형 '텨'가 아닌 본디형 '테여'가 주로 쓰인다.
　지정사와 결합할 때에는 그 활용이 매우 제한되어 나타나는데, 마침씨끝으로는 서술법의 경우 '테다', '테요'가 극히 소수 확인되지만 '테네', '텝니다'는 아예 불가능하다. 의문법에서도 '테냐', '텐가', '테요'는 비교적 자연스럽지만 '텝니까'는 불가능하다. 이로 보면 서술법보다는 의문법이 더 자유롭게 쓰인다고 하겠다. 그 밖에 반말의 '-어, -제'는 자유롭게 결합된다. 이처럼 의존명사 '터'와 결합하는 지정사의 활용형이 제약되는 것은 '터'와 의미적으로 유사한 '것' 때문이다. '터'에 비해 '것'의 경우 지정사의 활용형이 제약을 받지 않으므로 결국 '것'과의 경쟁에서 밀려나 마침씨끝의 분포가 축소된 것으로 생각된다. (37)은 구비문학 자료에서 확인된 예들이다.

(37)

가. 그럼 내가 벗어줄 테다.(장성 구비)

나. 아차! 내가 너무 있어서 안 되겠고 이 정도면 되었다 하고, 이걸 가지고 갈 테다.(화순 구비)

다. 그러믄 내가 그날 시관장을 헐 테요.(화순 구비)

라. 난 저 바깥에가 잘 테요.(정읍 구비)

마. 저 녀석 또 나와서 지랄헌다. 안 오면 어쩔 테냐?(신안 구비)

바. 느가 그러면 내 말을 들을 테냐?(장성 구비)

사. 시방 사람 같으면 살 텐가?(화순 구비)

아. 이런 정상을 보면은 거그서 다면 돈 백이라도 줄 테여.(함평 구비)

자. 아이, 자기가 타고 온 배가 있을 테여. 그렁께 그 배로 가자고 그렁께, (신안 구비)

차. 그럼 느덜 잡어먹을 티여.(군산 구비)

카. 에이, 아니꼽다. 드런 놈의 것. 다 나중에 있다가 내 인제 다시는 처가집에 세배 안 갈 텨.(정읍 구비)

타. 그라믄 니가 내 말을 들을 테여?(보성 구비)

파. 그때 돈으로 몇 백 원이라던가 몇 천 원이라고 했을 테지.(부안 구비)

하. 조깨 있다가 올 테지라우. 저물게라도 올 테지라우.(부안 구비)

이음씨끝은 '-은디, -고, -으니, -응께, -으면, -지마는' 등과 연결될 수 있으나, '-라서, -라도, -으나, -거나, -은들, -다가, -니라고, -데끼, -어사, -구만' 등과는 결합이 불가능하다.

(38)

가. 그러게 되면은 내가 해 주는디 내 말을 꼭 들어갖고도 반대 안 헐 티면 내가 허고 반대 헐 티면 안 헐라네.(함평 구비)

나. '이왕 빌어먹을 테면 서울 큰 디 가서 빌어먹어야겄다.' 하고 서울 올라 갔댜.(부안 구비)

다. 낼 저녁이 넘어가민 당신허고 살 텐데 그러겄소?(부안 구비)

라. 젊은 여자 밑이 하부를 보고 올 팅게 느그들이 어쩔라냐?(함평 구비)

마. 약을 히 볼 테니게 그런 중 알으라고.(부안 구비)

바. 오늘은 내가 안 갈켜 주고 앞으로 한 사흘간 있어야 자세히 가르쳐 줄 테이께 꾹 참고 일이나 해라.(부안 구비)

사. 날 새면 잘 보내 드릴 테잉게 걱정 말고 가시요.(부안 구비)

아. 외 값 안 받을 테니 왜 웃었는가 그것 좀 알려 주시요.(부안 구비)

자. 귀찮스럽게 이런 디 사람이 오덜 않으면 할 테지마는, 뭣이 성가시럽 게 또 와서 송장 치게 한다고 걱정이라고.(부안 구비)

2.1.6 부사적 의존명사

의존명사가 다른 조사의 도움 없이 부사적으로 쓰이는 경우로서, '듯이'가 대표적이다. 표준어에서는 의존명사 '듯이' 외에 '듯'도 부사적으로 쓰인다. 『표준국어대사전』에서는 '듯'을 '듯이'의 준말로 해석하였으나, '듯이'와 '듯'이 언제나 교체될 수 있는 것은 아니다. '알 듯 말 듯', '본 듯 만 듯'의 '듯'은 '듯이' 로 바꿔 쓸 수 없기 때문이다.

서남방언에는 표준어 '듯이'에 대응하는 의존명사로 '데끼'가 있다.[6] 이 '데
끼'는 '드끼, 디끼, 드키, 디키' 외에 거센소리로 변한 '테끼, 티끼, 치끼, 테키,
티키, 치키' 등의 다양한 변이형을 갖는다. 의존명사 '데끼'는 표준어의 '듯이'
에 그대로 대응하여, 관형형 씨끝 '-은, -을'을 앞세운다.

(39)

가. 술 취헌 디끼 험스러.(함평 구비)

나. 인자 저녁에 인자 변소에 간 디키 허고 나왔어.(함평 구비)

다. 낫 갈 데끼 뜩뜩 갈면 되제 어째야?(함평 구비)

라. 손꾸락을 꼼짝꼼짝하고 입을 딸싹딸싹험시로 찾는 티키 하고 "재 속에
    암 디 편에 들었소." 그러고 갈차라.(함평 구비)

마. 꼼짝없이 생각허디끼, 뭐 아는 체끼, 생각헌 드끼 험서,(정읍 구비)

서남방언의 '데끼'는 표준어 '듯이'에 대응할 뿐 '듯이'의 줄임형 '듯'과는 대
응되지 않는다. 그래서 '알 듯 말 듯'과 같은 환경처럼 오로지 '듯'만이 가능한
경우에는 '데끼'의 사용이 불가능하다. 이 경우 서남방언도 표준어와 같이
'알 듯 말 듯'을 사용한다. 그렇다면 서남방언은 의존명사로서 '데끼'와 '듯'의
두 가지를 갖는 셈이다.

'데끼'류의 의존명사들은 모두 형태 '로'와 결합할 수 있는데 의미는 차이
가 없다. '데끼/데끼로'는 조사 '맹키/맹키로'나 이음씨끝 '-응께/응께로', '-음
서/음시로' 등과 같은 성격의 것이다.

(40) 지가 다 안 테끼로 안다니 짓을 허드라(=제가 다 아는 듯이 안다니 짓

---

6 서남방언의 '데끼'와 표준어 '듯이'를 고려하면 "듯기'와 같은 기원적인 형태를 재구할 수
  있을 것이다.

을 하더라).

표준어 '듯이'나 서남방언형 '데끼'는 모두 이음씨끝으로도 쓰인다. 이음씨 끝으로 쓰일 때 '-듯이'는 '-듯'으로 줄어들 수 있지만 '-데끼'에서는 그러한 생략이 일어나지 않는다. 또한 '-데끼'가 이음씨끝으로 쓰일 때 그 형태는 의존 명사와 달리 거센소리로의 변화를 겪지 않아 '-테끼', '-티끼', '-치끼' 등으로 쓰이지는 않는다(이기갑 2003:442).

(41)

가. 거지깔(=거짓말)을 밥 묵데끼(˟묵테끼) 한다.

나. 물 쓰데끼(˟쓰테끼) 돈을 쓴다.

2.1.7 그 밖의 의존명사

① 쩔/찔

표준어의 의존명사 '결'은 이 방언에서 '쩔/찔'로 나타난다. 그런데 '결'이 명사나 관형사 또는 관형형 씨끝 다음에 나타날 수 있는 반면, 서남방언의 '쩔/찔'은 명사 다음에 올 수 있을 뿐 관형사나 관형형 씨끝 다음에서는 나타 나지 않는 차이가 있다.[7] 그리고 후행의 조사로는 오직 '에'만이 결합 가능 하다.

---

7 '결'이 복합어를 이루는 '엉겁결'은 이 방언에서 '엉겁쩔'로 쓰이는데 반해 '얼떨결'은 이 방언에서도 '얼떨결'로 쓰일 뿐 '얼떨쩔'이나 '얼떨찔'로는 쓰이지 않는다. '엉겁결'은 이 방언에서 오랜 동안 사용되어 왔던 낱말이지만 '얼떨결'은 이보다 후대에 유입된 낱말이 기 때문일 것이다. 이러한 시기의 차이가 구개음화 여부에 영향을 미쳤을 것으로 추정 된다.

(42)

가. 아침 쩔에/쩔에 찾아왔습디다

나. *자기도 모르는 쩔에

② 분/불

  의존명사 '분'은 지정사나 용언을 선행시키고 뒤에는 조사 '에'나 '으로'가
온다. 선행 용언은 현재나 과거시제의 관형형 씨끝을 취하므로 관형형 씨끝
'-을'과는 통합관계를 이루지 못한다. '분'은 '으로' 앞에서 자음동화를 일으켜
'불'로 실현되는데 이러한 변동은 '따문에~따물에'에서도 보았던 것이다. 다
만 '따문에 → 따물에'의 변동이 수의적이라면 '분으로 → 불로'의 변동은 필
수적이라는 점이 다르다. '분에/불로'는 양보의 의미를 가지며 언제나 수사
의문문을 형성한다.[8] 그 점에서 양보의 이음씨끝 '-기로소니'나 '-은들'의 통
사적 제약과 같다.

(43)

가. 어제 아침 식은밥이 한 발 한 발 <u>남는 분에</u> 청삽사리 너를 주랴? 칠산바
    닥 깨죽물이 방긋방긋 <u>내린 불로</u> 황삽사리 너를 주랴?(해남 민요)

나. 마늘 꼬치가 <u>맵단 불로</u> 시누와 같이도 매울쏘냐?(해남 민요)

---

8 그러나 다음 예의 '불로'는 양보의 의미로 해석되지 않는다. 아마도 '즉시'와 같은 시간의
의미로 해석될 수 있을 것이다. 이때의 '불'은 의존명사 '분'의 변동형이 아니라 공간이나
시간을 나타내는 독자적인 의존명사 '발'의 변이형으로 보인다. (예) 그렇게 한 관장이
내려와서 신거무 이놈이 응, 그렇게 용인을 잘 혀 먹고 착취를 해 먹고 이런다 소리를 듣
고 다음은 <u>내려가든 불로</u> 그냥 처참을 허려니 허고 내려갔어.(장성 구비)/고놈을 줏어
입고 자고 있응게 잉? 응, 저 포방, 포방 이거 씨고 그놈 줏어 둘러씨고, 건 씨고, 방립(方
笠) 씨고, 행견끄지 전부 일십 상주를 맨들어 지가, 상주는 자는디. 그서 입고는 <u>그 발로</u>
툭툭 차 봉게 이놈이 코고는 소리를 내면서 쿨쿨 식권증이 나서 자거든.(정읍 구비)

다. '우리집 가정 헹펜이 곤란헌 불로 내 집 실인(室人)이 저렇고 마음이 변
　　허고 친자부가 저렇고 마음을 변했었는가?' 그러고는 무안하야 기양
　　고부이는 나가 불었는디,(함평 구비)

라. 어째 난 불로(=난들) 장개 안 가고 잡다냐? 장개가고 잡제.(해남 구비)

마. 그람 내가 그라게 내가 생겼제. 가랭이 고쟁이를 입었드니 보린 불로
　　(=보리인들) 안 떨어지며 질성인 불로(=신명인들) 안 날까?(해남 구비)

바. 그랑께 돌아서서 그양 그 남자가 긁어 보듬고 통곡을 하고 운 불로이
　　(=울지라도) 먼 소양(=소용) 있을 것이요?(해남 구비)

　　최명옥(2007)에서는 경북 경주 지역어에서 '본으로'나 '본을'이 양보를 나타
내는 씨끝으로 쓰이는 예 (44)를 제시한 바 있다. 이 '본으로/본을'의 '본'이 서
남방언의 '분' 또는'불'과 같은 것임은 분명하다. 아마도 '본 〉 분'의 변화가 서
남방언에서 일어났던 것으로 보인다. 최명옥(2007)에는 조사 '에'의 결합 예는
없이 오직 '으로'나 '을'의 결합 예만 제시되어 있다. 한편 최전승(예정)에서는
경주 지역어 '본으로/본을'의 '본'을 한자어 '본'(本)에서 유래한 것으로 추정한
바 있다.

(44)

가. 그 영감이야 참 인자 잠든 본으로 아까운 기이 머가 잇노?

나. 육도 베실로 한 본으로 그만이 좋오까?

다. 아무리 힘 좋은 장산 본으로 매 앞에 장사 없지.

라. 시집살이가 아무리 덴 본을 벨 데 잇이까방?

③ 년

의존명사 '년'은 관형형 씨끝 '-은' 다음에 오며 후행의 조사로는 '에'만 가능

한데 그 뜻은 '일정한 때'를 가리킨다. 서남방언에서 관형형 씨끝 '-은'은 현재와 과거를 모두 나타낼 수 있으므로 '-은 년에'는 어떤 사태가 발생하는 현재 상황 또는 어떤 사태가 발생한 이후의 상황을 가리키게 된다.

(45)

가. 그래 메칠 쉰 년에 노랑쇠가 와서.(함평 구비)

나. 내가 떠 뿐 년에(=떠나 버린 뒤에) 귀신 나오믄 어짤꼬?(고흥 구비)

다. 나가 짚신을 삼어갖고 신고 다닐 때 사람이 본 년에만 신고 다녔소.(보성 구비)

라. 아니, 정구(前古) 없는 일을 뭔 일을 오래 된 년에 장만해갖고 왔냐?(보성 구비)

마. 인자 사흘차 된 년에 따악 그 생도(生徒)가 하도 가상해서 사흗날 아침에 또 가서 그 과부를 또 불렀단 말이요.(함평 구비)

바. 사랑문에 앉었응게 인정기가 딱 끈 년에(=끊어진 후에) 배깥에서 "암데 서방님 기시요? 기시요?" 불러, 그 과수가.(함평 구비)

사. 곡식 다 수확해 뿐 년에 허수아비란 건 자연히 넘어지기 마련잉께,(고흥 구비)

아. 그런디 적 아부지(=저희 아버지) 없는 년에 인자 지가 농사일을 같이 허면서 연해 생각해 보니까 아뿔사 내가 잘못했거든.(고흥 구비)

④ 참

표준어에서 '참'은 자립명사와 의존명사의 두 가지로 쓰인다. 자립명사는 『표준국어대사전』에서 ① 일을 하다가 일정하게 잠시 쉬는 동안 ② 일을 시작하여서 일정하게 쉬는 때까지의 사이 ③ 일을 하다가 잠시 쉬는 동안이나 끼니때가 되었을 때에 먹는 음식 ④ 길을 가다가 잠시 쉬어 묵거나 밥을 먹는 곳 등의 네 가지 의미로 풀이되어 있다. 그런데 ④의 의미와 관련이 있는 또다른 '참'이 있다. 이는 한자 站으로서, 옛날에 중앙 관아의 공문을 지방 관아에 전달하며 외국 사신의 왕래, 벼슬아치의 여행과 부임 때 마필(馬匹)을 공급하던 곳을 가리킨다. 단순히 말을 공급하는 데 그치지 않고 관리들이 쉬거나 숙박할 수 있는 공간이었을 것으로 짐작된다. 站의 이러한 의미는 '참'의 ④ 의미와 매우 유사하다. 아마도 站에서 ④의 의미로의 변화, 즉 관리들의 숙소에서 일반인의 숙소로의 일반화가 일어났던 것으로 추정된다. 이런 이유로 '참'의 의미에서 ④는 제외할 필요가 있다. 그럴 경우 '참'의 기본의미는 '일을 하다가 중간에 쉬는 시간'이라 할 수 있으며, 이로부터 '쉬는 시간에 먹는 간식'으로까지 의미가 확대되었다. 곧 '시간 → 음식'으로의 의미 전이가 일어난 것이다. 시간으로써 그 시간에 먹는 식사나 음식을 가리키는 의미의 전이는 '아침', '저녁', '끼니'의 예를 들 수 있으니, 이는 꽤 보편적인 의미 변화인 셈이다.

서남방언에서 '참'이 시간의 의미로 쓰일 때는 대체로 합성어를 이루며 자립명사로 쓰이지는 않는다. '때가 왔다'나 '때를 기다린다'처럼 '때'가 자립명사의 구실을 하는 것과 달리 '참이 왔다'나 '참을 기다린다'의 '참'은 시간의 의미가 아닌 곁두리의 뜻으로만 가능하기 때문이다. '참'이 합성어를 이루어 때를 나타내는 경우로 '아침참(=아침), 점심참/정참(=점심 무렵), 낮참(=낮), 아까참/아까침(=아까), 해름참(=해거름), 모냐참/모냐침(=먼젓번. 지난번), 나중참/난참(=나중), 후참(=후. 나중)' 등을 들 수 있다. 이들 예에서는 시간 명사나 부사 다음에 '참'이 결합되어 '무렵'의 의미를 표현하거나 시간 표현을 강조한다.

(46)

가. 먹고 있는디 아이 낮참이나 뒹께는 중이 왔다 그거여.(보성 구비)

나. 아까참에 주생이란 사람이 인자는 말하기를 뭐라 하냐 하면,(해남 구비)

다. 어머니, 아까참에 내 등거리에서 잎사귀 훑음시로 뭣이라고 했소?(해
   남 구비)

라. 그래 나중참에 물어봤어요.(함평 구비)

마. 난참(=나중)에 이불을 걷어 놓고 봉께 아, 선생님이 드러눴단 말이여.
   (신안 구비)

바. 대차(=과연) 점심참이나 뎅께 중이 와서 애기를 찾그덩.(신안 구비)

'참'이 시간의 의미로 쓰일 때, 일반적인 때를 의미하기도 하고 때의 차례
인 '번'(番)을 뜻하기도 한다. 예를 들어 지시어 '이, 그, 쩌'와 합성된 '이참, 그
참, 쩌참'은 일반적인 때의 의미인 '이때, 그때, 접때'로 해석되기도 하고, 때
의 차례인 '이번, 저번'으로 해석되기도 한다. "그번'은 불가능하므로 '그참'
은 '이참', '쩌참'과 달리 오직 일반적인 때만을 가리킨다. 그리고 때의 차례를
강조할 경우 '이번참, 쩌번참' 등으로 쓰일 수 있는데, 마찬가지 이유로 "그번
참'은 불가능하다. '저번'은 (47아)처럼 '날'과 합성되어 '접때'를 뜻하기도 한
다. 그러나 "이번날'이나 "그번날'은 불가능한 표현이다.

(47)

가. 대치(=과연) 나라에 먼 일이 이참에는 먼 일이 있겄소.(함평 구비)

나. 우리도 이참에 지사(=제사)에 떡 한 말 했는데 먹든 안해.(영광)

다. 내가 이참에 서울 올라가서 과거를 내가 히가지고 낼오는(=내려오는)
   길에 내가 다시 여그를 찾을 것이되 오늘은 그냥 있으라.(정읍 구비)

라. 그참에는 거 서산대사나 사명당 그 양반들이 승려들이 구국운동을 많
   이 했다고 그래요.(함평 구비)

마. 그참에는 가마 타고 말 타고 막 그러고 댕이는 시상이라 말이여이.(함
   평 구비)

바. 그래서 그참에는 삼 년 되아 근친이라고 갑니다.(함평 구비)

사. 그참에 봉게 즈그 집이 우아랫방으 불이 훤허게 써졌는데,(군산 구비)

아. 이번참에는 쩌참에보다 훨썩 낫은디(=이번은 저번보다 훨씬 나은데).

자. 저그 밭에다가 저 감나무 밑에다가 쩨까 오부작오부작(=오보록하게)
숭겄드니 그놈이 여칸 좋아갖고 저번날 그 짐치 거 그것이 그 짐치여.
(영암)

'참'이 관형사 '첫' 뒤에 와서 때의 차례를 나타낼 수 있다. '첫참'은 가능하나
*'두 참'이나 *'세 참'은 불가능하므로 '첫참'은 낱말로 굳어진 것이다. (48)에서
밑줄 친 '첫 번'과 '첫참'은 동의어로 쓰였다.

(48) <u>첫 번은</u> <u>첫참에는</u> 석 잔, 또 두 번차에 또 석 잔, 또 시 번차에 석 잔. 아,
인자 그렇게 먹으라고 꼭 적어 줬단 말이여.(신안 구비)

한편 선행 요소로서 관형형 씨끝을 취할 때에는 서남방언과 표준어 사이
에는 별다른 차이를 보이지 않아, '때'나 '상황'의 의미를 지닌다. (49가)-(49타)
의 '참'은 '때'로 바꿔 쓸 수 있는 경우이고, (49파)-(49ㅏ)는 '상황' 정도로 바꿀
수 있다.

(49)

가. 그런디 인자 거그서 앉었을 참에 인자 상각들이 상각례라고 또 있어요
이. 서로 문자를 교환허고 화답을 허고 모도 전부 다 거식해요.(함평
구비)

나. 야답 살 먹었을 참에 노물을 캐러 갔다 말이제.(함평 구비)

다. 아까 조구(=조기) 떨어질 참에는 계서방을 주라고 했는디,(함평 구비)

라. 하레 가서 술을 양썬 먹고 인자 놀고 석양에 올 참에는 삼현육각을 잽
히고 돌아오는 길에 어느 길가에를 오닝게,(함평 구비)

마. 우리집 두째 아이가 여그 중앙교 교사로 있을 참에 데려다 인자 남포로 깬 밑에를 파 보라 그랬더니.(신안 구비)

바. 원척(=워낙) 헐벗고 그때 곤란시런 참이라 기양 그놈을 훔쳐가지고 달아나든 게입디다.(함평 구비)

사. 옛날에 한 가정에 식구는 단지 너이. 그랑께 아직도 생남생녀를 안 한 참이여.(해남 구비)

아. 그렁께 밤 한 열두 시나 되었든가 동짓달에 밤이 긴 참이라 진사가 돌아와서는 그냥 하인을 불러서.(신안 구비)

자. 그때는 마즈막 십 년차 다 돼 가는 참이여.(신안 구비)

차. 마침 나팔 장수가 인자 그리 지나가던 참이라 말이여.(신안 구비)

카. 그때 군인이라고 헌다 치믄 뭐 참 벨것도 다 허는 참이요.(정읍 구비)

타. 정승끼리 서로 친구간에 다정허니 지내는 참이다 말이여.(정읍 구비)

파. 인자 선생은 자꾸 이놈을 얻을래는 참이고, 상희는 모르는 챔이고.(장성 구비)

하. 그렇게 그러나저러나 얻다가 대고 말도 못 허고 은근히 전디고(=견디고) 있는 참이란 말이여.(장성 구비)

ㅏ. 하이고, 내가 시방 목이 컬컬혀 죽겄는 참이라 술 한 잔 주소.(군산 구비)

(50)에서 '참'은 물론 '때'와 교체가 가능하지만 의미상으로는 '경우'로 해석되는 것이 더 자연스럽다. 뒤따르는 존재 동사 때문일 것이다.

(50)

가. 가면은 실수 안 하는 참이 없어요.(신안 구비)

나. 그것을 갖고 오실 중간에는 항상 밤이 어두워서 올 참이 만했다 말이여.(신안 구비)

다. 아비의 입장에서 눈물 방울을 하는 참이 많이 있었드랍니다.(신안 구비)

말할이의 의향, 예정, 차례 등을 나타내는 경우도 있다. 이들도 본래는 상황을 뜻하던 의미에서 파생된 것인데, 특히 관형격 씨끝 '-을'과 '참'이 결합할 때, 그리고 서술문에서는 일인칭 주어, 의문문에서는 이인칭 주어를 택할 때, 이런 해석이 드러나는 수가 많다.

(51)
가. 담에는 멋 헐 참이요(=다음에는 뭐 할 거요)?
나. 인자 내가 헐 참이여(=이제 내가 할 차례야).

서남방언의 '참'은 표준어와 달리 (52)에서 보듯이 '근방/근처'의 뜻을 나타내기도 한다. '근방/근처'라는 공간의 의미는 '무렵'이라는 시간 의미에서 전이된 것이다. 의미의 전이는 공간에서 시간으로 옮아가는 것이 일반적인데, 이 경우는 그 반대 방향을 취하여 흥미롭다. 비록 '참'이 공간을 뜻하는 경우가 매우 드물기는 하지만, 이 드문 예를 통하여 '시간→공간'의 의미적 전이가 가능하다는 사실을 확인할 수 있다.

(52) 이 참에 크나큰 숭개가 있어(=이 근처에 크나큰 흉터가 있어).

⑤ 놈[9]

『표준국어대사전』에 따르면 '놈'은 자립명사와 의존명사의 두 가지로 쓰인다. 자립명사일 때에는 '놈은 아무런 반응이 없었다'처럼 적대 관계에 있

---

[9] '놈'에 대한 기술은 이기갑(2011c)를 바탕으로 한 것이다.

는 사람을 가리킬 수 있다. 한편 의존명사로 쓰이면, 남자를 낮추어 말하고, 그 의미가 확대되면 아이를 귀엽게 지칭하는 데도 쓰일 수 있는데, 이러한 의미 확대는 비하가 친밀감을 나타낼 수 있기 때문이다.[10] '놈'은 또한 동물이나 사물을 가리킬 수 있는데, '김씨네 돼지처럼 큰 놈은 처음 본다.'라거나 '솥에 고구마를 삶아 놓았으니, 큰 놈으로 골라 먹어라'의 예가 이런 경우이다.

'놈'이 남자를 낮추어 말하고 동물이나 사물을 가리키면 의존명사 '것'과 그 용법이 겹치게 된다. '놈'이 남자를 낮추어 가리키던 기본의미에서 동물이나 사물을 지시하는 데까지 의미가 확대되었다면, '것'은 사물을 가리키던 기본의미에서 사람을 낮추거나 동물을 가리키는 의미로의 확대가 일어난다. 따라서 그 접점에서 '놈'과 '것'은 그 지시가 겹치게 되는 것이니 두 낱말은 부분적인 동의 관계에 놓인다고 할 수 있다. 그러나 사물을 가리킬 때 표준어의 경우 '놈'이 쓰일 수는 있지만 그 사용 빈도는 '것'에 비해 상대적으로 낮으며 사용 양상도 차이가 있다. 그래서 말할이와 들을이로부터 멀리 있는 물건을 달라고 할 때 '저기 있는 것 주세요'가 일반적이며 '저기 있는 놈 주세요'라고 하면 매우 어색하다.

표준어와 달리 서남방언의 '놈'은 항상 의존명사로만 쓰인다. 의존명사로 쓰일 때 서남방언의 '놈'은 사물을 가리키는 빈도가 표준어에 비해 상대적으로 높다. 그래서 (53)처럼 관계문의 머리명사로 쓰이는 경우, 표준어라면 '것'으로 지시해야 할 대상에 '놈'을 쓰는 것이다.

(53)

가. 이놈이 어디만침 맷독(=맷돌)을 지다가 <u>무건 놈을</u> 지고 가다가는 그 정자나무 밑에 쉬었든갑디다.(함평 구비)

---

10 '자식'이라는 말이 남자의 비칭으로 쓰이면서 동시에 친한 친구를 가리킬 수 있는 것도 이 때문이다.

나. 보기가 싫웅께 간지설대(=간짓대) 찌드런헌(=기다란) 한 발 되는 놈으
　　로 쩌데금(=저기쯤) 서서 밑에서 가만이 치매를 옷 벗은 이복을 설대
　　로 해서 덮어 줬어.(함평 구비)

다. 거 재 묻은 놈은 계서방 줘라.(함평 구비)

라. 주인 양반이 그래서 옷을 좋은 놈을 한 불을 입힌다 그 말이여.(고흥 구비)

마. 술 한 동우 가마이 놓고 고기를 이렇고 한나를 끓에 논(=끓여 놓은) 놈
　　을 말이여, 앉어서(=앉아서) 쫘악 술 다 마세 버렸어.(함평 구비)

바. 오늘 난 놈 아니면 엊저녁 저녁에 난 놈으로 한나 구해다 주라.(해남 구
　　비)

사. 둘이 한 잔씩 먹을 놈은 가지고 있구만그려.(장성 구비)

　서남방언의 '놈'이 일반적으로 사물을 가리키게 된 것은 '놈'의 의미 변화
가 표준어에 비해 더 확대되었기 때문이다. 그래서 이 방언에서 '놈'은 심지
어 추상적인 상황이나 사태를 가리킬 수 있다. (54)는 '놈'이 상황이나 사태를
지시하는 보문의 머리명사로 쓰인 경우이다.

(54)

가. 또 파종기라고 있어갖고 거 기게로 인자막사(=이제 막) 선생님 말씀차
　　꼬(=말씀마따나) 줄로 요롷게 딱딱딱딱 이렇게 모 썽긴 놈마이로(=모
　　심는 것처럼) 탁 썽게 간시롬(=심어 가면서) 썽김서,(보성)

나. 아, 저 일허기야 훨씬 쉴허지요. 논에 가서 헌 눔보듬(=하는 것보다) 물
　　논에 가서 헌 눔보듬.(보성)

다. 통일벼는…… 긍깨 홀태로 훑은 놈보다(=탈곡기로 훑는 것보다) 훨씬
　　훨 빨랐어요.(보성)

라. 그 영감이 뭔 수가 있냐 그러면은 그 해부터는 소작료를 받는데, 두 섬
　　받을 놈(=두 섬 받을 것) 한 섬 받고, 한 섬 받을 놈 열 말만 받고, 열 말

받을 데는 안 받어 부리고.(보성 구비)

마. <u>여그 있는 놈보듬</u> <u>고리 간 놈이</u> 더 낫을걸(=여기 있는 것보다 그리 가
는 것이 더 나을걸).

바. 지가 기여니 갈란단 <u>놈을</u> 포도시 막았네(=제가 기어이 가겠다는 것을
겨우 막았네).

사. 거그서 내리야 헐 <u>놈을</u> 정그장까지 가 버렸네(=거기서 내려야 할 것을
정거장까지 가 버렸네).(최전승 외 1992)

아. 차가 한 번 꺼꿀로 서는 <u>놈에</u> 전부 앞으로 거꾸러졌다(=차가 한 번 거
꾸로 서는 통에 전부 앞으로 거꾸러졌다).(최전승 외 1992)

(54)의 예들이 보여 주듯이 '놈'은 관계문뿐 아니라 일부 보문에서 나타날 수
있는데, 이것은 '놈'의 의미 확대가 보문 환경에까지 확대되었음을 말해 주는
것이다. 보문 구성에까지의 확대는 한반도의 다른 지역어에서는 일어나지
않았으며, 오직 서남방언에서만 일어난 것으로 보인다. 다만 서남방언에서
도 모든 환경에서 '놈'의 의미 확대가 일어난 것은 아니다. (55)처럼 소유 관
계를 나타낼 때 소유자 뒤에 오는 '것'은 '놈'으로 바뀌지 않는다.

(55) 이날 평상 지금은 시방도, 그 우리 할아부지 거(˚우리 할아부지 놈) 갖
고 시방 그러고 살제.(남원)

'-을 것이다', '-을 것 같다', '-을 것 없다'의 '것'은 통사적으로 보문을 이끄는
머리명사지만 이런 구성의 '것'은 서남방언이라 할지라도 결코 '놈'으로 대체
되지 않는다. 이들 구성은 관용적으로 굳어진 구성이므로 언어 변화에 보수
적이어서 '것'이 '놈'으로 대체되지 않았다고도 할 수 있을 것이다.

(56)

가. 그나이나(=그러나저러나) 오기도 거은(=거의) 왔을 것인디, 돈 서너 푼 남었으니 어찌게 헐 것인고?(함평 구비)

나. 서모 할매한테서 살다가, 아홉 살 묵어서 그리도 죽우나 사나 그 할매 아니먼 못 살 것 같애 살고 있는디.(남원)

다. 씨아버지는 말헐 것도 없제 머. 말헐 것도 없어.(남원)

동일한 통사적 환경에서도 '놈'과 '것'이 구별되어 쓰이는 수가 있는데, '것' 이 일반적이고 객관적인 서술에 쓰인다면, '놈'은 주관적이고 발화 상황에 의 존적인 해석에 쓰인다. '놈'은 애초에 남자의 비칭으로 쓰였던 말이지만, 사 물을 가리키는 '놈'이 '것'에 비해 비하의 느낌이 더 있는 것 같지는 않다. 예 를 들어 '깡통에 든 놈'이 '깡통에 든 것'보다 더 낮추는 느낌이 있는 것은 아니 다. 다만 '깡통에 든 놈'은 깡통에 든 물체를 말할이의 주관적 영역 안으로 옮 겨 지시하는 느낌을 주는 점에서 이러한 효과가 없는 '깡통에 든 것'과 차이 를 보인다. 이러한 효과를 '지시 대상의 주관화'라고 부른다면, '놈'이 갖는 이 러한 주관화 기능 때문에 '놈'은 주관적 서술 또는 상황 의존적인 서술에 더 자주 쓰인다.

(57)

가. 그렇게 팽생 묵을 것(?묵을 놈)을 주었거든.(함평 구비)

나. 나 묵을 것(묵을 놈)은 안 해 놓고 즈그(=저희) 먹을 것(묵을 놈)만 해 놓데.(해남 구비)

(57)은 '묵을 것'과 '묵을 놈'의 의미 차이를 분명히 보여 준다. (57가)의 '묵을 것'은 표준어의 '먹을 것'에 대응하는 것으로서 특정 발화 상황과는 무관한 일반적인 의미인 '식량' 등을 가리키지만, (57나)의 '묵을 것'은 '나'와 '즈그' 등

특정인의 먹을 것을 가리킨다. (57가)처럼 일반적인 의미로는 '묵을 놈'이 불가능하지만, (57나)처럼 발화 상황에 의존적인 경우는 '묵을 놈'으로의 교체가 가능하다. 이것은 결국 의존명사 '놈'이 발화 상황에 의존적이라는 사실을 말해 주는 것이다.

⑥ 곳, 데/디, 간디/반디

'곳'과 '데'는 모두 공간상의 일정한 자리를 가리키는 말이다. 『표준국어대사전』에서 '곳'은 일반명사, '데'는 의존명사로 규정되어 있다. '곳에 따라'와 같은 말에서 '곳'의 자립명사적 성격을 확인할 수 있다. 의존명사 '데'는 '곳'과 달리 앞에 올 수 있는 관형사가 매우 제한되어 있다. 그래서 '온갖, 어느, 모든'과 같은 관형사는 '데' 앞에 올 수 없다. 마찬가지로 수관형사도 '데' 앞에 올 수 없는데, 수관형사 뒤에는 '데' 대신 '군데'가 사용된다. '군데'는 언제나 수관형사 뒤에만 쓰이기 때문이다. 그렇다면 '데'와 '군데'는 그 분포가 상보적인 낱말인 셈이다. '데'는 '곳'처럼 공간상의 일정한 자리를 나타내지만, 그 밖에 '일'이나 '것'이 나타내는 추상적인 사태를 표현할 수 있고, 더 나아가 '경우'와 같은 의미를 나타낼 수 있어 '곳'보다는 의미의 폭이 훨씬 넓다. 다만 '데'는 의존명사이므로 선행 요소가 없을 때에는 사용되지 않는다.

서남방언은 표준어와 달리 '곳'을 거의 쓰지 않는다. 실제 국립국어원의 구술 자료를 검토해 봐도 전북의 북부 지역인 군산과 무주 지역을 제외한 나머지 남부의 고창·남원·임실 등과 전남의 전 지역에서 '곳'이 확인되지 않고 그 자리에 '데'가 나타난다.[11] 이것은 남쪽으로 내려올수록 '곳'의 사용이 드

---

11 이와 달리 『한국구비문학대계』의 자료에서는 '곳'이 상당수 확인된다. (예) 날이 됐는지 가다가 저물어져서 한 곳을 강께, 인가도 없고(고흥 구비)/그래 한번은 어느 곳으로 가니까 주맥이 있는디,(고흥 구비)/이곳에서 재주 봤잉께, 이 딸은 너가 차지하라.(고흥 구비)/여기서 한 삼십 리 떨어진 곳에 풍남이란 데가 있습니다.(고흥 구비)/인자 그 손님 풍수허

물고 대신 '데'의 사용 비율이 높아감을 의미한다. 군산과 무주에서도 '곳'의 사용 빈도는 '데'에 비해 매우 낮은데, (58)은 두 지역에서 '곳'이 사용된 예를 전부 모은 것이다.

(58)

가. 궁게 높은 디에서 밑으로 흘르기 때민에 <u>곳곳마다</u> 막아가지고 인자 그 것을 허는 디가 있고,(군산)

나. 옛날에 저 이 평야지대 농사질 적에는 그것을 사용했습니다마는 <u>의곳 에는</u> 그것이 없어요.(군산)

다. 근디 아무래도 우리 동네 고사럴 지내는 디는 <u>세 곳</u>, 여섯 그 머이더냐 한 군데, 두 군데, 세 군데, 네 군데, 다섯 군데를 지냈어요, 다섯 군데 럴.(무주)

라. 내가 고사럴 내가 <u>다섯 곳에</u> 지냈다고 그랬잖아요?(무주)

마. 그게 고사럴 <u>다섯 곳에</u> 했는데, 고사장나무가 네 군데.(무주)

바. 그러고 그러고서 인제 또 그놈얼 이리 인제 구녕 있는 디로 떠 넣고 그 사람이 떤지 주먼은 <u>구녕 인는 곳에</u> 바로 못 앉기로(=앉지 못하게) 멀 리 가서 앉기로 막 또 받아 때레내지요.(무주)

서남방언에서 '데'는 '데' 또는 '디'로 나타나는데 전남 신안 압해도에서는 '티'로도 쓰인다. 예 (59)는 '디', (60)은 '티'를 보여 준다.

(59)

가. 그 줄꾻(=못줄에 일정한 간격으로 되어 있는 표시) 있는 디다 전부 싱

는 곳을 갔어.(고흥 구비)/정 갈 곳이 없다면 내가 몇 군데 일러줄 터이니 잘 들어 보소.(해 남 구비)

겄지요(=심었지요).(신안)

나. 그라고 인자, 모 시로(=세우러) 간다고 남자 하나 뒤에, 그 모 심는 사
람 뒤에 요리저리 댕임시로 모 없는 디다 그걸 잔 갖다 주고.(신안)

다. 남는 디는 또 이렇게 치내고.(신안)

라. 그라이까 우리 마을은 물이 딸리니까 쪼깜만 가뭄 들먼 들샘으로 들에
저론 디로 물을 마이 질로 댕이고(=길러 다니고).(신안)

(60)

가. 첨에는 인자 요론 티는 나무해다만 계속 뗑다가(=때다가),(신안)

나. 그라고 이런 티 올라가 보면 인자도 발이 막 겁나게 큰 짐셍 발이 있어
라우.(신안)

다. 풀 인자도 쩌런 티는 소죽 쑦디 안(=쇠죽 쑤잖습디까)?(신안)

　‘데’는 선행요소로서 관형형 씨끝이 오며 지시어나 명사는 올 수 없다. 앞
에서 언급한 대로 관형사 가운데서도 일부만 허용된다. 예를 들어 ‘딴, 다른’
등은 ‘데’ 앞에 올 수 있다. 서남방언에서는 ‘사방’의 의미로 ‘사방’ 뒤에 ‘데/디’
나 ‘간디’(=군데)를 붙여 말하기도 한다. 이는 한자어 ‘사방’(四方)이 갖는 공간
의 의미를 더 분명히 해 주기 위한 의도인데, 이것은 마치 한자어 ‘역전’에 동
일한 뜻의 순수한 우리말 ‘앞’을 덧붙여 ‘역전앞’이라 말하는 것과 같은 방식
의 말하기라 하겠다.

(61)

가. 그러니까 호랑이를 잡은 사람은 정석 삼천 석을 주마 해갖고는 막 그
냥 방을 붙여 놓고 <u>사방디서</u> 사람 치고 인자 했는디.(신안 구비)

나. 나도 <u>사방디로</u> 돌아댕김스로 기운 자랑이나 한번 헐 배께 없다.(보성
구비)

다. 한번은 한 열두시쯤 뎅게로 <u>사방간디서</u> 쿵쿵허니 야단들이네.(군산
　구비)

　서남방언에서 '데'의 용법은 표준어와 다를 바 없다. 따라서 '데' 자체로는
방언차를 드러내지 않지만 '곳'과의 대립이 없다는 점에서는 차이를 보인다
고 하겠다. 의미 영역상 '데'는 '곳'의 의미를 포함하면서 수량사 뒤에 올 때에
는 '간디'가 따로 있으므로 서남방언은 '데'와 '간디'만으로 '곳'의 의미를 충분
히 나타낼 수 있기에 굳이 '곳'을 사용할 이유가 없어 보인다. 표준어에서 '곳'
만이 가능한 표현들, 예를 들어 '온갖 곳', '모든 곳'은 '사방디', '어느 곳'은 '어
디', '이곳, 그곳, 저곳'은 '이런 디, 그런 디, 저런 디'나 '여그, 거그, 저그' 등으
로 표현하면 충분한 것이다.
　수관형사 뒤에 오는 '군데'는 서남방언에서 '간디'와 '반디'로 나타난다. '반
디'는 '간디'의 /ㄱ/을 /ㅂ/으로 교체한 것이다.

(62)
가. 그런디 오다가 내려오다가 한 간디를 가 내려오는디,(장성 구비)
나. 여러 간디로 너릏게 파 봐도 그렇게 깔려갖고 있어서,(장성 구비)
다. 물 대니라고 우리는 물을 써갖고 사방간디가 북쪽이라.(화순 구비)
라. 그 시 간디다 묘를 썼다고 말하더라고.(장성 구비)
마. 거가서도 또 약속을 해서 세 간디나 약속을 해 불었어.(부안 구비)
바. 처맷물이 지붕이서 내려가지고 이 지푸래기가 두 간디서 한티로 이케
　합방쳐가지고 그 물이 한티로 양쪽으서 흘러 내리가지고 쏟아지는디
　버큼(=거품)이 뽁짝뽁짝 흘른다 말이요.(군산 구비)

(63)
가. 그 사람들이 전부 다 참 거 기가 맥히게 아조 기양 시 반디로 갈라져가

지고 전부 다 기양 초토화를 안 시케 불었습니까?(함평 구비)

나. 팔 형제가 거 거그서 그 문에서 이러트먼 한 반디서 동방급제가 났단
말이요.(함평 구비)

다. 한 반디를 가잉께 떡장사가 이 어사 명치헌단 말을 듣고는 소문을 듣
고 와서는 엎져서 굴복을 험시러 원정을 허드란 말이여.(함평 구비)

라. 이 앞에 냇에가 한 반디 큰 둠벙이 있습니다.(함평 구비)

마. 또 한 반디를 옹께 큰 꾸렝이가 나와갖고 어째야 용이 올라가겄냐고
그것 잔 알어보라 합디다.(해남 구비)

바. 한 반디를 강께 밤에 불이 켜졌는디 글소리가 나요.(해남 구비)

⑦ 이

사람을 뜻하는 의존명사 '이'는 서남방언에도 존재한다. 이 '이'는 '사람',
'양반', '분' 등으로 표현될 만한 지시물을 가리킬 수 있어 서남방언에서 '이'의
지시 영역이 매우 폭넓다는 사실을 알 수 있다. 그런데 의존명사 '이'는 오늘
날 노년층에서나 겨우 들을 수 있는 말이며, 젊은 세대에서는 더 이상 쓰이
지 않는 말이다. 아마도 젊은층이라면 (64)의 '이'는 모두 '분'이나 '사람' 등으
로 바꿔 표현할 것이다. 따라서 의존명사 '이'가 노년층의 구술발화에서 쓰
이기는 하지만 그 사용 빈도도 높지 않고 젊은층에서는 더 이상 쓰이지 않는,
사라져가는 표현으로 보아야 한다.

(64)

가. 술 먹은 사람하고 술 안 먹은 사람하고 동행을 했는디, 술 먹는 이가 술
못 먹는 사람보고, "이 잡것은 병신이여." 했단 말이여.(부안 구비)

나. 그전에 암행어사 박어사라고 하는 이가 있잖어?(부안 구비)

다. 그렁개 주인이 나옴서, 아, 이거 어떤 이가 안에다가 문을 뚜드렸냐고.

154

(부안 구비)

라. 그렁개 새끼손가락에 점이 있는 이가, 침 자락(=침 자국)이 있는 이가
동생이다.(부안 구비)

마. 국창을 보는 이가 어쳤는고니 참 무한 착실한 분이었는갑디다.(보성
구비)

바. 다행히도 즈그 딸이, 따님 된 이가 이걸 발견했단 말이여.(보성 구비)

사. 당신 친구 마느래 된 이가 도저히 못 가게 해.(보성 구비)

아. 장인 되신 ○○○씨라고 헌 이가 계셨는디,(보성 구비)

2.1.8 분류사

분류사는 '술 한 잔'의 '잔'처럼 명사를 의미적으로 범주화(분류)하는 표현
으로서, 명사를 수량화할 때 사용되는 말이다. 분류사는 애초의 자립명사가
분류사로 기능하면서 의존명사로 바뀐 것이 대부분이다. 예를 들어 '잔'(盞)
은 원래 일반 명사이지만 술이나 물과 같이 마실 수 있는 액체를 셀 때는 분
류사로 쓰인다. 분류사는 '개'(個)처럼 여러 명사에 두루 쓰이는 범용 분류사
가 있는가 하면, 나이를 셀 때 쓰이는 '살'처럼 극히 제한된 경우에 사용되는
특용 분류사가 있다. 어떤 명사가 언제나 하나의 분류사만 취하는 것은 아니
어서, 그 명사의 쓰임에 따라 여러 가지 분류사가 쓰일 수 있다. 술을 마실 때
에는 '모금', '잔', '주전자' 등의 분류사가 가능하지만, 술을 빚을 때에는 '동이'
를 사용하는 것이 그 예이다. 분류사가 명사로부터 의미 변화를 겪는 경우도
있다. 예를 들어 분류사 '마리'는 원래 '머리'(頭/首)로부터 모음이 변화된 것이
다. 그런데 이 '마리'로부터 다시 파생된 '바리'는 '나무 한 바리'처럼 마소의
등에 잔뜩 실은 짐을 세는 또 다른 분류사로 기능한다. 분류사는 방언에 따
른 차이를 보인다. 표준어와 약간의 형태를 달리하는 경우도 있고, 아예 완
전히 다른 분류사를 사용하기도 한다. 여기서는 서남방언에 나타나는 특징

적인 몇 가지의 분류사를 기술한다.

2.1.8.1 만들 때와 이용할 때

술을 빚을 때와 마실 때의 분류사가 다른 것처럼 물, 떡, 죽도 상황에 따라 다른 분류사가 사용된다. 예를 들어 샘물을 뜰 때는 '바가치'(=바가지)를 분류사로 쓰고, 물동이의 물을 뜰 때는 '그륵'(=그릇)을 분류사로 이용한다. 반면 물을 마실 때에는 '모금'을 분류사로 쓸 수 있다.

(65)

가. 누구 찬물 한 무음(=모금)도 안 줘.(함평 구비)

나. 저 물 한 그륵 청합시다.(고흥 구비)

다. 물을 한 바가치(=바가지) 떠갖고 와서 주는디,(고흥 구비)

라. 저 할머이한테 물 한 표주박 얻어 주시요.(고흥 구비)

떡의 경우도 마찬가지이다. 떡을 만들 때는 '시리'(=시루), 먹을 때는 '그륵' 등을 분류사로 이용한다.

(66)

가. 떡 한 시리.(함평 구비)

나. 떡 한 그륵 주시요.(고흥 구비)

밥도 지을 때에는 '솥'과 같은 분류사가 가능하지만, 먹을 때에는 '끼', '상', '술' 등 경우에 따라 다양한 분류사가 쓰인다.

(67)

가. 밥 한 끼.(함평 구비)

나. 설 대목이조차 밥 한 꺼이(=끼니)를 못 해 먹이믄, 우리가 부모라고 할
　　것 뭐 있는가?(고흥 구비)

다. 점심을 참 부엌이다가 참 걸게 채려서 딱 한 상 채려 났거든.(고흥 구비)

라. 그 조밥을 가져와서 한 술 갖다 주이 먹었어.(고흥 구비)

죽은 대체로 동이로 쑤고, 먹을 때에는 그릇으로 먹으므로 이러한 쓰임이
분류사에 반영되어 나타난다.

(68)

가. 나가 헌죽(=흰죽)이나 한 동 써 주께.(고흥 구비)

나. 헌죽을 쌀 퍼갖고 와서 쒀서 통으로 한 통을 퍼다가 바같에다 놔 중께,
　　(고흥 구비)

다. 죽을 하리(=하루) 쓰갖고 한 그릇도 못 묵고 반 그릇썩 묵소.(고흥 구비)

2.1.8.2 높임의 위계에 따라

사람을 세는 분류사로서 가장 중립적인 것은 '사람'이다. 그리고 이 '사람'
을 중심으로 [+높임]의 의미자질을 갖는 명사이면 '분', [-높임]이면 '놈'이 선
택된다. 분류사로서 한자어 '명'(名)은 소수에는 잘 쓰이지 않고 (69마)처럼 다
수인 경우에 쓰이는 경향이 있다. (69가)-(69라)에서 분류사를 '명'으로 바꾸
면 매우 어색한 것도 이런 이유 때문이다.

(69)

가. 박씨가 한 사람 사는디,(고흥 구비)

나. 이 시골에 어떤 사람 한 사람이 저거 어머니를 고려장을 할라는디,(고
　　흥 구비)

다. 노인이 한 분 살거든.(고흥 구비)

라. 뜬거없이 중놈이 한 놈 내려와.(고흥 구비)

마. 그리고 선부(=선비)를, 이름난 선부를 한 오백여 명을 잡아다가, 땅을
　　파고 생매장을 시켜 불었어.(고흥 구비)

2.1.8.3 양에 따라

서남방언은 짚 뭉치의 크기에 따라 몇 가지의 분류사가 쓰인다. 우선 표준
어의 '줌'에 대응하는 이 방언의 분류사로 '주먹'이 있다. '주먹'은 어른 한 주
먹으로 쥘 만한 부피를 가리키는데, 아직 묶이지 않은 짚의 뭉치를 세는 분
류사다. 물론 '주먹'은 짚뿐만 아니라 곡식을 비롯한 여러 물건을 세는 데도
사용될 수 있다.

'주먹'보다 약간 더 큰 뭉치일 때는 '깍지'라는 분류사를 사용한다. '깍지'는
표준어에서 열 손가락을 서로 엇갈리게 바짝 맞추어 잡은 상태를 가리키는
말이지만, 서남방언에서는 두세 줌 정도 되는 크기를 가리키는 말로서 전남
의 무안·진도 등지에서 확인된다(오홍일 2005:73/조병현 2014:100). 아마도 깍지를
낄 때 두 손이 사용되므로 '한 깍지'는 두 주먹 정도의 양이 되는 것으로 추정
된다. '깍지' 역시 '주먹'과 마찬가지로 아직 묶이지 않은 뭉치이다. 조병현
(2014:100)에서는 '깍지'를 '몇 줌을 한 줄로 깐 양'으로 풀이하고 있다. (70)은
'깍지'가 쓰인 예인데, 갈퀴로 긁어 모은 땔나무의 양을 세는 데 쓰이고 있다.
(70라)는 '깍지'가 '까치'로도 쓰일 수 있음을 보여 준다. 표준어에서는 '깍지'
에 대응하는 분류사로 '전'이 쓰인다. 『표준국어대사전』에서 '전'은 갈퀴와
손으로 한 번에 껴안을 정도의 땔나무의 양으로 풀이되어 있다.

(70)

　가. 근디 우리 동생이 이러고 이렇고 갈퀴로 깍지를 만들랴 묶으던 갈퀴가
　　　돌을 맞았당께.(화순 구비)

　나. 나 여그 나무 깍지 밑에가 가만히 있으께 나무 깍지를 덮어주라고 그
　　　라드라우. 그랑께 나무 깍지를 덮어놓고 이렇게 긁고 있응께,(해남 구비)

　다. 니 나무 멧 깍지나 해 놨냐? 나 좀 살려도라. 그러면 한 깍지 밑에 놓고
　　　나 가운데다 놓고 두 깍지 우에다 딱 덮고, 요 밑에 포수들이 올라올 것
　　　이다. 그러면 사슴을 봤냐고 허먼은 못 봤다고 그래라.(신안 구비)

　라. 그래 제우(=겨우) 나무 한 까치나 어찌 해 놔둥께,(고흥 구비)

　서남방언에서 '깍지'가 둘 정도 모이면 '뭇'이라고 한다(오홍일 2005:73). '뭇'은
'묶다'의 옛말 '뭊다'에서 영파생 된 말이다. '뭇'은 서남방언에서 보편적으로
쓰이는 분류사인데, 표준어에서도 '뭇'이 분류사로 쓰인다. 짚, 장작, 채소,
볏단의 작은 묶음이나 생선 10마리, 미역 10장 묶음을 세는 단위로 쓰인다는
『표준국어대사전』에서는 '짚뭇'과 '짚단'이 거의 같은 뜻으로 풀이되어 있다.
전남의 곡성·보성·함평·신안 등지에는 '뭇'과 함께 '토매'라는 말도 쓰인다.
(71바)-(71차)는 분류사 '토매'가 주로 짚의 묶음을 세는 단위로 쓰임을 보여
준다. (71아)를 보면 짚의 토매 속에서 드러누워 잘 수 있다는 사실로 미루어
보면 '짚토매'가 '짚단'과 같은 것임을 알 수 있다. 그렇다면 '짚뭇', '짚단', '짚
토매'는 같은 크기를 나타내는 것으로 이해된다. 한편 (71)의 (가)-(마)는 '뭇'
이 땔나무·짚·종이 등을 세는 데 쓰이며, (71마)는 종이를 세는 분류사로
'뭇'의 1/10을 가리키는 '전'의 쓰임을 보여 준다. '전'은 표준어에서 '깍지'에
대응하는 분류사임을 위에서 언급한 바 있는데, 서남방언에서도 종이의 묶
음 단위로 '전'이 쓰이고 있음을 알 수 있다.

(71)

가. 머심 사는 총각이 그 동네 과수댁이 하나 있는디, 홀엄씨가 있는디, 쥐도 개도 모르게 밤이먼 나무 한 뭇씩 갖다 놔.(함평 구비)

나. 아이, 하래 이틀 아이고, 일 년 이상 밋 해를 아, 나무 한 뭇씩 갖다 주어 홀엄씨가 그놈 때고 살제.(함평 구비)

다. 엄마, 그라면 장자네 집에서 짚 서너 뭇만 꿔다 주씨요. 그라면 새나꾸(=새끼) 꼴란다고 그런다고 그라드라우.(해남 구비)

라. 하루는 유성룡이가 즈그 마느래를 시키기를 처가에 가서 짚 한 뭇을 얻어갖고 오라고 그랑께,(해남 구비)

마. 종우 한 뭇씩만 사들에라, 종우 열 전썩만.(함평 구비)

바. 즈그 어매가 대치 어디 가서 인자 짚토매나 꿔다 줬던 모냥이여.(함평 구비)

사. 내가 아주머니 댁에서 하래 저녁 이렇게 신세를 졌는디 그냥 갈 수는 없으니까 짚토매나 하나 갖다 주시요.(신안 구비)

아. 그 짚토매에 누워갖고는 그 짚토매 속이서 딱 두러눠서 잔단 말여.(화순 구비)

자. 헐 것이 없응께 농촌에 가서 굵은 집에 가서 짚토매를 얻어다 신을 삼고 앉었어.(보성 구비)

차. 난중에는 애기를 뱄다고 큰 배가 만둑산이나 된 사람이 인자 짚토매 또 옆에 찌고 옷도 옆에 찌고 애기 나로(=낳으러) 올라는 사람처럼 하고 오요.(보성 구비)

일반적으로 열 뭇은 한 '짐'을 이루지만, '짐'은 나무뿐만 아니라 지게로 한 번 질 수 있는 양에는 모두 적용 가능한데 (72)가 이를 보여 준다.

(72)

가. 그 유기 짐 한 짐이 그 돈이 얼만가?(고흥 구비)

나. 정지를 들다봉께, 그륵이 그양 번쩍번쩍한 그륵이 한 짐은 있다 말이
여.(고흥 구비)

다. 이바지를 한 짐 단단히 해 오시요.(고흥 구비)

라. 아침 먹고 가서 나무 한 짐 해다가 부리고,(함평 구비)

서남방언에는 '동'이라는 묶음도 있다. 표준어에서 '동'은 굵게 묶어서 한
덩이로 만든 묶음을 가리키는데 나무나 베어낸 꼴의 묶음을 가리킨다. 또한
분류사로서 한 동은 먹 열 정, 붓 열 자루, 생강 열 접, 피륙 50필, 백지 100권,
곶감 100접, 볏짚 100단, 조기 1,000마리, 비웃 2,000마리를 이른다. 짚 열 뭇
이 한 짐이라면, 짚 100단은 한 동이다. 그러므로 '동'은 '뭇'의 100배 정도일
것으로 추정된다. 그런데 예 (73)를 보면 10뭇이 1동으로 계산되어 있다. 이
것을 보면 '동'의 크기가 방언에 따라 다름을 알 수 있다.

(73) 그전에 사내키(=새끼)를 꼬아가지고 짚으로 신을 삼어 신었어. 짚 한
동을 들여가지고 신 한 커리를 삼었어. 열 뭇을 가지고 신 한 커리를
삼었어.(정읍 구비)

이상을 보면 서남방언에서 짚의 뭉치는 '주먹-깍지-뭇/토매-짐-동'과 같은
크기의 단계를 생각할 수 있다. 흥미로운 것은 옛날에 세금을 계산할 때 쓰
던, 논밭 넓이의 단위로서 '줌-뭇-짐-동'이 쓰였다는 사실이다. 10줌은 1뭇, 10
뭇은 1짐, 10짐은 1동이었다. 그렇다면 이들은 모두 원래 넓이가 아닌 묶음
의 단위에서 비롯된 것임을 알 수 있다. 이것은 아마도 그만한 넓이의 땅에
서 수확된 농작물의 크기가 땅의 넓이를 지시하는 말로 확대된 결과일 것이
다. 서남방언의 분류사에서는 이러한 확대 현상이 일어나지 않았다.

2.1.8.4 '마리'와 '바리'

앞에서 언급한 바처럼 '마리'는 '머리'로부터 나온 분류사이다. 서남방언에서도 '마리'는 모든 동물들에 쓰인다. 닭, 돼지, 개, 소, 쥐, 고양이와 같은 가축은 물론 상상의 동물인 용이나 지네와 같은 벌레류에도 '마리'를 사용한다. 또한 온갖 물고기에도 이 분류사를 사용하는 점에서 표준어와 다를 바 없다. '하리는 섣달 그믐이 딱 당도했는디, 새끼들 <u>고기 한 마리</u> 사 주는 설이 아이라 밥 한 끼 해 줄 양식이 없네.'의 예처럼 '고기'에도 분류사 '마리'가 사용되고 있는데, 여기서 '고기'는 생선을 가리킨다.

한편 서남방언에서도 '바리'가 분류사로 쓰이기도 하는데, 표준어에서는 '바리'가 마소의 등에 잔뜩 실은 짐을 가리키지만 서남방언에서는 단순히 '마리'의 뜻으로 쓰인다. 예 (74)의 '바리'는 모두 '마리'로 바꿔 쓸 수 있기 때문이다. (74나)에서는 '마리'와 '바리'가 서로 이웃한 문장 안에 나타나는데 의미상의 아무런 차이를 보이지 않는다. (74다)와 (74라)에서 '바리'는 짐과 무관한 상태의 소나 말을 가리키고 있다. 그런데 '바리'가 '마리'와 같은 의미로 쓰일지라도 주로 당나귀, 소, 말처럼 짐을 실을 수 있는 동물의 분류사로 쓰일 뿐, 개, 돼지, 닭과 같은 가축에까지 확대되어 쓰이지는 않는다.[12] 따라서 서남방언의 '바리'의 용법은 마소의 등에 잔뜩 실은 짐이나 그 짐을 실은 마소를 가리키던 원래의 용법에서 짐을 싣지 않은 동물을 가리키는 용법으로 확대된 결과이다. 의미적으로는 [+짐]에서 [±짐]으로의 확대이지만, [-짐]이라 할지라도 애초부터 짐을 실을 수 없는 작은 동물에까지 확대되지는 않았던

---

[12] 다만 전남 해남에 거주하지만 대구 출신인 제보자의 발화에서 '바리'가 개에까지 확대되어 적용된 예가 확인된다. 이는 전남 방언이 아닌 경북 방언의 예로 해석되어야 할 것이다. (예) 그놈을 잡을라고 개를 니 바리를 가져야 잡지 시 바리 갖고는 못 잡는다고.(해남 구비) 경북 방언 외에 강원도 방언에서도 소, 당나귀 외에 닭의 분류사로서 '바리'가 쓰이기도 한다. 그렇다면 한반도의 동부 지역에서 '바리'의 의미가 확대되어 쓰이고 있음을 짐작할 수 있다.

것이다.

(74)

가. 명주베 같은 뭐 비단 같은 거 땅녀구(=당나귀) 한 바리 끌러서 거기다
   태워가지다 실고 온단 말여.(장성 구비)

나. 그래서 인자 잘상께 긍께 인자 나구(=나귀) 서너 마리에다 돈, 으음 그
   때는 엽전이여. 그거 무건 쇠라 해서 서너 바리에 다 실꼬 앞에 인자 영
   감이 타고 인자 간단 말이여.(함평 구비)

다. 시방도 돈이 안 겁난가, 소 한 바리 팔면?(장성 구비)

라. 대차 말이 한 바리 들녘으로 튀어 나온디, 검은 말인디, 안장 없는 굴레
   벗인 말이 온 들을 뛰어다닌디, 무서와 못 보겄어.(고흥 구비)

2.1.8.5 접

분류사 '접'은 표준어에서 채소나 과일 따위를 묶어 세는 단위로 사용되는
데, 한 접은 채소나 과일 백 개를 이른다. '마늘 한 접'이나 '곶감 두 접' 따위가
그런 예이다. 그런데 전남 신안 지역에서는 동물인 '낙지 스무 마리'를 '한 접'
으로 부르는 예가 확인된다.

(75) 그래도 잘 잡으면 서너 접썩도 잡고 너댓 닷 접 잡고 열 접도 잡은 사람
   이 있어.(신안)

마른 생선의 경우 스무 마리를 묶음으로 하여 분류사를 사용한다. 말린 오
징어 스무 마리는 '한 축', 북어 스무 마리는 '한 쾌', 조기 스무 마리는 '한 두름'
이다. 여기에서 보듯 동일한 스무 마리에 대해 생선마다 다른 분류사를 사용
하는 것이 흥미롭다. 그러므로 전남의 신안 지역에서 낙지 스무 마리를 '접'

으로 부르는 것은 그다지 놀라운 일은 아니다. 다만 '접'이 채소나 과일 등에서는 백 개를 가리키면서 생선류에서는 스무 마리를 가리키는 것이 특이한데, 그것은 아마도 크기 때문으로 보인다. 마늘이나 곶감처럼 작은 것은 백 개를 한 단위로, 오징어, 낙지, 북어, 조기처럼 보다 큰 물체는 스무 마리를 한 단위로 삼게 된 것이다. 그러나 마른 생선이 아닌 낙지 스무 마리를 한 묶음으로 부르는 것과 그때의 분류사로서 '접'을 사용하는 것은 다른 지역어나 방언에서는 찾아보기 힘든 예라 하겠다.

2.1.8.6 자리

사람이 하는 말의 도막을 셀 때 표준어에서는 분류사 '마디'를 주로 쓰는데, 서남방언에서도 (76)처럼 '마디'를 쓰는 수가 있다. 그러나 이는 표준어의 영향 탓이다. '마디'는 원래 대, 갈대, 나무 따위의 줄기에서 가지나 잎이 나는 부분을 가리키는 말이다. 이러한 마디가 손가락의 뼈와 뼈가 맞닿은 부분을 가리키게 되면, 결과적으로 손가락의 부분이나 도막을 뜻하게 된다. 이처럼 부분이나 도막을 의미하는 용법이 말이라는 추상적 존재에 적용되면 말의 부분 또는 말의 도막을 가리키게 되는 것이다.

(76)
가. 그저 말씀 한 마디만 해 주시요.(고흥 구비)
나. 그 애 말 한 마디를 들어 보고,(고흥 구비)

그러나 서남방언에서는 '마디'보다 (77)에서 보듯이 '자리'라는 분류사가 일반적으로 쓰인다.[13]

---

13 분류사 '자리'는 말, 이야기, 노래 외에 묏자리나 벼슬 등의 분류사로 쓰이기도 한다. (예)

(77)

가. 말 한 자리 허고는 사둔은 가 버리거든.(함평 구비)

나. 그래도 이마나(=이만큼이나) 삼스로(=살면서) 속엣말 한 자리 못 하겠
  소?(해남 구비)

서남방언에서 '자리'는 말 외에 노래나 이야기 등을 셀 때도 쓰인다. 표준어
는 노래의 단위를 말할 때 '노래 한 곡'처럼 曲이라는 한자어를 사용한다. 그
런데 서남방언에서는 '곡' 대신 '자리'라는 말을 흔히 쓴다. 그래서 다른 사람
에게 노래를 권할 때, '노래 한 자리 해 보써요'처럼 말하는 것이다. 노래, 이
야기, 말이 모두 입으로 이루어지는 행위라는 점을 고려하면, 분류사 '자리'
는 구연이나 구술의 단위를 가리킬 때 쓰이는 것임을 알 수 있다. 아래의 (78
가)-(78라)는 말이나 거짓말, (78마)-(78사)는 이야기, (78아)는 우스갯소리를
가리키는 경우이다. 한편 (78자)는 문자를 '자리'로써 가리키고 있는데 이는
문자가 말을 시각적으로 표현한 것이기 때문일 것이다. 그러나 이런 예는 매
우 드물어서 결코 일반적인 용법이라 하기는 어렵다.

(78)

가. 내 말 한 자리만 들어 주소.(함평 구비)

나. 도저이 입 밖에 저 말을 한 자리도 안 해요.(함평 구비)

다. 자기도 거저 거짓말 한 자리 했제.(고흥 구비)

라. 고사하고 가서 그저 말씀 한 마디만 해 주시요. 아까 그 검은 옷 입고
  간 사람들 잘못이 있다도(=있더라도) 좀 용서를 해 주시요. 그것 한 자
  리만 해 주믄 당신 말은 들을 거요.(고흥 구비)

마. 웃는 이얘기 한 자리 더 헐랍니다.(함평 구비)

내가 멧이나 한 자리 주고 가마./묘자리를 한 자리 주시요./벼슬 한 자리.

바. 이야기도 두 자리 했으니 옛날 육자배기 하나 불러야겠다며 노래를 불렀다.(고흥 구비)

사. "나가(=내가) 내일 모레도 혼자 다 이약(=이야기)을 할랍니다. 그랑께 대신이 머여(=먼저) 한 자리 하시요." 이래거든.(고흥 구비)

아. 그렇께로 원님이 그때는 마음이 풀려서 '아이, 다친 디는 없는 것이로구나.' 허고는 위수매(=우스갯소리)를 한 자리 했단 말이여.(고흥 구비)

자. 그렇게 문자를 한 자리를 내가 갈차준 것잉게 고놈을 꼭 갖고가 써 먹어라.(함평 구비)

차. 아니 미안허다니? 사람을 사지에다가 몰아넣어 놓고서는 미안하다고 그 소리 한 자리로 끄치게 됐소? 내가 당신 때문에 하마터면 죽을 뻔 봤어.(부안 구비)

카. 그런디 내나 틀림없이 자기 집으로 같이 가기로 약속을 했는데 아무 말 한 자리도 없이 그냥 자기만 쏙 들어가 버리고,(부안 구비)

타. 우리 이얘기나 한 자리쓱 허자고 긍께,(정읍 구비)

'자리'는 원래 어떤 물건이 놓인 장소나 공간을 가리키는 말이므로, '노래 한 자리'란 곧 노래가 불리는 장소나 상황, 다른 말로 말한다면 '노래의 판'을 의미한다. 따라서 '자리'는 노래로 이루어지는 판의 개수를 세는 단위로 정착된 것이라 할 수 있다. 노래뿐 아니라 이야기나 말도 모두 '자리'라는 분류사를 사용한 것을 보면, 서남방언의 토박이들은 노래나 이야기, 말 등이 모두 하나의 판을 이룬다고 생각했던 것 같다. 주위 사람들을 완전히 몰입시키는 구수한 옛 이야기나 청중을 사로잡는 대중 연설이 모두 노래와 마찬가지로 하나의 놀이판을 만드는 점에서는 공통이기 때문이다.

2.1.8.7 사람/동물을 사물과 동일시하는 경우

사람을 셀 때는 '명'이나 '사람'을 분류사로 사용한다. '명'은 고유어와 한자어 수사 및 수관형사에 모두 쓰일 수 있지만 '사람'은 오직 고유어에만 쓰일수 있어 차이를 보인다. '열 명/십 명', '열 사람/십 사람'의 문법성 차이가 이를 보여 준다. '학생 한 명'이나 '학생 한 사람'과 같은 수적 표현은 우리말의전형적인 어순인데, 이때 분류사가 생략되어 '학생 하나'라고 할 수도 있다.수사 '하나'는 곧 '한 사람'을 의미한다. 이처럼 수사는 문맥에 따라 사람, 동물, 사물 등을 분류사 없이 나타낼 수 있다. 그래서 '소 한 마리'와 '소 하나'는동일 의미를 나타낸다. 그러나 이 두 가지 표현이 모두 가능하다 하더라도실제의 언어생활에서 사용되는 빈도는 분류사가 있는 '소 한 마리'가 분류사없이 쓰이는 '소 하나'보다 월등히 높다.

서남방언에서는 아기나 어린 아이 등에 대해서는 분류사 '사람' 대신 '개'를 쓰는 수도 있다. 이는 사람과 물건을 같은 범주로 분류하고 있음을 보여준다.[14]

> (79) 나한테 인자 젖 묵는 것 한 개허고 작은 모이마(=사내아이)하고 인자
> 가이나 저 저 장애자 된 가이네 저것허고 인자 데꼬(=데리고) 인자 갔
> 제.(광양)

어린 아이뿐만 아니라 낙지에 대해서도 '마리' 대신 '개'를 사용하는 예가 확인된다. 이 역시 낙지를 물건과 동일시하기 때문이다.

---

14 제주도에서도 비슷한 양상이 확인된다.

(80)

가. 긍께 낙지는 쫌 잡으로 댕겼어라, 옛날에는. 인자는 한 개도 없응께.
  (신안)

나. 한 접이 시무 개.(신안)

전남 신안 지역의 구술발화에서는 송아지에 대해 '마리'라는 분류사를 사용
하지 않는 예가 확인된다. (81나)의 아들과 딸은 각각 송아지의 수컷과 암컷
을 가리킨다. 이 역시 송아지를 물건과 동일시하고 있음을 보여 주는 예이다.

(81)

가. 저 인자 집이서 킬라다가 집이서도 한난가 둘인가 키었어라, 여그다
  가.(신안)

나. 쌍둥이도 하나 나서 키여 봤어라 아들 하나 딸 하나.(신안)

2.1.8.8 기타

① '체/치'와 '판'

승부를 겨루는 싸움의 분류사는 흔히 '판'을 쓴다. '판'은 어떤 일이 벌어지
는 공간을 나타내지만 분류사로 쓰일 때에는 그 판에서 일어나는 승부의 개
수를 나타낸다. 그래서 '씨름 한 판'이나 '바둑 한 판'과 같은 표현이 가능하
다. 서남방언에서도 분류사 '판'은 장기나 바둑에서 흔히 쓰인다. 그런데 장
기나 바둑의 경우 '판' 외에 '체'나 '치'가 쓰이기도 한다. '치'는 한자어 '치'(置)
에서 온 것으로 추정된다.[15] 置의 뜻이 '두다'이므로 '한 치 하다'는 '한 판 두

---

15 '치'가 포함된 말로서 표준어에 '치수'(置數)가 있는데, 이는 바둑에서, 기력(棋力)의 정도에

다'의 뜻일 것이다. '치'는 '체'로도 변이되어 쓰인다.

(82)

가. 너 장기 나하고 한 판 해 보거냐?(고흥 구비)

나. 바둑 한 체 놔 보세.(함평 구비)

다. 손님하고 나하고 바둑을 한 치 합시다.(고흥 구비)

② '발'과 '다래'

분류사 '발'은 길이의 단위로서, 두 팔을 양옆으로 펴서 벌렸을 때 한쪽 손끝에서 다른 쪽 손끝까지의 길이를 나타낸다. 흔히 새끼나 줄의 길이를 말할 때 이 분류사를 사용한다. 한편 분류사 '타래'는 사리어 뭉쳐 놓은 실이나 노끈 따위의 뭉치를 가리킨다. 그래서 '발'이 길이를 가리킨다면 '타래'는 감아 놓은 뭉치를 가리키는 것이다. 서남방언에서도 '발'은 표준어와 같이 쓰이고 '타래'는 '다래' 또는 '타래'로 쓰인다.

(83)

가. 사내키(=새끼) 한 발 꽈 놓고,(함평 구비)

나. 새내키 한 다래에 얼마 얼마 헐라우?(함평 구비)

③ 장

분류사 '장'은 종이나 유리 따위의 얇고 넓적한 물건을 세는 단위로서, 종이·기와·가마니·지도·사진·편지 등의 분류사로 쓰인다. 서남방언에서도

따라 누가 먼저 둘 것인가를 정하는 기준을 뜻하는 말이다.

이러한 쓰임은 동일한데 (84)에서 보듯이 이엉을 엮어서 말아 놓은 단을 가리키는 마름을 셀 때에도 이 '장'을 사용한다. 짚으로 엮어 짠 가마니를 세듯이, 짚으로 엮은 마름도 '장'으로 세는 것이다.

> (84) 집으로 다부(=다시) 와서 날개(=마름)를 한 장 딱 살(=사립문) 앞에다
> 피 놔두고,(고흥 구비)

④ '커리'와 '짝'

우리말에서 신, 양말, 버선, 방망이 따위의 짝이 되는 두 개를 한 벌로 셀 때는 '켤레', 각각을 가리킬 때는 '짝'이라는 분류사를 사용한다. 서남방언도 마찬가지인데 다만 '켤레'는 '커리'로 쓰인다.

> (85)
> 가. 짚신을 한 이십 커리 짊어지고,(고흥 구비),
> 나. 짚신 한 십 짝 짊어지고 여빗냥이나 짊어지고 밥 싸가지고,(고흥 구비)

⑤ 도막/토막/돔박

짧고 작은 동강을 세는 단위인 '도막'은 서남방언에서 '도막', '토막' 등이 흔히 쓰이는데, 그 밖에 (86)에서 보듯이 '돔박'도 쓰인다. (86다)에서는 이 세 표현이 모두 사용되었다.

> (86)
> 가. 대구를 짤러서 한 돔박 걸고는 한 돔박 짜른다 말이다.(고흥 구비)
> 나. 소매는 한 덤백이 짤라져 뿔었어.(고흥 구비)

다. 대구 그놈을 딱 배아지를 따더마는, 한 토막 딱 짤라서 꼴랑지 뀌어서 저
　　(=저기) 걸고, 한 도막은 돔박돔박 짤라서 짚으로 묶어.(고흥 구비)

⑥ '채'와 '가우'

　　표준어에서 집을 세는 분류사로 '채'와 '가호'가 있다. '채'는 그 집에 사는
사람과 무관하게 물리적 실체로서의 집을 셀 때 쓰이고, '가호'(家戶)는 물리적
실체로서의 집이나 사람이 사는 공간으로서의 집 모두에 사용된다. 즉 [+물
리적 실체]일 때는 '채', [±물리적 실체]일 때는 '가호'인 것이다. 그 결과 [-물리
적 실체]인 경우에는 '채'를 쓸 수 없다. 예를 들어 '올가을에 스무 가호나 이
사를 갔다.'에서 '가호' 대신 '채'를 쓰면 어색하다. 서남방언에는 집을 세는
분류사로 '채'와 '가우'가 있는데, '가우'는 표준어 '가호'의 방언형이다. 따라
서 '채/가우'의 쓰임새는 표준어 '채/가호'와 다를 바 없다. '채', '가우'와 함께
'집'도 분류사로 쓰이는데, 그 조건은 '가우'와 같이 [±물리적 실체]이다. 그래
서 (87)의 '채'나 '가우'는 모두 '집'으로 바꿔 쓰일 수 있다.

(87)
가. 산중에가 집이 한 채가 있는데,(고흥 구비)
나. 집이 한 채 나온나(=나오너라).(고흥 구비)
다. 기와집이 한 채 있거든.(고흥 구비)
라. 동네가 열 가우가 되았건 스무 가우가 되았건 동네 집집마다 다 돌렸
　　어요.(함평 구비)
마. 외둘고(=외지고) 사람도 없고 집 한 가우 절마니로(=절처럼) 있는 디
　　로 아들을 여운디,(함평 구비)
바. 산중에 그 때 인가는 적고 제우(=겨우) 간다는 것이 산중에 집 한 가우
　　가 있소.(해남 구비)

2.2 대명사

2.2.1 인칭대명사

2.2.1.1 일인칭 대명사

서남방언의 일인칭 대명사는 '나', '저/지', '우리'의 세 가지다. 중립적인 단수형 '나'에 대해 '저/지'는 겸손형이며 '우리'는 복수형이다. 겸손형 '지'의 복수형은 '지들'이다.

① 나/내

표준어에서 '나'는 주격조사 앞에서 '내'로 변동하고, 관형격조사가 결합된 형은 '내'로 실현되며 단독형을 포함한 그 밖의 환경에서는 '나'로 일관되게 쓰인다. 반면 서남방언은 주격조사 외에 관형격, 여격 등의 일부 조사 앞에서도 '내'로 변동하여 차이를 보인다. 물론 이 변동은 수의적이다. 그래서 '내가, 내/내의, 나를, 나한테/내한테, 나한테서/내한테서, 나로, 나보다(=나보고), 나보듬(=나보다), 나허고, 나만, 나도, 나랑, 나사/나야(=나야)'처럼 곡용한다. 이러한 변동 양상은 주격조사 앞의 '내'가 관형격이나 여격에까지 확대된 결과이다. 이 확대는 곡용 형태를 단일화 하려는 심리가 작용된 것인데, '내'를 단일화의 목표(target) 형태로 삼은 것은 주격형의 사용 빈도가 높기 때문이다.

(88)
가. 에잇, 그러면 이번에 <u>내가</u> 갈란다.(함평 구비)
나. 노루 가죽을 <u>내</u> 머리에다 대고, 아무 디를 긁으면 내가 죽는다.(장성 구비)
다. 그러니께 <u>내의 부탁을</u> 잊지 말고 부디 쫓아내도 나가지 말고 살아라.

(함평 구비)

라. 대사를 치는 디를 가서 봉께, 누가 <u>나를</u> 반가를(=반가워를) 안 해.(함평
　구비)

마. <u>나보다</u> 더 무선(=무서운) 거시기가 있소.(함평 구비)

바. 세상천지 <u>나보다</u>(=나보고) 애먼 소리 허더니 그 봐라.(함평 구비)

사. <u>나로</u> 말허믄 니 애비가 동생이고 너로 말허믄 느 아버진디,(군산 구비)

아. 당신허고 <u>나허고</u> 허는 말은 곧이를 듣지 않네, 우리 메누리가.(군산 구비)

자. 나는 우리 주인 양반을 늘 태우고 댕잉게 <u>나야</u> 잡을라디야?(정읍 구비)

　다음은 '한테' 앞에서의 변동 예이다. '나'와 '내'가 공존하지만 '내'의 사용
빈도가 더 높다. 예 (89)를 보면 [+방향]일 때는 '내', [-방향]일 때는 '나'가 주로
쓰임을 알 수 있다.

(89)

가. 여보씨요. 그런 더런 년 이얘기를 <u>나한테</u> 대해 그런 말씸을 허시는 거
　요?(함평 구비)

나. 오늘 저녁에 여기서 <u>나한테</u> 자고 내일 가소.(고흥 구비)

다. 또 그 사람 말을 들응께 그것이 <u>나한테</u> 이롭지 못한 자슥들이던가 하
　고,(고흥 구비)

라. <u>내한테</u> 파시요.(승주 구비)

마. <u>내한테</u> 그 말을 했으면 내가 그 돈을 갚아 줄 거 아니냐?(승주 구비)

바. <u>내한테</u> 시집 와갖고 내 집에 와서 부모 속을 알아줬냐?(장성 구비)

사. 그것은 <u>내한테</u> 맡기시요.(화순 구비)

아. 한 열 시쯤에 <u>내한테로</u> 와서 아무갯덕, 아무갯덕 찾으라고.(화순 구비)

　전남의 서부 지역의 변동 양상과 달리 경남과 접해 있는 전남의 동부 지역

에서는 주격형으로서 '나가'를 보여 준다. 따라서 전남의 광양·여수·고흥 등지에서는 '나가, 내/나, 나를, 나한테, 나한테서, 나로, 나보다(=나보고), 나보듬(=나보다), 나허고, 나만, 나도, 나랑, 나사(=나야)' 등의 곡용이 나타난다. 주격형 '내가 → 나가'로의 대체가 일어나 모든 조사 앞에서 '나'로의 통일화 또는 형태적 평준화가 일어난 것이다. 역사적으로 '나'에 주격조사 '이'가 결합된 '내'에 새로운 주격조사 '가'가 다시 결합하여 '내가'를 형성한 것이므로, '내'는 공시적으로 '나'의 변이형이지만 매우 이례적인 형태일 수밖에 없다. 이러한 이례적 존재를 일반적인 변이형 '나'에 통일시킴으로써 일인칭 대명사의 형태를 단일화 하려는 심리가 작용된 것이다. 이러한 단일화는 관형어의 환경에까지 확대되어 나타난다. (90가)-(90라)는 주격형 '나가', (90마)-(90사)는 관형형 '나'의 쓰임을 보여 준다.

(90)

가. <u>나가</u> 겪은 이얘길 한나 해 주제.(고흥 구비)

나. 가다가 길 잊어 벌까 싶어서, <u>나가</u> 오면서 솔잎을 뜯어서 뿌려 놓고 왔다.(고흥 구비)

다. 아니, <u>나가</u> 밥을 먹을 거이 아이라, 내 집이 손님이 오셨는디, 밥을 해 줘야 할 거인디, 양식을 <u>나가</u> 채로(=취하러) 왔는디, <u>나가</u> 여서(=여기서) 밥을 먹어 되겄소?(고흥 구비)

라. <u>나가</u> 또 졌응께 또 하자 하는디,(고흥 구비)

마. 그믄 좋은 수가 있소. <u>나</u> 말만 들으시요.(승주 구비)

바. 그 총객이 아무리 시골 무지랭일지라도 <u>나 몸을</u> 안 대리본(=만져 본) 데가 없어.(승주 구비)

사. 자네가 <u>나 귀여다</u>(=내 귀에다) 오줌을 싸 뿌리갖고 나 시방 귀가 애리 갖고 돈이 많이 들었네.(승주 구비)

위에서 보았듯이 전남 방언에서 보이는 '나'의 변동 양상은 단일화의 방향이 두 가지임을 알 수 있다. 첫째는 목표 형태가 '내'인 경우로서 이는 사용 빈도가 높은 주격형을 기반으로 한 것이다. 비록 분포는 좁지만 빈도가 높아서 단일화의 목표 형태가 된 것이다. 둘째는 전남의 동부 지역에서 일어난 변동으로서 '나'를 단일화의 목표 형태로 삼은 경우이다. '나'는 '내'에 비해 분포가 훨씬 넓기 때문에 '내 → 나'의 변화는 오히려 자연스럽다고 하겠다. 이러한 두 방향의 변화를 보면 단일화의 목표 형태는 분포가 넓거나 사용 빈도가 높은 형태가 선택됨을 알 수 있다.

'나'는 일부 명사 앞에서 격조사 없이 홀로 쓰인다. '대명사+명사'의 통사적 결합은 대명사에 관형격이 부여되는 것이 일반적이지만, '때문', '대신'과 같이 문법성이 있는 명사의 경우 격조사가 없는 단독형이 온다. 그래서 표준어에서 *'내 때문', *'내 대신'은 비문법적 표현이며, 언제나 '나 때문', '나 대신'으로 쓰여야 한다. 이런 경우의 '때문'과 '대신'은 조사와 유사한 성격을 갖게 된다. '나'의 단독형은 '하나'와 같은 수사 앞에서도 나타나 '나 하나'처럼 쓰인다. '나 하나'가 일종의 동격 구조를 이루므로 '나'에 관형격이 부여되지 않는다.

'역시', '또한', '혼자', '홀로'와 같은 부사 앞에서도 단독형이 온다. 이러한 부사들과 함께 쓰이는 '나'는 일반적으로 서술어로부터 격을 부여받는다. 그래서 '내가 역시'나 '나를 혼자'처럼 쓰이는 것이다. 이때 부사 '역시'나 '혼자'는 서술어를 수식하게 된다. 그런데 '나 역시'나 '나 혼자'처럼 단독형이 올 때 이들은 하나의 통사적 단위로 해석된다. 그래서 격을 부여 받으려면 '나'가 아닌 '나 역시'나 '나 혼자' 전체가 격을 부여받게 된다. 그 결과 '나 혼자가'나 '나 혼자를'처럼 쓰이게 되는 것이다.[16] '나 역시'나 '나 또한'은 의미적으로 '나도'와 같고, '나 혼자'나 '나 홀로'는 '나만'의 의미로 해석된다. '나 혼자'와 '내가 혼자'는 그래서 구조가 다르다. '나 혼자'가 [나 혼자]처럼 하나의 단위를

---

16 '나 역시'에는 격조사가 결합될 수 없다.

이룬다면 '내가 혼자'는 [[내개 [혼자]]처럼 두 단위로 해석된다. '나 역시'와 '내가 역시'도 마찬가지다. 실제로 '나 역시'와 '내가 역시'는 의미가 달리 해석된다. 예를 들어 '나 역시 싫어.'와 '내가 역시 싫어.'는 결코 동일한 의미를 표현한다고 할 수 없다. '나 역시 싫어.'와 같은 의미를 나타내려면 '내가 역시 싫어.'가 아닌 '나도 역시 싫어.'라고 해야 한다. '나 혼자'도 '내가 혼자'와는 다르다. '집에 나 혼자뿐이야'는 정문이지만 ''집에 내가 혼자뿐이야'는 비문이다.

형용사 '같-'은 일반적으로 비교격조사를 요구하므로 만약 '같-' 앞에 '나'의 단독형이 올 경우 '나와'와 같은 비교격조사가 생략된 것으로 해석할 가능성이 있다. 그러나 이러한 해석이 언제나 옳은 것은 아니다. 예를 들어 '같으면'의 경우 '나와 같으면'과 '나 같으면'은 의미가 다르다. '나 같으면'은 '나라면'의 뜻일 뿐 '나와 같으면'의 의미는 아니다. 이처럼 '같-' 앞에 오는 명사가 단독형을 취하는 경향이 있기 때문에 '같이'와 같은 파생부사는 조사로 기능이 전환될 수 있었다.

일부 명사, 수사, 부사, 형용사 앞에서 단독형이 쓰이는 양상은 표준어와 서남방언이 거의 동일하다. 우선 '나'가 단독형으로 쓰이는 예를 제시한다. (91)의 단독형은 결코 조사가 생략된 것으로 해석할 수 없으며, 애초부터 조사 없이 쓰인 것이다.

(91)

가. 아이고, 나 땂시 죽었네.(보성 구비)

나. 나 땜시 당신들 우애허고 다 이러고 사는 지는 모르고 괜히 나한티 와서 강 포악허고 이렇게 고약허니 허냐?(정읍 구비)

다. 그렇께 나 난세 같이 고향으로 가신다고 허는 건 부당허니까,(고흥 구비)

라. 정제(=부엌)다 밥을 채리다 주고는 나 혼자 먹을 수도 없고,(정읍 구비)

176

마. 그래 그러면 <u>나</u> 한자 갔다 올라네.(함평 구비)

바. 그라믄 <u>나</u> 호자(=혼자) 묵거이(=먹을 것이) 아이라, 우리 일행이 있어.
　　(고흥 구비)

사. 이 산소를 팔 것이 없다. 아홉 말을 듣고 파제 <u>나</u> 한나 말을 듣고 팔라
　　드냐?(보성 구비)

아. 다만 남은 거이 홀로 <u>나</u> 하나 남었는디,(고흥 구비)

자. <u>나</u> 역시도 한번 찾아가도 못허고 그런디,(함평 구비)

차. 네 이년, 아무 대감의 좋은 <u>나</u> 같은 사람을 낳아도 너 같은 년은 못 낳는
　　다.(신안 구비)[17]

카. <u>나</u> 같은 놈을 몇 십 명씩 데려다가 말이여이,(장성 구비)

타. <u>나</u> 안 같네(=나와 같지 않네).(함평 구비)

다만 서남방언에서는 '나 대신'의 경우 '내 대신'으로 쓰이는 것이 보통이다.
이것을 '대신'이라는 명사 앞에서 관형격을 취한 결과로 해석할 수 있지만,
'때문'이나 '대신' 앞에서 단독형이 나타나는 일반적인 현상을 고려하면 반드
시 그렇게 해석할 수만은 없다. 이것은 앞에서 설명한 바대로 '나한테'가 '내
한테'로 단일화 된 것과 같은 역사적 변화로 해석될 수 있다. '내'로의 단일화
를 향한 변화의 예인 것이다. 이때에도 '내'는 처음부터 조사 없이 쓰인 단독
형으로서 관형격조사가 생략된 것이 결코 아니다.

(92)

가. 그렇게 해서 <u>내 대신</u> 나서 댕김스로 그렇게 하라 그라거든.(신안 구비)

나. 그럼 <u>내 대신</u> 여그서 일을 허십시요.(군산 구비)

---

17 '나' 대신 '날'이 쓰인 예도 확인된다. (예) 자네가 날 같은 사람한테 이렇게 부탁헌디,(함평
　　구비)

다. 내 형님이 <u>내 대신으로</u> 가서 또 갇히갖고 있고 내가 나왔소.(정읍 구비)

　격조사는 입말에서 흔히 생략되어 쓰이는 수가 많다. '내가, 내/내의, 나를,
나한테/내한테, 나한테서/내한테서, 나로, 나보다(=나보고), 나보듬(=나보다),
나허고'와 같은 곡용 가운데 격조사가 생략 가능한 것은 주격, 목적격, 여격
등이다. 여기서 격조사가 생략되면 '내가'는 '내', '나를'은 '나', '나한테/내한
테'는 '나/내'로 쓰일 것이 예상된다. (93가)-(93나)는 주어, (93다)-(93라)는 여
격어로 해석되는 경우인데, 이 두 경우 모두 '나'가 쓰였다. 만약 '내가'에서
격조사가 생략된 결과가 '나'라면 '내가→나'의 변동을 어떻게 설명할 수 있
을까? 여격어의 경우에도 (93다)-(93라)처럼 '나'만 가능하고 '내'는 불가능하
다. 그런데 사용 빈도에서 '나한테'보다는 '내한테'가 더 높다는 점을 고려하
면 '내한테→나'를 설명할 길이 없다. 그렇다면 (93가)-(93라)는 격조사의 생
략이 아닌 처음부터 단독형이 쓰인 것으로 해석하지 않으면 안 된다. (93마)
는 주어 또는 관형어로 해석되는 '나'인데, 그 어느 경우에도 '나'로의 변동을
설명할 수 없는 것은 마찬가지다. (93바)는 주제어로 해석되는 '나'이다. 특
히 두 번째의 '나'는 대조를 나타내므로 '내가'가 아닌 '나는'으로 해석되어야
한다. 그런데 일반적으로 보조사는 독자적인 의미를 갖기 때문에 생략이 불
가능하다. 그렇다면 (93바)의 '나'도 '나는→나'와 같은 조사 생략으로 설명
할 수 없다. 따라서 이런 점을 고려하면 (93)에 나타나는 단독형들은 조사가
생략되어 쓰인 것이 아니라, 애초부터 단독형으로 쓰인 것으로서, 이른바
'부정격'으로 해석할 수 있을 것이다.

(93)
가. 아부이 말 두 필만 주씨요. 나 친구간에 갔다 올랍니다.(함평 구비)
나. 아이 어마이, 나 세수 좀 헐라우. 세수물이나 떠 주씨요.(함평 구비)
다. 그럼 나 주시요.(승주 구비)

라. 도골아, 너 나 공부시켜 준다고 허더이,(함평 구비)

마. 나는 인자 나 갈 데로 갈라우.(함평 구비)

바. 나 아들 나갖고 형님이 다 댕에 붙고 나 한 번도 못 댕이요.(함평 구비)

그러나 '내가→내'처럼 조사의 생략으로 볼 만한 경우도 없지는 않다. (94)는 선행 발화에서 '내가'로 쓰였다가 후행 발화에서 '내'로 쓰이는 것들인데, 이 경우는 조사 '가'가 생략된 것으로 해석하는 것이 합리적이다. '내가'의 반복을 피하기 위한 조처로 보이기 때문이다. 또한 형태적으로도 '나'가 아닌 '내'가 쓰였으므로 주격조사의 생략으로 해석하기에 부족함이 없다.

(94)

가. "내가 놀러가서 아그들허고 장난허다가 사람을 죽이고 왔다. 그러니 어쩔 것이냐?" "꼭 그러냐? 야, 걱정 마라. 내가 니 대신이로 죽제." 저는 이래도 죽고 저래도 죽을 것잉게. "내 니 대신이로 죽제." 그러잉께 야(=애) 말이 멋이라고 허니 허먼,(함평 구비)

나. 내가 여그서 하세 받고 하촌 말 듣고 살 것 멋 있느냐? 내 서울 가서 저 놀을 수배끼 없구나.(함평 구비)

다. 아, 내가 어영 죽은 맹인(亡人)허고 약간 친헌 새인데 돌아가셨다는 말을 듣고 조문을 왔다고. 그러나 내 그 죽은 곽(=관)이라도 좀 얼굴 봤으면 좋겠다고.(함평 구비)

그런데 (95)는 선행 발화에 '내가'가 없음에도 주어 자리에 오는 단독형 '내'를 보여 준다. 주격조사의 생략으로 볼 만한 형태적 조건은 갖추었으나 담화 상에 반복되는 표현이 아니므로 이에 대한 설명이 필요할 것이다. 글쓴이의 직관으로는 이런 경우 약간 예스러운 말맛을 풍기는 느낌을 받는다. 공시적으로는 조사의 생략으로 처리하는 방안이 있을 수 있다. 그러나 역사적으로 해석한다면 중세어의 주격형 '내'의 잔존형으로 해석할 수도 있다. 글쓴이가 느끼는 예스러움의 말맛이 이를 뒷받침한다.

(95)

가. <u>내</u> 이러 이런 잔체(=잔치)를 허니 으응 부디 좀 와 달라고 사람을 시기면,(함평 구비)

나. 거 먼 소리냐? 아, <u>내</u> 이렇게 부자로 사는데 멋 헐 것이냐고 그렇게,(함평 구비)

다. 어허, 그 자네 <u>내</u> 자네 달리 자네 찾아 온 것이 아니세.(함평 구비)

라. 오냐, 울 아부지만 죽으면 <u>내</u> 저년을 꼭 쫓아내려니.(함평 구비)

마. 그래 <u>내</u> 너를 용서해 준다. 그러니까 다시는 그런 범람헌 뜻을 먹지 말어라.(함평 구비)

바. 아, <u>내</u> 한 말씀 살릴(=사뢸) 말씀이 있어서 왔소.(함평 구비)

전남의 동부 지역은 '내가' 대신 '나가'를 사용하는데, 이때 (96)처럼 단독형 '나가'가 쓰일 수 있다. '내'의 경우와 마찬가지로 선행 발화에 '나가'가 쓰여 '나가'의 반복을 피하기 위해 조사가 생략된 것으로 보인다.

(96)

가. 바른 대로 야그 안 허믄 <u>나가</u> 당신 죽이고 <u>나</u> 죽어 뿔라요.(승주 구비)

나. 어이가 <u>나가</u> 오줌 쌈서(=싸면서) 물이 들어가? 에이, <u>나</u> 여그 올 디 아니라곰서(=아니라고 하면서) 걍 평생을 내달려 불더라요.(승주 구비)

반면 (97)은 선행 발화에 '나가'가 나타나지 않은 경우임에도 불구하고 단독형 '나'가 쓰였다. 승주 지역은 주격형으로서 '나가'가 쓰이는 곳이므로, 이 역시 위의 '내'처럼 주격조사의 생략 또는 부정격으로 설명할 수 있다. 다만 '내'

180

가 예스러운 말맛을 주었다면 '나'에서는 전혀 그러한 말맛을 느낄 수 없다. 이것은 주격형 '나가'가 '내가'로부터 '내 → 나'의 단일화에 의해 생겨난 형태이기 때문이다. '나'가 '내'보다 더 후대형이므로 이로부터 예스러운 말맛을 느끼지 못하는 것은 지극히 당연한 일이다.

(97)

가. 나 시방 귀가 애리갖고 돈이 많이 들었네.(승주 구비)

나. 추워서 덜덜 떨면서, "아주머니! 나 강신나 죽겄소. 한번 들오씨요."(승주 구비)

다. 엄니, 나 한 자리 불러 볼까?(승주 구비)

라. 아이고, 참 별걸 다 허라네. 그래, 나 한 자리 허께 가만있어, 쉬어갖고.(승주 구비)

마. 너 이놈, 니 그지 말고 그 우에다 써라. 나 갈쳐 줄 팅께 여그다 써라.(승주 구비)

바. 허, 나 명당 찾을라다가 우리 부모 해골만 잊어 버렸구나.(승주 구비)

사. 그래서 그 속에가 큰 보물이 들은 종 알고 나 잠을 안 자고 그걸 돌랐드만(=훔쳤더니) 날이 새서 저 따신 디 가서 살찌기 열어 봉께로 해골입디다.(승주 구비)

아. 나 바른대로 야그헐 것도 없소. 나 죄진 일 없어.(승주 구비)

자. 이것 뭐 나는 짐짝 내놓을 거이 없소. 왜 그르냐믄 이 행담(行擔) 욱에(=위에) 나 이 들어내 놓고 나 여그 자나 행담 욱에 여그 자나 그렁께 짐짝 들어내나마나 놓을 게 없응게 나 여 그냥 행담 욱에 그냥 잘라요.(승주 구비)

② 저/지

'나'의 겸손형 '저'는 관형격을 제외한 대부분의 환경에서 '지'와 수의적인 변동을 보인다. 예를 들어 '지가/저가(=제가), 지(=제), 지를/저를(=저를), 지한테/저한테(=저에게), 지한테서/저한테서(=저에게서), 지보다/저보다(=저보고), 지보듬/저보듬(=저보다), 지허고/저허고(=저하고), 지만/저만(=저만), 지도/저도(=저도), 지랑/저랑(=저랑), 저사/저야/지사/지야(=저야)'와 같은 곡용을 보이는 것이다. 형태 '지'는 '제'의 모음이 고모음화된 것이며, 선대형 '제'는 물론 '저'에 주격조사 '이'가 결합한 형태이다. 따라서 '지'는 원래 주격조사 앞에서만 나타났던 형태일 텐데 이 주격형이 다른 조사의 경우까지 확대되어 완전히 '지'로의 형태적 단일화가 일어나게 되었다. 이러한 단일화의 정도는 '나'에 비해 훨씬 진전된 것이다.

(98)

가. 아, 그런 것이 아니라 저가 방으서 놀다가 소피가 급헌 질이 문을 열고 쏙 나옹게 이 사람이 문 뒤여가 있드마는 툭 떨어지드만.(정읍 구비)

나. 근디 이 사람들이 나를 생각허고 방으다 땃땃헌 디다 인자 뉘여놨든가 지가 복생히갖고, 살어나서 낮이 오면 넘부끄럽고 밤으 도망허서 집이가 버렸으라오.(정읍 구비)

다. 어르신, 어쩨 저를 찾아겠습니까(=찾으셨습니까)?(함평 구비)

라. 선생님, 그 연구해서 지를 갈쳐 주십시요. 지가 가 막을랍니다.(보성 구비)

마. 지 소원을 말씸드리고 싶습니다마는 저허고 항꾼에(=함께) 온 애가 내 하인이 아니올시다.(함평 구비)

바. 결혼하는 만큼은 혼담만큼은 저한테 맡겨주십시요.(장성 구비)

'지'의 복수형은 '지들'이다. 표준어에서 일인칭 대명사 겸손형의 복수가 '저희'임을 고려하면 기원형 '저'에 복수접미사 '들'과 '희'가 각각 결합되어 '지들'과 '저희'가 형성되었음을 알 수 있다. 서남방언에도 복수접미사 '희'가 없는 것은 아니다. 예를 들어 재귀대명사의 복수형으로서 표준어는 일인칭 대명사 겸손형의 복수형과 같은 형태인 '저희'를 사용하지만 서남방언은 '즈그'를 쓴다. 이 '즈그'(<'저긔)는 물론 '저희'와 기원을 같이 하는 말이므로 복수접미사 '희'와 서남방언의 접미사 "긔'는 동일한 기원에서 출발한 말일 것이다. 그렇다면 서남방언에서 '저'는 일인칭 대명사의 겸손형과 재귀대명사의 두 가지로 쓰이지만, 그 복수형은 일인칭 대명사의 경우 '지들', 재귀대명사는 '즈그'처럼 형태적으로 분화되어 있음을 알 수 있다. 결국 서남방언에서 일인칭 대명사의 겸손형 '저'의 복수형은 '즈그'가 아닌 '지들'인 것이다.

(99) 지들이 갈랍니다.

③ 우리/울

'나'의 복수형은 '우리'로서 표준어와 다를 바 없다. 다만 '아부지'(=아버지), '엄니'(=어머니), '애기'처럼 모음으로 시작되는 친족어 또는 그에 상당하는 낱말에서는 높은 사용 빈도 때문에 끝 모음 / ㅣ /가 탈락된 '울'로의 수의적인 변동을 보인다.

(100)
가. 오냐, 울 아부지만 죽으먼 내 저년을 꼭 쫓아내려니.(함평 구비)
나. 울 엄니가 인자 잉어가 나온다는디,(화순 구비)
다. 아부니 아무니, 울 애기를 호랭이가 물고 가요.(해남 구비)

'우리'에는 복수접미사 '들'이 수의적으로 붙을 수 있는데 이 경우 끝 음절 '리'가 탈락하여 '우들' 또는 '우덜'로 축약되기도 한다.[18] '우리'와 '우리들'은 아무런 의미 차이를 보이지 않는다.

(101)

가. 우덜이 인자 어뜬 인자 모도 가이네들이 우들 결판 건으로 가자 그러 드만.(신안)

나. 우들이 서당에 댕길 때,(신안 구비)

다. 그런디 개와(=기와) 가리를 맨든다고 우들이 절터에 가서 개와장을 줏 어다가 아, 뽀사서(=빻아서) 가리를 맨들어다 부모님 아, 그 거시기 그 릇 닦는데,(신안 구비)

라. 우들 큰애기 때는 인자 사람 죽든지 안 죽든지 마당에다 머 차라 논 사 람 있어라우.(신안)

마. 우들 에렜을 때게 창마장이라고 했는디,(신안 구비)

바. 우들 에레서는 한피쪽(=한쪽) 똥글라진 놈(=떨어져 나간 것), 금 간 놈, 이런 그 거시기 고래기(=고내기) 같은 청동기 같은 모도 그런 그릇 깨 진 것이 많이 나오는디,(신안 구비)

사. 우들 어려서까장도 아조 큰 노리개 뭐 갖고 놀 것이 없응께,(신안 구비)

---

18 드물게 '우리네'가 쓰이기도 한다. 구비문학대계에서는 '우리네'가 민요나 무가처럼 노래 에 많이 나타나는데, 아마도 운이나 음절수를 맞추기 위한 조처로 보인다. (예) <u>나그네는</u> 이복(=의복)이 날개요 <u>우리네</u> 농군들은 소리가 날개로다.(신안 구비)/<u>우리네</u> 서방님은 명태잡이를 갔는데 바람아 불어라 석달 열흘만 불어라.(신안 구비)
노래 외에는 다음과 같은 세 가지 예만 확인될 뿐이다. 이들은 대체로 '우리들'로 바꾸어 쓸 수 있고 경우에 따라 '우리가 사는 곳' 등으로 옮길 만한 의미를 나타낸다. 이러한 빈도 로 미루어 서남방언에서 '우리네'는 거의 쓰이지 않는다고 보아야 한다. (예) 그래 이 그전 에는 가매 뛰는 사람보고 <u>우리네서는</u> 조군이라 그라요.(신안 구비)/막 때리기를 보통 우 <u>리네가</u> 이런 뭐 그냥 짐승 때리데끼 으례이 즤 부모를 때립니다.(장성 구비)/그전에 말허 자면, 저 보통 <u>우리네 인간</u> 안 같고 대감으로 살었던 그런 분네여.(군산 구비)

④ 이런 사람

서남방언에서는 '이런 사람', 그 복수형 '이런 사람들'과 같은 구 형식이 대명사 '나'와 '우리'를 대신할 수 있다. 대중 연설에서 '이 사람'이 연설자 자신을 가리키는 수가 있는데, '이런 사람'도 지시어 '이'를 통해 말할이를 가리킬 수 있다.[19] 다만 '이 사람'이 말할이를 단정적으로 가리키는 데 반해 '이런 사람'은 훨씬 부드러운 말맛을 준다. '이런 사람'은 원래 '이 사람'과 달리 어떤 속성을 갖는 사람들의 집합을 가리키기 때문일 것이다.[20]

(102)

가. 이런 사람은 한 번도 안 해 봤응께 모르겠소야.(신안)

나. 밥이라도 해 주제, 이른 사람 같으먼.(신안)

다. 그래 분명히 도깨비여. 이런 사람 같으면 직살하지마는(=기겁하지마는) 가만히 봉께 도깨비가 나와서 뻘허니 불 뻘허니 댕긴스러(=댕기면서) 바굴탱이(=바구니) 뚝뚝뚝뚝 뚝뚝뚝 긁어 쌓거든이요.(신안 구비)

라. 그 수문에서 청년이 발목을 딱 잡고 못 가게 해. 이런 사람 같으면 넉장구리(=넉장거리) 해 불제이.(신안 구비)

마. 이런 사람들 생각할 적에 뭔 속인지를 모르겠어.(장성 구비)

---

[19] 다만 다음 예의 '이런 사람'은 보통 사람을 뜻하는 경우로서 말할이를 가리키는 표현이 아니다. (예) 실팍(=대문께)에 나강께 우리 내 또래 그전에 이런 사람이 들도 못하는 상석이요.(신안 구비)

[20] 최근 '것' 대신 '부분'을 쓰는 사람이 많아졌다. '것'보다 '부분'은 지시 영역이 넓은 것이 특징인데, 이러한 넓은 지시 영역을 즐겨 사용하는 것은 단정적인 표현을 피하려는 심리 때문으로 보인다. '이 사람'보다 '이런 사람'을 사용하는 것도 같은 심리작용이라 하겠다. (예) 청부 고발이라고 한다면 당에서 <u>그 부분을</u> 고발하든지 아니면 제가 <u>그 부분</u>에 대한 문제 제기를 했어야 한다.(2021년 9월 3일자 인터넷 뉴스)

2.2.1.2 이인칭 대명사

서남방언에서 이인칭 대명사는 상대높임의 위계에 따라 '너, 자네, 당신, 집이' 등이 쓰이고, 복수형은 '느그, 자네들, 당신들, 집이들'이 사용된다. '당신'과 '집이'는 위계가 거의 같으므로 이인칭 대명사가 나타내는 상대높임의 위계는 세 단계라 할 수 있다. '너'와 '자네'는 물론 낮춤의 위계에 쓰이는 말이지만, '당신'이나 '집이'도 결코 높임의 위계에 있지 않다. 어른들의 평교간에 쓰일 수 있는 말이기 때문이다. 그렇다면 서남방언에서 높임의 위계에 쓰이는 이인칭 대명사는 없는 셈이다.

①너/니

이인칭 대명사의 단수형은 '너'이다. '너'는 '니가, 니, 너를/니를, 너한테/니한테, 너한테서/니한테서, 너보다/니보다(=너보고), 너보듬/니보듬(=너보다), 너허고/니허고, 너만/니만, 너도/니도, 너랑/니랑, 너사/니사(=너야)'처럼 곡용한다.[21] 이 곡용의 양상을 보면 '너'와 '니'가 대부분의 환경에서 수의적으로 변동하고 있음을 알 수 있다. 이러한 변동 양상은 '너→니'로의 변화가 현재 진행 중임을 보여 준다. '니'는 물론 '너'의 주격형 '네'의 모음이 고모음화된 것이다. 따라서 '너→니'의 변화는 결국 주격형으로의 단일화를 말해 준다. 일인칭 대명사에서도 주격형 '내'로의 단일화가 전남의 서부 지역에서 널리 일어나고 있음을 확인한 바 있는데, 같은 변화가 이인칭 대명사에서도 나타나고 있는 것이다. (103)-(104)는 부정격, 주격, 관형격, 목적격, 여격, 공동격과 지정사 앞에서 '니'가 쓰인 예들이다.

---

21 '너'와 '니'의 수의적 변동은 '대신' 앞에서도 보이는데 이는 '나'에서도 확인된 바 있다. (예) 너(니) 대신 내가 갈란다.

(103)

가. 니 가만히 있어. 밥 묵어.(고흥 구비)

나. 그런디 저거 친구 한나가 뭐란고 하니, "아, 니 상객갈 거 아니냐?" 그러
　　거든.(고흥 구비)

다. "아이, 니 거 뭐달라고 그걸 짊어지고 오냐?" 항께로,(고흥 구비)

라. 호래이, 니 참 고맙다.(고흥 구비)

마. 니 땀시(=때문에) 구실(=구슬)을 잊어 불었다.(고흥 구비)

(104)

가. 니가 자슥을, 그런 자슥을 낳었응께로 니나 쓰지 난 못 쓰겄다.(고흥 구비)

나. 이번에 니가 가거라.(함평 구비)

다. "호랑아, 니 밥이 좀 적겄다마는 여거(=여기) 우리 아부이는 살려 주고
　　이 애기를 니가 대신 니 밥을 해라." 그랑께,(고흥 구비)

라. 거그서 허는 말이 머냐 허면, "너 이번에 니 아들 여운담시러야?" 그렁
　　께,(함평 구비)

마. 늦게 간 벌로 해서 니를 죽일 것이다.(고흥 구비)

바. 그람 우리가 이번에 니한테 술을 앳겼다(=빼앗겼다).(고흥 구비)

사. 우리가 니한테 죄를 많이 지었어.(승주 구비)

아. 내가 니한테 죽을 주(=줄)는 알고 있다.(장성 구비)

자. 그렇께 니하고 나하고 둘이 쳐내자.(고흥 구비)

차. 그런디 내일 니하고 나허구 같이 나가면 주인이 보고 뭣이라 지랄할
　　것이다.(해남 구비)

카. 내가 이 자식 언제 니보고 귀 맨들어 주라 했냐?(보성 구비)

타. 닌 중(=너인 줄) 알았다.(고흥 구비)

그런데 전남의 동부인 고흥, 승주 지역에서는 관형격에서도 '니' 대신 '너'

가 쓰인 예가 확인된다. (105가)-(105다)에서 '너 자리', '너 이름', '너 처'의 '너'는 서남방언에서 일반적으로 '니'라고 표현하지만 이 경우에 '너'가 쓰였다. 이것은 '니→너'의 변화가 관형격에까지 확대된 예라 하겠다. '너'로의 단일화는 주격에서도 나타난다. (105라)-(105사)가 이를 보여 준다. 한편 (105자), (105차)에서는 주격형으로서 '너가'와 '니가'가 혼용되고 있다. '니→너'의 변화는 앞에서 언급한 '너→니'의 단일화와는 방향이 반대이다. '니'로의 단일화가 주격형이라는 높은 사용 빈도 때문에 일어난 것이라면 '너'로의 단일화는 출현 분포가 넓다는 데 이유가 있을 것이라는 점은 앞에서 언급한 바 있다.

(105)

가. "하, 그것이 그라믄 너 자린 갚다. 너 자리제, 그 주인 자리가 아니여. 그
  람 너가 써라." 인자 그라고,(고흥 구비)

나. 그래 너 이름이 뭣인고?(승주 구비)

다. 아야, 너 처(妻)가 마녀(=먼저)는 글않더니(=그러지 않더니) 오늘 나가
  보니 천하일색이 앉았다.(승주 구비)

라. 음, 너가 이놈아 패꾕이믄 패꾕이었지, 우리가 옛날 통감을 통해서 너
  를 모르는 배는 아니여.(고흥 구비)

마. 애그 작것, 너가 쇠고기 묵고 잡아서 그냐? 괴기 한 점 주마.(보성 구비)

바. "이래도 너가 내 마느래 주락 하냐?" 그랑께,(해남 구비)

사. 그라고 너 어째서 그 시간을 안 지키고 너가 지금 시간이 늘장(=늘) 어
  긋진다.(해남 구비)

아. 이놈아, 내가 너가 누구라고 내가 언제 오라 했어야?(신안 구비)

자. 그런데 <u>너가</u> 그 모자를 쓰면 너는 나문(=다른) 것이 뵈여도 나문 사람
  들은 <u>너가</u> 뵈이지 않아. 그러니까 <u>니가</u> 그놈을 잘 이용해서 어떻게 그
  부자로 살 수 있도록 노력을 해라.(신안 구비)

차. 활촉 떨어지기 전에 이 자리에 가서 <u>너가</u> 정찰을 해야지. 그래야 너하

고 나하고 상대를 한다. <u>니가</u> 내 영마다.(화순 구비)

'너'의 복수로는 후술할 '느그'가 주로 쓰이지만, 접미사 '-들'이 결합된 '니들'도 일부 확인된다.[22] '니들'은 (106)에서 보듯이 대화의 상대가 복수일 때 사용된다. 그래서 '니들 학교'는 중의적이다. 지시물 '니들'이 같은 학교에 다니는 경우와 각각 다른 학교를 다니는 경우이다.

(106)

가. 가마히 영감이 생각해 봉게, '자껏, 어저피(=어차피) 가서 니들한테 죽으나 한 놈이래도 지이기(=제기) 보수허고 죽으나 한가지다.' 그러고는,(장성 구비)

나. 너 이리 오너라. 니들 아무개, 아무개 이리 오너라.(화순 구비)

다. 니들 헌 짓을 생각허면 박살을 내야 할 일이지만,(화순 구비)

라. 내가 니들 좀 떠볼라고 그랬다.(부안 구비)

② 느그/늑

'너'의 복수형 '느그'는 표준어 '너희'에 대응한다. '느그'는 '니기'로도 쓰이며 모음으로 시작되는 일부의 친족 명사 앞에서 끝 모음이 탈락하여 '늑/닉'

---

22 '너'의 복수형으로 '니네'가 단 한 차례 전북 부안 자료에서 확인된다. 글쓴이의 직관으로 전남에서 '니네'는 쓰이지 않는다. 예에서는 '네 절간'과 '니네 절간'이 이어서 사용되었다. 따라서 여기서 '니네'는 대화의 상대가 복수인 것이 아니라 단지 소유물인 '절간' 앞에 관습적으로 복수형이 오는 한국어의 특징이 반영된 것이다. 마치 같은 예의 '우리 마누라'처럼 실질적 복수가 아닌 소유의 복수인 셈이다. 그렇다면 실질적 복수를 나타낼 때 서남방언에서는 '니들'이 쓰일 뿐 '니네'는 쓰이지 않는다고 해야 한다. (예) 그런 것이냐? 저 귀짝이 내가 벌으면 저 귀짝이 다 먹는단다. 그래서 저 귀짝을 없앨라고 하능게, 우리 마누라가 강물에다는 못 띄우게 하여. 그래 <u>네 절간에는</u> 별 상관 없고 하닝게 <u>니네 절간이나</u> 갖다 써라.(부안 구비)

으로 변동하기도 하는데, 이 점은 일인칭 복수형 '우리'가 '울'로 변동하는 것과 한가지다. '느그'는 복수의 상대에게 쓰이지만, 비록 단수이더라도 (107바)-(107차)처럼 친족이나 소유물을 나타낼 때는 쓰일 수 있다. 상대가 복수일 때 쓰이는 용법을 '실질적 복수', 친족이나 소유물에 쓰이는 용법을 '소유의 복수'라고 불러 구분한다면 '느그'는 이 두 용법에 모두 쓰인다. 실질적 복수는 그 지시물이 언제나 복수이지만 소유의 복수는 복수와 단수의 지시물이 모두 가능하다.

(107)

가. 내중에는 성공해갖고 거그 와서 만나서 느그 삼 형제 살어라.(함평 구비)

나. 느그가 무슨 죽을 죄를 지었단 말이냐?(함평 구비)

다. 느그 어매가 집집 댕기면서 밥을 얻어다 느그를 멕있다 그 말이여.(보성 구비)

라. 내가 느그한테 돈 천 냥 받아 묵을라고 헌 것이 아니라,(보성 구비)

마. 야(=애)허고 둘이 느그 독서당에 가지고 공부를 해라.(함평 구비)

바. 아무 날 오시에 귀신도 모르겄게 늑 으매보다가 느기 사당에다가 불을 질러 버락(=버리라고) 해라.(함평 구비)

사. 그럼 늑 어매 살았냐?(해남 구비)

아. 지금 늑 어무니보고 오시락 해라.(해남 구비)

자. 내가 늑 아부지다.(해남 구비)

차. 내가 늑 아배하고 산디 애기를 못 낳아서 절로 공을 디리러 갔드니라.(해남 구비)

'느그'에는 다시 복수접미사 '-들'이 붙을 수 있으며, '느그들'은 '느그'와 마찬가지로 실질적 복수를 나타내는 데 주로 쓰인다. 반면 소유의 복수를 나타내는 것이 불가능하지는 않으나 실제 사용 예는 찾기 어렵다.

(108)

가. 느그들이 나 말을 잘 들어라.(보성 구비)

나. 나는 느그들 가르칠 사람이 못 된다.(화순 구비)

다. 느그들 문헌방이라고 허더니 아무것도 아니로구나.(함평 구비)

라. 느그들 어쩨 그러냐?(함평 구비)

마. 느그들은 어찌게 그렇곰 올라갔냐?(해남 구비)

바. 느그들도 공부할 때는 장래 쓸라고 배운 것 아니냐?(해남 구비)

③ 자네

'너'보다 상대방을 더 대우하는 이인칭 대명사로 '자네'와 '집이'가 있다. '자네'는 표준어에도 있지만 그 용법에는 약간의 차이가 있다. 표준어의 '자네'는 예사낮춤의 표현(하게체)을 사용할 수 있는 상대를 지칭하는 말이다. 그래서 처부모가 사위, 결혼한 남자가 손아래 처남, 교수가 성인의 제자 등을 부르거나 가리키는 말로 쓰인다. 이렇듯 표준어에서 '자네'라는 호칭을 사용할 수 있는 사람은 적어도 장년 이상의 사람이어야 한다.

서남방언에서도 '자네'가 예사낮춤의 위계에 사용되는 대명사라는 점은 표준어와 같다. 그래서 '자네'가 사용되는 인간관계도 표준어와 다르지 않다. 또한 '자네'의 복수로서 '자네들'이 쓰이는 점도 동일하다. 그러나 서남방언의 '자네'는 표준어의 용법을 포괄하면서 거기에 몇 가지 용법을 더 가질수 있다. 우선 평교간의 성인들이 친밀감이 덜한 상대에게 아니면 약간 격식을 차릴 때 사용할 수 있다. 어릴 때 '너'라고 불렀던 상대를 성인이 되어 격식을 차리거나 어른스러움을 표현하기 위해 '자네'를 사용하는 것이다. 서남방언에서 '자네'는 20대의 청년들도 사용할 수 있으니 표준어보다 사용자의 세대가 훨씬 낮다고 할 수 있다.

(109)

가. 참 자네 성질 묘하시.(보성 구비)

나. 자네 하리(=하루) 생활은 풍부하시.(보성 구비)

다. 자네 덕분에 나도 참 잘 놀다 가네.(보성 구비)

라. 자네 왜 그란가?(보성 구비)

마. 자네는 자석이 많고 나는 자석이 없고 그렁께 꼭 나 소원 한나를 들어
　　주소.(보성 구비)

바. 자네가 소를 봐야 됭께 소 판 데를 따라가세.(보성 구비)

남편이 아내를 '자네'라고 부르는 것도 이 방언의 전형적인 호칭법이다.

(110)

가. 저녁밥 먹은 뒤로는 떠억 들어가더니 즈그 마느래보고, "어, 자네나 나
　　나 어, 자네는 어매 말 한번 들어 보고 죽기가 원, 나는 아버지 말 한번
　　들어보고 죽기가 원이세."(함평 구비)

나. 나는 나가서 죽던지 살던지 얻어먹다가 댕이는 것잉게 어, 자네는 좋
　　은 남편을 정해갖고 마음 편히 살소.(함평 구비)

　　한편 광주를 중심으로 한 전남의 일부 지역에서는 가까운 손윗사람을 친
밀하게 부를 때 '자네'를 사용하기도 한다. 오빠나 누나 또는 가까운 선배에
게 '자네'를 쓰기도 하기 때문이다. 예를 들어 10대의 여자아이가 서너 살 더
먹은 언니를 '자네'라고 부를 수 있었던 것이다. 물론 이러한 '자네'의 특이한
용법은 오늘날에는 거의 사라졌기 때문에 지금의 10대나 20대들은 더 이상
'자네'를 이렇게 사용하지는 않는다.

　　'자네'의 복수는 '자네들'이다.

(111)

가. 내가 어느 때 자네들 믹여 살릴라고 징개망개(=김제만경)로 품팔러 가
　　다가 어디서 내가 죽었으니 내 해골이 어디가 있을 것일세.(함평 구비)

나. 자네들 부홰(=부아) 지르지 마소. 자네들은 다 베실해 놓고 나는 허도
　　못형게 내 부홰 더 지른가?(함평 구비)

다. 기전(=그전)에 그 저 밍베(=무명베)라고 있어. 자네들 잘 모른가 아는
　　가 몰라도.(고흥 구비)

라. "자네 그 뭔 절 그렇게 해 쌓는가?" 그래 사람들이 물응께, "자네들은 알
　　일이 못 되네."(고흥 구비)

④ 당신

　이인칭 대명사 '당신'은 표준어와 서남방언에서 모두 쓰이는 말로서 그 용
법에는 큰 차이가 없다. 『표준국어대사전』에 의하면 '당신'은 하오체의 이인
칭 대명사로서, 부부 사이에 상대를 높여 부르거나, 문어체에서 상대를 높여
부르는 데 쓰이며, 싸울 때에는 상대를 낮잡아 부르는 기능을 한다. 이인칭
대명사라는 점에서 공통이지만, 상황에 따라 그리고 문체에 따라 존대의 느
낌이 달라진다고 하겠다. 서남방언의 경우 문어체의 용법을 제외하고는 표
준어와 거의 동일한 쓰임을 갖는다. 다만 부부 사이에서 '당신'은 아내가 남
편에게 사용할 수 있으나, 남편은 아내에게 '당신'보다는 '자네'를 사용하는
것이 일반적이다. 다시 말하면 '당신'과 '자네'처럼 부부 사이에도 호칭의 불
평등이 존재하는 것이다.

(112)

가. 우리가 주라믄 안 줍니다. 당신이 주라 해 보시요.(고흥 구비)

나. 당신하고 여자하고 두 내외간 아니냐?(고흥 구비)

'당신'의 복수형은 '당신들'과 '당신네' 두 가지가 쓰인다. 일인칭 대명사의 복수형 '우리'와 이인칭 대명사의 복수형 '느그'는 복수접미사 '-들'이 수의적으로 결합될 수 있고, 이인칭 대명사 '자네'의 복수형은 '자네들'로서 '-들'의 결합이 필수적이었다. 이와 달리 '당신'은 '당신들' 외에 '당신네'가 더 쓰인다는 점이 특별하다. 복수접미사 '-들'과 함께 '-네'가 추가로 쓰이는 것이다. 그렇다면 '당신들'과 '당신네' 사이에는 어떠한 차이가 있을까? 중세어라면 [높임] 자질의 유무에 따라 구별되었겠으나 현대 서남방언에서는 이러한 변별은 나타나지 않는다. 이 물음에 대한 해답을 얻기 위해서는 관형어 구성과 비관형어 구성으로 나누어 살필 필요가 있다. 비관형어로 쓰일 때 '당신들'과 '당신네'는 아무런 차이가 없다. (113)은 '당신들'이 주어, 목적어, 부사어로 쓰인 경우이다.

(113)

가. 당신들이 암만해도 그것이 머 복송(=복숭아)을 좀 먹은 것 같다고.(함평 구비)

나. 당신들이 얻어 묵지 날보고 얻어 주락 허요?(고흥 구비)

다. 당신들이 담배를 못 찾을 것 같으면 돈을 암만을 내놓으시요.(부안 구비)

라. 당신들 나 오기 전에 뭐 헌 얘기가 있지야?(군산 구비)

마. 인자 당신들 훈련을 히야 혀.(정읍 구비)

바. 아니, 그 내 말이 틀리거든 당신들 나를 죽이라고.(정읍 구비)

사. 당신들 자는 사랑방으서라도 하루 저녁 자고 가면 쓰겄소.(정읍 구비)

아. 저 당신들은 뭐 허러 댕긴 사람이요?(정읍 구비)

자. 긍께 당신들 진짜 비끼시요.(정읍 구비)

차. 내가 당신들을 믿들 못혀.(정읍 구비)

카. 그람 그 딸을 나를 주시요. 나를 주믄 쌀 이놈 당신들 드리께.(해남 구비)

타. 당신들허고 한번 서로 만나서 수인사도 없고,(정읍 구비)

(114)는 '당신네'가 주어로 쓰인 경우이다. '당신네'는 '당신 집'이나 '당신 가정'의 의미로 해석되지 않고 모두 '당신들'의 의미를 지닌다. 그래서 이 경우 '당신네'는 '당신들'로의 교체가 가능한데, 발화 상황에서 실제로 복수의 상대가 존재하는 것이 특징이다.

(114)

가. 당신네 잘되라고 내가 이 시주를 바치라고 허제, 내가 잘되라고 시주를 바치는 것이 아닙니다.(장성 구비)

나. 시방 여거(=여기에) 만일에 당신네가 한나나 비쳐 보믄 우리 매씨는 시상(=세상) 떠고 맙니다.(고흥 구비)

다. 아, 나한테 금이 하나 있소. 금이 한 덩어리 있는디 내가 이놈을 갖고 죽으믄 뭣 헐거요? 당신네 가지고 가서 쓰시요.(정읍 구비)

라. 그 당신네 이얘기 헐 종 아요?(군산 구비)

마. 당신네 그 뭣 하고 있소?(군산 구비)

바. 당신네 여참에 참 아들을 낳지요?(군산 구비)

사. 당신네가 불르던 것으로 불러 보라고.(군산 구비)

아. 당신네는 그렇게 일가친척도 하나도 없느냐고 그렁게로,(군산 구비)

자. 당신네 큰일 났다. 저 송아지가 지붕 말랭이(=지붕 마루) 올라갔으니 큰일 났다.(군산 구비)

반면 관형어 자리에 쓰인 '당신들'과 '당신네'는 약간의 용법 차이를 보여준다. 우선 '당신네'를 보기로 하자. 우리말에서 가족이나 가족의 소유물인 집, 논밭 등을 표현할 때는 복수 명사가 오는 것이 일반적이다. '우리 아버지', '우리 마누라', '우리 집', '우리 논' 등이 그런 예이다. 이처럼 소유의 복수를 나타낼 때는 '당신네'가 일반적이며 '당신들'은 극히 드물게 쓰인다. (115)의 (가)-(아)에서 보듯이 '당신네'가 수식하는 명사로 '식구, 마느래, 아들, 큰아들, 어머니, 선조'와 같은 친족어가 온다. 또 (자)-(하)는 '집, 마당, 방, 밭, 뒤엄발치'처럼 집이나 집의 일부 또는 집안 소유의 논밭을 가리키는 명사 앞에 '당신네'가 쓰일 수 있음을 보여 준다. 이처럼 친족을 가리키거나, 가족 소유의 집이나 논밭 등을 가리킬 때는 '당신네'가 주로 쓰이고 '당신들'은 거의 쓰이지 않아 두 복수형의 차이를 보여 준다. '당신네'가 친족이나 소유의 집이나 논밭을 가리킬 때는 말할이의 상대는 복수일 필요가 없다. 따라서 이때의 '당신네'는 소유의 복수형일 뿐이다. 이에 반해 '당신들'은 발화상황에서 복수의 상대를 요구하는 실질적인 복수형이라는 차이가 있다.

(115)

가. 나를 쥤웅께 분명히 당신네 딸이라고.(해남 구비)

나. 만약에 지금(=딴살림)을 내놓으면 당신네 아들이 죽는다.(승주 구비)

다. 그래 당신네 식구가 지금 몇이요?(전주 구비)

라. 당신네 식구가 다 몰살을 혀.(군산 구비)

마. 내가 여시(=여우)를 한 마리 잡고 보먼은 당신네 어머니는 썻은 디끼 나올 것이고,(정읍 구비)

바. 당신네 마누래 참 잘 들어왔어.(전주 구비)

사. 당신네 아들 하나 죽이고,(부안 구비)

아. 당신네 선조 삼대가 사흘 저녁 꿈에 선몽한 디다,(부안 구비)

자. 그게 시방 불덩그리(=불덩어리)가 되어가 지금 당신네 집을 망할라고 생각고 있다.(승주 구비)

차. 내가 바로 당신네 집이다가 불을 질른 사람이요.(군산 구비)

카. 그먼 당신네 뒤엄발치서 뒤야지 털이 쑤북했는디 뒤야지(=돼지) 안 왔어라우? 뒤야지 값 물어내시요.(해남 구비)

타. 이웃에서 전부 똥을 가지고 시방 당신네 밭에다 퍼 주요.(고흥 구비)

파. 당신네 마당으 가서 지푸락을 열십자로 펴 놓고서 물을 한 동이 질어

다 놓고 북두칠성을 외라고 하드래야.(군산 구비)

하. 그러면 내가 오늘 저녁으 당신네 방으서 여시를 한 마리 잡을라오.(정
읍 구비)

한편 '당신네'와 달리 '당신들'이 관형어로 쓰일 때 후행 명사로 다수를 나
타내는 명사 또는 수사가 와서 수식 관계가 아닌 동격 관계를 이룰 때가 많
다. (116)이 그런 예이다. 따라서 이 경우는 소유의 복수가 아닌 실질적 복수
를 가리킨다.

(116)

가. 당신들 삼 형제, 메느리 셋, 당신 노아란 양반, 그래 남었는디,(함평 구비)

나. 당신들 둘이는 일생을 여기서 아주 질겁게 사실 것이니 뭐달라고 객지
에 돌아댕겨요?(해남 구비)

다. 이것 가지고 가서 당신들 둘이 술이나 자시고 하시요.(군산 구비)

라. 당신들 두 내외분이 내 등허리를 타먼은 미영베로 창창 감아야 자.(정
읍 구비)

아래 (117)은 소유의 복수인데도 불구하고 '당신네'가 아닌 '당신들'이 사용된
예외적 경우이다. (117가)는 '소원'이 소유물인 경우이다. '소원'과 같은 추상
물의 소유가 친족이나 논밭 등 구체적인 물질의 소유와 다르다는 점에서 '당
신들'이 쓰일 수 있었던 것으로 추정된다. (117나)는 선행하는 '자네들'을 고
쳐 말하는(repair) 구문에서 선행 표현과의 형태적 동일성을 유지하기 위해 '당
신들'이 사용된 것으로 해석된다. 즉 친족 관계보다는 선행 요소와의 형태적
동일성이 더 크게 작용한 탓이라 하겠다.

(117)

가. 당신들 소원이 칠 형젠디.(함평 구비)

나. 내가 작년에 자네들 당신들 아버지하고 삼촌하고 이러한 장난을 했다.

　　(화순 구비)

　'당신'의 복수형으로서 '당신네들'도 쓰이는데, 그 용법은 '당신들'과 같이 실질적 복수를 나타낸다. '당신네들'은 가능하나 "당신들네'는 불가능한 표현이다. 마찬가지로 '니네들'은 가능하나 "니들네'는 불가능하다. 이런 것을 보면 접미사 '-네'와 '-들'이 함께 나타날 때는 언제나 '-네들'의 순서라는 것을 알 수 있다. '-네'의 실질적 복수 표현 기능이 약화되면서, 이를 보완하기 위해 접미사 '-들'이 나중에 첨가되었기 때문이다. 이에 반해 '-들' 뒤에 '-네'가 첨가되어야 할 합당한 이유는 찾을 수 없다.

(118)

가. 우리 냄편(=남편)이 오먼은 당신네들 죽어요.(군산 구비)

나. 어디 그럴 수가 있냐고 뭣이냐 당신네들이 모냐 들으라고 긍게,(정읍 구비)

다. "그렇게 꼭 나는 떨어지고 맞히는 것은 아니지만 그렇게 오다가 한 번씩 맞힝게 당신네들 심심헝게 한 번씩 보시요." 험서 사람들 끄는 술책으로 혀서 그 얘기를 허는디,(정읍 구비)

라. 그전에 우리네가 옛날이야기라면 당신네들이 곧이가 안 듣깅게 유식헌 양반 내가 여그다 잇대서 헌다고 험서,(정읍 구비)

마. 당신네들도 여그서 이 관상 보고 나보고 시답지 않은 사람같이 허지만,(정읍 구비)

바. 당신네들이 넘의 이불 요 이부자리에 싸다 여기다 안 땡겨 놨소?(신안 구비)

사. 당신네들은 소원이 뭐요?(장성 구비)

아. 그러면 당신네들이 이 배를 타야 되요.(함평 구비)

⑤ 집이

표준어 '댁'은 들을이가 대등한 관계에 있는 사람이나 아랫사람인 경우, 그 사람을 높여 이르는 이인칭 대명사로서, 예사높임의 위계에 쓰이는 하오체의 전형적인 대명사이다. '당신'도 하오체의 이인칭 대명사로 쓰이지만 '댁'은 '당신'에 비해 상대를 약간 더 대우하는 느낌을 준다.

서남방언은 '댁'을 사용하지 않고 그 대신 '집이'라는 말을 쓴다. '댁'이 한자어 宅에서 온 말이라면 宅의 훈에 해당하는 것이 '집'이므로 '집이'는 결국 표준어 '댁'에 대한 순우리말의 대명사인 셈이다. 서남방언에서 '집'은 (119)에서 보듯이 흔히 '집이'로 재구조화되어 쓰이므로 대명사 '집이'는 이러한 재구조화된 형에서 온 것이다.

(119)

가. 내가 집이 떠나온 지가 참 한 수삼 년이 됐는디,(정읍 구비)

나. 그러니까 집이를 쫓아가서 봉게 콩을 볶아서 옆으다 놓고서는 봉창으다 털털 쳐 놓고는 하나쓱 하나쓱 톡톡 깨물아 먹고 있드라네.(정읍 구비)

다. 그러면은 느그 집이는 인자 그 뫼면(=모면)을 헐 것이다.(군산 구비)

라. 그 집이를 가서 봉게 그 집이도 잘살어.(정읍 구비)

마. 그 집이도 이진사의 집인디 큰 대궐인디 이진사의 집인디,(정읍 구비)

바. 들어강께 그 집이가 으치게 가난허게 살든지,(정읍 구비)

사. 꿈을 깨고 봉게 우리 집이가 하인 마느래가 이 달이가 날(=낳을) 달이고,(정읍 구비)

아. 이놈의 자식이 저녁밥을 먹고 부잣집이가 문을 딱 잠궁게로 못 들어강

게,(정읍 구비)

자. 뒤지(=뒤주)라고 부잣집이는 송판이 두께로 돼 있어.(부안 구비)

　서남방언의 '집이'도 표준어 '댁'과 마찬가지로 예사높임의 하오체에 쓰이는 대명사로서, 같은 위계의 '당신'과 대립한다. 서남방언에서 '당신'과 '집이'는 같은 위계에 속하는 이인칭 대명사이지만, 몇 가지 점에 차이가 있다. 우선 '당신'은 한자어인 반면 '집이'는 순 우리말이다. 그리고 복수형은 '당신네/당신들'의 두 가지가 가능하지만 '집이'는 '집이들'이 주로 쓰인다. '집이네'도 가능하지만 복수라기보다 '댁의 집' 또는 '댁의 가정'이라는 소유의 복수를 나타낼 뿐이다. 그래서 '집이 집은 요본 큰물에 괜찮허요?'와 같은 예에서 '집이 집'은 '집이네'로 바꿔 쓰일 수 있지만 '집이들'로 바꾸면 뜻이 달라진다. '집이들'은 '당신들'과 거의 같은 뜻을 갖는다. 한편 '당신'과 '집이'의 가장 큰 차이는 사용자의 성별에 있는 듯하다. '당신'이 남성용 대명사라면 '집이'는 여성이 주로 사용하는 대명사이기 때문이다. 만약 말할이가 남성일 경우 상대가 여성이라면 '집이'도 가능하다. 반면 말할이가 여성일 경우 남성의 상대에게는 '당신'보다 '집이'가 더 알맞다. 그렇다면 남성이 남성에게 말할 때는 '당신'이 선호되고, 그 밖의 경우에는 '집이'가 더 선호된다고 할 수 있다. 즉 말하기의 주체나 객체가 여성일 때 '집이'가 쓰이는 것이다. (120가)는 아내가 남편에게, (120나)는 남편 친구가 친구 부인에게, (120다)는 지나가는 중이 여자에게, (120라)는 남성 과객이 안주인에게, (120마)는 여성이 동네 여성들에게 각각 하는 말이다. 여기서 (120가)는 여성이 남성을 가리켜 '집이'라 하였고, (120나)-(120라)는 남성이 여성에게 '집이'라는 이인칭 대명사를 사용하였으며, (120마)는 여성이 여성들을 '집이들'처럼 복수형으로 지시하고 있다. 이 예들은 위에서 기술한 '집이'의 사용 범위에 정확하게 들어맞는다. 이처럼 '집이'를 여성이 주로 사용하고, 여성에게 주로 사용하는 이유는 어디에 있을까? 그것은 '집사람'과 같은 예에서 보듯이 '집'을 통해 그 집에

사는 여자 주인을 가리키는 우리말 전통 때문으로 보인다.[23] 한편 (120가)와 (120나)에서는 '집이'가 '당신'하고 함께 쓰이고 있어, 이 두 대명사가 동일 위계에 사용되는 것임을 보여 준다. 그러나 위계가 같다 하더라도 말맛은 좀 다른데, '당신'이 직접적이라면 '집이'는 더 완곡하게 가리키는 느낌이 있다. 이러한 말맛의 차이는 '당신'과 '댁'에서도 동일하게 나타난다.

(120)

가. 그러믄은 <u>집이</u> 동생이 오직이(=오죽) 먹고 싶은 음식을 안 먹고 말요, <u>당신허고</u> 같이 갈러(=나누어) 먹을라고 받은 음식을 아, 먹기 싫으믄 동생이나 먹으라고 허지 집어내쏴(=던져서 내버려)? 이놈 <u>당신허고</u> 먹으야 인자 사요. 글 안 허면 <u>당신허고</u> 이혼혀.(정읍 구비)

나. 그러믄 <u>당신</u>도 양가댁 규수로서 이렇게 왔고, 또 글줄이나 읽었을 것이고, 공부도 많이 했을 것 아녀? 나도 이 댁으서 <u>집이</u> 그 남편되는 분허고 공부도 많이 했고, 절이 가서 그동안에 공부도 했고, 나도 글줄이나 앙게, 우리가 여그서 글로써 심판을 허자. 그면 내가 지면은 <u>당신</u> 뜻을 받아 주고, <u>당신</u>이 지면은 안 되는 것 아니냐?(정읍 구비)

다. 첫 번에는 인제 <u>집이</u> 오매(=어머니)가 먼저 오실 것이요, 두 번에는 <u>집이</u> 아버지가 오시고, 세 번째는 <u>집이</u> 오라부덕(=올케)이 오고, 니 번째는 오빠가 오면은 쫓아내면은 내 주렁(=지팡이) 막대기 졸졸 끗인(=끄는) 대로만 오라고 허드라오.(정읍 구비)

라. <u>집이</u> 꺼적대기 있소?(정읍 구비)

마. <u>집이</u>들 데리다 좀 씻기 봐.(광양)

---

23 '댁'도 남의 아내를 대우하여 말하거나, 택호로 쓰이는 등 여성의 호칭이나 지칭에 쓰이는 말이다. 그런데 이 '댁'이 대명사로 쓰일 때에는 사용자나 상대방이 반드시 여성일 필요는 없다는 점에서, 여성에 제한되어 쓰이던 용법이 남녀 공용으로 확대되는 변화를 겪었다고 할 수 있다. '집이'는 '댁'에 비해 그러한 용법의 확대가 덜 일어난 것으로 보인다.

2.2.1.3 삼인칭 대명사

2.2.1.3.1 사물 대명사

① 이, 그

지시어 '이, 그'는 서남방언에서 오직 사물을 가리키는 삼인칭 대명사로만 기능한다. 표준어의 경우 '그'가 사람을 가리킬 수 있으나 서남방언에서는 불가능하다. 대명사 '이, 그'는 격조사 가운데 목적격, 도구격, 비교격조사와 결합이 가능하지만, 주격조사나 처격조사와는 불가능하며, 이들 불가능한 조사와 함께 쓰이려면 '이, 그' 대신 '이것, 그것'을 사용해야 한다. 도구격조사 '으로'와 결합할 때에는 /ㄹ/이 첨가되어 '일로, 글로' 등으로 쓰이기도 한다. (121)의 '이'와 '그'는 모두 '이것'과 '그것'으로 바꿔 쓸 수 있다.

(121)

가. 어떤 거지 할머니가 애기를 낳아 놓고, "아이고 내 새끼야, 니를 애비도 없이 니를 낳아가지고 이를 어떻게 하지?' 금시로(=그러면서),(승주 구비)

나. 조광조가 이를 보고 귀신을 나무랬어.(화순 구비)

다. "우리는 일로 성공했으니 글로 지내세." 허고 잘 지냈더랍니다.(함평 구비)

라. 나는 인자 당산에 팔려서 죽으니께 … 일로 인자 하직이다.(해남 구비)

마. 나라에서 금주령을 알면서 몰래 밀주를 짠(=좀) 해서……일로 갖고 우리가 연명을 하고 시방 살아 나오는디,(고흥 구비)

바. 그러니 나는 일로부터서 인자 죽을라고 해서 단식을 허고 이렇게 있다고,(함평 구비)

사. 눈 하나가 없어져 버렸다고 글로 떼쓰면 우리 헐 일은 다 했네.(함평 구비)

아. 그래서 내가 그냥 줄 수는 없고 나락 노적을 하나 줄께 글로 인자 토지도 사고 식량도 해결허고 인자 한번 우리 못지않게 자네도 한번 살아 보먼 안 쓰겄는가?(함평 구비)

자. 아이, 쩌그 웃동네 어뜬 사람은 즈그 아들 하나 둬가지고 아, 사내키(=새끼)를 꽈서 아, 이만저만해갖고 사내키를 꽈갖고 글로 벌어먹는다고 하드라.(함평 구비)

차. 이보다는 더 심했제.(함평 구비)

카. 그보다 더헌 의복도 잘 입고 그런 이언(=의원)도 못 고치는디, 고치까 하고 마음을 좀 허술히 먹은 것 같거든.(부안 구비)

'그'는 '이'와 달리 보조사 '도, 야, 까지' 등과 결합할 수 있는데, 이때 '그'는 '그것'과 교체 가능하다. (122라)-(122마)의 '그야'는 『표준국어대사전』에서 부사로 규정하였다. 그러나 '그야'는 언제나 선행 발화의 내용을 전제하므로 '그야'의 '그'는 선행 발화의 내용을 가리키는 대명사임이 분명하다. '이'와 '그'는 또한 접미사 '-쯤'과 결합할 수 있는데 이때는 '이것'과 '그것'으로 교체할 수 없다. '그쯤'의 '그'는 상황을 가리키지만 '그것쯤'은 특정의 사물을 가리키기 때문이다.

(122)

가. 그러나 그도 불구허고 친가에서는 어떻게든지 저거 딸자식을 빼내가지고, 시방 딴 델 개가시킬 궁리만 하여.(고흥 구비)

나. 명댕이라 하는 건 적선을 해야 하는 것이고, 활인(活人)을 해야 하는 것인디, 그도 안 하고 니가 이놈아 명당을 주라 그래야고 그냥 꾸중을 단단이 해 분단 말이여.(고흥 구비)

다. 이것 참 놈의 자식 같으면 패 죽이기나 한단 말제 <u>그도</u> 못 하겄고, 즈그 딸 생각해서 <u>그도</u> 못하고 <u>저도</u> 못하고 끙끙 옳고 '에이 요년의 것.' 대고 (=함부로) 쫓아 불었어.(해남 구비)

라. <u>그</u>야 물론 약속잉께 그렇게 해야지요.(신안 구비)

마. <u>그</u>야 말할 것 있어요?(해남 구비)

바. 어느 임금인고 <u>그까지</u> 그 자손들한테 확실한 걸 못 물어봤습니다.(신안 구비)

사. 밥만 묵고 노는 사람이 어쩨 <u>그까지</u> 일을 해 줘야?(보성 구비)

아. 내가 찾아 부리면 내 사우 노릇을 못 헐 겅게 <u>그쯤</u> 알어라.(신안 구비)

자. 그러니까 한 250 년 정도 됐을까, <u>그쯤</u> 된다요.(장성 구비)

차. 해 넘어 시간 하면, 한 시 반 <u>그쯤이나</u> <u>그쯤하면</u> 아무도 없겄제?(화순구비)

카. 애기 배드록 나 둘 것잉께 <u>그쯤</u> 알고,(보성 구비)

타. 물질로 <u>이쯤</u> 가서 바람 절로 날어가니,(장성 무가)

② '이것/그것/저것'과 '이놈/그놈/저놈'

서남방언에서 사물을 가리키는 삼인칭 대명사는 표준어와 같이 '이것, 그 것, 저것'이 있다. 이 밖에 의존명사 '놈'이 쓰인 '이놈, 그놈, 저놈'도 사물을 가리키는 대명사로 기능한다. '놈'은 원래 사람을 낮추어 가리키지만, 경우에 따라 사물을 가리킬 수도 있다. 그런데 서남방언에서 '놈'은 사물을 가리키는 기능이 매우 일반적이어서 '것'보다 사용 빈도가 더 높은 것이 특징이다. 여기서는 이기갑(2011c)에서 기술한 내용을 바탕으로 '그것'과 '그놈'을 비교하면서 용법의 차이를 살펴보도록 한다.

우선 '그놈'이 사물을 가리키는 대명사로 쓰이는 예를 제시한다. (123가)-(123차)는 무정물, (123카)-(123타)는 유정물인 동물을 가리키고 있다. 앞선

발화에 나타나는 선행사가 구체적으로 제시되어 있으므로, 대명사 '그놈'은
이러한 구체적인 사물을 가리킨다. 예를 들어 (123가)에서는 '광의 도가니에
치렁치렁 담겨 있는 술'을 가리키고, (123나)에서는 '여자들이 입는 가래고쟁
이'를 지시하고 있다.

(123)

가. 일어나갖고는 광에를 들어가 봉께로 (중략) 도가니에 술이 치렁치렁
　　당겨갖고 있고, (중략) 그놈을 확 둘러 마셨제.(보성 구비)

나. 이 옷을 어쯔게 뒤적이고 찾는단 것이 거 해필 그전에 여자들 가래고
　　쟁이가 안 있소, 아, 옛날에? 아, 그란디 그놈을 훔쳐 집어 줬는갑서. 그
　　놈을 입고 탁 가서 드러눠서 잠을 잔디,(보성 구비)

다. 및 해(=몇 해)를 아, 나무 한 뭇씩 갖다 주어 홀엄씨가 그놈 때고 살제.
　　(함평 구비)

라. 천지발원경을 읽는다고 뚜득거림시러 그놈을 읽고 있는디,(함평 구비)

마. 여자가 글씨를 써서 가매 밑에다 빠쳐(=빠뜨려) 났드니 뭔 종우(=종이)
　　가 빠져서 그놈을 남자가 줏어서 봉께는,(해남 구비)

바. 저 여자가 치매 이놈 뺏어서 입고, 신 그놈 신고, 바구리(=바구니) 그놈
　　옆에다 찌고(=끼고) 골목을 들어가요그랴.(보성 구비)

사. 제일 욱에 있는 돌 그 생금덩어리 그놈을 딱 띠어서 자기 방으로 딜여
　　났습니다.(보성 구비)

아. 헐끈(=허리끈)에다가 쇠 그놈을 딱 차고 덜렁거리고 들어강께 풍수 들
　　어왔다고 대접사나(=대접깨나) 겁나 좋거덩.(보성 구비)

자. 즈그 먹다 둔 찌끄러기 그놈 줌실로(=주면서) 우선 먹으라고.(해남 구
　　비)

차. 그로큼 캐다 봉께는 한 몇 짐 캐다 놓고는 꼭 한 뿌리 제일 원뿌리 아주
　　큰 놈 앵땡이(=원뿌리. ← 原덩이) 그놈 한나를 안 캤다우.(해남 구비)

카. 그러면 그 닭 그놈 잡을라면 어뜿게 했으면 잡을 것인가?(함평 구비)

타. 동헌 대들보 밑에가서 크나큰 지네가 있단 말이여. (중략) 사방에서 찍깨(=집게)로 인자 그놈을 수십 명이 달라들어 찍개로 잡어가지고 집어내서,(함평 구비)

'그놈'이 구체적 사물을 가리킨다면 사태를 가리킬 때에는 '그놈'보다 '그것'이 압도적으로 많이 사용된다. (124)에서 대괄호로 묶은 사태는 대명사 '그것'의 선행사이다.

(124)

가. 하아, [생얼에는 빈손으로 와.] 그건 인자, 아조 형편이 곤란헌 사람언 못 허지마넌 그도(=그래도) 밥술이나 먹은 사람덜언 다 그도 갚을 지럴 알고.(남원)

나. [어느 성지간이 그리도 구히서 살지 못 살던 안헐 것이다.] 자기 혼차 거 독신으로 그 외롭고. 그것얼 생각히갖고.(남원)

다. 얼른 밥을, 쌀을 쪼개 떠갖고 가서, 그때는 막 솟단지 이만헌 디, 물 두 동이 든 동우, 솟단지, 지금(=딴살림) 나간다고, 고 [솟단지 하나 사 준 거여]. 그러고도 늘 조깨 저기 허면 그걸 자랑을 쳐.(남원)

라. 자기가 이렇게 미영 잣아갖고 이렇게 어깨 빠지게 히갖고 히서 [그렇게 솟도 사 주고 멋도 사 주고]. 지금 생각허면 참 더러서도 못 살지만, 그때야 그것도 감사허게 알고.(남원)

그러나 '그놈'이 사태를 전혀 지시하지 못하는 것은 아니다. (124)의 예 가운데 적어도 (나)-(라)의 '그것'은 '그놈'으로 바꿔더라도 정상적인 문장이 되는 것으로 판단된다.[24] 다만 '그놈'이 사태를 가리킬 수는 있다 하더라도 실제의 발화에서 사태는 '그놈'보다는 '그것'에 의해 지시되는 비율이 압도적인 것은 분명하다. 언어 사용의 차원에서 '그것'은 사태를 가리키는 가장 전형적인 표현인 것이다.

사물을 지시할 경우, '그것'은 '그놈'에 비해 객관성을 띠는데, 이러한 의미 차이는 '것'과 '놈'의 차이에서 비롯된 것이다. 의존명사 '것'과 '놈'의 차이에 대해서는 2.1.7 ⑤ 참조. 객관적 지시의 '그것'은 다시 몇 가지로 나누어 볼 수 있다. 첫째, 사물의 명칭을 소개할 때 '그것'이 쓰인다.

(125)

가. 그것이 꼬두밥(=지에밥)이야.(남원)

나. 그거 독방애(=연자방아)라고 그려.(남원)

다. 그거이 나락뒤지(=나락뒤주)여.(남원)

라. 그거보고는 씨아시(=씨아).(남원)

마. 그거는 나락 시운다고 히야제.(남원)

(125)는 어떤 물건에 대한 명칭을 처음으로 소개할 때 대명사 '그것'이 쓰인 경우들을 보여 준다. 물론 이때 '그것' 대신 '그놈'을 사용하지 못할 바는 아니나, 실제 발화에서는 대부분 '그것'이 쓰이고 있다. 그 이유는 '그것'이 '그놈'에 비해 말할이의 감정을 드러내지 않은 채 중립적이며 객관적으로 지시할 수 있기 때문이다.

(126)

가. 꼬두밥이 인저 쌀 찐 것이 꼬두밥. 물에다 당괐다가 불우먼은 <u>고놈을</u> 시리다 붓고 불을 때먼 <u>고놈이</u> 쪄져. <u>그것이</u> 꼬두밥.(남원)

나. 요롱게 인자 거시기, <u>그거</u> 실껏떡(=돌껏에서 내린 삼실 뭉치. 동그랗

24 이 판단은 전남방언의 토박이 말할이인 글쓴이의 직관에 따른 것이다.

게 떡처럼 뭉쳐 있다.)이라구려, 실껏떡. <u>고놈을</u> 인자 놓고 인자 또 인

자 다시 인자 고놈을[25] 인자 다시 실껏 거시린다구려.(남원)

(126)은 한 문장 안에 '그것'과 '그놈'이 함께 사용된 경우이다. 이때에도 명칭
을 소개할 때에는 '그것'이 쓰였고, 선행 발화에서 언급된 구체적 사물을 가
리킬 때에는 '그놈'이 사용되었다. 따라서 구체적이고 상황 의존적인 설명은
'그놈', 상황을 벗어난 추상적이고 일반적인 명칭 소개에는 '그것'이 쓰인다
고 할 수 있다. 경우에 따라 '그것'이 구체적인 설명에도 쓰일 수 있기는 하다.
'그것'의 지시 영역이 일반적인 것뿐만 아니라 구체적인 대상에까지 미칠 수
있기 때문이다. 그러나 '그놈'은 오직 구체적인 대상에만 제한되기 때문에,
추상적, 일반적 상황에 '그놈'을 사용하는 경우는 찾아보기 어렵다.

둘째, 객관적 서술어인 경우 '그것'이 쓰인다.

(127)

가. 옴싹 들앉어서 고곳덜이 살림허고, 우리 인자, 옷 쪼깨 머 쪼깨 급헌 것
만 히서 인자, 신랑이 한 짐 지고, 큰딸 ○○ <u>그것</u> 시살 묵어서 <u>고놈</u> 업
고, 냄비 하나 머 쌀 조깨 싸서 인자, 옴선 끓이 묵을라고 고놈 내가 이
고, 고롷게 사흘얼 걸어서 남언을 갔당개.(남원)

나. 그롷지. 여그 여그 여그 인, 뱁, 저 도투마리라고 인제 있어. 도투마리
라고 요거 인자 <u>고것도</u> 인저 또 이릏게 생겨갖고 인자 여가 또 큰 저기
가, 이룽 나무가 이릏게 백혔어. <u>그놈을</u> 땅 이릏게 놓고.(남원)

---

25 표면적으로 '고놈을'이 '실껏 거시린다'는 명칭을 제시하는 말로 볼 수 있으나, 실제는 앞
에서 언급된 '실껏떡 그놈을 놓고' 다음에 이어지는 사태의 대상물로 기능한다고 해석할
수 있다. 따라서 이때의 '고놈'은 실껏 거스르는 행동의 대상일 뿐, '실껏 거시린다'의 동격
어라고 보기는 어렵다.

(127가)에서는 맏딸을 지칭하는 대용어로 '그것'과 '그놈'이 혼용되는데, '그것'이 서술부인 '세 살 먹어서'에 호응한다면, '그놈'은 서술어 '업고'에 호응한다. '세 살 먹어서'는 객관적 사실이므로 '그것'이 쓰였고, '업고'는 발화자 자신의 행동을 가리키므로 '그놈'이 쓰인 것이다. 발화자 자신의 행동은 결국 말할이의 주관적 관점이 개입될 수밖에 없기 때문이다.[26] (127나)에서도 도투마리의 생김새를 묘사하는 경우에 '그것'이 쓰였고, 도투마리를 땅 위에 놓는 말할이의 동작을 묘사할 때에는 '그놈'이 쓰였다. 이 역시 말하는 사람의 행동이 곧 주관적 서술의 대상임을 말해 준다.

셋째, 상대방이 제기한 사물이나 사태를 말할이가 다시 언급할 때 '그것'이 쓰인다.

(128)

가. "그먼 그렇게 히가지고 그 삼을 만드, 인제 그 실을 만들 때까지는 얼마나 걸려요?" 항께 "인자 <u>그것도</u> 인자 많이 헌선, 많이 헌 사람은, 하이구, 뭐이 금방 혀."(남원)

나. "만약에 닥꽝(たくあん. たくあんづけ의 준말. '단무지'의 일본어.) 같은 거 담을라면?" "<u>그것도</u> 인자 소금으로 담웅게 닥꽝을 담아, 담는다고 히야지. 무수닥꽝 담는다고."(남원)

다. "집, 집 지푸라기 있으면, 지푸라기 그 밑에 거시기는 안 긁어내고?" "잉, 안 긁어내, 그런 건 안 혀. 사내키, 새내키 꼴 때나 가마니 짤 때나 인자 <u>그걸</u> 싹 긁어내고 매꼼허게 이제."(남원)

---

26 그러나 다음 예는 발화자 자신의 행위라 할지라도 '그놈'이 아닌 '그것'이 쓰인 경우이다. 이 예에서 서술어 '나서'는 당연히 발화자의 행위이다. 그러나 이어지는 '육개월 돼서'나 '아파가지고'는 막둥이의 객관적 사태를 가리키는 말이다. 아마도 이러한 객관적 사태 때문에 '그놈' 대신 '그것'이 쓰인 것으로 보인다. (예) 그때 은주 나서, 막둥이 <u>그거</u> 나서, 육개월 되어서, 아파갖고.(남원)

(128가)는 상대가 언급한 사태를 말할이가 다시 가리킬 때 '그것'을 사용한 경우이다. 상대의 말은 말할이와 어느 정도 거리가 있는 사태를 나타낸다. 따라서 말할이가 스스로 제기한 사태가 아니란 점에서 상대적으로 객관적인 사태라 할 수 있다. 이런 경우 '그놈'을 사용하녀 상대방이 아닌 말할이가 제기한 화제라는 느낌을 주게 된다. 지시하는 사태가 객관성을 잃고 말할이의 주관적 범위 안에 들어오게 되는 것이다. 이런 이유로 '그놈'보다는 '그것'을 사용하는 경향이 농후하다. (128나), (128다)는 상대가 제시한 사물을 말할이가 다시 지시할 때 '그것'을 사용하였다. 역시 사태와 마찬가지로 상대방이 제시한 사물이라는 점에서 상대적으로 객관적이어서 '그놈'보다는 '그것'이 선호된 것으로 보인다.

넷째, 관용적 표현에 '그것'이 쓰인 경우이다. (129가)에 보이는 '그것이다'는 '고작해야 그것이다'와 같은 의미를 갖는 관용적 표현인데, 이때 '그것'을 '그놈'으로 바꾸면 어색하다. (나)의 '그것도 저것도 안 하고'는 '아무것도 하지 않고'의 뜻인데, 이때 '그것'을 '그놈'으로 바꾸면 마찬가지로 어색한 느낌을 준다. 관용적 표현은 일반적으로 보수적인 환경이므로 개신형인 '그놈'이 쓰이기 어려운 것이 사실이다.

(129)

가. 그래갖고 실상 시집얼 가 봉개로 없어, 앙 것도, 논 한 마지기도 없어. 이편 논언 한 마지기도 없어. 논 거 수통 여샛들 너 마지가 고것인디, 상한료로 짓고 있드라고.(남원)

나. 또 인자 배깥 지사를 지낸 담에는 방지사, 방지사 인자 배깥이서 방이로 모시는 지사는 첫 방지사라고 고러고 그랬는디 머 지금은 그것도 저것도 안 흐고 그냥 죽어 불으면 그냥 사알(=사흘)만에 가서 복도 해 딱 매서 가서 삼 일 가서 벗어 버리고.(임실)

2.2.1.3.2 사람 대명사

① 이분네, 그분네, 저분네

표준어에 삼인칭 대명사로 '이분, 그분, 저분'이 있다. '분'은 '사람'을 높이는 의존명사로 쓰이는 말인데, 여기에 지시어 '이, 그, 저'가 결합하여 대명사로 굳어진 것이다. '그분'은 '그이'나 '그 사람'보다 존대의 위계가 높다.

서남방언도 '이분, 그분, 저분'을 삼인칭 대명사로 사용하며 그 용법이나 상대높임의 위계는 표준어와 동일하다. 그런데 이 방언에서는 '분' 외에 '분네'가 지시어와 결합하여 또 다른 삼인칭 대명사로 사용된다. '분네'는 표준어뿐만 아니라 중부방언, 동남방언 등에서도 부분적으로 쓰이는 말이다. 『표준국어대사전』은 '분네'에 대해 '분'을 덜 친근하게 이르는 말 또는 둘 이상의 사람을 높여 이르는 말로 풀이하고 있다. 이는 '분네'가 [+복수]나 [-친밀]의 의미 특성을 가지고 있음을 말해 준다. '분네'가 갖는 [+복수]나 [-친밀]의 의미 특성은 중세어의 '-내'를 계승한 접미사 '-네'에서 비롯된 것이다. 잘 알려진 것처럼 '-내'는 존칭의 복수접미사로서 평칭의 복수접미사인 '-듫'과 대립하였다. 따라서 [-친밀]은 '-내'나 '-네'가 가졌던 [+존대]로부터 파생된 이차적 의미 특성일 것이다. 그러나 서남방언에서 '분네'는 '분'의 복수를 나타내지 않는다. '분'의 복수는 '분들' 또는 '분네들'이기 때문이다. 서남방언의 '분네'는 '분'과 용법이 유사하나 '분'보다는 쓰임의 폭이 훨씬 넓다.

우선 '분네'는 (130)처럼 '분'과 같이 존대의 대상을 가리킨다.

(130)
가. 김진사란 분네는 그 후로 한 백여 석 된 살림이 다 자연히 탕진가사가
　　돼 불었어.(고흥 구비)
나. 김진사라는 분네가 진사를 하고 있는데,(부안 구비)

다. 진묵대사는 도통헌 분네여.(고흥 구비)

라. 저 보통 우리네 인간 안 같으고 대감으로 살었던 그런 분네여. 근디 그런 분네가 떡 죽었다 그 말여.(군산 구비)

마. 그전에 어니(=어느) 동네에 말이지 그 대감이라는 분네가 살어.(군산 구비)

바. 시방 같으면 암행어사 같은 그런 분네가 나와서 내려와서 여그 와서 감정을 해갔든갑디다.(보성 구비)

사. 바로 걍 생사기문을 갖고 있는 분네라 버선발로 뛰어나와 영접을 혀.(정읍 구비)

아. 그 구시대는 그런 참 훌륭한 분네들은 신병이 나믄 병 진맥을 이렇게, 시방은 다 손으로 이렇게 짚어 보지마는 건 그것이 아녀.(군산 구비)

자. 그렇게 선심하던 분네가 국보를 싣고 가다가 도중에서 시상을 떴으니,(보성 구비)

차. 옛날 참 구학을 잘허는 분이 구학을 하는 분네 집으로 놀러를 갔어.(정읍 구비)

카. 그 때 싸운 것을 보고 젊어져다 주고 하신 분네들이 직접 사신 분네들이 계시그덩요.(해남 구비)

타. 옛날에 정승이라는 분네가, 근디 그 사람이 아들 형제를 낳고 정승이 죽었든개벼.(군산 구비)

(130)에서 '분네'는 수식어에 포함된 벼슬이나 긍정적 의미로 보아 말할이가 어느 정도의 존대 의사를 가지고 있음이 분명한데 이때 '분네'는 '분'으로 대체되어 쓰일 수 있다. (130카)에서는 '분네'에 주체높임의 '-시-'가 호응하고 있어 '분네'가 높이는 표현임을 말해 준다. 그런데 (130타)는 사정이 조금 다르다. 벼슬 '정승'으로 보아 '분네'가 높이는 말로 쓰인 것은 분명하지만 뒤따르는 발화에서 같은 인물이 '그 사람'으로 지칭되고 있기 때문이다. 이러한

현상은 이야기의 서술자가 상황에 따라 동일 인물에 대해 높여 말하거나 중립적으로 말할 수도 있기 때문에 결코 모순되는 것은 아니다.

(131)의 '분네'는 존대 받지 못할 사람을 가리키는 경우이다.

(131)

가. 어떤 걍 참 요샛말로 히서는 <u>거지 같은</u> 분네가 아랫묵으가 가 죽치고 있단 말여.(정읍 구비)

나. 옛날에 서거창이라는 분네가 <u>남의 종의 아들이거든</u>. 종의 아들인디 압씨(=아버지)가 없었어.(신안 구비)

다. 전라북도 저 운봉 가서 김되아지라는 사람이 있었어. 그리서 호칭이 되아지여. 어떻게 <u>지독시럽고 자기만 아는지</u>. 근디 그 김되아지라는 분네가 계획이 있어요.(정읍 구비)

(131)에서 밑줄 친 부분은 '분네'로 지시되는 인물의 속성을 나타내는데, 그 내용으로 보아 말할이는 그 인물을 당연히 낮추어야 할 대상으로 인식하고 있음을 알 수 있다. 따라서 이때의 '분네'는 (130)과 달리 [-존대]의 의미자질을 갖는다. 그렇다면 서남방언에서 '분네'는 [+존대]에서 [-존대]에 이르는 넓은 지시 영역을 갖는다고 할 수 있다.

한편 (132)는 [+존대]와 [-존대]의 어느 쪽으로도 해석이 가능하다. 이 경우의 '분네'는 '분'이나 '사람'으로 대체될 수 있다. '분네'가 [+존대]에서 [-존대]에 이르는 넓은 범위에 쓰일 수 있으므로 (132)와 같은 중의적인 해석은 매우 자연스럽다고 하겠다.

(132)

가. 권모씨라는 분네를 만나가지고 아무 말 없이 꼰말(=허리춤)을 집어서 그냥 한 손으로 땡겨 붙었단 말이여.(신안 구비)

나. 거기에 김지숙씨라고 한 분네가 그 장개를 놈의집살어서 장개를 갔는디,(함평 구비)

다. 외동 가서 배경쇠라고 헌 분네가 잘살았네.(함평 구비)

라. 그래서 낙안서는 아주 김이방 그러믄 호랭이처럼 산천초목이 떨어. 그런 무서운 분네던 모앵이지.(고흥 구비)

마. 참 무서운 분네라고 인자 탄복을 해.(고흥 구비)

바. 그 말과 같이 아, 인자 이런 분네도 왕띠를 띄었는디 상대방이 나오면은 그 사람을 죽여 불어야 자기가 왕을 헌다 그거여.(승주 구비)

사. 그래도 저렇게 아는 분네보고 욕해 났으니 우리가 될 것이냐?(함평 구비)

아. 그런 분네가 서울로 보따리를 싸고 올라갔어요. 시방 같으면 대통령 그런 분네한트로 올라가서,(보성 구비)

자. 어떤 분네가 관상을 잘허는디,(함평 구비)

차. 이 지상에 낙원을 건설하려고 꿈을 꿨거든. 그런 분네여. 그런 분네가 비명에 액살당했어.(고흥 구비)

카. 그래가지고 이 선영신 따라온 분네한테 져 불었어.(정읍 구비)

타. 내가 들어보니 당신 무슨 포원이 있던지, 포원이 있는 분네여. 긍게 포원을 내기다 이야기허라고.(군산 구비)

파. 박어사가 생각히 봉게로 어, 거시기헌 분네라 알어.(정읍 구비)

하. 생전 답산도 안 헌 분네가 풍수노릇을 허러 나가요.(정읍 구비)

ㅏ. 어느 분네 땅으서 처리 못 헌다 소리 까딱허면 쫓겨가는 것이여.(정읍 구비)

ㅑ. 일로치면(=이를테면) 저짝 음지, 양지통, 음지통 사는디, 한 분네가 아들 오 형제나 두고 살어도 기맥히게 산다 그 말이여.(정읍 구비)

'분네'는 일반적으로 나이 든 남성을 가리키지만, 경우에 따라 여성을 가리킬 수 있다. (133)에서 '분네'는 각각 과부와 퇴기를 지시하는데, 이들은 모두 나이 든 여성이라는 점에서 공통이다. '분네'가 여성을 가리키려면 중년 이상의 세대에 속해야 한다.

(133)

가. 선도에 가서 어떤 분네가 과순디, 한참 때 마음이 동해가지고 저녁에 나섰단 말이여.(신안 구비)

나. 그란디 얼굴도 퇴기로 이뿔 뿐만 아니라 재산도 많은 분네여.(해남 구비)

'분네'에 지시어 '이, 그, 저'가 결합하면 삼인칭 대명사 '이분네, 그분네, 저분네'가 만들어진다. (134)-(136)은 이 세 대명사의 예를 보여 준다. 삼인칭 대명사라 하더라도 명사로서의 '분네'가 갖는 쓰임의 영역을 그대로 유지하는 것으로 보인다. '분네'의 복수는 '분네들'이므로 대명사로 쓰일 때 복수형은 '이분네들, 그분네들, 저분네들'이다.

(134)

가. 골을 뺄라고 한참 그러는 통에 아, 이분네가 살아왔제.(함평 구비)

나. 그래 그 선주를 알어보니까 그분네는 영산포 사람이었다 이 말입니다. 그래서 이분네가 아무 말 않고 이 볏단 욱으로 올라가서 뱃사람들보고 하는 말이,(신안 구비)

다. 그래서 그 말을 듣고 이분네가 분개해가지고 대아도에서 자기 배 큰 당도리선으로 혼자 타고 오는디,(신안 구비)

라. 아버지, 이분네가 혹 병이 들어 죽었는가 모르겠습니다.(승주 구비)

마. 이분네가 몰(=말)을 타고 가다 그 말을 들었어.(승주 구비)

바. 이분네가 깜짝 놀래 나가보니까 과연 다른 배가 싫고(=싣고) 있드라 이 말입니다.(신안 구비)

사. 이분네가 소 다리를 미고(=메고) 강께,(고흥 구비)

아. 설 딱 쇠고는 이분네가 어쩐 소릴 하는고니,(고흥 구비)

자. 이분한티 인사 디리라고 긍께 뭣도 모르고 인자 디리지. 인사 디리고 딱 앉어서, 이분네가 그 우리 아무 연분에 이만저만혀서 배고파 드러 누웠일 때에 식량 줘서 살어난 그양반이라고 그릏께,(정읍 구비)

차. 긍게 뭣이냐 이분네가 확실히 꺼꿀로 섰다고.(정읍 구비)

카. 긍께 목수 말이, "아, 이분네가 뭣이냐 누구신가 몰르지마는 이 지둥을 빼라고서서 시방 그리서 허는 말이라고."(정읍 구비)

타. 아, 이분네는 삼 년을 살고 와서 보잉게, 아들을 낳아 놔 있거든.(정읍 구비)

파. 이분네가 생전 못 보던 분네가, 그 후원에 가서 방으 가서 꽉 안었웅게 생전 못 봤지.(정읍 구비)

하. 이분네한테 내가 소 한 마리 값을 갖다 썼는디,(정읍 구비)

(135)

가. 저분네는 저렇게 괴기를 사가다가 어무이 아버지를 자시라 저렇게 한 디,(고흥 구비)

나. 저분네는 엄마나(=얼마나) 공부를 해서 알상급제 어사를 했는고?(해남 구비)

다. 저분네들은 통 해당치 않아요.(군산 구비)

(136)

가. 지금 그분네가 돌아가신 제가 백 년이 채 못 되었다고 그러는데요. 대아도에 정씨라는 장사가 있었습니다. 그분네 힘이 어떻게 시었냐 하면은,(신안 구비)

나. 그래 지숙씨 그분네가 "(중략) 내가 너한테 이자 받을라고 돈 줬겠냐?

궁게 그만둬라." 그렁게,(함평 구비)

다. 그러니까 그분네가 지금으로 말하믄 배달부였던가 봐요.(고흥 구비)

라. 그러면 참봉이 재산도 많고 그런 분네가 그리 됐는디, 그분네가 그리 됐는디, 그분네가 나이 연만했든가 세상을 떠 불었든갑디다.(보성 구비)

마. 묻고 옹게 또 술을 주는디, 그분네가 갖고 온 이 소지품인개벼.(정읍 구비)

바. 아니랄까(=아나나 다를까), 날 새고 조반 때 남진(=남짓. 쯤)이 됭게 그 분네가 찾아왔더래.(부안 구비)

사. 그분네 형님이 대리(지명) 놀러 와서 대리 권모씨라는 분네한테 까닭 없이 당하고 갔다 이겁니다.(신안 구비)

아. 하여튼지 그분네 돈 갖다 쓴 놈은 다 성공을 해.(함평 구비)

자. 그분네 할멈이 인자 돌아가셔 놓고 봉게 돌아가시고 낭께 자식도 없고, 두 분네 살다가 돌아가싱게 누가 지사 지낼 사람도 없고,(보성 구비)

차. 무당들이 굿을 해서 그분네를 모시고 와서 혼을 건져가지고,(보성 구비)

카. 이 젊은 청년들이 와서 있으나 그 내력을 좀 알기 위해서 그분네를 찾으러 왔답니다.(보성 구비)

타. 그분네는 주막을 작은마느래 얻어가지고 주막을 허면서,(함평 구비)

파. 그분네들도 역시 이것은 자연석이 아니고 사람이 맨든 것이라고,(신안 구비)

하. 그러면 글때 꼭 잔치를 해야 되고 그분네들 한낱 날로 논 분네들 옴막 (=전부) 앉혀서 그렇게 연회를 베풀어가지고 그렁께 술을 만장하게 자시고 계시시요.(보성 구비)

『한국구비문학대계』의 구술발화 자료를 검토해 보면 전북보다는 전남에 서 '이분네, 그분네, 저분네'의 사용 빈도가 높게 나타난다. 그런데 약 20여 년 늦게 조사된 국립국어원의 『지역어조사 및 전사 사업』 자료에는 '분네'가 전 혀 발견되지 않는다. 아마도 구술발화의 내용과 관계있을 것으로 보이지만,

그동안 '분네'의 사용이 매우 약화된 데도 그 이유가 있을 것이다. 『한국구비문학대계』에서는 경기·충청·경상 지역의 자료에서도 '분네'가 소수 확인되는 것으로 미루어 옛날에는 '분네'의 사용 빈도가 훨씬 높았음을 추정할 수 있다. 현재는 전남 자료에서 가장 높은 빈도를 보인다. 다른 지역의 방언에서는 아마도 '분네 〉 분'으로의 대체가 일어났을 것이다. 서남방언도 '분'을 쓰지 않는 것은 아니나, '분'보다 '양반'을 일반적으로 사용한다. 따라서 서남방언에서는 '분네'가 '분', '양반' 등과 경쟁을 하지 않으면 안 되었기 때문에 이들에 의해 점차 세력이 약화되어 가는 상황에 있다고 할 수 있다.

  ② 이삼네, 그삼네, 저삼네

  전남의 무안·신안·진도 지역어에는 또 다른 삼인칭 대명사로 '이삼네, 그삼네, 저삼네'가 있다. 여기서 '삼네'는 '사람네'가 줄어든 말이므로 '이삼네, 그삼네, 저삼네'는 각각 '이 사람, 그 사람, 저 사람'의 의미를 갖는다. '삼네'에 포함된 '-네'는 접미사인데, 표준어에서 '-네'는 복수 표지(예: 동갑네), 가정이나 집(예: 아저씨네) 또는 부인(예: 아낙네)을 나타내거나 비하의 뜻(예: 노인네, 여편네)을 표현한다. 그러나 '삼네'의 '-네'는 이 네 가지의 어느 것에도 해당되지 않는다. '삼네'의 '삼'은 '사람'이 줄어든 말이므로 '-네'는 사람을 뜻하되 별다른 의미적 기여가 없는 군더더기인 셈이다.

  무안·신안·진도 지역의 '삼네'가 '사람네'에서 온 말이라면 이는 서남방언에서 널리 쓰였던 '분네'에 유추되어 생긴 말임이 분명하다. 즉 '분네'의 '분'이 '사람'으로 교체된 것이다. '분'이 [+존대]의 인물을 가리킨다면 '사람'은 [-존대]의 인물을 가리킨다. [존대] 자질의 유무에 따른 대립항의 필요에 따라 '분네'의 대립항으로 '사람네'가 만들어졌고 이 형태가 축약되어 '삼네'가 되면서 '분네'와의 형태적 대립까지 가능하게 되었던 것이다. '삼네'의 '네'에서 낮춤의 의미가 드러나지 않는 것은 이것이 '분네'를 기반으로 유추된 결과이기 때문이다.

(137)

가. 그삼네가 와서 멋이락 허드만.

나. 저 둘이 서서 앉아서 이삼네 집이 요렇게 생겼으니 그 애기가 와서 인
사를 드리거든. 그 머시매가 인사를 드링께.(신안 구비)

'이삼네, 그삼네, 저삼네'의 형태나 용법은 무안·신안·진도 이외의 지역어
에서는 찾아볼 수 없다. 한편 지시어 '이, 그, 저' 외에 의문대명사 '누'와 결합
된 '누삼네'가 쓰이기도 한다. '누삼네'는 부정칭의 '누구', '아무개', '어떤 사람'
의 뜻을 갖는다. 진도에서는 후행하는 /ㄴ/에 동화되어 '누산네'나 '뉘산네'로
도 쓰인다.

(138)

가. 이 산은 누삼네 것이란가(=이 산은 누구 것인가)?

나. 자기 아들이 차 사 준당께 누산네는 좋겄다.(조병현 2014:157)

다. 너 누산네하고 보리밭에서 만났다고 솜퍼(=소문내) 불랑께 나한테 잘
해.(조병현 2014:380)

라. 누삼네 어매(=아무개 엄마)

마. 뉘산네가 귄이 뭣이냐고 물어보길래 과일 중에 가장 못난 모과를 보라
고 말해 주었다.(이윤선 시집 「그윽이 내 몸에 이르신 이여」(2021)에
수록된 시 '귄' 중에서.)[27]

다른 지역에서도 (139)처럼 '사람네'가 쓰이기는 한다. 그런데 이들은 모두

---

27 민속학자이며 시인인 이윤선 선생은 진도 출신이다.

복수의 사람을 가리키는 점에 차이가 있다. (139가)는 실질적 복수로 해석되고 (139나)-(139마)는 소유의 복수일 수밖에 없다. (139바)-(139아)는 '사람네'에 복수접미사 '-들'이 수의적으로 결합된 경우이다. '사람네'와 '사람네들'의 관계는 '우리'와 '우리들'의 관계와 같다. 그러므로 (139)의 '사람네'는 무안·신안·진도 지역어의 '삼네'와 다른 것이다.

(139)

가. 그 사람네도 그그다가 그 돌을 니여 놓고, 여기는 미륵 산골이다. 미륵 님이니까 여기는 미륵 산골이라고 이름을 지어 놓고 가자. 그 사람네가 거기다 제사를 바치고, 고기를 거기서 잡어가지고 가고, 가고 그랬드랍니다.(신안 구비)

나. 저 한 십 리 이상 근 이십 리 밖에다가 혼처가 나서 그 사람네 집도 잘진 집이요. 그 거기다 갖다 여웠단 말이요.(신안 구비)

다. 그 사람네 집에 가서 먹고는 하루 저녁이는 또 인자 이놈들이 자꾸 멀리서 보던개벼.(장성 구비)

라. 그런디 이 사람네 집구석에서는 날마다 회의를 해야 그걸 어째 방지를 못 하겠다 말이여. 헐 사람이 없어.(신안 구비)

마. 그 사람네 선산이그든.(신안 구비)

바. 상재수만 있는 사람네들이 잡을 수가 있을라고?(장성 구비)

사. 가매 태서(=태워서) 내가 거기를 그 사람네들 뫼 쓰는 디를 갈라우.(신안 구비)

아. 그래 부락 사람들이 말하기를, 아니, 저 집 사람네들은 며느리만 얻으면 며느리가 나가 버린다고 아무래도 별일이라고 그렇게 의심을 두고.(해남 구비)

③ 그네/그니, 저니

　삼인칭 대명사로서 '그네' 또는 '그니'가 서남방언 일부에서 확인된다. 또한 '저니'도 (140바)에서 보듯이 구비문학 자료에서 한 예가 나타난다. 다만 '이네'나 '이니'는 확인되지 않으나 '그니', '저니'로 미루어 '이니'도 가능한 표현이라 하겠다. '그니', '저니'는 '그네', '저네'에서 변화된 형태로 보인다. 여기서 접미사 '-네'는 복수의 표지로 기능하지 않는다. (140)에서 보듯이 '그네/그니'는 단수로서 표준어의 '그'에 대응시킬 수 있기 때문이다. 또한 여성이나 가정을 나타내지도 않고, 비하의 말맛도 풍기지 않으니, 단지 사람을 나타내는 것으로 볼 수밖에 없다. (140가)에서 '그네'는 처녀를 지시하므로 '그네'의 지시 범위는 남녀 모두에 걸쳐 있고, (140바)에서 '저니'는 귀신을 가리키므로 사람 외에 귀신까지 지시가 가능한 셈이다. '그네'의 복수는 '그네들' 또는 '그니들'이므로 '그네들'은 표준어의 '그들'에 해당한다. 서남방언은 표준어와 달리 '그'가 단독으로 사람을 나타내지 않는다. 따라서 서남방언에서 '그'로써 사람을 가리키려면 접미사 '-네'의 첨가가 필수적이다.

　『표준국어대사전』에서는 '그네'가 삼인칭 대명사의 복수로 풀이되어 있어 단수로 쓰이는 서남방언과 차이를 보인다. 그러나 '그네'는 표준어와 서남방언 모두에서 이제는 거의 쓰이지 않는 말이다. 『한국구비문학대계』의 제보자들처럼 1980년대에 이미 노년층에 접어들었던 이들이나 사용했던 표현일 것이다.

(140)
　가. 처녀가 시집을 와서 보니까 자기 시어머니하고 시아버지하고 남편된
　　　이하고 있는데. (중략) 언마 안 되서 그네 남편이 그냥 고인이 돼 불었
　　　다.(해남 구비)
　나. 인자 이북으로 갈 사람은 이북으로 가고, 이남으로 갈 사람은 이남으

로 가는디, 아, 그네가 싹 돌아와서 잡고는,(화순 구비)

다. 그런데 그 애기가 영리혀. 그래갖고는 그 길로 올라가서 대과를 했지. 그래서 어사는 내직으로 들어가 버리고. 그니가 대과를 해 불었지.(화순 구비)

라. 그러니 왕이 (중략) 용짜(勇字) 붙은 사령들을 급히 보내서 천리마를 태서. "가서 분명히 타고 왔는가 봐라." 긍께, 그네들이 와가지고 봉께 사당이 여전히 타 버리고 재만 남아갖고 있거든.(함평 구비)

마. 그니들한테 내가, "넘을 괴롭히지 안허고, 내가 깨끗하게 천 냥을 희사하니, 아버지를 구출하도록 해라." 그러니께 하인들을 불러갖고 딱 했어.(화순 구비)

바. '저니가 귀신이 인제 너보고 나를 붙어묵으라고 그랬는디 내가 너를 키워서 뭣을 하냐?' 그라고,(해남 구비)

④ 그미, 이미, (저미)[28]

전남의 무안·함평·나주 지방에서는 '그미'라는 대명사가 있어 흥미롭다. '그미'는 삼인칭 대명사로서 '그 아이' 정도의 뜻을 갖는다(오홍일 2005). '그 아이'는 표준어에서 '걔'로 축약되어 쓰이지만 전남방언에서는 '가'로 축약된다.[29] 그렇다면 '그미'와 '가'는 동일한 지시 대상을 가리키는 말이라 할 수 있는데, 그러나 말맛은 '가'에 비해 상대를 대접하는 느낌이 더 있다. 어른들이 아랫사람을 대접하여 지칭하는 말이라 할 수 있을 것이다.

19세기부터 서양 책이 들어오고 그 책에 나타난 인칭대명사 'he'와 'she'를 번역하는 문제가 발생하였다. 마땅한 삼인칭 대명사가 없었던 당시로서는

---

28 '그미'와 '이미'는 확인되지만 '저미'는 자료에서 확인되지 않는다. 그러나 이론상 '저미'의 존재 가능성이 분명하므로 여기서는 괄호 속에 넣어 제시하였다.

29 표준어 '얘', '걔', '쟤'는 서남방언에서 '야/아', '갸/가', '쟈'로 나타난다.

he를 '그이'로 번역하였고, she에 대해서는 '그네', '그니',[30] '그미', '그녀' 등의 다양한 번역어가 시험적으로 쓰이다가 '그녀'로 통일되기에 이르렀는데, 이러한 역사적 이유 때문에 오늘날 '그녀'는 글말에서만 쓰이고 있다. 한편 '그미'는 지시어 '그'와 '어미'나 '할미' 등 여성 지칭어에 나타나는 '미'가 결합된 복합어이다. 『표준국어대사전』에서는 '그미'가 주로 소설에서, '그녀'를 멋스럽게 이르는 말이라고 풀이하면서 (141)의 예를 보이고 있다. 그러나 몇몇 소설에서 쓰이기는 하나 '그미'가 글말의 일반적인 대명사라고 하기는 어렵다.

(141) 여자가 트레머리를 풀었다. 짙은 향내를 풍기는 머리 단이 그미의 목덜미에서 출렁댔다.(박영한, 머나먼 송바강)

전남의 무안·함평·나주 지역어에 나타나는 '그미'는 『표준국어대사전』에 기술된 대명사 '그미'와는 용법이 다르다. 무안의 '그미'는 성에 관계없이 '그 아이'를 뜻하는 말이기 때문이다. 물론 오늘에 와서 '그미'는 더 이상 쓰이지 않는 말이 되어 버렸지만, 목포를 비롯한 인근 지역에서 아이들을 대우하는 대명사가 있었다는 사실은 분명하므로 기술될 필요가 있을 것이다. '그미' 외에 '이미'가 함평의 구술발화에서 확인된다.

(142)
가. 지금 <u>그미</u> 나이 스물이나 됐으까?(무안/오홍일 2005:60)
나. 그 도골이 아부지가 멋이라고 헌고이, 개골이 <u>이미가</u>(=이놈이) 영웅이란 소리를 펼쳐 놓았읍니다그려.(함평 구비)

---

30 『표준국어대사전』에는 '그니'가 '그이'의 경기도 방언으로 풀이되어 있다.

⑤ 이양반, 그양반, 저양반

서남방언의 '양반'은 의존명사로 쓰여 성인 남성 또는 여성을 가리킨다. 표준어의 '양반'이 성인 남성을 '범상히 또는 홀하게' 지시함으로써 존대의 말맛이 없다면, 서남방언은 [+존대]와 [-존대]에 두루 쓰여 표준어보다 쓰임의 폭이 훨씬 넓다. 우선 서남방언에서 명사로 쓰이는 '양반'을 살펴보기로 하자.

(143)

가. 그 크게 될 양반들은 그렇게 크게 되아.(함평 구비)

나. 시골에 옹께는 어뜬 저런 큰 양반이 저러고 광채가 찬란헌고?(함평 구비)

다. 인자 지금 같으먼 방학했으먼 그 훈장 되신 양반도 귀가를 해야 할 텐데 안 가요.(함평 구비)

라. 그래서 그 골에 사는 원님 되는 양반이 그 절을 갔어요.(함평 구비)

마. 아, 시골에 어뜬 양반이가 아들들 여러 형제를 두어 노니,(함평 구비)

바. 옛날에 시골서 한 양반이 살으시는디, 아, 자식들 삼 형제를 낳는디,(함평 구비)

사. 생각해보니 송○○이라 허는 양반이,(함평 구비)

(143)은 '양반'이 명사로 쓰인 것인데, 수식어의 의미로 보아 (가)-(라)의 '양반'은 [+존대], (마)-(사)는 [-존대]임을 알 수 있다. 여기서 [-존대]는 낮춤과 함께 중립적인 위계까지 포함한다. 표준어라면 (가)-(라)처럼 [+존대]의 위계에는 '양반'이 쓰이기 어려울 듯한데, 서남방언은 가능하다. 서남방언에서도 표준어와 같이 '분'이 명사로 쓰이는데, '분'과 '양반'은 부분적으로 쓰임이 중첩되지만, '양반'은 중립적인 경우에도 쓰여 '양반'의 지시 영역이 '분'을 포함한다. 또한 '분'은 말할이의 존대 의향 때문에 말할이와 대상 사이의 거리감이 느껴져 [-친밀]의 의미 특성을 갖지만, '양반'은 그러한 거리감이 없어 [+친

밀]의 표현이라 할 수 있다.

『표준국어대사전』에서 '양반'은 남자를 가리키는 말로 풀이되어 있지만 서남방언에서 '양반'은 결혼한 성인 여성을 가리킬 수 있다. (144가)에서 '이 양반'은 보쌈 당할 것을 걱정하는 과부를 가리키고 있다. 그러나 여성이 '양반'으로 지칭되려면 상당한 나이를 먹은 뒤에야 가능하다고 하겠다. (144나)의 할머니는 이런 조건을 충족시키므로 '양반'이 자연스럽게 쓰였다. '양반'이 여성을 가리킬 때 어느 정도 나이가 들어야 한다는 제약은 '분네'에서도 이미 확인하였던 제약이다.

> (144)
> 가. 혼자 산 사람들(=과부) 푸대쌈(=보쌈)은 이 부락 사람을 쩌야(=껴야) 되제 안 쩌면 안 된다느만요. 이양반은 시어마니가 봉산디 아무래야 인자 푸대쌈을 해 가면 저만 갈 것이고 그랗게 혼자 산 사람이 오늘 저녁에는 여가 났다가 내일 저녁에는 또 여가 났다가 늘 바꿔 났닥 하드만요.(해남 구비)
> 나. 할머니란 양반이 계속 아프다고 꾀병을 했던가 봐.(보성 구비)

서남방언의 '양반'이 일반적으로 성인 남성을 가리키며, 나이든 성인 여성을 지시하는 것이 이례적이라는 사실은 이 방언의 택호에서도 뒷받침된다. 서남방언의 경우, '나주'에서 시집온 여성의 택호는 '나줏덕'인데, 그 남편의 택호는 '나줏양반'(또는 '나주양반')이다. '덕'(=댁)이 여성을 지칭한다면 '양반'은 이에 대립하는 남성을 가리키는 표현인 것이다. 이 택호에서 보듯이 서남방언에서 '양반'은 성인 남성을 가리키는 기본 표지라 할 수 있다. (145)의 '아무갯댁' 역시 여성 택호로 쓰인 말인데, 예에서 보이는 '그양반이, 아무갯댁이'는 두 가지 해석이 가능하다. 첫째는 여성에 대해 남성 표현인 '그양반'을 사용하였다가 이를 수정하여 여성 표현인 '아무갯댁'으로 바꿔 말한 것으로 볼 수 있다. 또 다른 해석은 성인 여성을 '그양반'으로 지칭하고 이를 다시 '아무갯댁'으로 구체화한 것으로 볼 수 있다. 두 가지 해석 모두 '고쳐 말하기'(repair)에 해당한다. 위에서 본 바와 같이 서남방언에서 결혼한 나이 많은 여성을 '양반'으로 가리키는 것이 전혀 불가능한 것이 아니므로 이와 같은 두 가지 해석이 모두 허용되는 것이다.

(145) 그러면 계시다가 틀림없이 내가 이번에 말허면 그양반이 아무갯댁이 나를 쫓일(=내쫓을) 것이요.(함평 구비)

'양반'은 선행사를 다시 지시하는 대명사와 같은 쓰임을 갖기도 한다. 이때에는 '이, 그, 저'와 같은 지시어와 결합해서 쓰이는데, (146)은 '양반'의 선행사가 대부분 [+존대]의 경우이지만, (사)처럼 중립적인 위계에도 쓰일 수 있다.

(146)
가. 그렇게 진묵대사 이양반이 워낙 술을 질거헌(=즐겨하는) 양반이라,(함평 구비)
나. 이양반이 진목대사 이양반이 대흥사도 있었고,(함평 구비)
다. 그양반이 들어갈 띠게 여그서 전송을 험시로 말이여,(함평 구비)
라. 거 서산대사나 사명당 그양반들이 승려들이 구국운동을 많이 했다고 그래요.(함평 구비)
마. 그 이튼날 아침에 그 김씨 부자 그양반이 아직에(=아침에) 일찍 일어나서,(함평 구비)
바. 아조 그양반이 거 기발허신 양반이요.(함평 구비)
사. 근디 송○○ 그양반 집이란 말이여.(함평 구비)

위에서 살펴본 바와 같이 '분', '양반', '분네'는 동일한 상대높임의 위계에 사용되는 명사다. 이들은 모두 명사로 쓰이면서 지시어 '이, 그, 저'와 결합할 때 대명사로 기능한다. '분'은 [+존대]의 자질을 갖지만, '분네'와 '양반'은 [+존대]에서 [-존대]에 이르는 넓은 영역에서 사용된다. 한편 '분네'와 '양반'은 [친밀] 자질에서 구별되는데, '분네'는 [-친밀], '양반'은 [+친밀]이다. 한편 이들은 접미사적 용법에서도 차이를 드러낸다. '분'은 '도사분, 과수분, 친구분, 자제분, 형제분, 내외분', '양반'은 '쥔양반, 의사양반, 아무개양반, 말뫼양반'의 예와 같이 접미사로 쓰일 수 있다.[31] 반면 '분네'에는 이러한 접미사적 용법이 없다.

『한국구비문학대계』의 함평, 고흥, 보성의 자료에서 확인된 '양반', '분', '분네'의 출현 횟수는 다음과 같다. 접미사로 쓰이는 '분'과 '양반'은 통계에서 제외하였다.

    함평: 양반(39) 〉 분(31) 〉 분네(10)

    고흥: 분(51) 〉 양반(34) 〉 분네(10)

    보성: 분(211) 〉 양반(40) 〉 분네(28)

위의 횟수를 보면 전남의 동부에 속하는 고흥, 보성에서는 '분'이 '양반'보다 더 널리 쓰이고, 서부의 함평에서는 '양반'이 '분'보다 더 높은 사용 비율을 보임을 알 수 있다. 그러나 이러한 차이에도 불구하고 '분네'의 출현 횟수가 가장 낮다는 점은 세 곳 모두 공통이다. 이것은 결국 '분네'가 사라져가는 표현임을 말해 준다. '분네'는 [존대] 자질에서는 '양반'과 같고, [친밀] 자질에서는 '분'과 같다. 이러한 겹치는 의미 특성으로 인하여 '분네'의 쇠퇴가 야기된 것으로 보인다.

'분네'와 함께 고려해야 할 낱말로 '댁네'가 있다. 『표준국어대사전』에서는

---

31 '아무개양반, 말뫼양반'은 남성의 택호이다.

'댁네'에 대해 '댁'을 예사로 이르는 말로 풀이하고 있으며, 명사와 대명사로 쓰인다고 하였다. 즉 '댁'이 [+존대]라면 '댁네'는 [-존대]인 것이다. 서남방언에서는 '댁'이 여성을 가리키는 명사나 대명사로 쓰이지 않는다. 다만 합성어나 파생어의 구성 요소로 쓰일 수는 있는데, '동상아덕'(=동생의 댁), '처나무덕'(=처남의 댁), '나줏덕'(=나주댁) 등이 그런 예이다. 따라서 서남방언에서도 (147)처럼 '댁네'가 쓰이기는 하나, [존대] 자질에 따른 '댁'과의 대립관계를 이루지는 않는다. 서남방언에서 '댁네'는 대체로 '부인'이나 '부인네'로 해석되는데, 다만 (147다)처럼 낮춰 말할 때에는 '부인네'가 아닌 '여편네' 정도로 해석해야 할 것이다.

(147)

가. 어떤 댁네들이 서이 와서,(정읍 구비)

나. 하졸을 타고 왔더니 남애(=사내)가 인자 댁네를 이겨 먹지 질 수가 있소?(정읍 구비)

다. 영감이 가만히 생각할 때 이놈의 댁네가, 뭔 놈의 댁네가 내 집엘 왔던고 생각헝께 그 이상해.(신안 구비)

라. 그러니 댁네 집에서 하루 밤만 유숙하고 가면 어떠요?(장성 구비)

마. 어떤 사람이 호랭이를 다 잡어갖고 저러는고나 허고 봉게 후딱 뛰어서나 그 댁네를 따러가드리야.(군산 구비)

바. 재(=재워) 놓고는 인제 그저는 그 댁네가 와서 있다가,(정읍 구비)

⑥ 저

『표준국어대사전』에서 대명사 '그이'는 여자가 다른 사람을 상대하여 그 자리에 없는 자기 남편이나 애인을 가리킬 때, 또는 아이가 없는 부인이 시부모를 상대하여 남편을 가리킬 때 '아비', '아범' 대신에 쓰는 삼인칭 대명사로 풀이되어 있다.

(148)

가. 그이가 제 생일 선물로 준 반지랍니다.

나. 아버님, 오늘 그이가 조금 늦겠답니다.

서남방언은 이러한 경우 '그이'를 사용하지 않고 대신 '저'라는 대명사를 쓴다. '저'는 며느리가 시부모에게 자신의 남편을 가리키거나, 시부모가 며느리에게 그들의 아들, 즉 며느리의 남편을 가리킬 때 쓰인다. 그래서 서남방언에서는 시부모와 며느리 사이에 아래와 같은 대화가 가능하다.

(대화)

시부모: 저 왔냐?

며느리: 저 안직 안 왔어요.

며느리가 시부모 앞에서 하는 말이라는 점에서 '저'는 [-존대]의 표현이다. 그렇다고 하여 이 '저'가 일인칭 대명사의 겸양 표현이라고 할 수도 없다. 단지 형태만 같을 뿐이다. 아마도 이 '저'는 지시어 '저'에서 온 것으로 추정된다. 표준어가 '그이'처럼 현장에 없는 인물을 가리키는 대명사로써 남편을 지시한다면, 서남방언은 발화 현장에서 멀리 떨어진 인물을 지칭하는 대명사로써 남편을 가리키는 것이다. 며느리의 남편에 대한 심리적 거리를 표현하는 방식에 따라 표준어와 서남방언의 차이가 결정된다고 하겠다.

2.2.1.3.3 장소 대명사

장소를 나타내는 대명사로서 표준어의 '여기, 거기, 저기'에 대응하는 서남방언형은 '여그, 거그, 저그/쩌그'이다. 이들 장소 대명사는 /ㄱ/, /ㄲ/로 시작되는 조사 앞에서 둘째 음절이 수의적으로 탈락되어 '여가, 거가, 저가/쩌가', '여까장, 거까장, 저까장/쩌까장' 등으로 실현된다.

(149)

가. 멧(=뭣)이 여가(=여기에) 있으면 여그서 신작로 나가제.(함평 구비)

나. 예, 여가 들었습니다.(함평 구비)

다. 여가(=여기가) 좋니 여가 좋니 이런 이얘기도 안 하고 둘이 묵묵부담 하고 있거든.(고흥 구비)

라. 느그 아부지가 여가 어디라고 여그를 온다냐?(해남 구비)

마. 어떤 생각으로 여그를 그렇게 왔느냐?(함평 구비)

바. 내가 여그서 하세 받고 하촌 말 듣고 살 것 멋 있느냐?(함평 구비)

사. 여까장(=여기까지) 방물장사 하로 왔십니다.(고흥 구비)

아. 한 육십 리 허장에서 저렇게 말하는 소리가 이렇게 웅글웅글 여까장 들리니,(해남 구비)

자. 거까장밖에 모르제.(화순 구비)

차. 거까장 역졸들이 들어가서 어사출두라고 외친 것은 말할 것 없지마 는,(보성 구비)

카. 쩌까장 어쭈고 걸어간대?

또한 조사 '에서'나 '에다가' 다음에서는 둘째 음절의 끝소리 /ㅡ/가 탈락된 '역서, 걱서, 적서/쩍서', '역다가, 걱다가, 적다가/쩍다가' 등으로 수의적인 변동을 보이는데, '역다가, 걱다가, 적다가/쩍다가'는 다시 '여따가, 거따가, 저 따가/쩌따가'로 실현되는 것이 보통이다. 물론 이때 '에서'나 '에다가'의 '에'는 필수적으로 생략된다.

(150)

가. 만약에 내가 여그다가 우리 아부지 어머니 멧(=묏)을 못 쓰면 느그 인
자 멸종 당한 것이다.(해남 구비)

나. 그랑께는 인자 거그다가 딱 못을 써 놓고 묏이락 한고니는(=하는고 하
니),(해남 구비)

다. 내가 친정에서 갖고 온 멤소(=염소)를 저그다가 세 마리를 매 났는디,
한 마리를 갖고 가그라.(신안 구비)

라. 누가 여따가 묻힐 것인고?(고흥 구비)

마. 큰애기를 하나 갖다가, 거따가 요리 대소간 묶어서 담아 났는디,(승주
구비)

바. 거따가 큰애기 이름 성명 적고 자기 이름 성명 적고 해서 딱 담어 줌스
로,(신안 구비)

2.2.1.3.4 부정대명사

부정칭의 대명사로 표준어에서는 '아무, 아무개, 아무것' 등이 쓰이는데 서
남방언에서도 이 점은 마찬가지이다. '아무'는 대명사 외에 관형사로도 쓰여
후행 명사를 수식한다. 대명사 '아무'는 조사 '도' 앞에서 '암'으로 줄어들 수
있다.

(151)

가. 물어봐야 먼 아무도 안 나오고 그래 인자.(함평 구비)

나. 인자 전연 안 보이겠제, 암도.(함평 구비)

다. 아무나(˚암나) 오먼 좋겄다.

'아무'가 관형사로 쓰일 때, 명사 '말'(言, 馬)과 '디'(=데) 앞에서 '암'으로 줄어

들 수 있다.

(152)

가. 동생이 좀 도와 준 것은 참 그 시루에 물 주기와 같이 아무 소용이 없고,(함평 구비)

나. 동생은 거기 아무 구애를 안 받고 계속 동생으로서 도리를 다 해 갔어요.(함평 구비)

다. 그 해 온 것이 아무 보람 없이 완전히 형제간에 불목이 인자 두드록 되아 불었어.(함평 구비)

라. 그래도 자기들 수가 많고 그러니까 아무 일 없이 잘 감차 나가제.(함평 구비)

마. 암 말도 말고 깜깜헐 때 뒤에만 계이씨요.(=계십시오).(함평 구비)

바. "멧(=뭣) 쓰라(=쓰랴)?" 헝께는 암 말도 않더니,(함평 구비)

사. 암 디라도 지내겠다. 느그들 떨어지기가 싫다.(함평 구비)

아. 아무 집이서 놈의집살던 암 디 사는 그 사람이 장래에 살겄어.(함평 구비)

자. 아무 면(面) 암 디를 간다 치면 암 디 꼬랑에가 전나무가 있으니,(함평 구비)

차. 그 암 디 사는 아무개는 참 형제간에 우애를 못 허고,(함평 구비)

카. 암 디 편에다 묻어 놨으니 아부지가 묻커던 꼭 그렇고 대답해라.(함평 구비)

타. 요 골목으로 쩌리 가먼은 암 디 이러저러헌 디가 변숩니다.(함평 구비)

파. 아그야, 저 암 디 방 썰고 언능(=얼른) 소제(=청소)를 해 모시거라.(함평 구비)

하. 내일은 내가 암 디 이러저러헌 디로 놀음놀이(=풍류놀이)를 허로 갈랑게 느그들 그리갖고 다 준비해라.(함평 구비)

사물을 가리키는 부정대명사 '아무것'은 서남방언에서도 그대로 쓰이며, '암것'[암껏]으로의 수의적인 변동을 보인다.

(153)

가. 아니, 돈도 소용없고 약도 소용없고 아무것도 소용이 없습니다.(함평 구비)

나. 아무거나 주씨요, 나 갖고간 대로 갖고 갈랑게.(함평 구비)

다. 암것도 없이 곤란허이까,(함평 구비)

라. 암것도 없는디 민둥허이,(함평 구비)

마. 암것도 안 먹고 밤낮일레(=밤낮으로) 삼백육십 일 밥만 먹고 있거든. (함평 구비)

사람을 가리키는 부정의 인칭대명사 '아무개'는 서남방언과 표준어의 쓰임이 동일하다.

(154)

가. 그 암 디 사는 아무개는 참 형제간에 우애를 못 허고 형 것은 동생이 잘못해서 그래서 그런다.(함평 구비)

나. 오, 니가 아무개 아니냐? 내 아들 아무개 아니냐?(함평 구비)

다. 이만저만해서 섣달그믐날 아무개란 놈 우리집 모심(=머슴), 모심 사는 놈허고 우리집 아무개란 년허고 이러고 돼 있으니 요것을 없애 버러야 쓰겄다.(함평 구비)

라. 아, 우리 아무개 아자씨 딸허고 아무개 모심허고 이러고저러고 돼 있는디 고놈을 쥑에야 쓰겄소 살려야 쓰겄소?(함평 구비)

마. 이만저만해서 거 갑돌이허고 말이여이, 아무개 거시기허고 말이여, (함평 구비)

(155)에서 '아무갯덕'과 '아무개양반'은 각각 결혼한 여자와 남자에 대한 서남방언의 택호를 부정칭으로 표현한 것이다. 택호는 여성의 친정 지명에 '덕'과 '양반'이 결합되어 이루어지는 것이 일반적이다. 예를 들어 함평에서 시집온 여성은 '함평덕', 그 남편은 '함평양반'으로 불린다. 이처럼 택호에는 지명이 필수적인 요소인데, '아무갯덕'과 '아무개양반'에서는 지명 대신 사람을 가리키는 '아무개'가 쓰였다. 지명과 같은 장소를 부정칭으로 가리키려면 '암 디'(=아무 데)라고 해야 할 텐데, *'암딧덕'이 아닌 '아무갯덕'으로 쓰인 것이다. 이는 택호의 후행 요소인 '덕'과 '양반'이 갖는 [+사람]의 의미 특성이 선행 요소로 투사되었기 때문이다.[32]

(155)

가. 아무갯덕은 애기 뱄단다.(함평 구비)

나. 아무 동네 아무갯덕이 산고가 들었어.(함평 구비)

다. 거 아무개양반이 되아지(=돼지) 불알을 잘 깡게 내 야(=내 것)도 까갖고 올란디 그런가?(함평 구비)

한편 전북 지역어에서는 '아무개'와 함께 '아무것이'가 같은 뜻으로 쓰인다.[33] '아무것이'는 '아무것'에 사람을 나타내는 접미사 '-이'가 결합된 것이다. (156가)-(156다)는 조사 결합 없이 단독형으로 쓰인 경우이고 나머지 예들은 '아무것이'에 조사나 지정사가 결합된 경우이다. (156)에서 '아무것이'를 '아무개'로 대체해도 아무런 의미 변화가 없다. 따라서 '아무것이'와 '아무개'는

---

32 그러나 '함평 아재'나 '함평 아짐'과 같은 유사적인 택호의 부정칭에서는 '아무개 아재'나 '아무개 아짐'보다 '암 디 아재'나 '암 디 아짐'이 더 자연스럽게 느껴진다.

33 '아무것이' 외에 '아무 거시기'가 같은 뜻으로 쓰이기도 하는데 이 역시 전북 지역어에서 확인된다. (예) "아무 거시기야, 아무 거시기야!" 항게 한 상전이, 아래에 있는 한 30대 총각으로 장가 안 간 것이거든. "아이고, 어쩌 저 서방님 이렇게 여기까지 올라왔어요?"(부안 구비)

동의적 표현이다.

(156)

가. 수원 백 아무것이 집이로 보내라고.(군산 구비)

나. "여 어디 고을이 아무것이 좀 잡어딜이라." 헝게스니,(군산 구비)

다. 나는 전라도 사는 최 아무것이 한량이라 합니다.(군산 구비)

라. 너 이 동네 암 디 사는 아무것이가 논 스 마지기를 짓는디,(군산 구비)

마. 강 건네 아무것이가 시방 그 또드락방맹이를 가져갔어.(군산 구비)

바. 신의주 사는 아무것이가 어머니를 뵈고 간다고 허니 어찌믄 좋냐 형
   게,(정읍 구비)

사. 여막 주인 아무것이가 자식 삼 형제를 두어가지고,(정읍 구비)

아. 그 동네 갈 같으믄 그 서른 살 먹은 아무것이가 있다.(군산 구비)

자. 저 아무 데 가서 포수 아무것이를 오라고 해라.(부안 구비)

차. 나 장수(지명) 어디 사는 아무것이라고 이야기를 하니까,(전주 구비)

카. "네 성이 무엇이라고 했냐?" "아, 아무것이라오."(정읍 구비)

타. 내 이름 아무것이고 허니까 걱정 말고 갖다가 쩍 부리라고.(군산 구비)

파. 여보쇼, 당신 수인사나 헙시다. 나는 아무것이요.(군산 구비)

하. 거 가서 지 큰아버지 자(字)를 부름서 아무것이란 그놈 거 있응게 잡어
   오라고.(군산 구비)

ㅏ. 그렇게 여자가 헌다 소리가 저그 새끼들을 부림서(=부르면서), "아무
   것이야!"(정읍 구비)

(157)은 '아무것이' 대신 '아무것'이 사람을 가리키는 경우이다. 아마도 '아무
것이'를 '아무것'과 주격조사 '이'로 잘못 분석한 결과로 보인다.

(157)

가. 아무 꼴짜기 송 아무것이 소자(=효자)로 자꾸 나와.(부안 구비)

나. 아무것이 찬 거시기 마느래 하나 얻었다.(군산 구비)

'아무것이'에서 보듯이 사물을 가리키는 부정대명사에 사람을 가리키는 접미사 '-이'가 결합되어 사람의 부정대명사로 쓰이는 경우는 '무엇이/뭣이'에서도 확인된다. (158가)의 '뭣이'는 '아무개'로 대체 가능하고, (158나)의 '무엇이'는 '어떤 사람' 정도의 의미로 해석된다. (158다)는 '아무개'와 '어떤 사람' 양쪽의 해석이 다 가능하다.

(158)

가. 하나는 이 전라감사 왔던 김 뭣이가 인도환생을 혔다고 그려요.(군산 구비)

나. 그래서 그 밑에가 천야만야한 바우가 깔렸는데, 바우가 부닥치면 직사를 할 참인디 무엇이가 착 받어.(부안 구비)

다. 처족으서 뭣이가 죽웅게 에, 거그서 부고가 왔다 그 말요.(군산 구비)

2.2.2 의문대명사

의문대명사는 의문을 나타내는 '누구, 무엇, 어디, 언제' 등을 말한다. 한국어에서 모든 의문대명사는 부정대명사의 용법을 겸하므로 오로지 의문대명사로만 쓰이는 경우는 없다. 의문대명사가 부정대명사로 기능할 때 몇 가지 점에서 차이를 보인다. 첫째는 억양이다. 의문문에 쓰일 때 의문대명사는 내림억양을 취하여 설명의문을 나타낸다. 반면 부정대명사는 올림억양을 취하며 판정의문을 표현한다. '밖에 온 사람이 누구냐?'와 '밖에 누가 왔니?'에서 이를 확인할 수 있다. 둘째, 조사 '도, 이나, 이라도, 이든지' 등은 부정대명사로 쓰일 때에만 결합이 가능하다. 그래서 '무엇도, 무엇이나, 무엇이라도, 무엇이든지' 등은 언제나 부정대명사로 해석된다. 셋째, 이음씨끝 가운데 양보의 의미를 나타내는 '-어도, -더라도, -을지라도, -을망정, -든지' 등의 구문역시 오직 부정대명사의 해석만 허용한다. '어디에 가더라도 겸손해라', '언제 먹어도 맛있어', '누구를 만날지라도 긴장할 필요 없어' 등의 예에서 이를 확인할 수 있다. 양보 구문에 쓰인 부정대명사는 조사 '도, 이나, 이라도, 이든지'가 결합된 경우와 마찬가지로 대상 전체를 가리키는 점이 공통이다. 이러한 의미적 특성이 의문대명사로의 해석을 허용하지 않는 것으로 보인다. 의문대명사는 대상 가운데 특정의 것만을 의문으로 삼기 때문이다. 넷째, 내포문에 쓰일 때 보문의 보문명사에 따라 의문대명사와 부정대명사의 해석이 달라진다. 예를 들어 '내가 누군 줄 아느냐?'와 '내가 거기서 누구를 만난일이 없어'는 모두 보문 구성인데 앞의 문장에서는 의문대명사, 뒤 문장에서는 부정대명사로 해석된다. 보문명사 '줄'이 포함된 '줄 알다/모르다'는 의문대명사의 해석을 허용하며, 보문명사 '일'의 경우는 의문대명사의 해석을 불허하기 때문이다. 결국 보문 구성에서 의문대명사는 특정의 보문명사를 취할 때만 가능함을 알 수 있다. 관계문에서는 의문대명사와 부정대명사의 해석이 모두 가능하여 '거기서 뭘 하던 친구인데, 오늘 불쑥 찾아왔데.'에서는 부정대명사, '거기서 뭘 하던 친구야?'에서는 의문대명사로 쓰였다. 의문문이라는 사실이 의문대명사로서의 해석을 허용한 것이다. 그런데 '네가 어디사는 뭣하던 놈이든 내가 따질 필요가 없고.'에서는 씨끝 '-든/든지'가 의문대명사의 해석을 허용한다. 이때의 '-든/든지'는 양보가 아닌 선택적 상황을 나타내므로 의문대명사의 해석이 가능하다. 만약 양보의 '-든/든지'라면 오직부정대명사로만 해석되었을 것이다. 이처럼 관계문에서 의문대명사/부정대명사의 해석은 상위문의 씨끝이나 문장 유형 등 다양한 형태 통사적 특성에 따라 달라진다. 다섯 째, 반복 구문에서 '누군 누구야?'의 '누구'는 모두 의문대명사이며, '누가 누군지 모르겠다.' 구문의 경우 첫 번째 '누'는 부정대명사, 두 번째 '누구'는 의문대명사로 해석된다. 이러한 해석 차이는 '무엇, 어디, 언제'의 대명사에서도 마찬가지로 나타난다. 이상과 같은 음운, 형태, 통사적 차이는 표준어를 비롯한 모든 방언에서 공통적으로 나타나며, 서남방언도 이 점에서 예외가 아니다.

① 누구/누

사람을 가리키는 의문대명사 '누구'는 역사적으로 '누'에 의문조사 '고'가 결합하여 재구조화된 낱말이다. 그러나 현대국어는 주격과 관형격에 아직도 '누'가 남아 있다. 이러한 형태적 특징은 서남방언에서도 동일하다. 따라서 주격과 관형격에서 '누'와 '누구'가 수의적인 변동을 보이며 그 밖의 환경에서는 '누구'로 쓰여 '누구를, 누구한테, 누구보다, 누구보고, 누구허고, 누구랑, 누구도, 누구만'처럼 곡용한다.

(159)

가. 거 누구가 날 살렸냐고 그랑께.(해남 구비)

나. 내가 죽고 아주 죽었는디 어느 누구가 날 살렸냐?(보성 민요)

다. 그 과객 접변하고 굶지 아니허고 넉넉이 사는 집이 누가 있냥께.(함평 구비)

라. "누가 잡어 주디야?" 그렁게.(함평 구비)

마. 너 이놈! 너 누구 수단에 누구 말을 듣고 그랬냐?(해남 구비)

바. 누구 소리가 잘하냐고 꾀꼬리보고 하라고 항께.(해남 구비)

사. 여보, 이 무덤이 누 무덤인디 그렇게 설리 통곡을 허시요?(함평 구비)

아. 너는 누 복으로 묵고 사냐 그렁께.(보성 구비)

자. 누구를 대서 그런 더런 말씸을 허시요?(함평 구비)

차. 누구한테 피살당했는지 원인을 몰르요.(고흥 구비)

238

카. 누구하고 싸웠냐고 그렇게는,(보성 구비)

한편 의문대명사 '누구'는 부정대명사로도 쓰이는데 형태적인 측면에서는 의문대명사로 쓰일 때와 아무런 차이를 보이지 않는다.

(160)

가. 우리 사당에 신주를 모두 누가 갖다 감차 버렸으니 거 찾을 수 없느냐? (함평 구비)

나. 대사를 치는 디를 가서 봉께, 누가 나를 반가를(=반가워를) 안 해.(함평 구비)

다. 미친 놈보고 누가 돈 주라고 했겄소?(함평 구비)

라. 그러고 시기를 내갖고 누구 잘사는 집이로 들어가서 남의집을 사는 디,(보성 구비)

마. 올라가니까 어느 동네 누구 아버지라고 해 쌓그덩.(보성 구비)

바. 누구보다 이 분이 제일 애국한 분이다.(보성 구비)

사. 느그 아부지가 (중략) 누구한테 지탱할 수가 없응께,(보성 구비)

서남방언에서 주격형 '누가'와 '누구가', 관형격형 '누'와 '누구'는 수의적으로 변동하지만 그 사용 빈도에는 차이가 있어 '누'가 '누구'보다 훨씬 높은 빈도를 보인다. 다만 '누구 누구가 왔어?', '누구 누구 차례야?', '누구 누구를 디꼬(=데리고) 왔어?'처럼 반복하여 열거를 나타낼 때에는 오직 '누구'만이 쓰인다. '누'는 관형형을 제외한 나머지 환경에서 조사의 결합 없이 홀로 쓰이지 못하기 때문이다. 그래서 *'누 누가 왔어?', *'누 누 차례야?', *'누 누를 디꼬 왔어?'는 모두 비문이다.

② 뭣/멋/머

　'멋'은 표준어 '무엇'의 서남방언형으로서, '무엇'이 축약되어 '뭣'이 되고, 이것이 단모음화되어 '멋'으로 쓰인다. '멋'은 '멋이/머가, 멋으로/머로/멀로, 멋한테/머한테, 멋보다/머보다, 멋보고/머보고, 멋허고/머허고, 멋도/머도, 멋만/머만, 멋이나/머나, 멋이랑/머랑'처럼 모든 환경에서 '머'와 수의적으로 변동한다.

　(161)

　가. 뭣이 그라믄 그 흠사냐?(고흥 구비)

　나. "대관절 멋이 그란다냐?" 하고는 가만히 거그를 내려다봉께는,(신안 구비)

　다. 느그들 멋을 헐라고 숫(=숯)을 싫냐(=씻느냐)?(함평 구비)

　라. 아, 대사 무엇에 쓸라고 그러요?(화순 구비)

　마. 네 이 자석! 네가 이 자식 나를 뭣으로 보고 이 자석 항상 상호가 이렇게 생겼다고 함스로 그라냐고 함스로,(해남 구비)

　바. 산신령님께 절을 하는 것이 멀로 했냐?(신안 구비)

　한편 관형격형의 보충형으로서 표준어의 '무슨'에 대응하는 '먼'이 있다. '먼'은 표준어의 '웬'과 같은 의미로 쓰일 때가 있다. 그래서 『표준국어대사전』에서 제시된 '웬 영문인지 모르겠다.', '웬 걱정이 그리 많아?', '이게 웬 날벼락이람.', '이제 곧 봄인데, 웬 눈이 이렇게 내리니?'의 '웬'을 '먼'으로 바꾸어도 자연스러운 서남방언의 문장이 된다.

　'뭣/멋'이 의문대명사 외에 부정대명사로 쓰이는 점은 표준어와 같다. (162)는 모두 부정대명사로 쓰인 것들이다.

(162)

가. 역적 아이라 뭣이 돼도 인자 안 되겠소(=되잖겠소)?(고흥 구비)

나. 창고에 뭣이 큰 보물이 꽉 차갖고 있어.(고흥 구비)

다. 지가 돈을 쥐고 와사(=와야) 이것이 뭣이 눕도 사고 뭣을 해야 할 거인
디,(고흥 구비)

라. 도령이 오더만, 뭣을 요만썩하니 뭘 싸갖고 왔더라만.(고흥 구비)

마. 대왕의 나라에 아무 뭣이란 도사가 나와갖고,(고흥 구비)

바. 그 인자 연못에 꽂이 나옹께 얼른 잡아채다가 인자 자기 방 뭣에다가
그렇게 났는디,(신안 구비)

사. 그렇게 술에다가 뭣에다가 그런 것을 잘 먹고 그러고선 아무 데나 가
서 술에 취해 누웠던갑다.(화순 구비)

관형사 '먼'도 '뭣'과 마찬가지로 의문을 나타내는 외에 부정의 관형사로
쓰인다. (163가)-(163나)는 의문, (163다)-(163마)는 부정칭을 나타낸다.

(163)

가. 아이, 가만히 저 자네가 서울서 비실(=벼슬)을 했어도 이렇게 광채 찬
란허이 어디 출타를 못 해 봤는디 이 먼 일인가?(함평 구비)

나. 아부이, 먼 말씀을 그렇고 허시요?(함평 구비)

다. 장군님께서는 어째셨간디 먼 기별이 없으시다.(함평 구비)

라. 먼 다른 이얘기는 없어요.(함평 구비)

마. 서울 소님(=손님)네도 초면이라 먼 말을 헐 수가 없고 근디,(함평 구비)

물음말 '뭣'은 동사 '허-'와 결합하여 다양한 형태를 만들어 낸다. 그 가운데
몇 가지는 거의 관용화 되어 굳어진 것도 있다. 예를 들어 '머덜라고/멀라고'
(=무엇 하려고)는 '뭣 헐라고'가 굳어진 말로서 '무엇 때문에' 또는 '왜'와 같은 의

미로 쓰인다. '멀라고'는 '멀라'로도 쓰인다.

(164)

가. "매씨, 돈을 잔 조야 씨겠소." 그렇께, "머덜라고 그라냐?"(신안 구비)

나. 그래 짚토매를 갖다 주니까 머달라고 짚토매를 갖다 주라 했는고니,
　　(신안 구비)

다. 머달라고 그란고?(신안 구비)

라. 누워서 봐도 다 뵈인디 멀라고 멀라 앉아서 보냐?(신안 구비)

마. 아, 참 벨일이다요. 쑥떡 이것을 자기 식구들 주지 멀라고 여그다 옇어
　　(=옇어) 났는가?(보성 구비)

'멋(도) 모르고'는 '아무것도 모르고'의 뜻이다.

(165) 멋 모르고 앞에다 자리를 잡았는디 괜찮허겠는가?

'멋이락허다/머이락허다/머락허다'는 '멋이라고 허다'(=무엇이라고 하다)와 같
은 통사적 구성이 축약된 것인데 '꾸지람하다/야단치다'의 뜻으로 굳어져 쓰
이는 수가 있다. (166가)는 의미상으로 '야단치다'의 의미를 나타내나 원래의
형태가 그대로 유지되고 있는 반면, (166나)는 의미와 형태면에서 동사로의
재구조화가 완성된 경우이다.

(166)

가. 장기판을 내던지고 어쭈그롬 뭣이라고 하던지, 죽일 놈 살릴 놈 이 자
　　식 말 당장 그냥 뭣 한다고 호통을 하고,(해남 구비)

나. 하도 머락해서 기양 와 불었소.

③ 어디

의문대명사 '어디'는 조사 '에서' 앞에서 '어', '에다가' 앞에서 '언', '으로' 앞에서 '얼'의 수의적 변이형을 갖는다.[34] '어', '언', '얼'은 모두 긴소리로 발음된다.

(167)

가. 어서(=어디서) 오시냐고 그렇게,(장성 구비)

나. 대체 어서 온 손님인지 몰라도 참 근사한 양반이 오셨어.(장성 구비)

다. 내가 살기는 어서 사는데, 내가 정처 없이 이러해서 여기까지 왔습니다.(화순 구비)

라. 돈을 어서 이 호랭이가 몽땅 갖고 와서,(화순 구비)

마. 저놈의 새끼를 언다가 파묻어 버려야 쓰겠다.(신안 구비)

바. 도대체 언다가 누구한테다가 밥을 해 놓고 그 음식을 차라 놓고 그 정성을 드렸느냐?(신안 구비)

사. 얼로 간 지나 알 것이요?(해남 구비)

아. 아따, 그때는 얼로 가 분 지 알고 깜짝 놀래서 인자,(해남 구비)

자. 그라니 우시영(=우수영) 청년들이 날마지(=날마다) 슬픈 마음으로 고통을 하고 있는데 얼로 간 줄을 몰라라우.(해남 구비)

차. 그 진사네 딸을 얼로 여우냐(=결혼시키느냐) 허면 징계산에 배참봉네 집으로 여워.(신안 구비)

'어디'가 의문과 부정칭의 두 가지 의미로 쓰이는 것은 다른 의문대명사와 다를 바 없다. (168)은 의문대명사로 쓰인 경우이다.

---

34 '요기로/욜로', '고기로/골로', '쪼기로/쫄로' 등에서도 같은 변동이 확인된다.

(168)

가. 자네 어디 가는가?(함평 구비)

나. 어디서 오신 손님이냐?(전주 구비)

다. 부자라고 더 받는 법이 어디가 있느냐?(전주 구비)

라. 몰른다. 나 느그 어머니 어디 있는지도.(전주 구비)

마. 그걸 어디다가 쓰는 것입니겨?(전주 구비)

바. 내려오다가 어디쯤을 갔냐 하믄 요 함경도쯤 내려왔던개벼.(부안 구비)

사. 어디서 난 줄도 모르고 그냥 들에 나가서 농사를 짓고 집에 와서 봉개
   밥을 겁나게 해서 놔.(전주 구비)

(169)는 부정대명사로 쓰인 경우이다. (169바)-(169아)의 '어디쯤, 어디만큼,
어디만치'는 장소보다 거리, 즉 '상당한 거리'를 나타낸다. 특히 (169아)는 물
로 들어가는 상황이므로 장소로의 해석이 전혀 불가능하다. (169자)-(169차)
는 양보를 나타내는 조사 '든지' 앞에서 언제나 부정대명사로 해석되는 예이다.

(169)

가. 오늘은 나허고 어디 놀러 좀 가세.(함평 구비)

나. 어디 나가지 말고 여기 있거라.(전주 구비)

다. 맛난 내(=냄새)가 어디서 구수허니 나.(부안 구비)

라. 어디를 갈 때면은 그 문을 닫고 가더래요.(전주 구비)

마. 어깨에다가 둘러메고는 한정 없이 어디로 가 버린단 말이여.(전주 구
   비)

바. 그런디 어디쯤 가는디 주막이 있어, 술을 파는 디.(부안 구비)

사. 어디만큼 가다가 보면 움집이 하나 있는디, 움집으로 쏙 들어가.(전주
   구비)

아. 물로 들어가는디, 그 어디만치 강깨, 그것 참 요술이지이? 들어강개 물

244

이 양쪽으로 착 갈라지는디,(전주 구비)

　자. 산신님 어디든지 가서 나를 홍시감 하나만 구해 주시요.(전주 구비)

　차. 사방 어디든지 가서 있으면 가서 찾아오라고.(부안 구비)

　'어디'가 부정대명사로 쓰일 때 관용적인 표현을 구성하기도 한다. (170가)의 '어디까지'는 '아주 먼 곳까지'의 의미이다.[35] (170나)의 '어디가 어딘지 모르다'는 위치나 장소에 대해 전혀 알지 못함을 의미한다. 이런 통사적 구성은 다른 의문대명사에서도 가능하다. 예를 들어 '뭐가 뭔지 모르다'나 '누가 누군지 모르다' 등이 그런 예이다. (170다)의 '어디 가고 없다'는 있던 사람이나 동물 또는 놓아둔 물건이 사라지고 없는 상태를 의미한다. 특히 사물의 경우 '어디 가고 없다'는 단순히 없거나 찾을 수 없음을 표현할 뿐 그 물건이 다른 곳으로 이동했음을 적극적으로 뜻하지는 않는다. (170라)는 가는 과정인 '산-말랑-어디'를 제시함으로써 그 과정이 길고 머나먼 길이었음을 표현한다. 특히 후행하는 '천정만정'이 그 머나먼 길임을 다시 보여 주고 있다. 그러므로 이 경우 '어디'는 가는 과정의 나머지 지점들을 포괄적으로 나타낸다고 할 수 있다. (170마)도 (170라)와 비슷한데, 다만 '어디로 어디로 가시덤불로 어디로'로써 골짜기를 내려오는 과정이 복잡하고 어려운 과정임을 묘사하고 있다. 선행하는 두 개의 '어디로'는 통과하는 두 지점을 부정(不定) 형식으로 표현하였고, 맨 뒤의 '어디로'는 골짜기에서 내려오는 전 과정의 나머지 부분을 포괄적으로 가리킨다. 이처럼 복잡한 과정을 나타내기 위해서는 부정대명사 '어디'가 '가시덤불로 어디로'처럼 맨 마지막에 오는 것이 필요하다. '가시덤불로' 앞의 '어디로 어디로'가 통과 지점을 부정적(不定的)으로 표현했다면 뒤의 '어디로'는 포괄적인 부정대명사로 기능하는 것이다.

---

35 '어디까지'가 '나'와 더불어 쓰일 때에는 조금의 여지도 없음을 나타낸다. (예) 어디까지나 여자 혼자의 관찰이제.(부안 구비)

(170)

가. 그 말이 <u>어디까지</u> 퍼져갖고 그 친구허고 생전 변틀 않고 죽드락 살았

대요.(전주 구비)

나. <u>어디가 어딘지</u> 모르게 캉캄하단 말이여. 안 뵈아.(전주 구비)

다. 쌓아 두면 자고 나면 나무 두 짐만 있고는 나머지는 <u>어디 가고 없어.</u>(부

안 구비)

라. 그냥 산으로 말랑이(=산마루)로 <u>어디로 천정만정</u> 가.(부안 구비)

마. 정신이 없이 그만 산골짜기를 <u>어디로 어디로 가시덤불로 어디로</u> 작대

기 하나 짚고서는 정신없이 내려오지.(전주 구비)

'어디'가 부정대명사로 쓰일 때, 역행대용의 선행사로 기능하는 수가 많
다.[36] 이런 경우 처음에 나오는 '어디'는 특정되지 않은 장소나 사물을 가리
키며, 이어 뒤따르는 명사가 구체적으로 특정된 장소나 사물을 가리키게 된
다. 예를 들어 (171가)의 '어디'는 '한 곳', (171나)의 '어디'는 '풍년 드는 디' 등
을 가리킨다. (171자)-(171차)는 '어디'에 조사가 결합되었지만 역행대용의
선행사로 기능하는 점은 마찬가지다.

(171)

가. 이리저리 돌아댕이다가 <u>어디 한 곳을</u> 가니까 참 부자가 많이 살고 지

와집도 많고,(함평 구비)

나. 가마이 생각허이 자식들 처자식 죽는 것을 보기 싫어서 <u>어디 풍년 드</u>

<u>는 디</u> 가서 품이나 쩔까 허고 망운(지명)서 나서갖고 징개망개(=김제

---

36 '어디' 외에 '무엇'이나 '누구'도 이러한 역행대용에 쓰일 수 있다. (예) 뭐 마실 것 없어?/옛
적에 그 한 사람이 살림은 참 가난하고, 뭐 장가갈 길이 없어서 삼시(常時) 계속 남의집만
살고 다니는디(부안 구비)/너 나 밑이 내려간 뒤여 그 뭐 지엄헌 일 있냐?(군산 구비)/삼
백 보 밖에 있는 글자를 누구 알 사람이 누가 있느냐 말여.(부안 구비)

만경) 들을 찾어갔는디,(함평 구비)

다. <u>어디 삼거리 날 질(=길)에</u> 가서 서니(=셋이) 똑같이 갈렸다가(=헤어졌
다가) 내중에는 성공해갖고 거그 와서 만나서 느그 삼 형제 살어라.(함
평 구비)

라. 그 <u>어디 벌랫간(=벌판)</u> 존 디가 앵겼든갑디다(=걸렸던가 봅디다).(함
평 구비)

마. 그 절의 건물이라고 헌다 치면 <u>어디 여 촌락의 건물보담도</u> 참 거대허
이 침 웅장허이 짓어 냈기 때문에,(함평 구비)

바. 그래 인자 인가를 찾아갔는데 아, 물론 <u>어디 거 밥 얻어묵을 만헌 집을</u>
찾거든.(함평 구비)

사. 느그덜이 가서 그 장승을 갖다가 얻다 땅을 파고 매장을 해 버리던지
<u>어디 짚비눌(=짚가리) 속에다라도</u> 넣어 버리던지 좌우간 감차 버러
라.(함평 구비)

아. <u>어디 저 두럭에다</u> 놨던가입디다요.(함평 구비)

자. 자리를 걷고 마루쪽을 살짝 빼서 <u>어디다가</u> 안 보이는 디 갖다 감추라
고.(전주 구비)

차. 이제 이사를 <u>어디로 좋은 데로</u> 가노라고 가는디,(전주 구비)

카. 그놈이 끈고(=끌고) 대녀서 잘못 <u>어디 물로라도</u> 끈기(=끌려) 들어가면
죽지.(부안 구비)

타. 내 뼈골이나 <u>어디 따땃한 디</u> 안장이나 해 주고,(부안 구비)

파. 저 경상도 <u>어디 넓은 들판가서</u> 살었다누만.(부안 구비)

'어디'는 (172)처럼 존재동사가 포함된 수사의문문에 쓰일 때 장소를 가리
키는 의문대명사로 해석된다.

(172)

가. 귀도 안 맨들어 놓고 세상에 가는 수가 어디 있냐?(부안 구비)

나. 그래도 어디 있간디?(전주 구비)

다. 불로초가 어디 있는가?(전주 구비)

라. 오뉴월에 홍시가 어디 있어?(부안 구비)

마. 사람이 음식을 자심서 혼자 사람을 옆에다 놓아 놓고 자신 법이 그런 법이 어디 있습니까?(부안 구비)

그런데 (173)처럼 의존명사 '수'와 같이 추상적인 주어인 경우 '어디'는 장소의 의문대명사로 해석하기 어렵다. 이때의 '어디'는 단지 부정의 의미를 강조하는 기능을 수행한다고 해석해야 한다. 그렇다면 '어디'는 존재동사의 수사의문문에 쓰일 때, 부정대명사로 기능하다가 강조의 부사로 전환되었다고 할 수 있다.

(173)

가. 어디 그럴 수가 있냐 그 말이여.(함평 구비)

나. 어디 사람이 그런 행동을 할 수 있느냔 말여.(부안 구비)

존재동사의 수사의문에서 시작된 '어디'의 강조 기능은 다른 종류의 서술어에까지 확대되어, (174)에서 보듯이 서술어의 종류에 관계없이 수사의문문에서는 언제나 부정을 강조할 수 있게 되었다.

(174)

가. 어디 시부모가 말헌디 언제든지 거 말대답을 허냐?(함평 구비)

나. 친구라면은 죽을 일도 이렇게 내 몸허고 똑같이 뭔 일을 허고 감쪽같이 허지 네 친구는 어디 쓰겠냐? 친구 좋다고 해 쌓더니.(전주 구비)

다. 촌놈이 어디 군대에 나가느냐고 써 주들 안혀.(부안 구비)

라. 아, 이눔아. 여름에 나는 풀이 어디 시안(=겨울)에 눈 속에 나냐?(부안 구비)

'어디'가 수사의문문이 아닌 서술문에 쓰여 부정을 강조하는 수도 있다. 아래 (175)가 그런 경우인데, 이때 '어디'는 '어디에도'나 '어디에서도'로 해석되므로 부정대명사로 쓰인 것으로 볼 수도 있으나, 그 서술어가 언제나 '없-'이라는 제약을 고려하면 부정을 강조한다고 볼 수도 있다. (172)에서 살펴본 수사의문문에서 시작된 '어디'의 기능 전환이 '없-'의 서술문에까지 영향을 미친 것으로 생각된다.

(175)

가. 아따, 오늘 한 번만 봐주라. 하르내 된(=힘든) 일 허고 이직까지(=이제까지) 일 년 내 독(=돌)을 마을 앞에 치까지 쫘악 줏어 와 불었는디 어디 돌은 없고 배는 고프고 깜깜허기는 허고 어디로 독을 줏으로 가 것이냐?(함평 구비)

나. 그러자 사천서 동구(洞口) 밑에 와서 거 살인 살옥을 당하고 살인 거시기가 왔는디 금시(檢屍)를 허는디 댕에야(=다녀야) 어디 죄수를 찾일 수가 없어.(함평 구비)

수사의문문에서 부정을 강조하는 '어디'는 서남방언에서 '어디가'로 쓰이기도 한다. '어디가'의 '가'는 주격조사가 아닌 처격조사이다(4.2.3.4 ④ 참조). (176)에서 보듯이 (가)-(나)에서 '어디가'는 주어가 사람이나 사물, (다)-(마)는 주어가 의존명사 '리'와 '수'인 존재동사와 함께 쓰였다. 한편 (바)-(자)는 존재동사가 아닌 일반 동사의 경우이다. 각각의 경우에 쓰인 '어디가'의 의미 기능은 앞에서 살펴본 '어디'의 의미 기능과 완전히 일치한다. 그래서

(176)의 '어디가'를 '어디'로 바꿔도 문법성에는 별다른 차이가 발생하지 않는데, 다만 용인성에는 약간의 차이가 있다. (가)-(사)는 매우 자연스럽지만 (아)-(자)는 용인성이 떨어진다. 특히 (아)의 '어디가라우?'를 '어디라우?'처럼 말하면 상당히 어색하다. 한편 '어디가'가 '어디에'의 뜻이므로 (176)의 '어디가'를 '어디에'로 바꿀 경우 오직 (가)-(나)만 가능하고 나머지는 불가능하다. '어디에'가 의문대명사 또는 부정대명사로 쓰일 수는 있어도 강조를 나타내지는 않기 때문이다. 다만 (가)-(나)처럼 사물이나 사람 주어의 존재동사일 때는 장소의 의문대명사로의 해석 가능성이 남아 있어 '어디에'가 가능한 것으로 보인다.

(176)

가. 중이 어디 술 먹는 디가 어디가 있다냐고.(함평 구비)

나. 한 날 한 시에 난 처녀 열둘이 어디가 있었는가?(함평 구비)

다. 아, 어디가 그럴 리가 있습니까?(부안 구비)

라. 어디가 그럴 수가 있냐고 항게,(부안 구비)

마. 여보씨요. 우리는 죽자 사자 허고 우리도 철엽(川獵)해서 먹을라 했는디 이렇게 다 먹을 수가 어디가 있소?(함평 구비)

바. 아, 본팩이(=본래) 인맹이면 재천이라네. 어디가 죽는단가? 걱정 말고 여그서 내 집이서 한 삼 년 있다 동생네 집이나 가고 그러끔 허세.(함평 구비)

사. 허지만 시방은 그러간디, 어디가?(부안 구비)

아. 어디가라우? 안 갔다 먹었소. 어디가 갔다 먹어라우?(함평 구비)

자. "요놈 먹고 말이여이, 절대 이런 말은 마라." 그렇게, "어디가 내가 이런 말을 헐 것이요? 떡 먹는디 절대 안 헐랍니다."(함평 구비)

'어디'는 명령·청유·권유 등 상대에게 행동을 요구하는 양태 구문에 나타나 부사로 쓰일 수 있다. 명령문의 경우, 직접적인 명령이 아닌 '시도해 보기'를 권할 때 '어디'가 쓰이는 경향이 높다. 시도해 보기를 표현하는 보조동사 '보다'와 부사 '한번'이 특히 '어디'가 쓰이는 구문에 많이 나타나는 것도 이러한 이유 때문이다. (177가)-(177다)가 이런 경우이다. (177가)에서 보조동사 '보다'와 '한번'이 없다면 '어디 방구를 꾸어라'라는 매우 어색한 문장이 된다. 만약 '한번'을 추가하여 '어디 한번 방구를 꾸어라'라고 하면 어색함이 훨씬 줄어든다. 그런데 '한번'이 없더라도 보조동사 '보다'를 써서 '어디 방구를 꾸어 봐라'라고 하면 매우 자연스럽다. 이를 보면 '한번'보다 보조동사 '보다'가 '어디'의 쓰임에 결정적인 요소임을 알 수 있다. '한번'은 보조동사 '보다'의 의미를 강조하는 역할에 그치기 때문이다. 결국 '어디'는 상대에게 어떤 행위를 시도할 것을 권유할 때 사용되는 말이라고 할 수 있다. 그런 점에서 (177라)의 '얘기하시요'는 '얘기해 보시요'로 해석될 수밖에 없는데 이러한 해석은 '어디' 때문에 불가피하게 일어나는 것이다.

(177)

가. 어디 방구를 한번 꾸어 봐라.(함평 구비)

나. 어디 한번 무슨 약을 헐란가 어디 좀 한번 혀 보라고.(부안 구비)

다. 어디 방에서 한번 돌아댕겨 보라고 한다고. 우리 아들이 방에서 좀 돌아댕겨 보라고 하닝개 좀 돌아댕겨 보라고.(부안 구비)

라. 어디, 얘기하시요.(부안 구비)

청유문에서도 보조동사 '보다'가 쓰이면 '어디'와 자연스럽게 어울린다. 다만 (178)에서 보듯이 본동사가 '보다'일 때에는 보조동사 없이도 '어디'와 어울리는 경향이 높다.

(178)

가. 자네 어디 손 잔 보세.(함평 구비)

나. 어디 줌 술 한번 먹는 것 보자고 말이여.(함평 구비)

다. 나도 부모님 덕분에 침 쪼매나 놓게 배왔응개, 어디 좀 보면 어쩌요?
   (부안 구비)

(179)에서 '어디'는 말할이의 강한 결심이나 의도를 강조하는 화용적 기능을 갖는다.

(179) 아 여보씨요, 이만저만헌다니 어쩔 것이요? 어디 분풀이해야지 이거
   안 되겠다고.(함평 구비)

'어디'는 수량이나 정도가 대단함을 나타내는 데도 쓰인다. 대체로 지정사와 어울려 쓰이고 언제나 수사의문문과 함께 쓰인다.

(180)

가. 이것만 해도 어딘디(=어디인데) 더 뭣을 바래?

나. 이런 불경기에 이 정도면 어디여?

『표준국어대사전』에서 '무엇하다'는 내키지 않거나 무안한 느낌을 알맞게 형용하기 어렵거나 그것을 표현할 말이 생각나지 않을 때 암시적으로 둘러서 쓰는 말로 풀이되어 있다. 주로 '거북하다', '곤란하다', '난처하다', '딱하다', '미안하다', '싫다', '수줍다', '쑥스럽다' 따위의 느낌을 나타낼 때 쓴다고 한다. 서남방언에서도 '무엇하다'에 대응하는 '뭐허다/머허다'가 쓰이는데, 그 밖에 (181)처럼 '어디허다'가 '머허다' 대신에 쓰이기도 한다. (181)에서 '어디헌디'는 '미안한데' 정도의 의미로 해석된다. 아마도 정도를 강조하는 '어

딘디'와 '머허-'가 혼태를 일으켜 생겨난 독특한 말이 아닐까 추정해 본다.

(181) 그 주막에서 신세 끼친 것도 어디헌디 얼마나 감사한지 모른데, 이렇게까지 해 주시니 이상 못 있겠다.(부안 구비)

서남방언에서 '어디'는 명사 앞에 올 때 표준어의 '어느'처럼 관형사로 쓰인다. 둘 이상의 대상 가운데 선택을 요구할 때 '어디'를 사용하는 것이다. 서남방언에서 '어느'는 사용되지 않으므로 표준어의 '어느'가 쓰일 자리에 '어디'가 대신 쓰이는 것으로 보인다.

(182)
가. 어디 학교 댕기냐?
나. 느그 집 텔레비전은 어디 치냐?
다. 그 연속극은 어디 방송에서 허디?
라. 어디 마을에나 또는 주막에 가면 주석에서나 동생 비방을 아조 한없이 참 입으로 표현힐 수 없을 정도로 아조 그 욕을 하고 비난을 하고 이렇게 해 와도,(함평 구비)
마. 김제 어디 면(面) 사람인가요?(전주 구비)
바. 송씨인디 성이, 어디 송씨인지는 모르겠구만.(부안 구비)
사. 느그 아버지 뻑다구가, 가사(=가령) 일러 요새날 변산(지명) 어디 재 넘으면 나무꾼이 쉰 자리, 그 돌치바우라던가 어디 바우 밑에 거 쉴 자리에 이러이러한 바우 밑에가 들었다고 하더라.(부안 구비)
아. 처녀가 아기 배갖고 왔다고, 그래 어디 방 하나 얻어가지고 애기를 낳은 것이 서고청을 낳았어요.(부안 구비)

2.2.3 재귀대명사

2.2.3.1 재귀사의 유형론

재귀 구문을 사용하는지의 여부에 따라 세계 언어는 재귀적 언어와 비재귀적 언어의 두 종류로 나뉜다(송경안:2008). 독일어·프랑스어·슬라브어 등 유럽 언어들의 대부분은 재귀적 언어이지만 영어는 재귀 구문이 제한적으로 쓰여 비재귀적 언어에 속한다.

재귀사는 Faltz(1977/1985)에 따르면 아래와 같은 종류가 있다.

대명사형: 인칭대명사형, 재귀대명사형
복합형: 한정어+명사형, 인칭대명사+재귀대명사, 재귀대명사+재귀부사
재귀동사형: 접어형(clitic), 접사형(verbal affix)

재귀 구문은 일차적으로 주어가 행한 동작이 주어로 돌아오는 재귀적 기능을 수행한다. Faltz(1977)는 이 밖에도 재귀 구문이 중간태를 나타낼 수 있고 (러시아어), 재귀사가 사격까지 확대되기도 하며(영어의 about himself), 종속절의 주어와 주절의 주어가 일치할 때 종속절의 주어가 재귀대명사로 나타나기도 하고(Yoruba어), 강조 기능(영어)을 수행하는 등 다양한 기능을 수행한다고 하였다.

한국어의 재귀사는 재귀대명사로 실현되는데, 재귀 기능만을 담당하여 매우 제한된 용법을 보인다. 따라서 한국어는 유형론적으로 비재귀적 언어라 할 수 있다. 다만 유럽의 언어들과는 다른 양상을 보일 수 있어 이에 대한 기술이 필요하다.

2.2.3.2 서남방언의 재귀대명사

서남방언의 재귀대명사는 상대높임의 위계에 따라 '저, 자기, 재게, 이녁, 당신' 등을 들 수 있다. 여기서 '저, 자기, 당신'은 표준어와 같으며, '재게'는 중세어 'ᄌᆞ갸'의 후대형이고 '이녁'은 표준어에서 이인칭 대명사이지만 서남방언에서는 재귀대명사로 쓰인다.

한국어에서 재귀대명사는 선행사의 문법적 성분이 주어 또는 주제인 경우가 일반적이나, 이는 절대적인 제약이 아니어서 선행사가 다른 성분일 경우에도 재귀대명사는 쓰일 수 있다(박승윤 1986, 이익섭/채완 1999). (183나)에서 '당신 방'은 주어인 '아부지'의 방일 수도 있고, 목적어인 '하나부지'의 방일 수도 있다. 그러나 (183다)처럼 말할이가 주어보다 높은 사람이라면 재귀대명사 '당신'의 선행사는 당연히 '하나부지'로 제한되게 될 것이다.

(183)
가. 철수는 지 성(=형)이 디꼬(=데리고) 갔다.
나. 아부지는 하나부지를 당신 방이로 모시고 갔다.
다. 철수는 하나부지를 당신 방이로 모시고 갔다.

한국어 재귀대명사의 선행사는 일반적으로 유정물이어야 한다는 제약이 있는데, 이는 서남방언에서도 그대로 적용된다. 그러나 이런 제약은 재귀대명사 가운데 '재게', '자기', '이녁', '당신' 등에만 적용되는데 이는 물론 상대높임의 위계 때문이다. 반면 위계가 낮은 '저'는 유정물뿐만 아니라 무정물의 선행사를 가질 수 있다. 재귀대명사 '저'가 무정물을 지시하는 경우는 관형어로 제한되는데, 다만 무정물을 의인화하여 표현할 때에는 이러한 제약이 적용되지 않는다.

(184)

가. 밥을 지한시(=제때)에 묵어야 속이 안 상허제.

나. 나락(=벼)을 지갑(=제값)을 받을라면 잘 몰려야 혀.

① 저/지

상대높임의 위계가 가장 낮은 '저'는 '저가/지가, 제/지, 저를/지를, 저한테/지한테, 저보고/지보고, 저보다/지보다, 저허고/지허고, 저만/지만, 저도/지도, 저랑/지랑'과 같이 곡용함으로써 '저'와 '지'가 완전히 수의적인 변동을 보인다.

재귀대명사 '저/지'는 선행사와 언제나 동일한 문장 안에 출현하는 것은 아니다. 경우에 따라 절이나 문장 경계를 넘어 나타날 수 있다. (185가), (185라)에서는 재귀대명사와 선행사가 한 문장 안에 나타났지만, 나머지 예에서는 선행사가 문장 경계를 넘어서 선행 담화에 나타났다. 이처럼 우리말에서 재귀대명사의 선행사는 재귀대명사가 반드시 동일 문장에 위치할 필요가 없다. 그만큼 통사적으로 느슨한 조응관계를 유지하면서 인구어에 비해 상대적으로 독립성이 강하다고 하겠다.

(185)

가. 그 성헌 사람이 말을 안 혀. 그렸다가 왜정 때 인제 그 말허자면 그때 그 날짜를 알어갖고는 <u>일본놈이</u> 우리 한국을 쳐들어와. 쳐들어와서 한참 그 한국 사람을 죽일라고, <u>저가</u> 차지헐라고 들오는 판에 저그 성님보고 말을 혔어.(정읍 구비)

나. 여자는 시집을 보내라. 남자가 일찍 죽으면 시집을 보내야지 저롱고 열녀 되면 <u>지가</u> 뭣 허냐?(신안 구비)

다. 내부두씨요. 뜨거우면 <u>지가</u> 돌아 안 눌랍디여?(함평 구비)

라. 아이, 이놈 새끼, 장개가랑께 장개를 안 간다고. <u>홀애비가</u> 인제까지 살

다가 <u>저를</u> 여울라 한디 안 간다고 말이여. 이 새끼 어설피(=차라리) 장

개를 못 갈 바에는 때레죽여 분다고 그러고 나가거든.(신안 구비)

마. 열다섯 살 묵은 <u>신랭이</u> 호랭이 등에 딱 엡혀갖고, 물려갖고는 기냥 들

고 인자 산으로 기양 시방 끄시끼(=끌려) 간 판이여. (중략) 큰 호랭이

가 <u>지를</u> 물고, 등에다 업고 들고 기양 도주를 허는디, 인자 '나는 죽었

다.' 싶을 거 아닌가?(고흥 구비)

바. 쥐어 주면 쥐어 주는 대로 <u>저한테로</u> 갖고 오라고 했는디, 아, 인자 시켰

는디,(화순 구비)

사. 그래서 잠을 잘라고 허는디, 관상쟁이가 <u>지한테</u> 자게 되었다 그 말이

여.(고흥 구비)

아. 그렁께 <u>저보고</u> 행여야 사그(=사기)에 짐 지고 들어오라 하는개비(=할

것 같아) 발을 한짝 안으로 들여났어.(신안 구비)

자. 그래서 물에다 그 식구는 물에 빠쳐서(=빠뜨려서) 죽여 불고 그 처녀

하고 <u>저허고</u> 잘 살어 불었어.(정읍 구비)

차. 이미 내가 여태까지 <u>지허고</u> 잠서 헌 말은 없어도 마느래 둘 얻지 말라

고 혔는디,(정읍 구비)

재귀대명사 '지'가 관형어로 쓰이는 경우에도 상황은 비슷하다. (186)의
(가)-(라)는 접속문 구성인데, 선행절에 선행사가 명시되거나 생략되었고,
재귀대명사는 후행절에 나타났다. 반면 (마)에서는 문장 내에 선행사가 없
으므로 문장 경계를 넘어 선행 담화에 선행사가 나타났다고 보아야 한다.

(186)

가. <u>이놈이</u> 가을에는 말이여 돈을 딱 해서 <u>지 자석놈한테</u> 지이고(=지우

고),(함평 구비)

나. 정자나무 밑이 가서 <u>이놈이</u> 떠억 두러눠 자니까 정자나무에서 멋이 뚝 떨어져서 <u>지 얼굴에다</u> 닿아.(함평 구비)

다. 잠은 안 오고 하니께 이렇게 <u>제 옷을</u> 벗고 앉이고 있는데,(장성 구비)

라. 한 달간을 치료해갖고, 어느 정도 <u>제 집을</u> 찾아갈 만항께, 자기 집을 왔어.(화순 구비)

마. 그러면 <u>지 명이</u> 그배끼 안 되는디 어찌게 헐 것이요?(함평 구비)

(187)은 재귀대명사 '저', 복수형 '저거', 동지시의 삼인칭 대명사 '그놈'이 한 문장 안에 나타난 경우이다. 같은 인물에 대해 재귀대명사와 삼인칭 대명사가 함께 쓰이는 것은 이들이 통사적 차원이 아닌 의미 화용적 차원에서 구별되기 때문이다. 삼인칭 대명사는 대상을 객관적으로 가리키는 반면, 재귀대명사는 말할이가 대상의 관점에서 지시하는 차이가 있다.

(187) 아무리 <u>저를</u> 양반을 시켜 주고, <u>저거(=저희)</u> 살림을 싹 줘도, <u>그놈 입에서</u> 그 말이 나와.(고흥 구비)

② 즈그

'저/지'의 복수형은 '즈그/지기/저거' 또는 '저들/지들'이며 '즈그/지기/저거'에도 복수접미사 '-들'이 수의적으로 덧붙을 수 있다. (188)에서 재귀대명사의 선행사는 무정물인 '감낭구들'이므로 재귀대명사 '지/지들/즈그/즈그들'이 관형어 자리에 쓰였다.

(188) <u>감낭구(=감나무)들</u>이 독담(=돌담) 우게로(=위로) <u>지(지들/즈그/즈그들)</u> 가쟁이(=가지)를 뻗칠라고 용을 쓰네.

이와 달리 (189)의 '즈그'는 소유의 복수를 나타낸다.

(189)

가. 아, 그 여자가 기양 이만치나 부르터가지고는 인자 말도 않고 <u>즈그 어머니한테도</u> 툴툴허고 <u>즈그 아부지한테도</u> 툴툴허고 오빠한테도 기양 툴툴허고 기양 막 아침부터 이것이 기양 난리란 말이여.(함평 구비)

나. 그러고 <u>즈그 동상보고</u> 막 나무랄 것 아니요?(함평 구비)

다. 그 메나리(=며느리) 자부 되는 사람이 소위 문헌방이라고 헌 시집을 이렇게 왔는디 <u>즈그 시아부지가</u> 그렇게 대실수를 <u>즈그</u> 집에 와서 해 불었네.(함평 구비)

라. 딱 가닝까 <u>즈그 친정 아부지가</u> 도저히 딸을 절도 안 받고 외면이라.(함평 구비)

마. 그 집가서(=집에서) 즉 말헌다 치면은 과년헌 딸이 한나가 있어요. 딸 한나보고만 즉 말허자면 집을 봐라 허고 <u>즈그 성</u> 집으로 차례를 모시로 전부 다 갔습니다.(함평 구비)

바. '때가 이때다' 허고는 <u>즈그 남편이</u> 기양 이렇게 앉어서 좌수를 허고 있는 통에 개랑(=호주머니)에다 가마이 손을 넣어가지고 앞닫이(=반닫이) 열쇠를 냈어.(함평 구비)

사. <u>즈그 내외간에</u> 인자 아조 참 고맙다고 그 논 수무 마지기를 어뜽게 참 정력(=전력)을 다해서 농사를 지어가지고,(함평 구비)

아. <u>즈그 고향에</u> 가서 인자 <u>즈그가</u> 바로 <u>즈그가</u> 자작으로 해갖고 과거헌 것같이 의기양양허고 기양 호기를 핀다 말이여.(함평 구비)

자. 서울 와가지고 하시골 사는 <u>즈기 사당</u> 타는 것도 아는디 하물며 서울 와가지고 옥새 갖다 감춘 것을 모를 것이냐 허고,(함평 구비)

(190)은 '즈그' 외에 '즈그들'과 '지들'이 각각 복수형으로 쓰인 예이다.

(190)

가. <u>즈그 어머니가</u> 들으잉께, <u>즈그들만</u> 차지허고 <u>즉 으마니는</u>(=저희 어머
니는) 차지헐 것이 없거든.(함평 구비)

나. 그래서 네이(=넷이) 갔는디 장중(場中)에를 강게 <u>즈그들이</u> 바로 좋은
인자 비단 사다 놓고 글을 쓰고 있는디, 그 때 제목은 화란춘성(花爛春
盛)이라고 써 놨다 말이세.(함평 구비)

다. '아 이게가 씨만 달르지 동복형제간이구나.'라는 걸 알았어, <u>지들끼리
는</u>.(정읍 구비)

라. 형제간매니로 앉어서, 앉어서 있는디, 앉어서 이야기를 이런 사람들이
지금, 생쥐(雙座)에 <u>지들이</u> 앉혀.(화순 구비)

다만 (191가)처럼 소유의 복수를 나타낼 경우에는 선행사가 단수이면 '지들'
이나 '즈그들'은 불가능하며 '즈그'만이 가능하다. 그러나 주어가 복수일 때
에는 '지들', '즈그들'이 가능한데, (191나)에서 '지들', '즈그', '즈그들'은 철수
와 영희를 함께 지시하거나 각각 지시할 수 있어 중의적이다. 함께 지시하는
경우는 철수와 영희가 남매일 때이다. 결국 '지들'과 '즈그들'처럼 복수접미
사 '-들'이 명시적으로 결합되면 오직 복수의 선행사만 가능하며, '-들'이 없는
'즈그'는 단수와 복수의 선행사 모두 가능하다는 차이가 있다.

(191)

가. 그 여자가 기양 즈그(*지들/즈그들) 엄니한테도 툴툴거리고.

나. 철수하고 영희는 즈그(지들/즈그들) 엄니만 찾고 있응께 깝깝해.

③ 재게

중세어에는 재귀대명사로 '즈갸'가 쓰였는데, (192)에서 보듯이 주격형은

'ᄌᆞ갸', 관형격형은 '᠋ᄌᆞ걋'으로 나타난다. 중세의 관형격조사 'ㅅ'은 선행 명사가 존칭의 유정물일 때 쓰이므로 '᠋ᄌᆞ걋'의 선행사는 말할이의 관점에서는 높은 존재이어야 한다. 중세어에서도 상대높임의 위계가 가장 낮은 '저'가 있었으므로 '᠋ᄌᆞ갸'는 '저'보다 높은 재귀대명사이다(안병희 1963). 또한 (192)에서 보듯이 '᠋ᄌᆞ갸'의 선행사가 '부처'인 경우도 있음을 감안하면 '᠋ᄌᆞ갸'는 현대어의 재귀대명사 '당신' 정도에 해당하는 높이였을 것으로 추정된다.

(192)

가. ᄌᆞ갸와 ᄂᆞᆷ과 覺이 ᄎᆞ실씩(법화경언해 1:93)

나. ᄌᆞ걋 나라해서 거슬쁜 양ᄒᆞᆫ 難이어나 다ᄅᆞᆫ 나라히 보차ᄂᆞᆫ 難이어나
　　(석보상절 9:33)

다. 비로서 부톄 ᄌᆞ걋 相ᄋᆞᆯ 보디 아니ᄒᆞ시며(금강경언해19)

라. ᄌᆞ걋 오ᄉᆞ란 밧고 瞿曇이 오ᄉᆞᆯ 니브샤(월인석보 1:5)

이 '᠋ᄌᆞ갸'의 후대형이 서남방언에서 '재게', '재기', '자게' 등으로 나타나며, 그 관형격형은 '재겟' 또는 '재게'인데 '재겟'은 중세어 '᠋ᄌᆞ걋'의 완전한 후대형이라 할 수 있다. '재게'는 중세어의 '᠋ᄌᆞ갸'와 마찬가지로 '저'보다 상대높임의 위계가 더 높지만 뒤에 설명할 '이녁'이나 '자기'와 거의 같은 위계의 재귀대명사로 보인다. '자기'와 '재게'는 형태적으로 유사하지만 안병희(1963)에서 지적한 대로 '᠋ᄌᆞ갸'의 후대형 '재게'와 한자어 '자기'는 어원을 달리 하는 말이다. (193)은 '재게'가 주어, 주제어로 쓰이는 경우이다. (가)-(라)는 선행사가 동일 문장에 없고, (마)에서만 선행사 '주인'이 같은 문장에 드러나 있다. 한편 (다)에서는 재귀대명사 '지'와 '재게'가 모두 같은 선행사 '저놈'을 지시하고 있어, 서로 혼용될 수 있음을 보여 준다. 이것은 '재게'가 그다지 높지 않은 위계에 쓰인다는 사실을 의미한다. 대체로 '재게'는 '자기'와 같은 위계로 보인다.

(193)

가. 내 논 싱궐라면(=심으려면) <u>재게가</u> 놉 얻어갖고 또 싱궈 주고 했어.(보성 구비)

나. 그렁께 <u>재게가</u> 의견을 말했던 거여.(해남 구비)

다. 웃집 사람이 가만히 생각헝께 저놈이 괘씸허거던. <u>지가</u> 모르면 나한테 물으면 내가 정당허니 갤차 줄 것인디 똑 미리 미리 준비해 났다가 <u>재게</u> 할 때만 묏을 하거던.(보성 구비)

라. 당체 그 약속한 그 남편을 줄라고 하는 술 그냥 <u>재기가</u> 그냥 다 묵어 불었어.(고흥 구비)

마. 주인이 인자 아무 말 없이 '에이, 내가 전라도에 접빈객한 사람한테 가 봐야겠다.' 하고, <u>재게는</u> 손님이 오면 최선을 다해.(해남 구비)

(194)는 '재게'가 관형어로 쓰이는 경우이다. '재게' 외에 '재기'나 '자게'가 쓰일 수 있고 그 복수형으로 '재게네'가 가능함을 (194라)가 보여 준다. '재게네'는 친족어를 수식하는 소유의 복수로 기능하는 점에서 '당신네' 등과 같다. 한편 (194바)에서는 'ㅅ'이 개재된 '재겟 논'이 쓰였다. '재겟'과 '재게'는 관형어의 위치에서 수의적으로 변동한다. 'ㅅ'이 관형격조사로 쓰이는 경우는 보문 구성에서 보문명사가 '말'과 관련된 것일 때로 제한되는데, 이 점에서 (194바)는 예외이다. 극히 드물게 쓰이는 역사적 잔재로 해석된다.

(194)

가. 인자 꾀삐(=고삐)를 잡고 끄집어도(=끌어도) 안 가요. '이상하다. 어차 그래?' 궁께는 말이 <u>재게 바지가랭이</u>를 물고는 이렇게 높은 언덕에다가 딱 지대(=기대) 불거든.(보성 구비)

나. 그래서 조문을 갔네. 갔는디 영(靈)에 가서 입곡을 할라고 들어다봉께 영 우에가(=위에) <u>재게 친구가</u> 앉어 있는 것이 아니라 패랭이 쓴 놈이

262

앉어 있단 말이시.(보성 구비)

다. 그리갖고 인자 오락 해서 밥을 멕이고 의복 갈아입혀서 참 아닌 게 아
니라 인자 다시 그거이 <u>재기 아들이라고</u> 인자 즈그 어매를 말을 타고,
(승주 구비)

라. 즈그 친가인 진도에서는 그 홀로 인자 청춘이 되어가지고 홀로 그렇게
산다는 것은 도저히 그 용인이, <u>재게네 그 부모들이</u> 허락이 잘 안 됐든
가, 기어이 데려다가 개가를 시킬라고 하던 것이여.(해남 구비)

마. 엄마 아빠도 없는 당질이 하나 어드로 정혼을 해가지고 오늘 질을 채
러 간디 그 당질을 안 보내고 <u>자게 자식을</u> 장개를 보냈다고.(고흥 구비)

바. 내 논은 돈 안 받고 <u>재겟 논</u> 일헌 품싹은 개리(=갚아) 준다 그것이여.
(보성 구비)

④ 자기

재귀대명사 '자기'는 표준어와 서남방언에서 모두 쓰이는 말이다. 역사적
으로는 고유한 우리말 'ᄌᆞ갸'의 뒤를 이어 나타났지만(안병희 1963), 오늘날에
는 표준어의 경우 'ᄌᆞ갸'를 완전히 대체하였고, 서남방언에서도 'ᄌᆞ갸'의 후
대형 '재게'에 비해 '자기'의 사용 빈도는 훨씬 높은 것이 사실이다. 또한 '재
게'가 '자기'에 비해 예스러운 느낌을 주면서, 적어도 장년 이상의 세대에서
만 쓰이는 점을 고려하면 '재게'는 소멸해 가는 형태임을 알 수 있다. 이것은
서남방언에서 '재게〉자기'로의 대체가 거의 이루어져 가고 있음을 의미한다.

(195)

가. 그 풍수는 그때 생각이 이 구덕(=구덩이)을 깊이 더 파면은 <u>자기가</u> 죽
는다는 것을 이미 알았어요.(함평 구비)

나. 지금쯤은 그 풍수님이 <u>자기 집</u>에를 돌아갔을라(=돌아갔으려니).(함평

구비)

다. <u>자기 선친을</u>, 그 박진사가 정하게 정중히 모실 묘를 안장을 했어요.(함
평 구비)

라. 그 시간에 뭐인가 충분히 그 풍수님이 <u>자기 집으로</u> 돌아가셨을 시간이
됐겠지마는.(함평 구비)

마. 아들이 어머니도 편도 못 들겄고, <u>자기 부인도</u> 편도 못 들겄단 말이여.
(함평 구비)

⑤ 이녁

'이녁'은 지시어 '이'에 방향을 나타내는 '녁'이 결합된 합성어이다.[37] '녁'은
현대 표준어에서 '녘'으로 쓰이지만, 중세어에는 '녁'으로 나타나므로 '이녁'
의 '녁'은 이러한 중세어를 그대로 유지한 셈이다. 『표준국어대사전』에서
'녘'은 방향과 함께 '무렵'과 같은 시간의 의미를 지니는 것으로 풀이되어 있
다. 그러나 '녘'이 방향을 나타낼 때는 대체로 홀로 쓰이지 않고, 방위명이나
'위/아래' 등의 낱말에 붙어 합성어를 형성한다. 이처럼 '녘'이 방향을 나타낼
때 쓰임이 제한적인 것은 '쪽'에 의해 대체되었기 때문이다. 중세어에서 '녁'
은 (196)처럼 현대어와 같은 제약이 없이 방향을 나타내는 자립명사로 널리
쓰였다. 그러던 것이 '쪽'에 의해 대체되면서 원래의 쓰임 범위가 줄어든 것
이다.

(196)

가. 사회 녀기셔 며느리 녁 지블 婚이라 니르고(석보상절 6:16)

---

37 지시어와 방향을 가리키는 말이 합성되어 인칭대명사로 쓰이는 예로서 중세어의 '그듸'
나 현대어의 '이편' 등을 들 수 있다.

나. ᄒᆞ녀ᄀᆞ론 분별ᄒᆞ시고(석보상절 6:3)

다. 右ᄂᆞᆫ 올ᄒᆞᆫ 녀기라(훈민정음언해)

서남방언의 '녁'은 표준어보다 쓰임의 범위가 더 줄어 방위명 뒤에 결합하는 예는 없으며 오직 '우/아래'에 결합될 뿐이다. 그래서 이 방언에서 '웃녁'은 표준어 '뒤대'의 의미를 지녀 자기가 사는 지역의 위쪽인 북쪽 지역을 가리킨다.[38] '이녁'은 이처럼 쓰임이 위축된 '녁'이 남아 있는 화석과 같은 낱말이라할 수 있다.

『표준국어대사전』은 '이녁'을 하오체의 이인칭 대명사로 풀이하고 있으며 (197)과 같은 예를 제시하였다.[39] 그런데 예문의 '이녁'은 '당신'으로 바꿔도 별다른 의미 차이를 낳지 않는데, 다만 '당신'에 비해 예스러운 느낌을 주는 차이가 있을 뿐이다. 그것은 표준어에서 '이녁'이 일상생활에서 거의 사용되지 않는 사라져가는 낱말이기 때문이다.

(197)

가. 이녁을 대할 낯이 없소.

나. 이녁 나이 서른을 넘었고 나도 서른다섯이었지.

서남방언에서 '이녁'은 표준어와 달리 일상 대화에서 비교적 쉽게 들을 수

---

38 전남 신안의 일부 섬(암태도 등)에서는 중세어 '다히'의 후대형인 '대'가 '쪽'의 의미로 쓰이고 있다. '육지대'(=육지 쪽), '목포대'(=목포 쪽)가 그런 예이다. 표준어 '뒤대'에도 이 '대'가 포함되어 있다. 다음 예에서 '대서'는 '에서'와 동일한 의미를 나타낸다. (예) 이 촌대서 가락을 처녀들이 부르고 자꼬 그랬어.(신안 구비)

39 『표준국어대사전』에 따르면 '이녁'과 낱말의 구성이 같은 '이편'은 일인칭 대명사로 쓰여 차이를 보인다. 지시어 '이'가 포함된 '이 사람'은 상황에 따라 말할이를 가리키거나 상대방을 가리키는 등 중의적인 용법을 보인다. 반면에 '이 자식'이나 '이 양반' 등은 높임법의 제약 때문에 오직 상대방을 지시할 뿐이다. 이처럼 지시어 '이'는 상황에 따라 일인칭 또는 이인칭 지시의 용법을 가질 수 있다.

있는 말이다. 물론 서남방언에서도 젊은이들은 사용하지 않고 장년 이상의 세대에서나 사용이 가능한 말이기는 하다. 또한 이인칭 대명사 외에 재귀대명사로 쓰이는 점도 표준어와 다른 점이라 하겠다.[40] (198)은 서남방언에서 '이녁'이 재귀대명사로 쓰이는 경우이다.[41] '이녁'이 모두 관형어로 쓰이고 있지만, '이녁 일은 이녁이 허씨요'처럼 '이녁'은 주어를 비롯한 다른 성분에도 얼마든지 자연스럽게 쓰일 수 있는 말이다.

(198)

가. <u>이녁의</u> 도리만 하고 <u>이녁의</u> 행동만 하면 그걸로 끝나는 것이지 괜히 아부해서 출세할려고 하는 고을이 아니여.(보성 구비)

나. 인자 고운 삼베 난 사람들은 <u>이녁의</u> 삼을 갈아갖고 헌 사람도 주로 인자 삼을 조께 갈겄지마는 인자 삼을 받아올 때 그런 삼베를 받아 삼을 받아 와요.(곡성)

다. 그라면 <u>이녁 집이서</u> 가용주로 만들어도 거기에 허가증만 붙여가지고 있으면 해묵게 되어 있어.(보성 구비)

---

40 동남방언에서도 '이녁'은 재귀대명사로 쓰인다. (예) 참 이녁 아를 갖다가 산이(=산에) 구 디이(=구덩이) 파고 산 아를 갖다가.(경북 월성 구비)/이래 해서 어언간 한 수삼 년 있다 보이, 이녁아 후손도 있기는 있으나, 그 뭐 한 칠팔 년 됐다. 됐는데, 야가 나이 십오 세라. (봉화 구비)/이녁 몸을 다 몬 싸아, 몬 감추거든.(경남 진양 구비)/이녁도 죽도 몬 얻어묵 고서 이래 하는데 아, 손님을 디꼬(=데리고) 오니 기가 차서,(거창 구비)/이녁 아바이 뫼는 파 가져가도 흔적은 몰랐지.(거창 구비)/아이고, 이녁 한 일도 모르는갑다. 동생 못산다고 그래 뭐 이것 뭐 아무 논하고 아무 논하고 주라 카고, 이래가지고 그거 그래 이 밑에 내에 삐리데요.(=내버리데요). 그래 내삐리는데 그것도 모르는교?(밀양 구비)/그래도 이녁 어 른 묘는 명산에 못 썼다 말이지.(의령 구비)

41 다음 예의 '이녁'은 재귀대명사나 이인칭 대명사로 보기 어렵다. 여기서 '이녁'은 새색시가 신랑을 가리키는 말로 쓰였는데, 선행 발화에서는 '저 사람', 후행 발화에서는 '이 사람'처 럼 신랑을 삼인칭으로 지시하고 있다. 그러므로 '이녁'을 마치 삼인칭 대명사처럼 사용하 고 있어 매우 이례적인 예라 하겠다. (예) "<u>저 사람이</u> 나한트로 장개를 오다가 살인을 당했 어. 그러니 <u>이녁 목숨을</u> 내가 끊을 수 없다."고. "내가 대신으로 죽을란다. <u>이 사람을</u> 내보 내라." 그렇게 가만히 들어 봉께 약간 큰 사람이거든.(신안 구비)

라. 아침에 일어나서 술 챈 짐이나 목이 걸어서 물을 먹을라고 봉께 집이 <u>이녁 집이</u> 아니여.(보성 구비)

마. 여! 손님, … 혼자 주무싱게, <u>이녁 부모와</u> 같응게 그 어른을 뫼시고 이 방에 맞아 들였으면 어쩌겠소?(화순 구비)

바. <u>이녁 땅은</u> 없고 남편은 인자 장처(葬處)를 정해서, 장살 인자 모시 드리 야 되겠는디,(고흥 구비)

사. 적서라고 하는 것은 잇적(=옛적)에는 <u>이녁 마느래가</u> 있고 사람을 얻어 서 낳으믄 그걸 서자라고 그래.(고흥 구비)

아. 아이, 뭔 말인가? 성은 다 <u>이녁 성을</u> 어찌게 생겼든지 다 성은 존중한 것인디 그렇게 뭔 성이간디 그런가?(신안 구비)

자. 이 사람이 밤에 어디를 갔다 올 것 같으면 불이 훤해, 불 써징께(=켜지 니까). <u>이녁 개도</u> 꽝꽝 짓고 문간에 들어가. 그런 인물이었다고 그래 요.(신안 구비)

차. "그 <u>이녁 산도</u> 산이니까 거기라도 물 난 자리라도 초분해 둔 것보다 거 기다 쓰는 것이 어쩌겠냐?" 그래서 양해를 얻어갖고 거기다가 못을 썼 는데,(신안 구비)

황문환(2001)에서는 (199)와 같이 '이녁'이 근대어에서 재귀대명사로 쓰이 는 예를 보여 준 바 있다. 서남방언에서 '이녁'이 재귀대명사로 쓰이는 것은 이러한 근대어의 용법을 그대로 유지한 결과일 것이다.

(199)

가. 속말에 니르되 밧긔 나가기 닉으면 편벽히 나그늬를 어엿비 너기고 <u>의 녁의</u> 술을 貪ᄒ면 醉ᄒᆫ 사름을 앗긴다 ᄒ니라(중간노걸대언해 상:38)

나. 벗들 中에 貧窮ᄒ여 업서 쇼죠ᄒ니 잇거든 <u>이녁 貨物을</u> 앗기지 아니하 고 져의게 더러 주어 쓰게 ᄒ고(청어노걸대 7:17)

오늘날 표준어에서 '즈갸 〉 자기'의 대체가 완료되었고, '이녁' 역시 재귀대명사에서 이인칭 대명사로의 기능 전환이 일어나 가까스로 명맥을 유지하고 있다면, 서남방언에서는 아직까지 'ᄉ갸'의 후대형이 부분적으로 쓰이고, '이녁'이 재귀대명사의 용법을 유지하는 차이가 있다. 그러므로 표준어에 비해 상대적으로 보수적인 양상을 보인다고 하겠다. 물론 현재는 표준어의 영향으로 '재게'나 '이녁'보다 '자기'의 쓰임이 더 활발한 것은 사실이다. 따라서 현대의 서남방언에서 재귀대명사 '재게, 이녁, 자기'가 상대높임의 동일한 위계에서 사용된다 하더라도, 몇 가지 측면에서 차이를 보인다. 첫째, 말할이의 세대이다. 장년 이상의 세대라면 '재게, 이녁, 자기'가 모두 가능하지만 장년 이하의 세대에서는 '자기'만이 가능하다. '재게'와 '이녁'은 나이 든 세대에서나 쓰이는 표현이기 때문이다. 둘째, 대우의 말맛이다. 세 재귀대명사가 모두 같은 위계에서 사용되지만, '재게'와 '이녁'은 '자기'에 비해 대접하는 말맛이 더 있다. '자기'가 중립적이라면 '재게'와 '이녁'은 그보다 약간 대우하는 느낌을 주기 때문이다. '재게'와 '이녁'은 공시적으로 거의 차이 없이 혼용될 수 있는데, 역사적으로 '재게'는 '이녁'에 비해 더 고형이라는 점에서 차이를 찾을 수 있을 것이다. 그렇다면 '재게, 이녁, 자기'는 아래와 같은 의미 자질로 대립한다고 할 수 있다.

재게: [+고형, +장년 이상, +대우의 말맛]
이녁: [-고형, +장년 이상, +대우의 말맛]
자기: [-고형, -장년 이상, -대우의 말맛]

서남방언에서도 (200)처럼 '이녁'이 이인칭 대명사로 쓰이기도 한다.[42] 이

---

[42] 동남방언에서도 '이녁'이 이인칭 대명사로 쓰인 예가 확인된다. (예) 염려 말고 이녁이나 무소(=먹으시오).(진양 구비)

때 상대높임의 위계는 [+높임]이다. 반면 재귀대명사 '이녁'은 '자기'와 같으므로 [-높임]의 위계라 할 수 있다. 이처럼 '이녁'은 재귀대명사와 이인칭 대명사로 쓰일 때 상대높임의 위계가 다른데, 이러한 현상은 '당신'에서도 찾을 수 있다. 다만 '당신'이 '재귀대명사 〉이인칭 대명사'와 같은 위계의 차이를 보인다면 '이녁'은 '이인칭 대명사 〉재귀대명사'라는 차이를 보인다. 반면 '자기' 역시 이인칭 대명사로 쓰일 수 있는데, 이 경우는 '재귀대명사=이인칭 대명사'처럼 위계가 같다.

(200)

가. 이녁들이 좀 허씨요.

나. 이녁한티로 후딱 가고 짚어서 탐박질(=달음박질)히갖고 갈라다가 독 자갈(=돌멩이)에 되게 걸려 자빠진 것이 해필이면 소똥 싸 논 디에 궁글어갖고 그날은 재수 옴 붙은 날이당게요.(전라북도 방언사전)

⑥ 당신

표준어에서와 마찬가지로 서남방언에서도 재귀대명사 '당신'은 매우 제한된 경우에 쓰인다. 우선 '당신'의 선행사는 말할이를 기준으로 하여 상당한 정도의 존대가 필요한 대상이어야 한다. 예를 들어 말할이의 아버지 또는 그 이상의 대상이 전형적인 경우이다. 또한 '당신'은 말할이와의 관계가 가까운 사람, 예를 들어 친족관계에 있거나 직장의 높은 상사(사장이나 회장 등) 등에게 쓸 수 있는 말이다. 따라서 재귀대명사 '당신'은 당연히 '이녁'보다는 위계가 높을 수밖에 없다.

(201)

가. 백여수(=백여우)가 있단 말은 이약(=이야기)으론 들었으나, 당신 평생

에 시방 그 광경이 처음이었다.(고흥 구비)

나. 그래 인자 주인이 일어나서 보닝개 개가 죽었거든. 그렁개 당신을 위해서 죽었대서 개 무덤을 해가지고서 비까지 해 줬다는 그런 전설은 있지.(부안 구비)

(201가)에서 구술자는 고려말의 충신으로서 조선의 개국을 반대한 배극렴이라는 인물의 경험담을 이야기하고 있는데, 따라서 재귀대명사 '당신'의 선행사는 이 배극렴이다. 구술자는 배극렴의 고려에 대한 충성심과 그의 절개, 그리고 배극렴의 높았던 관직 등을 높이 사서 '당신'으로 존대한 것으로 보인다. 여기서 말할이와 배극렴은 특별히 가깝거나, 친족 관계에 있지는 않지만 그 존대의 높이가 상당했기 때문에 '당신'이 쓰인 것이다. (201나)는 이야기의 구술자가 개의 주인을 '당신'으로 지시하고 있다. 이 경우도 친족 관계는 아니지만, 개와의 관계를 통해서 개의 주인을 높이고자 '당신'을 사용하였다.

2.2.3.3 재귀대명사의 이인칭 대명사화

우리말의 재귀대명사가 관형어가 아닌 자리에 올 때, 선행사는 이인칭과 삼인칭으로 제한되는데 이 점은 영어를 비롯한 유럽어와 다른 점이다. 이러한 인칭 제약은 서남방언에서도 마찬가지로 적용된다. 한편 우리말에는 원래 재귀대명사로 쓰이던 말이 이인칭 대명사로 바뀐 예가 다수 있다. '자기'와 '당신'이 그런 예이다.

(202)

가. 자기 거기서 뭐 해?

나. 당신 말이야, 나이가 몇이야?

'이녁'도 서남방언에서 재귀대명사와 이인칭 대명사의 두 가지 기능을 갖지만, 표준어에서는 이인칭 대명사로 쓰인다. 그렇다면 '이녁'이 재귀대명사와 이인칭 대명사의 기능을 겸하는 사실을 결코 우연으로 보기는 어려울 것이다. 이미 황문환(2001)에서 현대어의 이인칭 대명사 '자네'와 '당신'이 중세어에서 재귀대명사로 쓰였고, '이녁'은 근대어(18세기)에서 재귀대명사로 쓰인 용례를 확인한 바 있다. 그리고 이러한 재귀대명사들이 후대에 이인칭 대명사로 전환되었음을 주장하였다. 재귀대명사가 이인칭 대명사로 전환될 수 있음은 이러한 문헌의 문증 예를 통해 분명히 드러나므로 부인할 수 없는 명백한 사실이다. 다만 어떠한 과정을 거쳐 재귀대명사가 이인칭 대명사로 쓰일 수 있는지에 대해서는 좀 더 설명이 필요할 듯하다.

한국어에서 재귀대명사의 선행사는 재귀사와 한 문장 안에 반드시 공존할 필요는 없다. 이 점은 이미 앞에서 언급한 바 있다. 이처럼 선행사와 재귀대명사와의 거리가 떨어져 있기 때문에 문장 안에서의 재귀대명사의 성격은 어느 정도 독립성을 유지한다. 이러한 상대적 독립성이 재귀대명사로 하여금 이인칭 대명사로 기능할 수 있게 만든 요인이 되었을 것이다.

재귀대명사의 선행사는 (203)처럼 여러 인칭이 올 수 있다(서정수 1994:442).

(203)
가. 내가 자기 이익만 챙겼다는 말이오?
나. 네가 자기 힘만 믿고 날뛰는구나.
다. 그이가 자기 사람만 요직에 채용하였습니다.

그런데 서정수(1994)에서 제시한 예는 재귀대명사가 관형어로 쓰인 경우로서, (204)처럼 관형어가 아닌 자리에서는 용인성의 정도가 '삼인칭 〉 이인칭 〉 일인칭'의 순을 이루며, 일인칭 대명사인 경우에는 비문을 형성할 정도이다. 반면에 이인칭 대명사는 삼인칭 대명사보다는 덜하지만 그래도 받아들일 만한 정도의 용인성을 보인다.

(204)

가. *나도 자기를 못 믿는다.

나. ?너도 자기를 못 믿는구나.

다. 철수도 자기를 못 믿는다.

(205)는 접속문의 환경에서 선행절의 주어로 재귀대명사가 쓰인 경우이다. 우선 재귀대명사가 선행사보다 앞서 나타난다는 점에서 재귀대명사의 전형적인 구조와는 차이를 보인다. 이것은 앞서 설명한 한국어 재귀대명사의 독립성 때문으로 보인다. 그런데 이 경우에도 선행사가 일인칭 대명사인 경우는 비문을 형성한다.

(205)

가. 자기도 그러면서 철수는 다른 사람만 흉을 본다.

나. 자기도 그러면서 너는 다른 사람만 흉을 보는구나.

다. *자기도 그러면서 나는 남만 흉을 본다.

그렇다면 한국어의 재귀대명사 '자기'는 선행사가 삼인칭과 이인칭일 경우에만 쓰이는 셈인데, 특히 선행사가 이인칭이면 재귀대명사와 이인칭 대명사의 구분이 모호해진다. 대화 상대자는 발화 상황에 존재하기 마련이므로, 재귀대명사가 이인칭 대명사로 인식될 수 있기 때문이다. 이런 점을 고려하면 서남방언에서 재귀대명사로 기능하는 것들이 표준어에서 이인칭 대명사로 쓰이는 현상도 쉽게 이해될 수 있다. 원래 가졌던 재귀대명사의 용법 가운데 이인칭 대명사로 인식되는 경우만 남고 나머지는 사라졌기 때문일 것이다.

2.3 수사

2.3.1 기수사

수사는 수효나 양을 셀 때 사용하는 기수사와 차례를 나타내는 서수사로 나뉜다. 한국어의 기수사는 1-10까지는 독자적인 수사를 사용하지만, 11-19 는 10에 1-10의 수사를 더하는 방식으로 이루어진다. '열하나, 열둘, 열아홉' 등이 그런 예이다. 20, 30 등 십 단위의 수사는 아마도 곱하기의 방식을 사용한 듯하다. 어원적으로 '예순'에 '여섯'이 포함되어 있듯이, '일흔', '여든', '아흔'에는 각각 '일곱', '여덟', '아홉'이 포함되어 있기 때문이다. 그렇다면 '예순, 일흔, 여든, 아흔' 등에 포함된 '은'은 아마도 '열'을 의미하였을 것이므로 '예순'은 '여섯'과 '은'이 곱하기의 방식으로 결합된 것이라 할 수 있다.

서남방언의 기수사는 표준어와 크게 다르지 않지만 약간의 형태적 차이를 보인다.

> [기수사] 하나/한나, 둘, 셋/싯, 넷/닛, 다섯, 여섯/야섯, 일곱, 야달/야답, 아홉/아곱, 열, 스물/시물, 설흔/서룬, 마흔/마운, 쉬흔/쉬운/쉰, 예순, 일흔/이른, 여든/야든, 아흔/아은, 백

'여섯'에 대해 '야섯'이 눈에 띄는데, 형태 '섯'을 공유하면서 이웃한 '다섯'에 유추된 것으로 추정된다. 그러나 '여섯'이 '야섯'으로 변하더라도 '예순'이 '야순'으로 쓰이지는 않는다. 이웃한 '쉬흔'과의 형태적 동질성이 없어 유추될 가능성이 없기 때문이다. '여덟'은 서남방언에서 '야달' 또는 '야답'으로 쓰인다. 겹자음 /ㄽ/이 각각 단자음으로 분리되어 나타나는 것이 특이하다. 용언의 경우 /ㄽ/이 끝소리로 나타날 때 단독으로 쓰이면 /ㅂ/으로 소리 나는 것이 일반적이기 때문이다. 그래서 '밟다'는 '봅다', '넓다'는 '널룹다'나 '넙다'로

쓰인다. 이러한 점을 고려하면 '야달'은 매우 이례적인 경우라 할 수 있다. '설흔, 마흔, 쉬흔, 일흔, 아흔' 등은 모두 '흔'으로 통일되어 쓰이는 것이 이 방언의 특징이다.

수관형사는 기수사를 기반으로 하되, '한, 두, 시/석/서, 니/녁/너, 다섯/닷, 여섯/엿'처럼 약간의 형태적 변이가 있기도 하며, 여섯 이후의 관형사는 기수사와 동일 형태를 보인다. '한', '두', '시', '니'를 보면 기수사의 끝모음 또는 끝자음이 탈락하여 수관형사가 만들어졌음을 알 수 있다. 또한 '석'과 '녁'의 끝자음 /ㄱ/이 탈락한 '서'와 '너'도 쓰이는데 '서', '너'는 '석', '녁'과 달리 '되', '말' 등의 분류사에 한하여 쓰인다. 반면 '석', '녁'은 '냥', '되', '섬', '자', '짐', '동우'(=동이) 등의 분류사와 함께 쓰인다. '서'와 '너'는 단독으로 쓰일 때 '되'나 '말'의 분류사에만 결합하지만, 어림수인 '서너'는 이러한 통합 제약이 없어서 다양한 분류사와 결합될 수 있다. '서너 개', '서너 집', '서너 사람' 등이 그런 예이다. 수관형사 '시'와 '니'는 매우 다양한 명사나 분류사와 결합할 수 있으나, '서/너'나 '석/녁'이 쓰이는 분류사 '되', '말', '섬', '짐' 등에 쓰이면 매우 어색하다. 이로 보면 '시/니'와 '서/너' 또는 '석/녁'이 상호 배타적임을 알 수 있다. 다만 '되', '말', '섬', '짐'과 같은 양이나 부피를 나타내는 분류사는 점차 사라져가고 있으므로 이에 따라 수관형사 '서/너'는 '시/너'로 대체해 가는 변화를 겪을 것으로 예측된다.

(206)

가. 술도 한나도 없제, 고기도 한나도 없제, 괘심허기가 짝이 없겠지요이.
　(함평 구비)

나. 앞닫이(=반닫이)도 둘로 나나서 반절씩 가져야 하는데,(신안 구비)

다. 그분이 딸 싯 둔 집이 큰사우가 되았다 말이야.(함평 구비)

라. 딱 발 닛을 벌리고는,(신안 구비)

마. 산 사람 여섯 그냥 귀농해서, 돌아가 즈의 집에 가 농사짓고 살고.(장성

구비)

바. 몸이 육척이여. 여섯 자. 참 큰 키단 말이여.(장성 구비)

사. 하아, 이렇게 잘난 사램 같은디 일곱이 와서 쭈욱 늘어선다 말이여.(고흥 구비)

아. 그런디 이 자식은 열 살 먹거나, 야답 살 먹은 놈이 올라가서 디져 버렸으니 거 어쩔 것이냐 그 말여.(화순 구비)

자. 치매끈을 야달 분딜이 쭉허니 그저 한 끈으로 묶고,(함평 구비)

차. 하루는 즈그 며느리가 야달 달 만에 애기를 낳응께,(화순 구비)

카. 연년생으로 인자 아들을 아곱을 낳아 불었어.(해남 구비)

타. 열닷 냥을 받았던가 시물닷 냥을 받았던가,(고흥 구비)

파. 설흔 번 남았지요.(보성 구비)

하. 자네가 돈 시무 냥을 더 보태서 마흔 냥을 가져오기로 하소.(신안 구비)

ㅏ. 그 때 단 쉬흔 냥도 못 갔는디, 삼백 냥을 소 사라고 다 줘 버렸다.(화순 구비)

ㅑ. 예순 살을 묵었어.(해남 구비)

ㅓ. 가서 일흔아홉 덩이 바위를 놔 놓고 보니께는,(화순 구비)

ㅕ. 야든 살, 아흔 살 먹은 양반들이 아이, 웬일인고 싶어서,(화순 구비)

어림수를 나타낼 때는 '한둘, 두셋, 서넛, 두서넛, 너댓, 대여섯/대야섯, 일고야달/일고야답, 여나뭇/여나무/여나문' 등이 쓰이고 그 관형사는 '한두, 서너, 두서너, 여나무/여나문'을 제외하고는 기수사와 같다. 표준어 '여남은'은 서남방언에서 '여나뭇/여나무'로 대응된다. '여남은'은 수사 '열'과 동사 '남-'의 관형형 '남은'의 합성어로서 기수사와 수관형사를 겸한다. 이 '여남은'의 끝자음 /ㄴ/의 탈락으로 '여나무'가 되고, 여기에 다른 수사 '셋, 넷, 다섯, 여섯' 등의 끝소리에 유추되어 /ㅅ/이 첨가되면서 '여나뭇'이 생겨났다.

(207)

가. 저리(=자리)는 좋기는 좋은디 사람을 이천 명을 동원해서 그 못을 써
　야 그 못이 바람이 있제 한둘이 몇 십 명이 이렇게 이용해서는 도저히
　그 바람이 없다.(신안 구비)

나. 벌써 사람이 서넛 죽었다 그 말이여.(고흥 구비)

다. 자라나서 인자 두서너 살 먹고, 인자 너댓 살, 인자 두서너 살, 너댓 살
　먹고 대여섯 살 먹응개,(장성 구비)

라. 내가 이 다섯, 야섯 하는 일을 전부 나 혼자 다 할 것잉께 머심을 다 내
　보내시요.(보성 구비)

마. 이놈이 한 대여섯 살 여일곱 살 먹어 글을 갈칭게,(함평 구비)

바. 웬 대야섯 살 묵은 어린애들이 모래를 가지고 이렇게 떡 이렇게 쌓아
　올리 동산을 맨들아.(고흥 구비)

사. 인자 여나무 살 여닐곱 살 묵은 애기보고,(고흥 구비)

아. 일곱 야답 살 먹은 놈이 처자식 만나러 간닥 허이 그 멋 될 것이요?(함
　평 구비)

자. 새끼들이 한 여나뭇 돼.(보성 구비)

차. 포수 한 여나뭇허고 마을 사람을 싹 거동해서,(보성 구비)

카. 사공들이 한 여나무 잽혀 왔어.(고흥 구비)

타. 새끼들 여나문이 막 삐약 삐약하고 삐약 삐약하고 막 뼹아리 시늉을
　하고 막 기어 나오거든.(해남 구비)

파. 적어도 여나문 번을 다녔는디,(화순 구비)

하. 그러면 논 여나무 마지기 주기로 하고 찾읍시다.(보성 구비)

　사람의 수를 셀 때에는 기수사를 쓰기도 하지만, 접미사 '-니/이'가 결합된
수사를 쓰기도 한다. '-니'는 모음, '-이'는 자음 뒤에 쓰이는 것이 원칙이지만,
모음 뒤에도 '-이'가 나타나는 수도 있다. '다섯'은 '-니/이' 앞에서 '다서'로 변

동한다.

[사람의 기수사] 한나, 두니/두이/둘이, 서니/서이/싯이, 너니/너이/넛이, 다서니/다서이/다섯이, 여서니/여서이/여섯이/야서니/야서이/야섯이, 일곱이, 야달이/야답이, 아홉이/아곱이, 열이, 여나뭇이

(208)

가. 근디 사우 둘이가 지고 와.(정읍 구비)

나. 그놈 둘이를 볼라그 혔디만,(정읍 구비)

다. 서니 똑같이 갈렸다가 내중에는 성공해 갖고 거그 와서 만나서 느그 삼 형제 살어라.(함평 구비)

라. 서이 가서 즈이(=저희) 장소에 가서 서이 숟가락을 꽂아가지고서 밥을 먹을라고 보닝개 바닥이 마치거든.(전주 구비)

마. 한 가정에 너니 식구가 살았어요.(신안 구비)

바. 앞집이는 총객이 살고 뒷집이는 큰애기가 너이 산디,(정읍 구비)

사. 한 집 한 방에 가서 시체가 다섯이가 있는데,(화순 구비)

아. 인자 그 사람을 집이다 잡아 놓고는 인자 지역(=저녁)마다 닭을 잡아서 줌시롱 다섯이를 돌려. 다섯 마누라한데 돌려.(신안 구비)

자. 사위가 보낸 놈은 한 대여섯 놈이나 보냈는디, 포도시 한 놈이 진사를 하고는 다 낙방을 해 불었든가 부데, 다섯이는. 야섯이를 보냈는디.(화순 구비)

아래는 전남 함평군 나산면에서 채집된 '고리두레질' 노래이다. 물을 품는 두레질의 횟수를 세면서 부르는 노동요이므로 다양한 기수사를 확인할 수 있다. 제시된 노래에는 삼십까지 나와 있지만 실제로는 백까지 세는데 40은 '오팔고리', 50은 '쉬혼이 반백', 60은 '육십에 환갑', 70은 '인간에 칠십 고래희',

80은 '야든은 정녕', 90은 '구십은 당산', 100은 '초백 고리세'라 하여 인생의 단계를 뜻하는 표현과 음절수에 의한 리듬을 살리는 것이 특징이다. 백 이후에는 다시 하나부터 되풀이한다.

[고리두레질 노래]

어리한나/어하/하나둘/어하/둘에셋/어하/서이넷/어하/너이다섯/어하/다섯여섯/어하/여섯일곱/어하/일곱야달/어하/야달아홉/어하/이오십은/어하/열에한나/어하/열에둘/어하/열에셋/어하/열에넷/어하/열에다섯/어하/열에일곱/어하/열에야달/어하/열에아홉/어하/사오지고/어하/씨암닭잡고/어하/곤달갈찌고/어하/세배왔네/어하/스물둘/어하/스물셋/어하/스물넷/어하/스물다섯/어하/스물여섯/어하/스물일곱/어하/스물야달/어하/스물아홉/어하/오룩삼십/어하

2.3.2 서수사

차례를 나타내는 서수사는 접미사 '-차'가 붙는다. 이 '-차'는 표준어 '-째'에 대응하는 접미사인데, 중세어에서 '자히, 재, 차히, 채' 등으로 쓰이던 접미사이다(이기문 1998:182). 서남방언의 '-차'는 중세어 '채'에서 변한 것으로 추정된다.

(서수사) 첫차, 두차, 시차/세차, 니차/네차, 다섯차, 여섯차, …

(209)
가. 첫차로 이것 보호해갖고 꼭 유지해 지켜 나가야 한다.(신안 구비)
나. 긍게 첫차 사램이 지수(=재수)를 잘 타고나야 혀.(군산 구비)

278

다. 두차 딸이 내려와서 모욕을 하고,(해남 구비)

라. 큰자식아 어디 갔냐? 두차놈아 이리 온나.(해남 구비)

마. 뒤차 딸아한터로 가서,(고흥 구비)

바. 시방은 두째도 모시고 시차도 모시지만, 전에는 장자라야 부모를 모샀
거든.(정읍 구비)

사. 참봉이 디꼬(=데리고) 댕김스로 여그는 우리 시차 마느래 집이고, 여
그는 우리 니차 마느래 집이고, 그렇게 쭉 갤차 주드랍니다.(보성 구
비)

3장

관형사, 부사, 감탄사

3.1 관형사

① '어떤'과 '어쩐/어짼'

'어떤'은 형용사 '어떠하-'의 관형형으로 쓰이던 것이 의미의 확대와 더불어 관형사로 굳어진 말이다. 『표준국어대사전』은 '어떤'에 대해 ① 사람이나 사물의 특성, 내용, 상태, 성격이 무엇인지 물을 때 쓰는 말. ② 주어진 여러 사물 중 대상으로 삼는 것이 무엇인지 물을 때 쓰는 말. ③ 대상을 뚜렷이 밝히지 아니하고 이를 때 쓰는 말. ④ 관련되는 대상이 특별히 제한되지 아니할 때 쓰는 말. 등의 네 가지 뜻풀이를 하고 있다. 위의 네 가지 쓰임 가운데 ①이 기본의미이고, ②④는 확대된 의미이다. ②는 '어느'와 같은 용법이며, ③은 부정칭의 의미이고, ④는 부정칭의 의미가 '이라도', '이든지' 등의 조사 또는 '-라도'와 같은 양보의 씨끝을 갖는 서술어와 함께 쓰이면서 생긴 전칭적 의미이다.

한편 같은 사전에 따르면 동사 '어찌하다'의 준말 '어쩌다'의 관형형 '어쩐'이 '무슨', '웬'의 뜻을 나타내는 것으로 풀이되었으며, 예로서 '어쩐 일로 전화하셨소?', '어쩐 까닭인지 그는 대답하지 않았다.' 등이 제시되어 있다. '어쩐'은 동사적 의미가 전혀 없음에도 불구하고 '어떤'과 달리 관형사가 아닌 관형형으로 취급되고 있다.

표준어의 쓰임을 구체적인 구술발화 자료에서 확인하기 위해 경기도 강화의 구비문학 자료를 검토하였는데, 여기에서 '어쩐'은 오직 명사 '일' 앞에서만 나타나는 점이 특별하다.

(1)
가. 아니 처남, 자네 어쩐 일인가?(강화 구비)
나. 아, 자네가 어쩐 일인가?(강화 구비)

반면 '어떤'은 『표준국어대사전』의 기술대로 네 가지 용법을 다 보였는데, (2가)-(2마)는 사전의 뜻풀이 ①, (2바)는 ②, (2사)는 ③, (2아)는 ④에 각각 해당한다.

(2)

가. 그 사람이 어떤 수가 있었던고 허니,(강화 구비)

나. 몰라. 그 이름을 알았는데 잊어 버렸어. 그 어떤 사람인지 그 거이가 아마 고려적이나 그 이조도 넘었을 거야.(강화 구비)

다. 게 어떤 식으로 해 오느냐?(강화 구비)

라. 그때 어떤 사람이 있었냐 하면은 건달패기가 하나 있었단 말야.(강화 구비)

마. 어떤 사연으로 왔느냐?(강화 구비)

바. 어떤 사람이 원이고 어떤 사람이 부하인지 그걸 모르게 타고 가는데,(강화 구비)

사. 저 아랫녘에서 어떤 사람이 산소 자리를 여길 보러 왔답니다.(강화 구비)

아. 좌우간 둘이서 그놈을 어떡하든 어떤 수단을 써서라도 깔고 앉아서 묶어 놔야지, 그렇잖으면 죽는다.(강화 구비)

이상의 쓰임새를 보면 표준어나 경기 지역어에서 '어떤'은 폭넓게 쓰이지만 '어쩐'은 매우 제한된 범위에 쓰이고 있음을 알 수 있다.

서남방언에서도 '어떤'과 '어쩐'은 모두 나타나는데,[1] '어떤'은 대체로 '어뜬'으로, 그리고 '어쩐'은 '어쩐/어짠'으로 쓰인다. 구비문학 자료에서 '어뜬'의 예

---

1 '어쩐'과 '어짠'은 '허다'와 '하다'의 분화 때문이다. 즉 '어찌헌'은 '어쩐', '어찌한'은 '어짠'으로 줄어든 것이다.

를 보이면 (3)과 같다. (3가)-(3라)는 『표준국어대사전』의 뜻풀이 ①, (3마)-(3사)는 ②, (3아)-(3카)는 ③에 해당한다. 서남방언에서도 '어뜬'은 표준어와 같은 용법을 보인다. (3카)의 '어뜬날'은 표준어라면 '어느날'이라고 해야 하나, 서남방언에서 '어느'가 쓰이지 않으므로 그 자리를 '어뜬'이 메우고 있다.

(3)

가. 아, 어뜬 놈이 저라고(=저렇게) 앙졌다냐고 그랑께,(해남 구비)

나. 어뜬 걸 건들었냐? 이화란 계집을 건들었어.(해남 구비)

다. 살이 찡께 기운이 나. 그렁께 어뜬 수를 했느냐? 사람이 기운이 좋응께 음양도 시어진(=세진) 것이여.(해남 구비)

라. 노인들이 어뜬 비석인지도 모르고 그러면 안 된다 그래서 인자 한쪽에 세워 났는디,(신안 구비)

마. 대차 하후하박으로 어뜬 놈은 더 주고 어뜬 놈은 덜 주겄냐?(해남 구비)

바. 나는 질 값이로 삼 년 살고 몸 값이로 삼 년, 물 값이로 삼 년 살었으니 시양산 약물이 어뜬 것이 기냐고 물었어 인자.(해남 구비)

사. "어뜬 것이 당신네 집이요?" 그랑께는,(신안 구비)

아. 어뜬 사람이 소를 잃어 불었어.(신안 구비)

자. 그란디 하루 종일 지내야 어뜬 놈이 그것이 뭣이냐는 소리도 안 해.(해남 구비)

차. 어뜬 땔싹 큰 개가 아, 말은 못해도 시늉으로 등거리에 타라고 해 쌓거든.(해남 구비)

카. 인자 좌수가 어뜬날 청에 막 올라옹께, 쬐깐한 가시내가 오르르하니 오든마는 무릎팍 딱 꿇으면서, "오랍시(=오라버니) 오시요?" 그랑께,(해남 구비)

그런데 흥미로운 것은 서남방언의 경우 '어뜬'과 더불어 '어쩐/어짠'이 매우 폭넓게 쓰이고 있다는 사실이다. (4)는 표준어 또는 경기 강화 지역어와 마찬가지로 '어쩐'이 명사 '일'과 더불어 쓰인 예이다.

(4)

가. 아니 샌님, 아, 이렇게 되았는디 어쩐 일입니까?(해남 구비)

나. '이건 뭔 일인고? 그런 집이 없는디 어쩐 일인고?' 허고 인자 떡 인자 한 번 찾아 갔든 것이여.(신안 구비)

다. 그런디 니가 어쩐 일로 나타나갖고 있냐?(화순 구비)

라. 아이고, 어짠 일이신갸?(고흥 구비)

마. 그래서 어쩐 영인지도 모르고 참 묶였단 말여.(화순 구비)

(5)는 표준어라면 '어떤'으로 표현해야 할 경우에 '어쩐'이나 '어짠'이 쓰인 경우로서 전남 지역어에서 확인된 예이다. '어떤'에 대한 사전의 뜻풀이 가운데 (5가)-(5사)는 ①, (5아)는 ②, (5자)-(5차)는 ③, (5카)는 ④에 해당하는 경우이다. 그렇다면 서남방언은 표준어의 '어떤' 대신 '어쩐/어짠'을 쓰고 있다고 할 수 있다.

(5)

가. 망구들은 어떠한 망구이며 젊은 부인은 어쩐 부인인디 저렇게 우는 고?(장성 구비)

나. 공자님, 대차 어짠 양반인디 이렇게 신통허냐?(고흥 구비)

다. 마당에서 모도 일하는 노속들이, 요 어짠 사람이 저라고 오냐고 소리 지릉께,(해남 구비)

라. "그라면 어짠 데를 원하냐?" 그랑께,(해남 구비)

마. 세 바가치(=바가지)를 마싱게, 그것이 단장 너머로 어쩐 사람인가 봉 게, 물을 세 바가치나 먹고 그렇게 겜이 난다 이거여.(화순 구비)

바. 그 부락은 어쩐 수가 있었는고이는, 해마다 섣달그믐날이 되면, 동경
　녀(=동정녀) 처녀 하나로썩을 굴 앞에다가 산 제물로 바치고 제사를
　모시(=모셔).(고흥 구비)

사. 그런디 그 이듬해에는 어쩐 수가 있는고이는 그 동리서 제물을 장만해
　가지고 그 사람의 제사를 딱 지내 줬어.(고흥 구비)

아. 워매 워매, 어짠 사람은 과거를 해갖고 온디 우리는 아들은 양아들을
　삼었디마는 저놈 둘이가 다 때려죽이고 성제도 없이 해 부리고 죽었다
　고만 하고 안 갤쳐 즁께,(신안 구비)

자. 어쩐 아그들은 칡넝클을 이리 가고 요리 가고 이리 가고 항께 칡넝클
　을 더듬더듬 확 비틍께 잡어징께는 그놈을 갖고 나왔어.(신안 구비)

차. 어쩐 놈이 문을 버떡 열더니,(화순 구비)

카. 그 최고운 아버지께서 말이여, 돼지 눈이나 어쩐 남자든 의심 살 만허
　지이. 그럴 것 아니여?(장성 구비)

　전남과 달리 전북에서 '어쩐'은 주로 명사 '일'과 더불어 사용된다. 이것은
표준어의 용법에 그대로 대응되는 것이다. 한편 (6)처럼 표준어 '어떤'에 대
응하는 예도 소수 보이는데, 주로 전남과 접하거나 전남과 가까운 전북의 남
부 지역에서 찾아진다. (6바)에서 '어쩐 때'가 보이는데 이는 (3카)의 '어뜬날'
과 마찬가지로 '어느'를 대신하는 경우이다. 이러한 상황을 보면 '어떤 → 어
쩐'의 대체는 전북보다는 전남에서 주로 활발하게 일어났음을 알 수 있다.

(6)

가. 그렁깨로 어쩐 꾀를 내었는고 허니,(부안 구비)

나. 이 걸인은 어쩐 영문인지도 모르고 가잔 대로 가닝게,(정읍 구비)

다. 그러믄 까닥허믄 어쩐 수가 있냐먼 빠진단 말여.(정읍 구비)

라. "어쩐 거요?" "뫼 씨는 것이요. 천 냥만 주면 내가 당장 뫼 씨지요."(부안

구비)

마. 어쩐 사람이 돌꼭지(지명)라는 데를 가가지고 그 솟은 것을 흙으로 덮어 놓았어.(전주 구비)

바. 아침 얻으로 어쩐 때 오면 인자 그 어머니가 저 아버지가 없을 때는 그 놈을 데리고서 방으로 가서는 머리 다 빗겨서 참 이렇게 단장을 시켜 놓고,(군산 구비)

위에서 설명한 대로 서남방언에서는 '어뜬'과 '어쩐/어짠'이 혼용되고 있다. 표준어와 비교할 때, 표준어의 '어떤'은 서남방언에서 '어뜬'과 '어쩐/어짠'에 대응하고, 표준어의 '어쩐'은 그대로 '어쩐/어짠'에 대응한다. 그렇다면 서남방언의 '어쩐/어짠'은 표준어 '어떤'의 영역까지 포괄하는 넓은 영역에서 쓰이고 있는 셈이다. 표준어나 경기 지역어에서 '어쩐'의 쓰임이 '어떤'에 비해 상대적으로 제한되었다면, 서남방언은 반대로 '어쩐/어짠'의 쓰임이 훨씬 넓게 나타났다. 이것은 곧 이 방언에서 '어떤 〉 어쩐/어짠'의 교체가 일어났기 때문이다.[2]

② 머던/머단

관형사 '머던/머단'은 원래 '무엇 하는'을 뜻하는 '멋 헌'과 '멋 한'이 한 낱말로 굳어진 것으로서 원래의 의미와 달리 '어떤'의 의미로 쓰인다. 물론 서남방언에서도 (7)과 같이 '무엇 하는'의 의미를 나타내기도 한다.

---

2 '어떤 〉 어쩐'의 변화와 평행하게 '어떻다 〉 어쩧다'의 변화도 일어나서 '어찌허다'의 축약형 '어쩌다'와 혼용된다. 그래서 결과적으로 서남방언에서 '어쩌다'는 형용사와 동사의 두 용법을 함께 갖게 되었다.

(7)

　가. 열이나 되는디 다 넘의집 가고, 뭐 나무해갖고 온 놈 뭣 헌 놈, 전에 홍
　　　보네 아들맹이로(=아들처럼).(신안 구비)

　나. 그라면 그 한의원은 뭣 한 사람이냐 하면은 옛날 침을 잘 논 한의원인
　　　디,(신안 구비)

　다. 당신들은 뭣 한 사람들이냐?(신안 구비)

　라. 그래서 그 시관이 점수를 다 머식해서 참 모도 머시기 베슬자리, 베슬
　　　한 사람 베슬 주고 뭣 한 사람 뭣 주고 모도 이러저리했는디,(신안 구비)

반면 (8)은 '어떤'의 의미로 해석되는 관형사 '머던/머단'의 예이다. 다만 '머
던/머단'은 오직 부정칭의 관형사로만 쓰일 뿐 의문 관형사로 쓰이지 못한
다.『표준국어대사전』의 '어떤'에 대한 뜻풀이 가운데 ③에 해당하는 경우에
만 '머던/머단'이 쓰이는 것이다.

(8)

　가. 머던 디는 가만히 들어댕이여(=드나들어).(장성 구비)

　나. 또 머단 사람들은 절대 그 살펴보도 못허고 그 당제를 바치게 되면은
　　　전여 어디를 지방 사람들은 나가지를 못합니다.(신안 구비)

　다. 그런디 또 머단 사람들은 무의식 중에 나온 말인디, "조새바위이기 땀
　　　에 서로 찍고 갉고 하기 때문에 동네가 단합이 안 된다. 그러니까 저 바
　　　위를 없애 부면 되지 않겠느냐?" 이런 말도 더러 나오고 그랬는디,(보
　　　성 구비)

또한 부정 관형사로 쓰이더라도 '어떤'과 달리 '머던/머단'이 포함된 명사구
는 오직 주제어로만 쓰이며, 그렇지 않으면 비문을 만든다. (8)의 예는 모두
주제어로 쓰인 경우인데, (9)처럼 주어, 목적어, 부사어로 쓰이면 비문을 만

들게 된다.

(9)
가. *머던 사람이 와서는 여그 사냐고 뭃데(=묻데).
나. *어지께 동네서 머던 여자를 만났는디,
다. *두 사람은 머던 동네에 도착했다.

③ 나문

  '나문'은 '다른' 또는 '보통의'를 뜻하는 관형사로서, 함평·영암·해남·신안·
화순 등 전남의 서남부 지역에서 주로 쓰이는 말이다. 서남방언에는 '다른'
과 '딴'이라는 관형사가 이미 있음에도 불구하고 이들 지역에서 같은 뜻의 전
혀 새로운 낱말이 쓰이고 있는 것이다. '나문'은 아마도 동사 '남-'(殘)의 관형
형 '남은'에서 온 말로 보인다. 동사 '남다'는 '떠나다'류의 동사와 의미적으로
대립된다. 어떤 한 무리의 사람들이 있을 경우 '떠난 사람'과 떠나지 않고 '남
은 사람'은 대립한다. 떠난 사람의 관점에서 남은 사람은 '다른 사람'일 수 있
다. 아마도 이런 의미 확대의 결과로 관형사 '나문'이 생겨나게 된 것으로 추
정된다. 만약 이러한 추정이 옳다면 '나문'은 떠나지 않고 남을 수 있는, 사람
명사로부터 의미 확대가 시작되었을 가능성이 크다. 구비문학 자료에서도
'나문'이 수식하는 명사 가운데 '사람'의 빈도가 가장 높았다. (10)이 이를 보
여 준다.

(10)
가. "아이 대사, 나문 사람들은 전부 다 거식허는디 왜 이 즉 말허자먼 술을
    모르고 차꾸 거식허냐?" 헌다 말이여.(함평 구비)
나. 그러잉께 선생질 헌다는 사람이 그렇게 뚜꺼비보고 말을 허느니 보통

나문 사람이 딛기에는 보통 말이 아니거든요.(함평 구비)

다. 그런데 그 사람이 심청머리(=성정머리)가 고약해. 그러면 나문 사람은 가사 오 장이나 되면은 이 사람은 칠 보나 되았든 모냥이여.(해남 구비)

라. 나문 이들은 일본놈들이 그렇게 물 끓듯 항께 무상께(=무서우니까) 한 나 비쳐도 못 보고,(신안 구비)

마. '요놈, 우리집 덕으로 해서 중학교까장 마치고 고등학교까장 마치고 일본 유학까장 갔는 놈이 어디 가서 인자 그 나쁜 기집을 얻어가지고 나문 사람허고 빠져가지고 있는구나.' 허고는,(신안 구비)

바. 나문 사람은 용케 해가지고 이익들을 보는디 그양반은 꼭 망한단 말이요.(신안 구비)

사. 그래서 마음속으로 '나문 사람들은 나같이 이렇게 부지런치 안해도 잘 먹고 잘사는데 나는 이렇게 부지런히 해도 왜 이렇게 못살고 못 먹고 이러는가?' 이런 마음에 비만감(=비애감)이 들어가서는,(신안 구비)

아. 인자 막 옷고름을 내허치고 막 소리를 지르고 오지마는 나문 사람 눈 에는 하나도 안 보인다 그 말이여.(신안 구비)

자. 강을 떵께 그 장안에 나문 구경꾼들이 백결 치듯 모였제.(화순 구비)

차. 가서 음식을 먹은 체 한 그런 순간에 나문 사람들한테 이얘기를 해가 지고 그 속에 들어 있는 머심 부인을 빼내고, 그 나문 관가 직원이 나문 사람이 그 인자 괴짝 속에 들어가고 쇠를 채게 했다 그것이여.(신안 구비)

'나문'은 장소를 나타내는 '데/디' 또는 '곳'을 수식하는 비율이 '사람' 다음으로 높았다. '나문'이 장소를 수식할 경우, '보통의'의 뜻은 없고 오로지 '다른'의 해석만을 갖는다.

(11)

가. 하래는 여자가 마음이 변해가지고는 그 서화담 시부가 올 것이라고 트

집잡어가지고 나문 디로 시방 담박질(=달음박질)칠라고,(함평 구비)

나. 그래 나문 디 좋은 디로 출가시킨다 그 말이지요이.(함평 구비)

다. 우리 한국이 지금 남북으로 갈려갖고는 있제마는 나문 디서 그렇게 깔 보지는 못헐 것이라 허는 것을,(함평 구비)

라. 나문 디서도 외국에서요, 대가족제도를 환영허는 디도 만해요.(함평 구비)

마. 이건 이상하다 하고는 나문 디 놓먼 나문 디가 안 뵈에.(신안 구비)

바. 조금만 더 기달리고 있으면은 우리가 곧 하늘로 올라갈 것인데 뭣 하 로 한사치(=한사코) 지금 나문 데로 이사를 가야?(신안 구비)

사. 마치 배가 여까지 들어왔는데 나문 데 가서 작업을 하자는 그런 말 하 기도 참 어색스럽지마는,(신안 구비)

아. 그 종이가 신기하게 나문 곳으로 와서 그 비재나무라는 나무에가 매져 갖고 있었단 말이요.(신안 구비)

그 밖에 '나문 소리', '나문 배' 등의 예가 소수 보인다. 이 경우에도 '나문'은 '다른'으로 해석될 뿐 '보통의'의 의미는 없다.

(12)

가. 열 번 그렇게 해야지 나문 소리 해서는 절대 안 됭께 꼭 그렇게 알으라 고 이렇게 인자 이얘기를 당부를 허고는,(신안 구비)

나. 그렇다 해서 가정이 글로 인해서 나문 소리가 있어서 씨겠소?(신안 구비)

다. 그 날이 쾡쾡 좋은 날에 나문 배는 다 대 있는디 우리 배는 딴 강에다가 세우라 해가지고,(신안 구비)

(13)은 의존명사 '것'을 '나문'이 수식하는 경우이다. 특히 (13가)-(13라)는 '다 른 것이 아니라'와 같은 관용적인 구성에까지 '나문'이 쓰일 수 있음을 보여

준다. 구체적인 사람이나 장소를 수식하던 '나문'이 관용적인 표현에 나타나는 '것'까지 수식하게 되면서, '다른'과 동일한 분포를 갖는 온전한 관형사로 자리 잡게 된 것이다.

(13)

가. <u>나문 것이 아니라</u> 꼭 느그 남편 붕알 한 쪽만 내가 먹으면은 배가 쑥 낫 겄다마는. 아이고, 어짜끄나?(신안 구비)

나. 한 가지 약이 있는데 그 약은 <u>나문 것이 아니라</u> 느그 남편 그 붕알을 한 쪽 까서 내가 그놈을 먹으면은 아조 속시원허게 이렇게 낫겄다마는 어 짜끄나?(신안 구비)

다. <u>나문 것이 아니라</u> 우리 막둥이 씨아재로 말허자면 인자 결혼한 제 엄 마(=얼마) 되지도 않고,(신안 구비)

라. <u>나문 것이 아니라</u> 아, 느그 그 남편 붕알을 꼭 한 쪽만 내가 까서 묵었으 면 내 배가 꼭 낫을 것으로 이렇게 생각을 가지고 있는디,(신안 구비)

마. 둘째 며느리도 가만히 생각해 보니까 <u>나문 것은</u> 다 그렇게 하마고 할 수 있겄다고 대답을 하겄는디,(신안 구비)

바. 그런데 너가 그 모자를 쓰면 너는 <u>나문 것이</u> 뵈여도 나문 사람들은 너 가 뵈이지 않아.(신안 구비)

사. 그러니께 맘 변하지 말고, 꼭 그렇게 받았다고만 주장만 하라고, 그러 면 될 것이지 <u>나문 것이</u> 없어.(신안 구비)

④ 왼₁

표준어의 관형사 '온'은 '전부의'나 '모두의'를 뜻하는 말인데, 서남방언에 서는 '왼'으로 쓰인다. 그 쓰임은 표준어와 완전히 같다. 반면 '온'이 포함된 복합어 '옴막'(=온통, 전부), '옴팍'(=모두), '옴싹'(=전부), '옴쑤레기'(=모조리), '온이로'(=통째로) 등은 원래의 모음 /ㅗ/를 유지하고 있다. 낱말 내부의 '온'은 변화를 입지 않았지만 독립된 낱말로 기능했던 관형사 '온'은 이후 '왼'으로 음변화를 겪었기 때문일 것이다. '온이로'의 예를 보면 '온'이 원래 명사이었음을 알 수 있다.[3]

(14)

가. 막 왼 동네에서 난리통이 나그던. 어떻게 헐 도리가 없어.(신안 구비)

나. 왼 동네 사람이 다 바느질을 시키러 와.(전주 구비)

다. 왼 들판을 헤매고는 즈그 웃집에 가서 그 통통한 알부자 여자가 있어, 홀엄씨. 고 집으로 쑥 들어가 불었거든.(신안 구비)

라. 명당을 잡으로 밥만 먹으먼 왼 산천을 다 돌아댕겨.(정읍 구비)

마. 왼 산을 다 뒤져도 아무 데도 없어.(화순 구비)

바. 그 여자가 머리 풀어 산발하고 상사빙이 나서 막 왼 방을 돌아댕겨.(신안 구비)

사. 그러자 하인놈들이 왼 사방을 다 뒤져도 벼가디(=보이관데)?(장성 구비)

아. 긍게 산돼지는 왼 간디(=군데)가 다 타요, 인자 그 지푸락이 다 탕게. (군산 구비)

자. 비빔서 막 둥글어(=나뒹굴어). …… 왼 밭을.(정읍 구비)

차. 왼 몸뚱이 때를 싹 밀어서 환약을 지었어.(군산 구비)

카. 그려서 왼 식구들을 전부 다 모으게 히 놓고는 그 얘기를 허는 거여.(정읍 구비)

타. 왼 귀경꾼들이 걍 겁나게 늘어선단 말여.(정읍 구비)

---

3 '왼종일'처럼 하나의 낱말을 구성하는 경우도 있다. (예) 아들이 가만히 엄니가 하리 왼 종일 일을 하고 저녁에는 보면 보신 신발을 흑허니(=하얗게) 하고 그 건네를, 물 건네를 자꾸 밤에 가드래요.(보성 구비)

파. 그러니 니 자식은 추운 데서 재워야 그렇게 지내 봐야 윈 평생 잘 지내
는겨.(화순 구비)

⑤ 윈₂

'윈₂'는 접두사로 친족명에 붙을 경우 '혈족관계로 맺어진'의 의미를 가져
'이붓'(=의붓)과 대립한다. '윈어매, 윈아부지, 윈부모, 윈자석' 등이 그 예이다.
(15)에서는 '윈오매'(=친어머니)와 '얻은 하나씨'가 대립을 보이고 있다. 여기서
'얻은'은 '의붓'의 의미이다. '윈'의 이러한 의미로 미루어 보면 한자어 '원'(原)
에서 왔음을 쉽게 짐작할 수 있다. 서남방언에서 '원'은 [웬]이나 [윈]으로 대
응되는 것이 흔하다. 그래서 '원수'(怨讐)는 이 방언에서 일반적으로 '윈수'나
'웬수'로 쓰인다.

   (15) 인제 자식들이 저그 오매는 윈오매고 하나씨는 저게 얻은 하나씨고.
      (정읍 구비)

   그런데 '윈'은 접두사 외에 '원래의'의 뜻을 갖는 관형사로 쓰이기도 한다.
(16)이 이런 경우이다. (16)은 관형사 '윈' 뒤에 설명의 관형절이 뒤따르고 있
어 '윈'이 갖는 '원래'의 의미 내용을 보여 준다. 그러므로 이때 '윈'은 설명의
관형절 앞에만 와야 되며, 만약 뒤에 오면 비문을 만든다. 예를 들어 (16가)
를 '여그는 우리가 살았든 윈 디는 아니여.'로 바꾸면 비문이다. 나머지 예들
도 마찬가지다. 물론 '윈'이 언제나 설명의 관형절을 요구하는 것은 아니다.
'거그는 내 윈 고향이 아니여.'라고도 할 수 있기 때문이다.

   (16)
   가. 여그는 윈 우리가 살았든 디는 아니여.

294

나. 긍게 이놈이 떡허니 따러 들어간단 말여, 안방을. 그 하도 어이가 없어서 <u>왼 인자 학자 그 유식헌 사람이</u> 가만히 문구녁을 이렇게 쳐다봉게로,(정읍 구비)

다. 이 사람 <u>왼 진짜로 잘 거식헌 양반은</u> 그 뒤여는 후허게 대접을 안 허고 그놈, 갑자 을축 찾는 놈만 잘 대접히서 여비까지 후허게 줘가지고는 그 이튿날 가는디 보내드래여.(정읍 구비)

라. 집이로 돌아와서 적(=저희) 아버지가 삼 일 만에 죽었어. <u>왼 자그 그 데려가 키운 아버지가</u> 삼 일 만에 인제 죽웅게,(정읍 구비)

3.2 부사

3.2.1 성분부사

성분부사는 용언이나 부사, 명사 등 특정 성분을 수식하는 부사인데, 성상부사·지시부사·부정부사 등을 포함한다. 성상부사는 수식 내용에 따라 시간·처소·상태·정도의 부사로 나뉘며 의성부사와 의태부사와 같은 상징부사도 여기에 포함된다. 여기서는 성상부사를 정도부사, 강조부사, 상징부사로 나누어 기술한다.

3.2.1.1 정도부사

① 겁나

서남방언에서 '겁나다'는 표준어와 달리 동사와 형용사의 두 품사로 쓰인다. 동사일 때는 표준어처럼 '두려움이 생기다'의 뜻이지만, 형용사일 때는 '대단히 많다', '대단하다'의 두 가지 뜻을 갖는다. 형용사의 의미는 동사의 의미로부터 확대된 것이 분명하다. 이러한 의미 확대 여부가 표준어와 서남방언의 차이를 만들었다. 아래의 (17가)-(17라)는 동사, 나머지는 형용사로 쓰이는 예인데, 형용사 예 가운데 (17마)-(17사)는 '대단히 많다', (17아)는 '대단하다'의 의미로 쓰인 것들이다.

> (17)
> 가. 나 저 말 겁나서 못 타겠습니다.(부안 구비)
> 나. 아척으(=아침에) 뚜드러 맞는 디를 보믄 겁나서 말을 못 허네.(군산 구비)
> 다. 금덩이 하나 갖고선 막 돈을 많이 준다고먼 하도 겁나.(군산 구비)

296

라. 아이고, 겁나는 소리만 땅땅허고 있네.(장성 구비)

마. 남원 읍내가서 원님이라고 허는 분네가 백포자기 청포자기 씌워 논 사
람이 겁나단 말여.(정읍 구비)

바. 산중 땅이라 자갈이 그양 겁나갖고,(정읍 구비)

사. 그렇게 겁나지, 돈이.(장성 구비)

아. 도장(=광)으로 식량을 내러 온가 봉게 엄판(=엄청나게) 겁난 것이 하
나 있거든.(장성 구비)

'겁나다'의 부사형 '겁나게'는 '겁나게 허다'처럼 사동 구문일 경우 동사로
해석될 수 있지만, 후행하는 용언을 수식할 때는 오직 형용사의 해석만 가능
하다. 부사어가 서술어보다 의미 해석의 폭이 축소되는 경향을 보여 준다.
아래 (18가)-(18라)는 '매우 많이'처럼 양의 대단함을 나타내고, (18바)-(18하)
는 '대단히'처럼 단순히 정도를 강조하는 뜻으로 쓰였다. 존재동사를 수식할
때에는 '매우 많이', 형용사나 부사를 수식할 때에는 '대단히'의 의미를 갖는
다. 그러므로 '겁나게'의 두 가지 의미는 후행하는 용언의 품사에 따라 결정
된다고 할 수 있다. 또한 일반 동사의 경우 종류에 따라 양과 정도의 의미가
구분되어 해석된다. 예를 들어 '먹다'는 양, '좋아하다'는 정도로 해석된다. 경
우에 따라 두 가지 해석이 모두 가능할 수도 있는데, (18마)가 그런 경우이다.
'겁나게 고생을 하고'는 양의 크기를 강조하는 뜻으로 해석되는 것이 자연스
럽지만, 결과적으로 정도를 강조하는 '대단히'의 의미로도 해석될 수 있다.

(18)

가. 그렇게 그때 눈이 겁나게 왔어.(해남 구비)

나. 재기 미느리(=자기 며느리)가 또 술이야 또 또 겁나게 차려갖고 왔어.
(장성 구비)

다. "제미가 뭣이라냐?" "제사 지내는 쌀 말이요, 멥쌀." "아, 저 항(=항아리)

에 겁나게 있니라."(해남 구비)

라. 쟁인 장모가 참 돈도 그양 겁나게 주고 그양 보물도 많이 주고 그렇게 허고는,(정읍 구비)

마. 겁나게 고생을 하고 돌아다니다가 인자 그 절로 들어가갖고요,(해남 구비)

바. 똥개네는 겁나게 부자 되고 그 집은 찌그러지게 망해 불드라고 해요.(해남 구비)

사. 그래서 인자 십 년을 얻어 먹였는디 겁나게 커졌어.(해남 구비)

아. 풍수가 겁나게 멩당을 잘 잡은디 즉 아배 묘자리 잡은 데는 없드라우.(해남 구비)

자. 그래갖고 잘되아갖고 기모(=계모) 엄매를 겁나게 좋게 보고 살었다우.(해남 구비)

차. 떠오른 반달 같고 겁나게 이쁜 남자가 마상(馬上)을 하고 들어와.(해남 구비)

카. 닭 울음소리가 겁나게 멀리 안 딛키요이(=들리잖아요)?(해남 구비)

타. 그놈의 냇갓이 짚기가 겁나게 짚어.(해남 구비)

파. 그 노송나무가 겁나게 큰디,(신안 구비)

하. 큰애기가 안 생겨서 어치께 어치께 해서 장개를 가는디 병이 겁나게도 가득해갖고 장개를 갔드라.(신안 구비)

서남방언에서는 '겁나게' 외에 '겁나'라는 말이 더 있다. 형태적으로 '겁나'는 '겁나게'에서 '게' 탈락에 의해 생겨난 것임이 분명하다. 부사형 씨끝 '-게'가 의미 변화를 일으키지 않은 채 탈락되는 일은 없지만, 용법을 고려하면 '겁나'를 '겁나게'와 무관하게 처리할 수 없는 것이 사실이다. '겁나'는 '겁나다'에서 영파생으로 생겨났다기보다 '겁나게'의 '게'가 탈락하여 생겨난 새로운 부사로 해석하는 것이 합리적이다.[4] 이는 '겁나게'가 '겁나다'의 활용형이 아니라 독자적인 부사로 쓰였기 때문에 가능한 일이다. '겁나'도 '겁나게'와 같이 후행하는 용언의 품사에 따라 의미가 달라지는데, (19)에서 (가)-(나)는 '대단히 많이', (다)-(바)는 '대단히'로 해석된다. (19다)는 존재동사가 쓰였지만 추상적인 '늦'의 존재를 강조하므로 양 또는 정도의 강조라는 중의적 해석이 가능하다.

(19)

가. 그래서 인자 겁나 돈을 줘.(화순 구비)

나. 옛날에 명당 파일을 했었는데요, 겁나 파일을 해가지고요, 풍수를 잘못 만나가지고 '그놈을 꼭 파일을 해야 그 묏을 파야 된다.' 그래서 파가지고 붕께는,(보성 구비)

다. 그 집이서 연방 거두고 거두고 헌 것이 새경도 안 주고 거두고 거두고 한 것이 겁나 늦(=늦)이 있어요.(보성 구비)

라. 여자는 하늘같이 훌륭한 것 같고 남자는 겁나 못난 것 같고,(신안 구비)

마. 시리(=시루) 인자 떡을 허민 시리 군속이 겁나 많으제, 떡을 묵을랑께.(보성 구비)

바. 풍수 들어왔다고 대접사나 겁나 좋거덩.(보성 구비)

② 징허니

서남방언의 형용사 '징허다'는 표준어 '증(憎)하다'에서 온 말이다. '증하다'는 사전에서 '모양이 지나치게 크거나 괴상하여 보기에 흉하고 징그럽다'로 풀이되어 있다. 그러나 서남방언에서 '징허다'는 사전의 풀이대로 보기 흉한

---

4 젊은이들의 속어이기는 하지만 '대단히'를 의미하는 '졸나'(← 좆나)와 같은 신어도 '게' 탈락에 의해 만들어졌다고 보아야 한다.

경우에만 쓰이지는 않는다. 사람의 끈질기거나 독한 성격, 또는 지독하여 참기 어려운 상황, 굉장히 고달픈 삶의 형편 등 보다 추상적인 상황을 나타내는 데도 사용되기 때문이다. 우선 (20)의 '징허다'는 '증하다'의 원뜻대로 보기에 흉하거나 징그러운 경우를 나타낸다.

(20)

가. 대매이(=큰 뱀)가, 용 못 된 이무레기(=이무기)가 기양 쎄(=혀) 내어갖고 뻐드러졌는디 볼 수가 없어, 무서워서. 그럴 거 아인가, 징허고. 그걸 처단할 수가 없어.(고흥 구비)

나. 하루는 밥을 허는디 이렇게 떡 인자 앉었잉께 가래고장이를 입고 떡 벌여 놓께 이거 징허거든.(신안 구비)

다. 이 충청두 계룡산 어구로 인자 들어갈께 아조 사람 대그빡(=대갈빡) 모도 뼈따귀 징하드라우.(해남 구비)

라. 이 구렝이가 어스렁어스렁 기어 나오더니, "엄매!" "오냐." 하다(=하도) 징항께 인자 대답은 해. 잡아묵으깨비(=잡아먹을까 봐) 구렝이라서.
(신안 구비)

(21)은 사람에 대한 판단을 나타내는 경우이다. 보통 사람으로서는 하기 어려운 지독한 행동을 하는 사람, 그래서 무서울 정도로 독한 성격을 나타낼 때 '징허다'가 쓰였다. 이는 징그러운 모습과는 아무런 상관이 없는 추상적인 성격에 '징허다'를 쓴 경우이다.

(21)

가. "헝게 그것이 아니라, 부애난 뒤라 허리 토막을 한가운데를 내가 딱 찍어서 대꼬쟁이를 깎아서 몸뚱이다 전부 꽂아 놨소." 그러거든. "아이고, 징허다. 어뜨케 했냐? 아이고, 너도 징한 놈이다. 구렁이보다 더 징

300

허다. 무선 사람이다."(장성 구비)

나. 못 낳게 할라고? 와따, 징하네, 참말로.(해남 구비)

(22)는 밭에 대해 '징허다'는 판단을 내린 경우이다. 밭을 매는 일은 너무 힘든 일이기 때문에 매야 할 밭을 '징헌 밭'이라고 칭한 것이다. 너무 힘들거나 고달픈 상황에 쓰이는 경우라 하겠다.

(22)

가. 내가 밭이 하도 징하그래 이만저만했드니 호랭이가 나와서 "내가 매주께 딸을 주라(=줄래)?"고 그라길래 니 같은 것이 맬라드냐고 그라라고 그랬드니 이렇구 밭을 딱 매 놓고 딸을, 너를 주락한디 어째야 쓰겄냐?(해남 구비)

나. 밭을 매다가는 어쭈굼 밭이 짓었든지 밭이 어쭈구 짓었던가 밭을 매다 매다가 한 소리가, "와따, 이 징한 놈의 밭. 호랭이가 잔(=좀) 물어 가 불면." 그라고,(해남 구비)

(23)에서는 힘들거나 처참한 상황, 악독한 행위, 한심한 상황, 성가시게 괴롭히는 상황 등에 대해 '징허다'가 쓰였다. 모두 부정적 상황이라는 점에서 공통이다.

(23)

가. "워매, 징한 거. 나는 못 살어. 우리 도깨비 서방이 우리 농사 못 하게 어찌게 갖다가, 똥은 똥은 다 줏어다가 우리 논이고 밭이고 이겨 놨는지 우리 농사 못 지어 묵어." 그라고 항께는,(해남 구비)

나. 그란 것이 아니라 우리 엄매 아부지가 아들도 없고 딸도 없고 나 몽땅 한난디 열아홉 살만 묵으면 호식해 간닥 항께 엄매 아부지 앞에서 징

한 꼴을 안 뵈일라고 미러서(=미리) 나왔다고 하그덩.(해남 구비)

다. "으찌께 생겠드냐?" "뭔 사람들이 막 쌈(=싸움)하고 놈의 것 돌라(=훔쳐) 가고 그렇게 징한 것이 뵈이요."(해남 구비)

라. 그랑께 사내끼 시 발을 꼬갖고 한 발 두 발 시 발하고 밤낮으로 그러더니 그놈을 아, 그래가지고는 딱 인자 하다 징항께 즈그 엄매가,(신안 구비)

마. 하다 성가싱께는 인자 인두에다 딱 하리(=화로)에다 불 담어다 놓고는 인두를 대 놓고 있다가 인자 한번은 하도 징항께는 창구녕에다 대고 저래 쌍께는 인두로 파싹 지져 불었드라.(신안 구비)

　이처럼 '징허다'는 모습이 징그럽거나 사람의 성격, 상황 등이 아주 부정적일 때 쓰는 말이다. 그런데 이 '징허다'에서 '징허니'라는 부사가 파생될 수 있는데, 접미사 '-니'는 '-허/하-' 뒤에만 결합되는 부사 파생 접미사로서 접미사 '-이'의 변이형이다. 부사 '징허니'는 원말인 '징허다'와 달리 징그러운 외모를 나타내는 성상부사가 아닌 정도부사로 주로 쓰인다. 그래서 징그러운 모습을 나타내려면 (24가)처럼 '징허니'보다 '징허게'를 쓰는 것이 알맞다. '징허니'가 외모의 묘사에 쓰이려면 후행 서술어는 '잘생기다/못생기다'처럼 심한 정도를 허용할 수 있는 성상의 의미를 가져야 한다. (24나)가 이를 보여 준다.

(24)

가. 그 사람 얼굴이 차말로 ?징허니/징허게 생겠드라.

나. 그 사람 징허니/징허게 잘생겼드라.

　부사 '징허니'는 '징허다'와 달리 후행하는 용언을 수식할 때 그 정도를 매우 강조하는 기능을 한다. 그래서 '징허니'는 '아주 굉장히', '아주 대단히'로 해석된다. (25)에서 (가)는 추운 정도를 강조하며, (나)는 맛있는 정도를 강조한다. (다)-(마)처럼 동사를 수식할 때는 동사에 따라 '대단히 많이'나 '대단히 열심히'처럼 양이나 정도를 강조하는 의미를 갖게 된다. '징허다'가 주로 부정적인 상황에 쓰이는 점을 고려하면 '징허니'도 부정적인 말맛이 느껴지는 것이 일반적이나, 반드시 그렇지만은 않다. (25나)처럼 매우 긍정적인 서술어도 수식할 수 있기 때문이다. 한편 '징그럽다'는 외모의 흉측함이나 끔찍함을 나타내는 점에서 '징허다'와 같으나, 그 확대된 의미에서 차이를 보인다. 사전에 따르면 '징그럽다'의 의미가 확대될 경우 '유들유들하여 역겨움'을 뜻할 수 있는데, '다 큰 남자애가 징그럽게 어리광을 부린다'가 이런 예이다. 그런데 이 문장의 '징그럽게'를 '징허니'로 바꾸면 '유들유들하여 역겹다'는 의미는 사라지고, 어리광 부리는 행동의 횟수가 많거나 정도가 심하다는 해석만을 갖는다. '징허다'와 '징그럽다'가 기본의미에서는 동일하지만 확대된 이차 의미에서 차이가 생긴 것이다.

(25)

가. 날씨가 징허니 춥네.

나. 이 집 짜장면 징허니 맛나네.

다. 사람들이 징허니 가네.

라. 징허니 묵네.

마. 징허니 공부허네.

'징허다'의 의미를 단순화시켜 표현하자면 [+부정적 판단, +강조]의 두 의미자질로 나타낼 수 있다. 부정적 판단은 외적 모습이나 사람의 성격, 상황에 대한 말할이의 판단을 의미하며, 강조는 이 부정적 판단에 대한 말할이의 심리적 강도를 말한다. 그런데 '징허다'가 부사 '징허니'로 전이하면서 의미자질 가운데 [+부정적 판단]은 사라지고 [+강조]만 남게 되었다. 이러한 의미의 변화는 서남방언에서 형용사로 쓰이는 '허벌나다'에서도 확인된다. '허벌나다'의 '허벌'은 원래 '허발'로서 원뜻은 '몹시 굶주려 있거나 궁하여 체면 없이 함부로 먹거나 덤빔'이니 게걸스럽게 먹는다는 뜻이다. 그런데 서남방언에서는 '허벌나다'가 형용사로 쓰여 '대단하다'의 의미를 갖는다. 다만 속된 말맛이 있는 점에서 '대단하다'와 다를 뿐이다.[5] 음식을 게걸스럽게 먹는 원래 의미에서 먹음의 의미는 사라지고 심한 정도의 의미만 남은 것이다. 그렇다면 심한 정도를 내포하는 용언이 부사화 할 경우, 본질적인 의미 부분은 사라지고 심한 정도의 부분만이 남아 정도 부사화 하는 것은 매우 일반적인 현상임을 알 수 있다.

③ 잔뜩/짠뜩

『표준국어대사전』에 따르면 부사 '잔뜩'은 세 가지 경우에 쓰인다. 첫째는 '한도에 이를 때까지 가득'의 의미로서 '승객이 버스에 잔뜩 탔다'가 전형적인 예이다. 이는 어떤 공간에 가득 찬 양을 나타내며 정도부사 '가득'과 거의 같은 의미를 표현한다. 둘째는 '힘이 닿는 데까지 한껏'의 의미로서 '잔뜩 벼르다'가 그 예이다. 주어의 적극적 행동에 대한 강도가 매우 강함을 나타낸다. 첫째 의미에 비해서는 추상적이라 할 수 있다. 셋째는 '더할 수 없이 심하게'의 뜻으로서 '잔뜩 겁을 먹다', '하늘이 잔뜩 흐리다' 등이 그 예이다. 주어의 소극적 행동이나 무정물 주어의 상태에 대한 강한 강도를 나타낸다. 이역시 양이 아닌 질적인 측면의 강도를 나타내는 점에서 둘째의 용법과 유사한 면이 있다. 다만 주어의 행동이 수동적인 점에서 능동적인 두 번째의 용법과 차이가 있다. 특히 '맑다, 좋다, 영리하다, 예쁘다, 높다, 깨끗하다, 나쁘다'와 같은 형용사는 '잔뜩'의 수식을 허용하지 않는다. 그런 점에서 위의 '잔

---

5 '허벌나다'의 속된 말맛은 '허발'이 원래 게걸스러움을 표현하는 말이기 때문이다. 게걸스럽게 먹는 것처럼 체면을 차리지 않는 행동은 본질적으로 속됨을 속성으로 갖는데, 이 속됨의 속성이 의미 변화 이후에도 유지된 것으로 보인다.

뜩 흐리다'는 예외적인 경우라 하겠다.

　서남방언에서도 '잔뜩'은 표준어와 같이 세 가지 용법을 설정할 수 있다. 첫째와 둘째의 용법에서는 방언간의 차이가 없으나 셋째 용법에서는 차이가 발생한다. 술어가 형용사일 때도 자연스럽게 쓰이기 때문이다. (26)은 '잔뜩'이 형용사를 수식하는 경우인데, 특히 (26다)에서는 보조형용사 '잡-'(=싶-)을 수식하고 있다.

(26)

　가. 그러나 원님이 그 애 하는 것이 잔뜩 영리하고 장래의 보초가 있잉께, (고흥 구비)

　나. 아들을 하나 낳는디 잔뜩 이쁘고 오징께(=오달지니까),(보성 구비)

　다. 물이 잔뜩 먹고 잡아서(=싶어서),(화순 구비)

　라. 그 해사 말고 날이 잔뜩 가물아가지고 온 들이 타지게 되아 불었어.(고흥 구비)

　마. "잔뜩 다급허먼 풀한(=파란) 벵(=병)을 탁 떵게 불고 또 나중에 또 쫓아오면 거시기 또 삘한(=빨간) 벵을 떵게 부라." 그라드라.(신안 구비)

　바. 잔뜩 배고픈 짐에 누가 본가 안 본가 쪼간 훔쳐서 갖고 즈그 집으로 왔단 말이여.(신안 구비)

　사. 점심철이 되어서 배가 잔뜩 고프고 해서 인자 점심을 좀 얻어묵을라고 농부 한 사람 옆에가 딱 앉았어.(보성 구비)

　아. 그란디 잔뜩 집안에 가세가 곤란하고 이래서 저것들 공부도 못 시키겠고,(고흥 구비)

　(27)은 '잔뜩'이 동사를 수식하는 경우로서 (27가)-(27라)는 양적인 측면에서 '가득'의 의미와 통하는 경우이며, (27마)는 주어의 능동적인 행동을 나타내는 경우이다. 반면 (27바)-(27사)는 주어의 수동적인 행동을 나타내는 경

우로서 '잔뜩'은 강한 강도를 나타낼 뿐이다.

(27)

가. 술을 한 사날 지낸 뒤에 향취가 잔뜩 나고 그래서,(고흥 구비)

나. 그놈을 홀딱홀딱 한 주전자를 다 먹응게 술이 잔뜩 취허든 갭이여.(장성 구비)

다. 참 이거 술을 거시기 인제 밤새 잔뜩 먹고는,(화순 구비)

라. 저 묵고 살려고 욕심을 잔뜩 차리네, 이 죽을 것들이.(화순 구비)

마. 쉬양버들낭구가 그 못 가이로 뻗은 가지가 있어. 그 가지여다 이놈 갖다 잔뜩 비틀어 매고 오너라.(군산 구비)

바. 그래 인자 과부 눈에 잔뜩 든단 말이요.(신안 구비)

사. 나보고 관을 꼭 씌라고 허더니 이것 때문에 매를 잔뜩 맞고 죽겄습니다.(정읍 구비)

한편 전남의 해남·신안·진도·완도 등 서남해 해안 지역에서 '잔뜩'은 '짠뜩'으로 쓰이는데, 이는 심한 정도를 나타내는 의미 때문에 빚어진 경음화로 보인다. 이들 지역에서는 특히 형용사를 수식하는 '짠뜩'의 용법이 활발하다.

(28)

가. 여자가 지 넙턱지를 내놓고 투덕투덕항께는 보고는 짠뜩 좋응께 '허허' 하고 웃다가 물을 써서는(=들이켜서는) 죽어 불었어.(해남 구비)

나. 그렁께 짠뜩 미웅께 글을 못 해 보고,(해남 구비)

다. 그랑께는 짠뜩 무성께 끓인 물을 떠갖고이 찍 찌클어(=끼얹어) 불었어.(해남 구비)

라. 그 더운 볕 아래서 짠뜩 덥고 하니까 속옷을 다 벗어 불고,(신안 구비)

마. 날이 힌히(=훤히) 생께는 잔뜩 급헝께 마당 앞에 저 거름댕이 속으로

들어갔다 하요, 깨벗고(=발가벗고) 이월달인디 짠뜩 추웅께.(신안 구비)

바. 그런디 술이 짠뜩 취해가지고 떡 해서 드러누웠어.(화순 구비)

사. 짠뜩 부애 낭게 호랭이랄 놈이 고물을 받어갖고는 뚜께비 등에다 살살
뿌려 불고는 짤끔 볿아 불었어.(해남 구비)

④너무/너머/너무나/너무다/너무나도, 하도/하다/하도나/하다도/하다가도

부사 '너무'는 일정한 정도나 한계를 훨씬 넘어선 상태를 말하는데, 서남방
언에서는 '너무' 또는 '너머'로 쓰인다. 표준어에서는 '너무'의 강조형으로 '너
무나'가 쓰이며, 조사 '도'가 결합한 '너무도', '너무나도'도 쓰이는데 서남방언
도 이것은 마찬가지다. 서남방언에서 '너무다'는 '넘다'로 줄어 쓰이기도 한
다. 오늘날 '너무'를 '매우'나 '아주'처럼 심한 정도를 나타내는 정도부사로 쓰
는 것이 일반화 되어 있지만, 서남방언의 구비문학 자료에서 이런 예는 찾아
지지 않는다.

(29)

가. 너머 질먼 이얘기가 재미없어.(함평 구비)

나. 그분이 너머 효도헐라고 그러니 기가 맥히지.(화순 구비)

다. 너머 정성이 지긋해서(=지극해서) 참 하늘에서 도왔던가 아들을 낳았
어요.(보성 구비)

라. 오냐, 오늘 나가 너무다 술이 과했던가, 아, 여거 오다가 기양 들어온
것이 이렇게 잼(=잠)이 들었구나.(고흥 구비)

마. 지그 누나가 남복을 차리고 지그 동생을 너무다 그러고 다닝께 꺾을라
고 가서 씨름판에 갔어.(화순 구비)

바. 돈도 너무나 만하믄 돈에서도 재간이 붙은 것이등마요이?(해남 구비)

사. 그놈을 다 주기는 너무나 아깝고 짠할 상 싶고,(신안 구비)

아. 너무나도 기운이 장사여가지고 나 위에 없다고 너무나 그렇게 다니면 못쓰는 것이다.(화순 구비)

자. 세상에 우리 부모님이 가실 때 뭣 한 말 한 마디도 없이 가신 것이 너무나도 억울하니까,(해남 구비)

'하도'는 부사 '하'에 보조사 '도'가 결합되어 한 낱말로 굳어진 것이다. '하도'는 심한 정도를 나타내는 부사인데, '너무'와 의미가 같다. 서남방언에서 '하'는 홀로 쓰이는 법이 없고 언제나 '하도' 또는 '하다' 형태로 쓰인다. '하다'는 전남에서만 나타나고 전북에서는 잘 쓰이지 않는다. 서남방언에서 '하도'에 대해 '하다'가 쓰이는 것은 '너무도'를 '너무다'로 말하는 것과 같은 것이다.

(30)

가. 하도 작아서,(보성 구비)

나. 어뜬 사람이 하도 곤란허이 사람이 불쌍헝께,(함평 구비)

다. 하도 많이 댕깅께 간 동네도 또 가고,(신안 구비)

라. 비가 하도 와 쌓게,(장성 구비)

마. 하도 불러 쌓게 인자 갔어.(정읍 구비)

바. 하다 이상시러와서 물으니께,(고흥 구비)

사. 하다 애석하고 가석헝께,(신안 구비)

아. 하다 하다 가라 그래도 안 강께,(고흥 구비)

자. 하다 독촉을 해 싸서,(신안 구비)

차. 나중에 인자 하다 권하니까이 친구도 하다 딱해서 인자,(보성 구비)

'하도'에는 조사 '도'가 결합될 수 없지만 '하다'에는 결합이 가능하다. '하다'의 '다'가 조사 '도'와 무관한 것으로 인식하였기 때문일 것이다. 구비문학 자료에는 '하다도' 외에 (31나)처럼 '하다가도'의 예가 보인다. '하다가도'에 붙은 형태 '가'의 정체는 알 수 없다. 혹시 '하다'의 '다'를 씨끝 '-다가'의 줄임형으로 잘못 해석하여 '하다가'로 사용한 것이 아닐까 하는 추측이 가능하다. 한편 (31다)에서 보듯이 신안 민요에는 '하도나'가 보인다. 이는 '너무나'에 유추된 형태일 것으로 추정되는데, 민요에서 확인되므로 리듬을 살리려는 효과 때문일 수도 있을 것이다.

(31)
가. 조카자식이 하다도 영리하고 훌륭하게 될까 해서 한녕 그 방해공작을 했든 것입니다.(신안 구비)
나. 전에 또 한 사람이 있었어. 하다가도 옹삭항께 산꼴착 있는 데서 집 한 가우 산디,(해남 구비)
다. 하도나 그 꿈이 이상하야,(신안 민요)

⑤ 여간

'여간'은 『표준국어대사전』에서 '그 상태가 보통으로 보아 넘길 만한 것임을 나타내는 말'로 풀이되어 있는데, 언제나 부정문에 쓰여 그 반대의 사태를 강조한다. 예를 들어 '여간 바쁘지 않았다'는 '보통으로 바쁘지 않았다'이므로 '매우 바빴다'를 의미하게 된다. 서남방언에서도 '여간'은 정도부사로 쓰이지만 표준어와 달리 부정문뿐만 아니라 긍정문에도 쓰이며 '매우'나 '대단히'와 같은 심한 정도를 나타내는데, (32)의 예들이 이를 보여 준다. 표준어의 '여간'이 '보통으로'의 의미라면 서남방언은 '매우'나 '대단히'의 의미를 가져 차이를 보이는 것이다. 이러한 의미 차이 때문에 '여간'이 부정문에 쓰일 때에도 서남방언과 표준어는 그 양상이 같지 않다. 예를 들어 (32파)의 경우 '여간 안 좋아'는 '매우 안 좋아'의 뜻이다. 그런데 같은 뜻을 표준어로 표현하려면 '여간 안 좋은 것이 아니야'처럼 되어야 할 것이다. 표준어에서 '여간'은 부정의 영역 안에 포함되지만 서남방언에서는 부정의 영역 밖에 있다. 서남방언에서는 '여간' 뒤에 부정적 표현이 오더라도 그 부정적 표현 전체를 수식한다. 이처럼 서남방언에서 '여간'이 '매우'나 '대단히'의 의미를 갖게 된 것은 문장 전체에서 생겨난 의미가 '여간'에 투사되었기 때문이다. 부사 '여간'은 원래 '보통으로'의 의미를 지녔으나 부정과 더불어 해석될 경우 최종적인 의미에는 '대단히'의 의미를 포함되게 된다. '보통으로+부정'은 '대단히+긍정'으로 해석되기 때문이다. 이러한 의미 해석 과정에서 생겨난 '대단히'의 의미를 '여간'의 의미로 파악하면서 '여간'은 더 이상 부정문에만 쓰이지 않고 긍정문에까지 확대되어 쓰이게 되었다.

(32)

가. 여간 곤란허이 상께.(함평 구비)

나. 이놈이 여간 백려백리하고 똑똑하고 영리하고,(고흥 구비)

다. 옛날에는 고것을 아주 여간 귀허게 생각했다마.(신안 구비)

라. 애기를 보듬고 키우고 보듬고 댕기고 여간 이뻐하그든.(신안 구비)

마. 호랑이가 많이 나와서 여간 고약한 덴디,(신안 구비)

바. 막지기 할멈게다 여간 잘했드라.(신안 구비)

사. 묻을 자리를 찾아가는디, 여간 멀단 말이여.(화순 구비)

아. 선정을 베푼 것 여간 많제.(화순 구비)

자. 성질이 여간 급한 사람이라,(보성 구비)

차. 효자나 열녀나 제대로 마음 가진 사람들은 여간 으런(=어려운) 일을 당해도 놀래지도 안허는 갭이라.(부안 구비)

카. 이 전라도 사람들이라는 건 여간 그 정신을 기울여야 그때에 고을살이 하나 히어 먹을 둥 말 둥 그랬던 갑다.(군산 구비)

타. 그전이는 여간 있는 사람 아니고는 공부 못 시기거든, 여자를.(정읍 구비)

파. 성질이 여간 안 좋아.

서남방언에서는 '여간'에 조사 '도'가 결합된 '여간도'도 쓰이는데, 이는 앞에서 살펴본 '너무도'나 '하다도'와 같은 것이다. 이것은 '여간'이 '너무'나 '하다'와 같이 강한 정도를 나타내는 부사이기 때문에 가능한 일이다.

(33) 성은 그렇게 잘살고 동생은 여간도 못살았는디,(신안 구비)

한편 서남방언에서도 '여간'이 표준어와 같은 의미로 쓰이는 경우가 없지는 않다. '여간'이 명사로 쓰여 지정사 문장을 구성할 때, '여간'은 언제나 부정문에 쓰이며 긍정문에는 쓰일 수 없다. 그러므로 이때의 '여간'은 '매우 대단한 것'이 아닌 '보통의 것'을 의미하게 된다.

(34)
가. 그놈이 꾀가 여간 아니여(*여간이여).
나. 여자가 여간 여자 아니여(*여간 여자여).(부안 구비)
다. 그때 돈 천 냥 챙길라면 여간이간디?(부안 구비)

(34다)는 '여간'이 지정사의 긍정문에 쓰인 것으로 볼 수 있으나 씨끝 '-간디'의 용법을 고려하면 그렇게 해석할 수 없다. 씨끝 '-간디'는 겉과는 반대의 뜻을 나타내므로 '여간이간디'는 '여간이 아니다' 즉 '대단한 일이다'의 뜻을 나타내기 때문이다. 이처럼 서남방언에서 명사 '여간'이 부사 '여간'과 달리 부정문에만 쓰이는 이유는 무엇인가? 이것은 서남방언에서 명사 '여간'이 부사 '여간'에 비해 더 보수적이기 때문일 것이다. 서남방언의 '여간'도 원래는 표준어처럼 품사에 관계없이 '보통'이나 '보통으로'의 의미를 지닌 채 부정문에만 쓰였는데, 후대에 부사 '여간'의 의미가 '보통으로'에서 '대단히'로 변함에 따라 긍정문에까지 확대되어 쓰이게 되었다. 그런데 이러한 의미 변화와 통사적 분포의 확대는 명사 '여간'에서는 일어나지 않아 지정사 구문에서는 여

전히 부정문에 한하여 '여간'이 쓰이게 된 것이다.

서남방언의 구비문학 자료 가운데서도 표준어와 같은 쓰임이 일부 확인되는데, 이는 표준어의 영향 때문이다.

(35)

가. 그럼서 여간 반가를 안 혀.(군산 구비)

나. 또 과거 보려 한양 가고 집을 비우자니 아내에게 여간 죄송스러운 것이 아니지라우.(장성 구비)

⑥ '지지리₁'과 '지지리₂'

'지지리₁'은 표준어에서 '아주 몹시' 또는 '지긋지긋하게'의 뜻을 갖는 부사이다. 주로 '못나다', '고생하다', '가난하다'처럼 부정적 의미를 갖는 용언을 수식한다. 서남방언도 마찬가지다. '지지리₁'은 앞에서 살펴본 '너무', '하다', '여간'과 마찬가지로 보조사 '도'와 결합해서 쓰이기도 하는데 (36마)가 그런 예이다.

(36)

가. 두 내우 지지리 고생을 하다가 어찌 아들을 하나 낳았어.(보성 구비)

나. 부모이 고생 잃게 지지리 하고 하는디 그놈 곡석만 받아도 평생 살 수가 있지 안허겄소?(해남 구비)

다. 도채비란 놈들이 대임시롬(=다니면서) 욕을 지지리 뵈갖구, 시구챙이(=시궁창)에다가 때리 옇어 불고 가 불어.(고흥 구비)

라. 썩을 놈, 지지리 못났는가 헌다는 짓이 가시내들이랑 물마금(=말이나 소문의 근원)이나 대고.(전라북도 방언사전)

마. 아이고, 지지리도 옹삭하고 못사는 놈이 큰 났다고 지와집만 짓은다고

지랄, 자발 떰성 난리 방구다냐?(전라북도 방언사전)

한편 서남방언에서 '지지리'는 '기껏'의 의미를 갖기도 한다.[6] 이때 '지지리'는 힘을 다하여 또는 온갖 고생을 다하여 사태가 진전됨을 나타내지만, 예상되던 것과 달리 실망스러운 결과 사태가 후행절에서 발생할 때 쓰인다. 이때의 '지지리'를 '지지리₂'라 하자. 접속문의 선행절에서 '지지리₂'는 '힘을 다하여' 또는 '온갖 고생을 다하여'처럼 심한 정도를 나타내는 점에서 '지지리₁'과 유사하지만, 예상과 다른 실망스러운 결과가 뒤따른다는 점에 차이가 있다. (37)이 '지지리₂'의 경우이다.

(37)
가. 지지리 인심은 써 놓고 손수 줘 놓고 인자는 모른다 허먼 그거 되냐고. (함평 구비)
나. 아, 그래서 쥐가 딸 여울라다가 뒤지기(=두더지)한테 여웠어. 지지리 쫓아댕이다가.(함평 구비)
다. 지지리 저녁녁 무서운 꼴만 보고는, 어마어마한 꼴만 보고는 즈그 고향에 돌아 들어가니 미치겠그든.(화순 구비)
라. 그 하루에 고달프고 인자 지지리 왔으니께 그 뒷날 아직에 인자 인사를 받을 것인디,(해남 구비)
마. 아이, 지독시런 사람들은 술을 그 사람 술 지지리 얻어묵고 이 통냥갓 꽉 주물러서 여 망건 툭 찢어서 이렇게 집이로 들여보내고 헌다 이 말여.(정읍 구비)

---

6 '기껏'은 두 가지 의미로 쓰인다. 예를 들어 '기껏 밥을 해 놓았더니 한 숟가락도 안 먹고 가네.'에서는 '힘을 다하여'의 의미, '기껏 셋방살이 주제에'에서는 '겨우'의 의미를 갖는다. 서남방언의 '지지리₂'는 전자의 의미로 쓰인다.

'지지리₁'과 '지지리₂'는 의미 통사적 측면에서 몇 가지 차이를 보인다. 우선 '지지리₂'는 '지지리₁'과 달리 부정적 의미의 용언이 뒤따를 필요가 없다. 또한 후행 용언은 동사만 가능하고 형용사는 올 수 없다. 그뿐만 아니라 '지지리₂'는 언제나 내포문 또는 접속문의 선행절에 나타나며, 단일문이나 접속문의 후행절에 쓰일 수 없다. 반면 '지지리₁'에는 이러한 통사적 제약이 적용되지 않는다. 보조사 '도'의 결합도 '지지리₁'에서는 가능하지만 '지지리₂'에서는 불가능하다. 이러한 의미 통사적 차이를 고려하면 '지지리₁'과 '지지리₂'를 의미 확대의 결과로 관련 짓는 것은 무리한 일로 보인다. 여기서는 각각 개별적인 부사로 해석한다.

⑦ 솔찬히, 이상, 워너니

'솔찬히'는 '솔찬허다'에서 파생된 부사이다. '솔찬허다'는 어원상 '수월찬 허다'에서 온 말인데, 양이나 정도가 상당함을 나타낸다. 따라서 '솔찬히'는 의미적으로 표준어 '상당히'에 대응하며, (38가)-(38라)가 이를 보여 준다. (38 마)에서는 '솔찬히'가 동사를 수식하고 있는데, 의미상으로는 '상당한 양으로' 정도로 해석된다.

(38)
가. 애기들도 솔찬히 커갖고 있더라요.(해남 구비)
나. 그 절이 솔찬히 안 큰가?(장성 구비)
다. 그놈이 인자 말할 때 와서 솔찬히 커서 죽었어.(보성 구비)
라. 인자 즈그 집에를 갈라믄 거리가 있어. 솔찬히 좀 멀어.(보성 구비)
마. 그런디 솔찬히 봤던 갑이데. 맷 번이나 봤던 갑이데.(정읍 구비)

'솔찬히'가 중립적인 의미에서 상당한 양을 가리킨다면, '이상'은 상당한

양이라도 '예상 밖으로'라는 전제가 깔려 있는 수가 많다. 예상과 달리 양이 많거나 더 나은 상황이 전개될 때 흔히 쓰이는 말인 것이다. 그래서 '상당히' 보다 '제법'에 대응시키는 것이 더 타당하다. (39)는 '이상'이 형용사, 명사, 부사를 수식하는 경우를 보여 준다. '이상'이 명사를 수식할 때는 명사의 의미 안에 형용사적 속성이 있어야 한다. (39나)의 '이상 산중'에서 '산중'은 '깊이가 있는 산골'을 뜻하므로 '이상'은 의미적으로 산중의 깊이를 수식한다고 보아야 한다. '이상 미인'이나 '이상 부자'도 마찬가지다.

(39)

가. 점점 큰 것이 인자 이상 많이 상당히 컸거등.(해남 구비)

나. 전에 옛날에 서당에를 댕긴다고 이상 여기서 치면 한 십 리나 되까 오리나 되까, 그 정도 된디 이상 산중이었든 갑디다.(해남 구비)

다. 그 순간이 이상 오래됐든가 아주 즈그 집으로 탁 강께는, 즈그 친구는 그동안 아주 부자가 돼갖고 아주 집 사고 논 사고 아주 하고 그래서,(해남 구비)

라. 한 며칠 묵고 낭께 그 덕석(=멍석)을 포로시(=겨우) 들더니 이상 볼깡(=불끈) 들어지드라우.(해남 구비)

마. 하루는 이상 키가 장대하고 원만히 생긴 사람인디 보니까 빡빡 얽은 고색이거든.(신안 구비)

(40)의 '이상'은 예상과 다른 상황을 가리키는 경우이다. (40가)에서 '이상 먼 생각이 든다'는 것은 '생각하지 못했던 어떤 생각이 든다'는 뜻이다. (40나)의 '이상 맺혀 죽겠다'는 '예상치 않게 마음속에 한이 맺혀 죽을 정도가 되다'는 뜻이다. (40다)에서 '이상'은 직후의 발화가 아닌 후행절의 발화를 수식한다. 그래서 '이상 안에서 자고 나오고 요래 쌓거든'처럼 해석해야 한다. 예상으로는 사랑방에서 잘 줄 알았더니 그렇지 않고 안채에서 자고 나온다는

뜻이다. 주어의 행동이 예상 밖임을 표현하고 있는 것이다.

(40)

가. 그러잉까 그놈을 팔고 또 한나를 사갖고 생각을 해 봉게 그것이 이상
    먼 생각이 들어간다 말이여.(함평 구비)

나. 아, 나가가지고는 일 주일을 포로시(=겨우) 넘기고 이레 말이여, 이레
    를 포로시 넘기고 낭께 집이가 가고 싶어서 그냥 이상 맺혀 죽겄단 말
    이여.(고흥 구비)

다. 요놈이 이상 사랑방에서 잔 줄 알았더니, 안에서 자고 나오고 요래 쌓
    거든.(화순 구비)

'워너니'는 '훨씬'의 뜻을 갖는 부사이므로 비교 문장에 주로 쓰인다. 형태
상 '워넌-이'나 '워넌-히'로의 분석 가능성이 없지 않으나 이를 뒷받침하는 증
거가 없는 것이 흠이다. 여기서는 '워너니'를 단일어로 취급한다. (41)은 '워
너니'가 '훨씬'의 의미로 쓰인다는 사실을 보여 준다. 전북에서는 '워너니'가
문장부사로 쓰이기도 하는데 이에 대해서는 후술한다.

(41)

가. 우리가 마을에서 참 글을 배운디, 자네씨는 절에 가서 글을 배운 지 한
    구 년쯤 되었응께 워너니 자네가 낫지 안하겠는가?(해남 구비)

나. 허허, 워너니 달브다(=다르다). 저양반은 조선배끼 못 차지혀. 대국 차
    지헐 양반은 주원장씬디 암먼(=아무럼), 그양반은 신 두 커리(=켤레)
    얼른 사갖고 가더라.(군산 구비)

⑧ 조까/조간/조끔/쪼까/쪼깐/쪼깜/쬐까/쬐깐/쬐깜, 좀/쫌/잔

표준어 '조금'과 그 준말 '좀'은 옛말 '죠곰'에서 온 말이며, '죠곰'은 '죡옴'으로 분석되는데, 이때 '죡'은 '젹-() 젹-)에서 모음교체로 인해 파생된 말이다. 표준어는 '조금'으로부터 '조그마하다'와 같은 형용사가 파생되기도 한다. 서남방언에서는 표준어 '조금'에 대응하는 방언형 '조끔'이나 '쪼끔'을 중심으로 하여 '조까/조깐/조끔', '쪼까/쪼깐/쪼깜', '쬐까/쬐깐/쬐깜' 등이 쓰인다.

(42)

가. 그놈이 심바람도 허고, 그 인자 나뭇가지도 벼다 주고 인자 그놈을 부려 먹고 산단 말여, 아, 조까.(화순 구비)

나. 조깐 있응께 참 천변만다 인자 산이 무너지는 소리가 나고 막 그냥 그런 난리가 없어.(보성 구비)

다. 이 여자도 혼자 되아갖고 혼자 삼스로 재산을 빼고 빼고 몰래 조깐썩 뺀 것이 가방으로 한나를 뺐어요.(보성 구비)

라. 아이, 조까마 더 앉아서 이액(=이야기) 좀 하고 가라거든.(고흥 구비)

마. 동네에서 조끔 떨어져 나간 그런 산중에,(부안 구비)

바. 또 쪼까 있으면 환약 한 개를 주먼은 화색이 연지발이 돌아올 것이요. (함평 구비)

사. 말이 있응께 그 말이나 쪼까 달릴래?(함평 구비)

아. 쪼끔 있다가 와서 문 열어 봉게 그냥 흐연헌 백여우가 죽어 나자빠졌드란 말여.(군산 구비)

자. 긍게 쪼깜 있잉게 또 안으로 코를 흠씨로 엉게 그 자리가 뽈깡 일어나. (정읍 구비)

차. 인자 하도 추웅게 발이나 쬐깐 넣으라고 이불에다가 넣으라고 했어. (화순 구비)

카. 뭔 무슨 허물이 이렇게 쬐끔썩 빗겨지더리야.(정읍 구비)

타. "장 쬐까만 나오시요." 항께 장이 쬐까만 나와.(해남 구비)

'쪼깐'이나 '쬐깐'으로부터 형용사 '쪼깐허다'나 '쬐깐허다'가 파생된다.[7] 반면 /ㄴ/이 없는 '조까', '쪼까', '쬐까'는 형용사 파생의 어근으로 쓰일 수 없다. 즉 *조까허다', *쪼까허다', *쬐까허다'는 서남방언에 없는 말인 것이다. (43)은 '쪼깐허-'와 '쬐깐허-'의 예들이다. '쪼깐헌'이나 '쬐깐헌'은 각각 '쪼깐'이나 '쬐깐'으로 줄어들 수 있다. (43마)가 이를 보여 준다.

(43)

가. 쪼깐한 애기들 둘이 와서 대문간을 들어왔다 나갔다, 문지기가 못 들어오게 하거든.(화순 구비)

나. 불러 줌서 딱딱 대를 했어, 쬐깐한 것들이.(화순 구비)

다. 가서 봉께 쬐깐한 떼집이 하나 있어.(화순 구비)

라. 침자질을 하고 있는디 가만 그 문구멍으로 봉께 정지하고 방하고 그 쬐깐한 문이 하나 있어.(화순 구비)

마. 이 쬐깐 놈이 뒤척이고 잠을 못 자니께,(화순 구비)

'쪼깐허-'나 '쬐깐허-'에서 '쪼깐히'나 '쬐깐히'와 같은 부사가 파생된다. (44다)의 '쪼까이'는 '쪼깐히'에서 변한 것이다.

(44)

가. 거그를 막 싸 잦혀 붕께 아이, 거가 그냥 팅팅 붓어. 붓어갖고는 완전히 그냥 쬐깐히 인자 쫄아져 불었어.(보성 구비)

나. 그라고는 밤새도록 하다가 봉께 닭이 쬐깐히 울더라여.(보성 구비)

다. 그라다가 쪼까이 있잉께, "어머이 쉬시요." 이라고 들어온디,(고흥 구비)

---

7 '조깐'도 어근으로 쓰이지 않는 것 같다. '조깐허다'는 매우 어색한 표현이기 때문이다.

318

'조금'의 준말 '좀'은 서남방언에서 흔히 '쫌'으로 쓰인다.

(45)

가. 한밤중쯤 됭께 정신이 쫌 흐리는디 뭐 사뿐사뿐 소리가 나드니 부중 안에 불이 싹 꺼져 불어.(신안 구비)

나. 아, 쫌 얼마만 더 주시요.(신안 구비)

다. 그렇께 술을 쫌 약간 먹였든가는 몰라도 원청 독주를 먹어 놓께 술이 취했단 말이여.(신안 구비)

라. 그래 인자 지 맘에 쫌 든 여자가 하나 있어.(신안 구비)

마. 여기에서 그 밑으로 쫌 내려가면은 자그마한 옹달샘이 있습니다.(신 안 구비)

한편 '쫌' 외에 '잔'도 전남의 서남부 지역에 나타난다. '잔'은 흔히 명령·청유·약속·의무와 같은 의무 양태에 쓰이는 것이 보통인데, (46사)처럼 그렇지 않은 경우도 있다.

(46)

가. 그러면 잔 찾아 바라.(함평 구비)

나. 거 가서 잔 물어 보입시요.(함평 구비)

다. 그 복채를 잔 마이 놔게야만 이 점귀(=점괘)가 나올 것 같소.(함평 구비)

라. 자네나 잔 갔다 오소.(함평 구비)

마. 손 잔 보세. 손을 이리 탁 내놓게.(함평 구비)

바. 이 아래가 우리집잉께 가자. 거기 가서 내가 젖 잔 주마.(보성 구비)

사. 내가 부모 덕택으로 의술을 잔 뱄는디(=배웠는데),(함평 구비)

⑨ 보도시/보로시/보돕시/보독시/포도시/포로시/포돕시/뽀도시

'빠듯하다'는 『표준국어대사전』에 의하면, ① 어떤 한도에 차거나 꼭 맞아서 빈틈이 없다 ② 어떤 정도에 겨우 미칠 만하다 등의 의미를 갖는 형용사다. 주로 시간, 공간, 생활 형편 등의 수준에 겨우 맞추는 경우에 쓰인다. 이 '빠듯하다'로부터 부사 '빠듯이'가 파생된다. '빠듯하다'의 옛말 'ㅂ듯ㅎ다'와 파생부사 'ㅂ드시'가 문헌에서 확인된다. (47)에서 'ㅂ듯게'와 'ㅂ드시'는 모두 '빈 공간에 딱 맞게' 정도로 해석된다.

(47)

가. 橡木으란 二年木으로 쓰되 통 궁긔 ㅂ듯게 ㅎ고 (화포식언해 2)

나. 佛狼機는 …每子애 각각 브리예 ㅂ드시 들 鉛子 ㅎ 낫츨 쓰ᄂ니라 (화포식언해 13)

서남방언에도 '빠듯하다'와 '빠듯이'에 대응하는 방언형이 있다. 우선 '빠듯하다'의 방언형은 전남 지역어에서는 찾아지지 않으며 오직 전북에서만 '뽀닷허다'로 남아 있다. (48)은 『전라북도 방언사전』에 제시된 예이다. 전북 방언의 '뽀닷하게'에 대응시키려면 전남에서는 '빠듯허게'처럼 표준어와 같은 형용사를 써야 한다. '빠듯하게'는 아마도 표준어에서 유입된 것으로서 전남의 토착적인 표현은 아닌 듯하다. 양순 자음 뒤의 /ㅇ/는 전남에서 흔히 /ㅗ/로 대응되기 때문이다. 결국 'ㅂ듯ㅎ다'의 형용사는 전북에서 '뽀닷하다'로 남아 있지만 전남에서는 사라졌다고 보아야 한다.[8]

(48)

가. 낼 돈이 그 정돈디 내가 갖고 있는 돈이 뽀닷하게 맞네. (전라북도 방언

---

[8] 『전라북도방언사전』에 등재된 형용사 '뽀닷허다'와 부사 '보도시/뽀도시/포도시' 사이에 형태적 불일치가 나타난다. '뽀닷허다'라면 이로부터 '뽀다시'가 파생될 것이 예상되기 때문이다.

사전)

나. 돈이 뽀닷해서 놀로 갈라먼 돈 좀 모아야 돼.(전라북도 방언사전)

반면 부사 'ㅂ드시'는 전남과 전북의 모든 지역에서 '보도시, 보돕시, 보로시', 거센소리의 '포도시, 포돕시, 포로시', 된소리의 '뽀도시' 등의 다양한 형태로 쓰이고 있다. 그렇다면 전남의 경우 형용사는 사라졌지만 그로부터 파생된 부사는 여전히 활발하게 쓰이고 있는 셈이다. 이처럼 서남방언의 부사는 표준어의 '빠듯이'와 형태를 달리하며 분화되었는데, 형태뿐만 아니라 의미에서도 변화를 입게 된다. 옛말에서 'ㅂ드시'가 '공간에 딱 들어맞게'의 의미로 쓰인 것을 확인한 바 있는데, 현대의 '빠듯이'도 이처럼 공간, 시간, 경제적 형편 등에 겨우 맞추는 의미로 쓰인다. 반면 서남방언의 '포도시'는 이보다 사용 영역이 넓어지고 일반화 되어 '겨우'와 같은 의미를 갖게 되었다. 다시 말하면 '포도시'는 '빠듯이'의 영역을 포괄하면서 그 사용 영역을 더욱 넓힌 것이다. (49)의 '포도시'는 '빠듯이'로 대체될 수 있는 경우이다.

(49)

가. 뭔 손님이 이렇게 와게서 시방 거식헌디 저녁도 보도시 쪼카 한 숟갈 대접했는디 큰일 났소.(신안 구비)

나. 즈그 누나가 어찌게 서둘러서 인자 보도시 어쩔게 여비 정도 내놓고는,(신안 구비)

다. 그란디 '언마나 짚은가 보자.' 그 한번 내려가 봉께 그래도 포로시 마고 할미의 넙턱지(=엉덩이)에가 닿드라요.(해남 구비)

라. 그라고 이 바우 끄터리에다 대고 저 건네 바우 끄터리다 가랑(=가랑이)을 대 봉께 포로시 닿드라요.(해남 구비)

마. 그란디 그 집이 포로시 밥 묵고 사나 벼슬이 없응께 상놈 말만 듣그덩이라우.(해남 구비)

반면 (50)의 '포도시'를 '빠듯이'로 대체하면 어색하다. 따라서 이런 예들은 '포도시'의 기본의미로부터 확대된 이차적 의미를 반영하는 경우라 하겠다. 'ᄇ듯이 〉 포도시'의 변화는 형태와 의미의 양 측면에서 이루어졌는데, 특히 의미 변화는 장소·시간·경제적 형편과 같은 구체적 상황으로부터 추상적 이고 일반적인 상황으로의 변화를 보여 준다. '구체'에서 '추상'으로의 의미 변화 공식을 따른 것이다.

(50)

가. 그래갖고 군수 보돕시 군수 하나 시켜 주었어.(신안 구비)

나. 보독시 갓망건을 얻어서 씨고 부자이 거그를 갔단 말이여.(부안 구비)

다. 나와가지고는 포도시 어뜿게 해서 자기 방으로 들어왔어요.(함평 구비)

라. 그 아들이 포도시 유복자 아들 하나를 낳고 죽어 불었거든.(신안 구비)

마. 그놈을 어쫗구 들라고 항께 포로시 들겄드라우.(해남 구비)

바. 어찌께 뚜드러 맞었는고 인자 포돕시 즈그 집으로 인자 기어서 들어오 는 중이라 그 말이여.(신안 구비)

사. 그러면 가운데 큰 구녁은 먼 구녁이냐? 아이, 뽀도시 나중에는 다 갈쳐 주고 어찌 이 구녁은 안 갈쳐 주냐고.(신안 구비)

아. 긍게 뽀도시 인자 새 새끼 숨을 쉼서 인자 들어가서 인자 물팍(=무르 팍) 꿇고 엎드렸지.(정읍 구비)

⑩ 땔싹/때락/딸싹

'땔싹'이나 '때락'은 언제나 형용사 '크다'를 수식하여 큰 정도가 대단함을 나타낸다. 그래서 '땔싹 크다'는 '엄청나게 크다'나 '커다랗다'의 의미로 해석 된다.

(51)

가. 아, 이 사람아! 땔싹 큰 구렝이가 내 배 욱으로 타고 넘어가더라.(화순 구비)

나. 어뜬 땔싹 큰 개가 아, 말은 못해도 시늉으로 등거리에 타라고 해 쌓거든.(해남 구비)

다. 저 옆에 질갓에, 저 욱에 마지막 올라가는 길갓에 강께 어뜬 땔싹 큰 사람이 지게를 젊어지고 잠을 자 쌓거든.(해남 구비)

라. 거그를 가니께 어뜬 땔싹 큰 사람이 지게 비고(=베고) 잠을 콜콜 자고 있어.(해남 구비)

마. 아, 봉께 키가 땔싹 큰 사람이 그라고 엉그정하고 들어온단 말이여.(해남 구비)

'땔싹'은 '크다'와만 결합하므로 '땔싹크다'를 하나의 낱말로 볼 수도 있을 것이나, (52)처럼 '-허니'와 결합하여 쓰이는 경우가 있어 여기서는 정도부사의 하나로 기술한다.

(52) 집이 땔삭허니 괜찮게 생겼어.(정읍 구비)

3.2.1.2 강조부사

후행하는 동사의 동작을 강조하는 부사를 여기서는 '강조부사'라고 부른다. 표준어에서 '냅다', '들입다' 등이 이 범주에 속할 것이다. 사전에서는 '냅다'에 대해 '몹시 빠르고 세찬 모양', '들입다'에 대해 '세차게 마구' 등의 뜻풀이를 하고 있다. 이것은 강조부사가 후행 동사의 의미에 빠르고 세찬 동작성을 부여하는 기능이 있음을 지적한 것이다. 서남방언에서 '들입다'는 잘 쓰이지 않으나, '냅다'는 드물지 않게 보인다. 이 밖에 강조의 부사로서 '들고',

'때레' 등을 추가할 수 있다.

① 냅다

『표준국어대사전』에 '냅다'가 '갈기다, 걷어차다, 달려들다'와 같은 동사를 수식하는 예가 제시되어 있다. 이 밖에도 빠르고 세찬 동작이 부여될 수 있는 동사라면 어느 것에나 '냅다'가 결합될 수 있을 것이다. (53)의 서남방언 예에서 '치다, 타다, 퍼붓다' 등에 붙는 예가 확인된다. '냅다'의 의미는 표준어나 서남방언에서 아무런 차이가 없다.

(53)
가. 이놈이 못 견딍께, 구부(=굽이)를 냅다 친다 그 말이여.(고흥 구비)
나. 혹 들어서 냅다 치는디,(장성 구비)
다. 근디 이놈은 천리마를 냅다 타고 몸둥이다 이냥 업고 나오는디, 어따 성깔이 무섭지.(장성 구비)
라. 별안간 뇌성벽력을 하고 소나기비가 냅다 퍼붓디마는 즈그 장광에서 청룡이 여의주를 물고 희롱을 하고 하날로 올라가네그려.(화순 구비)

② 들고

서남방언에서는 '들고'가 강조부사로 쓰인다. 『표준국어대사전』에는 '들고'가 부사가 아닌 접두사로 쓰인 예가 제시되어 있는데, '들고일어나다, 들고차다, 들고치다, 들고파다. 들고패다' 등이 그런 예이다. 여기서 '들고'는 '마구'의 뜻으로 쓰이는데, 다만 '들고파다'의 경우는 '한가지만을 열심히 공부하거나 연구하다'의 뜻을 가져 '마구'가 아닌 '열심히'의 뜻으로 해석된다. 그 밖에 '들고뛰다, 들고버리다, 들고빼다, 들고주다, 들고튀다' 등의 낱말도 표제어로 올라와 있지만, 이들은 모두 '달아나다'를 속되게 이르는 말로 풀이되어 있다. '달아나다'의 속성상 격렬한 동작을 필요로 하므로 이 경우의 '들고'도 모두 같은 의미를 갖는다고 할 수 있다.

(54)는 서남방언에서 '들고'가 쓰인 예를 모은 것이다. 후행 동사로는 '도망하다, 담박질이다, 뛰다, 부르다, 올라가다, 보듬다, 나서다, 보이다, 쫓다, 뚜드리다' 등이 제시되어 있다. 이 가운데 '도망하다, 담박질이다, 뛰다, 쫓다, 뚜드리다'는 동작의 속성상 격렬한 동작을 요구한다. 그러나 '부르다, 올라가다, 보듬다, 나서다, 보이다' 등에 '들고'가 결합되면 '마구'나 '자꾸' 등의 의미가 덧붙게 되는 것이다. (54사)는 '들고'와 후행 동사 사이에 '막'이 개재되어 있고, (54카)에는 후행절의 목적어인 '문만'이 끼어 있어 '들고'를 접두사로 볼 수 없음을 뒷받침한다. 다른 예에서도 '들고'와 후행 동사 사이에 '막'과 같은 부사의 개재가 가능하다. 따라서 여기서는 '들고'를 접두사가 아닌 부사로 다룬다. '들고'의 후행 동사에 보조용언이 결합될 경우 '들고'의 의미 때문에 동일한 성격의 보조용언이 붙기도 한다. 예를 들어 (54마)의 '잦히다', (54카)의 '넴기다'(=넘기다)는 보조동사로 쓰이고 있는데, 이 두 보조동사는 모두 동작의 격렬성을 뜻한다. '넴기다'는 '책이나 책장을 젖히다'의 의미가 있어 '잦히다'와 의미적 공통성이 있다. 이러한 이유로 '잦히다'와 '넴기다'가 모두 동작의 진행이 세차고 빠르게 이루어지는 모양을 뜻하게 된 것으로 보이는데, 이들 보조동사가 앞선 '들고'와 호응하면서 중간에 끼인 동사의 동작성을 한층 더 격렬하게 묘사하는 것이다.

(54)

가. 그리고 들구 도망해 버렸어.(보성 구비)

나. 칼 획 집어 내버리고 편닙 딱 벗어서 집어떵게 버리고 들고 담박질이라(=달음박질이라).(함평 구비)

다. 그저 문 차고 들고 뛰어 도망가야제, 그렇지 않으면 죽는다.(함평 구비)

라. 저 잡으러 오는개비(=오는 것 같아) 들고 뛰제.(함평 구비)

마. 가가지고 함평이면 함평이라고, 엄다(지명)면 엄다댁을 들고 불러 잦혀요.(함평 구비)

바. 그것을 거식해갖고 산으로 들고 올라간단 말이여.(함평 구비)

사. 내라서 봉께 그 여자하고 남자하고 그랄 때부텀 참 인자 들고 막 보듬고,(해남 구비)

아. 인자 차츰차츰 배가 불릉께 집안에서 들고 나서갖고 그 총각 일꾼을 막 뚜드러 잡을라고 했드라요.(신안 구비)

자. 어떤 동냥아치(=거지) 같은 넘이 아, 이것을 가지고 와서 들고 뵈 드리라고 그러니 이거 한번 받어 보십쇼.(구산 구비)

차. 괴기를 들고 쫓응게 괴기가 그 쿈 풀 베는 앞으로 달려들어 구렝이가 걍 입을 벌리고 달라든다 말여.(군산 구비)

카. 그저 호령흐고 막 흥게 이놈이 약조는 히 났겄다, 들고 문만 뚜드려 넴기거든.(정읍 구비)

③ 때레

동사 '때리다'의 부사형 '때려'는 서남방언에서 '때려'나 '때레'로 쓰인다. '때려'는 표준어에서 '때려죽이다', '때려잡다', '때려눕히다'처럼 실제 때리는 동작에서 출발하여 '때려치우다'와 같은 '모조리'나 '완전히'의 의미로 확대되었다. 거친 동작을 수반하는 때림의 동작으로부터 양이나 질적인 지나친 정도를 나타내는 접두사로 쓰이게 된 것이다. 서남방언은 표준어보다 훨씬 다양한 동사 앞에 '때려'가 오는데, '막'과 같은 부사가 '때려'와 후행 동사 사이에 놓일 수도 있어 '때려'를 접두사로 보기 어려운 문제가 있다. 여기서는 강조의 부사로 해석하여 기술한다. (55)를 보면 '때려'가 수식하는 동사는 '감추다, 비다(=베다), 넣다, 가두다, 묶다, 박다, 분지르다(=부러뜨리다), 불다, 붙이

326

다, 먹다, 붓다' 등이다. 그리고 '때려'는 또한 부사 '모두, 전부, 다, 싹, 콱, 딱, 막, 탱탱' 등과 공기하고 있다. 이들 공기하는 부사적 표현들은 '때려'의 의미가 '모조리', '완전히', '마구', '엄청나게' 등의 정도 의미를 포함하고 있음을 말해 준다.

(55)

가. 이 얘가 가서 사당 문을 열고 신주를 모두 때레 감찼던 갑디다.(함평 구비)

나. 오늘 지녁에 자다가 우리 사당에 가서 신주를 모두 때레 감출란다.(함평 구비)

다. 너 어응 도치(=도끼) 가지고 와서 사랑 지둥을 전부 다 때레 비어 버려라.(함평 구비)

라. 자부허고 그 정승 부인허고 멋을 먹다가는 문 열고 들오니께 숟구락을 탁탁 집고는 딱 때레서 벡장 속에다 때려 넣어 버리거든.(함평 구비)

마. 암 디 암 디 창고에다가 갖다 때려 넣어라.(장성 구비)

바. 그러고는 돈 천원을 개비(=호주머니)에다가 넣고 소 판 놈을 다 줬어. 싹 중게 호박에다 돈을 싹 때려 넣고 딱 붙여 버링게 호박이 돼 버리네.(장성 구비)

사. 이방을 불러서, "옥에다 때레 가다 버러라." 그래. 이방이 때레 가두닝께,(함평 구비)

아. 웃방에다 때려 가다 놔두고는 멧 날 며칠 내비두고 있네.(화순 구비)

자. 내가 니기(=너희)를 묶어 놓고 뭐라 허면 대번 끌러질 것잉게 하라는 대로만 꼭 하라고, 전부 싹 때려 묶어놓고는,(장성 구비)

차. 때려 묶었다고 해요. 도깨비를, 즉 말하자면, 때려 묶어갖고, 그래 나무에다 묶어 놓고는 아침이 와가지고 자기 아들을 보냈어요.(화순 구비)

카. 그런데 그 나무를 때려 뉘어서 버렸으니 동네에서 걱정이 안 되겠는가?(화순 구비)

타. 샘에 가서 물에다 씻어다가 집어서 지 눈에다 얼른 때려 박으면 될 것
  인데 모르더라.(화순 구비)

파. 그래서 그놈이 잘 적에 똥구영에다 몽둥이를 콱 때려 박아 놨어.(화순
  구비)

하. 그 자리서 총을 딱 때려 분질러서 절단을 내갖고는,(화순 구비)

ㅏ. 동지섣달 설한풍에 눈비 바람 때려 부는디,(고흥 구비)

ㅑ. 그때 대례를 할라 헝께 그냥 마구 "암행어사 출두!"를 막 때려 붙였지.
  (신안 구비)

ㅓ. 이 나라도 우리 대표자가 농판이면 백성들 애를 많이 써요. 많이 살림
  때려 먹고 사람도 죽이고 말이여이.(장성 구비)

ㅕ. 숯독이 올라서 손이 탱탱 때려 붓소.(보성 구비)

3.2.1.3 상징부사

의성어와 의태어는 소리와 모양을 흉내 내는 말인데, 형용사나 동사의 어
근이나 독자적인 부사로 쓰인다. 여기서는 부사에 그치지 않고 형용사나 동
사의 어근으로 쓰이는 경우도 함께 기술한다. 여기에 제시된 예들은 모두 전
남 해남군의 구비문학대계 자료에서 가져온 것이다.

우선 (56)은 동물의 소리를 흉내 낸 의성어들이다. (56라)-(56바)는 표준어
와 같지만 (56가)-(56다)는 형태가 다름을 알 수 있다. 특히 큰 새가 힘차게 날
개짓을 하거나 물고기가 힘차게 꼬리를 칠 때 내는 소리를 묘사한 '푸드덕'이
해남 지역어에서는 '포르라니'와 '후지락후지락'으로 표현되어 흥미롭다.

(56)

가. 매에다 불을 훤하게 써갖고는 하늘로 포르라니(=푸드덕) 날려 불었다
  우.(해남 구비)

나. 곳간에 보면, 쌉살개 컹컹 짓고 나오고, 괴데기(=고양이)는 아웅(=야옹) 하면은 무서라우(=무서워요).(해남 구비)

다. 나락논 도개 친(=도랑 친) 디 가서 도개통에 가서 붕어랄 놈이 후지락후지락(=푸드덕) 해 쌍게는,(해남 구비)

라. 쪽제비가 와서 뚜부(=두부) 그럭(=그릇)에 뚜부 이렇게 해서 뚜부모를해서 그럭에다 당가 놨는디 그 뚜부를 쪽쪽쪽 건져 묵응게,(해남 구비)

마. 더웁다고 문을 열어 놓께 웽 하니 시퍼리 하나가 들어오드라우.(해남 구비)

바. "워리, 워리" 함께 딱 빗지락이 가거등.(해남 구비)

(57)은 무생물이 내는 소리이다. (57가)는 풍경소리를 '웅그랑땡그랑'과 '딸랑딸랑땡그랑땡그랑'으로 묘사했다. 표준어에서도 '땡그랑'과 '딸랑'으로 풍경이나 방울 소리를 표현하는데, 여기서는 '땡그랑'에 '웅그랑'이 덧붙은 점, 그리고 '딸랑'과 '땡그랑'이 함께 쓰인 점이 다르다. (57나)에서는 '딸랑딸랑'의 방울 소리를 '땡글땡글'로 대응시켰다. (57다)는 비가 세차게 내리는 소리를 '짝짝짝짝'으로 표현하고 있어, 표준어 '주룩주룩'에 대응함을 알 수 있다. (57라)는 해남의 울돌목에서 바닷물이 세차게 돌면서 내는 소리를 '울울' 또는 '우르우르'로 표현한 것이다. 동사 '울다'와 관련시킨 것으로 보인다. (57마)는 물이 끓는 소리를 묘사한 것이다. 표준어의 '펄펄'은 끓는 모양을 형용하지만 서남방언의 '드글드글'은 끓는 소리를 나타내는 점에서 다르다.

(57)

가. 그 사람이 부자 장자가 되어서 참 정경(=풍경)이 대문에가 멧 개씩 달리고 웅그랑땡그랑 하고 살고 참 핑경(=풍경)이 남아서 참 사방 쥐구녕에다 딱 달아서 쥐가 들어갔다가 나갔다가 해서 딸랑딸랑 땡그랑땡그랑 그라드라우.(해남 구비)

나. 그랑께 방울 채워갖고 땡글땡글(=딸랑딸랑) 해갖고는 불 훤하게 내어

　　갖고는 하늘로 딱 올라가니까,(해남 구비)

다. 그래 인자 한하고 가니라고 강께는 오두막집이 있는디 비가 짝짝짝짝

　　(=주룩주룩) 옹께 그리 들어갔어.(해남 구비)

라. "우르우르." 합니다. 울도(=지명)같이 무섭다고 해서. 그라믄 "울울 울

　　울."하고 그라믄 애기가 울음을 끈칩니다.(해남 구비)

마. 물이 드글드글(=펄펄) 막 끓드라우.(해남 구비)

　다음은 사람의 생리와 관련된 의성적 표현이다. 특히 우리말에는 입으로
내거나 숨을 내쉬면서 내는 소리가 다양하게 발달되었다. 예를 들어 '후'는
입김을 많이 내뿜거나 길게 내쉬는 숨소리, '후유'는 안도할 때 나오는 숨소
리나 긴 한숨을 표현한다. 반면 '킁킁'은 콧구멍으로 숨을 세차게 띄엄띄엄
내쉬는 소리, '씩씩'은 숨을 매우 가쁘고 거칠게 쉬는 소리이다. (58가)는 표
준어의 '킁킁' 대신 '쉬시시식'이 쓰여 특이하다. (58나)의 '씩씩'은 표준어와
같은 의미일 수도 있지만, '쿨쿨' 대신 쓰인 말로도 해석이 가능하다. (58다)
의 경우 서럽게 우는 소리를 '픅픅'으로 표현하였다. 표준말에서 '픅픅'은 굵
은 빗줄기나 함박눈 따위가 몹시 퍼붓는 모양을 나타내지만 여기서는 울음
소리를 묘사한 말이다. 아마도 의성어 '흑흑'에 대한 방언형으로 보인다.

(58)

가. 뭔 냄새 안 건마냥으로 들오드니 코를 쉬시시식(=킁킁) 맡고 모도 아

　　주 뭣이 어째서 그러냐고 그래서,(해남 구비)

나. 드러누웠드니마는 그냥 잠을 씩씩(=씩씩/쿨쿨) 잔단 말이여.(해남 구비)

다. 그란디 픅픅(=흑흑) 움시로(=울면서), "아부님 내가 잘못됐소." 하고

　　계집 잘못 둬서 그랬다고.(해남 구비)

라. 쎄(=혀)를 끌끌 참스로 지 무릎에 딱 눕혀 놓드라요.(해남 구비)

마. 장성 부사가 혀를 껄껄(=끌끌) 내둘르면서, "아이, 저 만 물러서라."(장
　　성 구비)

(59)는 사람의 행태와 관련된 의성어이다.

(59)

가. 시집살이 한 여자가 인자 물 질러(=기르러) 와서 인자 동우(=동이)를
　　파싹 깨 불고는,(해남 구비)

나. 즈그 딸이 정제서 인자 머시기항께 사랑에서 막 왁짜글하니(=와자지
　　껄하게) 해부림을 항께(=성난 소리를 내니까) 뭔 소린고 들어 봤다 이
　　것이여.(해남 구비)

다. 사람이 두른두른두른한(=두런두런한) 소리가 들립니다.(해남 구비)

라. 일곱 놈이 오더라네. 사자 일곱이 와, 사마장자 죽일라고. 그런디 참 두
　　신두신 두신두신허제이(=두런두런하지).(장성 구비)

마. 여자가 지 넙턱지를 내놓고 투덕투덕항께는 보고는 짠뜩 좋응께 '허허'
　　하고 웃다가 물을 써서는(=들이켜서는) 죽어 불었어.(해남 구비)

바. 그라고 "여그도 뗄자 저그도 뗄자." 그라고 투닥투닥 때린다.(해남 구비)

사. 과거에 급제해갖고 어그렁떠그렁 어그렁떠그렁 어그렁떠그렁하고 오
　　요.(해남 구비)

아. 또 어디서 뚱땅거리고 놀먼, 가서 질서 있이 가서 놀먼 놀아서 인자 가
　　서 얻어묵고.(해남 구비)

자. 이 할아부지가 허리가 똑깍 뿌러져서 그냥 죽어 불었드라.(신안 구비)

(60)은 전남 해남 지역어에서 확인된 의태어의 예인데, 부사나 용언의 어
근으로 쓰인 것들이다. 일부는 해남 이외의 지역에서 찾은 것으로서 여기에
함께 제시해 두었다. (60)에 보인 의태적 표현들 가운데 일부는 표준어와 형

태나 의미가 같다. 예를 들어 '덜컥, 딱, 발발, 뻥, 털레털레, 왈칵, 홀딱, 활딱,
활활, 홰홰, 훨훨, 힐긋' 등이다. 그 밖의 의태어들은 표준어와 약간의 형태적
차이가 있거나 아예 전혀 다른 형태를 갖는다. 의태어 가운데 행태를 나타내
는 동사로부터 파생된 것들이 눈에 띈다. '꼼작꼼작', '내둘내둘', '사림사림',
'오부작/하부작', '찌웃찌웃/찌웃찌웃/짜웃짜웃' 등인데 각각 '꼼-', '사리-', '호
비-/하비-', '기울-' 등의 동사로부터 '-작', '-음', '-웃' 등의 접미사가 결합되거나
영파생에 의해 파생되었다. 의태어에서 어근으로 쓰이는 말들이 다른 말들
에서도 어근으로 쓰이는 수가 있다. 예를 들어 '시끌덤벙'의 '시끌'은 '시끄롭
다', '응글응글'은 '응글씨다'(=찌푸리다)에서 각각 어근으로 쓰인다.

(60)

갈랑갈랑하-(=사소한 문제로 자꾸 괴롭히다): 즈그 아부지가 나감스로 즈
그 아들하고 인자 계모하고 됐는디, 항상 즈그 계모가 그것을 없애 불
라고 갈랑갈랑갈랑하고 그래.

구질구질(=질척질척): 즈그 성하고 성수는 그 비를 구질구질 맞고 동생은
비가 와도 뭔 책만 들여다보고 문도 안 열어 보고 가만히 앉었제.

깍깍(=답답하게): 전에 구식 노인들은 안 댕기고 집에서 일만 깍깍 하고 살
다가 죽으면 좋은 디로 못 간다고.

꼼짝꼼짝하-/꼽짝꼽짝하-(=손가락을 자꾸 꼽다): '오늘이 뭐 한 날인디 아,
그란고?' 하고 당신이 꼼짝꼼짝해 봉께는,

꽝꽝/깡깡(=단단히): 니가 장담을 꽝꽝 하드니 그것한테 그렇게 반했구
나./그랑께 쥐가 깡깡 좃아(=쪼아) 불었거든이라.(신안 구비)

날름날름(하-)/낼룽낼룽(하-)/몬네몬네(하-)(=호시탐탐 노리다): 저 쥐가
저 쥐구녁에서 날름날름, 인자 똥 누면 줏어 묵을라고 날름날름해./거
그 가서 낼룽낼룽하니 인자 그놈을 붕에를 잡을락 하니 잡어지 것이요?

내둘내둘(=홰홰): 근디 꼴랑지를 막 내둘내둘 쳐라우.(장성 구비)

널름널름: 혀를 널름널름널름 그 바늘같은 서(=혀)를 내둘러.(장성 구비)

늘랑날랑(=들락날락): 쥐란 놈이 또 인자 구녁에서 늘랑날랑 늘랑날랑 인자 똥 누기만 기다리고 이자 그란단 말이여.

달랑달랑(=냉큼냉큼): 하루는 손톱을 깎응께는 쥐란 놈이 와서 그 손톱을 달랑달랑 집어먹그덩.

덜컥: 그때 돈 엽전돈 이제, 엽전돈 한 냥을 덜컥 중께,

도리도리하-(=동그랗다): 아, 엄마(=얼마) 안 가서 다 빠져 불어서 도리도리하니 줏어 모탔어(=모았어)./아, 쫓아 올라가서 봉께 바우 졑에다가 떡을, 그놈을 도리도리하니 모태 놓고 거그서 넙죽넙죽 먹고 있소그랴.

따닥따닥하-: 요쪽으로 인자 따닥따닥한 집도 있고 좋은 집도 있고.

따북따북(=담뿍담뿍): 아니, 두지(=뒤주)에 우리 곡석 따북따북 들었는디, 담아 났는디 뭣을 보자고 그라냐고.

딱: 딱 묻어 놓고 딱 흠치(=흔적) 없이 하고 내려와 불었어.

딸깍하면(=자칫하면): 여그서 인자 딸깍, 공 디리다가 딸깍하면 폭 들어가 먼 그 자리, 그 안에 들어가서 인자 서로 연애 걸어갖고 나오고 나오고 그래갖고 그래 자석을 낳았다 하드만요.

딸막이-(=달막거리다): 저도 갈라고 딸막이고 있는디,

뚝실뚝실(=데굴데굴): 인자 떡 동구리를 창창 묶었어. 뭉쳐갖고 산봉아리서 뚝실뚝실 궁글링께는(=굴리니까는) 인자 떡 동구리가 궁글러 갈 것 아니요?

뜩뜩(=득득): 발로 뜩뜩 긁어 놓고는 즈그 새끼들보고는 그 피를 뽈아 묵으라고 해.

발만발만(하-)(=졸졸): 그 바우를 첫닭 울드락 같이 돈디 같이 돌아서 내 입 앞에 안 대게 바짝 발만발만하게 저녁내 첫닭 울기 전에 돌자고 그러 드라우./지가 지서를 그렇고 간닥 항께 발만발만 따라와서 그 소리를 다 들었어, 총각이./암만해도 이상해 뵈잉께는 부산을 들어섰는디, 그

집을 발만발만 이상한 일이라서 따러가 봤단 말이여./이놈이 발만발만 올라가서 서울까장 딱 관처가 돼갖고는,(보성 구비)

발발: 그래 주문을 인자 읽웅께 여자가 사지를 발발발 떠요.

볼깡(=불끈): 그 덕석(=멍석)을 포로시(=겨우) 들더니 이상 볼깡 들어지드라우.

빤딱빤딱(하-)(=반짝반짝(하다)): 그랑께 허새비(=허수아비)가 전부 물에 가 떠서 불이 빤딱빤딱할 것 아니요?

빨딱빨딱/헥딱헥딱: 또 재주를 빨딱빨딱 시 번을 넘응께는 도로 도사가 되아 불어./산신령마니로 그렇게 도사가 내려오드니 재주를 빨딱빨딱 시 번을 넘응께 호랭이가 되아 불그덩./독수(=재주넘기) 헥딱헥딱 시 번 넘으면 묏둥이 딱 갈라져.

뺀하-(=빤하다): 여러 달 다녀 놔서 질이 뺀하니 생겼거든, 산 가운데가./ 그래 대차로(=과연) 그놈을 탕께는 바닥(=바다)의 물이 쫙 갈라져가지고 길이 뺀하게 난디 그 질로 졸졸졸 와서 영낙없이 해남에 갖다 준단 말이요./불이 한나 뺀해갖고 있드라우.

삐척삐척(=비치적비치적): 질(=제일) 비리묵고 못되고 삐척삐척 자빠진 말을 주드라요.

삥: 사방을 삥 돌아보고는 그 산모퉁이 저 휫(=획) 돌아온 데 가서 집 두 챈가 시 채가 있그덩.

사림사림하-(=뱀 따위가 몸을 똬리처럼 동그랗게 감다/사리다): 구렝이가 사림사림해갖고 거기 있어갖고 이렇게 고개를 쭉 내밀고 내다보그덩.

스르르하-(=스르르): 할 때마다 그렇게 우르르하니 금방 쫓아가서 물라다가 도로 물러나고 아, 그러다가 대례절이 끝나 붕께는 스르르하니 가 분단 말이요.

시끌덤벙하-(=시끌벅적하다): 큰소리를 하고 시끌덤벙했든 모양이여.

썩썩(=싹싹): 그래서 아주 잘못했다고 썩썩 빔시로, 잘못했다고 내가 잘못

했다고 그래서,

어뜩어뜩하-(=어색해하다): 그 육진이 여편네가 갯물 빨래를 해갖고 삶은
디 아, 그 도련님이 옹께 어찌게 반가울 것인디 아야, 그양 어뜩어뜩함
시로 어째 그냥 안색이 다르드라우, 육진이 여년네가.

얼개벌개하-(=붉으락푸르락하다): 죽은 놈이 안 일어낭께 그랑게 인제 이
주인네보고 죽였다고 인자 가만 있겠소? 얼개벌개하고 인자 달라등께
이양반이,

얼쩜얼쩜하-(=어정쩡하다): 또 들어옹께 얼쩜얼쩜하니 그놈이 몬자(=먼
저)같이 방어는 못 해도 얼쩜얼쩜하니 그러그덩.

엉그정하-(=어기적거리다): 봉께 키가 땔싹 큰 사람이 그라고 엉그정하고
들어온단 말이여.

엉금떵금(=엉금엉금): 바보는 늦게 가도 엉금떵금 건 것이 그 사람 앞에 갔
다 딱 봤그덩./엄마나(=얼마나) 강께 또 엉금떵금 엉금떵금 와갖고
는 앞에 가서, 그 사람 인자 십 리나 거진 간 데다 앞에 딱 해갖고, "이래
도 너가 내 마느래 주락 하냐?"

엎드락겁드락하-(=엎치락덮치락하다): 너한테 뚜드러 맞고 쫓기고 여기
까지 내가 엎드락겁드락 하고 올 띠게 고생이 만했제.

오부작/하부작(=허비적허비적): 아, 거그를 오부작 팡께 거가 계란이 들었
드라우, 땅속에가./죽에 불락 항께는 그냥 큰 널석바우 틈새기로 들어
가 불었단 말이요. 그랑께 거그를 하부작하부작 호랭이가 파고,

왈칵/와락: 누구가 왈칵 놈의 소를 갖고 소 잡는 사람 어디가 있었어?

우그지기하-/우게주게하-/으그제대하-/어그대대하-(=우락부락하다): 그
래 인자 캉캄한 디서 이라고 있는디 쪼깐 있응께는 아주 이빨에가 신
갱이 돋고 우그지기한 놈들이 막 한나 한나가 나오드니 쥑일라고 하드
란마./아, 우게주게한 놈이 담장을 홀짝 뛰어넘드니 방으로 딱 들어가
드라우./물을 묵고 있응께 지 눈에가 놈의 것 훔쳐 오고, 놈 뚜들고 아

조 으그제대하니 막 종들마니로 그렇게 막 하그덩.

우루루하-/우르르하-: 그렁께 널이 우루루하니 빠져 버려./"신랑 재배." 하
면 그라면 호랑이가 우르르하니 쫓아가서 물라고 뒤에서 우르르하니
쫓아갔다 쭉 물러나고, 쭉 물러나고 그란단 말이여.

워하니(=우르르): 갱물이 워하니 들어와서 곡석이, 그렇게 많던 곡석을 싹
쓸어 붙었단 말이여.

옹글옹글하-(=찌푸리다): 강께는 "뭣 한가?" 그랑께 딱 그라고 이놈이 안색
이 다르그덩. 그래갖고 옹글옹글하니, '저 사람이 어째 그란고? 그전에
는 글 안 한다' 그라고 있응께,

조르라니(=조르르): 연동서 조망리란 마을 돌아간 그 모팅이가 정 오위장
논이 삼십 서른 마지기가 한 때룩으로 조르라니 있어. 그놈을 주었소
그랴.

졸랑졸랑(=졸졸): 영감한테 가서 인자 졸랑졸랑 말을 하요.

짤록쿵짤록쿵(=절룩절룩): 붙여도 두 번 붙이지도 안하고 시 번차 붙잉께
참말로 아조 동냥치(=거지) 돼갖고 짤록쿵짤록쿵 얻어묵으러 오그덩,
심청이마니로이.

쪼박쪼박(=타박타박): 그래서 불가불 내가 쪼박쪼박 걸어오면 곤란하겠
소마는 말까지 폴아서 고롷게 해 붙었어요.

찌그둥짜그둥하-(=기우뚱하다/갸우뚱하다): 인자 말 비루묵은 망아지라
못 가고 늘장 팩 고꾸라지고 가도 못하고 찌그둥짜그둥하고 좋은 말은
좋다고 너급을 놓고 아주 갔다 올 때가 됐는디 그제 깐닥깐닥 가거든.

찌웃짜웃하-/짜웃짜웃하-/찌웃찌웃하-(=기웃기웃하다): 그래서 뭔 새가
굉장한 새가 운다고 그라고는 찌웃짜웃하니(=기웃기웃하며) 그리 돌
아댕김스로 새 울음 소린지만 알고 그랬드니 짜웃짜웃하니 그래도 거
그 가서 호랭이하고 살았든가, 안 죽고 살았든가 새끼 자석 낳고 살았
든가 애기들 둘이가 딱 이렇게 놀드라우./그래 찾을라고 저리 찌웃찌

웃하고 돌아댕기니,

찍찍(=질질): 개를 봉께 물이 찍찍 흘러.

찔벅찔벅하-(=추근거리다): 그래서 그 개가 나타나서 자꾸 옷자락을 물고
찔벅해 쌓고 그래서,

촐래촐래(=졸래졸래): 머이마가 인자 뒤를 촐래촐래 따라감스로,

콜콜이(=시시콜콜이): 그렁께 이이는 첨에는 모르고, 아무 말도 못 하고,
혼자 고민하게 됐는디, 콜콜이 모른단 말이여.

콱(=꽉): 내가 엊저녁에 밤새 어뜬 놈하고 독다리께서 바우다가(=겨루다
가) 고놈 콱 틀어 잡어서 나무에다가 허리끈으로 달아매 놓고 왔다. 누
가 가 봐라.

탁(=딱): 그래서 고목나무가 탁 비어갖고 있응께는 '할 수 없다.' 그라고는
그 밑을 떡 들어가서는, 속으로 구녁 뚫린 데로 딱 들어가 붙었어./아
내가 탁 틀어 붙어. 못 한다고 딱 틀어 붕께 할 수 없제.

탱탱(=심하게 곯은 모양): 계란이 한나 있제이, 곤 놈이. 아, 고놈을 파서
인자 깨 봉께 탱탱 곯아 붙었단 말이여.

턱(=떡): 생전 모른 장군이 병졸들을 몰고 마당에다 턱 세워 놓고는,

털레털레: 그라고 항께는 대체 석양 뒹께는 즈그 사우가 털레털레 들어오
드란마.

폴딱/풀떡(=퍼뜩): 꿈을 폴딱 깨갖고이 "이상하다. 내가 이상한 꿈을 뀌었
소."/아, 그래 풀떡 깨갖고 봉께 꿈이여.

풀풀이(=연년이): 여우고 그것도 애기라도 풀풀이 났든가 그랬든가 그놈
도 여우게 되아.

핑(=지체하지 않고 빨리): 거그 냇가로 핑 쫓아가 봤어.

홀딱/홀딱/홀떡/화딱(=홀딱/홀떡): 그란디 그 가시나 있는 디로 홀딱 건네
가드란마./그랑께 호랑이가 소리를 질르고 홀딱 뛍께 발밑에가 갈씬
하드라우./홀딱홀딱 뛰어서 인자 가서 "성 나 다 왔어." 내리라고 하드

라우./용이 홀떡 올라간 놈을 그 정신에 용 꼴랑지를 잡어서 잠응께 홀떡 올라감시로 이것 그냥 뭐시기 내다 놓드라우./뒤엄(=두엄) 발치다 홀딱 땡겨 불었어./금방 들어온 것 보고 들어왔는디 막 안 들어왔다고 한다고 막 내놓으라고 하더니 화딱 뒤집으더니 두지 안에가 들었는디 땅땅 뚜들면서, 여기 끌러 보라고 하드라우.

활딱/홀딱: 머리빡이 활딱 벗어졌다./며누리년이 빨래하다가 뜨건 물로 찌클어 불어서 대그빡이 활딱 디여갖고 오장치 안에가 담어갖고 있다./신부가 지 손으로 지 원삼 쪽도리를 활딱 벗고는 칼을 갖고 오드니 신랑게다 딱 져눔시로(=겨누면서),/이십 되았거나 이십이 넘었거나 그란디 사람이 때물이 홀딱 벗고 그란디 정중하니 손님을 모셨단 말이여./하루 저녁에는 부잣집에서 마누라를 딱 물어다가 즈그 새끼들 앞에 가서는 등거리를 할딱 까 놓고,

활활: 각시가 앙져서(=앉아서) 부채질을 활활 하고 있드라우.

훨훨: 호랭이가 방애를 찍은(=찧은) 그 방애실(=방앗간) 앞에서 춤을 훨훨 치고 있드라우.

해해: 꼭 영낙없이 개마냥이로 싹싹싹싹 핥아주고 꼬리 해해 치고 아조 꼭 그라고 댕기고,/잡년의 개가 와서 꼴리(=꼬리) 해해 치고 갑디다./혼자 와서는 쿤네 안 오냐고 항께는 꼬리만 해해 치고 여자만 머시기해 갖고는, 아, 그라드니 잠장께는 아, 여전히 개가 그랑께 하드라우.

횡(=획): 그 기모(=계모)가 저녁에 데꼬가서 과자 한 봉지 사서 거그다 해 놓고 횡 빠쳐(=빠뜨려) 불고 그 파 논 흙 모도 독으로 그래 덮어서 반반하게 해 불었든 것입디다.

회낏회낏: 혼자 침스로이, 그라고 도리깨를 회낏회낏 뒤집음스로,

힐긋: 그 옥에서 말소리가 나거든. 힐긋 쳐다봤어.

힐껏(=홀딱): 그 때는 손님이 이불을 힐껏 재껴 불어 놓고 봉께 여시(=여우)가 다 되아 가요, 백여시가.

3.2.2 문장부사

일반적으로 문장부사로 거론되는 부사는 '확실히, 다행히, 불행히, 과연, 실로, 모름지기, 설마, 아마도, 부디' 등이다. 이러한 문장부사들은 문장의 명제 내용에 대한 말할이의 태도나 믿음, 판단 등 양태적 의미를 표현하므로 '양태부사'라고도 한다. 문장부사 안에는 접속부사도 포함된다. 접속부사는 앞 문장과 뒤 문장을 결합시키는 기능을 하는데, 대용적인 접속부사 '그러나, 그러면, 그러니까, 그리고, 그러다가, 그래서, …' 외에도 '도리어, 더구나, 하물며, 따라서' 등이 특정한 의미를 지닌 채 문장의 접속 기능을 담당한다.

3.2.2.1 양태부사

① 대자/대차/대체/대치/대큰

표준어의 '과연'처럼 후행 문장의 내용이 주어나 그 밖의 다른 사람의 생각과 같음을 나타내는 말로서 서남방언에서는 '대자, 대차, 대체, 대큰' 등의 다양한 부사가 쓰인다.[9] 이들은 후행 문장이 모두 주어나 다른 사람의 믿음에 부합함을 표현하므로 양태부사에 속한다. 이들 부사들은 전남과 전북 모두에서 확인되는데, '대체'는 '대치'로도 변이되고, 여기에 형태 '나'가 결합된 '대자나, 대차나, 대체나, 대치나, 대큰이나'도 쓰인다.

(61)

가. 잠행을 가서 한 집을 들어강께 대자 부자거든.(고흥 구비)

---

[9] 서남방언에서 '대체'는 '도대체'의 뜻으로도 쓰이나 이는 전혀 다른 낱말이다. (예) 대체 이거 어떻게 생긴 사람이냐?(군산 구비)

나. 하루 저녁만 비끼라 하니 그래 대차 뒷방에 가 인자 안방에가 들어가
　　서 인자 이렇게 닫혀 놓고 있는데 대차 삼경이나 되니까는 대문을 뚜
　　둔(=두드리는) 소리가 나거든이요.(신안 구비)

다. 그렇게 즈그 마누라가 가만히 들어 보니까 대체 미운 시엄씨 팔아 보
　　니 좋고, 또 논 사니 좋고 하니께 참 일석이조 격이거든.(화순 구비)

라. 즈그 어매가 대치 어디 가서 인자 짚토매나 짚다발 꿔다 줬던 모냥이
　　여.(함평 구비)

마. 대큰 그건 그려라이.(화순 구비)

바. 그러고 있는데 대자나 인자 그 이정승께서 그날 인자 거그를 오셔가지
　　고는,(신안 구비)

사. 대차나 그러고 살다가는 죽게 되았다 그 말이여.(함평 구비)

아. 찾다 찾다 못 찾고 그라고 있다가는 아이, 대체나 하, 인자 배도 고프고
　　사람 산 디가 아니라 나서 인자 도둑놈만 산 디라 나서 참 어디 들어가
　　도 못하고,(해남 구비)

자. 도골이 아부지가 거 가서 대치나 찾아보니 모두 거가 들었거든이요.
　　(함평 구비)

때로는 '대체'가 단독으로 쓰이기도 하는데, 이때는 상대의 말에 대한 긍정의
응답어 구실을 한다.

(62) "사람이 헌 것 없이 오래 살면 못쓴다요." "대체이."

② 워너니

3.2.1.1에서 '워너니'가 정도부사로 쓰이는 경우를 살펴본 바 있는데, 동일
한 형태의 부사가 전북 군산에서는 문장부사로 쓰인다. (63)은 모두 전북 군

산 지역의 구비문학 자료에서 가져온 것이다. 『한국구비문학대계』에서는 이 '워너니'를 '워낙'으로 뜻풀이하고, 『전라북도 방언사전』에서는 '아닌 게 아니라 정말로' 또는 '(반어적으로) 기대한 대로 되지 않을 것이라고 비아냥 거리는 투로 쓰는 말'로 풀이하고 있다. (63)은 '아닌게 아니라'의 의미로 쓰인 경우인데, 표준어의 '과연'이나 바로 위에서 언급한 '대체'로 바꾸어 써도 별다른 의미 차이가 생기지 않는다.

(63)

가. 인제 받아가지고서는 옳게 알아듣고서는 가만히 생각항게, 워너니 그 사람인디, 그 산고라당에 있을 수도 없고,(군산 구비)

나. 긍게 그 저 귀경허는 동네 사람들이 서(=혀)를 차면서, 참, 워너니 그렇 겄다고, 시어머니가 그만큼 서운허다고 허겄다고 말여, 사방으서 인자 쏘곤쏘곤히 쌓고.(군산 구비)

다. 그렇게 그 대신들, 신하들이 있다 봉게 말여 워너니 조선서 그런 인재 가 왔거든.(군산 구비)

라. "아, 그새 책을 다 박았냐?" 긍게, 다 박았다고. "하, 고런 재주가 있웅게 워너니 그렇다고. 그러면 우리나라에 어떻게 허먼은 오래 장구(長久) 헐 수 있느냐?" 헝게,(군산 구비)

마. 자기집 엡(=업)이 이쨕으 그냥 워너니 막 날마다 먹고 지낸 것 봉게 워 너니 과연 엡이 자기집이서 이리 온 것여.(군산 구비)

군산 출신 작가 채만식의 소설에서도 같은 뜻의 '워너니'가 보인다.

(64)

가. 옳다! 참 잘헌다! 참 잘히여. 워너니 그게 명색 며누리 첫것이 시애비더 러 허넌 소리구만?(채만식/태평천하)

나. 워너니 나두 짐작으 그런 것 같읍디다! 그런 것 같이여!(채만식/병이
   낫거든)

한편 아래의 (65)는 방언사전 뜻풀이인 '(반어적으로) 기대한 대로 되지 않을
것이라고 비아냥거리는 투로 쓰는 말'에 해당한다.

   (65) 에끼 놈! 워너니 좌수별감은 고사허고 어디 가든지 맞어 죽을 갬(=감)
   이다.(군산 구비)

③ 비민히

   서남방언의 문장부사 '비민히'는 형용사 '비민허다'에서 파생된 말이다.
'비민허다'가 표준어 '어련하다'에 대응하므로 '비민히'는 '어련히'에 대응하
는 서남방언어인 셈이다.『표준국어대사전』에서는 '어련히'의 뜻을 '따로 걱
정하지 아니하여도 잘될 것이 명백하거나 뚜렷하게'로 풀이하고 있는데 그
용법으로 '대상을 긍정적으로 칭찬하는 뜻으로 쓰나, 때로 반어적으로 쓰여
비아냥거리는 뜻을 나타내기도 한다'고 서술하고 있다. 서남방언의 '비민히'
는 '어련히'의 뜻과 용법에 완전히 일치한다.
   (66)은 서남방언에서 형용사 '비민허다'가 사용된 예인데, 수사의문문을
형성하는 점이 특징이다. 이것은 '비민허다'가 반어적으로 쓰인다는『표준
국어대사전』의 용법에 일치하는 것이다. 다만 사전의 설명과 달리 비아냥거
리는 말맛을 적극적으로 풍기지는 않는다. 또한 (66)에서 '비민허다'는 모두
'-을 것이-'의 추정 구문에 쓰였다. '-을 것이-' 외에 추정의 안맺음씨끝 '-겠-'도
가능하다. 이러한 추정 표현이 없다면 '비민허다'가 아무리 수사적인 의문문
을 형성하더라도 비문이 된다. 예를 들어 (66가)의 '비민허 것이냐'를 '비민허
냐'로 바꾸면 비문이 된다. 나머지 경우도 마찬가지다. 그렇다면 '추정의 수

사의문'이야말로 '비민허다'가 사용되는 필수적인 조건인 셈이다.

(66)

가. 그렇게 밥상이 날아가도록 방구를 뀌어 버렸으니 비민허 것이냐?(함
   평 구비)

나. 그 산 고개 저거 시어밀(=시어머니를) 미고(=메고) 올라갈 때 비민할
   거여?(고흥 구비)

다. 거그다 장리(=장례)를 모신닥 항께 와따, 이놈들이 아조 비민하 것이
   요, 그 부자 놈들이?(해남 구비)

라. 아무 데 아무 데 시골에 용하다는 의원이 있다고 그래서 인자 해 농께
   비민하 것이요?(해남 구비)

마. 인자 지가 숨켜 논 족봉께 비민헐 것이냐 말이여?(보성 구비)

(67)은 부사 '비민히'의 예인데, 이때도 '비민히'가 포함된 문장은 수사의문
문을 형성하여 반어적인 뜻을 표현한다. 또한 수사의문문은 모두 '-겄-', '-을
것이-'와 같은 추정 표현을 포함하고 있다. (67나) 역시 '-지 않을 것이'라는 반
어적 속뜻을 갖는 추정 표현 '-을랍디여'가 쓰였다. 이러한 '추정의 수사의문'
은 형용사 '비민허다'가 필수적으로 요구하였던 제약이었는데, 이 제약이 파
생부사인 '비민히'에까지 그대로 유지된 것이다.

(67)

가. 아, 그래 인자 떠억 모시고 들어가서 비민히 대접허겄든가?(함평 구비)

나. 어떤 일이 있더라도 내가 비민히 알어서 허실랍디여?(함평 구비)

다. 말짱(=몽땅) 잡아오라 해서 거 어사의 명령이라 비민히 오겄소?(함평
   구비)

라. 들어가서 비민히 잘 믹일 것이요?(보성 구비)

마. 그런디 그 설장구잽이를 세왔는디 비민히 잘 놀 것이요?(보성 구비)

바. 불을 탁 쳐서 끄렁에다 댕께 인자 석이 붙여 논 것이라 비민히 탈 거라
　　고?(신안 구비)

사. 그때는 비민히 좋아하 것이라고?(해남 구비)

　조사 '마는'이 의문의 완형보문에 결합되면 언제나 수사의문으로 해석된
다. (68)의 (가)와 (나)가 이런 경우인데, 이때에도 '비민히'가 결합될 수 있다.
'비민히'가 쓰일 때 완형보문의 서술어가 추정의 양태를 가져야 하는 제약은
이 경우에도 적용된다. 그렇다면 '비민히'가 갖는 '추정의 수사의문'이라는
제약은 비내포문과 내포문 모두에 적용된다고 할 수 있다. 그래서 *비민히
생각허겠다마는 아무래도 못 할 것 같다'나 *비민히 생각허겠다고 그랬는
데.'가 비문인 것은 내포문이 수사의문으로 해석되지 않아서이다. 한편 (다)
는 이음씨끝 '-지마는'에 이끌리는 선행절에 '비민히'가 쓰인 경우이다. '-지마
는'이 이끄는 선행절은 비록 추정의 양태를 포함하더라도 결코 수사의문을
나타내지 않는다. 그렇다면 '추정의 수사의문'이라는 제약 가운데 '수사의문'
은 경우에 따라 적용되지 않을 수도 있음을 알 수 있다. 물론 이러한 예외적
상황은 이음씨끝 '-지마는'의 경우에 한정된다.

　(68)

　가. 비민히 생각허겠소마는 지 생각은 약간 달부요(=다르오).

　나. 비민히 딜에다봤겠습니까마는 그래도 쪼금 더 보시씨요.

　다. 비민히 알아서 허시겠지마는 조심해야겄네요.

④ 제발/지발, 좋은 일에

　표준어에서 '제발'의 후행 문장에는 말할이의 간절한 바람의 양태 의미가

포함되어야 한다. 『표준국어대사전』에는 '제발 부탁이야.', '제발 비가 왔으면 좋겠다.' '제발 살려 주세요.' 등의 예가 제시되어 있는데, 모두 말할이의 간절한 바람이 포함되어 있다. 따라서 문장의 유형은 말할이의 바람이 포함된 서술문 외에 명령문, 청유문이 올 수 있다. 서남방언에서 이 문장부사는 '제발' 또는 '지발'의 형태로 쓰이는데, 특히 (69마)-(69자)처럼 '제발' 뒤에 '덕분에/덕분으로'가 덧붙는 수가 많다.

(69)

가. 아, 그래 내 재산을 전부 당신한테 드릴 테니까 제발 나 좀 살려 주시요.(신안 구비)

나. 박문수씨 큰 베실 히가지고서 지발 한번 찾어 주게 혀 돌라고.(군산 구비)

다. 나 보쇼들. 지발 조끔 살려 주쇼.(군산 구비)

라. 지발 좀 한번 왔다 가라고도 중놈이 보내 주간디?(군산 구비)

마. 제발 덕분에 날 새믄 그 자리 좀 겔차 주시요.(고흥 구비)

바. 샘터 하나 제발 덕분에 잡어 주시요.(고흥 구비)

사. 그러기 따문에 제발 덕분에 이제 돌아가서 바른 대로 이얘기해서 서로 같이 좋게 하고 앞으로 사는 것이 좋지 않은가?(신안 구비)

아. 어머니, 제발 덕분으로 돈 천 냥만 변통해 주슈.(부안 구비)

자. 살려 달라. 제발 덕분 살려 달라 그렁게나.(군산 구비)

한편 서남방언은 '제발'과 유사한 의미로 '좋은 일에'라는 관용 형식을 쓰기도 한다. '좋은 일에'는 흔히 '존 일에'로 쓰인다. '좋은 일에'는 '말할이 자신에게 좋은 일이 되도록'이라는 부탁의 의미가 담겨 있다. 그러므로 결과적으로 '제발'과 유사한 의미가 되는 것이다. 그뿐만 아니라 '좋은 일에'는 말할이의 바람이 담겨 있는 서술문, 그리고 명령문과 청유문에 쓰이는 점에서도 '제발'과 같다. 이러한 의미 통사적 일치는 '좋은 일에'라는 관용 형식이 '제발'과 동일하게 문장 부사적 기능을 수행함을 말해 준다. 그러나 '좋은 일'이 '덕분'과 어울려 쓰이려면 '좋은 일 덕분에'와 같은 형식을 취해야 한다. 그래서 (69마)의 '제발'을 '좋은 일'로 바꾸면 '존 일 덕분에 날 새믄 그 자리 좀 겔차 주시요.'와 같은 정문이 만들어진다. 한편 '제발'과 '좋은 일에'는 (70다)처럼 공존이 가능한데, 그 출현 순서에는 제약이 없어 서로 위치를 바꾸어 쓰일 수 있다.

(70)

가. <u>좋은 일에</u> 잠 좀 자자.

나. 그라니 내 말 한 자리만 듣고 나 <u>좋은 일에</u> 뭉끄지(=묶지) 말고 뚜들지(=두들기지) 말라고 한단 말이여.(해남 구비)

다. <u>지발 좋은 일에</u> 내 말 좀 들어라.

3.2.2.2 접속부사

우리말에서 접속부사는 대용어를 이용하는 경우와 그렇지 않은 경우의 두 가지로 나눌 수 있다. 대용어를 이용하는 경우는 '하-'계와 '그리하-'계로 다시 나뉜다. 서남방언도 이 점은 마찬가지다.

① '허-'계

'허-'가 접속부사로 쓰이는 경우이다. 우리말에서 '하-'가 대용어로 쓰이는 경우는 다양하다. 예를 들어 '먹기는 먹는다'와 같은 반복 구문에서 후행 요소는 '먹기는 한다'처럼 대용화 될 수 있다. '좋기도 좋겠다' 역시 '좋기도 하겠다'처럼 대용화 될 수 있다. 대용어 '하-'는 이처럼 반복 구문에서 선행 용언의 품사에 따라 동사일 경우 '한-', 형용사일 경우 '하-'로 변동하므로 이러한 변동 양상은 '하-'가 선행 용언의 대용어라는 사실을 뒷받침한다. 한편 같은 변동 양상이 대용 부정문에서도 보인다. '먹지 않는다'와 '좋지 않다'에서 보조용언 '않-'은 본용언이 동사이면 '않는-', 형용사이면 '않-'으로 변동하는데 이는 '않-'에 포함된 'ㅎ'이 대용어이기 때문이다. 이 'ㅎ'은 '아니하-'의 '하'가 줄어든 것이므로 부정의 보조용언에 포함된 'ㅎ' 또는 '하'는 대용어임이 분명하다.[10] 이처럼 반복 구문과 대용 부정문의 대용어 '하'는 모두 한 문장 안에서 그 선행사를 찾을 수 있다. 반면 접속부사 '하-'는 선행사가 같은 문장 안에 있지 않으므로 선행 담화에서 찾지 않으면 안 된다. 이때 선행사는 단순히 한 낱말이나 구에 그치지 않고 긴 문장이나 이야기로 확대된다. 그러므로 접속부사 '하-'는 문장이 아닌 담화 차원의 대용어인 셈이다. '하-'가 담화적 대용어(접속부사)로 쓰인 것은 오래 전부터의 일로 여겨진다. 중세어의 'ㅎ다가'(=만일)가 이를 뒷받침한다.

표준어에서 '하-'를 이용한 접속부사로 '한데, 하지만, 한즉' 등이 사전에 등재되어 있는데, 서남방언의 구비문학 자료에서는 '헝께, 헌디, 해서, 허니, 허먼' 등이 더 확인된다.[11] 표준어에서 쓰이지 않았던 것들이 접속부사로 쓰이고 있는 것이다. 표준어와 서남방언이 보이는 항목 차이는 표준어에서 '허-'계 접속부사의 쇠퇴를 보여 준다. 이는 물론 후술할 '그리허-'계와의 기능 중첩에 따른 결과이다.

(71)

가. 자식들이 애비 말을 안 들으면 못 사는 것이네. 헝께 인자 가서 자식들 단합을 시기고 화합을 시기고 압씨 말을 잘 듣게 맨들소. 그러면 자네도 잘 살 것이네.(함평 구비)

나. 청개구리를 잡어서 쥐고 왔단 말이여. 헌디 청개구리란 소리를 헐 수

---

10 이런 이유로 글쓴이는 장형 부정을 '대용 부정'이라 부르고 있다.

11 최현배(1937/1975:603)에는 '하니까, 하나, 하나마, 하되' 등도 접속부사로 제시되어 있다.

가 없어.(함평 구비)

다. 한 부부이 살다가 아들 하나를 낳어. <u>해서</u> 인자 그 아들을 낳고 얼마 안
돼서 서방님이 죽어 뻔졌어.(장성 구비)

라. 자네 궁문 옆에 가서 검은 점이 이렇게 있어. <u>허니</u> 그것을 증명해도 나
를 의심헐래냐?(신안 구비)

마. "혀 놓고 고리 부고를 내라. 그러면 그양반이 와서 너보고 빗(=빚)을 갚
으라고 헐 것 아니냐? <u>허먼</u> 니가 못 헌다고 펄펄 뛰어 버러라." 그른단
말여.(정읍 구비)

바. 그러니 이 사람이 기함(=기절)할 일이 사실이지. <u>허지마는</u> 그렁개 벌
써 사람들이란 것은 효자나 열녀나 제대로 마음 가진 사람들은 여간
으런(=어려운) 일을 당해도 놀래지도 안허는 갭이라.(부안 구비)

사. 아, 이 조카 논 마지기라도 쓸 만헌 놈 줬으먼 뭐덜라고 내가 안 올 것이
냐고. <u>허지만</u> 아, 이거 황토흙지 요것 뭣이냐 내가 줬는디 와서 보니 이
거 뭣이냐 빌어먹는 밭은 제오(=겨우) 서너 마지기나밖에 안 되고 전
부 자갈배끼 없기 때문에,(정읍 구비)

②'그리허-'계

지시부사 '그리'와 '허-'의 합성어인 '그리허-'는 표준어와 같이 다양한 이음
씨끝의 결합이 가능하다. 서남방언에서 '그리허-'는 '글허-'로 줄어 쓰이므로
이에 따라 '글허고, 글해서, 글허면, 글헝께, 글헌디, 글허다가, 글허지만, …'
과 같은 활용이 가능하다. 그런데 이들 활용형은 대체로 문장의 첫머리에서
접속부사로 굳어져 쓰이는데, 이때는 '그러-', '글-', '그-' 등의 축약형이 주로
쓰인다. 예를 들어 '그러고/글고, 그래서/그서, 그래도/그도, 그렁께/긍께, 그
러면/글면/그면, 그런디/근디, 그러다가/글다가, 그러지마는/글지마는/그
지마는, …' 등과 같은 형태로 쓰이게 된다. '그러-'에서 / ㅓ/ 가 탈락하면 '글

고, 글면, 글다가, 글지마는'과 같은 형태가 도출된다. '그렁께'와 '그런디'에
서 / ㅓ / 가 탈락하면 세 개의 자음이 연속되므로 이를 피하기 위해 / ㄹ / 이 더
탈락하여 '긍께'와 '근디'를 도출한다. / ㅓ / 탈락을 겪어 생긴 형 가운데 '글면'
과 '글지마는'은 세 자음 충돌 회피와 무관하게 / ㄹ / 이 탈락하여 '그면'과 '그
지마는'을 만든다. '그래서'처럼 둘째 음절의 모음이 / ㅓ / 가 아닌 / ㅐ / 의 경우
'래'가 탈락하여 '그서'를 만들게 된다. (72)는 '그리허-'계의 접속부사 예이다.

(72)

가. 자, 내일은 그양반을 만나러 가는 날여. 그렁게로 나만 따르라고. 글고
　　어디로 가는고니 저 태백산 상상말랭이(=맨꼭대기) 거그 가서는,(군
　　산 구비)

나. 그런디 설이 되았는디 밥 줄 때는 되았는디 도저히 밥 줄까 생각을 안
　　헌다 그 말씸이요. 그서 머심 나가갖고 인자 보니 쥔은 암도 없고 처녀
　　한나배끼 없으니까,(함평 구비)

다. 니가 그도 너 땜에 아들 삼 형제를 뒀응게 내가 네 식량을 대 주마고 속
　　으로 그러고서 식량을 대 주고,(군산 구비)

라. 나는 시를 못허요. 긍께 내 재간대로 헐라우.(함평 구비)

마. "야야, 가자, 머심살로 가자. 이왕에 살라면 과부집에 가서 살제 한엄씨
　　집에 살면 안 된다." "글면 가자."(보성 구비)

바. 그런디 이놈이 범이 딱 문을 열고 앞발을 번쩍 들고 올라 슬 것 아니요?
　　그면 뭐 백발백중이제.(보성 구비)

사. 저 약방으 약조마니(=약주머니) 그 약조마니 달리디끼(=달리듯이) 그
　　냥 꽉 달렸드래라우. 근디 거그 강게로 대장 하나 가만히 요로케 앉어
　　서는 눈도 안 떠들어 보드래라우.(정읍 구비)

아. "가쟁이(=가랑이)를 그냥 잡고 그냥 발로 턱 걸처 짝 찢어 버리고 오지
　　그냥 온단 말이오?" 아, 글지만 너무 분헌디, 어쩌 그리저리 지내다가

한 오 년을 지냈던개벼.(정읍 구비)

자. "나는 남편도 있고, 부모도 있는 사램이요. 긍께 안 돼요." "아, 그지마
는 유부녀를 보고 말허기는 미안허나, 우리는 자식을 기랐시니(=바랐
으니) 자식 하나 낳아 주믄 어째요?"(보성 구비)

'그리허-'계의 접속부사는 이미 중세국어에서 '그러나, 그러면, 그러모로,
그럴씨, 그려도' 등이 문증되는데, 반면 '허-'계의 접속부사는 문헌에서 쉽게
찾을 수 없다. 다만 '허-'계의 접속부사였을 것으로 추정되는 '흐다가'와 같은
낱말은 보인다. 만약 '흐다가'와 같은 낱말이 애초에 접속부사였다면 '허-'계
는 '그리허-'계에 비해 훨씬 오래 전부터 사용되었을 것으로 추정할 수 있다.
더구나 현대의 표준어나 서남방언에서 '그리허-'계는 '허-'계에 비해 접속부
사 수가 훨씬 많고, 그 사용 빈도도 '그리허-'계가 훨씬 높다는 사실을 고려하
면 '허-'계는 '그리허-'계에 밀려 계속 쇠퇴해 가는 접속부사임을 알 수 있다.
다만 그 쇠퇴의 속도는 서남방언이 표준어에 비해 더디다는 사실을 위에서
언급한 바 있다.

③ 뎁대로/뎁대

대용어를 이용하지 않는 접속부사의 한 예로 '뎁대로'를 들 수 있다. '뎁대
로'는 '도리어'와 같이 '예상이나 기대 또는 일반적인 생각과는 반대되거나
다르게'의 뜻을 갖는 접속부사이다. 『전라북도 방언사전』에는 같은 의미를
갖는 다양한 형태를 제시하고 있는데, '데따, 뎁다, 뎁데고깔, 뎁세, 됩대, 됩
대로, 됩더, 됩데, 됩디, 됩시, 뒈따, 뒈떼, 뒈비' 등이다. '뎁대로'의 '뎁'은 아마
도 '됩' 또는 '되비'에서 온 것으로서 '도로'의 뜻을 가졌던 것으로 추정된다.
동북방언형 '되비'(=도로)나 『전라북도 방언사전』에 제시된 '뒈비'(=도리어)가
이러한 가능성을 말해 준다. 그리고 표준어 '되팔다, 되새기다' 등의 접두사

350

'되-'(=도로) 역시 이 '됩/되비'에서 온 것으로 보인다.[12] 표준어 '도리어'가 동사 '돌-'에서 파생되었다면 서남방언형 '뎁대로'는 '도로'를 뜻하는 '됩/되비'에서 파생된 부사라는 차이가 있는 것이다. '뎁대로'의 '로'는 생략되어 '뎁대'만으로 쓰이는 수가 많은데 (73가)-(73다)가 이를 보여 준다.

(73)

가. 개를 사자고 전에 내가 돈을 줘서 뎁대 개를 띠(=떼어) 벌라고 끗고(= 끌고) 왔소.(함평 구비)

나. 그리갖고 막 뎁대 막 이놈이 나와갖고 막 그놈 작대기로 막 부시 버리네, 뒤여 치(=뒤의 것)를 말여.(군산 구비)

다. 넘의 각시를 지가 보듬고 자고는 지 각신 디끼(=듯이) 허고 나보고 뎁대 나쁜놈이라고 혀?(정읍 구비)

라. 그려서 기막힌 성님이 먼 짓덜이냐고 헝게, 아, 요것덜이 뎁다 욕을 허고 자빠졌더래.(조봉래, 풀벨골)(전라북도 방언사전)

마. 고연시리 울덜마냥 뒷전에서 시상을 비관혀 봤자 뎁대고깔로 능력 없는 놈이 되기 똑 알맞제야.(조봉래, 풀벨골)(전라북도 방언사전)

바. 화가 난 건 난디, 뎁세 딴말을 하데.(전라북도 방언사전)

사. 뒈비 성을 낸다.(전라북도 방언사전)

---

12 서남방언도 표준어와 같이 유성음 사이의 /ㅂ/이 사라지는 변화를 입는 것이 보통인데 『전라북도방언사전』에 제시된 '뒈비'에서는 /ㅂ/이 남아 있어 특이하다.

3.3 감탄사

감탄사는 말할이 혼자만의 감정을 드러내는 경우와 상대의 말이나 행동에 대한 반응, 상대에 대한 비난, 꾸중, 상대에게 수혜를 베푸는 등 상대와의 상호작용에 따라 사용하는 경우의 두 가지로 나눌 수 있다. 여기서는 이를 [-상대]와 [+상대]로 구분한다.[13] 감탄사는 흔히 조사가 결합되지 않는 것으로 알려져 있다. 그러나 [+상대]의 일부 감탄사, 예를 들어 '금매', '아먼' 등에는 높임의 조사 '요'나 '이라우'의 결합이 가능하다. 또한 '말이야'와 같은 굳어진 형식의 표현도 '아따', '아이고', '금매' 뒤에 올 수 있다.

3.3.1 아따

감탄사 '아따"는 주로 문장의 첫머리에 오는 말이다. '아따'는 상대의 말이나 행동에 대한 반응어로 쓰일 때와 상대와 무관하게 말할이 혼자의 감정을 드러내기 위해 쓰일 때의 두 경우로 나눌 수 있다. 우선 [-상대]의 경우, '아따'는 말할이가 예상하지 못한 사태에 대한 놀라움을 나타낸다. 이때의 '아따'는 '오매'나 '아이고' 등의 감탄사로 대체해도 별다른 의미차가 발생하지 않는다. (74)가 [-상대]의 경우에 쓰인 것들이다.

(74)

가. "아따, 깐딱했으면 도깨비한테 홀려 죽을 건디 잘 되았소." 그러드마.
　(보성 구비)

---

13 최현배(1937/1975:607-608)에서는 순연한 감정을 드러내는 감정적 느낌씨와 꾀임, 부름과 같은 의지의 발화 앞에 나타나는 의지적 느낌씨를 구별하였다. 대체로 감정적 느낌씨는 [-상대], 의지적 느낌씨는 [+상대]와 일치하나 완전히 같다고 보기는 어렵다. 예를 들어 감정적 느낌씨에 '비방'이 포함되어 있는데 여기서는 이를 [+상대]로 해석하였다.

나. 아따, 크다.(고흥 구비)

다. 아따, 그렇게 부자놈들이, 잽혀간 놈들이 박문수 박어산 걸 봉께 겁이 나.(고흥 구비)

라. 아따, 대자(=과연) 들어가니께 참 세상에 없는 참 하늘과 땅 같은 일을 본단 말이여.(고흥 구비)

마. 이 저범(=젓가락)으로 콕 집응께는 물을 꽥 싸고 쏙 들어가 부르그든. "아따, 그 낙지가 물을 싸코 들어가 분다. 들어가 불었어."(신안 구비)

바. 어뜬 여자들이 와서 문을 열고 들에다보더니, "아따, 그 도령 이삐기는 이삐그마는 암 디 사는 아무개 딸만 못 이삐다." 그러거든.(신안 구비)

사. 씨고 나서는 아이, 며칠 지넁께 "아따, 암 디(=아무 데) 그가(=거기가) 참말로 그렇게 안 봤던 디 뫼 써 놓고 봉께는 훌륭하게 좋드라."(신안 구비)

아. 그런데 어느 골목에를 떡 가니까, '아따, 신소리 잘하는 사람이 오면 돈 천 냥을 준다드라.' 방을 붙였그든요.(신안 구비)

자. 아따, 뭔 처녀가 큰애기가 참 큰애기가 똥(=방귀)을 끼어 쌓그나고,(신안 구비)

'아따'가 [+상대]의 환경에 쓰일 때는 상대의 말이나 행동에 대해 부정적 평가, 반박, 비판, 교정 등을 행하게 된다. '아따'의 이런 용법은 (75)를 통해 분명히 확인된다.

(75) "아야, 느그 남편, 우리 아들이 장원급제를 해가지고 왔으니, 니가 어서 가서 합격증을 치매로 받어 오니라." 그렁께는, "아따, 어머님은 뭔 말씀을 그리 하시요? 십 년을 놈의 집 고용살이 하든 사람이 어디가 말뚱이나 치는가 부요. 우리 안에 씨아재가 요번에는 급제해가지고 오신가 부요." "어따, 아니다. 어서 가그라, 질에가(=길에) 서서 저라

고 있는디 사람이 수십 명 저라고 있는디 어서 가그라." "아따, 어머니, 어서 가시요. 우리 씨아재가 그랬는가 부요."(신안 구비)

(75)는 시어머니와 며느리 사이의 대화이다. 자신의 아들이 장원급제를 해 왔다는 소식을 전하는데 며느리는 이를 믿지 못하고 시동생이 장원급제한 것으로 알고 대화를 이어 나가고 있다. 이 과정에서 '아따/어따'는 항상 선행 하는 상대의 발화를 부정할 때 쓰이고 있다. (76)도 마찬가지이다. (76가)는 상대의 선행 발화가 제시되어 있지 않다. 그럼에도 불구하고 '아따'를 통해 우리는 선행 발화에서 상대가 이야기를 해 줄 것을 요청하였음을 짐작할 수 있다. '아따'는 이에 대한 반박이라 하겠다. (76나)-(76라)는 '아따' 뒤에 상대 의 말을 부정하거나 비판하는 '별 말씀을 하시요.'나 '뭔 말씀이요?'와 같은 말 이 덧붙고 있다. 그 밖에 '아따'는 상대의 행동에 대한 놀라움을 표현할 때도 쓰이는데 (76마)-(76바)가 이런 경우이다.

(76)

가. 아따, 숨 좀 쉬고 천천히 하제. 가만 있으믄 나가 많은 이야기를 들려 줄 거인디.(고흥 구비)

나. "네이(=에이) 이 자식, 어째서 내가 십 년 적공 들여 논 땅을 니가 그그 다 뭣을 썼느냐?" "아따, 주인양반도 별 말씀도 다 하시요. 우리 같이 불 쌍한 놈은 그래 아범 뼉다구가 떡발로 요리 궁굴어 다니고 저리 궁굴 어 댕긴디 어디 흙 속에다 못 묻을 것이요?" 그러거든.(신안 구비)

다. "어떤 놈이 넘의 처녀 방에…?" "아따, 참 빈장님도 별 말씀도 다 하시 요? 내가 당신네 집에 오고 잡아서 왔소? 당신네들이 넘의 이불 요 이 부자리에 싸다 여기다 안 땡겨 놨소?"(신안 구비)

라. "느그 집에 자조요 폐신이다." "아따, 뭔 말씀이요?" 허더니,(신안 구비)

마. 그렁께로 아, 대차 십리 밖에 있는 뱁새를 딱 떠르치거든(=떨어뜨리거

든). "아따, 당신 그렇게 명포수요." 하고,(보성 구비)

바. 김진사 집에서 인자 머이마(=사내애)를 보내믄, "아따, 우리 사우 오냐?"(고흥 구비)

'아따' 대신 '어따'가 쓰이기도 하는데, '어따'는 '아따'에 비해 더 부드럽고 정감 있는 말맛을 풍긴다. (77가)-(77마)는 [-상대], (77바)-(77사)는 [+상대]의 환경에서 '어따'가 쓰인 경우이다. [+상대]의 경우 상대방의 발화를 노골적으로 부정·비판하기보다는 설득하거나 만류하는 경우에 '어따'가 주로 쓰인다.

(77)

가. 어따, 내 아들 어떻게 찾어왔냐, 어쩌게 찾아왔냐?(장성 구비)

나. 어따, 니가 기냐?(함평 구비)

다. 어따, 내 아들놈 잘 꾼다.(신안 구비)

라. 아따, 이렇게 이쁜 옷을 입고 어따, 큰애기 이쁘다.(신안 구비)

마. 어따, 그 말을 들웅께 하늘같이 쏘고 잡그든.(신안 구비)

바. "어뜬 놈 줄라우? 준다고 승낙을 허이씨요." "어따, 잔 가이씨요(=가십시오). 가면 인제 후제(=나중에) 다 승낙해서 디릴 것잉게 그래서 보낼 것잉께 가이씨요."(함평 구비)

사. "그란 것이 아니라 절에 도사님이 오셔서 니가 열아곱 살만 묵으면 호식해 간다고 그래서 그란다." "어따, 아부지 걱정도 하지 마시요."(해남 구비)

3.3.2 아나

감탄사 '아나'는 언제나 [+상대]의 환경에서 사용되는 감탄사인데, 가장 전형적인 경우는 어떤 물건을 상대에게 줄 때이다. 주려는 물건을 상대가 받도록 요청하기 위해 사용하므로, '아나'는 일반적으로 명령문에 쓰인다. 그러나 (78나)처럼 서술문이 올 수도 있는데, 이는 '니 재산이다'의 속뜻에 '니 재산이니 가져가거라'와 같은 명령의 뜻이 포함되어 있기 때문이다. (78사)는 서방님이 미워서 뱃대로 때리는 과정에서 서방님에게 하는 말이다. 이 경우는 상대에게 뱃대를 내미는 동작을 마치 매를 때리는 동작으로 인식하여 '아나'가 쓰였다.

(78)

가. 인자 돈을 얼마나 집어 주고는 "아나, 너 갖고 가서 이란 데 댕기지 말고 집에 가서 묵고, 해묵고 살아라. 있다가 커서 그저 시집을 가거라." 하고 보내 줬단 말이요.(해남 구비)

나. 인자 큰소리를 하고 딱 내놈시로, "아나, 이거 니 재산이다. 내가 요번에 가서 양자를 했드니라."(해남 구비)

다. "아이고, 나 인자 여그서 못 가겄소. 나 여그서 죽을라." 하고 하니까 "아나, 그라면 내가 이것 하나를 주마."(신안 구비)

라. 딱 묵고는 고물만 한 주먹이나 뒹께는 이놈 줌시로 "아나, 이놈이나 묵어라. 느그(=너희) 이놈이나 맛봐라." 그라고 고물만 한 주먹 싹싹 쓸어서 주그덩.(해남 구비)

마. 자기 허벅다리에서 살 한 점 띠서 그때는 "아나, 받어라. 안주 받어라." 항께 이 자식이 받을 것인가?(신안 구비)

바. 그렁께, 애기를 밤에 달갬시롱(=달래면서), '아나, 가져가거라.' 그러고 밖에 안 내놓는다는 것. 안 내놔. 밖에다 내놓덜 안해.(화순 구비)

사. 미웅께로 갖다가 뱃대로, "아나, 맞어라." 하고, 서방님을 때려 버렸어.(화순 구비)

'아나'는 물건을 주는 경우에만 한정되지 않고, 물건을 상대에게 보이면서 상대가 보도록 요청할 때에도 쓰인다. 보일 것을 상대에게 내놓는 점에서 넓은 의미의 주는 행위에 포함될 수 있을 것이다.

(79)

가. "니 애비 얼굴 못 봤을 텡께, 아나, 니 애비 얼굴이나 봐라." 하고 포장을 살짝 떠들슬랑께(=떠들려니까),(신안 구비)

나. 사태기(=사타구니)를 떡 이렇게 내밀고는, "아나, 봐라. 내가 열댓 살 먹어서 조총을 맞인 구녁이다."(신안 구비)

'아나'는 말할이의 바라는 바는 아니지만, 상대가 고집을 피우는 상황에서 상대의 고집대로 해 보라고 할 때도 쓰인다. 대체로 놀리거나 비아냥거리는 말맛이 있다.

(80)

가. "아나, 물어라, 아나, 물어라." 그래서 깍정이(=깍지)를 딱 쪄 불었다 네.(화순 구비)

나. 그러고 마치(=마침) 시방 호랭이란 놈이 문 앞에 와서 덤벙거리고 있는 판인디, "아나, 울어라." 하고 그냥 문을 열고 바깥으로 내나 불었어. (화순 구비)

(80가)는 상대가 물도록 자신의 신체를 갖다 대는 상황이다. (80나)는 아무리 달래도 울음을 그치지 않는 아기에게 하는 말이다. 호랑이가 서성거리는 문 밖에 아기를 내려놓으면서 울음을 그치도록 하려는 동작이다. '이래도 울 테냐?'와 같은 뜻이다. 겉에 드러난 뜻과는 다른 속뜻을 갖는 경우인데, '아나'는 이처럼 겉뜻과 속뜻이 다른 경우에도 흔히 쓰인다. 『표준국어대사전』에서는 '아나'를 '상대편의 분수에 맞지 않는 희망이나 꿈에 대하여 비웃거나

조롱할 때 쓰는 말'이라고 풀이하고 있다. 그리고 그 예로서 '아나, 이놈아. 꿈 깨라.'와 같은 문장을 들었다. (80)과 비슷한 용법이라 할 수 있다. 다만 서남방언의 '아나'는 표준어와 달리 그 쓰임의 폭이 훨씬 넓고 다양하다는 차이가 있는 것이다.

3.3.3 '에끼'와 '때끼'

감탄사 '에끼'에 대해 『표준국어대사전』은 '마음에 마땅치 않거나 무엇에 싫증이 나서 그만둘 때 내는 소리'로 풀이하고 있다. 그리고 그 예로서 '에끼, 고약한 놈! 그런 말버르장머리가 어딨니?', '난 또 무슨 소린가 하고. 에끼, 그렇게 늙은일 놀려 먹는 법이 어딨소?' 등을 들고 있다. 그렇다면 '에끼'는 야단치거나 욕하는 것처럼 상대의 말이나 행동에 대해 부정적인 평가를 내릴 때 하는 말이라 할 수 있으며, 따라서 [+상대]의 상황에서 주로 쓰이는 말이라 하겠다. 서남방언에서도 '에끼'는 표준어와 같은 용법을 지닌다. 다만 상대가 말할이보다 같거나 낮은 사람이어야 한다. '에끼'가 상대를 지칭하는 말과 함께 쓰일 때, '에끼 놈', '에끼 자석', '에끼 사람' 등은 가능하나 *'에끼 이분'은 불가능하다. 이것은 '에끼'가 말할이보다 높은 위계의 상대에게는 쓸 수 없기 때문이다. 다만 '에끼 이양반아'와 같은 표현은 가능한데, 이때 '양반'은 어른들의 평교간이나 아랫사람에게 하는 말이므로 결코 위계가 높은 상대가 아니다.

(81)

가. 에끼, 빌어묵을 거! 나가 죽으믄 죽었제, 너거(=너희) 갖다 못 죽이겄다.(고흥 구비)

나. 에끼, 미친 놈의 새끼! 거짓말하고 실실 지랄한다고.(화순 구비)

다. "에끼, 못된 놈의 인간 겉으니! 누구를 조롱하냐?" 그래.(고흥 구비)

라. 에끼, 죽일 년 같으니! 쥐 좆도 모르고 사냐?(화순 구비)

마. 에끼, 이런 죽일 놈으 자식 같으니! 수많은 사람들이 배고픈디 밥을 해
먹자고 살려 논 처녀를 왜 그렇게 지붕 몽뎅이(=꼭대기)에다가 올려
놓고 죽였냐?(화순 구비)

바. 에끼, 고얀 년 같으니! 모처럼 술 한 모금 마시러 왔더니, 이상한 시늉
만 내고 나 내빌(=내버릴) 것이여?(화순 구비)

사. "에끼, 요놈의 새끼가 무엇이냐?" 하고, 작대기로 팽께로 펑 하고 나가
떨어져 죽어 버려.(화순 구비)

아. 에끼 놈! 워너니 좌수별감은 고사허고 어디 가든지 맞어 죽을 갬(=감)
이다.(군산 구비)

(81)에서 보듯이 '에끼'는 흔히 대화의 상대를 비하하는 지칭어와 더불어 사
용된다. (81)를 보면 '빌어묵을 거, 미친 놈의 새끼, 못된 놈의 인간, 죽일 년,
죽일 놈, 고얀 년, 요놈의 새끼, 놈' 등과 같은 다양한 비하적 표현이 '에끼'에
바로 이어지고 있다. 이때 (81다)-(81바)에서 보듯이 '같으니', '같으니라고'
등의 표현이 뒤따르기도 한다. 이러한 말이 덧붙으면 약간 예스러운 말맛을
풍긴다. 물론 이러한 비하적인 호칭어나 덧붙는 말이 필수적인 것은 아니다.

(82)는 [-상대]의 환경에서 쓰인 예이다. 이때는 상대방의 행동이나 발화에
대한 부정적인 평가가 존재하지 않는다. 따라서 (82가)의 경우 대화의 상대
방이 아닌, 벌어진 상황에 대한 부정적 평가가 이루어져 쓰였고, (82나)는 말
할이가 어떠한 어려운 행동을 행하려 할 때 사용되었다. 작심하고 특정의 행
동을 취하려 할 때 사용된 '에끼'에는 말할이의 강한 의지가 담겨 있는 것이다.

(82)

가. 인자 아들 찾으러 간다고 했는데, 오도 안해 붕께, "에끼, 인자 호랑이
한테 물려가 죽었는가 보다." 해가지고, 마을 사람들이 와서 보니까,

호랑이가 죽어갖고 있거든.(화순 구비)

　나. 세상에 이렇게 횡재가 있단 말이냐? 아, 그러고는 인제, "에끼, 나라님
　　한테 한번 찾아가 볼 수밖에 없다. 그래 생전에 한번 만나 보아야 쓰겠
　　어." 아, 그리고는,(화순 구비)

　'에끼'는 때로 '에끼손', '에끼순', '에끼선' 등으로 쓰이기도 한다. '에끼 순'의
'순'은 원래 '에끼 순 도둑놈 같으니라고'와 같은 예에서 보듯이 뒤따르는 명
사인 '도둑놈'을 수식하는 부사이다. 부사 '순' 뒤에 오는 명사는 '도둑놈', '나
쁜 놈'처럼 부정적인 인물이 오는 것이 일반적이다. 이런 통합관계에서 후행
명사가 생략될 경우 명사의 부정적 속성은 '순'에 투사되어 명사가 없더라도
'순'만으로도 부정적 의미를 나타내게 된다. 이것은 '별로'가 원래 '그다지 다
르게'의 의미를 갖지만 단독으로 쓰이거나 지정사와 함께 쓰여, 예를 들어
'이것은 별로다'처럼 쓰일 때에는 '좋지 않다'는 뜻을 나타내는 것과 같은 현
상이다. '별로'가 부정 서술어와 통합관계를 이루다가 이것이 굳어지게 되면
부정 서술어가 없더라도 '별로'만으로 부정적 의미를 나타내게 된 것이다.
따라서 '에끼순'은 원래 '에끼 순'과 같은 통사적 구성을 이루다가 '에끼순'처
럼 감탄사로 재구조화 되었다고 할 수 있다. '에끼손', '에끼선'의 '손'과 '선'은
모두 '순'에서 변이된 것이다.

　(83)

　가. 에끼손, 그러면 되느냐고. 부모가 세상에 그것을, 당신을 줄라고 그렇
　　게 생각을 하고 왔는디 그것을 갖다 다 버리는 사람이 자식이냐고 말
　　이여.(화순 구비)

　나. 에끼손, 못난 놈 같으니! 실컷 약속허더니 들어가서 그 짓을 허고 인자
　　는 어떻게 이러도 저러도 못허고 어떻게 허겠냐? 이놈아, 이 못난 놈
　　아!(군산 구비)

360

다. 그 하루 저녁을 못 참아가지고 이놈아, 아, 그 되야지 고기 한 그릇 먹고 온다 말이냐? 에끼선 쯧쯧.(정읍 구비)

서남방언에서는 '에끼'와 함께 '때끼'라는 감탄사도 쓰인다. '때끼'는 '땍'으로 줄어 쓰이기도 하는데, 상대방의 행동이나 말에 대한 부정적 평가를 표현할 때 주로 사용된다. 또한 '때끼'도 '에끼'처럼 상대에 대한 비하적인 호칭이 뒤따를 수 있다. 그래서 (81)에 제시된 부정적 평가의 '에끼'는 모두 '때끼'로 바꿔 사용할 수 있다. 그러나 '때끼'는 '에끼'와 달리 [-상대]의 환경에서는 쓰이지 못한다. 그래서 (82나)처럼 말할이가 작심하고 어떤 특정의 행동을 취하면서 강한 의지를 표현하는 경우 '에끼'는 가능하나 '때끼'는 불가능하다. '때끼'는 '에끼'와 달리 언제나 [+상대]의 환경에서만 쓰이기 때문이다.

3.3.4 아이고/하이고/아이고메/하이고메

감탄사 '아이고'는 『표준국어대사전』에 따르면, 아프거나 힘들거나 놀라거나 원통하거나 기막힐 때, 또는 반갑거나 좋을 때, 절망하거나 좌절하거나 탄식할 내는 소리로 풀이되어 있다. 특히 상중에 곡할 때 내는 소리이기도 하다. 그렇다면 한국인에 있어 '아이고'는 거의 모든 감정을 표현하는 감탄사인 셈이다. 그만큼 우리말에서 가장 일반적이고 방언차 없이 쓰이는 감탄사라 할 수 있다. '아이고'는 일반적으로 [-상대]의 상황에서 쓰인다.

서남방언에서도 물론 '아이고'가 쓰이며 그 용법은 표준어와 완전히 같다. 다만 형태적으로 약간의 차이가 나타난다. 서남방언에서 '아이고'는 '하이고'로 변이되기도 하고, 뒤에 '메'가 결합되어 '아이고메'나 '하이고메' 등으로 쓰이기도 한다. 이들은 표준어의 '아이고나', '아이고머니', '아이고머니나' 등에 대응하는 형태인 셈이다.

(84)

가. 아, 인자 쪼깐 있다가 인자 들어가 인자 았었다가는 하이고, 냄시가 나
　서 못 전딘다고 그래 쌓거든.(함평 구비)

나. 하이고, 어마이가 헐촌 아저씨는 말씀 안 해도 암 디 사는 아저씨라고
　암 디 사는 아저씨요 그려.(함평 구비)

다. 아이고메, 이 내 딸이 간부와 약속을 하고 도망했구나. 이거 큰일 났구
　나.(화순 구비)

라. "그러면 내가 돈 대 주마." "아이고메, 어머니가, 늙은이가 어찌게 돈을
　대라?"(화순 구비)

　'아이고'의 끝 음절 모음 /ㅗ/가 /ㅑ/로 바뀐 '아이갸'나 '아갸', 그리고 /ㅑ/
가 단모음 /ㅏ/로 변한 '아이카' 등도 쓰이는데, 이들은 '아이고'와 달리 안타
까움이나 걱정스러움을 주로 표현한다.

(85)

가. "저기 저 끄터리(=끄트머리) 제일 작은 반지만 하나 나를 주시요." 그러
　니 참 짬짬하더라네. 그 속에가 자기 딸이 다 들었어, 혼이 반지 속에
　가. "아이갸."(전주 구비)

나. 아갸, 아갸, 우리집 영감은 곧 죽게 되았소. 숯독이 올라서 손이 탱탱
　때려 붓소.(보성 구비)

다. "아이고, 그 일은 잘했소마는 세금을 못 바쳐서 또 그 독촉이 나오면은
　어쩌께라?" "그렇게 한 대로 해 보세." 아이카, 그 뒤로 인자 한 며칠 또
　지냉께 또 인자 그 사령이 나왔거든.(신안 구비)

3.3.5 오매/오마/워마/와마

감탄사 '오매'는 말할이의 놀라움, 걱정, 당황스러움 등을 표현한다. (86)은 모두 걱정하거나 당황하는 말할이의 태도가 반영되어 있다. 따라서 [-상대]의 환경에 쓰인 감탄사라 하겠다.

(86)

가. 긍께 인자 즈그 며느리가 오면 오매, 인자 당할 일이 큰일이제이.(화순 구비)

나. 오매, 인자 나 물 끓여서 죽인다.(화순 구비)

다. "오매, 여기가 오디여?" 보니 둔동(지명)여.(화순 구비)

라. 오매, 내 돈 보따리 안 갔고 왔네.(화순 구비)

'오매'는 '오마', '워마', '와마' 등의 변이형을 갖는다. '워마'나 '와마'처럼 반모음 /ㅜ/가 포함된 형들은 주로 남성들의 말에 쓰인다.

(87)

가. "오마, 내 자슥 왔냐? 무얼 보고 왔냐?" 이랑께,(고흥 구비)

나. 오마, 이거 큰일 났네.(신안 구비)

다. 워마, 나가 너를 위해 따라 살았더라야.(고흥 구비)

라. 와마, 이놈의 새끼 뚜께비랄 놈이 다 줏어 먹는 것이다. 우리 쫓아 올라 가자.(해남 구비)

마. 와마, 인자 큰일 났구나여. 이란 것을 시상에 내가 모르고 그랬구나. (해남 구비)

바. 와마, 집이 사우가 그냥 두 손을 합장을 해갖고 갱기(=쟁기)를, 소시랑 을 갱기랑을 해 불고 간디 시방 곧 죽게 되었소. 손이 탱탱 부었소.(보

성 구비)

'오매, 오마, 워마, 와마'는 '옴매, 옴마, 웜마, 왐마'처럼 /ㅁ/이 수의적으로 첨가될 수 있다.

(88)

가. 그러고 인자 서울서, 옴매, 뭐 빈 것으로 온 게 아니라 인자 노는 거시기, 인자 결혼식 한다고 항께는 북이야 뭐 이렇다는 한량들, 참 노랫자락 하는 사람들이 올 게 아니라고?(화순 구비)

나. '웜마, 이 새끼가 보통 새끼가 아니다.' 그래가지고 갈쳤어요.(신안 구비)

3.3.6 하먼/함/항/아먼/암

표준어에서 감탄사 '아무렴'은 상대의 말에 대한 강한 긍정을 나타내는 말인데, '아무려면'에서 줄어든 말이다. 또한 '아무렴'과 같은 의미의 '암'도 표준어에서 쓰인다. 서남방언은 '아무렴'을 쓰지 않으며 대신 '암'만 사용한다. 그런데 '암'은 지역에 따라 다양한 방언형을 갖는다. '함'이나 '항'으로 쓰이기도 하고 '하먼', '아먼', '하무' 등으로 쓰이기도 한다. '함'은 '하먼'의 준말이며, '암'은 '아먼'의 준말로 해석할 수 있다. 이진호(2014)는 경남 방언의 '하모'가 '하먼'에서 온 것으로 해석하였는데, 이 주장이 옳다면 서남방언의 "하먼"이나 '아먼'도 모두 '하먼'에서 온 것이어야 한다. 여기서는 '아먼'을 대표 형태로 잡아 기술한다.

'아먼'은 긍정의 응답어이다. 그러므로 본질적으로 [+상대]의 성격을 갖는다. 서남방언에는 긍정의 응답어로서 상대높임의 위계에 따라 '응', '어이', '예/야' 등이 구별되어 쓰이지만, 이들은 기능적으로 약간의 차이가 있다. '응', '어이', '예/야가 상대의 말에 대한 단순한 긍정을 나타낸다면, '아먼'은 지극히 지당하다는 뜻의 강한 긍정을 표현하기 때문이다. 또한 말할이의 세대에서도 차이가 난다. '웅'이 모든 세대에 걸쳐 쓰이고, '어이'는 청년 이상의 성인들이 사용하는 말이라면 '아먼'은 거의 중년이 넘은 사람들이 쓰는 말이다. '어이'는 예사낮춤의 표현이므로 말할이나 들을이 모두 어른이어야 하는 제약이 있다. 하지만 '아먼'은 말할이가 중년 이상의 세대여야 할 뿐 들을이에게는 아무런 세대의 제약이 없다. 나이든 어른이 어린 아이, 청년, 동년배의 사람 모두에게 쓸 수 있는 말인 것이다.

(89)

가. 하문, 잘 살 것도 걱정이여. 사람들이 너모다 돈으로만 쏠려 강께.(전라도닷컴 206호:49)

나. "시방도 큰서방님, 작은서방님." "아먼, 그렇게 다 존칭해서 서방님이라고 글 읽는 양반, 글 읽는 양반 그것이여."(함평 구비)

다. "마마장자도 이름이지요?" "아먼, 이름이 마마장자여."(장성 구비)

라. "그때는 조금(=딴살림) 사는 사람이 없제라우." "없지요이?" "아먼, 다 지금잉게 자식들이 다 보(=벌써) 나가 버르제. 그때는 다 한테 살았제라."(영광)

마. "저금(=딴살림) 낼 때는 머 좀 농사도 좀 띠어 줍니까?" "논이 많은 사람은 띠어 주제. 암만, 띠어 주제라우."(영광)

바. 항, 에밍께. 새끼들 믹일랑께 젓이 달렸제.(전라도닷컴 206호':13)

사. 항, 빈 양판으로 보내문 맘이 서운해서 뭐이라도 주고 잡제.(전라도닷컴 206호:29)

아. "관상장이를 잘 만나야 하지요?" "암, 그렇지."(화순 구비)

자. "그러니까 옛날부터 며느리를 잘 얻어야 된다는 그 말이죠?" "암, 옛날부터."(화순 구비)

말할이보다 손윗사람이거나 상대방을 존대하려면 '아먼요'나 '아먼이라우'처럼 높임의 조사 '요'나 '이라우'를 '아먼'에 덧붙여야 한다. (90)이 이런 경우를 보여 준다. 다른 응답어인 '응', '어이', '예'는 이미 자체 안에 상대높임의 위계가 포함되어 있으므로 여기에 높임의 '요'나 '이라우'를 결합시킬 수 없다. 그런데 '아먼'은 이러한 높임 조사의 결합이 가능한 것을 보면 반말임이 분명하다. 이러한 반말의 성격은 '아먼'이 기원적으로 동사의 활용형 '하먼'에서 왔기 때문일 것이다. 그런데 '아먼', '하먼'과 달리 축약형 '암', '함', '항' 등에는 '요'만 결합될 수 있고 '이라우'는 불가능하다.[14] 그래서 *'암이라우', *'함이라우', *'항이라우'는 모두 비문법적 표현이다.

(90)

가. "그 시동생이 그냥 괜히 그래요?" "하무요."(광양)

나. "머 물집이 생긴가요?" "인자, 오 하무요."(광양)

다. "그때 산에 올라갈 때는 대개 여자분들이 올라가지요, 남자분이 안 올라가고?" "아먼이요, 묏등을 파러 갈 때는 부인들이 호미를 들고 가서 막 저 묏을 파내고."(함평 구비)

라. "그런디 우리 논이 바짝 몰라 붙었네. 그놈을 잠(=좀) 좋은 말로 잠 허소." "아먼요, 가서 말 좋게 해야지요."(보성 구비)

마. "보통 다른 마을보다 훨씬 넓네요." "아문요, 널붊다니(=넓고말고)? 따른 마을에 가문 이릏게 안 넓아요."(보성)

바. "몬차(=만져) 보면 알제, 이불 속에서." "아먼이라우."(함평 구비)

---

14 본디형과 축약형 사이에 높임 조사의 결합성이 달라지는 다른 예로서 '-구나/군'을 들 수 있다. '-구나'에는 '요'가 결합될 수 없지만 '-군'에는 가능하기 때문이다. 그러나 '하먼/함'이나 '아먼/암'의 경우 본디형에서 결합이 가능하고 축약형은 불가능했던 점을 생각하면 '-구나/군'의 경우는 사정이 반대임을 알 수 있다.

3.3.7 금매/큼매

서남방언에서 감탄사 '금매' 또는 '큼매'는 반말로서 여기에 높임의 조사 '요'나 '이라우'가 결합될 수 있다. 이처럼 높임의 조사가 결합될 수 있는 것은 '금매'가 기본적으로 상대의 발화에 대한 반응을 나타내기 때문이다. 따라서 [+상대]의 성격을 갖는 감탄사라 하겠다. '금매'가 상대의 발화에 대한 반응어로 기능할 때는 문장의 첫머리에 온다. '금매'에 의해 표현되는 반응은 상대의 발화 내용에 대한 소극적인 인정을 포함한다. 인정은 하지만, 여기에 이를 적극적으로 수용하지 못함에 대한 말할이의 아쉬움이 담겨 있는 것이다. 이런 점에서 '금매'는 표준어 '글쎄'와 유사하다. (91)의 '금매'는 별다른 의미차 없이 모두 '글쎄'로 바꿔 쓸 수 있다. (91가)는 자기 집에서 숙박을 원하는 상대에게 일단 그 요구를 인정하면서도 최종적으로 거절하는 과정에 '금매'가 쓰였다. (91나) 역시 상대의 말을 인정하지만 상대와 헤어져야 한다는 안타까운 사정 때문에 '금매'가 쓰인 것이다. (91다)에서도 상대의 발화 내용을 받아들이면서 이를 해결할 수 없는 어쩔 수 없음에 대한 아쉬움이나 안타까움 때문에 '금매'가 쓰였다. 그렇다면 '금매'는 [상대 발화 내용 인정], [말할이의 아쉬움이나 안타까움 표현]과 같은 두 가지 요소를 나타낸다고 할 수 있다.

(91)

가. 어떤 보따리 장사가 한나 와. 와서는 뭐이라고 하는고는, "여그서 좀 잡시다." "금매, 잤으면 좋겠소마는 이것이 안 되겠소."(보성 구비)

나. "너 시집간다 허드라." 그랑께, "금매, 나 시집갈란 거이다. 그란디 너하고 갈리겠다(=헤어지겠다)." 그렁께로,(보성 구비)

다. 아이 세상에, 나는 잘산디 니는 곤란게 살아 어쩌끄나?" "금매 말이다. 너는 잘산다마는 나는 곤란게 산다. 그런디 어쩌겄냐?"(보성 구비)

'금매'와 기능이 동일한 '글쎄'에서도 이러한 말할이의 태도 표명 기능은 확인된다. 『표준국어대사전』에서는 '글쎄'가 상대의 물음에 대해 분명하지 않은 응답을 나타낸다고 풀이하였지만 실제 사용 예를 보면 분명한 응답을 제시하는 경우에도 쓰임을 알 수 있다. (92)는 서남방언에서 '글쎄'가 설명의 문이나 선택의문에 대한 응답어로 쓰인 예이다. 이런 의문은 긍정이나 부정의 응답 대신 설명이 응답의 내용을 이룬다. (92가)에서 자기 것을 안 고쳐 주는 이유를 묻자 상대는 마음이 내키지 않아 고치지 못했다고 응답하였다. 이로 보아 고치지 않은 이유가 분명함에도 불구하고 발화 앞에 '글쎄요'가 쓰였다. (92나)에서도 아들이 어머니에게 자신을 낳은 이유를 묻는데 어머니는 팔자가 기구하다는 이유를 대고 있다. 이때에도 '글씨 말이다'가 쓰였다. (92다)는 두부를 가져다 먹은 사람이 도적놈인지 아니면 장난꾼인지를 묻고 있는데 상대는 장난꾼으로 추정함에도 '클씨라우'로 응답하였다. 상대의 물음에 대한 분명한 응답이 제시되었음에도 '글쎄'가 쓰인 것은 뒤따르는 응답 내용에 대한 말할이의 태도 때문이다. (92가), (92나)에서는 묻는 사람에 대한 호의적인 대답이 아니기 때문에 이를 완화하기 위해 쓰였으며, (92다)에서는 응답의 내용이 추정한 것이므로 '글쎄'가 쓰였을 것이다. 이들 예에서 '글쎄'는 모두 '금매'로 바꿔 쓸 수 있으므로, '글쎄'와 '금매'는 모두 응답 내용에 대한 말할이의 태도를 나타내는 말이라 할 수 있다. 앞에서 언급한 말할이의 아쉬움이나 안타까움 역시 말할이의 태도에 포함된다.

(92)

가. "어째서 다른 사람 이야(=것)는 다 고쳐 주고 우리 야는 안 고치냐?" "글쎄요, 고칠라고 했더니요. 저 마음이 맞지 않습니다."(장성 구비)

나. "어머니는 어째다가 여그를 들어와서, 나를 이런 곳에다가 나를 낳아 주었소?" "글씨 말이다. 팔자가 기박해서 (중략) 이렇게 와서 네가 생겼구나."(화순 구비)

다. "그러먼 니가 짐작을 허겄구나그려. 거 도적놈이 갖다 먹은 성 부르냐? 장난꾼이 갖다 먹은…." "클씨라우. 도적놈은 뚜부를 안 가져갈 것 같고 장난꾼이 사랑에서 갖다 먹은 성 부르요."(함평 구비)

'금매'가 문장 중간에 나타나기도 한다. 이때는 상대방의 발화에 대한 반응어가 아니다. 따라서 상대의 발화를 인정한다거나 말할이의 태도가 반영된다거나 하는 기능과는 무관하다. 말할이 혼자의 이어지는 발화 중간에 '금매'가 쓰이고 있기 때문이다. 따라서 [-상대]의 환경인데, 이런 경우 '금매' 뒤에 새로운 정보의 발화가 뒤따르는 것이 보통이다. 이때의 '금매'는 '다른 것이 아니라'와 같은 의미 내용을 갖는데, (93)에서 이를 확인할 수 있다. 이처럼 말할이는 들을이에게 새로운 정보를 제공하기 위해 잠시 말을 가다듬을 때 '금매'를 사용한다. 이러한 '금매'는 새로운 정보 제공의 표지이므로, 말할이의 태도 표명과 같은 화용적 기능이 아닌 말의 흐름을 조절하는 담화적 기능을 수행한다고 하겠다. 이때도 '금매'는 '글쎄'로 교체되어 쓰일 수 있어, '금매'와 '글쎄'는 모두 담화화용적 기능을 수행하는 공통된 모습을 보인다.

(93)
가. 어디가 부자 한 사람이 있었는디, 옛날에 한 곳에 금매 부자가 한 사람이 살았는디, 딸은 삼 형제여.(보성 구비)
나. 인자 애기를 낳는디 그랑께 통신날개를 뜯어서 첫 밥을 해 줬던 것이여. 인자 첫 국밥을 해 중께 금매 첫 국밥을 뭐 통신을 뜯어서 해 주었디야.(보성 구비)
다. 아따, 서로 그냥 반가와하고 그러는디, 아, 결혼식 한데 금매, 그렇게 좋을 수가 없어.(화순 구비)
라. 그래서 봉께는 돼야지 망우제(=우리)를 봉께로 금매 돼야지를 물어 가고 없더라요.(화순 구비)

(94)는 '금매'가 수사적 의문문의 끝에 오는 경우이다. 이 경우 '금매'는 수사의문문의 내용을 강조한다. 눈이 흠뻑 쌓인 이 계절에 복숭아가 어디 있겠느냐는 내용을 강조하고 있으므로 '도대체' 정도의 의미로 해석된다. 이때도 의미차 없이 '글쎄'로 교체가 가능하다.

(94) "천도 복숭을 한 개만 먹으면 살겠다." 지 어머니가 그렇께 가(=걔)가 눈이 흠뻑 써인디, 복숭이 어디가 있어 큼매? 근디 가가 돌아다니다 봉께로, 적벽 한산사 밑에가서 복숭 하나가 달랑달랑 붙어 있든갑서. (화순 구비)

이상에서 살펴본 바와 같이 감탄사 '금매'는 문장 안에서의 출현 위치에 따라 몇 가지 다른 기능을 수행한다. 문장의 첫머리에서는 상대의 발화에 대한 말할이의 태도를 표명하고, 문장 중간에서는 새로운 정보 제공의 표지로 기능하며, 수사의문문의 문말에서는 서술적 내용을 강조한다. 이 세 경우 모두 '금매'와 '글쎄'가 교체되어 쓰일 수 있으므로 이 두 감탄사는 동일한 담화화용적 기능을 수행한다고 할 수 있다.

3.3.8 아

『표준국어대사전』에서 감탄사 '아'는 '놀라거나, 당황하거나, 초조하거나, 다급할 때', 또는 '기쁘거나, 슬프거나, 뉘우치거나, 칭찬할 때' 가볍게 내는 소리로 풀이되어 있다. 그리고 말을 하기에 앞서 상대편의 주의를 끌 때도 사용되는 감탄사이기도 하다. 한편 억양을 내렸다 올리면 '몰랐던 것을 깨달았음'을 표현하기도 한다. 감탄사 '아'의 이러한 기능은 서남방언에서도 그대로 적용되므로 적어도 이 점에서는 방언차가 없는 셈이다.

그런데 사전에서 기술되지 않는 용법으로 (95)와 같은 경우가 있다. (95)에서 '아'는 이미 앞선 발화에서 언급된 알려진 정보의 앞에 출현하여 후행 명사나 용언을 강조하는 느낌을 준다. 그러나 말할이의 관점에서는 알려진 정보에 초점이 있다기보다 그 뒤에 따라오는 새로운 정보를 알리는 데 더 큰 관심이 있다. 따라서 감탄사 '아'는 제시되는 새로운 정보에 대한 말할이의 놀라움 등을 표현하는 것으로 이해된다. 이 놀라움의 표현은 당연히 상대의 관심을 불러일으키게 될 것이다. '아'의 이런 기능은 『표준국어대사전』에서 감탄사 '아'의 기능으로 제시한 '말을 하기에 앞서 상대편의 주의를 끌 때도 사용되는 감탄사'로서의 기능과 정확히 일치하지 않는다. '아, 잠시 주목해 주십시오'에서의 '아'는 길게 발음되면서 후행 발화와 약간의 쉼이 개재된다. 반면 (95)의 '아'는 장음으로 발음될 수도 있지만 짧게 발음되어 뒷말과 이어 발화되는 수가 많다. 이러한 운율적인 차이 때문에 주의를 끄는 '아'와 동일시하기 어려운 것이다. 이러한 '아'는 [-상대]의 성격을 갖는다.

(95)

가. 거기다가 해 놓고는 저거 아들을 낳아서 연해 키우는디, 아, 이놈이 여간 백려백리하고 똑똑하고 영리하고. 그런 아들을 하나 낳았던갑데. (고흥 구비)

나. 그양 물을 팔팔 끓이고 있다 그 말이여. 아, 그란디 열한 시 반이나 됭께, 달랑달랑 들온다. 무조건 그양 가방만 벳기고 그양 솥에다 꺼꾸로 처여가지고, 소두경 믿기고(=닫고) 불을 때어 불었네그려.(고흥 구비)

(96)의 예들도 모두 감탄사 '아' 뒤에 알려진 정보가 오는 것들로서 '아'는 이러한 정보적 성격을 갖는 후행 명사나 용언들을 강조하는 듯하지만 실제로는 후행하는 새로운 정보에 대한 놀라움을 드러냄으로써 상대방의 관심을 촉발시키는 기능을 하는 것이다.

(96)

가. "그래. 당신 것이 얼만한데 여길 왔냐? 어디 보자." 그렁께, <u>아, 이놈이</u> <u>인자</u> 그놈이 놀랠까 싶어서 말이야,(고흥 구비)

나. 그래갖고 이 도깨비하고 정을 통했는데, <u>아, 이놈이</u> 날마다 돈을 가지고 오거든요.(고흥 구비)

다. "<u>아, 이놈아!</u> 허리에다가 한 서너 바쿠씩 돌리고, 그라고 나매이로(=나처럼) 이렇게 쑥 이렇게 우로(=위로) 모가지 우로 올로와야, 그런 놈들만 시합하고 있다." 그러거든.(고흥 구비)

라. <u>아, 그 진사가 두 어른들이</u> 딱 그러고 있응께, 그래도 저러도 못하고 속만 묵고 마음만 묵고 살던갑데. <u>아, 이 종이</u> 한번 가마이 생각해 봉께 그걸 쓰고 잡단 말이여. 쓰고 잡는데, 계책이 없어.(고흥 구비)

마. 항시 그 생각이라. 생각인디, <u>아 이거 뭐</u> 재산이 있어야 지 집(=제 집) 부모 옷도 잘 해 입히고 고기 반찬도 잘 해 주고 그래야 할 거인디,(고흥 구비)

바. 그래서 자식놈한테 가서 가져다가 까죽을 벳기여 북을 미(=매어) 놨더마는, <u>아, 이것이</u> 동쪽에 가 뜯어도 북. 서쪽에서도 북 만날 북.(고흥 구비)

사. 그걸 갔는데, <u>아, 이거 보니까</u>, 요새 그 현수막매이로, 큰 베에다 글을 써서 해 놓은데,(고흥 구비)

아. <u>아, 그런데</u> 가만히 들어 보니까, 서울에서 역장대회를 한다 그라거든.(고흥 구비)

자. <u>아, 그래서</u> 이거 턱 심(=힘)이 탁 풀리제 인자.(고흥 구비)

차. "칫간 잿속 아무 암 디 편에가 있습니다." 갈차 노니 아, 쫓아가서 <u>아, 그</u> <u>도골이 아부지가</u> 칫간에 들어가서 재를 허지겨(=허적거려) 보이 <u>아,</u> <u>거그서</u> 은수저가 나와 나왔답니다. <u>아, 그래서</u> 그 보수로서 그때 돈이로 해서 한 오십 냥을 주었던 모냥이지요.(함평 구비)

(97)은 '아' 뒤에 알려진 정보의 표현이 없이 특정되지 않은 새 정보의 표현이 뒤따르고 있다. 알려진 정보의 표현이 없으므로 '아'가 이를 강조한다고 할 수 없다. 이때는 오직 새로운 정보에 대한 놀라움을 표현함으로써 상대의 관심을 촉구하는 기능을 수행할 뿐이다.

> (97) 인자 자리를 잡었어. 자리를 잡어가지고 가서 묏을 쓸라고 안구덕(=천 광. 穿壙)을 냈는디, 아, 어떤 어여쁜 처자, 어여쁜 처녀가 와가지고 묏 구덩이에 와 턱 엎어짐시롬 '에고 지고' 하고 울어 잦힌단 말이여, 울어.(고흥 구비)

3.3.9 부름말

멀리 있거나 가까이 있는 사람을 부를 때 사용하는 감탄사는 상대높임의 위계에 따라 다양한 표현이 사용된다. 이러한 부름말은 본질적으로 [+상대] 의 성격을 갖는다. 전형적인 부름말은 전화 통화의 시작말로 쓰이는 '여보세요'다. 이는 장소 부사 '여기'와 '보다'의 명령형 '보세요'가 합성된 말이다. 여기를 보라는 말이 부름말로 굳어진 것이다. '여보세요'는 위계에 따라 '여보십시오, 여보시오, 여보오, 여보게, 여봐, 여봐라' 등의 다양한 활용형이 포함된 부름말로 발달하였다. 이 가운데 '여보오'는 부부간의 호칭으로 쓰이는 '여보'로 변하였고, '여봐라'는 사극에서나 들을 수 있을 만큼 예스러운 표현이 되었다. 표준어에는 이 밖에도 예사낮춤의 '어이'나 아주낮춤의 '야'가 부름말로 쓰인다. 서남방언에서도 표준어처럼 다양하지는 않지만 상대높임에 따른 몇 가지의 부름말이 사용된다.

부름말은 상대를 부르기 위해 만들어진 특별한 표현이다. 부름은 왜 필요한가? 군대나 학교에서 호명은 사람이나 사람 수를 확인하기 위한 절차이지만, 우리의 일상 언어에서 부름은 상대의 주의를 말할이에게 돌리도록 하기 위한 언어적 행위이다. '여보세요'와 같은 부름말에는 바로 이러한 주의 돌리기의 기능이 형태 안에 포함되어 있다. '여기 보세요'란 어원은 곧 상대의 주의를 말할이에게 돌리라는 뜻이기 때문이다. 물론 '어이'나 '야'의 형태에는 그러한 뜻이 내포되어 있지 않지만 부름말의 본질적인 기능에서는 '여보세요'와 다름이 없다. 그래서 부름말은 물리적으로 멀리 떨어진 상대를 부를 때에도 쓰이지만 대개는 말할이와 같은 발화 상황에 있는 상대에게 사용한다. 이런 경우는 상대를 확인하기 위한 것은 아니다. 상대와의 대화를 진행하면서 말할이는 상대의 주의를 자신에게 돌리도록 하고, 이를 바탕으로 말할이는 상대에게 어떤 행동을 요구하거나 묻거나 하는 등 들을이 지향의 다양한 언어 행위를 수행할 수 있는 것이다. (98)은 부름말 '야'가 이러한 기능을 행하고 있음을 보여 주는데, '야'뿐만 아니라 '어이'나 '여보세요'도 마찬가지일 것으로 판단된다.

(98)

가. 꼭 그러냐? 야, 걱정마라 내가 니 대신이로 죽제.(함평 구비)

나. 그랑께는 야, 아서라.(신안 구비)

다. 긍게 인자 어머니 아버지가, "느이가(=너희가) 오늘 나오지 말고 가만 있으믄 내가 또 오늘같이 밥을 잘 갖다 줄 텡게 야, 나가지 말고 가만 놀아라." 허닝가,(군산 구비)

라. 인자 그 다른 놈이 있다가, "야, 우리가 오늘 야(=애) 덕분에 술을 얻어 먹었는디, 이렇게 유쾌히 놀았는디 (중략) 그 묘 파다가 양지쪽 얻다가 묻어 주자." 긍게,(정읍 구비)

마. "야, 그짓말 한 자리 허랑게 가냐?" "아녀요. 저 바뻐요."(정읍 구비)

바. 내가 운수 점을 맞찼웅게 너한테 이자 안 받아도 되겠다. 그러니 그만 둬라. 야 야, 내가 너한테 이자 받을라고 돈 줬겠냐? 긍게 그만둬라.(함평 구비)

사. 그럼 또 둘째 언니가, "암, 살려야지. 살려 놓고 봐야지 왜 그러느냐 이
거여. <u>야, 그런 사람이 있다면 살리겠는가? 나는 살리겠다.</u>" 그런단 말
여.(화순 구비)

3.3.9.1 '여보시요'와 '예'

노인들의 구술발화 자료에서는 '여보시요'가 다수 확인된다. 실제는 '여보
시요' 외에 '여보씨요'도 흔히 쓰이는데, 이들은 모두 높임의 위계에서 사용
된다. '여보시요'는 부름말이므로 발화의 첫머리에 오는 것이 일반적이다.
아래 예 (99가), (99나)는 서로 모르는 낯선 어른을 부르는 경우이고, (99다)
는 부인이 남편을 부르는 경우이다. 이들 모두 높여야 할 상대이므로 높임의
부름말 '여보시요'가 쓰인 것이다. 오늘날 서남방언에서 '여보시요'는 나이든
노인들의 말에서나 볼 수 있으며, 젊은이들은 표준어 '여보세요'를 사용한다.

(99)

가. 도망해가지고는 한참 가다 봉께, 어떤 노파 한 분이 떡 지내가. "여보시
요, 여보시요." "뭔 말씀이요?"(신안 구비)

나. "여보시요, 당신 이 못을 당신 혼자 씨면은 덕을 못 봅니다. 사람을 이
천 명을 동원해서 못을 써야 덕을 봅니다. 그러니 어치께 하실라?" 그
러니까,(신안 구비)

다. 또 인자 밥을 안 묵고 끙끙 앓고 있응께 자기 처가 하는 말이, "여보시
요. 어째 거그만 갔다 오면 그렇게 밥을 안 잡수고 걱정을 하시냐고. 거
시기 집이 낼은 잰네(=장인네) 집이나 가라고."(신안 구비)

'여보시요' 앞에 감탄사 '아이', '에이', '에끼', '아' 등이 오는 수가 있다. 이들
감탄사는 상대를 책망하거나 상대에게 부정적인 말을 할 때 쓰인다. 그렇다

면 이들 감탄사 뒤에 오는 '여보시요'는 가까이 있는 사람을 가리키는 말이므로 더 이상 부름말이라 할 수 없다. 마치 이인칭 대명사처럼 쓰이고 있기 때문이다.

(100)

가. <u>아이, 여보시요</u>, 장에 갔으면 무슨 간에 이야기나 하제, 아 말(=아무 말)도 그래 안 하고 어째 빈걸로(=빈손으로) 오셨냐고. 아, 양석도 팔고 뭣도 사갖고 오라 했는디 어째 빈걸로 오셨냐고 이얘기를 항께,(신안 구비)

나. <u>에이, 여보시요</u>, 손님으로 가서 그럴 수가 있소? 그 집 가서 보시요. 살림 다 때려 부서 불었소.(신안 구비)

다. <u>아, 여보시요</u>, 그거 뒤꽁무니에 차도 비가 갓에 맞을 것이고 얼굴에 비나 안 맞게 머리에 쓰고 갈 일이지 왜 꽁무니에 다 차고 가냐고 이러고 말을 허거든요.(신안 구비)

서남방언에는 높임의 부름말로 '여보시요' 외에 '예'가 더 있다. '예'는 대체로 길게 발음된다. 상대와의 거리를 긴소리로 표현하는 도상성(iconicity)이 반영되었기 때문이다. 한편 '예' 뒤의 문장은 (101)에서 보듯이 서술·의문·명령·청유 등 모든 서법이 가능하다. 부름말로서 '여보시요'와 '예'는 모두 높임의 위계에 쓰이지만 그 용법에는 약간의 차이가 있다. '예'는 '여보시요'와 달리 감탄사 '아이', '에이', '에끼', '아' 등과 함께 쓰이지 못한다. 그래서 '에이, 여보시요'는 가능하나 "에이, 예'는 불가능한 표현이다. (101)의 '예'는 결코 응답어가 아니며 굳이 옮긴다면 표준어의 '여보세요'로 옮겨야 한다.

(101)

가. 예! 나 조깐 보씨요(=여보세요, 나 좀 보시오).

나. 예! 거그서 멋 허시요?

다. 예! 언능 와게라우(=여보세요, 얼른 오셔요).

라. 예! 그만 갑시다이.

부름말 '예' 뒤에 '말이요'가 오는 수가 있다. 반면 '여보시요' 뒤에는 '말이요'가 올 수 없다. '말이-'는 굳어진 표현으로서 문법적으로는 보조사처럼 쓰이고, 담화적으로는 담화의 흐름을 조절하는 담화표지적 성격을 지닌다. '말이-'는 상대높임의 위계에 따라 '말입니다', '말이오', '말이네', '말일세', '말이다', '말이야', '말이에요' 등의 다양한 활용이 가능하다. 서남방언에서도 굳어진 표현 '말이-'가 쓰이는데 약간의 형태적 변동이 있다. '말이오'는 '말이요', '말일세'는 '말이시/말시/마시', '말이다'는 '말이다/마다' 등의 형태로 쓰인다. (102)는 '말시/마시'와 '마다'의 예이다.

(102)

가. 그런디 여행을 <u>갔단 말시</u>.(화순 구비)

나. 살라먼 <u>그런다 마시</u>.(함평 구비)

다. 삼정리(지명) 요빈짝(=이쪽) 그 가먼 역등(지명)이라고 <u>있다 마시</u>.(함평 구비)

라. "그것이 아니라 이만저만허고 이만 일이 이만 일이 <u>있다 마시</u>. 근디 이것을 어째야 할 것인가? 이것을 없애 버려야 헐 것이요?" 헝께,(함평 구비)

마. "어째서 못 나가겠냐?" "아, 집이 <u>없다 마다</u>."(화순 구비)

바. "아, 노인들이 아, 어쩐 일이요, 여그를? 여그가 어디라고 여그를 해서 오쇼?" "<u>글씨 마다</u>. 오다 봉께 요리 길이 요로코 길이 들었다, 우리가." (화순 구비)

'예'가 높임의 위계에 쓰이므로 '말이-'는 '예' 뒤에서 '말이요'의 형태로 쓰이게 되는데, (103)이 이를 보여 준다. 부름말 '예'가 '말이요'와 어울려 쓰일 때는 단독일 때와 달리 장음으로 발음되지 않는다. 그래서 '예 말이요'는 중간에 쉼의 개재 없이 한 호흡으로 발음되는 것이다. (103마)-(103사)는 상대를 연거푸 부르는 경우인데, 이때 '예 말이요'를 반복하거나, '예 말이요'와 '예'를 각각 사용하기도 한다.

(103)

가. 인자 소금장시를 불러다가, 예 말이요, 소금장사 아자씨! 우리 애기가 야답 살 묵드록 말을 못 했는디 소금장사가, 아자씨 오싱께 소금 사랑께 내가 재미징께 인자 멧 되를 더 산다고 그라고 사드라요.(해남 구비)

나. 한데 시집살이 한 여자가 인자 물 질러 와서 인자 동우를 파싹 깨 불고는, "예 말이요, 아저씨 아저씨 저 총각 저 총각." 시방이 아자씨제 옛날에는 총각인디, "총각, 총각." 머리할라(=조차) 노란 머리 인자 땋고 그라고 간디, 왜 이렇게 불르냐고 그랑께는,(해남 구비)

다. 인자 그날 저녁에 인자 즈그 안양반보고, "예 말이요, 당신은 그 사람을 사위로 삼자 항께 불응해겠는디 아, 딸 좀 데려다 물응께 딸은 기양 내 말을 쫓을란다고 안 하요(=하잖아요)? 그랑께 어짜껀이라우(=어쩔까요)?" 그랑께, 딸이 그란디 대차나(=아닌 게 아니라) 또 반대를 할 수 없단 말이여이.(해남 구비)

라. 예 말이요, 당신하고 나하고 결혼을 합시다.(해남 구비)

마. "예 말이요, 예 말이요, 큰일났습니다. 사둔이 와서 마리(=마루) 밑 끝 창에다가 목을 매 죽었는디, 이 일을 어차면 좋겠냐?" 그러고 뛰어나와서 보니까 돌아가시기는 안 허고 상투가 거가 걸려갖고,(보성 구비)

바. "예 말이요, 예 말이요," 왜 부르냐 항께는, "뭣 하게 그 큰애기를 업고 가요?" 그랑께는,(해남 구비)

사. 그 뒷날 아침에 인자 아적밥(=아침밥)을 먹고 앉아서 안양반보고, "예 말이요, 예? 엊저녁에 우리집이 들어온 사람 사위를 삼읍시다." 그랑께

깜짝 놀랜단 말이여.(해남 구비)

3.3.9.2 어이, 어야

예사낮춤의 부름말로 '어이'가 쓰이는 것은 표준어나 서남방언 모두 같다. (104)는 '어이'와 이인칭 대명사 '자네' 그리고 예사낮춤의 다양한 씨끝들이 서로 호응하고 있음을 보여 준다. '어이'는 상당한 거리를 두고 떨어져 있는 상대를 부를 때에도 쓰이지만, 말할이와 같은 자리에 있는 경우에도 쓰일 수 있다. (104)는 모두 부름의 상대가 말할이와 같은 발화 상황에 있는 경우이다.

(104)

가. "형님 펜히 쉬셨습니까?" 하고 들어가니, "어이 동생, 뭐달라 왔는가? 아이, 글 안 해도 지금 식량 보낼라고 모도 머심들한테다 식량을 이렇게 지서 보낼라고 했는디 뭐달라고 왔는가?"(신안 구비)

나. 한 놈이 생각해 봉게 마누라보고, "어이, 내가 오늘 좀 갔다 올랑게 메칠 좀 기다리소." 그러고는 노자를 장만해 갖고 나갔다 그 말이여.(장성 구비)

다. 어이, 나 잔뜩 시장하네. 오늘 갈려다가 뭣이 복잡해서 못 가고 도로 왔네.(장성 구비)

라. 어이, 어째서 거기 앉았는가, 어서 가세.(화순 구비)

마. 어이, 자네 어디가 아픈가?(화순 구비)

바. 제일 좋게 지낸 친구가, "어이, 어이, 옆에 사람도 죽일라고?" 그리고 잡아땡게.(화순 구비)

'어이'는 긍정의 응답어로도 쓰인다. 응답어로 쓰인 '어이'도 부름말과 마찬가지로 예사낮춤의 씨끝들과 호응하고 있다. 이것은 긍정의 응답어 '어이'

가 부름말 '어이'로부터 발달했을 가능성을 의미한다.[15]

(105) "아 안주인, 양식이나 한 되 주시요. 아침이나 대접해서 보내야겠소."
"어이, 주고 말고. 줌세." 해 놓고는 다시 생각을 해보니, 마음이 돌아
진다 그 말이여.(화순 구비)

'어이'와 같은 위계에 '어야'도 쓰인다. '어야'에 포함된 '야'는 기원적으로
호격조사인데, '야'가 아주낮춤의 호격조사임에도 불구하고 '어야'를 구성하
여 예사낮춤으로 쓰이는 것은 매우 이례적이다. 따라서 '어야'는 '어'에 조사
'야'가 분석적으로 결합된 것이라기보다 후술할 아주낮춤의 부름말 '아야'에
유추되어 만들어진 것으로 보아야 한다. 즉 아래와 같은 유추의 공식에 따라
'어야'가 통째로 생겨난 것이다.

어이 : 아이 = x : 아야

'어야'는 '어이'에 비해 상대에 대한 정감이 훨씬 강하다. 따라서 그만큼 친
밀한 사이에 사용할 수 있는데, '어이'에 비해 상대를 낮추는 느낌이 있기도
하다. [친밀]과 [낮춤]이 함께 나타나는 것은 매우 일반적인 현상이다.

(106)
가. 어야, 자네 암 데 가서 잔 뭐 얻어갖고 오게. 빌려갖고 오소이.(해남 구비)
나. "어야, 사우!" 그렁께, "예." 그러거든. 아침 마당을 쓸다가 그렁께, "아
이, 어째 집이 생각은 안 나고 여그서 일만 할란가?" 그렁께,(신안 구비)

---

15 그렇다면 높임의 부름말 '예'도 긍정의 응답어 '예'와 상호 관련성을 맺을 가능성이 없지
않다.

앞에서 설명한 것처럼 높임의 위계에서 '예 말이요'가 가능했던 것처럼 '어이' 뒤에는 '말일세'의 방언형 '말이시'나 '마시'가 온다. 그래서 최종적인 표현은 '어이 말이시'나 '어이 마시'가 될 것이다. 『한국구비문학대계』의 자료에서는 '어이 마시'가 '여 머시'의 형태로 나타난다. 한편 '어야'에는 '말이시'나 '마시'가 올 수 없는데 이는 호격조사 '야' 뒤에 '말이-'가 올 수 없기 때문이다.

> (107) 그래 앞에 올라가는디, 뒤에서 갓을 쓰고 하얀 두루마기를 입은 영감이 막 불러대. "여 머시, 여 머시." 하고, "같이 가세, 같이 가세." 그라고.(보성 구비)

3.3.9.3 야, 아이, 아야

아주낮춤의 부름말 '야'는 표준어와 그 용법이 같다. 후행 문장의 마침씨끝은 아주낮춤의 위계에 속하여 부름말과 서술어의 상대높임 위계가 동일한 위계에서 호응하고 있음을 알 수 있다.

> (108)
> 가. 그런디 하루는 즈그 장형이, "야, 장사를 나가자."(신안 구비)
> 나. 야, 그릇 갖다 이 음식 다 싸라.(신안 구비)
> 다. "야, 야, 물 떠 오니라." 그렁께로,(신안 구비)
> 라. 또 재차 거그서 걍 크게 소리를 힜어. "야, 이리 오너라." 헝게 그저는 문을 여는디 봉게 여자가 나와.(정읍 구비)

우리말에서는 부름말 '야' 뒤에 상대를 가리키는 명사적 표현이 오는 경우가 흔하다. '야 철수야'와 같은 예가 전형적이다. '야'가 후행 명사 없이 단독으로 쓰일 때에는 장음으로 발음되지만 상대방을 가리키는 명사적 표현이 뒤따르면 짧게 발음되며 후행 명사(적 표현)와 하나의 쉼 단위를 형성한다. '야 철수야'가 하나의 쉼 단위인 [야 철수야]로 발화될 뿐, [야]-[철수야]처럼 두 개의 쉼 단위를 이루지는 않는 것이다. 물론 일부러 '야'에 강세를 두어 두 개의 쉼 단위로 발화할 수는 있지만 이는 멀리 떨어진 상대를 부를 때에나 가능한 방식이며, 말할이와 가까운 거리에 있는 대화 상대에게는 결코 이러한 식으로 말하지 않는다. 앞에서 부름말이 대화 중에 사용될 때는 상대의 주의를 말할이에게 돌리기 위한 장치임을 언급한 바 있다. 그런데 이런 기능은 부름말 '야'뿐만 아니라 '야 철수야'와 같은 부름 구성에서도 똑같이 나타난다. 그래서 멀리 떨어진 상대를 부르는 '야 철수야'는 글자 그대로 부르는 말이지만, 같은 자리에서 이야기를 나누는 상대에게 발화하는 '야 철수야'는 상대의 주의나 관심을 말할이 쪽으로 이끄는 기능을 수행한다. 그래서 이런 경우는 '부름'과 '주의 돌리기'의 두 가지 기능을 한다고 할 수 있다. '야 철수야'가 강한 어조로 발화되면 '부름'이 두드러지고 약하게 발화되면 '주의 돌리기'의 기능이 주로 발현된다. 주의 돌리기는 대화를 진행하면서 말할이가 자신의 발화에 대한 상대의 공감을 유도하기 위한 장치라 할 수 있다.

부름 구성에서 '야' 뒤의 명사(또는 명사적 표현)에는 말할이의 심리가 반영되는 수가 많다. (109)에서 부름말 '야' 뒤에 오는 후행 명사 '이놈'이 대표적인 예이다. '야 철수야'에서는 말할이의 비하 심리가 얹혀 있지 않지만 '이놈'에는 상대에 대한 강한 비하적 태도가 반영되어 있다. '이놈' 뒤에 호격조사 '아'는 대부분 출현하지만 필수적이지는 않아서 나타나지 않을 수도 있다. (가)-(아)는 '이놈아', (자)-(타)는 호격조사가 생략된 '이놈', (파)는 복수 표현 '이놈들아'가 쓰인 경우이다. 그리고 (하)는 '이놈아' 대신 '이 빌어먹을 놈아'처럼 수식어 '빌어먹을'이 덧붙었다. '빌어먹을'은 말할이의 비하 심리를 더욱 강화하는 기능을 한다. 이상에서 보듯이 명사 '놈'의 경우 부름말 '야' 뒤에 직결될 때는 언제나 지시어 '이'가 결합된 '이놈'이 나타날 뿐 '그놈'이나 '저놈'은 불가능하다. 이는 물론 말할이의 상대방을 지시하기 때문이다. '이놈' 대신

'너'나 '철수'와 같은 대명사나 고유명사를 사용할 수도 있다. 이때 이들은 모두 상대방을 가리키는 대명사나 명사라는 점에서 '이놈'과 같다. 다만 이인칭 대명사 '너'는 호격조사 '야'가 결합되지 않는 점이 차이를 보인다. 그래서 '야 너야'는 비문법적이다. '이놈아'는 흔히 '인마'로 줄어들어 쓰이므로 '야 이놈아'는 '야 인마'로 쓰일 수 있다. 그래서 (109)의 '이놈아'는 모두 '인마'로의 대체가 가능하다. 다만 '야 이놈아'보다 '야 인마'가 상대를 낮춰 부르는 느낌이 더한 것은 사실이다. 형태의 축약은 비하의 말맛을 더해 주기 때문이다. 명령의 표현에서 형태가 길수록 완곡한 권유로 해석되고 짧을수록 강하고 단정적인 명령으로 해석되는 것도 같은 이유이다.

(109)

가. 야 이놈아!, 도치(=도끼) 놓고 올라오너라.(함평 구비)

나. 야 이놈아! 결혼은 어치께 부모들이 알아서 하제 우리끼리 결혼하끄나?(신안 구비)

다. 야 이놈아! 이 음식을 먹었다가는 우리 죽어, 이눔아.(장성 구비)

라. 그러니께 큰아들은, "야 이놈아! 그건만 뛰냐? 나 구봉산까지 뛰겠다." 그랬다고.(화순 구비)

마. 야 이놈아! 그런 말 말어라.(부안 구비)

바. 야 이놈아! 꽂갬(=곶감)이란 놈한티 내가 모가지 얽어갖고 여그 와서 시방 안 죽고 살은 것도 천행이다, 인마.(군산 구비)

사. 야 이놈아! 너까짓 놈이 남의 소 멕이는 디 가서 소나 거천허고 허는 놈이 뭘 전라 감찰사 허냐?(군산 구비)

아. 야 이놈아, 니가 말도 안 듣고 어디서 나뭇갓이다 뫼를 썼냐?(정읍 구비)

자. 야 이놈! 그런 소리 마라.(함평 구비)

차. 야 이놈! 저그 저 작은댁 가서 어응 작은댁 샌님 보시고 놀러온 손님 왔다고 놀러 오시라 해라.(함평 구비)

카. "야 이놈! 너 어디가 아퍼서 그러냐?" 그렇게는,(군산 구비)

타. 그래가지고 자기 자식보고, "야 이놈! 너 이놈 친구 사구고, 술 먹고 허
더니 세상에 헛바램이여. 네가 친구가 어디가 있냐?" 이 말이여.(정읍
구비)

파. 야 이놈들아! 나무하지 마라. 왜 남에 나무를 베 가냐?(화순 구비)

하. 야 이 빌어먹을 놈아!(정읍 구비)

'이놈'이 남성에게 쓰이는 표현이라면 '이년'은 여성을 지시하는 비하적 표
현이고 '이년놈들'은 남성과 여성을 아우르는 표현인데 모두 부름말 '야' 뒤
에 올 수 있다. (110)에서 (가)-(라)는 '이년아', (마)는 호격조사가 생략된 '이
년', 그리고 (바)는 '이년놈들'을 보여 준다. (라)-(마)에서는 '년' 앞에 '급살 맞
을'이나 '개 같은'과 같은 수식어가 와서 상대에 대한 비하감을 더욱 강조하
고 있다.

(110)

가. 야 이년아! 너 뭐 허냐 뭐 혀?(장성 구비)

나. 야 이년아! 둘이 똑같이 나눈 살림살이 어째 너는 벽돌 하나 더 갈 수가
있냐? 저것을 마당으다 내다 딱 빠개갖고서 절반으로 나누자.(정읍 구비)

다. 야 이년아! 내다보다가 눈구녁 멀어 이년아. 큰일 나야. 손가락으로 쿡
쑤시면 너 죽어.(정읍 구비)

라. 야 이년아! 야 급살 맞을 년아! 어디로 시집을 못 가서 그런 놈의 집구
석 시집간다고 흐냐?(정읍 구비)

마. 야 이년, 개 같은 년! 아 이년. 니 서방이 뭣이냐 서울로 과게하러 갔는
디 니년은 이년아 여그서 이년아 이런 짓을 허니 니 서방이 뭣이냐 재
수가 있어갖고 과게 허겄냐? 이 개 같은 이년.(정읍 구비)

바. 야 이년놈들아! 너그 연놈들이 얼매나 이렇게 뺏어 먹었냐?(정읍 구비)

(111)은 '놈' 대신 '자석'(=자식)이나 '새끼'가 쓰인 경우이다. 이때에도 지시어 '이'가 결합하여 상대를 가리키는 점은 '놈'이나 '년'과 같다. 다만 '놈'과 '년'은 의존명사이기 때문에 지시어 '이'의 결합이 필수적이지만 '자석'이나 '새끼'는 '이'의 생략이 가능하다.

(111)

가. 야야 이 자석아! 내가 먼 나락(=벼) 있어 나락 삼백 석을 준다고?(함평 구비)

나. 야 이 자석아! 첨모냐(=처음)는 사람을 때려 죽인다 어쩐다 해 쌓더니 그까짓 것을 못 풀어 이 자식아 그 지랄병을 하냐?(보성 구비)

다. 야 이 자식아! 베락 때리믄 멧 놈이 죽을지 모링게 조심혀, 이 자식아. (정읍 구비)

라. 야 이 새꺄! 너 거기 뭣들 허냐?(화순 구비)

마. 야 이 새끼야! 니가 박문수를 봐? 너는 뭐냐? 가!(정읍 구비)

바. 저런 맞아 죽을 자식. 야 자식아! 너 처먹어 번지라. 코덤방이 빠져 거 먹겄냐?(부안 구비)

관형어 '이놈의'가 명사에 덧붙어 후행 명사를 비하하는 점은 한국어의 모든 방언에서 공통이다. 부름말 '야' 뒤에 오는 명사적 표현에도 이러한 '이놈의'가 결합될 수 있다. (112)가 이를 보여 준다.

(112)

가. 야 이놈으 가시내야! 어디로 가믄 못 가서 구렁덩덩 시선비한테로 시집을 가야?(정읍 구비)

나. 야 이놈으 새끼, 너 이놈으 새끼! 내가 뻔허니 아는 것인디 암것도 모르는 니가 대국 가서 이놈 자식, 인자 소리 듣고서는 금은보화를 많이 찾

어와? 너, 이 주먹으 들은 게 뭣이냐?(군산 구비)

다. "야 이놈의 자식아! 그런 소리 말아. 박문수 박어사다." 그러거든.(화순 구비)

라. 야 이놈으 강아지야! 니가 신선주를 먹었냐, 불사약을 먹었냐? 어찌 그리 오래 사냐?(정읍 구비)

부름말 뒤의 후행 명사가 '이 사람'일 경우, 후행 문장의 상대높임 위계는 예사낮춤을 취한다. '사람'은 '놈, 년, 자식, 새끼' 등에 비해 비하의 느낌이 없는 중립적인 표현이기 때문이다. 이 때문에 부름말도 예사낮춤의 위계에 속하는 '어이'나 '어야'가 오는 것이 일반적이다.[16] (113)이 이를 보여 준다. (113바)는 '이 사람' 대신 '이 도채비 친구'가 쓰였는데 앞선 부름말 '어야' 때문에 후행 문장의 위계는 예사낮춤으로 나타나게 된다. '어이 이 사람아'에서는 형태 '이'의 중복으로 인해 '이 사람'의 '이'가 생략될 수 있지만 '어야 이 사람아'에서는 '이'의 생략이 불가능하다.

(113)

가. 즈그 성님이 있다가, "어이 이 사람아!" 즈그 마느래보고, "동생 간다네. 야(=애)들 뭣 좀 싸 주소."(보성 구비)

나. 어이 이 사람아! 중신 하나 해 줄 것잉께 자네 그 사람허고 살란가? 우리가 중신을 해 주면 자네는 뭐 돈 들 것도 없고 재산 있응께 편히 살 거이시.(보성 구비)

다. 어이 이 사람아! 우리 논 밑에 기운 신 놈이 논을 지 묵네. 그런디 우리 논에 물을 팡팡허니 채워 놨드마는 저놈이 밤내 즈그 논에다가 팡팡허

---

16 높임의 부름말 '예' 뒤에는 [+특정]의 명사적 표현으로 '예, 철수 아부지! 요리 잔 오씨요.'와 같은 예가 가능할 것이다.

니 실어 불었네. 그런디 우리 논이 바짝 몰라 불었네. 그놈을 잠 좋은 말로 잠 허소.(보성 구비)

라. 어이 이 사람! 큰일 났네.(고흥 구비)

마. 어야 이 사람아! 이 안에가 시방 기와집이 굴뜨락 같은 기와집이 많이 있는디 그 기와집이 어떤 부자가 산가?(보성 구비)

바. 어야 이 도채비 친구! 어이 자네 이 세상에서 뭣이 제일 무섭든가? 나는 제일 무선 것이 말 껍딱이여. 자네는 무엇이 제일 무선가?(신안 구비)

(114)는 부름말 '야'가 후행 명사 '사람'이나 '양반'과 호응하면서 후행 문장의 예사낮춤 위계에 쓰이는 경우이다. 이것은 부름말 '야'의 사용 범위가 예사 낮춤까지 확대된 결과로 해석된다. 그리고 이러한 확대는 '야'의 사용 빈도가 '어이'에 비해 상대적으로 매우 높기 때문에 일어난 언어 변화이다. 그 결과 '야'와 '어이'는 모두 '이 사람'과 공기할 수 있게 되는데, '야 이 사람아'와 '어이 이 사람아'를 비교해 보면, 전자가 후자에 비해 더 강한 친밀도를 표현한다는 사실을 알 수 있다. 이는 물론 '야'가 본래 아주낮춤의 위계에 쓰였던 말이기 때문일 것이다.

(114)

가. "야 이 사람아! 자네 지고 가서 씨겠는가? 자네 빗자루로 눈을 씰어야 쓸 팅게 묘를 빗자리허고 연장하고만 들고 오소. 내가 지고 감세.(정읍 구비)

나. 야 이 사람아! 언지 그러겠는가? 이 귀역세를 놓소.(정읍 구비)

다. 야 이 사람아! 그런 소리 말소.(전주 구비)

라. 야 이 사람아! 기왱이믄 여그다 써야지 씨겠는가?(정읍 구비)

마. 야 이 사람들아! 그런 것인가? 아 우리 어머니가 노망혀가지고, 우리 시 살 먹은 놈을 삶아서 시방 저 허청으다 시방 데다 놨네. 그서 시방 우리

둘이 내외 시방 이 밥 허니라고 부산허네. 곧 가지고 나가게 되는디 왔
는가?(정읍 구비)

바. 야 이 사람들아! 아 이 사람이 금을 우리를 줬는디 말야 우리가 이놈어
삼분을 나눠도 우리가 잘 안 살겠는가?(정읍 구비)

사. "야 이양반아! 들어 보소. 내 이야그를 들어 보고 날 나무라시요." 그러
거든.(화순 구비)

'야와 함께 서남방언에서는 '아이'가 같은 위계의 부름말로 쓰인다. 이 '아
이'는 무엇을 재촉하거나 마음에 선뜻 내키지 아니할 때, 또는 아프거나 힘들
거나 놀라거나 원통하거나 기막힐 때 내는 감탄사 '아이'와는 다르다. 예를
들어 '아이, 깜짝이야.'의 '아이'는 혼잣말에 가깝고, '아이, 먼 소린가?'는 예사
낮춤의 씨끝과 호응하여 부름말 '아이'와는 차이를 보인다. (115)에 부름말
'아이'가 제시되어 있다. '아이'가 부름말 '야와 다른 점은 첫째, '말이다'의 결
합 여부이다. '야 뒤에는 '말이다'가 올 수 없지만 '아이' 뒤에는 올 수 있다. 이
때 '말이다'는 '마다'로 흔히 쓰인다. 둘째, '아이'는 '야와 달리 단순히 상대를
부르는 것이 아니라 상대의 주의를 끄는 기능을 한다는 점이다. 그래서 '야
에 비해 위압적인 느낌이 거의 없다. 만약 말할이가 화가 난 상태에서 상대
를 부른다면 '야는 가능하지만 '아이'는 맞지 않다. 그만큼 '아이'는 상대의 주
의를 부드럽게 끌기 위해 사용하는 부름말이다. '야의 억양이 언제나 내림
억양인 반면 '아이'는 내림억양과 올림억양이 모두 가능하다. 이러한 억양의
차이도 '아이'의 주의 끌기 기능과 무관하지 않을 것이다.

(115)
가. 아이, 철수야.
나. 아이, 너 좀 이리 오니라.
다. 아이 마다, 내일 나랑 거그 같이 가자.

'아이'와 함께 '아야'도 아주낮춤의 부름말로 쓰이는데, 이것은 표준어 '애
야'에 대응되는 말이다. '애'는 서남방언에서 '야'로 쓰이므로 조사 '야'의 결합
형은 '야야'인데, 같은 음의 반복을 피하기 위해 수의적으로 '아야'로 바뀌어
쓰인다. '아야'의 원뜻이 '애야'이지만, 어른이 아이를 부를 때뿐만 아니라, 친
한 어른들 사이에서도 쓰일 수 있으므로 표준어의 '애야'와 용법이 완전히 같
지는 않다. '아야'는 언제나 내림억양을 취하는데 이는 호격조사 '야'가 포함
되어 있기 때문이다. '아이'와 달리 '아야' 뒤에는 '말이다'가 올 수 없는데 이
는 호격조사 '야'에 '말이다'가 올 수 없기 때문이다. *철수야 마다'가 비문법
적이므로 *아야 마다'도 비문법적인 것이다. '아이'가 상대의 주의를 끄는 기
능을 주로 수행한다면 '아야'는 상대를 부르는 말이다. 그렇지만 부름말 '야'
와 달리 위압적인 말맛은 없는데 이 점에서 표준어 '애야'와 같다.

(116)

가. "아야, 저 느그 집으로 가자." 그랑께,(해남 구비)

나. "아야, 우리 누님이랑 너 잡어묵자고 그라면 어차 것이냐?" 그랑께,(해
    남 구비)

다. "아야, 어째 그렇게 어디가 아퍼서 그러냐?" 그랑께는,(해남 구비)

라. "아야, 너는 왜 또 그렇게 온 아직(=오늘 아침)에는 요동하니 보리를 그
    렇게 치냐?" 그랑께는,(해남 구비)

마. 아야, 그랬다냐? 질 가는 양반들이 이렇게 배고프다고 이렇게…, 그라
    나 "무엇으로 밥해 주끄나?" 그랑께,(해남 구비)

4장

조사

4.1 부치사의 유형론[1]

한국어에서 조사라 부르는 낱말은 언어유형론의 시각에서 보면 부치사 (adposition)의 하나이다. 부치사는 전치사와 후치사를 아우르는 술어로서 명사를 문법이나 의미적으로 지배하는 낱말을 말한다. 생성문법의 관점에서는 명사를 지배하는 핵어의 구실을 하는 말이라 할 수 있다. 부치사로서 전치사와 후치사 가운데 어느 것을 택하는지는 그 언어의 핵어와 보충어 사이의 어순에 따라 정해진다. 그래서 영어와 중국어처럼 VO 언어라면 전치사, 한국어나 일본어처럼 OV 언어는 후치사를 선택하게 된다.

부치사가 수행하는 기능은 격 표시 기능, 의미적 기능, 화용적 기능, 명사 접속 등을 들 수 있다. 부치사는 어순이나 곡용 어미와 함께 격을 표시하는 주요한 수단이다. 언어에 따라 주변격을 표시하는 데 머무는 경우가 있는가 하면, 한국어처럼 아예 모든 격이 부치사에 의해 표현되는 경우도 있다. 한편 부치사는 격과 무관한 다양한 의미를 나타내기도 한다. 예를 들어 Curme (1931)은 영어의 전치사가 수행하는 기능 가운데 '양태, 환경, 결과, 정도, 제한, 원인, 조건, 양보, 목적, 행위자' 등이 있음을 지적한 바 있는데, 이러한 기능들은 모두 격과는 무관한 의미적 범주에 드는 것들이다. 영어 외의 다른 인구어의 전치사들도 대체로 영어와 유사한 의미적 기능을 갖는다.

의미적 부치사라 하더라도 언어에 따라 그 의미성의 정도에 차이가 있을 수 있다. 인구어, 예를 들어 영어의 처격을 나타내는 전치사인 'in, on, over, under' 등을 한국어로 옮기면 각각 '안에/안으로, 위에/위로, 저 위에/저 위로, 밑에/밑으로' 등이 될 텐데, 여기에서 보듯이 영어는 공간 개념과 처격 개념이 융합되어 있는 반면, 한국어는 이 두 개념이 형태적으로 분리되어 있다. 이것은 같은 처격의 부치사라 할지라도 어휘성의 정도는 언어에 따라 상당

---

1 4.1의 기술은 이기갑(2005b/2008)에 바탕을 둔 것이다.

한 차이를 보인다는 사실을 의미한다. 영어는 한국어나 일본어에 비해 훨씬 어휘성이 강한 반면, 한국어의 처격조사는 문법성이 상대적으로 강하다. 그렇다면 한국어의 처격조사야말로 진정한 의미의 주변격 표지라 할 수 있으며, 영어의 처격 전치사는 오히려 어휘성이 강한 의미적 부치사의 범주에 포함시키는 것이 온당할 것이다. 그것은 다른 전치사에서도 마찬가지이다. 예를 들어 이유를 나타내는 영어의 for는 한국어에서 '때문에'처럼 '명사+처격조사'의 결합으로 표현되어야 하는데, 영어의 for가 의미적 부치사에 포함된다면 한국어의 '에'는 순전히 처격의 표지인 문법적 부치사인 것이다.

인구어의 처격 부치사보다도 더 어휘성이 강한 것으로는 한국어나 일본어의 일부 부치사를 들 수 있다. 예를 들어 한국어의 '만, 도, 마저, 조차, 부터' 등은 다른 언어라면 모두 독립된 부사로 표현할 만한 것들이다. 언어에 따라 부사로 표현할 의미 내용이 한국어나 일본어에서는 부치사로 표현되는 것이므로, 이러한 부치사에는 어휘적 의미가 포함되어 있는 것이 보통이다. 이러한 어휘성이 강한 부치사를 '어휘적 부치사'라 부르기로 하자. 한국어의 어휘적 부치사는 의미적 부치사와 달리 언제나 부사적으로 쓰이지는 않는다. 예를 들어 한국어의 '만'은 영어의 only, '도'는 also에 각각 대응하지만, 이러한 어휘적 부치사가 결합된 명사구가 언제나 부사어로만 기능하지는 않기 때문이다. 이것은 어휘적 부치사 '만'과 '도'가 단지 [only], [also]와 같은 부사적 의미만을 명사에 첨가시킬 뿐, 그 자체가 부사적 기능을 명시하는 표지가 될 수 없음을 의미한다. 다만 주변격 표지나 의미적 부치사 뒤에 오는 어휘적 부치사는 부사어로 쓰일 수 있지만, 이때에도 어휘적 부치사는 특정의 의미만을 나타낼 뿐, 부사적 기능을 표명하는 문법적 표지로 작용하지는 않는다.

어휘적 부치사와 의미적 부치사가 보이는 차이의 하나는 그 분포에 있다. 예를 들어 한국어에서 어휘적 부치사는 명사뿐 아니라 부사나 동사에도 결합할 수 있는 반면, 격표지 '에'의 이차적 의미인 〈이유〉는 의미의 성격상 의미적 부치사에 해당되는데, 이런 의미는 결코 부사나 동사에 결합되어 표현될 수는 없는 것이다.

어휘적 부치사는 다른 문법적 요소와 굳어져서 새로운 문법적 표현으로 재구조화되는 수가 있다. 한국어의 '-어도'나 '-어야'가 이를 보여 주는데, 이와 같은 재구조화는 한국어의 어휘적 부치사가 자신의 고유한 의미 내용을 유지하면서 자유로운 위치에 출현할 수 있기 때문에 가능한 일이다. 즉 어휘적 부치사가 활용 씨끝 뒤에 결합될 수 있기 때문에 이러한 결합이 관용화 되고 굳어지면 결합형 자체가 새로운 씨끝으로 재구조화될 수 있는 것이다. 이에 반해 주변격 표지나 의미적 부치사들은 부사적인 기능만을 수행할 수 있으므로, 그 분포가 어휘적 부치사만큼 자유롭지 못하여, 활용 씨끝과의 결합에 의한 새로운 재구조화는 원천적으로 불가능하다.

어휘적 부치사는 대체로 동사나 명사 등 어휘적 요소로부터 문법화가 일어나 생긴 것이다. 한국어에서 '마저', '부터', '조차', '나마' 등이 이런 예에 속한다. 물론 '도'나 '만'처럼 기원을 알기 어려워 애초부터 어휘적 부치사로 기능했을 경우도 없지 않으나,[2] 격표지(중심격과 주변격)나 의미적 부치사에 비해 그 기원을 어휘적 요소에 두는 예가 압도적으로 많은 것이 사실이다. 여기서 흥미로운 것은 의미적 부치사와의 차이이다. 앞에서 언급한 것처럼 의미적 부치사는 격표지(주로 주변격 표지)로부터 그 의미가 확대된 경우가 대부분이었으나, 어휘적 부치사는 명사나 동사와 같은 전혀 다른 어휘 범주로부터 발달했다는 점이다. 이것은 결국 어휘적 부치사와 의미적 부치사의 기원이 본질적으로 다름을 의미한다.

그러나 이러한 차이에도 불구하고 의미적 부치사와 어휘적 부치사의 경계를 명확히 구분하는 것은 매우 어려운 일이다. 예를 들어 앞에서 언급한 바와 같이 영어의 부치사 in에는 '안'이라는 공간 개념과 '에'라는 처격 개념

---

2 '만'이 정도를 나타내는 의존명사 '만'과 기원이 같을 가능성은 있다.

이 융합되어 있으므로, in의 어휘성을 고려할 경우 이것을 의미적 부치사가 아닌 어휘적 부치사로 분류할 수도 있기 때문이다. 따라서 어휘적 부치사를 따로 설정하지 않고 의미적 부치사의 일부, 즉 '어휘성이 강한 의미적 부치사'로 규정할 경우, 의미적 부치사는 그 안에 어휘성의 정도에 따른 다양한 부치사를 포괄하게 될 것이다.

의미적 부치사 안에서만 어휘성(또는 문법성)의 정도차가 있는 것은 아니다. 격표지로 쓰이는 부치사와 의미적 부치사를 모두 고려할 경우, 격의 종류에 따라 중심격과 주변격의 정도차가 있으며, 또한 격표지와 의미적 부치사 사이에도 어휘성의 정도차가 있다. 그렇다면 부치사 전체를 어휘성의 정도에 따라 배열하면 아래와 같은 스케일을 그릴 수 있을 것이다.

(위계) 어휘성의 정도에 따른 부치사의 위계

-어휘성   +어휘성

ⓐ중심격 표지   ⓑ주변격 표지   ⓒ의미적 부치사   ⓓ일반 어휘

부치사는 본질적으로 명사를 지배하는 것이 일반적인데, 언어에 따라서는 문장이나 어절을 지배하는 경우가 있다. 이런 부치사들은 대체로 문장의 명제적 의미에 화자의 의도나 감정 또는 청자에 대한 존대 표시 등 화용적 효과를 나타내는 것이 보통이다. 이런 화용적 부치사들은 한국어나 일본어에서 많이 확인된다.

화용적 부치사는 문법적으로 어절이나 문장을 그 지배 영역으로 삼지만, 실제로는 발화 상황의 요소에 관여한다. 예를 들어 한국어의 부치사 '요'는 말할이와 들을이 사이의 관계에 근거하여 쓰일 수 있는 부치사인 것이다. 그렇다면 인구어의 부치사가 문장 내의 관계에만 국한되는 데 반해 한국어나 일본어는 문장을 넘어서 발화 상황의 관계에까지 적용되는 차이가 있음을

알 수 있다. 인구어의 부치사가 '문법적 부치사'에 머문다면, 한국어나 일본어의 부치사는 문법, 어휘, 화용의 세 영역에서 모두 기능을 수행하는 '전 층위 부치사'인 셈이다. 이처럼 화용적 부치사를 갖는 언어는 문법적 부치사를 가질 수 있지만, 그 반대로 문법적 부치사가 있다고 해서 언제나 화용적 부치사를 갖는 것은 아니므로 우리는 이 두 부치사 사이에 다음과 같은 함의 관계를 설정할 수 있다.

(함의 관계) 화용적 부치사를 갖는 언어는 문법적 부치사를 가질 가능성이 높지만, 그 역은 성립하지 않는다.

4.2 격조사

4.2.1 격의 유형론[3]

격은 Blake(1994)에 의하면 명사들이 핵어(Head)에 대해 맺는 관계를 표시하는 체계라고 정의되는데, Blake는 이러한 정의를 곡용 언어에 한정하여 적용하였으며, 이 정의에 맞는 격으로서 동사의 지배를 받는 명사, 전치사 뒤에 오는 명사, 그리고 속격 명사를 언급하였다. 그러나 세상 언어에는 곡용이 없는 언어가 많아 Blake의 정의를 일반화 하기는 어렵다. 그래서 아프리카어 언어학자인 König(2004)에서는 전형적인 곡용 외에 접사, 성조, 강세 전이, 어근 축소, 부치사 등에 의해 표현되는 관계까지 격에 포함시킬 것을 제안하였다.

이렇듯 인간 언어는 다양한 방법에 의해 격관계를 표시하는데, 주요한 격 표시 방법은 아래와 같이 크게 세 가지로 요약된다.

① 어순(word order)
② 명사구 표지(NP-marking): 격어미, 부치사(adposition)
③ 교차 지시(cross-reference)

언어에 따라서는 이 세 가지 방식을 혼합하여 사용하기도 한다. 예를 들어 영어는 어순과 격어미, 전치사의 세 종류를 사용한다. 어순은 주격과 목적격을 나타내고, 격어미는 대명사의 주격, 목적격, 여격 등을 나타내며, 전치사는 속격, 처격, 도구격, 탈격, 비교격 등을 나타낼 수 있다.

그런데 여기서 흥미로운 것은 둘 이상의 방법에 의해 격을 표현하는 언어의 경우, 격에 따른 표시 방법이 달라진다는 점이다. 예를 들어 어순과 부치

---

3 4.2.1과 4.2.2의 기술은 송경안(2008), 이기갑(2008)을 바탕으로 한 것이다.

사를 사용하는 영어에서는 어순이 나타내는 격과 부치사가 나타내는 격의 종류가 다르다. 그렇다면 과연 격 표시 방법에 따라 어떠한 격이 표현될 수 있는지를 알아볼 필요가 있겠다. 아래의 〈표 3〉은 격 표시 방법 가운데 어순, 곡용어미, 부치사의 세 가지를 중심으로 하여, 이 세 격표지가 나타낼 수 있는 격의 종류를 정리해 본 것이다. 공통 조어 시대의 인구어에서는 곡용어미에 의해 8개의 격이 표현되었고, 현대의 여러 인구어에서는 곡용어미, 어순, 부치사의 세 가지 격표지가 모두 사용되고 있으나, 어순은 주로 주격과 목적격, 여격 등의 표현에만 쓰일 뿐 나머지 격은 곡용어미나 부치사에 의해 표현되는 것이 특징이다. 반면 한국어, 일본어 등은 모든 격을 부치사에만 의존하는 언어에 속한다.

〈표 3〉 어순, 곡용어미, 부치사로 실현되는 격의 종류

	주격	목적격	여격	속격	탈격	처격	향격	도구격	공동격	목표격	통과격	비교격
어순	o	o	o	x	x	x	x	x	x	x	x	x
곡용어미	o	o	o	o	o	o	o	x	x	x	x	x
부치사	o	o	o	o	o	o	o	o	o	o	o	o

〈표 3〉에서 어순이 나타낼 수 있는 격은 주격, 목적격, 여격에 한정되는데, 이는 현대 인구어에 근거한 것이다. 곡용어미는 중심격을 포함한 7개의 격을 나타낼 수 있는 것으로 보았는데, 이것은 고대 인구어의 곡용에 근거를 두고 있다. 고대 인구어의 곡용은 8격(주격, 목적격, 속격, 여격, 탈격, 도구격, 처격, 호격)까지 구별하는 기능을 가졌지만(김윤한 1988:404-406), 여기서는 Blake의 12격을 틀로 삼기 때문에 인구어의 공통 조어가 구별했던 호격은 무시한 결과 7격만이 구별되었다. 반면 부치사는 현대 인구어, 중국어, 아랍어에서도 사용되지 않는 것은 아니지만, 한국어, 일본어 등에서 모든 격을 표현하는 격표지로 기능하고 있으므로 이것만으로도 부치사의 격 표현력을 짐작할 수 있다. 따라서 표3에서 부치사가 모든 격을 나타낼 수 있다고 기술한 것은 한

국어와 일본어 등에 주된 근거를 두고 있는 셈이다.

여기에서 알 수 있는 바와 같이, 나타낼 수 있는 격의 수는 부치사가 절대적으로 많다. 한국어나 일본어처럼 순전히 부치사(여기서는 후치사)가 격을 나타내는 언어의 경우, 부치사는 모든 격을 나타낼 수 있는 힘을 가졌다. 반면 어순은 인구어나 중국어에 나타나는데, 타동사 서술어를 기준으로 하여 주어와 목적어의 상대적 위치에 따른 주격과 목적격의 구별, 그리고 직접 목적어와 간접 목적어(여격어)의 상대적 위치에 따른 목적격과 여격의 구별 등이 있을 수 있지만, 그 밖의 격을 구별하는 데에는 어순이 아무런 역할을 하지 못한다. 한편 곡용어미의 기능은 부치사보다는 못하지만 어순에 비해서는 상대적으로 강력한 것이다. 따라서 이 세 표지의 격 표시 능력 차이를 보이면 다음과 같이 될 것이다.

위계 (a) : 부치사 〉 곡용 〉 어순

〈표 3〉은 세 표지가 나타낼 수 있는 격의 양적 차이만을 보여 주지는 않는다. 그 질에서도 상당한 차이가 있음을 우리는 쉽게 알 수 있다. 어순은 주격, 목적격, 여격만을 나타낼 수 있는 반면, 곡용은 이를 포함한 7개 격을 나타낼 수 있다. 그러나 부치사는 어떤 격이라도 나타낼 수 있으므로 부치사가 표시하지 못하는 격은 없는 셈이다. 이것은 곧 어순이 구별하는 격은 곡용이 구별하는 격에 포함되며, 다시 곡용이 구별하는 격의 종류는 부치사가 구별하는 격의 일부임을 말해 주는 것이므로 위계 (a)는 '부치사 ⊃ 곡용 ⊃ 어순'의 포함 관계를 갖는 것으로 이해되어야 한다.

〈표 3〉은 또한 격에 따라 표지가 일정하게 정해질 수 있음을 보여 준다. 공동격, 목표격, 향격, 통과격, 비교격은 어느 언어에서나 부치사로만 표현된다. 반면 속격, 탈격, 처격, 도구격은 곡용과 부치사의 어느 것으로도 표현될 수 있다. 마지막으로 주격, 목적격, 여격은 곡용, 부치사뿐 아니라 어순에 의

해서도 표현될 수 있으므로 가장 다양한 표현 방식을 갖는 격인 셈이다. 만약 어떤 언어가 어순과 부치사의 두 가지 격표지 방식을 갖는다고 하자. 그럴 경우 어순은 '주격, 목적격, 여격'의 전부 또는 일부를 나타내며 나머지 격은 부치사가 맡게 된다. 마찬가지로 어떤 언어가 곡용과 부치사의 두 가지 격표지 방식을 가질 경우, '주격, 목적격, 여격, 속격, 탈격, 처격, 도구격'의 전부 또는 일부를 곡용이 나타내고 나머지는 역시 부치사가 나타내게 된다. 만약 어순, 곡용, 부치사의 세 가지 방식을 모두 사용하는 언어가 있다면 그 언어는 마땅히 일차적으로 어순이 '주격, 목적격, 여격' 가운데 일부 또는 전부를 할당받고, 다음에 곡용이 '주격, 목적격, 여격'에서 어순이 나타내지 않는 일부 격과 함께 '속격, 탈격, 처격, 도구격' 가운데 일부 또는 전부를 표현하게 되며, 부치사는 그 나머지 격을 나타낼 수밖에 없게 된다. 그렇다면 격표지로서 선택되는 우선순위는 다음과 같이 될 것이다.

위계 (b) : 어순 〉 곡용 〉 부치사

위계 (b)는 두 가지 해석을 갖는다. 첫째는 주격, 목적격 등 중심격을 나타내는 우선순위이다. 만약 어떤 언어가 어순, 곡용, 부치사 등 세 가지 격 표현 방식을 갖는다면, 중심격은 당연히 어순이 나타내야 하며, 만약 어떤 언어가 곡용과 부치사의 두 가지 격 표현 방식을 갖는다면, 곡용이 중심격을 나타내야 한다는 것이다. 부치사가 중심격을 나타내는 경우란 어순이나 곡용이 중심격을 나타내지 않는 경우에 한하므로, 결국 모든 격을 부치사에 의해 표현하는 한국어나 일본어 등만이 이런 경우에 해당할 것이다. 위계 (b)로써 얻을 수 있는 두 번째 해석은 왼쪽의 위계로 갈수록 중심격을 나타내고 오른쪽의 위계로 갈수록 주변격을 나타낸다는 사실이다. 즉 어떤 언어가 어순, 부치사의 두 가지 방식을 갖는다면, 어순은 중심격을 포함한 일부 격을 나타내고, 부치사는 나머지 주변격을 나타낼 것이다. 마찬가지로 어떤 언어가 곡용과 부치사를 갖는다면 중심격은 당연히 곡용에 의해 표현되고 나머지 격은 부치사에 의해 표현될 것이다. 어순과 곡용의 방식을 갖는 언어에서도 마찬가지이다. 한편 어떤 언어가 어순, 곡용, 부치사의 세 방식을 모두 갖는다면, 당연히 중심격은 어순이 표현하겠지만, 나머지 주변격 가운데 곡용은 여격, 속격, 탈격, 처격, 도구격 등을 나타내게 되고, 나머지 주변격인 공동격, 목표격, 향격, 통과격, 비교격 등은 부치사가 나타내게 될 것이다. 이러한 사실은 결국 격의 종류에 따른 다음과 같은 위계가 있음을 의미하는 것이다.

위계 (c) : 주격·목적격 〉 여격 〉 속격·탈격·처격·도구격 〉 공동격·목표격·향격·통과격·비교격

위계 (c)는 위계 (b)로부터 자동적으로 결정되는 것이지만, 그 밖에도 다른 해석이 가능하다. 즉 어순에 의해 주격, 목적격을 구별하는 언어가 목적격과 여격을 어순으로 구별하지 않을 수는 있지만, 반대로 목적격과 여격을 어순으로 구분하면서 주격·목적격을 어순에 의해 구분하지 않는 언어는 없다는 사실을 예측하게 하는 것이다. 마찬가지로 어떤 언어가 여격을 부치사로 표현한다면, 탈격이나 처격은 당연히 부치사에 의해 표현될 수밖에 없다는 점도 예측할 수 있다.

4.2.2 격의 위계

언어에 따라 격의 수는 다양한데 실제 나타나는 격의 종류에는 일정한 위계가 있는 것처럼 보인다(Blake 1994). 우선 몇 개의 언어에 나타나는 격의 종류를 제시한다.

영어(3격): 주격, 목적격, 속격

독일어(4격): 주격, 목적격, 속격, 여격

러시아어(5격): 주격, 목적격, 속격, 여격, 탈격

터어키어(6격): 주격, 목적격, 속격, 여격, 탈격, 처격

산스크리트어(7격): 주격, 목적격, 속격, 여격, 탈격, 처격, 도구격

위에서 제시된 격 종류를 보면 '주격 〉 목적격 〉 속격 〉 여격 〉 탈격 〉 처격 〉 도구격'과 같은 위계를 설정할 수 있을 것이다. 이러한 위계는 어느 언어에서 특정 격이 존재한다면 그보다 위계가 앞선 격들은 자동적으로 존재함을 예측해 준다. 또한 역사적인 변화도 쉽게 이해할 수 있다. 예를 들어 러시아어의 격 체계에서 가장 위계가 낮은 탈격은 역사적으로 탈격·처격·도구격이 융합된 것이다. 왜 하필 이 세 종류의 격이 '탈격'이라는 하나의 격으로 통합되었는지는 격 위계에 의해 자연스럽게 설명될 수 있을 것이다. 마찬가지로 고대 영어나 고대 독일어는 5격 체계를 갖는데, 이 5격은 러시아어와 달리 '주격, 목적격, 속격, 여격, 도구격'으로 이루어진다. 그런데 고대 영어나 고대 독일어의 도구격은 탈격과 처격으로도 쓰였다고 하니, 사실은 세 가지 격을 겸용한 셈이다. 이 경우는 위계가 가장 낮은 도구격·탈격·처격이 도구격으로 통합된 것이다. 격 체계의 역사적인 변화가 주로 낮은 위계에서 일어났음을 알 수 있다.

4.2.3 격조사의 종류

4.2.3.1 주격조사

주격조사로 '이/가'가 쓰이는 점은 표준어와 같다. '께서'와 같은 높임의 주격조사는 방언에서 일반적으로 쓰이지 않는데, 서남방언도 이 점은 마찬가지다. 그래서 일상의 담화에서는 '울 아부지도 젊었을 때게는 심이 장사였닥

허드라고.'(=우리 아버지도 젊었을 때는 힘이 장사였다고 하더라고.)처럼 부모라 할지라도 '께서'를 붙이지 않고 말하는 것이 보통이다. (1)은 구비문학 자료에서 확인된 것인데, (1가)는 주체높임의 안맺음씨끝이 결합되었음에도 '께서'가 쓰이지 않았다. (1나)는 비록 임금님이라 할지라도 '께서'가 결합되지 않은 경우이다.

(1)

가. 그렇께 인자 <u>흐건(=하얀) 영감이 나타나싱께</u> 인자 그 영감님이 허시는 말씀이,(신안 구비)

나. 인제 나라에서 <u>임금님이 인자 상처를 허고</u> 인자 황후를 구헐라고 인자 사방을 수소문을 헌다 긍께,(신안 구비)

그러나 이야기의 극적인 효과나 격식적인 발화에서는 '께서'가 쓰이기도 한다. (2나)-(2다)에서 보이는 '께서'와 발화자의 유식한 한문투의 낱말 사용은 발화의 격식성에 똑같이 이바지하고 있는 것이다.

(2)

가. "어째서 문을 못 열어야?" 그렇께, 군수 영감께서 여그 와 섰으니까, 문을 못 열었다.(함평 구비)

나. 들오라고 말이여, 참 장군께서 여까지 누지왕래(陋地往來)해 다행이라고 말이여, 감사허다고 들오시라고 헌디,(함평 구비)

다. 즈그 시아버지께서 임종시(臨終時)가 되았소.(함평 구비)

옛말에서 끝소리 /ㅎ/을 가졌던 낱말의 일부에서 주격조사로서 '가' 대신 '이'가 쓰이는 경우가 보인다. 수사 '하나'와 '나라'가 대표적인 예인데, 이들은 중세어에서 각각 'ᄒᆞ낳', '나랗'으로 쓰였던 말이다. 따라서 (3)처럼 '하나

이', '나라이'로 쓰이는 것은 옛말 'ᄒ나히', '나라히'의 화석인 셈이다.

(3)

가. 하나이 아푸면 그냥 식구대로 다 그러고 그러면 긍개 소금물으 간간ᄒ
　　이 해앗고(=해가지고) 만날 씻고,(광양)

나. 암것도 없이 사는 할매 하나이 펭상 그런 것만 캐로 댕기요.(광양)

다. 그때이는 중국, 우리나라이 부속이 중국으로 되어갖고 있어서 말이자
　　믄 십이제국 됐을 때 되겄고만.(승주 구비)

'부부, 모자, 부자, 형제, 남매'처럼 가족관계를 나타내는 명사의 경우, 주격
조사로 보이는 '이'가 다수 확인된다.

(4)

가. 둘이 부부이 잏게 살림을 허고 사는디,

나. 한 부부이 살다가 아들 하나를 났어.(장성 구비)

다. 그런디 지금 모자이 살어.(화순 구비)

라. 장개도 안 간 사램이 즉 으마이(=저희 어머니)도 홀로 돼갖고 두 모자
　　이 살어.(보성 구비)

마. 그래가 인자 두 모자이 맞닥쳤네.(보성 구비)

바. 해남 사는 박씨가 한 사람 사는디, 아무것도 없이 편모하고 두 모자이
　　살어.(고흥 구비)

사. 그때에 어떤 총각하고 모자이, 적 어머니(=저희 어머니) 한 분 모시고
　　모자이 사는디,(고흥 구비)

아. 또 품팔이 헐 데가 없이믄 나무나 해다 팔고 그래서 모자이 호구를 허
　　고 사는디,(고흥 구비)

자. 부자이 그리 밑으로 후실에 난 아들하고는 공모를 한다 말이지.(고흥

구비)

차. 그 행란이란 기생하고 즈그 형제이 둘이 앉었다가,(해남 구비)

카. 한 사람이 형제이 니 것이 만하냐(=많냐), 내 것이 만하냐 하고 서로 다툼을 했단 말이여.(해남 구비)

타. 한 사람이 형제이 사는디, 즈그 성이 쪼간 더 차지하고 인자 동생이 덜 차지했는디,(해남 구비)

파. 조실부모하고 형제이 얻어다가 묵고 사는디,(해남 구비)

하. "그래 이놈을 가지고 형제이 우애 있으면 둘이 다 잘되고, 둘이 욕심 비례서(=부려서) 서로 머시기하면 둘이 다 망한다." 그랬어.(해남 구비)

ㅏ. 옛날에 남매이 명산 제암산을 올라가서 구경을 할라고 갔드랍니다.(보성 구비)

ㅑ. 그래서 그 남매이 제암바우를 올라가서 바우 욱에를(=위를) 보면은 옴목하니 그 우물이 파져갖고 있는디,(보성 구비)

ㅓ. 그런데 그 남매이 그 욱에를 올라가가지고 불행히도 그 누나가 바우에서 낭떠러지에 떨어져지고 죽어 불었답니다.(보성 구비)

그런데 이들은 끝소리로서 /ㅎ/을 갖지 않았으므로, 역사적 화석형으로 볼 수는 없다. 또한 이들 명사들은 모두 가족관계(또는 인간관계)를 나타내는 낱말이란 특징을 갖는다. 사실 가족관계를 뜻하는 명사들은 (5)처럼 처격조사 '에'를 취하는 것이 일반적이다. (5)의 '부자, 모자, 부부' 등은 한자어 '간'(間)이 결합된 '부자간, 모자간, 부부간'의 뜻이므로 여기에 처격조사 '에'가 붙는 것은 매우 자연스럽다. 이때 주어는 이들 가족관계 명사 앞에 나오는 체언이다. (5가)-(5라)의 경우 '홀애비가 부자에', '너이 사 부자에', '두 분이 모자에', '한 사람은 부자에'에서 선행 체언이 주어의 역할을 하고 '부자에'나 '모자에'는 부사어의 역할에 그친다. 그런데 이런 구성에서 주어가 생략될 경우 부사어가 마치 주어처럼 해석될 수 있는데, (5마)-(5자)가 그런 경우이다. 그렇다면 (4)에서 주격조사 '이'로 잘못 해석하였던 것은 사실 처격조사 '에'의 변이형이었음을 알 수 있다.

(5)

가. 부잔디 홀애비가 부자에 상게 옹삭할 것 아니라고?(신안 구비)

나. 삼 형제를 데리고 자기하고 너이 사 부자에 그 나무를 뚜드려 넘겨서 잦히네.(화순 구비)

다. 들어가서 보니 늙디 늙은 어머니하고 그 선부(=선비)하고 두 분이 모자에 살고 있는디,(보성 구비)

라. 그전 한 사람은 요 단 부자에 사는디 인자 아내는 죽어 불고, 아들 부자에 거시기 참 홀애비 생활로 살고 있다가,(신안 구비)

마. '내가 아들을 새장개 보내기는 그렇고 저 홀엄씨를 우리 아들하고 맺게 해 불면 당신이 펜히 살겄는디.' 하는 꾀를 묵고는 부자에 약속을 했어.(신안 구비)

바. 그래서 부자에 같이 돈을 잘 벌면 쓰지 않겄소?(신안 구비)

사. 이 구루마(=〈るま. '수레'의 일본어.)를 데리고 와갖고 거그다 실어갖고는 참 부부에 가서 생전을 잘 살아 먹었더라네.(장성 구비)

아. 사랑방에서 이를테면 인자 부부에 이렇게 내외간에, 즈그 아버지한테 가서 그 얘기를 헝게로,(장성 구비)

자. 지그 부부에 애기도 안 낳고 첫 애기도 안 낳고 잠을 자.(장성 구비)

한편 주격조사 '이'와 '가'가 합해진 것으로 보이는 '이가'도 있다.[4] 이런 경

---

4 명사 '넋'은 서남방언에서 '넋이'로 재구조화 되므로 '넋이가'는 '넋이-가'로 분석되어야 한다. 군산 지역어의 '묘이'도 '묘'의 재구조화된 형이므로 '묘이가'는 '묘이-가'로 분석되어야 한다. (예a) 분명히 물에 빠져 죽은 사람이 넋이가 오는가 뭣이 오는가 살어 와.(군산 구비)/내 산 넋이가 아입니다.(함평 구비)/뫼타리 넋이가 되고,(신안 구비)/고혼이 되지

우는 주격조사로서 '이'가 쓰인 자리에 '가'가 덧붙은 것이다. 아마도 '이/가'의 불규칙한 변동을 '이가/가'의 규칙적인 변동으로 바꾸려는 심리가 작용된 탓일 것이다.

(6)

가. 시골에 어떤 <u>양반이가</u> 아들들 여러 형제를 두어 노니,(부안 구비)

나. 당신이 말이지 <u>뭐이가</u> 적어서 그러냐고,(군산 구비)

다. 디리꼬(=데리고) 거 가서 그놈을 갈쳐서 그놈을 <u>뭣이가</u> 되았어요, 되기는.(정읍 구비)

라. 저 <u>뭣이가</u> 자꾸 올라간다.(전주 구비)

마. 그 원님이 내려온디 인자 수풀 속에가 딱 숨었어. 숨었응개로 그 <u>수풀이가</u> 어찌 예쁘던지 훤해 인자, 거가.(전주 구비)

바. 밥을 먹어 봉개, 자그가 한 놈보다 더 <u>맛이가</u> 있어.(부안 구비)

사. 그 약간 <u>마을이가</u> 성가시제이.(화순 구비)

주격조사가 보조동사 구문에서 본동사에 결합되는 수가 있다. '-게 되-'나 '-게 생기-'가 이런 구문인데 이때 본동사의 씨끝 '-게' 뒤에 주격조사 '가'가 덧붙어 '-게가 되-'나 '-게가 생기-'로 쓰이는 것이다.[5] 이렇게 본동사 뒤에 붙는 주격조사는 본동사를 마치 주어처럼 기능하게 하고 보조동사를 서술어로 해석하게 만드는 효과를 갖는다. 중부방언에서도 부정의 보조동사 구문에

마는 삼혼구백 열두 넋이가 된다 그 말이여.(고흥 구비)/인제 이 큰 굿 다음에, 무슨 넋이가 되았는지,(고흥 구비)/이 넋이는 불쌍하신 넋이로고나, 불쌍하신 저 넋이는 언제 죽어 넋이가 되고,(해남 민요)/(예b) 그리 쓴 묘이가 더 여물어요. 그렇게 쓴 묘이가 있어요./아 그러닝게 그, 응 묘이서 끄내가지고 업고서 거서 얼마 가서 술집이 가서, 아 그 술집 부탁히서 미음을 끓이라고서, 참 미음을 먹있응게 회생이 됐단 말여.(군산 구비)

5 이기갑(2003:29)에서는 경남 지역어에서 같은 현상이 일어난 예를 제시한 바 있다.

서 '-지 않-'을 '-지가 않-'으로 말하는 경우가 있는데 이 역시 같은 현상으로 이해된다. 해석에 따라서는 이때의 '가'를 주격조사가 아닌 강조의 기능을 하는 보조사로 볼 수도 있을 것이다.

(7)

가. 차차로 차차로 배가 불러 옹께로 인자 <u>죽게가</u> 되어서,(보성 구비)

나. 천 냥 모은 돈을 돈 전부를 집어 넣야 백해무책으로 <u>죽게가</u> 되어.(부안 구비)

다. 날은 저물고 긍게 거서 <u>자게가</u> 되었어요.(군산 구비)

라. 아 이놈이 즈매(=저희 어머니)가 아퍼서 <u>죽게가</u> 되았어.(군산 구비)

마. 하나는 <u>살게가</u> 되고,(정읍 구비)

바. 천 냥 포흠을 져서 <u>죽게가</u> 됐어.(정읍 구비)

사. 인제 일모가 저물어갖고 <u>자게가</u> 됐단 말여.(정읍 구비)

아. 느그 아부지가 이래서 딸만 난 죄로 이렇게 화로병이 나갖고 <u>죽게가</u> 생겼으니,(함평 구비)

자. 아들놈이 <u>잽히게가</u> 생긴개로,(부안 구비)

4.2.3.2 목적격조사

목적격조사는 서남방언에서 '을/를' 또는 '얼/럴'로 쓰인다. 모음 다음에서 '를'과 함께 'ㄹ'이 쓰이는 것도 표준어와 같다. 다만 'ㄹ'의 사용 빈도는 중부방언에 비해 훨씬 낮다.

(8)

가. 애기가 통 밥얼 안 묵웅께 애가 터져(=애가 타서) 못 산당께.

나. 갤차 드리지요. 이 자리를 누굴 줄꼬 했더니, 하, 임자는 바로 할마니

요.(고흥 구비)

다. 무신 자릴 봐 났단 말씀이요?(고흥 구비)

라. 이 무등산 신호(神虎)가 누굴 좋아한고니,(화순 구비)

마. 즈그 남편보고 그런 얘길 했어.(화순 구비)

표준어에서 동사가 자동사일지라도 동족목적어이거나 거리/시간을 뜻하는 명사 뒤에는 목적격조사가 결합될 수 있는데 이 점은 서남방언에서도 마찬가지다.

(9)

가. 한 놈이 꿈을 꾸는디, 자기 자신이 허수아비가 돼 불어.(고흥 구비)

나. 호랭이가 방애를 찍은(=찧은) 그 방애실(=방앗간) 앞에서 춤을 훨훨 치고 있드라우.(해남 구비)

다. 자고 들어가서 걸음을 걸어 보라고 앞에다 시어 놓고 걸어 보랑께 아무 소리도 안 나드라요.(해남 구비)

라. 어떻게 뚜둘어 맞고 걸음을 못 걸어 댕겼구만이라.(신안 구비)

마. 그전에는 차가 없응께 질을 걸어간디,(해남 구비)

바. 생전 질도 안 걷던 놈이 하루 참 몇 십 리를 길을 걷고 봉게,(장성 구비)

사. 삼십 리를 가야 사람 사는 디를 가요.(신안 구비)

'-을 것'에 목적격조사가 결합한 '-을걸'은 마침씨끝으로 재구조화 되는 수가 있다. 『표준국어대사전』에서는 마침씨끝 '-을걸'이 구어체와 혼잣말에 쓰인다는 두 가지 사실을 지적하면서, '추측'과 '아쉬움'을 나타내는 경우가 있다고 하였다. 각 경우에 제시된 예는 (10)과 같다. 추측은 현재·과거·미래 시제 모두에 걸쳐 가능하므로 (10가)의 '떠났을걸' 대신 '그 사람은 곧 떠날걸'로 바꾸면 미래의 추정을 나타낸다. 반면 아쉬움은 과거의 사태에 대한 현재의 말할이의 심리를 나타내므로 (10나)의 '맡을걸'을 '맡았을걸'로 바꾸면 비문이 된다. 과거의 사태임을 시제로 표시하려면 '그 일을 맡을걸 그랬네.'처럼 대용어의 후행절로 표현해야 할 것이다. 그러므로 이때의 '-을걸'은 마침씨끝이 아닌 이음씨끝으로 보아야 한다.

(10)
가. 그 사람은 벌써 떠났을걸.(추측)
나. 하라고 할 때 그 일을 맡을걸.(아쉬움)

서남방언에서도 '-을걸'이 마침씨끝으로 기능하며, 의미와 시제상의 제약 또한 표준어와 완전히 같다. 다만 의미에 따라 사용되는 형태가 표준어와 약간 다른 면이 있다. 우선 (10가)처럼 추측을 나타낼 때는 '-을걸', '-을거', '-으꺼' 등이 쓰인다. '-으꺼'는 물론 '-을거'에서 /ㄹ/이 탈락한 형태이다. 반면 아쉬움을 나타내는 (10나)의 경우 '-을것을' 또는 '-을걸'로 나타난다. '-을것을', '-을걸', '-을거', '-으꺼'의 네 가지 형태를 공시적으로 관련시키려면 '-을것을 →-을걸 →-을거 →-으꺼'과 같은 연속적인 변동을 생각할 수 있다. 그러나 '아쉬움'이 '-을것을'과 '-을걸', '추측'이 '-을걸', -을거', '-으꺼'로 쓰이는 양상을 고려하면 '아쉬움'의 기저형은 '-을것을', '추측'의 기저형은 '-을걸'로 설정하는 것이 합리적이다. 이 기저형으로부터 /ㅅ/과 /ㄹ/의 탈락에 의해 각각의 변동형이 생겨나게 된다. 따라서 추측의 예인 (10가)를 "그 사람은 벌써 떠났을것을.'처럼 바꾸어 말하면 비문이 된다. 추측의 경우 기저형이나 도출형 어디에도 '-을것을'이 없기 때문이다. 마찬가지로 아쉬움의 (10나)를 "하라고 할 때 그 일을 맡을거/맡으꺼.'로 바꿔 말해도 비문이다. 아쉬움의 기저형인 '-을것을'은 /ㅅ/ 탈락만을 겪을 뿐 /ㄹ/ 탈락은 겪지 않기 때문이다.

표준어의 경우 '추측'의 의미에서는 높임의 조사 '요'의 결합이 가능하지만, '아쉬움'의 경우는 불가능하다. '아쉬움'의 표현이 대체로 상대를 의식하지

않은 혼잣말로 쓰이는 수가 많기 때문이다. 서남방언에서도 '아쉬움'의 경우
에는 높임의 조사가 결합되지 않는다. 다만 '추측'의 경우 '요'는 가능하나 '이
라우'의 결합은 허용되지 않는다.

한편 '-을걸'이 이음씨끝처럼 쓰이는 경우도 있다. 이때는 언제나 아쉬움
의 뜻만을 갖는데, (11)이 이를 보여 준다. (11)과 같은 경우를 사전에서는 이
음씨끝으로 보지 않지만 그럴 이유가 전혀 없다. '-을걸'은 마침씨끝과 이음
씨끝 어느 것으로도 쓰일 수 있으며, 사실 마침씨끝보다 이음씨끝의 용법이
더 우선적이라 할 수 있다. 마침씨끝은 이음씨끝으로부터 전환된 것이기 때
문이다.

　　(11) 하라고 할 때 그 일을 맡을걸 괜히 거절했네.

서남방언에서도 표준어와 같이 이음씨끝으로 기능하되, 형태만 '-을것을'과
'-을걸'의 두 가지가 쓰인다. 마침씨끝과 마찬가지로 '-을거'나 '-으꺼'는 쓰이
지 않는다. 이러한 두 형태의 사용은 마침씨끝에서도 확인되었던 것이다. 또
한 이음씨끝의 '-을걸'이 과거시제를 허용하지 않는 점도 마침씨끝의 경우와
같다. 이러한 형태적 변동과 시제 제약의 일치는 이음씨끝과 마침씨끝이 서
로 관련되어 있음을 보여 준다. 결국 '아쉬움'을 나타내던 이음씨끝은 후행
절 없이 쓰이는 빈도가 잦아지면서 마침씨끝으로 전환되었으며, 마침씨끝
으로의 전환과 함께 '아쉬움' 외에 '추측'의 의미가 추가된 것으로 보인다.

(12)
가. 내가 헐것을 무담씨(=괜히) 지보다(=저보고) 허락 했네.
나. 진즉 팔아 불걸 쪼깨 지달린단 것이 손해가 막심허네.

서남방언에서는 의존명사 '것'을 '놈'으로 대체하는 변화가 있었다. 이러한

대체는 '-을것을'과 같은 이음씨끝에도 일어나 말할이에 따라서는 (13)처럼 '-을것을' 대신 '-을놈을'로 표현하기도 한다. (13나)에서 보듯이 '-을놈을'은 마침씨끝으로 쓰이지 않는다. 이음씨끝에서 마침씨끝으로의 전환이 아직 일어나지 않은 탓이다.

(13)

가. 거그서 내레야 헐놈을 앞 정그장에서 내레 불었네.

나. ˚거그서 내릴놈을(=거기서 내릴걸).

4.2.3.3 관형격조사[6]

서남방언에서 관형격조사는 '으'가 일반적이다. 이는 역사적으로 '이/의' 가 '의'로 단일화된 뒤 현대 표준어에서 하향 이중모음 /ij/로 쓰이나, 서남방언에서는 하향 이중모음이 일반적이지 않으므로 반모음 /j/가 탈락하여 /i/가 된 것이다.

(14)

가. 아, 엊저녁에 한 말과 비슷하이 <u>이놈으 일이</u> 된다 이 말이여.(고흥 구비)

---

6 관형격조사는 선행 체언으로 하여금 후행 체언을 수식하게 하는 구실을 한다. 이러한 수식 관계 가운데 전형적인 것이 소유 관계인데, 서남방언에서는 관형격조사 없이 동격 구성을 통하여 소유 관계를 표현하는 방식을 따르기도 하여 흥미롭다. 소유 관계를 나타낼 때는 '아들 칼'처럼 관형격조사가 생략된 형식을 사용하는 것이 일반적이나, 예에서 보는 것처럼 '아들 것 칼'과 같은 동격 구성을 이용하기도 하기 때문이다. 이때 동격 구성에는 대용 기능이 있는 '것'이 반드시 포함되어야 하므로 일종의 역행대용과 비슷한 의미 해석 절차가 필요하다. 또한 '아들 것'과 '칼' 사이에는 결코 관형격조사가 개입할 수 없다. (예) 긍게 늙은이가 미안혀서 쫓아 나와서 <u>아들 것 칼을</u> 뺏음서,(정읍 구비)

나. 요 꼴짝(=골짜기)으가 <u>무신 놈으 대학을</u> 졸업헌 사람이 있을 거요?(승주 구비)

다. 나무 장사 <u>해 먹는 놈으 새끼가</u> 어디 갔다 오도만 대학교 모자를 씨고 양복을 입고 쏙 들오더라.(승주 구비)

라. 나는 만날 먹었다고 혀서 <u>느 놈으 새끼한티</u> 걸릴라디야 허고 느즈막(=느지막이) 어디 앉아서 먹다가,(승주 구비)

마. 저녁에 심궈갖고 아침에 <u>먹는 놈으 외씨가</u> 어디가 있을까마는,(승주 구비)

바. <u>쌍놈으 성이라</u> 당초 내놓도 못허겄습니다.(승주 구비)

사. <u>이역(=자기) 속으 난 자식같이</u> 상각(=생각)을 해 주시더니,(고흥 구비)

아. 내가 용궁에 <u>용왕으 아들이요.</u>(고흥 구비)

자. 장부는 그래도 나라에 가서 벼슬해가지고 <u>나라으 임금을</u> 섬기고, <u>나라 으 동량이</u> 돼서, 후세에 이름을 떨쳐야 할 것이고,(고흥 구비)

차. <u>초씨으 따님이</u> 한나 있었는디,(고흥 구비)

카. 암 디 암 디 뉘 사대부 <u>집안으 큰 장자라고</u> 합디다.(부안 구비)

타. 그렇게 그냥 헤헤 <u>자식으 소리라</u> 좋아서 웃다가,(부안 구비)

관형격조사 '으'는 복합어에서도 그 흔적이 확인된다. 예를 들어 '달구똥'(=닭똥), '달구새끼'(='닭'을 낮춰 부르는 말) 등에 보이는 '달구'는 어원적으로 '닭-우'로 분석되는데 이때 분석되어 나오는 '우'는 기원적인 관형격조사 '으'가 변한 것이다. '넘우'(=남(他人)), '오라부덕'(=손위 올케), '처남우덕'(=처남댁)의 '우'나 '동상아덕'(=손아래 올케)의 '아' 등도 기원적으로 관형격조사였던 것이 앞선 순자음 또는 모음에 동화되어 바뀐 것이다.

완형 문장 뒤에 보문명사가 올 때 그 사이에 관형형 씨끝이 오는 것이 표준어의 용법이다. 예를 들어 '그 말은 나보고 죽으라는 소리야'에서 '죽으라'와 같은 보문 뒤에 보문명사 '소리'가 오면 반드시 보문소 '-는'이 와야 하며, 그렇지 않으면 "그 말은 나보고 죽으라 소리야"처럼 비문이 된다. 그런데 서남 방언에서는 이 경우 관형형 씨끝 '-ㄴ'이 결합될 수도 있지만, 관형격조사 'ㅅ' 이 쓰여 '그 말은 나보고 죽으랏 소리야'도 가능하다. 이 'ㅅ'은 중세어에서 유 정물 존칭과 무정물 뒤에 쓰여 유정물 평칭에 오는 '의'와 대립을 보였던 관 형격조사인데, 서남방언에서도 무정물인 완형 보문 뒤에 와 중세어의 출현 제약을 따르고 있다.

(15)

가. 나는 글을 이렇게 지었닷 소리를 차마 그 애 앞에서 할 수가 없어.(고흥 구비)[7]

나. 신랑을 죽이랏 소리거든.(승주 구비)

다. 마누래더러 한닷 소리가, "요새 어트게 지내는가?"(부안 구비)

서남방언에서 보문소로서 관형격조사 'ㅅ'이 쓰일 수 있는 경우는 (15)에서 보듯이 보문명사 '말', '말씀', '이얘기', '소리'처럼 의사전달 관련 명사가 올 때 로 제한된다(이기갑 2003:51). '말', '말씀', '이얘기'는 완형 보문 다음에서 첫 자음 이 /ㅁ/이나 /ㄴ/으로 소리 나므로 이 /ㄴ/은 관형형 씨끝이거나 관형격조사 'ㅅ'의 동화음일 수 있다. 따라서 (16)의 '잡었단'의 'ㄴ'은 관형격 씨끝과 관형 격조사 두 가지의 해석이 모두 가능하다. 그러나 (15가)처럼 보문명사가 '소 리'일 때는 씨끝 '-ㄴ'과 'ㅅ'의 발음 차이가 분명하게 드러나므로 이를 통하여 현대 서남방언에서 관형격조사 'ㅅ'의 존재를 확인할 수 있다.

(16) 잡었단 이얘기를 서로 안 한디,(고흥 구비)

---

7 『한국구비문학대계』의 자료에서는 'ㅅ' 없이 제시되었지만 글쓴이의 직관에 따라 여기 서는 'ㅅ'을 결합시켜 제시한다.

다음은 『한국구비문학대계』에서 쓰인 예인데 『한국구비문학대계』에서는 보문소 없이 전사되었지만 실제는 관형격 씨끝 '-ㄴ'이나 관형격조사 'ㅅ'이 결합되어 '-단'으로 소리 났을 것으로 추정된다. 이 추정에 근거하여 여기에서는 두 가지 보문소를 제시한다.

(17)

가. 그놈이 멧 살을 먹었냐 허먼 열두 살을 먹었단(먹었닷) 말이여.(함평 구비)

나. 그 옥새 갖다 감춘 그 사람이 그 처소를 저녁에 가마이 찾아갔단(찾아 갔닷) 말씀입니다.(함평 구비)

다. 참 반가울 도리가 없단(없닷) 말이요.(함평 구비)

라. 이길라고 막 인자 심을 뻬어가지고(=힘을 빼가지고) 이겼단(이겨닷) 얘기여.(화순 구비)

마. 온다 간단(간닷) 말 없이 일어나서 걍 두루매기 들고 나와서 입고 걍 집 이를 와.(정읍 구비)

4.2.3.4 처격조사

① 에

서남방언의 처격조사 '에'는 몇몇 명사 뒤에서 '이'로의 수의적인 변동을 보이는데, 특히 '집'의 경우 노년층에서는 '이'로의 변동이 거의 필수적이다.

(18)

가. 동네 앞이 들어옴서,(승주 구비)

나. 인자 거리 거리 노상이다 집을 지어 놓고는,(승주 구비)

다. 괴 안이 들어강게 괴 문을 탁 닫어 버리고는 놔두는디,(승주 구비)

라. 앞집이 사는 사람은 지 아버지도 읎고, 그냥 노총각으로 늙게 생기고,
(부안 구비)

마. 뒷집이 가서 큰애기 하나가 좋은 놈이 하나 있어.(부안 구비)

바. 부엌이도(=부엌에도),(무주 구비)

사. 산이(=산에) 가서,(무주 구비)

아. 밑이가(=밑에),(무주 구비)

전북 지역 구술발화 자료에서는 처격조사 '으'가 확인되는데, 주로 자음 뒤에 출현하여, '에'와 수의적으로 변동한다. 다만 '집'과 같은 명사의 경우 '이'로의 변동이 필수적이다.

(19)

가. 속으 있는 얘기나 한번 해 보시우.(부안 구비)

나. 오늘 함평(지명) 장으 가고 읎소.(부안 구비)

다. 저녁으 대사하고 여자하고 정을 통했어.(부안 구비)

라. 낮으 왔던 대사 왔소.(부안 구비)

마. 여름으 대사가 보리 동냥을 왔는디,(부안 구비)

바. 동생이 만약으 안 주고,(부안 구비)

사. 인자 부부간으 의논을 했어.(부안 구비)

'에'의 변이형태로 '여'가 전북의 여러 지역에서 확인되는데,[8] 오직 모음 뒤

---

8 전남 승주의 구술발화 자료에서도 '여'가 확인된다. 그러나 '여'를 사용한 제보자는 아마도 전북 출신인 것으로 보인다. 발화 자료 중에 전북 지역어에서 흔히 쓰이는 '내쏘다'와 같은 낱말이 확인되기 때문이다. (예) 걍 밑에 돌이다 탁 <u>내쏴</u> 와싹 깨뿌네./그날 저녁으 봉께 손발이 물을, 고이 자빠짐서 <u>귀여</u> 물이 들어가드만./그 자석, 그 <u>푸대여다</u> 담아다

416

에서만 나타나는 제약을 갖는다. 이 '여'는 역사적으로 'əj 〉 jəj 〉 jə'처럼 모음 뒤에서 반모음 /j/가 첨가된 뒤 끝 /j/가 탈락된 결과로 보인다.

(20)

가. 왕성이는 효잔디, '눈 <u>우여</u> 죽순 나고 얼음 <u>우여</u> 잉어 주고' 헌다는 그 애기여.(정읍 구비)

나. 욍긴(=옮긴) <u>뒤여</u> 인자 패경이가 군사를 잘 조련시기갖고,(정읍 구비)

다. 저그 삼촌 항백이가 꼭 <u>그 뒤여</u> 가서만 춤을 추어.(정읍 구비)

라. 그런 <u>뒤여</u> 인자 이놈이 가서, 나무꾼이 가서 나무를 허는디,(정읍 구비)

마. <u>한 날 한 시여</u> 아, 시상에 내 자식 둘을 쥑있으니,(정읍 구비)

바. 계우봉 그 <u>머리여</u> 가서 뭣이냐 월주명이란 것이 이 중앙 달보고 그러거든.(정읍 구비)

사. <u>애초여</u> 강으서 나왔는디 강으로 뛰어들어 버리고,(정읍 구비)

처격조사 '에'는 공간이나 시간을 나타낼 수 있는 명사 뒤에 붙는다. 이때 '위, 아래, 옆, 밑, 앞, 뒤, 곁, 안, 밖…'과 같이 일정한 기준점을 중심으로 특정의 위치를 나타내는 공간명사에는 처격조사 '에'가 필수적으로 결합된다. 그래서 '앞이 무겁다'보다는 '앞에가 무겁다'로 표현하는 것이 서남방언의 일반적 용법이다.

(21)

가. 그 <u>옆에를</u> 가 봉께 여시(=여우) 한 마리가 푹 나가드라요.(보성 구비)

나. 계서방이 먼저 <u>옆에를</u> 오락 해, 자기 <u>옆에로</u>.(함평 구비)

다. <u>밑에가</u> 둠벙(=커다란 물웅덩이)이고 욱에는(=위에는) 나무가 있는디,

한강에다 갖다 들처 뿌러라.

(보성 구비)

라. 감나무 <u>밑에를</u> 가서 말뚝을 박어라.(보성 구비)

마. 그에 용서를 받고 자고 아침에 일어나 봉께 바우 <u>밑에여</u>(=밑이야).(함
평 구비)

바. 그래서 그 남매이 제암바우를 올라가서 바우 <u>욱에를</u>(=위를) 보면은 옴
목하니 그 우물이 파져갖고 있는디,(보성 구비)

사. 하튼 내 말만 듣고 쪼금 <u>욱에로</u>(=위로) 올려 써라.(함평 구비)

아. 그란디 걸팡(=명절 때 죽은 사람이 먹도록 마당에나 집 앞에 차려 놓은
음식상) 걷어가 부루먼 아, 못 묵는다고 또 앉었네 거가, 우리 어매가
<u>곁에만큼</u> 가서.(신안)

(21)에서 '옆에, 밑에, 욱에, 곁에'는 표준어의 '옆, 밑, 위, 곁'에 대응하는 말이
므로 여기서 처격조사 '에'가 의미적으로 기여하는 바는 없다. 조사 '에'의 처
격 표시 기능은 사라지고 선행하는 위치 명사의 의미 안에 포함되기에 이른
것이다. 이처럼 처격조사 '에'의 의미가 퇴색한 것은 위치 명사와 처격조사
와의 결합 빈도가 지극히 높기 때문으로 보인다. 사용 빈도가 높으면 낱말의
의미도 약화되거나 변하거나 사라질 수 있다.

비슷한 변화가 '샘'(泉)에서도 찾아진다. '샘'은 전남에서 '새암', '샘', '새메'
등의 세 가지 어형이 쓰인다. 여기서 '새메'는 '샘'에 처격조사 '에'가 결합된
것이다. '샘'이 공간 명사이기 때문에 일상 언어생활에서 처격조사 '에'와의
결합 빈도가 매우 높기 때문에 '샘에'가 하나의 낱말로 굳어져 '새메'가 된 것
이다. 그 결과 '에'의 처격 표시 의미는 퇴색하였다.

(22)

가. 그 새메 갓에가(=가에) 새름새름 누워 있었는디.(신안 구비)

나. 아조 바우 밑에가 한 샘이 한나가 있고 그 새메가 바로 용이 먹는 샘이
라고도 이렇게 오늘날까지 내려온 말이 있고,(신안 구비)

다. 한 놈이 어떻게 놀로 와가지고는 이 새메 가에다가 새메 가에서 물 마
심스러 이 과일씨를 새메다 빠쳐(=빠뜨려) 불었든 모양입니다.(신안
구비)

라. 강씨집 미느리(=며느리)가 새메를 가다가,(신안 구비)

마. 각시가 그롱구 딱 새메를 오드라우. 새메를 온디,(해남 구비)

'새메'는 (23)에서 보듯이 '새미'로도 변동하여 쓰인다.

(23)

가. 그 밑에가 새미가 있응께,(신안 구비)

나. 그 밑에 엉덩새미가 짚은 새미가 있는디,(신안 구비)

다. 새미를 파는디,(신안 구비)

라. 영산포 새미에 앉어서 상추 싳는 저 큰애기.(승주 구비)

마. 여그서 치면 저 마초리 새미만치 되았든가,(신안 구비)

바. 월덕 방애 새미 파고 대로 방애 질을 내서,(해남 민요)

사. 또 거그를 올라가면 쩨깐한 새미 곁에가 숨어갖고 있으면,(신안 구비)

'새메'나 '새미'는 '샘'을 바탕으로 하여 재구조화된 명사이므로 '새메/새미'가
쓰이는 지역에서는 '샘'도 공존하여 쓰이게 된다. 전남의 경우, 북부는 '새암',
'남부'는 '샘'이 일반적인데, 따라서 '새미'는 주로 남부 지역, 특히 신안 지역
에서 많이 발견된다. (24)는 신안 지역어에서 '샘'이 쓰인 예이다.

(24)

가. 지금도 그 묘 밑에 가면 그 샘이 있어요.(신안 구비)

나. 그 샘이 동네에 가서 한나나 둘이 있었어요, 공동샘이.(신안 구비)

다. 목 모릉께 인자 석양 참인데 업져서(=엎드려서) 묵는 샘이 있어라우.

　　(신안 구비)

라. 이 바로 절 밑에서 샘이 흐르는 이 무네미골(지명)에 와서 물을 맞고,

　　(신안 구비)

'이웃'에 대응하는 '유제' 역시 기원형 '이웃'의 축약형 '웆'에 처격조사가 결합된 것으로서 재분석에 의한 독립된 명사로 쓰인다. 우선 '이웃'이 그대로 쓰이는 예도 확인된다.

(25) 이웃에서 소 좀 달라고 그런다 이것입니다.(보성 구비)

(26)은 '웆'에 처격조사 '에'가 결합된 것으로 해석되는 경우이다. (26가)-(26나)의 '에가'와 (26다)-(26라)의 '에서'는 모두 처격조사 또는 그 결합체이다. 그러므로 이 경우는 '웆'이 아직 명사적 속성을 가지고 있는 예라 할 수 있다.

(26)

가. 그 웆에가 김정승이 산디,(신안 구비)

나. 뽀작 웆에가 돌쇠란 놈이 하나 산단 말이여.(신안 구비)

다. 그냥반허고 나허고 웆에서 살았는디,(함평 구비)

라. 내가 웆에서 듣기에도 참 좋고,(함평 구비)

그런데 (27)은 '웆에'가 공간 명사 '유제'로 굳어진 경우이다. 그러므로 '유제'에 다시 조사 '에', '에가서', '이라도'가 붙거나, 조사 없이 독립적인 관형어로

쓰이게 된 것이다.

(27)

가. 마참(=마침) 유제에가서 부자 홀엄씨가 살아.(함평 구비)

나. 심술쟁이 할아버지가 그 유제에 살아 계셨는디,(신안 구비)

다. 집이 단칸방이라 지무실 데가 없으니까 유제라도 어디 가서 주무시고
내일 아침에 보십시다.(신안 구비)

라. 그 유제 말이 면으로 가, 그러면 면에서 알어. 면의 말이 군으로 강께
군이 알어.(해남 구비)

마. 느그 딸을 느그 유제 돌쇠한테로 여워라.(신안 구비)

'집이'도 마찬가지이다. '집'은 가족이 거주하는 건축물과 가정을 이루고
생활하는 집안(거처)이라는 두 가지 의미를 갖는다. 서남방언에서 건축물은
'집', 거처는 '집이'로 쓰이는 것이 일반적이다. 이 '집이'는 '집'에 처격조사 '에'
가 결합된 '집에'가 변이된 것으로서 '집이'라는 독자적인 명사로 굳어져 쓰
인다.

(28)[건축물]

가. 대감집은 집이 크니까,(부안 구비)

나. 모두 다 집이 비어 있어갖고 마을이 폐허가 되어 버렸어요.(부안 구비)

다. 집이 없는 사람이 와서 살면 사흘도 못 넹기고(=넘기고) 초상 치고,(부
안 구비)

라. 엽전을 집이다 갖다 놓고 감춰 놨어.(부안 구비)

(29)[거처]

가. 처가살이가 뭐냐 하믄 인자 각시집이 따라가서 사는 거여.(부안 구비)

나. 그 친구네 집이를 꼭 좀 들려야 쓰겠어.(부안 구비)

다. 무안에 가서 전중립이 집이를 찾소.(부안 구비)

라. 인제는 큰애기 즈 어머니가 그 집이를 찾어가.(부안 구비)

마. 그래가지고 주인집이를 가서,(부안 구비)

바. 동생 되는 사람이 성님네 집이를 찾어갔어.(부안 구비)

사. 뒷집이는 부자, 장자, 거부고,(부안 구비)

아. 옛날에는 이 옆집이도 그 집한테 가서 얼굴 상대해야 무슨 소식이라도 알지, 그리 않으면 몰라.(부안 구비)

처격조사 '에'와 명사가 결합될 때 관형격조사 'ㅅ'이 쓰이기도 한다. 표준어라면 '옆의 사람'처럼 관형격조사가 쓰일 만한 경우에 서남방언에서는 '옆 엣 사람'처럼 처격조사와 관형격조사 'ㅅ'이 결합한다. 이는 중세의 관형격조사 'ㅅ'의 용법이 남아 있기 때문이다. 표준어에도 '눈엣가시'처럼 한 낱말 내부에 이른바 사이시옷이 남아 있어 중세어 관형격조사 'ㅅ'의 흔적을 보여 준다. 그러나 서남방언처럼 관형격조사로 쓰이지는 않는다. (30)은 『한국구비문학대계』에서 확인된 것인데, 원래의 전사에는 관형격조사 'ㅅ'이 드러나 있지 않았지만, 글쓴이의 직관에 따르면 'ㅅ'이 결합되어야 자연스럽다. 즉 '옆에 사람', '옆에 놈'이 아닌 '옆엣 사람', '옆엣 놈'처럼 되어야 [싸람], [여펜놈] 과 같은 실제 발음을 설명할 수 있다. '밑에 집'도 마찬가지로 '밑엣 집'으로 실현된다.

(30)

가. 당체 머 옆엣 사람이 다른 말소리도 듣지도 안해, 코를 어떻게 골던지. (함평 구비)

나. 그래서 이놈이 인자 옆엣 놈이 한나 똑 딴단 말이여.(함평 구비)

다. 그 밑엣 집이 가서 박씨 아조 곤란한 이가 지시는디(=계시는데),(함평

구비)

　라. 그 웃집 장자의 아들은 도골이라고 이름을 짓고 <u>밑엣 집</u> 가난한 집 아
　　들은 개골이라고 이름을 지었는디,(함평 구비)

(31)은 같은 환경인데도 관형격조사 'ㅅ'이 결합되지 않았다. (가)의 '욱에 치'
는 '욱엣 치'의 가능성이 있으나, (나)-(라)의 경우는 'ㅅ'의 결합 가능성이 전
혀 없다. 서남방언에서 관형격조사 'ㅅ'은 완형 보문 뒤나 처격조사 '에' 다음
에 주로 나타나지만, 이마저도 'ㅅ'의 사용이 필수적이 아니므로 중세어에 비
해 관형격조사 'ㅅ'의 쓰임은 상대적으로 매우 약화되었다고 할 수 있다.

　(31)
　가. 질(=제일) <u>욱에 치</u>(=위의 것) 한나는 서운헝께 내놓소.(함평 구비)
　나. 그래 인자 이 영감은 인자 <u>욱에 장자는</u> 어서 저녁 되기만 바래제.(함평
　　구비)
　다. 이만저만 <u>이 욱에 장자가</u> 돌 노적 한나허고 나락 노적 한나허고 바꾸
　　자 한다, 어찌끄나?(함평 구비)
　라. 저그 저 <u>산 밑에 저 집은</u> 당최 가지 마소.(함평 구비)

②에다가

　조사 '에다가'는 처격조사 '에'에 첨사 '다가'가 결합된 것인데, '에다'로 줄
어 쓰이기도 한다. 이 점은 서남방언도 마찬가지다. 그런데 서남방언의 일부
에서 '에다'는 '에따'로 쓰인다.

　(32) 그래가지고 인자 고거 인자 말라갖고 잿물을 멧 번 <u>물에따</u> 당갔다가
　　또 널었다가 멧 번 해갖고,(곡성)

'에'의 변이 때문에 지역에 따라 '이다가'로 쓰이고, 특히 전북 지역어에서는 '으다가'나 모음 뒤에서 '여다가'가 함께 쓰이기도 한다.

(33)

가. 그 마패를 몸에다 품고 말만 타고 딸오던갑디다.(함평 구비)

나. 지그 어마니가(=저희 어머니가) 무릎 우에다가 송장을 뉘고,(함평 구비)

다. 평양감사헌티 소지를 정헐라고 구르마(=くるま. '수레'의 일본어.)이 다 싣고서 들어간단 말여.(승주 구비)

라. 파발을 내세워서 걍 각 팔도여다가 방을 돌랐어.(군산 구비)

마. 동오여다(=동이에다) 물 한 동오 떠다 놓고,(군산 구비)

바. 버드나무 우여다 갖다 달어맸단(=매달았단) 말여.(군산 구비)

사. 그 가지여다 이놈 갖다 잔뜩 비뜰어매고(=비끄러매고) 오너라.(군산 구비)

한편 전북 지역어에서는 '에다가'나 '에다'에 첨사 '서'가 결합되어 '에다가 서', '에다서' 등으로 쓰이기도 한다. '서'가 결합되더라도 의미에는 별 차이가 없으니 '서'는 의미적으로 특별한 기여가 없는 셈이다.[9]

(34)

가. 가만히 봉개 밥을 허는 모양여. 근디 그 뭐, 스슥(=수수), 쌀, 뭐 팥 같은 거, 뭐 이런 것이다가서 무수(=무) 쓸어 넣은 것마냥, 뭔 뿌렝이를 쓸어

---

9 전북 지역어에서는 씨끝 '-다가'에도 '서'가 붙기도 한다. (예) 이놈이 칼을 갈다가서 배깥에서 문을 딱 잠궈, 도망갈개비.(부안 구비)/내가 이 질을 가다가서 노수도 떨어지고 이렇게 생겨 하루저녁만 자고 가자.(군산 구비)/지관이 거그 가서 매복하고 있다가서는 씹어갈 놈의 영감 돌아온 놈을 좃이 빠지게 패 버렸어.(정읍 구비)/와 갖고는 인제 별주부가 실어다가서는 떡 내다 줬단 말여.(정읍 구비)

넣었어.(부안 구비)

나. 그러자 저녁밥상이 들왔는디 간단허니 <u>채소이다가서</u> 개(蓋)를 덮어서
딱 들여왔어.(군산 구비)

다. 강릉 김가는 저녁으 잠을 자는디 발바닥 <u>밑이다가서</u> 심연이를 써 놨
어.(군산 구비)

라. 그서 가끔 물만 줘, 인자 콩 <u>섬으다가서</u>.(군산 구비)

마. 그 주지가 죽을 적에 귀짝을 하나 짜가지구서는 그 절 <u>대들보에다서</u>
올려 놓는디. 이 누귀든지(=누구든지) 와도 그 귀짝을 떠들어보지 말
아라.(정읍 구비)

바. 털털허고 들오더니 <u>지게으다서</u> 뭣을 인자 갖고 들와.(정읍 구비)

'에다가서' 뒤에는 보조사 '는'이 결합될 수 있다. '에다가서는'은 '에다가는'과
의미가 같다.

(35)

가. 그 먼저 본남편 입던 그 입성이 있던가 그놈을 내서 입히고 그라고서
는 <u>소반이다가서는</u> 찬물 한 그릇을 떠가지고서는 와서는 거그다 올려
놓고서 그게 형식적으로 예식을 지낸 기라.(군산 구비)

나. 선생님, 내가 다른 것은 다 혀도 이 사랑하는 내 이 <u>말기여다가서는</u>, 내
말 오른눈에다 화살을 못 쏘겄습니다.(군산 구비)

다. <u>가랑잎에다가선</u> 모두 뭣을 그리 놨어요.(군산 구비)

라. 그래갖고는 그 당집 밖, 이 대청 말이자면, 이런 <u>복판으다가선</u> 딱흐니
놔두고 문을 딱 잠켜 버려.(정읍 구비)

마. 둥게 하곤 그 두께비는 갖다가 좋은 따순 <u>데다가선</u> 인제 묘를 써 주고,
(정읍 구비)

바. 과연 <u>백지에다가선</u> 대나무를 세 개를 그린 것여.(정읍 구비)

'에다가'는 '에'의 다양한 의미 가운데 일부만을 표현할 수 있다. 첫째, 목적어가 이동하는 방향을 나타낸다. '에'는 주어와 목적어의 이동 방향을 모두 나타낼 수 있지만 '에다가'는 오직 목적어의 방향만을 나타낸다. 그래서 '에다가'의 서술어는 (36)처럼 타동사로 제한된다.

(36)

가. 오곡밥을 혀서 사방에다 막 질이고 문악(=대문께)이고 다 뿌려라. 그렇게 백성기다(=백성에게다) 어, 통보를 혀라.(군산 구비)

나. 고놈을 봉창(=주머니)에다 딱 때리 잠궈 넣어.(군산 구비)

다. 거그 가서 다 바람 의지(=바람을 피할 수 있는 곳)에다 배를 주룩허니 매는디,(군산 구비)

라. 자기 부인에 여그 손목에다가 팔목에다가 명주실을 쩜맸어요(=묶었어요).(부안 구비)

둘째, '에다가'는 타동사의 결과물인 목적어가 자리하는 장소를 나타낸다. 이때도 서술어는 당연히 타동사로 제한된다. 장소를 나타낼 경우 목적어는 움직이는 물체가 아니라는 점에서 방향을 나타내는 경우와 구별된다. '에다가'가 방향을 나타내는지 아니면 장소를 나타내는지는 서술어에 따라 결정된다.

(37)

가. 너 내 발바닥에다가 글자 쓴 일이 있지?(군산 구비)

나. 그 우에 가서 보닝개 가랑잎에다가선 모두 뭣을 그리 났어요.(군산 구비)

다. 그 장작 갖다 고목나무에다 쌓고 말여,(군산 구비)

라. 바우 트메기(=틈)에다가 두께비란 놈보고 불 때라고 허고,(군산 구비)

마. 지하에다가 연못을 파고,(군산 구비)

바. 후원에다가 인자 메느리 지 방 지어 주고는,(정읍 구비)

사. 시묘를 사는 것은 무덤 옆으다가 산에다가 뫼을 쓰고, 시묘라고 거그
다 막을 쳐 놓고,(정읍 구비)

셋째, '에다가'는 수단, 방법(또는 도구)의 의미로 해석될 수 있어 '으로'로 대체가 가능하다. 이 경우에도 서술어는 타동사가 와야 한다.

(38)

가. 그놈을 개천물에다가, 물에다가 씨쳐서(=씻어서),(전주 구비)

나. 식량 쪼끔 팔아서 지게에다가 짊어지고 오고 허는디,(정읍 구비)

다. 당신 메누리가 상부살(喪夫煞)을 치매 꼬리에다 가지고 왔어.(군산 구비)

라. 다른 종오(=종이)를 들고 붓에다 먹을 찍어가지고,(군산 구비)

마. 뭣이나 불이다(=불에다) 태워도 안 죽어.(군산 구비)

바. 그래갖고 봉지에다가 싸서 주니깨 잉어가 딱 업고, 업어다가 내놨어.
(전주 구비)

사. 자기 어머니 앞이 가서 칼을 가지고 가서 말이지 입에다 물고서,(군산
구비)

아. 손자를 등에다 업고,(전주 구비)

자. 이놈을 비가 올라고 그렇개 소금에다가 간을 했어.(부안 구비)

넷째, '에다가'가 피동문에 쓰여 장소를 나타내는 수가 있다. 서술어가 피동사이므로 타동사가 아닌데, 이런 경우는 '에다가'의 쓰임이 확대된 것으로 보아야 한다. 다만 그 확대가 전북의 일부 지역에 국한되고 전남에까지 퍼진 것은 아니다. 전남 지역어라면 (39)는 모두 비문으로 판단되어야 한다.

(39)

가. 그놈이 딸칵 물렸어, 낚수(=낚시)에다가 걸렸어.(전주 구비)

나. 그러면 말이 빠져서 강에다가 빠져 죽으면 그만이고.(전주 구비)

다. 그래 딱 업혀서 호랑이 목에다 들리고서는 그 업혀 왔단 말이여.(전주 구비)

다섯째, '에다가'는 추가(첨가)나 열거를 나타난다. 조사 '에'는 무엇이 더 해지는 바탕을 나타내는데, '에다가'는 '에'의 이러한 의미를 강조한다. (40)에서는 '좋은 반찬'에 '반주'가 추가되어 있다. '얹히다'의 동사로 보면 '에다가'가 방향을 나타내는 경우라 할 수 있다. 이때 '좋은 반찬'은 바탕이고, '반주'는 더해지는 것이니, '바탕'과 '더해지는 것'은 서로 동등한 관계에 있지 않다.

(40) 그래서 방으로 들어가 사랑방으로 탁 앉혀 놓고는 밥 지어서 좋은 반찬에다가 반주 술 탁 얹혀서 그렇게 해서 밥하는 애보고 사랑에다 갖다 주라구,(부안 구비)

추가(첨가)의 바탕을 가리키는 '에'의 용법이 더 나아가면 열거를 나타낼 수 있다. 열거는 추가와 달리 항목 사이의 관계가 동등하다. 열거의 '에'에 '다가'가 결합하면 열거를 강조한다. 서남방언에서 '에'나 '에다가'가 열거를 나타낼 때에는 'A에 B에'나 'A에다가 B에다가'처럼 동일한 조사가 반복되는 것이 일반적이다.

(41)

가. 여전히 그 선반주에다가 그 괴기 반찬에다 그냥 날마다 삼시 세 때 먹고,(군산 구비)

나. 아주 참 옛날 창옷이라고 하면, 옛날 학자들이 입는디, 그냥 갓에다가

망건에다가 탁 그렇게 다 해서,(부안 구비)

그러나 '에다가'가 첫 번째 항목에만 쓰이고 두 번째 항목에는 다른 조사가 쓰이는 경우도 드물지 않다. (42가)-(42나)는 격조사가 쓰인 경우이며, (42 다)-(42마)에는 보조사 '까지'가 쓰였다. 격조사의 지배 영역은 첫 번째 항목에까지 걸치게 된다. 한편 '까지'는 열거되는 항목의 끝점을 제시하므로 열거의 항목이 한정되는 효과를 가져온다.

(42)

가. <u>깟신에다가 금의입성으로</u> 떠억 싸고는,(함평 구비)

나. 총각놈은 <u>곰국에다</u> 갈비찜하고 잘 먹어라.(전주 구비)

다. 그래 선생을 들여서 글을 배워 갤친 것이 사십에 과거를 봐갖고 <u>한림 학사여다</u>, 결국 육십에 <u>영상까지</u> 지내 먹었어.(승주 구비)

라. 이모망건 통냥갓 허며 참 <u>백대끼여다</u> 말이여, 싹 빼서 <u>도포까지</u> 싹 히 난 놈을 딱 줏어 입고는,(군산 구비)

마. 그 옷이 남루헝게로, 아, 그야말로 <u>능라금수여다가서</u> 이모망건 통량갓을 탁 <u>보신까지</u> 걍 <u>내복까지</u> 마 한 벌 갖다 주네.(군산 구비)

이상에서 살펴본 바와 같이 '에다가'가 쓰이는 경우는 모두 '에'로 표현할 수 있지만 그 반대는 성립하지 않는다. '에다가'는 방향, 장소, 수단을 나타낼 경우 타동사로 제한되기 때문이다. 그러므로 '에'와 '에다가'가 서로 대체 가능한 경우 '에다가'는 '에'의 강조 표현이라 할 수 있다. 첨사 '다가'가 덧붙음으로써 선행 명사를 더욱 강조하는 효과를 가져오는 것이다.

'에다가'의 서술어로서 연속동사 구문(V_1-어/고 V_2)이 오는 경우가 있다. 이때 선행 동사 V_1은 과정이나 방법, 후행 동사 V_2는 결과를 나타낸다. '에다가'가 방향과 장소를 나타낼 경우, '에다가'는 선행 동사 V_1과 통사적 관계를 맺게 되므로 V_1은 타동사이기 마련이다. 그런데 실제 발화에서는 이러한 연속 동사 구문에서 선행 동사 V_1이 탈락하여 겉으로는 '에다가'가 후행 동사 V_2와 통사적 관계를 맺는 것처럼 보이는 경우가 있다. (43)에서 괄호로 묶은 부분은 실제 발화된 것이 아니라 생략된 것으로 추정되는 표현이다.

(43)

가. 자기가 난 새끼, 그 남편한테 난 새끼를 발목을 잡아서 그냥 신발독에다가 (던져서) 죽여 버려.(부안 구비)

나. 그러지 말고 내가 좋은 밥을 다시 지라고 했응게 부엌에다가 (대고) 무어라고 야단을 쳤어.(부안 구비)

다. 쪼그만헌 상에다 간단헌 술을 (차려서) 내옴서 술을 권헌단 말여.(군산 구비)

라. 자기가 참 굶어감서 줄 이런 형편이로다가 참 용기다가 (담아서) 중게, 주고서는 주면 참 감사허지.(군산 구비)

마. 그때는 선반주를 요만헌 잔에다 (따라) 췄으면 인자 큰 대접으다 하나썩 주드래야.(군산 구비)

'에다가'에는 보조사가 당연히 결합될 수 있어 '에다가는', '에다가도', '에다가만' 등이 가능하다. 그리고 '에다가'에서 '가'가 탈락된 '에다'에도 보조사의 결합이 가능하여 '에다는', '에다도' 등의 예가 확인된다. '에다도'의 '에'가 탈락한 '다도'가 (44마)에 보인다.

(44)

가. 진짜 무덤에다가는 활을 장치, 자기 신체를 도굴해가는 사람을 반드시 화살을 맞게 장치해 놓았다고 그래요.(부안 구비)

나. 나는 바늘에다가도 용을 그리는 재주가 있다.(부안 구비)

다. 그래서 저 귀짝을 없앨라고 하는 게, 우리 마누라가 강물에다는 못 띄우게 하여.(부안 구비)

라. 내가 오직허면 이 상소를 올려서 나라에다도 올려서 소원을 못 풀고 오늘날 이 어른이 내 속을 풀어.(정읍 구비)

마. 사방 간디다 태인면(지명)다도 사 놓고 정우면(지명)다도 사 놓고, 옹동면(지명)다도 사 놨지마는 어디가서 논이 얼매가 있는지를 그것을 알쳐 내지를 못허네.(정읍 구비)

③ 에서

조사 '에서'는 처격조사 '에'에 존재를 나타내는 '시다'의 부사형 '셔'가 결합된 '에셔'에서 변한 것으로서, 어떤 사태가 발생하는 장소를 나타내는 것이 그 기본의미이다. 서남방언에서 '에'가 일부 명사 뒤에서는 '이', 그리고 일부 지역에서 '으'로 변동하였으므로 '에서'도 '이서'와 '으서'로 변동한다. 또한 전북 일부에서 '에'가 모음 뒤에서 '여'로 변동하였던 것처럼 '에서'도 모음 뒤에서 '여서'로 변동한다.

(45)

가. 외수 가상이서(=가에서) 괴기 낚는 어부가 꼭 엄자룡이 상(相)허고 같거든.(승주 구비)

나. 인자 자기 아들을 인자 보듬고는 마당이서 하이 이뻐허고,(장성 구비)

다. 아문 디 사는 주막이서 모두 슬(=설) 쉴라고 자빠졌던 총각놈들이 와서 장가보내 달라고.(장성 구비)

라. 그 나라 앞에다가 그냥 만사지 종이를 각 사방이서 들고 그냥 말을 헌다.(화순 구비)

마. 요 소리가 폭 나와 부렸어, 배깥이서.(화순 구비)

(46)

가. 여러 분이 사방으서 와 사는디 염씨가 와서 살았어.(승주 구비)

나. 관양(지명. 광양)에 세금 받아 논 것을 해창(지명)으서 싣고 서울로 가

거든요.(승주 구비)

다. 이거 양반으 집안으서 이거 첫날 저녁으 세상으 신랑 앞으서 방귀 뀌

는 사람이 있겄냐?(승주 구비)

라. 그 주막으서 쉬어가지고 오고,(승주 구비)

마. 옆으서 아무리 말겨도(=말려도) 소용이 없어.(승주 구비)

바. 용왕 앞으서 탈출해 나오는 그런 전설이 있다시피,(신안 구비)

(47)

가. 가만히 산 우여서 자그 집 내려다 봉게로,(군산 구비)

나. 간 뒤여서 인자 열어 중게 살어서 갔다 이것이여.(정읍 구비)

다. 과부 손자 메느리여서 유복자 하나를 낳는디 머스마(=사내아이)를 낳

어.(군산 구비)

라. 그래서 나라여서 알고 나라이서 결국이 …상을 다 주고,(군산 구비)

마. 본래 그 분은 국가여서 알어주는 지사여.(정읍 구비)

바. 이 원이 그냥 거기여서 맘이 확 변힜지.(군산 구비)

사. 하절이든가 마루여서 밥을 먹다가,(정읍 구비)

아. 전주여서(=전주에서).(무주 구비)

'에서'는 출발점을 나타내기도 하는데 이때 동사는 이동 동사가 일반적이
다. 따라서 어떤 행동이 일어난 장소라는 기본의미가 이동 동사와 결합할 때
'에서'는 출발의 의미를 띠게 되는 것이다. 이동이 일어난 장소란 곧 출발지
이기 때문이다. 서남방언도 이 점은 다름이 없다.

(48)은 서남방언에서 '에서'의 '에'가 탈락되는 예를 보여 준다. '에'의 탈락

은 장소나 출발점을 나타내는 어느 경우에도 가능하다. 다만 그 장소나 출발점이 한정적이어야 한다는 제약이 있다. (48가)는 단순한 '집'이 아니라 '우리 집'이므로 한정적이다. 만약 '집'이라면 '에'의 탈락은 불가능하다. (48나)의 '근방'은 언제나 어떤 지점을 기준으로 한 근처이므로 한정적인 의미를 지니기 마련이다. (48다)와 (48라)는 지명이므로 한정적이다. (48마)의 '사방'은 전칭적 표현이므로 한정적이라 할 수 없는데, 그럼에도 '에'가 생략되었다. '사방'은 모든 한정적인 지점의 전체 집합이므로 비록 전칭적인 표현이라 할지라도 한정적 표현으로 귀결될 수 있다.

(48)

가. 아주머니는 여그서 주무시우, 우리집서.(보성 구비)

나. 장성 근방서 이 경상도로 혼인을 했어요.(함평 구비)

다. 장산(지명. 신안 장산도)서 여그서 대백이(=大舶. 바다에서 쓰는 큰 배)를 해서 그물이 보이길래 건너왔다고 하니 오직한 정성입니까?(신안 구비)

라. 그 무듬산(=무등산)서 활 쏴 놓고,(화순 구비)

마. 그러고는 사방서 쑥덕쑥덕 모두 그러고 쌓지.(화순 구비)

④ 에가서/에가/가서/가, 한테가서/한테가

서남방언에서 '에가서(에가/가서/가)'는 처격조사 '에'나 '에서'의 뜻으로 쓰인다. '에'의 변이에 따라 '으가서(으가)', 전북 일대에서는 '여가서(여가)'로 쓰이기도 한다.[10]

---

10 다음 예의 '에가서'는 주격조사로의 해석이 가능한 경우이다. 여기서 '에가서'는 내포문의 서술어인 '사는'의 장소 표지와 상위문의 서술어 '집이냐'의 주어 표지의 두 가지 해석 가능성을 갖기 때문이다. (예) "대관절 초행길이라 놔서 배깥쥐인이 기시는가 안 기시는가

(49)

가. 그 방으가서 무슨 사람이 두지여가(=뒤주에) 들었으리라마는,(정읍 구비)

나. 그 밑이 물으가 빠져 죽어 버렸어.(승주 구비)

다. 구석짝으가 쪼그라앉었웅게,(승주 구비)

라. 아니, 당신 혼자 와도 웬간히 해 가겠구만 뒤여가서는 웬 사람을 이렇게 많이 델고(=데리고) 댕기요?(부안 구비)

마. 아, 어찌 이 소낙비를 다 맞고 지붕마루여가서 응 묏을 핬냐?(군산 구비)

바. 왜 이렇게 배여가 숭(=흉터)이 있냐 허닝게,(군산 구비)

사. 어떤 놈이 뒤여가 섰다가 톡 자빠져 버려.(정읍 구비)

동사 '가-'에 이음씨끝 '-어서'가 결합된 '가서'는 인과관계와 계기적 상황의 두 가지 해석이 가능하다. 그런데 이 두 해석에 따라 통사적 제약도 달라진다. 인과관계의 경우 선행절의 주어와 후행절의 주어는 달라야 하지만, 계기적 상황을 나타낼 때에는 주어가 같아야 한다.

(50)

가. 철수가 미국에 가서 모두들 서운해 했다.(인과관계)

나. 철수가 미국에 힘들게 가서 박사학위도 어렵사리 받았다.(계기적 상황)

'가서'의 주어를 A, 이동의 목적지를 G, 후행절의 사태를 P라 한다면, '가서'는 언제나 'A가 G에 가서 P'와 같은 구성을 형성한다. '가서'가 인과관계를 나타낼 경우 G는 뒤따르는 사태 P가 일어나는 공간일 필요는 없다. 반면 계기적인 사태를 나타낼 경우 G는 뒤따르는 사태 P가 일어나는 공간으로 해석된다. (50가)에서 '미국'은 후행절 '서운해 한' 사태가 일어난 곳이 아니나, (50

는 모르겠으나 <u>이 집이가서</u> 국씨가 사는 집이냐?" 긍께,(함평 구비)

나)에서는 '박사학위를 어렵사리 받은' 곳이다. 이렇게 계기적 사태를 나타낼 때는 '가서'의 목적지와 후행절 사태의 공간이 일치하는데, 이는 '가서'의 의미 약화와 무관하지 않다. '가서'의 의미 약화 양상을 살펴보기 위해 우선 서남방언에 나타나는 계기적인 '가서'의 예를 검토하도록 하자.

(51)

가. 김정승이 하로는 이정승네 집에 가서 노다가 집이를 옹께,(함평 구비)

나. 그래 삼 형제 똑같이 갖고 나가서 삼거리질(=삼거리)에 가서 갈리라(=헤어지라)고 그랬거든.(함평 구비)

다. 산에 가서 백 일 산제를 모시고 잉태를 해 아들을 낳단 말이여.(함평 구비)

라. 군수가 가마이 대문 옆에 가서, "절구야!" 허고 부릉께 아, 매미만 헌 것이 붙어 있어.(함평 구비)

마. 그놈을 갖고가서는 그 앞에 주막에 가서 술을 양씬 먹어 버렸네.(함평 구비)

바. 그래 인자 요놈이 마래(=마루) 밑에 가서 가만이 봉께 홑치매를 입고 앉었응게,(함평 구비)

(51)의 '가서'는 모두 계기성을 나타내는데, '가서'의 후행절 서술어로서 (가)-(나)는 자동사, (다)-(마)는 타동사가 쓰였다. 그러나 후행절 서술어의 자타동사 여부는 '가서'의 이동 의미 해석과 무관하다. 따라서 '가서'가 포함된 선행절과 이후의 후행절은 계기적으로 일어나는 두 사태를 연속적으로 나타낼 뿐이다.

(52)는 (51)과 달리 '가서'의 이동 의미가 전혀 인식되지 않는 경우이다.

(52)

가. 동헌을 뜯고 보면 동헌 대들보 밑에가서 크나큰 지네가 있단 말이여.

(함평 구비)

나. 옛날에 한 마을에가서 어이 장자 김씨가 한 분 지시고(=계시고) 그 밑

엣 집이가서 박씨 아조 곤란한 이가 지시는디(=계시는데),(함평 구비)

다. 그러자 마참(=마침) 유제(=이웃)에가서 부자 홀엄씨가 살아.(함평 구비)

라. 사람이라 허는 것은 한번 죽으면 부모 뱃속에가서 열 달을 허면 열기

를 받었기 땀으로 말이여, 전부 그것이 저 거시기 퇴화되어 버리고 모

른답니다.(함평 구비)

마. 넥타이 밑에가서 시래미(=しらみ. '이'의 일본어.)란 놈 두 마리가 올라

갔다 나래갔다,(함평 구비)

바. 이 속에가서 니 종우(=종이)가 들었냐 안 들었냐?(함평 구비)

(52)가 (51)과 다른 점은 첫째, '가서'의 주체를 인정하기 어렵다는 점이다. 계
기성의 '가서' 구문에서 후행절의 주어는 선행절의 주어와 일치해야 하는 제
약이 있었다. 그렇다면 (52)의 '가서'의 주어도 후행절의 주어와 같아야 할 텐
데, 후행절의 주어로써 '가서'의 주어를 상정하면 비문이 되거나 매우 어색한
문장이 된다. 더구나 (52바)처럼 후행절의 주어로 무정물이 쓰일 경우 이 무
정물이 '가서'의 주어로 해석되는 것은 불가능하다. 둘째, (52)의 '가서'에서
'가-'는 결코 이동의 의미를 나타내지 못한다. 앞에서 언급한 대로 '가서'의 후
행절 주어로써 '가서'의 주어를 상정할 경우 비문이 되는 것도 이 때문이다.
'가서'는 본래의 의미가 완전히 퇴색하였거나 매우 약화된 상태라 할 수 있
다. 따라서 '가서'는 의미적으로 이동의 사태를 나타내지 못하고 장소 표지
로 기능할 뿐이다. 'A가 G에 가서 P'의 구성에서 이동의 목적지(goal)로 해석
되었던 G는 '가서'의 의미 퇴색으로 인해 P가 일어난 장소(location)로 해석되
기에 이른 것이다. 이처럼 '가서'의 의미가 퇴색하게 되면 '가서'는 더 이상 서
술어로서의 기능을 하지 못하게 되므로, '에 가서'와 같은 통사적 구성은 '에
가서'라는 하나의 조사로 재구조화 될 수밖에 없다(이태영 1984, 이기갑 1998c:75-

76, 이기갑 2003:70-71).

그런데 이러한 문법화는 '가서' 뒤에 오는 후행절의 서술어가 자동사일 때만 가능하다.[11] '가서'가 이동을 의미할 때에는 자동사와 타동사 모두 올 수 있었으나 이동의 의미가 퇴색된 경우에는 오직 자동사만 가능하게 되었다. 또한 '에 가서'의 문법화는 '가서'가 인과관계가 아닌 계기성을 나타낼 경우에 한하여 일어난다. 계기성의 '가서'는 두 절의 주어가 일치하고, '가서'의 목적지가 후행절 사태의 발생 공간이라는 의미적 특징을 요구하는데, 이러한 의미 통사적 특징이 '가서'의 의미 약화에 기여하고 있는 것이다. 또한 '가서'의 문법화는 '가서'를 수식하는 성분이 없는 경우에만 일어난다. 예를 들어 'G에 빨리 가서'와 같은 구성에서는 문법화가 일어날 수 없다. 수식 성분이 오게 되면 '가서'의 이동 의미가 두드러지기 때문에 의미의 약화나 퇴색이 일어날 수 없기 때문이다. 또한 수식 성분의 존재 때문에 형태적 재구조화도 불가능하다.

문법화를 겪은 처격조사 '에가서'는 '서'가 탈락하여 '에가'의 형태로 쓰이는 수가 많다. 문법화 과정에서 흔히 일어나는 형태적 축약이다. 물론 공시적으로 '에가서'와 '에가'가 공존하므로 형태의 동결이라는 문법화의 일반적 특성과는 어긋나는 점이 있기는 하다. (53)은 '에가'를 보여 주는데, '에가서'로 바꾸어도 의미는 동일하므로 '에가서'와 '에가'가 혼용되는 예라 할 수 있다. (53가)-(53바)는 존재동사 '있-'이 쓰인 경우이고, (53사)-(53아)는 '들었-'이 쓰였지만 의미상으로는 '들어 있-'으로 해석되므로 이 역시 존재동사의 범주에 포함된다. 따라서 (53)의 '에가'는 어떤 사물이 존재하는 장소를 나타낸다.

---

11 다음 예는 '에가서' 뒤에 타동사가 오는 경우이나, 이때의 '가서'는 이동 동사로 해석하는 것이 더 자연스럽다. (예) 토빗간(=퇴비간)을 집집마뎅(=집집마다) 가서 여 토빗간을 딱 만들아요.(곡성)

(53)

가. 이로운 것은 솔밭에가 있다.(함평 구비)

나. 모르겠습니다만 바위에가 말 발태죽(=발자국)은 있습니다.(함평 구비)

다. 할아부지서부터서 아들 손잣님 전부 한 가정에가 전부 있지 안했어요 이?(함평 구비)

라. 웃집이 장자는 저렇게 마당에가 노적 비눌(=볏가리)이 수십 개고 창고에는 창고마다 나락이 그득 차고 그랬는디,(함평 구비)

마. 이 동네 앞에가 주갱이들(지명)이라고 있습니다.(함평 구비)

바. 칙간(=변소) 잿속 아무 암 디 편에가 있습니다.(함평 구비)

사. 내 손에가 멋이(=무엇이) 들었소?(함평 구비)

(54)의 '에가' 역시 처격조사로 쓰인 경우인데, 서술어는 '있-'이 아닌 자동사이다. (54마)는 '막을 치고'처럼 '에가'의 후행 서술어가 타동사인 것으로 오해될 수 있으나 '막을 치고'는 뒤에 오는 '살든 겝디다'를 수식하는 말이므로 '에가'의 뒤에 오는 진정한 서술어는 자동사인 '살-'이다. 만약 서술어가 타동사 구성인 '막을 치고'라면 '에가'가 아닌 '에다'가 와야 한다. 이러한 자동사 앞의 '에가'는 처격조사 '에'와 완전한 등가의 의미를 갖는다. 이 경우에도 '에가'와 '에가서'는 의미 차이 없이 교체가 가능하다.

(54)

가. 그놈을 읽고 있는디, 방에가 물이 점점 차올라.(함평 구비)

나. 목에가 밥이 걸려서 인자 어른들도 밥이 안 넘어가.(함평 구비)

다. 장도(長刀)가 가심에가 백혀서 죽었는디 잡을 수가 없어.(함평 구비)

라. 여천골(지명) 뒤에가 즉 말헌다치면 한씨가 안 사냐(=살잖니)?(함평 구비)

마. 그 갱변에가 막을 치고 우타리(=울타리)도 없이 이렇고 살든 겝디다.

(함평 구비)

바. 담 안에서 널을 뛰다 담 너메가 빠졌구야.(함평 구비)

사. 선생님이 거식해갖고 과부 자는 방에가 이불 밑이가 드러누어 불었어.(함평 구비)

(55)는 후행절의 서술어가 '앉-'(=앉-)이나 '엎지-'(=엎드리-)인 경우이다. 이때도 '에가'는 모두 앉거나 엎드린 장소를 나타낼 뿐, 앉거나 엎드리기 위해 특정의 장소로 이동하는 의미는 전혀 없다. 그래서 (55가)의 '마루에가'는 '마루에 가서'와 같은 사태로 인식되지 않고 단지 '마루에'의 의미로만 인식된다. (55나)와 (55다)도 마찬가지다. (55라)와 (55마)는 매우 흥미롭다. (55라)인 '구멍 속으로 들어가서 캄캄헌디 구멍 속에가 인자 앉었단 말이여'의 경우, 선행 표현인 '구멍 속으로 들어가서'가 있기 때문에 후행 표현인 '구멍 속에가'는 결코 '구멍 속에 가는' 것으로 해석될 수 없다. '구멍 속으로 들어가서' 그 결과 '구멍 속에'로 해석되어야 하기 때문이다. (55마)도 똑같은 해석 절차를 겪어야 한다. 이런 경우의 '에가'가 이동의 결과인 목적지의 장소를 나타낼 뿐이며 이동과 무관하다는 점은 너무도 분명하다. 따라서 '에가'는 통사적 구성 '에 가'가 의미의 퇴색과 재구조화를 겪어 문법화가 완료된 처격조사라는 사실을 인정하지 않을 수 없는 것이다. 한편 (55)에서 '에가' 대신 '에가서'를 쓰면 중의성이 발생한다. '에가'처럼 장소를 나타내기도 하지만 특정의 목적지로 이동하는 의미로 나타낼 수 있기 때문이다. '앉다'류처럼 동작성이 있는 자동사의 경우 '에 가서'는 아직까지 '가서'의 이동 의미를 유지하기도 한다. 그렇다면 '에 가서→에가'의 형태 변화는 '장소/목적지'의 중의적인 해석을 '장소'의 단일한 해석으로 만든다고 하겠다. 이러한 의미 해석의 단일화는 문법화가 더 진행되었기 때문에 생긴 결과이다. 즉 형태의 축약은 문법화를 가속화시키는 역할을 한다.

(55)

가. 그 마루에가 떠억 앉어서,(함평 구비)

나. 아랫목에가 쫙 좌정하고 앉었소그려.(함평 구비)

다. 도골이가 즈기(=저희) 아부지 앞에가 따악 꿇고 업져서(=엎드려서) 하는 말이,(함평 구비)

라. 그런디 밀어 넣어 분디 구멍 속으로 들어가서 캄캄헌디 구멍 속에가 인자 앉었단 말이여.(함평 구비)

마. 그래 웃방으로 가 웃방에가 딱 쪼그리고 쪼끔 있으니까 백발노인 어른이 섯이 들어와.(함평 구비)

'에가서'의 '에'가 탈락하는 수도 있다.

(56)

가. 그 북이 <u>보두집이 쌔리는(=때리는) 디가서</u> 또 인자 벳바닥에 가서 첫발(=쳇발)이 있어요.(곡성)

나. 쪼깨 덜 뜨면 또 인자 좀 맛이 좀 적고, 거 <u>띠우는 데가서</u> 인자 거 거 시간적으로 아마 그런 거 같애요.(곡성)

다. 땎이면(=쓿으면) 인자 <u>땎인 때가서</u> 그 깎은 보릿재가 나와요, 흑허니(=하얗게).(곡성)

'에가'는 더 나아가 '에'의 탈락을 겪어 '가'만으로 쓰이기도 한다. '에가서 → 에가 → 가'와 같은 일련의 형태적 축약은 문법화의 진행 방향을 보여 준다. 오른쪽으로 갈수록 형태의 길이가 짧아지고 이에 따라 동사 '가-'의 의미는 퇴색되어 문법화의 정도가 커지는 것이다. 그래서 (57)의 (가)와 (나)에서는 '가서'의 이동 의미가 인식되지만 (다)에서는 전혀 인식되지 않음으로써 문법화가 완료된 것으로 해석된다. 다만 '에가 → 가'는 모든 명사에 다 가능한 것은 아니다. '앞', '뒤', '속', '목'처럼 한정 되지 않은 낱말 뒤에서는 '에' 탈락이 어렵다. 그러나 '아부지 앞', '구멍 속'처럼 앞에 수식어가 와서 의미적으로 한 정되면 '아부지 앞가', '구멍 속가'처럼 가능한데 이러한 '에' 탈락의 제약은 '에서 → 서'에서도 동일하게 적용된다.

(57)

가. 마당에 가서 놀아라.

나. 마당에 가 놀아라.

다. 마당가 놀아라.

'가'는 선행 명사의 끝 자음이 비음이나 유음이면 된소리인 [까]로 소리 난 다. 그래서 (58)의 지명들에 결합된 '가'는 모두 [까]로 발음된다.

(58)

가. 선동(지명)이라구면은 아마 해리(지명)넌 선동이 읎제. 고흥(지명)가 선동이 있다 그 말이여.(고창)

나. 아덜 둘언 다 부산가 있어.(고창)

다. 서울가 있니라고 여그를 안 내레와.

'에가'는 '이가'로도 쓰인다.

(59)

가. 가만히 봉게 마당이가 젖먹이 송아치가 말여 한 마리 돌아댕기드래 야.(군산 구비)

나. 거기 다리 밑이가 앉어서,(군산 구비)

아래 예 (60)은 동사의 종류, 주어의 의미 자질에 따른 문법화의 정도를 보여 준다. 우선 (60가)처럼 존재 동사의 경우에는 '에가서', '에가', '가서', '가'의 네 형태가 주어의 유정성 여부에 무관하게 모두 조사로 문법화 되어 정문을 형성한다. 반면 (60나)-(60라)처럼 '궁글어댕기다'(=굴러다니다)나 '놀다'와 같은 동작 동사일 때는 무정물 주어나 동물 주어는 재구조화 된 네 형태 모두 가능하지만, 사람 주어인 경우에는 문법성이 달라진다. (60라)에서 보듯이 '에 가서', '에 가'는 이동 동사로 해석되고, '가서'는 이동 동사와 조사 두 가지 해석이 가능하며 '가'는 오직 조사로만 해석되어 문법화가 완료된 것으로 보인다.

(60)

가. 버섯이(개가) 솔밭에가서 있다/솔밭에가 있다/솔밭가서 있다/솔밭가 있다.

나. 독(=돌)이 마당에가서 궁글어댕긴다/마당에가 궁글어댕긴다/마당가 서 궁글어댕긴다/마당가 궁글어댕긴다.

다. 개가 마당에가서 논다/마당에가 논다/마당가서 논다/마당가 논다.

라. 마당에 가서 놀아라(동사)/마당에 가 놀아라(동사)/마당 가서 놀아라 (동사/조사)/마당가 놀아라(조사).

이를 정리하면 〈표 4〉와 같다. 〈표 4〉를 통하여 우리는 다음과 같은 사실을 알 수 있다. 첫째, 존재 동사의 경우 주어의 유무정성, 사람 여부에 관계없이 '가서'의 조사화가 완료되었다. 둘째, 무정물/동물 주어의 동작 동사 역시 '가서'의 조사화가 완료되었다. 셋째, 사람 주어의 동작 동사는 처격조사 '에'가 있으면 '가서'는 동사로 해석되는 경향이 있어, 조사화는 완료되지 않은 것으로 보인다. 반면 '에'가 없는 '가서'와 '가'는 조사화가 완료되었다. 이로 보면 '에 가서'의 조사화에 '에'가 걸림돌 역할을 함을 알 수 있다. 넷째, '에 가서'의

조사화 정도는 '존재 동사 〉 무정물/동물 동작 동사 〉 사람 동작 동사'의 순이
다. 다섯 째, 사람의 동작 동사에서 조사화 정도(형태의 길이)는 '가 〉 가서 〉 에
가 〉 에 가서' 순이다. 형태가 짧을수록 조사화의 정도가 커짐을 알 수 있다.

〈표 4〉 동사와 [사람] 자질에 따른 문법화 정도

	존재동사	동작동사 (무정물 주어)	동작동사 (동물 주어)	동작동사 (사람 주어)
N+에 가서	o	o	o	x
N+에 가	o	o	o	x
N+가서	o	o	o	o/x
N+가	o	o	o	o

'에가'와 평행되게 유정 명사의 경우에는 '한테가'가 쓰이는데 문법화의 양
상은 '에가'와 완전히 같다. (61마)에는 두 개의 '한테가'가 나타나는데, '나한
테가'의 '한테가'는 문법화된 것임이 분명하나 '아무개한테 가'는 서술어가
타동사라는 사실로 미루어 통사적 구성으로 해석해야 한다. '한테가'는 '에
가'와 달리 '한테'가 탈락하여 '가'만으로 쓰일 수는 없다. 그래서 (61)의 '한테
가'를 '가'로 바꾸면 모두 비문이 된다. 의미상으로 유표인 유정물을 나타내
는 표지인 '한테'는 무정물 표지인 '에'에 비해 탈락이 제약을 받는 것으로 보
인다.

(61)

가. 난참(=나중)에 군수한테가 아들이 하나 생겼는디.(신안 구비)

나. 조대감한테가 붙었단 말여.(장성 구비)

다. 과연 내 자식이 못 둔 죄로 이런 사망이 났으니 살려 달라고 빌어, 아버
　지가 신거무한테가.(장성 구비)

라. 아, 그 집주인한테가 아다리(=あたり. '당첨'의 일본어.)가 되었어.(화
　순 구비)

마. 나한테가 시방 돈 없응께, 재 너머에 아무개한테 가 돈을 좀 내가 그러
　　드라고 돈을 해서 갖다 쓰소.(장성 구비)

바. 틀림없이 마누래가 느그(=너희) 씨아재(=시동생)한테가 맘이 있다.
　　(보성 구비)

사. 요것이 틀림없이 내 동생한테가 마음을 두고 한 가짓것(=한 가지)이라
　　도 더 해 준갑다.(보성 구비)

아. 부모한테다가 약속을 허고 아, 고(告)허는 법이여. 허지만 시방은 그러
　　간디? 어디가? 즈그 성수(=형수)한테가 장근(=항상) 그런 이야기를 헌
　　디,(부안 구비)

처격조사 '에가(서)'의 문법화는 '가서' 뒤에 오는 서술어가 자동사일 때 가
능하다고 하였다. 그리고 문법화의 결과인 '에가(서)'는 장소의 표지로만 쓰
일 뿐 목적지의 방향을 나타내지는 못한다. 그 결과 (62)의 비문성은 모두 쉽
게 설명된다. '에가' 뒤의 서술어가 모두 목적지를 필요로 하는 이동 동사이
기 때문이다. (62가)와 (62나)는 자동사이지만 이동 동사이므로 '에가'의 선
행 명사가 목적지로 해석되어 비문이 되었다. (62다)와 (62라)는 목적지로의
해석이 필요한 타동사가 뒤따랐으므로 당연히 비문이 된다. 만약 '에가' 대
신 '에다'가 왔다면 정문이 된다. 이 점에서 '에가'와 '에다'의 기능 차이가 분
명히 드러난다. '에가'는 자동사의 장소 표지, '에다'는 목적어의 이동 방향 표
시가 그 주된 기능인 것이다.

(62)

가. 철수는 학교에/학교에가 다닌다.

나. 철수는 여기에/여기에가 잘 안 온다.

다. 철수는 고향에/고향에가/고향에다 선물을 보냈다.

라. 철수는 벽에/벽에가/벽에다 그림을 붙였다.

'에 가서'의 구성이 처격조사 '에가서'로 문법화 되는 변화는 주로 서남방언에서 일어났다. 물론 다른 방언에서도 동사 '가-'의 의미가 약화되는 수가 있기는 하다. 『표준국어대사전』에 제시된 (63)이 그런 경우이다.

(63)

가. 검사 결과는 내일에 가서야 나온대.

나. 이 부분에 가서는 특히 현악기의 선율에 주의해야 한다.

(63)의 '가서'는 '일정한 시간이 되거나 일정한 곳에 이르다'로 해석되는 경우인데, 계기적으로 해석되는 이 '가서'의 주체를 상정하기 어려워 원래의 이동의미에서 상당히 벗어나 있음을 알 수 있다. 그러나 이러한 '가서'의 의미 약화가 있더라도 표준어에서는 '에가서'와 같은 처격조사로의 문법화가 일어나지 않았다. 형태 '에'와 '서'가 개별적으로는 탈락이 가능하지만 이 두 형태가 모두 탈락하기는 쉽지 않아서 형태적 재구조화도 일어나기 어렵다. 똑같은 구성이 왜 표준어에서는 문법화 되지 않는지는 불분명하다. 사용 빈도의 차이가 한 이유일 수 있을 것이다. 또한 의미의 약화 정도도 문법화의 발생에 영향을 미칠 수 있다. 어떻든 그 정확한 이유는 알 수 없지만, 똑같은 구성이 쓰이더라도 이 구성이 재구조화되어 한 낱말로 문법화 되는 것은 방언에 따라 달리 일어날 수 있음을 알 수 있다.

4.2.3.5 여격조사

① '에게'와 '게'

여격조사 '에게'는 유정물 체언에 결합하는 것이 특징인데, 존재 동사나 소유 동사 구문에서는 장소, 이동 동사나 수여 동사 구문에서는 방향, 피동 구문에서는 행동주를 나타낸다. 이 세 가지 쓰임은 조사 '에'에서도 보이는데, '에'와 '에게'의 차이는 선행 명사의 유정성 여부에 달려 있다. 그 밖에 '에게'는 기준점을 나타낼 수 있어 비교 구문에 쓰이기도 한다.

서남방언에서 '에게'는 잘 쓰이지 않으며 대신 '한테'가 일반적으로 쓰인다. 그러나 구술발화 자료를 보면 '에게'가 전혀 쓰이지 않는 것은 아니다. (64)에서 (가)-(나)는 장소, (다)-(사)는 이동의 방향으로 해석되는 경우이다. 방향을 강조할 때는 (바)-(사)처럼 '로'나 '다가'를 덧붙인다. '로'는 이동의 목적지를 강조하는 데 주로 쓰이고, '다가'는 행동의 대상에 주로 쓰인다. '다가'는 타동사일 때만 가능하지만, '로'는 자동사와 타동사 모두에 가능하다. (아)-(카)는 피동 구문에서 행동주를 나타내는 경우이다. (아)-(자)는 능동적인 행동이지만 (차)-(카)는 소극적인 행동이다. (타)-(파)는 관계나 비교의 기준으로 작용하는 경우이다. 이처럼 '에게'는 다양한 용법을 갖지만 선행 명사가 모두 유정물이라는 점에서는 공통이다. (64가)에서 무정물 '가죽'에 '에게'가 쓰였는데, 이는 발화자가 '가죽'을 '짐승의 가죽'으로 이해하면서 '짐승'의 유정 자질을 '가죽'에까지 투사하였기 때문이다.

(64)

가. 사램이 짐승을 쫓는다는 것은 그 욕심이 가죽에게 있었다.(고흥 구비)

나. 사실은 대선생에게 초저녁잠이 있어서 한 숨을 자고 깼는디,(전주 구비)

다. 서이(=셋이) 염래대왕에게 몰래 갔다든가 부데.(함평 구비)

라. 이번만이는 나에게 좀 기회를 줄 수 없냐고,(고흥 구비)

마. 지내가는 길손이 처녀에게 "말을 하기가 좀 미안하요마는 한 가지 물을 말이 있소."(고흥 구비)

바. 그 복만 살고 나머지 그 뒤에는 그 사람에게로 간다. 그러고는 나가거라.(부안 구비)

사. 그러이께 남편이 그 말 듣더니, 뜰 알로(=아래로) 내러와서 공손이 재

배를 해, 저거 마느래에게다가.(고흥 구비)

아. 회랭(=호랑이)에게 물려갈 꿈이라구.(부안 구비)

자. 사람이나 짐승이 범에게 당하는 재앙이 더러 있고 그랬는디,(전주 구비)

차. 여자에게 달린(=매인) 것 아니요?(부안 구비)

카. 혼신이 남에게 뵈야.(군산 구비)

타. 그 사람에게로 형수가 아닌개비?(전주 구비)

파. 저놈에게는 너무 과하다.(부안 구비)

출발지나 원천(source)을 나타내는 경우, (65가)처럼 '에게서'가 일반적이나, (65나)-(65바)처럼 '에게'만으로 '에게서'의 의미를 나타내기도 한다. '에서'의 경우 '서'가 생략된 '에'만으로 출발지를 나타낼 수 없는데, '에게서'는 '에게'만으로도 출발지나 원천을 나타낼 수 있어 차이를 보인다. '에서'와 '에게서'가 단지 유정성의 여부만이 아니라 '서'의 생략 가능성에서도 다르다는 사실을 알 수 있다. '에게서'의 전신인 '의그에셔'가 이미 15세기에 원천을 뜻하는 말로 쓰였다(예: 衆生이 福이 쥬의그에셔 남과 나디 바틔셔 남과 ᄀ틀씨 福 바티라 ᄒᆞ니라/석보상절 6:19). 그러므로 '에게서'는 적어도 중세부터 있었던 말로 해석되기 때문에 출발지나 원천을 나타내는 (65)의 '에게'는 '에게서'의 '서'가 생략된 것으로 해석해야 온당하다.

(65)

가. "환자 대감, 당신이 그런 여성들에게서 뉘 자식인 줄 모르게 난 자식이요." 허고 그 환자 대감을 갖다가 그냥 요새 문자로 골려 줬다 그래야 할 것인가?(고흥 구비)

나. 그래서 영암 사람들에게 아주 그 현감님이 이조 말에 명관 말 들었다 그래.(고흥 구비)

다. 후세에 사람들에게 공자란 존재를 없애야겠다 이거야.(고흥 구비)

라. 한 사람에게 한 냥썩을 뺏어 먹으면 놈(=남)의 돈 천 냥을 뺏어 먹은 놈
　　이여.(함평 구비)

마. 안동 김씨에게 열여섯 살 묵은 소년 멩관(=명관)이 났어.(고흥 구비)

바. 김 진사에게 돈 쉰 냥을 가지고 그 숙박료를 다 완불을 하고,(고흥 구비)

　(66)은 전북 부안 지역어에서 확인된 것인데, '에게'가 무정물 명사에 쓰여
장소를 나타내고 있다. 아마도 '에가'의 잘못된 사용으로 보인다.

　(66)

가. 그래 어느 절에서 나와가지고 <u>어느 절에게</u> 몇 달 있다가 나오고, 그렁
　　개로 오늘날까장 싹 다 알았어.(부안 구비)

나. 그렁개 아랫목에가 <u>요 우에게</u> 누워서 이제나 오는가 하고 까막까막 기
　　다려도 안 와.(부안 구비)

다. <u>고 안에게</u> 들어가서 별당이 있어. 별당이,(부안 구비)

　'에게'는 서남방언에서 '에'가 생략된 '게'만으로 쓰이기도 한다. '에게'에서
'에'가 생략되는 것은 모음과 비자음 등 유성음으로 끝나는 체언 뒤에서만 가
능하다. 『민중자서전』, 구술발화 자료 및 『한국구비문학대계』에서 가져온
(67)의 예들이 이를 보여 준다.

　(67)

가. 지게(=저에게) 딸린 것을 싹 팔아 불어.

나. 고런 곳은 내게도 만해라우.

다. 전에 어뜬 사람은 사람이 태어나서부터 덜거머리(=떠꺼머리)총각으
　　로 살았는디, 부모게 잔생히(=지지리) 못 했든갑디다.(신안 구비)

라. 그것이 향이 좋고 사람게도 좋데요, 모싯잎삭이.(곡성)

마. 그렇게 인자 마느래를 둘이 참 버젓흐게 사는디, 아이를 배면 말이여, 본시사 아이를 배면 그 사람게도 아이를 배어.(정읍 구비)

바. 내게로 해서는 아재가 되제.

사. 옷 다 해서 귀해서(=구해서) 놔두고 종들게다가 그 동냥치 옷 다 벗겨서 입히라고 그라고 해 놓고는,(해남 구비)

아. 원게다가(=원님에게) 몇 십 장을 했어, 소지(=所志. 예전에 청원이 있을 때에 관아에 내던 서면)를.(부안 구비)

자. 굵은 배는 사공, 조동무, 화장이라고 서이썩 댕인디 사공게 다 매였제(=달렸지).

'게'는 '에게'와 마찬가지로 존재 동사나 소유 동사 구문에서는 장소, 이동 동사나 수여 동사 구문에서는 방향, 피동 구문에서는 행동주, 비교 구문에서는 기준점을 나타내며, '게서'는 출발점을 각각 나타낸다. '게'가 표현하는 의미는 '게' 뒤에 붙는 다른 조사에 의해 강조되기도 한다. 이때 강조의 기능을 하는 조사로 '로', '다가' 등이 쓰이는데, '게로'는 방향과 기준점을 강조하며, '게다가'는 장소와 방향을 강조한다. 피동 구문에서 행동주를 강조할 때도 '다가'나 '다가서'가 쓰일 수 있다. 예 (68)은 이러한 강조 기능을 하는 '게다/기다', '게다가서', '게로', '게서'가 사용된 예이다. 다만 (68하)의 경우 '로'는 단순히 강조를 나타낸다기보다 '게로 해서'와 같은 통사적 구성에서 필수적인 요소로 작용한다. 그래서 '로'가 생략되면 비문이 된다.

(68)

가. 아니, 원님이 지게다 언제 산지기 맽겼었드라우?(해남 구비)

나. 이게 아무개네 밭두덕여. 거기다만 주지 말고 우리기다 좀 줘.(부안 구비)

다. 너 꿈을 야게다(=얘에게) 도로 팔어라.(부안 구비)

라. 집을 떠날 때에 물론 당신도 마누래게다 부탁을 했겠지만,(부안 구비)

마. 객지에 나가서 누게다 호소헐 디도 없고 그래서 법관엘 갔어.(부안 구비)

바. 매일 각기 다 아버지기다 권혀.(군산 구비)

사. 그렇게 또 있다가 여자가 남자게다 복수를 갚드래여.(부안 구비)

아. 뜨거믄 뜨겁다고 허지, 내게다 이렇게 둘러를 쓰는가?(부안 구비)

자. 나보고도 나무를 허던지 뭘 나물을 캐던지 뭣을 허던지 일감을 내기다
도 시기고 그러라고.(정읍 구비)

차. 느그가 우리게다가 항복을 하고,(부안 구비)

카. 키워서 여워 놓께는 엄매게다 그렇게 불효자 노릇을 하그덩.(해남 구비)

타. 당신 시아버이게다 얼매나 잘하가디 소문이 나고,(부안 구비)

파. 맹인(=亡人)이 넘으기다 잘헌 일도 적선을 헌 사람이라 명당으 들어간
디,(군산 구비)

하. 내게로 해서는 손해제.

ㅏ. 아무리 이무기 아니라 용을 잡았어도 시골놈게다가서 벼슬을 뺏길라
더냐?(군산 구비)

ㅑ. 내게서 은내(=人내)가 난다고, 내가 사람 아니냐고 그래서,(신안 구비)

ㅓ. 네게서 중 내(=중 냄새)가 웬일이냐?(장성 구비)

한편 (69)에서 보듯이 대명사 '우리'와 '게'가 결합한 '우리게'는 '우리에게'
의 해석 외에도 '우리가 사는 곳'과 같은 공간의 의미로 해석되기도 한다. '에
게'의 15세기 형인 '의그어긔'는 '의-그-억-의'로 분석되는데, 여기서 '억'은 장
소를 나타내는 말로 추정된다. 따라서 '의그어긔'는 원래 '의 거기에'와 같은
뜻을 가졌던 표현인 셈이다. (69)의 '에게'가 공간의 의미로 해석되는 것은 바
로 이러한 기원적인 의미를 유지한 탓으로 보인다.

(69)

가. 인민군들이 유월에 내리왔어, 우리게는.

450

나. 우리게서는 쩌 갯가이서 올라온 바램이 샛바램이제.

다. 우리게서도 그런 사람들이 더러 있었지라우.

　서남방언에서 여격조사의 사용 비율은 '한테 〉게 〉에게'의 순이다. 서남
방언의 이전 시기에 '에게'와 '게'가 활발히 쓰였지만, '한테'의 등장으로 '에게/
게'가 쇠락의 처지에 몰린 것으로 추정된다. 현대 표준어에서 '에게'가 글말,
'한테'가 입말에 주로 쓰이는 것도 이러한 역사적 사실과 관계가 있다. '한테'
에 밀려 입말에서 세력이 약해진 '에게'는 표준어의 글말로 주로 쓰이게 된
것이다. 입말에 비해 글말이 보수적인 성격을 띠는 것은 매우 일반적인 현상
이다. 서남방언에서 '한테'가 '에게'를 대체한 정도는 표준어보다 훨씬 심하
다. 또한 '에게'는 노년층의 말에서 일부 확인할 수 있으나, 젊은 세대에서는
찾아보기 힘들게 되었다. 이처럼 서남방언에서 '에게'가 별로 쓰이지 않게
된 것은 순전히 '한테' 때문이라 하겠다. '에게'의 쇠퇴와 더불어 '게' 역시 쇠
퇴하게 된 것으로 보인다. 다만 노년층에서 '게'는 '에게'에 비해 상대적으로
사용 비율이 더 높은 것으로 보이는데, 이는 유성음 뒤라는 제한된 출현 환
경이 영향을 미친 것으로 판단된다. 제한된 환경에 나타나는 '게'의 구성은
관용구처럼 굳어져 쓰이기 때문이다. 따라서 '게', '게다', '게서' 등은 쇠퇴해
가는 '에게'의 잔존형으로 볼 수 있다.

　구비문학 자료에는 사람 명사 뒤에 '에'나 '에다가'가 쓰인 예가 보인다. 이
것은 아마도 '에게' 자리에 '에'를 잘못 사용하였거나 확대하여 사용한 것으
로 추정된다.

(70)

가. 긍게 이 사람이 홧김이 <u>재기에</u>(=자기에게) 있는 돈 닷 냥을 팍 내놈서,

　(군산 구비)

나. 그 효자가 평소에는 <u>자기 홀어머니에다가</u> 아주 불효를 한 사람이여.

(부안 구비)

다. 그리 나중에는 <u>임금에다</u> 그럴 것 아녀? 이리저러해서 실을 잡고 진맥
을 허는디 인맥이 아니고 천맥이라 해서, 가 보니 문고리가 걸렸다고.
(부안 구비)

② 한테

'한테'는 '에게'와 마찬가지로 유정물의 명사에 붙는 여격조사이다. 서남방
언에서는 '에게'의 사용 빈도가 낮으므로 '한테'가 가장 일반적인 여격조사라
할 수 있다. 서남방언에서 '한테'는 '헌테'나 '헌티', 첫소리 /ㅎ/이 탈락한 '안
테', '언테', '언티' 등으로도 쓰인다.

(71)

가. 그런 디를 머 쫓아댕에도 보도 못허고 또 어른들안테 그러코 자주 안
들어봤지마는,(곡성)

나. 왜 그냐면 꼬들빼기가 워낙 비싸서 그걸 사다가 식당에서 그 손님들헌
티 얼마나 담아서(=담가서) 씨겄어요?(곡성)

서남방언의 '한테'는 표준어의 '에게'와 마찬가지로 장소, 방향, 피동문의
행동주, 기준점 등을 나타낸다. (72)가 이런 용법을 보여 준다.

(72)

가. 옛날에는 일본이로도 가고 여그서 여쪽 지방에 일본 가는 해태 공장이
있었어, 일본사람한테.(신안)

나. 쩨깜만 자기한테 마땅찮음 막 뜯어대요, 그냥.(광양)

다. 또 인자 거 허먼 누가 애기들이라도 또 아프다든지 허먼은 통 점쟁이

한테 가서 문복쟁이한테 가서 또 빌고,(곡성)

라. 긍깨 꼬사리 끊을라고 요로고 들어가먼 비암(=뱀)한테 물리고 근다고 안 해요(=하잖아요)?(곡성)

마. 나 아리께 하동 장날 저 김을 여그 서기든가 그 당신한테 빼깄소.(광양)

바. 장시간 싸우더만 지네가 새달켜(=시달려). 두께비한테 못 이긴다 말이 여.(고흥 구비)

사. 나도 부모 되 거인디 나도 메느리한테 나도 씨어매라.(광양)

'한테서'는 '에게서'와 마찬가지로 출발점을 나타낸다. 그런데 '한테서'가 기대되는 환경에서 '한테'가 쓰이는 예가 다수 확인된다. 그것은 마치 '에게'가 '에게서'의 의미로 쓰이는 것과 같은 것이다.

(73)

가. 작년에는 뜬금없이 망뚱이 아들한테서 전화가 와서,(진도)

나. 긍께 웬만한 사람덜은 에, 머이냐 자기가 그 문복쟁이한테 늘 자꾸 배워 쌓아갖고 웬만하먼 손들 다 비비고 그랬어요.(곡성)

다. 우덜(=우리들)은 시집올 때 암무 그런 것도 몰랐는데 시집와서 이런 거 전부 우리 어머니안테 뱄어(=배웠어).(진도)

라. 그 사람들은 아그들(=아이들)한테도 아무 이응감(=영감)도 아그들한테도 해라 받고 그래.(영광)

마. 그때는 다 봄 내(=내내) 읎는(=없는) 사람이 돈을 가지가(=가져가), 보릿돈을, 나락 장시(=벼 장수)한테.(영광)

'에게다가'와 같이 '한테다가'도 흔히 쓰이며, 이때 '한테다가'는 '한테'를 강조한다.

(74)

가. 한 주먹 더펵 집어서 그 시아재비한테다가 주면서,(전주 구비)

나. 그래서 들어가서 용왕한테다가 절을 허고 앉았는디,(전주 구비)

다. 부모한테다가 약속을 허고,(부안 구비)

라. 친구한테다가 맡겼어.(부안 구비)

마. 인자 조사한 것을 인자 박문수한테다가 바쳤어.(부안 구비)

바. 내가 너한테다 보기가 민망혀서 죽겄는디 이거 뭔 소리냐?(정읍 구비)

사. 부모님한테다가 죄를 져서 부모님한테 죄를 져서 부모님이 나를 벌을
   주니라고 요렇게 나왔다.(전주 구비)

③ 더러, 보고/보로, 보다

조사 '더러'는 옛말에서 '드려'로 나타나는데 동사 '드리-'의 활용형에서 조
사화한 것이다. '더러'가 쓰인 문장의 서술어는 '말하다'류의 동사가 와야 하
는 제약이 있다(이익섭/채완 1999). 서남방언에서도 '더러'가 전혀 안 쓰이는 것
은 아니지만, 그 빈도는 매우 낮다. 특히 전북에 비해 전남의 사용 예는 매우
적다. 이는 '보고'나 '보다'와 같은 조사가 '더러'를 대신하기 때문이다.

(75)

가. 인자 집이 가서 즈그 부인더러 그런 이야기를 했어요.(함평 구비)

나. 뽈딱 일어나서 마부더러 가자고 막 제쳐서 옹께,(신안 구비)

다. 즈그 쟁인더러 그 이야기를 했어.(화순 구비)

라. 그 사람더러 딜렁 한단 말이,(부안 구비)

마. "어머이, 한번 더 가 보시요." 총각이 즈 어매더러 헝개,(부안 구비)

바. 그 동자가 한 서넛이 가는디 동자더러 불러가지고 물었어.(부안 구비)

사. 인자 손님더러 이것이나 좀 물어보쇼.(부안 구비)

아. 며칠 후에 마누래더러 물어봤어.(부안 구비)

자. 영감더러 걍 막 단단히 머라궜어(=야단쳤어).(군산 구비)

구술발화 자료에서는 일반적인 용법에 어긋나는 예도 보인다. (76가)는 사람이 아닌 동물 '파리', (76나)는 무정물 '집'에 '더러'가 쓰인 경우이다. '더러'의 선행 명사는 사람이어야 하는데 이 두 예는 이러한 의미 제약을 어긴 것이다. (76다)는 '더러'를 지배하는 서술어가 '말하다'류가 아닌 경우이다. 또한 이때의 '더러'는 여격이 아닌 출발지를 나타내는 것으로서 '한테서'로 대체할 수 있다. '에게'나 '한테'가 출발지를 나타낼 수 있음은 앞에서 이미 살펴본 바 있다. 아마도 이러한 용법에 유추하여 '더러'가 출발지를 나타내기 위해 쓰인 것으로 추정된다. (76라)의 서술어도 '말하다'류가 아니다. 그러나 이런 예들은 일반적인 것이 아니므로 개인어일 가능성이 크다.

(76)

가. 파리더러 포리라고 허는 촌놈이다.(부안 구비)

나. 구신(=귀신) 나는 집 말씀이요, 그것더러 옛날 사가라고 허는디,(군산 구비)

다. 그 아가씨더러 물을 한 바가지 얻어 드신 후에 마을로 올라가서 굴로 올라가 기도를 하다가,(신안 구비)

라. 즈그 마누래더러 달개더라(=달래더래).(부안 구비)

서남방언에서는 '더러'보다 '보고'나 '보다'가 더 일반적으로 쓰인다. '보고'는 '더러'와 마찬가지로 '말하다'류의 동사와 더불어 사용된다. '더러'의 선행 명사는 사람의 의미자질을 가져야 하나 '보고'는 (77사)처럼 무정물에도 결합될 수 있다. 즉 유정성의 유무에 따른 의미 제약이 적용되지 않는다.

(77)

가. 자꾸 여자보고 앞으 가라고 하드래야.(군산 구비)

나. 아들 내오가 즈 아버지보고 가자고도 안 허고,(군산 구비)

다. 집에 와서는 식구보고 그런 이야기 저런 이야기 내색도 안 허고 그냥
   있었드래요.(군산 구비)

라. 즈그 마느래보고 그랬어.(해남 구비)

마. 인자 사우보고 숨으랑께,(해남 구비)

바. 즈그 각시보고 인자 마느래보고 물응게,(해남 구비)

사. 도팍(=돌멩이)보고 똥이라고 똥만 갖다가 들쳐 놨드라우.(해남 구비)

'보고'는 전북 지역어에서 '보로'로 쓰이기도 한다.

(78)

가. 내가 어젯밤에 옥에 올라가서 옥사장보로 문을 따락 히서 홍수천이를
   불러내 놓고 물응게,(군산 구비)

나. 가서 인제 자그 남편보로, "아 이만저만혀서 …걍 난데없는 봉변을 당
   혔어. 참 이 참 분혀서 못 전디겄다."(정읍 구비)

다. 이 대감이 아침에 일어나더니 아들보로, "야야, 오늘 유대감이 오늘 우
   리집에 올 것이다. 사랑방 좀 쓸어 놓고, 발 하나를 쳐 놔라."(부안 구비)

라. 그렇게 말을 하고 가더라, 갔다 그 말이여, 처형보로.(부안 구비)

한편 '보고'는 (79)에서 보듯이 목적어를 앞세울 수 있다. 이것은 'A를 보고
〉A보고'처럼 동사에서 조사로 문법화 되는 과정에서 '보고'가 아직도 동사
의 속성을 지니고 있음을 말해 주는 예라 하겠다. '보고'가 동사적 속성을 가
질 때에도 후행 발화는 '말하다'류에 속하는 것이어서 문법화에도 불구하고
후행 발화나 후행 서술어에 대한 의미적 제약은 그대로 유지된다.

456

(79)

가. 거이 지네 명당인디 아, 배 선원을 보고 말이여. "이상허다. 언제든지
　밤 배질해서 이리 들오다시면 저가 불이 써(=켜) 있드라." 그렁께,(함
　평 구비)

나. 장인 되는 사람이 사우를 보고, 그년 어디 가더냐고 말이지, 그렇기 물
　으니까,(고흥 구비)

다. 그라면서 처녀를 보고 하는 말이,(고흥 구비)

　서남방언에는 '보고'의 의미로 쓰이는 '보다/보다가'가 있다. 그 결과 서남
방언에서 '보다'는 여격과 비교격의 동음이의어로 쓰인다. '보다'는 '보고'와
마찬가지로 '말하다'류의 서술어에 쓰이는데 (80)이 이를 보여 준다. 또한 '보
다'는 '보고'와 마찬가지로 사람뿐만 아니라 무정 체언 뒤에도 결합할 수 있
다. (80가)-(80마)는 사람, (80바)는 동물, (80사)-(80차)는 무정물의 경우이다.
(80카)-(80하)는 '보다가'의 예인데, '보다가'는 비교격으로 쓰일 수 없으므로
언제나 여격으로만 해석된다. '보다가'는 '보다'와 같이 유정물 외에 무정물
에도 쓰일 수 있다.

(80)

가. 그랑께 먼 대헤(=대회) 나가서 거놈 나보다 틀어라 하던가?(영암)

나. 아이, 그 해필 늙은 사람보다 하락(=하라고) 하니,(영암)

다. 지그 엄니보다 벤또(べんとう. 弁当, 辨当. '도시락'의 일본어.)하고 꽹
　이하고 주라고 그러드라네.(보성 구비)

라. 그래서 그 총각보다 물옹께,(보성 구비)

마. 그 품앗이한 사람보다 놉이락 해요.(영암)

바. 그것보다 도짓소라 그랬어이.(영암)

사. 펭야 여그도 부께미(=부꾸미)라 한디 그보다(=그것보고) 우찌지라 하

데요.(영암)

아. 식혜보다 감주라고.(영암)

자. 거기보다 낙엽산이라고 그러는데,(보성 구비)

차. 나나묵기보다는 뭇갈림이락 하데요.(영암)

카. 옛날에는 저 일본 사람들은 아라지라 하고 고것이 게따(げた. '나막신'
　의 일본어.), 게다보다가.(영암)

타. 중이 델고(=데리고) 온 동자 그 아그(=아이)보다가, "너 몇 살 묵었냐?"
　그러고 쥔양반이 물으니께,(보성 구비)

파. 그 중보다가 하는 말이,(보성 구비)

하. 지가 난 아들보다가, "느그 누나를 발길로 차서 물에가 빠지게끄롬 해
　불어라." 허고는,(보성 구비)

'보고'는 아직 남아 있는 동사성 때문에 목적어가 오는 경우가 일부 있었
다. 그런데 '보다'는 그런 예가 극히 드물다. 『한국구비문학대계』의 자료에서
(81)과 같은 단 하나의 예를 찾을 수 있을 뿐이다.

　　(81) 그래서 그 청년을 보다가 인자 물었어. "어디 사냐?" 그렁께로,(보성
　　　　구비)

'보다'는 주로 전남에서 쓰이고 전북에서는 전남과 접한 정읍의 구술발화
에서 예가 확인된다.

　　(82)
　　가. 즈그 아버지보다 허는 말이 뭣이라고 헌고 허니,(정읍 구비)

　　나. 인자 그 몸종보다 오늘은 뭔 날이냐고 긍께,(정읍 구비)

　　다. 그 큰애기 제일 큰오빠 되는 사람보다 낼(=내일) 우리집으로 일찍흐니

아버지 모시러 오라고 그러코롬 해서 즈 딸 기별해 보내 놓고는,(정읍 구비)

라. 그서 뭣이냐 그 사람보다 허기를, 그러믄 뭣이냐 올 저녁이라도 이 우 중이라도 자리만 있으면 이장을 허겄냐고 긍께,(정읍 구비)

마. 즈 마느래가 즈그 남편보다가 긍께,(정읍 구비)

바. 지관이 인제 주인보다는 자고 가자고,(정읍 구비)

사. 남자보다 물웅께,(정읍 구비)

아. 그서 즈그 마느래보다 아니, 혹시 조고(=조기) 아부지 안 드렸냐고 긍 께,(정읍 구비)

4.2.3.6 도구격조사

조사 '으로'는 표준어에서 '방향, 경유, 재료, 수단/도구, 방법/방식, 원인/ 이유, 시간 표시' 등의 기능을 하며, '으로 하여금'과 같은 관용적인 구를 형성 하기도 한다. 서남방언에서 '으로'는 '이로'로 쓰이는 것이 보통인데 기능에 서 표준어와 다를 바 없다. 다만 '으로 하여금'과 같은 관용구는 이 방언에서 쓰이지 않는다. 또한 수단이나 도구를 나타낼 때 '으로써'와 같은 표현도 표 준어에서는 가능하지만 서남방언에서는 사용하지 않는다.

(83)

가. 우리는 이놈아 쇠몽둥이로 이놈아 맞아 죽어, 가면, 저승에 가면.(장성 구비)

나. 전에는 실상 명지 실상 그 실꾸리를 다 손이로 감어.(장성 구비)

다. 아이고, 우리 같은 사람집이 어떻게 서울 대감댁이로 혼인을 허냐?(장 성 구비)

라. "나는 아버님이로 친정 아버님이로 인제는 모실랍니다." 그랬어.(장성

구비)

　마. 우렁이 친 새끼가 다 뜯어 먹고 비가 와서 빈 깍쟁이(=깍지)로 떠내려

　　강게,(장성 구비)

4.2.3.7 비교격조사

비교는 크게 동등 비교와 차등 비교의 두 가지로 나뉜다. 동등 비교는 다시 일반 동등 비교와 정도 동등 비교의 두 종류로 나뉠 수 있다. 정도의 동등 비교가 조사 '만큼'에 의해 표현된다면 일반적인 동등 비교는 '같이'나 '처럼'으로 표현된다. 이 두 종류의 등등 비교는 (84)처럼 의미 차이를 보인다. '새처럼'은 새가 나는 모습 전체를 말한다면 '새만큼'은 새가 나는 높이, 거리, 시간 등의 정도를 나타낼 수 있다.

　(84)

　가. 연이 새처럼 난다.

　나. 연이 새만큼 난다.

일반적인 동등 비교를 나타내는 서남방언의 조사는 (85)와 같이 네 가지가 있다. '같이'는 표준어와 같은 형태이며 여기에 조사 '으로'가 수의적으로 결합된다. (나)의 '치로'는 표준어 '처럼'에 대응하는 형태로서 서남방언의 일부에 나타나나 사용 빈도는 그다지 높지 않다. (다)의 '마니로'는 정도를 나타내는 조사 '만'에 다시 조사 '이로'가 결합된 것으로서 이 방언에서는 사용 빈도도 높고 다양한 방언형이 확인된다. (라)의 '마냥'은 아마도 정도의 조사 '만'에 형태 '양'이 결합된 것으로 보이는데, '이로'가 수의적으로 결합하는 것은 '같이'와 같다.

(85)

가. 연이 새같이(로) 난다.

나. 연이 새치로 난다.

다. 연이 새마니(로) 난다.

라. 연이 새마냥(이로) 난다.

4.2.3.7.1 동등 비교

① 같이/같이로/같일로/갈칠로

'같이'는 표준어와 용법이 완전히 같으며 서남방언의 전체에서 고루 쓰인
다. 다만 전남의 동부 지역과 전북 일부에서는 '겉이'로 쓰이는 것이 특별하다.

(86)

가. 인자 키여 논 놈을 아까 말한 거같이 인자 이종할라믄 써레로 싹 썰어
   갖고는 이종얼 하는데.(진도)

나. 시방겉이 딸 세상에 요러는디 저거 하나를 뉩히 놓고 저녁이믄 이 에
   미 없는 자석 두 개 뉩히 놓고,(광양)

다. 아, 성님, 애기를 이번에 낳는데 또 먼침 놈겉이 또 그라요.(고흥 구비)

라. 집에서 이렇게 인자 이렇게 펭소겉이 있는디,(고흥 구비)

마. 되야지 새끼 한 마리 쥑여서 아, 애기매이로 묶어서 놓고는 송장겉이
   해 놓고,(전주 구비)

바. 서울겉이 널른 천지에 말여 사램은 왔다갔다 허고 어디로 갈 바를 모
   르겄어.(정읍 구비)

서남방언에서는 '같이'에 '로'가 결합된 '같이로'[가치로]가 '같이'보다 사용

비율이 더 높다. 이 '로'는 기원적으로 도구격조사 '으로'일 텐데, 여기서는 '같이'라는 조사 뒤에 붙기 때문에 도구격조사로서의 기능은 드러나지 않는다. '정도'와 같은 낱말에도 '정도로'처럼 도구격조사가 흔히 붙는 것을 감안하면 비교격조사에 '으로'가 붙는 것은 매우 일반적인 현상으로 보인다. 후술할 '마냥'이나 '만'에도 '으로'가 붙어 '마냥이로'나 '만이로' 등의 형태가 흔하게 쓰인다.

(87)

가. 까락지(=가락지)같이 풀을 허던지 말하자믄 끈으로 고리를 매, 머이냐 그 반지베같이로.(곡성)

나. 그랑께 그 쏘는 활같이로 생겼었는데,(진도)

다. 우리 마을같이로 거시기하는 디가 없소.(영암)

라. 똑같어, 배추지 담은(=담그는) 거같이로.(영암)

마. 지금같이로. 지금은 돌 세우고(=쇠고) 그라지마는,(영암)

바. 방석은 덕석(=멍석)같이로 맹길았어도 도리도리한 것보고 방석이라 하고.(진도)

'같이로'는 다시 /ㄹ/이 덧나 '같일로'[가칠로]로 쓰이기도 하는데, 구술발화 자료에서는 특히 전남 진도와 해남 지역 발화에서 많이 보인다. 그리고 '같일로'는 다시 후행의 /ㄹ/에 동화되어 '갈칠로'로도 쓰이는데, 명사 외에 (88바)처럼 문장 뒤에도 올 수 있어 특이하다.[12] 그러나 온 문장 뒤에 '같이' 또는

---

12 '같일로/갈칠로'가 비교격조사 '와' 뒤에 와서 조사가 아닌 부사로 쓰이기도 한다. (예) 그랑께 부자유친도 아부지가 자석을 친할 만해야 자식도 친함이 된 것이고 벗과도 벗도 믿음이 있을 만한 정도로 해사 믿음이 <u>있음과 같일로</u> 씨엄씨도 씨엄씨다와야 씨엄씨가 안 맞제.(해남 구비)/산이면(지명) 지형은 노송과 같이 늙은 <u>소나무와 갈칠로</u> 등으로 한 가지, 서로 한 가지, 중앙으로 한 가지, 세 가지가 딱 나눠서,(해남 구비)

462

'같이로', '갈칠로' 등이 오는 것은 매우 드문 일이므로 개인어일 가능성이 크다.

(88)

가. 지금같일로 약이 발달했다요?(진도)

나. 나도 저런 사람들같일로 우리 아부지를 모셨으면….(해남 구비)

다. 솔직한 말로 지금같일로 치솔이 머 있다요?(진도)

라. 새 날개갈칠로 한 가지를 연출해 놓고,(해남 구비)

마. 영암군(지명)이 활등갈칠로 딱 오부장하니(=오목하게) 해서 딱 묘소를 옹호하고,(해남 구비)

바. 열 번 찍으면 안 자빠진 나무가 없드라갈칠로 즈그 마누래도 이와 같이 심정이 따라간단 말이여.(해남 구비)

② 치로/칠로

표준어의 '처럼'에 대응하는 형태로 서남방언에는 '치로'가 있다. '치로'는 기원적으로 '테(體)-로'에서 비롯되었으므로 '톄로 〉체로 〉치로'와 같은 변화를 겪었을 것이다. (89가)는 19세기 판소리에 나타나는 '체로'의 의존명사적 용법을 보여 주며, 서남방언에서도 이러한 용법이 남아 있음을 (89나)는 보여 준다. 의존명사의 '체로'나 '치로'는 (89다)-(89라)에서 보듯이 형식적인 의존명사 '것'에 결합된 '것치로'로 바뀔 수 있다. 이렇게 되면 '치로'는 조사로 바뀌는데 표준어의 '처럼' 역시 이 단계에 와 있다.

(89)

가. 춘향이가 그제야 못 이기난 체로 게우 이러나,(수절가 상 11)

나. 그래갖고 여그서 쪼깐 사는 치로 하다가 도개 나갔제.(진도)

다. 제이(第二) 진에서 활동한 분네들이 제최선상(第最線上)에서 활동한

것치로 기록이 되아 있기 때문에,(신안 구비)

라. 즈 아부지 묘를 파다 여그다 씨고 그놈으는 봉분을 어떻게 지어 놓고, 또 안 판 것치로.(군산 구비)

마. 우리 어머니가 말씀은 똑똑해도 진도 사람들치로 멋은 없었어라.(진도)

바. 애기도 그남동(=그나마) 너무치로(=남처럼) 잘 갈치도 못헌 그놈 갈치고 그럼서 헝게,(영광)

사. 시방 청국(=청국장) 먹어 보면 그때 청국치로 맛난 지 모르겄데.(영광)

'치로'는 '그러-'나 '저러-' 등에 결합되기도 하는데, '그러치로'는 '그렇게'의 의미를 지닌다. '그렇게'는 서남방언에서 '그로고'로 쓰이고 이를 강조할 때는 '그로크롬'이나 '그로코롬'처럼 '크롬/코롬' 등이 덧붙는다. 이는 표준어 '그렇게끔'의 '끔'과 같은 것이다. '크롬/코롬'은 '-게' 뒤에도 덧붙을 수 있는데 이 역시 표준어 '-게끔'과 같다. '그러치로'의 '치로'는 아마도 '그로크롬'의 '크롬'을 대체한 것으로 추정된다. '그로크롬'과 '그치로'의 의미적 동일성과 형태적 유사성이 이러한 대치를 가능하게 한 것으로 보인다.

(90)

가. 그 조화가 그러치로 있든 모양이여.(해남 구비)

나. 그 없는 이가 그러치로 할 띠게는 보통 뭣이 아닝께,(해남 구비)

다. 아, 있어 봉께 그러치로 조상낭기(=조석 끼니 해결도 어려운 처지)하고 살아도 티가 없어.(해남 구비)

라. 어쩨 낮에 꿈에 큰 용이 저로치로 올라가는고?(해남 구비)

'치로'는 다시 /ㄹ/이 덧나 '칠로'로도 쓰이는데, 이러한 /ㄹ/의 덧남 현상은 '같이로/같일로'에서도 확인된 바 있다.

(91)

가. 다른 병원이로 강께 의논한 거칠로 똑같이 그랍디다.(진도)

나. 순사부장이 크게 멋한 거칠로 군수마이로 서장마치 그렇게 되았제.
(진도)

다. 시방칠로 어디가 꼬칫가리 너서 먹었다요?(영광)

라. 지금칠로 포리(=파리)도 그렇고 없어졌제, 그때는.(영광)

(92)는 영광 지역에서 쓰인 '치름'의 예이다. 영광 지역의 일반적인 형태가 '치로'인 것을 감안하면 '치름'은 '치로'와 표준어 '처럼'의 혼태에 의한 형태로 보인다.

(92) 그때는 지금치름 보리 매상헝게 누가 보리 사 묵은 사람 없어.(영광)

③ 마니로/맹기로/맹키로

'마니로'는 정도를 나타내는 의존명사 '만'에 조사 '이로'가 결합된 '만이로'가 비교격조사로 재구조화된 것이다. '만이로'는 서남방언에서 다양한 변이형을 갖는다. 우선 전남 지역의 구술발화에 나타난 형태들을 모아 정리하면 〈표 5〉와 같다.

〈표 5〉 전남 지역어에서의 '마니로'의 변이형

지역	방언형
곡성	맹기로, 맹게, 맹키로, 매키로, 망키로
광양	맹이로, 매니로, 맹키로, 맹이, 매기
영광	말로
진도	마이로, 맹킬로
영암	마니로, 마이로

보성	마니로, 마이로, 마리
신안	마니로, 마일로

전남의 곡성이나 광양 등 동부 지역에서는 '맹기로', '맹키로', '맹이로', '매니로' 등이 보이고, 진도 · 영암 · 보성 · 신안 등 남부 지역에서는 '마니로', '마이로' 등이 보인다. 서해안에 접하면서 전북과 접하고 있는 영광에서는 '말로'형이 두드러지게 쓰인다.[13] '말로'는 '마이로'가 축약된 형태이다.

'맹기로'나 '맹키로'는 기원적으로 *'만-이로'를 재구할 수 있고, 이때 설정된 *'만'은 정도를 나타내는 의존명사나 조사 '만'보다 더 오래된 형을 반영한다. 이승재(1994)에서는 '마니/매니/맹키/맹이/…' 등에 나타나는 '-이-'가 지정사이며 '만하-'나 '만큼'과 어원을 같이하는 것으로 해석하였다. 그래서 '마니'계의 조사들은 *'많이'와 같은 기원형에서 발달한 것이라고 한다. 여기서 제시된 '많'이 위에서 설정한 *'만'과 기원적 관계를 갖는 것은 분명하다. 이러한 이승재(1994)의 견해를 고려하면 전남의 서부와 남부에서 /ㄱ/이 탈락한 '마니로'의 형태가 주로 분포하고, 북동부 지역에서는 /ㄱ/이 유지된 '맹기로'나 '맹키로'가 주로 쓰이는 지리적 분포 양상이 쉽게 이해된다. 이러한 지역적 분포는 '실겅/시렁'(=시렁), '머구/머우'(=머위), '엿질금/엿지름'(=엿기름) 등 /ㄱ/의 탈락 유무에 따른 전남의 동부와 서부의 분화 양상과 일치하기 때문이다 (이기갑 1986). 전북 지역은 전남에 비해 '마니로'류의 형태가 사용되는 빈도가 상대적으로 낮다. 구술발화 자료를 검토해 보면, 전남과 접해 있는 남원의 '맹기', 고창의 '마이로'가 확인되고 임실에서는 '맹이로/매이로' 등이 보인다. 반면 무주나 군산 지역의 구술발화 자료에서는 이러한 형태가 확인되지 않고 대신 '마냥'이나 '처럼'이 쓰인다. 다만 군산의 구비문학 자료에서는 각주

---

13 역시 서해안에 접한 전북 군산에서도 '말로'가 확인된다. (예) 그전이 옛날 말허자믄 흥부 새끼말로 참 밥을 갖다 중게 그냥 정신없이 막 그놈을 숟그락을 뭉침서 손으로 막 집어 먹어.(군산 구비)

13처럼 '말로'가 확인된다.

(93)

가. 터럭을 재와서 반들반들허니 실맹기로 만들아 나야 절(=결)이 안 일어
　　나요, 베 짤 때.(곡성)

나. 물 뜨러 간 거맹키로 이고 기양 나가 불고,(곡성)

다. 그냥 떼배맹키로 이러구 우에다 요리 실어갖고,(광양)

라. 어머니맹킬로 못 담겄다고(=담그겠다고) 그래요.(진도)

마. 끈매키로 이렇고 되아.(곡성)

바. 빵망키로 요만썩허니 맹길아갖고,(곡성)

사. 날보고 아픈 거맹이로 어무니가 누(=뉘) 있이라고 그러면,(광양)

아. 나를 인자 당신이 논(=낳은) 거맹이로 업고 댕기고 그랬다네요.(광양)

자. 울 올케가 어매매니로 나를 거천을 해요.(광양)

차. 싸리버셉(=싸리버섯)이라고 그냥 똑 요 손구락 끄터리매이로 요런 거
　　이 막 몽태이가 있어요.(광양)

(94)

가. 나무로 인자 이르캐 함석같이 짜요, 이릏게 상마니로.(보성)

나. 줄을 요렇게 동애줄마니로 때락 크게 틀어서 집(=짚)이로 맨들아서,
　　(영암)

다. 농마니로 생게갖고,(영암)

라. 지금마이로 잏게 두 늙은이 살잔해(=산 것이 아니라) 그런 때는 여러
　　이 안 살았습닌자(=살았잖습니까)?(진도)

마. 저 칙(=칡)마이로 캐믄 그 뿌루(=뿌리)가 있는데,(진도)

바. 시방마이로 선을 보고 어처고 이런 시기가 아니고요,(보성)

사. 모자리 비니루마이로 넓어갖고 시방 쩌그 저 고치 덮어 논 거같이 생

긴 거를 쫙쫙 덮어서,(보성)

아. 지금마이로 농사들 많이 안 징께 쪼금썩 담어 놓고 그랬지요.(영암)

자. 삐비꽃(=삘기꽃)마이로 핀 것이 비서릿대(=싸릿대)지라이?(영암)

차. 그렇께 남자가 죽을라먼 방망이마일로 긴 불이 나가고,(신안)

(95)

가. 요것이 인자 팽팽이 기양 가야금 줄말로 기양 팽팽해져.(영광)

나. 지금말로 양님(=양념)을 다 늫기나 허간디?(영광)

다. 그러면 동동주말로 그러케 좋제, 허먼 술얼 허먼.(영광)

라. 나중에는 밥말로 딱 개떡말로 데야갖고 밑구녕(=밑구멍)에가 있어.
(영광)

'맹기로', '맹이로', '마니로', '매니로' 등의 '로'는 생략될 수 있다. 그러나 '말
로'의 '로'는 생략될 수 없다. '로'가 생략된 형은 '로'가 있는 형에 비해 그 사용
빈도가 상대적으로 낮다.

(96)

가. 맛있어요, 시금추 나물맹개.(곡성)

나. 똑 비리(=비루) 오른 거맹이 시방 곡석(=곡식) 비리 오리먼 안 크데끼
(=크듯이).(광양)

'로'가 없는 '마니/매니/맹키/맹이'는 지정사와 결합하여 형용사 '같-'처럼
쓰인다. 이런 경우 '로'의 생략은 필수적이다. 이들은 기원적으로 지정사를
포함한 "맘-이-'의 구성이 '같다'의 의미를 나타내기 때문으로 보인다.

(97)

가. 저 나무 우로 또 불철선(=전선) 늘어 논 거 맹키라요(=같아요).(광양)

나. 올케가 그냥 어매 매이라(=같아).(광양)

다. 생긴 것이 꼭 사람 맹이다/맹이여/맹이구만(=같다/같아/같구먼).

④ 마냥

정도의 조사 '만'에 형태 '양'이 결합한 '만양'은 서남방언에서 '마냥'으로 실현되며 동등한 비교를 나타낸다. '만'에 결합된 '양'의 정체는 확실하지 않으나 한자어 '樣'일 가능성이 없지 않다. 이 '마냥'은 '만'과 마찬가지로 조사 '으로'의 결합이 가능하다. (98)은 '마냥'과 '마냥으로'의 두 형태를 모두 보여 주고 있다. 특히 (바)에서는 '마냥'의 /ㄴ/이 탈락하여 '마양'으로 실현되었다.

(98)

가. 여그다 말린 것마냥 요로고 둥치 지어 노먼,(영암)

나. 거시기 저 이렇고 만들데요, 멋을 대마냥.(영암)

다. 대 쪼개 논 놈을 발마냥으로 지붕을 다 인자 그렇고 덮어.(곡성)

라. 머리가 이러고 동고로니(=동그랗게) 싹 빠지고 흑허이(=하얗게) 기양
   투실투실허거등, 개떡마냥으로.(영광)

마. 그런 거마냥으로 막 여자들이 가서 비가 안 오고 가물먼은 가서 물 까
   부른다고 그라데요.(영암)

바. 죽석(=대자리)을 절어(=겯어). 그 치마양으로(=키처럼) 고러고 말하자
   먼 절어.(곡성)

⑤ 만, 만치, 만큼

표준어에서 '만큼'은 의존명사와 조사의 두 가지로 쓰인다. '만큼'에 대응하는 중세어는 의존명사로서 '마', '만'이 있으며, 여기에 '씩'의 뜻을 갖는 접미사 '-곰'이나 '-감'이 결합된 '마곰', '맛감' 등이 나타난다. '맛감'의 '맛'은 '만'에 관형격조사 'ㅅ'이 결합된 '맗'에서 /ㄴ/이 탈락한 것이다(허웅 1975:285). 중세어에서 '마'와 '만'은 함께 쓰이는데 문헌에 나타난 예로 보면 '마'는 단독형으로 쓰이는 예가 확인되지 않아 언제나 조사와 결합된 곡용형으로 쓰인다고 할 수 있다. 반면 '만'에는 이러한 제약이 없어 단독형과 곡용형의 두 가지가 모두 가능하다. 허웅(1975:286)에서는 의존명사 '마' 앞에 관형사나 관형형씨끝이 오지 못한다는 제약을 제시하고 있다. 그렇다면 '마'와 '만'은 부분적으로 겹치는 분포를 갖는 변이형인 셈이다. 현대어 '만큼'은 아마도 '만'의 고대형 '맗'에 접미사 '곰'이 결합된 형태로부터 발달했을 것이다.

(99)
가. 사ᄅᆞ미 무례 사니고도 즁ᇰ 마도 몯호이다(석보상절 6)
나. 터럭 마도 글우미 업스리니(능엄경언해 104)
다. 世間ㅅ 드틀을 므슴 만 너기시리(월인천강지곡 상:45)
라. 燈마다 술위 퓌 만 크긔 ᄒᆞ야(월인석보 9:53)
마. 룡안 마곰 ᄒᆞ야(구급간이방 6:11)
바. 환 밍ᄀᆞ로ᄃᆡ 머귀 여름 마곰 ᄒᆞ야(구급간이방 1:9)
사. ᄃᆡ쳑 노픠 흔 자 맛감 ᄒᆞ라(가례언해 8:18)

현대 표준어에서 '만'은 언제나 '하다'와 결합하여 쓰이는데 의존명사와 조사의 두 가지 용법이 있다. 의존명사로 쓰일 때에는 관형절의 수식을 받고, 조사로 쓰일 때에는 체언 뒤에 온다. 그래서 '먹을 만하다'는 의존명사, '집채만 한 파도'는 조사의 용법을 보여 준다. '만'이 의존명사와 조사의 어느 쪽으로 쓰이더라도 '도', '은' 등의 보조사가 결합될 수 있지만 격조사는 결합될 수 없다. 서남방언의 '만'도 표준어와 같이 의존명사와 조사의 두 가지 용법을 설정할 수 있다. 의존명사는 표준어처럼 관형절의 수식을 받으며 '만' 뒤에는 언제나 '허다'가 온다. 반면 '만'이 조사로 쓰일 때에는 표준어와 달리 '허다' 외에 일반 용언도 올 수 있다. '만'이 용언과 어울려 쓰일 때에는 홀로는 쓰이지 못하고 뒤에 접미사 '-썩'(=-씩), 조사 '만치', '이나' 등과 결합해야 한다.

우선 접미사 '-썩'이 결합된 예를 보기로 하자. 중세어 '마곰', '맛감' 등에서 '-곰'이나 '-감'이 '-썩'의 의미를 갖는 접미사라는 바를 언급한 바 있는데, 현대 서남방언에서도 접미사 '-썩'이 '만'에 결합된 예가 다수 보여 중세어의 의미 관계가 현대에도 그대로 이어져 오는 것을 알 수 있다.[14] (100)에서 보듯이 접미사 '-썩'이 의존명사 '만'에 결합될 때는 본래의 의미가 거의 드러나지 않는다. '-썩'은 표준어 '-씩'과 마찬가지로 '수량을 나타내는 말 뒤에 붙어 그 수량이나 크기로 나뉘거나 되풀이됨'의 뜻을 더하는 것이 본래의 뜻이지만, 의존명사 '만' 뒤에서는 이러한 본래의 의미는 사라지고 단순히 '정도'의 의미를 나타낼 뿐이다. 중세어에서 '-곰'이 "많에 결합할 때에도 이러한 의미 변화가 일어났기 때문에 '만큼'이라는 한 낱말로 굳어지게 되었을 것이다. (100가)-(100다)는 일반 형용사나 동사가 오는 경우이고 (100라)-(100차)는 '허다'가 오는 경우이다.

(100)

가. 뉘에(=누에)가 요만썩 굵그등. 여그서 여 밑에까지 쭉 긁어 밀어.(곡성)

---

14 물론 다음 예처럼 '썩' 앞에서 '만치'가 오는 수도 있다. (예) 어느 정도 <u>요만치서</u> 한 한 모심썩 꿰면은(곡성)/거 산죽대, 산죽대를 <u>여만치서</u> 인자 가락에 들어갈 <u>만치썩</u> 대롱을 만들어갖고,(곡성)

나. 그래갖고 딱 빼서 인자 나뒀다가 모가 인자 요 정도썩이나 인자 크고 또 우리 모 셍긴(=심은) 놈만썩이나 크면 인자 그때는 인자 물을 대지 요.(보성)

다. 그놈을 요만썩 뭉꺼(=묶어)갖고 불 댕게갖고 막 댕기고(=다니고) 그러 지요.(보성)

라. 요만썩 헌 거 인자 그른 걸 밴 데 가서 숨우다가 때고,(보성)

마. 요롷게 인자 가래떡마니로 맨들아갖고 그른 거를 요만썩 요만썩 헌 거 를 갖고와서는 폴아요.(보성)

바. 여만썩 하니,(영암)

사. 그라먼 인자 흑을 요만썩 하이 몽구락허니 해갖고 인자 떵게(=던져) 주먼,(진도)

아. 긍게 집(=짚)얼 또 고렇고만 이잔해(=이는 것이 아니라) 집 다발을 요 만썩 허게 다 묶어.(영광)

자. 영거(=얹어)갖고 인자 주먹만썩 헌 인자 쉐약(=쐐기) 박어, 인자.(영광)

차. 고름이 기냥 누런 고름이 요만썩 한 넘(=놈)이 나와, 요런 디서 몸뚱이 서.(영광)

'만'에는 보조사 '도'가 붙을 수 있다. '만도'나 '마도'는 이미 중세어에서도 확인되는 결합형으로서 언제나 부정문의 '몯ᄒ-'와 결합되어 쓰이는 통사적 제약을 갖는데 이는 서남방언에서도 그대로 적용된다. 조사 '도'와 결합할 때는 후행 요소로서 '못허다' 외의 다른 용언은 올 수 없다.

(101)

가. 사ᄅᆞᆷ 무레 사니고도 즁싱마도 몯ᄒ이다(석보상절 6)

나. 흔 실터럭만도 보디 몯ᄒᆞᆸ오나(금강삼가 4:33)

다. 내 장성 눈구녁 하나만도 못허다고 큰소리를 쳐.(장성 구비)

라. 저(=자기)만도 못헌 놈들도 나가면 다 잘들 벌어갖고 와서 부모 봉양

　　허고 잘허는디,(장성 구비)

마. 저만도 못한 것들이 과거를 본다고 다 가 뻐리고.(화순 구비)

바. 나만도 못한 것들이 과거보러 간다고,(화순 구비)

사. 그전에 신작로가 요새날 니아까(=리어카) 댕기는 길만도 못했지.(부

　　안 구비)

아. 눈으로 안 본 것만도 못허다.(군산 구비)

자. 그 까짓것 우리 소학교 댕기는 아들만도 못형게,(정읍 구비)

'만'은 중세어와 마찬가지로 조사 '이나'와 어울려 쓰이기도 하는데,[15] '만이나'는 '정도로'의 의미로 해석된다. 조사 '이나'가 올 경우 '만이나'도 가능하지만 '마나'가 일반적이다. '마나'는 '만'의 변이형 '마'에 조사 '나'가 결합한 것이다. '만이나/마나' 뒤에는 '허다'와 일반 용언이 모두 올 수 있다.

(102)

가. 머릿터럭 마나나 社稷을 돕ᄉ오련마른(두시언해 6:53)

나. ᄒ다가 ᄒᆞᆫ 터럭귿 매나 이시면(몽산화상법어약록 12)

다. 지금은 그만이나 헌데 엣날에 나 클 때만 해도 겁나게 산중이었어.(영광)

라. 홀태라고 요마나 너룬 것이 말하자면 이빨 새다구(=사이)만 새다구 있

　　어갖고,(진도)

마. 요마나 데야요.(진도)

바. 그 짜구(=자귀)가 잉게 요마나 너루까 고런 놈이로 찍에서(=찍어서)

　　깡까요(=깎아요).(진도)

---

15 '이나' 앞에서 '만' 대신 '만치'가 쓰이기도 한다. (예) 그런디 얼매가 뻽따구가 얼마나 거식

했겠소? 그런디 인자 어찌 내가 근강허게 생에 놓게 글도 그만치나 거식했제.(영광)

사. 그 게란이 백원짜리 돈 한나마나 우게(=위)가 베일라 말라 해, 동동동 뜨먼언.(영암)

아. 달갈을 거그다 느믄은 백 원짜리마나 욱에가 올라온당께, 게란이.(영암)

'만'이 관형절의 수식을 받는 경우는 (103)처럼 언제나 '허다'와 함께 쓰이는데 이 점은 표준어와 같다.

(103)

가. 그놈이 조금 식을 만헝께 누워서 자기 손으로 딱 끄집어 내면서,(화순 구비)

나. 동네 길가상(=길가) 밖으로 솟부리가 좀 나와갖고 비 막을 만헌 집이 있겄다.(화순 구비)

'만'에 '만치'나 '만큼'이 결합해서 쓰이는 수가 있다. 이런 결합은 대체로 지시어 '그'와 함께 쓰이므로 전체 형태는 '그만만치/그만만큼'이 되지만, 그 뜻은 '그만큼' 또는 '그 정도로'이다. '만'의 쓰임이 약화되면서 세력이 강한 '만치/만큼'이 덧붙은 것으로 보인다. '그만만치/그만만큼'은 '만'이 잇따라 나타나는 것을 피하기 위해 끝자음 /ㄴ/이 탈락되어 '그만마치/그만마큼' 또는 '그마만치/그마만큼' 등의 형태로 쓰인다. '만'이 '만큼'과 결합해서 쓰일 때 후행 요소는 '허다' 외에 일반 용언도 가능하다.

(104)

가. 그만마치 비싸.(영광)

나. 잘 디가 없어서 그런자나(=그런 것이 아니라) 가난해갖고 그만마치 멋(=무엇)이 없어. 먹고 살 것이 없어.(영광)

다. 그마만치 내가 인자 깡깡하니(=단단하게) 하고 모았응께 그라제.(영암)

라. 살기가 많이 글마만치 좋아지고.(영암)

마. 아, 그려서 돈을 그마만치 짊어지구 왔어.(부안 구비)

바. 그마만치 그저 그 지성 있고 지혜가 있는 사람잉게,(군산 구비)

사. 주민들이 그마만큼 생활이 없었기 때문에,(신안 구비)

아. 그렇께 맛이 좋고 그마만큼 사랑이 맺어졌다는 것을, 그것을 알켜 준
다는 그런 것이 얘기제.(화순 구비)

자. 땅을 그마만큼 많이 쳐야 쓰겄다.(보성 구비)

차. 그마만큼 무서운 것이여.(전주 구비)

카. 그마만큼 여자가 미색이 좋아.(군산 구비)

타. 그런디 그마만큼 헐 적에 그 여자도 가슴이 아프고 쓰렸겄어?(군산 구비)

지금까지 살펴본 바와 같이 서남방언에서 '만'은 접미사 '썩', 조사 '도', '이
나', '만치/만큼'의 앞, 그리고 관형절의 수식을 받는 통사 구성에 제한되어
나타난다. 따라서 '만허다'를 제외할 경우, '만'이 단독형으로 쓰이면 비문이
된다. 예를 들어 '키가 일 년 동안 이만큼 컸다.'를 '*키가 일 년 동안 이만 컸다'
로 바꾸면 비문이 되는 것이다. 그래서 '일 년 동안 키가 이 만이나 컸다.'처
럼 조사 '이나'를 결합시켜야 유사한 뜻을 나타낼 수 있다.

한편 '만'은 '만이'로 쓰이는 수가 있다.[16] 이때 결합되는 '이'의 정체는 불분
명하나, '만이'는 단독형 또는 조사 '로'나 '도'가 결합한 '만이로'나 '만이도'로
쓰인다. (105나)의 '요만이로'는 '이만큼'의 의미이다. ③에서 설명한 것처럼
비교격조사 '마니로'의 기원은 (105나)와 같이 '만-이로'이지만 '마니로'는 정
도의 비교가 아닌 일반적 비교를 나타내기 때문에 (105나)와는 다르다. '요만
이로'의 '만이로'는 정도를 나타내는 의존명사 '만이'에 조사 '로'가 결합한 형

---

16 '만'에 '이'가 결합된 의존명사 '만이'가 제주 방언에도 나타난다. (예) ᄇᆞ듯 죽지 안헐 만이
줘서(=겨우 죽지 않을 만큼 줘서).

태로서 비교격조사 '마니로'와 동일시 할 수 없다. '만이'는 (105가)에서 보듯이 단독형으로 쓰일 수 있는 점에서 '만'과의 차이를 보인다.

(105)

가. 그때는 인자 <u>그만이</u>(=그만큼) 농사 쩨깐 지어도 더 펜엔헌디 요러고 농사 더 징께 요롷고 고중하다(=고되다)고 그 말씀이어게(=말씀이셔), 지금.(영암)

나. 속 떡가리(=덮개) 똑 요맨헌 간(=그런) 데다가 밥 <u>요만이로</u> 쪼깐 주고 국물 쪼깐 딱 주고,(보성)

다. <u>요만이도</u>(=이 만큼도) 미운 맘이 없이 살았어, 시아바이허고도.(영광)

'만큼'이나 '만치'도 '만'과 같이 정도를 나타낸다.[17] 같은 동등 비교라 할지라도 '처럼/같이'는 정도성을 포함한 포괄적인 동등비교인 반면, '만큼/만치'는 정도에 초점을 맞춘 동등비교라 할 수 있다. '만'도 원래는 '만큼'이나 '만치'와 마찬가지로 정도의 동등 비교를 나타내던 의존명사였다. 그런데 일반적인 동등 비교를 나타내게 되면서 '마니'나 '마니로'와 같은 새로운 비교격조사로 발전하게 된 것이다. 서남방언은 표준어와 같이 정도 비교에 '만큼'을 사용하는데, /ㄴ/이 탈락한 '마큼'을 쓰기도 한다. (106)은 '만큼'과 '마큼'이 혼용되고, (106다)는 동일한 발화자가 '만큼'과 '만치'를 함께 쓰고 있음을 보여 준다.

(106)

가. 그것이 왜 그냐먼은 그 실을 오락지(=오라기)에 따라서 멧 새 그 보디

---

17 특히 장소를 나타내는 의존명사 '데'가 지시어와 결합되어 있을 경우, '만큼'은 '큼' 또는 '끔'으로 줄어들어 나타난다. (예) 요데끔 앙거라, 뽀짝 앙찌 말고(=이 정도 앉아라, 바싹 앉지 말고).

가 보디가 예를 들어서 말하자면 그만큼 배고 드물고 허제.(곡성)

나. 마루 같은 것은 인자 또 그만큼 더 노푸게 해갖고.(곡성)

다. 요만큼 돋아야(=톺아야) 해요. 요만치 돑으면은,(곡성)

라. 밥허는 것을 기양 호랭이마큼 거식허고 일허는 것은 호랭이마치 무사 갖고는 저 부억에 들어간 것을 그렇게 싫어허시드마.(영광)

마. 떠다가 묵기도 하고 그라고 거시기한다니까, 저 요마큼씩 해갖고 너갖고 쭉쭉 뿔믄.(영암)

서남방언에서 '만치'는 '만큼'보다 사용 비율이 훨씬 높다. '만치'는 '마치'로 도 쓰이는데 이는 '만큼'이 '마큼'으로 쓰이는 것과 같다.

(107)

가. 가리면은 요만치 또 인자 중간에다 풀어가지고 여그를 쩜매요(=묶어 요).(곡성).

나. 요만치 개와가지고(=개가지고) 뚜드러갖고 다시 짓(=깃)을 달아갖고, (곡성)

다. 집에서 요만치 한 다발 나두고 오천 언썩 근디 집에서 쪼금썩 담아갖 고 새끼들이나 주고 어쩌고 그러제.(곡성)

라. 고롷게 찌어서 고만치만 찌어서 두고는 까끔 내서 완전히 찌어서 해먹 읍디다.(진도)

마. 긍게 집이 너푸먼은 우리집에 요만치를 싸는(=쌓는) 디도 있고,(영광)

바. 그릉깨 쩌만치 서란 소리도 안 허고,(보성)

사. 여까지 갈아야 쓰 거인디 요만치 와 불었단 말씀이에요.(보성)

아. 그먼 인자 요만치 갈아야 되겠지요?(보성)

자. 즈그 동생이 뒤로 다시 빠꾸를 해갖고 쩌만치 가갖고 즈그 누나 뵈이 지 안흔 디 가서는 기양 독으로(=돌로) 기양 그놈을 깨갖고 죽어 뿄어

요. (보성)

차. 그놈을 우리 신랑은 요마치도 못해.(영광)

카. 그마치 차이가 나게 살았어.(영광)

한편 '그때게(=그때에) 고상(=고생)만치나 했소'와 같은 문장에 쓰인 '만치나'는 정도를 강조하여 '그때 무척 고생했소.'와 같은 의미를 나타낸다. 이는 '참을 만치 참았다', '할 만치 했다'처럼 동사가 반복되는 구문에서 의존명사 '만치'가 '최대한의 정도'를 뜻하는 것과 관련이 있다. 이러한 서술어 반복 구문 외에 동사적 속성을 지닌 명사 다음에 오는 조사 '만치'도 조사 '이나'와 결합하여 같은 의미를 나타낼 수 있다. 예를 들어 '공부만치나 했다', '저축만치나 했다' 등의 '공부'나 '저축'은 동사적 의미를 가진 명사인데 여기에 조사 '만치나'가 결합되면 '공부를 할 만큼 했다', '저축을 할 만큼 했다'와 같은 의미를 나타내게 되는 것이다. 그러므로 서남방언에서 '고상만치나 했소'가 '고생을 할 만큼 했다'의 뜻을 나타내는 것도 같은 이치라 하겠다.

4.2.3.7.2 차등 비교

① 보다/보단/보듬/보도[18]/보돔

비교격조사 '보다'는 'A보다 B가 더/덜…'과 같은 통사 구조로써 양이나 정도의 차등 비교를 나타낸다. 이때 '더'는 우등 비교, '덜'은 열등 비교를 표시한다. 한편 '더'와 '덜'이 포함된 '더하다/덜하다'는 정도의 차이를 나타낸다. 형용사나 부사가 사람이나 사물의 속성을 나타낼 경우 (108나)처럼 '더'가 없

---

18 여수 출신 위평량 선생에 따르면 '보도'는 여수 지역에서 쓰인다. 이 '보도' 뒤에는 조사 '도'가 오기 어렵다.

더라도 우등 비교를 나타낼 수 있는데, 이것은 정도가 큰 것이 무표적이기 때문이다(이기갑 2003:88). 반면 열등 비교의 경우 '덜'은 필수적이다. (108마)처럼 속성이 아닌 일시적인 심리 상태를 나타내는 형용사는 '더'나 '덜'이 없으면 매우 어색하다. (10사)와 같이 동사일 때는 어색함이 더 심해져 비문을 형성할 정도이다. 이들 형용사나 동사는 의미적으로 중립적이기 때문에 '더'나 '덜'이 필수적으로 필요한 것이다.

(108)

가. 그런 점은 철수가 나보다 더하다/덜하다.

나. 철수가 나보다 똑똑하다.

다. 철수가 나보다 더/덜 똑똑하다.

라. 철수가 나보다 밥을 더/²덜 빨리 먹는다.

마. ²철수가 나보다 우울하다.

바. 철수가 나보다 더/덜 우울하다.

사. *철수가 나보다 밥을 먹는다.

아. 철수가 나보다 밥을 더/덜 먹었다.

'보다'의 이러한 용법은 서남방언에서도 동일하게 실현된다. '보다'는 이 방언에서 '보단', '보당', '보덤', '보듬', '보돔', '부듬'처럼 끝 음절에 /ㄴ/, /ㅁ/, /ㅇ/ 등이 첨가되는 수가 일반적이다.

(109)

가. 병은 지금보다 덜했다 합디다. 약이 없응께 그랬는가 몰라도.(진도)

나. 긍께 홀태로 홅튼 놈보다 훨씬 빨랐어요.(보성)

다. 그것이 왜 그러냐 흐먼언 동진일호(=벼의 종류)보듬 밥맛이 더 좋아요.(보성)

라. 그것이 인자 봄에 간 놈보듬 훨씬 더 낫다.(보성)

마. 나보듬 한 살 더 자셌어라.(영암)

바. 속담에 아랫목보덤 울묵은 조께 있어야 따신다고 안 헙등가요?(곡성)

사. 근디 인자 좀 도구통보덤 적지요.(보성)

아. "저 새경을 조깐 더 주께 저 사람보돔 더 줄 테니까 우리집 와 살소." 글
    면,(보성)

자. 여그보당 여가 더 적다 헙디다.(영광)

차. 홍진(=홍역)보단 더 되게 허는 것보고 손님(=천연두)이라고 그래.(영광)

카. 그란디 그 사람도 나부듬 한 살 수상인디,(영암)

'보다'를 강조할 때는 보조사 '는'이나 '도'가 결합되기도 한다.

(110)

가. 빨래는 냇가에 가서 빠니까 깨끗허제. 인제 세탁기에 돌린 빨래보돔언
    깨끗허지요, 더.(곡성)

나. 젠피(=조피)보덤도 독헌디 근디 그것을 산추(=산초)를 해묵은다고 해
    서 여그서는 산추를 안 묵어요.(곡성)

다. 독이로(=돌로) 여보단도(=이보다도) 굵은 독이로 딱 짜졌어요.(진도)

라. 창고보듬도 거 마당에 나 둔 놈이 더 낫고,(영암)

'보다'가 완형 보문에 명사형 씨끝 '-기'가 결합된 '-다기'에 오는 수가 있다.
즉 '-다기보다'의 형태로 쓰이는데, 이때는 선행절을 부정하고 후행절을 주
장하는 '-이 아니라'와 같은 의미를 나타낸다. 따라서 이 경우 '더'나 '덜'과 같
은 차등 비교 부사의 사용은 허용되지 않는다.

(111) 그래서 부모에게 효도하면은 심지어 내의 신주가 좋아한다기보다는

그 부락 면민도 다 치하하고 찬성하고.(보성 구비)

서남방언에서는 '-다기보다' 외에 명사에 결합하는 '보다'로도 이러한 의미를 나타낼 수 있는데, 이때 (112)처럼 보조사 '도'의 결합이 일반적이다.

(112)

가. 인자 떡보듬도 미역 그로 인자 주로 인자 애기엄마 젖 많으라고.(보성)

나. "손으로 잡아뜯는군요?" "인자 뜯는 것보단도 뜯으면 다시 멋항께,"(진도)

다. "몇 살 때쯤 되면 그렇게 그거 시킵니까?" "멧 살 귀정(=규정)보담도 넬 수 있이믄 어려서부터 시기는 거이 좋겄습디다."(진도)

라. 그런디 내가 나가는 것보다도 영감이 나가야 쓴다.(신안 구비)

마. 이분이 힘보다도 꾀가 만해가지고,(신안 구비)

② 커녕/커니/케/켕이

표준어의 '커녕'은 복수의 명사를 필요로 하므로 접속조사로 볼 수 있으나, 제시되는 두 명사의 비교가 이루어지는 점에서 비교격조사로도 볼 수 있다. 물론 비교 자체가 발화의 주된 목적은 아니며, 두 명사 사이의 비교를 통해 후행 명사를 강조하는 기능을 한다. 그렇지만 '커녕'의 선행 명사와 후행 명사가 비교의 대상이라는 사실은 분명하므로 여기서는 '커녕'을 비교격조사로 해석하여 기술한다. '커녕'이 수행하는 비교는 당연히 차등 비교이다. 이때 선행 명사는 말할이의 관점에서 기대되는 사물이나 사태를 나타내기 때문에, '커녕'이 쓰인 문장은 이러한 기대가 충족되지 못하고 전혀 기대에 못 미치는 사물이나 사태가 대신 발생하는 상황을 표현하게 된다.

(113)

가. 밥(은)커녕 죽도 못 먹는다.

나. 상(은)커녕 벌을 받았다.

다. 밥은커녕(밥을 먹기는커녕) 죽만 먹고 산다.

(113)에서 '커녕'은 '말할 것도 없고', '고사하고' 등의 의미를 나타낸다. 이러한 의미는 '커녕'의 기원형인 옛말 '커니와'(《 ᄒᆞ거니와)의 의미를 계승한 것이다. (113가)에서 '밥커녕'은 생략되어도 문장은 성립한다. 그런데 여기에 '밥커녕'을 덧붙임으로써 '밥'과 '죽'의 비교가 일어나고 이 비교의 결과로 '죽도'가 더욱 강조되는 효과가 발생하는 것이다. 강조의 효과는 '밥'이 '죽'보다 기대치가 큰 음식물임을 전제로 한다. 반대로 '죽'이 '밥'보다 더 좋은 음식물로 인정받는 세계라면 (113가)는 성립되기 어렵다. (113나)는 (113가)와 달리 긍정문이므로 후행 명사에 조사 '도'가 쓰이지 않았다. '커녕' 구문에서 '도'는 언제나 부정문에 쓰이므로 '도'와 부정 서술어의 관계는 분리될 수 없는 하나의 제약인 셈이다.[19] 그러므로 '커녕'이 이루는 구문은 '도'의 유무에 따라 두 가지로 구분된다. '도'가 있으면 부정 서술어가 와야 하지만, '도'가 없으면 그러한 제약은 적용되지 않는다. (114)는 '도'가 없는 경우이다.

(114)

가. 밥커녕 죽이나 먹는지 모르겠다.

나. 밥커녕 죽이라도 먹었으면 좋겠다.

(113)에서 '커녕'의 선행 명사와 후행 명사는 동일한 서술어를 취하고 있

---

19 부정극어인 '조금'이나 '하나'에 '도'가 결합되어 부정문을 형성하며, 정도를 나타내는 의존명사 '만'에 '도'가 결합될 때도 부정문이 이루어지는 것은 모두 조사 '도'와 부정문 사이의 긴밀한 통사적 관계를 말해 준다.

다. 그리고 선행 명사는 보조사 '은'과 결합하여 '은커녕'과 같은 조사의 결합체를 형성하였다. '커녕'이 갖는 이러한 형태 통사적 구조는 '커녕'이 기원적으로 'ᄒᆞ거니와/커니와'에서 발달한 조사이기 때문이다(유창돈 1964/1975, 김승곤 1996, 최전승 2003). 'ᄒᆞ거니와/커니와'는 'A는 ᄒᆞ거니와/커니와'와 같은 문장 구조를 갖는 것이 보통인데, 앞선 담화를 무시하고 'ᄒᆞ거니와/커니와'가 사용된 문장만을 고려한다면 뒤따르는 서술어를 대신하는 일종의 역행대용어라 할 수 있다. 그러므로 (115)와 같은 중세어의 예에서 '너희는 커니와'는 뒤따르는 서술어를 반영한 '너희는 受苦ㅣ 만커니와'의 의미를 갖게 되는 것이다. 이처럼 표준어의 '커녕' 앞에 보조사 '은'이 오는 것은 중세어 'ᄒᆞ거니와/커니와'의 문장 구조가 그대로 남아 있기 때문이다. 다만 '커녕'을 독립적인 서술어로 보기 어려우므로 현대문법에서는 '은커녕'을 조사의 결합체로 해석하고 있다. 그러나 우리말에서 보조사 '은' 뒤에 다른 조사의 결합이 허용되지 않는다는 사실을 고려하면 표준어의 '은커녕'은 매우 이례적인 조사의 결합임이 분명하다.

(115) 華色比丘尼 닐오ᄃᆡ 너희는 커니와 내 지븨 이싫 저긔 受苦ㅣ 만타라
(월인석보 10:23)

'커녕'이 '커니와'에서 온 것이라면 '커니와 〉 커니여 〉 커녀 〉 커녕'과 같은 변화를 겪었을 것이다. '와'가 '여'로 변하여 생긴 '커녀'는 동북방언에서 확인된다. '커녀 〉 커녕'에서 보이는 /ㅇ/의 첨가는 '보담'(=보다), '마당/마닥'(=마다) 등에서도 보이는 /ㅁ/이나 /ㅇ/의 첨가와 마찬가지로 해당 문법형태소를 강조하거나 강화하는 기능을 하는 것이다(최전승 2003).

그러나 '커녕'의 선행 명사와 후행 명사가 언제나 동일한 서술어를 취하는 것은 아니다. 실제 구술발화에서는 '커녕'의 뒤에는 다양한 절이 오는 예가 확인된다. '커녕'은 서남방언에서 '커녕', '켱이', '커니', '케' 등으로 쓰인다. '커

녕'은 전북에서 주로 쓰이며, 전남에서도 일부 보인다. '켕이'는 전남의 대부분과 전북의 남부 지역인 남원·정읍 등지에서 확인된다. 전남 고흥·전북 완주·무주 등지에서는 '커니', 전남의 동부인 곡성에서는 '케' 등이 보인다. '커니'는 중세어 '커니와'의 마지막 음절 '와'가 절단된 것이다(최전승 2003). 곡성의 '케'는 '커니 〉 커이 〉 케이 〉 케'의 변화를 겪은 것으로 보이며, 전남 지역어의 토착형인 '켕이'는 '커이'에 /ㅇ/이 첨가된 '컹이'가 움라우트를 겪은 것이다. '커이'의 첫 음절 뒤에 /ㅇ/이 첨가되는 것은 국어사에서 흔히 확인되는 변화이다. 예를 들이 '냉이'의 옛말 '나싀'는 '나싀 〉 나이 〉 낭이 〉 냉이'와 같은 변화를 겪은 것으로 추정되는데, 이때 /ㅇ/이 첨가됨으로써 '나이'의 음절이 축약되는 것을 막아 준다. 이러한 효과는 '커이'에서도 적용되는데, 만약 /ㅇ/의 첨가가 없었다면 '케'로의 음절 축약이 발생했을 것이다.

'커녕'의 출현 횟수를 알아보기 위해 『한국구비문학대계』의 전남과 전북편을 살펴보았는데, 그 결과를 정리하면 아래의 〈표 6〉과 같다. 여기서 X는 '커녕'계 조사를 대표한다.

〈표 6〉 '커녕'계 조사의 출현 횟수

	전북			전남		
	커니	켕이	커녕	커니	켕이	커녕
X	1	0	3			1
는-X	1	0	6	1		5
X-는		0	3		4	
는-X-는	0	0	0	0	0	0

위의 표에서 보듯이 전북은 '커녕'이 주를 이루고 전남은 '커녕'과 '켕이'가 공존한다. 반면 '커니'는 두 지역에서 매우 소수의 예가 출현한다. 그러나 전남에서 '커녕'과 '켕이'가 공존하고 있지만, '커녕'은 토착형이 아닌 표준어의 유입형으로 해석된다. '커녕'을 표준어에서 유입할 때 그 어형뿐만 아니라 사용 환경까지 그대로 받아들인 결과 전남에서는 언제나 '은커녕'의 결합으로

만 쓰이는 것이다. 반면 토착형인 '켕이'는 〈표 6〉에서와 같이 언제나 '켕이는'의 결합으로만 쓰인다. 따라서 전남에서의 '은커녕'과 '켕이는'이 보이는 조사 결합상의 불일치는 '커녕'을 표준어에서 유입된 것으로 해석될 때에만 자연스럽게 설명된다. 글쓴이의 직관에 따르면 '은켕이'도 불가능하지는 않지만, 실제 사용 예에서는 '켕이는'만이 확인된다. 따라서 전남의 '커녕'을 표준어의 유입으로 해석하고 전북의 '커녕'과 전남의 '켕이'를 토착형으로 본다면, 조사 '는'의 위치는 남쪽으로 올수록 '커녕'계 조사의 뒤에 온다는 사실을 알 수 있다. 즉 '는-X'에서 'X-는'으로의 위치 전환이 일어나고 있는 것이다. 경기도부터 전남에 이르는 한반도의 서부 지역을 대상으로 해도 그 결과는 마찬가지다. 중부방언에서는 '은커녕'이 일반적이며 전북에서는 '은커녕'과 '커녕은'이 공존하다가 전남에서는 '켕이는'으로 쓰이게 된 것이다. 이처럼 '는'이 '커녕'이나 '켕이' 뒤에 쓰이게 된 것은 '는' 뒤에 다른 조사의 결합이 일반적으로 허용되지 않는다는 우리말의 특징 때문이다. 그래서 '는커녕'의 이례적인 결합이 '커녕은'이나 '켕이는'과 같은 자연스러운 결합으로 바뀌게 되었다. 아래 (116)은 '은커녕'의 예들을 보여 준다.

(116)

가. 동냥을 주기는커녕 대테를 밀여서 곤욕을 치르게 해 놨으니,(해남 구비)

나. "오냐, 수고했다. 먹어야 쓰겄다." 하기는커녕 너 하는 말이…,(신안 구비)

다. 회개를 하기는커녕 더 씻을 수 없는 죄만…,(신안 구비)

라. 수도는커녕 매일 선녀들과 같이 놀아났습니다.(신안 구비)

마. 외려(=오히려) 죽기는커녕 더 오래 살거든.(화순 구비)

바. 총각놈을 모시기는커녕 관두고, 그 마나님한티 고했단 말여.(군산 구비)

사. 아, 뫼았는디(=모였는데) 귀경은커녕 아, 이놈이 서울서 떡 오드니 누구한티 인사헐 것 없고 방으로 쏙 들어가.(군산 구비)

아. 아, 수궁을 들어강게 베실은커녕 그만 두고 퇴끼 간을 내라고 잡으라

고 근다 말여.(정읍 구비)

자. 도망은커녕 그냥 막 싹 올라와서 그놈을 죽이지, 살리가디?(정읍 구비)

차. 금싸라기는커녕 아무것도 안 나온다 이런 얘깁니다.(정읍 구비)

카. 뭣 쳐다보긴커녕 뭣 물론 이 쳐다보도 안 헐 것이라 그 말여.(정읍 구비)

(117)은 '커녕' 뒤에 '은'이 와서 '커녕은'으로 쓰이는 예들이다.[20]

(117)

가. 한없이 올라가서 보니 호랭이커녕은 여수(=여우) 새끼 하나도 안 나오고,(군산 구비)

나. 논커녕은 밭 한 마지기 못 샀네.(정읍 구비)

다. 너 과거커녕은 암것도 소용없다. 어서 내려가거라.(정읍 구비)

(118)은 전남에서 쓰이는 '켕이', '케', '커니'의 예이다.

(118)

가. 혹시 그런 데다 사다 넣어 났는가 삘 반디(=군데)를 다 뒤어(=뒤져) 바도 머 수루메(=するめ. '말린 오징어'의 일본어.)켕이는 멋도 없어.(영암)

나. 이놈이 도치(=도끼) 갖고 오기켕이는 말이여, 지둥 다 비어 불면 집 자빠지라고 노망했는가 부다고, 어쩐다고 그러고 가 버리거든.(함평 구비)

다. 인사켕이는 바느질하다가 입에서 뭘 탁 뱉어가지고는 치마 밑에다 딱 넣어 불거든이요.(신안 구비)

라. 그전에는 많이 그랬는디 지금은 이런 데서는 머 인자 씨름판케나 멋도

---

20 조사 없이 쓰이는 것도 물론 가능하다. (예) 그 걍 때리기커녕 일게 주물러 줌서,(정읍 구비)/이 사람 동량은 주기커녕 박짝조차 깨들드라고.(부안 구비)

안 세우고, 아무것도 안 허고.(곡성)

마. 고기를 사갖고 오더만 때리기는커니 칼하고 도매하고 갖고 샘가로 가
　　더만 딱 씨쳐가지고 지 손으로 긇여.(고흥 구비)

최전승(2003)에서는 19세기 전라도 방언을 반영하는 판소리 고소설이나 사
설집에서 '커니'가 사용되었음을 보고한 바 있다. (119)는 최전승(2003)에서
제시된 것들이다. '커니' 뒤에 보조사 '는'이 오는 (119라)는 이미 19세기 또는
그 이전부터 보조사 '는'이 '커니'의 앞으로부터 뒤쪽으로 이동하는 변화가
있었음을 말해 준다.[21]

(119)

가. 슈청컨이 왜청도 안이 들게 싱겨쑤나.(장자백 창본 춘향가 35ㄱ)

나. 쌀갑컨니 슐갑도 안이 바드레 왓네.(장자백 창본 춘향가 55ㄴ)

다. 쌍교은컨의 집동우리도 못 타고 셩문드리 부러질나.(고대본 필사본
　　춘향전 p383)

라. 쩨쏭컨이는 물쏭도 안이 싀입디다.(장자백 창본 춘향가 19)

(118라)에서 보듯이 전남 곡성 지역에서는 '켕이는'이 '케나'로 나타난다.
'케나'의 '케'가 '커니 〉 커이 〉 케이 〉 케'의 변화를 겪었음은 앞에서 언급한 바
있다. '케나'의 '나'는 보조사 '는'의 변이형이다. 이러한 '는'의 형태 변화는 '케
는'이 굳어진 표현이기 때문에 발생한 것이다. '케는'이 굳어져 마치 하나의
조사처럼 인식되면서 '는'의 원래 형태가 파괴된 것으로 보인다. '는 〉 나'의

---

21 그렇다면 역사적으로 보조사 '은'의 위치 변화는 '켕이'보다는 선대형인 '커니'에서 일어난
　　것으로 보아야 한다. 즉 '은커니 → 은커니는 → 커니는'과 같은 변화를 생각할 수 있다. 여
　　기서는 '켕이'의 형태가 아닌 보조사 '은'의 상대적 위치 변화가 설명의 주된 대상이기 때
　　문에 다수형인 '켕이'를 예로 들었다.

형태 변화는 이음씨끝 뒤에 결합되는 '는'에서도 확인된다(이기갑 2003:125-126).
(120)은 전남의 북부 지역인 장성 지역어에서 '-응게는', '-어서는'이 각각 '-응
게나', '-어서나'로 쓰일 수 있음을 보여 준다. 이러한 '는 〉 나'의 변화는 전북
에서 주로 일어나는데, 전북과 접한 전남의 북부인 곡성·장성에서도 일어
나고 있는 것이다. 그러나 전남의 중남부에서는 이러한 변화를 결코 확인할
수 없다.

(120)

가. 그 속이로 강게나 제일 지와집이 있어.(장성 구비)

나. 내 중게나 인자 주간디?(장성 구비)

다. 술밥을 쪄가지고 누룩에다 해서나 인자 이만헌 도가지다가 술을 안쳐
요.(장성 구비)

라. 사마장자 며느리가 그놈을 갖고 가서나 음식을 담뿍 곱배기로 해서 인
자 참 교자상으로 두 상을 인자 다리에다 채려 놨어.(장성 구비)

'켱이'는 조사 외에 의존명사로도 쓰인다. 의존명사로 쓰이는 '켱이'는 언
제나 관형형 씨끝 '-을'만을 앞세운다. '-은'이나 '-는'이 올 수 없으므로 씨끝
'-을'은 시제상 중립적인 기능을 한다. 그래서 '갈 켱이는'은 '가기켱이는'과
같은 의미를 갖게 된다. '켱이'가 의존명사로 쓰이더라도 '켱이는'과 같은 결
합은 그대로 유지된다. 관형격 씨끝이 선행하므로 '은켱이'는 원천적으로 허
용되지 않는다.

(121) 갈 켱이는 저놈의 똥귀나 한번 뚜들어 막어야 쓰겄다.(함평 구비)

③ 새로외/새로/새로가나/사리고니

『표준국어대사전』에는 '새로에'라는 보조사가 등재되어 있는데, 뜻풀이로
서 '조사 '는', '은'의 뒤에 붙어 '고사하고', '그만두고', '커녕'의 뜻을 나타낸다'
고 하였다. 그렇다면 '새로에'를 '커녕'과 같은 비교격조사로 처리해도 무방
할 것이다. 다만 '새로에'는 '커녕'과 달리 체언 뒤에 바로 붙지 못하고 언제나
보조사 '은/는' 뒤에만 오는 제약을 갖는다. 사전에서 제시된 예는 아래와 같다.

(122)

가. 생각하면 비바람은새로에 벼락이 빗방울처럼 쏟아진다 하여도 원통
    할 것이 없으며….(최남선, 백두산 근참기)

나. 남과 시비하는 일은새로에, 골내는 것을 한 번도 본 일이 없었다.(이희
    승, 먹추의 말참견)

이 '새로에'에 대하여 이기문(1980:265)에서는 "'독립신문'에서는 '커녕' 계통
의 형태는 보이지 않고 '식로에'만이 사용되었는데, 이것은 이두의 '新反'의
계통을 끄는 것으로 현대의 방언에서도 자주 들을 수 있는 말이라."고 하였
다. 아래는 이기문(1980)에 제시된 독립신문의 예이다.

(123)

가. 나라히 잘되야 가기는식로에 정부에 변란이 자조 나고(8)

나. 딕졉 밧기는식로에 뎨일 쳔혼 인싱이 되니(20)

다. 이 경계를 모로거드면 다만 나라를 기혁ᄒ기는식로에 셕은 나라느마
    셕은 딕로도 견딜 슈 업슬 터이니(21)

이 '새로에'는 (124)에서 보듯이 여러 방언에 나타나는데, '사리', '사례', '새

레', '새루이', '새루' 등의 형태를 보여 준다(이기갑 2003). 또한 (124가)의 충남 보령 지역어 예에서는 보조사 '은' 대신 중세어 '으란'의 후대형 '일랑'이 쓰이고 있다.

(124)

가. 자기 마누라 말이 얼굴이 그냥 한쪽 떨어져서 표 난다구 하더니 표 나길랑사리 그냥 늠릅하니(=태연하게) 그냥 있단 말여.(충남 보령)

나. 옛날이 내외하는 사람이 맥 볼라먼 얼굴두 못 봐, 팔뚝일랑사례.(충남 보령)

다. 돈은새레 쌀두 읎어(=돈은커녕 쌀도 없어).(강원 강릉)(전성탁 1977:66)

라. 늘기는새루이(새루) 줄어만 간다.(평북)(김이협 1981)

서남방언에서도 전남의 고흥·광양·무안과 전북 정읍에서 '새로', '새로외', '새로가나', '사리고니'의 방언형이 확인된다. 아래 (125마)의 '올짐새로'는 '오-을지-ㄴ-새로'로 분석될 수 있으므로, '새로', '새로외' '새로가나', '사리고니' 앞에 조사 '은'이 오는 제약은 유지된다.

(125)

가. 없는 사램이 오면은 그냥 동냥 한 줌 주기는새로 막 비락(=벼락)을 내서 쫓어 부리고,(고흥 구비)

나. 그 사람은 드가고(=들어가고), 나는 인자 원님은새로 뭣도 못 하겄다.(고흥 구비)

다. 그래 명당을 얻기는새로 꾸중만 듣고 와 불었어.(고흥 구비)

라. 공부 잘해갖고 뭐 벼실로(=벼슬을) 해갖고 올짐새로(=오기는커녕) 저 더럽게 걸인이 돼갖고 들온단 말이여.(고흥 구비)

마. 밥은새로외 죽도 못 묵었다.(무안/오홍일 2005)

바. 잘못했닥 허기는새로외 더 큰소리친다.(무안/오홍일 2005)

사. 목욕은새로/새로가나 묵을 물도 없다.(광양)

아. 만원은새로 백원도 없다.(광양)

자. 긍게 박정승 아들놈은 마느래를 뺏기는사리고니 돈 이백 냥을 뺏기고
   봉게로 부야가 그양 단단히 났어.(정읍 구비)

최전승(2003)에서는 19세기 전라방언을 반영한 고소설과 판소리 사설집에
서 (126)과 같은 예를 제시하였다.

(126)

가. 적장을 잡부려 ㅎ더니 잡긔는새로이 긔운이 쇠진ㅎ야 거의 죽게 되어
   더니(충열 하 6)

나. 하 뒤숭숭ㅎ니 나는새로이 너도 차자가기 어려워 집 일키 쉽겟다(고본
   춘향전 P32)

이상의 자료들을 종합하면 서남방언에서도 19세기 또는 그 이전부터 '새
로에'가 사용되었던 것으로 보이는데, 이 '새로에'는 표준어에서와 마찬가지
로 언제나 보조사 '은'을 앞세우는 제약을 가졌다. 이것은 '새로에'가 기원적
으로 용언이었음을 암시한다.[22] 한편 '새로에'는 19세기 고소설 자료에서 '새
로이'로 나타나고, 현대 서남방언에서 '새로'로 쓰이는 것으로 미루어 '새로
에〉 새로이〉 새로' 등의 형태 변화를 겪은 것으로 보인다. 다만 무안의 '새로
외'는 원래의 끝음절을 유지하고 고형을 유지하고 있다. 광양의 '새로가나',
정읍의 '사리고니'에는 '가나'와 '고니'라는 형태가 덧붙어 있는 것이 특별한
데, 그 기원은 알기 어렵다. '새로에'의 방언형들은 '커녕'에 비해 주로 노년층

---

22 형용사 '새롭다'에서 왔을 가능성이 있는데, 이두에서 '新反'으로 쓰고 있음도 참고가 된다.

에서 사용되며, 사용 빈도가 높지 않고, 사용 지역도 제한되어 있어 사라져 가는 형태로 보아야 한다.

4.2.3.8 호격조사

서남방언의 호격조사는 아주낮춤의 '아/야'가 쓰이며 '이여, 이시여'와 같은 시적인 표현은 이 방언의 일상 발화에서는 전혀 나타나지 않는다. (127나), (127다)처럼 예사낮춤이나 높임의 경우 특정한 호격조사가 붙지 않는데 이 점은 표준어와 같다.

(127)
가. 야, 철수야!/복남아!
나. 어이, 철수!/복남이!
다. 예(=여보세요), 철수 아부지!

4.3 접속조사

어떤 단일한 사태의 참여자가 둘 이상 있을 때, 이 복수의 참여자(또는 참여물)들을 나타내기 위한 방법은 크게 두 가지가 있을 수 있다. 하나는 복수의 참여자들을 대등하게 접속하는 방법이고, 다른 하나는 참여자의 일부를 공동격(comitative)으로 표현하는 방법이다. 참여자를 대등하게 접속하는 경우, 접속되는 참여자들을 연결시켜 주는 표지가 필요하기 마련인데, 이 표지를 흔히 '명사 접속사' 또는 줄여서 '접속사'라 부른다. 이런 명사 접속사에는 명사에 결합하는 의존적 표현들(곡용씨끝이나 접사 등)이 쓰이기도 하고, 비교적 자립성이 강한 부치사가 쓰이기도 한다.

물론 접속사가 사용되지 않은 채 복수의 명사가 그대로 연결되는 경우가 없는 것은 아니다. 어떤 복수의 목록을 나열하거나, 의미적 관계가 긴밀하여 관용어처럼 인식되는 쌍 등을 거론할 때 흔히 이런 방식을 사용한다. 한국어의 '아들 딸 구별 말고'나 '보리밥 쌀밥 가리게 됐어?'의 '아들 딸', '보리밥 쌀밥' 등은 전자의 예이고, 중국어의 '天地'나 '日月' 등은 후자의 예이다

복수의 명사 사이에 접속사가 개재할 경우, 접속사의 수효에 따라 두 종류로 나눌 수 있다. 접속되는 명사마다 접속사가 결합되는 경우가 있는가 하면, 오직 하나의 접속사가 개재하여 복수의 명사를 접속시키는 수도 있다. 전자를 '복합 접속'(polysyndeton), 후자를 '단일 접속'(monosyndeton)이라 부른다 (Stassen 2000). 단일 접속의 경우 접속사가 접속되는 명사의 중간에 개재되는 '중간 접속사'(medial connective)가 제일 흔하다.[23] 영어의 and도 일견 이러한 중간 접속사로 보기 쉬우나 실제 발화시 생기는 쉼(pause) 등을 고려하면 후행 명사에 더 가까이 결합된다고 할 수 있다.

---

23 중간 접속사는 접속되는 두 명사의 중간에 위치하므로 부치사로 보기 어렵다. 실제로 사전에서 and는 전치사가 아닌 접속사로 규정되어 있다.

복합 접속은 동일한 접속사가 복수로 나타나는 경우와 서로 다른 접속사가 사용되는 경우의 두 종류가 있다. 예를 들어 '철수하고 영수하고 왔다'와 같은 예가 전자의 예라면, 영어의 'both Mary and John'은 후자의 예이다. 상이한 접속사가 복합 접속을 이룰 경우는 대체로 강조나 대조의 뜻을 갖는다 (Stassen 2000). 한국어의 '밥커녕 죽도 못 먹는다'의 'A커녕 B도'가 전형적인 예라 하겠다.

단일 접속은 동일한 접속사가 반복되는 복합 접속의 변이형으로 해석된다. 실제로 한국어의 접속사 '와/과'나 '하고' 등을 보면 이러한 사실을 알 수 있다. 우선 현대 한국어의 '와/과'는 (128)에서 보듯이 단일 접속 구성에만 나타난다. 그러나 중세 한국어는 명사 접속사 '와/과'가 복합 접속의 구성에도 쓰였었다. 즉 복합 접속으로 쓰일 수 있었던 '와/과'가 현대로 오면서 두 번째 명사 뒤의 '와/과'가 탈락되어 단일 접속의 표지로 그 기능이 바뀌게 된 것이니, 이로 보더라도 단일 접속이 복합 접속으로부터 파생된 것임을 짐작할 수 있다.

(128)
가. 종과 물와를 현맨 둘 알리오(월인천강지곡 52)
나. *개와 고양이와는 만날 싸운다
다. 개와 고양이는 만날 싸운다.

오늘날 현대 한국어의 입말에서만 쓰이는 '하고'는 애초부터 복합 접속과 단일 접속의 양면적 용법을 갖는데, 이 경우 단일접속은 복합접속의 두 번째 표지가 수의적으로 탈락된 것임이 분명하다.

(129)
가. 개하고 고양이하고는 만날 싸운다.

나. 개하고 고양이는 만날 싸운다.

① 와/과

조사 '와'는 현대국어에서 단일접속의 표지로 쓰이는데, 단순히 명사의 접속을 이끌 뿐만 아니라 공동격, 비교격 조사의 기능도 함께 수행한다. (130)이 이 세 가지 기능을 보여 준다.

(130)
가. 개와 고양이는 잘 논다.(접속)
나. 개는 고양이와 잘 논다.(공동격)
다. 개는 고양이와 성격이 다르다.(비교격)

접속 표지와 공동격 표지가 동일한 형태를 갖는 것은 한국어뿐만 아니라 일본어나 중국어에서도 보이는 상당히 보편적인 현상이다. 이것은 이들이 쓰인 문장의 의미가 본질적으로 같기 때문이다. 예를 들어 (130가)는 각각의 동물이 혼자 노는지 아니면 함께 노는지에 따른 중의성을 갖는데, 함께 놀 경우 (130나)의 의미를 갖는다. 그래서 (130가)를 (130나)로 바꾸어 표현해도 문장의 의미에는 변화가 없게 되는 것이다.

서술어가 대칭동사(symmetric verb)일 경우에도 이런 문장의 변환 관계는 유지된다. 대칭 동사는 '만나다, 결혼하다, 싸움하다, 맞다, 어울리다, …'처럼 두 개의 논항을 필요로 하는 동사이며, 어느 한쪽이 해당 행동을 하면 다른 한쪽도 자동적으로 그 행동에 참여하지 않을 수 없는 동사를 말한다. 그래서 이런 동사들은 필수 논항의 두 명사를 바꾸어도 의미에 차이를 가져오지 않는다. (131)의 (가)와 (나) 서술어는 모두 대칭 동사인데, '각각'과 '함께'의 두 가지 의미 해석을 갖는 중의적인 문장이다. 이때 '함께'의 해석을 가질 경우

(가')와 (나')로 바꾸어 표현할 수 있다. 또한 (가)와 (가'), (나)와 (나')의 두 명사들의 위치를 맞바꾸어도 의미는 변하지 않는다. 이처럼 의미가 달라지지 않는 것은 순전히 서술어의 대칭성 때문이다.

(131)

가. 철수와 영희가 결혼했다.

가'. 철수가 영희와 결혼했다.

나. 철수와 영희가 싸웠다.

나'. 철수가 영희와 싸웠다.

그런데 비교의 형용사도 대칭성을 갖는 점에서 대칭동사와 다를 바 없다. '같다', '다르다', '비슷하다', '차이가 나다' 등이 이런 부류의 형용사(또는 통사적 구성)인데 여기서는 이를 비교 형용사(또는 대칭 형용사)라 부르기로 한다. 비교 형용사는 대칭 동사와 달리 중의성을 갖지 않으며 오직 공동(함께)의 의미로 해석될 뿐이다. 그렇지만 비교 형용사에서 두 논항의 명사 위치를 맞바꾸어도 의미가 그대로 유지되는 점은 대칭 동사의 경우와 같다. 또한 비교 형용사 구문에서 접속과 공동격 구문이 모두 가능한 점도 대칭 동사와 같다. 그런데 비교 형용사 구문에 나타나는 공동격은 흔히 비교격으로 이해되곤 한다. 'A가 B와 같다'는 'A가 B와 만났다'와 같은 구문임에도 불구하고 그 서술어가 비교 형용사라는 의미적 속성 때문에 비교격으로 인식되는 것이다. 따라서 비교 형용사 구문에서 보이는 비교격은 사실 공동격과 본질이 같은 것이라 할 수 있다. '와'의 공동격 의미가 비교 형용사와 연동하여 빚어낸 의미 기능이 바로 비교격인 것이다.

(132)에서 (가)는 비대칭 형용사, (나)는 대칭 형용사가 포함된 예이다. (나)는 공동의 해석만을 갖고 비교의 대상이 따로 있을 경우, 예를 들어 '개와 고양이는 돼지와 다르다'와 같은 경우에만 접속의 해석을 갖는다.

(132)

가. 개와 고양이는 예쁘다.(접속/*공동)

가.ˈ개는 고양이와 예쁘다.(*공동)

나. 개와 고양이는 다르다.(*접속/공동)

나ˈ. 개는 고양이와 다르다.(공동)

(132)를 보면 (가)처럼 접속의 해석만 가능하고 공동의 해석이 불가능한 경우는 (가ˈ)처럼 통사적으로도 공동격으로 나타낼 수 없다. (나)처럼 공동의 해석만 가능한 경우에는 (나ˈ)와 같이 공동격의 구문이 가능하고 이것은 다시 비교 형용사 앞에서 비교격으로 해석될 수 있다. 이러한 문법성의 차이는 비교격의 해석이 공동격에서 생겨난 것임을 뒷받침한다. 그렇다면 '와'의 기본의미로 접속과 공동격의 두 가지만을 인정할 수 있고, 비교격은 공동격으로부터 파생된 이차적인 의미라고 해석하는 것이 합리적이라 하겠다.

　서남방언에서 '와'는 거의 쓰이지 않으며, 그 자리를 '허고'가 대신한다. 이는 역사적으로 옛말에 쓰였던 '와'가 이 방언에서 '허고'로 대체되었기 때문이다. 오늘날 표준어에서 '와'는 글말, '하고'는 입말의 성격이 강한데 이러한 문체적 차이 역시 '와 〉 하고'의 변화에 기인한 것이다. '와 → 하고'의 대체는 서남방언에서도 마찬가지로 일어났기 때문에 입말로만 쓰이는 서남방언에서 '와'는 거의 쓰이지 않게 되었다. 다만 일부 관용적인 환경, 예를 들어 '와 같이'나 '와 같은'의 구성에서 '와'가 확인된다. (133)은 그런 예를 모은 것이다.

(133)

가. 머이냐 보통 초집 그러지요 초집. 응 인자 먼 <u>풀과 같은</u> 것으로 인다 그 말이제.(곡성)

나. 사는 것도 <u>놈카 같이</u>(=남과 같이) 못 삼시로 놈 하는 거 다 할라면 쓰는 가?(진도/조병현 2014)[24]

다. 시상사(=세상사)가 <u>맘카 같이</u> 댄담사라(=된다면야) 멋이 걱정이까?
(진도/조병현2014)

라. 형님은 인제 완전히 타락해가지고 동생이 좀 도와 준 것은 참 그 시루
에 <u>물 주기와 같이</u> 아무 소용이 없고,(함평 구비)

마. 나옹께 <u>그 말과 같이</u> 정지문으로 얼름 선생님이 거식해갖고 과부 자는
방에가 이불 밑이가 드러누어 붙었어.(함평 구비)

바. 그 잠을 자는데, <u>내 집과 같이</u> 말이요 암만해도 늦잠 들기가 쉴 거 아니
요?(함평 구비)

사. 피리 적(笛)자, 적대봉이라고 있는데 영락없이도 <u>피리와 같이</u> 생겼지
요.(보성 구비)

아. 제일 잘사는 사람을 찾아 가서 이 방법을 알아가지고 '나도 <u>그 사람과</u>
<u>같이</u> 살아 봐야 되겠다.' 이렇게 생각을 갖고는,(보성 구비)

자. 이 천마산에는 형국이 아조 <u>말과 같이</u> 생겼어요.(보성 구비)

차. 그 바우가 상당히 큰 바우가 마치 똥글똥글 <u>공과 같이</u> 그런 독(=돌)이
현재 팔부 능선에 가서 현재 그 중간에 가서 위치해서,(보성 구비)

카. 도채비(=도깨비)가 나가지고 밤이면 아이, 거 요놈들이 아까 그 선생
님이 하신 <u>말씀과 같이</u> 그 집을 전부 전복시켜 붙었소.(해남 구비)

타. 참말로 아조 기레 논(=그려 놓은) 기림(=그림) 같고 뜨는 <u>달과 같이</u> 이
쁘드라우.(해남 구비)

파. 젊어서부터 가난하고 조실부모하고 <u>놈과 같이</u> 공부도 못 하고,(해남
구비)

하. 귀돌산에서 위치를 떡 보면은 찰떡으로 맨들아도 <u>그와 같이</u> 맨들 수가
없어요.(해남 구비)

---

24 조병현(2014)에서 '과'가 진도 지역어에서 '카'로 실현되는 것으로 기술하고 있다. 그런데
진도의 구술발화에서는 '과'로 쓰인 예가 확인된다. 아마도 진도 안에서도 '과'와 '카'가 혼
용되는 것으로 보인다. (예) 지금 세상과 이전 세상하고도 틀리고.(진도)

ㅏ. 그래 장가를 인자 가는 날에 즈그 형이 후배(後陪. 위요.)를 <u>종전과 같이</u> 갈 폭을 잡고 참 창옷이나 도포나 점잔허니 입고 나선단 말이요.(함평 구비)

ㅑ. 또 물이 뚝 끊어져 불어, <u>그전과 같이</u>.(해남 구비)

ㅓ. 역시 이곳도 명사들이 <u>매일과 같이</u> 다니고 있습니다.(보성 구비)

(133)에서 (가)는 '와 같은', 나머지는 '와 같이'의 예인데, 이들 예에서 '와'는 모두 비교격으로 쓰였다. (133나), (133파)에서는 명사 '놈'(=남)에 '와 같이'가 결합되었<u>으므로</u> 공동격의 해석 가능성이 없지 않으나, 실제로 그러한 해석은 불가능하며 두 예 모두 '남처럼'의 뜻으로 해석된다. 만약 공동격의 해석을 가지려면 '놈과 같이'가 아닌 '놈허고 같이'가 되어야 할 것이다.[25] 이처럼 '와 같이'는 비교격에 한하여 쓰이는데, 그렇다면 서남방언에서 조사 '와'는 비교격으로 쓰이는 '와 같이', '와 같은'의 구성에만 화석으로 남아 있는 셈이다.[26]

표준어에서 '와 같이'는 비교와 공동의 두 가지로 해석된다. 반면 서남방언의 '와 같이'는 오직 비교로만 해석되고, 공동을 나타내려면 '와 같이' 대신 '허고 같이'로 쓰여야 한다. 물론 조사 '같이'에 의해서도 비교를 나타낼 수 있다. 그렇다면 서남방언에서 비교격의 표시는 구성 '와 같이'와 조사 '같이'의 두 가지가 가능한 셈이다. 조사 '같이'는 '와 같이'의 '와'가 탈락하여 조사로 재구조화한 것인데, '와 같이'는 주로 노년층에서 쓰이는 반면 조사 '같이'는 세대

---

25 '와 같이'가 공동격으로 해석되는 매우 드문 예도 확인된다. 이러한 공동격의 의미를 나타내려면 '와 같이' 대신 '허고 같이'가 쓰여야 하는 것이 서남방언의 문법인데, 다음 예는 이러한 문법에 어긋난다. 아마도 표준어의 영향을 받은 탓으로 보인다. (예) 산에 가서 그런 풀을 베다가 <u>짚과 같이</u> 영꺼서 기양 빼빼 돌려서,(곡성)

26 진도의 구술발화 자료에서 '지금 세상과 이전 세상하고도 틀리고'와 같은 예가 보인다. 비교격으로 쓰인 경우에 '과'와 '하고'가 혼용되고 있음을 알 수 있다. 그러나 이런 예는 매우 드물므로 '과'의 사용은 표준어의 영향으로 해석할 수 있을 것이다.

에 상관없이 쓰이므로 '와 같이 〉 같이'의 변화는 진행 중이며 노년층에 남아 있는 '와 같이'는 이 변화를 겪지 않은 화석형이라 할 수 있다.

앞에서 '와'는 접속과 공동격의 두 가지 의미를 나타내고, 공동격으로부터 비교 형용사에 한하여 비교격의 해석이 파생될 수 있음을 언급한 바 있다. 그런데 서남방언에서 '와'는 접속과 공동격의 표지로 쓰이지 못하고, '같은', '같이' 등의 극히 제한된 환경에서 오직 비교격을 나타낼 뿐이다. 이는 고대 로부터 쓰였던 '와'가 근대에 와서 '허고'로 대체되었는데, 그 대체가 접속, 공동격, 비교격 등 모든 환경에서 일어났지만, 유독 '같은'과 '같이' 앞에서만 일어나지 않았기 때문이다. 이처럼 '같은'과 '같이'가 '와 〉 허고'의 대체에 끝까지 저항할 수 있었던 것은 '같-'이 가장 전형적인 비교 형용사이며, '와 같은' 과 '와 같이'의 사용 빈도가 매우 높아서 마치 관용 표현처럼 기능하였기 때문일 것이다.

② 허고

표준어의 조사 '하고'는 '와'와 동일하게 접속, 공동격, 비교격 표시의 기능을 하되 입말에 쓰여 글말에만 나타나는 '와'와 문체적 차이를 보인다. 그러나 서남방언에서는 글말이 없기 때문에 '하고'의 방언형 '허고'가 주로 쓰이고 '와'는 '와 같이', '와 같은'이라는 매우 제한된 환경에 나타날 뿐이다.

'허고'는 표준어와 마찬가지로 결합되는 복수의 명사 뒤에 모두 올 수 있어 복합 접속을 나타낸다. 물론 맨 뒤의 명사에 붙는 '허고'는 생략될 수 있는데, (134마)가 그런 경우이다. (134)에서 '허고'는 모두 접속의 기능을 하고 있다.

(134)
가. 껌허니 삘허니 요로코 요런 덤뱅이(=덩이)허고 가리허고 주는디,(곡성)
나. 온도허고 시간허고 안 맞으니까,(곡성)

다. 그 영감허고 손자허고 조손간에서 돈주(지명)를 막 당도허니깨 천지가 뒤집어지더랍니다.(부안 구비)

라. 그 집에서 머심(=머슴)이 틀림없이 쌀허고 고기허고 짊어지고 올 것이다.(부안 구비)

마. 내가 인자 돈은 얼마든지 줄 것잉개 산모허고 어린애를 다숩게 해 주라고 그랬어.(부안 구비)

다음은 공동격으로 해석되는 경우이다. 공동격으로 쓰이더라도 (135라)처럼 복수의 명사일 때에는 각 명사 뒤에 '허고'가 각각 붙을 수 있다. 따라서 (135라)의 '허고'는 접속의 표지가 아니라 공동격 표지가 거듭 나타나는 경우로 이해해야 한다.

(135)

가. 그러니 저런 큰 놈허고 저러면 니가 지니 이 담부터는 그러지 마라.(부안 구비)

나. 꼭 요놈허고 혼인을 해야 쓰겄다.(부안 구비)

다. 손자허고 해남을 갔어.(부안 구비)

라. 자기 모친허고 가족허고 참 흡족하니 명절을 쇠었다 이거여.(부안 구비)

(136)은 후행하는 서술어 때문에 비교격의 의미로 해석되는 경우이다.

(136)

가. 모시허고는 틀려서,(곡성)

나. 과정은 똑같애, 베하고.(곡성)

다. 이것도 그 이야기허고 똑같어.(부안 구비)

라. 친구라면은 죽을 일도 이렇게 내 몸허고 똑같이 뭔 일을 허고 감쪽같

이 허지 네 친구는 어디 쓰겠냐? 친구 좋다고 해 쌓더니.(전주 구비)

(137)에서 '허고'는 접속의 기능을 하지만 서술어의 대칭성 때문에 비교격으로도 해석할 수 있는 흥미로운 경우이다.

(137)

가. 꼬들빼기(=고들빼기)허고 싸랑부리(=씀바귀)허고 같어요.(곡성)

나. 꼬들빼기허고 싸랑부리허고 맛도 거이 맞고.(곡성)

서남방언에서 조사 '와'에 부사 '같이'가 결합되면 (138가)처럼 비교와 공동으로 해석된다. 다만 공동일 경우 비교와 달리 '같이'에 강세가 놓이게 된다. 반면 '허고'는 '와'와 달리 강세의 유무와 상관없이 비교의 해석이 불가능하다. '허고'와 비교의 '같이'가 결합하는 것은 원천적으로 불허되기 때문이다. 그래서 (138나)-(138라)는 모두 공동격으로만 해석될 뿐이다.

(138)

가. 넘과 같이 살아 봤으면 쓰겄다.(비교/공동)

나. 넘허고 같이 살아 봤으면 쓰겄다.(*비교/공동)

다. 저는 남편허고 같이 살고,(부안 구비)(*비교/공동)

라. 그 여자허고 같이 살고 짚아도,(부안 구비)(*비교/공동)

다만 '허고 같이'가 시간을 나타내는 명사 뒤에 결합할 때는 비교격의 해석이 가능하다. 시간 명사를 '함께 하기'의 대상으로 삼는 것이 원천적으로 불가능하기 때문이다. 우리는 앞에서 비교격이 공동격으로부터 파생된 이차적 의미임을 언급한 바 있다. 그렇다면 시간 명사의 경우 공동격이 불가능한데도 비교격의 해석이 가능한 이유는 어디에 있는가? 그것은 공동격의 해석이 주로 유정물 명사 뒤에서 일어나지만, '공동격 → 비교격'의 파생은 무정물 명사에서도 함께 일어났기 때문이다. 시간 명사에서 비교격의 해석이 가능한 것도 이러한 무정물 명사로의 분포 확대 때문으로 보인다. (139)는 '와 같이'로 쓰였던 실제 예에서 '와' 대신 '허고'를 대체한 것인데, 예 (139가)-(139나)는 모두 정문이 된다. 그러나 (139다)에서 보듯이 '매일'과 같은 명사 뒤에서 '허고 같이'는 불가능하다. '와 → 허고'의 대체가 접속, 공동격, 비교격에서 모두 일어났지만 '와 같이'와 같은 구성에서는 일어나지 않아 아직도 '허고 같이'는 비교격의 의미를 나타내지 못한다. 다만 일부의 시간명사 뒤에서는 '허고 같이'가 가능하므로 비교격에서 '와 같이 → 허고 같이'의 대체는 시간 명사로부터 진행되고 있음을 알 수 있다.

(139)

　　가. 그래 장가를 인자 가는 날에 즈그 형이 후배(後陪. 위요.)를 종전허고 같이 갈 폭을 잡고 참 창옷이나 도포나 점잖허니 입고 나선단 말이요. (함평 구비)

　　나. 또 물이 뚝 끊어져 불어, 그전허고 같이.(해남 구비)

　　다. ˚역시 이곳도 명사들이 매일허고 같이 다니고 있습니다.(보성 구비)

　③ 이랑

　표준어에서 조사 '이랑'은 '와'나 '하고'와 마찬가지로 접속, 공동격, 비교격의 세 가지 기능을 갖는다. '이랑'이 비교격의 해석을 가지려면 서술어가 비교 형용사이어야 한다. 또한 '이랑'은 '하고'와 마찬가지로 복합 접속이 가능하다.

(140)

가. 고양이랑 강아지랑 잘 논다.(접속)

나. 고양이는 강아지랑 잘 논다.(공동)

다. 고양이는 강아지랑 생김새가 전혀 다르다.(비교)

서남방언에도 접속조사 '이랑'이 있으며 그 기능도 표준어와 다를 바 없다. 그런데 지역에 따라 '이랑'과 '랑'의 변동 조건이 다른 경우도 있다. (141)은 전남 영암 지역어의 것인데, /ㄹ/이나 /ㅇ/과 같은 유성 자음 다음에서 '이랑'과 '랑'이 수의적으로 변동함을 보여 준다.

(141)

가. 친구 둘이랑 여러니(=여럿이) 갔제.(영암)

나. 그런 거 사서 또 싸 묵제, 고추장낭 해서. 응, 고추장이랑 으 마늘랑.(영암)

다. 그라지, 친구들랑.(영암)

라. 쩌그 저 다라이(=たらい. '큰 대야'의 일본어.) 해갖고 인자 그거 갖고 짐치 담제(=담그지), 고춧가리랑 싹 양님, 깨, 머이여 다 넣어갖고.(영암)

(142)는 전남방언에서 '이랑'이 접속조사로 쓰인 예들을 모은 것이다. '이랑'이 복수의 명사를 접속할 때 각 명사 뒤에 '이랑'이 결합된다. 이때 '이랑'은 단순한 접속이 아니라 나열의 느낌을 준다. 그래서 복수의 명사 각각의 뒤에 '이랑'이 붙는 경향을 보인다. (142가)-(142라)가 이런 경우이다. (142마)는 '마리랑 마당에다랑'에서 두 번째 '이랑'이 생략된 것이다. 한편 (142바)처럼 '이랑' 뒤에 아우르는 표현 '같은'이 오면 마지막 명사의 '이랑'은 필수적으로 생략되어야 한다. 경우에 따라 선행 명사의 '이랑'이 생략될 수도 있다. (142라)의 '분대장이랑 소대장이랑'은 '분대장 소대장이랑'처럼 쓰일 수 있는

데 이때 '이랑'은 선행 명사인 분대장과 소대장 전체를 작용역으로 삼는다. 그러나 (142나)와 (142다)의 경우 '너랑 나랑', '자네랑 나랑'처럼 인칭대명사가 접속되는 경우는 첫 번째 '이랑'이 생략될 수 없다. '너랑 나랑'이 '너 나랑'이 되면 '너'가 후행하는 서술어 '엉기자'의 주어로 해석되기 때문이다. '자네랑 나랑'도 마찬가지다. 그래서 인칭대명사가 접속될 때는 언제나 각 대명사에 '이랑'이 결합되어야 한다.

(142)

가. 셋째놈 시방 저 안양 수원 가서 산 놈이랑 또 셋째딸 그놈이랑 그리 끄집어 올려갖고는,(보성)

나. 기양 품앗이해도 헐 만허먼 돈 있어도 너랑 나랑 품앗이해서 엉기자(=심자).(보성)

다. 자네랑 나랑 놀러 가세.(부안 구비)

라. 인자 그 소대장이란 사람이 글데요, 분대장이랑 소대장이랑. 여그서보텀은 느그들이 죽드이 살든지 공격 명령이 떨어지면은 공격을 해야 쓴다.(보성)

마. 옛날에는 나락(=벼) 하문 이렇고 어리통(=나락뒤주) 만들아, 마리(=광)랑 마당에다 이렇고, 함석 사다가 요롱고.(영암)

바. 겨울옷이랑 총이랑 대금(=대검) 같은 거 완전히 인자 거그 강께 거그 나웅께 인자 거그는 인자 물자를 다 주등만요.(보성)

(143)처럼 '이랑' 뒤에 사람을 나타내는 수사가 올 때는 '이랑'이 결합되는 명사를 '포함하여'의 뜻을 갖게 된다. 그래서 '나랑 둘이'는 '나를 포함한 둘이', '너랑 둘이'는 '너를 포함한 둘이', '친구 둘이랑 여러니'는 '친구 둘을 포함한 여럿이'의 뜻이 된다. 이 점은 '허고'도 마찬가지다.

(143)

가. 아(=애)를 업어라 그러글레 인자 업고 인제 <u>나랑 둘이</u> 인자 약방 앞에
  가서 섰는디,(광양)

나. 오늘 저녁이 <u>너랑 둘이만</u> 볼 것이 아니라,(부안 구비)

다. <u>친구 둘이랑 여러니</u>(=여럿이) 갔제.(영암)

(144)는 '이랑'이 공동격으로 쓰인 경우이다. (다)에서 '너랑 같이'는 결코
비교격으로 해석되지 않으며 언제나 공동격으로만 해석된다. 이 점에서 '너
허고 같이'와 동일하고, '너와 같이'와는 다르다.

(144)

가. 남자들이랑 가면 인자 맛 잡는 거는 인자 널찍허니 인자 막 걷어요.(광양)

나. 그러믄 나랑 그 삼 남은 것을 더 캐러 가세.(부안 구비)

다. 이거 둘이 똑같이 뻐겠다(=빠겠다). 너랑 같이 갖자.(부안 구비)

(145)는 접속과 공동격의 두 가지 해석이 가능하다. 의미상으로 보면 대에
헝겊을 달고 또한 실도 달았다는 내용인데, '헝겊과 실을 달았다'고 해석하면
접속의 뜻으로 쓰인 것이고, '헝겊을 달았다. 실을 함께 달았다'고 해석하면
공동격이기 때문이다. 이러한 중의성은 '접속'과 '공동격'이 의미상으로 밀접
한 관계에 있음을 보여 주는 것이다. 다만 접속이 일반적으로 복수의 명사를
필요로 한다는 점을 고려하면 여기서는 공동격으로 해석하는 것이 더 합리
적이라 하겠다.

(145) 색색 가지로(=여러 가지 색으로) 헝겊을 짤막짤막 요만썩허이 해갖
  고 거 대에다 달아, 실이랑 달아 놓고.(광양)

(146)은 '이랑'이 비교 형용사와 더불어 비교격으로 쓰인 경우이다.

(146) 거 보짐(=버짐)도 이거 말하자면 기겟독(=기계충)이랑 똑같은 것이
여, 종뉴가.(영광)

④ 이여/이야

'이여'는 표준어의 '이고'나 '이며'와 같이 복수의 명사 뒤에 붙어 열거의 기
능을 하는 점에서 단순한 명사 접속의 '와'나 '하고'와는 그 기능이 다르다.[27]
'이여'는 표면적으로 두 개의 명사를 열거하는 듯하지만 실제는 다수의 명사
를 전제하면서 그 가운데 복수의 명사만을 나열했을 뿐이다. (147가)에서 보
듯이 발화상에는 '동세'와 '씨아잡씨'에 '이여'가 결합되었지만, 그 뒤의 아우
르는 표현 '모도 그런 어른'과 '야답'이 가리키는 바처럼 그 밖의 다수의 사람
들이 죽임을 당하였음을 알 수 있다. 따라서 '이여'로써 열거된 사람들은 피
해를 입은 사람의 일부에 불과한 것이다. 만약 '이여'를 '하고'로 대체하여 '동
세허고 씨아잡씨허고 모도 그런 어른을 야답을 죽여 불었어'라고 말하면 피
해를 입은 여덟 사람이 동서와 시아주버니들로 국한되는 느낌을 준다. 이 점
이 '이여'와 '하고'의 다른 점이다. 이런 차이를 '비명시적 복수'와 '명시적 복
수'라는 말로 구별할 수 있을 것이다. '이여'는 발화에 드러나지 않은 존재까
지 포함한 비명시적 복수를 가리키지만, '하고'는 오직 발화상에 명시된 복수
만을 가리킨다는 뜻이다. 비명시적 복수는 '뭣이여'와 같은 표현으로 더욱
강조된다. (147나)-(147라)는 열거되는 명사들의 맨 마지막 명사 자리에 '뭣
이여'가 와서 '그 밖의 것들'을 의미한다. 바로 이러한 '뭣이여'와 같은 표현이

---

[27] '이며'와 '이여'가 함께 쓰이는 수도 있다. (예) 그냥 아 인자 돼지며, 술이여, 떡이여 막 퍼
나오는디,(장성 구비)

'이여'에 의해 열거되는 복수의 비명시성을 분명히 드러내고 있다. (147다)의 '이여' 대신 '허고'를 사용하여 '광허고 방허고 어디 시렁허고 뭣허고 다 잡아 뒤어도'라고 말하면 자연스러움이 훨씬 떨어지는데, 이러한 용인성의 차이 는 '뭣허고'가 비명시적 복수를 나타내는 데 적합하지 않기 때문에 빚어진 것 이다.

(147)

가. 육이오 동란을 젂어갖고 우리 식구를, 동세여 씨아잡씨(=시아주버니) 들이여 모도 그런 어른을 야답(=여덟)을 죽여 불었어.(영광)

나. 열한나가 모도 떡이여 고기여 멋이여 머 시어(=세어)가지고 와서, "떡 먹어라, 고기 먹어라." 야단이거든.(함평 구비)

다. 광이여 방이여 어디 시렁이여 뭣이여 다 잡아 뒤어도(=뒤져도) 명지(=명 주)가 안 나옹께 그냥 갔을 것 아닌가?(신안 구비)

라. 아, 인자 먹을 것이여 뭣이여 그양 뭐 살림이여 수제(=수저)여 저범(=젓 가락)이여 전부 다 놔두고 가 버링께 전부 즈그 세상 되았단 말이여. (신안 구비)

'이여'는 이미 중세어에서부터 열거를 나타내었다. (148)에서 보듯이 중세 어의 '이여'는 서남방언의 용법과 같이 단순한 열거가 아닌 비명시적 복수를 뜻하는 것으로 이해된다. 따라서 '이여'의 용법은 중세어와 현대 서남방언 사이에 별 차이가 없는 셈이다.

(148)

가. 善容이 즉자히 王끠 하딕ᄒ고 나가 沙門이 ᄃ외야 나지여 바미여 脩行 ᄒ야 阿羅漢果를 得ᄒ니라(석상 24:30)

나. 닐굽 히 도ᄃ면 뫼히여 돌히여 다 노가디여 더본 氣韻이 初禪天에 쐬

야(월석 1:48).

앞에서 '하고'나 '이랑'은 접속조사의 기능과 함께 공동격, 비교격이라는 확대된 기능도 수행하고 있음을 지적한 바 있다. 그러나 '이여'는 오직 접속의 기능만 담당할 뿐 공동격이나 비교격으로의 기능 확대는 일어나지 않았다. 이는 '이여'가 단순 접속이 아닌 열거의 접속 기능을 하기 때문일 것이다. 따라서 '이여'는 언제나 복수의 명사 뒤에 결합될 뿐 단수의 명사가 나타날 경우에는 결합되지 않는다. (149)가 이를 보인다.

(149)
가. *밥을 너물이여 함께 섞었다.(공동격)
나. *이 너물은 생긴 것이 콩너물이여 똑같다.(비교격)

한편 서남방언에서는 '이여'와 함께 '이야'도 쓰인다. '이여'는 중세어에서도 확인되지만 '이야'는 그렇지 않으므로 '이여'보다 나중에 생긴 것이 분명하다. '이야'가 비명시적 복수를 나타내고, (150다)-(150라)처럼 '뭣이야'가 이러한 복수의 비명시성을 강조하는 점은 '이여'와 다를 바 없다.

(150)
가. 집을 거기 들어가니께 대체 인자 음식이야 술이야 푸짐하게 갖다 놓으면서,(화순 구비)
나. 인자 쌀이야 돈이야 허고 한 짐을 짊어지고 그 자리를 왔어.(장성 구비)
다. 그렁게로 동네서 나서서 이냥 톱이야 뭣이야, 도치, 함마 갖고 나와서, (장성 구비)
라. 괴기야 뭐 참 뭣이야 좋은 것을 갖다가 대접을 헌 것이 아, 좋던가, 그놈을 홀딱홀딱 한 주전자를 다 먹웅게 술이 잔뜩 취허든 갭이여.(장성

구비)

'이야'가 선행 명사에 한 번만 쓰이는 경우도 보인다. 그러나 이때에도 비명시적 복수를 나타내는 점은 마찬가지다.

> (151) 그 처녀를 여울라고 그 화장품이야 모든 금물품이든지 여러 가짓것(=여러 가지)을 다 해 놨는디,(고흥 구비)

한편 '이야'는 (152)처럼 관용 표현으로 쓰이기도 한다. (가)는 아주 귀하게 키우는 모양, (나)는 매우 기쁜 마음으로 가는 모양, (다)는 사는 형편이 매우 어려운 경우 등을 관용적으로 표현하고 있다. 관용 형식은 후대형보다 선대형으로 이루어지는 것이 일반적이다. 그런데 이 경우는 선대형인 '이여'가 아닌 후대형 '이야'의 관용 형식이 형성되었다. 아마도 이런 관용 형식은 서남방언의 토착적인 것이 아니라 중부 방언으로부터 유입된 것으로 보인다.

> (152)
> 가. 이 황대감이 따님 한 분을 두어가지고 참 금이야 옥이야 하고 길르고 살다가,(신안 구비)
> 나. 그리고 대체 인자 신행을 해갖고, 옥이야 돌이야 닐니리 꿍닥꿍허고 인자 내려와요.(장성 구비)
> 다. 어찌게로 곤란을 했는고 참 밥이야 죽이야 하는디 게을렀어.(신안 구비)

'이여'와 '이야'는 기원적으로 지정사 '이-'의 활용형에서 조사로 문법화 된 것이다. 그런데 오늘날 지정사에 반말의 씨끝 '-어'가 결합되면 서남방언은 '이여', 중부방언은 '이야'로 활용한다. 따라서 서남방언에서 접속조사로서 '이여'가 쓰이는 것은 매우 자연스럽다. 그런데 이 방언에서 '이여'와 함께 '이야가 혼용되어 쓰이는데, 이 '이야'는 토착형 '이여'의 뒤를 이어 나중에 생겼거나 중부방언에서 유입된 것으로 해석해야 한다.

⑤ 이고

접속조사 '이고' 역시 '이여'와 마찬가지로 단순한 접속이 아닌 나열의 기능을 갖는다. 또한 '이여'와 같이 비명시적인 복수를 가리키는 기능을 한다. 비명시적인 복수를 나타내므로 발화에 명시된 항을 포함하면서 그 밖의 것을 아우르는 '모든 것'을 나타내게 된다.

(153)

가. 낮이고 밤이고 져 내야(=져서 내도) 다른 사람 눈에는 안 비여.(함평 구비)

나. 오 년이고 십 년이고 앉어서(=앉아서) 꼭 불도에만 그야말로 골똘허니,(함평 구비)

다. 장인이고 장모고 아이, 인자 상석에 있는 친구들은 다 잡어맸어.(함평 구비)

라. 하여간 삼동에는 얼음이 얼웅께, 그냥 맘대로 인자 말이고 사람이고 댕기지마는,(고흥 구비)

(153)에서 (가)는 '낮'과 '밤'을 단순히 열거하는 데 그치지 않고 '모든 시간' 곧 '언제나'의 의미를 나타낸다. 마찬가지로 (나)에서는 '오랜 세월', (다)에서는 '모든 사람', (라)에서는 '모든 것' 등을 가리킨다. 한편 '이고'가 중복되면서 후행 명사에 '무엇'이 오는 경우가 있다. 즉 'A이고 무엇이고'와 같은 구성인데, 이때 '뭣이고'는 '뭣이여'와 마찬가지로 '그 밖의 것'을 의미하지만 전체적인 해석은 두 가지 가능성이 있다. 첫째는 A의 가치 없음을 강조한다. 아래 (154)의 (가)-(다)가 이런 경우이다. 한편 (154라)는 '무엇' 대신 '개좆'이 쓰였

는데 이 경우도 선행 명사의 무가치함을 강조하기는 마찬가지다. '개좆'은 '아주 하찮은 것'을 비하하는 말이며, 이런 비하어를 나열함으로써 선행 명사의 가치 없음을 드러내는 것이다.[28] 한편 (154마)의 경우는 '그 밖의 것'의 의미에 충실하여 'A를 포함한 모든 것'의 의미를 나타낸다. 후자의 경우는 '뭣이여'에서도 확인되었던 것이다. 따라서 'A고 무엇이고'는 'A여 무엇이여'의 의미를 포괄하면서 거기에 A의 무가치함을 뜻하는 경우가 더 있는 셈이다.

(154)

가. 돈이고 멋이고 앙굿(=아무것)도 소용없고, 저 노랑쇠 나구(=나귀)만 태와 보내 도라고.(함평 구비)

나. 글이고 멋이고 오래만 사는 것이 좋으이까 그놈이 멧 살을 먹었냐 허면 열두 살을 먹었다 말이여.(함평 구비)

다. "아, 샀이고 뭐이고, 나가 어르신 무거와 뵈어 나 져다 드릴게요." 그래.(고흥 구비)

라. 어사고 개좆이고 이 자식이 뭐달라고 와서 사람을 죽일라 그라는고? (고흥 구비)

마. 엘로(=오히려) 시방보다 시방은 모다 안 장만허잖아요? 그때는 산자 박산 먼 엿이고 먼 강정이고 멋이고 집이서 싹 했어, 그것을.(영광)

---

28 '개좆' 대신 '개뿔'이 쓰인 표준어의 예가 허웅(1995:1367)에서 보인다. (예) 그까짓것, 법이고 개뿔이고 겁낼 것 뭐 있어?

4.4 보조사

표준어에 나타나는 많은 보조사들, 예를 들어 '는, 도, 만, 이야, 마다, 부터, 까지, 조차, 마저, 이나, 이든지, 이라도, 나마, 밖에' 등은 형태를 달리할 뿐 서남방언에서도 그대로 쓰인다. 우리말에는 보조사를 개입시키기 위한 특별한 통사적 구성이 있다. 첫째는 '좋기는 좋다', '가기도 잘 간다'처럼 용언의 명사형을 반복하는 구성이다. 이런 구성은 후행 용언이 대용어 '하다'로 대체되어 '좋기는 하다'나 '가기도 잘 한다'처럼 표현될 수 있다. 이 같은 용언의 중복 구성은 중간에 보조사를 개입시키기 위해 생겨난 구성이다. '좋다'와 '좋기는 좋다'를 비교할 때 후자는 전자에 없는 '보조사 결합'의 기능을 갖고 있기 때문이다. 따라서 '는', '도', '만'과 같은 보조사가 이런 구성에 오는 것은 매우 자연스럽다. 만약 이러한 보조사의 개입이 없다면 *'좋기 좋다', *'좋기 하다'와 같이 비문이 될 것이다.

(155)

가. 애기들이 멀만(=뭐만) 잃어 부리기만 잃어 부리면 다 찾아 줍니다.(함평 구비)

나. 도라곤 대로(=달라는 대로) 주마. 찾기만 해라.(함평 구비)

다. 묵기만 안 허제 사기는 해.

보조사를 위한 두 번째 통사적 구성은 대용부정 구문이다. 우리말은 '간다'라는 긍정문에 대하여 '안 간다'와 '가지 않는다'의 두 가지 부정 방식을 사용하는데, 무표적인 직접부정 구문(예: 안 간다)에 대하여 유표적인 대용부정 구문(예: 가지 않는다)이 필요한 이유는 여기에 보조사가 출현할 수 있기 때문이다. 대용부정 구문은 용언의 중복 구성과 달리 보조사의 출현이 필수적인 것은 아니다. 그렇지만 씨끝 '-지' 뒤에 다양한 보조사가 결합될 수 있어 직접부정에 없는 표현력을 갖는다. 이러한 표현력이야말로 대용부정의 존재 이유의 하나가 될 것이다. (156)은 서남방언의 대용부정의 예로서, (가)-(나)는 '도', (다)-(마)는 '는'이 결합된 경우이다. (다)-(라)의 '-든'에는 보조사 'ㄴ'이 포함되어 있다.

(156)

가. 한번 간 뒤로는 거그서 한 번 오도 안허고,(함평 구비)

나. 인자 병 들었다고 형께 타도 안허고 이 사람은 뒤에 따르고 저는 말끄댕을(=말머리를) 잡고 이렇게 오든가 부데.(함평 구비)

다. 물이 나든 안해요.(해남 구비)

라. 그랑께 죽든 안했제.(해남 구비)

마. 한 번 갈쳐 주먼 다시는 물어보지는 안형께,(승주 구비)

① 은/는

'는'의 기능으로서 『표준국어대사전』은 대조, 주제, 강조의 세 가지를 들었다. 이는 보조사 '는'에 대한 학계의 연구 성과를 그대로 반영한 것이다. (157)은 『표준국어대사전』에 제시된 예이다.

(157)

가. 사과는 먹어도 배는 먹지 마라.(대조)

나. 편지는 "형님 보십시오"로 시작하였다.(주제)

다. 갑자기 비가 오니까는 사람들이 건물 안으로 들어갔지.(강조)

주제(topic)는 이야기의 대상으로서 일반적으로 알려진 정보로 이루어지며, 문장의 첫머리나 앞부분에 나타나는 경향을 보인다. 반면 논평(comment)

514

은 주제에 대한 설명 부분으로서 새로운 정보를 나타낸다. Li & Thompson (1976)에서는 주제와 주어의 부각 여부에 따라 세계의 언어를 네 가지로 분류한 바 있다.

    (a) 주제 부각 언어: 중국어, 라후어, 리수어

    (b) 주어 부각 언어: 인도유럽어, 니제르콩고어, 핀우그리아어

    (c) 주제와 주어가 모두 부각된 언어: 한국어, 일본어

    (d) 주제와 주어 모두 부각되지 않은 언어: 타갈로그어, 일로카노어

주제 부각 언어(topic-prominent language)는 문장의 주제가 통사적으로 정해져서 명시적으로 드러나며 이에 비해 주어는 중시되지 않는 언어를 가리킨다. 주제는 한국어처럼 명시적 형태('는)로 표시되거나 중국어, 자바어처럼 문두에 표시되는 경우가 있는데, 겉보기로는 주어와 구별하기 어려운 경우가 많다. 주제 부각 언어의 특징으로 (a) 일반적으로 주어를 드러낼 필요가 없고, 비인칭주어가 없다. (b) 이중 주어 구문이 나타날 수 있다. (c) '나는 자장면.' 처럼 주어-서술어 구문으로는 도저히 설명할 수 없는 구문을 형성한다. 이와는 반대로 영어 등 많은 인도유럽어는 주어가 명확히 드러나고 주제는 문법적으로 드러나지 않아, 주어 부각 언어라고 할 수 있다.

  주제를 나타내는 보조사 '는'은 서남방언에도 그대로 나타난다. 형태적으로 '은/는' 외에 '언/넌' 등의 변이를 보이기도 한다. 한편 표준어는 자음 뒤에 '은' 외에 'ㄴ'이 오기도 하지만 서남방언에서는 'ㄴ'이 잘 쓰이지 않는다. 따라서 표준어의 '걘 요새 뭘 해?'에 대응하는 서남방언 문장은 "간 요새 멋 해?'가 아닌 '가는 요새 멋 해?'이다.

  '는'의 용법은 표준어와 차이가 없다.

    (158) 싹 기양 타지 <u>타성(他姓)</u>이 별로 없었어. <u>타성은</u>₁ 저리 벤두리 그저

가난헌 사람들 하나썩 있고 그랬는디, <u>지금은</u>₂ 탁 그냥 <u>엣날 어런 양</u>
<u>반들은</u>₃ 다 돌아가시고 <u>그 나머지는</u>₄ 다 갈차갖고 도시로 나가 뻬리
고.(영광)

(158)에서 밑줄 친 '타성은₁'은 이야기의 대상으로서 문장의 주제를 나타낸
다. 그런데 이 주제어 '타성'은 이미 앞선 발화에서 한 차례 언급된 바 있는 말
이므로 알려진 정보의 성격을 갖는다. 그리고 주제어 '타성' 뒤에 오는 '저리
벤두리 그저 가난헌 사람들 하나썩 있고 그랬는디'는 주제어에 대한 설명 부
분으로서 논평(comment)을 형성한다. 논평은 새로운 정보를 나타내므로 알려
진 정보인 주제와 대립된다. 결국 위의 담화에서 보조사 '는'은 '타성'이 주제
어임을 알려 주는 표지인 셈이다. 반면 '지금은₂'의 '은'은 대조를 나타낸다.
담화의 내용을 보면 옛날 사정을 말하는 앞선 발화와 현재의 상황을 이야기
하는 뒤 발화가 대조되고 있음을 쉽게 알 수 있다. 이어 나오는 '엣날 어런 양
반들은₃'과 '그 나머지는₄' 역시 상호 대조를 보이는 말이다.
　'는'이 주제를 나타낼 때 거의 굳어져 관용화 된 경우가 있다.

(159)
가. <u>낳기는</u> 여럿 났어요(=낳았어요).(영광)
나. 차가 <u>가기는</u> 가.(영광)
다. 제주도가 <u>좋기는</u> 좋다.
라. 아조 <u>일이라 헌 것은</u> 기양 내 눈 안에 쏙 들어갖고 나 아무리 지금 아퍼
　　도 걸음만 걸으먼 농사 뻴것도 짓겄어.(영광)

(159가)-(159다)는 앞에서 언급한 용언 중복 구성인 'A-기는 A'의 구성으로서
명사형 씨끝이 결합된 주제 부분과 주제어가 다시 반복된 논평으로 이루어
졌다. 그러나 (159가)는 반복되는 주제어 앞에 새로운 정보(여기서는 '여럿')를

갖는 표현이 첨가되는 점이 (159나)-(159다)와 다르다. 이 구성은 'A-기는 X A'로 형식화 할 수 있고 이때 X는 새로운 정보를 보여 주는 말인데, X에는 타동사의 목적어와 같은 필수적인 성분 외에 수량이나 정도, 도구 등을 포함하는 부사적 표현이 올 수 있다. 그러므로 'A-기는 X A'는 한국어에서 주제를 갖는 관용적인 구성 가운데 하나인 셈이다.

(159나)는 주제어가 논평 부분에 단순 반복되면서 거기에 아무런 새로운 정보도 첨가되지 않는 구성이다. 그러므로 이러한 구성은 일종의 동어반복에 불과하므로 결코 새로운 정보를 주지 못하며, 따라서 이러한 동어반복적 구성은 일반적인 주제-논평 구조라 보기는 어려우므로 최소한의 정보만을 제공할 수밖에 없다. '차가 가기는 간다'는 '차가 간다'는 사실을 포함하되, 여기에 덧붙여 최소한의 정보를 보여 주는데, 이때 부가되는 정보란 어떤 사태가 만족스럽지는 않지만 그저 받아들일 만하거나 최소한의 상황이라는 것이다. 구체적으로 '가기는 가'는 버스가 그 지역에 자주 가지는 않지만 가끔 들어간다는 내용을 말하고 있다. 버스가 자주 다니는 것을 최적의 상태라 한다면 그 상태에는 미치지 못하나 하루에 두어 차례 들어감으로써 받아들일 만한 상황임을 나타낸다. 그러나 (159다)처럼 형용사가 반복되는 경우는 위에서 언급한 것처럼 만족스럽지 않은 사태를 어쩔 수 없이 인정하는 의미 내용을 가질 수도 있으나, 일반적인 주제-논평의 해석도 충분히 가능하다. (159다)는 제주도가 좋다는 말을 이전에 들은 바 있던 터에 실제 경험해 보니 듣던 대로 좋다는 뜻으로 해석될 수 있는데, 이때 '제주도가 좋기는'은 제주도에 대한 이전의 평가를 나타내는 알려진 정보의 주제어이고, 뒤의 '좋다'는 제주도에 대한 경험에서 우러나오는 새로운 평가로서 논평에 해당한다.

(159라)처럼 '-이라 헌 것은'은 어떤 말에 대한 정의를 내리거나 설명을 부가할 때 흔히 사용하는 표현으로서 주제를 형성한다. 따라서 이 역시 주제를 나타내는 관용적인 표현의 하나인 셈이다.

대조를 나타내는 '는'은 대조의 대상이 명시되지 않는 경우가 흔하다. 예를 들어 '철수가 사과는 좋아한다.'와 같은 예에서 '사과'는 이 문장에서 명시되지 않은 다른 과일 등과 대조되고 있다. 이 대조를 적극적으로 해석하면 '다른 과일은 좋아하지 않지만'의 의미를 함축하고, 소극적인 대조로 해석하면 '다른 과일은 좋아하는지 모르지만' 정도의 의미를 함축하게 된다. 이처럼 소극적인 대조는 '다른 것은 모르지만 적어도'의 의미를 갖게 된다. 그래서 (160가)는 '다른 사람은 모르지만 적어도 너는 가야 된다'는 의미로 해석되는 것이다. '최소한도'의 의미를 강조하기 위해 조사 '만큼'을 결합시킬 때에도 (160나)에서 보듯이 '는'이 없으면 '최소한도'의 의미가 드러나지 않는다.

(160)

가. 너는 가야 돼.

나. 너만큼은('너만큼) 가야 돼.

'는'이 '최소한도'의 의미로 해석되는 전형적인 경우는 수량사 다음에 '는'이 올 때이다. (161)에서 밑줄 친 부분은 '어림으로 적게 잡아도 그 수량 정도'라는 의미를 포함하는데 이러한 최소한도의 의미는 당연히 보조사 '는' 때문이다.

(161)

가. 여그 와게서(=오셔서) <u>한 십 년은</u> 아마 살았을 것이요.(영광)

나. <u>한 십 분은</u> 더 걸(=걸을) 것이고, 야튼(=하여튼).(영광)

다. <u>백만 원은</u> 더 들 것인디.

라. <u>천만 원은</u> 있어야 차를 사제.

'는'이 결합하더라도 특별한 의미 기능을 생각하기 어려운 경우도 있다. 이기갑(2001)이나 『표준국어대사전』에서 '강조'라고 해석한 경우가 바로 이런 경우이다.

(162)

가. 그래갖고 인자 한자(=혼자) 삼서는(=살면서는) 내가 한자 삼서는 배구
  파 보든 안했어.(영광)

나. 내 한자 살림험서는 야튼(=하여튼) 식냥(=식량) 난 몽땅 뒤.(영광)

(162가)와 (162나)는 '삼서'(=살면서), '살림험서'와 같은 이음씨끝 '-음서'(=-으면서) 다음에 '는'이 결합된 예이다. 이 경우 보조사 '는'은 대조로도 해석할 수 있는데 (162가)의 경우 '남편이 살아있을 때는 살기 힘들었지만 남편이 죽고 혼자 살면서부터는 배고파 본 적이 없었다'의 의미 내용을 갖는다. 이러한 대조의 의미는 자연스럽게 대조의 후행항을 강조하게 된다. 이렇게 대조의 '는'은 대조의 후행항을 돋보이게 하는데, 경우에 따라 선행항이 명시되지 않더라도 '는'이 결합된 사태를 강조하게 되는 효과를 보여 준다. (162가)와 (162나)가 바로 이에 해당한다.

한편 보조사 '는'은 연속적인 사태를 나타내는 이음씨끝 뒤에 결합하여 그 연속성을 강조하기도 한다(이기갑 2001). (163)이 이런 예이다. 여기서의 연속성이란 시간적 계기성 외에 '이유-결과'나 '조건-결과' 등을 포괄하는 개념이다. 연속적인 사태란 이전 사태와 이후 사태의 대조로도 해석된다. 따라서 이러한 대조성이 강조로 해석되기에 이른 것이다.

(163)

가. 밥허는 것을 기양 호래이마큼(=호랑이만큼) 거식허고 일허는 것은 호
  래이마치 <u>무사갖고는</u>(=무서워가지고는) 저 부엌에 들어간 것을 그렇
  게 싫어허시드마.(영광)

나. <u>그래갖고는</u> 딱 집이로 내가 요리 들오와 불었제.(영광)

다. <u>고로고는</u>(=그리고는) 인자 그 밑에로는 인자 딸 나갔고(=낳아가지고),(영광)

라. 우리 그 기양 용케 그렇게 <u>망해 뻐리고는</u> 또 남온 것은 인공(=인민공화국) 때 인공 때 자기가 농사 지라고 그때는 다 주었잖아요? 선자(=소작)로.(영광)

마. 그렇게 포도시(=겨우) 애기 낳고 눴이면 그때 조까 <u>해 주고는</u> 샘일날 보텀은(=삼일부터는) 아침 샘일날 아침보텀은 내가 나와서 밥얼 해 먹어.(영광)

이처럼 '는'은 연속성을 나타내는 이음씨끝에 결합되어 그 연속성을 강조하는데, '-는데'의 경우 '는'의 결합성에서 표준어와 차이가 난다. 표준어에서 '-는데는'은 불가능한 결합이지만, 서남방언형 '-는디는'은 '-는디'를 강조하면서 (164)처럼 널리 쓰인다. 또한 경우에 따라 '-는디는'은 (164가)-(164나)처럼 '-는데도'와 같은 양보의 의미로 해석되기도 한다(이기갑 2003:122).

(164)

가. 남자로 말헌다 치면 시방 그것이 장개도 <u>안 갔는디는</u> 젊은 여자가 왔다 그렇께는 딴 생각이 들어갔다 그 말이여.(보성 구비)

나. 그런디 암만해도 그 인자 거 머시매 방에서 보따리 장사가 <u>자고 있는디는</u> 그 의심을 하거든.(보성 구비)

다. 그러믄 첨에 말 듣기는 즈그 친구 방에서 자게 되았다는 것을 <u>알고 있는디는</u> 가서 점을 치고 즈그 친구 방에 가서 봉께 없어. 아, 큰방에 와서 봉께 뭔 여자가 보따리를 싸.(보성 구비)

라. 말 타고 가다가 중간에서 내려갖고 또랑 가에다 묏을 쓰라고 <u>헌디는</u> 그도(=그래도) 그 사람들이 될라고 말을 들어요.(보성 구비)

마. 인자 거그서 영감 만낼까 싶어서 어디로 갈란지, 갈 지로 몰라갖고 그

라고 <u>있는디</u>는 호랭이가 와서 숨을 푸욱 셩께는 입이 환기가 푸욱 나

오드래요.(보성 구비)

바. 그렇게 보고 인자 딱 인자 <u>산디</u>는 문구녕으로 가만히 봉께, 밥을 한 그

릇 떠서는 물동 속에다 딱 너 놓거든.(보성 구비)

경우에 따라서는 단순히 강조를 나타내는 것으로 해석할 수밖에 없는 경

우도 있다.

(165)

가. 꼭 <u>대목이면은</u> 섣달 <u>대목이면은</u> 안 팔고 나뒀다가 인자 설 세고 방앳

간(=방앗간)에서 연해(=계속해서) 갖다 젱미(=정미)를 허넌디,(영광)

나. 오직허먼(=오죽하면) 죽을라고 아조 벨짓거리를 다 해 바도 못 죽고

사람이 <u>억지로는</u> 못 죽는 것입디다.(영광)

(165가)의 '대목이면은'에서 '이면'은 표준어 '이면'으로서 시간을 나타내는

명사 다음에 와 '될 때마다'의 뜻을 갖는다. 그래서 '대목이먼'은 '대목이 될

때마다'로 해석되는데, 여기에 보조사 '은'이 결합되면 '마다'를 강조하게 된

다. (165나)에서 '억지로는'의 '는' 역시 '억지로'를 강조한다. 만약 '는'이 없이

'억지로 못 죽는다'처럼 말한다면, '억지로'에 특별한 의미의 초점이 놓이지

않으나 여기에 '는'을 첨가하여 '억지로는'으로 발화한다면 이 발화에 음성적

강세가 놓이고 이에 따라 의미적 초점도 가해진다. 이렇게 보조사 '는'은 결

합되는 말을 의미적으로 돋보이게 하는 효과를 가져온다.

주제, 대조, 강조의 세 가지 기능 외에 '는'은 이음씨끝 '-어서' 뒤에 붙어 조

건을 나타낼 수 있다. 물론 (166바), (166사)에서 보듯이 '-어서는'은 조건의

전형적인 씨끝 '-으면'과는 쓰임이 완전히 같지는 않다. 우선 '-어서는'은 과거

시제를 나타낼 수 없다. 그래서 '-었으면'을 '-어서는'으로 대체할 수 없다.

(166바)의 비문은 이 때문에 생긴 것이다. 또한 '-어서는'의 후행절은 선행절의 내용이 이루어질 경우 생기는 결과인데, 이때 그 결과는 부정문으로 표현되거나 부정문이 아니더라도 그 내용에 부정적 내용이 담겨 있어야 한다. (166가)-(166라)는 후행절이 부정문인 경우이고, (166마)는 부정문은 아니지만 부정적 내용을 담은 경우이다. (166사)는 후행절이 긍정이면서 부정적 내용이 없기에 비문이 되었다. '-어서는'이 갖는 후행절의 제약은 부정문이라는 통사적 제약과 부정적 내용이라는 의미적 제약을 함께 갖지만, 궁극에는 의미적 제약의 영향을 받는 것으로 보인다. 통사적 제약은 의미적 제약의 일부를 이루기 때문이다.

(166)

가. 그렇게 공부해서는 안 되지.

나. 그러나 내가 물어서는 통정을 안 헐 것 같어.(함평 구비)

다. 이래서는 안 되겠구나 허고 그 부인이 제 제수되신 분이 하루는 머리를 썼어요.(함평 구비)

라. 놈의 팔자를 글쳐 버려서는 못쓰겠고 그래도 깨끗이 순결이나 지케 줘야 쓰겄다 허고는,(함평 구비)

마. 내일 비가 와서는 큰일 나지.

바. *어제 가서는(=갔으면) 큰일 났을걸.

사. *내일 비가 와서는(=오면) 집에 있겠다.

② 도

『표준국어대사전』에서 보조사 '도'는 '더함', '똑같이 아우름', '양보', '부정극어', '의외성', '감정의 강조' 등을 나타내는 것으로 풀이하였다. 사전에 제시된 예들은 (167)과 같다.

(167)

가. 밥만 먹지 말고 반찬도 먹어라.(더함)

나. 아기가 눈도 코도 다 예쁘다.(똑같이 아우름)

다. 찬밥도 좋으니 빨리만 먹게 해 주세요.(양보)

라. 개미 새끼 한 마리도 얼씬거리지 못하게 해라.(부정극어)

마. 너는 신문도 안 읽니?(의외성)

바. 성적이 그렇게도 중요한가?(감정의 강조)

'도'의 기능 가운데 '부정극어', '의외성', '감정의 강조'는 사실 말할이의 감정이 들어있는 기능이므로 하나의 범주로 통합할 수도 있을 것이다. 다만 '부정극어'는 통사적 특징을 고려하여 따로 분리가 가능하므로 여기서는 '의외성'과 '감정의 강조'만을 통합하여 전체적으로 다섯 개의 기능만을 인정하고자 한다.

　서남방언의 '도'도 표준어와 마찬가지로 위의 다섯 가지 기능을 모두 수행한다. 여기서는 기본의미인 '더함'의 예는 생략하고 '똑같이 아우름'의 기능에 해당하는 예를 먼저 제시하기로 한다. 똑같이 아우름이란 결국 동등한 자격이 있는 항목을 나열 제시하는 경우를 말한다.

(168)

가. 메칠 좀보터(=전부터) 미리서 미리서 산자 같은 것도 해서 따둑따둑 다 담어 놓고 박삼(=박산. 薄饊)도 해서 이렇게 탁탁 담어 놓고 그러지요.(영광)

나. 먼 한자(=혼자) 농사짓고 살았어도 남자들 있는 사람보다 내가 농사도 잘 짓고이 일도 더 빨리 끝내고 가실일(=가을일)도 그랬어.(영광)

다. 어떻게 사람이 야꼽장이(=구두쇠)던지 자기 것 넘 줄 줄도 모르고 넘으 것 먹을 줄도 모르고 그래.(부안 구비)

라. 나는 재주도 없지, 돈도 없지, 나는 아무것도 없다.(부안 구비)

(168)은 동등한 자격이 있는 항목들을 열거할 때 '도'가 사용되고 있음을 보여 준다. 우리는 4.3 ④에서 일부의 항목을 제시하면서 그 밖의 다른 항목도 더 있음을 함축하는 경우를 '비명시적 복수'라 하여, 그러한 함축이 없는 '명시적 복수'와 구별한 바 있는데 여기에 쓰인 'A도-B도'는 그 용법으로 미루어 비명시적 복수의 예에 속한다고 할 수 있다. 이 점에서 'A하고-B하고'와는 다르다.

'도'가 양보를 나타내는 것은 서남방언에서도 흔히 볼 수 있다. 특히 이음씨끝에 붙어서 양보를 나타내는데, '-으면서', '-는데', '-고' 등에 붙는 예가 확인된다.

(169)

가. 아이구 이거, 오줌 <u>싸면서도</u> 육갑을 이렇게 잘허는구나.(부안 구비)

나. 사둔 방에가 <u>잠서도</u>(=자면서도) 하두 미심스렁개 신뱅(=신방)을 한번 가 봐.(부안 구비)

다. 너는 두세 개 아들을 <u>키우면서도</u> 그렇게 귀엽게 허는디, 내가 너 하나 키우는디 얼마나 귀엽게 했겠냐?(부안 구비)

라. 호랑이란 놈이 사람인 줄 <u>알면서도</u> 그냥 "어이차" 하면요, 그 소리만 듣고 엉덩방아를 찧는 거에요. 꼬리를 <u>놓았는데도</u> 그래.(부안 구비)

마. 자(=쟤)는 두 섬 <u>지고도</u> 쉴하게 댕길 거요.(고흥 구비)

바. 그러기 때민에 내 사오(=사위)가 <u>되고도</u> 남음이 있다.(승주 구비)

사. 인자 한 시무 명이 이것을 실컷 <u>묵고도</u> 반절도 못 묵었어.(해남 구비)

'도'는 일반적인 예상에 반하는 사태로부터 생기는 의외성을 나타낼 수 있는데 특히 부정문에서 이런 용법을 쉽게 찾을 수 있다. 말할이의 감정을 드러내는 기능의 한 가지라 하겠다.

(170)

가. 그런데 그냥 마빡(=이마)에다가 송곳질을 팍 찔러도 맹물만 나오지 <u>피도 없어요</u>.(부안 구비)

나. 시집간 며느리가 … 그 자그 <u>친정에도 안 가고</u> 참 사방으로 돌아다녀. (부안 구비)

다. 즈그 집에 가서는 <u>저녁도 안 먹고</u> 누웠어.(부안 구비)

라. <u>때도 안 되었는디</u> 자기 집에서 연기가 나오거든, 굴뚝에서.(부안 구비)

마. 말을 타고 들어가서 "대감 계십니까?" 하니까 하인 새끼 한 마리가 나와서 <u>아는 척도 안 해</u>.(부안 구비)

부정극어(negative polarity items)에 '도'가 쓰이는 것은 서남방언도 마찬가지이다. 구술발화에서는 부정극어로 볼 만한 다양한 예가 확인된다.

(171)

가. 여그는 <u>없어, 하나도</u>, 사람이.(영광)

나. 건실허게 그렇고 했어도 어째 여그 와게서도 참 <u>말 한 자리도 나도 안 했잉게</u> 당신도 안 했제마는 나도 안 허고.(영광)

다. <u>한나도 미운 맘도 없고</u> 오래 살았다 그 맘도 없고 우리는 고롱고 살았어라.(영광)

라. 옛날에는 그러고 가난해갖고, <u>암것(=아무것)도 못하고</u> 단일치기(=당일치기) 또 겔혼식을 해갖고,(영광)

마. 비가 와서 <u>아무것도 못 혀</u>.(부안 구비)

바. 인제 잡아가지고 보닝개 이것이 <u>아무것도 아니며</u>,(부안 구비)

사. <u>아무 말도 안 묻고</u> 쌀금(=쌀값) 얼매 가냐고 묻등만요.(부안 구비)

아. 우리 신랑은 <u>요마치도 못 해</u>, 아풍게 생전.(영광)

자. 나한테 오셔서는 생전은 해 주는 거 잡수지 <u>요만 소리도 안 허셔요</u>, 요
만헌 소리도.(영광)

(171가)-(171다)는 수량사 '하나'가 포함된 부정극어 '하나도/한나도'와 '한 자
리도'를 보여 준다. 가장 작은 수인 '하나'마저 없다는 말은 곧 아예 아무것도
없음을 뜻하게 된다. (171다)의 경우 '한나도'는 부정극어로서 여기에 '도'가
결합되는 것은 극히 자연스럽다. 그런데 뒤따르는 '미운 맘도 없고'에서도
'도'가 나타난다. 이것은 아마도 앞의 '한나도'의 '도' 때문으로 보인다. 하나
의 절이나 문장 안에서 '도'가 결합될 때 절이나 문장 안의 다른 표현에도 '도'
가 결합되는 수가 많다. 일종의 '도'의 표류(drift) 현상으로 해석할 만한 경우
이다. (171라)-(171사)는 부정칭의 대명사나 대명사 '암것', '아무것', '아무 말'
이 부정극어로 작용한다. 부정칭이 부정 서술어와 결합할 때는 전칭으로 해
석된다. (171아)는 '이만큼'의 뜻을 갖는 '요마치'에 '도'가 결합된 '요마치도'
가 부정극어로 기능한다. 여기서 '이만큼'으로써 말할이가 뜻하고자 하는 바
는 가장 작은 양이다. 아마도 손동작 따위로 그러한 작은 양을 나타낼 수도
있다. (171자)의 '요만'(=이만한)도 (171아)의 '요마치'와 마찬가지로 매우 작
은 양이나 횟수의 말하기를 가리킨다.

'도'는 심한 정도를 나타내는 정도부사 '너무', '하다'(=하도), '여간', '지지리'
등에 결합되어 그 정도를 강조하기도 한다(3.2.1.1 참조).

(172)

가. 그래서 젊은 부인이 혼자 그동안에 남편을 기다리고 살기에 너무도 지
쳐 부리고,(신안 구비)

나. 조카자식이 하다도 영리하고 훌륭하게 될까 해서,(신안 구비)

다. 성은 그렇게 잘살고 동생은 여간도 못살았는디,(신안 구비)

526

라. 지지리도 못생겼어.

(173)은 관용어처럼 쓰이는 부정구문에서 '도'가 사용된 경우인데, 이때의 '도' 역시 말할이의 감정이 얹혀 있다.

(173)

가. <u>말도 못해</u>, 무리헌 것이.(영광)

나. <u>말도 못허게</u> 무과(=무거워), 보리 가매이(=가마니) 그놈이.(영광)

다. 농사 방식을 다 알아 버렁게 농사짓는 것은 <u>일도 아니여</u>.(영광)

라. 얘기를 한다 허먼 <u>한도 끗도 없잉게</u> 안 헐락 했는디.(영광)

(173가)와 (173나)의 '말도 못허다'는 '말할 수 없을 정도로 아주 심하다'의 뜻이다. (173다)의 '일도 아니여'에서 '일'은 많은 수고와 노력이 가해져야 이루어지는 것이다. 따라서 '일도 아니다'는 특별하거나 대단한 것이 아니라는 뜻이다. 우리말에서 'x도 아니다'는 x의 일반적인 속성을 부정함으로써 [-x]의 성격을 강조하는 구문이다. 예를 들어 '그 자식은 사람도 아니다'는 사람이면 갖는 일반적 속성이 결여된 사람을 가리킨다. 그 하는 말이나 행위로보아 보통의 사람이라 보기 어려운 존재로서 마치 동물과 같은 비인간성을지닌 존재라는 뜻이다. 마찬가지로 '거기는 학교도 아니다'라는 말도 학교라면 가져야 할 교육기관으로서의 전형적 속성이 없는 곳을 말한다. 겉만 학교일 뿐 실속은 학교가 아닌 형편없는 곳이라는 뜻일 것이다. 이러한 관용적구성 'x도 아니다'에 결합된 '도' 역시 말할이의 감정이 투영되어 있다. (173라)의 '한도 끗도 없-'은 '한'과 '끝'을 똑같이 아우르는 경우로 해석할 수 있지만'한도 없-'이나 '끗도 없-'처럼 단독으로 쓰일 때에도 '도'가 나타나는 것으로미루어 여기에 말할이의 고조된 감정이 얹혀 있는 것으로 보인다.

③ 만

'만'은 어느 것을 한정함을 나타내는 보조사이다. 『표준국어대사전』에서
는 그 밖에 '-어야만'처럼 이음씨끝 '-어야' 뒤에 결합할 때는 강조의 기능도
있다고 풀이하였으나 이 역시 한정의 기능으로 설명될 수 있다. 보조사 '만'
은 역사적으로 '정도'를 나타내는 '만'에서 온 것으로 추정된다. 그러나 공시
적으로는 '정도'와 '한정'이라는 의미를 서로 관련 짓기 어려우므로 별개의
조사로 구분할 필요가 있다. 『표준국어대사전』은 아마도 역사적 관련성을
고려한 탓인지 보조사 '만'의 의미의 하나로 '정도'를 들어 둘 사이를 다의적
관계로 해석하였다. 그러나 우리는 '정도'의 '만'을 비교격조사 항목에서 설
명한 바 있다.

서남방언에도 보조사 '만'이 있으며 그 쓰임 역시 표준어와 다를 바 없다.

(174)
가. 먼(=무슨) 일만 잘허면 잘살지 아냐, 베만 잘 짜면 잘살지 아냐고 막 머
　　락허고(=야단하고) 그로고(=그러면서) 댕이드라고요(=다니더라고요).
　　(영광)
나. 그 살림살이를 거그서 다 없이고(=없애고) 거그다 다 나두고 당신 옷
　　보따리만 하나 갖고 왔어.(영광)

(175)의 'A만 허다' 구성에 포함된 '만'도 한정을 나타내는 것으로 해석할 수
있다. 그러나 단순한 한정이 아니라 '만'의 앞에 나온 형용사가 가리키는 사
태를 강조하는 기능을 한다. 한정은 다른 것이 아닌 그것을 두드러지게 하므
로 자연스럽게 강조의 의미를 띨 수 있다. 'A만 허다'의 관용적 구성은 이러
한 강조를 위해 특화된 구성이다.

(175) 아덜얼 못 뒤갖고 당신이 늙밭(=늘그막)에 못 잡수고 산다 허고이 불
쌍허기만 허고 <u>짠허기만 허고</u> 그럼 맘(=마음)만 갖고 살아서 요만이
(=이만큼)도 미운 맘이 없이 살았어, 시아바이(=시아버지)허고도.
(영광)

그런데 (176)의 '-어서만 해도'는 이와 다른 의미를 표현하는 구성이다.

(176) 나 와서만 해도 부잡디다마는 또 우리 시아바니(=시아버지)가 다 없
애 불었어, 살림을.(영광)

예에서 '와서만 해도'는 '왔을 때만 하더라도'의 뜻이다. 이러한 'A만 해도'의
구성은 일종의 주제를 나타내는 구성으로서 주제어 A와 '해도'의 뒤에 오는
논평 부분으로 이루어진다. 그러므로 위의 예에서는 '내가 왔을 때'가 주제
이고 '부잡디다'가 논평을 나타내는 것이다. 다만 '해도'가 양보의 의미를 나
타내므로 'A만 해도'의 주제는 '양보적 주제'라 할 수 있다. 양보적 주제는 '적
어도 A는'의 뜻을 나타낸다. 위의 예도 '적어도 내가 시집왔을 때에는 부자였
다'는 사실을 말하고 있는 것이다. (177)도 마찬가지이다.

(177)
가. 나만 해도 고론 일은 안 하제.
나. 광주만 해도 살기가 좋제.
다. 그때만 해도 해방 후에 이 장어 줄낚시 허네.(고흥 구비)
라. 그 당시만 해도 훈장이라면 상당이 존경을 받는 시댑니다.(군산 구비)
마. 현재는 사람이 안 살지만 몇 해 전까지만 해도 사람이 죽 살았어요.(부
안 구비)
바. 아니, 이것이 세상에 폭로가 된다고 하면 얻다가 낯바닥을 들고 댕기

질 못해, 그때 세상만 해도.(화순 구비)

사. 내가 벌어 논 재산만 해도 넉넉이 일평상은 먹고 살 거잉께 걱정 말고 계시라.(고흥 구비)

아. 또 호랭이가 던진 놈만 해도 돈벌이를 많이 하고,(화순 구비)

이 점에서 중립적인 주제어 '는'과는 차이가 있다. (178)은 보조사 '는', '만', 그리고 '만 해도'의 의미적 차이를 보여 준다.

(178)

가. 나는 고론 일을 안 하제.

나. 나만 고론 일을 안 하제.

다. 나만 해도 고론 일을 안 하제.

위의 예에서 보듯이 (가)의 '는'은 다른 사람이 그 일을 하는지의 여부에 대해서는 상관하지 않는 중립적인 태도를 보인다. 반면 (나)의 '만'은 다른 사람들은 그 일을 한다는 전제가 깔려 있다. 그런데 (다)처럼 '만 해도'가 쓰이면 다른 사람들의 일부가 일을 할 가능성을 인정한다. 따라서 (나)는 다른 사람들이 반드시 일한다는 전제가 있는 반면 (다)는 일할 가능성만을 인정하는 차이가 있다.

'만'은 다른 사람의 판단이나 예상 등에 반하는 사태를 당하여 말할이가 느끼는 놀라움과 같은 화용적 의미를 나타낼 수 있다. (179)가 이러한 경우이다. (179가)는 중의적이다. 첫째는 보조사 '만'이 한정의 의미를 나타내는 경우로서 젊은 사람은 별로 없고 늙은이들만 많이 있는 경우이다. 이 경우의 '만'은 '한정'이라는 의미적 기능을 수행한다. 둘째는 그곳에 가면 늙은 사람이 별로 없다는 말을 들은 적이 있었는데, 실제 가 보니 말과는 달리 늙은 사람들이 많이 있는 경우이다. 이때는 젊은 사람과의 대조는 일어나지 않지만,

다른 사람들의 판단과의 대조가 필수적이다. 다른 사람들의 판단에 반하는 사태를 경험하면서 느끼는 놀라움과 같은 화용적 기능을 수행하는 것이다. 이처럼 '만'은 의미적 기능과 화용적 기능의 두 가지 차원에서 중의적인데, (179나)에서도 이러한 중의성을 확인할 수 있다. 첫째는 그 사람이 다른 점은 별로 좋지 않지만 인간성만 좋은 경우이고, 둘째는 그 사람에 대한 평이 좋지 않았는데 실제 체험해 보니 사람됨이 훌륭한 경우이다. 이때도 그 사람의 사람됨에만 초점을 맞출 뿐 다른 품성과의 대조는 일어나지 않는다. 이처럼 '만'이 보이는 중의성은 결국 대조의 항목의 차이 때문에 생긴 것이다. '만'이 '한정'의 의미를 나타낼 때 '만'에 선행하는 체언과 동등한 지위에 있는 다른 항목과의 사이에 대조가 일어난다. 반면 '만'이 놀라움과 같은 화용적 기능을 수행할 때, 대조는 말할이의 판단과 다른 사람의 판단 사이의 대조가 일어나는 것이다.

(179)

가. 거그 갔드니 늙은 사람만 많드라.

나. 사람만 좋드라.

'만'은 이음씨끝 '-어야' 뒤에 결합하여 이를 강조한다.

(180)

가. 그러니 복채를 많이 놔 줘야만 찾게 됩니다.(함평 구비)

나. 그 복채를 잔 마이 놔게야만(=놓으셔야만) 이 점귀(=점괘)가 나올 것 같소.(함평 구비)

④ 이야/이사/이사라

보조사 '이야'는 '는'처럼 선행 체언을 한정하여 대조를 나타내되, '당연함'이라는 의미 해석을 더하는 것이 특징이다. 그래서 (181가)는 '철수가 오는 것은 당연한 일'이며, '철수' 외의 다른 사람이 오는지 여부는 문제되지 않는다. 마찬가지로 (181나)에서도 '돈이 많음'을 당연한 일로 부각시키며 이와 대조되는 다른 항목의 사정에 대해서는 중립적인 태도를 보이게 된다.

(181)
가. 철수야 오지.
나. 그 사람이 돈이야 많지.

이러한 기능을 하는 '이야'는 서남방언에서 '이사' 또는 '이야'로 나타난다.[29] 서남방언의 전통적인 형태는 '이사'지만 오늘날에는 표준화 되어 '이야'도 매우 높은 사용 빈도를 보인다. '이야'는 물론 중세어 '이ᅀᅡ'의 /ㅿ/이 소멸한 형이며, 서남방언형 '이사'는 중세어 /ㅿ/ 이전의 형태를 보여 준다. 시간 명사 뒤에 결합되어 부사어를 형성하는 '에야/에사'는 당연함의 의미는 없고, (182)의 (마)-(아)에서 보듯이 '어떤 때에 이르러서야 비로소'와 같은 '한정'의 의미 해석을 갖는다.

(182)
가. "점잖은 저런 사람이 딴 맘이사 먹을라디야?" 그라고,(해남 구비)
나. 아, 부모가 정해준 것이사 헐 수 있소?(부안 구비)

---

29 이음씨끝 '-어야'도 서남방언에서는 '-어사'로 나타난다. (예) 기술자라사제(=기술자라야 되지).(곡성)/발달덴 사람이라사 멋하제, 에려라(=발달된 사람이라야 뭐하지, 어려워요).(진도)

다. 그것이사 열 번이라도 허다 말다야고. 허고 말고야고.(정읍 구비)

라. 여그서사 난 놈은 젠찬헌데 영광으로 이사가갖고는 신랑인가 남방인
  가가 건방져갖고는 먼 놈우 또 나락 장사헌다고 가서 그래갖고,(영광)

마. 그것은 가을에사 잘잘한 놈 캐다가 심든마이라(=심더구먼요).(진도)

바. 또 아침에사 싹 와서 먹고,(영광)

사. 그 봉달이가 싹 나가면 아침이사 해가 뜬단 말여.(정읍 구비)

아. 갑동(지명)가서 인자 저수지 크게 이 이 근년에사 막어논 놈 있어요.
  (보성)

진도에서는 '이사'와 함께 '이사라'가 쓰인다. 지정사 '이-'와 이음씨끝 '-어
사'의 결합형 '이라사'가 음절의 자리바꿈을 통하여 '이사라'가 되고 이것이
조사화 되어 '이사'와 같은 의미의 조사 '이사라'가 된 것으로 보인다. 진도에
서는 이음씨끝 '-어사'가 '-어서라' 또는 '-어사라'로 쓰이는데 이에 대해서는
6.3.5.2 참조.

(183)

가. 설마 지가 나사라 그랄라디야?(진도)

나. 가그덜이사라 즉 아배가 부장께 긍게 써도 되겠제(=개들이야 저희 아
  버지가 부지니까 그렇게 써도 되겠지).(진도/조병현 2014)

(184)는 '이사'와 함께 쓰이는 '이야'의 예로서, '이사 〉 이야'의 대체를 겪은 후
대형들이다.

(184)

가. 그전에야 머야 머,(곡성)

나. 쌔 불었죠, 뭐 애그들이야. 머 줄넘기도 있고 널뛰기도 있고 머.(곡성)

다. 아, 저 일허기야 훨씬 쉴허지요.(보성)

라. 근디 인자 아, 부자들이야 머 맘대로 허지요 머.(보성)

마. 추륵(=트럭)까지야 거시기 옛날에는 짐차세.(영암)

'이사'에 '말고'가 붙어 쓰이면 '하필이면'의 뜻이 담긴 보조사 '따라'와 같은 뜻을 나타낸다(이기갑 2003:140-141). 그래서 '오늘(에)사말고'는 '오늘따라'의 뜻이 된다. 이때 조사 '이사' 앞에 올 수 있는 명사는 '때, 저녁, 날, 해' 등의 시간 명사로 한정된다. 전남 진도에서는 '이사 말고'와 함께 '이사라 말고'도 쓰인다.

(185)

가. 박좌수가 내려올 적에 인자 십 년을 공부해갖고 내러올 적에 그때사 말고, 참 옛적에 서울서 그 장완이(=장원. 과거)를 빈다(=보인다) 말이여.(고흥 구비)

나. 그런디 개가 그때사 말고 새끼를 낳는디, 개가 요리 가서 젖을 먹여, 아, 그 애기를.(승주 구비)

다. 낙안 원님이 그때사 말고 행차를 했어요.(보성 구비)

라. 그때사 말고 아, 마침 도둑놈이 와서 사람이 자나 안 자나 들여다보던 모양이지.(부안 구비)

마. 인자 그날 저녁에사 말고 유독 집은 밀어 부리고 거 가서 시방 자게 되았다 그 말이여.(보성 구비)

바. 박문수 박어사가 그날사 말고 전라도 인자 감사를 와 봤다고 그려.(장성 구비)

사. 그 해사 말고 날이 잔뜩 가물아가지고 온 들이 타지게 되아 불었어.(고흥 구비)

아. 어지께사라 말고 집이 없었제.(진도/조병현 2014)

⑤ 마다/마당/마닥/마동/마도/마디/마지

『표준국어대사전』에는 보조사 '마다'가 '낱낱이 모두'의 뜻을 나타내며, 시간을 나타내는 말 뒤에서는 '시기에 한 번씩'의 의미를 가리키는 것으로 풀이되어 있다. 중세어에서도 현대처럼 '마다'가 쓰였는데 근대 후기 자료에는 '마닥', '마당' 등의 형태가 보이기도 한다.

(186)

가. 일문의 각각 은혜 제마닥 바들손가(答思鄕曲)

나. 사룸 사룸마당 君子를 願ᄒᄂ니(竹溪志 君子歌)

이러한 '마다'의 기능은 서남방언에서도 다름이 없다. 다만 지역에 따라 몇 가지의 방언형이 확인될 뿐이다. 전북과 전남의 구술발화에서 확인된 '마다'의 방언형들을 보이면 아래와 같다.

남원: 집집마동, 동네마동

무주: 부락마당, 말마디(=마을마다), 잔 디릴 때마도, 집집마동, 집집마도

군산: 사람마다, 마디마다, 집집마다

고창: 집집마다, 날마다

임실: 해마동, 날마둥, 해마둥

곡성: 집집마덩, 집집마동, 방마동, 집집마둥

광양: 새복마동, 집집마동, 아침마동

보성: 도(道)마동, 해년마둥, 날이 날마둥, 천지마둥

영암: 집집마지, 해년마지, 날마지, 집집마당, 각 지방마당

진도: 밤마디, 춤 출 때 마디, 집집마디, 집집마당

영광: 장마닥, 지사 때마닥, 방마닥

위의 방언형들을 보면 '마동' 계열이 전북의 남원, 임실, 전남의 곡성·보성·광양 등 전남북의 동부 지역에 주로 나타나고 있음을 알 수 있다. 반면 서부 지역 가운데서도 전북의 군산·고창은 '마다'가 쓰여 표준어와 같으나 전남의 영암·진도·영광 등지에서는 '마당', '마닥', '마디' 등이 확인된다. 결국 중세어부터 쓰여 오던 '마다'는 서남방언의 동부 지역에서 둘째 음절의 모음이 /ㅗ/로 바뀌어 /ㅏ/를 유지한 서부 지역과 대립된다. 여기에 /ㅇ/이나 /ㄱ/이 첨가되어 '마동', '마당', '마닥'과 같은 방언형이 생겨났다. 전남의 동부 지역에서 /ㅇ/이 없는 '마도'는 확인되지 않으며 언제나 '마동' 또는 '마둥'으로 쓰인다. 반면 전북 무주 지역의 경우 '마도'가 '마동'과 함께 쓰인다. 전북 무주와 전남 진도에서 보이는 '마디'는 '마다'의 끝 모음이 'ㅏ〉ㅣ'로 변화되었고, 여기에 구개음화까지 일어나 영암 지역의 '마지'가 되었다.

(187)은 주로 공간에 나타나는 '마다'로서 '낱낱이 모두'의 뜻으로 해석되는 경우이다. '마다'가 공간 명사에 붙을 때 명사는 일반적으로 첩어를 형성하지 않으나, '집'의 경우는 대부분 첩어로 나타난다.[30] 예 (가)-(사)가 이를 보이고 있다. 그래서 (아)처럼 '집'이 한 번 오는 것은 매우 드문 예라 하겠다. '마다'가 결합하는 공간 명사는 특정되지 않은 명사가 일반적이다.[31] 그래서 '집집마다'는 가능해도 '그 집'처럼 특정의 집인 경우 "그 집마다'는 불가능하다. 그러나 '사람이 사는 집마다'처럼 특정되지 않고 일반적인 수식을 받는 공간 명사는 가능하다.

---

30 표준어에서 '집집', '곳곳', '군데군데' 등의 첩어는 하나의 낱말로 기능한다. '집집마다'는 이 첩어의 낱말에 조사 '마다'가 결합된 것이다. 서남방언에서도 '집집'은 하나의 낱말로 쓰인다. '집집에', '집집을' 등이 가능하기 때문이다. 반면 '곳곳'은 서남방언의 전형적인 낱말은 아니다. 이 방언에서는 '곳' 대신 '군데'의 방언형 '간디'가 쓰이기 때문이다. 그래서 '곳곳마다'의 의미를 나타내려면 서남방언에서는 '사방간디'나 '사방디'(=온갖 곳) 등의 표현이 알맞을 것이다. 이 방언에서는 또한 '군데'의 방언형 '간디' 역시 첩어를 형성하지 않는다. 그래서 "간디간디마동'(=군데군데마다)과 같은 조사 결합체는 불가능하다. 같은 의미를 나타내기 위해서는 '여러 간디'(=여러 군데) 등으로 표현되어야 한다.
31 특정된 시간 명사에는 '마다'가 결합할 수 있다. (예) 그날마다 생각나는 아이.

536

(187)

가. 영감이 인자 집집마동 인자 짚을 갖고 덕석(=멍석) 그거 맨들아 주고 그냥 입 얻어묵고.(광양)

나. 토비간(=퇴비간)을 집집마덩 가서 여 토비간을 딱 만들아요.(곡성)

다. 집집마동 해서 묵다시피 해요, 돈이 없으니까.(곡성)

라. 젊은 사람들은 집집마당 다 심었어.(진도)

마. 집집마디 집베눌(=짚가리)이 있거든.(진도)

바. 집집마지 놉 얻어갖고 일을 하면은 거시기했어라.(영암)

사. 집집마당 돌아댕이먼 암만해도 그저 마 것이요?(영암)

아. 집마둥 다 베는 거이 아이고,(광양)

자. 발을 쳐가 거그를 흑을 방마동 인자 그놈우 흑을 욱에다(=위에다) 짜악 깔아요.(곡성)

차. 다 천지마동 다 돌아댕에 봉께 사바촌이라고 있는디,(보성)

카. 도(道)마동 댕기다시피 했지요.(보성)

타. 옛날에는 거 전붓대마동 사람이 한나썩 다 지켜 서갖고 전붓대를 지켰어요.(보성)

파. 방마닥 있제, 봉창이.(영광)

하. 시안(=겨울)에 인자 주로 보리를 전부 밭마디 갈지요.(진도)

(188)은 시간 명사에 붙는 '마다'로서 '그 시기에 한 번씩'이라는 의미를 나타낸다. 그래서 '해마다'는 每年, '날마다'는 每日을 뜻한다. (188가)의 '해마동'은 광양 지역어의 예인데, 전남의 서부 지역에서는 보통 '해년마닥'이라고 한다. 순수 우리말인 '해'와 한자어 '년'(年)을 합성하여 표현하는 것이 특징이다. '날마다'의 경우 표준어에서는 '날이면 날마다'와 같은 관용적 표현도 가능한데, 서남방언 역시 '날이면 날마둥'이 가능하며 (188마)처럼 '면'이 생략되어 '날이 날마둥'처럼 쓰이기도 한다.

(188)

가. 인자 농사를 지어가 인자 해마동 인자 갚는 거이라요.(광양)

나. 날마둥 물 축에서(=축여서) 또 널고 물 축에서 또 널고 그러면 난중에
   는 막 베가 깨끗해지죠.(곡성)

다. 그래서 인자 차꼬(=자꾸) 하레면 날마지 그놈 뚜적그레(=뒤적거려),
   메주를.(영암)

라. 날마다 날보고 이년아 집 뜯어내라니 어찌 사 거이요?(광양)

마. 그릉깨 인자 저이(=저희) 안식구하고 형님허고 날이 날마둥 인자 그
   애를 델고 인자 그 약방으로 인자 가고 가고 그랬어요.(보성)

바. 새복(=새벽)마동 머리 빗고 첫 새복에 일어나서 머리 빗고 또 옷 갈아
   입고,(광양)

사. 아침마둥 저것 여 내야 되요.(광양)

아. 인자 잠자고 일어날 때마동 쪼금 굵어지지요.(곡성)

자. 당골네(=여자 무당) 춤 출 때마디 또 돈 놓고.(진도)

차. 지사 때마닥 술 해서 그렇고 먹었어.(영광)

'마다'는 재귀대명사 '저'에는 결합할 수 있으나, 다른 재귀대명사나 인칭
대명사에는 결합되지 않는다.

(189)

가. 지마다(=저마다)

나. *느그마다/*즈그마다

다. *자기마다(*재게마다/*이녁마다/*당신마다)

⑥ 부터/부텀

어떤 범위의 시작을 가리키는 보조사로 '부터'가 있다. 이 '부터'는 끝을 나
타내는 '까지'와 짝을 이루어 쓰이기도 한다. 서남방언에서 '부터'는 다양한
방언형으로 쓰이나 그 용법은 표준어와 다를 바 없다. '부터', '버터', '보터' 등
표준어 '부터'의 모음 변이형이 쓰이기도 하지만, '부텀', '부틈', '부텅', '보톰',
'보텀', '버텀' 등 끝소리에 /ㅁ/이나 /ㅇ/이 첨가된 형태가 다수를 차지한다.
첨가된 /ㅁ/과 /ㅇ/은 별다른 뜻을 더하지 못한다.

(190가)-(190바)처럼 '부터' 앞에 시간 명사가 오는 경우 그 때를 기준으로
시작됨을 뜻한다. 그리고 (190사)와 (190아)처럼 사물 명사가 올 경우 그 사
물을 기점으로 하여 어떤 일이 진행됨을 뜻하게 된다.

(190)

가. 인자 다 먹고 남은 놈이 인자 내리지라(=내리지요), 그때부터.(진도)

나. 시조 때부터 낙남(落南)해갖고 온 때부터 판 시암(=우물)인디,(영암)

다. 언제이버터 우리 마을이 생겼다는 것은 확실히 모르고,(보성)

라. 메칠 전보터 미리서 미리서 산자 같은 것도 허고,(영광)

마. 꼭 샘일날보텀 보리가 들오드란 말이요.(영광)

바. 우리 에렜을 때부틈 있어가지고 거기서 당산굿도 치고 그랬제마는,(영암)

사. 조다리(=염색용 화공약품)보톰 옇고(=넣고) 물감을 요로고 풀어서 인
   자 막 젓어갖고,(곡성)

아. 기뚝(=굴뚝)부텅 막고 그랬어.(영광)

'부터' 앞에 오는 시간과 공간의 체언은 (191)에서 보듯이 처격조사 '에'나
'에서'를 취할 수 있는데, 이들 처격조사가 결합되면 시작점이나 출발지가 강
조된다. 특히 공간 체언이 출발지로 해석되기 위해서 '에서'의 결합이 필수

적인 경우가 있다. (191라)-(191아)는 공간 체언에 '에서부터'가 결합된 경우인데, 이 가운데 (191마)-(191카)는 '에서'의 결합이 필수적이다. (191마)에서 '에서'가 없이 '동정부텀 대리다'라고 할 경우, 다리는 대상이 여럿일 때 동정이 맨 먼저 선택됨을 의미하거나 다리는 공간의 출발지가 동정임을 나타내는 중의적 해석이 가능하다. 반면 '동정에서부텀 대리다'는 오직 다리는 공간의 출발지가 동정임을 의미할 뿐이다. (191사)의 '서울부터 사람을 놨어'와 '서울서부터 사람을 놨어'도 마찬가지다. (191아)-(191카)는 '에서' 없이 '부터'만으로는 비문을 형성할 뿐이다. '어디', '욱', '집이'와 같은 공간 명사들은 '에서'가 없다면 시작점이나 출발지를 의미할 수 없기 때문이다.

(191)

가. 중간에부텀 댕이고,(영암)

나. 메칠 전에부터 술 해 옇고(=넣고),(광양)

다. 전에보텀 취를 많이 먹제.(영광)

라. 전에는 방천 밑에서부터 내리드리 처그 광영(지명)꺼장(=까지) 깔밭(=갈대밭)이라요.(광양)

마. 대리비(=다리미)를 여그서부텀 여그 동정에서부텀 요로고 싹 대레 내리거든요.(곡성)

바. 인자 거그서부터 짝 져 부부간이 됐어요.(군산 구비)

사. 서울서부터 노디(=노두. 징검다리) 놓듯 사람을 놨어.(군산 구비)

아. 먼 데서부터 인기(=인기척)를 해가지고 와가지고서,(군산 구비)

자. 아버님, 어서부텀(=어디서부터) 그렇게 비를 맞었읍니까?(함평 구비)

차. 어서 비를 모님(=먼저) 맞어야? 갈모 꼭대기 욱에서부텀 여그서 맞었제.(함평 구비)

카. 그래서 아 집이서부터 그 돈 냥이나 갖고 왔다.(함평 구비)

'-어서', '-음서'(=-으면서), '-고'처럼 시간을 나타낼 수 있는 이음씨끝 뒤에도 '부터' 또는 '부터서'가 올 수 있다.

(192)

가. 어려서부틈 여그서 살다가,(영암)

나. 어려서부터 일이나 하고 그랬지요.(진도)

다. 이양반은 출천지 효자라 나서 어려서부터서 좀 특이했다고 그래요. (해남 구비)

라. 여그 와서부텀 시작헌 일이제.

마. 일곱 살 먹음서부터 삼십 살 먹드락 넘의집을 살어서나,(군산 구비)

보조사 '부터'는 '부터서'로 쓰이기도 한다. 이때 '서'는 시작점을 강조한다. 앞에서 '부터' 앞의 처격조사가 시작점과 출발지를 강조한다고 하였는데, 같은 효과를 '부터' 뒤에 붙는 '서'를 통해 얻을 수 있다. 한편 (193)의 '부터서'는 대부분 '서부터'로 대체될 수 있는데, 다만 (193아)는 이러한 대체가 불가능하다. 단음절의 인칭대명사인 '나, 너, 저' 등은 '서부터'의 결합이 아예 불가능한데, 반면 이음절인 '우리, 느그, 즈그' 등은 어색하기는 하지만 전혀 불가능한 것은 아니다. 그러나 '우리서부터'보다 '우리부터서'가 훨씬 자연스러운 것은 사실이다. '느그, 즈그'도 마찬가지다.

(193)

가. 무랭이(지명)란 것은 옛날부터서 아조 물이 많다 그래서 무랭이라 글고,(보성)

나. 아버지 때부터서 저히까지 여그서 태어나서 살고 있어요.(보성)

다. 전에 우리 아버지들부터서 다 했는갑데요.(광양)

라. 초불(=초벌) 매면은 그때부터서 인자 매기 시작하고, 두불, 세불 매지

라.(영암)

마. 선대부터서 베실깨라도(=벼슬깨나) 허도 헌 가문인디,(군산 구비)

바. 내가 느 몇대조부터서 내가 여그 느 집 와서, 나는 느 몇대조부터 업이
라고 나를 모셨어.(군산 구비)

사. 그날부터서 봉기를 한단 말여.(군산 구비)

아. 너부터서 잘해야 써.

자. 서울부터서 잘해야 지방도 잘허는 법이여.

'에서'와 '부터서'가 함께 있는 '에서부터서'의 결합도 가능하다.

(194)

가. 그럼 거기서부터서는 자기가 먹고 잪은 대로 먹고선,(부안 구비)

나. 여그서부터서 이 사람이 여자에게 야심을 묵어서 인자,(군산 구비)

보조사 '부터'는 동사 '붙-'의 부사형 '붙어'로부터 문법화된 것이다. 대부분
의 지역에서는 문법화가 완성되어 조사로의 완전한 재구조화가 일어났지만
지역에 따라 부분적으로 동사적 속성이 남아 있는 경우도 있다. (195)는 전남
곡성 지역어의 것인데, 다른 지역과 달리 목적격조사와 주격조사가 '부터' 앞
에 나타난다. 이러한 '을부터', '이부터'의 형태 결합은 '부터'에 애초의 동사
적 속성이 일부 남아 있기 때문으로 해석할 수 있다. 이런 경우의 '부터'는 '먼
저'와 같은 부사적 의미로 해석된다.

(195)

가. 옛날 내 이야글보텀(=이야기부터) 해야 쓰겄소.(곡성)

나. 인자 동정 있는 디다 대리비(=다리미)를 대갖고 요로고 짝 앞 섭(=섶)
을부텀 딱 대린디,(곡성)

다. 물을 펄펄펄펄 끓이면서 그 조다리(=염색용 화공약품)럴보톰 너요(=
넣어요).(곡성)

라. 여자들은 몬첨(=먼저) 초하렛날 일찍허니 넘에(=남의) 여자들이보틈
들오먼 재수가 없다.(곡성)

⑦ 까지/꺼지/까장/까징/꺼정

『표준국어대사전』은 '까지'의 의미로서 '어떤 범위의 끝', '더함', '극단적인
경우' 등 세 가지를 들고 (196)과 같은 예를 제시하였다.

(196)
가. 서울에서 부산까지.(끝)
나. 너까지도 나를 못 믿겠니?(더함)
다. 이 작은 시골에서 장관까지 나오다니.(극단적인 경우)

서남방언에서도 '까지'의 용법은 표준어와 다를 바 없다. 다만 형태상의 차
이가 있을 뿐이다. 전북 지역의 경우 '까지'가 주로 쓰이고, 전남 지역에서는
'까지'와 함께 '까장'이 다수형을 차지한다. 그 밖에 '까지'와 '까장'의 혼태형
인 '까징'도 나타나며, '꺼지', '꺼정' 등도 전남북의 동부 지역에서 확인된다.

(197)
가. 인자 봄에까장 먹고.(곡성)
나. 그어까징(=그것까지) 다 알고 있소만.(영암)
다. 이 꼬랑꺼지 올라오장깨 물이 다 들어서 오장깨로 열두 시가 넘어요.
(광양)
라. 한 오시쯤 쥑일라고 딱 시간꺼지 정해 놨는디,(정읍 구비)

마. 어쨌든간에 우리 처자 때꺼정 그 논 수(收)를 갚았어요.(광양)

바. 나라서도 개꺼정은 못 하는 일이라.(전주 구비)

　

서남방언형 '까장'은 중세어 'ᄀ장'의 후대형이다. 중세어에서 'ᄀ장'은 명사, 조사, 부사로 쓰인다. (198가)는 '끝'이라는 의미의 명사이고, (198나)는 '때까지'의 의미로 쓰이는 의존명사이다. (198다)는 현대어 '까지'에 해당하는 조사로 쓰인 예이고, (라)는 현대어 '가장'과 같은 뜻을 갖는 부사이다. 15세기 당시의 쓰임을 고려하면 명사의 'ᄀ장'이 조사와 부사로 그 의미가 확대된 것으로 생각된다. 부사의 'ᄀ장'은 그 형태 그대로 현대에까지 쓰이고 있지만 조사의 'ᄀ장'은 서남방언에 '까장'으로 남아 있고 표준어에서는 '까지'로 바뀌었다.

(198)

가. 그 나랏 ᄀ자은 낫ᄀ티 븕ᄂ니라(월인석보 1:26)

나. 열 히 ᄃ욇 ᄀ장 조료믈(월인석보 1:47)

다. 집과 一切 쳔량ᄀ장 얻고(법화경언해 2:245)

라. 無道ᄒᆫ ᄀ장 모딘 님그미라(금강경언해 80)

(199)는 시간 명사 뒤에 '까지'가 오는 경우로서, 시작점과 끝점이 확인되는 (가)와 (나)는 가장 전형적인 예이다. 한편 (다)-(아)는 시작점 없이 끝점만 명시된 경우로서 실제 발화에서는 이러한 경우가 훨씬 많이 나타난다.

(199)

가. 시안(=겨울)에 담어서 봄까지도 먹고 그러제라우.(영광)

나. 아버지 때부터서 저히까지 여그서 태어나서 살고 있어요.(보성)

다. 우리 처자 때꺼정 그 논 수를 갚았어요.(광양)

544

라. 그작년(=재작년)까장 열닷 마지기 지었어.(진도)

마. 조반 먹기 전까장 찍어야(=찧어야) 데, 야튼(=하여튼).(진도)

바. 저녁에까장도 놀고.(영암)

사. 영광 나오면 사 먹는디, 안 봤어, 인지까지(=이제까지) 한 번도.(영광)

아. 언제 아흐렛날까징 참어야?(함평 구비)

(200)은 시간을 나타내는 이음씨끝 뒤에 '까지'가 붙는 경우이다. 이음씨끝에 붙는 경우, 시작점의 보조사 '부터'는 '-어서', '-으면서', '-고' 등에 결합하고, 끝점의 '까지'는 '-어서', '-으면서' 외에 '-도록', '-게' 등에 붙는다. 이것은 '-어서'와 '-으면서'가 중립적인 때를 나타내는 반면 '-도록'과 '-게'는 시간 범위의 끝을 가리키기 때문이다. 따라서 '-도록까지'나 '-게까지'는 이음씨끝과 조사에 의한 두 차례의 끝점 표시가 나타난 것이므로, 이때 '까지'는 자연스럽게 끝점을 강조하는 효과를 발휘하게 된다.

(200)

가. 닷(=다섯) 살 묵도록(=먹도록)꺼지 걷도 못해요.(광양)

나. 자식들 오드락(=오도록)까지.(고창)

다. 우리가 그때 나 들어감서(=들어가면서)까지도 고창고부(=고창고보)
    사년제엤다가 오년제.(고창)

라. 늦게까지 있는가 술김에 그냥 부르지.(고창)

마. 야든 살 묵어서까지 고론 일을 해야겄어?

부사 '아직'은 발화 당시의 시간이 끝점임을 전제로 하며, 전제된 끝점인 발화 당시까지 어떤 사태가 끝나지 않고 지속됨을 가리키는 말이다. 따라서 '아직'에 '까지'가 결합하면 이음씨끝의 경우와 마찬가지로 전제된 끝점인 발화 당시를 강조하는 기능을 하게 된다.[32]

(201)

가. "허, 아직까지도 그 황부자가 깨우치지 못했다." 하면서,(고흥 구비)

나. 벌써 나무해가지고 온 줄 알았더니 집에 와 보았더니, 아직까지 안 왔
소?(부안 구비)

다. 지금까장 안 죽고 내의 식구허고 도움으로써 아직까장 생계유지를 그
여자의 덕으로,(군산 구비)

라. 안직까지는 눈 한번 부립뜨고 이르고 저러고 말대답허고 뭣허고 허는
애기들은 없어요.(고창)

'까지'의 선행 체언이 시점이 아닌 시구간을 나타내는 경우가 있다. 이런
경우에도 '까지'는 그 시구간의 끝점을 나타내게 된다.

(202)

가. 한 번 여(=넣어) 나 두면 이 년까지도 가고.(곡성)

나. 인자 넉 잠을 자고 닷새 엿새가 되면은 넉 잠을 자고 사흘까장은 사람
이 솔해요(=수월해요).(곡성)

'까지'는 장소 명사에 결합하여 그 장소가 끝점임을 나타낸다. (203가)-(203
나)처럼 시작점이 명시되기도 하나, 시작점의 명시 없이 끝점만 나타나는 것
이 보통인데, 이것은 시간 명사의 경우와 같은 것이다.

(203)

가. 뉘에(=누에)가 요만썩 굵그등. 여그서 여 밑에까지 쭉 긁어 밀어.(곡성)

---

32 '아직'은 그 밖에 어떤 일이나 상태가 일어날 때까지 시간이 더 지나야 함을 나타내기도 하
는데, '봄이 되려면 아직 멀었다'와 같은 예가 이런 경우이다. 이때는 '까지'의 결합이 불가
능하다.

나. 요 귀에서 저짝까지 나가야 저짝 끝에는 집시렝(=기스락)이 쩌리 일자
　　가 안 지졌습니까?(곡성)

다. 여(=여기)까장 빳고(=빠지고) 장비가 들어가믄 빠져.(진도)

라. 거(=거기)까장은 나는 잘 모르겠습니다.(진도)

마. 차가 여까지 들와서 모도 다 태우고 나가고 들어가고 그랬지요.(보성)

바. 돈남(지명) 뒤에까장 갈라믄 차말(=정말로) 멀어.(영암)

사. 배운산 밑에꺼지 저녁내 올라가 갖다 줘야 데요.(광양)

아. 이 꼬랑꺼지 올라오장께(=올라오려니까) 열두 시가 넘어요.(광양)

자. 그래가지고 경상도 내에까징 그런 소문이 나가지고,(고흥 구비)

차. 이 순천까징도 그 영동맞이 제사를 걸게 지내 줬다고 그런 소문이 있
　　었지.(고흥 구비)

카. 명산(지명), 봉구(지명) 여 이 너메까장도 한 구역을 딱 맡어.(영광)

(203다)-(203마)에서 보듯이 '여기'와 '거기'는 '까지' 앞에서 '여'와 '거'로 줄어
들 수 있다. 그리고 (203바)-(203사)처럼 '밑', '뒤'와 같은 방향성 공간명사들
은 처격조사 '에'와 결합한 뒤 여기에 다시 '까지'가 결합한다. 이러한 결합은
물론 서남방언에서 방향성 공간명사들이 처격조사 '에'와 더불어 새로운 명
사로 재구조화 되어 쓰이기 때문이다.

'까지'는 어떤 사태의 차례 가운데 가장 마지막 차례를 나타내기도 한다.
예를 들어서 (204나)와 (204다)의 '까지'는 밭을 매는 과정의 마지막 차례를
나타낸다. 이것은 결국 어떤 사태가 이루어지는 과정을 하나의 범위로 간주
하면서, 그 범위 안에서 이루어지는 일의 마지막 차례를 끝점으로 생각한다
는 뜻이다.

(204)

가. 모시베는 일 년에 여름에 그렇고 해갖고 두 물까지 해갖고 딱 모시베

를 나먼은,(영광)

나. 맘드리(=만도리) 네 불까지 매제.(영암)

다. 대략 마이(=많이) 매는 사람은 시 번까앙(=세 번까지) 매라(=매요).(진도)

시간과 공간의 차원에서 끝점을 가리키는 기능을 하는 '까지'는 그 의미가 확대되어 가능성이 가장 낮은 끝점을 가리키기도 한다. 이때 가능성의 범위는 가능성이 높은 곳에서부터 낮은 곳까지의 범위를 말하고 그 가운데서 가능성이 가장 낮은 곳을 '까지'가 가리키게 되면서, 가능성이 가장 낮은 사태가 일어난다면 그보다 가능성이 높은 사태는 말할 것도 없다는 함축이 발생하게 된다. 『표준국어대사전』의 뜻풀이 가운데 '더함'의 의미가 여기에 해당한다. 가능성이 높은 사태에 더하여 가능성이 낮은 사태마저 일어났다는 뜻이기 때문이다. 이 경우의 '까지'는 '조차'나 '마저'로 대체될 수 있는데, (205)가 이를 보여 준다.

(205)

가. 상토까장 전부 돈 주고 안 산다 안 하요(=산다 하잖아요)?(진도)

나. 그어까징(=그것까지) 다 알고 있소만.(영암)

다. 보신(=버선)까징 딱 가져옹게 그놈을 여(=넣어) 놓고 해가 넘어가기만 지달릴 것 아니여, 시방?(장성 구비)

라. 딸꺼정 저래 논 글 보문 나가 몬(=못) 찾겄데요.(광양)

마. 마징게(=검불)는 그도 저도 못다 내이면은 마징게께양 다 떨어가 불고 그랬어요.(영암)

바. 코가 콧속이 껌해 불고 어런덜(=어른들)까지.(영암)

『표준국어대사전』에서 '까지'는 '극단적인 정도'를 나타낸다고 하였는데 (206)이 이에 해당할 것이다. 극단적인 정도란 위에서 말한 가능성의 범위 가운데 가능성이 가장 낮은 끝점을 나타내는 '더함'의 의미로부터 비롯된 것이다. 그런데 일반적인 '더함'과 달리 '극단적인 정도'는 일정한 범위를 설정하기 어려워 범위 내의 다른 항목과의 비교가 불가능하다는 차이가 있다. 그래서 '조차'나 '마저'로의 대체가 불가능하다. (206)이 이런 경우이다.

(206)

가. 인제 미영베 같은 것은 인자 그렇게까지 힘에 안 들게 허지마는,(곡성)

나. 보리를 담아갖고 오먼 백일흔까지 나와, 일흔 근까지.(영광)

한편 '까지'는 '끼리'의 의미를 갖기도 하는데 이러한 용법은 충청 지역어와 동남방언에서도 확인된다(이기갑 2003:135). '까지'가 어떻게 '끼리'의 의미를 가질 수 있는지에 대해 여러 가지 가능성을 생각할 수 있는데, '까지'가 원래 일정한 범위를 상정하면서 그 범위의 끝점을 가리키던 기본의미에서 해답을 찾을 수 있을 것 같다. 일정한 범위를 상정한다는 것은 그 범위 내부의 구성 요소들을 고려하는 것이고 '까지'의 기본의미가 구성 요소 가운데 끝점을 초점화 한다면 '끼리'는 구성 요소들 상호간의 동등한 관계에 초점을 맞추기 때문이다. 그렇다면 끝점을 초점화 하는 기본의미에서 벗어나, 범위 내의 요소들 사이의 관계로 초점이 옮아가는 의미 변화가 일어난 셈이다. 물론 서남방언에서도 '끼리'가 '찌리'의 형태로 쓰이지만 '까지'의 방언형들이 동일한 의미를 더불어 나타내기도 하는데, (207)이 이를 보여 준다.

(207)

가. 그렇게 헐 수 없이 인자 읇넌 사람까지(=없는 사람끼리) 겔혼허먼 그렇게 했어요, 모다.(영광)

나. 우리까지는(=우리끼리는) 말허고,(영광)

다. 즈그까지(=저희끼리) 인자 토론 애기를 하고 오그던이라우.(해남 구비)

라. 이렇게 바로 업으면 안 됭께 등거리까장(=등끼리) 등거리까장 맞댄닥
　　하드만.(해남 구비)

마. 그런 거 인제 뭐 잔치계, 뭐 동창계, 그런 인자 뭐 겐숙(=권속)덜이 허
　　면 인제 저 동구간덜까지도(=동기간들끼리도) 묻는 계, 그런 계가 있
　　지 다른 계는 없어요.(임실)

　부정대명사 '어디'에 '까지'가 결합한 '어디까지'가 관용적으로 쓰이는 수가
있다. 이때 '어디까지'는 '도저히 예상하지 못했던 그런 곳까지' 또는 '모든 곳'
등의 뜻을 나타낼 수 있다.

　(208)
　가. 직원들이 와서 막 수색을 허고 막 솟단지 밑에 어디까장 다 뚜들고서
　　　기양 막 삿대질을 허고,(곡성)
　나. 순사들이 와서 어디까지 다 조사를 했어.(곡성)

'어디'에 '까지'와 '이나'가 결합한 '어디까지나'는 '어떻게 되든지 간에', '결국
은' 등의 뜻을 갖는 관용적인 표현인데, 표준어와 서남방언에 모두 나타난다.

　(209) 긍게 해동을 하면은 어디까지나 땅을 갈아야만이 되잔혀?(군산)

　⑧ 조차

　보조사 '조차'는 앞에서 '까지'와 대체되어 쓰일 수 있다고 하였는데, 이는
'까지'의 의미 가운데 가능성이 가장 낮은 곳을 가리키는 기능을 '조차'가 표
현할 수 있다는 뜻이다. 이런 용법은 서남방언과 표준어 모두에서 동일하게
확인된다. '조차'는 서남방언에서 대부분 '조차'로 쓰이지만 영남 지역과 가

까운 곳에서는 '조창'의 형태도 나타난다.

(210)

가. 묵을 물조차 없다.(진도)

나. 입삭(=잎사귀)조차 하빡 담아 났다 겨을에면 감자 쌂아가지고,(곡성)

다. 시집와서조창 그리 곰보라고 인자 하대르 받고,(광양)

라. 묵을 물조창 떨어지고,(광양)

그런데 서남방언의 '조차'는 가능성과 무관한 경우에도 결합되는 특징이 있다. 가능성이 가장 낮은 곳을 가리키는 기능은 상대적으로 가능성이 더 높은 곳도 당연히 포함됨을 함축한다. 그러나 가능성과 상관없이 서로 관련 있는 대상을 열거할 때도 '조차'가 사용될 수 있다. 이처럼 '조차'가 열거를 나타낼 때는 'A조차 B조차'의 형식으로 쓰이는 수가 대부분이다. (211가)에서 '국'과 '건더기'는 말할이에 의한 가능성의 판단 없이 다만 소에게 주는 먹이로서 열거될 뿐이다. 그래서 이 경우의 '조차'는 '하고'나 '이랑'으로 대체되어도 무방하다. 다만 '조차'는 '하고'나 '이랑'과 달리 '가리지 않고 함부로' 또는 '되는 대로' 등의 의미가 첨가되어 있음이 다르다. 따라서 '조차'의 열거는 '가리지 않고 되는 대로 이루어지는 열거'를 나타내므로 비명시적 복수를 가리키는 전형적 표현이라고 하겠다. (211)이 이러한 열거를 보여 주는데, (211타)의 경우 'A조차 B조차'의 형식에 서술어가 각각 나타나 있음이 특이하다. 'A조차 B조차'의 서술어는 하나의 서술어가 A, B에 모두 적용되는 것이 일반적이다. 그런데 (211카)는 비록 같은 서술어이지만 A, B 각각에 제시된 점이 특별하다. '멍청헝께'와 '멍청허냐'의 두 서술어가 같은 서술어이기는 하지만 씨끝이 다르므로 이러한 씨끝의 대립 때문에 각각 쓰인 것으로 보인다.

(211)

가. 그러무(=그러면) 기약(=그냥) 거그다가 기양 소죽 국조차 그양 건데기

　조차 막 주면 소가 잘 묵지요.(보성)

나. 그냥 새끼들조차 막 굵은 산돼지조차 모도 한 멧 백 마리나 되는가 몰

　라도 한 떼가 그냥 와갖고는,(신안 구비)

다. 아조 돈조차 식량조차 그만저만 말에다 실려갖고 보내서 겁나게 잘살

　았드라(=잘살았더래요).(신안 구비)

라. 그라고 인자 그 좋찮은 고물조차 떡 쪼가리조차 갖고 와서는 둘 잔 놈

　(=자는 놈) 입에다 칠해 났네.(신안 구비)

마. 돼지조차 뭔 소조차 그냥 가 봉게 에린 것이 열 살 먹은 것이 가 봉게,

　먹을 것이 가 봉게, 먹을 것이 시걸시걸하고(=시글시글하고),(장성 구비)

바. 독문(=돌문)을 이렇게 열고 봉게로 초집조차 기와집조차 들어박혔더

　라네.(장성 구비)

사. 한 사람은 또 처갓집을 가는디 술조차 떡조차 몽땅 해서 지고 가는디,

　(화순 구비)

아. 그저 콩나물 옆에 김치조차 국조차 이렇게 벌여 놓고,(화순 구비)

자. 섣달그믐이 되면은 곤란한 사람은 쇠괴기하고 식량도 한두 말씩 설 시

　라고(=쇠라고) 쌀조차 괴기조차 보내 주니,(화순 구비)

차. 그러면 옛날에는 쌈지조차 주머니조차 허리에 차서 주렁주렁 달리는

　디,(화순 구비)

카. 이놈아, 글조차 멍청항께 말조차 그렇게 멍청하냐?(신안 구비)

'A조차 B조차' 형식에서 B를 명시하지 않고 대신 부정칭 '뭣'을 사용하여 비명시적 복수를 나타낼 수 있다. 이러한 용법은 열거의 '이여'나 '이고' 등에서도 확인한 바 있다.

(212)

가. 인자 즈그 아버지 복수를 했든가 다 잡아 놓고 가서 봉께 맨 아주 <u>해골</u>
<u>조차 뭐조차</u> 머리조차 총조차 총은 총대로 놓고 아주 잡어서 사람 온
사람마다 다 잡어묵고 그래서,(해남 구비)

나. 메가지(=먹살)를 지고는 <u>지게조차 뭣조차</u> 해서 보듬아서 딱 건너중
께,(화순 구비)

(213)은 'A조차 B조차'에서 A에 '조차'가 쓰이지 않는 경우이다. (213)에서 A
는 '도구통 같은 거'이며 여기에 '매조차'가 열거되어 있다. 따라서 'A조차 B
조차'처럼 '조차'가 중복 출현하는 것은 일반적인 형식이지만 필수적인 것이
아님을 알 수 있다.

(213) 몇 달을 가는지 가서 그 거시기를 세금으로 실으먼은 딱 배 빼 놓고
는 배 속에다가 그 도구통(=절구통) 같은 거나 또 매 그 나락 실어서
껍딱 빗기는 매조차 뭐 실어가지고,(신안 구비)

'A조차 B조차'에서 'A조차'가 아예 명시되지 않는 경우도 있다. (214)가 이
런 경우인데, 예에서는 '코조차'만 나타나 있지만 문맥으로 보아 '술조차'가
숨어 있음을 알 수 있다. 즉 '술조차 코조차'에서 문맥을 통해 파악 가능한 '술
조차'를 생략한 것이다. 이처럼 문맥의 도움을 받을 수 있는 경우 'A조차 B조
차'의 형식에서 어느 한 명사를 생략할 수 있는 것이다.

(214) 그래 인자 코조차 섞어서 걸러 주는 술을 누가 묵고자 할 것이여?(고
흥 구비)

이기문(1998:183)에서는 (215)에서 보듯이 '조쳐'가 대격 조사를 가진 경우에

는 현대어의 '아울러'를 의미하고, 그렇지 않은 경우에는 '조차'를 의미한다고 하였다. 중세어에서 '아울러'를 의미하는 '조쳐'가 목적격조사를 필요로 한 것은 조사로의 문법화가 아직 완결되지 않았음을 의미한다. 따라서 '조쳐'는 의미에 따라 문법화의 정도가 달랐던 셈이다. 그렇다면 15세기 국어에는 현대국어 '조차'와 같은 의미를 갖는 표현으로 '조차'와 '조쳐'가 공존하다가, 나중에 '조차'로 합류된 것으로 보인다. 서남방언에서도 '아울러'를 '뜻'하는 '조쳐'가 이러한 형태적 합류를 겪어 오늘날 이 방언의 '조차'는 열거를 포함한 두 가지 의미를 나타내게 되었다. 서남방언에서 열거를 나타내는 '조차'는 '아울러'를 뜻하던 '조쳐'를 계승한 것으로 보이는데, 현대 서남방언에서는 조사로의 문법화가 완결되었다는 점에서 중세어와 차이를 보여 준다.

(215)

가. 우흐로 父母 仙駕를 爲ᄒ습고 亡兒를 조쳐 爲ᄒ야(월인석보 서:18)

나. 저 월 ᄯᆞᄅᆞ미 아니라 놈조쳐 외에 ᄒᆞᄂᆞ니(목우자수심결 10)

⑨ 알라/할라/할래, 할차, 한차, 한지, 한질라

서남방언에는 '조차'의 뜻으로 쓰이는 보조사 '알라'가 있다. 이 '알라'는 낱말 첫소리에 /ㅎ/이 첨가되어 '할라'로도 쓰이는데 오히려 '알라'보다 그 빈도가 높은 편이다. '할라' 외에 '할래'도 나타난다. '할라'는 의미가 같은 '조차'와 혼태를 일으켜 '할차'로도 쓰인다. '할차'는 또한 '한차'로도 변이되어 쓰이는데, 이 '한차'와 비슷한 의미의 '까지'가 혼태를 일으켜 '한지'가 나타나고, 다시 이 '한지'와 '할라'가 재혼태를 일으켜 '한질라'라는 형태도 나타난다. 한편 경남과 접한 광양에서는 '아불라'나 '아불랑'이 쓰인다. 이는 경남 지역의 '하불라'나 '하불랑'과 같은 것이다. 이처럼 다양한 형태 가운데 전남북 지역에서 가장 널리 쓰이는 것은 '할라'이다.

다음은 전남북 지역어에서 확인된 '알라/할라/할래'의 예이다. 이때 '알라/할라/할래'는 '까지', '도', '조차' 등으로 대체될 수 있다.

(216)

가. 그래갖고는 말을 타고 가서 쌈을 허는디 사또알라 다 쳐 쥑여 뻔졌어.
（전주 구비）

나. 그라고 인자 그 짚알라 지고 가서 그 철나무(=자염으로 소금을 만들기
위해 필요한 땔나무)함시로 밤에는 새내끼 꽁지요(=꼬지요), 밤에는.
(진도)

다. 늑(=너희) 아부지도 가셔갖고 근분 돌아오지도 못하고 거그서 인자 호
랭이 밥 노릇 해 불었는디 너할라 가서 그라면 어찌게 할라고 그라냐?
(해남 구비)

라. 인자 숲할라 잔뜩 만한디(=많은데),(해남 구비)

마. 나 오늘 저녁 사랑에서 먹을라(=먹겠어요). 발할라 몽치고(=더럽혀지
고) 그렁께.(신안 구비)

바. 푸대쌈(=보쌈)은 거그서 뭣이라고 소리치면 깨할라 벗은(=벌거벗기
까지 한) 놈이 맞어 죽을 성 부링께 암 말도 안 하고 갔어.(신안 구비)

사. 저 사람할라 인자서 와서 거식헌디 밥이 늦어 씨겄냐?(신안 구비)

아. 손님할라 귀빈이 와겠는디(=오셨는데) 반찬이 없더니마는 참 잘 되았
네.(신안 구비)

자. 술할라 췌이고(=취하고) 그랬응께 한번 내가 올라타야 쓰겄다.(신안
구비)

차. 그 샘물이 짜고 또 색깔할라 불그쭉쭉해 원근(=워낙) 짜서 뭐 모욕이
나 걸레나 빨고 빨래도 못 헌 물인디.(신안 구비)

카. 아침에 일어나서는 인자 뿔뜩 일어나서는 암만해도 내가 집이를 가야
쓸란 것이라며 멩지 바지할라 입어 불고, 인자 두루매기배께 없응께

인자 두루매기를 딱 줏어 입었어.(신안 구비)

타. 몸은 아파서 냄새할라 난다.(신안 구비)

파. 봉사가 되어서 앞할라 보지 못하고 그래서 도저히 치료할 가망이 없고
    해서,(신안 구비)

하. 자기 집에는 제사할라 많이 하고 그래서,(화순 구비)

ㅏ. 그렁께 외통눈에다가 의관할라 그러제 그렁께는,(보성 구비)

ㅑ. 따라갔다가 만약에 모르면 죽으면 너할라 죽을 거 아니냐?(함평 구비)

ㅓ. 화적을 만나가지고서 돈을 몽땅 뺏기고 입성알라 할딱 뺏기 버렸어.
    (군산 구비)

ㅕ. 그런 디다가 일곱 살이 먹어서 안부모할라 세상을 떠 버렸어요.(정읍
    구비)

ㅗ. 낯바닥이 코할라 찢어져갖고 베락 맞게 생겼는디,(정읍 구비)

ㅛ. 저는 신세를 망쳐 버리고 마느래할라 그놈한테 뺏겨 버리고.(정읍 구비)

ㅜ. 큰놈이 인자 맷돌 이놈을 짊어지고 무겁기할라(=무겁기까지) 헌 놈을
    짊어지고는,(정읍 구비)

ㅠ. '뭐달라고 니미 비할라 축축허니 오는디 나보고 나가라는고?' 허고,(정
    읍 구비)

ㅡ. 박가란 놈이 김가 삼 망태기할라 지 망태기할라 갖고 도망가 버렸어.
    (부안 구비)

ㅣ. 이 도령도 또 누가 잡아먹을깜서서(=잡아먹을까 무서워서) 말을 못 허
    겠단 그 말이여, 넘할래(=남까지) 죽이 것이니.(장성 구비)

진도에서는 '할라'와 함께 '이사라'가 같은 뜻으로 쓰이기도 한다. '이사라'
의 '사라'는 아마도 '할라'에서 비롯된 것으로 추정된다.

(217)

가. 각시할라 아픈 데다가 엄매할라 다체 농께 어짜겄소?(진도/조병현
   2014:628)

나. 북데기(=부피)도 큰 데다 무겁기사라 하당께.(진도/조병현 2014:356)

그 밖에 '한차', '한지', '한질라', '아불라', '아불랑' 등의 예도 소수 찾아진다.

(218)

가. 집들 보먼은 멧 십 년 파리한차 쌘논 놈우 거 죽이도 못헌 그런 세상인
   디 얼매나 파리똥이 쌔았으 거여?(곡성)

나. 비한차 오는디,(영광 · 보성 · 영암 · 신안)

다. 한 고랑 매고 두 고랑 매니 노래한지 섬기란다네.(함평 민요)

라. 사람한지 없는디 뭣 허로 불러 대요?

마. 눈한지나 많이 오는디.(정읍 구비)

바. 기양 그나마 또 재산한질라 많겄다, 긍게 아, 여 집안 젤로 시아재네,
   시숙이네, 집안간들이 넘부끄러서 큰일 났어.(정읍 구비)

사. 아, 뒤여서 가만히 가만히 쇠를 빼서 이렇게 보닝게 아, 복문한질라 제
   대로 딱 놔 번지드래여.(정읍 구비).

아. 이 할아버지가 방을 뜯어 고칠라니 어트게 뜯었어? 기운한질라 없는
   디.(정읍 구비)

자. 홀엄씨가 가만히 생각히 봉게 아, 이거 치매끈한질라 끌렀는디 거참
   드러눕기가 딱허단 말이여.(정읍 구비)

차. 비아불라(아불랑) 오는디,(광양)

'알라' 계통의 보조사는 한반도 전역에서 확인되는데 다양한 변이형으로
나타난다(이기갑 2003:137).[33] 김병제(1965:114)에서는 '불명치 않아 한마디로 단

정하기는 어려우나 '아우르다'의 방언 '어부르다'의 어음적 변종들이 아닌가 한다.'고 그 어원을 추정하기도 하였다. 이기갑(2003:139)에서는 이에 대해 '이 추정은 '아부라'만을 염두에 둔 채 제기한 것으로서, 동남 방언의 '하부랑', 서 남방언의 '할라, 할차, 한지, 한질라' 그리고 충청 지역어의 '할라, 할래, 할채' 등, 첫소리 /ㅎ/을 갖는 어사들을 고려하면 성립되기 어렵다.'고 비판한 바 있다. 그러나 낱말 첫소리에 오는 /ㅎ/은 흔히 첨가되는 일이 있어 이것만을 근거로 김병제의 추정을 비판하는 것은 온당하지 않다. 예를 들어 서남방언 에서 방언형 '어클다'(=엎지르다)는 '허클다'로도 흔히 쓰이며, 표준어나 서남 방언에서 모두 쓰이는 '엉클다'와 '헝클다'의 관계도 이와 같은 것이다. 만약 첫소리의 /ㅎ/이 나중에 첨가된 것으로 본다면 '알라'나 '아불라', '암사라' 등 의 방언형들은 모두 중세어 '아울다' 또는 그보다 고형인 "아불다'의 부사형 '아우라'나 '아부라'로부터 문법화 된 것으로 보아야 한다. '아우르다'를 뜻하 는 '조치다'가 '조쳐'로 굳어져 각각 '아울러'와 '조차'를 뜻하게 된 것도 비슷 한 방향의 변화라 하겠다.

'할라'에도 '가리지 않고 되는 대로 이루어진 열거'를 가리키는 '조차'의 용 법이 있다. 그래서 나열의 '조차'를 '할라'로 바꾸어도 아무런 의미 차이가 생 기지 않는다. 이는 '할라'의 기원형이 '아울다'인 데 기인한 것으로 보인다.

---

33 이기갑(2003:139)에서는 '할라' 계통의 조사가 경기 지역에서 유독 확인되지 않는다고 하 였는데, 유필재(2009)는 서울 출신 작가 박태원의 '천변풍경', 염상섭의 '삼대'에서 '알라'가 쓰였음을 보고하고 있다. 이 예들은 서울의 '알라'가 의미적으로 '조차'보다는 '까지'에 가 깝다는 사실을 보여 준다. 한편 '알라'가 표준어에 오르지 못했다는 점, 그리고 오늘날 서 울에서 '알라'가 사용되지 않는다는 사실 등에 근거한다면 20세기 중반 이후 서울에서 '알 라'는 더 이상 쓰이지 않게 된 것으로 추정된다. (예) 약국 심부름하는 애들과 사귀어 본 것 도 돌석이알라 셋이나 되지만,(川邊風景 40)/우리 집에 와 본 남자 손님이라고는 당신 알 라 세 사람 밖에 없어요.(三代 上:299)/그건 하여간에 이 두 청년이 졸업 후에 다시 만난 것 은 병화가 동경에 갈 적 올 적에 경도로 들린 것과 이번에 와서 만난 것 알라 세 번째요.(三 代 上:62)

558

(219) 국할라 건데기(=건더기)할라 막 주먼 소가 잘 묵지요.

⑩ 나마

'나마'는 동사 '남-'에서 문법화한 보조사로서, 만족스럽지는 않지만 아쉬운 대로 인정함을 나타내는 말이다. 서남방언에도 '나마'가 있으나 사용 빈도는 그다지 높지 않다. 같은 의미를 나타내는 '이나'나 '이라도'가 따로 있기 때문이다. (220)에서 '나마'는 '이나'나 '이라도'로 바꾸어도 아무런 의미차가 없다.[34]

(220)

가. 다 똑같지요. 머 어디나마 지금은.(곡성)

나. 나 같은 사람이 참 당신 집 운으로 선영이나마 들어왔닥 하기 때문에 이 화를 안 당하고 내가 먼저 이 방을 디뎠소.(해남 구비)

다. 그 영혼이 꿈길에나마 꿈길에나마 그렇게 아름다운 그 임금님의 초대를 받고,(신안 구비)

라. 선생님, 제발 우리도 좀 한때나마 잘살게 명당 하나만 잡아 주쇼.(장성 구비)

마. 죽은 남편의 영혼이나마 마즈막으로 위로나 하고 곧 돌아오겠습니다.(보성 구비)

---

34 다음은 지정사 뒤에 쓰인 씨끝 '-나마'로서 조사의 '나마'와는 구별된다. 이때는 '-지만'으로 대체될 수 있다. (예) 즈 아부지보고, "내가 불가불 등신은 자기 아들이나마 혼은 지금 경상도 함양 사는 아무개요."(신안 구비)/여그서 골차기나마 여그서 주저앉어 살아볼손 인자 그런 마음을 잡숫고 그랬는가 인자 저히들 여가서 주저앉었어요.(보성)/어머니 어머니, 나는 기왕에 병신이나마 놈의 사람 데려다가 고상시킬 것이 고민이고 그것이 더 서럽소.(해남 구비)

'나마'는 지시어 '이'나 '그'와 합성되어 '이나마', '그나마' 등의 부사를 형성한다. 그래서 '그나마'는 '좋지 않거나 모자라기는 하지만 그것이라도' 또는 '좋지 않거나 모자라는데 그것마저도' 등의 의미를 갖는다. 서남방언에서는 '이나마'가 잘 쓰이지 않고 대신 '그나마'가 흔히 쓰이는데, 그 쓰임새는 표준어와 다를 바 없다.

(221)

가. 그나마 그것을 저버리지 안하고 꼭 부숫짓 장사를 하냐고.(해남 구비)

나. 그나마 서방이 또 숫(=숯)을 그놈 팔아갖고 그냥 술을 먹어 버렸어.(장성 구비)

다. 그나마 양반의 집안이서 이 무슨 행위냐?(승주 구비)

라. 그나마 활을 쏜 다음에 말을 타고 쫓아가서 떨어지는 데 가서 활을 잡는단 말여.(화순 구비)

마. 아, 이래갖고 그나마 이 요 발로 자신의 왼발을 앞으로 내밀며 걍 글을 쓴디,(승주 구비)

바. 그분이 청춘 면장을 할 때 당시 그나마 농민들의 참 고충을 알고 그 소작료를 감해 달라 이렇게 요구했다가,(신안 구비)

사. 손○○씨도 사람을 구제로써 그나마 이해관계를 설득을 시켰었고,(신안 구비)

아. 술 비 줌서 찬찬히 보니까 참 원만하그던, 그나마 마음은 없는디.(신안 구비)

자. 어머니나 아버지나 조실부모해 버렸어. 그나마 세가 없어.(화순 구비)

'그나마'는 양보의 의미를 강조하기 위해 조사 '도'가 결합되기도 한다. 이는 표준어에서도 마찬가지다. '그나마도'는 '그마저도'로 바꿔 쓸 수 있다.

(222)

가. 지믄 또 그 다음 사람 이렇게 올라가는디 아, 두 사람이 다 가도 져. 자
기는 그나마도 더 못히여.(정읍 구비)

나. 인제 그나마도 그 얌전힜으먼 괜찬헐란가 모리는디, 그 거시기를 인자
평풍(=병풍) 뒤에 용남자 젖 주랑게 애기를 배 불었어.(정읍 구비)

그런데 '그나마도'는 '나마'가 '남'으로 줄어들고 끝소리에 /ㅇ/이 첨가되어
(223)처럼 '그남동' 또는 '그남등'으로 쓰이기도 한다. 이러한 축약과 /ㅇ/의
첨가는 '나마'가 조사로 쓰일 때에는 일어나지 않는다. 예를 들어 '조금이나
마도'는 "조금이남동'으로 축약되지 않는다. 조사 '도'가 덧붙은 "조금이나마
도'가 불가능하기 때문이다. 조사 '나마'에는 '도'가 결합될 수 없는 것이다.
축약과 /ㅇ/ 첨가의 결과 '그남동'은 '그나마도'와 형태적으로 달라져서 마치
하나의 굳어진 낱말처럼 쓰이게 된다. '그남동'에 다시 조사 '도'가 결합되어
'그남동도'처럼 쓰이기도 하는데 이는 '그남동'에서 '도'를 분석할 수 없음을
의미한다. 또한 '그남동'의 의미가 '그나마도'가 아닌 '그나마'에 머물러 있음
을 말해 준다. (223)의 '그남동'과 '그남등'에는 '도'가 덧붙을 수 있다.

(223)

가. 인자 내가 농사지어서 이럭저럭허고 밭도 벌어서 이럭저럭홍게 애기
도 그남동 너무치로(=남처럼) 잘 갈치도 못헌 그놈 갈치고 그럼서 헝
게,(영광)

나. 각신디 하이, 거 그남동 늙어서 늙밭(=늘그막)에 어서 날짜를 지달렸
는디 그것도 각시라 헝께 어뜨고 허든지 저녁에 인자 장난을 시작허든
겝디다.(함평 구비)

⑪ '배끼'와 '뿐이'

보조사 '밖에'는 '그것을 제외하고는'의 뜻으로서 언제나 부정적인 서술어
가 오는 것이 특징이다. 예를 들어 '거기에는 내가 가는 수밖에 없다'와 같은
문장은 '거기에는 내가 가는 수밖에 (다른 방법이) 없다'처럼 괄호와 같은 주
어를 상정할 수 있는데, 이러한 주어가 흔히 생략되면서 '수밖에 없다'처럼
줄어 쓰이게 된 것이다. '밖에' 뒤에 부정 서술어가 오는 것 역시 이러한 통사
적 구성 때문이다. (224가)처럼 수사적 의문문이 올 경우에는 표면적으로 긍
정문이 올 수 있으나 이는 의미적으로 부정문이므로 예외라 하기 어렵다. 조
사 '밖에'는 물론 공간명사 '밖'에 처격조사 '에'가 결합한 부사어 '밖에'가 조
사로 문법화한 것이다.

서남방언에서도 보조사 '밖에'는 흔히 쓰이지만 그 형태가 표준어와 달리
'배끼', '빼끼', '빼기' 등으로 쓰인다. 이는 '밖'에 대한 서남방언형이 '백'으로
바뀌었기 때문이다.[35] 즉 '배끼'는 '밖'의 방언형 '백'에 처격조사 '에'가 결합한
'백에'가 '백이'를 거쳐 조사 '배끼'로 굳어진 것이다. 전남의 대부분의 지역에
'배끼'와 '빼끼'가 수의적으로 변동하여 쓰이나, 경남과 접한 광양 지역에서
는 '빼끼'가 일반적이다.

(224)

가. 하레내 뜨들어 넹게도 일곱 재 애 재(=여섯 자)배끼 못 짜요.(곡성)

나. 김치도 가을에 김치도 쪼끔배끼 안 담아요.(곡성)

다. 논은 한 칠백 두락배끼 안 데았소, 그때 당시에.(진도)

라. 이 미영베배끼 안 했어요.(진도)

---

35 '밖 〉 백'의 변화를 움라우트에 의한 것으로 보기 어려운 것은 '배깥'처럼 움라우트의 환경
이 아님에도 불구하고 '백'으로 나타나기 때문이다.

마. 여그 두 분배끼 안 지겠어(=계셔).(영광)

바. 잔 멩일(=명절)은 꼭 설허고 팔월허고배끼는,(영광)

사. 예, 강이 없어요, 요 여으 냇물빼끼.(보성)

아. 쩨깐빼끼는(=조금밖에는) 몰라요.(광양)

자. 약이 반 재 갑빼끼는 안 되데요.(광양)

차. 인자 그건 일 년빼끼는 못 해요.(광양)

카. 내가 죽기 아니면 살기다. 죽기빼끼 더 헐라냐?(화순 구비)

'배끼'가 일반적인 지역에서도 의존명사 '거'(=것) 뒤에서는 '빼끼'가 흔히 쓰인다. 이는 기저형 '것'에 의한 경음화이다.

(225)

가. 밭에서 나는 거 그 펭상 그런 거빼끼 없어.(영암)

나. 도굿대(=절굿공이)로 찧는 거빼끼 없지요.(진도)

다. 그렇다는 거빼기는 인자 저히들이 잘 모르지요.(보성)

라. 머 꼬깔을 맨든다네 뭣을 맨든다 해갖고 인자 이렇게 인자 놓고 그른 거빼끼는 없어요.(보성)

서남방언에서 공간명사 '밖'은 '바같', '바깥', '배깥'으로 쓰인다. 이들은 모두 '밖' 또는 '백'에 접미사 '-앝'이 결합한 파생어이다. 따라서 서남방언은 '밖/백'을 기본형으로 하여 공간명사는 접미사 '-앝', 조사는 처격조사 '에'가 결합한 형태로 분화하여 나름의 변화를 겪었다고 할 수 있다. 이처럼 같은 기원에서 비롯된 낱말이라 할지라도 소리 변화를 겪을 때에는 어휘 범주에 따라 각각 다른 변화를 겪는 일이 흔하다.

(226)

가. 요런 디는 바같에 요요 바람 씬 디는 똑 얼어 도린 거맹키라요(=도린
　　것 같아요).(광양)

나. 거 동정잽이 허고 또 바깥에 나가서 물리고,(영광)

다. 인자 남자들 배깥에서 기양 손님들 막 놀기도 허고 장구치고 놀기도
　　하고 그래.(영광)

　한편 '배끼'와 유사한 의미를 나타내는 보조사로 '뿐이'가 있다. 표준어에
서 조사 '뿐'의 뒤에는 지정사 '이다'와 '아니다'가 오는 통사적 제약이 있는데,
이는 서남방언에서도 마찬가지다.[36]

(227)

가. 쓰고 못 쓰는 일은 당신이 알어서 헐 일이지 나는 일러 준 것뿐이여.(정
　　읍 구비)

나. 그 말뿐이여.(정읍 구비)

다. 죽을 놈은 나뿐이고만.(정읍 구비)

라. 뭇이든지(=무엇이든지) 붙으라믄 붙고 떨어지라믄 떨어지고 맨 지 것
　　뿐이드래여(=제 것뿐이더래).(정읍 구비)

마. 아, 긍게 그 집구석이 전부 뭐 하인, 종 할 것 없이 전부 걍 유식헌 사람
　　들뿐이든개벼.(정읍 구비)

바. 돈 씰 디라고는 거그뿐이다.(정읍 구비)

---

36 서남방언에서도 '뿐'은 표준어와 같이 의존명사로 쓰일 수 있다. 그런데 예a는 표준어라
면 '뿐만'이 와야 할 자리에 '뿐이'가 와서 차이를 보인다. 한편 예b는 '뿐'이 완형 문장 뒤에
오는 경우이다. 이때는 의존명사가 아닌 조사로 해석해야 할 것이다. (예a) 그분이 그렇게
잘살기도 허고 글을 잘헐 뿐이 아니라 그전 원이 잘못허면은 나라에로 상소를 혀.(정읍
구비)/(예b) 근디 진짜 즈 아버지는 사방으다가 사람만 놔두고 도주만 받었다뿐이지 어디
가 얼매가 있는지 몇 평인지 몰라.(정읍 구비)/그렇다뿐이냐고. 들오시라고.(정읍 구비)

사. 그런데 지금 거기가서 만 명뿐이 아녀.(부안 구비)

아. 긍게 그뿐이간디?(정읍 구비)

자. 호랭이뿐이 아녀. 여수(=여우)도 글고(=그렇고), 쥐도 아마 둔갑을 허
　는 모녱여(=모양이야).(군산 구비)

　'배끼'는 원래 지정사를 제외한 부정의 서술어 구문에 오며, '뿐'은 지정사
구문에서만 쓰인다. 따라서 '배끼'와 '뿐'은 그 분포가 상호 배타적이었다. 그
런데 '배끼'가 쓰인 문장의 서술어가 존재사이면 '뿐'의 지정사 구문과 마찬
가지로 '한정적 존재'라는 동일한 의미를 표현하게 되며, 이런 이유로 두 구
문은 통사적 구성에서도 서로 영향을 주고받게 된다. 그 결과 '배끼'가 쓰여
야 할 구문에 '뿐이'가 쓰이거나, '뿐이'가 쓰여야 할 구문에 '배끼'가 쓰이는 수
가 있다. 이는 동일한 의미를 나타내는 'A배끼 없-'과 'A뿐이-'가 서로 간섭을
하여 통사적 혼태(syntactic blend)를 일으킨 결과이다. (228)은 '뿐이-'가 쓰여야
할 구문에 '배끼이-가 쓰인 경우이다(이기갑 2003:158). 이는 의미가 같은 'A배끼
없-'과 'A뿐이-'의 두 구문이 서로 간섭하여 'A뿐이-'의 '뿐' 대신 '배끼'가 사용
된 것이다. 그 결과 원래 지정사 구문에 쓰일 수 없었던 '배끼'가 지정사 구문
에까지 확대되어 쓰이게 되었다. '배끼'가 쓰일 수 있는 통사적 환경이 더 넓
어진 것이다. '배끼'는 긍정의 지정사인 '이-'에만 쓰일 수 있고, '아니-'에는 쓰
일 수 없다. 그래서 (228다)처럼 '배끼'가 '아니-' 구문에 쓰이면 비문이 된다.
이는 아래의 혼태 공식이 'A배끼가 아니-'와 같은 구문이 만들어질 가능성을
원천적으로 차단하기 때문이다.

　(혼태) A배끼 없- x A뿐이- ⇒ A배끼이-

(228)

가, 글고 인자 처가도 인자 거그 가면 인자 처족빼끼제(=처족뿐이지), 인

자 처가는 한나도 없어요. 살들 안해요(=살지를 않아요).(보성)

나. 도둑놈들이 도둑질 허로 가서 봉께 즈그들이 거처허고 있을 데는 <u>거그 빼끼다</u>(=거기뿐이다) 이것이에요.(보성)

다. '나를 생각해 준 사람은 너배끼가 아니다.

한편 '배끼'가 쓰여야 할 구문에 '뿐이'가 쓰이는 경우도 있는데 이때의 혼태 공식은 아래와 같다. 즉 'A배끼 없-'의 구문에서 '배끼' 자리에 '뿐이'가 자리 잡은 것이다.

(혼태) A배끼 없- x A뿐이- ⇒ A뿐이 없-

그리고 서술어 '없-'에서 시작된 혼태는 다른 부정 서술어에까지 확대되게 된다. 예 (229)의 (가)-(사)는 서술어가 '없-'이며, (아)-(하)는 그 밖의 동사들과 함께 쓰인 경우인데, 이들은 모두 통사적 부정 또는 어휘적 부정 표현인 것이 특징이다. 실제 구술발화에서는 'A뿐이 없-'처럼 서술어 '없-'이 쓰인 경우의 사용 빈도가 다른 부정 서술어에 비해 압도적으로 높다. 이러한 높은 빈도는 혼태의 시작이 '없-'이었음을 뒷받침하는 것이다. (229)의 '뿐이'는 모두 '배끼'로 교체되어 쓰일 수 있으므로, 오늘날 서남방언에서 두 낱말은 완전히 동일한 통사적 환경에 나타날 수 있게 되었다. '배끼'와 '뿐이'가 동의어로서의 지위를 갖게 된 것이다.

(229)

가. 마을이면 마을 한 간디(=군데) 두 간디뿐이 없거든.(곡성)

나. 알기도 그거뿐이 없제.(영광)

다. 인자 그것이 그것은 인자 애놈(=왜놈)들 우리 한국 그지기(=거시기)는 날이 한나뿐이 읎었어, 옛날에.(영광)

라. 그런 거뿐이 없어.(영암)

마. 없어, 그것은. 저 옛날에 이불로 싸는 거뿐이, 따숩게.(영광)

바. 근디 지그 대감 딸이 딸 한나뿐이 없어.(화순 구비)

사. 대한민국에 하나뿐이 없는 건지라는 못이 하나 있습니다.(해남 구비)

아. 야 자식아, 삼년상을 치우먼은 제복뿐이 안 남는다.(정읍 구비)

자. 인제 내가 생각기는 팔 년뿐이 안 된 것 겉소.(고흥 구비)

차. 다 썩어 부리고, 니 개 다섯 개뿐이 안 성해갖고 있어.(화순 구비)

카. 아버지허고 딸허고 사위 온 사람허고 서이뿐이 안 살잖아?(화순 구비)

타. 그 사람들이 그놈을 띠어 버린 뒤로 열두 마을이 한 마을뿐이 안 남었
다고 그럽니다.(보성 구비)

파. 그런 얘기뿐이 모르겠네요.(장성 구비)

하. 이 사람은 시(=세) 번뿐이 못 돌았이믄,(곡성)

'뿐이'는 '뿐'에 '이'가 결합된 것이지만 '이'를 주격조사로 볼 수는 없다. (229가)-(229타)는 서술어가 형용사와 자동사이므로 '뿐이'의 '이'를 주격조사로 해석할 가능성이 없지 않으나, 의미상 그러한 해석은 불가능하다. 의미상의 주어는 명시되지 않은 표현, 예를 들어 '다른 것은'이나 '다른 사람' 등을 상정할 수 있기 때문이다. 더구나 (229파), (229하)처럼 서술어가 타동사인 경우 목적어에 '뿐이'가 쓰인 것을 고려하면 '뿐이'의 '이'를 주격조사로 보기는 더욱 어려워지게 된다. 위에서 설정한 혼태의 공식에 따르면 '배끼'를 '뿐이'로 대체한 것이므로, '뿐이'의 '이'는 본래 지정사였던 것으로 보아야 한다. 물론 '뿐이'는 조사로 재구조화 되었으므로, 공시적으로 '뿐이'를 '뿐'과 '이'로 분석할 필요는 없다.

(230)은 '뿐'이 '만'의 의미로 쓰인 경우로서 위와는 다른 혼태가 일어났다. 'A뿐이-'의 지정사 구문과 'A만 있-'의 존재사 구문은 동일한 의미를 나타내므로 두 구문이 간섭을 일으키게 된다. 이때 'A만 있-'의 '만' 자리에 '뿐이' 자리

잡음으로써 'A뿐이 있-'과 같은 구성을 만든 것이다. 그러나 이 경우는 사용 빈도가 그다지 높지 않아 일반적이라고 하기는 어렵다.

　(혼태) A뿐이- x A만 있- ⇒ A뿐이 있-

　(230) 그 부자들 집잉게 숯덩이뿐이(=숯덩이만) 많이 있을 것 아닌가?(군 산 구비)

⑫ 이랑/일랑

『표준국어대사전』에는 보조사 '일랑'과 '을랑'이 표제어로 제시되어 있다. 이 사전은 '일랑'에 대해 '구어체로서 체언이나 조사 '에, 에서', 어미 '-고서, -어 서, -지' 등의 뒤에 붙어 어떤 대상을 특별히 정하여 가리키는 말'이라 규정하 고 흔히 충고하는 말이 뒤따른다는 의미 통사적 제약을 제시하였다. (231)은 사전의 예이다.

　(231)
　가. 술일랑 다시 마시지 마라.
　나. 그 반질랑 아예 팔 생각 마라.
　다. 강엘랑 가지 마라.
　라. 그곳에설랑 얌전히 있어라.
　마. 할머니 댁에서 며칠 보내고설랑 또 고모 댁으로 가야지.
　바. 엿이 이에 붙어설랑 잘 안 떨어진다.
　사. 그만한 일로 속을 태우질랑 마라.

『표준국어대사전』은 또한 별도의 보조사 '을랑'에 대해 '일랑'과 동일한 뜻풀이와 의미 통사적 제약을 제시하되, 다만 목적격조사를 대신한다는 차이점을 들었다. (232)는 사전에 제시된 예이다.

(232)

가. 앞으로 내게서 돈을 빌릴 생각을랑 하지 마시오.

나. 이런 책을랑 아이들에게 읽히지 마세요.

다. 그런 일을랑 걱정을 하지 마세요.

표준어 '을랑'은 중세어 '으란'의 후대형이다. 허웅(1975:388-389)에서는 '으란'의 기능을 '는'과 같은 것으로 파악하고 설명의 대상으로 앞에 내세우거나 대조의 뜻을 나타낸다고 하였으며, 홀로 쓰일 때 '는'은 주어, '으란'은 목적어에 붙는 것이 대부분이라고 하였다. 물론 '으란'은 목적어 외에 부사어에도 붙는데 (233)은 허웅(1975:389)에서 제시된 것들로서 (가)는 목적어, (나)와 (다)는 부사어에 결합된 예이다.

(233)

가. 흔 아기란 업고 새 나흔니란 치마예 다마(월인석보 10:24)

나. 이제 져믄 저그란 안죽 무슴식장 노다가(석보상절 6:11)

다. 죠으란 흰 바닐 주고 믈란 프른 싀를 호리라(두시언해 8:23)

'으란'은 16세기 이후 (234)에서 보듯이 '을란' 또는 '으랑'으로 나타난다. 나중에 '을란'과 '으랑'은 '을랑'을 거쳐 '일랑'으로 변하게 된 것으로 보인다.

(234)

가. 잉 무든 장글란 가지고 믈 아래 가던 새 본다(악장 가사 상:4 청산별곡)

나. 아오와 아들을란 두고(이륜행실도 12)

다. 말을란 니르디 말라(보권문 38)

라. 허약ᄒ니어든 오직 머리 ᄂ 손발만 감기고 등으랑 감기디 말라(언해두
창집요 하:45)

마. 져므니랑 흔냥 ᄒ고 ᄀᄂ 아기랑 세 환을 저제 ᄀ라 머기고(언해두창
집요 상:5)

『표준국어대사전』의 기술에 따르면 '을랑'은 '일랑'의 분포 영역에 포함되
되, 그 기능과 의미 통사적 제약은 '일랑'과 완전히 일치한다. '을랑'이 목적어
와만 결합한다는 제약은 '을랑'에 포함된 '을'을 기원적으로 목적격조사로 해
석하였음을 의미한다(정연찬 1984). 어떻든 '을랑'의 재분석 가능성과는 무관
하게 『표준국어대사전』의 기술은 의미는 동일하되 분포만 다른 '을랑'과 '일
랑'을 구분하여 보여 주고 있는 것이다.

'일랑'은 모음 뒤에서 'ㄹ랑'으로 변동하는데, '을랑'의 변동형은 사전에 제
시되어 있지 않다. 'ㄹ랑'이 예견되지만 'ㄹ랑'은 '일랑'의 변이형태이기도 하
므로, 목적어 뒤의 'ㄹ랑'은 '일랑'과 '을랑'의 어느 변이형태인지 모호하게 된
다. 이러한 모호성, 그리고 '을랑'과 '일랑'이 사전에 같은 뜻풀이를 가지면서
등재된 것 등은 모두 역사적 이유 때문이다. 중세어 '으란'의 후대형 '을랑'은
모음에 변화를 일으켜 '일랑'으로 바뀌는데, 목적어 뒤에서는 '을랑〉일랑'의
변화가 수의적으로 일어나 '을랑'과 '일랑'이 부분적으로 겹치는 출현 환경을
갖게 된 것이다.

이상의 형태 변화와 함께 '일랑'은 출현 분포도 바뀌어 현대 표준어의 경우
중세어에는 불가능하였던 주어뿐만 아니라 조사 '에, 에서', 씨끝 '-고서, -어
서, -지' 등의 뒤에도 결합될 수 있다. 즉 목적어와 부사어(주로 여격어)에 국한
되었던 분포가 주어와 처격어 및 일부 씨끝에까지 확대된 것이다. '일랑'이
씨끝 뒤에 결합할 때, 원래의 기능인 주제나 대조 표시가 아닌 '강조'를 나타
내는데, 이 '강조' 기능은 분포의 확대와 더불어 생긴 후대의 의미이다.

이와 같은 '일랑'의 분포와 기능의 확대는 유사한 분포와 기능을 갖는 보조사 '는'과의 충돌을 야기하게 된다. '는' 역시 주어에 주로 나타났던 분포가 목적어와 부사어 전반에까지 확대되었고, 부사형 씨끝이나 이음씨끝의 일부에 결합될 수 있게 되면서 '단절을 통한 강조'의 기능이 추가되었기 때문이다 (이기갑 2001). '는'은 '일랑'의 분포를 포함하는 더 넓은 출현 분포를 보인다. 이것은 '는'의 세력이 '일랑'보다 크기 때문인데, 현대국어의 경우 '는'에 비해 '일랑'의 사용 빈도가 상대적으로 낮은 것이 사실이다. 따라서 기능이 동일한 '는'과 '일랑'은 점차 '는'으로의 흡수 통합이 예상된다고 하겠다.

'일랑'은 표준어 외의 여러 방언에서도 쓰이는데 중부방언과 동남방언에서는 '일랑', 서남방언에서는 '일랑'과 '이랑'의 형태로 쓰이며, 제주방언에서는 '으랑'과 '이랑'의 두 가지가 쓰인다. 또한 제주방언에서는 보조사 '근에'(=는)가 결합한 '으랑근에', '으라근', '이랑근에', '이라근', '이랑근' 등이 쓰이기도 하는데(현평효/강영봉 2011), 이는 다른 방언에서 '일랑은'이나 '이랑은'이 쓰이는 것과 같은 것이다. 한편 제주방언과 서남방언 일부에 나타나는 '이랑'은 이들 방언에서 /ㄹ/의 첨가가 일어나지 않았음을 보여 준다. 표준어에서 보였던 고형 '을랑'은 대부분의 방언에서 나타나지 않는다.

서남방언의 경우 전북에서는 '일랑'이 일부 보이지만 전남은 '이랑'이 일반적이다. 전남의 '이랑'은 모음 뒤에서 '랑'으로 변동하지만 영암 등지에서는 모음 외에 /ㄹ/ 뒤에서도 '랑'으로 변동하는 예가 보인다. 모음과 /ㄹ/ 뒤에서 '이랑'이 '랑'으로 변동하는 것은 제주방언에서도 확인된다.

(235)

가. 고롱고 땅속에다가 쌀랑 찍어갖고(=찧어가지고),(영암)

나. 족은똘랑 둘앙 가지 말라(=작은딸일랑 데리고 가지 마라).(제주)

전북에서는 형태 '서' 다음에 '일랑'이 결합되어 '설랑'으로 주로 쓰이지만, '서'

가 아닌 체언에 결합할 경우 '일랑'보다 '이랑'이 다수를 차지한다. 형태 '서'는 중세에는 결합이 불가능했던 환경이다. 이런 곳에 '일랑'이 주로 나타난다는 것은 '이랑 〉 일랑'의 변화에 포함된 /ㄹ/의 첨가가 후대의 넓혀진 환경에서 주로 일어났음을 말해 준다.

한편 『한국구비문학대계』 전라남북도 편의 구전 노래에서는 체언 뒤라 할 지라도 일반 구술의 경우와 달리 거의 대부분 '일랑'이 확인된다. (236가)-(236사)가 이를 보여 주며, (236아)에서는 '일랑'과 '이랑'이 함께 쓰였고, (자)에서는 '이랑'만이 나타나나 이러한 예는 극소수이다. 이렇게 일반 구술 발화와 달리 구전 노래에서 '일랑'이 유독 많이 나타나는 것은 이런 노래들이 다른 지방으로부터 왔기 때문으로 생각할 수도 있다. 그러나 이 구전 노래들은 대부분 무가(巫歌)로서 타지에서 건너온 것이라기보다 현지에서 토속적으로 발달한 노래로 보는 것이 옳다는 민속학자의 견해가 있다.[37] 그렇다면 여기에 나타난 어형들을 다른 지방으로부터 전파되어 온 것으로 보기는 무리한 일이다. 만약 이들 노래에 나타난 '일랑'을 서남방언의 토착적인 어형으로 판단한다면 일반 대화에서 주로 나타나는 이 방언의 '이랑'과의 관계는 어떻게 된 일일까? '이랑 〉 일랑'의 변화를 인정한다면 구전 노래에서는 후대형이 주로 나타나는 셈이기 때문이다. 이에 대해서는 현재로선 명확한 설명을 내리기 어렵다.

(236)

가. 넋일랑은 불러서 넋판에 모시고 혼일랑은 불러서 재화단에 모세 두세.(고흥 구비)

나. 이내 머리 모심모심 비어내어 배꽃같이 힝거내어 빌꽃같이 다듬아서 그 벨랑은 하도 좋아 이내 실은 하도 좋아.(승주 구비)

---

37 민속학자 이경엽 교수의 의견을 따른 것이다.

다. 붓일랑은 입에 물고 책일랑은 옆에 쥐고 신일랑은 벗어 들고 두 발 걸
   음 네 활개로 집이라고 와서 보니 죽었구나 죽었구나.(신안 구비)

라. 농군들아 매어 보세. 어허라절래 왕둥일랑은 잘도 뽑고 어허라절래 큰
   손으로 발딱 뒤집세.(신안 구비)

마. 이내 댕기 주셨걸랑 나를 주소. 댕길랑은 주셨네마는 연분 있이 주신
   댕기 연분 없이 자네 줄까?(장성 구비)

바. 소나무통이다 퍼들여라. 국일랑은 쇠구시에 국일랑은 구시(=구유)다
   가 퍼들여라.(장성 구비)

사. 이 갱필이 무덤일랑 저기 있소.(전주 구비)

아. 넋일랑은 모셔다가 넋판에다 모셔 놓고 신체랑은 모셔다가 시계화단
   에 모셔 놓세.(신안 구비)

자. 그저 먹던 쟁(=장)이랑은 종지국에 단동 만동 아이고 이걸 먹고 고자
   낭군 생기기도 어랴 한다.(장성 구비)

(236)에서 '일랑'은 목적어 뒤에 붙는 것이 대부분이지만 (나)와 (사)에서는
주어 뒤에 결합되어 있다. 이는 서남방언에서도 애초에 목적어나 여격어 등
에 제한되어 결합되었던 분포가 주어 자리에까지 확대되었음을 의미한다.
또한 '일랑'은 대부분 '일랑은'처럼 보조사 '은'이 결합된 형식을 취하고 있음
이 특징이다. 오직 (사)만이 '일랑' 홀로 쓰일 뿐이다. 이처럼 '일랑' 대신 '일
랑은'이 쓰이는 것은 기능이 거의 동일한 '일랑'과 '는'이 서로 경합하는 과정
에서 나타난 현상이다. (236)에서 '일랑'은 대부분 대조의 의미로 쓰이지만
(라)와 (사)는 주제어 뒤에 나타난다. 원래 '일랑'의 선대형인 중세어 '으란'은
주제와 대조의 환경에 쓰이던 말이었다. 이러한 기능은 (236)에서도 그래도
유지되었음을 알 수 있다. 그런데 중세와 동일한 기능을 수행하면서도 '일랑'
뒤에 다시 '는'이 결합한 것은 '일랑'의 세력이 약화되었기 때문이다. '일랑'의
의미가 약화되었기 때문에 '일랑'이 수행하였던 본래의 의미 기능을 명확히

하기 위해 기능이 동일한 '는'이 덧붙은 것으로 보아야 한다.

한편 『한국구비문학대계』를 보면, 전남 고흥·신안·화순·전북의 군산 등지의 구전 설화에서도 '일랑'이 소수 확인된다. (237)이 이를 보여 주는데, 노래와 마찬가지로 목적어와 주어에 결합되었다. 또한 '일랑'과 함께 (237라)처럼 주제어 뒤에서 '일랑은'도 쓰이고 있음을 알 수 있다.

(237)

가. 아지매이가 탈이요, 해는 지고. 아지맬랑 모시다 드리야지요, 날 살렸
   잉께.(고흥 구비)

나. 좌우간 집일랑 싹 폽시다(=팝시다). 싹 폴아서 집이랑 인자 뭐 어디 들
   어갈 데도 없이 폴아.(고흥 구비)

다. 어디가 숫뎅일랑 씻어갖고, 숫뎅일랑 꺼먼 건 숫뎅이를 씻는다고 희어
   진다고, 나 원 참, 삼천갑자를 살었어도 아, 요런 말은 생전 처음이다.
   (화순 구비)

라. 아주머니 그 대간하신디(=힘드신데) 아길랑은 내가 볼 텡게 아기 내리
   주시요.(군산 구비)

마. 그런디 꼭 저녁이면 방문 앞에 와서, "방일랑 다습소?" "오냐! 다습다."
   (신안 구비)

바. 편히 주무셨소? 방일랑 안 춥습딩겨?(신안 구비)

그러나 '일랑'이 확인된 지역의 다른 자료에서는 '이랑'이 주로 확인되며, 전남북의 모든 지역에서도 '일랑'보다 '이랑'이 다수를 차지한다. (238)은 '이랑'이 목적어와 주어에 결합한 예로서 모두 문장의 첫머리에서 주제어로 기능하는 경우이다.[38] 이때는 주제를 나타내는 보조사 '는'으로 대체해도 아무

---

38 이기갑(2003:144-145)에서는 서남방언에서 '이랑은'은 모든 성분에 두루 쓰일 수 있으나,

런 의미 차이가 발생하지 않는다.

(238)

가. 각시가 지게랑 어찌고 맨발 벗고 오냐 긍게,(정읍 구비)

나. 그러믄 그 저녁 식사랑은 어찌게 힜소?(정읍 구비)

다. 그런 걱정이랑 잊으시고 다른 준비나 하시요이.(장성 구비)

라. 일이랑 잘허는가?(군산 구비)

마. 아덜이랑 있냐고 헝게,(군산 구비)

바. 우리 아들들이랑 잘 있든가? 아, 나와서 좀 업어가라고 허소.(정읍 구비)

(239)는 '이랑'이 목적어에 결합한 것으로서 문장의 중간에 나타난 것들인데, 이때 '이랑'을 보조사 '는'으로 바꾸면 의미 차이가 생긴다. '는'은 대조를 나타내지만 '이랑'은 그렇지 못하기 때문이다. (239)에서 보듯이 대조의 항목이 없으므로 대조를 나타낸다고 할 수 없음은 분명하다. 그렇다고 하여 주제 표지로 보기도 어렵다. '이랑'이 결합한 명사는 대부분 새로운 정보를 가진 것들이기 때문에 알려진 정보를 요구하는 주제어의 필수 조건에 맞지 않기 때문이다. 그러므로 이때의 '이랑'은 대조가 아닌 독자적인 고유의 의미를 나타내는 것으로 봐야 할 텐데 과연 그 의미가 무엇인지 특정하기는 쉽지 않다. 다만 '이랑'의 의미를 확인할 때 동음어인 접속조사 '이랑'과 혼동해서는 안 된다. 사실 (239)의 예들은 대부분 접속조사와 보조사의 중의적인 해석을 가질 수 있다. 예를 들어 (239가)의 경우 노파가 다른 것도 준비하면서 약을 준비했을 가능성이 있다면 접속조사로 해석할 수도 있다. 그렇지만 이 경우는 단순히 노파가 준비한 것이 약이라는 사실을 전하고 있으므로 보조사로

'이랑'은 오직 목적어에만 가능하여 '이랑' 홀로 주어나 부사어의 성분에 결합될 수 없다고 하였다. 그러나 (238)의 (마)와 (바)는 이러한 기술이 옳지 않았음을 보여 준다.

해석하는 것이 더 자연스럽다. 그러나 '이랑'을 보조사로 해석하더라도 접속조사로의 해석 가능성 때문에 영향을 받는 것으로 보인다.[39] 그래서 '약이랑'은 '약까지도'와 흡사하게 해석된다. 원래 주제나 대조의 의미를 가졌던 '이랑'이 원래의 의미를 잃고 '까지도'나 '이라도' 등의 의미를 갖게 되는 것이다. 이때의 '이랑'은 말할이의 감정을 강조하는 '도'와 그 의미가 유사하다고 하겠다. '이랑'이 감정을 강조하는 '도'와 비슷한 의미를 갖게 된 것은 접속조사 '이랑'의 영향 때문으로 보인다. 어떻든 결과적으로 '이랑'은 문중에서 본래 가졌던 주제나 대조 표시의 기능이 약화되어 말할이의 감정을 '강조'하는 기능으로 전환되었다고 할 수 있다.

(239)

가. 그럴 줄 알고 노파가 약이랑 딱 준비를 했어.(화순 구비)

나. 그랑께 이것이 울 아부지라고 그라고 자석들이 할멈이랑 쫓아냉께 인자 나갔어.(해남 구비)

다. 재판소에를 가서 인자 빈호사(=변호사)랑 보고 말을 해야 쓰겄다 그라고,(해남 구비)

라. 내가 갔다 올 때까장 아부지가 꼭 이 밥을 자시고, 물이랑 자시고 계시시요.(신안 구비)

마. 어머니를 보고 방으로 갖고 들어왔어. 그 도매(=도마)랑 갖고 들어와.(장성 구비)

바. 박참봉이라는 사람은 잘 상게로(=사니까) 뭣이냐 놉이랑 많이 얻어 버

---

39 고광모(2021)에서는 탈격조사 '-씌셔'가 외형이 닮은 기존의 주격조사 '-겨셔'의 영향으로 주격조사로 변화할 수 있었다는 주장을 하면서 닮은 외형 때문에 의미도 닮게 되는 현상을 '의미적 혼태'(semantic contamination)라 칭하였다. 보조사 '이랑'이 접속조사 '이랑'과의 간섭 때문에 그 의미가 '까지도'와 같은 의미로 바뀌게 되는 것도 이러한 의미적 혼태로 볼 만하다.

리고 그 부락 사람들이 전부 박참봉 덕으로 먹고 산단 말여.(승주 구비)

사. 조께 있응게 수선허드마는(=수선스럽더니마는) 문을 버떡 열더마는
   놈들이 달라들어 이불이랑 둘둘 싸가지고는 들쳐메고(=둘러메고) 도
   망허는디,(정읍 구비)

아. 사람이 돼갖고는 주룽막대기(=지팡이)랑 하나 짚고, 그러고는 인자 소
   금 장시 앞으 서서 가드래야.(정읍 구비)

자. 그렇게 되믄 그 주먼 기약서(=계약서)랑 다 써 준다고 허디야(=하더냐)
   고 그렇게,(정읍 구비)

차. 하인들을 내보내서 불이랑 다 때 줌세.(정읍 구비)

'이랑'이 문중에서 보조사 '는'처럼 대조로 해석되는 수가 있는데, 이때는
'이랑'보다 '이랑은'의 형태로 쓰이는 것이 보통이다. '이랑'이 가졌던 애초의
대조 의미가 희석되어 이를 보완하기 위해 대조 표지 '는'이 추가로 결합되기
때문이다. (240)에서 밑줄 친 것은 대조의 항목들인데, 이때 '이랑은'을 '이랑'
으로 바꾸면 대조의 의미가 거의 느껴지지 않는다.

(240)

가. 며칠 감옥에다가 재워라, 연놈을. 그리고 저 장수(지명)라던지 어디를
   댕겨서 이제 진안(지명)으로 올 테니, 그 총각놈이랑은 잘 먹이고, 보
   자년 잘 먹었을 텡게 아무렇게나 먹여라.(전주 구비)

나. 그서 그리도 인자 쟁인이랑은 치다보도 않고 있는디 장모가 "자네 왔
   는가?" 허고서는 한쪽으로 돌아눕거든, 말허자면은.(군산 구비)

'이랑'은 체언 외에 다른 조사 뒤에 오기도 한다. (241)은 조사 '에'와 인용조
사 '고' 뒤에 '이랑'이 온 경우이다.

(241)

가. 봉사 집에랑 옹께,(화순 구비)

나. 그리서 기양 치사를 만만히 허고 인제 수인사를 허고 인제 참말로 으
디 사냐고랑 묻고는 인제 또 와.(정읍 구비)

『표준국어대사전』에서 기술하였듯이 표준어에서 '일랑'은 '-고서, -어서, -지'
등 일부의 이음씨끝 뒤에 나타난다. 서남방언에서도 '-고서, -어서, -음서, -다
가서, -어갖고, -게, -지' 등에 '일랑'이 붙는 예가 확인된다. 표준어와 달리 '-음
서(=으면서), -다가, -게' 등이 추가되었는데, (242)는 『한국구비문학대계』에서
확인된 것들이다.

(242)

가. 어떻게 히서 젊은 아내를 여그다 혼자 내쏘고설랑(=내버리고는) 행실
이 자기 아내를 믿응게 거그다 두지 그럴 수가 있냐고, 긍게 당초 그런
생각을 말라고.(정읍 구비)

나. 시집을 가자마자 석 달도 못 살고설랑은 상부(喪夫)를 혔네.(군산 구비)

다. 그런디 인자 집이 와갖고설랑은 참 식음을 전폐허고 누워서 앓네.(군
산 구비)

라. 근디 아침 저녁이라선지 점심 때라든지 삼시를 밥 헐라먼 쥐란 놈이
와설랑은 있네그려.(군산 구비)

마. 근디 요것이 댕김설랑은 쇠를 죄다 먹네.(군산 구비)

바. 바깥이서 모고(=모기)만 뜯기고 밤새드락 있다가설랑은 잠을 깨어 봉
게 뀜인디 봉게 그렇게 글자가 써 있다 그 말여.(군산 구비)

사. 후허게설랑은 보내라고들.(군산 구비)

(242)에서 보듯이 이음씨끝에 결합될 때 오직 '일랑'만이 가능하고 '이랑'형은

확인되지 않는다. 이것은 '이랑 〉 일랑'의 형태 변화가 형태 '서' 뒤에서 주로 일어났기 때문이다.

이음씨끝에 결합될 때 '일랑'은 체언이나 부사어의 경우와는 달리 주제나 대조의 의미 대신 단순히 '강조'의 기능만을 수행한다. 이러한 기능 수행은 표준어와 서남방언 모두 동일하다. '일랑'뿐만 아니라 보조사 '는'도 연속성을 나타내는 이음씨끝 뒤에 결합되어 '단절을 통한 강조'의 효과를 드러낸다는 사실은 이미 이기갑(2001)에서 지적된 바 있다. 이음씨끝 뒤에서 '는'과 '일랑'은 완전히 동일한 기능을 수행하는 것이다.

『한국구비문학대계』에 나타난 자료에 근거한다면 '일랑'이 이음씨끝에 결합되는 것은 주로 전북 지역에 한한다. '일랑'이 이음씨끝에 결합하는 빈도는 전북 가운데서도 충남과 가까운 군산의 자료에서 상대적으로 높게 나타난다. (242)에서 유독 군산의 예가 많은 것도 이 때문이다. 전남에서도 일부 예가 있으나 일반적인 현상은 아니다. 전남은 '일랑' 대신 보조사 '는'을 결합시키는 방식이 일반적이다. (243)은 전남의 화순과 장성에서 '-어설랑'이 사용된 예지만, 이 지역의 일반적인 현상은 아니다. 이음씨끝에 '일랑'이 결합하는 것은 중부지방에서 남쪽으로 내려올수록 약해진다는 분포상의 특징을 고려할 때 화순과 장성처럼 전남의 북부 지역에서 소수나마 '-어설랑'이 확인되는 것은 아주 불가능한 것은 아니지만, 전남의 서남해안 지역에서는 '-고설랑', '-어설랑', '-고랑', '-어랑'과 같은 결합은 찾기 어렵다.[40]

(243)

가. 남의 묘 이제 굴을 뚫고 <u>들어가설랑</u> 팠단 말여.(화순 구비)

나. 너 이놈들 장에 다니면서 촌장(村場) 만나 볼라치면 종일 <u>가설랑</u> 돈 벌

---

40 다만 고흥 자료에 '-고랑'의 예가 하나 확인된다. (예) 나라에 전쟁에 한 번도 나가 보지도 못하고, 단지 그 용마 얻어가지고 한 삼 년 훈련만 맹훈련 거듭하다가 자기 실수로 말 죽여 뿔이고랑 그냥 낙심이 돼갖고 그래 뿔어.(고흥 구비)

어갖고 제우(=겨우) 술판 술 사먹고, 노름하고 다 없이고는,(장성 구비)

　이음씨끝에 '일랑'이 결합할 때 형태 '서'가 '일랑' 앞에 오는 것은 매우 일반적인 현상이다. '-고서, -어갖고서, -어서, -음서, -다가서, -게서' 등에 '일랑'이 붙기 때문인데, (242)-(243)에서 이를 확인할 수 있다. 심지어 '-다가'나 '-게'처럼 일반적으로 '서'가 붙지 않는 이음씨끝이라 할지라도 '일랑'이 결합할 때에는 '서'가 쓰여 '-다가설랑', '-게설랑'처럼 쓰이게 된다. '에다가설랑'과 같은 조사의 결합에서도 '다가서'가 불가능한 결합임에도 '일랑'이 결합되었다. '-다가설랑'과 '-게설랑', '에다가설랑'과 같은 결합은 결국 여기에 포함된 조사가 '일랑'이 아닌 '설랑'임을 말해 준다. '-고설랑', '-어설랑', '-음설랑'에서 분석 가능한 '일랑'이 '서'와 통합되어 독자적인 조사로 재구조화 되었기 때문이다. 그 결과 애초에 '서'의 결합이 불가능한 '-다가'와 '-게'에도 '설랑'이 결합되어 '-다가설랑'과 '-게설랑'과 같은 형태 결합이 나타나게 된 것이다. '설랑'을 분석해 내는 것은 '-고설랑'과 '-어설랑'에서는 가능하나 '-음설랑'은 문제이다. '설랑'이 없는 '-음'만으로는 독자적인 이음씨끝 구실을 못하기 때문이다. 그러므로 이 경우는 공시적으로 '-음서'에 '설랑'이 결합한 "-음서설랑'에서 '서'가 탈락한 것으로 설명하는 것이 합리적일 듯하다. '설랑'에 '이랑'이 아닌 '일랑'이 포함된 것도 '설랑'이 하나의 독립된 조사로 재구조화 되었기 때문일 것이다. 물론 이러한 재구조화는 전남에서는 거의 일어나지 않은 변화이다.
　한편 전북지역이라 할지라도 이음씨끝 '-응게'(=으니까)에서는 '설랑'이 결합되지 않고 '서나'나 '스니' 등의 형이 나타난다. '스니'는 '서나'의 변이형이며, '서나'는 형태 '서'에 보조사 '는'이 결합한 '서는'의 변이형이다. 이것은 '일랑' 대신 '는'이 '서'에 결합되었음을 의미한다. 그런데 이음씨끝 '-응게'는 본디 형태 '서'를 필요로 하지 않는다. 이런 점에서 '-고서, -어서, -음서' 등과는 다르다. 이처럼 애초에 없는 형태인 '서'가 나타난 것은 '서나'가 독립된 조사로 결합되었기 때문이다. 마치 '설랑'이 독립된 조사로 재구조화 되었듯이

'서나'도 이음씨끝에 결합될 때에는 독립된 조사로 재구조화 되었던 것이다. 그리고 '서나'나 '스니'와 같은 형태의 변화는 이러한 재구조화를 뒷받침한다. 적어도 공시적인 관점에서 '서는'은 두 개의 형태소 결합으로 분석되지만 이로부터 형태가 바뀐 '서나'는 하나의 형태소로 분석되어야 한다.

(244)

가. 이성계씨가 꿈을 꿍게스니, 연목 가랭이 셋을 짊어지고서,(군산 구비)

나. 해몽을 히야겠는디 어디를 가서 해몽을 허까 허고 들응게스니 햄경도 함흥골 가서 노파 하나가 있는디 참 꿈 해몽을 잘한다고 허드라.(군산 구비)

다. "어서(=어디서) 어떻게 들오냐? 너를 어디 가믄 만나끄냐?" 헝게스니, (군산 구비)

라. 또 염불을 허고 동냥을 달라고 허닝게, 우리 선생께서 대사를 잠깐 오시라고 헌다고 그렇게서나 갔단 말여.(군산 구비)

마. 여자허고 살게 되는 사람은 목심(=목숨)을 건지고 살지 못허게 생긴 사람은 인자 그때 죽어. 그렇게서나 그 점쟁이가 일러주기를,(군산 구비)

'서나'는 '-응게'뿐만 아니라 다양한 이음씨끝 뒤에 결합된다. (245)에서 이를 알 수 있는데 이때 가능한 씨끝으로는 '-고서, -어가지고서, -어서, -면서, -다(가), -게' 등이다. 이들 씨끝 목록은 '일랑'이 결합되었던 목록과 대부분 일치한다. 그리고 (245)에서 보듯이 '서나'는 군산·정읍 등 전북 지역에서만 나타난다. 이 또한 '설랑'이 나타나는 지역과 일치를 보인다. 그렇다면 전북 지역어에서 '설랑'은 일부의 이음씨끝 뒤에서 '서나'와 혼용되고 있는 셈이다. 다만 앞에서 말한 것처럼 이음씨끝 '-응게' 뒤에서는 '설랑'이 불가능하고 '서나'만 결합된다.

(245)

가. 그 내 사촌 형님이, 아버님은 인자 업고서나 집으로 가고, 소를 내가 끌고 올라고 허닝게,(군산 구비)

나. 그때에 낫을 들고서나 들바닥으로 나가더니,(전주 구비)

다. 거기 가서 지게를 딱 허니 받쳐 놓고서나 앉아 있노라니까,(정읍 구비)

라. 어떻게 밀고를 해가지고서나 인자 거기서 잽혀갖고,(군산 구비)

마. 통곡을 허면서 식구가 싹 뫼아가지고서나, 이분이 우리를 살려준 분이라고 말여,(정읍 구비)

바. 사촌 매부가 군에서 있다가 후퇴허는 도중에 큰집에 왔다가 와서나 거기서 은신을 해요.(군산 구비)

사. 그 애정지심으로 쪼금이나 더 먹으라고 해서나 갖다가 여그 치 갖다가 이리 갖다 놓은 것이다.(전주 구비)

아. 과거 마당에 가서나 대처나(=과연) 글을 참 생각나는 대로 외피줄을 썼어.(정읍 구비)

자. 여자가 말캉(=마루)에다 탁 다 놓더니 들어가서니, 아, 이 사람도 문을 열고 귀경(=구경)을 허지.(부안 구비)

차. 그래서 자세히 보닝게로 아버지요. 그래서나 인자 딱 쫓아가서는 인자 아버지를 갖다가 인자 머야 이렇게 딱 보닝게 발등이 이렇게 막 부었어요.(군산)

카. 그 밤나무를 갖다가 인자 다니면서나 가을이라 밤도 줏어서 모으고 인자 그랬었는데,(군산 구비)

타. 저그 오다가스니 거그 있으믄 만나요.(군산 구비)

파. 그때 맞고 허다스니 인자 나중으는 원청 부야가 낭게 출도를 붙였다고 헙니다.(군산 구비)

하. 근디 절이라는 것이 흔히 본다 치면은 뭣인고니, 떨컹 닫히면 밑으로 떨어지게스니 만들어 놓았단 말여.(군산 구비)

582

'서나'는 조사 뒤에도 결합된다. (246)은 전북 군산 지역어에서 조사 '보고, 에다가, 에서, 허고' 등에 '서나'가 결합된 경우이다. 이들 조사들은 '에서'를 제외하고는 자체적으로 형태 '서'를 갖고 있지 않다. '보고'가 때에 따라 '보고서'로 쓰이지 못할 바는 아니지만, 일반적인 것은 아니다. 특히 '서'와의 결합이 전혀 불가능한 공동격조사 '허고'에 '서나'가 붙은 것은 이 '서나'가 독자적인 조사임을 뒷받침한다. 이처럼 조사 뒤에 결합하는 '서나'는 씨끝에 결합하는 '서나'와 마찬가지로 강조의 효과를 나타낸다. 이런 점에서 보조사 '는'으로 대체될 수 있다.

(246)

가. 나보고서나 정말로 젊은 동무 참 잘 만났다고 허면서,(군산 구비)

나. 지하에다가 연못을 파고 연못 가운데에다가서나 초당을 짓고 초당 가운데다가 그 소저를 두었다 말여.(군산 구비)

다. 인제 그런데 거게서나 인자 그 쌀 한 가마니 먹을 동안에는 그 여관에서도 인자 독식을 않는데,(군산 구비)

라. 안 될 것잉게스니 아주 납폐(納幣)허고 말여 사주(四柱)허고스니 히가지고서 그런 연후에,(군산 구비)

군산에서는 조사 뒤에 '설랑'이 결합되기도 한다. 그렇다면 이 지역에서는 조사 뒤에서 '서나'와 '설랑'이 혼용된다고 할 수 있다.

(247) 부처 밑이다가설랑은 콩을 막 그냥,(군산 구비)

결국 전북 지역어에서는 일부의 이음씨끝과 조사 뒤에서 '설랑'과 '서나'가 동일한 기능을 수행하면서 함께 쓰이고 있는 셈이다. 이것은 '설랑'에 포함된 '일랑'과 '서나'에 포함된 '는'의 기능이 같기 때문에 생겨난 일이다. 또한

'설랑'과 '서나' 모두 독립된 조사로 재구조화 된다는 점도 동일하다.

그러나 국립국어원의 『지역어 조사 보고서』에 나타난 양상은 『한국구비문학대계』의 자료와는 다른 모습을 보인다. 『한국구비문학대계』는 1979년부터 조사가 시작되었고 조사 자료집은 1980년부터 1988년까지 간행되었다. 그렇다면 이 책들에 실린 자료는 대체로 1980년대 초반 자료로 보는 것이 온당할 것이다. 한편 국립국어원의 『지역어 조사 보고서』는 2004년부터 10년간 조사가 진행된 것이므로 『한국구비문학대계』보다 20년 이상 뒤에 조사된 것이다. 이러한 시간차는 당연히 방언의 차이에 반영되었을 것으로 보인다. 『한국구비문학대계』와 『지역어 조사 보고서』의 조사 지점이 동일한 전북 군산 지역의 자료를 보면 이러한 차이가 분명하게 드러난다. 군산의 경우 『한국구비문학대계』에서는 '설랑'의 예가 다수로 나타났으나 『지역어 조사 보고서』에는 전혀 확인되지 않는다. 이것은 위에서 말한 20년의 시간차 때문일 수도 있고, 아니면 제보자의 차이 때문일 수도 있을 것이다. 따라서 우선 『지역어 조사 보고서』의 구술발화에 나타난 자료를 토대로 전북과 전남의 '서는'과 '설랑'의 사용 빈도를 알아보기로 하자. 이에 앞서 이음씨끝 '-고'를 대표로 삼아 보조사 '는'과 '이랑'이 형태 '서'와의 결합 여부에 따른 결합 관계를 표로 보이면 아래와 같다.

〈표 7〉 '-고/고서'에 붙는 '는'과 '일랑'

	[+서]	[−서]
는	-고서는(A)	-고는(a)
일랑	-고설랑(B)	-골랑(b)

〈표 7〉은 이음씨끝에 '는'과 '일랑'이 결합하는지에 따라 둘로 크게 나뉘고, 이는 다시 형태 '서'의 결합 여부에 따라 둘로 나뉘어 결과적으로 네 가지 가능성이 있음을 보여 준다. 그런데 '는'은 사실 전라남북도 전역에서 모두 쓰이므로 '는'의 사용 지역은 '일랑'의 사용 지역을 포함한다고 할 수 있다. '는'

의 지역과 '일랑'의 지역은 서로 배타적인 관계라 아니라 포함의 관계에 있는
것이다. 다만 '는'이 전남북 전역에서 쓰이더라도 '서'와의 결합 여부는 달라
질 수 있다. 전북은 형태 '서'를 주로 쓰지만 전남은 그렇지 못하기 때문이다.
이런 점을 고려하면 A는 전북, a는 전남, B는 전북의 북부 지역, b는 전남의
일부 지역에 분포한다고 할 수 있다. 이런 점을 염두에 두면서 『지역어 조사
보고서』의 상황을 검토하기로 하자.

〈표 8〉 '서는/서나/설랑'의 사용 빈도

지역 씨끝	무주		군산	임실	남원	고창	곡성	광양	영광	영암	보성	진도
	서는 (서나)	설랑	서는 (서나)	서는	서는	서는	서는	서는	서는	서는	서는	서는
-고서	14(7)	4	3(23)	*	*	1	*	*	1	*	*	*
-어서	13(25)	*	10(12)	10	2	9	14	8	15	13	15	11
-어가지고서	1(23)	10	1(17)	*	*	*	*	*	*	*	*	*
-으면서	*(10)	*	*(6)	1	*	4	*	1	4	*	*	2
-다가서	*	*	2(1)	*	*	*	*	*	*	*	*	*
-응게	*	*	*	*	*	*	*	*	*	*	*	*
합계	28(65)	14	16(59)	11	2	14	14	9	20	13	15	13

〈표 8〉은 전북의 5개 지점(무주·군산·임실·남원·고창)과 전남의 6개 지점(곡성·
광양·영광·영암·보성·진도)에서 채록된 4시간 단위의 구술발화에 나타난 '서
는', '서나', '설랑'의 사용 횟수를 보인 것이다. 〈표 8〉에서 쉽게 알 수 있는 것
은 '서는'이 전남북의 모든 지역에서 나타나지만 '설랑'은 오직 무주에서만
나타난다는 점이다.[41] 이것은 이음씨끝 뒤에서 '는'이 오는 지역과 '일랑'이

---

41 그러나 『한국구비문학대계』의 군산과 정읍 자료에서는 '설랑'이 상당수 확인된다. 군산
이 정읍보다 '설랑'의 사용 빈도가 높고 결합되는 씨끝도 더 다양하게 나타난다. 이 점을
고려하면 '일랑'이 사용되는 지역으로서 무주 외에 적어도 군산은 추가해야 할 것으로 생
각된다. (예a)는 군산, (예b)는 정읍의 예이다. (예a) 근디 아침 저녁이라던지 점심때라든
지 삼시를 밥 헐라면 쥐란 놈이 와설랑은 있네그려./간밤의 내가 꿈을 뀌었는디 연목가래

오는 지역이 대별된다는 사실을 의미한다. '는'은 전남북 모든 지역에서 이음씨끝과 결합할 수 있지만, '일랑'은 오직 무주, 그리고 구비문학대계의 자료를 고려하면 군산에서 결합이 가능하다는 사실을 알 수 있다. 따라서 무주와 군산은 '는'과 '일랑'이 모두 이음씨끝 뒤에 결합되는 지역이다. 다만 무주와 군산 지역에서도 '일랑'은 일부의 이음씨끝 뒤에 결합되어 '는'에 비해 한정된 분포를 보인다. 무주·군산을 제외한 전남북의 나머지 지역에서 '일랑'이나 '이랑'은 이음씨끝 뒤에 연결되지 않으며, 대신 '는'이 온다. 그래서 '-어설랑', '-고설랑', '-고랑/골랑', '-어갖고랑/갖골랑' 대신 '-어서는', '-고는', '어갖고는' 등이 쓰이게 된다.

한편 '는'과 '일랑'이 이음씨끝에 결합될 때 형태 '서'는 전북의 무주·군산 등지에서 거의 필수적으로 결합된다. 예를 들어 '-고는'의 결합은 극히 드물고 '-고서는'이 일반적이라는 것이다. 마찬가지로 '-고설랑'이 일반적이며 '-골랑'은 보이지 않는다. 이유를 나타내는 이음씨끝 '-응게'의 경우 구술발화 자료에서는 '서는'의 결합이 확인되지 않지만, 예 (244)에서 보았듯이 전북 군산의 구비문학 자료에서는 '서는'의 변이형 '서나'가 '-응게'에 결합된 예가 다수 보인다. 다만 전북의 다른 지역과 전남에서는 '-응게설랑'은 물론 '-응게서는'이나 '-응게서나'도 거의 쓰이지 않는다.[42] 예 (248)은 군산 지역어에서 '-응게서', '-응게서나', '-응게서나는'의 예를 보여 주며,[43] (248파)는 정읍의 '-응게

셋을 지고서 어디를 가다가설랑은 꿈을 깼다./긍게스니 자식 못 낳는 사람은 철천지원이 되아갖고설랑은 갈 것 아녀?/근디 요것이 댕김설랑은 쇠를 죄다 먹네./그때 태조 그 어른이 들어앉어갖고설랑은 어떡허는고니,/시집을 가자마자 석 달도 못 살고설랑은 상부(喪夫)를 했네./그 자를 무사허게 보내야 헌다고, 후허게설랑은 보내라고들. (예b) 여보쇼 선비! 그 사람이 그 무슨 짝이시요, 예? 그럴 수가 있소." 허고설랑 점잖게 나무랬다 이거여./밥을 딱 먹고설랑, 죽는다고 허니까 무섭기는 허지마는 도저히 발이 부르터서 못 가겠응게/그래서 짐짓코 거그서 쭈글트리고설랑은 자게 됐어./그 소리를 듣고서 걍 참 논두럭 밑이 가서 인자 헤메 댕겨설랑은 그 물로 참 씨쳐 뿌리고 집어여엉게 멀쩡하단 말여.

42 군산의 구비문학 자료에서도 '-응게설랑'은 확인되지 않는다.
43 '응게서 → 응게서나 → 응게서나는'과 같은 형태의 확장이 일어났음을 알 수 있다. '-응게

서는'의 예를 보이고 있다. 다만 구비문학 자료에서 정읍 지역의 '-웅게서는'
은 단 한 차례 확인될 뿐이다. 또한 군산과 달리 '서나'가 아닌 '서는'이 쓰여
형태적 차이를 보인다.

(248)

가. <u>가보닝게서</u> 자그 동생여. 동생이 살어 있단 말여.(군산 구비)

나. 안 줄라고 헝게, 인자 안 줄라고 헌다고 어쩐다고 막 작수막수 허가지
구서는 인자 첫대를 받어갖구서 막 문을 열웅게 큰 덜머진 놈이 그냥
막 튀드래. <u>튕게서</u> 그 사람이, 그 저녁으 엿들은 사람이 말캉 밑이가 있
다가 탁 쳐 버렸어, 목을.(군산 구비)

다. 아니요, 내가 저녁으 봐야 서울 장안이서는 이런 귀가 없웅게 처음 봉
<u>게서</u> 내 귀속을 내용을 보고서 내가 자야겠소.(군산 구비)

라. 영혼이 떠댕김서 다 뜻을 <u>보닝게서</u> 나는 못 헌다.(군산 구비)

마. 즈 아덜 구제헐 사람이 없어. <u>없웅게서</u> 한 장을, 인자 말이자면 한 장을
들어강게 떡장사를 허는디, 마느래 하나가 쪼그만헌 소녀를 하나 데리
꼬서 떡장사를 허드리야.(군산 구비)

바. 인자 삼천 석을 딱 노적된 놈 헐어서 준단 말여. <u>중게서</u> 딱 채려놓고
는 메갱이(=메)를 들고서 어깨를 이렇게 이렇게 혀. 방애를 찧노만.(군
산 구비)

사. 저도 따러가서 가만히 말캉 밑으로 들어가서는 가만 <u>있웅게서나</u> 작수
막수 허드래야.(군산 구비)

서나는'은 '-웅게서나'의 '나가 '는'에서 비롯된 것임을 인식하지 못하여 여기에 다시 '는'이
덧붙은 결과이다. 이음씨끝에 붙는 '서'와 '는'은 모두 이음씨끝이 나타내는 사태의 연속성
을 강조하는 효과를 발휘한다. '는' 대신 '일랑'이 결합하여 '서 → 설랑 → 설랑은'과 같은 확
장도 가능하다. 다만 '서는/서나'는 *'서는랑/서날랑'으로 확장될 수 없는데, 이것은 '는'과
'일랑'의 결합 순서가 언제나 '일랑-은'이기 때문이다.

아. 그서 인자 어디만큼 가닝게서 울장 안이를 썩 들어가닝게서나 담 넘어
　　가 베필이, 베 한 필이 주르르 넘어와서 있단 말여.(군산 구비)

자. 그러고 낭게서나 인자 목간힜응게 낫었지.(군산 구비)

차. 어느 참 대가집이를 갔어. 가서는 술을 참 잘 채리 중게서나 막 우직허
　　게 잘 먹고서는,(군산 구비)

카. 홀어미허고 그 아들 하나허고 단 둘이 산중으서 사는디 참, 먹고살 길
　　도 없고 허닝게서나 그 참 떼밭을 일우고 참, 논에 가서나 그 뭐 갈대밭
　　이나 일우고 해서 화전이나 부쳐서 하나나 열으면 인자 따따가 찧어서
　　먹고 살고 이러는디,(군산 구비)

타. 막 발딱 뒤집어지지, 천 명이 들끓어웅게서나는.(군산 구비)

파. 그렁게서는 슬며시 따라갔어.(정읍 구비)

　'서나'는 '서는'의 변이형이다. 이 '서나'는 전북의 무주와 군산에서만 나타
나는데, 두 지역 모두 '서나'가 '서는'보다 압도적으로 많이 쓰인다. 이것은 이
들 지역에서 '서는'이 조사로 재구조화 되면서 '서나'로의 형태 변화가 일어
났음을 의미한다.

　'서는'과 '서나'를 통합하면 〈표 8〉에서 보듯이 '서는/서나'의 사용 횟수는
무주(93회), 군산(75회) 지역이 가장 높고, 나머지 지역은 2-20회 정도에 불과하
다. 무주·군산을 제외한 나머지 남쪽 지역에서 '서는/서나'의 횟수가 적은
것은 이들 지역의 경우 '-고, -어가지고, -다가' 등에 '서'를 거의 결합시키지 않
기 때문이다. 〈표 8〉에서는 '-고서'가 고창·영광에서 한 차례 확인될 뿐 '-어
가지고서'와 '-다가서' 등은 전혀 쓰이지 않았다. 이들 지역에서는 '-서는' 대
신 '-는'이 이음씨끝에 바로 연결되어 '-고는'이나 '-어갖고는'으로 쓰이는 것
이 일반적이다.

　'-다가' 뒤에 '서는'이 결합하는 것은 군산에서만 발견된다. 이것은 형태 '서'
의 사용이 빈번한 곳에서는 애초에 '서'의 결합이 불가능한 이음씨끝에까지

'서'의 결합이 확대된 결과이다.[44]

이음씨끝에 '설랑'이 쓰이더라도 경우에 따라 '는'이 다시 결합한 '설랑은'이 쓰이기도 한다. (249)는 『한국구비문학대계』에서 가져온 예이다. (사)와 (아)의 '설락컨'은 '설랑은'의 변이형으로 보인다.

(249)

가. 그러자 인자 사방에 대고설랑은 산제불공을 디리고 뭐냐 허먼은 참 등극이 되고 허는디,(군산 구비)

나. 그리서 짐지코(=잠자코) 거그서 쭈글트리고설랑은 자게 됐어.(정읍 구비)

다. 어떻게 이 꽃다운 젊은 여자를 외똔집(=외딴집) 여그다 포강 갓이다 두고설랑은 자기 아내를 못 믿으믄 이럴 수가 있냐고.(정읍 구비)

라. 백 배 인자 사과를 허고설랑은 나옴서 곰곰 생각해 보닝게 아무튼 상당헌 여자여.(정읍 구비)

마. 그때 태조 그 어른이 들어앉어갖고설랑은 어떡허는고니,(군산 구비)

바. 막대기를 넣어갖고설랑은 막대기를 타고서 올라왔단 말여.(군산 구비)

사. 낙심을 허는디 그 노파 딸이 있어. 딸이 나와설락컨, "아, 어찌 그러쇼?" 그렁게,(군산 구비)

아. 그 사람을 만나고설랑 그양반을 만나고설락컨 요동 칠백 리 그양반이 불을 다 쳤지.(군산 구비)

조사 '일랑/이랑'과 관련하여 언급하여야 할 것으로 이음씨끝 '-걸랑'과 '-거들랑'의 존재를 들 수 있다. 이 두 씨끝은 '-거든'과 동일한 의미를 갖는 말이

---

44 군산에서는 '뭐냐'와 같은 의문문 뒤에 '스니'가 결합한 예도 보인다. 이 경우 '뭐냐스니'는 '뭐냐면'의 의미로 해석된다. '-스니'가 일종의 씨끝으로 기능하는 특이한 경우라 할 수 있다. (예) 뭐냐스니 그 동네 과댁(寡宅)이 있어.(군산)

다. 중세어에는 '-거든'이 보이는데 이는 기원적으로 '-거-드-은'으로 분석되는 것으로서 끝에 보조사 '은'이 결합된 것임을 알 수 있다. 한편 18세기 이후에는 같은 의미를 갖는 '-거드란'이 보이는데 이것은 '은' 대신 '으란'이 결합한 것으로서 '-거-드-으란'의 결합체이다. 결국 '-거든'과 '-거드란'은 조사 '은'과 '으란'의 대립에 의해 생겨난 씨끝인 셈이다.

(250)

가. 빅골ᄑ거든 밥먹고(남명집언해 상10)

나. 둧다가 다 닉어지거드란 님 계신 ᄃᆡ 보ᄂᆡ리라(청구영언)

이 '-거드란'은 현대에 와서 '-거들랑'으로 변하여 중부방언을 비롯한 많은 방언에서 쓰이고 있는데 서남방언에서도 그 예가 찾아진다. '-거들랑'에서 '드'가 없는 '-걸랑'도 같은 의미의 씨끝인데, 이 역시 서남방언 일부에서 쓰인다. 씨끝 '-걸랑'과 '-거들랑'은 이 지역에 '-으란'이 한때 조사로서 존재하였음을 증명해 주는 간접적인 증거이다. '-걸랑', '-거들랑'의 자세한 용법에 대해서는 5.5 ⑥ 참조.

(251)

가. 가서 그 낫 있걸랑 가져오쇼.(군산 구비)

나. 당신님이 포도대장 되걸랑은 날 살려 주겠냐 안 살려 주겠냐?(화순 구비)

다. 오늘날 친구분네 데꼬왔거들랑(=데리고 왔거든) 많이 많이 자시고,(신안 구비)

라. 내일이 잔칫날이다 싶거들랑 그 이튿날 저녁에 내가 올 테니까 저 궤짝 안에 나를 집어 여어라(=넣어라).(승주 구비)

마. 내가 오늘 저녁에 가거들랑 당신 이 재산 갖고 내 집에서 살으시요.(해

남 구비)

바. 물러나라고. 내가 이 짐승을 건져 놓거들랑 어떻게 죽이든지 어떻게든
   지 어서 물르라(=물러나라)고.(전주 구비)

사. 마지막인디 만약에 내가 안 돌아오거들랑 과거에 떨어지면 한강에 투
   신자살을 해 버릴 테니까,(부안 구비)

아. 내 말이 믿기지 않거들랑 한밤중으 묘 위에 가서 반듯이 드러누워서
   입을 벌리고 있으먼은 입이로 물이 세 방울쓱 천상 은하수가 떨어질
   것이닝게,(정읍 구비)

4.5 문장 뒤 조사

조사는 문장 뒤에 오기도 한다. 허웅(1995:1489-1508)에서는 문장 뒤에 올 수 있는 조사를 '특수토'라 부르고, '요, 그려, 그래, 마는, 고, 라고, 시피' 등을 들었다. 그러나 이 가운데 '그래'와 '시피'는 조사로 보기에는 어려움이 있다. 우선 '그래'에 대한 허웅(1995)의 예를 검토하기로 하자.

(252)

가. 그럼 규모가 있는 사람이군그래.

나. 추울 텐데 들어가서 덧옷이나 양말을 신고 나오지그래.

(252)에서 (가)와 (나)의 '그래'는 그 쓰임새가 각각 다르다. (가)의 '그래'는 선행 문장에 대한 강조를 나타내면서 '그려'로 바꿔 쓸 수 있지만, (나)는 완곡한 권유를 나타내며 '그려'로 바꿀 수 없다. 또한 권유를 나타낼 때는 '그래' 외에 '그러니', '그랬어'처럼 동사의 의문형이 가능한데, 그렇다면 (나)의 '그래'는 동사로서 반말의 의문형으로 해석할 수 있다. 따라서 (252가)의 '그래'는 '그려'의 변이형으로서의 조사, (252나)의 '그래'는 '그리하-'의 활용형으로서의 동사로 보는 것이 합리적이다.

'시피'는 (253)에서 보듯이 동사의 원형 뒤에 붙는다. 그러나 우리말에서 조사가 문장 뒤에 결합될 때는 동사의 원형이 아닌 활용형에 붙는 것이 원칙이니, '시피'를 조사로 인정한다면 매우 이례적인 출현 환경을 갖는 셈이다. 따라서 '시피'를 조사로 다루지 않고 '-다시피'를 이음씨끝으로 처리하는 것이 더 합리적이라 하겠다.[45]

---

45 『표준국어대사전』에서도 '-다시피'를 이음씨끝으로 처리하였다.

(253)

가. 너도 아다시피…

나. 그는 나 앞으로 뛰다시피 걸어갔다.

문장 뒤 조사에는 문장을 끝맺는 조사와 연결하는 조사의 두 종류가 있다. '마는', '고', '라고' 등은 문장을 끝맺지 못하고 후행 문장에 연결하는 조사이다. 반면 '그려'나 '요' 등은 문장을 끝맺는다. 우리말에서 문장의 끝을 맺는 마침씨끝은 상대높임과 문장 종류(서법)를 나타내는 두 가지 기능을 한다. 그런데 문장을 끝맺는 조사는 문장의 종류에 영향을 미치지는 못한다. 선행 문장의 서법을 그대로 유지할 뿐이다. 따라서 문장 뒤 조사가 할 수 있는 것은 선행 문장의 상대높임에 영향을 미치거나 아니면 일정한 담화화용적 의미를 더하는 것이다. 선행 문장의 상대높임 위계에 영향을 미치는 경우는 반말 문장에 제한된다. 반말이 아닌 경우 상대높임 위계는 조사보다 마침씨끝이 우선적으로 결정한다. 문장 뒤 조사에 대한 이러한 일반론을 바탕으로 서남 방언에서 쓰이는 다양한 문장 뒤 조사를 검토하기로 하자.

① 그려/그랴

표준어에서 조사 '그려'는 예사낮춤·예사높임·아주높임 등의 문장에 결합하며, 이때 선행 문장은 의문법을 제외한 서술법·명령법·청유법 등이 올 수 있다. 또한 '그려'는 들을이가 없는 혼잣말에는 결합되지 않는다. 그래서 (254가)의 '보통 사이가 아니었네'가 혼잣말로 한 말이라면 여기에 '그려'가 덧붙을 수 없는 것이다. 그렇다면 '그려'는 상대에게 자신의 의사를 완곡하게 표현하기 위해 덧붙이는 말이라 할 수 있다. 『표준국어대사전』에서는 '그려'가 선행 문장의 내용을 강조한다고 하였으나, 강조보다는 오히려 완곡함을 나타내는 표현으로 보인다.

(254)

가. 보통 사이가 아니었네그려.

나. 가 봅시다그려.

다. 천천히 가오그려.

라. ˚벌써 가나그려?

　서남방언에서도 '그려'는 나이든 사람들의 말에서 쓰이는데, 표준어와 마찬가지로 아주높임·예사높임·예사낮춤의 위계에 붙는다. 그 밖에 아주낮춤의 '-구나'와 반말의 '-어' 뒤에도 붙는 예가 구비문학 자료인 (255사)-(255자)에서 확인된다.[46]

(255)

가. 그 집에 도적이 들었습니다그려.(함평 구비)

나. 흑인종이세, 황인종이시, 백인종이시 모도 그럽디다그려.(함평 구비)

다. 방망이를 들고 쫓아 나오요그려.(함평 구비)

라. 기양 쌈헌(=싸움하는) 통에 옷을 놔 불었소그려.(함평 구비)

마. 그 낫 돔박(=도막)을 가지고 와서 이렇게 딱 대 봉게 여갑부절일세그려.(군산 구비)

바. 그러고 집안이 옛날부터 대패 멕인 유물 그것이 구신이 붙었다네그려.(군산 구비)

사. 니가 짐작을 허겄구나그려.(함평 구비)

아. 그래서 적반하장이 되어가지고 관가로 끌려갔어그려.(부안 구비)

자. 어찌 분이 나던지 기양 전나무에 목을 달아서 죽어버렸어그려.(함평

---

46 경우에 따라 '그려'가 조사가 아닌 동사로 쓰일 때가 있다. 이때의 '그려'는 '그러네'로 바꾸어 쓸 수 있다. (예) 둘이 한 잔썩 먹을 놈은 가지고 있구만 그려.(장성 구비)/나는 못 허겠구만 그려. 길력 없어 못 해.(장성 구비)

594

구비)

　서남방언에서는 '그려' 외에 (256)처럼 '그랴'도 쓰인다. '그랴'의 출현 환경
도 '그려'와 같이 아주높임 · 예사높임 · 예사낮춤의 위계이다. 구비문학 자료
에서는 (256타)처럼 반말의 '-거든' 뒤에 붙는 예가 확인된다. '그랴'가 확인되
는 곳은 함평 · 보성 · 해남 · 신안 · 화순 등 전남의 대부분의 지역을 차지한다.
만약 '그랴'가 '그리허-'의 활용형이라면 '-대'의 방언형인 '-댜(또는 '-디야)의 출
현 지역과 겹칠 것으로 기대된다. 그런데 구비문학 자료를 검토한 결과 '-댜'
는 전남의 화순 · 장성에서 소수 예가 보이기는 하나 이 지역에서는 '-댜'보다
'-다여'가 다수형을 차지한다. 그렇다면 '그랴'와 '-댜'의 출현 지역은 일치하
지 않는 셈이다. 그뿐만 아니라 (256)의 '그랴'는 '그러네'로 바꾸어 쓸 수 없
다. 따라서 여기서는 '그랴'를 '그리허-'의 활용형으로 해석하지 않고 조사 '그
려'의 방언형으로 간주한다.

(256)

　가. 들어가자마자 눈을 함봉을 양짝 눈 다 해 버렸습니다그랴.(함평 구비)

　나. 그 집에 노적거리에서 환히 빛이 납니다그랴.(보성 구비)

　다. 어이 자시고 담배값만 내써요그랴.(함평 구비)

　라. 이런 답답헐 일이 없소그랴.(함평 구비)

　마. 허어, 그러면 이 무덤에 풀이 죽으면 개가해 가겄소그랴.(함평 구비)

　바. 무단시(=괜히) 와서 술 포는 사람을 발질로 들에(=들입다) 차고 저 야
　　　단이요그랴.(함평 구비)

　사. 막 인자 막 사람들을 그냥 막 종들을 동원해갖고 막 쫓아오요그랴.(해
　　　남 구비)

　아. 안 죽을랑께 쭈끄럼(=미끄럼) 타고 낼오네그랴.(함평 구비)

　자. 자네 그 과혼 여울 딸이 있네그랴.(함평 구비)

차. 자네가 참말로 진짜로 장개갈 줄을 모르는 사람이세그랴.(신안 구비)

카. 자네 집이서 삼 년이나 공으로 놈의집살아 준다고 써 주소그랴.(함평 구비)

타. 그렇께 영사기 갖고 간 놈을 대낮에 거기다 차려 놓고는, 참 사진을 요 렇게 요렇게 놀리거든그랴, 강호자가 봉께.(화순 구비)

② 야₁

문장 뒤 조사가 높임의 기능을 적극적으로 수행하는 경우는 선행 문장이 반말의 위계를 가질 때이다. 반말 씨끝은 높이지 않는 위계를 나타내지만, 여기에 특정의 조사가 결합하면 아주낮춤이나 두루높임 등의 위계로 변화 한다. 조사의 결합에 따라 위계의 변화가 발생하므로 결합된 조사가 상대높 임의 특정한 위계를 나타내는 것으로 해석해야 한다. 서남방언에서 이처럼 상대높임의 위계 변화에 적극적인 기능을 행사하는 조사로 '야'와 '이라우'가 있다.

서남방언에서 조사 '야'는 모음 뒤에서는 '야', 자음 뒤에서는 '아'나 '이야' 로의 수의적인 변동을 보인다.[47] 아마도 조사 '야'는 기원적으로 '아'였으며 모음 뒤에서는 반모음 / ㅣ /가 개재되어 '야'로 변동하였을 것이다. 따라서 '야'의 변동형은 원래 '아'와 '야'였던 셈이다. 나중에 모음 뒤의 '야'를 기반으 로 매개모음 / ㅣ /가 개재되어 '이야'가 생김으로써 '야/이야'라는 단순한 변동 으로 변해 갔던 것으로 보인다. 다만 그 변화가 완결되지 않아 현재는 자음 뒤에서 '아'와 '이야'의 두 가지 변동형이 공존하고 있다. 서남방언에서 씨끝 '-요/소'가 '-요/으요'로 바뀌는 과정에서도 비슷한 변화를 확인할 수 있다.

---

47 '이야'는 때로 '이'가 생략되고 여기에 / ㄴ /이 첨가되어 '냐'로도 나타나기도 한다. (예) 책 야?([채갸] 또는 [챙냐])

(257)

가. 강아지야?

나. 책아?/책이야?

조사 '야'는 반말·아주낮춤·예사낮춤의 문장 뒤에 결합될 수 있다. 반말에 결합되는 경우, 문장 끝만 아니라 문장 중간에도 나타날 수 있다. '야'는 문중과 문말의 위치에 따라 그 기능이 다르다. 우선 문장 끝에서는 상대높임과 화용적 차원의 두 가지 기능을 갖는다. 첫째, '야'가 반말 문장 뒤에 올 때는 상대높임의 위계를 아주낮춤으로 확정시키는 기능을 한다(이기갑 2003:183-185, 583-585). 예를 들어 반말 문장 뒤에 결합되어 반말을 아주낮춤의 위계로 바꾸는 기능을 한다는 뜻이다. 그러나 '야'는 반말뿐만 아니라 이미 확정된 위계인 아주낮춤이나 예사낮춤의 문장 뒤에도 올 수 있는데, 그런 경우에 아주낮춤의 위계 표현 기능은 적극적으로 실현되지 않는다.

둘째, '야'는 문장의 종류에 따라 여러 가지 화용적 기능을 행한다. 서술문에서는 자신의 발화 내용에 대한 강조나 다짐을 나타낸다. 여기서 '다짐'은 말할이의 발화 내용을 의심하는 상대에게 자신의 말을 되풀이하여 강조하는 행위를 의미한다. (258)은 반말의 씨끝 '-어'에 '야'가 결합된 예를 보여 주는데, (가)-(카)는 강조, (타)-(파)는 다짐의 예이다.

(258)

가. 나는 눈 못 본다고 내 것은 쪼깐 주고, 니 자식들이 베락(=벼락) 맞어
   야.(함평 구비)

나. 병을 낫어 도라고 허든 게입디다. "낫우는 약이 있어야. 오늘 지녁에
   나 시기는 대로만 카마이 있거라. 약은 해서 낫는다."(함평 구비)

다. 싯째 놈 망둥이(=막내)란 놈이, "아부지 내가 한번 자고 와 볼라." 그렁
   께, "니가 가도 그건 안 되아야. 쓰잘데기 없는 소리다. 안 된다."(신안

구비)

라. "아부지, 새내끼(=새끼) 세 발 있으면 어찌게 사요?" 그렇께, "옛날에 속
담에 이야기가 새내끼 세 발만 있으면 산다고 말이 <u>있었어야.</u>" 그라거
든.(신안 구비)

마. 또깨비들이 회의를 해. "아이, 오늘 나 별일을 봤다." "어째야?" "아, 즈
그(=저희)가 둘이 결의형제라 허드라마는 아, 김동이, 박동이를 갖다
묶어 놓고는 황해(=황아) 짐을 뺏아갖고 <u>가 불었어야.</u>"(신안 구비)

바. 그러자 즈기 아줌(=아주머니)이 뭘 나간 뒤에 문을 닫고는 "아이, 방에
쥐 한 마리 <u>들왔어야.</u>"(화순 구비)

사. "니가 인간세계에서 못된 짓을 <u>했어야.</u> 잘 살어라. 살어." 허고 딱 끌러
줬다.(화순 구비)

아. "아부지 돈을 축내지 아니하고 할 것이니 백 석아치만(=어치만) 주시
요." "너무 그럴 것 <u>없어야.</u> 나도 아, 내 유지를 해 가야 할 것인디 그 다
주면 어쩌 것이냐?"(해남 구비)

자. 그렁게 제미쌀(=젯메쌀)이 어디가 있습니까?" "<u>안 했어야.</u> 우리는 몰라
서 안 했다."(해남 구비)

차. "뭣을 보고 픽 웃소?" "저놈의 굴보고 웃는다." "저놈의 굴보고 어째야?"
긍께, "굴에서 내 이러이러한 한 번 지내다가 이런 일을 지낸 적이 <u>있어
야.</u>" 그러거든.(신안 구비)

카. "이 야(=애)가 깐딱하면 죽겠다. 고름을 빼야 씨겄다." "삼춘이 그거 아
요?" 그랑께, "그래 고름 잘 빼지야, 내가. 너 고름 차면 <u>죽어야.</u> 너 고름
빼라." "그라먼 빼 주시요."(신안 구비)

타. "놈(=남)이 있어서 말하겠냐?" "놈이란 누가 있소? 엄매하고 우리 성제
배께 더 있소?" 그랑께, "어매랑 여자랑 <u>놈이어야.</u>"(해남 구비)

파. "여기 입 있다." "아이, 입이 없는데." 자꾸 해 싸니까, "아 임마, 여기 입
<u>있어야.</u>"(신안 구비)

'야'가 반말 씨끝 '-어'에 결합하여 의문을 나타낼 때, 상대의 발화를 일부 또는 전부를 되받아 되묻는 경우에 쓰인다. 이전에 행한 상대방의 발화를 되물음으로써 그 발화 내용을 다시 확인하거나 부정하는 것이다. 이러한 되물음은 메아리 물음(echo question)의 일종이다. 서술문의 '야'가 '다짐'을 나타낼 때 상대의 발화를 부정하였는데, 의문문에서도 상대의 발화 내용을 의심하거나 부정할 때 '야'가 쓰인다. (259)의 (가)-(나)는 상대의 발화를 확인하는 경우이다. (다)는 상대의 발화 내용을 아예 부정하는 경우이다. (라)와 (마)도 상대의 발화에 대한 의문을 제기함으로써 결과적으로 상대의 발화 내용을 부정하고 있다. (바)는 상대의 발화를 부정하지 않고 인정하면서 그 방법을 묻는 경우이다. 다만 여기서도 상대방의 발화 일부를 되묻고 있음은 마찬가지다. 이처럼 '야'가 의문문에 쓰이면 상대방의 발화를 되받아 물음으로써 그 발화를 확인하거나 부정한다. '야'의 이러한 기능은 두루높임의 조사 '이라우'에서도 동일하게 나타난다.

(259)

가. 어째서 안 파고 왔냐고 여자가 말항께, 다 팠다고. "아, 그새(=벌써) 다 팠어야?" 그렁께, "아, 다 팠다."(신안 구비)

나. "나 아무 데 가서, 이만저만한 데 가서 머시기항께 대테(=나무통을 매는, 대로 만든 테)를 매서 안 죽고 오기 다행이요." 하고 시님(=스님)한테 말하니까 시님이 도승이든가, "그런 디가 있어야? 그럼 내가 한번 가 봐야 쓰겄다." 그랑께,(해남 구비)

다. 사랑으로 인자 왔어. 와서, "나는 호랭이 잡았다!" "아니, 니까짓 놈이 무슨 호랑이를 잡아야?"(화순 구비)

라. "문 못 열겄다." "어째서 문을 못 열어야?" 그렁께,(함평 구비)

마. 이무기가 딱 나서는 …… "내가 인자는 너를 잡어묵어야 안 쓰겄냐?" 그랑께, "잡어묵어라." 그라고 서거덩. 그랑께 각시가 인자 뒤를 따라

서는 딱 가서는, "못 잡어묵은다. 이건 내 사람이여. 이건 내 사람인디 어째 니가 <u>잡어묵어야</u>? 못 잡어묵은다."(신안 구비)

바. "예, 그랍니까? 그라면 살라면 내 말 한 자리 꼭 들어 주시요." "어떻굼 <u>들어야</u>?"(해남 구비)

'야'와 '이라우'의 이러한 성격은 반말 씨끝 '-어'에 의한 명령문이나 청유문에서도 확인된다.

(260) 여그 앙거야!/앙거라우!(=여기 앉아!/앉으세요!)

(260)에서 말할이는 이전에 이미 상대에게 앉으라는 말을 한 적이 있었으나 상대가 반응하지 않자 다시 앉을 것을 재촉하고 있다. 이러한 일련의 사태 진전 과정은 서술문의 '다짐'과 성격이 같은 것이다. '다짐'과 '재촉'의 예를 비교해 보자. 여기서 A, B는 발화자를 가리킨다.

다짐: (A) 여기 입 있다. → (B) 아이, 입이 없는데. → (A) 아 임마, 여기 입 있어야.

재촉: (A) 앙거라! → (B) (앉는 행위 없음) → (A) 앙거야!

위의 비교에서 보듯이 '다짐'에서는 A의 발화에 대해 B의 부정적 발화가 이어지고 여기에 A가 자신의 발화를 다시 되풀이하면서 조사 '야'를 사용하였다. '재촉'에서는 B가 A의 발화를 말로 부정하는 대신 행동으로 부정하는 차이가 있을 뿐 담화의 전개 과정은 동일하다. 물론 상황에 따라 B는 말로 부정할 수도 있을 것이나, A가 자신의 발화를 반복할 때 조사 '야'나 '이라우'가 덧붙는 것은 마찬가지다. 그래서 엄격히 말하면 서남방언의 '앙거야', '앙거라우'는 표준어의 '앉아', '앉아요'와 완전히 같은 것은 아니다. '야'와 '이라우'는

상대의 발화나 행동을 부정함을 전제한다는 점에서 그러한 전제를 필수적
으로 요구하지 않는 '-어'나 '요'와 다르기 때문이다. 이러한 전제는 서술문의
'다짐'과 의문문의 '확인'이나 '부정', 명령문과 청유문의 '재촉'과 같은 화용적
인 의미 해석을 낳게 하였다.

'야'는 반말 씨끝 '-구만', '-그등(=-거든)', '-으까'나 예사높임의 '-은가' 등에는
결합될 수 없어 이들과 결합이 가능한 '이라우'와 차이를 보인다.

(261)

가. *비가 오구만야.(*오거든야./*오까야?/*왔는가야?)

나. 비가 오구만이라우.(오그등이라우./오끄라우?/왔는그라우?)

'야'는 아주낮춤의 위계에도 나타날 수 있다.[48] 그러나 이때 '야'의 아주낮
춤 확정 기능은 두드러지게 드러나지 않는다. 이미 마침씨끝에 의해 아주낮
춤의 위계가 표현되어 있으므로 '야'의 위계 표시 기능은 군더더기일 뿐이다.
따라서 이 경우 '야'는 오직 담화화용적 기능만을 수행한다. '야'가 문장 종류
에 따라 서술문에서는 강조, 명령문과 청유문에서는 행동의 촉구를 나타내
는 점은 앞에서 설명한 바와 같다.

(262)

가. 참 좋다야.

나. *밥 묵었냐야?

---

[48] '야'가 해라체의 맺음씨끝에 결합하는 것은 '요'가 합쇼체에 결합하는 것과 같은 양상이다.
서남방언에서도 '요'가 마침법의 맺음씨끝에 결합한 예가 확인된다. 그러나 '요'와 같은 상
대높임의 위계를 나타내는 '이라우'는 마침법의 맺음씨끝 뒤에 결합될 수 없다. (예) 그문
(=그러면) 뒤에 가서 이렇고 방 잇이면은 이 방 회골이라고 해갖고 이렇고 팝니다요. 빵
돌레 파, 욱에를.(곡성)

다. ˚밥 묵었드냐야?

라. 지 혼차 밥 묵디야(=저 혼자 밥 먹더냐)?

마. 밥 묵어라야.

바. 빨리 가자야.

(262)에서 보듯이 '야'는 의문문의 '-냐'에는 결합되지 못하나 회상시제 형태소가 포함된 '-디'에는 결합될 수 있다. '-디'는 표준어의 '-더냐'에 대응하는 방언형이다. '-더냐'는 서남방언에서 '-드냐'와 '-디'로 쓰인다. 그런데 기능이 같더라도 '-드냐'에는 '야'의 결합이 불가능하지만 '-디'에는 가능하다. 따라서 아주낮춤의 의문문에서 '야'의 결합 여부는 순전히 '-냐'와 '-디'의 씨끝 차이에 따른 것일 뿐, 회상시제나 의문문의 기능과는 무관한 것임을 알 수 있다.

 '-디'에 '야'가 결합한 '-디야'는 '-디'의 의미를 강조할 뿐 그 이상의 의미 차이를 드러내지 않는데, (263)의 '-디야'를 '-디'로 바꿔도 별다른 의미 차이가 없다는 사실에서 이를 확인할 수 있다.

(263)

가. "아이, 가면서 뭘 말 없디야?" 그러니께,(장성 구비)

나. 니 이편네(=여편네) 술장사는 그렇게 보기 싫디야?(함평 구비)

다. "누가 잡어 주디야?" 그렁게,(함평 구비)

라. 뭔 말 묻디야?(부안 구비)

마. 내가 멋이라고 허디야?(함평 구비)

바. 내가 뭐라고디야(=뭐라고 하더냐)?(군산 구비)

사. 느그덜 이렇게 곤란허단 소리를 듣고 내가 기양 말겄디야?(함평 구비)

아. "이태간(=여태까지) 객지 대임시롬(=다니면서) 배운 것이 그것배끼 못 배웠디야?" 그러항께,(고흥 구비)

(264)는 '-디'에 안맺음씨끝 '-을라-'가 결합된 '-을라디'에 '야'가 덧붙은 경우이다.[49] '을라디야'가 인용문에 쓰일 때에는 주로 말할이의 생각을 나타낸다. (264)의 '-을라디야'는 모두 수사적인 의문문을 형성하는데, '-을라디야' 대신 '-을라디'로 대체해도 수사의문문은 그대로 유지된다. 그래서 (264)의 '-을라디야와 '-을라디'는 혼용이 가능한데, 다만 (264타)는 '허고'가 '고'로 줄어든 관계로 이 경우는 '-을라디'로의 대체가 불가능하다. "-을라디고'는 비문법적인 표현이기 때문이다.

(264)

가. 그것이 멋 알라디야?(함평 구비)

나. 저놈이 땅께 '에끼, 나는 어쩔라디야?' 허고 이놈도 따고 그러고 가는 디,(함평 구비)

다. 어떤 풍수가 잡었는가는 몰라도 엎어 묻을라고 헐 이 있을라디야?(함평 구비)

라. 내일 모레 결혼헐 새이니까 어짜설라디야 싶어서,(고흥 구비)

마. 나는 만날 먹었다고 허서 '느(=너희) 놈으 새끼한티 걸릴라디야?' 허고 느즈막 어디 앉어서 먹다가,(고흥 구비)

바. '니가 땅나구(=당나귀) 거시기 그게 비틀비틀헌 놈의 것이 떨라디야?' 허고,(장성 구비)

사. '점잖은 저런 사람이 딴 맘이사 먹을라디야?' 그리고,(승주 구비)

아. '뭔 관계 있을라디야?' 그리고는 도로 내려왔어.(승주 구비)

자. 니 같은 것이 어찌게 깔라디야?(해남 구비)

차. 정승네 집안이고 나도 정승의 아들인디 차마 내가 가면 지가 박대를

---

49 '-을라디야' 대신 '-을라딩이야'가 쓰이는 수가 있다. (예) '에이. 애기 둘 낳는디, 머시마들만 둘 낳는디, 어쨌을라딩이야. 지가 가기사 할랑딩이야.' 하고 그리고 옷을 줬어.(해남 구비)

헐랄디야?(화순 구비)

카. '여그서는 그 이름이 없응게 제주까지 알을라디야?' 허고 갔는디 거기
　가서두 마찬가지네.(장성 구비)

타. 논 한 삼십 도랑 주먼 자기가 말 듣지 안 들라디야고.(고흥 구비)

　(265)의 '-디야'는 (264)와 달리 '-더냐'가 아닌 '-대'의 방언형이므로 전혀 그
성격이 다르다. 따라서 '-디야'의 '야'는 조사가 아니다.

(265)

가. 여기가 울음 바탕인 줄 알고 울었디야.(장성 구비)

나. 일생을 벼슬허고 일생 잘 살었디야.(장성 구비)

다. 그래 자식 샘 형제가 사우 하나 못 허고 사우가 평양감사를 지내 먹고,
　파직시킨다고 샘 형제 쫓아댕겨야 못 허고 말었디야.(고흥 구비)

라. 내가 둘렀디야(=속았다니), 어쨌디야? 이놈의 독멩이(=독사) 어디 가
　붓디야? 아무리 속에 들어갔드라도 독 새이로 해서 뻔뻔헝게 색깔이
　금빛이 비(=보일) 것인디 어디 갔디야고.(함평 구비)

마. 아, 그 자식이 뭐라곤디야(=뭐라고 한대)?(승주 구비)

바. 죽어서나 잘되면 뭣 헌디야?(군산 구비)

사. "어머니, 어떻게 헌디야, 없어서?" 긍게,(군산 구비)

　(266)의 '-디야'는 언제나 '-읍디야'의 결합체로만 쓰이는 씨끝으로서 아주
높임의 위계에 속하는 회상의 의문형이다. 서남방언에는 '-읍디야' 외에 '-읍
디여', '-읍딩겨', '-읍디껴' 등의 다양한 형태가 쓰이고 있다. 따라서 '-읍디야'
의 '디야'는 조사 '야'와는 전혀 무관한 형태이다.

(266) 아, 그라믄 조선에 왕서근이를 누가 왕이라 그랍디야?(고흥 구비)

604

서남방언에서 조사 '야'는 (267)에서 보듯이 반말을 간접인용으로 바꿀 때 덧붙는 것이 특징이다. 이는 '야'가 상대높임의 위계를 반말에서 아주낮춤으로 바꾸는 기능을 갖기 때문이다. 반말의 간접인용에 대한 보다 자세한 기술은 11.4.1.4 참조.

(267)

가. 한 마지기에 쌀 한 가마이 받고 주먼 뭣 해야고(=하느냐고) 긍개,(임실)

나. 만날 날이 언지 있지야고(=있을 것이라고) 그러고 내리왔어.(정읍 구비)

다. 내가 말을 들응개 상처(喪妻)로 참 많이 고생헌담서야고. 내가 지금 현재 가진 것이 별로 없이니 우선 이놈 가지고서 쌀 말이나 팔어먹어라고 허면서 돈을 참 쪼금 준다 그 말요.(군산 구비)

라. 그르믄 사람마다 시집을 어쩌서 가간디야고. 못 먹고살고 그렁게로 서방님한테 벌어 도락 허서 먹고살라고 시집을 간디, 우리 서방님을 잡아잡수면 나는 누가 벌어 멕이거나고.(정읍 구비)

마. 아, 그릏게 허고말고야고 말여.(정읍 구비)

조사 '야'는 반말, 아주낮춤 외에 예사낮춤의 위계에도 결합될 수 있다. 다만 아주낮춤의 경우와 마찬가지로 의문문에는 결합되지 않는다. '야'가 예사낮춤의 문장 뒤에서는 예사낮춤과 아주낮춤의 위계가 충돌하기 때문에 자신의 고유한 위계를 나타낼 수 없게 된다. 따라서 이 경우는 오직 화용적 기능만을 갖는다. 이때 실현된 화용적 기능은 서술문에서 강조, 명령문이나 청유문에서 재촉 등 넓은 의미의 '강조'에 포함될 만한 것들이다.

(268)

가. 참 좋네야.

나. *밥 묵었는가야?

다. *밥 묵었던가야?

라. 밥 묵소야.

마. 빨리 가세야.

'야'는 예사높임이나 아주높임의 위계에는 결합되지 않는다. 본질적으로 낮춤의 뜻을 갖는 '야'가 높임의 위계 표현에 쓰일 수 없음은 당연하다. 위계상의 충돌이 일어나기 때문이다. 다만 (269)처럼 예사높임에 결합할 수 있는 것처럼 보이지만, 이때의 '야'는 높임을 나타내는 것으로서 낮춤의 '야'와는 다른 것이다. 우리는 이 둘을 구별하여 낮춤의 '야'는 '야₁', 높임의 '야'는 '야₂'로 표기하고자 한다. 이 '야₂'는 높임의 응답어 '야'에서 조사화 된 것이다(김용배 2002:74/이기갑 2018:94-95).[50] '야₁'과 '야₂'의 차이는 반말 문장에서 극명하게 드러난다. '야₁'은 반말에 결합되지만 '야₂'는 반말 문장 뒤에 올 수 없다.

(269)

가. 집이가(=댁이) 질 잘허요야₂.

나. *집이 혼자 가요야₂?

다. ?지 혼차 헐랍디여야₂?

라. 언능 허씨요야₂.

마. 나랑 같이 갑시다야₂.

'야₁'이 반말 표현 뒤에 결합할 때, 문장 내의 각 어절 뒤에 올 수 있어 표준

---

50 김용배(2002:74)에서는 높임의 위계에 결합되는 '야₂'를 낮춤의 '야₁'와 다른 것으로 보고 이 '야₂'가 높임의 응답어 '야'에서 왔을 가능성을 제기하였다. 다만 가능성의 제기에 그치고 이를 논증하지 않은 점은 아쉽다고 하겠다. 이기갑(2018)에서는 응답어 '응'에서 조사 '이'로 문법화 된 사실, 그리고 응답어 '예'가 조사 '예'로 문법화 된 사실 등에 근거하여 '예'와 상대높임의 위계가 동일한 응답어 '야' 역시 조사 '야'로 문법화 된다고 주장한 바 있다.

어 '요'와 동일한 분포를 보인다. 문중의 어절 뒤에 올 수 있는 표현은 '야'뿐만 아니다. 서남방언에는 '야' 외에 '이라우', '말이다', '이' 등이 이 자리에 올 수 있다.

(270) 내가x 어지께x 시내에서x 느그 친구를 만났는디x 옛날보담 많이 야 왔드라x.

위의 예에서 x로 표시된 자리에 '야', '이라우', '말이다', '이' 등이 출현하면, 말할이는 자신의 발화를 끊으면서 호흡을 고르거나 상대방의 반응을 확인하는 등의 담화적 기능을 수행하게 된다. 그러므로 문중의 반말 표현에 동일한 조사가 반복되어 결합하는 경우는 그 조사 고유의 의미보다는 담화적 기능을 우선적으로 수행한다고 해석해야 한다. 조사의 종류에 무관하게 결합되는 위치가 곧 담화적 기능을 수행하기 때문이다(이정민/박성현 1991). 다만 상대높임의 위계에 따라 아주낮춤이면 '야', 높임이면 '이라우'가 선택되고, '말이-'는 상대높임의 위계에 따라 '말이다, 말이여, 말이네, 말이요, 말입니다' 등으로 활용할 수 있으므로 위계에 제약을 받지 않는다. 조사 '이'는 그 출현환경이 상대높임의 위계에 무관하다는 점에서 '말이-'와 같다. 아주낮춤의 경우 '야'과 '이', 높임에서는 '이라우'와 '이'가 계열적 관계를 맺을 수 있다. 다만 '야'이나 '이라우'의 상대높임 위계가 분명한 반면 '이'는 모든 위계에 두루 쓰일 수 있어 '야', '이라우'보다는 모호한 위계와 부드러운 정감 등을 나타내는 차이가 있다.

③ 요

서남방언은 표준어와 마찬가지로 조사 '요'가 반말이나 예사낮춤의 씨끝 뒤에 붙는다. 그 밖에 높임의 위계에 속하는 '-습니다', '-습디다', '-습니까, -읍시다' 등에 결합되는 예가 구비문학 자료와 완도 지역어에서 확인된다.[51] 높임의 씨끝 뒤에 다시 높임의 조사 '요'가 결합되면 높임의 정도가 더해지는 효과를 가져온다. 다만 높임의 씨끝 뒤에 '요'가 결합되는 예가 소수라는 점은 이러한 쓰임이 일반적이 아님을 말해 준다. 이에 반해 전남 완도 지역에서는 이러한 '요'의 쓰임이 지역에 널리 퍼져 있어 지역어의 특징으로 볼 만하다고 하겠다.[52]

(271)

가. 인자 그러면 그 망주보고 물어서 찾으면 찾겠습니다요.(화순 구비)

나. 여그 다 압니다요.(함평 구비)

다. 내가 잘못이 아니라 이것이 뺨을 한 대 때리고 밀어 버렸더니 그냥 떨어져 버리니 대번 죽어 버렸습니다요. 어떻게 헐까요?(장성 구비)

라. 아부지가 하란 거 다 끝냈습니다요.(완도)

마. 거그다 지어 놓고서 이놈이 또 막 돌아댕겨. 돌아댕기더니 뭐라고 허는고니, "거그다 능을 모신다더니 이번이 서울 가서 봤더니 인자 딴 디로 능을 모신다고 헙니다요." 그려.(군산 구비)

바. "잘못했습니다요. 다시는 그런 것 안 허겠습니다." 허고 그냥 손이 그냥 발이 되도록 그양 물팍 막 꿇고 막 빌더래요.(정읍 구비)

사. 하나라도 팔아갖고 남는 것이 없습디다요. 그런데 돈 이백 냥을 다 까먹어 버렸으니 어쩔 것요?(장성 구비)

아. 홀롱개(=올가미)를 맨들어가지고 고놈을 갖다가 논에다 쭉허이 놔. 어디 저 두럭에다 놨던가입디다요.(함평 구비)

자. 그런디 그렇게 사람을 거두면 입이로 공을 갚는다고 헙디다요.(정읍

---

51 높임의 명령 씨끝 '-으씨요' 뒤에는 '요'가 결합되지 않는다. 같은 형태의 '요'가 반복되는 것을 피하기 위함일 것이다.

52 완도 지역어의 예는 조미라 선생으로부터 제보 받은 것이다.

구비)

차. 이 고기를 워째서 사 왔습니까? 가난헌디 돈이 어디서 나서 사 왔습니까요?(화순 구비)

카. "죽을 줄을 알으믄 살릴 중은 몰릅니까요? 살릴 지는 모릅니까?" 그러거든.(군산 구비)

타. 멘(面)에 가서 일 본다드만 어째 잘 보셨습니까요?(완도)

파. 아, 매양(=매형) 가십시다요. 누님이 오시래요.(군산 구비)

하. 아버님, 이러고저러고혀서 돈을 암만만 씨면 아버님 풀려나오실 팅게 이렇게 헙시다요.(정읍 구비)

서남방언에서 '요'는 후술할 '이라우'와 상대높임의 위계가 같다. 그런데 '이라우'는 서남방언의 토착성이 강하게 느껴지지만 '요'는 토착성이 덜하며 반면 점잖은 맛은 더하다. 그래서 '요'를 표준어로부터의 유입된 형으로 해석하는 것이 보통이다. 다만 ④의 '이라우' 항에서 기술할 것이지만, '요'와 '이라우'는 몇 가지의 씨끝에서 결합상의 차이를 보여 준다. 그렇다면 '요'와 '이라우'는 완전히 대체 가능한 문법 형태는 아닌 것이다.

④ 이라우

표준어의 두루높임 조사 '요'에 대응하는 서남방언의 조사로 '이라우'가 있다. 이 '이라우'는 모음 뒤에서 '라우'로 변동한다. 때로 '이라우'의 끝 모음 /ㅜ/가 약화되어 '이라'로 쓰이기도 하는데 전남의 남부 해안 지방에서 확인된다.[53] 고광모(2004)에서는 '이라우'의 '라우'가 음성적으로 하강 이중모음 [aw]라고 한 바 있다. '이라우'는 반말 뒤에 붙는 것이 일반적인데, (272)에는 반말

---

53 진도 출신 가수 송가인의 인사말 '송가인이여라'에서도 이를 확인할 수 있다.

의 씨끝 '-어, -지, -는디, -거든, -구만, -을까'와 명사, 부사 등 반말 표현에 붙는 예가 제시되었다. '-을까'는 서남방언에서 흔히 '-으까'로 쓰이는데, '이라우' 앞에서는 (차)-(타)처럼 '-으께'나 '-으끄'로 변동하는 것이 보통이다. (ㅏ), (ㅑ)는 되묻는 데 '이라우'가 쓰인 경우이다. 앞에서 조사 '야'가 의문문에서 되물음에 쓰인다는 점을 밝힌 바 있는데, '이라우'도 마찬가지다.

(272)

가. 아, 차말이여라우. 아부이, 거기만 내려가 보이씨요.(함평 구비)

나. "이번에 마지막 여운담시러야?" "마지막이여라우."(함평 구비)

다. 예, 찾기야 찾지라우.(함평 구비)

라. 예, 그러지라우. 알겠습니다.(함평 구비)

마. 틀림없지라우. 그렇고면 됩니다.(함평 구비)

바. 아이, 언저녁에 요리 오신다고 와겠는디라우, 문 쪼깐 열어 봅시다.(함평 구비)

사. 얼굴이 희놀놀허거든이라우.(함평 구비)

아. 큰미누리가 효부라 그러만이라우.(함평 구비)

자. 어떻게 할까라우?(화순 구비)

차. 그러면 역까지(=여기까지) 온 짐잉께 어찌께라우? 성님댁이로 들레서 갈께라우?(함평 구비)

카. 애기 명이 잘루와서 어찌께라우?(함평 구비)

타. "멋을 허께라우?" 헝께,(함평 구비)

파. 내가 날이 저물어서 자고 가야겠는디 어쩔까라우?(화순 구비)

하. "담배 잡수씨요." 그러거든. "아이라우. 나는 이런 좋은 담배 먹을 자격 이 없는 사람이요."(함평 구비)

ㅏ. "내가 좋은 수가 있다." "먼 수라우?"(함평 구비)

ㅑ. 고상(=고생)이라우? 내려가신 뒤로 전곡간(錢穀間)에 막 실어 올리는

디 우리 정승헐 때보단 이유(類)도 아니요. 잘 먹고 지냅니다.(함평 구비)

반말 가운데서도 씨끝 '-네'와 '-데'에는 '이라우'가 결합되지 않는다. 조사 '야'과 '요'는 이들 씨끝에 모두 결합할 수 있는데, '이라우'는 그렇지 못하여 차이를 보인다.

(273)
가. 차말로 좋네요/좋네야/좋네라우.
나. 잘 가데요/가데야/가데라우.

또한 '이라우'는 반말 외에 예사낮춤의 의문형 씨끝 '-은가'에도 붙는다. '-은가'는 '이라우' 앞에서 '-은게'나 '-은그'로 쓰이는 것이 보통인데 이러한 형태적 변동은 '-으까'에서도 확인된 바 있다. '-은가'에는 '요'의 결합이 가능하나 '야'는 불가능하다.

(274)
가. 그 샘 안 있던가라우?(장성 구비)
나. 진지 잡수셨는게라우?
다. 안 좋든그라우(=좋았잖아요)?/안 좋든가요?/안 좋든가야?

'이라우'는 기원적으로 지정사 '이-'의 서술법 활용형 '이라'에 하오체의 씨끝 '-오'가 결합된 '이라오'가 조사로 재구조화한 것이며, 형태도 '이라오'에서 '이라우'로 모음이 상승하였다(김웅배 2002:75-82). 활용형 '이라오'는 '이란다, 이라네, 이랍니다' 등과 같은 패러다임에 속하는 것으로서, '이라고 허오'와 같은 복합문에서 '고 허'가 탈락하여 생긴 축약형이다. 고광모(2004)에서는 '너를 위해서라네'의 '라네'처럼 '이라오'의 '라오'도 단일한 씨끝으로 기능하다가 이것이 조사로 재구조화 되었다고 해석한 바 있다.

서남방언에서 하오체의 씨끝 '-오'는 '-우'와 '-요'로의 두 갈래의 변화를 겪는다. '-오 〉 -요'는 모든 환경에서 일어나지만 '-오 〉 -우'는 '-을라'와 완형 보문 뒤에서만 일어난다.

(275)

가. 악을 쓰고 막 그 수수만 명이 귀경왔는디 뛰고 돌아댕이드라우.(함평 구비)

나. 죽으면 죽고 나는 이 질로 나갈라우.(함평 구비)

그래서 (276)처럼 완형 보문 뒤에서는 '-우'와 '-요'의 두 씨끝이 가능하다. 지정사의 경우 씨끝 '-라'는 '-다'로의 변화를 겪는데 이는 완료된 변화가 아니므로 오늘날의 서남방언에서는 '이라'와 함께 '이다'가 공존한다.

(276)

가. 내일 비 온다요?/온다우(=내일 비 온대요)?

나. 그것이 먼 말이다요?/말이다우?/말이라요?/말이라우(=무슨 말이래요)?

조사 '이라우'는 이와 같은 하오체의 씨끝 '-오'의 변화 양상 속에서 '이라오 〉 이라우'의 변화를 겪어 생겨났다. 완형 보문 뒤의 '-오'가 '-우'로 변화한 것이다. '이라요'가 조사로 쓰이지 않는 것으로 미루어 씨끝의 결합체가 조사로 재구조화 한 것은 '-오 〉 -요'의 변화 이전으로 보인다. 비록 완형 보문 뒤에서 '-오 〉 -요'의 변화가 일어났지만 이미 조사로 재구조화한 '이라우'에서는 이런 변화가 적용되지 않아 조사 '이라요'는 생기지 못했던 것이다. 또한 '이다우'가 조사화 되지 않은 것으로 미루어 '이라 〉 이다'의 변화가 일어나기 전에 조사 '이라우'가 만들어졌음이 분명하다.

조사 '이라우'의 기원인 통사적 구성 '이라고 허오'는 서술문이 아닌 의문문이었을 것으로 추정된다. '이라우'와 같이 반말에 결합되는 조사로 기능하는 완도의 '이랑가', '이람니여', 진도의 '이람년짜' 등이 모두 의문형 씨끝에서 조사로 재구조화 된 사실이 이를 뒷받침한다(이기갑 2003:188). 완도 지역어의 '이랑가'는 '이라우'와 마찬가지로 '이라고 헌가'와 같은 복합문 구성이 축약되어 지정사와 씨끝 '-란가'의 결합체인 '이란가'가 조사로 재구조화 된 것이다. '이랑가'에는 예사낮춤의 씨끝 '-은가'가 포함되었기 때문에 '-오'가 결합된 '이라우'보다 상대높임의 위계가 낮다. 따라서 반말에 결합하는 조사로 서남방언은 '야'(해라체), '이랑가'(허소체), '이라우'(하오체), '이람년짜/이람니여'(합쇼체)와 같은 네 가지가 있는 셈이다. 고광모(2004)에서는 '이랑가', '이라우', '이람년짜/이람니여'와 같은 의문형 씨끝이 포함된 조사가 재구조화 된 것은 이들이 모두 상대의 발화에 대한 되물음(고광모(2004)에서는 '되받음')으로 쓰였기 때문이라고 보았다. (277가)에서 보듯이 밑줄 친 '고상이라우?'는 선행 발화에 쓰인 '고상'을 되묻고 있는데, 이때 '고상이라우'가 '고상-이라우'와 같이 재분석되면서 '이라우'가 조사화 되었다고 해석한 것이다. (277나)의 경우도 마찬가지다. 이미 고광모(2000b)에서 조사 '요'를 지정사의 활용형 '이오'가 소문장에 쓰여 되물음을 나타낼 때 조사로 문법화 하였음을 주장한 바 있는데, 이러한 해석을 '요'에 대응하는 다양한 방언형에 그대로 적용하고 있는 것이다.

(277)

가. "아이, 어쩌고 고상(=고생)을 허고 지냈소?" "고상이라우? 내려가신 뒤로 전곡간(錢穀間)에 막 실어 올리는디 우리 정승헐 때보단 이유(類)도 아니요. 잘 먹고 지냅니다."(함평 구비)

나. "내가 좋은 수가 있다." "먼 수라우?"(함평 구비)

'이라우'는 높임의 기능을 하는 점에서 조사 '야'과 대립하지만, 화용적 기능의 차원에서는 '야'과 다를 바 없다. 그래서 반말의 씨끝 '-어'에 결합할 경우 서술문에서는 강조나 다짐, 의문문에서는 상대 발화의 확인이나 부정, 명령문과 청유문에서는 상대 행동의 촉구인 재촉 등을 나타낸다.

(278)

가. 거그가 좋아라우.

나. 거그가 좋아라우(=거기가 좋다고요)?

다. 요리 앉어게라우(=이리 앉으셔요).

라. 나랑 같이 가게라우(=나랑 같이 가셔요).

그러나 반말의 씨끝 '-제'와 '-을까', 예사낮춤의 '-은가'에 '이라우'가 결합할 경우 특별한 화용적 의미를 부여하지 않고 두루높임의 기능만 수행한다.

(279)

가. 내일 서울 가시제라우(=내일 서울 가시지요)?

나. 내일 비가 오끄라우(=내일 비가 올까요)?

다. 내일 서울 가신게라우(=내일 서울 가시나요)?

'이라우'는 반말의 씨끝 외에 다른 위계의 씨끝들과는 결합되지 않는다. 다만 예사낮춤의 위계에 속하는 의문형 씨끝 '-은가'와는 결합이 가능하다. 따라서 반말 씨끝을 제외하고 '이라우'와 결합할 수 있는 씨끝은 '-은가'가 유일한 셈이다.

(280)

가. *차말로 좋다라우/좋네라우/좋소라우/좋습니다라우.

나. *고롱게 좋냐라우/좋은가라우/좋소라우/좋습디여라우?

다. *언능 가그라우/가소라우/가소라우/가씨요라우.
라. *같이 가자라우/가세라우/가소라우/갑시다라우.

'이라우'는 '야'과 마찬가지로 문장 내부에 나타난다. '이라우'가 문장 내부
에 나타날 때는 담화의 흐름을 조절하는 담화적 기능이 우선이므로 '이라우'
의 두루높임 기능은 부차적이라 할 수 있다.

(281) 내가라우 어지께라우 시내서라우 친고를이라우 만냈는디라우 얼굴
    이라우 말이 아니였어라우(=내가요 어제요 시내에서요 친구를요 만
    났는데요 얼굴이요 말이 아니었어요.).

앞에서 '이라우'가 반말의 '-네'와 '-데'에 결합되지 않아 '요'나 '야'과 차이
를 보인다는 점을 지적한 바 있다. 그 밖에도 '이라우'는 몇 가지 점에서 '요'
와 차이를 보인다. 우선 (282가)에서 보듯이 '요'는 '-시지요'처럼 권유의 의미
를 나타낼 수 있지만, '이라우'는 '-시제라우'로 권유를 표현할 수 없다. 또한
(282나)처럼 높임의 씨끝 뒤에 '요'는 결합될 수 있지만 '이라우'는 불가능하
다. 그리고 주체높임의 '-게-'와 반말 씨끝 '-어'의 결합인 '-게'에 '이라우'는 결
합될 수 있지만 '요'는 결합이 허용되지 않는다. 이러한 차이에도 불구하고
대부분의 용법에서 '요'와 '이라우'는 동일한 문법적 특징을 보인다.

(282)
가. *언능 오시제라우(=얼른 오시지요.).
나. *잘못했습니다라우(=잘못했습니다요.).
다. 언능 앙거게라우./언능 앙거게요(=얼른 앉으셔요.).

⑤ 이다

전남의 동부 지역인 광양을 중심으로 광양과 접한 구례와 여천 일부 지역에서 서부 전남의 '이라우'에 대응하는 조사로 '이다'가 쓰인다.[54] (283가)-(283라)는 『전라도닷컴』(206호. 2019년 6월호:33)에서 확인된 예이고, (283마)-(283사)는 광양의 구술발화에 나타난 것이다.

(283)

가. 안식구가 겁나게 고생을 했지이다.

나. 봄이문 화개로 녹차 따러가는 일도 많이 했지이다.

다. 손자들 열세 명한테 전부 다 백만 원썩을 건네 주고 갔지이다.

라. 안식구가 해 준 나박지를 인자 묵을 수가 없지이다.

마. 거 이 노인들 옷 한 벌 뜯어 노무(=놓으면) 통으로 하나이다(=하나예요), 전에느.(광양)

바. 주구(=저희)도 요랑 있겄지이다이.(광양)

사. 알았어이다.(광양)

(284가)-(284마)는 서주열(1980:110-123)에서 제시된 것들로서, 반말의 씨끝 '-어/라'와 '-을까' 뒤에 '이다'가 붙는 경우를 보인 것이다. 그 출현 환경으로 미루어 '이다'는 '요'나 서남방언의 '이라우'에 대응하는 조사임을 쉽게 알 수 있다(이기갑 1986:81-82). 한편 (284바)에서 보듯이 '이다'는 '-네'에 결합될 수 있는데,

---

54 위평량(1993:53)에서는 '이다'가 광양과 교류가 쉬운 여수의 삼일면 지역에서 주로 쓰이며 순천, 여수의 율촌 등지에는 쓰이지 않는다고 하였다. 또한 『경남방언사전』(하:96)에서는 조사 '이다'가 '갑니다이다'나 '봄니까이다'처럼 쓰이되, 경남의 남해와 하동 지역에서 쓰인다고 하였다. 김영태(1998)에서는 '이다'의 사용 범위가 남해와 하동 외에 통영, 거제, 창원, 함안, 의령, 김해 등지까지 확대한 바 있다(이기갑 2003:181).

이 점에서 '요'와 같고, '이라우'와는 다르다(이기갑 1986:81).

(284)

가. 나는 돈을 받아이다(=받아요).

나. 나는 학교에 갔어이다(=갔어요).

다. 나는 학교에 갈거라이다(=갈 거예요).

라. 이것은 나무라이다(=나무예요).

마. 나가 네일 묵을까이다(=내일 먹을까요)?

바. 참 좋네이다(=참 좋네요).

'이다'는 반말 외에 예사낮춤의 의문형 씨끝 '-는가'에 올 수 있는데, 서주열 (1980:110-123)에서 제시된 예를 보이면 (285)와 같다. 그렇다면 '-는가'는 '요', '이라우', '이다'와 모두 결합될 수 있는 셈이다.

(285)

가. 당신이 이걸 샀는가이다(=당신이 이걸 샀나요)?

나. 나가 가는가이다(=내가 가나요)?

조사 '이다'에는 형태와 상대높임의 위계로 보아 중세어에서 쓰였던 상대 높임의 안맺음씨끝 '-이-'의 후대형이 포함되어 있음이 분명하다. 씨끝 '-이 다'는 오늘날 '-소이다', '-으리다' 등에도 남아 있다. 고광모(2004)에서는 '이라 우'의 재분석을 해석한 방식대로 조사 '이다'가 지정사 '이-'에 높임의 씨끝 '-이 다'가 결합된 '-이이다'에서 온 것으로 보았다. 현재의 광양 지역어에서 '-이 다'가 의문법 씨끝으로 쓰이지는 않으나 이 지역에서 현재 쓰이고 있는 명령 형 '-이다'를 근거로 하여 이전에 '-이다'가 서술법·의문법·명령법·청유법 등에 두루 쓰였음을 가정하였다. 그리고 '-이다'가 의문법 씨끝으로 쓰일 때 지정사에 결합된 형태 '이이다'가 소문장에 결합되어 조사로 재구조화된 것으로 해석한 것이다.

⑥ 이람닌짜/이람짜

전남 진도 지역어에는 문장 뒤의 조사로 '이람닌짜'가 있다(이기갑 2003:186-187). '이람닌짜'는 반말 뒤에 붙으며 아주높임을 나타내는 점에서 '이라우'와 비교된다. 모음 뒤에서는 '람닌짜'로 변동한다. 조병현(2014)에서는 '람닌짜' 대신 '람짜'가 제시되어 있는데, 말할이에 따라 '람닌짜'와 '람짜'가 수의적으로 변동하는 것으로 보인다.

(286)
가. 우리 함마니가 진도서 왔어람닌짜.(민중자서전)
나. 궁게 가시나가 궂었는데 시집이라고 나를 암것도 보도 안하고 시집을 보냈어람닌짜.(민중자서전)
다. 그라지람짜(=그렇지요).(조병현 2014)
라. 맞지람짜(=맞지요).(조병현 2014)
마. 옳은 말씀이지람짜(=옳은 말씀이지요).(조병현 2014)
바. 가시까람짜(=가시겠습니까)?(조병현 2014)

'이람닌짜'는 지정사의 활용형 '이랍니꺄'에서 발달한 것이다. 조병현(2014)에 따르면 '-읍니까'는 진도 지역어에서 '-읍니꺄, -읍닌짜', '-읍디까'는 '-읍디꺄, -읍딘짜'로 쓰인다. 따라서 '고 허' 탈락에 의한 인용문의 축약을 거친 '-답니까'는 이 지역어에서 '-답니꺄, -답닌짜'로, '-답디까'는 '-답디꺄, -답딘짜'로 쓰이게 된다. 내포문에 지정사가 있는 '이랍니까'는 당연히 '이랍니꺄, 이랍닌짜'와 같은 형태로 쓰일 것이다. 만약 지정사 앞의 명사가 '돈'이라면, 내포문의 주어가 생략된 '돈이랍닌짜?'와 같은 되물음 문장이 가능하고, '돈이랍 닌짜?'에서 지정사의 의미를 잃게 되면 '돈-이람닌짜'처럼 명사와 조사의 구성으로 재분석이 일어나, '이람닌짜' 전체가 하나의 조사로 기능하게 된다. '이람닌짜'가 조사로 문법화 됨으로써, 의문 외에 서술이나 명령 등 다른 서법으로 쓰일 수 있게 되어, 원래 가졌던 의문법 표시 기능이 사라지게 되었다. 즉 '이라우'와 마찬가지로 억양에 의한 서법 표시 기능이 가능해진 것이다.

진도 지역어에서는 '이람닌짜'와 함께 '이라우'도 쓰인다. 다만 끝의 반모음 [w]가 약화되어 '이라'로 흔히 쓰일 뿐이다. 그러므로 이 지역어에서는 문장 뒤에 '이라우'와 '이람닌짜'의 두 조사가 경합한다. '이라우'와 '이람닌짜'는 그 기원에서 씨끝 '-오'와 '-읍니꺄'의 대립을 보이므로 높임의 차이가 있어, '이라우'가 예사높임이라면 '이람닌짜'는 아주높임을 나타낸다(고광모 2004). 따라서 진도 지역어는 문장 뒤에서 예사높임과 아주높임의 대립이 유지되고 있는 셈이다. '이라우'가 있음에도 불구하고 새롭게 '이람닌짜'라는 조사가 재구조화 될 수 있었던 것은 이처럼 아주높임의 위계에 조사의 빈자리가 있었기 때문이다(고광모 2004). 조병현(2014)에는 (287)과 같은 '-까라'와 '-까람짜'가 표제어로 제시되어 있는데, 표준어 대역으로 비교해 보면 '이람닌짜'가 '이라우'보다 더 높인다는 사실을 알 수 있다.

(287)

가. 가까라(=갈까요)?

나. 가시까람짜(=가시겠습니까)?

'이람닌짜'는 '이라우' 등과 마찬가지로 반말의 표현 뒤에 붙어 쓰이므로 (288)처럼 문중에서 담화적 기능을 수행하기도 한다.

(288) 내가람닌짜, 서울서람닌짜, 친구를이람닌짜, 만났는디람닌짜,(=내

가요, 서울에서요, 친구를요, 만났는데요,)(진도)

⑦ 이람니여, 이람사

'이람닌쨔'와 비슷한 구성으로 완도 지역어의 문장 뒤 조사 '이람니여'를 들 수 있다(김웅배 1991/2002, 이기갑 2003:187-188). 완도 청산도에는 '이람니여' 대신 '이람사'가 쓰인다.[55]

    (289)

    가. 완도서 왔어람니여(=완도서 왔어요)?(완도)

    나. 여그서람니여 내가람니여 크닥신한 돔을 잡았어람니여(=여기서요 내 가요 커다란 도미를 잡았어요).(완도)

'이람니여'는 지정사에 완도의 고유한 아주높임의 의문형 씨끝인 '-읍니여'가 결합되어 재구조화된 것이다. (290)은 완도에서 쓰이는 의문형 씨끝 '-읍니여'의 예이다.

    (290)

    가. 거그도 그랍니여(=거기도 그럽니까)?

    나. 고롷게 좋읍니여(=그렇게 좋습니까)?

    다. 고것도 월급이랍니여(=그것도 월급이랍니까)?

씨끝 '-읍니여'는 회상시제의 '-읍디여'와 시제적으로 대립하는 말이다. '-읍디여'는 전남북의 대부분 지역에서 쓰이나, '-읍니여'는 해남·완도·장흥·강

---

55 조사 '이람사'의 존재는 조미라 선생으로부터 도움 받은 것이다.

진 등 전남의 남부 해안 지역에서 주로 나타난다(김웅배 1991/2002:210). 이들 지역 이외의 전남북에서는 '-읍니여' 대신 '-읍니까, -읍니껴'가 주로 쓰인다. 이에 반해 '-읍니꺄'는 (291다)에서 보는 것처럼 고흥에서 한 예가 확인된다. 그러나 고흥에서도 '-읍니껴'가 주로 쓰이므로 이 예는 매우 이례적이라 할 수 있다. 다만 앞에서 언급한 대로 진도에서는 '-읍니꺄'가 다수형을 차지한다.

(291)

가. 나오십니껴?(고흥 구비)

나. 그러니 어쩌 것입니껴?(승주 구비)

다. 요새 나보다 더 못한 사람은 어떻게 할 것입니껴?(신안 구비)

라. 가정의 재산이 쭐 것 아닙니껴?(장성 구비)

마. 동지섣달에 어디가 연꽃이 있을 겁니껴?(보성 구비)

바. 독약을 넣어가지고 받아온 술을 먹었으니 죽을 거 아닙니껴?(전주 구비)

사. 대사님, 어디까지 가십니껴?(부안 구비)

아. 이 댁으 아씨 기십니껴?(정읍 구비)

자. 아, 지무십니꺄(=주무십니까)?(고흥 구비)

'-읍디여'의 경우도 서남방언에서는 지역에 따라 '-읍디까, -읍디여, -읍딩겨' 등이 공존한다. '-읍디까'와 '-읍디여'가 다수를 차지하고 '-읍딩겨'는 서해안과 접한 일부 지역에서 쓰인다.

(292)

가. 내부두씨요. 뜨거우먼 지가 돌아 안 눌랍디여?(함평 구비)

나. 뭔 약이라 헙디여?(고흥 구비)

다. 한 숭어리는 살이 탔닥 합디여, 뭣이 탔닥 합디여?(해남 구비)

라. 아버지, 뭐라고 헙디여? 내가 그렇게 내가 아버지보다 안 헙디여?(장성

구비)

마. 저 죽을 일을 할랍디여?(전주 구비)

바. 거무줄이 낄랍디여?(군산 구비)

사. 술집이 우리집이 좋습디여?(정읍 구비)

아. 편히 주무셨소? 방일랑 안 춥습딩겨?(신안 구비)

이상에서 보듯이 '-읍디여'는 '-읍디까'와 함께 서남방언에서 매우 일반적으로 쓰이는 말이지만, 이에 대립하는 '-읍니여'는 완도와 그 인근 지역에서만 확인되는, 출현 지역이 매우 한정된 씨끝이다. '-읍니여'는 완형 보문 뒤에 쓰일 수 있는데 김웅배(1991:210-211)에 제시된 예를 보이면 (293)과 같다.

(293)

가. 울 엄니도 울었답니여(=우리 엄마도 울었답니까)?

나. 언제 학교 댕겠냡니여(=언제 학교 다녔느냐고 합니까)?

다. 일로 되돌레가랍니여(=이리로 되돌아가라고 합니까)?

라. 항께 댕기잡니여(=함께 다니자 합니까)?

마. 길코 그 가이나하고 결혼할랍니여(=기어코 그 계집애하고 결혼하려고 합니까)?

지정사로 끝난 완형 보문 뒤에서는 '이랍니여'로 쓰이며, 이것이 되물음으로 쓰일 때 조사로 재분석 되는 것은 '이람닌짜'의 경우와 같다. 따라서 진도의 '이람닌짜'와 마찬가지로 완도의 '이람니여' 역시 문장 뒤에 나타나는 조사로 기능하게 된다. '이람니여'의 상대높임 위계는 '이람닌짜'와 마찬가지로 아주 높임이다.

한편 완도 청산도에서 '이람니여' 대신 '이람사'가 쓰인다고 하였는데, 조사 '이람니여'가 의문형 씨끝 '-으랍니여'로부터 발달했듯이 조사 '이람사'는 씨끝 '-이람사'에서 발달하였음이 분명하다. 완도 청산도에서 쓰이는 의문형 씨끝 '-음서/음사'에 대해서는 5.2.2 ③ 참조. 씨끝 '-이람사'는 '-이라 함사'가 축약된 것이며 원뜻은 '-이라고 합니까?'이다. 이것이 반문으로 쓰이면서 조사로 굳어졌는데, 이에 따라 '-이라 합니까'의 원래 의미에 포함된 [인용], [의문], [높임]의 세 의미 성분 가운데 [인용], [의문]은 사라지고 [높임]의 의미만 남게 된 것이다.

(294)

가. 완도서 왔어람사(=완도서 왔어요)?(청산도)

나. 여그서람사 내가람사 크닥신한 돔을 잡았어람사(=여기서요 내가요 커다란 도미를 잡았어요).(청산도)

⑧ 이랑가

완도와 진도 지역에 나타나는 조사 '이랑가'는 '이람니여/이람닌짜'에 대립하는 허소체의 조사인데, 반말의 표현 뒤에 붙고 억양에 의해 여러 서법에 걸쳐 쓰일 수 있는 점에서 '이라우', '이람니여', '이람닌짜' 등과 같다.[56]

(295)

가. 그 때게 내가 완도에 갔어랑가(=그 때에 내가 완도에 갔네).

나. 그래갖고랑가 다 죽어 불었제랑가(=그래가지고 다 죽어 버렸지).

'이랑가'는 모음 뒤에서 '랑가'로 변동하는데, '이람닌짜, 이람니여'와 마찬가

---

[56] 이기갑(1998:79)와 이기갑(2003:188)에서는 조사 '이랑가'가 완도에서만 쓰이는 것으로 기술하였는데, 고광모(2004:21)에서는 '이랑가'의 사용 지역에 진도를 추가하였다.

지로 지정사의 활용형 '이라'에 허소체 의문형 씨끝 '-은가'가 붙어 생겨난 복합적인 씨끝 '이란가'가 조사로 재구조화 한 것이다. 그 재구조화 과정은 '이라우', '이람닌짜', '이람니여'와 같았을 것으로 추정된다.

그렇다면 완도와 진도는 아주낮춤의 '야', 예사낮춤의 '이랑가', 예사높임의 '이라우', 아주높임의 '이람니여/이람사/이람닌짜' 등 네 종류의 조사가 문말과 문중에 나타나 상대높임과 특정의 담화적 기능을 수행한다고 할 수 있다. 서남방언의 대부분 지역이 '야'과 '이라우'의 이분적 대립을 보이는 데 반해 완도와 진도는 네 단계의 대립을 보이는 것이 특별하다.

⑨ 이[57]

서남방언에는 문장 끝과 문장 중간에 올 수 있으며, 문장 끝에 올 때는 모든 상대높임의 위계에 결합이 가능한 조사 '이'가 있다.[58] (296)은 『한국구비문학대계』에서 확인된 문말 '이'의 예인데, (가)-(하)는 서술문, (ㅏ)-(ㅑ)는 의문문, (ㅓ)-(ㅛ)는 명령문에 결합된 경우이다.

(296)
가. 글 안 흐믄(=그렇지 않으면) 너 술 한 말 더 내야 헌다이.(정읍 구비)
나. 나도 선생님이 마음이 있소이.(정읍 구비)
다. 남자는 나이가 어리고 처녀는 나이가 많고 그랬던 것입디다이.(해남 구비)
라. 그 밑이 쥐가 그 뒤에 많고 또 그 밑이 쥐가 그 뒤에 따러갑니다이.(정

---

57 조사 '이'에 표기된 옛이응(ㅇ)은 '이'에 얹혀 있는 콧소리를 반영한다.
58 이기갑(2003:174)에서 '이'가 아주낮춤의 맺음씨끝과만 결합한다고 기술한 것은 잘못이다. '이'는 낮춤뿐 아니라 높임의 위계에서도 자연스럽게 쓰일 수 있다. (예) 언능 가자이/언능 가세이/언능 갑시다이.

읍 구비)

마. 물론 나무랄 테지요이.(함평 구비)

바. 옛날에 선조대왕이 꿈을 꿍게 여자가 나락을 이고 궐로 들어와요이.
(부안 구비)

사. 며느리 잘 얻었제이.(고흥 구비)

아. 인제 계집이 나락을 이었응게 왜놈 왜자여이.(부안 구비)

자. 동생 지사(=제사)가 며칠 안 남었네이.(함평 구비)

차. 그 자리에 있어야 할 두 노인이 온 데 간 데 없네이.(부안 구비)

카. 돌아간다 헝께 지로(=질러) 간다고 했그만이.(함평 구비)

타. 과연 미인이구나이.(부안 구비)

파. 되마(=てんま. てんません의 준말. 傳馬船의 일본어.) 하나를 매는디
끄넹이(=끈)를 이짝 저짝 양쪽이다 매 놨거든이.(군산 구비)

하. 그래서 인저 그 구박이란 게 이루 말할 수도 없었당게이.(부안 구비)

ㅏ. 자슥의 뒤에까지라도 안 혀야 힐 것 아니요이?(장성 구비)

ㅑ. 저 연 하(荷)는 물건을 옮겨 댕기는 연 하자 아닙니까이?(신안 구비)

ㅓ. 내 얘길 한번 들어 봐이.(화순 구비)

ㅕ. 빌려 갖고 오소이.(해남 구비)

ㅗ. 꼭 갚소이.(정읍 구비)

ㅛ. 그러믄 갈쳐주쇼이.(정읍 구비)

(297)은 문장 내부에 오는 '이'의 예이다.

(297) 길 가는 행인인데 길을 잃고 산중에서 헤매다 <u>보니까이</u> 여가 불빛이
비쳐서 내가 여글 찾아왔으니 좀 오늘 저녁에 마구청에서라도 하루
저녁 쉬어 갈 수 없느냐고 <u>청했지요이</u>.(신안 구비)

김태인(2015)은 서남방언의 조사 '이'가 응답의 감탄사 '응'으로부터 문법화 된 일종의 담화표지라는 주장을 제기한 바 있다. 이는 형태와 기능에서 충분한 근거를 갖는 매우 설득력 있는 주장이다. 우선 서남방언에서 긍정의 응답어로 '응', '으', '잉', '이' 등이 쓰이므로, 형태적인 측면에서 '응'과 '이'의 관련성은 매우 자연스럽다. 또한 '응'은 부가의문문의 꼬리말로 쓰일 수 있는데 이때 선행 문장의 서법에 따라 서술문에서는 '동의 구하기', 의문문, 명령문, 청유문에서는 '재촉하기'의 언표내적 효력을 갖는다. 이러한 '응'의 기능은 문장 뒤의 조사로 문법화 한 뒤에도 그대로 유지된다.

서남방언의 '이'는 표준어의 '응'과 달리 선행문에 바로 결합되어 발화되므로 의존성을 갖는 조사라 할 수 있다. 또한 '이'는 낮춤과 높임의 모든 위계에 쓰이므로 오로지 낮춤에만 쓰이는 '응'과는 다르다.[59] 이것은 조사 '이'가 '응'으로부터 문법화 되면서 응답어 '응'의 위계 제약에서 벗어났기 때문이다. 그렇다면 조사 '이'는 응답어 '응'에서 기원하였지만, '응'과는 다른 '이'만의 독자적인 변화를 겪은 셈이다(김태인 2015).

이 '이'에 대해 이기갑(2003:174)에서는 상대에 대한 다정한 느낌과 은근함을 표현하는 말로서, 서술·명령·청유의 문장에는 결합 가능하나 의문문에는 결합되지 않는 제약을 보인다고 하였다. 반면 이기갑(2016a)에서는 '이'의 기능을 크게 들을이 지향과 말할이 지향의 두 가지로 보았다. 상대의 동의를 구하거나, 상대에게 상기시키거나, 상대의 행동을 요구하여 재촉하는 기능을 통틀어 '들을이 지향 기능이라 부르고, 말할이 자신의 일정한 심리나 정감을 표현하는 기능을 '말할이 지향' 기능이라 불러 구분한 것이다. 상대에 대한 다정한 느낌과 은근함의 표현이라는 이기갑(2003)의 기술을 말할이 지향 기능에 포함시키고 거기에 들을이 지향 기능을 추가한 것이다. '이'가 수

---

59 물론 '응'도 상대에 대한 지향이 없거나 지향성이 약할 때는 높임의 위계에 쓰일 수 있기는 하다.

행하는 들을이 지향 기능과 말할이 지향 기능은 서로 상호 배타적인 것은 아니다. 들을이 지향 기능을 수행하면서 거기에 말할이의 심리나 정감 등이 얹힐 수 있기 때문이다. (296)의 『한국구비문학대계』에서 확인된 예들이 거의 모두 상대에게 동의를 구하거나 상기하거나 행동을 재촉하는 등, 들을이 지향 기능을 수행하고 있지만 앞에서 언급한 조사 '야'나 '이라우' 등과 비교해 보면 '이'만이 갖는 부드러움과 정감을 느낄 수 있다. 마치 '야'나 '이라우'가 일정한 상대높임의 위계와 함께 여러 문장 종류에 따른 다양한 화용적 기능을 행하는 것처럼, '이' 역시 말할이의 은근한 정감 등을 표현하면서 함께 화용적 기능을 행한다고 할 수 있는 것이다. 다만 '이'에는 상대높임의 확정 능력이 없는 점이 '야'나 '이라우'와 다르다. 또한 혼잣말이나 문장의 중간에 '이'가 쓰일 경우 들을이 지향 기능의 수행은 불가능하므로 이때는 말할이 지향 기능만 드러나게 된다.

'이'는 원칙적으로 의문문에 결합되지 않지만, 확인의문이나 수사의문 그리고 혼잣말 등 중립적이지 않은 의문문에는 결합될 수 있다. 이 점에서 이기갑(2003:174)에서 행한 '의문문에는 결합되지 않는다'는 기술은 수정되어야 한다. (296 ㅏ), (296 ㅑ)나 (298)에 제시된 예들은 모두 이러한 비중립적 범주에 드는 것들이다.

(298)

가. 내일 서울 가시제라이[60](=내일 서울 가시지요)?

나. 언제 했으끄라이(=언제 했을까요)?

다. 거그서 멋 허냐이(=거기서 뭐 하니)?

라. 머달라고 그랬단가이(=뭐 하려고 그랬을까)?

---

60 표준어 '요'에 대응하는 높임의 조사로서 전남방언은 '이라우'를 쓴다. 그런데 이 '이라우'에 '이'가 결합되면 '이라이'로 변동하는 것이 보통이다.

마. 인자 어째야 쓴단가이(=이제 어떻게 해야 좋을까)?

바. 어째야 쓰끄나이(=어떻게 해야 좋을까)?

사. 인자 멋 허까이(=이제 뭐 할까)?

(298)에서 (가)-(다)는 상대에게 동의를 구하거나 질책을 하는 등 들을이 지향의 기능을 하는 경우이다. 반면 (라)-(사)는 혼잣말로 쓰이는 문장인데, 들을이가 없으므로 들을이 지향의 기능을 행한다고 보기 어렵다. 말할이의 안타까움이나 절실함, 간절함과 같은 심리, 즉 말할이 지향의 기능을 하는 것으로 보아야 한다.

말하는 사람의 정감 표현 기능은 (299)처럼 문장 내부에서 두드러지게 나타난다. 이 경우 '야'나 '이라우'와 마찬가지로 담화의 흐름을 조절하는 담화적 기능을 주로 수행한다. 또한 담화적 기능과 더불어 상대에 대한 일정한 대우를 나타낼 수 있는 점에 있어서도 '이'는 '야', '이라우'와 같다. 다만 그 구체적 양상은 '야'이나 '이라우'와 차이를 보여, '야'이 아주낮춤, '이라우'가 두루높임의 위계에 맞는 표현이라면, '이'는 특정의 위계를 드러내지 않고 단지 상대에 대한 다정함이나 은근함과 같은 정감을 표현할 뿐이다.

(299) 그래갖고이 인자이 그거이이 풍노질(=풍구질) 하지라이? 뚜드러갖고이?

이상에서 기술한 바와 같이 조사 '이'는 문말과 문중에 나타나는데, 문말에서는 들을이 지향과 말할이 지향의 화용적 기능을 수행하고, 문중에서는 담화의 흐름 조절이라는 담화적 기능을 수행하되 여기에 말할이 지향의 화용적 기능이 얹혀 있는 것으로 볼 수 있다.

⑩ 와

　서남방언에는 아주낮춤의 마침씨끝 뒤에 붙는 조사로 '와'가 있다. 이 '와'는 상대에 대한 다정함이나 완곡함을 나타낸다. 그래서 (300)에서 보듯 혼잣말에는 '와'를 사용할 수 없다. 이 점에서 '이'와 다르다. 또한 '와'는 '이'와 달리 위계가 같은 평교간에는 쓸 수 없다. 말할이보다 위계가 아주 낮은 사이, 예를 들어 할머니와 어린 손자, 어머니와 딸, 시어머니와 며느리처럼 친밀한 관계에서 쓰일 수 있는 말이다. '와'는 남성들이 쓸 수 없는 바는 아니나 대체로 나이가 많은 여성들의 말에서 많이 발견된다.

　　(300) *차말로 좋네와.(혼잣말인 경우)

　'와'는 (301)에서 보듯이 서술문·명령문·청유문 뒤에 결합할 수 있다. 서술문에서는 상대에게 자신의 말에 대한 동의를 구하는 말맛이 있다. '와'는 명령이라 하더라도 권위적인 명령이 아닌 권유나 부탁 등의 완곡한 명령에 쓰여, 그 완곡함을 강조한다. 청유문도 명령문과 마찬가지로 완곡한 권유를 강조하는데, 이때 '와'는 상대를 설득하거나 동의를 구하는 느낌을 준다. 이러한 설득이나 동의 구하기가 권유의 강조로 해석되는 것이다. '와'는 (301라)와 같은 중립적인 의문문에는 결합되지 않지만[61] (301마)처럼 비중립적인 의문문에는 결합이 가능하다. 이 점에서 앞에서 언급한 '이'와 같다. (301마)의 경우 '어째야 쓰끄나?'는 말할이의 어찌할 바 모르는 당황함을 나타내는데, 여기에 '와'가 결합되면 상대에게 앞으로 어떻게 해야 할 바를 상의하는 느낌을 준다.[62] 이 역시 일종의 동의 구하기와 같은 기능이라 하겠다. 따라서 서

---

61 이기갑(2018:111)에서는 '와'가 의문문에 결합 가능한 것으로 기술하였으나 여기서는 수사의문문과 같은 비중립적 의문문에 한하여 결합될 수 있는 것으로 수정한다. 후술할 '웨'에 대해서도 마찬가지다.

남방언의 '와'는 기본적으로 상대에게 동의를 구함으로써, 또는 상대의 의견을 구함으로써 말할이 자신의 진술, 행동 요구와 같은 언어 행위의 강도를 약화시키는 기능을 한다고 할 수 있다. '와'는 문장 내부에 오지 못하며, 이에 따라 담화의 흐름을 조절하는 담화적 기능과는 무관하다. 이 점에서 '야', '이라우', '이'와 다르다.

(301)

가. 차말로 덥다와.

나. 조심해서 운전해라와.

다. 잘 가자와.

라. *배끝에 비 오냐와?

마. 어째야 쓰끄나와?

아주낮춤의 마침씨끝 뒤에 올 수 있는 조사로 '와' 외에 '야', '이' 등이 있었다. 이들 사이에는 미묘한 차이가 있다. (301가)에서 '덥다와' 대신 '덥다야'나 '덥다이'를 사용하면 우선 말할이의 차이가 두드러지게 드러난다. '덥다와'는 앞에서 언급한 바와 같이 나이 많은 여성(또는 남성)이 자신의 손자나 자식들에게 할 수 있는 말이라면, '덥다야'는 젊거나 중년 정도의 사람이 평교간 또는 아랫사람에게 쓸 수 있는 말이다. 말할이와 들을이의 위계 차이는 '와'가 '야'에 비해 훨씬 큰 것이 특징이다. '와'는 그야말로 윗사람이 자식이나 손자 같은 사람을 배려하며 사용하는 말이라 하겠다. '덥다이'는 '덥다와'와 '덥다

---

62 '어째야 쓰끄나?'와 달리 '어째야 쓰까?'에는 '와'가 결합될 수 없다. 씨끝 '-으까'와 '-으끄나'는 거의 같은 말맛이나 '-으끄나'가 '-으까'에 비해 상대에 대한 의문의 직접성이 더 강하다. 그래서 '우리 가까?(=우리 갈까?)'보다 '우리 가끄나?'가 더 강한 직접 물음의 말맛을 풍긴다. 이것은 '-으끄나'가 '-으까'에 비해 상대를 고려하는 힘이 더 강하다는 뜻이다. 아마도 이러한 차이 때문에 '어째야 쓰끄나와?'와 달리 *'어째야 쓰까와?'는 비문을 형성한 것으로 추정된다. 조사 '와'는 상대의 동의를 구하는 기능을 하기 때문이다.

야'를 사용할 수 있는 사이라면 모두 가능하다. 말할이와 들을이 사이의 이러한 관계 때문에 각 조사가 풍기는 말맛에서도 차이가 난다. 여기서 말맛은 부드러움이나 다정함과 같은 호의적인 말맛이다. 호의적인 말맛의 강도는 '와 〉이 〉야'의 순이다. 이러한 차이는 명령문이나 청유문에서 특히 두드러지게 드러난다. (301나)에서 '조심해서 운전해라와'는 차를 운전해서 귀가해야 할 손자나 자식에게 하는 걱정스러운 부탁의 말이다. '조심해서 운전해라이'도 마찬가지다. 다만 걱정의 강도가 약간 떨어지는 맛이 있다. 반면 '조심해서 운전해라야'는 앞의 둘과는 다르다. 앞으로의 운전 행위에 대한 부탁이 아니라 현재 진행되고 있는 운전에 대한 명령이다. 말할이가 보기에 거칠게 운전하고 있는 상대에게 질책성 명령을 행하고 있는 것이다. (다)에서도 차이가 드러난다. '잘 가자와'와 '잘 가자이'는 방문 후 귀가하는 손자나 자식에게 대한 작별의 인사로 쓰일 수 있는 말이다. 따라서 가는 주체에는 말할이가 포함되지 않는다. 형식만 청유문일 뿐 의미는 명령문인 것이다. 반면 '가자야'는 가는 주체에 말할이가 포함되어 명실상부한 청유문으로 해석된다. 따라서 '잘 가자야'는 귀가하는 사람에 대한 작별의 인사말로 쓰일 수 없다. 그러나 '가자와'가 언제나 말할이를 배제하지는 않는다. 예를 들어 '나랑 같이 가자와'에서는 말할이가 가는 주체에 포함된 청유문의 해석을 갖는다. 이때 '와'를 '야'로 바꾸면 청유문으로 해석되되, 부드러움의 말맛은 사라지고, 말할이는 훨씬 젊어지며, 말할이와 들을이 사이의 위계 차이는 훨씬 작아지는 효과가 생긴다.

⑪ 웨

서남방언의 '웨'는 예사낮춤의 위계에 쓰이는 조사이다. '웨'는 홀로 쓰이는 법이 없고, (302)에서 보듯이 대체로 예사낮춤의 마침씨끝 뒤에 결합되는데, 서술문·명령문·청유문에 결합이 가능하나,[63] 중립적인 의문문에는 결합할 수 없다. 이 점에서 '와'와 같다. 다만 (302마)처럼 상대에게 의견을 구하거나 도움을 청하는 비중립적 의문문에는 '웨'가 올 수 있다. 이때 선행 씨끝은 반말의 '-을까'인데, '웨'가 결합될 수 있는 것으로서 예사낮춤이 아닌 씨끝은 이 '-을까'가 유일한 듯하다. '웨'는 '와'와 그 기능이나 쓰임이 본질적으로 같은데, 다만 상대높임의 위계만이 다를 뿐이다. 또한 '웨'는 '와'와 마찬가지로 문중에서 담화의 흐름을 조절하는 담화적 기능을 수행하지는 못한다. 서술문, 명령문, 청유문에서 상대에게 동의를 구하는 말맛이 있어 이 때문에 행동 요구의 강도가 낮아지는 효과가 있는 등 모든 면에서 '와'의 쓰임과 같다. 형태적으로 '웨'[we]는 '와'[wa]의 [a]를 [e]로 바꾼 것이다. 예사낮춤의 여러 씨끝, 예를 들어 '-네, -일세, -세, -음세' 등에 형태 '에'가 포함되어 있음을 고려하면, 조사 '웨'는 '와'로부터 이러한 씨끝들의 형태에 유추되어 생긴 것이라는 추정이 가능하다.[64]

(302)

가. 날씨가 징허니 덥네웨.

나. 조심해서 가소웨.

다. 잘 가세웨.

라. ˙배깥에 비 온가웨?

마. 어째야 쓰까웨?

'웨'가 부름말 '어이' 뒤에 나타날 수 있다는 사실은 강희숙(2006)에서 지적된 바 있다. '어이'가 예사낮춤의 부름말이므로 위계가 같은 '웨'가 여기에 결

---

63 예 (301)에 제시된 마침씨끝 외에도 '좋은 말이시웨'. '나도 줌시웨.'처럼 '-시'(=-ㄹ세), '-음시'(=-음세) 등의 예사높임 씨끝에 모두 '웨'가 결합할 수 있다.

64 이기갑(2018:107)에서는 이러한 유추 가능성을 부정적으로 보았으나 여기서는 그 가능성을 인정하고자 한다.

합되는 것은 매우 자연스럽다. (303)은 조정래의『태백산맥』에서 가져온 예이다.

(303)

가. <u>어이웨</u> 자네가 성(=형)잉께로 상구 미워허덜 말소.(7:18)

나. <u>어이웨</u> 나가 한 바쿠 삥 돌고 올 것잉께 장시 자알 허소이.(9:258)

⑫ '예'와 '야₂'

서남방언에서 '예'는 긍정의 응답어뿐 아니라 부름말로 쓰여 표준어와 차이를 보인다.[65] 부름말일 때 '예'는 장음으로 발음된다. 말할이로부터 떨어져 있는 상대를 부르는 것이므로 그 거리를 반영하여 모음이 길어진 것이다. 높임의 위계에 쓰이는 부름말 '예'는 아주낮춤의 '야₁', 예사낮춤의 '어이'와 대립된다(3.3.9 참조).[66]

(304)

가. 예(=여보세요)! 거그서 멋 허요?

나. 예! 요리 잔 와 보씨요.

다. 예! 혼차 허기 멋허면 나랑 같이 허십시다.

서남방언의 '예'는 높임의 문장 끝에 결합될 수 있는데,[67] 선행문과의 사이

---

65 서남방언에서 '예'는 '에'로 실현되는 것이 보통이나 여기서는 편의상 '예'로 기술하였다. '에'가 부름말 외에 응답어나 조사로 쓰일 때에도 모두 '예'로 표기하였다.

66 부름말로 쓰이는 '예'를 '여기'의 뜻에서 파생된 것으로 해석할 가능성도 있으나 '예'가 항상 높임의 위계에 쓰인다는 점을 고려하면 이러한 해석은 불가능하다.

67 조사 '예'가 결합되는 상대높임의 위계는 높임이다. 전남방언의 상대높임법 체계에서는 '높임'이지만 형태적 관점에서 보면 표준어의 예사높임에 대응된다. 표준어의 예사높임

에 쉼의 개재가 없이 연속적으로 발음되므로 자립적인 낱말이 아닌 조사로 보아야 한다. 이때 '예'는 부름말로 쓰이는 경우와 달리 짧게 발음된다.

(305)

가. 날씨가 징허니 덥습디다예(=날씨가 굉장히 덥습디다).

나. 요리 잔 와 보씨요예(=이리 좀 와 보세요).

다. 언능 갑시다예(=얼른 갑시다).

(305)에서 서술문 (가)의 '예'는 상대에게 동의를 구하는 기능을 하며, (나)와 (다)처럼 명령문과 청유문인 경우 상대에게 행동을 재촉하는 기능을 한다. 이러한 '예'의 기능은 이미 '이'에서 확인한 바 있다. 그러나 '이'가 존대와 무관한 조사라면 '예'는 높임의 의미가 분명한 점에서 다르다.

(306)은 '예'가 '이'와 달리 선행문이 중립적인 의문문인 경우에도 결합이 가능함을 보여 준다. '이'는 수사의문문, 혼잣말, 그리고 간접적인 의문 등 비중립적인 의문문에 한정되어 결합되었는데, '예'에는 그러한 제약이 없다.[68] 의문문에 결합되는 '예'는 상대에게 답변을 재촉하는 느낌을 준다. '예'가 없으면 상대에게 응답을 요구하는 수준에 머물지만, '예'가 결합되면 응답의 요구가 더욱 강조되며 결과적으로 답변을 재촉하는 느낌을 주게 되는 것이다.

(306)

가, 내일 서울 가요예?(*이?)(=내일 서울 가요?)

은 씨끝 '-오'로 표현되지만 전남방언은 '-오 〉 -요'의 변화를 겪어 '-요'로 나타난다. 그 밖에 서술법의 '-습디다', 물음법의 '-습디까', 명령법의 '-으씨요', 청유법의 '-읍시다'도 같은 위계에 속한다. 따라서 조사 '예'는 이들 표현 뒤에 결합될 수 있다.

[68] '예'는 혼잣말에 쓰일 수 없다. '예'에 높임의 뜻이 있으므로 혼잣말에 '예'를 사용하면 말할 이가 자신을 높이게 되기 때문이다.

나. 거그서 멋 허요예?(ʿ이?)(=거기서 뭐 해요?)

다. 그렇게 좋습디여예?(ʿ이?)(=그렇게 좋습디까?)

　조사 '예'의 기원에 대해 두 가지 가능성을 생각할 수 있다. 첫째는 응답어로부터의 문법화이다. '이'가 '응'에서 조사화 했듯이, 조사 '예'도 부가의문문의 꼬리말로 쓰이던 응답어 '예'가 조사화 했을 가능성이다. 둘째는 부름말 '예'로부터의 조사화 가능성이다. 그러나 부름말이 문장 뒤에 오는 것이 가능하기는 하지만 문장 앞에 오는 경우보다 사용 빈도가 매우 낮으며, 또한 서술문 뒤에 부름말이 오는 것은 어색한 면이 있다. 이런 점들을 고려하면 문장 뒤의 조사 '예'는 부름말보다는 긍정의 응답어에서 조사화된 것으로 보는 것이 합리적이다. '이'와의 평행성을 고려하면 더욱 그러하다. 그 밖에 부름말로는 전혀 쓰이지 않는 또 다른 응답어 '야'가 '예'와 동일한 기능의 조사로 문법화 된 것도 조사 '예'의 기원이 응답어에 있음을 뒷받침하는데 이에 대해서는 후술한다.

　'이'가 높임과 낮춤의 구별 없이 모든 위계에 쓰인다면 '예'는 오직 높임의 위계에만 나타난다. 이것은 긍정의 응답어로서 낮춤의 위계에 쓰이던 '이'가 조사로 문법화 되면서 원래의 상대높임 위계에서 벗어난 반면, '예'는 조사로 바뀐 뒤에도 원래의 위계가 그대로 유지되었기 때문이다. 조사 '예'는 문장 끝에만 올 뿐 문장 내부에 올 수 없다. 따라서 '이'와 달리 담화의 흐름을 조절하는 담화적 기능은 행하지 못한다. 이런 점을 고려하면 '이'에 비해 '예'의 문법화는 그 정도가 상대적으로 덜한 셈이다.

　서남방언에는 높임의 응답어로서 '예' 외에 '야'가 쓰인다.[69] '예'와 '야'는 의미적으로 아무런 차이가 없는 동의어이다.

---

69 높임의 응답어 '야'는 표준어나 중부방언, 동남방언에서도 쓰인다.

(307) "고먼 돌아가시면 바로 산에 가서 나무를 벱니까?" "야, 비여다가 또
내레갖고 하기도 하고."(영암)

응답어 '예'가 그러했듯이 '야' 역시 문장 끝에 쓰이는 조사로의 문법화를 겪
었으며, 그 기능 역시 '예'와 완전히 일치한다. ②에서 낮춤의 '야는 '야₁', 높임의
'야는 '야₂'로 구별한 바 있다. (308)은 구술발화에 나타난 서술법의 '야₂'이다.

(308)
가. 옛날에 직접 그랬다고 그런 말이 있읍디다야₂.(해남 구비)
나. 그 잔둥을 갈라면 그 가운데 중터리 산 잔둥에서 꼭 자야 간다고 합디
다야₂.(해남 구비)
다. 하루 저녁에는 남자가 주막에 갔드라우. 여자를 건들어 볼라고 했든
것입디다야₂.(해남 구비)

그 밖에 '야₂'는 '예'와 같이 의문문·명령문·청유문 등에 올 수 있으며, 선행
문장의 언표내적 효력을 강조하는 기능을 하는 점에서도 '예'와 완전히 일치
한다. '야₂'는 '예'와 마찬가지로 담화의 흐름을 조절하는 담화적 기능은 갖지
않는다. 따라서 반말이나 문중에 나타날 수 없다.

(309)
가. 거그서 멋 허요야₂?
나. 요리 잔 와 보씨요야₂.
다. 언능 갑시다야₂.

⑬ 문장 뒤 조사의 상호 관계

지금까지 우리는 서남방언에 나타나는 다양한 문장 뒤 조사를 살펴보았다. 이들은 출현 위치에 따라 문중과 문말의 두 종류로 구별된다. 문중에 나타나는 조사는 반말 표현에 결합될 수 있으며 반말로 끝나는 문장 뒤에도 올수 있는 조사이다. 그래서 엄격히 말하면 문중과 문말에 모두 올 수 있는 조사라 할 수 있다. 한편 문말에만 나타나는 것은 아주낮춤·예사낮춤·예사높임·아주높임 등의 마침씨끝 뒤에 오는 조사이다. 이들은 반말 문장이 아니라 '온말' 문장이다. 반말의 기원이 문장을 완전히 끝맺지 못한 채 쓰이는 표현이란 뜻임을 고려하여, 문장을 완전히 끝맺음으로써 구체적인 상대높임의 위계가 드러나는 경우를 '온말'이라 할 수 있다. 그렇다면 문말에만 나타나는 조사는 온말 문장에 결합하는 셈이다. 따라서 문장 뒤 조사는 온말과 반말 뒤에 오며, 반말 뒤에 오는 조사는 문중에도 나타날 수 있는 것이다.

반말 문장(또는 반말 표현)에 문장 뒤 조사가 결합할 경우 그 조사는 일정한 상대높임의 위계를 나타낸다. 이때는 반말의 씨끝에 우선하여 조사가 상대높임의 표현 능력을 갖는다. 반면 온말 문장에 결합되는 조사는 상대높임을 적극적으로 표현하지 못한다. 상대높임의 위계는 온말의 마침씨끝이 맡기 때문이다. 이때는 조사보다 마침씨끝이 위계 결정에 우선한다.

반말에 결합되는 조사에는 '야, 이라우, 이랑가, 이람닌짜, 이람니여, 이' 등이 있다. 이들은 상대높임의 위계에 따라 대립관계를 이룬다. 다만 '이'는 이 대립관계에 관여하지 않는다. '야-이랑가-이라우/이다-이람닌짜/이람니여'와 같은 조사에 의한 네 단계의 대립이 성립되는데, 이러한 네 단계의 대립은 전남의 진도와 완도에 국한된다. 이때 '야'은 아주낮춤, '이랑가'는 예사낮춤, '이라우/이다'는 예사높임, '이람닌짜/이람니여'는 아주높임의 위계를 나타낸다. 나머지 지역에서는 '야-이라우'의 대립만 나타나기 때문에 서남방언은 문장 뒤 조사에 의해 아주낮춤과 예사높임의 두 단계 대립이 일반적이라 할 수 있다. 조사 '이'가 이들 조사들에 결합할 수 있으므로 '이'와 이들 조사 사이에는 계열관계(대립관계)가 성립하지 않는다. 즉 '야₁'에 결합한 '야 이', '이라우'에 결합한 '이라이' 등이 가능한 것이다. 또한 '이'는 상대높임의 표현 기능이 없고 단지 말할이의 부드러운 정감을 표현할 뿐이다. 따라서 '야이'는 아주낮춤의 위계에 부드러운 정감이 얹힌 것이며 '이라이'는 예사높임의 위계에 동일한 정감이 얹혀 있다고 해석된다.

온말의 문장 끝에 오는 조사에는 '야₁, 이, 와, 웨, 예/야₂' 등이 있다. 이때에도 '이'는 대립관계에 참여하지 않는다. '이'는 나머지 '야₁, 와, 웨, 예/야₂' 등에 결합될 수 있기 때문이다. 상대높임의 위계에 따라 '와/야₁-웨-예/야₂'의 삼단계 대립이 가능하다. '와/야₁'은 아주낮춤, '웨'는 예사낮춤, '예/야₂'는 예사높임이나 아주높임의 위계에 쓰인다. 예사높임과 아주높임이 구분되지 않아 삼 단계를 이루는 점이 반말의 경우와 차이가 있다. '야₁'은 아주낮춤의 위계에 쓰이는 점에서 '와'와 같으나, 말할이와 들을이의 관계가 다르다. '와'가 나이 많은 여성(또는 남성)이 자신의 손자나 자식들에게 할 수 있는 말이라면, '야₁'은 젊거나 중년 정도의 사람이 평교간 또는 아랫사람에게 쓸 수 있는 말이다. 말할이와 들을이의 위계 차이는 '와'가 '야₁'에 비해 훨씬 큰 것이 특징이다. '와'는 그야말로 윗사람이 자식이나 손자 같은 사람을 배려하며 사용하는 말이라 하겠다. '와'가 사용되는 말할이의 조건이나 상대에 대한 배려 등은 '웨'와 '예/야₂'에서도 그대로 적용된다. 한편 '야₁'은 온말뿐만 아니라 반말 문장에도 결합되는 점에서 '와'나 '웨'와는 차이를 보인다.

서로 대립관계에 있다 할지라도 출현 분포까지 동일한 것은 아니다. 예를 들어 '야₁'과 '이라우'는 상대높임의 위계에서만 차이를 보일 뿐 그 기능은 같다. 그렇지만 '야₁'은 씨끝 '-구만, -거든, -으까, -은가' 등에 올 수 없으나 '이라우'는 가능하다. 또한 '이라우'는 '-네, -데'와는 결합이 불가능하나 '야₁'은 가능하다. '야₁'과 '이라우'는 원칙적으로 중립적인 의문문에는 오지 못하고 되물음, 수사의문문 등에 올 수 있는 점에서 공통이나, '야₁'은 '-디', '이라우'는

'-은가'에 각각 결합되어 중립적인 의문문을 예외적으로 형성하기도 한다. 이러한 관계는 '와/야₁-웨-예/야₂'의 대립관계에서도 확인된다. '와'와 '웨'는 중립적인 의문문에는 오지 못하나 '예/야₂'는 가능하다. 중립적인 의문문에 오지 못하거나 제한을 받는 점에서 '이'도 '야₁, 이라우, 와, 웨' 등과 같은 양상을 보인다고 할 수 있다.

5장

마침씨끝

5.1 상대높임의 위계

마침씨끝은 문장을 끝맺는 씨끝이다. 문장을 끝맺기 때문에 마침씨끝은 문장의 유형을 표현하며, 동시에 상대에 대한 높임의 위계를 나타낼 수 있다. 표준어의 상대높임 체계는 반말에 의한 두루낮춤과 조사 '요'에 의한 두루높임을 제외하면 '아주낮춤-예사낮춤-예사높임-아주높임'의 네 단계로 구성된다. 서남방언은 표준어와 달리 '아주낮춤-예사낮춤-예사높임'의 세 단계를 유지하며, 아주높임의 위계는 표준어와 상당히 다른 모습을 보인다.

표준어에서 아주높임은 문장 유형에 따라 '-습니다, -습니까, -십시오, -읍시다'와 같은 씨끝으로 표현된다. 서남방언에서도 '-습니다, -습니까'가 쓰이는데,[1] 그 사용 환경은 표준어와 달라서 주로 격식적인 상황, 말하기 어렵거나 조심스러운 상대, 상대적으로 높은 존대감을 표현하는 경우로 제한된다. 이러한 고유의 쓰임새를 고려하면 서남방언에서도 아주높임의 위계를 설정할 가능성이 있어 보인다. 그런데 문제는 아주높임의 패러다임 상에서 명령법과 청유법의 씨끝이 없어 빈칸으로 남게 된다는 점이다. 표준어의 '-십시오, -읍시다'에 형태적으로 대응하는 서남방언형 '-으씨요, -읍시다'가 있기는 하나, '-습니다, -습니까'와 위계가 맞지 않는다. '-으씨요, -읍시다'는 격식적인 상황이나 말하기 어려운 상대, 또는 매우 높은 존대 의식을 표현하는 말이 아니므로, 그 쓰임으로 보아 아주높임이 아닌 예사높임의 위계에 귀속시키는 것이 합리적이다. 한편 회상시제형 '-습디다, -습디까'도 '-습니다, -습니까'와 위계가 같지 않아 이 역시 예사높임의 표현으로 보아야 한다. 그러므로 서남방언에서 아주높임의 위계를 설정한다면 서술법과 의문법에 한정하여야 하고, 그것도 회상시제를 제외한 현재와 과거시제만을 포함해야 하는

---

1 서남방언에서 '-습니다'는 자음 뒤에서 '-읍니다'와 혼용된다. 여기서는 '-습니다'를 대표로 삼고 제보자의 발화에 나타난 경우에 한하여 '-읍니다'를 쓰기로 한다.

어려움이 있다. 이는 아주높임의 위계가 다른 위계와 달리 매우 불구적인 패러다임을 갖는 것을 의미한다. 그러므로 서남방언에서 '-습니다, -습니까'만을 위한 아주높임의 위계 설정은 불필요하고, 대신 '높임'이라는 단일한 위계를 설정하고, 거기에 '-습니다, -습니까'와 예사높임을 포함시키는 것이 더 합리적일 것이다. 물론 '높임'의 위계 안에서도 약간의 높낮이 차이가 있는 것은 감수해야 할 일이다. 그렇다면 서남방언은 '아주낮춤-예사낮춤-높임'과 같은 세 단계의 위계를 갖게 된다. 그리고 높임에는 '-습니다, -습니까', '-습디다, -습디까', 허요체의 '-요/소', 조사 '이라우'의 결합형들이 모두 포함되게 될 것이다.

5.2 높임

5.2.1 서술법

① '-습니다'와 '-습니이다'

'-습니다'는 구비문학대계 자료에서도 심심찮게 발견된다. 이야기의 구술자가 이야기를 듣는 동네 사람들이나 조사자를 대우하기 위한 말투로 보인다. (1나)에서는 '찾지라우'와 '같습니다'가 함께 쓰이고 있어 이 두 말의 위계가 같음을 보여 준다. 조사 '마는/만'이 '-습니다' 뒤에 결합하기도 한다. 또한 (1다)-(1라)에서 보듯이 '고 하-' 탈락에 의한 내포문과 상위문의 축약도 나타난다. 이러한 축약이 일어날 경우 격식적인 말맛이 약화되는 느낌이 있다. '-습니다'는 손윗사람이라 할지라도 친밀한 관계인 경우 쓰이기 어렵다. 예를 들어 자식이 부모에게는 쓰지 않는 말이다.

(1)
가. 아, 인자 집안 난리가 났습니다.(함평 구비)
나. 예, 찾기야 찾지라우. 찾기야 찾습니다마는 그 신(神)이 따른 것이라 나서 찾기가 곤란헐 것 같습니다.(함평 구비)
다. 이 애들은 그것이 아니고 친형제부텀 더 친허게 지내더랍니다.(함평 구비)
라. 그 도골이 아부지가 칙간(=변소)에 들어가서 재를 허직여(=허적여) 보이 아 거그서 은수저가 나왔답니다.(함평 구비)
마. 여자가 인사를 떡 허면서, "미안헙니다만 편지 쪼께 봐 주시요."(장성 구비)

'-습니다'보다 더 격식적인 말로서 '-습니이다'가 드물게 보인다. '-습니이다'의 '이'는 중세어의 안맺음씨끝 '-이-'의 후대형이다. 이 '이'는 일반적으로 쓰이지 않지만 상대를 극히 대우하려 할 때 쓰이는 수가 있다. '-습니이다'는 으레 그러함을 뜻하여 '-습니다'와 의미 차이가 있다.

(2)

가. 아, 뚜둥께(=두들기니까) 괴(=고양이)를 자꼬 때리면 하르르 하르르 헙니이다, 숨쉬는 것이.(함평 구비)

나. 그래서 옷을 베리기 따물레(=때문에) 지일(=제일) 마을에 첫 집이는 어뜬 첫 집은 부잣집 베라(=별로) 없습니이다.(해남 구비)

②-습디다

회상시제가 포함된 '-습디다'는 높임의 위계에 쓰이기는 하나 '-습니다'처럼 격식적인 상황이나 어려운 상대에게 쓰이는 말은 아니다. 예를 들어 '-습니다'와 달리 자식이 부모에게도 쉽게 쓸 수 있는 말이다. 이런 점에서 후술할 허요체의 '-요/소'와 위계가 같다고 할 수 있다. '-습디다'의 위계가 '-습니다'에 비해 낮아진 것은 허요체에서 회상시제 표현이 불가능하기 때문이다. 즉 "-드요'와 같은 형태소 결합이 불가능하므로 회상시제의 빈자리를 메우기 위해 '-습디다'의 위계가 낮아진 것으로 보인다.

(3)

가. '인간은 뜬 구름과 같아.' 그렇게 만사지에 썼습디다.(함평 구비)

나. 작은집 샌님이 이러고 저러고 의관이 없고 신발도 없고 의복도 없고 못 오시겄다 헙디다.(함평 구비)

다. 아이, 오늘 아침에 가 봉게 큰 소똥이 있습디다.(신안 구비)

라. 날이 새서 저 따신 디 가서 살찌기 열어 봉께로 해골입디다.(승주 구비)

마. 사우 그놈이 그랬답디다.(승주 구비)

바. 그래서 그 때 돈이로 한 이백 냥쯤 췄든갑디다.(함평 구비)

③ -음시다

'-음시다'는 전남 진도 지역어에서 쓰이는 특이한 씨끝인데[2] 그 의미는 '-겠소', '-을게요'와 같이 말할이의 의도나 약속을 나타낸다. 따라서 주어는 언제나 일인칭이다. 약속의 아주낮춤형은 '-으마', 예사낮춤형은 '-음세'이므로 여기에 높임의 '-음시다'가 더해지면 '-으마, -음세, -음시다'처럼 형태적으로 유사한 체계를 갖추게 된다. 따라서 진도의 '-음시다'는 기존의 약속형에 유추되어 생겨난 형태일 가능성이 크다.

(4)

가. 보고 싶으면 이따 내가 베 줌시다(=보여 주겠소), 우리 집이 있소.(진도)

나. 쭉 이따 베 줌시다마는(=보여 주겠소마는), 고놈이로 인자,(진도)

다. 할(=활)이 어찌게 생겠는가니(=생겼는고 하니) 내가 갈차 줌시다(=가르쳐 주겠소).(진도)

라. 암 제 해 줌시다(=아무 때 해 주겠소).(진도)

④ -요/소

표준어 하오체의 씨끝 '-오/소'는 서남방언에서 '-요/소'로 나타난다. '-요/소'는 억양에 따라 서술과 의문의 두 서법에 걸쳐 쓰인다.[3] 한편 '있-, 없-, 았-,

---

2 경북 방언에서도 '-음시다'가 보인다. (예) 내일 꼭 감시데이.(권재일 1982)

-겄-'을 제외한 자음 아래에서는 '-소' 외에 '-으요'가 수의적으로 오기도 한다. 이것은 원래 '-소'가 나타나는 환경의 일부에 매개모음을 갖는 '-으요'가 쓰이기 시작한 결과이다. 즉 '-요/소'에서 '-요/으요'로의 형태적 단일화가 일어난 것인데, 다만 이 변화는 완료되지 않아 현재는 '-요/소/으요'의 세 가지 변이형이 쓰이고 있다. 자음 뒤에 나타나는 '-소'가 모음 뒤의 형태와 단일화 되는 이러한 변화는 자음 뒤의 주격조사 '이'가 '이가'로 변화하는 것과 성격이 같은 것이다.

(5)

가. 내가 천하에 조화를 부린닥 헐지라도 나보담 더 무선(=무서운) 거시기 있소. 내가 거 당치를 못허요.(함평 구비)

나. 당신은 학 새끼라고 고로고만 하면 당신이 과게를 하요.(신안 구비)

다. 바람헌테는 거 헐 수가 없이 쫓게 댕이요. 바람이 무섭소.(함평 구비)

라. 그라면 잘되았소. 우리집으로 갑시다.(신안 구비)

마. 아이, 지가 아마 태기가 있는 것 같으요.(함평 구비)

바. 그 총각 외약다리(=왼쪽 다리)만 하나 떠다가 댈여 먹으면 대번 낫으요.(장성 구비)

'요'는 서술의 완형 보문 또는 '-을라-' 다음에서 '-우'로의 수의적 변동을 보이기도 한다.[4] '-우'는 '-오 〉-요'의 변화가 일어나기 전 '-오'가 모음 상승을 일으켜 생겨난 형태이다. 곧 '-오 〉-우'의 변화를 겪은 것이다. 다만 이 변화는 서술의 완형 보문과 '-을라-' 뒤라는 제한된 환경에서만 일어났다.

---

3 '-오'가 동북방언에서 명령법과 청유법에도 쓰이는 것과는 대조적이다.
4 충남 지역에서도 같은 환경에서 '-우'로의 변동이 나타난다. (예) 뭣 멕여 키운다우?(보령)/뭣 멕여서 살릴라우?(보령)/불 질르구 올라우.(보령)/지사 잡수는 디 안 갈라우?(부여)

(6)

가. 그래서 선산이 아주 못쓰게 썼다요.(함평 구비)

나. 토끼가 흉(=흉내)을 내드라요.(화순 구비)

다. 시어매가 그러고 며누리를 잡드라요.(화순 구비)

라. 두꺼비 얘기를 헐라요.(함평 구비)

(7)

가. 이만저만했다우.(함평 구비)

나. 업고 어디 어디 산골짝으로 들어가드라우.(화순 구비)

다. 내가 십 년을 도울라우.(함평 구비)

라. 그러니 나도 따라갈라우.(함평 구비)

5.2.2 의문법

① -습니까/습니꺄/습니껴

의문형은 서술형과 형태적으로 평행하게 나타난다. '-습니다'에 대해 '-습니까'가 기대되는데, '-습니까' 외에 '-습니꺄'와 '-습니껴'도 확인된다. '-습니꺄'는 진도·완도 등지에서 주로 쓰이며, '-습니껴'는 전남의 여러 지역에서 사용된다. '-습니꺄'는 진도에서 /ㄴ/이 첨가된 '-습닌꺄'로도 쓰인다.

(8)

가. 각시가 일어나 봉께 그거 참 현모양처든가, "서방님 어째서 요렇금 배탈이 나갖고 이렇게 설사를 하십니까?" 하고 조단조단 물었단 말이여.(보성 구비)

나. "김진기한테 얼굴만 뵈이면 되겠습니까?" 그렁께,(보성 구비)

다. 뭔 말씀을 허실랍니까?(보성 구비)

라. 얼매나 쑤시(=수수)를 많이 키왔겄습니까, 상 받을라고?(보성 구비)

(9)

가. 홀엄씨(=홀어미) 집엘 가서, "아, 지무십니꺄(=주무십니까)?" 그랑께
　홀엄씨가, "예, 인났소(=일어났소)." 이라고 나오거든.(고흥 구비)

나. 갔습니꺄?(진도/조병현 2014:388)

다. 보셌습니꺄?(진도/조병현 2014:388)

라. 봡닌꺄?(진도/조병현 2014:388)

마. 간답닌꺄?(진도/조병현 2014:388)

바. 성님, 어이서 옵니꺄?(완도)(조미라 준비중)

(10)

가. 아부이 밤새 평안하십니껴? 어무이 평안하십니껴?(고흥 구비)

나. 생원님 산고 들었십니껴?(고흥 구비)

다. 어디가 허언을 할 수가 있십니껴?(고흥 구비)

라. 근디 즈그 딸만 주믄 알아맞춘다고서 날보고 지나감서 그러니 그 어쩌
　겄십니껴?(승주 구비)

마. 여자는 여필종부라니 시가에서 살아야지 어쩨 지가 이것 친정에 살 수
　있습니껴?(장성 구비)

바. 아니, 제가 언제 빈말 헙딘가요? 빈말 안 했어요. 저가 헛소리 허겠습
　니껴?(장성 구비)

사. 우리가 이렇게 부끄러워서 살겠습니껴?(화순 구비)

아. 옛날에는 뭐 갈 디가 있습니껴? 처가에 가지.(보성 구비)

진도의 '-습닌꺄'는 구개음화를 일으켜 '-습닌짜', 그리고 축약된 '-습짜'로도

쓰인다. '-습닌짜' 외에 '-습닌자'도 쓰이는데, '-습닌자'는 '-습니갸〉-습닌갸〉-습닌자'와 같은 변화를 겪었음이 분명하다. 따라서 진도에서는 의문형 씨끝 '-습니꺄'와 함께 '-습니갸'도 쓰였을 것으로 추정된다.

(11)

가. 가십닌짜?(진도/조병현 2014:388)

나. 나오셨습닌짜?(진도/조병현 2014:388)

다. 오셨슴짜?(진도/조병현 2014:388)

라. 시바 한아부지! 아적 진지 잡수셨슴짜(=셋째네 할아버지! 아침 진지 잡수셨습니까)?(진도/조병현 2014:388)

마. 지금마이로(=지금처럼) 잏게 두 늙으이 살잔해(=살지 않고) 그런 때는 여러이 안 살았습닌자?(진도)

②-읍니여

(12)는 완도에서 쓰이는 의문형 씨끝 '-읍니여'의 예이다. (12다)-(12아)는 완형 보문과 상위문의 동사가 축약된 것으로서 김웅배(1991/2002:210-211)에서 가져온 것이다.

(12)

가. 거그도 그랍니여(=거기도 그럽니까)?

나. 고롱게 좋읍니여(=그렇게 좋습니까)?

다. 고것도 월급이랍니여(=그것도 월급이랍니까)?

라. 울 엄니도 울었답니여(=우리 엄마도 울었답니까)?

마. 언제 학교 댕겠냠니여(=언제 학교 다녔느냐고 합니까)?

바. 일로 되돌레가랍니여(=이리로 되돌아가라고 합니까)?

사. 항께 댕기잡니여(=함께 다니자 합니까)?

아. 길코 그 가이나하고 겔혼할랍니여(=기어코 그 계집애하고 결혼하려
　　고 합니까)?

씨끝 '-읍니여'는 회상시제의 '-읍디여'와 시제적으로 대립하는 말이다. '-읍
디여'는 전남북의 대부분 지역에서 쓰이나, '-읍니여'는 해남·완도·장흥·강
진 등 전남의 남부 해안 지역에서 주로 나타난다(김웅배 1991/2002:210). 이들 지
역 이외의 전남북에서는 '-읍니여' 대신 '-읍니까, -읍니꺄, -읍니껴' 등이 주로
쓰인다.

　③-음서/음사

　완도의 청산도·금일 등지에서는 '-읍니여' 대신 '-음서'나 '-음사'가 쓰인다
(조미라 준비 중). 서남방언에서 '-음서'는 흔히 이음씨끝 '-으면서'의 방언형으
로 쓰이나, 완도의 청산과 금일 지역의 '-음서'는 '-읍니까'의 뜻이다. 따라서
예 (13나)의 '-담서'는 '-다면서'가 아닌 '-답니까'로 해석해야 한다. (13라)의 '-담
사'도 마찬가지다. (13마)의 '-을람사'는 '-으렵니까'의 의미다. '-음서'는 '-읍니
여'에 대응하고, '-음사'는 '-읍니야에 대응한다. 아마도 '-읍니여'의 축약형 '-읍
녀'[음녀]에서 '녀'가 '서'로 바뀐 것으로 보이는데, '-읍니야에서 '-음사'가 발
달한 것도 같은 과정을 겪은 것으로 추정된다.

　(13)

　가. 매겁시 글덩마는 안 댕께 갔음서(=괜히 그러더니마는 안 되니까 갔습
　　　니까)?(금일)

　나. 그랑께사, 선생님이 여그로 면사무송께 이리 오셨담서(=그러니까 선
　　　생님이 여기로 면사무소니까 이리 오셨답니까)?(청산)

다. 이 마을에서 제일 많이 참 사당 선생을 하셨음사?(청산)

라. 걸하수가 도랑으로 여워서 찰찰 물을 업고 들어갔담사?(청산)

마. 즈 어매가 거슥을 민 데라 했는디, 안 헐람사?(청산)

④ -습디까, -습디여, -습디요, -습딩겨

'-습니까'의 회상형은 '-습디까'이다. '-습디다'와 마찬가지로 '-습디까'도 '-습니까'에 비해 약간 낮은 위계를 나타내어 비격식적인 상황이나 친밀한 관계에서 쓰일 수 있는 높임 표현이다. 이 역시 허요체의 씨끝 '-요'가 회상시제의 안맺음씨끝 '-드-'와 결합할 수 없어 그 빈자리를 메우기 위해 위계가 낮아진 것으로 보인다. 즉 "-드요?'의 빈자리를 '-습디까'가 메운 것이다.

(14)

가. 이승은 어떻게 생겼고 저승은 어떻게 생겼습디까?(승주 구비)

나. 모냐도(=먼저도) 개골이가 잘 안 찾습디까?(함평 구비)

다. "이 욱에 사람 있습디까?" 그라면,(해남 구비)

라. 그 앞에 냇(=내) 안 있습디까?(해남 구비)

마. "내가 뭐라고 합디까?" 하닝게,(부안 구비)

바. 집집마다 사람 사는 곳 한 디나 있습디까?(정읍 구비)

사. 나는 으디로 시집가면 존 디로 간다고 급디까(=그럽디까)?(정읍 구비)

아. 게 뭔 일 있답디까?(정읍 구비)

'-습디까'의 방언형으로서 '-습디꺄'가 전남의 남해안 지역인 진도·영암 등지에서 확인된다. '-습디꺄'는 진도에서 '-습딘쨔'로도 나타나는데, 이는 '-습닌꺄'가 '-습닌쨔'로 변화한 것과 같다. 즉 '-습디꺄 〉 습딘꺄 〉 -습딘쨔'의 변화를 겪었을 것이다. 또한 '-습딘쨔'와 함께 '-습딘자'도 보이는데 이 역시 과거에 '-습딘갸'가 있었음을 뒷받침한다. 결국 진도에서는 '-습디꺄, -습딘꺄, -습딘짜, -습디갸, -습딘갸, -습딘자' 등이 쓰였거나 쓰이는 것으로 생각된다. 한편 (15바)는 영암에서 확인된 것인데, '-습딘자'가 진도를 넘어 영암에까지 쓰일 수 있음을 보여 준다.

(15)

가. 갔습디꺄?(진도/조병현 2014:388)

나. 가셨습딘짜?(진도/조병현 2014:388)

다. 벡파장같이 물도 없을랍딘짜?(진도)

라. 그 전에 그 영감님을 사과(=사귀어)갖고 배를 한나 쬐깐한 것을 안 샀습딘짜?(진도)

마. 나무를 잋게 요롷게 덴 거 안 있십딘자?(진도)

바. 아까 내가 머이락 합딘자?(영암)

'-습니껴'가 '-습니꺄에 비해 사용 지역이 넓었음을 지적한 바 있는데, 회상 시제의 경우 '-습디껴'가 별로 보이지 않는다. 구비문학대계의 자료에서는 아래 (16)이 유일하다. 아마도 '-습디껴' 대신 '-습디여'가 있기 때문일 것이다.

(16) 아 그랄랍디껴? 아 그라면 그렇게 할랍니다.(해남 구비)

'-습디꺄'와 같은 의미의 '-습디여'는 전남과 전북의 전역에 두루 쓰인다.[5] 이로 보아 '-습디꺄'보다 '-습디여'의 사용 비율이 훨씬 높을 것으로 추정된다. 심지어 '-습디꺄, -습딘짜' 등이 쓰이는 전남 진도에서도 '-습디여'가 보이는데, (17사)-(17아)가 그 예이다. (17ㅑ)-(17ㅑ)에서 보듯이 -습디여'는 '-습뎌'로

---

5 충남 보령 지역어에서도 '-습디여'가 나타난다. (예) 나눠 달라구 합디여?(보령)

축약되기도 한다.

(17)

가. 뜨거우먼 지가 돌아 안 눌랍디여?(함평 구비)

나. 비민히(=어련히) 알아서 허실랍디여?(함평 구비)

다. 머더러 갈랍디여? 갈 일 없응께 안 갈라우.(함평 구비)

라. 누가 그럽디여?(고흥 구비)

마. 한 숭어리(=송이)는 살이 탔닥 합디여, 뭣이 탔닥 합디여?(해남 구비)

바. 뭐라고 헙디여? 내가 그렁게 내가 아버지보다 안 헙디여? 호박만 지고
　　와도 나 뭐라고 헙디여? 아버지는 내 예산만 못혀. 그 자식들 어디로
　　갑뎌?(장성 구비)

사. 성님이 왔습디여?(진도/조병현 2014:388)

아. 짐장은 했습디여?(진도/조병현 2014:388)

자. 저 죽을 일을 할랍디여?(전주 구비)

차. 거무줄이 낄랍디여?(군산 구비)

카. 여비는 떨어지고 헐 수 있습디여?(정읍 구비)

타. 오늘 저녁 하루 저녁 빠진다고 못쓸랍디여?(정읍 구비)

파. 그 며느래 봉게 어찝디여?(정읍 구비)

하. 그리가지고 집이럴 안 왔습디여?(고창)

ㅑ. 잘해서 그랄랍뎌?(영암)

ㅑ. 뭐라고 헙뎌?(정읍 구비)

'-습디여'에 대해 이태영(1995)은 '-습디겨 → -습디여'와 같은 /ㄱ/ 탈락의
변화를 가정한 바 있다. 이 가정이 옳다면 '-습디겨'와 짝을 이루는 '-습디갸'
로부터도 '-습디야'가 생겨날 가능성이 있는데, (18)이 이를 보여 준다.

(18) 아, 그라믄 조선에 왕서근이를 누가 왕이라 그랍디야?(고흥 구비)

마찬가지로 '-습니겨, -습니갸'로부터 각각 '-습니여, -습니야'가 나올 수 있는
데, 이들 형태 역시 전남 완도 지역어에서 확인된 바 있다(김웅배 2002:211-212).
그렇다면 '-습디겨'는 /ㄴ/ 첨가에 의한 '-습딩겨'와 /ㄱ/ 탈락에 의한 '-습디여'
의 두 가지 변화를 각각 겪는다고 할 수 있다. 지역적 분포로 봐서는 회상시
제에서 /ㄱ/ 탈락은 전남북 전역에서 일어났지만 비회상시제의 경우에는 전
남 완도에서만 일어났다. 반면 /ㄴ/ 첨가는 회상시제의 경우 전남북의 접경
지역에서 일어났지만 비회상시제는 전남의 진도와 영암 등지에서만 나타난
다. 전반적으로 회상시제에서의 변화가 비회상시제에서의 변화보다 출현
지역이 상대적으로 넓다고 하겠다.

[ㄱ 탈락]
(a) -읍디겨 → -읍디여(전남북 전역)
(b) -읍니겨/읍니갸 → -읍니여/읍니야(완도·강진) → -음서/음사(완도)

[ㄴ첨가]
(a) -읍디겨 → -읍딘겨 → -읍딩겨(전남북의 접경지대)
(b) -읍니갸/읍니꺄 → -읍닌갸/읍닌꺄 → -읍닌자/읍닌짜 → -음자/음짜
    (진도·영암)
(c) -읍디갸/읍디꺄 → -읍딘갸/읍딘꺄 → -읍딘자/읍딘짜(진도·영암)

'-습디요'도 전남북의 일부 지역에서 나타나는데, 이들 지역에서도 일반적
인 형태는 '-습디여'이다. 그렇다면 '-습디요'는 '-습디여'로부터 하오체의 씨
끝 '-요'에 이끌려 생겨난 변이형일 가능성이 크다. '-습디여'와 '-요'는 상대높
임의 위계가 같기 때문이다.

(19)

가. 용듬벙에서 물 묵었닥 안 합디요?(해남 구비)

나. 어머니, 뭐 하게 어머니 오시라고 합디요?(해남 구비)

다. 거그서는 축을 어찌 읽습디요?(신안 구비)

라. 요 아래 올라온 디 오늘 안 봤소? 큰 정자나무 있고 큰 똥섬 한나 없습
디요?(보성 구비)

마. 아, 거 '뒷집이 신영감 뒷집이 신영감 뒷집이 신영감' 그리 안 헙디요?
(보성 구비)

바. 그 정자나무 가지가 몇 가지나 됩디요?(부안 구비)

사. 내가 초저녁 뭐라고 합디요?(부안 구비)

아. 그 묘가 어떠십디요?(정읍 구비)

전남과 전북의 접경지대인 담양·정읍 등지와 전남 신안에서는 '-습딩겨'
가 보이는데, 이는 '-습디까'의 방언형 '-습디겨'에 /ㄴ/이 첨가된 형이다. 앞
에서 진도 지역어의 경우 '-습니꺄'와 더불어 '-습닌꺄'의 쓰임을 지적한 바 있
는데 '-습니꺄〉-습닌꺄'의 변화에서 보이는 /ㄴ/ 첨가가 '-습디겨'에서도 일
어났음을 알 수 있다.

(20)

가. 보리밥이 밥일랍딩겨?(담양)

나. 욱에서 허락 헌 대로 헐랍딩겨?(담양)

다. 편히 주무셨소? 방일랑 안 춥습딩겨?(신안 구비)

라. 이리 구렁뎅덩 시선부 지냈십딩기여(=지나갔습디까)?(정읍 구비)⁶

---

6 정읍의 구비문학 자료에서 '-습딩겨', '-습디여'가 연속해서 함께 쓰인 예가 보인다. (예)
셋째 딸이 어디만큼 감서, "이리 구렁뎅덩 시선부 지냈십딩기여?" 모른다. 저그 저가 물

마. 한 마리 안 잡어 줬다고 그 안 잡어 줄랍딍겨?(정읍 구비)

바. 이쁜 각시가 베를 짜는디 똥을 싸겄습딍겨?(정읍 구비)

사. 아니, 어떤 게 연분이라고 헙딍겨?(정읍 구비)

⑤ -요/소

허요체의 '-요/소'는 억양을 바꿔 의문형으로 쓰일 수 있다. 자음 뒤의 '-소'
가 '-으요'로 수의적인 변동을 보이는 것은 서술형의 경우와 같다.

(21)

가. 어뜧게 그런 것을 물어볼 것이요?(함평 구비)

나. 어찌 그리 수심은 허시요?(부안 구비)

다. 글만 쳐다보고 있으면은 뭐 먹을 것이 나오요?(부안 구비)

라. "거 누구 찾으시요?" "예, 내가 주인을 찾소."(정읍 구비)

마. 뒤지기(=두더지)가 멋이 무섭소?(함평 구비)

바. 그러면 어찌해서 명을 잇어야 쓰겄소?(함평 구비)

사. 으디 살으요?(부안 구비)

아. 아, 웬일이요? 이 밤중으 짚은 산중으서 산봉우리까지 와 울으요?(부안
구비)

자. 대관절 당신은 무슨 거시기로 그 여시(=여우)를 잡으요?(정읍 구비)

차. 아, 여그 신선대가 여그 있단 말이 맞으요?(정읍 구비)

'-요'는 '-을라' 뒤에서 '-우'로 변동하기도 하는데 이 점은 서술형과 같다. '-요'
가 '-우'로 변동하는 것은 '-요'가 이전에 '-오'였음을 말해 준다. 즉 '-오 〉 -우'의

어보라고. 거 가, "이리 구렁덩덩 시선부 지냈십디여?" 저그 가 물어보라고.(정읍 구비)

변화가 '-을라-' 뒤에서 일어났던 것이다. 이후 '-오'는 다시 '-요'로 바뀌게 되어 오늘날 '-요'와 '-우'가 공존하게 되었다.

(22)

가. 내가 드릴 거니 가 보실라요?(함평 구비)

나. 선생님, 제가 풍월을 한 짝 할 테니까 그놈 짝을 채우실라요?(부안 구비)

다. 새내키(=새끼) 한 다래에 얼마 헐라우?(함평 구비)

라. 그러면 멋이로 줄라우?(함평 구비)

마. 여그서 이 호랭이 가져가믄 안 놓치게 지키고 있을라우?(부안 구비)

다음은 서술법의 완형 보문 뒤에 '-요'가 오는 경우이다. 이는 완형 보문과 상위문 서술어가 축약된 것으로서 이때는 '-요'와 함께 '-우'도 나타날 수 있는데 이 점은 서술형과 마찬가지다. (23)에서 보듯이 지정사를 포함한 완형 보문의 경우 '-라'와 함께 '-다'가 쓰이는데 이는 '-라〉-다'의 변화가 서남방언에서 일어났기 때문이다. 그러나 이러한 변화와 무관하게 상위문의 씨끝은 '-요'와 '-우'가 쓰일 수 있는데 이때의 '-우'가 '-오'로부터 모음 상승에 의해 생겨난 것임은 이미 앞에서 언급한 바 있다.

(23)

가. 지붕에 엱인(=엱은) 것이 뭐이다요?(승주 구비)

나. 그러면 그 자식을 얻다가 쓴다요?(전주 구비)

다. 나 사내키(=繩, 새끼) 어디 갔다우?(함평 구비)

라. 강짜가 뭣이다우?(정읍 구비)

마. 암 디라도 묻으제 뭐 땜이 이치가 있다우?(정읍 구비)

바. 뭔 말씀이라우?(정읍 구비)

(24)의 '-으라우'는 '-을까요'의 의미를 갖는 표현인데, 여기에 포함된 '-우'도 높임의 의문형 씨끝이다. '-으랴'가 독립적인 마침씨끝으로 기능하기 때문이다.

    (24) 밥 허라우(=밥 할까요)?

'-으라우'의 '-으라'는 원래 말할이의 의도에 대한 상대방의 동의 여부를 묻는 의문형 씨끝 '-으랴'가 단모음화 된 것이다. '-으랴'는 표준어에도 있는 말이며, 같은 뜻으로 '-으리'도 쓰인다. 서남방언에서도 '-으랴' 또는 '-으라'가 쓰이는데 그 위계는 아주낮춤이다. (25가)는 '-으래'와 '-으랴'가 한 문장 안에서 공존하고 있음을 보여 준다. '-으랴'가 상대의 의향을 묻는 말이므로 의미적으로 표준어의 '-을까'에 대응시킬 수 있을 것이다. 그러나 '-을까'는 상대의 의향을 묻는 용법 외에도 추측이나 의구심 등을 나타내며 특히 혼잣말로도 쓰일 수 있는데, '-으랴'는 오직 적극적으로 상대의 의향을 물을 뿐 결코 추측·의구심·혼잣말 등의 용법은 없다. 이 '-으랴'에 높임의 의문형 씨끝 '-우'가 결합되어 '-라우'가 생겨났는데, 예 (24)가 바로 이것이다. 따라서 '허라우?'가 '할까요?'의 의미로 해석되는 것은 매우 자연스럽다. 글쓴이의 직관으로는 '-으랴우'보다 '-으라우'가 더 자연스럽게 느껴진다. '-으라우'의 '-우' 대신 씨끝 '-요'가 결합한 '-으라요'는 불가능하다. '-으라우'는 '-을라우/을라요', '-다우/다요'와 달리 '-으라요'와의 변동을 허락하지 않는다. 아주낮춤의 '-으라'에 높임의 의문형 씨끝 '-우'(←-오)가 결합되는 것은 매우 이례적이다. 그렇다면 '-으라우'는 '-을라우'에 유추되어 생겨났을 가능성이 있다. '-으라우'는 '-을라우'와 마찬가지로 의도에 관한 물음이란 점에서 공통이기 때문이다. 다만 '-을라우'가 상대의 의도를 직접적으로 묻는다면 '-으라우'는 말할이의 의도에 대한 상대방의 동의 여부를 묻는 점에서 다르다.

(25)

가. 그러믄 너 삼정승의 육판서 나는 자리를 해 주래? 네 당대에 천 석 받는

    디를 땅을 잡어 주랴?(군산 구비)

나. 곳감 주랴?(군산 구비)

다. "그러면 멋을 해 주랴?" 그렇게,(군산 구비)

라. "그놈을 빼 주랴?" 그렁께,(화순 구비)

마. "멧 쓰라(=묘 쓸까)?" 헝께는 암 말도 않더니,(함평 구비)

바. 처음부터 다시 하라?(부안 구비)

'-으라'와 같은 아주낮춤의 씨끝이 이끄는 문장에 다시 상위문의 씨끝 '-우'
가 결합되는 것은 매우 이례적이다. 그래서 '-으라'와 의미적으로 유사한 '-을
까'에 조사 '요'나 '이라우'가 결합될 수 있음을 고려하여, '-으라우'의 '우'를 씨
끝이 아닌 조사 '이라우'의 변이형으로 해석할 가능성을 생각할 수 있다. 즉 '-으
라-라우 → -으라우'와 같은 축약이다. 이 축약은 동일 형태 '라'의 중복을 피
하기 위해 뒤의 '라'가 탈락되어 발생한 것이다. 그러나 표준어에서는 '-으랴'
에 두루높임의 조사 '요'를 결합시킬 수 없으므로, 서남방언에서 '-으라우'의
'우'를 조사 '이라우'의 변이형으로 해석하는 것은 무리한 일이다. 따라서 가
능한 해석 방법은 '-으라'에 상위문의 높임 씨끝 '-우'가 결합되었다고 보는 것
이며, 이때 '-우'는 허요체 '-요'의 변이형이어야 한다.

서남방언의 '-요'는 표준어의 '-오'와 기원을 같이 하나, 사용 조건에서는 상
당한 차이를 보인다. 말할이가 어른인 경우, '-요'는 높임과 같음 그리고 낮음
의 위계 모두에 걸쳐 사용 가능하다. 낮음의 위계에 쓰일 때에는 표준어와
같이 [-친밀], [+격식] 또는 [+대우]의 환경에서 사용된다. 반면 말할이가 청소
년 이하의 세대이면 높음의 위계, 그것도 어른인 상대에게 사용하는 말투이
다. 물론 상황이 격식적이라면 상대가 어른이 아니더라도 이 말투를 쓸 수
있을 것이다. 이런 점에서 '-요'는 표준어 '-오'의 쓰임 일부를 포괄하면서 합

시오체나 해요체의 쓰임을 함께 갖는 이 방언의 가장 높은 등분임을 알 수 있다. 이 때문에 '-요'는 부모나 동네 어른에게 쓰일 수 있고, 낯모르는 사람에게 처음 말을 걸 때에도 쓰일 수 있다.

5.2.3 명령법

① -으시요

허요체의 '-요/소'는 독자적으로는 명령법을 표현하지 못하며 반드시 주체 높임의 안맺음씨끝 '-시-'와 결합되어야 한다. 이 점이 표준어의 하오체와 다른 점이다. 그래서 서남방언의 "언능(=얼른) 오요.'는 명령으로서 비문이며, '언능 오시요'로 쓸 때에만 비로소 명령법 표현으로 가능하다. '-으시요'는 후술할 '-으씨요'와 음상과 기능이 비슷하여 혼동될 수 있다. 그러나 기원형이 다르므로 구분되어야 한다. '-으씨요'와 '-으시요'가 공존하는 경우 '-으시요'가 상대적으로 더 점잖고 격식적인 말맛을 풍긴다.

(26)

가. 내일 장에 가서 팔아서 갖다 갚을 거잉께 쌀 서 되만 치해 주시요.(고흥 구비)

나. 그랑께 걱정 말고 자시요(=드세요).(고흥 구비)

다. 어머이 이 말을 바른 대로 안 갤차 주믄, 나 칼로 기양 목을 찔러 죽을 거잉께, 바른 대로 말씀을 해 주시요.(고흥 구비)

라. 보시요. 뫼표 안 해 놨소(=해 놨잖소)?(해남 구비)

마. 아, 거그 있으시요. 기술이나 보고 돈이나 조금 가져가시요.(해남 구비)

바. 아버지나 가시요.(부안 구비)

사. 꼭 나 시키는 대로 허시요이.(부안 구비)

아. 값이는 얼마든지 무값으로 돌란 대로 드릴 테니 개를 좀 팔으시요.(군
산 구비)
자. 방으 있는 손님들 미안허지만 잠깐 밖으로 다 나와 주시요.(정읍 구비)

② '-읍시요'와 '-으씨요'

서남방언은 표준어와 달리 '-으씨요'가 명령법의 씨끝으로 널리 쓰인다. '-으
씨요'는 '-읍시요'에서 /ㅂ/이 탈락한 것이다. 그것은 마치 '하납씨 〉하나씨'
(=할아버지)에서 일어난 변화와 같다. 그런데 구비문학 자료에 /ㅂ/이 유지된
'-읍시요'의 예가 소수 확인된다. 이는 옛날이야기를 하면서 사용한 매우 의
고적인 표현이라 하겠다.

(27)
가. 선생님 한나 잡숩시요.(고흥 구비)
나. 해방을 시킵시요.(고흥 구비)
다. 우리허고 같이 살겄게(=살도록) 해 줍시요.(함평 구비)

'-읍시요'는 '-읍시오'에서 변화한 것이다. '-읍시오'는 『표준국어대사전』에
도 등재되어 있는 씨끝으로서 사전에는 '하십시오할 자리에 쓰여, 명령의 뜻
을 나타내는 종결 어미'로 풀이되어 있다. 그러나 현대 입말에서 '-읍시오'는
거의 사용되지 않으며, 주체높임의 '-시-'가 결합된 '-십시오'가 쓰일 뿐이다.
역사적으로 '-읍시오'의 '-읍시-'는 중세에서 현대에 이르는 동안 '-ᄉᆞᆸ시- 〉 -읍
시- 〉 -읍시-'와 같은 형태적 변화와 함께 기능적 변화를 겪었다. 객체높임을
나타내던 '-ᄉᆞᆸ-'이 17세기 이후 '-읍-'으로 바뀌면서 기능도 상대높임으로 바
뀌게 되었고(허웅 1953:55-59), 상대와 주체가 일치하는 경우에는 결과적으로
주체높임을 나타낼 수 있게 되었다. 그 결과 근대국어와 20세기 초반의 현대

국어에 쓰인 '-읍시-'나 '-옵시-'는 주체높임의 안맺음씨끝 '-시-'의 높임을 더해 주는 기능을 하게 된다(김정수 1984:25-28, 고광모 2000b, 이광호 2004:345). (28)은 주체의 높임을 더해 주는 '-읍시-'의 예로서, 고광모(2000b)에 제시된 것의 일부이다.

(28)

가. 참 영특도 합시오.(운현궁의 봄 757)
나. 마마, 무슨 생입시오?(운현궁의 봄 755)
다. 그러한 걱정은 맙시오.(귀의성 상 88)

(28)에서 보듯이 20세기 초반의 '-읍시오'는 서술·의문·명령 등의 서법에 두루 쓰일 수 있었다. 그러나 『표준국어대사전』에 등재된 '-읍시오'는 하십시오체의 명령형 씨끝이다. 20세기 초반부터 현대에 이르는 동안 '-읍시오'는 명령법으로 그 쓰임이 좁혀지게 된 것이다. 물론 '-읍시오'는 오늘날의 표준어 언어생활에서 쓰이는 일이 거의 없으므로 이마저도 과거의 흔적으로만 남아 있는 셈이다. '-읍시오→-십시오'의 대체는 '-읍시-'를 주체높임의 독자적인 씨끝으로 인식하지 못하게 되었음을 의미한다. '-읍시오'의 서법이 명령법으로 제한되면서 '-읍시오' 전체를 하나의 씨끝으로 인식하게 되었고, 이에 따라 여기에 새로이 주체높임의 '-시-'가 결합될 수 있게 되었다. 오늘날은 '-십시오'를 하나의 명령법 씨끝으로 분석한다.

표준어와 달리 서남방언은 '-읍시오'가 '-읍시요'나 '-으씨요'의 형태로 남아 있다. 앞에서 언급한 대로 서남방언에는 '-시요'도 쓰인다. 그렇다면 서남방언은 지역에 따라 또는 말할이에 따라 '-시요'와 '-읍시요'가 공존한다고 하겠다. '-읍시요'는 '-시요'에 상대높임의 '읍-'이 덧붙어 있으므로 그 위계가 상승되어야 하나 실제는 그렇지 않다. 오히려 '-시요'가 '-읍시요'에 비해 더 점잖고 격식을 차린 말로 들린다.

'-읍시요'에 주체높임의 '-시-'가 결합되면 '-십시요'가 되는데, 이 '-십시요'
는 표준말의 말맛을 풍기기도 하나, '-읍시요'보다는 격식적이며 어려운 상
대에게 쓰이는 존칭 표현이다. 이 점에서 보면 '-십시요'는 '-습니다, -습니까'
와 같은 위계의 명령 표현임을 알 수 있다. 서남방언에서는 '-십시요'와 함께
'-시-'의 /ㅅ/이 탈락한 '-입시요'도 쓰인다. '-입시요'는 '-십시요'와 달리 표준
어의 말맛이 전혀 없어 서남방언 고유의 느낌을 준다. '-읍시요' 홀로는 사용
빈도가 낮지만 '-시-'가 결합되면 상대적으로 빈도가 높아진다.

(29)

가. 허실 말씀 있으면 허십시요.(함평 구비)

나. 좀 가르쳐 주십시요.(신안 구비)

다. 아버님, 저 삘건 놈을 주십시요.(화순 구비)

라. 거 가서 잔(=좀) 물어보입시요.(함평 구비)

마. 예예, 말씸허입시요.(함평 구비)

바. 들으입시요(=드십시오).(함평 구비)

사. 얘기나 좀 해 보입시요.(함평 구비)

아. 조심허입시요.(함평 구비)

'-읍시요'의 /ㅂ/이 탈락한 '-으씨요'는 전남북의 모든 세대에 걸쳐 두루 쓰
이는 서남방언의 대표적인 씨끝이란 점에서, 전남의 일부 노년층에서 쓰이
는 '-읍시요'와는 차이를 보인다. 전북의 경우 '-으씨요'는 주로 남부에 나타나
며, 전북 북부에서는 '-으시요'가 일반적이다.

(30)

가. 아부이, 말 두 필만 주씨요.(함평 구비)

나. 보씨요. 십팔 세가 제 명 아니요?(함평 구비)

다. 그래. 오씨요.(부안 구비)

라. 오백 냥이 모지랭개 아버지가 오백 냥만 주씨요.(부안 구비)

마. 가만히 있어 보씨요.(부안 구비)

'-으씨요'에 주체높임의 '-시-'가 결합된 '-시씨요'가 쓰이기도 하는데 이때 '-시-'의 /ㅅ/이 탈락한 '-이씨요'도 흔히 보인다. /ㅅ/의 탈락은 주로 노년층에서 일어난다.

(31)

가. 오고 싶으면 오이씨요.(함평 구비)

나. 샌님 죽여 주이씨요.(함평 구비)

다. 아부이(=아버지), 거기만 내려가 보이씨요.(함평 구비)

③-으이다

전남과 경남의 접촉 지대인 광양·여천·남해·하동 등지에서는 높임의 명령형 씨끝으로서 '-으이다'가 쓰인다(이기갑 1982a/b). '-으이다'와 주체높임의 '-시-'가 결합하면 '-시이다' 또는 '-시다'로 쓰인다. 이 '-시이다'의 '-시-'에서는 /ㅅ/이 탈락되지 않는다.

(32)

가. 앉으이다.(광양)

나. 저 베게 하나 베고 좀 누우시다.(광양)

다. "아부지 절 받으시이다." 그러면,(광양)

이 '-으이다'는 중세어의 청유형 씨끝 '-사이다'를 연상시킨다. '-사이다'에서 형태 '사'가 제거된 것이 '-으이다'이기 때문이다. 따라서 '-으이다'의 '이'는 중세어의 상대높임 안맺음씨끝 '-이-'의 후대형임이 분명하다. 씨끝 '-다'가 명령법에 쓰이는 경우가 없기 때문에, '-으이다'의 '다'가 관련을 맺을 만한 형태는 중세 청유형 씨끝 '-사이다'의 '다'가 유일하다. 청유법과 명령법이 모두 상대에게 행동을 요구하는 서법이라는 공통점이 이러한 관련성을 뒷받침한다. 그렇다면 '-사이다'의 청유 의미는 비연속적인 형태 '사-다'에 기인하는 것인지도 모른다. '-으이다'에는 청유를 나타내는 형태 '사-다'의 일부인 '사'가 없기에 청유 대신 명령을 뜻하게 된 것으로 추정된다.

5.2.4 청유법

서남방언의 높임 위계에 쓰이는 청유형은 표준어와 같이 '-읍시다'이다. 또한 주체높임의 '-시-'가 결합한 '-십시다'도 가능하다. '-십시다'의 '-시-'에서 /ㅅ/이 탈락하여 '-입시다'로도 쓰인다. (33아)는 '-십시다'와 '-입시다'가 혼용되고 있음을 보여 준다. 서남방언에서 '-읍시다'는 어른들 사이에서뿐 아니라 어린 자식이 부모에게 하는 말로 쓰이는 등, 청소년 이하의 세대가 [-격식]의 상황에서 친밀한 어른에게도 사용할 수 있기 때문에 표준어와 다른 면이 있다.

(33)

가. 안녕히 가십시다. (보성 구비)

나. 근디 혹시 알란가 데리다가 한번 물어보도록 허십시다. (승주 구비)

다. 이 방으로 들어가십시다. (해남 구비)

라. 배깥 사랑으로 가입시다. (함평 구비)

마. 그래 좀 찾아 주입시다. (함평 구비)

바. 우리 애기 저놈 삶아 믹입시다. (함평 구비)

사. 아버지, 뵈입시다.(승주 구비)

아. 오늘 장에를 <u>가십시다</u>. 오늘 장이요. 장에를 댕김서 바람도 좀 쐬시고 생전 장에도 안 가싱께 장에 <u>가입시다</u>.(보성 구비)

청유는 본시 말할이와 들을이가 함께 행동할 것을 들을이에게 요청하는 서법이다. (34)가 가장 전형적일 것이다. (34)에서 서술어 '만나다'는 '싸우다, 결혼하다, 헤어지다…' 등과 같은 대칭동사(symmetric verbs)로서 복수의 참여자를 요구한다. 그러므로 이러한 대칭동사가 청유의 서법을 취하면, 말할이와 들을이가 모두 참여자에 포함되게 된다. 그리고 말할이는 들을이에게 서술어가 가리키는 행동을 할 것을 요청하는 것이다. 그러므로 이때 문장의 주어는 말할이와 들을이를 포함하는 '우리'가 자연스러운데, (34)에서 보듯이 참여자의 하나인 말할이가 '나허고'로 명시되어 있으므로 이때는 '우리' 대신 '당신'과 같은 이인칭 대명사가 주어로 설정될 수 있다.

(34) 요놈 가지고 가서 투망 잘허시요. 그러고 뒤에 잘되면 또 나허고 만납시다.(신안 구비)

청유는 말할이 자신의 행동에 대한 들을이의 허락이나 도움을 요청할 때 쓰이기도 한다. 서술어가 지시하는 행동에는 오직 말할이만 참여하며 들을이는 그 행동에 직접 참여하지 않는데, 이때 말할이가 행동할 수 있도록 들을이에게 도움이나 배려하기를 요청하는 것이다. 말할이의 참여가 적극적이라면 들을이의 참여는 소극적인 셈이다. 그러므로 청유 문장의 주어는 오직 적극적으로 참여하는 주체여야 하므로, 이때의 주어는 '우리'가 아닌 '나'가 된다. 그래서 (35)도 명시되지 않았지만 의미상으로는 '나'가 주어이다. (35가)-(35나)는 말할이가 들을이의 집에서 하룻밤 묵기를 요청하는 경우이며, (35다)-(35라)는 말할이가 들을이에게 인사 받기를 요청하는 청유문이다. (35가)-(35나)에서는 들을이의 허락, (35다)-(35라)에서는 들을이의 인사 받을 준비가 소극적 참여의 내용이 될 것이다. 그리고 실제 잠을 자거나 인사를 하는 것은 오로지 말할이만의 행동일 뿐이다. (35마)에서도 묻는 주체는 말할이이며 들을이는 단지 말할이의 물음에 대답해 주기를 요청하고 있을 뿐이다. 그래서 이러한 서술어에 의미적으로 대응하는 주체는 '나'일 수밖에 없다.

(35)
가. "좀 잡시다." 긍께는, "우리 집은 못 자라. 여자들만 사는 디라."(신안 구비)
나. 하루 저녁 유하고 갑시다.(신안 구비)
다. "어무이, 보입시다." 그러고 인사는 탁 허고는,(신안 구비)
라. 동생이 배를 타고 갔다 돌아와서, "형님, 보입시다." 하고 인사만 하면,
    (신안 구비)
마. 남녀가 유별하지마는 그 곡절을 물어봅시다.(신안 구비)

청유의 서법은 들을이의 행동을 요청하는 경우에도 쓰인다. 일종의 명령법이라 할 수 있는데, 이 경우는 위와는 반대로 말할이의 도움이나 배려가 필요할 수 있다. 물론 이 도움이나 배려가 필수적인 것은 아니다. 이럴 경우 청유는 단순히 들을이에 대한 행동 요청만을 뜻하게 된다. (36가)가 이런 경우이다. (36가)는 주인이 일꾼들에게 지시하는 경우로서 하관의 구체적 행동은 일꾼들이 행하게 된다. 따라서 이 문장의 말할이는 단지 지시를 할 뿐 하관의 구체적인 행동에 참여하는 바가 없다. (36나)는 상대에게 자신을 따라오라는 뜻이므로 따라가는 주체는 들을이며 말할이는 들을이가 따라올 수 있도록 안내를 하거나 앞장을 서는 등 도움을 주게 된다. (36다)는 의원에게 자신이 사는 마을로 가도록 요청하는 뜻이므로 가는 주체는 들을이인 의원이며 말할이는 역시 안내를 하거나 동행을 할 수도 있을 것이다. (36나)-

668

(36다)에서는 어느 정도의 소극적 참여가 동반된다고 할 수 있다. 이처럼 들을이의 행동을 요청하는 경우 의미상의 주어는 들을이이다. (36)에서는 구제척인 주어가 명시되지 않았지만, 만약 부름말로써 들을이를 지칭한다면 (36가)-(36나)는 '김씨', (36다)는 '의원님' 정도가 될 것이므로 주어가 들을이인 것은 분명하다고 하겠다.

(36)

가. 아이고, 하관 시간 됐소. 하관합시다.(신안 구비)

나. 나 따라갑시다. 돈 갚어야 쓰께 갑시다.(신안 구비)

다. 그 한의원을 보고, "자, 우리 고을에 이리 급한 환자가 있응께 좀 갑시다."(신안 구비)

5.2.5 높임의 조사

높임의 위계에는 위에서 설명한 다양한 마침씨끝 외에 조사도 참여한다. 표준어에서 조사 '요'가 그러하듯이 서남방언에서도 조사 '요', '이라우', '이다' 등이 반말에 결합하여 높임의 위계를 나타내게 된다. 이들의 보다 자세한 용법에 대해서는 4.5 ③-⑤ 참조.

(37)

가. 인자 그 도골이 아부지가 거 가서 대지나(=과연) 찾아보니 모두 거가 들었거든이요. 그래서 그 때 돈이로 한 이백 냥쯤 췄든갑디다.(함평 구비)

나. 개골이를 사위로 삼기로 했습니다. 그래서 개골이가 나랏님의 사위가 되았지요.(함평 구비)

다. 틀림없지라우. 그렇고면 됩니다.(함평 구비)

라. 그렇지라우. 그럼 내가 오늘 본 것 이얘기허리다.(함평 구비)

마. "언저녁에 요리 오신다고 와겠는디라우, 문 쪼깐 열어 봅시다." 긍게,

　(함평 구비)

바. 주구(=저희)도 요량 있겄지이다이. (광양)

사. 알았어이다. (광양)

5.3 예사낮춤

예사낮춤은 이인칭 대명사 '자네'라 불릴 만한 상대에게 사용하는 상대높임의 위계이다. 표준어의 입말에서는 예사낮춤의 사용이 그다지 빈번하지 않으나, 서남방언은 일상적으로 매우 활발하게 쓰인다. 이 위계에 속하는 씨끝으로는 '-네, -은가, -소/게, -세, -음세, -으께?, -드라고' 등을 들 수 있다. 이들 형태들은 대부분 표준어와 같으나 명령의 '-소', 권유의 '-으께'와 '-드라고'에서 약간의 차이를 엿볼 수 있다. 특히 명령의 '-소'는 전남북의 대부분 지역에서 쓰이나, 전남 완도 등지에서는 표준어와 같은 '-게'도 보인다. 이 명령의 '-소'가 높임의 서술과 물음에서 쓰이는 '-요/소'의 '-소'와 구분되어야 함은 물론이다.

서남방언의 예사낮춤은 쓰임의 폭이 넓은 점에서 표준어와 차이가 있다. 우선 말할이와 들을이가 청년 이상이라는 점에서 장년 이상의 말할이를 요구하는 표준어와는 차이를 보인다. 서남방언의 예사낮춤은 표준어의 예사낮춤 범위를 포괄하면서 거기에 표준어에 없는 쓰임까지도 갖기 때문이다. 예를 들어 젊은이들 사이에서 쉽게 발견할 수 있는 말투이며, 남편이 아내에게 하는 전형적인 말투이기도 하다. 이 밖에도 (38)처럼 부모 또는 조부모가 어린 자식이나 손자들을 귀여워할 때에도 예사낮춤의 표현을 즐겨 쓴다.

(38) 우리 새끼 거그서 멋 헌가?(할머니가 어린 손자에게)

전남의 일부 지역에서는 (39)처럼 아이들이 엄마에게, 동생이 오빠나 누나에게, 그리고 후배가 나이 차가 많지 않은 선배에게 쓰기도 하기 때문에 예사낮춤을 쓸 수 있는 세대는 더 낮아지며, 더구나 높임의 위계에까지 사용 가능하다는 특징을 갖는다.

(39)

가. 성, 거그서 멋 헌가?

나. 누님, 언능 이리 오소.

다. 엄매 그 말 말게. 그라면 장에 가서 노끈이나 댓 발 사갖고 오게.(신안
구비)

라. 언니네들이나 엄매랑 가서 묵게.(신안 구비)

이런 경우는 모두 친밀감을 드러내는 느낌이 있기 때문에, 서남방언의 예사
낮춤은 표준어에 없는 친밀의 뜻이 담겨 있는 수가 많다. 표준어의 예사높임
이 상하 격차가 크지 않은 손윗사람에게 쓰이는 말투이고(서정수 1994:54), 중
년 이상의 부부 사이에 쓰일 수 있는 말투라면, 이러한 쓰임은 서남방언의
예사낮춤이 표현하는 영역이기 때문에 서남방언의 예사낮춤은 결국 표준어
의 예사높임 일부와 예사낮춤을 포괄하는 쓰임을 갖는 셈이다.

5.3.1 서술법

①-네₁

'-네'는 예사낮춤 서술법의 대표적인 씨끝인데, 그 쓰임은 표준어와 같다.
같은 형태가 반말에도 쓰이므로 이를 구별하기 위해 예사낮춤의 서술형 씨
끝은 '-네₁'로 표기한다. '-네₁'이 회상시제의 안맺음씨끝 '-드-'와 결합하면 보
충형 '-데'로 나타난다.[7] '-데'는 따라서 아주낮춤의 '-드라'와 높임의 '-습디다'
사이에 있는 회상시제의 위계인 셈이다. '-네₁'과 마찬가지로 '-데'도 동형의
반말 씨끝이 존재하므로 이를 구별하기 위해 '-데₁'로 표기한다. (40)의 (가)-

---

7 허웅(1995:550-552)에서는 '-데'를 '-더-'와 '-으이'의 결합인 '-더이'에서 온 것으로 해석하였다.

(라)는 '-네₁'이 이인칭 대명사 '자네', 명령의 '-소', 의문의 '-은가', 청유의 '-세'
와 호응하고, (마)-(차)는 '-데₁'이 예사낮춤의 위계임을 보여 준다.

(40)

가. 자네 운도 막 찼네.(함평 구비)

나. 내가 긴히 부탁헐라네.(함평 구비)

다. 어제 와겠다가(=오셨다가) 떠나신 손님네가 내 집이 재차 <u>들와겠네</u>(=들
   어오셨네). (중략) 아이 방바닥에다 내러놓고 천불나게(=빨리) 나와서
   영접해 <u>들이소</u>.(함평 구비)

라. 아, 본때기(=본래) 인멩(人命)이먼 <u>재천(在天)이라네</u>. 어디가 <u>죽는단</u>
   <u>가</u>? 꺽정말고 여그서 내 집이서 한 삼 년 있다 동생네 집이나 가고 그러
   꼼 <u>허세</u>.(함평 구비)

마. 에이, 이 사람 <u>안 갈라네</u>. 언저역(=엊저녁) 봉께 <u>못쓰겄데</u>. 잃은 도치는
   쇠나 좋드라고 자네 집에 있었으면 밥이라도 먹을 것인디 거그 가서
   밥도 못 먹었네.(신안 구비)

바. 아무개 엄씨! 아, 요새 영감들 시세가 좋다 <u>허데</u>. 헝께 울 아부지를 <u>폴</u>
   <u>세</u>.(신안 구비)

사. 뭐 육대존가 얼만가 <u>된다데</u>.(고흥 구비)

아. 인자 이놈이 꾀가 나든가 화리에다가 밑에다가 물을 쪼끔 담고 그 우
   에다가 불을 <u>담았든 것이데</u>.(신안 구비)

자. 노랑쇠란 놈이 이러고 저러고 다 불러 중게 그대로 <u>썼든가 부데</u>.(함평
   구비)

차. 일 년간 토비를 해 놓은 것이 거짓말 쪼끔 보태서 동산더미 반절 만한
   <u>했던 갭이데</u>.(장성 구비)

②-ㄹ세/세/시/으시

표준어 '-ㄹ세'는 지정사 '이-'와 '아니-'에 결합되어 쓰이는데, '-네'과 같이 단순히 말할이의 생각을 드러내거나 아니면 거기에 감탄을 얹어 표현한다. 즉 [-감탄]과 [+감탄]의 두 가지 용법이 있다. '일세'는 감탄의 씨끝이 포함된 '이로쇠'로부터 발달한 것인데, '이로쇠 〉 일쇠 〉 일세'와 같은 변화를 겪었다 (허웅 1977/김정수 1979/이현희 1982/최전승 1995). '-ㄹ세'가 [+감탄]의 의미로 쓰일 수 있는 것은 이러한 역사적 이유 때문이다. 현대 표준어에서 '일세'는 지정사 '이-'와 씨끝 '-ㄹ세'로 분석됨으로써 형태상으로 감탄을 표현하는 형태는 드러나지 않는다. 그 결과 '-ㄹ세'가 통째로 [±감탄]의 의미를 나타내기에 이르렀다. 서남방언에서도 표준어와 같이 '-ㄹ세'가 그대로 쓰이는 수가 있다.

(41)

가. 내 해골이 어디가 있을 것일세.(함평 구비)

나. 그런 생각이 들었단 말일세.(함평 구비)

다. 그 지네 독을 받으이 결국 뚜께비마저 죽었다, 희생이 되었다 말일세.
    (고흥 구비)

라. 저놈 앉은 자리 그냥 드러운 놈일세. 걸레로 닦아 버려라.(화순 구비)

마. 이것 내가 볼기짝이 말이 아닐세.(군산 구비)

그러나 실제 발화에서는 '-ㄹ세'의 /ㄹ/이 탈락한 '-세', 그리고 모음이 상승한 '-시'가 주로 쓰인다. '-세'보다는 '-시'의 사용 빈도가 훨씬 높다.

(42)

가. 내가 죽일 놈이세.(신안 구비)

나. 아, 이 사람아! 대가릴 찾는 중이세.(화순 구비)

다. 내 달리 자네 찾아온 것이 아니세.(함평 구비)

라. 아니세. 온지사(=온 씨 성의 지관)가 지사가 아니세. 자격 없는 사람이
세. 암것도 모르는 사람이세.(신안 구비)

마. 아, 무서운 양반이시. 아이, 음 무서운 양반여.(화순 구비)

바. 사공놈이 별놈이시.(화순 구비)

사. 큰마느래는 불쌍헌 사람이시.(함평 구비)

아. 가만 생각흥게 갈 디 올 디가 없는 사람이란 말이시.(정읍 구비)

자. 헛소리가 아니시.(화순 구비)

서남방언의 '-세'는 표준어와 달리 지정사 외의 용언에도 쓰일 수 있다. 일반 용언에 쓰일 때에는 '-세'가 아닌 '-시'로만 쓰이며, 자음 뒤에서는 매개모음 /으/가 개재된 '-으시'로 변동한다. 즉 '-시/으시'의 필수적인 변동이 나타나는 것이다. 이것은 지정사에서 일반 용언으로의 분포 확대가 '-세/시'의 수의적인 변동형 가운데 사용 빈도가 높은 '-시'를 통해 이루어졌기 때문이다. 빈도가 높은 '-시'가 일반 용언으로 확대되었고, 지정사의 경우에는 언제나 모음 뒤에만 나타나므로 단일형이 쓰이지만 일반 용언으로 확대되면서 자음 줄기 뒤에도 나타나게 됨에 따라 매개모음 /으/가 개재되어 '-시/으시'의 변동을 보이게 된 것이다.

(43)

가. 친구가 와도 술 한 잔도 못 받아 주고. 참 미안한 생각이 간절하시('간절하세).(보성 구비)

나. 자네 하리(=하루) 생활은 풍부하시('풍부하세). 그렇께 하리 한 냥씩만 내서 자네 생활을 하소.(보성 구비)

다. 허허, 참 자네 성질 묘하시('묘하세).(보성 구비)

라. 쩨깐헌 것이 잘도 허시('허세).

마. 날도 징허니(=굉장히) 더우시(ˊ더우세).

바. 날도 징허게 좋으시(ˊ좋으세).

'-시'가 동사에 쓰일 경우, 정도부사나 상태부사의 수식을 받아야 하는 제약
이 있다. (43라)에서도 정도부사 '잘'이 쓰여 정문이 되었다. 만약 부사어가
없이 "쩨깐헌 것이 허시'처럼 [-감탄]의 의미를 나타낸다면 비문이 된다. 이것
은 '-시'가 동사에 쓰일 경우 오직 [+감탄]의 경우에만 쓰이는 것을 의미하며,
이 때문에 정도부사나 상태부사의 수식이 필수적으로 요구되는 것이다. 동
사를 수식하는 정도부사나 상태부사는 '-시'가 갖는 [±감탄] 가운데 [+감탄]에
호응할 수 있기 때문이다. '-시'가 지정사로부터 형용사를 거쳐 동사에까지
쓰임이 확대된 것은 오직 [+감탄]의 경우뿐이며, [-감탄]에서는 결코 동사로
의 분포 확대가 일어나지 않았던 것이다. 그 결과 '-시'는 [-감탄]의 동사에서
는 쓰이지 못한다.

'-시'는 담화적 표현 '말이-'에서도 흔히 쓰인다. '말이-'는 반말 뒤에 오거나,
완형 보문과 관형형 씨끝 '-ㄴ'의 결합체 뒤에 나타나는데, 반말 뒤에서는 담
화의 흐름을 조절하는 기능을 하며, 관형형 씨끝 '-ㄴ' 뒤에서는 선행하는 완
형 보문의 내용을 강조한다. '말이-'는 상대높임의 위계에 따라 '말이다, 말이
네/말일세, 말이오, 말입니다, 말이야, 말이에요' 등으로 활용한다. 서남방언
에서도 '말이-'는 표준어와 같이 다양하게 활용하여 쓰이는데, 특히 '말일세'
는 '말이세, 마세, 말이시, 말시, 마시' 등 다양한 형태로 쓰인다. 예사낮춤의
위계에서 '말이네'와 '말이시'가 공존하는데, '말이시'의 사용 빈도가 훨씬 높
다. 이러한 높은 빈도 때문에 '말이시 → 말시 → 마시'와 같은 축약의 변화가
일어날 수 있었던 것으로 보인다.[8]

---

8 전남방언에는 부름말로 아주낮춤의 '아이 마다', 예사낮춤의 '어이 마시', 높임의 '예 말이
요'(=여보세요)가 있다. '마다'는 '말이다', '마시'는 '말일세'의 방언형이다. 이에 대한 보

(44)

가. 아이, 옥니가 있어가지고 옥니로 다 짤라 불었단 말이세.(신안 구비)

나. 나는 제일 돈이 무섭단 말이세.(신안 구비)

다. 저거 여동생이 말이시, 상부(喪夫)를 해 불고 호자(=혼자) 집이가 있어.(고흥 구비)

라. 일찍 주무시라고 아이, 이불을 딱 펴 준단 말시.(고흥 구비)

마. 아, 그런디 여행을 갔단 말시.(화순 구비)

바. 살라먼 그런다 마시.(함평 구비)

사. 그것이 아니라 이만저만허고 이만 일이 있다 마시.(함평 구비)

'-을 것이-'와 같은 추정 구성에서도 '-시'는 흔히 쓰인다.

(45) 내가 그렇게 두 글자를 써서 던질 것잉게 애비 부(父)자 줏은 사람은 애비가 되고, 아들 자(子)자 줏은 사람은 아들이 될 것이시.(화순 구비)

'-시'는 주체높음의 '-시-'를 포함한 어떠한 안맺음씨끝과도 결합하지 않는데, 이 점에서 같은 의미를 나타내는 '-네'와 다르다. 따라서 '-시'는 '-네'에 비해 그 쓰임의 분포가 매우 제약되어 있는 셈이다.

③ -으니

표준어의 마침씨끝 '-느니'는 예사낮춤에 쓰여 진리나 으레 있는 사실을 일러 주는 기능을 한다. 표준어에서는 '-느니'와 함께 아주낮춤의 '-느니라'도 같은 의미를 나타낸다. 공시적으로 본다면 '-느니'는 '-느니라'의 마침씨끝 '-라'

다 자세한 설명은 3.3.9 참조.

가 절단되어 상대높임의 위계가 예사낮춤으로 상승한 것으로 해석할 수 있다. 그러나 역사적으로 '-느니이다'와 같은 씨끝에서 '-이다'가 절단되어 위계가 낮아진 것으로 해석할 수도 있다. 국어의 문법사에서 절단에 의해 상대높임의 위계가 낮아지는 변화는 쉽게 볼 수 있는 것이므로 아무래도 후자의 해석이 더 타당할 것으로 생각된다.

서남방언에도 '-느니'가 있으며 위계도 예사낮춤이란 점에서 표준어와 같다. 또한 으레 그러함을 나타내는 의미도 표준어와 다름이 없다. 더구나 서남방언에서는 '-습니이다'와 같이 으레 그러함을 나타내는 높임의 표현이 가능하므로 '-느니'는 '-습니이다'에서 '이다'의 절단에 의해 생겨난 것으로 해석하는 것이 합리적이다. 서남방언에서는 기원적으로 현재시제를 나타내었던 형태 '느'가 나타나지 않는 것이 일반적인데, '-은가'(=-는가), '-은디'(=-는데), '-으니'(=-느니), '-은'(=-는) 등에서 이를 확인할 수 있다. 이러한 '느'의 탈락은 '있-'류의 표현들에서는 일어나지 않는 것이 보통이다.[9] 이러한 '느'의 탈락 때문에 마침씨끝 '-느니'는 서남방언에서 '-으니'로 쓰이게 되지만, 특이하게도 '있-'류의 표현들에서마저 '느'가 탈락하여 '-으니'로 쓰이는 것은 다른 경우와 다른 점이다.[10] 다만 (46마)에서 보듯이 전북에서는 '없느니'처럼 '느'가 유지되는 수도 있다. 전남이라면 '없니'가 자연스럽다.

(46)

가. 그랬다는 농담이 있니.(함평 구비)

나. 영암(靈岩) 허세에다가 안장을 했어. 응, 영암으로 모셔 갔제. 거 허세
　　라고 그라니.(해남 구비)

---

9 '있-'류의 표현은 '있-', '없-', '았-', '겄-' 등 의미적, 역사적으로 '있-'과 관계가 있는 네 가지
　형태소를 이르는 말이다.

10 이음씨끝 '-느니'도 서남방언에서는 흔히 '-으니'로 쓰이는데, '있-' 뒤에서도 '-으니'가 쓰인
　다. (예) 여가 있니 차라리 나갈란다.

다. 옛날에는 여시가 둔갑을 잘하니.(화순 구비)

라. 여가 옛날에는 좋았니.

마. 누님이 한참 있다 한닷 소리가, "아, 좀체로(=좀처럼) 열녀 없느니."(부
안 구비)

④ -음세/음시

약속을 나타내는 '-음세'의 쓰임은 표준어와 완전히 같다. '-음세'는 '-음시'
로도 변동하는데, 물론 그 변동은 수의적이다. 그래서 (47)의 '-음세'는 모두 '-음
시'로 바꿔 쓰일 수 있다.

(47)

가. 노잣돈 탄 놈 자네 주고 감세.(부안 구비)

나. 이튿날 내가 알어보고 꼭 옴세.(부안 구비)

다. 자네가 먼저 올라가소. 내가 망태에 줄을 달아 줌세.(부안 구비)

라. 아, 그럼 내가 얼매 더 줌세.(군산 구비)

마. 이놈 한 짝이나 삼기 시작혔으니 삼어 놓고 감세.(정읍 구비)

바. 자네를 굶어 죽게 안 맨들아 줌세.(정읍 구비)

사. 그러믄 내 감나무고 뭣이고 물려 도라고 안 험세.(정읍 구비)

아. 긍게 자네 아들허고 혼연을 혀먼은 내가 자네 살게 해 줌세.(정읍 구비)

5.3.2 의문법

① -은가/는가, -은고/는고

씨끝 '-은가', '-은고'는 표준어의 '-는가', '-는고'에 대응한다. 서남방언에서

는 현재 표지 '-느-'가 부분적으로 탈락되는 변화를 겪었기 때문에 '-은가'로 쓰이는 것이 일반적이다. 다만 노년층의 세대나, 의고적인 표현이 필요할 때는 '-는가'로 쓰이기도 한다. 한편 '있-'류의 표현들에서는 결코 '느'의 탈락이 일어나지 않아 언제나 '-는가'로만 쓰인다. '-은가'는 형용사뿐 아니라 동사에도 쓰일 수 있는데, 중부 방언의 경우 형용사와 동사에 따라 '-는가'와 '-나'가 분화된 것과는 차이를 보인다. (48)은 구비문학 자료에서 확인된 '-는가'의 예이다. 이는 '느' 탈락이 일어나기 전의 옛 형태를 사용한 의고적 표현으로 생각된다. 특히 옛날이야기를 실감나게 구연하기 위해 의도적으로 이러한 의고적 표현을 사용할 수 있다.

(48)
가. 자네는 어째 그리 일도 안 하고 그리 편히 먹고 사는가?(화순 구비)
나. 아, 자네만 앞에 가는가? 아, 기달렸다 나하고 같이 좀 가세.(화순 구비)
다. 아이, 이 사람아, 그것이 맘대로 되는가?(보성 구비)

'-은가'와 '-은고'는 옛말에서 의문사의 유무에 따른 판정의문과 설명의문에 각각 쓰였던 씨끝이다. 그러나 현대 서남방언에서 이러한 구분은 사라졌다. (49마)-(49파)에서는 의문사가 있음에도 불구하고 '-은고' 대신 '-은가'가 쓰이고 있는 사실이 이를 보여 준다. (49마)-(49타)는 직접 의문, (49파)는 수사의문의 예이다. 이들 문장에서 '-은가'를 '-은고'로 대체하면 비문이거나 매우 어색하다. 예를 들어 (49바)처럼 상대에게 직접적인 물음을 행하는 경우는 '-은고'로 대체할 수 없다. 또한 (49파)처럼 수사의문을 나타내는 경우도 '-은고'로의 대체가 불가능하다. (49카)처럼 내포문의 마침씨끝과 상위문의 씨끝이 축약된 '-단가'는 어떤 경우에도 '-단고'로 바꿔 쓸 수 없다. '-다냐', '-단가', '-다우', '-답니까'와 같은 축약된 의문형은 언제나 상대를 향한 직접적인 의문을 나타내기 때문이다. 그래서 직접적인 의문을 표현하지 못하는 '-단고'는 아예 불가능한 표현이 되는 것이다. (49아)의 '-은가'를 '-은고'로 바꾸면 상대에 대한 직접적인 질문이 아니라 말할이의 혼잣말, 또는 마음속의 생각을 나타내는 말로 해석된다. 이처럼 의문사의 유무에 상관없이 서남방언의 '-은가'는 상대에 대한 직접 의문과 수사의문에 사용된다. 직접 의문과 수사의문은 모두 상대를 전제로 하는 말이라는 점에서 공통이므로 '-은가'는 결국 [+상대]의 환경에서 사용되는 씨끝이라 할 수 있다.

(49)

가. 나 보인가?(보성 구비)

나. 자네 그렇게 거짓말을 못헌가?(보성 구비)

다. 즈그 마누라보고, … "아, 옛말도 있지 않은가?"(화순 구비)

라. 그랬다면 별수가 있는가?(화순 구비)

마. 그걸 어떻게 젤일(=줄일) 방법이 없는가?(보성 구비)

바. 아, 자네도 어디를 가서 옛날마냥 돌아왔는가?(화순 구비)

사. 아, 이 사람아, 밤늦게 어쩐 일인가?(화순 구비)

아. 아, 새다리(=사다리)는 왜 안 갖고 온가?(보성 구비)

자. 자네는 뭔 꽃이 좋은가?(화순 구비)

차. 자네가 어치 이렇게 가난하게 산가?(보성 구비)

카. 어떻게 숨근단가(=심는단가)?(화순 구비)

타. 오늘 어디 갔든가?(보성 구비)

파. 가 보기는 가 볼라네마는 나가 뭐 풍수지리를 어치허겄는가?(보성 구비)

'-은가'가 [+상대]의 상황에서 직접 의문과 수사의문에 쓰인다면, '-은고'는 상대에게 직접 묻지 않고 에둘러 말하거나, 혼잣말, 또는 말하는 사람의 마음속 생각을 나타내는 경우에 쓰인다. 따라서 '-은고'는 [±상대]의 환경에 쓰이는 씨끝이라 할 수 있는데, [±상대]의 상황에 쓰인 이러한 의문을 포괄적으로 '간접 의문'이라 부를 수 있을 것이다. 혼잣말이나 마음속 생각을 나타낼 때는 원칙적으로 상대를 전제하지 않지만, 우회적으로 상대에게 향하는 물음으로 해석될 때는 비록 간접적인 의문이라 하더라도 상대의 존재를 인정하지 않을 수 없다. 이런 이유로 '-은고'가 쓰이는 환경을 [±상대]라 한 것이다. 그렇다면 '-은가'는 [+상대]의 직접 의문, '-은고'는 [±상대]의 간접 의문으로 그 기능을 구분할 수 있다. '-은고'는 역사적으로 의문사와 함께 쓰이는 제약은 그대로 유지한 채 그 기능이 직접 의문에서 간접 의문으로 변화했다. 반면 '-은가'는 애초에 의문사가 없는 환경에 쓰이다가 후대에 그 쓰임의 환경이 넓어져 의문사가 있는 경우에까지 쓰이고 되었지만, 원래의 직접 의문 기능은 유지되었다. '-은고'는 상대방을 향한 직접적인 의문이 아니므로 상대높임의 특정한 위계를 설정하기 어렵다. 여기서는 편의상 '-은가'와의 관련성을 고려하여 예사낮춤 위계에서 기술한다.

반말이 아님에도 불구하고 서남방언의 '-은가'는 높임의 조사 '요'나 '이라우'와 결합할 수 있다. 반면 '-은고'에는 결합이 불가능한데, 이것은 '-은고'가 직접 의문을 나타내지 못하기 때문이다. 조사 '요'나 '이라우'는 들을이를 향한 높임의 표현이므로 들을이에 대한 직접적인 질문 행위가 아닌 간접 의문의 상황에서는 '-은고'에 결합될 수 없는 것이다. '이라우'가 결합할 때 '-은가'는 '-은게'나 '-은그'로 변동하는 것이 일반적이다.

(50)

가. 먼 소리란가요?(함평 구비)

나. 그란 뒤로 거그 물이 말랐다고 안 하던가요?(해남 구비)

다. 거그서 멋 허신게라우('허신고라우')?

라. 늦었든그라우(=늦었던가요)?

(51)은 완곡하게 의문을 제기하는 경우이다. (51가)에서 '-은고'가 사용된

문장은 말할이의 혼잣말처럼 기능하지만 발화상황에 함께 있던 상대를 향한 간접적인 의문을 나타낸다고 할 수 있다. (51나)에서는 '먼 소린고'와 '먼 소리요'에서 간접 의문과 직접 의문의 대립을 확인할 수 있다. 부름말 '도련님'은 직접 의문에서만 올 수 있기 때문이다. 그렇다면 (51나)는 간접 의문을 제기한 후 바로 직접 의문으로 전환된 경우라 하겠다. (51)의 '-은고'를 '-은가'로 바꾸면 상대에 대한 직접적인 의문으로 해석된다.

(51)

가. 촌사람이 서울 친구네 집을 찾아가서는 점잖은 처지에, "허허, 이 방에 가 어찌 포리가 이렇게 많은고?" 그렁개 주인이 있다, "허, 촌놈이라 제미, 파리더러 포리라고 허는 촌놈이다."라고 형개,(부안 구비)

나. "그 소리가 먼 소린고? 도련님 그 먼 소리요?" 그랑께,(해남 구비)

(52)는 혼잣말에 나타난 '-은고'의 예로서 상대에게 직접적인 의문을 제기하지 않는 점에서 간접 의문에 속한다.

(52) 그래 도사 혼자 자탄을 해. "좋다. 누가 옅다가(=여기다가) 묻힐 것인고? 여거다 묘를 씨믄은 직접 만석 부자가 되겠는디." 혼잣말로 그렇게 하고 인자 내려와.(고흥 구비)

'-은고'가 말할이의 생각을 나타내는 경우도 역시 상대방에게 답변을 요구하지 않는다. 말할이의 생각을 나타낼 때는 인용문 형식을 띠는 것이 일반적이다. 간접인용은 피인용문의 상대높임 위계가 아주낮춤으로 중화되는 특징이 있다. '-은고'의 경우 중화된 마침씨끝이 아니므로 형식상으로는 직접인용에 가깝다. 인용동사는 '말하다'류가 아닌 '생각하다'류가 올 수 있으나, 대개는 대동사 '허-'나 '그러허-'가 쓰인다. (53가)-(53다)는 '생각하다'류의 서

술어나 그에 상당하는 표현, (53라)-(53바)는 '허-', (53사)-(53카)는 '그러허-'가
오는 경우이다. (53)에서 '허고'나 '그러고'는 각각 '하면서', '그러면서' 등으로
해석되는 부사어이다.

(53)

가. '아, 어쩨 낮에 꿈에 큰 용이 저로치로 올라가는고? 묘하다.' 묘하니 생
　각하고 즈그 노속을 옴막(=전부) 불렀어.(해남 구비)

나. '이럴 때 남편이 오면 큰일 났다. 이거 어떻게 했으면 좋은고?' 걱정을
　한다 그 말이여.(신안 구비)

다. '하이, 이 죄도 없는데 무슨 놈우 관에서 우릴 부르는고?' 속으로 벌벌
　떨고 있으며 잡혀 왔단 말이여.(고흥 구비)

라. '노랑내(=노린내)가 어떻게 이렇게 나는고?' 허고 의심스럽제.(고흥 구비)

마. '이거 어떻게 생긴 여잔고?' 허고, '어떤 여운가 보자' 하고 보고 있으니
　까,(고흥 구비)

바. '저 살기(殺氣)가 어느 집이서 난고?' 하고 쌀쌀 내려오다 보니께 자기
　가 쿤 해 논 집이 자기 주인집이여.(해남 구비)

사. '이놈의 집이, 어쩌서 이렇게 일찍 다 죽었는디, 열녀가 이렇게 많은
　고?' 그리고 시방 그걸 탐(=정탐)을 할라고 갔는디,(고흥 구비)

아. '저 할마이가 뭣을 허고 안 들온고?' 그리고 바깥을 나가서 이렇게 살펴
　보니,(고흥 구비)

자. '저 사람이 어쩨 그란고? 그전에는 글 안 한디…' 그리고 있응께,(해남
　구비)

차. '저놈이 어쩐 연고로 따러간고?' 그리고 '저 방정맞인 것이 어찌게 해꼬
　지를 할란고?' 박어사는 더 이상하게 생각할 것 아니요?(해남 구비)

카. '뭣 하러 간고?' 그리고는 뒷를 가만가만 안 베기게(=보이게) 따라가 봤
　어.(해남 구비)

인용동사가 아예 없는 수도 있다. 이런 경우는 '허고'나 '그러고' 등이 생략된 것으로 해석할 수 있을 것이다.

(54)

가. 그렇게 사랑방아(=사랑방의) 사람들도 '뭔 일로 저렇게 찾는고?' 뛰차 (=뛰쳐) 나가지.(고흥 구비)

나. '요런 망헌 놈의 에편네가 뭣을 허니라고 여지까지 밥을 안 내오는고?' 부야가 잔뜩 났단 말여.(정읍 구비)

'-은고'는 표준어의 '-는지'와 같은 의미를 나타낼 수 있는데, 첫째 '-은고'가 이끄는 문장이 보문을 구성하여 후행 서술어의 주어나 목적어로 기능하는 경우이다. 물론 '-은고' 외에 '-은가'도 보문을 이끌 수 있다. (55가)-(55라)에서 보문의 후행 서술어 '말하다, 보다, 몰르다, 묻다' 등은 타동사로서 목적어는 '-은고'가 이끄는 문장이다. 반면 (55마)에서는 보문이 '궁금하다'의 주어로 기능한다. 이들 '-은고'는 '-은가'로 바꾸어도 어색하지 않은데, 글쓴이의 직관으로는 '-은고'보다 '-은가'가 더 자연스럽게 느껴진다.

(55)

가. 그래 송사 내용이 뭐인고 말해 보아라.(고흥 구비)

나. 멋 헌고 봤드니 암것도 안 허둥만.

다. 김덕령이 장가를 어느 고을로 갔는고 몰라도, 그 어느 고을로 갔는디, (고흥 구비)

라. 누구를 만날란고 물어봐야 쓰겄다.

마. 누가 온고 궁금해서 나와 봤다.

두 번째는 '-은고'가 이끄는 문장이 부사어로 기능하는 경우이다. 이때도 '-은고'를 '-은가'로 대체할 수 있으며, 대체하더라도 문법성에는 아무런 차이를 일으키지 않는다.

(56)

가. 그 누군고 들오라고.(고흥 구비)

나. 얼매나 무서운고 발이 안 떨어져라우.

다. 누가 죽었는고 곡소리가 요란허다.

'-은고'가 포함된 관용적 형식도 있다. 이기갑(2002a)에서 의문 제기 형식이라고 불렀던 '-은고 허니'와 같은 형식이 대표적인 예이다. '-은고 허니'의 앞에는 당연히 의문사가 온다.

(57) 도골이란 놈은 <u>먼 수가 있는고 허니</u> 그 마패를 몸에다 품고 말만 타고 딸오던 갑디다.(함평 구비)

'-은고 허니'는 '-은고니'로 축약되어 쓰이는 것이 보통이다. '-은고니'는 담화 상에서 후행 발화를 부각시키고, 발화의 시간을 버는 등의 담화적 기능을 한다(이기갑 2002a).

(58)

가. 그렇께 도골이가 멋이라고 헌고니, "누구여?"(함평 구비)

나. 그건 어찌 그런고니 여그 꼭 구신 붙었어.(함평 구비)

다. 옥새 가져간 놈이 누구이던고니는 성은 문가고 이름은 풍지란 말이여.(함평 구비)

보조용언 구문에 '-은가', '-은고'가 쓰이는 경우가 있는데, 보조형용사 '싶-'

과 '보-'가 그런 예이다. 이들은 모두 말할이의 추정을 나타내는데, 이 추정이 곧 말할이의 생각이다. '싶-'의 경우 의문사가 있을 때 '-은가'와 '-은고'가 함께 쓰일 수 있음을 (59마), (59바)가 보여 준다. '싶-'의 구문에서 '-은가', '-은고'가 이끄는 보문은 주어의 생각을 나타내는데 통사적으로는 보조형용사 '싶-'의 보어 구실을 한다. (59다)는 단순한 주어의 생각이 아니라 주어의 염려를 나타내므로 이때의 '-은가'는 '-을까'의 의미로 해석된다.

(59)

가. 자기 아들이 자기 아버지가 나타난가 싶어서 나가 봤더니, 그 시각이 되니까 자기 아버지가 나타나더라는 것이여.(전주 구비)

나. 떠나가지고 몇 년 지난 뒤에 한 열댓 살 먹었는가 싶어서, 인자 사위를 삼을라고 그 동네 그 집을 찾아갔어.(부안 구비)

다. 근디 과거 보는 날 저녁이라면 숙종대왕이 스스로 사복을 하고 한강 길을 돌아, 투신자살하는 놈이 있는가 싶어서.(부안 구비)

라. 온 세상에 아무리 내가 이렇게 못생긴다고 할지라도 저런 소리를 나한테 이렇게 묻는가 싶고 그 말이여.(보성 구비)

마. 깜짝 놀라서, 아 이거 웬일인가 싶어서 인저 봉게 아 인저 이거 갑작 일이라서 집에서 놀랄 것 아니라고?(화순 구비)

바. 어째서 이렇게 되았는고 싶고.(정읍 구비)

표준어에서 보조형용사 '보-'는 명시적인 근거에 바탕을 두고 말할이의 추정을 나타낼 때 쓰는 말이다. 서남방언에도 '보-'가 있는데, 보문 서술어의 마침씨끝으로 '-은가'만을 요구할 뿐, '-은고'는 오지 못한다. '보-'의 보문에는 의문사를 갖춘 설명의문문이 올 수 없기 때문이다. 또한 서남방언에서는 표준어와 달리 보문 서술어의 마침씨끝으로서 '-은가' 외에 '-나'는 일반적으로 쓰이지 않는다. 한편 서남방언에서 '보-'는 선행하는 '-은가/는가'와 축약되어 '-은갑/는갑'으로 쓰이는 수가 대부분이다. 예를 들어 '-은갑다, -은갑네, -은갑소, -은갑서, -은갑서라우, -은갑드라, -은갑디다, -은갑데, -은갑데요' 등으로 쓰인다. '-은갑서'는 '-은가 봐'에 해당하는 말이다.

(60)

가. 시방 누구보고 팔어 도라고 힜는디, 못 팔었는갑다.(정읍 구비)

나. 울 아버지 총인갑다.(정읍 구비)

다. 아마도 나를 저그다 놓고서 튀야서(=튀겨서) 죽일란갑다.(군산 구비)

라. 인자 자기 부부간에 쌈이 났던갑서.(정읍 구비)

마. 옛사람이 인제 홀애비로 살든갑서.(정읍 구비)

축약이 일어나지 않는 형태는 구술발화 자료에서는 '-은가 부데', '-은가 보데' 정도가 확인된다. 그러나 이들도 '-은갑데'로 축약되어 쓰이는 것이 일반적이다.

(61)

가. 이 녀석이 칼을 갈아 들고는 문밖 곁에 가서 숨어 앉었던가 부데.(함평 구비)

나. 따라 들어갔던가 부데.(함평 구비)

다. 남자가 그놈을 막 문대 디낑께 그냥 달랑달랑했든갑데, 삼베옷이 다 떨어져갖고.(보성 구비)

라. 그 여자는 홑치매를 입었든갑데.(함평 구비)

이처럼 보조형용사 '보-'의 활용이 불구적이고, 형태적으로도 '-은가'와의 축약을 일으켜 쓰이게 되면서 '-은갑'의 '갑'은 명사로 재구조화 되기에 이른다 (이승재 1980). 이에 따라 '-은 갑이-'나 '-은 갭이-'처럼 지정사 '이-'가 '갑' 뒤에 오는 형태도 나타나게 된다. 이는 '갑'이 의존명사임을 뒷받침하는 명백한 증거이다.

(62)

가. 그 집에 무남독녀 외딸 하나가 있는디 어떤 놈하고 그날 지녁에 만내서 도망하기로 했던 갑이데.(장성 구비)

나. 그제는 참말로 그런 갭이다고.(전주 구비)

다. 세상에 저런 동냥도 있던 갭이다.(부안 구비)

라. 인자 참 '그런 갭이다' 허고 내비뒀어.(장성 구비)

마. 그때 돈으로 한 이백 냥 주었던 갭이여.(화순 구비)

바. 상투를 암만해도 걸렸는 갭이요.(보성 구비)

사. 똥구녁을 동녁으로 뚫었든 갭이요.(함평 구비)

아. 그 아무개 아무개 하는 이름이 벗어질란 갭이요.(장성 구비)

②-나

'-나'는 표준어에서 동사 뒤, 그리고 형용사의 경우 안맺음씨끝 '-았'과 '-겠' 뒤에 나타날 수 있는데, 서남방언은 이 자리에 '-은가/는가'가 오는 것이 일반적이다. 다만 전북의 군산, 부안 등지에서 표준어와 같은 환경에 '-나'가 쓰이기도 한다.

(63)

가. 내가 이 세상 어떻게 사나?(부안 구비)

나. '가마히 있자, 저양반이 어떻게 그걸 아나?' 하다가,(부안 구비)

다. "언제쯤 진맥을 하나?" 항게,(부안 구비)

라. 이게 누가 해다 논 것인지 아나?(군산 구비)

마. 아니, 자네 다 가지가지 않았나?(군산 구비)

바. "자네는 어떻게 얻어먹었나?" 그렇게,(군산 구비)

사. 아무개! 내가 헐 말 있는디 내 말 들어줄라나?(군산 구비)

아. 노인들 이름까지야 댈 수가 있나?(부안 구비)

자. 아, 어저께 그것인디 또 볼 것이 뭐 있나?(부안 구비)

차. 그러니 이눔이 병을 낫울(=낫게 할) 수가 있나?(부안 구비)

그런데 (64)는 군산 지역에서도 같은 환경에서 '-나' 대신 '-은가'가 쓰일 수 있음을 보여 준다. 그렇다면 군산에서는 '-나'와 '-은가'가 혼용되는 셈이다. 사용 빈도는 '-나'보다 '-은가'가 높은 것으로 보인다.

(64)

가. 어찌 자네 자식은 먼저 건져 살리지 않고 내 자식 먼저 건져서 살리고 자네 자식은 나중으 건져서 죽게 하는가?(군산 구비)

나. 그러면 자네 자식을 죽였으니 내가 기냥 말 수가 있는가? 내 재산을 반 절을 단번에 줄 텡게 가지가소.(군산 구비)

다. 대사는 무신 걸음을 그렇게 걷는가?(군산 구비)

라. 그 우리 김서방은 어디 갔는가?(군산 구비)

마. 음, 어찌 왔는가?(군산 구비)

바. 자네와 나 사이에 그걸 말 한 마디 못 허겄는가? 염려 말소.(군산 구비)

(65가)는 군산 지역어에서 표준어의 '-는지'로 옮길 수 있는 경우에 '-은가'가 사용될 수 있음을 보여 준다. 이때 '-은가' 대신 '-나'를 사용하면 비문이 된다. '-나'에는 표준어 '-는지'로 옮길 만한 의미 기능이 없기 때문이다. 반면 보조형용사 '보-'와 '싶-'의 구문에는 '-나'와 '-은가'가 모두 쓰일 수 있다. (65나)와 (65다)에 '-은가'가 사용되었지만, '-은가' 대신 '-나'를 대체하여도 정문이다.

(65)

가. 하, 이상한 일이다. 마느래가 같이 우리집 마느래허고 잤는디, 자다가
  어디를 갔는가 간 곳이 없다.(군산 구비)

나. 거러지(=거지)가 오쟁(=오쟁이)을 짊어지고 가서 배가 고프니까 뭘 좀
  돌라는가벼.(군산 구비)

다. 집이 잘되는가 싶어서,(군산 구비)

③ -을께/으께

  서남방언의 '-을께/으께'는 '-을까/으까'의 예사낮춤형이다. '-으까'는 표준
어 '-을까'에 대응하는 방언형으로서 말할이의 추정 또는 들을이의 의사를 묻
는 데 쓰이는 반말 씨끝이다. 이러한 '-으까'의 끝 모음 /ㅏ/를 /ㅔ/로 바꿔 상
대높임의 위계를 두루낮춤에서 예사낮춤으로 변화시킨 것이 '-으께'이다. '-으
까→-으께'의 형태 변화는 예사낮춤의 다른 씨끝들, 예를 들어 '-네, -세(서술),
-음세, -세(청유)' 등에 유추된 것이다. '-으께'는 '-으까'와 달리 말할이의 추정
은 나타낼 수 없고 단지 들을이의 판단이나 의사를 물을 때 쓰인다. 따라서
'-으께'는 혼잣말로 쓰일 수 없다.

(66)

가. 돈 만헝께 모면시게 줄 것도 같은디 어쩨야께? 자네 소원 말이나 해 주
  소.(함평 구비)

나. 그 남녀가 유별해서 물어보지는 못허고, 암만해도 곡절을 모르겠데.
  그래 그것이 무슨 이치께?(신안 구비)

다. 인자 슬슬 가 보께?

라. 술 한 잔 허께?

5.3.3 명령법

①-소

서남방언에서는 예사낮춤의 명령형 씨끝으로 '-소'가 쓰인다. '-소'는 이미 16세기 초기 문헌인 『번역노걸대』에 보이기 시작하며 18세기까지 그 형태가 여러 문헌에 나타나다가 이후 '-게'로 대체되어 오늘날 표준어에서는 더 이상 쓰이지 않게 되었다.

(67)
가. 형님 몬져 흔 잔 자소(번역노걸대 상 53)
나. 형님 몬져 례 받조(번역노걸대 상 53)

그러나 서남방언에서는 표준어와 달리 '-게'로 대체되지 않은 채 '-소'가 현재까지 남아 쓰이고 있다.

(68)
가. 자네는 점드락(=저물도록) 나무를 하소.(전주 구비)
나. 자네허고 나허고 뭘 힐 말 못 헐 말이 있는가? 어서 말허소.(부안 구비)
다. 내 재산을 반절을 단번에 줄 텡게 가지가소.(군산 구비)
라. 그러믄 하나 그렇게 해 주소.(정읍 구비)
마. 내 말 한 자리만 들어 주소.(함평 구비)
바. 판결은 자네가 하소.(해남 구비)
사. 그럼 우리 집서 쪼깐 있다 가소.(신안 구비)
아. 가서 보소. 보면 알아.(화순 구비)
자. 우리 집이서 농사일도 거들고 그러고 살기로 허고 장가를 들소.(보성

구비)

'-소'는 서남방언 외에 동남방언에도 남아 있으며, 동남 방언은 주체높임의 '-시-'와 결합된 '-시(이)소'를 쓰기도 한다. 그런데 서남방언에서는 '-시소'의 쓰임이 그다지 활발하지 않다. 구비문학 자료의 경우 '-시소'가 소수 보이는데, 그 위계는 두 가지로 구분된다. 첫째는 예사낮춤으로서 (69가), (69나)가이런 경우이다. 이때는 '-소'보다 상대를 더 높이는 느낌을 주는 것은 사실이나 이인칭 대명사 '자네'나 예사낮춤의 씨끝과 같이 쓰이므로 '-소'와 '-시소'를 같은 위계에 포함시킬 수 있다. 둘째는 높임의 위계인데, (69다)-(69바)가이에 해당한다. 이 경우는 높임의 씨끝과 호응하므로 예사낮춤이 아닌 높임의 위계에 포함시켜야 한다. 높임의 위계에 속하는 '-시소'는 의고적인 말맛을 풍긴다.

(69)

가. 아, 그거 자네 가져가시소.(부안 구비)

나. 그런 것은 걱정 말고 어서 방으로 들어오시소. 내가 처리를 해 줌세. 아, 얼마나 놀랬겠는가?(정읍 구비)

다. "자시소." 허고는 인자 부인은 밥상을 딱 들여놓고는, "찬은 없어 누추하나 잘 잡수시요." 허고는 나가 버린다.(장성 구비)

라. 아버님 편히 유하시소.(장성 구비)

마. 내가 씨기는(=시키는) 대로 허시소. 그 호랭이가 사람 저녁마다 잡아가는 방침을 해 드리리다.(화순 구비)

바. 녹두 있으면 한 묵깨만 주시소. 그러면 가실 되니 장리를 쳐서 바치리다.(화순 구비)

② -게

전남의 서남부 해안 및 섬 지역인 신안·진도·완도·해남 일부 지역에서는 예사낮춤의 명령형 씨끝으로서 '-소'가 아닌 '-게'가 쓰인다. 국어사에서 일어난 '-소〉-게'의 변화를 고려하면, 이들 지역이 전남북의 내륙과 달리 개신형을 쓰고 있는 셈이다. 다만 왜 이 지역에서 개신형이 쓰이는지는 의문이다. 과거 이 지역이 유배지였다는 사실이 하나의 가능성이 될 수는 있으나, 유배된 양반의 말씨가 지역 전체에 과연 영향을 미칠 수 있었는지는 회의적이다.

(70)
가. 어야, 총각님 총각님! 나 조깐 숨켜 주게.(해남 구비)
나. "어서 비 옹게 가게." 그랑께 "가라고 가랑비 오네. 어서 가게."(해남 구비)
다. 동네 방네 사람들 다 들어 보게.(해남 구비)
라. 오늘은 일찍허니 저 건너 마을에 건너가서 계란 하나 구해다 주게.(해남 구비)
마. 자네 나 한 대로 하게, 나 시킨 대로이.(해남 구비)
바. 한턱얼 내게.(진도/민중자서전)
사. 거 보게. 그랑께 오늘 닭 잡아서 한턱 옳게 주게.(진도/민중자서전)
아. 엄매, 옷 하나 맞차 주게.(완도)
자. 성은 여가 카만히 앉었게.(완도)

그러나 전남 해남의 구술발화 자료에서는 (71가)처럼 '-소'도 한 차례 확인된다. 또한 (71나)처럼 연속되는 발화에서 '-게'와 '-소'가 번갈아 쓰인 예도 보인다. 이는 이웃한 지역의 '-소'에 영향을 받은 것으로 추정된다.

(71)

　　가. 시관은 자네가 하소. 판결은 자네가 하소.(해남 구비)

　　나. 어야, 자네 암 데 가서 잔 뭐 얻어갖고 오게. 빌려갖고 오소이.(해남 구비)

신안 지역어는 '-소'가 다수를 차지하나 '-게'도 드물지 않게 쓰인다.

(72)

　　가. 저 앞닫이 이리 내놓게.(신안 구비)

　　나. 자네는 그 남자는 인자 못 오게 하고 그 여자만 와서 무긋 거시기 굿을
　　　　 하도록 그렇게 하게.(신안 구비)

　　다. 이리 좀 와 보게.(신안 구비)

　　라. 백묵 있으면 한 필만 주게.(신안 구비)

　　마. 엄매 그 말 말게. 그라면 장에 가서 노끈이나 댓 발 사갖고 오게.(신안
　　　　 구비)

　　바. 그랑께 동짓달 그믐날 오게.(신안 구비)

　　사. 언니네들이나 엄매랑 가서 묵게.(신안 구비)

5.3.4 청유법

① -세

　청유의 표현으로 씨끝 '-세'가 쓰이는 것은 표준어와 완전히 같다. 표준어
에서 청유의 부정은 '-지 말세'인데, 서남방언 역시 마찬가지여서 청유문을
부정하면 서술어에 '-지 말세' 또는 '-지 마세'가 덧붙게 된다. 그래서 (73가)의
부정문은 '국밥 얻어묵으로 가지 말세'가 될 것이다.

(73)

가. 국밥 얻어묵으로 가세.(해남 구비)

나. 돈하고 자네 딸하고 바꾸세.(해남 구비)

다. 아무개 엄씨! 아, 요새 영감들 시세가 좋다 허데. 헝께 울 아부지를 폴
세.(신안 구비)

라. 그렇게 업고 가세.(장성 구비)

마. 자네 딸 내 며느리 삼세.(부안 구비)

②-드라고

씨끝 '-드라고'는 말할이와 들을이가 함께 행동을 하는 경우, 말할이가 행
동하는 경우, 들을이가 행동하는 경우 등 세 가지로 나뉠 수 있는 점에서 일
반적인 청유법의 씨끝들과 용법이 같다.[11] (74)에서 (가)는 말할이의 행동,
(나)는 들을이의 행동, (다)-(마)는 말할이와 들을이의 공동 행위를 나타낸
다. 그런데 '-드라고'가 '-세'와 다른 점은 행동 요청의 완곡함에 있다. '-세'가
들을이에게 직접적인 요청을 한다면 '-드라고'는 훨씬 완곡한 요청을 하기 때
문이다. 청유의 형식을 빌어 표현한 명령은 전형적인 명령에 비해 훨씬 완곡
한 말맛을 풍긴다. 그래서 '인자 가소'보다 '인자 가세'의 명령 강도가 약한 것
은 당연하다. 그런데 '-드라고'는 '-세'보다 더 완곡한 말맛을 나타내므로 명령
의 강도에 있어 '-소〉-세〉-드라고'의 정도 차이가 있는 셈이다.

(74)

가. 나 좀 나가드라고.

---

[11] 이와는 기능이 다른 '-드라고'가 있는데, 이것은 회상의 '-드-'를 포함하는 형태이다. (예)
노래에도 자꾸 그런 말 안 있드라고?(해남 구비)/검은 소가 앞발은 미처 못 일어나고 뒷발
은 일어났드라고.(신안 구비)

나. 아이, 도령! 이리 나오드라고.(군산 구비)

다. 다 벗고 앉어서 놀드라고.(해남 구비)

라. 그나저나 배 고픙게 둘이 먹드라고. 나 시장혀. 긍게 먹자고.(정읍 구비)

마. 그러믄 됐고만. 오늘 저녁 나허고 자드라고.(정읍 구비)

5.3.5 예사낮춤의 조사

예사낮춤의 조사 '이랑가'는 전남의 완도·진도 등지에서 쓰인다. 이 조사는 높임의 '이라우'에 대응하는 것인데, 그 어원은 '이라우'와 마찬가지로 지정사의 활용형 '이라'에 의문형 씨끝 '-은가'가 덧붙은 것이다. 전남북의 대부분의 지역이 높임의 '이라우'와 아주낮춤의 '야'에 의한 이분적 대립을 보이고 있다면 완도·진도 지역은 예사낮춤의 '이랑가'가 있어 상대높임의 위계가 더 세분화 되어 있음을 알 수 있다. '이랑가'에 대한 자세한 논의는 4.5 ⑧ 참조.

(75) 다들 집이 갔어랑가(=다들 집에 갔는가)?

5.4 아주낮춤

5.4.1 서술법

①-은다/ㄴ다

서술의 씨끝 '-는다'는 서남방언의 일부에서 '-은다/ㄴ다'로 변동한다. 이는 역사적으로 현재를 나타냈던 '느'가 이 방언에서 탈락하는 경향을 보이기 때문이다. 물론 이러한 변동은 동사에서만 나타나며, 형용사에서는 항상 '-다'로 쓰인다.

(76)
가. 배가 틀어 올라서 금방 죽은다.(신안 구비)
나. 애기 못 난 사람들이 임모초를 해 묵은다.(신안 구비)
다. 이상한 일이다.(신안 구비)
라. 어서 가라. 물 드먼 못 간다.(신안 구비)
마. 내가 너를 어찌께 잡든지 잡어갖고 울 어매 원수를 갚어야 쓰겄다.(신안 구비)

회상의 '-드-' 다음에서 '-라'로 변동하는 점은 표준어와 같으나, 지정사 다음에서는 비록 내포문 안이라 하더라도 '-다'로 나타날 수 있는 점이 다르다.

(77)
가. 주머니 하나만 가지면 올라간다고 허드라.(정읍 구비)
나. 옛날엔 은이라고 허면 아조 귀했고,(함평 구비)
다. 이래저래해서 나보다(=나보고) 천하 영웅이라고 나랫님이 오락 헌단

디 이거 가먼 죽을 것 아니냐?(함평 구비)

라. 그렇게 막말을 허는 것이 아니라고 말이여.(장성 구비)

마. 바라는 것이 정성이락 해도 그래 쌓네.(함평 구비)

바. 그랑께는 인자 거그다가 딱 못을 써 놓고 뭣이락 한고니는,(해남 구비)

사. 그 나무를 그냥 자기 땅에 것이다고 비어 불었어요.(신안 구비)

아. 금반지 갖고 간 놈이 연분이다고 그리라.(정읍 구비)

자. 아니다고. 그라먼 니 지게를 나를 주라. 내가 한번 가 볼란다.(신안 구비)

차. 그거 존 일이다고 그렇게 하자고.(보성 구비)

카. 그것이 원이닥 하면,(해남 구비)

타. 오늘 저녁 자문 괜찮을 것이닥 히서 아, 잤더니,(정읍 구비)

파. 긍게 다 멩당 있는 자식이닥 혀.(정읍 구비)

② -은자

'-은자'는 오직 내포문에만 나타나며 상위문의 동사는 '허-'이다. 주로 '허고'나 '해서' 등으로 활용하는데, '-은자 허-'는 주어의 고깝거나 섭섭한 마음을 나타낸다. 의미상 '-은자'는 '-는구나'에 대응시킬 수 있다.

(78) 지 혼차 묵은자 해서는 속으로는 안 좋게 생각했제(=저 혼자 먹는구나 하고는 속으로는 좋지 않게 생각했지).

③ -어도

'-어도'는 기원적으로 반말의 씨끝 '-어'에 감탄을 나타내는 보조사 '도'가 결합된 것이지만 하나의 마침씨끝으로 재구조화 되어 발화 당시의 말할이의 새로운 경험이나 깨달음을 표현한다. '-어도'는 형용사와 동사 모두에 결합될 수 있는데, 다만 안맺음씨끝 가운데 회상의 '-드-'와는 결합이 불가능하다. '-다'가 말할이의 단정적인 서술을 표현한다면 '-어도'는 상대적으로 완곡한 서술로서 말할이의 경험이나 깨달음을 들을이와 공유하려는 말맛을 풍긴다.

(79)

가. 날이 겁나게 추와도(=춥다).

나. 애기 때는 많이 이뻤겄어도(=예뻤겠다).

다. 생각보담은 애기가 공부를 잘했어도(=잘했다).

라. 쩨깐 애기가 우유를 혼차 먹어도(=먹더라).

④ -으마

약속을 뜻하는 '-으마'의 쓰임은 표준어와 완전히 같다. 다만 전남의 진도, 완도 등지에서는 '-으마'가 내포문 안에 쓰일 경우 상위문의 서술어와 축약될 수 있다는 점이 다르다. 축약형 '-만다'는 '-마고 헌다'와 '-마'의 두 가지 의미로 해석된다. (80나)는 전자, (80다)-(80라)는 후자의 예이다.

(80)

가. 나도 가마.

나. 성도 함께 가만다(=형도 함께 가마고 한다). (완도/김웅배 2002:195)

다. 쪼꿈 있다 가만다고(=가겠다고) 그랍디다. (진도/조병현 2014:255)

라. 내가 그 꽃을 좋아항께 어뜬 사람이 그 나무를 두 그루 주만다고라우(=주겠다고요). (진도)

⑤ -을께/으께

'-으께'는 표준어의 '-을게'에서 /ㄹ/이 탈락된 것이다. 일인칭 주어만을 허용하며, 주어의 의지를 나타내는 점은 표준어와 같다.

(81)
가. 우리가 잡으께.
나. 아저씨는 발 잡으시요. 나는 머리 잡으께.(보성 구비)
다. 나 여그 나무 깍지(=전) 밑에가 가만히 있으께.(해남 구비)

⑥ -니라

'-니라'는 '-느니라'에서 '느'가 탈락한 형태이다. '느' 탈락은 '있-'류의 표현들에서는 일어나지 않는데, '-느니라'의 경우는 이때에도 '느' 탈락이 일어나는 것이 일반적이다. 표준어에서 '-느니라'는 진리나 으레 그러함을 나타내는 씨끝인데, 서남방언에서도 그 점은 마찬가지다. 표준어에서는 '-느니라'가 예스러운 표현으로서 현대어에서는 거의 쓰이지 않는 말이지만, 서남방언의 '-니라'는 나이든 어른이 아랫사람에게 하는 말로서 종종 쓰인다. 다만 '느'가 탈락되지 않은 '-느니라'는 '-니라'에 비해 훨씬 예스러운 느낌을 준다.

(82)
가. '식후에 행칠보래이' 그런 말이 있니라.(신안 구비)
나. 동원에 들어간다 치면, 가서 북이 있니라.(장성 구비)
다. 가(=걔)가 학교 댕길 때 공부는 잘했니라.
라. 여그가 니 집이니라.(신안 구비)
마. 그렇게 허면 코는 좀 아프니라마는 그놈도 괜찮허니라.(신안 구비)

바. 내가 늘 아배하고 산디 애기를 못 낳아서 절로 공을 디리러 갔드니라.
(해남 구비)

사. 암 말도 안 하고 가만히 나왔드니라.(해남 구비)

아. 니 성놈들은 하도 말을 안 들어서, 잡아다가 소 허물을 꿰어서 그 나무
에다 매어 났느니라.(화순 구비)

자. 너도 인제 죽어야 하느니라.(화순 구비)

⑦ -응거

'-응거'는 감탄을 나타내는 말로서 동사와 형용사에 모두 가능하다. '있-'류
의 표현('있-, 없-, -았-, -겠-') 다음에서는 '-능거'로 나타난다. '-응거'가 동사에 쓰
일 때에는 정도나 양태를 나타내는 부사어의 수식을 받아야 하는 제약이 있
다. '-응거'의 감탄 대상은 동사가 아니라 수식하는 정도나 양태의 부사어이
기 때문이다. (83나)는 '많이도'가 있어 감탄으로 해석되며, 이 수식어가 없는
'철수가 묵었능거'는 아주 어색한 문장이다.

(83)
가. 하이고, 뜨겁거.
나. 철수가 많이도 묵었능거.

⑧ -어라

'-응거'와 마찬가지로 감탄을 나타내는 씨끝으로서 '-어라'가 있다. 이것은
오직 형용사에만 결합되며, 내포문에 올 수 있는 점이 '-응거'와 다르다. 감
탄법은 내포문에서 서술법으로 중화되는 것이 일반적인데, 서남방언의 '-어
라'는 이 점에서 특별하다. '-어라'가 내포된 '-어라고 허-' 구성에 대해서는

11.4.1.3 참조.

(84)

가. 하이고, 뜨거라.

나. 오매, 좋아라.

다. 더와라고(=덥다고) 험서 물만 막 찌클드라(=끼얹더라).

라. 저한테 너무다 잘해 줬다고 막 고마라고(=고맙다고) 해 쌓드라.

⑨ -구라

감탄을 나타내는 씨끝으로서 '-구라'가 쓰이는데, 이것도 '-어라'와 마찬가지로 오직 형용사에만 나타난다. 그러나 '-구라'는 '-어라'와 달리 내포문 안에 나타날 수 없다. 또한 모든 형용사에 다 가능한 것 같지는 않다. 적어도 글쓴이의 직관으로는 (85)의 (라)-(바)는 아주 어색하게 느껴진다. '-구라'는 '-어라'보다 분포가 훨씬 좁아서, 동사는 불가능하고, 형용사 가운데서도 감각, 맛, 용모를 나타내는 일부 형용사에만 결합이 가능한 것으로 보인다.

(85)

가. 하이고, 뜨겁구라(차구라/시원허구라).

나. 위매, 쓰구라(시구라/달구라/짜구라).

다. 애기도 이쁘구라(귀엽구라).

라. *방도 깨끗하구라.

마. *천장도 높구라.

바. *집도 좋구라.

5.4.2 의문법

①-냐, -이

『표준국어대사전』에는 아주낮춤의 의문형 씨끝으로서 '-느냐', '-냐', '-니'의 세 가지가 등재되어 있다. '-느냐'는 '-냐'에 비해 예스러운 말맛이 있어 '-느냐 〉 -냐'의 변화가 있었음을 알 수 있다. 간접인용문의 피인용문에는 '-느냐'만 나타나는데, 이것은 내포문이 보수적인 환경이기 때문이다. '-니'는 '-냐'보다 더 부드러운 말맛을 풍기는데, '-냐'에 비해 신형임이 분명하다.

서남방언에는 '-냐'가 있으며 (86자)처럼 간접인용문의 내포문에서도 '-느냐' 대신 '-냐'가 쓰이는 것이 일반적이다. 그렇다면 서남방언은 '-느냐 〉 -냐'의 변화가 내포문에까지 확대되었다고 할 수 있다. 그러나 이 변화는 완성된 것이 아니므로 (86차)에서는 내포문에 '-느냐'가 쓰이고 있다. 구비문학 자료에는 예스러운 맛을 내기 위해 비내포문 환경에서도 '-느냐'를 사용한 예가 간혹 발견되는데, (86카)가 그런 예이다.

(86)

가. 어째서 우냐?(신안 구비)

나. 무신 바램이 불어야 너는 좋냐?(고흥 구비)

다. "어찧게 히야 옳냐?" 그렁게로,(정읍 구비)

라. 너 글 뱄냐(=배웠느냐)?(신안 구비)

마. 여그서는 집이 찾어가겄냐?(신안 구비)

바. 오냐, 내 방에도 왔드라. 니 방에도 왔드냐?[12](신안 구비)

---

12 회상시제 '-드-'와 '-냐'와의 결합체 '-드냐'는 '-든'으로 축약되기도 한다. (예) 가 봉깨 좋든 안 좋든?

사. "누구를 데려왔냐?" 그러니께,(신안 구비)

아. 뭣 할라냐고 그렁께,(신안 구비)

자. 그래 폭도가 어덨냐고 그렁께,(신안 구비)

차. 손님 안 치르는 뱁이 어디가 있느냐고 말이여,(장성 구비)

카. 중도 괴기 먹을 줄 아느냐?(장성 구비)

'-냐'가 안맺음씨끝 '-을라-'와 결합한 '-을라냐'는 상대의 의향을 묻는 물음 표현인데,[13] 내포문과 비내포문에 모두 쓰일 수 있다.

(87)

가. "그러면 내 말을 들을라냐?" 하고 부락 사람들한테 물어봤다 그럽니다.
   (신안 구비)

나. "새경을 얼매 받을라냐?" 하그든.(신안 구비)

다. 사람 안 내놓을라냐고 그라드라우.(해남 구비)

라. 중이 어디 술 먹는 디가 어디가 있다냐고, 너 대번 이 자리서 안 내놓을
   라냐고, 되게 다루던 모냥이제.(함평 구비)

회상시제가 포함된 아주낮춤의 의문법 표현으로 '-디'와 '-드냐'가 있다. 이 '-디'는 회상의 안맺음씨끝 '-드-'와 의문형 씨끝 '-이'가 결합된 것이다. '-디'는 비내포문에 쓰이고, '-드냐'는 내포문과 비내포문 모두에 쓰인다.

(88)

가. 문 장가졌디(=잠겨졌더냐)?

---

13 한편 전남북의 일부 지역어에서는 '-을래' 외에 '-을랴'나 '-을량'이 쓰이기도 한다. (예) 너 아무개한테 시집갈랴?(장성)/하리 백 완 벌믄 나하고 갈량?(고흥)

나. 앞으로 어쩔란다 글디(=그러더냐)?

다. 어디 가면 죽을라디(=죽겠니)?[14](장성 구비)

라. "왜 그러디?" 긍께,(화순 구비)

마. 이 사람은 뭐라고디?(부안 구비)

(89)

가. 복숭나무 밑에 뭐 없드냐?(화순 구비)

나. 뭣 허로 오라 허드냐?(보성 구비)

다. 나는 처자 몸인디 그렇게도 몰라보겠드냐?(해남 구비)

라. 인자 대감님이 차마 이놈을 짊어질라드냐 했더니, 아, 짊어지고 가거든.(보성 구비)

마. 내가 매 주께 딸을 주라고 그라길래, 니 같은 것이 맬라드냐고, 그라라고 그랬드니,(해남 구비)

바. 협소해도 하리 저녁조차 못 잘라드냐고, 같이 가자고 그래서 인자 그 남자를 따라 붙였어요.(보성 구비)

'-디'는 '-드냐'에 비해 말할이의 세대가 훨씬 젊다. '-드냐'가 어른이 손아랫사람에게 하는 하대의 느낌이 강하다면, '-디'는 말할이와 들을이에 대한 특별한 제약 없이 아주낮춤의 위계인 평대와 하대 모두 가능한 표현이다. 즉 '-드냐'는 어른들 전용의 말이므로, 그렇지 않은 '-디'에 비해 쓰임의 역사가 오랠 가능성이 큰 것이다.

---

14 '-올라디'와 '-올라드냐'는 모두 수사의문문을 형성할 뿐 중립적인 의문문으로 쓰이지는 않는다.

②-니, -네

아주낮춤 '-냐'의 방언형으로서 '-니'나 '-네'가 완도 지역에서 쓰인다.[15] '-니'
는 완도의 동남부인 금당·금일·생일·청산·소안 등지에서 쓰이고, '-네'는
이들 지역을 포함하되 여기에 완도읍 등 완도의 서북부 지역에까지 나타난
다. 완도의 나머지 지역에서는 '-냐'가 쓰이므로 완도에서는 '-냐', '-니', '-네'의
세 씨끝이 쓰이는 셈이나, '-니'와 '-네'의 사용 지역이 대부분 겹치므로 결국
완도는 '-냐'와 '-니/네' 지역으로 구분된다. '-니'가 형태적으로 표준어와 같지
만 표준어로 유입된 것으로 볼 만한 아무런 근거가 없다. 따라서 '-니/네'는
이 지역에서 자생적으로 발달한 형태로 보인다.

(90)
가. 니 호랑에 머네(=네 호주머니에 뭐니)?
나. 니 밥 묵었니?

③-으랴, -으리, -으린

말할이가 들을이에게 어떤 행동을 해 주고자 하면서 상대의 동의를 구할
때 사용하는 씨끝으로 표준어에는 '-으랴'와 '-으리'가 있다. '-으랴'는 동사에
만 오며, 그 주어는 언제나 일인칭이다. '-을래'가 들을이의 행동 의향을 묻는
다면 '-으랴'는 말할이의 행동 의향에 대해 상대의 동의 여부를 묻는 점에서
서로 대립적이다. 서남방언에서도 '-으랴', '-으리'가 쓰이는데, 그 밖에 전남
완도 지역의 '-으린/으른'이 더 있다. '-으린'은 아마도 이 지역에서 쓰이는 '-으
끈'(=을거나)이나 '-든'(=더냐) 등에 유추된 형태로 보인다. (91마)에서 이인칭

---

15 완도 지역의 '-니'와 '-네'에 관한 정보는 조미라 선생으로부터 도움 받은 것이다.

주어의 '-을라냐'와 일인칭 주어의 '-으랴'의 대립을 확인할 수 있다.

(91)

가. "그놈을 빼 주랴?" 그렇게 고개를 까딱까딱, 호랑이란 놈이.(화순 구비)

나. "그러면 멋을 해 주랴?" 그렇게,(함평 구비)

다. 네 당대에 천 석 받는 자리, 천 석 받는 디를 땅을 잡어 주랴?(군산 구비)

라. "곶감 주랴?" 헝게 안 울거든.(정읍 구비)

마. 너 윤가들 들어 봐라, 너가 이 뭣이냐 사당을 너가 뜯을라냐, 우리가 뜯
으랴? 어찍헐래?(정읍 구비)

바. 내가 냉중(=나중)에 하린?(김웅배 2002:57)

사. 암(=아무)도 안 준다먼 내가 쪼깐 주린?(김웅배 2002:57)

'-으랴(또는 '-으리')'는 (91)의 (가), (나), (라)처럼 직접인용문에만 올 수 있
을 뿐 간접인용문의 중화된 자리에서는 쓰일 수 없다. 이때는 (92)처럼 '-으
랴냐' 또는 '-으끄냐'로 전환되어야 한다.

(92)

가. 그래 무엇을 주랴냐고 말을 해도 무엇을 도랄(=달라고 할) 줄도 모르
제.(전주 구비)

나. 곶감 주끄냐고 헝게 안 울거든.

'-으랴'는 씨끝 '-우'가 와서 높임의 위계를 표현할 수 있다. 이때 '-으랴'는 '-으
라'로 변동한다. '-으랴'가 말할이의 행동 의향에 대해 상대의 동의 여부를 묻
는 점에서, 들을이의 행동 의향을 묻는 '-을래'나 '-을라냐'와 대립한다는 점은
앞에서 언급한 바 있다. 아마도 이러한 대립 관계 때문에 '-으라우'와 같은 씨
끝의 결합이 생겨난 것으로 보인다. '-을래'나 '-을라냐'의 높임형이 '-을라우'

이므로 이와 대립 관계에 있는 '-으랴'의 높임형이 '-으라우'로 되었을 가능성이 크기 때문이다. 즉 '-을래 : -으랴 = -을라우 : x'의 대립항에서 x가 '-으라우'(←-으랴우)로 된 것이다.

(93)

가. 멋을 해 주라우(=뭘 해 줄까요)?

나. 내가 쪼깐 디리라우(=내가 조금 드릴까요)?

④ -으랴/을랴

표준어에서 의문의 씨끝 '-으랴'는 입말에서는 듣기 힘든 말이며, 글말에서 주로 쓰이되 예스러운 말맛을 풍기는 말이다. '어찌 우리 잊으랴?'와 같이 수사의문문에 쓰이는 수가 많고, '노력한 만큼 보상을 받았다니 얼마나 좋으랴?'에서 보듯이 '-을까'로 바꾸어 쓸 수 있는 추정의 의미를 나타낸다. 서남 방언에서도 '-으랴'가 쓰이지만 주로 전북 지역어의 자료에서 확인된다. 우선 형태적으로 전북 지역어에서는 '-으랴'와 함께 모음 뒤에서 '-을랴'로 쓰이는 예가 보인다. (94가)-(94다)처럼 수사의문문을 이끌어 표면과는 반대의 사태를 말할이가 확신함을 표현한다. 그래서 (94가)는 '저놈이 결코 공부를 했을 리가 없다', (94나)는 '죽이지는 않을 것이다', (94다)는 '우리는 벌어먹고 살 것이 없다'와 같은 말할이의 강한 확신을 나타낸다. (94라)는 수사의문문은 아니지만 '-을까'로 대체 가능한 추정의 의미를 나타낸다.

(94)

가. '아, 저렇게 저런디 언제 무신 정신이로 저놈이 공부를 혔으랴?' 이 맘이 문득 생각이 나.(정읍 구비)

나. 그도 지 내오간인디 죽이기야 헐랴?(정읍 구비)

다. "토지가 서나무(=서너) 마지기라고." 그릉께, "다 펼어라고." "그러면 우리는 뭣을 벌어먹고 살으랴?" 긍께,(정읍 구비)

라. "웃방인디 뱅이 누추허니 어찌 헐랴?" 그러드래여.(정읍 구비)

5.4.3 명령법

① -어라/그라/니라

명령법 씨끝으로 '-어라'가 쓰이는 점은 표준어와 같다. 이 외에도 '-그라, -니라'가 아주낮춤의 명령형 씨끝으로 쓰인다. '-그라'는 표준어 '-거라'의 방언형인데, 동사 '가-' 또는 '가'가 포함된 합성어에 쓰이는 것이 일반적이지만, 그밖에 '있-', '일어나-', '자-'를 비롯한 여러 동사에까지 확대되어 쓰인다. '-니라'는 '-너라'의 방언형으로서 오직 동사 '오-'에 국한되어 쓰이는 점은 표준어와 같다. '-니라'는 '-ㄴ나'로도 쓰인다. '-그라'와 '-니라/ㄴ나'는 어린 아이들의 말씨로는 적합하지 않는, 어른 전용의 표현이다.

(95)

가. 내 말만 들어라.(함평 구비)

나. 그건 염녀 말어라.(함평 구비)

다. 나 간 뒤로 손님이 오먼 술을 팔아라.(함평 구비)

라. 부디 쫓아내도 나가지 말고 살아라.(함평 구비)

(96)

가. 아, 그러면 가그라.(함평 구비)

나. 너 새내끼 서(=세) 발 갖고 나가그라.(해남 구비)

다. 나 잡아가그라.(신안 구비)

라. 일어나그라이.(해남 구비)

마. 거기서 너희들 쉬고 있그라.(화순 구비)

바. 가만 있그라.(화순 구비)

사. 아가, 이 살팍(=대문 근처)에 섰그라(=서 있어라).(신안 구비)

아. 거깄그라(=거기 있어라).(신안 구비)

자. 술 한 잔썩 먹이서 보낼랑게 잘 자그라.(정읍 구비)

(97)

가. "아가, 빗지락(=빗자루) 잠(=좀) 갖고오니라." 그랑께,(신안 구비)

나. 느그들, 오늘은 내가 정심 싸 줄 텡게 그 아부지 산소에 다녀오니라.(신
    안 구비)

다. 그 저 아래 있는 손님을 모셔 오니라.(신안 구비)

라. 그럼 옥빼미(=올빼미)를 빨리 구해 오니라.(화순 구비)

마. 오, 데꾸오니라(=데리고 오너라).(보성 구비)

바. 해이(=김)를 잠 꾸(=구워) 오니라.(보성 구비)

사. "야야, 물 떠 온나." 이랑께,(고흥 구비)

아. 참말인가 거짓말인가 좀 가 보고 온나.(신안 구비)

'-어라/그라/니라'는 내포문 안에서 '-으라'로 나타난다. '-그라'가 확대되어
쓰였던 '있-', '일어나-', '자-' 등도 내포문 안에서는 '-그라' 대신 '-으라'로 활용
한다. 그러므로 비내포문에 쓰였던 '-어라/그라/니라'는 내포문에서 '-으라'
로 중화되어 쓰인다고 할 수 있다. 그러나 통시적인 관점에서는 내포문의 '-으
라'가 중세어의 명령형 씨끝이었으므로 '-으라 〉 -어라'의 변화가 보수적인
환경인 내포문에는 미치지 않은 결과로 해석된다.

(98)

가. 도둑놈 잡으라고 악을 쓰고 야단헝께,(신안 구비)

나. 술 한 잔 먹으라고 칼에다가 안주를 꽉 찍어서 입에다가 물려 주면서
묵으라고 하니까,(신안 구비)

다. 손님이 와 있다 하니까 나오라 하니까,(신안 구비)

라. 인자 장가를 자기 부모네들이 가라고 해서 할 수 없이 노처녀한트로
장가를 가게 되았는갑디다.(신안 구비)

마. 저 방을 잘 지키고 있으라고 딱 명령을 해 놓고는 간 체하고는 물리(=마
루) 밑에가 딱 엎져 있었어요.(신안 구비)

바. 뭔 잠을 이렇고 자냐고 일어나라고 말이여,(장성 구비)

사. 오두막집 하나가 있는디, 거 가서 인자 조금 자끄나 헝게 자라고 그려.
(정읍 구비)

'-으라고'가 '-도록'의 의미로 쓰이는 경우도 있다. 이때는 '허-'를 비롯한 인
용동사는 불필요하다.

(99)

가. 고놈 죽으라고 내가 냅뒀다.(신안 구비)

나. 그래도 돌아가시기까지 방에 오줌 한 번도 안 싸고 똥 한 번도 안 싸고.
나 고상 안 하라고 그것이 고마워.(전라도닷컴 205호:25)

다. 그 처남들이 다 편히 쉬라고, 자라고 인자 가 버린단 말여.(정읍 구비)

② -은다꾸나

전남 진도 지역의 '-은다꾸나'는 부드러운 명령이나 허락을 뜻한다. (100)
은 조병현(2014:159)에 제시된 예를 가져온 것이다. 부드러운 명령이나 허락을

나타내는 경우 대체로 줄기에 씨끝이 직접 연결되는데 비해 이 경우는 형태상으로 현재시제의 서술 씨끝 '-은다'에 '꾸나'가 결합되어 쓰이는 것이 특별하다. '꾸나'는 표준어의 '-자꾸나' 등에서도 확인되는 말인데 '-자'보다 친밀감을 더 부가하는 표현이다. 그렇다면 진도 지역어의 '-은다꾸나' 역시 이러한 친밀감의 표현은 그대로 유지된다고 생각되나, '꾸나'에 결합되는 '-은다'가 서술형이라는 점에서 '-자꾸나'와는 그 성격이 다르다고 하겠다.

(100)

가. 빨리 간다꾸나(=빨리 가려무나).

나. 존 대로 한다꾸나(=좋을 대로 하려무나).

5.4.4 청유법

청유법의 씨끝으로 '-자'가 쓰이는 점은 표준어와 완전히 일치한다. '-자'는 청유형 씨끝이므로 응당 동사에만 결합해야 할 것이나, 서남방언에서는 '좋자고'와 같이 형용사에 결합된 예가 나타난다. 이때의 '-자'는 항상 '좋자고'와 같은 내포문을 포함한 형식으로만 나타나기 때문에 관용화된 것으로 보아야 할 것이다.

(101) 서로 좋자고 헌 일인디 인자 와서 탓을 허먼 멋 헐 것이요(=서로에게 이익이 되게 하자고 한 일인데 이제 와서 탓하면 뭐할 거예요)?

이음씨끝으로 기능이 바뀐 표현 가운데 '-자'가 포함된 말로 전북 지역어의 '-장게(로)'를 들 수 있다. '-장게'는 형태적으로 표준어의 '-자 하니까'에 대응시킬 수 있다. 『표준국어대사전』에서는 어떤 행동을 할 의도나 욕망을 가지고 있음을 나타내는 이음씨끝으로서 '-자 하니'의 '-자'를 설정하였다. '죽자

하니 청춘이요, 살자 하니 고생이라.'와 같은 예의 '-자'가 그것이다. 이는 물론 아주낮춤의 청유형 씨끝에서 온 것이지만 청유의 일반적 의미와는 달라져서 주어의 의도나 바람을 나타내므로 마침씨끝과 구별하여 이음씨끝으로 처리한 것이다. 전북 지역어의 '-장게'는 '-자 형게'가 축약된 것이다. '-자 형게'는 표준어 '-자 하니' 또는 그 축약형 '-자니'와 같은 뜻을 가질 수 있는데 (102가)가 이런 경우이다. 한편 (102나)에서는 '-장게' 대신 '-장게로'가 쓰였다. 이유를 나타내는 이음씨끝 '-응게'에 '로'가 붙을 수 있는 것은 서남방언의 특징인데, '-장게로'에서도 마찬가지로 '로'가 결합한 것이다. (102나)의 '-장게로'는 '-으려 하니까' 정도로 해석된다. 말할이와 들을이가 행동을 함께 하는 청유의 의미는 없으며, 단지 주어의 의지만 나타날 뿐이다. 『표준국어대사전』에 제시된 예 가운데 '겨우 밥을 먹자 하니 곧 손님들이 들이닥쳤다.'에서 보이는 '-자 하니'가 이런 경우와 같다고 하겠다. (102다)-(102라)의 '-장게'도 (102나)와 같이 '-자 하니' 또는 '-으려니'의 의미로 해석된다. '-장게'는 전남에서 오직 청유의 의미를 포함한 '-자 하니까'의 의미로 쓰일 뿐, 순전히 주어의 의도를 나타내는 '-으려 하니'의 의미를 표현하지는 못한다. 이 점에서 전남과 전북의 차이가 있다고 하겠다.

(102)

가. 아니, 내가 <u>듣장게</u> 집이 따님을 여운단 말을 듣고 내가 찾아왔다고, 중신헐라고 찾아왔다고.(정읍 구비)

나. 일 년 이태, 삼 년 동안을 먹고 그 불로초를 <u>구허장게로</u> 일단간 농사를 지어서 먹어 감서 히야제 그 어치게 배고파서 구허지를 못헙니다.(정읍 구비)

다. 아, 즈그 남편 되는 이가 넘의 배 타러 갔다, 넘의 배를 타러 갔어. 벌어 먹고 <u>살장게</u> 아, 배를 타러 간다.(군산 구비)

라. 자기 어머니가 가만히 생각하고 <u>있장게</u> 기가 맥힐 것 아니여 그거? 그

714

럴 수가 없거든.(부안 구비)

5.4.5 아주낮춤의 조사

서남방언에는 반말을 아주낮춤으로 바꿔 고정시키는 조사 '야'가 있는데, 이 '야'는 높임의 '이라우'와 대립적 관계에 있다. 이 '야'는 아주낮춤의 마침씨 끝 뒤에도 결합이 가능하다. '야'는 서술·의문·명령·청유 등 모든 서법에 쓰일 수 있다. '야'의 보다 자세한 기능에 대해서는 4.5 ② 참조.

(103)

가. 그러지야.(함평 구비)

나. 아따, 손구락 싯 드는 것이 너 떡 시 개 먹었지야?(함평 구비)

다. 낫우는(=낫게 하는) 약이 있어야.(함평 구비)

라. 이놈아, 내가 너가 누구라고 내가 언제 오라 했어야?(신안 구비)

마. 아, 느그들이나 알응게, 당체 그런 소리 말아라. 큰집의 업이 우리 집으로 왔다야.(장성 구비)

바. 그 집으로 따라가서 봉께 조그만 집인디 깨끗하니 잘해 놨드라야.(화순 구비)

사. 일어나그라야.(해남 구비)

아. 내일도 허자야.

자. 그 어른한테 가니까 어쩌디야?(화순 구비)

5.5 반말

①-어

반말 씨끝 '-어'는 그 형태나 쓰임이 표준어와 거의 같다. 다만 지정사 뒤나 동사 '하-'가 '히-'로 쓰이는 곳에서는 '-여'로 변동하는 점이 다르다. 또한 줄기의 모음이 /ㅚ/일 때, 표준어와 달리 '-어' 대신 '-아'를 선택한다. 그래서 '되-, 쇠-, 괴-'의 반말형은 각각 '되아, 쇠아, 괴아'인데, 이때 반모음 /ㅣ/가 개재되어 실제 발음은 [되야], [쇠야], [괴야]로 실현된다.

(104)

가. 왜 그러냐 허먼 내 자석 집이제마는 아이들이 여섯이여.(함평 구비)

나. 요만치여서 그래도 다행이여.(전라도닷컴 205호:10)

다. 뭣이여?(장성 구비)

라. 그렇게 복이 항시 있는 거 아니여.(함평 구비)

마. 시끄렁께 깰 것 아니여?(해남 구비)

바. 우리 일가집이 하나 있는디 그 사람이 약방을 히여.(장성 구비)

사. 빨리 히여(=빨리 해).

아. 요새는 설도 안 쇠아.

자. 아, 긍께 과거를 볼 때마다 낙방이 되아.

'있-'류의 표현과 결합되는 '-어'는 아주낮춤의 조사 '야' 앞에서 '-이'로 수의적인 변동을 보인다. 이러한 변동은 이음씨끝 '-음서야(=으면서)'가 '-음시야'로 실현되는 경우에도 확인된다. 이로 미루어 보면 '-어 → -이'는 /ㅅ/이나 /ㅆ/ 다음에서 일어나는 수의적인 변동으로 생각되나, '잇-', '낫-', '웃-' 등에서는 이러한 변동이 일어나지 않아 (105마)처럼 [*]잇이야, [*]낫이야, [*]웃이야 등은 비문법적 표현이 된다. 그러므로 조사 '야' 앞에서 일어나는 '-어 → -이'의 변동은 음운적 조건이 아닌 형태적 조건에 의한 것임을 알 수 있다.

(105)

가. 나는 있이야.

나. 너도 없이야?

다. 진작 가 붔이야(=진작 가 버렸어).

라. 나도 허겄이야.

마. 애기가 잘 웃어야('웃이야).

서남방언에서 '-은가 보-'(=나 보-)는 의존명사 구문으로 재구조화 되어 '-은갑'으로 쓰인다. 의존명사 '갑'은 지정사 '이-'가 결합되어 쓰이는 것이 보통이고, 이때 반말의 '-어'가 결합되면 움라우트가 일어난 '-은 갭이여'로 나타난다. 그런데 서남방언에서는 '-은 갭이여'와 함께 '-은갑서'와 같은 형태도 가능하다. '-은갑서'에는 지정사의 개입이 허용되지 않아 "-은갑이서'와 같은 결합은 불가능하다. 따라서 '-은갑서'의 '갑'을 의존명사로 보기는 어렵다. '-은갑서'는 '-은갔-어'로 분석할 수 있는데, 이때 '-은갔-'은 추정의 안맺음씨끝으로 해석될 수 있다. 추정의 안맺음씨끝 '-은갔-'을 설정함으로써 과거의 '-었'이나 추정의 안맺음씨끝 '-겄-'과 유사한 형태를 갖게 된다. 여기에 '-어'가 결합되면 실현된 발음은 [갑써], [어써], [거써]처럼 '써'로 통일되게 된다. 만약 이러한 우리의 가정이 옳다면 '-은갑서'처럼 /ㅅ/이 첨가된 것은 '-었어'나 '-겄어' 등에 유추되었기 때문일 것이다. '-은갑서'에 아주낮춤의 조사 '야'가 결합하면 '-은갑시야'로 변동하는데 이 변동은 위에서 언급한 바와 같다.

(106)

가. 근갑서/근갭이여(=그러나 봐).

나. 다 갔는갑서/갔는갭이여(=다 갔나 봐).

다. 근갑시야(=그러나 보다).

라. 다 갔는갑시야(=다 갔나 보다).

회상시제의 '-드-'와 '-어'가 결합하면 '-데₂'로 나타난다. 예사낮춤에서 '-데₁' 이 있듯이 반말에서도 동일한 형태의 '-데₂'를 설정할 필요가 있다. 그것은 무엇보다도 '-데₂'에 두루높임의 조사 '요'가 결합될 수 있기 때문이다. 물론 '-데₂'에 '이라우'는 결합하지 못하지만, '요'의 결합 가능성만으로도 '-데₂'가 반말임을 입증할 수 있다. 또한 '-데₂'는 서술법뿐만 아니라 의문법도 가능하다는 점에서 예사낮춤의 '-데₁'과는 구별된다. 물론 '-데₁'을 예사낮춤의 '-드네₁'의 보충형으로 해석하였듯이 '-데₂'를 '-드-네₂'로 해석할 가능성이 없는 것은 아니다. ③에서 논의되겠지만 '-네₂'도 반말 표현이며 '요'와 결합할 수 있고 서술법뿐만 아니라 의문법에도 쓰일 수 있기 때문이다. 이러한 특징 때문에 이론상 '-데'를 '-드-어'와 '-드-네₂'의 어느 것으로도 분석할 수 있다. 그러나 가장 결정적인 문제는 '-네₂'가 의문법에 쓰일 때 오직 판정의문만 가능하며 설명의문이 불가능하다는 점이다. 따라서 예 (107)의 (라)와 (마)처럼 의문사가 있는 설명의문문이 가능하다는 점을 고려할 때, '-데₂'는 '-드-네₂'가 아닌 '-드-어'로 분석되어야 한다. 『표준국어대사전』은 예사낮춤의 '-데₁'을 표제어로 올리지 않았으며, 단지 '-데₂'만을 '해체'(반말)의 씨끝으로 풀이하고 있다. 다만 그 뜻풀이는 서술법에 한정하는 것으로 여겨지며 의문법의 용법은 포함되어 있지 않다. 따라서 우리의 기술과는 약간의 차이가 있는 셈이다. 우리는 예사낮춤의 '-데₁'과 함께 반말이 '-데₂'를 제시하였고, '-데₂'는 서술법과 의문법(판정의문)에 모두 쓰일 수 있는 것으로 이해하였기 때문이다.

'-데₂'가 의문법에 쓰인다고 하였지만 높임의 조사 '요'가 결합된 '-데요'는 의문법에는 잘 쓰이지 않는 듯한데, (107바)가 이를 보여 준다. 회상시제가 포함된 높임의 의문법 씨끝은 '-읍디여'가 전형적이다. 따라서 (107바)가 정문이 되려면 '애기가 멋을 잘 묵읍디여?'가 되어야 한다. 그러나 (107바)는 이러한 의미로 해석되지 않는다. 아마도 이러한 '-읍디여'의 존재 때문에 의문법에서 '-데요'가 쓰이지 않는 것으로 추정된다.[16]

(107)

가. 영(=아주) 부지런허데.(고흥 구비)

나. 언젠가 쓰일 데가 있다고 나를 만들어 놨다고 그러데요.(화순 구비)

다. 이 사람이 그 소금 장시보고 물었든 것이데요.(신안 구비)

라. 애기가 멋을 잘 묵데?

마. 망주보고 물어서 "어떤 놈이 집어 가데?" 하면 찾을 도리가 있제.(해남 구비)

바. *애기가 멋을 잘 묵데요?

의도의 '-을라-'와 반말의 '-어'가 결합한 '-을래'도 이 방언에서 쓰인다.[17] '-을래'는 '-을라고 해'가 축약된 형이므로 여기에 반말의 '-어'가 포함되어 있음을 알 수 있다.[18] '-을래'에는 높임의 조사 '요'가 결합될 수 있으나 '이라우'는 결합이 불가능하다. 이 점은 '-데₂'와 양상이 같다. 서남방언에서 '-을래'는 주로 의문법으로 쓰이며 굳이 서술법에 쓰인다면 그것은 아이들 말에서나 겨우 쓰일 수 있을 뿐이다. 이처럼 서남방언에서 '-을래'가 서술법에 잘 쓰이지 않

---

16 그러나 '요' 결합형이 서술법에만 쓰이고 의문법에는 쓰이지 않는 경우는 거의 없다. 이 점에서 서남방언의 '-데₂요'는 매우 이례적이라 할 수 있다.

17 '-을래' 외에 '-을랴'도 보인다. (예) "아무개한테 너 결혼을 헐랴?"고 하니까 눈물이 주르르 흐름서, "대감님, 대단히 죄송합니다마는 그것만큼은 저한테 맡겨 주십시요."(장성 구비)

18 이기갑(2003:234)에서 '-데'를 '-드-이', '-을래'를 '-을라-이'로 분석한 것은 잘못이다. '-데₁'을 이렇게 분석할 가능성이 전혀 없다고는 할 수 없으나, '-데₂'나 '-을래'는 높임의 조사 '요'와 결합할 수 있고, 더구나 '-데₂'는 서술법과 의문법에 모두 쓰일 수 있으므로 반말로 보아야 한다. 따라서 아주낮춤의 의문형 씨끝 '-이'가 포함된 것으로 분석할 수는 없다.

는 것은 같은 뜻의 '-으께'가 있기 때문이다.

(108)

가. 너 두부 갑(=값)을 물을래, 안 물을래?(장성 구비)

나. 너 이년! 내 말 들을래, 안 들을래?(장성 구비)

다. 네가 나를 어쩔래? 잡아먹을래 어쩔래?(화순 구비)

라. 언제 내놀래(=내놓을래)?(함평 구비)

마. 니가 내 말 꼭 들을래?(고흥 구비)

바. "그래도 안 갤쳐 줄래요." 그랑께,(고흥 구비)

'-어'는 수사적 의문을 나타낼 때가 있다. 특히 (109)와 같이 다수의 문장을 열거하면서 수사적 의문을 나타내면, 그 의미가 더욱 강조된다. 수사적 의문이므로 마지막 문장의 억양은 당연히 내림억양을 취한다. 다만 이러한 열거 구문에서 수사의문으로 해석되는 것은 '-어'만의 현상은 아니다. '-냐', '-은가', '-습니까' 등 의문법 씨끝들이 공통으로 이러한 구문을 만들 수 있기 때문이다.

(109) 학교를 가 봤어, 연필을 잡아 봤어? 아무것도 모른 사람이 기냥 기래
(=그려) 봤제.(전라도닷컴 205호:9)

②-제/지

반말 씨끝 '-지'는 서남방언에서 '-제'로 쓰이는 것이 보통이나 '-지'로도 흔히 쓰이는데, '-제'는 중세어 이음씨끝 '-디비'로부터 발달한 것이다. '-제'의 쓰임은 표준어 '-지'와 완전히 같아서 말할이의 완곡한 의견을 나타내는 기능을 하는데, 이 때문에 의문의 억양을 취하면 상대의 의향을 묻거나 동의를 구하는 물음으로 쓰이는 수가 많고, 명령의 경우는 상대에 대한 강압적인 명령이

아니라 은근히 부추기는 권유로 쓰인다.

(110)

가. 응, 온 중(=줄) 알제.(함평 구비)

나. 그래 인자 이놈이 들고 뛰어오제.(함평 구비)

다. 그렇게 인자 시집올 때 해 갖고 온 가쟁이(=가랑이) 째진 고쟁이가 있
   어. 알제?(신안 구비)

라. 자네도 한 잔 들제.

마. 다들 요리 앉제.

'-제'가 이음씨끝으로 쓰일 경우, 그 의미의 하나로 말할이의 권유를 나타
내는 수가 있는데, 이러한 용법의 접속문 구성에서 후행절이 생략되어 권유
의 마침씨끝이 생겨난 것으로 추정된다.

(111)

가. 자네도 한 잔 들제 그런가(=자네도 한 잔 들지 그러나)?

나. 요리 앉제 멋 헌가(=이리 앉지 뭐 하나)?

한편 4.5 ④에서 언급한 바와 같이 표준어에서는 권유나 완곡한 명령을 나
타내기 위해 주체높임의 '-시-'와 높임의 조사 '요'가 결합한 '-시지요'가 쓰이
지만, '-시지요'에 형태적으로 대응하는 서남방언의 '-시제라우'에는 그러한
의미가 없다. '-시제라우'는 서술법과 의문법의 해석은 가능하나, 명령법의
해석은 갖지 못하기 때문이다. 그래서 표준어 문장 (112가)에 대한 서남방언
의 대응 문장 (112나)는 비문이다. (112다)에서 보듯이 표준어 '-시지요'에 대
한 서남방언의 대응 표현은 '-어게라우'이다. 즉 주체 높임의 표현 '-게-'와 반
말의 '-어' 그리고 여기에 조사 '이라우'가 결합된 표현인데, 그렇다면 씨끝 '-제'

대신 '-어'가 대응하는 셈이다.

(112)

가. 거기 있지 마시고 이리들 오시지요.

나. *거그 있들 말으시고 요리들 오시제라우.

다. 거그 있들 말으시고 요리들 와게라우.

   서남방언에서 반말의 씨끝 '-제'에 형태 '-메/멩'을 첨가시켜, 확인의 의문
을 나타낼 수도 있다. 예를 들어 (113가)는 말할이가 다들 갔음을 전제하면서
이를 확인하는 기능을 하는데, 이러한 이유 때문에 '-제메'는 (113다)처럼 의
문사가 있는 경우에는 쓰이지 못한다. 이 물음에서 '누가'가 부정대명사로
쓰일 경우에는 '누군가가 가지?'의 의미를 가질 수 있으나, 순수한 의문 대명
사로 쓰일 때에는 말할이의 전제가 성립하지 않기 때문에 비문이 된다.

(113)

가. 다들 갔제메?

나. 담에 꼭 오제멩?

다. *누가 가제메?

'-제'에 붙는 '-메'나 '-멩'은 기원적으로 이음씨끝 '-며'에서 온 것이다. 이 '-며'
는 완형 보문에 붙어 확인 물음의 기능을 한다. 그러므로 반말에는 '-며'가 결
합되지 않는 것이 일반적인데, 그럼에도 이 방언에서 '-제메'가 가능한 것은
확인 물음이라는 동일한 문법적 기능을 공유한 탓에 이를 바탕으로 하여 이
들 통사 구조에 유추된 것으로 추정된다. '-제메'는 '-제'와 달리 높임의 조사
'요'나 '이라우'의 결합이 불가능하다. 그렇다고 하여 '-제메'를 반말이 아니라
고 할 수는 없을 것이다. 반말 씨끝 '-구만'에 보조사 '은'이 결합한 '-구만은'이

높임의 조사 '요'나 '이라우'의 결합을 불허하는 것도 같은 것이다. 반말의 씨끝에 다른 형태가 결합할 경우 높임의 조사가 결합하는 데 제약을 받는 것은 우리말의 한 특징이라 할 수 있다.

한편 전북 장수와 무주 지역에서는 '-장'이라는 독특한 씨끝이 쓰인다(이윤구 2001). 이 '-장'은 의문법에만 쓰여 반말의 '-제'와는 다른 면이 있지만, 말할이가 알고 있는 내용을 들을이에게 확인하는 기능을 하는 점은 물음의 '-제'와 같다. 주로 여자들이 사용하였지만, 오늘날에는 거의 듣기 어려운 말이라고 한다. '-장'은 '-지'에 첨사 '-앙'이 결합되었을 가능성이 크다.

(114)

가. 너 샛밥이랑 다 해 갔었장?

나. 이게 무신 돈이장?

'-제'는 사태를 열거할 때도 쓰인다. (115)에서 (가)-(다)는 두 개 이상의 절이 나열되었고, (115라)는 표면적으로는 하나의 절만 나타나 있지만 선행 문장도 나열의 항목을 이루고 있어 복수의 절이 나열된 셈이다. 이는 '없지' 뒤에 오는 '그렁깨'가 앞의 표현들을 아우르는 기능을 하는 대용어라는 사실에서 뒷받침된다. 아우르는 대용어는 의미적으로 다수의 표현을 포괄하기 때문이다.

(115)

가. 두 번째 가서는 이양반이 돌아오들 안해요. 소도 안 오지, 사람도 안 오지.(군산)

나. 베도 잘 짜제, 일도 잘허제, 멋이든지 누구던지 다 잘헌다고만 허그덩.(영광)

다. 그러면 이놈우 것, 배는 고푸제, 훈련은 고되제, 날은 뜨굽제, 사람 미

칠 지경이고 말로는 참 거 이루 말헐 수 없어요.(보성)

라. 넘 땅 얻을래야 은어 부칠 수도 읊고. 자그 땅도 없지 그렁깨, 그렁개
먹을 기 읊잔해요.(무주)

마. 소내기는 따라지제(=퍼붓지), 송아지는 뛰어가 버리제, 에펜네는 도망
가제, 집구석에 와서 깔짐(=꼴짐)만 내려놓고 갈라고 생각해 봉께, 애
기도 울제, 콩죽도 넘제, 설사벵은 나제, 누구를 잡으로 갈 지를 모릉
께, 그래도 에펜네부터 잡으러 갔다 안 허요?(신안 구비)

마침씨끝 '-지/제'는 뒤에 담화표지 '뭐'가 결합되어 쓰이는 수가 많다. 이
것은 '-지/제'가 이끄는 문장의 의미가 대수롭지 않다는 말할이의 태도를 반
영한다.

(116)

가. 그 앞닫이(=반닫이) 속에가 뭣 들었단가? 암것도 없어. 빈 앞닫이제 뭐
엄마나 무겁단가?(신안 구비)

나. 그것뿐이제 뭐.(화순 구비)

다. 그전 볍이라는 것은 한번 명령 내리면 그만이제 뭐.(군산 구비)

라. 그람 됐지 머.(무주)

마. 긍개 거기 가먼 인자, 고기 순리대로 하야지 머.(무주)

바. 그 제사라구제 머, 부모님 제사라고.(무주)

③-네₂

표준어와 마찬가지로 서남방언도 반말의 씨끝으로 '-네₂'가 쓰인다. '-네₂'
는 감탄을 나타내고, 높임의 조사 '요'와 결합할 수 있으며, 서술법과 의문법
에 모두 쓰이는 점에서 예사낮춤의 '-네₁'과는 다르다. '-네₂'가 서술법에서는

주로 감탄을 나타내지만 여기에 조사 '요'가 결합되면 감탄의 의미는 약화된다. 그리고 '-네₂'가 의문법에 쓰일 때에는 감탄이 아닌 말할이의 판단에 대한 동의를 구하는 기능을 한다. 그래서 의문사가 있는 설명의문에는 '-네₂'가 쓰일 수 없다. (117마)의 의문사 '멋'이 부정대명사로 쓰여 판정의문으로 해석된다면 정문이지만, 의문대명사로 쓰일 경우 비문이 되는 것은 이 때문이다. 한편 '-네₂'는 '요'와는 결합되지만 '이라우'와는 결합되지 않는다.

(117)

가. 날씨 차말로 좋네(요).

나. 다들 겁나게 묵네(요).

다. 인자 씨언허겄네(=시원하겠네)?

라. 시방은 부자네?

마. *시방은 멋이(=무엇이) 되았겄네?

④ -구만

'-구만'은 표준어의 '-는구먼'에 대응시킬 수 있으나, 서남방언에서 현재시제 표지 '는'이 탈락되는 변화가 부분적으로 일어났기 때문에 대부분의 지역에서는 '-구만'으로 쓰인다. 또한 표준어의 '-는구먼'이 나이든 사람이 쓸 수 있는 말투인 반면, 서남방언의 '-구만'은 어린 아이들도 쓸 수 있는 말이라는 점에서 다르다. '-구만'은 '-어'와 달리 단언이 아닌 완곡한 서술이나 감탄을 나타낸다. '-구만'의 감탄 기능은 '-어라'나 '-웅거'와 같으나 이들보다는 감탄의 정도가 약하며, 상대에 대한 의식의 정도는 더 강하다. 즉 '-어라'나 '-웅거'가 자신의 느낌을 무의식적으로 토로한다면, '-구만'은 상대와의 교감을 전제로 한 감탄을 나타낸다. 만약 말할이 혼자만 있는 상황이라면 '-구만'보다는 '-어라'나 '-웅거'가 훨씬 자연스럽고, 상대에 대한 높임의 조사 '이라우'가

'-어라'와 '-웅거'에는 붙지 못하지만 '-구만'에는 붙을 수 있는 것도 이 때문이다. 한편 '-구만'은 형용사와 동사에 모두 결합될 수 있다.

(118)

가. 아이고, 뜨거라.(뜨겅거/'뜨겁구만.)[-상대]

나. 차말로 좋구만이라우.('좋아라라우/'좋웅거라우.)[+상대]

'-구만'은 원래 앞소리에 관계없이 언제나 단일한 형태로 쓰이던 씨끝이었는데, 모음 줄기 뒤에서 '-구만'의 /ㅜ/가 탈락되어 '-ㄱ만'으로 변하면서 자음 줄기 뒤에서는 매개모음이 개입된 '-으만'이 나타나 '-ㄱ만/으만'의 수의적 변동을 보이게 된다. 예를 들어 '가구만'과 '묵구만'은 각각 '각만', '묵으만'으로 변동한다.

(119)

가. 아, 참, 나가 안 할 짓을 했구만.(고흥 구비)

나. 그러믄 나도 그래야겠구만. 나가 다 지고 갈라네.(고흥 구비)

다. 그 사람이고만.(승주 구비)

라. 남편 된 사람이 또 업는다 하구만.(해남 구비)

마. "아따 이상(=꽤) 글 학만(=하는구먼)." 그라거든.(해남 구비)

바. 내 생일이다고 내일 온닥만(=온다는구먼).(전라도닷컴 205호:11)

사. 글 안 하먼(=그렇지 않으면) 공출 내가고 막 다 뺏게 붕께 그란닥만.(영암)

(120)은 '-는구만'으로 쓰인 경우이다. 서남방언에서는 현재시제 표지 '-는-'이 탈락되는 경우가 흔한데, (120)은 '-는-'의 탈락이 일어나지 않은 소수의 예이다. (120나)에서는 '-는구만'에서 '는'이 '느'로 실현되고, 모음 /ㅜ/가 탈락되었다. (120다)는 '-는구만'의 '-는-'이 '-ㄴ-'으로 줄어든 경우이다.

(120)

가. 뜨겁게 인자 맨드는구마.(영암)

나. 이야기흐다가 딴 소리 흐득만.(임실)

다. 어마이가 그런구만, 그러더라고.(임실)

'있-'류의 표현인 '-었-'과 '-겄-', 주체높임의 과거 표현 '-겠-'에서는 언제나 '-구만'으로만 나타날 뿐 '-윽만'으로의 축약은 일어나지 않는다.

(121)

가. 많이 바꾸셨구만.(군산)

나. 그른 일 있었그만.(고창)

다. 시방 벌써 시앰이 세 번 벤겡되아 불었구만요.(임실)

라. 칙짐질 잘허는 사람 죽어 불었구만.(영광)

마. 이자 다 통채 있겄구만.(군산)

바. 큰집 시숙이 해겄구만.(영암)

사. 봐겄구만.(영암)

회상시제와 '-구만'이 결합한 '-더구만'은 흔히 '-드구만'으로 쓰이는데, 가능한 형으로는 '-드구만', '-득만', '-드만', '-드마' 등이 있다. 실제 구술발화에 나타나는 빈도를 보면 '-드구만'은 매우 낮고 나머지 세 형태가 일반적이다. 동일 지역에서 이들 어형들은 혼용되어 나타난다. (122)는 각각의 예를 구술발화에 나타난 대로 보인 것이다.

(122)

가. 강원도 평강 오씨하고 그래 허씨하고 혼인을 안 했다고 그런 얘기가 있더구만.(고흥 구비)

나. 그눔은 젤로 늦더구만요.(임실)

다. 자기 남편한테 그것을 이야기했다고 그러득만.(전주 구비)

라. 그래도 고추는 또 겐찬허닥 허득만.(영광)

마. 송정리 나간 디 어디 거거이서 산다 글득만요.(보성)

바. 어디로 들옹깨 꼭 산꼴창 같드만.(영암)

사. 거 산신령이 있었든가 보드만.(함평 구비)

아. 난중에 대화가 돼. 그 참 묘하더만.(고흥 구비)

자. 번 것이 번 것이 아니드만요.(보성)

차. 북감자보고 감자라 하드마.(진도)

카. 부엌에 들어간 것을 그렇게 싫어허시드마.(영광)

타. 꼴창이로 오드마.(영암)

파. 그래갖고 한다 하두마요.(진도)

하. 그 비형장에 있드마요.(보성)

ㅏ. 저 안집이 있더마요.(광양)

ㅑ. 인자 클났드마요(=큰일 났더구먼요).(군산)

ㅓ. 네 개를 나뒀드마이라(=놔뒀더구먼요).(영암)

완형 보문과 상위문 서술어의 축약 구성에서도 '-그만 → ㄱ만 → -만'의 변화에 의한 변동이 나타난다.

(123)

가. 살짝 나와 불더라구만.(고흥 구비)

나. 와서 묻더라그만.(고흥 구비)

다. 개명당이 생겼닥만.(전주 구비)

라. 그대로 순행을 해서 끄치드락만.(전주 구비)

마. 그러드락만.(전주 구비)

728

바. 그러더라만.(승주 구비)

사. 뭣을 요만썩하니 뭘 싸갖고 왔더라만.(고흥 구비)

아. 아이, 그러 진직부터 실은 동생이 우리를 생각헐라고 그렇게 맘먹고
있었드라만.(함평 구비)

안맺음씨끝 '-을라-' 뒤에서는 '-구만'은 불가능하며 '-ㄱ만'이나 '-만'만 올
수 있다.¹⁹

(124)

가. *내가 헐라구만.

나. 내가 헐락만

다. 내가 헐라만.

(125)는 '-는 갑'에 '-구만'이 올 때도 '구'가 탈락될 수 있음을 보여 준다. 이
때는 '-구만'이 오거나 아니면 형태 '구'가 탈락한 '-만'으로만 쓰인다. '갑'이 의
존명사로 재구조화 되어 그 뒤에 지정사 '이-'가 올 경우 '갑이구만'은 '갑익만'
또는 '갭익만'처럼 '-ㄱ만'으로도 올 수 있다. 그러나 지정사 '이-'가 나타나지
않는 상황에서는 '-ㄱ만'은 불가능하다. 따라서 (125)의 '갑'은 의존명사가 아
니라 '-가 보'의 축약 과정에서 나타난 형으로 해석되어야 한다.

(125)

가. 탑탑항께 그란갑구만.(영암)

나. 이 자식, 어디서 도독질 해갖고 나오는갑만.(함평 구비)

---

19 감탄의 맺음씨끝 '-구만'은 그 변동의 양상이 이음씨끝 '-구만'과 완전히 일치한다. (예) 비
도 오구만(옥만/'오만) 어디를 나갈라고 그냐?/비 오드구만(오득만/오드만) 멀라고 나가
냐?

다. 옛날에는 그랬는갑만.(영암)

라. 그거 못한다고 벌 준갑만.(영암)

마. 복 걸려서 가겠든갑만.(영암)

(126)은 지정사 '이-' 뒤에 '-구만'이 오는 경우이다. 지정사는 모음 줄기이므로 '-구만'이 '-ㄱ만'으로 줄어들 수 있는데 (126마)가 이를 보여 준다. '최근이구만요'가 '최근익마요'로 줄어들었는데 발화자는 이를 '최근인마요'로 발음한 것이다. 여기서는 '-구만'의 '만'이 '마'로 나타남을 알 수 있다. 실제 발화에서는 '-구만'의 출현 빈도가 '-ㄱ만'에 비해 상대적으로 매우 높게 나타난다.

(126)

가. 베 짜는 디(=데)구만.(진도)

나. 그때가 한 서른 멫 살 먹을 때구만.(영광)

다. 군 소금이구만, 군 소금.(영광)

라. 요때그만요.(임실)

마. 또 대성 두 되 받은 것이 최근인마요.(보성)

지정사 뒤에 오는 '-로-'는 역사적으로 감탄의 '-도-'의 변이형인데, '-구만'과 함께 쓰여 '-로구만'을 형성한다. 그러나 이때는 '-그만 → ㄱ만'의 변화가 일어나지 않아 언제나 '-로구만'으로만 쓰인다. 따라서 '-로구만'은 하나의 씨끝으로 굳어졌다고 할 수 있다.

(127)

가. 거 천서방이로구만. 천서방 마느래로구만.(함평 구비)

나. 소리가 약해지더니, 한 두어 달 그랬을 거로구만. 차근차근 소리가 약해져.(고흥 구비)

'-구만'은 조사 '은'이 결합되어 마침씨끝으로 쓰이나 이 경우 '-구만은'에는 높임의 조사 '요'나 '이라우'가 붙지 못한다. 마침씨끝 '-구만'은 원래 이음씨 끝이던 것이 후행절의 탈락과 함께 마침씨끝으로 그 기능이 바뀐 것이다. 이 음씨끝 '-구만'에 대해서는 6.3.4.1 참조. 조사 '은'의 결합은 이음씨끝에서도 흔히 나타나는데, 아마도 마침씨끝 '-구만은'은 이러한 이음씨끝의 용법이 그대로 유지된 것으로 보인다.

(128)

가. "허허, 진작 오신단 말이제. 방이 만원이 돼가지고 잘 데가 없어 할 수 없구만은." 주인이 그러거든.(고흥 구비)

나. 건너 마을어 있던 하나는 해방되던 해에 큰 바람통에 나무가 넘어지는 바람에 독까지 쓰러뜨렸구만은.(부안 구비)

⑤ -느만/는만

표준어의 마침씨끝 '-누먼'은 감탄을 나타내는 것으로서 동사에만 쓰이는 씨끝이다. 이로 미루어 보면 '-누먼'의 '누'는 기원적으로 현재시제 표지 '-느-' 에 소급함을 알 수 있다. 이 때문에 '-누먼'은 안맺음씨끝 '-었-', '-겠-', '-더-' 등 과는 결합이 불가능하다. 전북의 대부분과 전남의 해남 지역에서 표준어 '-누 먼'에 대응하는 방언형 '-느만'이 확인된다. '-느만'이 동사에만 쓰이는 것은 표준어 '-누먼'과 같다. 형태적으로 '-구먼'과 '-구만', '-누먼'과 '-느만'에서 보 듯이 둘째 음절의 모음에서 표준어와 서남방언은 /ㅓ/와 /ㅏ/의 대립을 보인 다. (129가)에서 보듯이 전북 고창에서 '-는만'이 확인된다. '-는만'은 '-느만'에 비해 사용 빈도가 매우 낮다. '-는만'이 '-느만'의 선대형인지 아니면 '-느만'으 로부터 현재시제의 의미를 강화하기 위해 /ㄴ/이 첨가되어 변한 것인지는 확언하기 어렵다. 다만 '-는만'이 '-느만'의 선대형이라면 '-는만'은 '-는구만'으로부터 '구' 탈락에 의해 생겨났을 가능성도 배제할 수 없다. 앞에서 '-구만'의 '구' 탈락은 안맺음씨끝 '-드-'의 뒤나 인용문 축약 구성의 상위문 서술어 씨끝에서 가능했음을 언급한 바 있다. '-는구만 → -는만'의 변동을 인정한다면 '구' 탈락의 분포는 더 넓어지는 셈이다. 다만 '-는구만 → -는만'의 변동이 서남방언에서 결코 일반적이 아니라는 사실이 이러한 가능성을 약화시킨다.

'-느만'은 말할이가 새롭게 깨달은 사실을 표현하는 기능을 하는데 이때는 주어에 아무런 제약이 없다. (129가)-(129라)가 이런 경우이다. 한편 (129마)-(129바)처럼 주어가 일인칭일 때는 주어와 관련된 사실을 완곡하게 표현하는 기능을 하기도 한다. 따라서 일인칭 주어일 경우 새로운 깨달음 표현과 완곡한 서술의 두 가지 기능이 있는 셈이다. 인칭에 따른 이러한 기능의 차이는 '-구만'에서도 마찬가지로 나타난다.

(129)

가. 긍게 신송리 이장이 와서 자갈 깔아주고 가는만.(고창)(전라북도 방언 사전:255)

나. 웃지 말고 혀. 잘하느만.(전주 구비)

다. 한나는 알고 둘은 몰르느만.(정읍 구비)

라. 잘 아느만.(정읍 구비)

마. 내 인자 후지 내년부터는 시제 지낸 디 안 갈라느만.(정읍 구비)

바. 나 오라는데 안 가느만.(정읍 구비)

'-느만'은 완형 보문과 상위문 서술어의 축약 구성에도 많이 나타난다. 이때 '-느만'의 모음 /ㅡ/가 탈락하여 '-ㄴ만'으로 쓰이기도 한다. '-느만/ㄴ만'의 변동은 '-구만/ㄱ만'의 변동과 평행한 것이다. (130가)-(130사)는 '-느만', (130자)는 '-ㄴ만'의 예를 보여 준다.

(130)

가. 그려서 큰아들이 도맡아서 다 부모들을 맡게 됐다느만.(부안 구비)

나. 중원이는 갈매기가 없다느만.(정읍 구비)

다. 용상으 떡 앉으면 그만이라느만.(군산 구비)

라. 암 디(=아무 곳) 재를 넘을라믄 옛날에는 호랭이가 있드라느만.(부안
구비)

마. 원의 재산을 거의 반절이나 덜어주더래느만.(부안 구비)

바. 그려서 딱 그 신랑을 맞어가지고 잘 살드래느만.(부안 구비)

사. 애기를 했드라느만.(해남 구비)

아. 가서 봉께 조리를 그렇게 콱 동여매 놨드라느만.(해남 구비).

자. 식사를 지어갖고 나오드람만.(해남 구비)

마침씨끝 '-느만'은 이음씨끝으로도 쓰이는데 그 의미는 '-더니만'과 같다.
'-느만'이 마침씨끝과 이음씨끝을 겸하는 것은 '-구만'의 경우와 같다.

(131) 그 부인네는 저짝(=저쪽) 집이로 가고 모똑이네 오매(=-엄마)는 저
산비탈이다 오도막집 하나 지어서 기어들고 기어나는 디로 쏙 들어
가느만 모똑이란 놈이 걍 뒤집어져서 잔단 말여.(정읍 구비)

⑥ -거든, -거들랑, -걸랑

표준어에서 이음씨끝 '-거든'은 '조건'과 '대조'의 두 가지 의미를 나타내는
데, (132)가 이를 보여 준다. 조건의 경우 후행절은 명령이나 말할이의 의도
나 소망 등 의지와 관련된 양태를 가져야 하는 제약이 있다. 대조의 경우 후
행절은 수사적인 의문문이 오는 수가 많으나 절대적인 제약은 아니다. 그러
나 대조로 쓰이는 '-거든'은 예스러운 느낌을 주기 때문에 오늘날 잘 쓰이지

않는다. 또한 '-거든'이 조건을 나타낼 경우라도 글말에서는 쓰일 수 있지만 입말에서는 '-으면'으로 대체되어 쓰이므로 사용 빈도는 극히 낮다고 할 수 있다.

(132)

가. 혹시 길이 미끄럽거든 지하철을 이용해라.(조건)

나. 까마귀도 어미의 은혜를 알거든, 하물며 사람이 부모의 은혜를 모르겠느냐?(대조)

'-거든'은 『표준국어대사전』에 의하면 반말의 마침씨끝으로도 쓰이는데 청자에게 새로운 정보를 제공하거나 후행 발화의 전제를 제시하는 기능을 한다. 마침씨끝으로의 쓰임은 표준어의 경우 입말에서도 매우 빈번하게 나타나 이음씨끝과의 차이를 보인다.

(133)

가. 농사란 땅을 잘 다루어야만 많은 소출을 낼 수 있거든.(새로운 정보 제공)

나. 오늘 체육 시간에 씨름을 배웠거든. 그런데 수업이 끝나고 쉬는 시간에 아이들끼리 씨름판을 벌이다가 한 아이가 다쳤어.(후행 담화의 전제)

서남방언의 구술발화에 나타난 '-거든'의 용례는 모두 마침씨끝의 예였다. 또한 구비문학대계의 전남편에서도 마침씨끝으로 쓰이는 경우가 3,000회를 넘지만 이음씨끝으로 쓰이는 경우는 극히 드물었다. 전북편에서는 마침씨끝이 1,700회가 넘지만 이음씨끝은 27회 정도였다. 이음씨끝으로의 사용 비율이 전남보다는 많지만 전북에서도 '-거든'이 마침씨끝으로 쓰이는 비율이 압도적으로 높음을 알 수 있다. 이것은 서남방언에서 '-거든'이 이음씨끝보다 마침씨끝으로 주로 쓰인다는 사실을 말해 준다. 서남방언에서 '-거든'의 첫 음절 '거'는 '그'로의 변이가 가능하다. 또한 둘째 음절 '든'은 '던', '등', '덩'으로 변이할 수 있어 실제로는 '-거든', '-거던', '-거덩', '-거등', '-그등', '-그덩'등의 다양한 형태가 나타난다. 이들에는 높임의 조사 '요'나 '이라우'의 결합이 가능한데 (134자)-(134파)가 이를 보여 준다.

(134)

가. 아들이 샘 형제에다가 딸이 다섯이었거던.(군산)

나. 꺼풀만 남거던.(진도)

다. 물레가 가락이 있거덩.(남원)

라. 그라믄 물 욱에는 폐유가 딱 깔아져갖고 있거덩.(진도)

마. 신 그런 걸 전부 인자 우리 집이서 사거등.(광양)

바. 뉘에가 요만썩 굵그등.(곡성)

사. 전에는 어매라 그랬그등.(광양)

아. 그때는 수무 살 넘우면 노큰애기라 하그덩.(신안)

자. 미영씨가 얼릉 안 나거든요.(곡성)

차. 그 호랭이가 나 이빨 다 빠져 불었다고 그래, 봉께 참말로 다 빠져 불었거등요.(해남 구비)

카. 저 대학을 나왔거등요.(무주)

타. 흑에다 뿌렁구럴 주거덩이라.(진도)

파. 축이 크기 시작하면 알이 인자 비거등이라(=보이거든요).(진도)

중세어에 이음씨끝 '-거든'이 보이는데 이는 기원적으로 '-거-드-은'으로 분석되는 것으로서 끝에 보조사 '은'이 결합되었다. 한편 18세기 이후에는 같은 의미를 갖는 '-거드란'이 보이는데 이것은 '은' 대신 조사 '으란'이 결합한 것으로서 '-거-드-으란'의 결합체이다. 결국 '-거든'과 '-거드란'은 조사 '은'과 '으란'의 대립에 의해 생겨난 씨끝인 셈이다.

(135)

가. 비 골ᄑ거든 밥 먹고(남명집언해 상10)

나. 둧다가 다 닉어지거드란 님 계신 딕 보닉리라(청구영언)

이 '-거드란'은 현대에 와서 '-거들랑'으로 변하였으며 중부방언을 비롯한 많은 방언에서 쓰이고 있는데 서남방언에서도 그 예가 찾아진다. 『한국구비문학대계』에서 확인된 (136)의 예들이 이를 보여 주는데, (136자)-(136타)에서 보듯이 '-거들랑'에 다시 '은'이 결합한 '-거들랑은'이 함께 쓰이기도 한다. '-거들랑은'의 형태 결합은 '설랑은'과 같은 것이다.

(136)

가. 내일이 잔칫날이다 싶거들랑 그 이튿날 저녁에 내가 올 테니까 저 궤짝 안에 나를 집어 여어라(=넣어라).(승주 구비)

나. 십 년 후에 삼월 보름날 되거들랑 우리 여그서 만나자.(승주 구비)

다. 내가 오늘 저녁에 가거들랑 당신 이 재산 갖고 내 집에서 살으시요.(해남 구비)

라. 그라면 내일 저녁에는 오거들랑 입에다 넣으면 네가 도로 못 내가게 옇기만(=넣기만) 하면 죽자그나 하고 입 다물고 그대로 다름질(=달음박질)해서 온나.(해남 구비)

마. 오늘날 친구분네 데꼬왔거들랑 많이 많이 자시고,(신안 구비)

바. 물러나라고 내가 이 짐승을 건져 놓거들랑 어떻게 죽이든지 어떻게든지. 어서 물르라(=물러나라)고.(전주 구비)

사. 마지막인디 만약에 내가 안 돌아오거들랑 과거에 떨어지면 한강에 투신자살을 해 버릴 테니까,(부안 구비)

아. 내 말이 믿기지 않거들랑 한밤중으 묘 위에 가서 반듯이 드러누워서 입을 벌리고 있으먼은 입이로 물이 세 방울쑥 천상 은하수가 떨어질

736

것이닝게,(정읍 구비)

자. 나가 죽거들랑은 옷 입히지 말고 꾀 활딱 벳겨서(=홀랑 발가벗겨서)
여그 동네 식수 샘에다 여어(=넣어) 놔라.(해남 구비)

차. 당신이 다시 가거들랑은 나 있는 데를 좀 좋게 해 주시라고.(신안 구비)

카. 나를 낳거들랑은 암 디(=아무 곳) 이러저런 못이다가 갖다 집어 느쇼.
(군산 구비)

타. 헹님이 내일 모리(=모레)는 숯을 팔러 가지 말고 있는 양식이 있거들
랑은 뭣이냐 흰 죽을 쒀 놓고 지다리쇼.(정읍 구비)

'-거들랑'과 같은 의미의 씨끝으로 '-걸랑'이 있다. 서남방언에서도 역시 '-걸
랑'이 확인되며 '-거들랑은'과 마찬가지로 '-걸랑은'도 함께 쓰인다.

(137)

가. 열다섯 살 먹걸랑 내가 내리와서 이름을 지어 주었습니다.(군산 구비)

나. 가서 그 낫 있걸랑 가져오쇼.(군산 구비)

다. 큰 쉬퍼리 한 마리가 그 장기판이 와서 여그 앉고 저기 앉고 허걸랑 그
쉬파리 앉는 디다만 장기를 노면 당신이 이긴다.(군산 구비)

라. 도임허고서 인자 메칠 있걸랑 거그를 한번 찾어 오라고,(군산 구비)

마. 시방 데리가믄 우리 딸이 액운이 있으니 액운 벗어지걸랑 데리가시요.
(군산 구비)

바. 막둥이란 놈 집이 내려가걸랑은 이놈을 당장으 목을 쳐서 죽이라고,
(군산 구비)

사. 이 뒤에 내가 이렇게 질이 못쓰게 됐응께, 당신님이 포도대장 되걸랑
은 날 살려주겄냐, 안 살려 주겄냐?(화순 구비)

아. 이 뒤에 당신이 우리나라에 대장이 될 것 같어. 그렇게 이 뒤에 대장이
되걸랑은 나 죽이지 마시요. 살려 주시요.(정읍 구비)

'-거들랑'과 '-걸랑'은 마침씨끝으로 쓰이기도 한다. 그러나 이음씨끝에 비해 사용 빈도는 매우 낮다. 구비문학대계 전남편의 경우 '-거들랑'이 이음씨끝으로 쓰이는 횟수는 10회, 마침씨끝은 1회였으며, '-걸랑'은 이음씨끝 1회, 마침씨끝 3회의 횟수를 보였다. 그리고 전북편에서는 '-거들랑'의 경우 이음씨끝은 6회, 마침씨끝은 0, '-걸랑'의 경우 이음씨끝은 22회, 마침씨끝은 1회였다. 전체적으로 보면 서남방언에서 '-거들랑'과 '-걸랑'은 주로 이음씨끝으로 쓰이며, 마침씨끝으로 쓰이는 비율은 매우 낮음을 알 수 있다. 따라서 '-거든'은 이음씨끝에서 마침씨끝으로의 전환이 거의 완료된 상태인 반면, '-거들랑'과 '-걸랑'은 아직도 이음씨끝의 지위가 강하고 마침씨끝은 매우 미약한 상태임을 알 수 있다. 이처럼 이음씨끝에서 마침씨끝으로의 전환이 씨끝에 따라 그 정도가 다른 것은 아마도 사용 빈도의 차이 때문으로 보인다. 후행절 없이 단독으로 쓰이는 비율이 높을수록 마침씨끝으로의 전환이 쉽게 일어나는 것은 자명한 사실인데, 전남북의 구비문학 자료를 보면 '-거든'이 마침씨끝으로 쓰이는 횟수는 5,000회가 넘는 반면 '-거들랑'과 '-걸랑'은 10회 이하였다. 이러한 압도적인 사용 비율의 차이 때문에 '-거든'은 마침씨끝으로 완전하게 전환될 수 있었던 것으로 보인다.

(138)

가. 아, 어떤 사람이 지나가더니만, 그 숫댕이를 뭐 하러 그러냐고 묻거들랑.(화순 구비)

나. 말하자고 하면 벼슬이 이품 벼슬이 되걸랑 응? 그래제이.(화순 구비)

다. 그날 저녁에 어떻게 해서 날이 새고 그 이튿날 아침에 가서 보니깐, 장태만 한 호랑이가 물에 빠져서 죽어 있었걸랑.(화순 구비)

라. "당신은 무엇이, 영감님은 제일 무섭습니꺼?" "담뱃진이 제일 무서워라우." 그러걸랑.(화순 구비)

⑦ -을까/으까, -을끄나/으끄나/으끈

표준어의 '-을까'에 대응하는 형태로 이 방언에서는 '-을까/으까'가 나타난
다. 이 씨끝은 말할이의 의향이나 추정에 대한 상대의 생각을 묻는 데 쓰이
는 것이 보통이며, 때로는 혼잣말로 쓰일 수 있다. 말할이의 의향에 대한 상
대의 생각을 물을 경우에는 5.4.2 ③에서 기술한 '-으리'나 '-으랴' 또는 '-으른'
과 그 기능이 완전히 같다. '-을까/으까'에 조사 '이라우'가 결합하면 '-을끄라
우/으끄라우' 등으로 변동하는데, 상대의 생각을 묻는 경우에만 쓰일 뿐 혼
잣말에는 쓰이지 않는다.[20] 높임의 조사가 상대가 없는 혼잣말과 상충하기
때문이다.

(139)
가. 너 주까?
나. 녈도 비가 오까?
다. 그래 그러믄 어떻게 할까?(화순 구비)
라. 내가 저년을 쫓아내야 쓰겠는디, 어떻게 해야 쓰까?(화순 구비)
마. 내가 이렇게 아무 거처도 없는데 어떻게 신부를 갖고 데리고 갈끄라
우?(화순 구비)
바. 서방님! 나오긴 나왔으니 어딜 갈꺼라우? 집으로 가끄라우?(화순 구비)

'-으까'는 때에 따라 '-나'가 붙은 '-으끄나'(=을거나)로 쓰이기도 한다. 전남
의 해남 · 완도 · 신안 지역에서는 '-으끄나'가 '-으끈' 또는 '-으껀'으로 줄어서
나타난다. 높임의 조사 '이라우'는 '-으끄나'에는 결합할 수 없고 축약형 '-으

---

20 '-은가'에 '이라우'가 결합할 때 '-은그라우'로 변동하는 것과 같이 '-으까' 역시 '-으끄라우'로
변동하는 것이 일반적이다.

끈'이나 '-으껀'에는 결합이 가능하다.[21]

(140)

가. 너 주끄나?

나. 어째야 쓰끄나?

다. 낼도 비가 오끄나?

라. "이방, 자네 나하고 이얘기 할 내기할 것이 하나 있응께 내기를 하끈?"
   그랑께,(신안 구비)

마. 그람 가보끈이라우-?(해남 구비)

바. 그럼 파 보껀이라우? 나 뫼표해 놨는디 그래라우-?(해남 구비)

사. 그라믄 어찌께 하껀이라우-?(해남 구비)

아. 그래 쓰껀이라우(=그래도 괜찮을까요)?(해남 구비)

자. 그라껀이라우? 되나 못되나 그라 것잉께 한번 써 주십시요.(해남 구비)

'-으까'가 간접인용문에 내포되면 '-으끄나'로만 쓰인다.

(141)

가. 생전 놈의집을 살아서 옷이 없응께 즈그 마느래보고 무엇이라 허는고
   니, 아니, 옷이 있어야 헐 것인디 어찌끄나고 저 시방 놈의 소매(=오줌)

---

21 이 점은 표준어에서 감탄의 씨끝 '-구나'에 조사 '요'가 결합될 수 없지만 그 축약형 '-군'에
   는 결합될 수 있는 것과 같다. '-군'은 조사 '요' 앞에서의 '-구나'의 변이형으로 해석할 수 있
   으므로, '-으끈' 역시 조사 '이라우' 앞에서의 '-으끄나'의 변이형이라 할 수 있다. 다만 '-으
   끈'이 사용되지 않는 지역에서는 이러한 형태의 변동이 일어나지 않으므로 이 경우는 단
   순히 '-으끄나'에 '이라우'가 결합될 수 없다는 기술로 만족할 수밖에 없다. 표준어의 '-을거
   나'에 조사 '요'가 결합될 수 없다는 기술 역시 표준어에 '-을거나'와 '-을건'의 변동이 없기
   때문이다. 만약 '-을까'를 조사 '요' 앞에서의 '-을거나'의 변이형으로 간주한다면, '요' 앞 이
   외의 위치에서는 '-을거나'와 '-을까'가 수의적으로 변동한다고 기술할 수도 있을 것이다.

로 똥냄새 펄펄 나는 것밖에 없어서 어쩌끄나고 그렁께,(신안 구비)

나. 놈(=남)이 항여나 산삼 그놈 좋은 놈 있다 해서 갖다 주면 놔 주깨비(=줄까 봐), "아이, 내가 산삼 좋은 것 있응께 그놈 갖다 가져오면 어쩌끄나고 물어 보라." 그렁께,(신안 구비)

다. 아니, 이만저만해서 빈장(=빙장)님이 모냐(=먼저) 숨을란다 해서 숨었는디 어떻게 찾을끄나고 그렁께,(신안 구비)

라. 우리가 그 어른 운명허시면 우리가 뭣을 먹고 살끄나고, 우리가 갖은 앙탈허고 애통을 헝게스니 말여 그 어른이 허시기를,(군산 구비)

마. 인제 마롱(=마루)으가 서서, 아, 이런 놈 꼴이 어디가 있으끄나고, 기가 맥힝게.(정읍 구비)

표준어의 '-을꼬'에 대응하는 씨끝으로서 서남방언에는 '-을꼬/으꼬'가 쓰인다. '-으꼬'는 의문사가 있을 때 쓰여, 의문사의 있고 없음에 상관없이 쓰이는 '-으까'와 구분된다. '-으까'가 말할이의 행동 의향에 대한 상대의 동의 여부를 직접적으로 묻는다면, '-으꼬'는 말할이의 혼잣말이나 생각을 표현하는 점에서 그 기능이 다르다. '-으까'에 높임의 조사 '요'나 '이라우'가 결합될 수 있는 반면 '-으꼬'에는 결합이 불가능한 이유도 여기에 있다. 이 점에서 예사낮춤의 '-은고'와 기능이 유사함을 알 수 있다. '쩌것이 멋인고?'와 '쩌것이 멋이꼬?'는 모두 혼잣말인데 말할이의 의아스러움을 표현하고 있는 점에서 같다. 다만 '-으꼬'는 '-은고'와 달리 내포문에 쓰일 수 없는 점이 다르다. 그래서 '고곳이 멋인고 궁금허다'는 가능하나 "고곳이 멋이꼬 궁금허다'는 비문이다. (142가)-(142마)는 말할이의 생각을 나타내고, (142바)-(142사)는 혼잣말에 쓰인 경우이다. (142)의 '-으꼬'는 모두 '-으까'로 바꿔도 별다른 의미 차이가 없다. 그것은 '-으꼬'가 '-으까'에 의해 대체되는 변화를 입고 있기 때문이다. 물론 이 변화는 완료되지 않아 현재는 '-으꼬'와 '-으까'가 공존하고 있는 상황이라 하겠다. 직접적인 의문에서는 오직 '-으까'만이 쓰인다. '-으꼬'가 상대방을 향한 직접 의문의 표현이 아니므로 특정한 상대높임의 위계를 설정할 수 없다. 여기서는 '-으까'와의 체계성을 고려하여 '-으까'와 함께 기술한다.

(142)

가. 내가 떠 뿐 년(=때)에 귀신 나오믄 어짤꼬?(고흥 구비)

나. 우리 부모님 묘를 어찌 명당으다 쓰꼬? 아무리 명당을 찾아도 명당이 없어.(승주 구비)

다. '하, 요놈을 어찌게 해서 뺏을꼬?' 하고 인자 생각이 어서 들었든 모양이여.(해남 구비)

라. '해가 저 불었는디 어째야 쓰꼬?' 하고는 인자 짐을 지고 가는 길이라 할 수 없어서 그리 간디,(해남 구비)

마. '어드서 자야 할꼬?' 하고 여그저그 돌라보며 내려오는디,(화순 구비)

바. 그래서 산에 와서 앉아서, "나는 나무 장사만 해서 누구랑 나는 살꼬?" 하니까, 토끼가 흥을 내드라요.(화순 구비)

사. 마포 중의 적삼을 입고 가서 갈쿠나무를 함스로 "오매 오매 우리 엄매 소등게(=솥뚜껑) 같은 눈은 오고 맹절은 닥쳐 오고 우리 부모 어이를 하꼬?" 그라고 있응께,(해남 구비)

5.6 마침씨끝 정리

지금까지 기술한 서남방언의 마침씨끝들을 위계와 서법에 따라 정리하면
〈표 9〉와 같이 될 것이다. 이 가운데 '-습니이다, -습디여, -으시요, -은고, -으
꼬, -시' 등은 나이 든 세대에서 주로 쓰이는 씨끝이며, '-음시다, -습닌짜, -습
딘짜, -읍니여, -음서/음사, -으린, -으끈, -은다꾸나' 등은 전남의 진도·완도
등 섬이나 서남해안 지역에서 주로 쓰이는 씨끝들이었다. 반면 '-으이다'는
경남과 접한 전남의 동부 지역 일부에서 쓰이는 씨끝이다. 이러한 씨끝들이
야말로 다른 방언과 구별되는 서남방언의 독특한 형태라 할 수 있다.

〈표 9〉 서남방언의 마침씨끝

	서술법	의문법	명령법	청유법	조사
높임	-습니다, -습니이다, -습디다, -음시다, -소/요/으요/우	-습니까/습니꺄/ 습니껴/습닌짜, -읍니여, -음서/음사, -소/요/으요/우, -습디까/습디여/ 습디요/습딩겨	-으시요, -음시요/으씨요, -으이다	-음시다	음닌짜/음짜, 요, 이라우, 이다
예사 낮춤	-네₁(-데₁), -ㄹ세/세/시/으시, -으니, -음세/음시	-은가/는가(-은고/ 는고), -나, -을께/으께	-소, -게	-세 -드라고	이랑가
아주 낮춤	-은다/ㄴ다, -은자, -어도, -으마, -을께/으께, -니라, -응거, -어라, -구라	-냐/이, -니/네, -으라/으리/으린, -으랴/을랴	-어라/그라/니라, -은다꾸나	-자	야
반말	-어, -제/지, -네₂(-데₂), -구만, -느만/는만, -거든/거들랑/걸랑	-어(-을래), -제, -네₂(-데₂), -을까/으까/으끄 냐/으끈(-으꼬)	-어, -제	-어, -제	

6장

이음씨끝

전통적으로 접속은 등위접속과 종속접속으로 나뉘는데, 등위접속은 Haspelmath(2004:34)에서 '둘 이상의 동일한 유형의 통사단위가 결합하여 더 큰 단위를 이루면서, 주변의 다른 문장 요소들과의 의미 관계는 변하지 않는 통사적 구성'으로 정의된 바 있다. 등위접속은 문장 차원 외에도 낱말이나 구 차원의 접속이 가능하다는 점에서 오직 문장 차원에서만 가능한 종속접속과 구분된다. 등위접속은 성분들 사이의 의미 관계에 따라 연접(and), 이접(or), 역접(but)의 세 종류가 있다(송경안/이기갑 외 2008 2권:483-484). 한편 종속접속은 한 문장(절)이 다른 문장의 성분으로 기능하는 통사적 구성으로서 종속절은 수행하는 기능에 따라 보문절(명사절), 관계절(관형절), 부사절 등으로 세분된다(송경안/이기갑 외 2008 2권:484). 이러한 유형론적 기술은 접속의 범위를 내포를 포함하는 넓은 개념으로 해석하는 데 바탕을 두고 있다. 그러나 접속과 내포는 엄연히 다른 통사적 절차이기 때문에 이를 구분하는 것이 필요하다. 다만 문제는 접속의 한 종류인 종속접속을 접속으로 인정할 것인지 아니면 내포로 해석할 것인지이다. 전통적인 국어 문법 기술에서는 접속과 내포의 개념을 인지하지 못하고, 인구어 중심의 문법 기술 관행을 따라 접속을 기계적으로 등위와 종속의 두 가지로 나누었다. 그러나 종속접속의 통사적 기능을 고려한다면 이를 내포에 포함시켜 부사절을 형성하는 기능으로 기술하는 것이 합리적이라고 하겠다. 여기서는 종속접속과 부사절과의 관계에 대해 논의하는 대신 전통적인 국어 문법의 기술 태도를 좇아 이음씨끝의 항목 안에서 등위접속과 종속접속을 이끄는 다양한 이음씨끝들의 형태와 기능을 기술하는 것으로 만족하고자 한다.

6.1 등위접속과 종속접속

한국어에서 접속은 접속사를 이용하는 인구어와 달리 다양한 이음씨끝에 의해 이루어진다. 영어 문법의 전통적인 기술에서 등위접속은 접속사 for, and, nor, but, or, yet, so 등에 의해 표현된다. 이러한 영어의 등위접속사는 주로 후행절을 이끌면서 선행절과 통사적으로 동등한 자격을 갖도록 한다. 반면 한국어는 영어와 같은 접속사가 없으므로 이음씨끝이 접속문을 만드는데, 이음씨끝이 이끄는 절은 언제나 선행절로 기능한다. 물론 경우에 따라 후행절 뒤에 올 수도 있으나 이는 도치에 의한 것이므로 특별한 화용적 효과를 위한 것일 뿐 전형적인 문장 어순은 아니다. 국어의 등위접속을 이끄는 이음씨끝으로 '-고, -으며, -거나, -든지' 등을 들 수 있다.

한국어에서 등위접속과 종속접속을 구별하는 기준은 영어와 달리 의미적 요인과 통사적 요인으로 나눠 볼 수 있다. 우선 의미적 관점에서 선행절과 후행절의 의미의 무게가 동등하여 상호 위치를 바꾸어도 의미의 변화가 별로 없는 경우를 등위접속으로 본다. '대조'와 '나열'이 이러한 범주에 드는 전형적인 의미 관계이다.

(1)
가. 법은 멀고 주먹은 가깝다. (대조)
나. 양동이로 퍼붓듯이 비가 왔으며, 바람도 엄청나게 불었다. (나열)

통사적 관점에서 종속접속의 서법은 후행절에만 나타나며 선행절에는 서법을 설정할 수 없다. 반면 등위접속은 기저 구조에서 선행절에 서법을 부여하는 것이 가능하다. 예 (2)에서 (가)의 선행절은 서술문, (나)는 명령문을 가정할 수 있다. 반면 (다)의 선행절에는 특정의 서법을 부여하기 어렵다. 종속접속의 선행절이 후행절의 성분으로 역할하기 때문이다.

(2)

가. 법은 멀고 주먹은 가깝다.

나. 여기에 있거나, 그것이 싫으면 집에 가거라.

다. 날이 밝아오니 사방에서 사람 소리가 들린다.

6.2 등위접속의 이음씨끝

6.2.1 '-고'와 '-고서'

이음씨끝 '-고'는 국어의 모든 방언에 나타난다. '-고'는 계기적 상황과 동시적 상황을 나타낸다. '법은 멀고 주먹은 가깝다'처럼 대조나 열거를 나타내는 예는 두 절의 상황이 동시에 일어난 경우이고, '결혼을 하고 아기를 가졌다'는 시간의 간격을 두고 일어난 계기적 상황이다. 동시적 상황에는 동시의 상황뿐만 아니라 사건의 나열, 그리고 '부채를 손에 들고 걷는다'처럼 양태나 방법을 나타내는 경우가 모두 포함된다.

'-고'에 첨사 '서'나 보조사 '는'이 결합되면 오로지 계기적인 해석만을 갖는 경향이 있다.

(3)

가. 법은 멀고, 주먹은 가깝다.(대조) → 법은 멀고서(멀고는), 주먹은 가깝다.(*대조).

나. 밥을 먹고 술을 먹었다.(동시/계기) → 밥을 먹고서(먹고는) 술을 먹었다.(*동시/계기)

다. 우산을 들고 걸었다.(동시/계기) → 우산을 들고서(들고는) 걸었다.(동시/계기)

(3가)처럼 대조와 같은 동시적 상황에서는 보조사 '서'와 '는'의 결합이 불가능하다. 이들이 결합하면 계기적 상황으로 해석되어야 하기 때문이다. (3나)처럼 동시와 계기의 두 가지 해석이 가능한 경우 '서'나 '는'이 결합되면 오직 계기의 해석만 가능한 것도 같은 이유 때문이다. 다만 (3다)에서 보듯이 방법과 같은 양태적 상황을 나타내는 경우에는 '서'나 '는'이 결합되더라도 양

태적 상황을 무효화시키지는 못한다. 이것은 양태가 동시의 특수한 상황이기 때문일 것이다. 이 점에서 보면 '서'와 '는'은 그 기능이 매우 유사함을 알 수 있는데, 다만 (3다)의 경우 '서'는 양태의 속성을 그대로 유지하는 데 기여하지만 '는'은 양태의 속성을 유지하기보다는 대조의 의미를 부각하는 효과를 보인다. 이것은 '서'와 '는'이 본질적으로 의미 차이가 있기 때문이다. 다만 동시적 상황을 무효화하고 계기적 상황으로 만드는 기능에서는 동일한 효과를 발휘한다.

선행절에 부정문이 나타나고 후행절에 긍정문이 오는 대조 구문이 있다. '부정과 긍정의 대조'라 부를 만한 구문인데 이때 이음씨끝 '-고'가 사용된다.

(4)

가. 내일은 비가 오지 않고 날씨가 아주 맑다네.

나. 그런 일은 없지 않고 많이 있어.

부정-긍정(또는 긍정-부정)의 대조 구문에서 선행절의 서술어가 지정사나 '없잖아 있-'과 같은 관용적 표현일 때에는 '-고' 대신 '-어'가 쓰이기도 한다. (5나)에서 '아니라'의 '-라'는 이음씨끝 '-어'의 변이형태다.

(5)

가. 내일은 휴일이 아니고 근무하는 날이다.

나. 내일은 휴일이 아니라 근무하는 날이다.

다. 그런 사람이 없잖아 있어.

(5)에서 보듯이 부정-긍정의 대조 구문에서는 '-고'가 일반적이지만 일부 제한된 환경에서 '-어'가 함께 쓰인다. 이는 역사적 변화의 결과이다. 잘 알려져 있듯이 역사적으로 국어의 이음씨끝 '-어'는 현대로 올수록 그 분포가 축소되

었고 그 빈자리는 '-고'로 대체되었다. 위의 부정적 대조 구문의 일부 환경에서 '-고' 대신 '-어'가 쓰인 것은 '-어 > -고'의 변화가 이 환경에서는 일어나지 않거나 수의적으로 일어났기 때문이다. 결국 역사적 흔적인 셈이다.

이상과 같은 '-고'와 '-고서'의 기술은 표준어를 대상으로 한 것인데 우리말의 여러 방언에서도 대체로 같은 기술이 가능하다. 서남방언도 '-고'의 기능과 형태는 표준어와 다르지 않다. 그러나 몇 가지 점에서 표준어나 다른 방언과 차이를 보이기도 한다. 우선 선행절을 대신하는 대용어로서 '그러하-'가 양태나 방법의 부사어로 기능할 때 표준어는 씨끝 '-게'를 사용하는 경향이 있지만 서남방언은 이음씨끝 '-고'를 사용한다. (6)에서 밑줄 친 부분은 선행절과 대용어가 이웃해 있는 구성인데, 이때 서남방언의 '그러고'는 모두 표준어의 '그렇게'에 대응한다.

(6)

가. 겨울에는 이 <u>냇물 묵고 그러고</u> 살았어요.(보성)

나. 옛날이는 뭐 우리가 <u>질쌈히서</u> 다 <u>그러구</u> 살았는디.(임실)

다. 닭이 수십 년 되게 <u>둔갑해가지고 그러고</u> 댕기요.(함평 구비)

라. 아, 미음 써 놓고 뭐 준비 다 해 놓으라고 하드니 <u>해 놓고 그러고</u> 있응께,(해남 구비)

앞에서 설명한 것처럼 이음씨끝 '-고'에 결합하는 '서'는 '-고'의 계기성을 강조한다. 그런데 지역에 따라 '서' 대신 '는'이나 '을랑' 등의 보조사를 사용하거나 아니면 이들 보조사들의 결합체를 사용하는 경우가 있어 흥미로운 방언 분화상을 보여 준다.

	전남 곡성	전남 진도	전북 임실	전북 군산	전북 무주
①-고서	1	*	*	5	49
-고서는	*	*	*	21	43
-고설랑	*	*	*	*	5
-고설랑은	*	*	*	*	5
②-고는	34	58	59	17	1
③-골랑	*	*	*	*	*

〈표 10〉은 국립국어원의 '지역어조사 및 전사 사업'의 보고서에 포함된 4시간 분량의 구술발화에서 '-고서', '-고는', '-골랑'의 사용 빈도를 조사한 것이다. 계기성과 관련하여 '-고' 뒤에 올 수 있는 보조사는 '서', '는', '을랑'의 세 가지로 대별된다. 〈표 10〉에 따르면 '을랑'은 적어도 서남방언에서는 '-고' 뒤에 결합되지 않는다. 이기갑(2003:344)에 의하면 '-골랑'은 충남과 경북 북부 지역에서 쓰인다. 따라서 서남방언에서 '-고' 뒤에 결합하여 계기성을 강조하는 보조사는 '서'와 '는'뿐인데, 그 분포 지역이 확연히 구분된다. 전남과 전북의 대부분 지역에서는 '-고는'이 쓰이며, '-고서'는 극히 드물게 나타나지만, 전북 무주처럼 경북에 접한 지역에서는 '-고서'가 주를 이룬다. 한편 충남과 접한 군산에서도 '-고서'가 주를 이루지만 '-고는'도 상당수 확인된다. 이를 보면 서남방언의 핵심 지역에서는 계기성을 강조하기 위해 '-고는'이 주로 사용된다는 사실을 알 수 있으며 '-고서'와 '-고는'이 함께 쓰이는 전북 군산은 '-고서' 지역과 '-고는' 지역의 전이지대로 해석할 수 있다.

(7)

가. 긍깨 이 도둑놈들이 기양 막 와허니 달라들어갖고는 거그서 기양 스님들을 기양 <u>쫓아내고는</u> 자기들이 그 살림을 완전히 기양 그눔을 점녕을 해 불었어요.(보성)

나. 그렇게 포도시(=겨우) 애기 낳고 눴이먼 그때 조까 <u>해 주고는</u> 샘일날

보텀은 아침 샘일날 아침보텀은 내가 나와서 밥얼 해 먹어.(영광)

다. 그래서 기양 바로 하랫저녁 거그서 인자 처가에서 <u>보내고는</u> 그 이튿날
바로 왔지요.(보성)

라. 약 <u>넣구서</u> 인제 그 쌀을 인제 띠우닝기요.(무주)

마. 나중이 인자 원삼 벗고, 그때도 원삼 쪽두리였었어. 거놈 <u>벗고서</u> 기양
인자 잤어.(군산)

'-고서'가 주로 쓰이는 지역에서는 여기에 다시 보조사 '는'이나 '을랑'이 결
합된 형태가 쓰이기도 한다. 그래서 '-고서는', '-고설랑', '-고설랑은'의 세 가
지 형태 결합이 확인된다. 여기에서 보듯이 '는'과 '을랑'은 '-고서' 뒤에 결합
할 수 있으므로 이러한 결합 순서는 '-고'에 '서'가 일차 결합되고 이어서 '는'
이나 '을랑'이 선택적으로 결합된다고 할 수 있다. 한편 '는'과 '을랑'이 동시에
결합한 '-고설랑은'을 보면 '-고서'에 결합하는 '을랑'과 '는'의 결합 순서가 '을
랑〉는'임을 알 수 있다. 그래서 *'-고서는을랑'은 불가능한 결합인 것이다.

(8)

가. 그리고 인자 보드란 흑으로 인재 신체를 어지간히 좀 덮어요. <u>덮구서</u>
<u>는</u> 인재 나중에는 막흑 막흑으로 막 덮잖아요?(무주)

나. 저 윗대기하고 쑥대하고 그렇게 얽어갖구설랑 거그다가 <u>얽구설랑은</u>
흑이로 인자 꽉 찌 뺄지(=쩌 버리지).(무주)

'-고서' 뒤에 '는'이 오는 경우 '는'은 대부분 '나'로 변이되어 나타난다. 그래
서 '-고서는'보다 '-고서나'가 다수형을 이룬다. 예를 들어 군산의 경우 '-고서
는'(2회)/'-고서나'(19회), 무주에서는 '-고서는'(10회)/'-고서나'(33회)가 각각 확인
되었다. 반면 '-고는'이 사용되는 지역에서 *'-고나'와 같이 '는'이 '나'로 변이되
는 경우는 없었다. 따라서 '는→나'의 변화는 오직 '-고서'의 사용 지역에 한

정되어 일어난 것임을 알 수 있다. '는→나'의 변화는 '-고서나'의 사용 빈도가 매우 높아 마치 하나의 씨끝처럼 굳어졌음을 의미한다. '-고서나'에서 '나'를 보조사로 따로 분리해 내기가 어렵게 된 것이다.

(9)

가. 거기서 대답만 허고서나 오다가 철길 따라 오다가 또 막 그냥 그 공습, 그 비행기로부터 막 그냥 저 그것보고 머라고 허까, 그 사격을 갖다 받았어요.(군산)

나. 그래갖구서 인재 여기다 그냥 잎개 홈얼 마리구틀(=마루귀틀)에다가 홈얼 파가지고서나 송판얼 요 홈 속으다 이룽개 이룽개 너요.(무주)

'-고서' 뒤에 '을랑'이 오는 전북 무주의 경우 '-고설랑/고설랑은'보다 '-고서/-고서는'의 빈도가 상대적으로 높다. 이는 이 지역이 계기성을 강조할 때 '을랑'이 사용되기는 하지만, '을랑'보다 '는'에 주로 의존하고 있음을 보여 준다.

지금까지 기술한 내용을 요약하면, 이음씨끝 '-고'의 계기성을 강조하기 위해 서남방언은 대부분의 지역에서 보조사 '는'을 덧붙였다. 그러나 충남과 경북에 접한 지역에서는 '는'보다는 '서'를 결합시켜 계기성을 강조했다. '-고서'가 가능한 이들 지역에서는 다시 그 뒤에 '는', '을랑', '을랑은'의 보조사들이 추가적으로 결합될 수 있다. '서'에 의한 계기성의 강조가 그다지 두드러지지 않기 때문에 '는'이나 '을랑'과 같은 보조사에 다시 의존한 것으로 보인다.

앞에서 동시성을 나타내는 '-고' 뒤에는 '서'의 결합이 불가능하다는 점을 지적한 바 있다. 그런데 (10)처럼 부정-긍정(또는 긍정-부정)의 대조 구문에서 '서'가 쓰인 경우는 예외이다.

(10)

가. 그리서 인자 못 나가구서는 그양 방아가(=방에) 있었어.(군산)

754

나. 시어른 것두 히야 허는데 그때는 인저 시어른 거 허는 사람은 허고 않

   는 사람은 안 했는데, 나는 인저 우리 시으른 것은 옷만 혔었어. 옷만

   허구서는 그것은 않고.(군산)

부정과 긍정의 대조 구문에서 '-고' 대신 '-어'가 대신 쓰일 수 있음은 앞에
서 언급한 바 있다. 서남방언의 경우 부정적 대조 구문의 선행항에서 '-지 않
고'는 '-지 안해'의 줄임형 '-잔해' 또는 '-잔히'로 나타난다.

(11)

가. 계(契)가 있잔해(=있는 것이 아니라), 서로 농사짓게 되면 품앗이해야

   서로 오고 가고 함시로(=하면서) 하제.(영암)

나. 아직 요 집으로 이사 오잔해(=온 것이 아니라) 처음에 제가 이 밑에 가

   면 인자 저희 자석놈이 인자 거 두째놈이 살고 있어요.(보성)

다. 쳇조마니를 가서 도라고 헝게 그 풍수씨가 헌 놈을 주잔해(=주는 것이

   아니라) 새 놈을 줘.(정읍 구비)

라. 나무 도적놈이 가져가잔히(=가져간 것이 아니라) 내가 가져왔다고 하

   면서 나무를 쌓아 놨더래.(부안 구비)

마. 곰곰 생각항개 다른 집에서는 다 명절 쉰다고 떡도 해 오고 보리도 사

   오고 야단인디, 제일 처자 자식이 생각나잔히(=생각나는 것이 아니라)

   어머니가 초하룻날 밥을 못 자시고 있으게 생겼을라닝개,(부안 구비)

예 (11가)에서 '있잔해'는 형태상으로 표준어 '있잖아'에 대응하지만, 서남방
언에서는 '있는 것이 아니라'와 같은 뜻을 갖는다. (11나)-(11마)의 '-잔해'나
'-잔히'도 마찬가지이다. 이처럼 'A가 아니라 B이다'와 같은 부정과 긍정의 대
조를 나타낼 때 서남방언은 'A잔해 B이다'와 같이 말하는 것이 일반적이다.
이것은 앞에서 언급한 '없잖아 있-'과 같은 구성의 '없잖아'처럼 옛말의 '-어'

가 아직 '-고'로 대체되지 않고 당시의 어형을 그대로 유지한 결과이다.

6.2.2 '-으며'와 '-으면서'

이음씨끝 '-면서'는 역사적으로 '-며〉-며셔〉-면서'의 변화를 겪었다. 애초에 있었던 '-며'에 첨사 '셔'가 첨가되어 '-며셔'가 되고 여기에 /ㄴ/이 첨가되어 오늘날의 '-면서'가 된 것이다. 15세기 문헌에 '-며셔'가 보이지만 '-면서'(〈-면서)는 근대에 이르러서야 나타난 것으로 추정된다.

(12)
가. 수머 살며셔 어버시를 효양ᄒᆞ더니(번역소학 8:2)
나. 이제 드리ᄂᆞᆫ 것도 흠ᄢᅴ 드리디 말고 면화 ᄠᅳᄂᆞᆫ 양을 보아 가며셔 여러 번에 쟉쟉 드리게 ᄒᆞ소(현풍 곽씨 언간:102)

그러나 현대국어에서도 '-며'는 부분적으로 남아 있기 때문에 '-며'가 '-면서'로 완전히 대체되었다고 할 수는 없다. '-며'는 『표준국어대사전』의 풀이에 의하면 나열과 동시를 나타내는데, (13)이 이를 보여 준다. 그 밖에 '-며'는 (13다)처럼 시작의 기점을 나타낼 수 있다. 시작의 기점을 표시할 때에는 후행절이 사태 변화를 나타내는 술어가 와야 한다. 그런데 시작의 기점 표시는 '동시성'의 의미 안에 포함시킬 수도 있을 것이다. 동시성이 사태 변화를 나타내는 후행 서술어와 결합하여 사태 변화의 기점을 나타내기 때문이다.

(13)
가. 먹으며 마시며 다들 즐거운 시간을 보냈다.(나열)
나. 밥을 먹으며 텔레비전을 본다.(동시)
다. 여기에 공장이 들어서며 수질이 나빠지기 시작했다.(시작의 기점)

(13)에서 '-며' 대신 '-면서'를 대체해도 별다른 의미 차이가 생기지 않는 것을 보면 '-면서'에도 나열·동시성·시작의 기점 표시 등의 기능이 있음을 짐작할 수 있다. 그런데 '-면서'에는 '-며'에 없는 기능이 더 있다. 상반된 내용을 나타내는 기능이 그것이다(이기갑 2003:353). 『표준국어대사전』에서는 이를 '두 가지 이상의 움직임이나 사태가 서로 맞서는 관계에 있음'으로 풀이하고 있다.

(14) 속으로는 좋으면서(도) 안 그런 척한다.

(14)에서 보조사 '도'나 '는'이 결합되면 선행절과 후행절의 내용이 상반된다는 사실이 더욱 두드러지지만 보조사가 없더라도 '-으면서'가 두 절의 상반성을 나타내기에는 부족함이 없다. 따라서 '-면서' 뒤에 붙는 보조사는 '-면서'의 본래의 기능을 강조하는 데 그칠 뿐 '-면서'가 갖는 애초의 기능을 완전히 뒤바꿀 수는 없다.

'-면서'의 용법은 '-고'와 아주 비슷한 면이 있다. 이음씨끝 '-고'에도 '-며'와 '-면서'의 세 가지 쓰임이 그대로 나타나기 때문이다.

(15)
가. 비가 오고 바람도 분다.(동시)
나. 여기에 공장이 들어서고(부터) 수질이 나빠졌다.(계기/기점 표시)
다. 자기가 먹고(도) 안 먹은 척 하네.(상반된 내용)

이때 후행절의 상황이 시작되는 기점을 표시하는 경우에는 '-고서, -고서부터, -고 나서, -고 나서부터'와 같은 표현들이 쓰일 수 있다. 한편 선행절과 후행절의 상반된 내용을 대립시킬 경우에는 '-고도', '-고는', '-고서는'처럼 조사 '도'와 '는'이 덧붙으면 더욱 자연스러운 느낌을 준다. 다만 (16나)처럼 시제 요소가 첨가될 수 없는 것은 '-으면서'와 다른 점이다.

(16)

가. 자기가 먹고(는) 그래.

나. ˙자기가 먹었고 그래.(비교: 자기가 먹었으면서 그래.)

'-으며'는 완형 보문 다음에 결합되어 확인의문을 나타내는데, 이때 '-며' 대신 '-면서'로의 대체가 가능하다. 이 점은 서남방언에서도 마찬가지다. 다만 '며' 대신 '메'의 형태로 쓰인다.

(17)

가. 내일 간다며(가라며/가자며)?(표준어)

나. 낼 간다메(가라메/가자메)?(서남방언)

① -으면서/으멘서/으먼서/으믄서

표준어 '-으면서'의 형태가 대체로 유지되는 경우이다. '-으면서'는 전북 군산, '-으멘서'는 전북 고창, '-으먼서'는 전남 곡성, '-으믄서'는 전남 영광 등지에서 확인된다. '-으면서'의 이중모음 / ㅕ /가 전북에서는 / ㅔ /로 단모음화 되는 반면, 전남의 북부 지역에서는 / ㅓ /로 단모음화 되고 이 / ㅓ /가 /ㅡ/로 다시 바뀐 것이다.

(18)

가. 누구를 만나네 머야 허면서 그 나를 데리고 다니면서나 그 이용을 해 먹는데,(군산)

나. 아무개넌 이장허멘서 부락민얼 착복히 먹고 말이여이,(고창)

다. 못쓴 것이 들어가면 막 통겁게 막 줄줄줄줄 허먼서 묵줄이 나오제.(곡 성)

라. 홱 돌아가믄서 산 중터를 말하자믄,(영광)

②-음서

'-음서'는 ①의 '-으면서/으멘서/으먼서' 등에서 모음과 자음 /ㄴ/이 줄어든 것이다. '-으면서/으멘서/으먼서'는 군산 이외의 지역에서는 다수형이 아니다. 대신 축약형 '-음서'가 서남방언의 많은 지역에서 다수형으로 쓰인다.

(19)

가. 지금도 산에 댕임서 나물 캐 온 사람들 있어요.(곡성)

나. 그 살이 질게 있어갖고 학 돌아감서 좃아 붕께 기양 덩어리가 있어도 기양 죽 데야 불어라.(진도)

다. 시아바니가 우리 작은어머니를 얻어갖고 삼서,(영광)

라. 디들방에다 찜서 물 붓어요.(영암)

마. 막 그래 쌈서 막 홀가(=홀려) 노먼 좋닥 해, 울 어무니를.(광양)

바. 긍게 그것도 가노롬허니, 자잘험서도 곱게 큰 놈 있고.(남원)

사. 대학교 댕김서 순 공무언 시험을 보드만요.(무주)

아. 불러감서 인자, "가자! 학교 가자!" 허고 인자 가고.(고창)

자. 각자 히갖고 인자 그 기계 가진 사람들이 인자 갖구댕임서 형개 계 그런 건 없어요.(임실)

③-으면서나/음서나

전북의 군산에서 '-으면서'와 함께 '-으면서나'가 쓰이고 전북 무주에서는 '-음서'와 함께 '-음서나'가 쓰인다. 특히 무주의 '-음서나'는 그 지역의 다수형을 차지한다. '-으면서나'와 '-음서나'에 포함된 '나'는 보조사 '는'이 변이된 것

으로서 6.2.1에서 보았던 '-고서나'의 '나'와 같은 것이다.[1]

(20)

가. 그 밤나무를 갖다가 인자 다니면서나 가을이라 밤도 줏어서 모으고 그
랬는데,(군산)

나. 그게 인제 그 저 돌아가신 맹인(=망인) 옷얼 던짐서나 머라구더라 그
기?(무주)

④ -음선/음섬

전북 남원에서는 '-음선'과 '-음섬'이 확인된다. '-음선'은 '-음서'에 보조사
'는'의 변이형 'ㄴ'이 추가된 것이며, '-음섬'의 /ㅁ/은 이 /ㄴ/이 앞 음절의 /ㅁ/
에 동화된 것이다. '-음선'은 남원을 제외한 다른 지역에서는 찾아지지 않는
데 아마도 '-음성'으로 바뀌어 쓰인 것으로 보인다.

(21)

가. 자기는 자기대로 댕김선 산디,(남원)

나. 옴선 끓이 묵을라고 고놈 내가 이고,(남원)

다. 그 삼 닷 근 줌섬 히 보라고 히서,(남원)

⑤ -음성

'-음성'은 '-음서'에 결합된 보조사 '는'의 변이형 'ㄴ'이 'ㅇ'으로 바뀐 것으로

---

1 그러나 다음 예의 '-음서나'는 이와는 의미가 다르다. 이때의 '서나'는 조사 '이나'와 같은
뜻이다. (예) 아이고, 그럼스나(=그랬으면이나) 오직 감사할 일이요.(고흥 구비)

보인다. '-음선'과 달리 전남의 북부와 전북의 남부 일대에서 확인된다. 특히 남원에서는 '-음선'과 함께 '-음성'도 이 지역의 다수형을 차지한다. 이로 보아 '-음성'이 '-음선'과 형태적으로 관계있음을 알 수 있다.

(22)

가. 일을 딱 모냐 헐 일 나중에 하고 선호를 알아서 일을 해야 일이 척척 줄 음성 그러제.(영광)

나. 어무니 아부지는 몬자 가고 있음성 인자 다 가는디 날 가이내라고 여자라고 난 죽어도 된다.(광양)

다. 이 줄이 이릏게 왔다 갔다 험성 그 솜이 막 붕울붕울허니 타져.(남원)

⑥ -음서로/음스로/음스러/음시로

'-음서'에 형태 '로'가 결합된 것이다. '로'는 도구격조사와 형태가 같으나 과연 그 기원이 도구격조사인지는 분명하지 않다. '로'가 결합될 때 '서'는 '스'나 '시'로 변이되며, 특히 '시'로 변이된 '-음시로'가 제일 빈번하게 쓰인다.

(23)

가. 방석(=맷방석)도 맨드리고 그런 거 인자 영끔서로 인자 넘우 집이 낮으로는 가고.(광양)

나. 덕석 영감이라 그럼서러 영감이 올 디도 갈 디도 없는 영감이,(광양)

다. 동네 중신애비(=중매쟁이)가 댕김스로 중신을 양쪽으로 해갖고,(광양)

라. 미영(=무명)도 그렇게 많이 아주 잣고 미영을 잣음스러,(진도)

마. 딱 꿰가지고 이것을 남스러 전부 가갖고 와서,(곡성)

바. 그래갖고 곤란해갖고 어런딜 욱에서(=위에서) 인자, 인자 총각 때 삼수로(=살면서) 어띠게 그 옛날에는 '세메답'이라고 있어, 밭에가.(영암)

사. 페유를 사다가 한나는 앞으로 댕임시로 페유를 이렇게 논바닥에다가
가마이 떨체(=떨어뜨려).(진도)

아. 발 맞처 감시로 요렇게 요렇게 띠여(=뛰어) 감시로,(영암)

자. 자네가 여기까지 왔다가 워낙 서운형게 요것도 곡깅게 이놈 나락 한
모개 이놈 까먹음서로 그냥 돌아가세.(정읍 구비)

차. 그 즈그 아버지는 계속 신 장시만 해 묵고 가만히 신을 삼음시로 재게
(=자기) 자식놈 있으면 재게로 말하믄 인자 손자지, 나 논 것이. 아 그
놈을 왜 이렇게 얼굴을 대고 문대로 이렇게 따듬어 쌓고 히 싼다 그 말
여.(군산 구비)

⑦ -음서롱/음스롱/음시롱/음시롬/음시론

'-음서로'에 'ㅇ'이 결합한 '-음서롱'이 있다. 이 '-음서롱'은 모음 변화에 따라
'-음스롱'과 '-음시롱'으로도 쓰이는데 '-음시롱'이 일반적이다. 광양 지역에
서는 '-음서롱'이 다수형을 차지한다. '-음서롱' 등에 결합되었던 'ㅇ'은 보성
에서 'ㄴ'으로 쓰여 '-음시롬'이나 '-음시론' 등의 형태가 확인된다. '-음성'이 '-음
선'에서 변이되었음은 앞에서 언급한 바 있다. 그렇다면 '-음시롱'도 '-음시론'
으로부터 변이되었을 가능성이 있다. 어쨌든 형태 'ㅇ'이나 'ㄴ'은 언제나 씨
끝의 맨 끝에 나타난다. 따라서 이미 'ㄴ'이나 'ㅇ'이 결합된 '-음선'이나 '-음성'
에 다시 '로'가 붙거나 '롱' 등이 붙는 예는 없다. 즉 전남 지역어에서 *'-음선
로', *'-음성로', *'-음선롱', *'-음성롱' 등은 불가능한 형태 결합인 것이다. 이러
한 분포상의 특징은 '-음시론'이나 '-음시롱'의 'ㄴ'이나 'ㅇ'이 기원적으로 보
조사 '는'임을 암시해 준다. 일부의 이음씨끝 뒤에 붙는 보조사 '는'은 이음씨
끝의 의미를 강조하는 효과를 갖는데 이러한 화용적 의미가 약화되어 거의
무의미하게 붙는 것처럼 보일 때가 있다. '-음성'과 '-음시롱' 등에 붙는 'ㅇ'이
그런 예라 하겠다. 따라서 기원을 따지면 형태 'ㅇ' 등을 분석해 낼 수 있지만

공시적으로는 분석이 불가능하다고 할 수 있으니 '-음성', '-음시롱' 등을 하나의 이음씨끝으로 보아야 할 것이다.

(24)

가. 여그는 큰 놈을 놈서롱 불이 막 들온 디가 여그는 큰 놈을 놓고,(곡성)

나. 그래갖고 큼서롱도 넘 앞에 얼굴 한번 못 내놓고 펭상 사램이 오먼 싱키고 숨고.(광양)

다. 끗고 댕김스롱 인자 이라 허문 인자 따라서 댕기다가 인자 질이 얼추 떨러질라 허문,(광양)

라. 그것이 그래가지고 남은 놈을 인자 물을 쳐가지고 인자 그 양을 키움시롱 주무르먼은 그놈이 툽툽허니 나와.(곡성)

마. 그라이까 이녁이 인자 농사는 농촌에서 삼시롱 사서 장 담을(=담글) 수 없고 그랑께 이녁 장 담을 놈이나 갈지요.(진도)

바. 저는 인자 트랙터 저 이양기 타고 댕임시롱 헌 것이고,(곡성)

사. 한 집에서 삼시롱 그때는 다 미영베 나갖고 두루메기 바느질 하제.(영암)

아. 왕래를 허심시롬 결혼 날짜를 받어갖고,(보성)

자. 그르믄 인자 내년엔 인자 그놈을 짊어지고 댕임시론 깔도 비고,(보성)

⑧ -은시롬/은시름

전남 보성에서는 '-은시롬'이나 '-은시름' 등의 형태가 확인된다. 전남 지역어에서 '-음시롱'처럼 첫 음절의 끝 자음은 /ㅁ/이 일반적인데 이 경우는 /ㄴ/으로 실현되었다. 이것은 아마도 끝 음절의 끝소리가 /ㅁ/인 까닭에 /ㅁ/이 중복되는 것을 피하기 위한 조처로 보인다. 즉 '-음시롬 → -은시롬'의 변화를 겪은 것이다.

(25)

가. 그런시롬 머심살이 헌시롱 논은 내가 짛기로 허고,(보성)

나. 그거 인자 긇은시름 막 그 지름이 나와요.(보성)

　지금까지 '-으면서'에 대응하는 서남방언의 다양한 형태들을 살펴보았다. 한 지역 안에서도 여러 가지의 형태들이 공존하여 쓰이고 있으므로 질서 정연한 기술은 불가능하다. 그러나 대략적인 추세는 알 수 있다. 우선 '-음서'는 전남의 곡성, 영광, 전북의 고창, 무주 등지에서 다수형을 차지한 것을 보면, 대체로 전남의 북부 지역에서 주로 쓰임을 알 수 있다. 전남의 나머지 지역은 '-음서'에 '로'가 결합된 '-음시로'나 '-음시롱' 등이 주를 이룬다. 전북은 '-으면서', '-으멘서', '-음서'처럼 전남과 달리 '로'가 없는 형태들이 주로 쓰인다. 그리고 여기에 보조사 '는'이 결합되면 '-으면서나'(군산), '-음서나'(무주), '-음선'(남원), '-음성'(남원) 등과 같은 다양한 방언형의 분화가 일어난다.

6.3 종속접속의 이음씨끝

6.3.1 인과 관계

6.3.1.1 -어서

'-어서'에 대해『표준국어대사전』은 계기·이유·방법의 세 가지 뜻풀이를 제시하고 있는데, (26)이 그 예이다. 그런데 '-어서'의 세 의미 가운데 보조사 '는'이 수의적으로 결합할 수 있는 것은 오직 계기뿐이다. 6.2.1에서 이음씨끝 '-고'에 '는'이 결합하면 '-고'의 계기성을 강조한다는 점을 언급한 바 있는데 '-어서'에서도 같은 현상이 확인된다.[2]

(26)

가. 어머니는 솥을 씻어서(씻어서는) 쌀을 안쳤다.(계기)

나. 강이 깊어서(*깊어서는) 아이가 건너기는 어렵다.(이유)

다. 그는 걸어서(*걸어서는) 학교에 다닌다.(방법)

(26나)는 '깊어서는'이 조건을 나타내는 '깊으면'으로 해석되면 가능한 문장이다. 이처럼 '-어서'에 '는'이 결합하면 조건의 의미를 갖기도 한다. (27)에서 보듯이 조건의 의미를 가질 때 '는'은 필수적이므로 '-어서는'은 하나의 씨끝으로 해석된다. '-어서는'이 조건으로 해석될 때 후행절은 부정문이 오거나 또는 부정적인 의미 내용을 갖는 것이 일반적이다.

---

2 이기갑(2003:355)에서는 '는'이 이유나 방법의 의미에도 결합할 수 있는 것으로 판단한 예를 제시하였으나 이는 잘못이다.

(27)

가. 그렇게 써서는(*써서) 아무도 안 읽어.

나. 길에다 침을 뱉어서는(*뱉어서) 안 돼.

다. 그래서는(*그래서) 다 죽어.

그 밖에 '-어서'는 때를 나타낼 경우가 있다. 물론 이때도 보조사 '는'이 결합할 수 있으나 '는'이 결합되면 '는'의 원래의 의미인 대조가 부각되므로 계기를 강조하는 '는'과는 기능이 다르다.

(28)

가. 날이 깜깜해서(는) 돌아왔다.

나. 젊어서(는) 부지런했어.

서남방언에서 '-어서'는 표준어와 형태와 기능이 완전히 같아서, 계기·이유·방법·때 등을 나타낸다. 한편 보조사 '는'의 결합 양상도 표준어와 같아서 이유나 방법 등에는 결합 예가 확인되지 않으나, 계기에 결합하여 계기성을 강조하거나 조건의 의미를 나타내는 경우는 많이 보인다. 조건의 경우 후행절이 부정의 의미를 일반적으로 갖는 것도 표준어와 마찬가지다. 특히 서남방언에서는 '-어서는 안 되-'와 같은 굳어진 구성으로 흔히 쓰인다. (29)에서 (가)-(아)는 계기, (자)-(타)는 조건을 나타내는 경우이다.

(29)

가. 보롬밥얼 해서넌 그 새들 까막까치들 먹게꿈 다 올레 놔.(남원)

나. 홀태가 없어지고 나서는 호롱기, 발로 이렇기 이렇기 발로 볿으면 막 이렇기 이렇기 흐면 떨어진 거, 그것이 호롱기.(임실)

다. 근디 영광으로 나가서는 굶든 안혔어.(영광)

라. 쩌만치 가갖고 즈그 누나 뵈이지 안흔 디 가서는 기양 독으로 기양 그
  놈을 깨갖고 죽어 붔어요.(보성)

마. 요롱게 인자 가래떡마니로 맨들아갖고 그른 거를 요만썩 요만썩 헌 거
  를 갖고 와서는 폴아요.(보성)

바. 그때는 인자 함부로 인자 말도 못 허고 그래서는 "그것은 인자 이모님
  알아서 허실 일이지요." 그랬등마는,(보성)

사. 그래서는 아니 어쩨 이릏게 여가 선산 있냐 흥깨,(보성)

아. 그리서년 참 공기가 이상허기에 내가 아버님한테 인자 방에 들어가서
  연락을 힜어.(남원)

자. 긍게 그거이 참 허사로 알아서는 안 돼요.(임실)

차. 긍개 아버지가, 저거 놔둬서는 안 되겠다고, 기양 시집이나 보내 버린
  다고,(임실)

카. 구벨해선 또 안 되고.(남원)

타. 그런 것은 해서는 골병 안 든데.(영광)

(30)은 때를 나타내는 예이다. 때의 경우 보조사 '는'의 결합이 수의적이라
는 사실은 앞에서 언급한 바 있는데 서남방언에서도 이 점은 마찬가지이다.
'는'이 결합하면 대조의 뜻이 부각된다.

(30)

가. 나 젊어서는 갖고면(=가져오면) 그날 한 바구리썩 두 바구리썩 사서
  해서 장꽝에다 놔둬, 간해서.(영광)

나. 그래갖고 저는 인자 함 지고가서는 안 했는디, 인자 결혼식을 끝마치
  고 방에 들어가서 인자 그런 장난이 나갖고,(보성)

다음은 관용적인 표현에 '-어서'가 쓰인 경우로서, 특히 'A-으로 B-어서'와

같은 구성이 전형적이다. 이 경우는 대체로 방법의 의미로 환원될 수 있다.

(31)

가. 자기로 해서는 바로 인자 거 일가친척이 되고.(보성)

나. 말을 듣는 풍월로 해서는 글로 동지죽을 쑤먼은 새알을 맨들 때 풀어
져 분다 그래요.(보성)

다. 어뜬 놈이 먼 나락인지 나락으로 바서는 구별 못 해요.(보성)

라. 지리상으로 바서는 여으 어디가 꼭 있겄는디 왜 읎다 그냐 긍깨 아이
읎단 말이요.(보성)

마. 우리가 말로 해서는 그 묘정을 갖다 설명을 못 해요.(보성)

바. 우리 영갬이 배운 것이 있어갖고 지금으로 허서는 멘장질도 아까울 정
도로 필적이나 머 배운 것이나 점잖은 것이나 그래요.(임실)

전북 무주와 군산에서는 '-어서는'이 '-어서나'로 나타난다. 앞에서 '-어서
는'이 계기성을 강조하는 기능을 수행하므로 이유나 방법 등에서는 일반적
으로 결합되지 않는다고 하였다. 그런데 '-어서나'는 (32)에서 보듯이 계기뿐
만 아니라 이유나 방법 등에도 나타난다. 기원적으로 형태 '나'가 '는'의 변이
형이지만 '-어서나'가 하나의 씨끝으로 완전히 굳어져 쓰이기 때문에 '-어서
나'는 '-어서는'과 달리 '-어서'와 같은 행태를 보이는 것이다. 이런 점에서도
'-어서나'의 '나'를 따로 분석해 낼 수 없음이 분명하다. (32)에서 (가)-(나)는
계기, (다)-(라)는 이유, (마)는 방법을 나타내는 '-어서나'이다.

(32)

가. 집얼 쓸어서나 흑하고 이렇게 버무리서 인재 이기갖고서랑언, 요마크
맞게 묵치갖고서 인재,(무주)

나. 긍게 초벌과 재벌은 호미로갖다가 풀을갖다가 그냥 같이 막 긁어서나

엎어 버려요.(군산)

다. 내가 못 배워서 하두 공부가 원이 되서나, 뭐 일 겉은 거 그런 거, 그렇
게 안 거식했어, 공부하라구랬지.(무주)

라. 나는 처음 당하는 일이요. 아이고, 정말로 어이가 없어서나 그냥 발로
툭 허니 차는데 일어나 앉았어요.(군산)

마. 그렇게 갖다 놔야 사람이 인재 싱구고 인재 죽 잎게 늘어서나 주니까
나, 고 뒤 갖다 놔야 인재, 고 주먹으로 인재 빼서 싱구고, 또 빼서 싱구
고, 차꾸 그락하잖햐? 그리서,(무주).

이음씨끝 '-고'의 경우 계기성을 강조하기 위해 '서'가 결합한 '-고서'나 여기
에 다시 '는', '을랑' 등이 결합한 '-고서는', '-고설랑', '-고설랑은' 등이 나타났
었다. 특히 '-고설랑'과 '-고설랑은'은 전북 무주에서 주로 확인된 바 있다. 그
런데 '-어서'에 '을랑'이 결합한 '-어설랑'은 전남북 어디에서도 보이지 않는
다. 다른 지역은 말할 것도 없고 전북 무주에서도 이러한 형태의 결합은 확
인되지 않았다. 이기갑(2003:372-374)은 충남과 충북 지역에서 '-어설랑'이 쓰인
예를 보고한 바 있다. 그렇다면 '-어설랑'과 '-고설랑'의 등어선은 완전히 일치
하는 것이 아님을 알 수 있다. '-고설랑'의 등어선이 전북 북동부까지 내려왔
다면, '-어설랑'의 등어선은 이보다 북부에 형성되어 전북에는 '-어설랑'이 아
예 침투되지 않은 것으로 보이기 때문이다.

6.3.1.2 '-으니'와 '-으니까'

6.3.1.2.1 -으니

① -으니

이음씨끝 '-으니'와 '-으니까'는 역사적으로 선후의 관계에 있다. 예부터 있었던 씨끝 '-으니'에 형태 '까'가 결합되어 오늘날의 '-으니까'가 만들어진 것이다. 현대국어에서 '-으니'와 '-으니까'는 공존하며 함께 쓰이는데 사전은 '-으니까'를 '-으니'의 강조형으로 풀이하고 있다.

15세기에 '-으니'는 원인·이유·조건·상황·설명의 계속 등 다양한 의미를 나타냈었다(허웅 1975:522). 현대국어의 경우 『표준국어대사전』에서 '-으니'는 '앞말이 뒷말의 원인이나 근거, 전제 따위가 됨을 나타내'거나 '어떤 사실을 먼저 진술하고 이와 관련된 다른 사실을 이어서 설명할 때' 쓰는 이음씨끝으로 풀이한다. 이기갑(2003:381)에서는 후자의 기능을 '발견이나 경험을 하기 위한 전제 상황을 나타내는 것'으로 풀이한 바 있다. 여기서는 간단히 '계기적 상황'이라고 규정하고자 한다. 그렇다면 중세국어 당시의 다양한 의미 기능이 현대에 와서 '이유'와 '계기적 상황'의 두 가지로 단순화 된 것이다. (33)은 이 두 의미를 보여 주는 예이다.

(33)
가. 밥을 다 먹고 보니 배가 너무 불렀다.(이유)
나. 서울역에 도착하니 일곱 시였다.(계기적 상황)

현대국어에서 '-으니'와 '-으니까'는 통사적으로 몇 가지 차이를 보인다(이기갑 2003:382-383).[3] 첫째, 후행절에 수사적 물음이 오는지의 여부이다. '-으니'

---

3 이기갑(2003:383)에서는 첨가구문에서 '-으니까'만 가능하고 '-으니'는 어색하거나 불가능하다고 기술한 바 있는데 이는 잘못이다. 예에서 보듯이 구비문학 자료에서 '-으니'가 상당수 확인되기 때문이다. (예) 머이냐 거 거식이가 말을 해가지고 본인이 즈그 아부지한테 이얘기를 해가지고 이거 큰일이여, 머심한테 이랬으니.(함평 구비)/그렇게 낳은 지 얼마 안 되서 강변에 갔다 버려 버렸지, 하인을 시켜서. 그러니 어머니에 대해서는 기가 맥힐 노릇이제. 그럴 것 아니여? 당신 속으로 낳은 아들을 갖다 내버렸으니.(장성 구비)

는 가능하나 '-으니까'는 불가능하다(이재현 1994). 둘째, 물음에 대한 응답으로서 '-으니까'는 가능하나 '-으니'는 불가능하다. 이것은 '-으니까'가 '-으니'에 비해 후행절과의 관계에서 더 자립적이기 때문이다. (34)는 이러한 통사적 차이를 보여 주는 예이다.

(34)
가. 자식들이 애비 말을 안 들으니('안 들으니까) 잘 살 것인가?(함평 구비)
나.
(물음) 왜 그렇게 땀을 많이 흘려?
(응답) 더우니까('더우니).

서남방언에서 '-으니'는 '-으니까'의 방언형 '-응깨'에 비해 사용 빈도가 상대적으로 낮다. 전남의 보성 지역 구술발화를 예로 하여 보면, '-응깨'가 390회 쓰이는 동안 '-으니'는 겨우 8회(전체의 2%) 쓰였다. 이때 '-더니'는 '-으니'의 출현 횟수에서 제외하였다. 전체 사용 횟수의 98%를 차지하는 '-응깨'의 압도적인 사용 빈도는 보성 이외의 다른 지역에서도 거의 유사할 것으로 예상된다. '-으니'와 '-응깨'의 이러한 사용 빈도 차이는 통시적으로 '-으니'에서 '-응깨'로의 대체가 상당한 정도 진행되었기 때문이다.

서남방언의 구술발화 가운데 전남의 곡성·진도·영암·영광 등 네 지역에서 사용된 '-으니'의 예 일부를 (35)에 제시한다. (가)-(라)는 '이유', (마)-(바)는 '계기적 상황'에 해당되는 것들이다. 이들은 모두 '-응깨'로 바꾸어도 아무런 의미 차이가 없다. 다만 '-응깨'가 '-으니'에 비해 입말의 느낌이 더할 뿐이다.

(35)
가. 그렇게 세상을 살았으니 이전 어른들이 단명하지요.(진도)
나. 다 객지로 나가 부니 없어.(영광)

다. 병원은 없으니 병원에 갈 엄두도 못 내고.(영광)

라. 그랬는데 떼라서(=샘 바닥의 물까지 훑어서) 잊게 빨래를 하니 아주 기양 징하게 힘들었소.(진도)

마. 이거 참 눈으로 이거 보니 이거 참 환경이란 것이 이상허니 겔(=제일) 맘이 들어가고 굉장허거드이.(보성)

바. 백암산에 가갖고 거리 날 추적을 해 보니 이놈우 것이 머 어디로 간 것 도 없이 사람들은 보지도 못허고.(보성)

②-자니

이음씨끝 '-자니'는 '-자고 하니'가 줄어든 말이다. '-자니'는 비록 청유의 씨끝이 사용되었지만 그 의미는 청유가 아닌 주어의 의도를 나타내어 '-으려 하니'로 대체할 수 있다.[4] 이때의 씨끝 '-으니'는 '계기적 상황'을 나타낸다. 5.4.4에서 설명한 바와 같이 전북 지역어에서는 '-자니'와 같은 의미로 '-장게(로)'가 쓰이는데, (36바)가 이를 보여 준다. 이것은 '-자니'의 씨끝 '-으니' 대신 '-응게'가 쓰일 수 있음을 의미한다. 그러나 전남 지역어에서는 '-응게'로의 대체가 불가능하여, '-장게'는 오직 청유의 의미를 나타낼 때만 가능할 뿐 '-으려 하니'와 같은 주어의 의도를 표현할 수 없다. 그래서 (36)의 '-자니'를 '-장게'로 바꾸면 전남에서는 모두 비문이 된다.

(36)

가. 그래가지고 거그를 돌려 이렇고 보자이 쫌 답답허고 헝까,(곡성)

---

4 씨끝 '-자먼'이나 '-자고'도 마찬가지로 의도를 나타낸다. (예) 거그서 부안 읍내를 가자먼 좀체로 밤중으 걷게 되고 오도막집 하나가 있어, 나룻가에.(정읍 구비)/그때 그 선생님 이신디 울 어머니도 시방 만나 뵈자고 걍 땅이 꺼지게 기다리고 있소.(정읍 구비)

나. 이거 참 이러도 못허고 저러도 못허고 죽자니 죽을 수도 읎고 살자니
　　고생이고 미칠 지경이죠.(보성)

다. 이거 머 쫓아 올라가자니 올라갈 수도 없고.(보성)

라. 그런디 그때에 남편을 놓아 부리자니 남편이 죽어 부릴 것이요, 시어
　　머니를 놓자니 시어머니 불효고, 이 난관을 어떡헐끄나 이게 문제여.
　　(부안 구비)

마. 배는 고파서 기진을 허겄는디 저 음식을 내가 먹으면은 저 음식 값을
　　히 주얄 것이고 안 먹자니 내가 배고파서나 기진을 혀 바우덜(=배겨나
　　질) 못허게 생기고,(군산 구비)

바. 자기 어머니가 가만히 생각하고 <u>있장게</u> 기가 맥힐 것 아니여 그거? 그
　　럴 수가 없거든.(부안 구비)

③ -은고니, -은가니

　이기갑(2002a)는 '-은고 하니'와 같은 표현을 '의문 제기 형식'이라 부른 바 있
다. 이런 의문 제기 형식은 말할이가 스스로 의문을 제기하면서 뒤에 오는
발화를 두드러지게 만드는 담화적 효과를 가져온다. 의문 제기 형식의 담화
적 기능에 대해서는 15.2 참조. 의문 제기 형식은 대체로 의문사가 오므로 설
명의문의 씨끝인 '-은고'가 내포된 '-은고 하니'처럼 쓰인다. 서남방언에서도
의문 제기 형식은 표준어와 유사하게 쓰이는데, 다만 이 방언에서는 설명의
문과 판정의문의 대립이 중화되었기 때문에 '-은고'와 '-은가'가 모두 나타난
다. (37)에서도 영암에서는 '-은고'를 사용하였지만 진도에서는 '-은가'를 사
용하였다. 예에 쓰인 '-은고니', '-은가니'를 '-은고 항깨'나 '-은가 항깨'로 바꾸
면 비문이 된다.

(37)

가. 말려갖고 저 옛날에는 주로 어짠 수가 있는고니 어제도 얘기했제마넌 옛날은 쑤씻대(=수숫대) 안 있소?(영암)

나. 그 디로는 어찌게 데았는가니 홀태라고 요마나 너룬 것이 가작지(=가지) 전부 이 말하자면 이빨 새다구(=사이) 있어갖고는 고놈에다 훑었어.(진도)

다. 할이 어찌게 생겠는가니 내가 갈차 줍시다.(진도)

라. 그란디 이전 그전에 우리 아부지 말씀 들아보고 그라믄, 뚜드르믄 이전 나락을 어째 그란가니, 나락이 쉬염이 있닥 합디다.(진도)

(37)에서 보듯이 의문 제기 형식에 포함된 씨끝 '-으니'는 '계기적 상황'을 나타낸다. 다만 굳이 다른 말로 바꾼다면 '어짠 수가 있는고니'는 '어짠 수가 있는고 하면'처럼 조건의 씨끝 '-면'으로 대체할 수 있다. 중세국어에서 '-으니'가 갖는 의미 가운데 '조건'이 있었음은 앞에서 언급한 바 있다(허웅 1975:522). 아마도 의문 제기 형식의 '-으니'는 이러한 '조건'의 의미를 가지면서 넓게는 '계기적 상황'의 의미를 나타낸다고 할 수 있다. 의문 제기 형식처럼 굳어진 관용적 표현에는 중세국어에 나타났던 의미가 보수적으로 남아 있고, 이 때문에 형태 또한 보수적인 씨끝 '-으니'가 쓰인 것으로 보인다.

④ -더니/드니

이음씨끝 '-으니'에 안맺음씨끝 '-더-'가 결합된 '-더니'는 '-으니'가 갖는 '이유'와 '계기적 상황'의 두 의미를 나타내면서 그 밖에 대조의 의미도 나타낸다(이기갑 2003:382). 의미 영역 면에서 '-더니'는 '-으니'를 포함하면서 더 넓은 영역을 차지하는 셈이다.

(38)

가. 오랜만에 운동을 했더니 온몸이 쑤신다.(이유)

나. 그 사람들이 오더니 동네를 한 바퀴 돌아보더라고.(계기적 상황)

다. 어제는 춥더니 오늘은 날이 괜찮네.(대조)

'-더니'는 이러한 의미 차이 외에도 '-으니'와 달리 후행절의 수사적 의문을 허용하지 않는다.

(39) *오랜만에 운동을 했더니 온몸이 안 쑤셨겠어?

또한 '-더니'는 '-으니'와 달리 첨사 '마는'의 결합이 가능하다. '마는'이 결합되더라도 '-더니'가 나타내는 세 가지 의미, 즉 이유, 계기적 상황, 대조의 기능에는 변함이 없다. 따라서 '마는'은 '-더니'의 의미를 강조하는 효과를 발휘할 뿐이다. (40)은 『표준국어대사전』에서 제시된 예를 가져온 것이다. 이러한 의미 통사적 차이를 고려하면 '-으니'와 '-더니'는 각기 다른 씨끝으로 구분해야 할 것이다.

(40)

가. 찬바람을 쐬었더니마는 감기에 걸렸다.(이유)

나. 그렇게 꿈꾸더니마는 드디어 꿈을 이루었구나.(계기적 상황)

다. 어제는 날씨가 꽤 쌀쌀하더니마는 오늘은 포근하다.(대조)

'-더니'는 전북에서 '-더니', 전남에서 '-드니'로 나타난다. '-드니'의 /ㄴ/은 약화되어 콧소리만 남은 '-드이'가 되거나 콧소리마저 탈락한 '-드이'로도 쓰인다. 한편 전북 고창에서는 '-더니' 외에 '-데이'나 '-데이' 등이 보인다.

(41)

가. 형님, 이만저만히서 이러고 저러고 헌다고 했더니, 낮에 인자 그런 소리를 큰동서한테 힜더니, 아무헌테도 말얼 허지 말래.(남원)

나. 학교를 갔더니, 그 이북 아이들이 거기서 다 장악하고 있어가지고,(군산)

다. 그양 그러구는 예상으로 알았더니, 적 으매(=저희 어머니)가 봉개로 차 속으다가 봉개 유서를 써 놓고 죽었드래요.(임실)

라. 간다고 여쭤라고 했드니 그래야고 그랍디다.(영암)

마. 큰아들 생각해갖고 인자 두어 데 당갔드이 그렇게 맛있습디다.(진도)

바. 갔드이 그날 저녁에 돌아가겠어(=돌아가셨어).(영광)

사. 그래서 해서 보내줬드이 보내는 멋은 있었든갑서.(신안)

아. 오데이(=오더니) 한 분주소 소원이 인자 오더니 나보고 쩌리 가 보라고.(고창)

자. 그러데이 저 분주소 소장실로 가라고 말이여.(고창)

'-드니'에 결합되는 '마는'은 서남방언에서 '마는'과 '말로'의 두 종류로 나타난다. '말로'는 전남 신안 지역어에서 쓰이며 서남방언의 나머지 지역에서는 '마는'이 쓰인다.[5] '마는'의 중세형이 '마른'임을 상기하면 내륙에서는 '마른 〉

---

5 전북 지역어에서도 '말로'라는 형태가 쓰이나 그 출현 환경이 '-드니말로'와는 다르다. 아마도 표준어 '야말로'와 같은 것으로 추정되는데, 다만 전북 지역어에서는 '야말로'와 함께 '말로'가 단독으로 쓰이는 점이 특별하다. 그 기능은 유사하여 '강조'를 나타낸다. (예) 그렇게 그 처남이야말로 차말로 은인이그든.(정읍 구비)/그래서 자기 어머니는 모성애에서 가서 보면은 학이 품고 있고 품고 있고, 그래서말로 크게 될 줄 알고 키운 뒤에 서울로 올라갔어.(부안 구비)/아이구, 어머니가, 어머니를 잃어 버리고 나는 동네서말로 호래아들 놈의 소리 듣고 못 살겠소.(정읍 구비)/"아버님, 신우지지는 얻다 잡았읍니까?" 물웅게, "응, 여그 이 아래, 나 죽은 뒤에는 이 아래 신첨지, 느(=너희)말로 신첨지한티 물어 봐라. 그이 가자는 데로만 가거라."(군산 구비)/대국놈이 하나 장사를 조선 와서, 그 때말로 조선 와서 흘라고, 뭘 이문 있는 장사를 헐라고슨 나와서 시방 돌아댕기다가 보니까,(정읍 구비)

마는', 신안 지역에서는 '마른 > 말로'의 변화를 겪은 셈이다. 우선 신안 지역
어의 '말로'의 예를 제시한다. (42마)에서 보듯이 '말로'에는 '는'이 결합되어
사태의 연속성을 강조할 수 있다. '말로' 앞의 '-드니'는 '-디', '-드' 등으로도 나
타난다. '-디'는 '-드니'의 /ㄴ/이 탈락한 경우이고, '-드'는 '-드니'의 '니'가 탈락
한 것이다. /ㄴ/과 '니'의 탈락은 물론 수의적이다

(42)

가. 그 도깨비 떼가 그렇게 왔던 모양이여. 와서는 어떤 놈이 앞으로 썩 나
　　서더니말로 뭐 짝대기로 막 한번은 봉분을 칭께 묏이 딱 벌어져 버린
　　단 말이여.(신안 구비)

나. 사슴이가 느다시(=느닷없이) 뛰어오드니말로, "아이 난수야!"(신안 구
　　비)

다. 어디 곱닸흔(=곱다란) 동자 총각 아이가 나오디말로, "여보, 선생님 어
　　디 가십니까?" 허고 절을 덥적(=넙죽) 해.(신안 구비)

라. 아이, 이놈이 또 나오디말로, "아자씨 어디 가시요?" 허고 절을 한다.
　　(신안 구비)

마. 그 섬 있는 디는 가디말로는 들어가디말로는 그 뱃사람들보고, "여그
　　다 닻을 노시요." 이놈이 이러거든.(신안 구비)

바. 그러드말로 그날 지녁에 초사흗날 저녁에는 애기가 이릏게 자다가 몬
　　차 봉께 불보듬 더 뜨가(=뜨거워) 버렸어라우.(신안)

사. 그러드말로 나중에는 거 가서 잠자고 기양 가고 가고 그러듬마.(신안)

아. 나는 여간 나 한자 오신도신함서(=오손도손하면서) 자석들하고 살면
　　여간 졸지(=좋을 줄) 알았드말로 그래도 궂인 영감이 더 났는갑데 그
　　랬어.(신안)

자. 아이, 선생님이 딱 잠을 자시드말로 일어나서 나가시그든요.(신안 구
　　비)

'-드니마는'의 '마는'은 지역에 따라 다양한 형태의 변이가 나타난다. 예를 들어 경남과 접한 광양 지역어에서는 '마느'가 일반적이다. 광양에서는 낱말 끝에 오는 /ㄴ/이 흔히 탈락하는데 '마느' 역시 이러한 변화를 겪은 것이다. 또한 '마는'의 줄임형 '만' 역시 이 지역에서 '마'로 쓰일 수 있다. (43)은 광양 지역어에서 확인되는 '마는', '마느', '만', '마'의 네 형태를 보여 준다.

(43)

가. 내일 머 호남 지방에 비 온다덤마는 여그도 올란가 어쩔란가.(광양)

나. 나느 얄궂게 해갖고 시집보내드마느 저거는 그 많이 해 준다 그렁께, (광양)

다. 그때 한중(=한창) 사러 댕기드만 나 폴도 안허고.(광양)

라. 항상 그래 쌓고 글드마 게국엔(=결국에는) 몬 살고 나갔어.(광양)

광양을 제외한 다른 지역에서 '마는'은 '마는', '만', '마'의 세 형태가 확인된다.

(44)

가. 글드마는(=그러더니마는) 인자 제가 제대해갖고 옹께,(보성)

나. 그 길로 갔드만 강개 아버님이 거가 서 있드라 그 말이여.(고창)

다. 엄포 소리를 허드만 단단히 해 잦히데요.(보성)

라. 나무 빈(=베는) 사람들이 와서 딱 재 보고 둘레를 재 보드마 "한 팔백 년 넹게 되았겄네요." 글데요.(보성)

'-드니마는'은 '-드니말로'의 경우와 마찬가지로 '-드니마는', '-디마는', '-드마는'의 세 가지 형태로 나타난다. 여기에 '만', '마'의 변이형이 더 있으므로 그 변이는 훨씬 다양하다.

(45)

가. 마치 그때 소소리바람(=회오리바람)이 워하고 불디마는 문풍지가 달 달달 떨거든.(함평 구비)

나. 큰 방문을 마악 열라고 허니 문고리를 잡자 안에서 송곳이 팍 들오디 마는 눈 하나를 쑤쎄 버렸습니다.(함평 구비)

다. 그래서 숨어 있는디 어디서 도채비들이 흠뻑 들어오디마는 "우리 점심 먹자." 하고 방망이를 가지고 와서,(화순 구비)

라. 이놈이 옆에 와서 더듬더듬 지 옷 찾는다디만, "오마, 내 옷 여가 있네." 영감을 가서 대번 긁어 잡어.(신안 구비)

마. 와서 딱 끼디만 제사(=자기야) 디이든지(=데든지) 말든지 딱 끼고 가 불거든.(고흥 구비)

바. 그 이튿날은 갔다가 저그만치 옹께는 큰애기가 딱 저그서 보드마는 아, 버드나무 가지를 하나 탁 끊어가지고 꺼꿀로 딱 꽂아.(보성 구비)

사. 글 안 해도 술 적겄다 허드마는 그러드마는 술밥을 집어 준다고 금스 러(=그러면서),(신안 구비)

아. 난리가 나드만 또 마당에 와서 찾는다 그 말이여.(화순 구비)

한편 '-드니'의 '니' 전체가 탈락하지 않고 모음 / ㅣ /만 탈락하는 수도 있다. 그럴 경우 '-드니'는 '-든'으로 실현되며 여기에 '마는'이 결합하면 '-든마는', '-듬 마는', '-등마는' 등이 가능하다. (46)에서 이들 형태를 확인할 수 있다.

(46)

가. 근다 그러고, 그래 쌓든만 몰라요.(광양)

나. 내일 머 호남 지방에 비 온다덤마는 여그도 올란가 어쩔란가.(광양)

다. 그분이 딱 보등마는 이 얘를 이대로 놔두면 죽제 살들 못흔다.(보성)

라. 근디 한번은 느닷없이 아 인자 사고가 났다 그래서 먼 사곤고 그랬등

마는, 옛날에 인자 막 그 인자 노무자덜은 막 여그서 막 기양 거 전방으로 일선으로 막 보내요.(보성)

마. 인자 대대에서 인자 너는 멧 중대 너는 멧 중대 인자 이릏게 중대별로 허등마는 또 인자 중대에 강께 너는 멧 소대 너는 멧 소대 그릏게 인자 떨어지고.(보성)

바. 나는 안 가 거이라 그랬등만, "싸라 싹 걷어가지고 싸라." 그러기에,(광양)

그렇다면 '말로'와 '마는'에 따라 앞의 씨끝 '-드니'의 변동 양상이 달라진다고 할 수 있다. '마는'의 경우 '-드니', '-든', '-디', '-드'의 네 가지 변동이 가능하지만 '말로'는 '-드니', '-디', '-드'의 세 가지 변동만 가능하기 때문이다. '말로'의 경우 '-드니'의 /ㄴ/은 탈락할 수 있으나 /ㅣ/ 탈락은 불가능하다. 반면 '마는'에서는 /ㄴ/ 탈락과 /ㅣ/ 탈락 모두 허용된다.

'-드니만'이 '-든만'과 '-드만'으로 변동하는 양상은 서남방언에서 회상시제 형태소 '-드-'와 마침씨끝 '-구만'의 결합체인 '-드구만'이 '-득만'이나 '-드만'으로 변동하는 것과 같은 것이다. 모두 '-드-' 다음에 오는 형태 '니'와 '구'가 '만' 앞에서 보이는 변동으로서 모음 탈락 또는 음절 탈락의 행태를 보이기 때문이다.

(47)

가. 기양 가고 가고 그러듬마.(신안)

나. 나락 반절 쌀 반절 요렇게 쩛어서 항아리에다 저장을 하덩마.(진도)

다. 인자 개인 집이든 나흩날 저녁에 허드만.(곡성)

라. 나무로 해서 나락 붓고 이리 저리 잏게 돌리믄 좀 까지고 그라드만.(진도)

마. 쩌 강원도나 그런 데 가믄 주로 밀을 하더마.(진도)

바. 그래갖고 몽뎅이로 뛰딘다 하드마.(진도)

표준어에서 조사 '마는'은 문장의 마침법 씨끝 뒤에 오기도 하고, '-지마는'이나 '-건마는'처럼 하나의 씨끝을 형성하기도 한다. 이것은 서남방언에서도 마찬가지이다. 그런데 신안 지역처럼 '-드니마는'이 '-드말로'로 나타나는 지역에서 마침법 씨끝 뒤나 '-지마는', '-건마는' 등에 포함된 '마는'은 결코 '말로'로 쓰이지 않는다. 오직 '-드니마는'의 '마느'만 '말로'로 나타날 뿐이다.

(48)

가. 그렇깨 우리 어매가 보드는 안했다마는 "그 머스매나 한번 내가 보끄나?" 그러드만.(신안)

나. 먼 격웅기(=경운기)가 있고 머다 허먼 끗고도(=끌고도) 가지만 거그다 싫고(=싣고) 가지마는 글 안 하고 다 져 날레라우.(신안)

6.3.1.2.2 -으니까

표준어 '-으니까'에 대응하는 서남방언형으로 전북에서는 예사소리인 '-응개', 전남에서는 된소리인 '-응깨'가 주로 쓰인다.[6] '-응개'와 '-응깨'는 각각 '-으니개'와 '-으니깨'로부터 /ㅣ/ 탈락에 의해 생겨난 형태이다. 물론 예사소리인 '-응개'가 전남에서, 그리고 된소리인 '-응깨'가 전북에서 소수 나타나기도 한다. 한편 '-응개'와 '-응깨' 외에 /ㅣ/가 탈락되지 않은 '-으니개'와 '-으니깨', 그리고 /ㅇ/이 첨가된 '-으닝개'와 '-으닝깨' 등이 전남북 일대에서 일부 확인된다. (49)와 (50)은 각각 된소리와 예사소리의 형태들을 대립적으로 보여 주고 있다.

---

6 지역어 조사 사업에서 '-으니까'는 전남에서 '-응께' 또는 '-응깨'의 두 가지로 전사된 바 있고, 전북에서는 대체로 '-응깨'로 전사되었다. 여기서는 설명 부분의 경우 '-응깨'로 통일하고, 예문에서는 자료의 표기를 존중하여 그대로 표기하고자 한다.

① -으니깨/으닝깨/응깨

(49)

가. 나와서 순전 공부하고 그라는갑드만, 가마이 보니깨.(무주)

나. 여자가 보니깨 남자가 허는 행동이 달브거든(=다르거든).(부안 구비)

다. 그 사람한티 대접을 받고 나갈라고 생각을 허니께 무슨 보답을 히야겠
   는디,(정읍 구비)

라. 아침내 잡어 돌다 보니께, 내나 그 자리더라.(화순 구비)

마. 그래 가서 보니께 뭐 음식을 장만허고 굉장허거든.(보성 구비)

바. 형님이 술을 같이 잡수자고 하닝깨 갑시다.(전주 구비)

사. 단 둘이 있으닝께 중이 상전을 퍽 미워혀.(부안 구비)

아. 인자 그렇게 지내자닝께 기양 형편이 없어.(정읍 구비)

자. 가면 백박백중 죽으닝께 갈 사람이 없거든.(함평 구비)

차. 대체나 인자 거다 대고 이놈을 긁으닝께 그 금돼지가 죽어 버렸단 말
   이여.(장성 구비)

카. 긍께 상인은 임자가 아닝께 황금덩어리가 구렁이로 보인 것여.(화순
   구비)

타. 그랑께 바쁜 걸 머 구찮하다 머 거시기하다 생각 말고 그걸 고맙게 생
   각하고,(무주)

파. 성냥도 없고 긍께 지릅대(=겨릅대) 벳겨갖고 불도 잡고 밤에먼 댕기
   고.(곡성)

하. 소로 강께 소로는 한 니 불을 갈아야 데.(진도)

ㅏ. 자기네덜이 함부로 못 헝께 기양 갖다가 뒷산을 주령을 짤라 불자.(보성)

ㅑ. 자빠져 붕께 모도 비어다가 나무도 해 불고 그랍디다.(영암)

ㅓ. 전에 긍께 반란군이 많아갖고, 우리 클 적에는.(광양)

ㅕ. 산속에서 상께 이상해.(신안)

782

② -으니개/으닝개/웅개

(50)

가. 이 사람이 척 들어가니개 이 사램들이 모두 피한단 말이여.(전주 구비)

나. 우리는 안주 없는 술은 안 먹으니게 심컷(=힘껏) 채려오라고 말여.(장성 구비)

다. 못산 것을 보니게 참 딱해서 죽겄네.(보성 구비)

라. 이렇게 딱 보닝개 발등이 이렇게 막 부었어요.(군산)

마. 내려다보닝개 캉캄하단 말이여.(전주 구비)

바. 어디를 가서 보닝개 노인 서이 앉었어.(부안 구비)

사. 그분이 가만히 그 허시는 것을 보닝게 세상으 그런 군자가 없다 그 말여.(정읍 구비)

아. 그래서 거그서 짚어 보닝게 시방도 언간 삼 년이 남았어.(함평 구비)

자. 와서 보닝게 누가 메를 써 버렸어.(장성 구비)

차. 서울 바닥에서 집에도 못 가 인제, 낯이 없으닝게.(화순 구비)

카. 곧 도청에 취직을 시켜 줄 텡개 그쯤 알어라고.(군산)

타. 그렁개 인제 꽃 같은 거.(무주)

파. 베 감는 것잉개 보디코라곤가 어쩐가.(남원)

하. 나넌 이때까지 살았웅개 칠십구 년간을 살았는디,(고창)

ㅏ. 그 물이 많웅개 큰냇가라고,(임실)

ㅑ. 그렁개 속을 앙개 중매를 해겠어.(영광)

③ '로' 첨가형

'-으니께/으닝께/웅께/으니개/으닝개/웅개'에 '로'가 붙기도 한다. 이런 '로'의 첨가는 전남북 전체에서 확인되는데, 이 '로'의 첨가는 '-으면서'의 방언형

'-음서'에 '로'가 붙는 것과 같은 것이다. (51)은 '-으니깨'와 '-으나개'에 '로'가 붙은 경우이다. 구비문학대계 전체를 통틀어 전남의 경우 '-으니깨로'는 흔히 보이나 '-으니개로'는 확인되지 않는다. 반면 전북의 경우 '-으니깨로'와 '-으니개로'가 각각 한 차례씩 나타났다.

(51)

가. 작대기를 들고는 기양 탁 치니께로 뚝 떨어지드라네.(장성 구비)

나. 헹펜이 옹삭하니께로 왔는디, 주제상의가 남루하거든.(고흥 구비)

다. 그래서 인자 개가 열 바퀴를 돌아서 그 칼을 인자 도둑놈을 집어 주니께로, 개가 주워다 줬어, 사람을.(화순 구비)

라. 그러니께로 오성이 가만히 생각허니께 큰일 났거든.(부안 구비)

마. 꽃 피고 잎 피고 허니게로 에 절간이서 주지란 사람이,(정읍 구비)

(52)는 '-으닝깨로'와 '-으닝개로'의 예이다. 예에서 보듯이 전남의 경우 '-으닝깨로'가 한 차례 보이지만 '-으닝개로'는 전혀 확인되지 않는다. 반면 전북은 '-으닝깨로'가 나타나지 않고 '-으닝개로'의 예만 확인된다.

(52)

가. 그러고 몇 해 살면서 보닝깨로 인자 저즘저즘헝게,(장성 구비)

나. 거 딱 차려 자세로 서서 보닝게로 상시관이 자그 집 왔던 영감여.(군산 구비)

다. 집이를 와서 보닝게로 선비 스이 술을 자시고 있고,(군산 구비)

라. 시모(=시묘)를 사는디 그때 젊은 세상이고 허닝게로 삼 년을 사는디,(정읍 구비)

다음은 '-응깨로'와 '-응개로'의 예이다. 전남에서는 '-응깨로'가 주로 쓰이며,

전북에서는 '-옹개로'가 주로 쓰인다.

(53)

가. 관가에서 요구허는 대로 우리가 들어줄 것잉께로 용서해 주시라고.
(함평 구비)

나. 박문수가 나가지고 한 곳을 강께로, 아이 엄벙덤벙 들어가다가 봉께
로, 그양 산중을 들어갔거든.(고흥 구비)

다. 꾼내(=구린내) 낭께로 감이 곯은 줄 알고는 그양 패때기를 치고는,(승
주 구비)

라. 비는 주룩주룩 오고 형께로 꼴을 베서 짊어지고, 저, 거시기 송채(=송
아지)를 몰고 온디,(신안 구비)

마. 옹께로는 인자 물을 건너옹께, 괴기 시 마리가 바고(こばこ. '작은 상
자'의 일본어.) 속에서 잡아가라고 꾸불꾸불허드라.(화순 구비)

바. 큰 산 밑이 돼 농깨로, 하이 겁나요.(광양)

사. 얘기를 들어봉께로 그 일이 확실항게로, 그렁게 들어오니라 하고 남대
문을 열었어.(부안 구비)

아. 시방 오대조 하나부지가 있었잉개로 그때부텀,(임실)

자. 당산제를 지내다가 중지를 형개로 동네가 큰 해를 봤다고.(임실)

차. 시무 줄이 더 되지, 요 한 꽝이 이만 형개로.(남원)

④ '는' 첨가형

전북 군산과 무주에서는 '로' 대신 '나'가 결합되어 '-옹게나', '-옹깨나' 등이
확인된다. 이 '나'는 보조사 '는'의 변이형임은 이미 '-으면서'나 '-고서'에 붙는
'나'를 기술하면서 언급한 바 있다. 군산과 무주는 '-음서나', '-어서나', '-고서
나'처럼 이음씨끝에 '나'가 결합한 형태가 많이 나타나는데 그런 점에서 '-옹

게나', '-응깨나'와 같은 형태가 쓰이는 것은 매우 자연스러운 일이다.

(54)

가. 쥔이 와 봉게나 말은 어디로 가 말끄댕이만 잡고 있거든.(군산 구비)

나. 떡을 찡게나 거기 서가지고서나, "아주머니 그 대간하신디(=힘드신데) 아길랑은 내가 볼 팅게 아기 내리주시요." 그랗게 참 고맙거든.(군산 구비)

다. 여그서 참 만족허게 잘 먹었응게나 작대기춤 좀 출라요.(군산 구비)

라. 그렁깨나 그리 가문 어턱허느냐 그렁깨나, 그런디 금오공대를 가믄은 군대럴 으무적으로 인제, 장교는 장곤데.(무주)

마. 작은아보고 내가 그렁깨나 공무언 가마이 봉깨, 대학교 댕김서 순 공무언 시험을 보드만요.(무주)

바. 말로 이렇게 시무 말잉깨나 시방 구십 키로로 두 가마지.(무주)

정읍에서는 '-응깨나'와 같은 구성을 보이는 씨끝 '-으닝가니'가 쓰인다. '-으닝가니'의 '니' 역시 조사 '는'에 소급하는데, '-응깨나'와 마찬가지로 하나의 씨끝으로 재구조화 되었다. '으닝가니'는 서북방언의 '-으니까니'나 동남방언의 '-으이까니'를 연상시킨다. '-으닝가니'는 재구된 방언형 "-으니가'에 /ㄴ/이 첨가된 형이다. '-으니가'는 홀로 쓰이지 않으며, 오직 '-으닝가니'에서만 확인할 수 있다. 물론 '-으닝개' 등을 통해 '-으닝가'의 존재를 재구하는 것은 가능하다. '-으닌가' 역시 홀로 쓰이는 예는 보이지 않고 형태 '니'와의 합성 형태로만 나타난다.

(55)

가. 밤이 어느 정도 허니 되닝가니 여그서 번뜩 저그서 번뜩 허더니 그 도깨비불이 그 들로 꽉 차 버려.(정읍 구비)

나. 게 십년이 딱 되닝가니 딱 정월 저 섣달그믐날 딱 와서는,(정읍 구비)

다. 재를 넘어가다가 보닝가니 그 산 개울물 내리오는 디에서 자기 마누래가 옹고독으다(=옹기독에다) 물을 퍼붓어.(정읍 구비)

라. 아, 긍게 이 그 종손이 가만히 들어보닝가니 세상으 내 이름은 그만두고 나를 거행허고 다니던 그 하인도 그 하인 이름도 아무개야 못 헐 틴디,(정읍 구비)

마. 찾어와가지고 방문을 열어 보닝가니 그렇게 참 기가 자심히서 기냥 다 피어져 드러누운 꼴을 보고는 부엌으 들어가서 바가지를 가지고 건네 마을로 밥을 얻으러 갔어.(정읍 구비)

바. 그 소씨가 인자 그렇게 마음 편허게 그전이도 잘 대헌 글에 십 년을 마음이 편허게 배웅가니 기양 공부가 훌륭히져 버렸어.(정읍 구비)

사. 그 골목으를 인제 쏘옥 들어가닝게 대처 가로맥힌 집이 크나큰 집이 있으닝가니 대문 제쳐 놓고 중문으로 들어가닝게,(정읍 구비)

아. 그리 인자 어둔 밤중으 산하를 인자 내려오닝가니 그 틈 밑이 어디가서 불이 빤허니 빈단 말여.(정읍 구비)

자. 주인네부텀 헌다고 허닝가니 이 동네 여자들이 점쟁이 어디서 점허네 허고는 뭐 이 동네 저 동네 헐 것 없이 어린아 보돔고 방으로 급히 갈 티지.(정읍 구비)

차. 그분이 서울을 갔다오다가 노자가 떨어지고 허닝가니 어느 동네 방을 들었드래요.(정읍 구비)

카. 그 부인 덕분에 자기가 이렇게 호위호식을 허고 사닝가니 기냥 참 기가 맥히게 헌단 말여.(정읍 구비)

타. 이 여자가 나허고 살었으닝가니 저그 선조도 된다고 제가 가지간다고 그러니 이것을 판결을 좀 히 주십시오.(정읍 구비)

파. 이 궤로 말미어서는 우리 선조 때부터서 지키 나온 궤닝가니 내가 가지야 헌다.(정읍 구비)

하. 주근주근 술을 먹다가 날이 저무닝가니 거그서 지금 잘라고 이부자리
를 깔아 놓고 활랑 벗고 막 드러누울라고 허는 찰나에,(정읍 구비)

6.3.1.3 -간디/가니/간/가디

『표준국어대사전』은 이음씨끝 '-관데'에 대해 '(예스러운 표현으로) 원인
이나 근거를 나타내며, 앞에는 의문사가 오며 뒤에는 의문 형식이 온다.'로
풀이하고 있다. 이 풀이에는 '-관데'의 특징 몇 가지가 드러나 있다. 우선 예
스러운 표현이라는 점이다. 현대국어에서는 거의 쓰이지 않는 것으로서 쓸
경우 예스러운 말맛을 풍긴다는 것이다. 또한 선행절에 의문사가 반드시 와
야 하는 통사적 특징을 지닌다는 점이다. 이러한 특징을 드러내는 예로서
(56)과 같은 예를 들고 있다. 이 예를 좀 더 현대적인 느낌이 나도록 하려면 '-관
데' 대신 '-기에'나 '-길래'로 바꾸면 될 것 같다. 그렇다면 '-관데'의 쇠퇴는 같
은 의미를 나타내는 '-기에'나 그 입말투인 '-길래'가 널리 쓰이게 된 것과 무
관하지 않을 것이다.

(56)

가. 누가 왔관데 이리 소란스러울까?

나. 그대가 누구관데 나를 찾으시요?

현대국어 '-관데'는 중세어 '-관ᄃᆡ'를 잇는 씨끝으로서, 중세어 '-관ᄃᆡ'도 현대
국어와 마찬가지로 언제나 의문사와 함께 쓰이는 제약을 가졌다(허웅 1975:
545). 이 제약에 따라 후행절은 항상 의문법의 서법을 갖게 된다.

(57)

가. 엇더콴ᄃᆡ 뒤ᄒᆞ로 돌요매 제 일흐며 밧 物에 제 모ᄅᆞ거뇨(월인석보

13:3)

나. 네 엇던 아히완딕 허튀를 안아 우는다(월인석보 8:85)

　서남방언은 표준어와 달리 '-관데'가 널리 쓰이고 있는데, 그렇다면 서남방언의 이러한 양상은 어떻게 설명할 수 있을까? '-길래'는 같은 절에 의문사가 오는지의 여부에 관계없이 쓰이나 '-관데'는 언제나 의문사가 있어야 한다. 또한 '-관데'의 후행절은 의문문이 오지만 '-길래'에는 그러한 제약이 없다. 따라서 통사적인 제약의 측면에서 보면 '-길래'는 '-관데'보다 제약이 없는 편이므로 사용 환경이 훨씬 자유롭다. 분포의 넓이로 본다면 '-길래'가 '-관데'를 포함한다. 그러므로 이러한 포함 관계에서 '-관데'는 그 존재의 의미를 잃을 수 있는데, 표준어에서 '-관데'가 더 이상 입말에 쓰이지 못하게 된 것은 이런 이유 때문일 것이다. 다만 서남방언에서는 이러한 포함관계에도 불구하고 '-관데'가 널리 쓰이고 있는 것은 그 사용 환경이 거의 겹치지 않은 탓으로 보인다. 실제 구술발화 자료에서 '-길래'는 의문사가 없는 경우가 주를 이룬다. 아래의 (58)이 이를 보여 준다.

(58)

가. "너머 바쁭께 어머니 못 가겠습니다." 그라길래 "응, 바쁘먼 오지 마라." 그랬는데,(진도)

나. "그라먼 나 쪼간 싸 주시요." 그라길래 "응, 갖고가거라." 인자 그랬는디,(진도)

다. "아를 업어라." 그러글래 인자 업고,(광양)

라. 그래서 둘우라고(=들어오라고) 그렇게 허시걸래 우리가 둘운 거여.(군산)

마. 그 날로 헌닥 허길래 시방 내가 못 가 봤지.(군산)

바. 여그서 놉을 얻어서 백만 원을 주걸래 내가 놉을 서이를 얻어서,(임실)

『한국구비문학대계』에서 '-길래'가 '-관데'와 겹칠 수 있는 경우는 (59)의 두 예뿐이다. 이처럼 '-길래'와 '-관데'의 쓰임 범위가 거의 겹치지 않는 것은 서남방언에서 '-관데'가 굳건히 자신의 자리를 지키고 있어, 신형인 '-길래'는 '-관데'가 쓰이지 않는 환경, 즉 의문사가 없는 경우에 주로 쓰이게 되었기 때문일 것이다.

(59)

가. 아, 저눔이 얼마나 돈이 많길래, 저렇게 자꾸 부자가 되는고?(부안 구비)

나. 무신 꿈을 어티게 뀌었길래?(부안 구비)

서남방언에서 중세어 '-관딕'는 '-간디'로 단모음화 되어 쓰인다. 이 '-간디'는 주로 전남에서 쓰이고, 전북에서는 /ㄴ/이 탈락한 '-가디'형이 많이 쓰인다. '-가디'는 전북뿐 아니라 충남 보령이나 부여 등지에서도 나타난다(이기갑 2003:395-397). 전남의 '-간디'는 /ㄷ/이 탈락하여 '-가니'로도 쓰이고 심지어 / ㅣ /가 탈락된 '-간'도 보인다.

(60)

가. 먼 일이 있간디 사람들이 잏게 있어?(보성)

나. "뭔 일을, 죄를 지었간디 어전으서 이러고 이러고 허니?" 그렇게로,(승주 구비)

다. 성은 다 이녁 성을 어찌게 생겼든지 다 성은 존중한 것인디 그렇게 뭔 성이간디 그런가?(신안 구비)

라. 아야, 어디가 아프가니 다리를 저냐?(보성 구비)

마. 당신은 어떤 사람이가니 이렇게 똑 정밤중(=한밤중)에 찾어들어오냐고 말여.(군산 구비)

바. 지가 무신 나는 재주가 있가니 가요?(군산 구비)

사. 해나(=행여나) 머 순경이나 머이나 되는가이야 싸 뿌리갖고 죽는 사람
은 죽고 글때는 기양 목숨을 바치 놓고 살았지요.(광양)

아. 먼 일이 있가디 그렇게 모였어?(남원)

자. 아이고, 얼매나 크가디 그 밭을 다 사라우?(정읍 구비)

차. 지가 멋이간 나보고 그런 말을 헌다냐?

예 (61)은 '-간디'가 갖는 통사적 제약을 어긴 경우이다. '-간디'는 의문사를
필수적으로 요구하고 이에 따라 후행절은 의문문이 오기 마련인데, 이 경우
는 이러한 제약을 지키지 않았다. (가)와 (나)는 의문사가 없지만 후행절은
의문문이다. (다)는 의문사도 없고 후행절도 의문문이 아니어서 두 가지의
제약을 모두 어긴 경우이다. 이러한 예들로 미루어 보면 서남방언에서 '-간
디'가 갖는 의문사 제약은 필수적이지는 않은 것으로 보인다. 다만 후행절이
의문문이어야 하는 제약은 필요한 듯한데, 경우에 따라 의문문이 생략될 수
있다. 예를 들어 (다)에서 '당신 시아버이게다 얼매나 잘하가디 소문이 나고'
는 '소문이 니고' 뒤에 오는 의문문 '그러냐'가 생략된 것으로 해석할 수 있기
때문이다.

(61)

가. 야 이놈의 자식아, 아니, 애비가 전라감사지 너도 전라감사가니 티를
허냐고 말이여.(정읍 구비)

나. 사오(=사위)를 얻을라먼은 이렇게 안 얻으면 못 얻가디 이렇게 사오를
얻냐고.(정읍 구비)

다. 새암이가(=샘에) 물 질러(=기르려) 가면 부인들이, "당신 시아버이게
다 얼매나 잘하가디 소문이 나고, 아, 시아버이가 그예 잘할 수 없다고
그러드라." 항개,(부안 구비)

이음씨끝 '-간디'는 마침법의 의문형 씨끝으로 쓰일 수 있다. 이때 '-간디'가 이끄는 의문문은 수사적 의문문이어야 한다. 그렇지만 의문사가 반드시 있을 필요는 없다. 이런 점을 보더라도 이음씨끝 '-간디'가 갖는 두 가지 통사적 제약 중에서 의문사의 존재는 결코 필수적인 제약이 아님을 알 수 있다. 마침법에 쓰이는 '-간디'는 반말에 속한다. 그래서 높임의 조사 '요'와 '이라우'가 결합될 수 있다.

(62)

가. 얼매나 오래 나두고 묵간디요? 그 하로라도 된장 소금동에다 여 났다 먹지요.(곡성)

나. 뿌랭이 없는 나무 있가니?(구례/전라도닷컴 205호:9)

다. 놈에것을 공으로 얻어묵고 살문 되가니?(구례/전라도닷컴 205호:15)

라. 자식 농사만 짓가니? 촌에 살문 논에도 밭에도 집에도 키울 것이 겁나 많네.(구례/전라도닷컴 205호:35)

마. 어디가 차나 타고 댕겼간?(장성 구비)

바. 애기 난 여자가 애기를 젖을 빨리니 젖이 안 나올래야 안 나올 텍이 있간?(정읍 구비)

사. 하이고, 지금 사람언 누어 떡 멕기제 머 아무것도 아니여. 시집살이 허가디?(임실)

아. 제가 믄 그짓말을 헐 줄 알가디요?(정읍 구비)

자. 내가 머릿카락 수를 셔 봤가디?(부안 구비)

차. 송아치란 놈 지붕 말랭이다 똑 올려놨으니 지가 내롤 수가 있가디?(군산 구비)

6.3.1.4 -을까 봐

① -을깨비/으깨비, -을깨미/으깨미, -을까마니/으까마니/으깜니

보조형용사 '보다'는 '-을까 봐', '-을까 봐서' 구성으로 쓰여 앞말이 뜻하는 상황이 될 것으로 추정하거나, 앞말의 상황이 일어날까 걱정하거나 두려워함을 나타낸다. 서남방언도 동일한 구성이 쓰인다.

(63)

가. 그때는 서로 못살면 누가 오까 봐 사립문도 닫고, 인심이 그랬다는 것 이여.(부안 구비)

나. "너 내려갈 때 그 나무가 니 눈 쑤시고 다칠까 봐 다치지 말고 좋게 무 사히 가라고 내가 축복을 했다." 그라그덩.(해남 구비)

'-을까 봐'는 서남방언에서 '-을까비/으까비', '-을깨비/으깨비'로 쓰이기도 한다. 이렇게 형태가 변하면 보조형용사 '보다'와의 형태적 유연성이 끊어져 독립된 이음씨끝으로 재구조화 되기에 이른다. 그러나 서남방언에서도 씨끝 '-어서'가 결합된 '-을까 봐서'는 이러한 재구조화를 겪지 않는다.

(64)

가. 우리 어무니가 아들이라문 내가 살아날깨비 정신채리라고 그 순간에 꾀를 낸 것이여.(구례/전라도닷컴 205호:35)

나. 메느리 맘 상할깹비 아들 소리는 입도 뻥긋 안 했어.(구례/전라도닷컴 205호:35)

다. 산감한테 들낄깨비 그 무건 거 이고 험한 산질을 달릴라문 목구녁에서 막 쇠똥내가 나.(구례/전라도닷컴 205호:24)

라. 놈이 항여나 산삼 그놈 좋은 놈 있다 해서 갖다 주면 놔 주깨비.(신안
구비)

마. 하다 징항께 인자 대답은 해. 잡아묵으깨비, 구랭이라서.(신안 구비)

바. 놀랠깨비 범이라 소리 안 혀.(장성 구비)

사. 후가(後嫁)해 가깨비, 딴 데로.(함평 구비)

'-을까 봐/으까 봐', '-을까비/으까비', '-을깨비/으깨비'는 다시 /ㅂ/이 /ㅁ/
으로 바뀌어 '-을까마/으까마', '-을까미/으까미', '-을깨미/으깨미'로 쓰이는
수가 많다. /ㅁ/으로 바뀐 형태들이 아마도 서남방언에서 가장 일반적인 형
일 것이다. 이들은 (65)에서 보듯이 흔히 '행여나'와 같은 부사와 함께 쓰인다.[7]

(65)

가. 죽을까마 못 가겄데.

나. 누가 보까마 언능 와 불었네.

다. 인자 그락까미 즈그 아버지 찾아간다고 할까 무성께 즈그 엄마는 못
갈쳐 줬는디,(해남 구비)

라. 전에 옛날에는 사람이 사까미(=살아날까 봐) 초분을 해 논디,(해남 구비)

마. 누가 보깨미 말여, 싸 놓고 있는 거여.(군산 구비)

바. 짐셍이나 행이나 손대고 그럴깨미 삼 일 있다가 가지요.(임실)

사. 행이나 머시매들허고 놀깨미도 조심 시기고.(임실)

아. 주위에서 물을 막 어만 디로 날라갈깨미 막 군데군데 이제 질어다가
놔 두고는,(임실)

---

7 '-으까미'의 /ㅁ/이 약화되어 '-으까이'로 쓰이기도 한다. (예) 깬데기 그거이 또 나와 뿌리
며 혹시나 여 실이 안 조으까이(=번데기 그것이 또 나와 버리면 혹시나 이 실이 안 좋을
까 봐).(광양)

자. 행이나 또 딴 데로 보내깨미.(고창)

차. 흔등게 떨어질깨미 걍 갈기 여 목 갈기 털 놓은 놈 있어갖고 거그를 딱 잡었어.(정읍 구비)

카. 헌병들은 전부 문 악(=문 앞)에 기양 도망가깨미 못 가게 실탄 콱콱 박아갖고 취케 들고 섰고,(보성)

타. 행이라도 긁어 딜이깨미 기양 눈을 요리 기양 요릏게 닦으고,(보성)

파. 문을 꽉꽉 장가서 도망흐깨미 문을 장가 붕깨,(보성)

하. 거기를 안 갈켜 줘. 따르깨미 안 갈쳐 줘.(화순 구비)

'-을까마/으까마'는 '-을까마니/으까마니'로도 쓰인다. 그러나 '-을깨비/으깨비, -을깨미/으깨미' 등에서는 형태 '니'의 첨가가 이루어지지 않는다.

(66)

가. 인자 그놈 먹으면 죽일까마니 못 먹고 벌벌 떨고 앉었단 말이여.(해남 구비)

나. 이 여자가 즈그 아부지 폴까마니(=팔까 봐) 이 여자가 무장(=점점) 공대를 하고,(보성 구비)

'-으까마니'는 '-으깜니'로 축약되어 쓰이기도 한다.

(67)

가. 막 눈만 흘겨도 찢어지게 생긴 도포를 <u>찢어지깜니</u> 살살 인자 어떻게 입었어.(군산 구비)

나. 인자 낮이는 넘이 알으면 <u>내가깜니</u> 밤으 가서 인자 가만히 내려강게 애기가 그 묏동(=묏등)이 어떻게 이상허게 이렇게 벌어지드라네.(군산 구비)

② -으깜서/으깜성/으깜시

'-을깨비 → 을깨미'의 변화는 아마도 유사한 의미를 갖는 '-으깜숩다'와 무
관하지 않은 것으로 보인다. 표준어의 경우 씨끝 '-을까'를 갖는 내포문 다음
에 '싶다, 보다'와 같은 보조형용사가 나타나 말할이의 추정을 나타낸다. 그
런데 이러한 보조형용사 외에도 '무섭다, 염려되다, 걱정되다, 우려되다, …'
등의 형용사 또는 동사들이 나타날 수가 있다. 서남방언에서도 이러한 사정
은 마찬가지이다. 특히 '무숩-'(=무섭-)이 '-을까'와 함께 쓰이는 일이 많은데,
이때 '무숩-'은 이유를 나타내는 이음씨끝 '-응깨'나 '-어서'와 결합하는 경우
가 일반적이며, 다른 씨끝과 결합한 예는 많지 않다. (68)은 '-응깨', (69)는 '-어
서'가 결합한 예이고 (70)은 서술형 '무섭다'가 쓰인 예이다.

(68)
가. 머이마 집은 부자고 그랑께 구박이 만할까 무성께 안 줄라고 그랬지라
우.(해남 구비)
나. 인자 혹 비밀 폭로하까 무서니께 피해서 산중으로, 저리 절로 살살 가
는데,(해남 구비)
다. 그렇게 아니 뭣 허는지 보라고 이 앞닫이를 갖고 감직허나 탈이 붙을
까 무성께 여그서 없애 부리고 가야 씨겠다고.(신안 구비)
라. 같이 가면 맞어 죽을까 무승게,(장성 구비)
마. 집의 주위에다가 저기를 새끼를 꼬아서 집에다 쳐 놓고는 인자 척척척
걸쳐 놔, 비가 오면 썩을까 무서웅께.(화순 구비)
바. 이왕 못 보면 못 볼까 무서웅개 한 번 뒤돌아봤어.(부안 구비)
사. 친정어머니가 자기 딸 생각헝게 이거 뭐 거그 쫓기날까 무성게 막 사
방으 댕김서 막 거뒀네.(군산 구비)
아. 자기 사음이 떨어질까 무섭고 자기 돈도 떨어지까 무섭고 헝게 … 말

을 안 힜어.(군산 구비)

자. 자다가 주인한티 들키까 무성게 자도 못허고,(정읍 구비)

차. 눈 빠질까 무성게 눈 뺄까 무성게 아, 백장으다 걍 집어 넜더니,(정읍 구비)

(69)

가. 그라면 내 손을 옇어서 니 목에 있는 까시를 내줬으면 쓰겄다마는 니가 물어 불까 무서워서 못 하겄다.(해남 구비)

나. 그서 인자 거그서 바로 인기(=인기척)를 허먼 놀래까 무서서 뒤어만치 뒤에로 인자 바로 가가지고, 먼 데서부터 인기를 해가지고 와가지고서,(군산 구비)

다. 이놈의 것 꽝주리를 찾으러 가자니 또 지랄헐까 무서서 가도 못허고,(정읍 구비)

라. 그 동네 사람 하나나 보까 무서서 말여 여러 달 먹어 놔서 인자 그 동네 사람들 거게 다 알거든.(정읍 구비)

마. 이 정성 마누래는 사우를 행이나 붙잡어 오는 저놈으 영감의 행짜가 물고를 낼까 무서워서 날랜 하인을 시겼어.(정읍 구비)

바. 그래서 그놈을 끓여서 죄로갈까(=죄가 될까) 무서워서 자기가 먼저 한 숟갈을 떠먹웅께 참 맛있어.(부안 구비)

(70)

가. 아이고, 이 소리가 뭔 소리냐? 넘 들을까 무섭다.(신안 구비)

나. 집이 가서 꽹이 삼태기를 갖고 오자니 또 송장이 일어설까 무섭고.(화순 구비)

'-을까 무숩-'의 사용 빈도가 높아지면서 '무숩-'의 첫 음절 모음 /ㅜ/가 탈락되고 남은 형태 'ㅁ'이 내포문 씨끝 '-으까'와 통합하는 변화를 입게 된다. 그러나 '-을까 무슾-'이 '-을깜숙'으로 축약되는 것은 오직 현재시제에 한해서이다. 상위문의 시상이 과거·회상·추정 등일 때에는 불가능하다. 그래서 '-을까 무수왔다'는 "-을깜수왔다'로 축약될 수 없고, '-을까 무숲었어'는 "-을깜숲었어'로 축약되지 않는다. 이처럼 '-을깜숙-'이 현재시제만을 허용하는 것은 '-을깜숙-'의 'ㅁ숙-'이 더 이상 '무숙-'과 같은 서술어로서 기능하지 못함을 의미한다. 그러므로 '-을깜숙-'을 복합문의 통사적 구성으로 볼 수 없다. '-을깜숙-'의 마침법 활용은 원칙적으로 제한이 없으나 실제 사용을 보면 '-어서'와 '-응깨'가 주를 이룬다. 이것은 '-을까 무숙-'이 보였던 활용 양상을 그대로 이어받은 결과이다.[8] 예 (71)이 이러한 활용 양상을 보여 준다. '-을깜숙-'의 마침법 활용 양상을 고려하면 '-을깜숙-'은 일종의 안맺음씨끝으로 해석할 수 있는데, 그렇다면 '-을까 무숙-'에서 '-을깜숙-'으로 축약되는 것은 복합문이라는 통사적 구성이 안맺음씨끝으로 재구조화되는 문법화 과정의 하나라 할 수 있다. '-을깜숙-'은 경우에 따라 '-을깜삽-'으로 쓰이기도 한다.

(71)

가. 아, 그날 저녁으 자는디 아 잼이 오는가? 그날 저녁으 쥑일깜쉬서.(정읍 구비)

나. 그 후에 바로 논 사믄 옆으 사람들이 의심헐깜수서 얼매 후에 논 사가지고 노름 잃어 버린 놈 보충히갖고 잘살드라네.(정읍 구비)

다. 그서 아이고 어머니, 애기를 그렇게 혔다고 허믄 즈 어머니 놀래깜서서 그 말을 못 허고,(군산 구비)

---

8 '-을깜숙-'이 '-어서', '-응깨'처럼 이유를 나타내는 씨끝의 활용을 즐겨하는 것은 보조형용사 '보다'가 염려를 나타낼 때 이유를 나타내는 씨끝 '-어'나 '-어서'로 제한되는 것과 비슷한 현상이다.

라. 이 도령도 또 누가 <u>잡아먹을깜서서</u> 말을 못 허겄단 그 말이여.(장성 구비)

마. 그렇게 한 달이고 두 번이고 시 번이고 한 번이고 그 너머 교접허먼 쉽게 <u>죽으깜서</u> 하는 짓이지.(군산 구비)

바. 그래도 안을 못 들어가겄어, 만약 <u>실수헐깜서</u>.(함평 구비)

사. 긍께 도둑놈들은 행이나 다른 디로 가 <u>불깜성</u> 그르게 대우를 잘해.(정읍 구비)

아. 그릉게 거그 가면은 또 몰려서라도 <u>죽으깜숭게</u> 그리서 안 가고 태인(지명)서 여기 떨어졌어라오.(정읍 구비)

자. 냉장고에다 너 불어, 부글부글 <u>게깜송께</u>(=끓까 무서우니까).(영암)

차. 그 식은밥이 남우면 <u>시깜송께</u>(=쉴까 무서우니까) 이른 오가리에다가 단술을 해 나.(영암)

카. 동세(=동서) 따미레 못 산다 <u>허깜상께</u> 내가 들목(지명) 가서 쫌 살다 오께라우.(신안)

타. 거가 인자 <u>불을깜상께</u> 그런갑서.(신안)

파. 잘 <u>오깜상께</u> 무삽다, 그것은 얽는 것이라.(신안)

하. 그 뒤로는 생겐 하늘을 안 쳐다봤네, 또 <u>날라가깜상께</u>.(신안)

ㅏ. 인자 닭 삶어 놨다고 혔응게, 아이고, 애기를 그렇게 혔다믄 즈 어머니 <u>놀래깜숩다고</u> 가만히 그렇게 히서 삶어서,(군산 구비)

ㅑ. 거그 들어가면 멋을 묵어 <u>불깜숩고</u>, 질서가 없어진다고 화장 이외에는 못 들어가.

(71)에서 (가)-(사)는 '-을깜숩-'이나 '-을깜삽-'에 이음씨끝 '-어서'가 결합된 경우이다. '-어서'가 결합되면 '-으깜수워서/으깜쉬서' 또는 '-으깜사서'가 되는 것이 서남방언의 일반적인 활용 양상이나, 실제 발화에서는 '-으깜수서', '-으깜쉬서', '-으깜사서' 등으로 나타난다. 이들은 아마도 '-으깜쉬서'나 '-으깜사서'의 변이로 보인다. (마)와 (바)에서는 '-으깜서'가 쓰였는데, 아마도 '-으깜

서서'에서 동일 음절 '서'의 반복을 피하기 위해 '서'가 탈락된 것으로 추정된다. 이렇게 '-으깜서'로 바뀌면 씨끝 '-어서'를 분석해 낼 수 없어 '-으깜서'를 하나의 이음씨끝으로 분석하지 않으면 안 된다. (사)의 '-으깜성'은 '-으깜서'에 /ㅇ/이 첨가된 것이다. /ㅇ/의 첨가는 이음씨끝 '-어서'에서는 일어나지 않는 현상이므로 /ㅇ/ 첨가는 '-으깜서'에서 '-어서'를 분석해 낼 수 없는 또 다른 이유가 된다. (파)는 '-으깜상께' 뒤에 서술어 '무삽다'가 직결되었다. 이는 '-으깜상께' 속의 기원적인 '무삽-'을 인지하지 못했음을 의미한다. 이 역시 '-으깜상께'가 하나의 이음씨끝으로 굳어져 쓰인다는 사실을 뒷받침하는 증거이다. '-으깜서'는 (72)처럼 '-으깜시'로도 쓰이는데, '-으깜시'는 '-으깜서'에 비해 '-으깜숩-'과의 관련성이 더욱 희미해졌으므로 이 역시 독자적인 이음씨끝으로 굳어졌다고 해석해야 한다. 결국 '-으깜서', '-으깜성', '-으깜시'는 '염려'라는 양태적 의미를 나타내는 서남방언의 새로운 이음씨끝으로 재구조화 된 형태인 것이다.

(72) 인자 중학교럴 마치고, 그 학교에서 인자 시골 학교니까 딴 디로 <u>가깜시</u> 멧 번 나보고 오락 해서 "옅다(=여기다) 진학얼 시키쑈." 단임선생이 이런 일도 있었고.(고창)

③ -응가미/응개미

서남방언에는 '-을깨미' 외에 '-응가미/응개미'라는 씨끝도 쓰이는데, 이들은 (73)에서 보듯이 주어의 현재 추정을 표현하므로, '-는 줄 알고'의 의미로 해석된다.

(73)
가. 참 즈그 할멈이 나무청에 와서 누워 있<u>능가미</u> 인제 와서 더듬더듬함스

로 인자 들어강께는,(해남 구비)

나. 솔잎 깻잎이 푸리길래 하절잉가미 나왔더니,(보성 민요)

다. 누가 옹개미 나가 봤더니 암도 없드라.

라. 즈그 아들이 죽었능개미 걱정해 쌓더니 나중에 알고 봉께 살았닥 해라우.

표준어에서 추정을 나타내는 보조형용사 '보다'는 동사의 경우 '-나 보다', 형용사는 '-은가 보다'로 쓰인다. 또한 이음씨끝 '-어'나 '-어서'의 결합형은 쓰이지 않는다. 그래서 "다들 잠들었나 봐서 조용히 방을 나왔다.'와 같은 문장은 비문이다. 서남방언에서는 동사와 형용사 모두 '-은가 보다'를 쓰며 '-나 보다'는 사용하지 않는다. '-은가 보다'의 활용으로서 이음씨끝 '-어'나 '-어서'가 결합하지 못하는 점은 표준어와 같아서, "비가 온가 봐 나가 봤다'와 같은 추정 문장은 불가능하다. 그렇다면 '-응가미/옹개미'를 "-은가 봐'와 같은 통사적 구성에서 온 것으로 설명하기는 어려울 것이다. 불가능한 통사적 구성을 바탕으로 하여 씨끝으로의 재구조화를 설정하는 일은 타당하지 않기 때문이다. '-옹개미'는 '-은가 봐'로부터 형성된 것이 아니라 이미 서남방언에서 존재하였던 '-을깨미'에 유추되어 생겨난 것으로 보는 것이 합리적이다. '-옹개미' 외에 '-옹개비' 역시 '-을깨비'에 유추된 결과이다.

'-을깨미'와 '-옹개미'가 '-었-'과 결합하여 과거 사실에 대한 추정을 나타낼 때에는 서로 바꿔 쓰일 수도 있으나, 과거의 안맺음씨끝이 포함되지 않으면 씨끝 '-을까'와 '-은가'에 따른 의미차가 나타난다. '-을깨미'는 미래에 대한 우려나 염려를 나타낼 수 있음에 반해, '-옹개미'는 현재의 상황에 대한 궁금함을 표현할 수 있기 때문이다. 예를 들어 '비 옹개미'는 '비가 오는 것 같아' 또는 '비가 오는 줄 알고'로 옮길 수 있지만, '비 오개미'는 '비가 올까 봐'로 옮기는 것이 알맞다. 예 (74)의 (나)-(라)에서 이러한 의미차를 다시 확인할 수 있다.

(74)

가. 다 끝났을깨미(끝났는개미) 나가 봤드니 아직도 허고 있데(=다 끝났나
   싶어 나가 보았더니 아직도 하고 있더군).

나. 영감이 물에 빠져도 안 죽을까마니(˘안 죽웅개미) 그 독을 달고 물로 들
   어 갔닥 안 하요(=영감이 물에 빠져도 안 죽을까 봐, 그 돌을 매달고 물
   로 들어갔다고 하잖아요)?

다. 누가 올깨미(˘웅개미) 문을 장과 불었다(=누가 올까 봐 문을 잠궈 버렸다).

라. 누가 웅개미(˘올깨미) 배깥에 나가 봤다(=누가 오나 싶어 밖에 나가 보
   았다).

6.3.1.5 -은지라

이음씨끝 '-은지라'는 표준어와 서남방언에 모두 사용되는 씨끝이며 용법
에 아무런 차이가 없다. 서남방언의 '-은지라'는 형용사, 동사에 상관없이 쓰
이는 말이지만 주로 나이 든 세대에서 찾아볼 수 있는 예스러운 표현이란 특
징이 있다.

(75)

가. 그래도 사람이 살고 있는지라 남의 집 애기들도 그 집을 갈 수가 있어
   요.(보성 구비)

나. 어디 부석막(=부뚜막)에 앉었는지라 이리 뚤레뚤레 방안을 둘러봉께,
   저망구없이(=뜬금없이) 방 웃목에다가 아무 쓸모없는 큰 메꾸리를 딜
   이 났다 그 말이여.(고흥 구비)

다. 사랑에 있응께 하레 점도록(=하루 저물도록) 굶은지라 인자 저녁밥을
   잘 차려 왔응께 잘 먹었어.(신안 구비)

라. 자기도 양심이 있는지라 그런 음식을 잘 먹어질 겁니까?(신안 구비)

마. 평소에 즈그 부인 심성을 아는지라 내가 없는 동안 어머니 모시고 공
대 잘허라고 몇 번씩 부탁을 하고 갔드랍니다.(신안 구비)

바. 욕심이 하도 많은지라 동우차(=동이째) 막 들고 나올라고 허는 찰나에
이 상투가 어느 못에 딱 걸려 붙었단 말이여.(보성 구비)

6.3.2 배경 관계

배경 관계를 나타내는 이음씨끝은 '-는데'가 대표적이다.『표준국어대사
전』은 이음씨끝 '-는데'가 뒤 절에서 어떤 일을 설명하거나 묻거나 시키거나
제안하기 위하여 그 대상과 상관되는 상황을 미리 말할 때 사용된다고 풀이
하였다. 우리는 선행절이 가리키는 이러한 상황을 '배경 상황'이라 부르겠
다. 경우에 따라 선행절과 후행절의 내용이 '대조'를 보일 때도 '-는데'가 쓰인
다. 이러한 '-는데'의 기능은 서남방언에서도 그대로 나타난다. 따라서 '-는
데'의 방언적 특징은 기능이 아닌 형태에 있는 셈이다. 표준어의 '-는데'는 서
남방언에서 끝 음절 모음 / ㅔ /를 표준어처럼 유지하거나 아니면 '-는디'처럼
/ ㅣ /로 상승되는 변화를 겪거나 하여 적어도 두 종류의 형태가 구분된다. '-는
데'는 전북 군산에서 확인되고 무주는 '-는데'와 '-는디'가 함께 사용된다. 전
북의 나머지 지역과 전남은 대체로 '-는디'처럼 / ㅣ / 모음을 지닌 형태가 사용
되며, 제보자에 따라 '-는데'를 쓰는 경우가 없지 않으나 이는 표준어의 영향
때문으로 보인다. (76)은 군산·무주·진도에서 나타나는 '-는데'와 '-는디'를
보여 준다.

(76)
가. 나를 데리고 다니면서나 그 이용을 해 먹는데 한번은 전주 대동여관이
라 하는 데에다 인자 거그다 자리를 잡고,(군산)

나. 내가 참 저 선생님을 찾아뵈야 되는데, 선생님 빌와서 하시넌 말씀이,

(무주)

다. 으무적으로 인제 군대 생활을 오 년간을 하는디 게 거기서 인자 오 년
　　간 할 적에,(무주)

라. 그라는데 여그는 굿게 안 알아줘요, 그걸.(진도)

마. 고놈 나왔일 때 젱미끼가 나와갖고 인자 베르또(belt) 걸어갖고 그놈이
　　찧는데,(진도)

　표준어의 '-는데'는 동사에 나타나고, 형용사에는 '-은데'가 쓰인다. 다만 형
용사라 하더라도 안맺음씨끝 '-았-'이나 '-겠-' 그리고 '있-'과 '없-'의 경우에는
'-는데'가 쓰인다. 이러한 변동 양상은 '-는데'의 옛말 '-ᄂᆞᆫ듸'에서 그 이유를 찾
을 수 있다. '-ᄂᆞᆫ듸'는 기원적으로 의존명사 'ᄃᆞ'(또는 'ᄃᆡ')에 처격의 조사 '의'가
결합되어 씨끝으로 재구조화된 것이다. 따라서 여기에 나타나는 'ᄂᆞ'는 현재
시제의 표지로서 관형형 씨끝을 구성하는 말이다. 'ᄂᆞ'가 현재시제 표시였으
므로 동사에만 나타날 수 있었던 것이다. 한편 형용사에 안맺음씨끝 '-았-'이
나 '-겠-'이 결합될 때 '-는데'가 쓰이는 것은 이들이 역사적으로 '있-'을 포함하
기 때문이다. 동사 '있-'과 그 반의어 '없-'은 현대국어에서 'ᄂᆞ'를 요구하는데,
이에 따라 기원적으로 '있-'을 포함한 '-았-'과 '-겠-'이 오는 경우 '-는데'가 올
수밖에 없다.

　서남방언에서 '-는데'의 'ᄂᆞ'는 탈락되어 '-은디'로 실현되는 것이 일반적이
다. 따라서 이 방언에서는 표준어와 달리 동사와 형용사 모두 '-은디'를 사용
한다. 다만 안맺음씨끝 '-았-', '-겠-'이나 '있-', '없-'의 경우에는 'ᄂᆞ'가 탈락되지
않아 동사와 형용사에서 모두 '-는디'로 쓰이는데 이는 표준어와 같은 이유
때문이다.

　'ᄂᆞ'의 탈락은 군산과 무주처럼 전북의 북부 지역에서는 일어나지 않는다.
그 밖의 지역에서도 제보자에 따라 'ᄂᆞ'가 탈락되지 않은 '-는디'를 쓰는 수가
있다. 아마도 표준어의 영향을 받았을 가능성이 크다.

(77)

가. 그런 분이 있어야 하는데 이 근방은 있들 안해.(군산)

나. 이렇게 딱 올라서는데 섬이 막 보이는 거여.(군산)

다. 이제 전체를 놓고 생이(=상여)라고 하기는 하는데 생이라고 해도 그기 또 이림이 있어요.(무주)

라. 중간에 인자 돈으로 허는디, 그때넌 인자 그 쉽게 말허자먼 술.(고창)

마. 그란데 첫불언(=초벌은) 긍게 찰찰이 한나 하는데, 낭중에 인자 먹을 라고 하는 놈은 쪼깜만 옇고는 찧지요 기냥.(진도)

(78)은 전남의 전역과 전북의 남원, 임실 등지에서 '느'의 탈락이 일어나 '-은 디'로 실현된 예이다.

(78)

가. 베 바닥이 된디 인자 그렇게 될 때 인자 풀이 잘 안 볼라지고 그러면, (곡성)

나. 나락은 사십 키로에 오만 원 쪼깐 못한데 서숙은 십만 원 이상 가요.(진도)

다. 형님이 허신닥 헌디 해야지요.(보성)

라. 지금 두째 동상도 서울서 산디 느닷없이 병 나갖고 죽고,(영광)

마. 삼십 리 텐가 어짠가 몰른디 택시 타고 가면 꼭 만 원썩, 구천 원썩 하드 라고.(영암)

바. 요각얼 따라가야 헌디 안 가고,(남원)

사. 전주다가 큰애기허고 살림이랑 헌디 하루 저녁으 머 차 소리가 나서 봉개,(임실)

'-는데'에 보조사 '도'가 결합하면 대조를 강조하여 양보의 해석을 갖도록 하는데 이는 표준어와 서남방언 모두 공통이다.

(79)

가. 비누는 있었는디도 그 비누로 때를 다 못 빼.(영광)

나. 그런 때는 죽고살고 찧는데도 엄마나 찧어서 냉가(=남겨) 놓겠소?(진도)

다. 서루(=서로) 거루가(=거리가) 솔차임 쪼끔 떨어지기는 떨어졌는데도 그 사람이 사과 배를 허넌디 그것이 안 데 버려.(영광)

라. 긍깨 충분히 글때게 거 빠져나올 그 길이 있었는디도 병사계라고 그 사람이 갖다 돈을 묵고는 딴 놈 빼 주고는 저를 갖다 기양 보내 분 것이에요.(보성)

마. 인자 마음을 늦과(=늦춰) 불고 산디도 그래.(구례/전라도닷컴 205호: 15)

4.4②에서 언급한 것처럼 서남방언에서는 '-는데'에 '도' 대신 '는'이 결합하여 대조를 강조할 수 있다. 이러한 대조의 강조는 '-는데도'와 마찬가지로 양보의 의미로 해석될 수 있다. 표준어에서는 '-는데'에 '는'이 아예 결합될 수 없어 차이를 보인다.

(80)

가. 남자로 말헌다 치면 시방 그것이 장개도 안 갔는디는 젊은 여자가 왔다 그렁께는 딴 생각이 들어갔다 그 말이여.(보성 구비)

나. 그런디 암만해도 그 인자 거 머시매 방에서 보따리 장사가 자고 있는디는 그 의심을 하거든. 인적기가 있고 아무리 조용히 헌다 할지라도 인적기가 있어.(보성 구비)

6.3.3 전환 관계

전환 관계를 나타내는 대표적인 씨끝은 '-다가'이다.[9] 이기갑(2004)에서는

'-다가'가 전환을 기본의미로 하며, 인과·조건·열거 등의 의미로 확대되어 쓰인다고 기술한 바 있다. 또한 '-다가'는 '-다'로 줄어 쓰이기도 한다. 서남방 언도 표준어와 같이 '-다가'나 '-다'를 사용하는데, 그 용법은 표준어와 다름이 없다. 다만 '-다가'에 보조사가 결합하는 양상이 조금씩 다를 뿐이다. 우선 '-다가'에 '서'가 결합된 '-다가서'가 서남방언 일부에 나타난다. '-다가서'는 전북 군산 등 충남과 접한 지역에서 주로 보이지만 전남 일부에서도 확인된다. 전 북의 북부 지역은 계기성을 강조하기 위해 이음씨끝에 '서'를 결합하곤 하는 데(6.2.1 참조), '-다가서'도 그 한 예이다.

(81)

가. 이놈이 칼을 갈다가서 배깥에서 문을 딱 잠궈, 도망갈깨비.(부안 구비)

나. 내가 이 질을 가다가서 노수도 떨어지고 이렇게 생겨 하루저녁만 자고 가자공게로(=가자고 하니까),(군산 구비)

다. 글을 저 써서 중게 집을 내로다가서 인자 한 간디로 옹게 어떤 여자가 어린애를 업고서 떡방알 저 떡을 찧더래요.(군산 구비)

라. 해가 떨어지는지 뜨는지 몰르고 따러가다가서 아, 울거든.(군산 구비)

마. 거기 가다가서 뉘구라도 그 알도 못헐 것이고, 거기 가서 말대답 한 자리만 못 허면 죽인 디여. 그러니께 그것만 아시요.(화순 구비)

위의 예에서 '-다가서'는 모두 계기를 나타낸다. 이기갑(2004)에서 '-다가'는 시간의 흐름에 따른 사태의 전환을 나타낸다고 하였는데, 이것은 결국 계기적인 두 사태의 발생을 의미한다. 6.2.1에서 이음씨끝 '-고'에 붙는 '서'가 계기성

---

9 '-다가'와 '-어다가'는 다른 씨끝이다. '-어다가'는 '-어'에 조사 '다가'가 결합되어 씨끝으로 굳어진 것으로서 오직 타동사에만 오는 제약이 있다. '-어다가'는 '-어가지고'와 같은 의 미를 지닌다.

을 강조한다고 한 바 있는데, '-다가서'도 마찬가지다.

'-다가서'에서 '가'가 생략된 '-다서'의 예가 충남과 접한 군산에서 보인다. 전남은 물론이고, 전북 내의 다른 지역에서는 '-다서'가 확인되지 않는다.[10]

(82)

가. 한 간디 산 구경을 돌아댕기다서 봄으 산 구경을 돌아댕김서,(군산 구비)

나. 내가 서울서 있다서 벼슬 줄은 끊어지고 하향히서 있다서 헐 수 없이 도로 서울로 올라간디,(군산 구비)

다. 날 새기 전이 와서, 이날이(까지) 시방 집 와서 고생허다서 참 오늘 부원군의 댁이서 걸인잔치를 헌다고서 여그를 왔소.(군산 구비)

라. 바가지를 씨고서 죄다 방울 달고 있다서 가만히 가 둔넜으먼은 그것이 술상을 차리갖고 와.(군산 구비)

한편 계기성을 강조하는 보조사로 '서' 외에 '는'이 있는데, '-다가서'에도 이 '는'이 결합된 예가 다수 보인다. 그렇다면 '-다가서는'에는 계기성을 강조하는 표현이 잇따라 두 차례 쓰인 셈이다. 이것은 '-다가서'가 하나의 씨끝으로 굳어져 있음을 의미한다.

(83)

가. 서울을 인자 차점차점 인자 올라가다가서는 어느 주막에 들어서 인저 서울을 갔어.(군산 구비)

---

10 '-어다가'도 '-어다서'로 줄어 쓰이기도 한다. 군산 외에 전남 신안에서 한 예가 확인된다. (예) 그 쥐를 잡아다서 딱 중께,(신안 구비)/게 저녁밥을 한 상 해다서 잘 먹고 앉어가지고 서는,(군산 구비)/거가 인자 선품삭이라도 쌀되나 얻어다서 밥을, 손님들 밥 얻어 대접헐라고 거를 갔던개벼.(군산 구비)/아, 어떤 놈이 사람을 죽이다서 여다 갖다 묘 혔고나.(군산 구비)

나. 배를 타고 건너강게 새끼를 데리고 대번 막 그냥 발로다 그냥 막 굴르
　　고서 이렇게 막 날뛰고 거시기 허다가서는 나중으는 굴속으 들어가 새
　　끼 세 마리를 가지고 나왔어.(군산 구비)

다. 그놈이 오다가서는 이놈을 먹고 시간이 좀 남응게로 주물락주물락 주
　　물러가지고서 병을 하나를 맨들었어요.(군산 구비)

라. 그리서 즈이 장인은 빗자락을 들으락 하고 장모는 치(=키)를 들고 그
　　라고 가다가서는, 가서는 거그 가서 인저,(군산 구비)

마. 박생원 짚신만 사오는 것이 아니라 상주들도 다 사다가서는 전부 코등
　　이를 짬매서 딱 혀서 놓거든.(정읍 구비)

바. 철퇴를 떡 갖다가서는 문을 딱딱 걸어 잠그고서는 인자 황후실로 들어
　　가.(정읍 구비)

사. 그날 점드락 인제 박문수가 돌아댕기다가서는 어느 큰 여관집을 들어
　　갔어.(정읍 구비)

아. '이놈을 주면은 그 두 인간이 살고 아이들까지 사는디, 이놈을 주어 번
　　지고 가면 즈그 즈의 아버지는 굶어 죽네. 이것을 어찌고 허냐?' 허고
　　있다가서는 도로 돌아왔어.(장성 구비)

'-다가서는'은 '-다서는'으로 쓰이기도 한다. '-다서는'은 전북 정읍 자료에서만
확인된다.

(84)

가. 얼매끔 있다서는 그 상주가 지다리다 못헝게, "한 오 시쯤으로 하면 어
　　쩔 거라오?" 긍게,(정읍 구비)

나. 긍게 팥죽을 사갖고 들고 오다서는 손구락을 차꾸 건드기를 젓어 쌓거
　　든.(정읍 구비)

'-다가는'은 계기와 조건의 두 가지 경우가 있다. 아래 (85)에서 (가)-(라)는 계기, (마)-(아)는 조건을 나타낸다. '-다가는'이 계기를 나타내는 것은 충분히 이해가 가는 일이다. '는'은 연속성을 나타내는 이음씨끝에 결합되어 그 연속성 또는 계기성을 강조하기 때문이다. 또한 '-다가는'이 조건을 나타내는 것 역시 결코 이상한 일은 아니다. '-다가'뿐만 아니라 '-어서'에도 보조사 '는'이 결합되어 조건을 나타낼 수 있기 때문이다. 그리고 이들이 조건을 나타낼 때 후행절이 부정적 의미를 갖는 것이 일반적이다. 사실 주제를 나타내는 보조사 '는'은 조건의 의미를 속성으로 갖고 있다. 이러한 '는'의 의미가 '-어서는'이나 '-다가는'에 투영되어 조건의 이음씨끝을 형성하는 것으로 보인다. 이기갑(2004)에서는 '-다가는'이 가리키는 조건은 비사실 조건과 반사실 조건의 두 가지가 있음을 주장한 바 있다. 반사실 조건은 현재에 일어난 사실과 반대의 사태를 가정하는 경우이고, 비사실 조건은 현재에 일어나지 않은 사태를 가정하는 경우이다. 비사실보다는 반사실이 실제와의 거리가 더 멀기 때문에 조건성의 강도는 '반사실 〉비사실'이다. 그리고 보조사 '는'의 결합 정도는 비사실보다 반사실의 경우에 더 커진다. (85)에서 (마)-(아)는 비사실 조건인데 '는'이 결합되었다. '-다가는' 외에 (사)-(아)처럼 '-다가서는' 과 '-다는'이 조건을 가리키기도 한다. '-다는'은 전북 일부에서만 나타난다.

(85)

가. 나중에는 동네 사람들이 '어째서 그런고? 어째서 그런고?' 연구를 하다가는 어쩐 사람이 돌꼭지라는 데를 가가지고, 그 솟은 것을 흙으로 덮어 놓았어.(전주 구비)

나. 새복에 커 올라가다가는 그냥 여자에 들켰어.(전주 구비)

다. 그래 가만히 보다가는 가지고 간 팽이로 탁 찍응개, 거짓말 아이라 동우(=동이)만 하고. 동우만 하더래요, 몽뚱이가. 구렁이지 말하자면. (부안 구비)

라. 못 본 츠기(=듯이) 하고는 가만히 있다가는 오줌 싼 자리에다 그놈을
갖고가서는 시 개를 박았어.(부안 구비)

마. 만일 인간에게 접촉했다가는 조총 한 방에 그냥 내 뻑다구가 가루가
될 테닝개 얼러시구 가 버렸어.(전주 구비)

바. 지금 미리 태워 주었다가는 못 살아, 그것들이.(전주 구비)

사. 저 지집을 데리고 살다가서는 내가 살림을 못 허겄드리야.(정읍 구비)

아. 녹후지 말고 기양 쪄야지, 녹핬다는(=녹혔다가는) 썰컹썰컹히여.(임실)

'-다가'에 보조사 '도'가 결합되면 대립성을 강조하게 된다. '-다가도'는 (86)
의 (사)-(아)처럼 '-다도'로 줄어서 쓰일 수 있는데, '-다서'와 달리 '-다도'는 전
남에서 주로 확인된다. (86)은 모두 선행절의 사태와 후행절의 사태가 반대
이거나 대립적인 경우이다. 일상에서 흔히 쓰는 '알다가도 모를 일이다'와
같은 예가 전형적이다. 물론 이 경우 '도'가 없더라도 대립적인 의미는 유지
된다. 그러나 '도'가 결합되면 그 대립성이 더욱 강조된다. '-다가'의 대립성
은 기본의미인 '전환'에서 비롯된 것이다. 선행절의 의미와 무관한 후행절의
의미라면 단순한 전환에 속한다. 그러나 선행절의 의미와 반의어 관계에 있
거나 대립적인 후행절이라면 전환의 특수한 예인 '대립'으로 해석된다. '도'
는 이러한 대립 관계에 붙어 그 대립성을 강조하는 것이다. 그래서 일반적인
대립인 '책을 보다가 깜빡 잠이 들었다'와 같은 예에서 '도'를 결합시키면 어
색하거나, 잠이 들 수 있는 여러 상황 가운데 하나를 추가하는 의미를 나타
낼 뿐이다.

(86)

가. 긍게 이 어린애가 울다가도 그 금두깨비만 내노먼은 울음을 그쳐.(군
산 구비)

나. 내가 닐 아척(=아침)으는 삼 값 달라고 허려니 맘을 먹고 있다가도 아

척으 뚜드러 맞는 디를 보믄 겁나서 말을 못 허네.(군산 구비)

다. 그런데 거그는 사람들이 살덜 못허고 다 있다가도 피난 가 버리고.(군산 구비)

라. 사람 됨됨이란 것은 있다가도 없을 수도 있고 그냥 없다가도 곧 있을 수도 있고.(고흥 구비)

마. 지나다가 홍도란 섬을 못 찾다가도 그 향기로 해서 홍도를 찾는 그런 얘기가 있었습니다.(신안 구비)

바. 인자 완전히 뒤에 따라오다가도 가 버리고 그런 경우가 많이 있어요. (신안 구비)

사. 그라니까 에전에는 아그들 좋게 크다도 혼역(=홍역)이 들왔다 그라면 아그들 많이 나갑니다.(진도)

아. 뭐 그냥 걸어가다도 턱 자빠져 부루고.(광양)

6.3.4 대조 관계

6.3.4.1 -구만

이음씨끝 '-구만'은 선행절과 후행절의 의미적 대조를 나타내는데, (87)의 (가)와 (나)가 이를 보여 준다. 이때의 대조는 말할이가 경험하거나 확인한 사실을 나타내는 선행절의 의미가 후행절에서 부정되면서 얻어지는 대조이거나, 선행절의 내용으로 미루어 당연히 예상되는 결과에 배치되는 사실이 뒤따르면서 빚어지는 대조이다. 그런데 이 '-구만'이 안맺음씨끝 '-드-'와 결합할 경우에는 대조 외에 계기적 상황을 나타낼 수 있다. 그렇다면 '-드-'가 있음으로 해서 계기적 상황을 나타내는 용법이 더 추가된 셈이다. 이 점에서 '-드구만'은 '-드니'와 매우 유사하여 서로 대체가 가능할 정도이다. (87)에서 (다)-(차)는 계기, (카)는 대조로 해석된다. '-드-'가 결합된 '-드구만'은 모음

/ㅜ/가 탈락하여 '-득만'[듕맨]으로 쓰이거나 '구'가 탈락하여 '-드만'으로 쓰이는 수가 많다.

(87)

가. 그 자식 니미 꼴이 뵈겠구만 암 말도 안 허고 밥만 쳐 묵네.(보성 구비)

나. 당신 혼자 와도 웬간히 해 가겠구만 뒤여가서는 웬 사람을 이렇게 많이 델고 댕기요?(부안 구비)

다. 열까 말까 열까 말까 싱갱일(=실랑이를) 하더구만, 살모시 문을 쪼꼼 열더래요.(고흥 구비)

라. 인자 그때는 열어. 열더구만 보고 이양(=그냥) 문 딱 닫고 나와 불어. (고흥 구비)

마. 이놈이 살푼 들오더구만 기냥 들누서 자더래요.(고흥 구비)

바. 이놈이 살푼 나가더구만 어디 가서 사람 하나를 데꼬와.(고흥 구비)

사. 변소에서 빨강 불이 좋냐, 파랑 불이 좋냐 그렇게 하드만 애기가 없어져 버렸어.(부안 구비)

아. 그냥 거그서 살았으면 헐 틴디 그냥 참 못 보게 해 싸서나 나왔드만 이렇게 생겼다고 허고서 그냥 막 울었드래야.(군산 구비)

자. 나랫님 자제가 병이 유중허다드만 어쩌냐?(군산 구비)

차. 어사, 박어사, 박주부 이름은 뭐라고 하득만 잊어 버렸다.(부안 구비)

카. 어지께는 비가 안 오득만 오늘은 비가 많이 온다.

신소설에서 이음씨끝 '-구면'이 쓰이는데, 이 '-구면'은 현대국어에서 '-구면'으로 변하였지만 더 이상 이음씨끝이 아닌 마침씨끝으로만 쓰인다(고광모 2001b). 서남방언의 이음씨끝 '-구만'은 이 신소설의 '-구면'과 같은 것이며, '-구만'이 이음씨끝과 마침씨끝 두 가지로 쓰이는 것은 '-구면'의 원래 용법이 그대로 보존되어 있기 때문이다. '-구만'은 흔히 조사 '은'과 결합하여 쓰이는 수가 많다. 이기갑(2003:452-455)에서는 '-구마는'을 기본형으로 설정하였으나 이는 잘못이다. '-구마는'이 아닌 '-구만'을 기본형으로 설정하여야 하며 '-구마는'은 '-구만'에 조사 '은'이 결합된 형으로 해석해야 한다.

(88)

가. 앞집에 최풍수는 풍수 노릇이라도 혀서 편히 자시고 살더구만은 당신은 글만 읽었지 쓸 디가 없다고 그러닝게,(정읍 구비)

나. 담 너메서 돌이 하나 날아오더구만은 그 문에가 딱 소리가 나.(고흥 구비)

'-구만'은 모음 뒤에서는 첫 음절 모음이 탈락하여 '-ㄱ만', 자음 뒤에서는 매개모음이 개재된 '-으만'으로 변동한다. 그리고 안맺음씨끝 '-드-' 다음에서는 /ㄱ/마저 탈락하여 '-만'으로 실현되기도 한다. 이러한 변동은 마침씨끝 '-구만'의 경우와 완전히 동일하다. 마침씨끝의 형태 변동에 대해서는 5.5 ④ '-구만' 항 참조. '있-'류의 표현 뒤에서 '-으만'의 변동이 일어나지 않는 것도 마침씨끝과 같다.

(89)

가. 돈도 많이 있구만('있으만/'있만) 절대 안 써.

나. 시간도 없구만('없으만/'없만) 안 오네.

다. 밥을 많이도 묵었구만('묵었으만/'묵었만) 배가 한나도 안 불르네.

라. 나도 그 정도는 허겄구만('허겄으만/'허겄만) 안 시기네.

6.3.4.2 -제마는/지마는

'-제마는'은 이음씨끝 '-제'에 첨사 '마는'이 결합하여 새로운 이음씨끝으로 재구조화 된 것으로서, 선행절이 어떤 사실이나 내용을 인정하고 후행절이 이에 대립되는 내용을 보일 때 사용된다. 전북에서는 '-지마는'이 주로 쓰이고 전남에서는 '-제마는'이 다수를 차지하나 '-지마는'도 함께 쓰인다. '-제마는'은 '-제만'으로 줄어들 수 있는데, 기능은 표준어와 같다.

(90)

가. 지금은 깍뚜기라고 허지만 옛날에는 또 쪼각지라고 고놈 또 담아서 묵고,(곡성)

나. 이종 시기가 지금은 더 빨리 하지마는 하지 전후를 이종 시기로 안 잡으요?(진도)

다. 지금은 돌 세우고(=쇠고) 그라지마는, 돌도 안 세고.(영광)

라. 지금은 저러지마는 옛날에는 시어머니한테다 그릏게 했어요.(보성)

마. 끗고도(=끌고도) 가지만 거그다 싫고(=싣고) 가지마는 글 안하고 다져 날레라우.(신안)

바. 왕내는 허지마는 품앗이 같은 것도 잘 안 헌 편이야.(남원)

사. 지금언 인자 참 시간적으로 있지마는 그때는 두문두문 있었어.(남원)

아. 시방언 안 그렇지마는 옛날에는 부모가 죽으면은 삼 년까지는 매 때마다 밥얼 떠다 놨잖아요?(무주)

(91)

가. 지금은 인자 기계가 있제마는 옛날에는 씨아시다 돌레갖고 했지요.(곡성)

나. 그 검정쌀 종자가 우덜이 학실히는 모르제마는 거제 사람이 중국 관광 가갖고 그 종자를 쪼깐 갖고왔드락 해.(진도)

다. 당신도 안 했제마는 나도 안 허고.(영광)

라. 저희 집안을 춘 것은 아니제마넌 저희 어머니가 화동 정씨거든요.(보성)

마. 갈친 사람도 그리 없었고 그랬제마는 인자는 모도 갈칠라고 애를 쓰

고.(영암)

바. 지금은 뱅앳실(=방앗간)이 있제마넌 그때는 방앳실도 없고.(광양)

사. 돌은 어째 밥이라도 한 그럭 먹제마는 저 백일은 없어.(신안)

또한 '-제마는'은 선행절이 마땅히 이루어져야 할 당위성을 나타내고, 후행절은 그러한 당위성이 이루어지지 못한 사태를 표현할 때도 쓰인다. 이런 용법은 표준어의 '-으련마는'과 같은데, 서남방언에서는 같은 의미로 '-으리마는'도 가능하다.

(92) 지가 허제마는(허리마는) 꼭 나를 시게(=시켜).

6.3.4.3 -제/지

이음씨끝 '-지'는 이어지는 두 절의 내용이 대립하는 경우에 쓰인다. 이 '-지'는 15세기 국어의 '-디비'에서 발달한 것으로서, '-디비'는 15세기 또는 16세기 초의 문헌에 '-디위'나 '-디외' 또는 '-디웨'로도 표기되어 나타난다(서정목 1989).

(93)

가. 오직 이 몸 나흔 어미를 救ᄒᆞ디비 뎌 먼 뉘옛 菩提를 救호미 아니라(월인석보 23:93)

나. 일후미 幻智디위 智體는 이 幻 아니라(원각경언해 下二之 1:31)

다. ᄒᆞᆫ갓 디나가는 나그내 눈므를 보디외 主人의 恩惠는 얻디 몯ᄒᆞ리로다(번역박통사 15:34)

라. 偶然히 그리 ᄒᆞ디웨 어느 足히 期約ᄒᆞ리오(번역박통사 22:22)

오늘날 서남방언에서는 '-지'와 '-제'가 함께 쓰인다. 전북의 북부인 군산에

816

서는 '-지'가 주로 쓰이고, 무주에서는 '-지'와 '-제'가 함께 쓰이지만 '-지'의 빈도가 더 높다. 한편 전북의 남쪽인 남원 등지에서는 '-지'와 '-제'가 비슷한 빈도로 쓰인다. 전남에서든 대체로 '제'가 다수형을 차지하고 있으며 '-지'는 표준어의 말맛을 준다. 그렇다면 전북에서 남쪽으로 내려올수록 '-제'의 사용 비율이 높아짐을 알 수 있다. (94), (95)에서 보듯이 '-제/지'는 선후행절이 의미상의 대조를 보이는 경우에 쓰인다.

(94)

가. 넘 땅도 인재 그 친임이 있고 거시기가 있고 그래야 주지, 아무나 거 못 얻어 부쳐.(무주)

나. 죽으면은 잡아먹지, 뭇이(=뭐가) 걱정이냐 하면서,(군산)

다. 어느 성지간(=형제간)이 그리도 구해서 살지, 못 살던 안 헐 것이다.(남원)

라. 큰미너리(=큰며느리)는 그냥 물이나 질어다 주고 허지, 절대 고론 걸 안 혀.(남원)

(95)

가. 고놈 다 파내 부레야 살제, 못 살아.(남원)

나. 그래서 나한테 오셔서는 생전은 해 주는 거 잡수제, 요만 소리도 안 허셔요.(영광)

다. 시어마니도 훼(=화)만 내시제, 먼 머라고도 안 허고 생전.(영광)

라. 근디 인자 그런 사람이 그러제, 글 안 했어.(영광)

마. 지금잉게 기양 한갑(=환갑) 세고 칠순 세고 막 팔순도 세고 그러제, 어디가 한갑 센 사람이 얼마나 있다우?(영광)

바. 장사헌 사람은 넘우(=남의) 빗(=빚) 갖고 많이 허제, 어쩐다요?(영광)

'-제/지'는 이음씨끝 '-어야/어사' 뒤에 결합되어 새로운 이음씨끝 '-어야제/

어사제'를 형성한다. 이는 통사적으로 '-어야/어사 하제'에서 '하' 탈락에 의해 생겨난 것으로 설명할 수 있겠지만, 다른 이음씨끝, 예를 들어 '-응깨'의 경우 '-어양깨'는 '-어야 함깨'로의 환원이 가능하지만 '-어야제/어사제'는 '-어야/어사 하제'로의 환원이 불가능하다. 그런 점에서 '-어야제/어사제'는 하나의 독립된 이음씨끝으로 굳어졌다고 해야 할 것이다. 전북에서는 '어'의 탈락에 따라 '-어야지'는 '-으야지'로 쓰이기도 한다.

'-어야제/어사제'는 두 가지 용법이 있다. 첫째는 '-제'의 본래 용법에 따라 두 사태를 대조시키는 경우이다. 이때 '-어야제/어사제'는 포함된 '-어야/어사' 때문에 선행절에서 당위적 사태를 표현하게 되고, 후행절은 선행절 내용이 부정될 경우의 결과 사태를 나타내어 선후의 두 사태가 대립하게 된다. 이러한 대립은 '-어야제/어사제'에 포함된 '-제' 때문이다. 따라서 '-어야제/어사제'는 마땅히 이루어져야 할 사태가 이루어지지 못함에 따른 대조를 나타낸다고 할 수 있다. 그러므로 후행절에서는 흔히 '그렇지 않으면'과 같은 부정적 조건이 명시되거나, 명시되지 않더라도 그러한 내용의 의미 해석이 필요하게 된다. (96가)는 밑줄 친 것처럼 완형 표현으로, (96나)는 '글 안 허면'과 같은 대용 표현으로 부정적 조건이 제시되었다. 나머지 예에서는 부정적 조건의 표현이 쓰이지 않았지만 의미 해석상 이를 반영하여 대조의 의미를 포착하는 것이다.

(96)

가. 그랑께 고놈하고 둘이 갖고 오는디 극단 주의를 해사제, <u>만약에 요놈하고 조놈하고 단다면(=닿는다면)</u> 큰일 나.(해남 구비)

나. 내가 가서 좋게 꿀고 자복해야제, <u>글 안 허면</u> 내가 죽겠구나.(함평 구비)

다. 그냥 나허고 허야지, 안 된다고.(군산)

라. 한번 너 맛을 보야지, 안 되겠다 그려요.(군산)

마. 급헌 사람 구완해야제 쓸 것이냐고.(함평 구비)

바. 허허, 이거 무슨 소리요? 이왕에 지겼응께(=계셨으니까) 아침밥을 잡

　수고 가야제 쓸 것이요?(보성 구비)

사. 어디로 이사를 가야제 못 살겄는디.(보성 구비)

아. 아버니가 가라고 하먼 가야제 할 수 있소? 갈라요.(해남 구비)

자. 느그 복에 묵고 살어야제 어쩔 것이냐?(해남 구비)

차. 그리야 이눔이 꼬아져야지, 넙득넙득헌 것을 으트게 헐 수가 없는 거

　지.(남원)

둘째는 '-어야제'의 '-제'가 별다른 의미적 기여 없이 결합되는 경우로서 (97)

이 이런 예이다. 이때의 '-어야제'는 '-어야'로 바꿔도 의미차가 발생하지 않기

때문에 '제'는 생략이 가능하며, '제'가 생략되지 않을 때는 단지 '-어야'의 당

위적 조건을 강조할 뿐이다. 그래서 '-어야제'는 '-어야만'과 같은 뜻을 나타내

게 된다. '-어야제'는 '-어야'가 갖는 양보의 의미는 표현할 수 없다.

(97)

가. 바뿌야 사램이 머 생전 넣고 살아야 바뿌야지 볼 것이 있지, 안 바뿌고

　정하믄 볼 것이 읎다.(무주)

나. 아이, 그놈은 팔라 하면 팔 수가 있는 것이고 못 파면 나가야제 쓴다고

　그렇께,(신안 구비)

(98)의 (가)-(다)에서 보듯이 이음씨끝 '-제/지'는 반말의 마침씨끝으로 기

능이 바뀌어 쓰인다. 이는 서남방언뿐 아니라 한반도의 모든 방언에서 공통

이다. '-어야제/어사제' 역시 (98)의 (라)-(사)처럼 마침씨끝으로 쓰일 수 있으

며 그 의미는 당위가 추가된 '-제'라 할 것이다. '-어야제/어사제'가 올림억양

의 의문문에 쓰이면 사태의 당위성에 대한 말할이의 믿음을 들을이에게 확

인한다. 그러나 내림억양의 의문문에 쓰이면 (98사)처럼 수사의문문을 형성

하는데, 이때는 당위의 의미가 전혀 없으며, 오로지 반문으로만 해석된다. 따라서 (98사)는 당위와는 무관한 '아무 데도 없다'는 의미 해석을 갖게 되는 것이다.

(98)

가. 인사하로 가는 기지, 인사.(무주)

나. 또 그놈 묵고 앉었으면 와서 또 뚜둘어 패제.(보성)

다. 지금은 안 죽이제, 진짜로.(영광)

라. 집이로(=짚으로) 신 삼어야죠, 집세기.(진도)

마. 간다면 못 가게 막어사제.(진도/조병현 2014:444)

바. 그래 인자 덜 빼고(=뿌리고) 냉기고 오면 서방이 나가야제.(신안 구비)

사. 이놈의 치매를 벗고 더듬고 이 아무리 더듬어도 있어야제?(신안 구비)

6.3.4.4 -을란지거나/을란지나/을란지라

서남방언에서 쓰이는 '-을란지거나/을란지나/을란지라'는 그 의미로 보아 표준어의 '-을진대'에 대응한다. '-을진대'는 기원적으로 의존명사 '지'와 지정사 '이-'를 포함한 '-을-지-이-은대'로 분석되므로 서남방언과 비교해 보면 동일한 의존명사 '지'가 사용되고 있음을 알 수 있다. 그리고 관형형 씨끝으로는 표준어가 '-을'을 앞세웠음에 비해 서남방언은 '-은'과 결합하는 차이를 보이고, 또한 후행하는 씨끝에서도 표준어의 '-은대'에 대해 이 방언은 '-거나' 또는 '-나'를 사용하고 있다. '-을진대'가 현대어에서 잘 쓰이지 않고 대신 '-을 텐데'가 쓰이므로 서남방언의 '-을란지거나/을란지나'는 '-을 텐데 하물며' 정도로 옮길 만하다. 예 (99)에서 보듯이 '-을란지거나/을란지나'는 선행절과 후행절의 대조를 나타낸다. 대조라 하더라도 후행절 사태의 가능 정도가 선행절 사태보다 훨씬 높음을 전제로 하는 점이 특징이다. 이러한 전제를 바탕으로 후행절의 가능성을 주장할 때 사용되는데, 후행절은 대체로 수사적인 의문문이 오지만 절대적인 제약은 아니어서 (99나)처럼 말할이의 의지가 포함된 서술문이 올 수도 있다. '-을란지나'는 (99라)처럼 '-을란지라'로 쓰이기도 한다.

(99)

가. 넘도 도와 줄란지거나 성제간에 고롭게 해야 쓰겄냐?

나. '저런 여자를 한 생전 데리꼬 사는 사람도 있을란지나 입이나 한번 맞춰야겄다.' 그러고는,(정읍 구비)

다. 남자가 그것 꿈으 선몽헌 돈도 받을란지나 아, 그 까짓거, 내가 못 받어내겄냐고 말여,(정읍 구비)

라. 이러기도 헐란지라 그렇게까지 허는디 안 듣냐 말여.(정읍 구비)

6.3.5 조건 관계

6.3.5.1 -으먼/으문

'-으면'은 서남방언에서 '-으먼', '-으믄', '-으문' 등으로 쓰이며 기능적으로 표준어와 별다른 차이를 보이지 않는다. 표준어에서 '-으면'에 보조사 '야'가 결합되면 '-으면이야'보다 '-으면야'가 일반적이다. 조사 '야'는 명사의 경우 자음 뒤에서는 '이야'로 변동한다. 그래서 '면'(麵)의 경우 '면이야 좋지'처럼 쓰인다. 그런데 같은 환경에서 이음씨끝 '-으면'은 '-으면이야'가 아닌 '-으면야가 주로 쓰이므로, 이로 보면 조사 '야'는 명사와 용언에 따라 그 변동이 달라진다고 할 수 있다. 명사 뒤에서는 '야/이야'의 변동을 보이지만 용언 뒤에서는 오직 '야'만 쓰이는 것이다.[11] 서남방언에서는 '-으면야'에 대해 '-으먼야' 등이 일부 보이기는 하지만 '-음사'가 일반적이다. 이음씨끝 '-으먼' 또는 '-음'

뒤에서 '이사'가 아닌 '사'가 쓰이는 점도 표준어 '야'의 행태와 같다. 명사 뒤에서는 '사/이사'의 변동을 보이지만 용언의 경우에는 오직 '사'만이 나타나기 때문이다. 다만 전남 진도 지역어에서는 (100다)와 (100라)처럼 '-음사'와 '-음사라'가 함께 쓰여, '사' 외에 '사라'라는 또 다른 변이형을 보여 준다.

(100)

가. 나하고 같이 하면야 니가 같이 가야제.(보성 구비)

나. 아이 모링께 모린다 허지, 암사(=알면야) 멀라 모른다 허겄소?(신안 구비)

다. 자(=쟤)하고 같음사(=같으면야) 엄마나 좋겄소만 누가 알겄소?(진도/
   조병현 2014:489)

라. 니가 묵기만 함사라(=하면야) 내가 멋을 못 사 주겄냐?

진도의 '-음사라'에 쓰인 '사라'는 다른 지방의 '-사'와 같이 표준어 '야'에 대응하는 조사다. 물론 진도에서도 '사'가 쓰이므로 표준어 '야'에 대응하는 진도 방언형은 '사'와 '사라'의 두 가지가 있는 셈이다.[12] '사라'의 '라'는 그 정체가 불분명한데, 지정사에 씨끝 '-어야'가 결합된 '이라사'가 '이사라'로 자리바꿈 하고 이 '이사라'가 조사로 기능하면서 표준어 '야'와 같은 자격을 갖게 되었을 가능성을 생각할 수 있다.[13] 그리고 이 '사라'는 이음씨끝 '-으면' 뒤에 결합되어 '-음사라'가 된 것으로 보인다. (101)은 전남 지역어에서 사용된 조사

---

11 물론 '-으면' 뒤에서 '이야'가 전혀 불가능한 것은 아니다. 그러나 이때 '이야'는 '야'에 비해
   입말투이며 비표준적인 말맛을 풍긴다. (예) 네가 간다면이야 할 수 없지.

12 그러나 다음 예의 '사라'는 '야'가 아닌 '까지'에 의미적으로 대응한다. 서남방언은 이 경우
   '할라'라는 조사를 쓰는데 '할라'가 '사라'로 바뀐 것으로 추정되므로 '야'의 뜻을 갖는 '사라'
   와는 기원이 다른 셈이다. (예) 북데기(=부피)도 큰 데다 무겁기사라(=무겁기까지) 하당
   께.(진도/조병현 2014:356)

13 오홍일(2005)에도 '-어사라'가 '-어사'(=-어야)와 같은 뜻의 이음씨끝으로 제시되었다. 그
   렇다면 보조사 '야'의 방언형으로 '사라'를 쓰는 지역은 진도 외에 무안이 추가될 수 있을
   것이다.

'이라야', '이라사', '이사라'의 예이다.[14]

(101)

가. 아조 꼼꼼허고 착실헌 <u>놈이라야</u> 꽉 맡어 뒀다가 하늘이 앵길 때에 주

제, 허망한 놈 줘 버리면 다 먹어 버릴 것이거든.(함평 구비)

나. 요새 숭거서 가을에 난 <u>놈이라사</u> 뿌리가 보덜보덜허니 맛있제.(곡성)

다. 집 지어도 <u>목수라사</u> 잘 알지.(곡성)

라. 발달된 <u>사람이라사</u> 멋 하제, 에려라(=어려워요).(진도)

마. 외국 담배 <u>그놈이사라</u> 우리나라 것보담 더 좋제.(진도/민중자서전)(이

기갑 2003:416)

바. <u>가그덜이사라</u>(=걔네들이야) 즉 아배(=저희 아버지)가 부장께 긍게 써

도 되겄제.(진도/조병현 2014:496)

사. 설마 지가 <u>나사라</u>(=나야) 그랄라디야?(진도)

6.3.5.2 -어야/어사/어사라, -어서야/어서라

이음씨끝 '-어야'는 씨끝 '-어'에 조사 '야'가 결합되어 이음씨끝으로 재구조

화 된 것으로서 당위적 조건과 양보의 두 가지 의미를 갖는다. 『표준국어대

사전』의 예를 빌려 제시하면 (102)와 같다.

---

14 '이라야'의 의미로 '이다가사'가 쓰인 예가 화순에서 하나 확인된다. '이라야'의 '라' 대신
'다'가 쓰인 것은 '어'의 변이형태인 '라'를 지정사 뒤의 마침씨끝으로 잘못 해석한 탓으로
보인다. 그러나 여기에 덧붙은 '가'의 존재는 알 수 없다. (예) 선생질이도 많이 헌 <u>사람이</u>
<u>다가사</u> 벼슬을 많이 받는디,(화순 구비)
시간을 나타내는 말 뒤에 붙는 '사 말고'(=따라) 역시 진도 지역어에서는 '사 말고'와 함께
'사라 말고'도 쓰인다. (예) 그날사 말고 원체 바빴당께.(조병현 2014:356)/어지께사라 말
고 집이 없었제.(조병현 2014:356)

(102)

가. 사람은 먹어야 산다.(당위적 조건)

나. 네가 아무리 울어야 소용이 없다.(양보)

서남방언에서는 표준어 '-어야'에 대응하여 '-어야'와 '-어사'의 두 형태가 일반적으로 쓰인다. 조사 '야'가 전남 지역어에서 '사'로 쓰이기 때문에 '-어야' 대신 '-어사'가 쓰이게 된 것이다. 그 밖에 전북에서는 '-어야/으야'가 일반적이며, 전남에서도 '-어사'와 함께 표준어에서 유입된 '-어야'도 쓰이고 있는데, 구술발화와 구비문학 자료에서는 '-어야'의 사용 비율이 '-어사'에 비해 압도적으로 높게 나타난다. 이는 '-어사 〉 -어야'의 대체가 상당히 진행되었음을 말해 준다. 한편 전남 진도에서는 '-어사' 외에 '-어사라'도 쓰인다. 이는 진도 지역어에서 조사 '야'가 '사'와 '사라'로 쓰이기 때문이다(4.4④ 참조).

(103)

가. 그러고는 석양까지 앉었어야(=앉아 있어도) 안 와.(정읍 구비)

나. 사람이 뭐가 있으야 무섬도 있고 겁이 나지, 아무것도 읎으면 겁도 읎다거든.(부안 구비)

다. 절에 가 있는 도련님 간을 내다 묵어사 살어난다.(해남 구비)

라. 눈이 녹아사 어디를 가제.(무안/오홍일 2005:415)

마. 묵어사 살제 안 묵으면 못 살아.(담양)

바. 저 강원도를 가사 그 빗을 많이 냉기고, 그 근방서는 빗 맨드는 데가 없고 그러닝께, (중략) 고리 가면 빗을 잘 판다고 하드라고.(화순 구비)

사. 델 수 있이믄 여러 불을 갈아사 부드러지거등이라.(진도)

아. 그랑께 어느정 몰라사 보르지요.(진도)

자. 구녁 없이 잘 놔사 흑도 안 빳고 그렇지 않겠어요?(진도)

차. 여물이 안 든 놈이 데사 먹지.(진도)

824

카. 양짝이 같어사라 쓰제.(진도/조병현 2014:444)

타. 많썩(=많이씩) 먹어사라 일도 잘하제.(진도/조병현 2014:444)

서남방언의 '-어야/으야'는 표준어와 같이 당위적 조건과 양보의 두 가지 의미로 쓰이지만, '-어사/어사라'는 오직 당위적 조건으로만 쓰일 뿐 양보를 나타내지는 않는다(이기갑 2003:414). '-어사/어사라'가 양보를 나타내지 않는 것은 아마도 역사적 이유 때문으로 보인다. '-어야'의 양보 의미는 기본 의미인 당위적 조건으로부터 발달된 이차적 의미인데, 이 의미 확대가 '-어야'에서만 일어났을 뿐, 고형이며 사용 빈도가 낮은 전남 지역어에서는 일어나지 않았다고 볼 수 있다. 진도 지역어의 '-어사라'는 '-어사'의 강조형이므로 이 역시 당위적 조건인 기본 의미에 머물러 있을 뿐이다. 예 (104)가 이러한 사정을 보여 준다.

(104)

가. 절에 가 있는 도련님 간을 내다 묵어야(묵어사) 살어난다.(해남 구비)
   [당위적 조건]

나. 도련님 간을 내다 묵어야(*묵어사) 안 살어나.[양보]

다. 봐 봐야(*봐 봐사) 알도 못해.[양보]

'-어야'가 당위적 조건을 나타낼 경우, 후행의 보조용언으로 '허다, 되다, 쓰다' 등이 가능하다.[15] 반면 양보를 나타낼 때는 보조용언이 오지 않는다. 예 (105)의 (마)는 '-어사' 뒤에 보조용언 '허다'가 쓰인 예이다. 그러나 글쓴이의 직관으로는 '-어사 허-'의 통사적 결합은 매우 어색한 느낌을 준다. 그래서

---

15 『표준국어대사전』은 '하다'만을 보조용언으로 인정하고 '되다'와 '쓰다'는 모두 동사로 분류하였다. 여기서는 의미보다 분포의 특수성을 고려하여 '되다'와 '쓰다'도 모두 보조용언으로 해석한다.

(가)와 (나)에서 '-어야'를 '-어사'로 바꾸면 비문처럼 느껴진다. 반면 '허-' 대신 보조용언 '쓰-'를 쓰면 훨씬 자연스럽다. 이러한 직관을 고려하면 '-어사 허-'의 통사적 결합은 거의 사라져간 유물로 보인다. (105마)는 이러한 유물이 사용된 예일 것이다.

(105)

가. 제(=겨)가 있이먼은 잘 안 쩌징개 차꼬 까불라야(ʼ까불라사) 혀.(남원)

나. 또 방을 얻어야(ʼ얻어사) 헌다 그 말이여.(고창)

다. 흑을 찔라면 외때기럴 꽝꽝 꽉 찌야 돼아.(무주)

라. 딱 만들어야 써요.(보성)

마. 아니, 밥을 묵어사, 밥을 <u>줘사 한 것이제</u> 밥을 안 주고 있으니 사람이 굶어 죽어.(해남 구비)

바. 그 장수만 줘사 쓰겠습니다.(해남 구비)

'-어야' 뒤에 보조용언이 올 경우 보조용언의 줄기가 줄어들어 축약될 수 있는데, 이때 축약되는 보조용언은 '허다'로 제한된다. '허다'의 경우 인용구문에서 흔히 축약되어 쓰이는 수가 있는 반면 보조용언 '되다'나 '쓰다'는 그런 축약을 겪지 않는다. 예를 들어 '-게 되다'와 같은 통사적 구성에서 '되다'의 줄기 '되-'는 결코 줄지 않는다. (106가)는 '-어야' 뒤의 보조용언이 '혀'이다. 이 '혀'가 (106나)에서 '히' 또는 /ㅎ/의 탈락에 의해 '여'가 되면서 앞의 이음씨끝 '-어야'와 축약을 일으켰다. '있이야여'의 '여'는 '되-'나 '쓰'와 같은 보조용언으로는 결코 설명할 수 없다. 이러한 점은 '-어야'와 보조용언의 축약이 보조동사 '허-'에서만 일어난 것임을 뒷받침해 준다. (106아)는 '-어사'에도 '허-' 탈락이 일어날 수 있음을 보여 준다. 그런데 위에서 '-어사 허-'의 통사적 결합이 매우 어색하다는 언급을 한 바 있는데, (아)의 예는 적어도 진도 지역어에서 과거에 '-어사 허-'가 가능했음을 말해 준다. '-어사제'는 '-어사 허-'가 가

826

능했던 시기에 생겼던 축약형으로 해석된다.

(106)

가. 그리 써다 줘야 혀, 그것이.(고창)

나. 그런 정성이 있이야여.(군산)

다. 내가 집얼 지어야겄다 이런 맘이 있으먼언,(무주)

라. 방을 여러 개 맹글아야겄고,(곡성)

마. 솜씨도 있어야야지만 재료가 좋아야, 인자 첫째는.(곡성)

바. 지푸락으로 마람(=마름)을 엮어서 이야는디 그 일 거시기가 읎어.(고창)

사. 그러고 인자 또 남 이야(=남의 것) 준 놈 그놈 이 년을 키웠잉개 그 사람
　을 주야고.(고창)

아. 간다먼 못 가게 막어사제.(진도/조병현 2014:444)

　서남방언에서 '-어야/어사'는 '-어서야/어서사'와 혼용되기도 한다. 형태적
으로 '-어서야/어서사'는 두 가지 종류가 있다. 첫째는 이음씨끝 '-어서'에 보
조사 '야/사'가 결합된 경우인데 (107)이 이런 예이다. (107)의 (가)-(다)에서
'-어서야'는 모두 방법 또는 계기를 나타내는 '-어서'를 조사 '야'가 강조하고
있다. 표준어에서는 방법을 나타내는 '-어서'의 경우 조사 '야'의 결합이 허용
되지 않는데 (107)의 (가)-(나)는 방법임에도 불구하고 '야'가 결합되었다. 또
한 표준어에서 계기적인 상황에서 '-어서야'가 쓰이기는 하지만 후행절에 명
령법이나 청유법을 허용하지 않는데, (107다)는 명령문이 후행절로 쓰였다.
(107)의 (라)-(바)에서 '-어서야/어서사'는 표준어 '-어서는'과 마찬가지로 조
건을 나타낸다. (라)-(바)에서 '야'나 '사'를 생략하면 조건의 의미는 드러나지
않는데, 조사 '야/사'가 '는'과 매우 유사한 기능을 하므로 이음씨끝 '-어서' 뒤
에 붙어 '-어서는'처럼 조건을 나타낼 수 있는 것으로 보인다.

(107)

가. 그저 느그(=너희) 아부지 멥쌀 달아맨 디서 쪼금 <u>저졸해서야</u> 밥을 지
　　어서 대접했다. 식사라고 여일허겠냐?(신안 구비)

나. 교자 갖고 <u>가서야</u> 가서 이진사 모셔 오너라.(신안 구비)

다. 이좌수네 집에 가서 이좌수네 집에 <u>가서야</u> 이좌수놈을 묶어갖고 오니
　　라.(신안 구비)

라. '불효 막심한 나를 효부라고 칭해갖고 그렇게까장 면장이 권을 했으니
　　이제조차 내가 개심을 <u>못 해서야</u> 내가 사람 되겠는가?' 허고 그 때부터
　　사람 돼가지고 효를 했다는 그런 말이 있습니다.(신안 구비)

마. 아, 그 일이 급작히 <u>터뜨려서야</u> 뭔 일이 순서대로 잘 안 되니께 인자 살
　　랑살랑 어찌케 해결한다고.(화순 구비)

바. 아니, 그래서야 그 젊은 부인들이 밤중이 되도록 넘우 집에 가서 모도
　　모아가지고 그렇게 항심머리 없이(=염치없이) 그리고 <u>있어서사</u> 그 어
　　디 자식을 나믄(=낳으면) 뉘 자식인 줄 알겠소?(고흥 구비)

둘째는 이음씨끝 '-어야'의 변이형으로서 '-어서야/어서사'가 쓰인 경우이다.
이때 '-어서야/어서사'는 당위적 조건을 표현한다. (107)의 (라)-(바)도 조건
을 나타내지만 당위적 조건은 아니다. 그래서 (108)의 '-어서야'는 모두 '-어
야'로 대체할 수 있지만, (107)의 (라)-(바)는 대체가 불가능하다. 또한 (108)
의 '-어서야'에서 '야'가 생략되면 당위적 조건의 의미를 나타내지 못하여 비
문이 된다. '-어야'의 변이형 '-어서야/어서사'의 존재는 역사적으로 '-어야/어
사 〉-어서야/어서사'의 변화의 결과이다. 국어사에서 '-어 〉-어서'의 변화는
잘 알려진 것이지만 이 변화가 씨끝 안에서도 일어나는 것은 드문 일인데,
서남방언에서 이러한 변화를 확인하게 되었다.[16] 당위적 조건을 나타내는 '-

---

16 그러나 서남방언에서도 양보의 이음씨끝 '-어도'는 결코 '-어서도'로 변하지 않는다.

어야는 보조용언 '쓰-'와 '되-'를 허용하는데 비해 '-어서야'의 경우 구비문학 자료에서는 (108)에서 보듯이 '쓰-'만이 나타난다.[17]

(108)

가. "욱이로 올라 앉아서야 편하제 어떻게 발걸이 있는 데가 그렇게 걸터 앉았느냐?" 그렁께.(신안 구비)

나. 뜰방에서 그 손이 무서워서 수그리고 엎드려서 고개를 안 쳐다 봐서야 쓴다.(화순 구비)

다. 그러면 원님께서 그러면 그 어느 돌로, 어느 거시기 재주를 부리던지, 그 내 비단을 꼭 찾어 주어서야 거 쓰겠습니다.(화순 구비)

지정사 '이-'에 '-어야'가 결합할 경우 표준어는 '이라야'인데, 조사로 기능이 전환되어 쓰이기도 한다. '이라야'의 서남방언형 '이라사' 역시 조사로 쓰일 수 있다. 진도에서는 '이라사'가 '이사라'로 음절이 자리를 바꾸기도 하므로 이 지역에서는 '이사라'가 조사로 쓰이게 된다. (109다)가 그 예이다. 조사 '이사라'는 자음 뒤에 나타나며 모음 뒤에서는 '사라'로 변동한다.

---

17 그러나 다음 예의 '-어서야'는 '야' 없이 '-어서'로도 정문이 가능하므로 당위적 조건을 나타내는 '-어야'의 변이형이 아니다. 이음씨끝 '-어서'에 조사 '야'가 결합된 것일 뿐이다. 다만 이 경우에 보조용언 '쓰-'나 '되-'가 쓰이는 것이 '-어야'와 공통인데, 표준어에서도 '-어서' 뒤에 '쓰다'가 쓰여 반어적인 의미를 나타낸다. 이런 점에서 이들 예의 '-어서야는 '-어서'에 '야가 결합된 것으로 보아야 한다. (예) 신하가 둘 죽고 말아야지, 임금이 하나 죽어서야 쓸 것이요?(장성 구비)/우리가 그런 일을 기양(=그냥) 있어서야 되겠나? 비라도 하나 세워 주자.(화순 구비)/중이 고기를 먹어서야 쓰겠소?(전주 구비)/중의 똥구녁으로 나온 것을 먹어서야 쓰는가?(전주 구비)/우리라고 한평생 늙어 죽기 한을 하고 이렇게 남이 먹다 남은 찌끄러기나 먹고 살아서야 쓰겠냐?(전주 구비) /뱃속으 든 애기가 어떤 놈이 되았던지 그 무슨 죄로 에미 죄로 죽어서야 쓰겠냐?(정읍 구비)/오늘이 우리가 죽는 날여. 긍게 한 총에 죽어서야 쓰겠냐? 두 총이나 죽어야지. 가서 섰거라.(정읍 구비)

(109)

가. 요새 숭거서 가을에 난 놈이라사 뿌리가 보덜보덜허니 맛있제.(곡성)

나. 발달덴 사람이라사 멋하제, 에러라(=어려워요).(진도)

다. 외국 담배 그놈이사라 우리나라 것보담 더 좋제.(진도)

한편 당위적 조건을 나타내는 '-어야'의 변이형 '-어서야'는 진도 지역에서 '-어서야', '-어서라', '-어사라'로 실현된다. (110가)의 '-어서야'는 '-어야'의 변이형으로서 '-어야 〉 -어서야'의 변화를 겪은 것이다. (나)-(다)는 '-어야'의 '야' 대신 진도 지역어의 특유한 조사 '사라'가 대체되었다. (라)-(마)의 '-어서라'는 두 가지로 해석된다. 첫째는 조사 '사라'의 수의적 변동형으로 '서라'를 인정할 경우 (라)-(마)의 '-어서라'는 '-어사라'와 같이 '-어야'의 '야'를 '서라'로 대체한 결과라 하겠다. 반면 '-어서라'를 '-어야 〉 -어서야'의 변화로 본다면 변이형 '-어서야'는 진도 지역어에서 '-어서사라'가 예상되는데 음상이 비슷한 '서'와 '사'의 겹침을 피하기 위해 '사'가 탈락하여 '-어서라'가 된 것으로 해석할 수 있다. (110라)는 '-어서라'와 함께 과거시제의 '-었어서라'도 가능함을 보여 준다. '-었어서라'는 사실과 반대되는 반사실적 조건을 나타낸다.

(110)

가. 도개집(=술도가) 짐장을 모냐(=먼저) <u>해서야</u> 쓴다 그랬제.(진도/민중 자서전)

나. 많썩(=많이씩) <u>먹어사라</u> 일도 잘하제.(진도/조병현 2014:444)

다. 양짝이 <u>같어사라</u> 쓰제.(진도/조병현 2014:444)

라. 본인이 죽여 <u>불어서라</u>, <u>죽였어서라</u> 일이 크제, 지가 지 손이로 자살했응께 먼 일이 있겄어?(진도/민중자서전)

마. 이녁이 여자하고 멀리 함시로 약을 <u>먹어서라</u> 효과가 있다 그래서 혼자 보약을 먹었어.(진도/민중자서전)

신안 지역에서는 '-어야'를 '-어라야'라 하기도 한다. 이때 '-어라야'의 '라'는 지정사에 결합되는 '-라야'에서 왔을 가능성이 크다. 그 구체적인 과정은 지정사에 붙는 씨끝 '-라야'와 일반 용언에 붙는 '-어야'가 일으킨 합성적 혼태(-어야 x -라야 = -어라야)로 추정된다. 이러한 혼태는 지정사의 영향력이 다른 용언에 비해 압도적으로 크기 때문에 일어났을 것이다. 마찬가지로 (111사) '해사라야'의 '-어사라야'는 '-어사'와 '-라야'의 합성에 의한 혼태(-어사 x -라야 = -어사라야)가 일어난 결과이다.

(111)

가. 아홉 살 묵은 애기를 장개를 보냈는디 이 애기를 안 줘 불었어. 이 애기를 어떻게 해라야 씨꼬 하고는 연구를 하고 있는데,(신안 구비)

나. 그래서 그 사람을 좋게 매장해라야 동네가 좋다 해서 매장해 준 이후 이 동네는 쭉 탈 없이 왔다고 그러는데,(신안 구비)

다. 일단 한 가정에서는 가화만사성이라고 안 합디요? 항시 화목을 하고 가정이 깨끗해라야 좋다는 것인디,(신안 구비)

라. 당신이 나가서 발로 활동을 해라야 복도 있제, 가만히 복 있다고 감나무 밑에가 드러누웠으면 감이 안 떨어져요.(신안 구비)

마. 삿갓 봉아리를 뜯어서 딱 입에다 물고 있어라야 감이 떨어져 입으로 들어강께, 내가 그래서 당신을 쫓았소.(신안 구비)

바. 늦으라야 한 삼월달이나 뒹께는 어떤 사람 한나가 어 살란다고 왔그든.(신안 구비)

사. 사램이, '아, 용님 여기 오셔겠소(=오셨습니까)? 그렇게 추천해사라야 용이 되제, 사람이 말 안 해 주면 안 돼.[18](화순 구비)

---

18 이 예의 '오셔겠소'는 흥미롭다. '-겠-'만으로도 주체높임을 나타내어 '와겠소'처럼 말할 수 있지만 여기에 다시 '-시-'를 덧붙여 주체높임을 강조하고 있기 때문이다. 아마도 주체인 '용'을 더욱 높이기 위한 조처로 보인다.

서남방언의 경우, '-어야 허다/되다/쓰다'의 부정은 여러 면에서 흥미롭다. 우선 부정 구문에서 '-어야'는 나타날 수 없고 대신 '-어서는'이나 '-으면'과 같은 조건 표현이 쓰이게 된다. 그리고 의존동사의 부정도 그 양상이 다양하여, '쓰-'는 부정의 부사 '못'과만 결합할 수 있고, '되-'는 부사 '안'과만 결합하며,[19] '허-'는 어떠한 부정의 부사와도 결합하지 않는 제약을 갖는다. '-어서는' 과 '-으면'이 같은 부정의 구성을 형성할 수 있는 것은 두 씨끝이 모두 조건의 의미를 공유하기 때문이다.

(112) 비가 와야 쓴다(된다/헌다)

→ 가. 비가 와서는 못쓴다(*안 쓴다/*안 된다/*안 헌다)

→ 나. 비가 오면 못쓴다(*안 쓴다/*안 된다/*안 헌다)

서남방언에서 이음씨끝 '-어야'는 /ㅆ/ 뒤에서 '-이야'로의 수의적인 변동을 보인다.[20]

(113)

가. 그리구 읊어진 것언 헐 필요 없고, 지금 현재까지 있이야 되는디.(고창)

---

[19] '되다'가 '못'과 결합하여 부정을 표시하는 경우도 없는 것은 아니다. 예a에서 '못 되다'는 '잘'의 부정으로 쓰일 수가 있기 때문이다. 이 경우에는 '잘 안 되다'와 거의 유사한 의미를 갖는다. 예b에서는 '못되다'가 한 어휘로 굳어져 사람 명사의 속성을 보인다. 이 경우의 '못되다'는 '못쓰다'와 같은 뜻이다. 이러한 '못 되다'의 쓰임이 있기는 하나, 여기서 논의 중인 '-어야 되다'의 환경에서는 '못'의 부정이 불가능하다. (예a) 허든 일이 잘 못 되았다네. (예b) 못된 놈/사람이 원체 못되았다(=사람이 워낙 못됐다)./못쓸 놈/그 사람 성격이 못쓰겄다.

[20] 반말의 씨끝 '-어'에 아주낮춤의 조사 '야'가 결합한 '-어야'에서도 /ㅆ/ 뒤에서 같은 변동이 보인다. (예) 고롷게 많았이야?/요새 죽겄이야(=요새 죽겠다)./암것도 없이야(=아무것도 없다고)?/암도 없는갑시야(=아무도 없나 보다).

나. 체민이 있이야제.(임실)

다. 내가 갔이야 먼 소양이 있었어?

전라북도에서 이음씨끝 '-어야'는 '-으야'로도 실현된다. '-어야'가 '-으야'로 변동하는 것은 충남 지역어와 서북방언에서도 나타난다(이기갑 2003:413). 최전승 외(1992)와 김창섭(1997)에 의하면 전북 옥구·익산·완주·진안·무주·정읍·순창·남원 등지에서 '-으야'가 쓰인다.

(114)

가. 긍개 시집옹개 틀이 없잉개 인자, 손이로 다 고롷게 히서 주야제.(남원)

나. 여그다가 인재 또 이렇게 구녁을 요리 요기다 이러게 뚫으야, 요리 개서 이렇게 뺑 내 내 도리마냥 뺑 돌리서 그렇게 해요.(무주)

다. 긍개 인자 복을 벗으야 겔혼을 헌다고 히갖고,(군산)

라. 새끼 나면 조리혀 주얀다는 것을 알었네.(군산)

마. 찰진 놈이야 돼아.(무주)

'-어야'와 '-으야'는 전북의 모든 지역에서 공존하는 것으로 보인다. 예를 들어 남원의 경우 대체로 '-어야'가 쓰이지만 (114가)에서 보듯이 '주다'의 경우 '-으야'가 쓰였다. 무주나 군산 등지에서는 '-으야'의 빈도가 높지만 그렇다고 하여 '-어야'가 전혀 쓰이지 않는 것은 아니므로 이 변동은 수의적인 셈이다.

전북 무주 지역의 구술 자료를 보면 '어' 탈락이 다양하게 나타남을 알 수 있다. 우선 '그리서', '비비서 먹고', '시기서는', '시기스는'(=시켜서는)은 '-어서'가 '-으서'로 변동하는 예이고, '아즈마니가 치도 되고', '건 겉은 것도 안 쓰도 되고'는 '-어도'가 '-으도'로 변동하는 경우이다. '그동안이 안녕하싰냐고'에서는 '-시었-'에서 형태 '어'가 탈락하였으며, '그리요'(=그래요), '멕이요'(=먹여요), '이기요'(=이겨요), '쳤으요'(=쳤어요), '말리요'(=말려요), '쟁이요'(=쟁여요)'에서는

'-어요'가 '-으요'로 변동한다. '그도 쓸만헌 사람들이 쓰야제(=써야지)', '꼽우야
(=꼽아야) 돼', '눌러 놓야(=놓아야) 돼요', '바쁘야 바쁘야지'(=바빠야 바빠야지)에서
는 '-어야'가 '-으야로 변동하고 있다. 그 밖에 '그렇게 지다가(=져다가)', '이다
가'(=이어다가)'처럼 '-어다가'가 '-으다가'로 변동하는 경우도 있다. '-어가지고'
구문에서도 '어'가 탈락한다. 예를 들어 '방애로 찌(=찧어)갖고', '생이다가 모
시갖고'(=상여에 모셔 가지고), '이기(=이겨)갖고', '인제 치갖고서냐'(=쳐 가지고), '벳
기(=벗겨)갖고' 등에서 이를 확인할 수 있다. 그 밖에 '집이로 되로 가지오고(=가
져오고)', '지 오잔햐(=져 오잖아)', '지 날랐어요'(=져 날랐어요), '쟁이 났다고(=쟁여
놓았다고) 긋잖아요?', '그 만사 햐(=해) 준 사람', '마이 비(=베어) 와요', '피(=펴) 놓
고', '지 옇구(=지어 넣고)' 등에서도 '어'의 탈락이 확인된다.

　'-어야'의 당위적 조건을 강조할 때는 조사 '만'이 결합되는데 이때 서남방
언에서는 '이'가 덧붙기도 한다. 양보의 의미를 나타낼 때는 '만' 또는 '만이'가
결합되지 않는다. (115아)는 '-어야'에 이음씨끝 '-제/지'가 결합되고 여기에
다시 '만' 또는 '만이'가 결합될 수 있음을 보여 준다. 이처럼 '-어야'에 결합되
는 '-제/지'나 '만/만이'는 '-어야'의 당위적 조건을 강조하는 기능을 한다. 따
라서 '-어야가 양보를 나타낼 때는 이들 형태가 결합될 수 없다.

(115)

가. 질어야만이 한가운데 딱 찜미고 또 쩌 머리로 갑니다. (영광)

나. 말 끄집고 그래야만이 서울 가서 벼슬 한 자리 허는 처집니다. (함평 구비)

다. 뭣이나 있고 모은 것이 인자 성실히 되아야만이 하는 것이제. (해남 구비)

라. 그래 영감이 인자 아무리 생각해도 딸네집을 한번 갖다 와야만이 영감
　　할맘이 묵고 살 텐디, (신안 구비)

마. 그러닝게 누구던지 사람이라고 하면 이것을 써야만이 된다. (장성 구비)

바. 고놈을 대반에 맞쳐야만이 니가 살아 나온다. (보성 구비)

사. 물동우를 딱 이고 가서 물을 떠 온 사람이야만이, 물을 하나도 안 얼크

고(=엎지르고) 떠 온 사람이 장원이라 그래.(보성 구비)

아. 이게 그것을 허기 전에 비료를 또 주야만이(주야지만이) 되고.(군산)

6.3.5.3 -을수록/을수락

이음씨끝 '-을수록'은 어떤 정도가 점점 더 심해지는 것을 나타낸다. 그리고 심해지는 정도는 후행절의 판단이나 사태의 근거·조건·이유 등으로 기능한다. 서남방언에서는 '-을수록', '-을수락' 등으로 나타나고, 여기에 '이'나 '에' 등이 덧붙어 쓰이기도 한다. '-을수록'은 보성·영암·광양·진도·신안·군산에서 확인되고 '-을수락'은 곡성·영광·남원·임실 등지에서 보인다. (116사)의 '그랄수록'은 표준어 '그럴수록'에 대응하는데, 선행 발화의 내용을 인정하면서도 그에 따른 자연스러운 결과와 반하는 사태를 권유할 때 주로 사용된다. 그래서 '그럴수록'의 뒤에 오는 절은 명령·청유·권유·의도 등 말할이의 의지가 담겨 있는 것이 보통이다. (116)의 (아)와 (자)는 'A-으면 A-을수록'처럼 관용화 된 형식을 보여 주는데 이때 'A-으면'은 생략될 수 있다. A는 용언의 줄기로서 여기에는 주체높임을 제외한 어떠한 안맺음씨끝도 결합될 수 없으며, 반복되는 두 번째 A는 첫 번째 A와 동일한 낱말이지만 대용어로 바뀌지는 않는다. 이러한 관용 형식들의 행태는 서남방언과 표준어 사이에 아무런 차이가 없다.

(116)

가. 지금도 여자들은 빠질수록 좋지.(군산)

나. 큰집이도 갈수락 졸아지더만.(남원)

다. 그러고는 갈수락 인자 밝어지기 때문에,(고창)

라. 황소는 기냥 클시락 억시디요.(임실)

마. 그 찔수록이 이것이 안 찔어진다고.(신안)

바. 그믄 벗(=볏)이 요리 올라올수락에 자울라져갖고,(영광)

사. "아 이렇구롬 글자 넉 자를 모르니. 어차(=어쩔) 것이요?" 그랑께, "그랄
수록 갈쳐야제 어차 것이냐?"(해남 구비)

아. 길면 길수록 좋은 거여.(보성 구비)

자. 물이 빠지면 빠질수락 이렇게 채울라면 돋우고.(남원)

6.3.6 의도 관계

6.3.6.1 -을라고

표준어 '-으려고'는 15세기 국어에서 '-으려'로 쓰이다가 19세기에 씨끝 '-고'
로부터 재구조화 된 조사 '고'가 첨가되면서 오늘날과 같은 형태를 갖게 되었
다. 후대에 첨가된 '고'는 조건에 따라 탈락될 수 있다. '-으려고'는 주어의 의
도 또는 곧 일어날 움직임이나 상태의 변화를 나타낸다. 그래서 의도를 나타
낼 때 주어는 유정물이어야 하지만 곧 일어날 움직임이나 상태의 변화를 나
타낼 때는 이러한 주어에 대한 제약은 가해지지 않는다.

'-으려고'의 서남방언형은 '-을라고'인데 그 용법은 표준어와 같다. 다만 '-을
라고'는 대체로 동사와 결합하지만, 경우에 따라 '좋다, 나쁘다, 해롭다…' 등
의 형용사와도 결합할 수 있어 표준어와 차이를 보이기도 한다.

(117)

가. 지 신세가 좋을라고 부모한티 잘 히여.

나. 몸에 해로울라고 담배를 고롷게 피어 쌓냐?

'-을라고'의 뒤에 오는 표현은 후행절, '그러허-', '허-'의 세 가지가 있다. 이
셋은 '-을라고'에 포함된 '고'의 탈락 가능성에서 차이를 보인다. 우선 후행절

이 올 때 '-을라고'의 '고'가 탈락되는 비율은 매우 낮다. 실제로 구술발화 자료를 검토해 보면 후행절이 올 경우 '-을라고'가 대부분이며, '고'가 탈락된 '-을라'는 거의 보이지 않는다. 극히 소수의 예가 확인되는데, 이들은 모두 선행절과 후행절 사이의 통사적 긴밀도가 높은 경우이다. 여기서 통사적 긴밀도는 '-을라고'와 후행절 서술어 사이의 거리를 말한다. '-을라고' 뒤에 서술어가 바로 뒤따르면 그 둘 사이의 통사적 관계는 아주 긴밀하겠지만, 후행절의 서술어 앞에 주어를 비롯한 다양한 성분들이 개재된다면 통사적 긴밀도는 낮아지게 될 것이다. 경우에 따라 '-을라고' 뒤에 후행절이 아예 오지 않는 수가 있는데, 이때는 극단적으로 긴밀도가 낮아졌다고 할 수 있다. 후행절이 없으므로 '-을라고'와 관계를 맺어야 할 서술어가 아예 존재하지 않기 때문이다. '-을라고'는 '-을라'에 비해 상대적으로 절의 안정성을 보장해 준다. 이러한 절의 안정성은 뒤따르는 후행절 서술어와의 통사적 관계가 먼 경우에 필요하다. 반면 상대적으로 절의 안정성이 떨어진 '-을라'는 후행절의 서술어가 바로 뒤따를 때 나타나는 경향을 보인다.

(118)에서 (가)-(다)는 후행절의 서술어 앞에 다양한 성분이 개재된 경우이고, (라)는 후행절 없이 선행절만 홀로 쓰인 경우인데, 이들은 모두 '-을라고'와의 통사적 긴밀도가 낮은 점에서 공통이다. 이런 때에는 '-을라고'만 쓰일 뿐 '-을라'로 대체하면 비문이 된다. 그만큼 '고'의 탈락이 허용되지 않는다.

(118)

가. 가서 태워갖고 갖고갈라고(*갖고갈라) 단지랑 갖고왔더만요.(임실)

나. 막 장난헐라고(*장난헐라) 어쩔 때는 떡 쪄 노면은 떡 시루를 가져가 부리고 그려.(임실)

다. 남편은 반란군에 안 잽힐라고(*안 잽힐라) 집 나가서 숨어 살다가 전쟁 낭깨 군에 가 뿔고 없고,(구례/전라도닷컴 205호:14)

라. 그것을 불을 때서 맨든 것이 아니라 이런 소금을 갖다 구워. 군소금을

팔라고('팔라).(영광)

반면 (119)처럼 후행절이 서술어 하나로 구성되어 '-을라고'와 서술어가 서로 인접해 있으면 '고'의 탈락이 가능하다. 이때는 선행절이 뒤따르는 서술어를 직접 수식하기 때문에 일종의 부사절로 기능한다.

(119)

가. 선생님이 사투리를 알라 안 오셨소(=오셨잖소)?(진도)

나. 기양 가실에 짐장헐라(=김장하려고) 보면 놀해갖고 걍 삭어갖고 그렇게 좋아.(영광)

위와 같이 통사적 긴밀도가 높을 경우에는 '-을라'뿐만 아니라 '-을라고'도 가능하다. (120)이 이를 보여 준다.

(120) 어매들은 다 믹이고 키울라고(키울라) 고상하고.(구례/전라도닷컴 205호:13)

결국 '-을라고'는 통사적 긴밀도와 관계없이 언제나 쓰일 수 있지만, '-을라'는 오직 통사적 긴밀도가 높은 경우에만 허용된다고 할 수 있다. 이에 따라 '고'의 탈락도 통사적 긴밀도가 높은 경우에 한하여 일어나게 된다.

'-을라고' 뒤에 '그러허-'가 오는 경우는 중의적이다. (121)에서 '그랬다네'는 첫째, 죽기 위해 어떤 행동을 했던 사태를 대신하는 대용어로 해석될 수 있다. (121가)처럼 약을 먹었거나 하는 사태를 대신하는 것이다. 둘째는 (121나)처럼 죽으려는 주어의 심리 상태를 반영하는 해석이다. 이 경우는 '죽을라고 했다네'와 같은 의미를 나타내게 된다. 이 두 가지 의미에 따라 '고'의 탈락 가능성은 달라진다. 사태를 대신하는 대용어인 경우에는 '고'가 탈락될 수 없으나, 주어의 심리나 곧 일어날 사태를 나타낼 때는 탈락이 가능하다. '그랬다네'가 대신하는 사태는 복잡한 사태이며, 실제 그 사태가 문장으로 발화될 경우 서술어와의 거리가 멀어 통사적 긴밀도가 낮게 될 것이다. 다시 말하면 (121가)에서 보듯이 '죽을라 약을 먹었다네'가 비문이듯이 이 사태를 대신하는 '죽을라 그랬다네'도 비문을 형성하는 것이다. 반면 주어의 의도와 같은 심리를 대신 할 경우 그것은 복잡한 문장 형태로 발화될 수 없는 것이다. 이 때문에 '-을라고'와 함께 '-을라'도 허용되게 된다. 통사적 긴밀도라는 기준은 여기서 의미적 복잡성과 같은 의미적 기준으로 바꿔 적용되는 것이 더 타당할 것 같다.

(121) 죽을라고 그랬다네.

　가. 죽을라고('죽을라) 약을 먹었다네.

　나. 죽을라고(죽을라) 했다네.

아래 (122)-(123)은 실제 발화에서 '-을라고' 뒤에 '그러허-'가 쓰인 예를 모아 본 것이다. 이들은 모두 주어의 의도나 곧 일어날 사태를 나타내는 경우로서 '-을라고'와 '-을라'가 함께 쓰이고 있음을 보여 준다. 사용 빈도는 '-을라'가 '-을라고'보다 더 높게 나타나는 것을 보면 '고' 탈락이 매우 일반적임을 알 수 있다.

(122)

　가. 애기엄마도 농사질라고 그릉깨.(보성)

　나. 모가지 인자 올라올라고 글고.(보성)

　다. 그런 디는 안 갈라고 그제.(임실)

　라. 그동안 다시 복학을 헐라고 그렀잉개.(고창)

　마. 데꼬갈라고 긍개 튀 버렀어.(고창)

(123)

가. 저 그릏게 될라 그랬는가.(보성)

나. 삼 센치 델라 그먼은,(보성)

다. 큰 소는 걱다가 키울라 그먼은 한 이 년 이상 키워서 줘야 되고요.(보성)

라. 서로 데레갈라 글죠.(보성)

마. 아이고, 아까 또 나올라 글드만.(보성)

바. 밥을 묵을라 그면요,(보성)

사. 여그 지서를 습격을 헐라 그래.(보성)

아. 은행 갈라 근다고.(임실)

자. 완전히 기양 고급으로만 살을라 구려.(임실)

차. 나는 느그들 편하게 할라 구랴.(무주)

카. 그렁개 잘 안 싱굴라 그러지요, 봄보리럴.(임실)

타. 긍개 시방 사람덜이 영리헝개 안 날라 구려.(임실)

파. 안 갈라 구레.(임실)

하. 보도 안 헐라 구레.(남원)

ㅏ. 잘 주도 안 헐라 글고, 큰 소는.(보성)

세 번째는 '-을라고' 뒤에 '허-'가 오는 경우이다. 이 '허-'도 주어의 의도나 곧 일어날 사태를 나타내며 그런 점에서 앞에서 설명한 '그러허-'와 부분적으로 동의 관계에 있다. '그러허-'가 그랬듯이 '허-' 역시 '고'의 탈락이 일반적으로 일어날 것을 예상할 수 있다. 우선 '-을라고'가 탈락 없이 완형으로 쓰이는 경우이다.

(124)

가. 비가 올라구먼 다 뚜두릴라고 흥개,(임실)

나. 큰메누리가 어머이한테 그런 소리 들을라고 헌가?(임실)

다. 고놈 벳기고 널 속으 널라고 흘 적으는,(임실)

라. 그놈들 죽일라고 했든 것인디,(보성)

마. 거름 할라고 하제.(진도)

'허-' 앞에서의 '고' 탈락은 '그러허-' 등과 달리 두 단계로 이루어진다. 일차 단계는 '고'의 모음 /ㅗ/가 탈락하여 'ㄱ'만 남는 경우이다. '고 → ㄱ'의 변화는 전남 지역에서 주로 일어나고 전북의 남쪽인 임실, 고창에서도 확인된다. 전북 북부의 군산에서도 한 예가 보이지만 그리 일반적인 것은 아니다.

(125)

가. 아조 어깨가 빠질락 해[빠질라개], 놋그륵을 다 딲을라면.(영광)

나. 그래서는 인자 좋을씨구나 허고 인자 나올락 헝께[나올라겅께],(보성)

다. 샛것(=곁두리)을 갖다 줄락 해[줄라개].(보성)

라. 그랑깨 안 할락 해[아날라개].(진도)

마. 그런 얘기를 안 헐락 했는디[아널라갠는디],(영광)

바. 얘기를 한다 허먼 한도 끝도 없잉게 얘기를 안 헐락 했는디,(영광)

사. 그러고는 인저 질을 건너서 갈락 헝개[갈라겅개],(고창)

아. 긍개 동생이 인자 발써 나가문 죽넌디 말이여 갈락 흘[갈라귤] 것이여 인자?(고창)

자. 긍개 그저 칠락 흘[칠라귤] 적으 넣어.(임실)

차. 인재 갈락 흘[갈라귤] 적으는 깍쟁기로 갈아요.(임실)

카. 첫날 저녁 잘 때나 문구녁 뚫구 볼락 허지만[볼라거지만], 우리가 멋 허러 그것을 볼라고 허겄어?(군산)

오히려 전북에서는 (126)과 같이 '-을라고 허-' 구성에서 '허' 탈락이 빈번히 일어난다. 그렇다면 '-을라고 허-' 구성의 축약 과정에서 전남과 전북이 다른 양상을 보이는 셈이다. 전남은 '고 → ㄱ'의 변동이 일어나거나, '고 허' 탈락이 함께 일어난다. 반면 전북의 대부분 지역에서는 '고 → ㄱ'의 변동이 없으며, '고'의 탈락 없이 '허'만 홀로 탈락할 수 있다. (126)은 모두 '고'가 유지된 채 '허'만 탈락하여 '고'와 '허-'의 씨끝이 축약을 일으킨 경우이다. 전남이라면 (126가)의 '올라고면'은 '올라거면'으로 쓰인다. '올라고 허면 → 올락 허면 → -올라거면'과 같은 변동을 겪기 때문이다. 그러나 전북은 '올라고 허면 → 올라고면'에서 보듯이 '고 → ㄱ'의 변동이 없이 상위문 동사의 줄기 '허'가 탈락한다.

(126)

가. 시집을 <u>올라고면</u> 인제, 요만헌 종우떼기다 사성 씨고.(임실)

나. 그러고 꼭 뭐라고 <u>헐라고먼은</u> 넘우 이밍개(=남의 어머니니까) 그렇닷 소리 안 허게, 니가 알아서 허랏 소리.(남원)

다. 그 창히네 집이 고개를 <u>넘어갈라고먼</u>, 너물을 캐러 갈라먼 고리 멩등(지명) 들로 나가야 너물을 캐.(남원)

라. 앞뒤도 안 개리고 헌 사람은 타관으로 사만 언 받고 <u>갈라고고</u>.(임실)

마. 늙은 년이 떡 맨들어 농개 환장허고 <u>가져갈라고네</u> 모다.(임실)

바. 똑같이 안 <u>헐라고네</u>.(고창)

사. 걸기(=걸게) 많이는 안 <u>헐라군디</u> 간단 간단히 해도,(무주)

아. 해 <u>끼칠라고는</u> 사람덜 하나 없어.(고창)

(127)은 전북 지역어에서 '고'와 '허' 탈락이 함께 일어난 경우이다. 따라서 전북 지역어는 '허' 탈락 또는 '고 허' 탈락의 두 가지 변동 가능성이 있다.

(127)

가. 기양 한 이십 살 먹어서 <u>여울란디</u> 난리 나서,(임실)

나. 기냥 지가 맥읎이 중풍으로 <u>떨어질라다가</u> 낫고,(임실)

다. 상 놓고 떡 개서 상으다 <u>놀랑개</u> 떡 시루가 없어.(임실)

라. 한 달 반만에 옷얼 <u>맨들랑개</u>로 잠을 못 자지요.(임실)

마. 이 떡들을 머 <u>흘라간디</u>, 저그 타관 사랑꾼덜이 떡 시루를 들고 가 벘어.
   (임실)

바. 지집년들이 가서 개상질 <u>나갈라가디</u>?(임실)

사. 똥 <u>개릴라먼</u> 얼마나 더워요?(군산)

아. 애 <u>날라면은</u> 옛날에는,(남원)

전북 지역어의 경우 '-을라고' 뒤에서 '해'가 생략된 예도 보인다. (128)에서
'칠려 봐'는 '칠려 해 봐'에서 '해'가 탈락한 것이다.

(128) 그 철질만 좀 해 주고 가먼 끝나지. 그 뒤게 다 <u>칠려 봐</u>.(군산)

그런데 (129)에서는 상위문 서술어가 '해도'나 '해야'인 경우 그 일부인 '해'가
탈락을 보이고 있다. 그래서 '-을래도'나 '-을래야'가 기대되는 자리에 '-을라
도'나 '-을라야'가 나타나게 된다. (129마)의 '줄랴'는 '줄라야'의 축약형이다.

(129)

가. 술을 <u>먹을라도</u> 먹을라면 많이 먹을라면 내 집이서 해 놓고 먹어야 허
   고,(함평 구비)

나. 내가 <u>죽을라도</u> 홍시가 먹고 싶어서 못 죽겠다.(전주 구비)

다. 그래갖고 즈그 어머니가 그 며느리한테 정을 쏟기 시작하는디, 인자
   <u>뗄라야</u> 뗄 수 없는 판이여.(화순 구비)

라. <u>장사헐라야</u> 돈이 있냐고?(정읍 구비)

마. 인자 양수가 터져 버링개 인자 힘 <u>줄랴</u> 주도 못허고,(남원)

물론 서남방언에서도 '-을래도'나 '-을래야가 쓰이지 않는 것은 아니다. (130)이 이를 보여 준다. 그러므로 서남방언에서 '-을래도/을라도', '-을래야/을라야는 수의적인 변동의 관계에 있다고 하겠다.

(130)

가. 이 사람이 아무리 댕김스로 삼천갑자 동방생이를 찾을래도 찾을 수가 없어.(화순 구비)

나. 도둑놈이 아무리 해 먹을래도 몰라.(화순 구비)

다. 집이를 들와서 뭣을 잽혀 먹을래도 잽혀 먹을 것도 없고.(부안 구비)

라. 꽁댕이가 흰 여순디 그놈을 잡을래도 잡을 수가 없어.(군산 구비)

마. 물에 빠져 죽을래도 못 빠져 죽고.(군산 구비)

바. 그 총각이 만날래야, 찾을러야 찾을 길이 있냐 이것이여.(화순 구비)

사. 바느질을 할래야 할 것이 없어.(전주 구비)

아. 돈냥이나 있던 것 다 없여 번지고 어트게 찾을래야 찾을 길이 없어.(부안 구비)

자. 다섯이 벌어먹고 살을래야 송곳 하나 박을 디 없고,(부안 구비)

차. 도독질 헐래야 헐 길이 없어.(정읍 구비)

6.3.6.2 -으로

'-으러'는 서남방언에서 '-으로'로 실현되며 주어의 행동 목적을 나타내는 기능은 표준어와 같다. 표준어와 마찬가지로 언제나 동사와 결합한다.

(131)

가. 그 한참 일제 때 동네 쩌기로 전부 나서서 보리 볿으로 댕겼어.(진도)

나. 온 아칙에도(=오늘 아침에도) 가서 물 품으로 가서 봉께,(보성)

다. 집집마동 얻으로 댕겨.(광양)

라. 놀다 인자 찾이로 나와 인자.(남원)

마. 저 납골당 주변에는 풀도 깎으로 다 가야 되아.(무주)

바. 얻어먹으로는 안 오고,(임실)

6.3.6.3 -을라

표준어 '-으랴'에 대응하는 서남방언형은 '-을라'이다. '-으랴'와 마찬가지로 언제나 '-을라 -을라'처럼 반복적인 구성으로 쓰이고, 동사에만 결합된다.

(132) 그라믄 우리가 소리 할라 멋 할라 항께 못 하겄응께 저그 딴 디서 데 라왔어요, 문화원들. 그래얏고 거시기했어라우.(영암)

6.3.6.4 -도록/두룩/두록/드룩/드록/드락/더락

이음씨끝 '-도록'은 (133)에서 보듯이 크게 목적과 정도의 두 가지 의미를 나타내는데, 여기서 '정도'는 시간상 일정한 기간이나 어떤 사태가 이루어질 때까지의 동안을 가리킨다. 이때 조사 '까지'가 수의적으로 결합되기도 한다.

(133)

가. 물이 잘 빠지도록 물꼬를 텄다.(목적)

나. 항아리에 꼭 차도록까지 물을 부었다.(정도)

서남방언에서도 '-도록'이 쓰이는데 형태에 있어 약간의 차이를 보인다. 표준어와 같은 '-도록'도 쓰이지만 그 밖에 '-두룩', '-두록', '-드룩', '-드록', '-드락', '-더락' 등 다양한 형태가 보인다.

서남방언에서 '-도록'이 '목적'의 의미로 쓰이는 경우는 거의 없다. 전남과 전북의 구술발화 자료를 검토해 보면 전남 보성에서 아래와 같은 단 하나의 예만 발견할 수 있을 뿐이다. 그 밖의 '-도록'은 모두 '정도'를 나타내는 경우였다. 보성 지역의 예는 제보자가 다른 지역의 왕래 경험이 많아 표준어가 반영된 결과로 보인다.

> (134) 그리고 올려갖고는 그 요만헌 인자 그 꼬랑으로 인자 요리 인자 전부 해서 돌아서 빠지드룩 딱 헌 것이 도개.(보성)

(135)는 모두 '정도'를 나타내는 예이다. 특히 (135나)의 경우 '베가 익두룩'은 '목적'의 의미로 해석될 수 있을 것 같지만, 여기서는 '베가 익을 때까지'의 의미로 쓰였다. 나머지 예들도 마찬가지다.

(135)

가. 꼰대기가 허물 벗고 마릴 정도 되도록 뉘에꼬치를 다갈다갈허니 말려요.(곡성)

나. 베가 익두록 쌂어서,(곡성)

다. 졸읍(=졸업) 타드락 고놈 키에갖고 읎앴어. 글로 학비를 댔어.(영광)

라. 아침밥 묵두룩 인자 배가 고파도 참고 있는 것이지요.(보성)

마. 여름까지 새 김치 나드록 먹어.(영암)

바. 이가 아푸드륵 씹어 묵고 나문 그것도 많이 묵응깨 설사가 나데요.(광양)

사. 술을 치해드륵(=취하도록) 묵고 와갖고는,(광양)

아. 손이 다 불키도록(=부르트도록) 안 쪄져라우.(신안)

자. 그놈 다 한나 다하도록 있을라면 멧 달 걸려라우.(신안)

차. 서른 멧 살 묵드룩 장개를 못 갔어.(신안)

카. 이릏게 나이 먹두룩 산 사람 벨라 읎으거여.(신안)

846

타. 애기를 세 개나 낳더락 정지(=부엌)서 밥을 먹었지.(임실)

파. 왕인 축제 나가면은 우리가 끝나도록으 한 오 일 살어요.[21](영암)

하. 또 짐체 다무도록까장(=담그도록까지) 묵어야제 배추.(영암)

ㅏ. 닷 살 묵도록꺼지 걷도 못해요.(광양)

ㅑ. 내가 가면 죽도록까지 댕게라, 나는.(신안)

시간의 정도를 나타내는 '-도록'은 경우에 따라 관용적인 표현으로 쓰이기
도 한다. '저물도록', '날새도록', '밤새도록', '죽도록' 등이 이런 예이다. 서남
방언에서도 이러한 관용적 표현의 쓰임은 마찬가지다. (136)에서 보듯이 '저
물도록'의 '저물-'은 모두 '점-'으로 형태가 변하였다. 이런 형태 변화는 '점두
룩'이 관용적인 표현임을 말해 준다. 그 밖에 '날새도록'과 '밤새도록'에서 주
격조사 없이 쓰이는 현상도 이들이 관용적인 표현임을 의미한다. 주격조사
의 결합이 불가능한 것은 아니지만, 특별히 강조할 때를 제외하고는 조사 없
이 쓰이는 것이 일반적이다.

(136)

가. 하루 점드록 가서 놈우 일 해 주믄 집 열한 뭇 췄습니다.(진도)

나. 요런 놈 한 열한 뭇이나 줬어, 하루 점드락 일해 주먼.(진도)

다. 하래 점두룩 차가 고리 다 간디,(영광)

라. 하래 점드록 그 집 가서 또 막 나만 가면 또 오라고 항께 또 가고 또 가
고 그래갖고 저녁에 낳고 그러드마.(신안)

마. 인자 아척에 일찍하니 새복에 밥해 묵고 가서 점두록 나무하고, 그런
세상을 살았소.(진도)

바. 긍깨 점두룩 나는 뽕만 따란다고 나가 울고.(광양)

사. 점드리 그것 허다 나웅개 잠 잘 여개도 없고.(광양)

아. 하래 종일 가서 죽두룩 해 바야 쌀 반 싱 한 되나 대성 한 되 주먼은,(보성)

자. 우리만 죽두룩 하래내 고생을 허고는 인자 안 와 불었습니까?(보성)

차. 바느질을 밤새 하고 이 설 들먼 날새도록 막 바느질을 했어요.(진도)

카. 밤새도록 또 끼매 입혜야제.(광양)

　서남방언의 '-도록'이 목적의 의미를 나타내는 데 쓰이지 않는다면, 목적의 의미를 나타내기 위해 서남방언은 어떤 표현을 쓰는가? 구술발화에 나타난 예를 근거로 세 가지 표현을 제시할 수 있다. 첫째는 가장 일반적인 것으로서 '-으라고'와 같은 표현이다. 이는 형태상 내포문에 안긴 명령문과 인용격 조사 '고'가 결합된 것으로서, 인용구문에서 인용동사가 없는 구성이라 할 수 있다.

(137)

가. 장사는 또 재수 있이라고 사흘을 꼭 보고.(곡성)

나. 인자 벳마전(=베 마전) 잘 되라고.(곡성)

다. 인자 물 읖으라고 물 탁 받어 불고.(영광)

라. 애기엄마 젖 많으라고 미역으로 인자 국얼 끓에서,(보성)

마. 안 튀여나가라고.(영암)

바. 구뎅이 파서 걱다 나(=거기다 놔), 안 몰르라고(=안 마르도록).(영암)

사. 볼라 갖고 거 짐(=김) 어디로 안 새고 그리 떨어지라고.(영암)

아. 곱으라고 대루고(=곱도록 다리고).(광양)

자. 물 안 딜이라고 허는 것이여.(영광)

차. 저 논 그 물 빠진 구녁 메여지라고 인자 막 꾸정물을 많이 이른다 그래 갖고 무사리라 그래요.(보성)

둘째는 이음씨끝 '-게'이다.[22] 이는 표준어와 같은데, 서남방언의 경우 '-게' 외에 '-게크롬' , '-거크롬' 등을 사용한다. 경북과 경남에 접한 전북 무주에서 는 '-기로'와 같은 형이 쓰이기도 한다.

(138)

가. 그먼 멍줄이라고 요리 모가지에다 인자 탁 안 벗어지게 쩜매갖고.(보성)

나. 조고란 것은 머이냐 흐먼 돌이 딴 데로 못 가게 딱 우타리를 막대기로 막어갖고 요롷게 싼 것.(보성)

다. 거그서 그 질로만 졸졸졸졸 내래가거크롬 딱 맨들았어요.(보성)

라. 가르가 안 빠지기로 집이로(=짚으로) 얽어갖고,(무주)

마. 요롷게 호미로 파갖고 인제, 송판 요롷게 들어가기로,(무주)

한편 전남과 전북 남부 지역에서는 '-게'의 앞에 안맺음씨끝 '-겄-'(=-겠-)이 포 함된 '-겄게'를 쓰는 수가 많다. 의미상 '-을 수 있게'에 해당될 듯하나 실제의 의미는 '-게'와 큰 차이가 없다. (139)에서 '-겄게'는 모두 의미 변화 없이 '-게' 로의 대체가 가능하다.

(139)

가. 아니, 쥐가 인자 범 안 하겄게 해야제.(영암)

나. 다른 술 인자 달겄게 맹긍깨 인자.(영암)

다. 이거 팔아서 장사를 하겄게 하시요.(고흥 구비)

라. 내가 어떠한 방도를 하드래도 이 선부(=선비)를 베슬 한나 하겄게 해 야 되겄다.(보성 구비)

---

22 '-게'가 목적이 아닌 정도의 의미로 쓰일 때가 있다. (예) 저녁에 막 죽게 앓구 막 죽는 지 알 았어.(군산)

마. 방이 크나큰 방이 둘이나 되겠게 허고 대청 놓고 그렇게 선생이 서당
   을 해서 갈친단 말이여.(신안 구비)

바. 암(=아무)도 못 듣겠게 허라.(화순 구비)

사. 이놈 갖고 가서 결혼허시고 그놈 스물닷 마지기 다른 사람한테로 안
   가겠게 허라고.(정읍 구비)

아. 내 살겠게 히 준다. 시기는 대로 해라.(정읍 구비)

셋째는 '-기 위해서' 또는 '-기 위정해서'와 같은 표현을 사용한다. '-기 위정
해서'는 전남 곡성의 제보자에게서만 확인되는 표현이다. 그러나 (140나)의
'-기 위하여'는 '-도록'이나 '-으라고'로 대치할 수 없다. 내포문의 주어와 상위
문의 주어가 같을 경우 '-으라고'는 타동사를 허용하지 않기 때문이다. 그래
서 (140나)의 내포문을 '내가 죽으라고'처럼 자동사로 바꾸면 정문이 된다.
다만 '-도록'은 '-으라고'와 달리 경우에 따라 내포문에 타동사를 허용하기도
하는데, (140나)는 허용하지 않는 경우이므로 정문이 되려면 '-으라고'처럼
자동사인 '내가 죽도록'으로 바뀌어야 한다.[23]

(140)

가. 그래가지고 어 선영을 어찌고 해야 내 잘 되기 위해서 명당을 쓰란 디
   는 잘 반대헐 사람이 없거든.(함평 구비)

나. 형제간들은 나를 죽이기 위해서 물에다 빠쳐(=빠뜨려) 불고,(신안 구비)

다. 그전에 보면은 거그를 인자 안 썪기 위정해서 아, 그 멋이냐, 주춧돌허

---

23 "내가 아침 첫차를 타라고 알람을 맞춰 놓았다'에서 첫차를 타는 사람이 말할이 자신일 때
   이 문장은 비문이다. 그러나 '타라고'를 '타도록'으로 바꾸면 정문이다. 내포문과 상위문
   의 주어가 같을 때 내포문의 동사가 타동사이면 '-으라고'는 언제나 비문을 형성하지만, '-도
   록'은 경우에 따라 정문을 낳기도 한다. 따라서 타동성의 제약은 '-도록'의 경우 절대적이
   아닌데, '-으라고'와 '-도록'을 구별하는 보다 정밀한 제약이 무엇인지는 앞으로의 과제로
   남겨 둔다.

고 나무허고 연결된 데를 나무를 요렇고 기둥을 파갖고 소금을 한 주
먹썩 옇더라고.(곡성)

라. 뜰에서 보멘은 좀 노푸게 배이게 위정해서 그렇고 해갖고,(곡성)

마. 요렇고 따숩게 허기 위정해서 딴천장을 맨든 사람도 있고.(곡성)

6.3.7 비교 관계

이음씨끝 '-듯이'는 선행절의 내용을 비교나 비유의 기준으로 삼는 경우에
쓰인다. 서남방언에서 '-듯이'는 '-드끼', '-디끼', '-데끼' 등으로 나타난다. '-드
끼'는 전북에서 주로 쓰이며 '-디끼' 역시 전북에서 많이 나타나는데 특히 / ㅣ /
모음 뒤에 나타나는 수가 흔하다. 물론 / ㅣ / 모음 뒤가 아닌 환경에서도 '-디
끼'가 쓰이는 수도 있다. 반면 전남에서는 '-데끼'를 주로 사용하며, '-드끼'도
일부 보인다. '-데끼'는 종속접속을 이끌지만 특히 부사절로 기능하는 수가
대부분이다. (141)이 이를 보여 준다. 한편 (141)의 (ㅓ)-(ㅕ)는 '-데끼' 뒤에 동
사 '허-'가 오는 경우이다. 이때 '허-'는 의미적으로 기여하는 바가 없는데, 통
사적으로는 '-데끼'가 포함된 선행절의 대용어로 기능한다. 일종의 아우르는
대용어의 구실을 하는 것이다.

(141)

가. 아, 이놈이 열둘이를 다 닭이란 놈 누르데끼 눌렀든가 부데.(함평 구비)

나. 그라데끼 말하자면,(진도)

다. 영(=이엉) 영끄데끼 영꺼서,(보성)

라. 계란 싸데끼 끄레미(=꾸러미) 이롷고 만들어갖고,(영암)

마. 쪼깐썩 동냥 주데끼,(광양)

바. 인제 지양(=제사) 모시데끼 다 사고,(임실)

사. 사람 죽어서 주장 멕이고 나가드끼,(영광)

아. 나락 훑으드끼,(영암)

자. 돈을 물 쓰드끼 쓴다고,(남원)

차. 아까도 애기했드끼,(무주)

카. 물 쓰드끼,(군산)

타. 생에(=상여) 나갈 때 허드끼,(고창)

파. 밤 찌드끼 다시 찌면,(임실)

하. 망 얽디끼 싹 그냥 눌러 놔요.(무주)

ㅏ. 우리 초가집 해 이디끼,(무주)

ㅑ. 산 사람 이야기히디끼 인자 방으로 가시자고 그래갖고,(임실)

ㅓ. 봄이먼 굶기를 밥 먹데끼 허고 살았어요.(영광)

ㅕ. 그놈을 내가 키데끼(=키우듯이) 했어라.(신안)

(142)에서 보듯이 서울 토박이의 말에서도 '-듯이'가 아닌 '-드키'가 발견되어 흥미롭다. 1795년 경기도 양주 불함산(현재의 남양주시 경계)과 불암사(현재의 남양주시)에서 간행된 「持經靈驗傳」과 19세기 말 문헌인 「奇靈玄妙經」에 '-듯기'와 '-득키'가 각각 보인다(김주원 1998). 이것은 중부 방언에서 18세기 말에 이미 '-드끼'와 같은 형태가 쓰였음을 말해 준다.

(142)

가. 그걸 아주 그냥 우리네 갈비탕 먹드키 먹어요.(『서울토박이말자료집』: 170)

나. 그 도적을 다 물듯기 쫓츠니(持經靈驗傳 13b)

다. 씃 기르득키 ㅎ란 말슴(奇靈玄妙經 :15b)

'-듯이'를 고려하면 '-드끼'는 "-듯기'에서 온 것으로 추정할 수 있는데, '-듯이'의 '이'가 탈락하여 '-듯'으로도 쓰일 수 있지만, "-듯기'는 결코 '-듯'으로 쓰이지 않는 점이 다르다. 그래서 표준어의 '듯하다'에 대응하는 보조형용사 "드끼허다'는 없다.

'-듯이'나 '-드끼'는 이음씨끝뿐 아니라 의존명사로도 쓰인다. 예를 들어 '잡아먹을 듯이 노려본다'와 같은 문장의 '듯이'가 이에 해당하는데, '듯이'의 이런 용법은 모든 방언에서 공통적으로 나타난다. 그리고 이음씨끝과 의존명사로서 형태적 차이는 없는 것이 보통이다. 즉 대부분의 방언에서는 씨끝과 명사의 형태가 동일하다. 그런데 서남방언의 경우, 이음씨끝과 의존명사에 따라 형태적 분화가 나타나는 점이 흥미롭다. (143)은 모두 의존명사로 쓰이는 예인데, (가), (나)에서는 '데끼', '드끼'처럼 첫 자음이 예사소리를 가져 이음씨끝과 같은 모습을 보이기도 하지만, (다)와 (라)에서 보듯이 '테끼' 또는 '체끼'로도 쓰인다. 그러나 이러한 거센소리를 갖는 형태들은 결코 이음씨끝에는 나타나지 않는다. 예사소리에서 거센소리로의 변화는 오직 의존명사에서만 일어났기 때문이다. 거센소리로의 변화가 낱말의 첫소리에서 주로 일어난 결과일 것이다.

(143)

가. 그렇게로 벌떡 일어나서 못 이기는 데끼 허고,(장성 구비)

나. 누구냐고 히야 대답도 안 혀, 나뿍 죽은 드끼.(정읍 구비)

다. 갈 테끼 허더니 안 가 부네.

라. 아는 체끼, 생각헌 드끼 험서,(정읍 구비)

6.3.8 양보 관계

양보는 일종의 조건인데, 그 논리 구조는 일반적인 조건과는 다르다. 아래에서 ①과 ②가 전제되는 상황에서 ③이 성립하는 것이 양보이다. 따라서 양보는 일반적인 조건과 달리 전제에 어긋나는 상황을 인정하는 것이다. ③에서 화살표 대신 겹화살표를 사용한 것은 이러한 차이를 나타내기 위해서다.

①A → B(비가 오면 창문을 닫는다)

②~A → ~B(비가 오지 않으면 창문을 닫지 않는다)

③A ⇒ ~B(비가 와도 창문을 닫지 않는다)

현대국어에서 양보의 전형적인 표현은 '-어도'이다.[24] '-어도'는 기원적으로 씨끝 '-어'에 보조사 '도'가 결합된 형태이나 '-어'와 의미가 완전히 다르므로 독립된 하나의 이음씨끝으로 해석한다. 이 '-어도'는 서남방언에서도 당연히 존재한다. 이음씨끝에 보조사 '도'가 결합하는 양상은 몇 가지로 나누어 볼 수 있다. 첫째, '-어도'처럼 새로운 씨끝으로 재구조화 된 경우인데, '-어도' 외에 '-고도'를 추가할 수 있다. 둘째, '도'의 의미적 기여가 별로 없는 경우로서 이때 '도'는 의미 변화 없이 생략이 가능하다. 따라서 이런 경우 새로운 씨끝으로의 재구조화를 인정할 수 없다. (145)에서 '-으면서'와 '-으면서도', 그리고 동남방언의 '-지만'과 '-지만도'는 의미상 별다른 차이를 보이지 않는다. 이것은 '-으면서'나 '-지만'이 독자적으로 양보의 의미를 나타낼 수 있으므로 여기에 결합되는 '도'는 의미적으로 잉여적이기 때문이다. 그러므로 '도'가 포함된 '-으면서도'와 '-지만도'는 이음씨끝으로 재구조화 될 수 없다.

(144)

가. 알면서(도) 모른 체를 하니?

나. 알지만(도) 모른 체를 했다.

셋째, '도'가 '역시'의 의미를 유지하는 경우로서 이때는 '도'가 따로 분석되어

---

24 그 밖에 '-더라도', '-지만', '-음에도' 등 다양한 표현들이 양보를 나타낼 수 있다.

야 하므로 독립적인 씨끝으로의 재구조화는 당연히 일어나지 않는다. (145)가 이런 예이다.

(145)

가. 점심을 먹으러도 가고 사람을 만나러도 갔다.

나. 음악을 전공하려고도 했었다.

넷째, '도'가 아예 결합할 수 없는 이음씨끝이 있다. '-으니까', '-으면', '-어야', '-을수록', '-도록' 등이 여기에 해당한다.

6.3.2에서 이음씨끝 '-는데'가 배경 상황과 대조의 두 가지 용법을 갖는다는 점을 언급한 바 있다. 이 가운데 '대조'의 의미는 후행절과의 관계에 따라 '양보'로 해석될 수 있다. 이때 조사 '도'가 결합되기도 한다. 그러나 '-는데도'는 위에서 언급한 '도' 결합의 네 가지 유형 가운데 두 번째 유형에 속하는 것으로서 의미적으로 별다른 기여를 하지 못하여 생략이 가능하다. 그래서 '-는데'와 '-는데도'는 거의 같은 의미 해석을 갖게 되는 것이다. 이런 점은 서남방언에서도 동일하게 나타나는데 (146)이 이를 보여 주고 있다. 따라서 (146)의 '-는디도'는 하나의 씨끝으로 해석할 수 없다.

(146)

가. 그놈이 딱 방 가운데가 있는데 아무리 봐도 잘 때가 됐는디도 각시가 없그든이요.(보성 구비)

나. 육 년을 신었는디도 이렇게 새 신이요.(보성 구비)

다. 물어 봤는디도 똑 부러지게 몰라.(정읍 구비)

라. 여자가 따라붙는디도 건들도 안허고 저러고 있응게,(정읍 구비)

서남방언에서는 '-은디도'와 함께 '-은디는'이 양보를 나타내기도 한다. 이

경우도 '-은디도'와 마찬가지로 애초부터 양보로 해석되는 '-은디'에 조사 '는'
이 결합된 것이다. 양보를 나타내는 씨끝에 '도'가 결합되는 예는 흔하지만
'는'이 결합되는 경우는 극히 드물다. 표준어에서도 이러한 결합은 허용되지
않는다. 반면 서남방언에서는 (147)처럼 '-은디는'이 양보의 해석을 가질 수
있다. 이 점에서 서남방언과 표준어는 차이를 보인다. 그러나 '-은디는'이 양
보의 해석을 갖더라도 이 경우의 '는'은 생략이 가능하고 '-은디'만으로 충분
히 양보를 나타낼 수 있으므로 이때 '는'의 의미적 기여는 거의 없는 셈이다.
따라서 '-은디는'은 독자적인 씨끝으로 재구조화 되었다고 할 수 없다.

(147)

가. 비가 <u>온디는</u> 배깥으로 나갈라고 허드라.

나. 그래서는 인자 모두 우리집서 떡국을 해서 끓여서 개 덮으고, 국을 디
　　어서 주전자다 넣고 해서 점심 때 이렇게 갖고 혀. <u>근디는</u> 그걸 먹을 시
　　간이 읎유(=없어요).(장성 구비)

다. 남자로 말헌다 치면 시방 그것이 장개도 <u>안 갔는디는</u> 젊은 여자가 왔
　　다 그렁께는 딴 생각이 들어갔다 그 말이여.(보성 구비)

라. 첨에 말 듣기는 즈그 친구 방에서 자게 되았다는 것을 <u>알고 있는디는</u>
　　가서 점을 치고 즈그 친구 방에 가서 봉께 없어.(보성 구비)

6.3.8.1 -을갑세(라도)

씨끝 '-을갑세' 또는 '-을갑시'는 서남방언과 동남방언에서 확인되는 씨끝
으로서, 기원적으로 의존명사 '값'에 처격조사 '에'가 결합된 것이 굳어진 것
인데, 언제나 처격조사와만 결합하여 쓰이므로 이를 하나의 씨끝으로 분석
할 수가 있다.[25] 의미는 '-을지라도' 또는 '-을망정'과 같은 양보의 의미이다.
이러한 의미 때문에 이 '-을갑세'에는 다시 '라도'와 같은 형태가 덧붙기도 한

다. (148가)는 양보, (148나)는 양보를 통한 대조를 나타낸다. 조사 '라도'의 첨가는 대조에서는 허용되지 않는 것 같다.

(148)

가. 내가 죽을갑세(라도) 고런 짓은 못 헌다.

나. 사람이 인간 집을 찾아올갑시 짐승이 인간 집을 찾어오겄냐?(해남 구비)

6.3.8.2 -을석세

'-을망정'의 의미로 서남방언에는 '-을석세'나 '-을석시' 또는 '-을삭세'나 '-을삭시' 등이 쓰인다.[26] '-을석세'의 형태적 구조는 '-을갑세'와 같아 의존명사 '섟'과 처소격 조사 '에'를 포함한 '-을-섟-에'에서 발달된 것인데, 의미에서도 '-을갑세'와 큰 차이가 없다. '섟'은 '-을석세'의 의미로 미루어 아마도 '마땅히 해야 할 직분'을 뜻하던 중세어의 '섟'에서 온 것으로 추정된다(이기갑 1998c).

(149)

가. 흔 남진 흔 겨지븐 庶人의 셕시라.(내훈 1)

나. 넘을 줄석시 너는 못 주겄다.

6.3.8.3 -으나따나

서남방언의 '-으나따나'는 전형적인 양보의 의미를 가져 '-더라도'나 '-을망정'과 의미적으로 동일하다. 이는 옛말 '-으나ᄯᅡ나'를 계승한 말이다(예: 가마괴

---

25 경남에서도 '-을갑세'가 쓰인다. (예) 이기 아무리 지 끼일갑세라도 그런 소리로 하모 대나 (=이것이 아무리 제 것일망정 그런 소리를 하면 되나)?(경남 거제)

26 '-을석시'의 존재는 김영황(1982)에서도 언급된 바 있다.

검으나쁘나 히오리 히나쁘나 鶴에 목 기나쁘나/고금가곡). 배주채(1998)에서는 '-으나따나'의 '따나'가 형용사 '딸-'(< 뜰-)에서 온 것으로 보았으며, '-으나딸으나'가 서남방언에 존재하는 '이나 아니나'와 같은 표현과 그 통사적 구성이 같은 것으로 추정하였다.[27] 서남방언의 '-이나 아니나' 역시 '-라 했자'와 같은 양보적 의미를 나타내는 구성이다. 서남방언의 '-이나 아니나'에 대해서는 9.4.2 참조.

(150)

가. 넘우 접방(=남의 곁방) 사느이 빚이 쪼깜 지나따나 그냥 요 집을 사라. 넘우 접방 가는 거보동 낫다.(광양)

나. 인자 게들고 게나나따나(=기어나가더라도) 논이 안 넘어강께 살겄데요.(광양)

다. "해나(=행여나) 못씨나따나 걸어나 댕기믄 오짐 똥이나 안 개리믄 안 살겄소?" 그래갖고,(광양)

라. 빚을 또 지나따나 어디 빈집이 있으면 하나 살라고 천지에도 집이 없데요.(광양)

마. 나 어그라지나따나 여그 살라요.(광양)

바. 어디서 손님이 오시나따나 피 뿌린 마냥 못써.(장성 구비)

사. 누가 오나따나 방을 깨깟이 치워 놓아야제 더러와서 쓰겄냐?

---

27 '-나 아니나'는 '비나 아니나 뻬애기 눈물만큼이나 오네(=비라고 했자 병아리 눈물만큼이나 오네).'처럼 쓰인다. 그러나 '따나'가 '뜰-'에서 온 것이라면, 서북방언의 '다나'를 어떻게 설명할 수 있을지 문제가 된다.

7장

시제와 양태

7.1 현재시제

표준어에서 현재시제 형태소 '-는-' 또는 '-느-'는 매우 제약된 환경에 나타난다. 서술법 씨끝 '-다'와 감탄의 씨끝 '-구나, -구먼, -구려' 앞에서 과거시제 형태소 '-었-'과의 대립을 보이므로 이 경우에 한하여 현재시제의 형태소로 인정할 수 있다. 또한 관형형 씨끝 '-는' 역시 과거시제의 '-은'과 대립을 보이므로 동사의 현재시제 표지로 인정될 수 있다. 그러나 '-느냐, -는가, -습니다, -습니까, -노라, -는데' 등에 포함된 '느', '니', '노'는 '-었-'과 대립하지 않으므로, 독자적인 형태소가 되지 못하고 씨끝을 이루는 구성 요소로 이해된다.[1]

반면 중세어의 현재시제 형태소 '-ᄂᆞ-'는 현대어에 비해 훨씬 자유로운 환경에서 나타날 수 있었으며, 형태소로서의 지위도 그만큼 탄탄하였다. 이 점에서 보면 '-ᄂᆞ-'는 근대를 거쳐 현대로 오면서 출현 환경이 점차 제한되었음을 알 수 있다. '-느냐, -는가, -습니다, -습니까, -노라, -는데'처럼 씨끝의 일부로 편입되기도 하고, 이음씨끝 '-으니'는 중세어에서 '-ᄂᆞ-'가 결합되었으나 현대어에서는 결합이 불가능해지기도 하였다.[2]

역사적으로 현재시제 형태를 포함하는 씨끝 가운데 '-느냐'는 다른 씨끝들과 다른 행태를 보인다. 현대 표준어에서 '-느냐'는 '-냐'와 공존하고 있기 때문이다. '-느냐'는 글말이나 간접인용문의 내포문에 나타나며, '-냐'는 입말에 주로 쓰인다. '-느냐'는 동사에만 쓰이지만 '-냐'는 동사와 형용사 모두에 쓰일 수 있다. 이러한 분포 상황은 '-느냐'가 '-냐'에 의해 대체되어 가는 구형임을 말해 준다. 『표준국어대사전』에서도 '-느냐'는 예스러운 느낌을 주는 말, '-냐'는 구어에 쓰이는 말로 풀이되어 있다. 그렇다면 표준어에서 일어난 '-느냐 〉

---

1 '앓느니 죽지'의 '-느니'도 '-느-' 없는 '-니'와의 대립을 보이지 못하므로 하나의 씨끝으로 해석한다.
2 중세어에서 '-으니'가 '-ᄂᆞ-'와 결합될 수 있음은 다음 예에서 확인된다. (예) 金輪王 아ᄃ리 出家ᄒᆞ라 가ᄂᆞ니 그듸내 ᅟᅵ옵옵 ᄒᆞᆫ 아ᄃᆞ롤 내야(석보상절 5:9)

-냐'의 변화는 '느'의 탈락이 표준어에서 일부 일어나고 있음을 말해 준다. (1) 은 『표준국어대사전』에 제시된 '-느냐'와 '-냐'의 예이다.

(1)

가. 지금 무엇을 먹느냐?/안에 누가 있느냐?/너는 그때 학생이었느냐?

나. 얘가 네 동생이냐?/어디 가냐?/그게 뭐냐?

한편 보문을 이끄는 경우 현재시제의 '-다는'과 '-라는'은 '-다고 허는'과 '-라고 허는'의 축약형인데 이때 현재시제 표지 '-는'은 필수적이다. 표준어에서도 그렇고 서남방언에서도 마찬가지다. 이 축약형 '-다는'과 '-라는'은 '-단'과 '-란'으로 수의적인 축약을 더 겪을 수 있는데 이 역시 표준어와 서남방언에서 똑같이 일어나는 현상이다. '-다는'이 '-단'으로 축약되는 것은 현재시제 표지 '느' 탈락을 통해서다.

표준어의 이러한 변화는 우리말의 현재시제 형태소가 겪은 변화의 일단에 불과하다. 방언에 따라 변화의 방향과 정도가 각각 다르기 때문이다. 우선 전남과 전북 남부의 경우 표준어에서 형태소로 기능하였던 환경에서조차 '-느-' 또는 '-는-'이 나타나지 않는다. 즉 '-는다, -는구나, -는구면, -는'은 이 지역어에서 각각 '-은다, -은구나/구나, -은구만/구만, -은' 등으로 쓰여 '-느-'가 체계적으로 쓰이지 않는다(이기갑 1985). 그뿐만 아니라 '-는가, -느냐, -는데, -느니' 등도 이 방언에서는 모두 '-은가, -냐, -은디, -으니' 등으로 쓰인다. (2)는 주로 인용문 구성에 나타나는 '느' 탈락형을 보인 것이다. 구술발화의 특성상 제보자가 조사자에게 낮춤의 표현을 할 수 없는 상황이므로 내포문이 아닌 경우 '-는다', '-느냐', '-는가', '-는구면' 등의 표현은 쓰이지 않는다. 따라서 내포문 안에 나타나는 예들을 제시할 수밖에 없는데, 내포된 문장은 상위문에 비해 상대적으로 더 보수적인 양상을 보이는 것이 일반적이므로 형태 '느'의 탈락이 일어날 가능성은 그만큼 낮아진다. 그럼에도 불구하고 이런 구성에서 '느' 탈락이 일어났다면 '느' 탈락은 서남방언에서 매우 일반적인 것임을 알 수 있다.

(2)

가. 무시(=무)로 갖고 열두 가지 반찬을 해 묵은다고(=해 먹는다고) 했거든.(곡성)

나. 어디가 연기가 난가(=나는가) 해갖고 거그를 대략 채와서,(곡성)

다. 그것도 인자 맛이 있냐 없냐(=있느냐 없느냐) 험서,(곡성)

라. 문(=무슨) 이것이 반찬 된다고 엄마(=얼마) 담었냐고(=담갔느냐고) 글드라고.(영광)

마. 멋을 해 묵고 살겄냐고(=살겠느냐고) 허고 허고 막 해 쌓드라고.(영광)

바. 그러문 인자 여그를 어쩨 짚이(=깊이) 파냐(=파느냐) 허면,(영광)

(3)은 기원적으로 현재시제 표지 '-느-'를 포함하고 있지만 현대국어에서는 하나의 씨끝으로 재구조화 된 이음씨끝 '-느니₁', '-느니₂', '-는데'의 경우를 보인 것인데, 이때에도 서남방언에서는 '느'의 탈락이 일어난다.

(3)

가. 그렇께 기양 그 지서에서 법에서 막 나와갖고 오라니₁ 가라니₁(=오라느니 가라느니) 옥신각신 작업을 허게 허니₁ 못 허게 허니₁ 완전히 딱 중단을 시케 분 거예요.(보성)

나. 시방 사람들 뭐 조리허니₁ 뭐 어쩌니₁ 해도 조리허 거이 어디가 있어요?(광양)

다. 그거 캐로 대이니₂(=다니느니) 채로(=차라리) 저 제철(=광양 제철소)에 불러가는 거이 낫지요.(광양)

라. 요런 디서도 베를 좋게 난(=낳는) 사람은 좋게 난디(=낳는데),(곡성)

862

여기에서는 특히 관형형 씨끝 '-는'의 사용 양상을 집중적으로 살펴보려 한다. '-는'은 서남방언에서 '있-'과 '없-' 그리고 역사적으로 '있-'을 포함한 '-았-', '-겄-', 주체높임의 과거시제형 '-겄-'(= -셨-) 뒤에서는 언제나 '-는'으로 쓰일 뿐 '느' 탈락이 일어난 '-은'은 쓰이지 않는다. '느' 탈락이 일어나지 않는 경우는 모두 '있-'과 공시적, 통시적 관계를 맺는 것들이다. 이들을 '있-'류의 표현이라 부른다면 서남방언에서 '느' 탈락은 '있-'류의 표현에서 일어나지 않는다고 할 수 있다.

(4)

가. 욱에(=위에) 비거리 있는 모심은 밑으로 냉게 나두고,(곡성)

나. 남자들 있는 사람보다 내가 농사도 잘 짓고이,(영광)

다. 인자 메물(=메밀)이 없는 사람은 보리를,(곡성)

라. 인자 옰년 사람까지(=사람끼리) 겔혼허먼,(영광)

마. 몰랐는 갑이여, 전연히 몰랐는 갭이여.(남원)

바. 노인들 지겠는(=계신) 사람은 큰 솥을 비여서 다 내뇨.(영광)

'있-'류의 표현을 제외하면 서남방언에서 관형형 씨끝 '-는'은 '-는'과 '-은'의 두 형태로 나타난다. 이것은 형태 '느'가 수의적으로 탈락된 결과이다. 그에 따라 관형형 씨끝 '-은'은 현재와 과거의 두 시제를 모두 나타내게 되었다. 여기서는 현재시제로 해석되는 '-은'에 대해서만 살펴보기로 한다. '-는'에서 '느'의 탈락 여부를 알아보기 위해 전남북 일부 지역에서 현재시제를 나타내는 '-는'과 '-은'이 4시간 동안의 구술 발화 자료에 출현한 횟수를 통계적으로 처리해 보았는데 그 결과는 〈표 11〉과 같다.

<표 11> 관형형 씨끝 '-는'의 사용 비율

	전북 고창	전남 영광	전남 신안	전북 임실	전북 남원	전남 곡성
-는	90%(28)	55%(58)	35%(15)	57%(20)	35%(15)	23%(17)
-은	10%(3)	35%(35)	55%(30)	43%(15)	55%(28)	77%(57)

〈표 11〉에서 왼쪽은 서부 지역, 오른쪽은 동부 지역을 보인 것인데, 동부
가 서부에 비해 전체적으로 '느' 탈락형을 많이 쓰고 있음을 알 수 있다. 한편
전북 고창과 전남 영광은 서로 인접한 지역이며, 마찬가지로 전북 남원과 전
남 곡성도 이웃한 지역이다. 이렇게 이웃한 지역끼리 비교해 보면 전북이 전
남에 비해 '-는'의 사용 비율이 상대적으로 높다는 사실을 알 수 있다. 그렇다
면 서남방언에서 '느'의 탈락은 북에서 남으로, 그리고 서에서 동으로 갈수록
많이 일어나는 셈이다. 이러한 예측은 신안 지역의 통계에서 재확인된다. 서
해를 따라 인접해 있는 고창 · 영광 · 신안을 비교해 보면 남으로 내려올수
록 '-은'의 사용 비율이 '10%→35%→55%'로 높아짐을 알 수 있다. 그리고 신
안의 비율은 동부의 남원과 매우 비슷하며 곡성보다는 낮다. 이것은 전남의
서남부라 할지라도 동북부보다는 덜함을 말해 준다. 각 지역에서 '느'가 탈
락한 예를 보이면 (5)와 같다.

(5)
가. 누가 보리 사 묵은 사람 없어.(영광)
나. 넘우 장사헌 사람은 넘우 빚(=남의 빚) 갖고 많이 허제 어쩐다요?(영광)
다. 작은어매라 헌 양반이 나를 미여서 꼴을 못 바.(영광)
라. 두니서(=둘이서) 산 집이가 만항께라우.(신안)
마. 쩌 너메로 한 열 마지기 덴 밧이 다 논이 다 묵우갖고 있드만이라.(신안)
바. 해우(=김) 한 것도 보통이 아니여라우.(신안)
사. 하루에 잘 짠 사람은 한 필 시무 자, 못 짠 사람은 인자 열 자도 짜고.(곡성)
아. 절편헌 디도 여서(=넣어서) 허믄 좋고.(곡성)

자. 막 뉘에(=누에) 밥 묵은 소리가 막 비 온 시늉을 해요, 쏘내기 온 시늉.
(곡성)

차. 품팔이헌 사람한테 인부 사서 갔다가 개인이 싹꾼 사서 허는 그런 것
이 읎었어.(고창)

카. 그때넌 돈으로 헌 부주란 것이 읎어.(고창)

타. 존(=좋은) 문구럴 써서 갖다 준 것이 원칙이라,(고창)

파. 인제 그 저 맞힌 디 가서 물어봉개,(임실)

하. 자식덜 키운 사람은 그것이여.(임실)

ㅏ. 보수는 달란 대로 줄 팅개,(임실)

ㅑ. 베 맨 틀이 있당개.(남원)

ㅓ. 그때는 바느질 못헌 것은 갠찮은디 질쌈 못헌 사람은 아주 얌전허닷
소리를 못 들었어.(남원)

ㅕ. 실을 연결헌 것이지, 계속. 연결헌 것이여.(남원)

동일한 문장 안에서도 수의적으로 '느' 탈락이 일어나는 경우가 있다.

(6)

가. 밥 허는 것을 기양 호랭이마큼 거식허고 일허는 것은 호래이마치 무사
갖고는 부엌에 들어간 것을 그렇게 싫어허시드마.(영광)

나. 그때는 남자들이 싹 있잉게 깽메기(=꽹과리) 친 사람 따로 있고 장구
친 사람도 있고 이렇고 소구 치는 사람 따로 있고 다 따로따로 있어.
(영광)

이렇게 같은 문장 안에서 '느' 탈락형과 유지형이 공존하는 예를 보면 '느'
탈락은 발화자의 자의적인 선택일 뿐 특별한 문법적, 의미적 조건이 작용하
는 것이 아님을 알 수 있다. 다만 발화자의 자의적인 선택일지라도 지역적인

차이는 무시할 수 없으니, 발화자는 자신도 모르는 사이에 지역적 특징을 발현하고 있는 셈이다. 굳이 '느' 탈락에 특정의 의미적 특성이 작용한 것으로 볼 만한 예를 든다면 '먹는 것'을 들 수 있다. 서남방언에서 '먹는 것' 또는 '묵는 것'은 '식용' 또는 '식품'의 의미를 나타내는데, 이 경우 '느'가 탈락된 '먹은 것'이나 '묵은 것'으로는 말하지 않는다. 지극히 일반적이며 객관적인 사물을 정의하는 경우에 현재표지 '느'가 탈락하지 않는 경향을 보이는 것이다. (7)은 곡성과 남원의 구술발화에서 확인된 것들인데, 이 두 지역은 〈표 11〉에서 보듯이 '-는'의 사용 비율이 다른 지역에 비해 상대적으로 낮은 곳이다. 그럼에도 불구하고 '-는'이 쓰인 것은 그만큼 일반적이며 객관적인 뜻을 나타낼 때는 '느' 탈락이 잘 일어나지 않는다는 사실을 말해 준다고 하겠다.

(7)

가. 인자 주로 우리가 <u>먹는 거</u> 먹는 나물도 들에가 많이 있는 것이 시장에도 나고 그러잖아요?(곡성)

나. 그믄 인자 거 <u>먹는</u> 음식잉께 멋이냐 해 묵겄다 싶어서 고놈 해다가 인자 쌂아요.(곡성)

다. 들 같은 데 가먼 마 씬너물, 머 빠뿌쟁이, <u>먹는 것</u>이 쌌지.(남원)

또한 (8)처럼 발화현장의 생생한 현실감을 나타낼 경우에도 '느'는 잘 탈락되지 않는 듯하다.

(8)

가. 시아부지가 <u>하는</u> 말이, "아니 너야고(=너하고) 나야고 베를 매끄나?"(신안)

나. 그릉께 우리 시아부지 <u>하는</u> 말이, 다 애껴야 헌디 나무는 안 애껴야 헌다고 하드락 하요.(신안)

다. 우리 시아부지가 <u>하는</u> 말이, 인자 죽어도 악물고 안 묵을락 항께,(신안)

라. 그릉께 우리 시아부지가 <u>허는</u> 말이, "이놈 가자, 가그라." 그랬그등.(신
안)

7.2 과거시제

7.2.1 -었-

과거시제 형태소 '-았/었-'이 과거시제 외에 완료·상태지속·확실한 미래 등의 상이나 양태의 의미를 나타내는 점은 서남방언과 표준어에서 차이가 없다.

(9)

가. 그 사람이 손이 매실한지(=솜씨 있는지) 안 매실한지 다 알았죠.(곡성)

나. 옛날에도 우벙(=우엉) 같았어요.(곡성)

다. 상복은 걸쳐 났다가,(곡성)

라. 그런 거 없었어요.(곡성)

마. 우리도 조상단지 말만 들었제 가 절헌 지도(=줄도) 모르고,(곡성)

바. 내 친구 누가 죽었는디,(곡성)

7.2.2 -은

관형형 씨끝으로 기능하는 과거시제 관련 표현으로는 '-은', '-었는', '-었을', '-었든' 등이 있다. '-은'은 동사의 과거시제를 나타내지만, 7.1에서 설명한 대로 현재시제 표지로도 쓰여 중의성을 가질 수 있다. (10)은 모두 과거시제를 나타내는 경우이다.

(10)

가. 인자 고놈 삼은 놈을 막 널어서 인자 널어갖고 인자 말라서 걷어서 나 뒀다가,(곡성)

나. 삼베는 익혀 논 삼베니까,(곡성)

7.2.3 -었는

'-었는'은 역사적으로 '-어 잇는'이 축약된 것으로서 과거시제의 안맺음씨
끝 '-었-'의 생성 과정에서 생겨난 어형이다. '-었는'의 '는'은 시제의 기능은 하
지 못하고 오로지 관형의 기능만을 담당하므로 '-었는'은 자연스럽게 과거시
제의 관형형 씨끝으로 기능하게 된다. 그 결과 기존의 관형형 씨끝 '-은'과의
기능적 중첩이 예상되는데, 이에 따라 '-었는'은 '-은'과 달리 오직 추정 구문
에만 쓰이게 되었다(이승재 1980). 서남방언에서 '-었는'은 관계문에는 쓰이지
못하고 오직 보문에서만 쓰이되, 보문의 머리명사는 '것, 갑, 모냥(=모양), 중
(=줄), 지(=줄)' 등 주로 추정 구문을 구성하는 말이다.[3] 이러한 통사적 구성에
서는 '-었는'뿐만 아니라 '-은'도 당연히 쓰일 수 있다. 따라서 서남방언에서 '-
었는'은 '-은'의 사용 영역에 완전히 포함된다. 다만 의존명사 '갑'의 경우, '-었
는 갑'은 원래 '-었는가 보-'가 축약된 것이므로 '-었는 갑'과 '-은 갑'은 시제상
차이를 드러낸다. '-었는 갑'이 과거 사태에 대한 추정이라면 '-은 갑'은 현재
사태에 대한 추정이기 때문이다. 이를 제외하면 추정 구문에서 '-은'과 '-었는'
은 의미 차이 없이 교체되어 쓰일 수 있다.

(11)

가. *묵었는 사람(*묵었는 음식)

나. 철수가 다 묵은(묵었는) 모양이야.

---

3 구비문학 자료에서는 '-었는'이 관계문에 쓰인 예가 발견된다. 그러나 이러한 예는 극히
소수이고, 또한 '-었든'으로 대체 가능하므로 아마도 발화자가 '-었든'을 '-었는'으로 잘못
사용한 것이 아닌가 한다. (예) 지금으로부터 한 오백 년 전에 있었는 말인디,(장성 구비)

다. 시방 배깥에 비가 온 갑이다, 소리를 들어 봉께이.(현재 사태의 추정)

라. 어지께 비가 왔는 갑이다, 땅이 축축한 것을 봉께이.(과거 사태의 추정)

(12)는 서남방언에서 추정 구문에 '-었는'이 쓰인 경우이다.

(12)

가. 그래도 예의범절은 있었는갑제.(보성 구비)

나. 서로 독을 품은디 뚜꺼비 독에 인자 이 대맹이(=큰 뱀. 구렁이)가 죽었
는갑습디다.(보성 구비)

다. 그 집에 아닌 게 아니라 큰 암개가 한 마리 있었는갑드마.(보성 구비)

라. 놀짱허면은(=놀면하면은) 익었는갑다 허고 따서 먹기도 허고,(임실)

마. 인자 죽으면은 거그다 돌로 곽(=관)을 짜서 묻고 쓰든 무기를 넣고 독
이로(=돌로) 덮었는 모양입니다.(신안 구비)

바. 시 번째는 각시를 잘 얻었는 모양이라.(승주 구비)

사. 제수씨 참 옛날에 기생질이나 해 묵었는 것인마.(해남 구비)

아. 그런 데에서 과거에 어른들이 지어 놓은 지명은 선견지명이 있었는 것
이 아니냐 그렇게 생각합니다.(보성 구비)

자. 있는 사람들 부자들 집 지어 논 것을 보면은 그때도 다 그런 연장이 있
었는 거 같애요.(곡성)

차. 그런 충(=해충)을 없이기 위정해서 그런 지혜가 있었는 거 아니냐?(곡
성)

카. 그 다음에 들어간 처녀가 생각하기를 아마도 '그러면 아랫입이 나이를
더 많이 먹었다고 해야 쓸란 것인디 그랬는 것이다.' 그렇게 생각을 하
고는 들어가서,(신안 구비)

타. '요것이 둔갑을 해갖고 가마치(=가물치)가 돼갖고 속에서 살았는 것이
다.' 허고 죽여 놓고 봉께, 그것이 고이도 적왕이라고.(신안 구비)

구비문학 자료에서는 동사 '앉-'의 경우 '앉았는'이 과거 또는 상태 지속의 의미로 쓰이기도 한다. 상태 지속의 의미일 때는 '앉아 있-'의 축약형으로 해석된다. 이런 경우는 추정의 의미와 무관하다.

(13)

가. 남편을 몸에다 품고 품안에다 품고 앉았는 것이 거그에서 얼어 죽어 붙었어, 여자가.(신안 구비)

나. 이 마을이 우리가 앉았는 마을이 지금 지변(池邊)입니다.(함평 구비)

다. 저 자식 지일(=제일) 내중에 나 놓게 울고 앉았는 것 봐라.(해남 구비)

7.2.4 -었을

관계문에 쓰인 '-었을'의 '-을'은 추정의 의미로 해석될 때와 그렇지 않을 때의 두 경우로 나눌 수 있다. 예를 들어 '때'와 같은 의존명사는 언제나 관형형 씨끝 '-을'을 요구한다. 그래서 과거의 시점을 나타내기 위해서는 '젊었을 때', '어렸을 때'처럼 '-었을 때'로 쓰여야 한다. 이때 '-을'은 단지 관형의 기능만 할 뿐 추정과 같은 양태의 의미를 나타내지 못한다. 반면 '죽었을 사람'은 현실의 사태에 반하는 사태를 추정할 때 쓰인다. 현실적으로 그 사람은 죽지 않았지만, 만약 어떤 조건이 충족되었을 경우 죽었을 것으로 추정됨을 의미하는 것이다. 현실에 반하는 사태는 과거시제 형태소 '-었-' 때문에 가능한 해석이고, 추정의 해석은 '-을' 때문이다. 결국 관계문에서 '-었을'은 반사실 추정을 나타내므로, 시제가 아닌 양태 표시의 기능을 하고 있는 셈이다.

'-었을'은 보문에 쓰일 경우 과거의 추정을 나타낸다. 이때 보문 명사는 '것, 터, 법, 리, 수, …' 등이다. 보문에서 '-었을'이 나타내는 추정은 과거 사실의 추정과 반사실의 추정 두 가지가 모두 가능하다. (14)에서 (가)-(다)는 '-었을 것'의 구문인데, 여기서 (가)는 사실 추정, (나)-(다)는 반사실 추정이다.

(라)-(사)는 '-었을 터'의 구문인데, (라)-(바)는 반사실 추정으로 해석되나, (사)는 사실 추정이다.

(14)

가. 그러면 그 여시(=여우)가 나무 속에 들었을 것 아니여?(장성 구비)

나. 그런데 요런 데로 와서 살았으면 그런 법이 없었을 것인디 그렁개,(장성 구비)

다. 내가 아버지 지사상을 모시고 오는 처지에 어디다 장을 찍었을 것이냐고. 절대로 안 갖고 왔다.(장성 구비)

라. 웬간하면(=웬만하면) 영감을 찌고 넘어왔을 텐디 하도 급항게 그냥,(화순 구비)

마. 쪼금만 늦었으면 죽었을 텐디,(부안 구비)

바. 아무리 못 왔어도 한 번 두 번은 집에 왔을 텐디 소식이 없다.(군산 구비)

사. 지금쯤 집에 왔을 텡게 가 보자.

7.2.5 -었든

관형형 씨끝 '-든'은 상대시제의 현재를 의미한다. 그런데 여기에 '-었-'이 결합되면 특정의 과거 시점을 기준으로 하여 그 이전에 발생한 사태를 나타내게 된다. 즉 상대시제의 과거를 나타내는 것이다. (15가)가 과거 완료, (15나)-(15다)가 과거의 상태지속을 나타내는 것은 우리말에서 과거시제가 갖는 다양한 용법을 반영한다.

(15)

가. 선물을 받았든 황정승이 계셨는디,(승주 구비)

나. 어떤 옆에 앉았든 여자가 덜퍽 가서 몬쳐 봉께,(신안 구비)

다. 소시랑같이 생긴 갈쿠리가 물에서 나와가지고는 자기 앉았든 자리를
　　씩씩 긁드라 그 말이어요.(신안 구비)

　'-었든'이 보문 구성에 쓰여 추정을 나타낼 때에는 '-었든'의 '-드-'가 수행하
는 회상시제의 기능이 두드러지지 않아 대체로 '-었는'과 거의 같은 의미로
해석된다. 그래서 (16)처럼 추정 구문의 경우 '-었든'은 '-었는'으로 바꾸어도
별다른 의미 차이가 생기지 않는다.

(16)
가. 엽전 투성잉게 그때는 한 냥씩인가 얼매씩인가 주었든 갑이드만.(정
　　읍 구비)
나. 그런게 소시적으도 그렇게 참 두목으로 있었든 갭여.(정읍 구비)
다. 근디 기생이 속은 거놈한티 생객이 있든가 원청 돈도 잘 쓰고, 잘생기
　　고 그려 노니까 맘이 있었든 모앵이여.(정읍 구비)
라. 인자 이놈이 꾀가 나든가 화리에다가 밑에다가 물을 쪼끔 담고 그 우
　　에다가 불을 담았든 것이데.(신안 구비)

7.3 회상 시제

회상시제 형태소 '-더-'는 서남방언에서 '-더-' 또는 '-드-'로 나타난다. '-더라' 의 방언형 출현 빈도를 보면 전남은 '-드라'가 '-더라'의 세 배, 전북은 두 배 정 도로 많이 쓰인다. 이를 보면 서남방언은 '-드-'가 '-더-'에 비해 다수형임을 짐 작할 수 있다. (17라)의 '-디'는 아주낮춤의 의문형 씨끝으로서, '-드-이'로 분 석된다. (17마)의 '-을라디야'는 표준어의 '-으려더냐'로 옮길 수 있는 방언형 인데, 이때의 '-디'도 (17라)와 같이 아주낮춤의 의문형 씨끝이며 여기에 문장 뒤 조사 '야'가 결합된 것이다.

(17)

가. 아버니 하시는 말씀이 그라더라고.(영암)

나. 술이 식으나 어쩌그나 하면 소주를 내레 불드라고.(영암)

다. 당숙보다 멘장하라 해도 안 해겠드라네(=하셨더라네).(영암)

라. 왜 그러디?(화순 구비)

마. 순사들이 글때 인자 둘이 인자 총을 갖고는 인자 설만들 올라디야 흐 고 역에 강께,(보성)

'-드'와 반말의 씨끝 '-어'가 결합하면 '-데₂'로 나타나는데 이 점은 표준어와 같다. 다만 높임의 조사 '요'는 '-데'에 결합할 수 있지만 '요'에 대응하는 서남 방언의 조사 '이라우'는 결합이 불가능하다.

(18)

가. 그란디 방애고는 있데(있데요/*있데라우).(영암)

나. 그래갖고 잿물하고 사서 어뜿게 한갑데(한갑데요/*한갑데라우).(영암)

'-더-'는 하오체에서 '디'로 쓰여 비회상의 '니'와 대립을 이룬다. 서술법에서는 '-읍디다', 의문법에서는 '-읍디여/읍딘자/읍디껴' 등에 포함되어 쓰인다.

(19)

가. 그렇고 터를 많이 우리 마을에는 잡은 거 같읍디다.(곡성)

나. 그 시가 있는갑습디다.(곡성)

다. 이런 것을 알아줍디다.(진도)

라. 호무로 잉게 해서 딱딱 어푼닥 합디다.(진도)

마. 잘해서 그랄랍디여?(영암)

바. 거시기 나 아까 거 말합디여?(영암)

사. 때락 큰 놈 통 있습디여, 지금 고무통?(영암)

아. 말이 있습디여? 무수 한 가지 갖고 열두 반찬 만든다고.(영암)

자. 주로 해남이 배추 본고장 아닙딘자?(진도)

차. 쑥놈보고는 황소라 안 합딘자?(진도)

카. 글 안 합딘자?(진도)

타. 그 큰 끌텅이로 해서 거 항아리에 담읍딘자, 물로?(영암)

파. 아까 내가 머이락 합딘자?(영암)

하. 어쩔랍디껴?(영광)

전남 곡성에서는 '-읍데요'와 같은 씨끝의 결합체가 보인다. 표준어의 '-습디다'에 대응시킬 수 있는 의미인데, '-읍데'에 조사 '요'가 결합한 형태이다. 그러나 이런 결합은 서남방언에서 매우 드물게 나타난다.

(20) 오간 접집(=겹집) 사간 접집 요렇고 인자 대략 부른 거 같읍데요.(곡성)

'-드-'의 관형형은 '-든'이며, '-드-'와 관형형 씨끝 '-는'이나 '-을'과는 결합이 불가능하다. '-든'은 상대시제로서 현재를 나타낸다. 회상시제 형태소 '-드-'는 흔히 과거의 어떤 사태를 말할이가 직접 체험하고 이를 시간이나 공간을 달리하여 보고하는 경우에 쓰인다고 한다. 보고의 시점은 현재이고, 사태를 체험한 시점은 과거이다. 따라서 체험한 시점 즉 경험시를 기준으로 한다면 과거의 사태는 곧 상대시제로서의 현재인 것이다. '-드-'가 흔히 과거의 지속되던 사태를 나타낸다고 하는 것도 상대시제로의 현재가 갖는 용법으로 설명된다. 이러한 '-드-'의 시제적 의미는 표준어와 서남방언이 같다. 다만 '-드-'가 포함된 '-을리디'나 '-드라고'와 같은 표현은 이 방언에만 있는 특별한 것들이다. '-을라디'는 중의적인 표현이다. 첫째는 '-으려더냐'의 의미로 쓰인 경우인데 이때는 당연히 '-드-'가 회상의 의미를 갖는다. 둘째는 언제나 수사적 의문으로 쓰여 '-지 않을 것이다'와 같은 추정의 의미를 갖는 경우이다. 이때는 '-드-'에 아무런 회상의 의미가 남아 있지 않다. 물론 '-을라디' 외에 위계를 달리한 '-을라든가', '-을랍디까' 등도 수사적 의문의 용법을 갖는다. 따라서 수사적 의문은 '-을라드-'와 같은 안맺음씨끝의 결합에서 생겨난 것임을 알 수 있다. (21)은 '-을라디'가 수사적 의문으로 쓰인 경우를 모은 것이다.

(21)

가. 비가 또 올라디?

나. 그렇게 구박을 받고도 또 살라디?

다. 그것이 멋 알라디야?(함평 구비)

라. 내일 모레 결혼헐 새(=사이)이니까 어짜설라디야 싶어서,(고흥 구비)

마. '점잖은 저런 사람이 딴 맘이사 먹을라디야?' 그라고,(해남 구비)

바. 좀 꽉 보듬었응게 설마 죽지 살라디야?(정읍 구비)

'-드라고'도 중의적인 표현이다. 첫째 의미는 표준어의 '-더라고'에 대응하는 경우로서 (22)의 (가)-(다)가 이에 해당한다. 반면 (라)-(마)의 '-드라고'는 청유법의 씨끝이다. 이때의 '-드라고'는 예사낮춤의 위계에 쓰이는데, 같은 위계의 청유법 씨끝 '-세'에 비해 훨씬 완곡한 느낌을 준다. 이러한 청유의 의미 속에는 회상시제의 의미가 전혀 포함되어 있지 않다. 따라서 '-드라고'는 하나의 씨끝으로 굳어졌다고 하겠다.

(22)

가. 그랑께 충청두 계룡산에는 호랭이가 많이 있닥 하드라고.(해남 구비)

나. 그래 붕께 그것이 싹 덮어지드라고요.(신안 구비)

다. "신두 복성(=복숭아)이 겁나게 많이 열어서 아, 이놈을 한나 따서 묵어 봉께 한 메칠을 묵어도 못다 묵겄드라고." 그렁께,(신안 구비)

라. "다 벗고 앉어서 놀드라고!" 그라고 그라니.(해남 구비)

마. 즉(=저희) 어매가 그 장소를 가작 항께 갔소이. 강께, "저 강 속으로 들어가드라고!" 항께,(해남 구비)

7.4 추정과 의도

추정은 명제의 사실성(확실성)에 대한 말할이의 판단을 나타내는 인식 양태(epistemic modality)의 문법 범주이다. 추정은 확실성의 다양한 정도 차이를 상정할 수 있는데, 영어의 must와 may가 전형적인 예이다. 우리말에서도 '내일 비가 오겠다〉내일 비가 올 것이다〉내일 비가 올 것 같다〉내일 비가 올지 모른다〉내일 비가 올까 싶다'처럼 다양한 추정의 강도를 표현할 수 있다.

의도는 동적 양태(dynamic modality)에 속하며 주어의 의지를 나타낸다. 의도는 미래 시제나 추정 표현 등으로 나타내는 경우가 많다. 의도란 앞으로 일어날 행동에 대한 말할이의 욕구이기 때문에 미래나 추정 등과 유사한 점이 있기 때문이다. 예를 들어 한국어에서 말할이의 의도는 '-으려고 하-'처럼 통사적 구성에 의해 표현된다. '-으려고 하-'는 주어의 의도 외에 말할이의 추정을 나타내기도 한다. 즉 동적 양상과 인식 양상을 겸하여 표현하는 것이다. 추정은 주어에 특별한 제약이 적용되지 않지만, 의도에는 유정물 주어라는 제약이 적용된다. 따라서 '-으려고 하-'의 동적 양상 표시 기능은 추정의 인식 양상 표시 기능이 제한된 영역에서 발현한 것으로 볼 수 있다.

한편 인식 양태를 나타내는 안맺음씨끝 '-겠-'도 주어의 인칭에 따라 의도를 나타낼 수 있다. 서술문에서는 일인칭 주어, 의문문에서는 이인칭 주어가 의도를 나타낸다. 다만 내포문 안에서는 이러한 인칭 제약이 사라져 삼인칭 주어도 의도를 나타낼 수 있다.

(23)

가. 내가 가겠다.

나. 너도 가겠니?

다. 철수도 가겠다고 하더라.

'-으려고 하-'는 그 자체가 복합문 형식이므로 의도를 나타낼 때 주어의 인칭 제약이 적용되지 않는다. '-으려고'가 마치 내포문처럼 기능하기 때문이다. 그러나 '하-'가 생략되어 복합문 구성이 축약되면 상황이 달라진다. 예를 들어 '-으려고 한다'는 '-으런다'로 축약될 수 있는데, 이 경우 주어는 일인칭으로 제한되게 된다. 이러한 사정은 '-겠-'과 같은 것이다.

7.4.1 -겄-

표준어 '-겠-'은 서남방언에서 '-겄-'으로 쓰인다. '-겄-'은 추정(가능성/능력)을 기본의미로 하며, 경우에 따라 주어의 의도를 나타내기도 한다. '-겄-'이 추정이나 가능성/능력을 나타낼 경우, 서법이나 인칭에 아무런 제약이 적용되지 않는다. (24)에서 (가)-(라)는 가능성이나 능력, (마)-(카)는 추정을 나타내는 예이다.

(24)

가. 그러고 어뜧게 허먼 지네를 잡겄느냐?(함평 구비)

나. 그래도 안을 못 들어가겄어, 만약 실수헐깜서.(함평 구비)

다. 아이, 이거 내 몸이 편찬허닝까 못 먹겄다. 어훙 쩌어 갖다 놔둬라.(함평 구비)

라. 예, 그러지라우, 알겄습니다.(함평 구비)

마. 내가 가서 좋게 꿀고 자복해야제 글 안 허먼 내가 죽겄구나.(함평 구비)

바. 저렇고 나는 놈들을 그대로 둬서는 못쓰겄고,(함평 구비)

사. "돈이 암마가 있어야 쓰겄는디, 어찌게 허께?" 그렁께,(함평 구비)

아. 자네 죽고 나 죽고 둘이 죽기배끼 더 허겄는가?(함평 구비)

자. 이만저만해서 거기로 살았다는 말은 내가 이얘기는 했겄지마는 지사(=제사)가 닥치네.(함평 구비)

차. 혹여는 될란가는 모르겄소마는,(함평 구비)

카. 순천 장꾼들을 한 잔씩이라도 다 불러서 믹이먼은 어쩔란가 모르겄다
　　고 이렇곰 말을 허드라.(함평 구비)

'-겄-'이 의도를 나타낼 때는, 서술법의 경우 주어가 일인칭으로 제한되나
내포문에서는 그러한 제약이 적용되지 않는다. (25라)처럼 내포문에 삼인칭
주어가 오더라도 의도로 해석되는 것은 이런 이유 때문이다. 그런데 비내포
문의 서술법이 아주낮춤의 위계일 경우, '-겄-'이 의도로 해석되기는 어렵다.
(25가)-(25나)는 높임의 위계이므로 의도의 해석이 가능하다. 그러나 예를
들어 '내가 가겄다'처럼 아주낮춤의 위계일 때는 말할이의 추정으로 해석될
뿐 의도로 해석되지는 않는다. 의도를 표현하려면 '내가 갈란다'라고 해야
한다. (25다)는 아주낮춤의 위계인데도 의도로 해석된다. 이는 부정사 '못'
때문이다. '못 열겄다'에서 '-겄-'은 본질적으로 의도가 아닌 추정의 해석을 갖
는다. '못'의 의미인 '할 수 없음'(불능) 때문에 의도의 해석이 개입될 수 없다.
다만 '못 열겄다'가 갖는 강한 추정이 화용적으로 강한 의도로 재해석된다.
문을 열라는 상대의 요구를 따를 수 없음(불능)이 주어의 강한 의도로 해석되
는 것이다. 그래서 만약 상대가 문을 열지 말라고 요구했을 때 그 요구대로
행동하면서 "문 못 열겄다'라고 말할 수는 없다. '못 열겄다'는 오직 상대의
요구에 저항하는 경우에만 가능한 표현이다. 상대의 요구를 따를 때는 '문
안 열란다'를 사용해야 한다. 물론 문을 열라는 상대의 요구에 저항할 때도
'문 안 열란다'가 쓰일 수 있지만, 이때는 '문 못 열겄다'보다 의도의 강도가 약
해서 상대에게 저항하는 정도도 그만큼 약하게 느껴진다. 의문법에서는 (25마)
처럼 주어가 이인칭일 때에 한하여 의도의 해석이 가능한 듯하나 글쓴이의
직관으로는 (25마)가 아주 어색하다. '가겄냐'보다 '갈래'가 자연스러운 표현
이기 때문이다. 글쓴이의 직관을 따른다면 적어도 서남방언의 의문법에서 '-
겄-'에 의해 주어의 의도를 나타내는 것은 거의 불가능한 것으로 보인다. (25

바)-(25사)처럼 수사적 의문문일 때에는 일인칭 주어의 의도 표현이 가능하다. 수사적 의문이 본시 의미적으로 서술문으로 환원될 수 있으므로 이때는 일인칭 주어의 강한 의도를 나타내는 것으로 보아야 한다. 그렇다면 '-겠-'이 의도의 해석을 가질 수 있는 것은 비내포문의 서술법에서 주어가 일인칭이며 상대높임의 위계가 아주낮춤이 아닐 때, 의문법에서는 일인칭 주어를 갖는 수사의문법에 한정된다.[4] 다만 내포문의 서술법에서는 일인칭 주어의 제약은 없다. '-겠-'이 이처럼 의도로 해석되는 경우가 서법과 상대높임 위계에서 제한을 받는 것은 서남방언에 의도를 나타내는 안맺음씨끝 '-을라-'가 따로 있기 때문이다. '-겠-'은 추정을 기본의미로 하고, 여기에 서법과 주어의 인칭에 따라 의도로 확산되는 것이 자연스러운데, 서남방언의 '-을라-'는 이러한 의미 확산을 막는 장애물로 작용한다. 반면 표준어에서는 '-을라-'가 없기 때문에 '-겠-'은 비내포문에서 서술법의 경우 일인칭 주어, 의문법에서는 이인칭 주어에서 의도의 해석을 갖게 된다.

(25)

가. "고상도 마이 허고 하여 가더라도 본땍이 들어가도 서슴치를 마소."
   "예, 그러겠습니다."(함평 구비)

나. 말씸만 하먼 약을 구해 오겠습니다.(함평 구비)

다. 문 못 열겠다.(함평 구비)

라. 이 자가 떠억 온양군수를 지가 온양군수를 가겠다고 지원을 했단 말이여.(함평 구비)

마. 그 총각을 생각해 너는 그리 가겠냐, 안 가겠냐?(함평 구비)

바. 내가 먼 돈이 있어서 인직까지(=이제까지) 배운 것도 니 덕택인디 내

---

4 이기갑(2003:499-500)에서는 서남방언을 비롯한 일부 방언에서 '-겠-'이 추정으로만 쓰이고 의도를 나타내지 않는다고 기술한 바 있으나 이는 부분적으로 잘못이다.

가 외약(=유학)을 허겄냐?(함평 구비)

사. 인저 따로 나와서 이렇게 살으니까 뭐 애기 난다고 뭐 누구를 오라고 러겄어, 뭣 허겄어? 신랑도 나가구 읎구.(군산)

'-겄-'이 이음씨끝 '-어야'의 상위문에 오는 경우가 있다. '-어야'의 상위문 서술어로는 '되-', '허-', '쓰-' 등이 쓰이는데 상위문 서술어가 축약되는 경우는 서술어가 '허-'인 경우로 제한된다. '-어야 허-'에서 '-어야'는 주체(주어의 지시 대상)가 관여하는 사태의 당위적 조건을 나타내고, 후행하는 '허-'의 씨끝 등은 당위적 조건에 대한 시제나 말할이의 추정, 단언 등 인식양태의 의미를 나타낸다. 예를 들어 '철수가 가야 허겄다'는 '철수가 가는 사태의 당위적 조건'과 그 조건에 대한 '말할이의 추정'을 나타낸다. '가야 쓰겄다'나 '가야 되겄다'에서도 같은 해석이 가능하다. 비록 추정이라 할지라도 선행절이 당위적 조건을 나타내므로 후행절의 인식 양태인 추정의 확실성은 매우 높다고 할 수 있다. 이 때문에 '-어야'의 주어가 일인칭일 경우, 선행절과 보조용언의 주체가 모두 말할이이므로 후행절의 추정은 말할이의 의도로 해석될 가능성이 생기게 되는 것이다. 특히 '-어야 허-'의 '허'가 탈락하여 축약이 일어나면 형태적인 단축 때문에 추정의 확실성은 더욱 강하게 느껴진다. 이런 이유로 추정 대신 의도로 해석될 가능성이 더 커지는 것이다. (26)의 (가)-(라)가 이런 경우이다. 그러나 '쓰겄다'나 '되겄다' 등에서 알 수 있는 바와 같이 보조용언에 나타나는 '-겄-'은 결코 의도의 해석을 갖지 않는다. 보조용언이 갖는 '적절함'의 의미는 사람이 아닌 선행절의 사태에 대한 것이기 때문이다. 사태는 확실성의 대상이 될 수 있지만, 사태 자체가 의도를 가질 수는 없다. 그래서 (26)의 (마)-(바)는 추정으로 해석된다.

(26)

가. '대관절 그놈이 어찌고 잘 아는지 한번 더 물어봐야 허겄다.' 그리고 있

을 판에,(함평 구비)

나. 내가 역적한테 도모를 안 당했으니 내가 선산 참배나 해야겄다.(함평
구비)

다. 그 고모보고 저거 얻다(=어디에다) 예워야겄다고(=결혼시켜야겠다
고) 헝개,(임실)

라. 하나씨한티(=할아버지한테) 쪼께 갔다 와 바야겄다.(임실)

마. 에이, 또 얻으러 가야 쓰겄구나.(함평 구비)

바. 그러면 어찧고 해서 명을 잇어야 쓰겄소?(함평 구비)

'-을라고 허겄-' 구성에서 '-을라고'는 선행절 주어의 의도를 나타내고 '-겄-'
은 말할이의 추정을 나타낸다. (27)은 선행절의 주어가 일인칭 복수인 '우리'
이므로 '허겄어?'의 추정을 내리는 주체와 겹치게 된다. 그러므로 이러한 일
치 때문에 앞선 '-어야 허겄-'과 마찬가지로 후행절의 '-겄-'이 의도로 해석될
여지가 생기지만, 엄밀히 따지면 '-겄-'은 의도가 아닌 추정을 나타낸다고 보
아야 한다.

(27) 우리가 머더러 그것을 볼라고 허겄어?(군산)

서남방언에서 부사형 씨끝 '-게'가 목적의 의미를 가질 경우 '-겄게'로도 쓰
인다. 그래서 '-겄게'는 '-도록'의 의미로 해석되며 언제나 동사에만 결합된
다. 이에 따라 *'행복허겄게'나 *'좋겄게'는 이 방언에서 비문법적이며, 대신
'행복허게'나 '좋게'로 표현해야 한다.

(28)

가. 아니, 쥐가 인자 범 안 하겄게 해야제.(영암)

나. 내가 어떠한 방도를 하드래도 이 선부(=선비)를 베슬 한나 하겄게 해

야 되겠다.(보성 구비)

다. 방이 크나큰 방이 둘이나 <u>되겠게</u> 허고 대청 놓고 그렇게 선생이 서당
을 해서 갈친단 말이여.(신안 구비)

라. 암도 못 <u>듣겠게</u> 허라 그래서,(화순 구비)

마. 내 <u>살겠게</u> 히 준다. 시기는 대로 해라.(정읍 구비)

7.4.2 -을라

서남방언에는 의도를 나타내는 안맺음씨끝으로 '-을라-'가 있다. '-을라-'는
이음씨끝 '-을라고'가 상위문의 씨끝과 결합한 구성이 축약된 뒤 재구조화 되
어 나타난다. 예를 들어 '죽을라고 한다'는 '죽을란다'처럼 축약되는데, '죽을
라고 한다'와 '죽을란다' 사이의 의미 차이 때문에 '-을라-'를 재구조화 된 안
맺음씨끝으로 해석하는 것이다. '-을라-'는 아래 활용에서 보듯이 명령법과
청유법에는 나타날 수 없다. '-을라고 해라'나 '-을라고 허자'와 같이 통사적
구성을 이룰 때 명령법과 청유법이 가능하지만, 그 축약형인 [*]'-을래라'나 [*]'-을
라자'는 불가능한데, 이를 통해서도 재구조화 된 '-을라-'의 가능성을 확인할
수 있다. 명령과 청유의 씨끝들은 줄기에 직접 결합되어야 하므로 안맺음씨
끝 '-을라-'가 이들 씨끝 앞에 올 수 없는 것이다.

(활용)
서술법: -을란다, -을라네, -을라요, -을랍니다
의문법: -을라냐/을래, -을란가, -을라요?, -을랍니까
명령법: [*]-을래라, [*]-을라소, [*]-을라요, [*]-을라씨요
청유법: [*]-을라자, [*]-을래세, [*]-을라요, [*]-을랍시다

'-을라-'가 의도를 나타내는 경우는 비내포문에서 서술문의 일인칭 주어,

그리고 의문문의 이인칭 주어로 제한되며 내포문에서는 이러한 제약이 적용되지 않는다.

(29)

가. 내가 대신으로 죽을란다.(신안 구비)

나. 그럼 내가 가서 말해 볼라네.(신안 구비)

다. 그라면 당신네집 안 갈라요.(신안 구비)

라. 저도 저 욱에 치 한나는 서운형께 내레 놀랍니다.(함평 구비)

마. 그러믄 얼마나 요구헐라냐?(장성 구비)

바. 너 바둑을 둘라냐, 장기를 둘라냐?(장성 구비)

사. 너 이년! 내 말 들을래, 안 들을래?(장성 구비)

아. 그러면 장개가는 것을 내가 갈쳐 주께 갈란가?(신안 구비)

자. 뭣 허실라요?(신안 구비)

차. 저도 소원의 말이 한 자리 있으니 들어줄랍니까?(해남 구비)

'-을라'가 의문형 씨끝을 취하면 추정으로 해석되기도 한다. (30)에서 '-을라냐' 대신 '-을래'를 쓰면 비문이 되는데, 이것은 '-을래'가 '-을라냐'와 달리 추정을 나타낼 수 없으며, 혼잣말로 쓰일 수 없는 표현이기 때문이다. (30)의 (가)와 (나)는 적어도 상대에 대한 적극적인 물음을 요청하지 않는 점에서 혼잣말의 범주에 들 만한 예이다. 이때는 확신의 강도가 매우 약하여 상위문 서술어로 '잘 모르겠다' 정도가 알맞다. (다), (라)는 말할이의 생각을 나타내는 것으로서 상대에 대한 직접적인 물음은 아니다. (다)는 '-겠나?' 정도로 옮길 만한데, (가)-(나)에 비해서는 말할이의 강한 확신이 드러난다. 이것은 수사의문문의 효과 때문이다. (마)-(차)는 내포문 안에서 '-을란가'가 추정으로 해석되는 경우이다. 말할이의 생각을 나타내는 내포문은 주어의 인칭이나 유정물 여부에 상관없이 모두 추정의 양태를 나타낸다.

(30)

가. 비가 올라냐 안 올라냐?

나. 내일 비가 올란가?

다. '내가 죽기 아니면 살기다, 죽기빼끼 더헐라냐' 그러고는,(화순 구비)

라. '어때 찾을 수가 있을라냐' 그런 희망이 있응께,(화순 구비)

마. '행여나 뭘 줄란가, 줄란가' 그랑께 안 줘.(해남 구비)

바. 자부가 안 올란가 생각했는디, 아, 자부가 왔거든.(해남 구비)

사. 점을 해 봐, 이래야 될란가 저래야 될란가.(해남 구비)

아. '싼 값으로 폴면 혹 살란가' 하고 여름에 가사 한 냥 받으면 이놈은 닷
돈도 못 받어요.(해남 구비)

자. 혹 이것이나 보물이 될란가 모르겄소.(해남 구비)

차. '이제나 밥 갖고 올란가 저제나 밥 갖고 올란가' 항께,(해남 구비)

'-을라고₁'은 되묻는 말로서 반말의 물음이다. 공시적으로 '-을라고₁'은 더 이상 분석할 수 없으므로 하나의 마침씨끝으로 재구조화 되었다고 할 수 있다. 이때 '-을라고₁'은 상대의 의도가 진정한 것인지를 묻거나, 상대의 의도를 받아들일 수 없는 말할이의 못마땅한 심리를 나타낸다.

(31)

가. "나 묻을라고?" 그 애기(=아이)가 그랬든 것입니다.(해남 구비)

나. "보게! 자네가 모냐다고(=먼저라고)? 내가 모냐 잡아 놨제. 자네 놈(=남)
의 자리 뺏을라고?" 시펄허니 나무랑께 인자 아, 어짤 것이요? 할 수 없
이 인자 하아, 그때는 이미 탄복을 했어.(해남 구비)

한편 같은 형태의 '-을라고₂'가 더 있는데, 이 형태는 수사적 의문문에 쓰여 사태가 일어날 가능성을 의심함으로써 해당 사태가 일어나지 않을 것임을

886

추정한다. 이 '-을라고₂'는 '-으리라고'로의 수의적 변동이 가능한 점에서 반문의 '-을라고₁'과는 성격이 다르다. 강한 추정의 '-을라고₂'는 '-을라고 허-'의 축약에 의한 씨끝이 아니라 안맺음씨끝 '-으리-'를 포함한 '-으리라고'의 축약형이라 하겠다. 예를 들어 (32)의 (가)는 '눈이 오지 않을 것'이라는 말할이의 추정을 표현하며, (나)는 '네가 하지 않았을 것임', (다)는 '좋지 않을 것임'을 추정한다. '-을라고₂'가 추정을 나타낼 때, 시제, 주어의 인칭, 서술어의 동사성 여부 등에 특별한 제약이 없다는 점에서 동사의 미래시제만 가능한 '-을라고₁'과는 구별된다. '-을라고₂'는 표준어로 올라 있는 말이기도 하다.

(32)
가. 이 계절에 눈이 올라고?/오리라고?
나. 니가 했을라고?/했으리라고?
다. 그렇게 좋을라고?/좋으리라고?

'-을라고₂'와 유사한 표현으로 '-을라디?'가 있다. '-을라디'는 아주낮춤의 씨끝인데 수사적 의문을 나타내므로 '-을라고₂'와 대체해도 별다른 의미차가 발생하지 않는다. 이 점에서 '-을라디'의 '-을라-'도 추정을 나타낸다고 할 수 있다. 똑같은 추정의 표현이라 할지라도 '-을라-'를 '-겄-'으로 대체하면 수사적 의문이 아닌 진정한 물음을 형성하게 된다. 그래서 '눈이 올라디?'는 눈이 오지 않을 것이라는 말할이의 믿음을 나타내지만, '눈이 오겄디?'는 눈이 올 가능성을 상대에게 묻고 있을 뿐, 눈이 오는 데 대한 말할이의 어떠한 판단이나 추정도 들어있지 않다.

7.4.3 -을 것이-

표준어에서 '-을 것이-'는 '-겠-'과 마찬가지로 추정과 의도를 나타낸다. 추정의 경우 '-겠-'이 말할이의 주관적 추정을 표현한다면 '-을 것이-'는 그 추정이 상대적으로 더 객관적이라는 점에서 차이를 보인다. '-었을 것이-'는 과거 사태에 대한 추정, '-었-'이 없는 '-을 것이-'는 비과거의 추정을 나타낸다. '-을 것이-'가 의도를 나타낼 경우 서술법에서는 일인칭 주어, 의문법에서는 이인칭 주어가 와야 하는 제약이 있는데, 이러한 주어의 인칭 제약은 의도 구문이 일반적으로 갖는 제약이다.

서남방언에서도 '-을 것이-'가 추정과 의도를 나타내며, 과거의 추정 역시 표준어와 마찬가지로 '-었을 것이-'로 쓰인다. 따라서 기능적 측면에서 표준어와 서남방언은 차이가 없다. 다만 형태상으로는 상당한 차이가 보인다. 서남방언에서 '-을 것이-'의 /ㄹ/과 /ㅅ/은 수의적으로 탈락하는데, /ㄹ/과 /ㅅ/의 탈락 여부 그리고 지정사 '이-'의 탈락 여부에 따라 여섯 가지의 형태가 가능하다. 동사 '가-'의 경우 '갈 것이다', '갈 거이다', '갈 거다', '가 것이다', '가 거이다', '가 거다' 등이 가능하다. 이 여섯 가지 형태에 포함된 '것' 또는 '거'는 모두 된소리로 실현되므로, 예를 들어 '가 거다'는 [가꺼다]로 발음된다.

(33)은 /ㄹ/ 탈락을 겪지 않은 경우이다.

(33)

가. 보통 코가 일 년 쪼깐 더 키먼(=키우면) 뚫을 것이요.(진도)

나. 미영베도 재봉틀로 했을 것이요.(진도)

다. 한 십 분은 더 걸(=걸을) 것이고 야튼(=하여튼) 걸 것이요. 얼마 안 멀어.(영광)

라. 아, 중매 안 허고 헐 것이요?(영광)

그러나 서남방언에서는 /ㄹ/ 유지형보다 /ㄹ/ 탈락형이 다수를 차지한다. (34)의 (가)-(나)는 의도, (다)-(바)는 추정의 예이다.

(34)

가. 참 사간 접집(=겹집)을 지 거이냐(=지을 것이냐) 오간 접집을 지 것이
　　냐 인자 집 그 평수 나름 해가지고,(곡성)

나. 나는 결대 농사 안 지 것잉께(=안 지을 것이니까) 당신 한자(=혼자) 지
　　씨요 나는 그라요.(진도)

다. 잡을라면은 그렇고 어디 가서 그러고 없이 것인디(=없을 것인데), 여
　　여 나온 디가.(곡성)

라. 한 거이 십 년 되았으 것이요.(진도)

마. 어찌께 하 것이요(=할 것이오)? 배는 고프제, 할 수 없어.(진도)

바. 먼 죽은 사람이 머 머 씻기고 먼 멋하고 하 것이요?(진도)

(34)에서 (가)를 제외한 모든 예들이 /ㅅ/을 유지하고 있어 /ㅅ/ 유지형이
일반적임을 알 수 있다. (34가)에서는 /ㅅ/의 유지형과 탈락형이 동시에 나
타나고 있어 /ㅅ/ 탈락이 수의적임을 보여 준다. (35)는 /ㅅ/이 탈락한 것들
인데 전체적으로는 소수가 확인된다.

(35)

가. 얼매나 파리똥이 쌔았으 거여?(곡성)

나. 특별한 머 하는 건 없었이 거인데.(진도)

다. 그때는 시간이 아조 나뻐갖고 뒤 시간 가차이 걸렸으 거입니다요.(보성)

서남방언에서도 영남과 접해 있는 동부 지역의 경우 /ㄹ/은 탈락되면서
지정사 '이-'는 탈락되지 않는 경향이 있다. 그래서 (36)과 같은 예는 서남방
언이 쓰이는 동부 지역의 특징적인 말투라 하겠다. (가)는 추정, (나)-(다)는
의도의 예이다.

(36)

가. 금방 사람이 오 거이라.

나. 내가 허 거잉께 걱정 말어라.

다. 너도 나랑 가 거이냐?

'-을 것이-'는 인용조사 '고'와 결합하여 수사적 의문을 나타낸다. (37가)에서 '먹을 것이라고?'는 '먹으리라고?', '먹을라고?', '먹을라디?'로 대체해도 별다른 의미 차이가 발생하지 않아, 절대 먹지 않을 것이라는 강한 확신을 나타낸다. 이처럼 인용조사 '고'와 함께 수사적 의문문을 형성하는 것은 (32)의 '-을라고/으리라고'에서 살펴본 바와 같다.

(37)

가. 율곡이 들었으니 먹을 것이라고?(함평 구비)

나. 간 뒤에 거기를 가서 보니께 무식한 사람이 알 것이라고?(장성 구비)

7.4.4 -는/은 것이-

표준어에서 '것이-'는 관형형 씨끝 '-을' 외에 '-은'이나 '-는'과 결합하여 말할 이의 확신을 나타낸다.

(38)

가. 담배는 건강에 해로운 것이다.

나. 분명, 좋은 책은 좋은 독자가 만드는 것이다.

이것은 서남방언에서도 마찬가지이다.[5] 그런데 서남방언의 경우 같은 환경에 나타나는 '-는/은 것이-'가 표준어와 달리 추정을 나타낼 수도 있다. 이때

'-는/은 것이-'의 '것'은 의존명사 '모양'으로 대체될 수 있다. '-는/은 것이-'는 '-을 것이-'와 달리 지정사 '이-'가 생략될 수 없다.

(39)

가. <u>조용한 것을 봉께</u> 애기가 자는/잔 것이다(=아기가 자나 보다).

나. <u>얼굴이 시풀헌 것이</u> 배깟이 겁나게 추운 것이다(=밖이 매우 추운 모양이다).

(39)에서 보듯이 '-는/은 것이-'가 추정을 나타낼 경우 밑줄 친 부분처럼 추정의 근거가 존재해야 한다. '-는/은 것이-'는 '명백한 근거에 바탕을 둔 추정'을 나타내는 데 쓰이는 형식이기 때문이다. 이때 추정은 명백한 근거가 제시되어 있으므로 말할이의 강한 확신이 담긴 추정이라 하겠다.

표준어에서 '-을 것이-'가 추정을 나타낼 경우 '-을 것이-'는 현재나 미래의 추정을 나타내고, '-었을 것이-'는 과거 사태에 대한 추정을 나타낸다. 그런데 서남방언의 일부에서는 과거 추정의 표현으로서 '-었을 것이-' 외에 '-었는 것이-'도 있다. '-었는 것이-'는 '-었을 것이-'와 달리 추정의 바탕이 되는 명백한 증거가 존재해야 함을 전제하는 점에서 위에서 언급한 '-는/은 것이-'와 같다. 반면 '-었을 것이-'는 그러한 명백한 증거 표현이 명시되면 오히려 비문을 형성하게 된다. 그러므로 '-었을 것이-'는 '-었는 것이-'와 달리 과거 또는 완료 상태에 대한 막연한 추정을 나타낸다고 하겠다. 말할이의 확신 정도는 '-었는 것이-'가 '-었을 것이-'에 비해 훨씬 강하다.

---

5 서남방언에서 '-는 것이-'는 '으레 그러한 법이다'와 같은 의미로 쓰이기도 한다. (예) 자식이 여럿이면, 부모를 뫼시고 물꽉 밑에 돌보는 자석이 더 다정하고, 객지로 나간 자석은 더 재미없는 것입니다.(화순 구비)

(40)

가. <u>땅바닥이 척척한 것을 봉께</u> 새복에 비가 왔는 거이다/왔을 거이다(=땅
바닥이 축축한 것을 보니까 새벽에 비가 왔음에 틀림없다).

나. 지끔쯤은 다 갔을 거여.

(40가)에서 '왔을 거이다'가 사용된 문장은 비문인데 그것은 '새벽에 비가 왔
음'을 추정하는 근거가 되는 '땅바닥이 척척한 것을 봉께'의 표현이 선행절로
나타나 있기 때문이다. 즉 말할이가 추론의 근거를 발화 현장에서 경험하면
서 추론할 때에는 '-었는 것이-'만 가능하고, 그렇지 않을 때에는 '-었을 것이-'
가 가능한 셈이다. (40나)가 정문인 것은 근거 표현이 전제되지 않았기 때문
일 것이다. '-었는 것이-'의 지정사 '이-'는 결코 생략되지 않는데 이 점에서도
'-었을 것이-'와 다르다. 그뿐만 아니라 활용은 (41)에서 보듯이 서술법에 국
한되고 의문법 등이 불가능한 것을 보면 '-었는 것이-'는 말할이의 강한 확신
을 표현하는 기능만을 수행하고 있음을 알 수 있다.

(41) 문이 열어진 것을 봉께 누가 우리 없는 새에 왔는 것이다.(것입디다./
것이네./것이냐?/것인가?/것입니까?/것이디?)

(42)는 『한국구비문학대계』에서 확인된 '-는 것이-'의 예이다. (가)-(사)에
서는 추정의 근거가 명시적으로 제시되어 있는데 반해 (아)는 그렇지 못하
다. 그러나 (아)에서 '엄매 아배가 다 죽어 버린' 사태에 대한 말할이의 확신
은 너무도 강하다. 이 발화는 이야기의 도입 부분에 나타난 것으로서 말할이
는 주인공의 부모가 모두 죽은 것을 전제하면서 이후의 이야기를 진행하고
있기 때문이다. 이러한 강한 확신 때문에 비록 명시적인 근거가 없더라도 '-었
는 것이-'가 쓰인 것으로 보인다. 근거가 명시되지 않았지만 전제되었다고
해야 할 것이다.

(42)

가. 그래서 인자 개미하고 초새하고는 아무리 지달려도 안 와. 안 옹께, "와 따, 이놈이 저 혼자 어디 가서 많이 해갖고 와서 <u>묵는 것이다</u>. 그랑께 우리 가 보자."(해남 구비)

나. 벌려 봉께 한나도 없어, 떡이 다 빠져 불고. 다 빠져 불고 한나도 없응 께는 "와마, 이놈의 새끼 뚜께비란 놈이 다 <u>줏어 먹는 것이다</u>. 우리 쫓 아 올라가자."(해남 구비)

다. 아, 그란디 그 건네가 불이 한나가 빤하요. '아 저가 인가가 <u>있는 것이 다</u>.' 하고 대차 그 대목을 슬금슬금 걸어가 보니까,(신안 구비)

라. 첫날에는 즈그 어매 아배가 볼 때게(=때에) 저 자식이 느닷없이 변해 불었단 말이여. '저렇게 변허면 우릴 <u>때러 죽일라 그런 것이다</u>.' 허고 벌벌벌벌 떨었는디 그것이 아니고 참 계속해서 잘 허그든.(신안 구비)

마. '오매 오매, 우리 어매가 나한테 이렇게 좋게 해 주는디 내가 우리 어매 를 그렇게 <u>그랬는 거이다</u>.' 그라고 도로 막 업고 와갖고,(해남 구비)

바. 뜨건 빨래 삶은 뜨건 물로 찌클어(=끼얹어) 불어서 나는 머리빡이 활 딱 벗어졌다고 그렇게 꿈에 성명(=현몽)을 댄다고 그랑께, 며누리가 손바닥을 탁 침시로 낮에 그랬다고 하드라여. 내가 참말로 그랬다고. 아적에 날 새갖고 봉께는 대그빡이 활딱 디어 벗어져갖고 눈 멀렁멀렁 뜨고 쳐다보고 있그덩, 구렝이가. 오매 오매 이것이 <u>우리 어매인 것이 다</u>. 우리 엄매가 <u>그랬는 것이다</u>.(해남 구비)

사. 그래 둠붕(=커다란 웅덩이)을 다 품어서 올려 놓고 봉께 밑에 가서 댈 싹 큰 가마치(=가물치) 한 마리 있고는 아무 고기도 없다 그 말이여. 그 래서 그 가머치를 '에 요것이 둔갑을 해갖고 가마치가 돼갖고 속에서 <u>살았는 것이다</u>.' 허고 죽여 놓고 봉께, 그것이 고이도 적왕이라고.(신 안 구비)

아. 옛날에 누나하고 남매를 낳아 놓고 엄매 아배가 다 <u>죽어 불었는 것입</u>

<u>디다</u>.(해남 구비)

'-는/은 것이-'가 추정을 나타내는 용법은 전남의 서남해안 지역인 해남·완
도·진도·신안 등지에서 확인된다. 아마도 이러한 용법은 추정을 나타내는
'-을 것이-' 등에 유추되었거나, 아니면 '-을 것이-'와 '-는/은 모양이-'와 같은
통사적 구성의 혼태에 의해 생겨난 것으로 보인다.

7.4.5 -든 것이-

과거의 추정을 나타내는 또 다른 표현으로 '-든 것이-'가 있다. (43)의 (가)-
(마)에서 '것'은 의존명사 '모양'으로 대체 가능하여 추정을 나타내지만,
(바)-(사)는 '모양'으로의 대체가 불가능하여 추정이 아닌 단언으로 해석된
다. 이는 '것이-'에 과거시제 '-었-'이 결합된 탓으로 보인다. 그렇다면 '-든 것
이-'는 '것이-'의 시제에 따라 과거이면 단언, 비과거이면 추정으로 해석된다
고 하겠다. '-든 것이-'는 '-는 것이-'와 달리 추정의 증거를 필수적으로 전제하
지 않는다.

(43)

가. 아, 이자 즈그 시아재(=시동생)들이 있던 것이요.(승주 구비)

나. 기어이 데려다가 개가를 시킬라고 하던 것이여.(해남 구비)

다. 이름도 모릉께. "큰가시내야! 큰가시내야!" 불렀던 것입니다.(해남 구비)

라. 잔등재로 해서도 댕기고 산질로도 해서도 댕기고 그랬든 것입니다.
(해남 구비)

마. 옛날에 빡빡 얽은 고속배기가 말은 잘했든 것입니다.(신안 구비)

바. 그래 인자 둘이 자고는 새벽에 인자 떡죽을 쓰갖고 아부지한테 세배를
가던 것이었다.(함평 구비)

사. 그렇게 인자 이렇게 뽀독뽀독해서 시간이 인자 오시가 되았던 것이었
다.(함평 구비)

'-든 것이-'는 '-었는 것이-'와 마찬가지로 상대높임의 위계에 무관하게 추정을
나타낼 수 있다. (44)는 구비문학대계와 구술발화 자료에서 확인된 것이다.

(44)

가. 아, 그러이 그 집이가 말을 마이(=많이) 키든갑디다. 키우던 것입디다.
(함평 구비)

나. 어느 노대신이 연로해서 사직을 허시고 환고향을 허셨던 것이데.(고
흥 구비)

다. 시집가갖고 인자 남자는 나이가 어리고 처녀는 나이가 많고 그랬던 것
입디다이.(해남 구비)

라. 그랑께는 인자 나 시킨 대로 하라고 했던 것입디다.(해남 구비)

마. 그래 인자 암것도 할 것도 없고 날마다 나무나 하러 댕기고 그랬던 것
입디다.(해남 구비)

바. 우리 성님 겁나게 시집살이 했던 것입디다.(진도)

사. 집이로(=짚으로) 섬 엮어서 인자 아주 예전에는 궇게 했던 것입디다.
(진도)

아. 뒤안에가 큰 구렝이가 한나가 살었든 것입디다.(신안 구비)

7.4.6 -는갑/은갑-

'-는가 보-'의 축약형 '-는갑-'도 추정을 나타내는데, 이 역시 명백한 추정의
증거를 전제로 하는 점에서 '-는 것이-'와 같은 양상을 보인다. 다만 '-는갑-'은
출현 지역이 전남북을 아우르지만 '-는 것이-'는 전남의 남해안 지역에 한정

되는 점이 다르다.

(45)
가. 배깥에 비가 온갑다.(현재)
나. 엊저녁에 비가 왔는갑다.(과거)
다. 비가 왔든갑다.(과거)

(45가)는 비가 오는 소리를 들었을 때 가능한 표현이다. 비가 오는 것을 직접 눈으로 보았다면 '비가 온다'라고 했을 터인데, 보지는 않고 단지 비가 오는 소리만 들었으므로 빗소리에 근거하여 비가 오는 것을 추정하는 것이다. 그러나 이것이 단순한 추정이 아니라는 사실은 추정 표현 '비가 오겠다'나 '비가 올거다' 등과 비교할 때 분명해진다. 밖에서 비가 오는 소리를 들었다면 '비가 오겠다'나 '비가 올거다'는 불가능하다. '-겠-'과 '-을 것이-'는 발화 장소가 아닌 곳에 대한 추정, 그리고 발화 장소일 때에는 발화 당시가 아니라 이후의 사태에 대한 추정을 나타낼 수 있을 뿐이다. 발화 현장의 근거를 바탕으로 하여 내리는 추정은 오직 '-은갑다'만 가능하다.

(45나)는 (45가)의 과거시제로서, 땅바닥이 축축하거나 물이 고여 있거나 열린 창문으로 비가 들어온 흔적이 있거나 하는 시각적 증거들을 통해서 어제 저녁에 비가 왔음을 추정하고 있다. 과거의 증거인 탓에 청각적 증거는 원천적으로 불가능하다. 예를 들어 엊저녁에 자면서 들은 빗소리에 근거하여 어젯밤에 비가 왔었음을 추정할 수 있는데, 이런 경우에도 (45나)는 불가능하다. (45가)와 (45나)의 청각, 시각적 증거란 비가 오는 사태의 속성에 의해 결정되는 것이며 사태가 달라지면 증거도 달라질 것이다. 예를 들어 '애기가 공부를 잘헌갑다'나 '애기가 공부를 잘했는갑다'는 이러한 감각적 증거와는 무관하다. (45다)는 의미상 (45나)와 큰 차이를 보이지 않는다. 동일한 시각적 증거에 의해 (45나)와 (45다)의 어느 것으로도 표현이 가능하다.

8장

높임법

8.1 주체높임법

주체높임은 말할이가 문장의 주어로 등장하는 인물이나 그와 관련된 사물을 높이는 문법범주이다. 서남방언에는 주체높임을 나타내는 안맺음씨끝으로서 '-시-'와 '-어게'가 있다. '-시-'는 형태와 용법에서 표준어와 아무런 차이가 없다. '-시-'는 전남북 전역에서 쓰이는데, (1)이 '-시-'의 용례이다.

(1)
가. 그러니 거그 가시면은 얼마든지 환영허시고 가실 때 여비까지도 줄 것이요.(함평 구비)

나. 그러면 그 대감 부인보고 나오시라 해라.(함평 구비)

다. 정력이 참 좋으시고.(함평 구비)

라. 주인장 기분이 안 좋으시겠읍니다.(장성 구비)

동사에 따라서는 주체높임의 동사로 굳어져 쓰이는 것들이 있다. '있다'에 대한 '계시다', '먹다'에 대한 '들다'와 '잡수다', '자다'에 대한 '주무시다' 등이 그런 예이다. 서남방언도 표준어와 같이 이러한 주체높임 동사들이 그대로 쓰인다. '들다', '잡수다'는 애초부터 주체높임의 동사로 쓰였지만, 여기에 다시 주체높임의 안맺음씨끝 '-시-'가 결합되어 '드시다', '잡수시다' 등으로 쓰이기도 한다. 그러나 '주무시다', '계시다'는 '-시-' 없이 쓰일 수 없으므로 '-시-'는 굳어진 동사의 일부로 해석한다. (2바)에서 '주무-'가 '-시-' 없이 단독으로 쓰이고 있으나 이런 경우는 매우 드물다. 발화자의 잘못이거나 개인어일 가능성이 크다.

(2)
가. 여기 잠깐 기시쇼. 여기 계시면 나려오죠.(장성 구비)

나. 그 기생이 큰 술상을 하나 내 놓고 술을 한 잔 들고 가시라고 글그든이
요.(보성 구비)

다. 물 갖고 가서 많이 드시쇼.(화순 구비)

라. 안주인이 술이라도 한 잔 잡수고 가라고 하나 앞에 엽전 한 냥쓱을 줘.
(화순 구비)

마. 지 음메(=저희 엄마)보고 밥을 해 달라 해갖고 밥을 해 주는디, 영감님
들이 달게 잡수시거든, 시장한 판이라.(화순 구비)

바. "여기서 주무고 난 위에서 잘랍니다." 그러거든, 그 여자 말이.(화순 구비)

사. 엊저녁에 우리 아버지가 여기서 주무시면서 허리끈을 끌러 놓고 안 차
고 오셨답디다.(화순 구비)

서남방언에는 '-시-' 외에 안맺음씨끝 '-어게-'가 주체높임을 나타낸다. '-어
게'는 전남의 전역과 전북의 남부 및 서부 지역 일대(김제·부안·고창·진안·장
수)에서 쓰인다(이태영 1988).[1] '-어게'는 언제나 형태 '어'가 뒤따르는 제약을 받
는다(박양규 1980). (3가)-(3나)는 '-어게-' 뒤에 반말의 '-어'가 오고, (3다)는 씨끝
'-어서'가 왔다. 또한 (3라)-(3타)는 과거시제의 안맺음씨끝 '-었-'이 뒤따르고
있다. 이들은 모두 형태 '어'를 포함하는 점에서 공통이다.

(3)

가. 그러게 의견이 좋아게라우.(함평 구비)

나. 들에 나가면 개똥을 줍는 대로 줏어다가 모아게라오.(정읍 구비)

다. 어떤 손님이 연영(=연령)은 많이 몇 살쯤 되는 그 손님이 찾아와게서
찾소.(함평 구비)

---

1 동남 방언에서는 안동·영양·영덕·청송·봉화·영풍·의성 등 북부 경북에서 쓰인다(임
지룡1981).

라. 낙남(落南)해겠제.(영암)

마. 곡식이 없어가지고 육 일을 굶어겠어.(해남 구비)

바. 인자 구역을 분간허드라도 용월리, 월계리 모도 달 월자를 다 넣어겠
어.(함평 구비)

사. 그란디 초갯정씨 경주정씨 두 정씨가 살어겠어.(해남 구비)

아. 우리 아부지도 마흔아홉에 돌아가겠어.(영광)

자. 딸이 닛 우리 어머니도 아들 싯 그렇고 둬겠어요.(영광)

차. 강씨란 분이 살어겠어요.(신안 구비)

카. 아니, 병도 없고 경인년에 돌아가겠는디,(영광)

타. 그냥반이 거그서 살다가 요리 이사 와겠거던.(영광)

'-어게-'는 역사적으로 '-어 겨시-'와 같은 통사적 구성에서 생겨난 안맺음
씨끝이다. '-어 겨시-'는 '-어 잇-'의 높임형으로서, 보조동사 구성 '-어 잇-'이
축약되어 과거시제 형태소 '-었-'으로 변하였듯이 높임형 '-어 겨시-'도 '-어겠-'
으로 축약되어 변한 것이다. 따라서 '-어겠-'은 과거시제의 주체높임형이며,
의미적으로 표준어 '-셨-'에 대응한다. '-어겠-'이 주체높임의 과거를 나타내
므로, 주체높임의 현재형은 '-어겠-'에서 '-었-'을 제거한 '-어게-'가 된다(고광모
2001a). 고광모(1999/2000a)에서는 이처럼 '-어겠-'이 '-어게-'와 '-었-'으로 재분석
되었음을 가정한다. 이전까지 학계에서 '-어겠-'에 과거시제 형태소 '-었-'이
포함되어 있다고 생각해 온 사실이 이러한 재분석의 가능성을 뒷받침하는
셈이다. 이렇게 '-어겠-'이 '-어게-'와 '-었-'으로 재분석되었다고 하면, 안맺음
씨끝 '-어게-'의 출현을 설명할 수는 있지만, 그것이 언제나 씨끝 '-어' 앞에 오
는 분포상의 제약을 설명하지는 못한다. 이 문제를 해결하기 위해 고광모
(2001a)에서는 '-어게-'가 다시 안맺음씨끝 '-어게-'와 맺음씨끝 '-어'의 두 요소
로 재분석됨을 가정한다. '-어게-'가 형태적으로 씨끝 '-어'를 포함한 것과 동
일하기 때문에 이러한 재분석의 가능성이 용인되는 것이다. 이와 같은 두 차

례의 재분석의 과정을 거쳐 서남방언과 동남 방언에서 쓰이는 주체높임의 안맺음씨끝 '-어게-'가 출현하게 되었다. 오늘날 '-어게-'는 중년 이상의 토박이들이나 사용할 뿐, 젊은이들 사이에서는 거의 들을 수 없는 표현이 되었는데, 이러한 쇠퇴는 결국 같은 주체높임의 기능을 하는 '-시-'와의 기능 중첩 때문으로 보인다.

한편 표준어의 '계시-'에 대응하는 서남방언의 표현으로 '지겼-' 또는 '지겠-'이 있다. 이때 보이는 '겼'이나 '겠'은 '겨시-'로부터 생겨난 형태임은 물론이다. 다만 서남방언에서는 여기에 다시 '지'라는 형태가 덧붙은 것이 특징인데, 이 '지'는 '겨시-'의 첫 음절 '겨'로부터 발달한 것으로 추정된다. 이 '겨'는 '겨-어'로 분석될 수 있으므로 결국 '지겼-'은 '겨어 겨시-'에서 발달한 것으로 볼 수 있다.

(4)

가. 인자 또 다 나가시라고 그라고 혼자 딱 지겠응께는, 이야기를 좀 해 보시라고, 무슨 일로 오셨냐고 그렁께는,(해남 구비)

나. 그런 기미를 알고는 그냥 상각 손님이 가도 안하고 거기가 지겠다가 아 우게주게한(=우락부락한) 놈이 담장을 훌쩍 뛰어넘드니 방으로 딱 들어가드라우.(해남 구비)

다. 허허, 이거 무슨 소리요? 이왕에 지겼응께 아침밥을 잡수고 가야제 쓸 것이요?(보성 구비)

라. 아부지 집이 지겠냐?

마. 그 두 분배끼 안 지겠어.(영광)

전북 일부 지역에서는 선행하는 '-어' 없이 '-게-' 단독으로 쓰이는 수가 있다. 이것은 이들 지역에서 씨끝의 일부인 '어'가 탈락하는 일반적 변화를 따른 결과로 보인다. 예를 들어 이음씨끝 '-어야'는 전북의 북부와 남부 일부 지역(옥구·익산·완주·진안·무주·정읍·순창·남원)에서 '-으야'로 실현됨으로써 '-어야'를 갖는 나머지 지역(김제·부안·임실·장수·고창)과 대립한다. (5)에서 밑줄 친 '오겠소만'은 전남 지역어라면 '와겠소만'이라고 해야 할 것인데, '어'가 탈락하여 '오겠소만'으로 쓰인 것이다. 표준어의 '오셨소만'에 대응한다.

(5) 아이고 여보쇼! 오시기는 잘 <u>오겠소만</u> 큰일 나요.(정읍 구비)

'-어게-'는 주체높임의 '-시-'와 함께 쓰일 수 있는데, 이때에는 '-셔게-'의 구성을 취한다. '-어게-'가 이미 주체높임을 나타내고 있는데, 여기에 새로운 주체높임 씨끝 '-시-'가 덧붙은 것이다. 이는 주체높임을 강조하여 극진한 존대를 하기 위한 조처로 보인다. (6)에서 높임의 대상이 용왕이라는 사실이 이를 뒷받침한다.

(6) 아, 용님(=용왕님) 여기 오셔겠소?(화순 구비)

8.2 객체높임법

객체높임은 문장의 주어가 문장 내의 목적어나 여격어(간접 목적어)를 존대하는 높임법이다. 중세국어에서 안맺음씨끝 '-습-'에 의해 표현되었던 이 높임법은 '-습-'의 기능 변화에 따라 현대에 와서 사라졌는데, 다만 몇 개의 어휘에 그 흔적이 남아 있다. 객체높임을 표현하는 동사로는 '모시다, 드리다, 뵙다, 여쭈다' 등이 대표적이다. 이들은 각각 '데리다, 주다, 만나다, 묻다'의 객체높임말이다. '주다'에 대해서는 '드리다' 외에 '바치다'나 '올리다' 등을 더 추가할 수 있고, '말하다'에 대한 객체높임말로 '아뢰다'나 '사뢰다'와 같은 예스러운 말이 있기도 하다(서정수 1994:933).

서남방언은 표준어와 마찬가지로 객체높임법이 일부 동사에 의해 표현된다. 특히 객체높임의 동사 '모시다, 드리다' 등의 용법은 표준어와 완전히 같다. '만나다'의 객체높임 동사 '뵙다'는 서남방언에서 '뵙다'와 함께 '뵈다'로도 쓰이는데, 청유형은 '뵈입시다'가 일반적이다. '뵈입시다'의 '-입시다'는 '-십시다'에서 /ㅅ/이 탈락한 형태이다. 이 '뵈입시다'는 단순히 만나는 것에 그치지 않고 윗사람을 만나 엎드려 절을 하는 행위를 나타내기도 한다. 즉 [만남]과 [엎드려 절하기]의 두 가지 행위가 포함되어 있기 때문에 전형적인 객체높임 표현으로 보기는 어렵다. (7)의 밑줄 친 부분은 '뵈입시다'에 이러한 인사가 필수적으로 따르고 있음을 보여 준다.

(7)

가. 인자 내외 가서 인자, "어머니 뵈입시다." 허고 <u>그렇게 인사를 헌</u> 다음에.(정읍 구비)

나. "하이고, 의사님 뵙시다."고 허고 <u>얼굴을 땅 닿게 그냥 절을 허고</u> 나오드리야.(군산 구비)

다. 그렇게 얼매 지난 뒤에 떡허니 어떤 선동(仙童)이 하나 오더니, 선생님

뵙자고 <u>인사를 허거든.</u>(군산 구비)

라. 인자 어머니라고 허고 인자 뵙기가 늦었다고 인자 <u>인사를 허면서,</u> "어머니 뵙시다."고 그럴 적에 그 아들 효성이 얼매나 지극허냔 말여.(정읍 구비)

(8)은 인사에 대한 내용이 명시되어 있지 않지만 내용으로 보아 엎드려 절하기의 인사가 포함되어 있음을 짐작할 수 있다. '뵈입시다'를 단순히 '만납시다'로 바꾸면 어색하기 때문이다. 이때의 '뵈입시다'는 '인사 드리겠습니다' 정도의 의미를 갖는다.

(8)

가. 아버지 뵈입시다.(해남 구비)

나. 쟁인양반 뵈입시다. 장모님 뵈입시다.(화순 구비)

다. 아, 선생님 뵈입시다.(화순 구비)

라. 어떤 놈이 썩 들와, "도련님 뵙시다." 허고 머리에 수건을 두르고.(정읍 구비)

마. 그 여자가 소위 소복을 하고 썩 들어와서는, "선비님 뵙시다. 저로 말헐 것 같으면 다른 사램이 아니라, 이 집 주인이요."(정읍 구비)

그러나 (9)는 엎드려 절하기가 반드시 포함되어 있다고 하기 어려운 예들이다. 단순히 만남을 의미하는 것으로 해석된다.

(9)

가. 처가에 가서 인자 장인과 빙모 다 뵈입고 즈그 처의 집 가정 방을 다 돌아보고,(해남 구비)

나. 왜란이 얼매 있다 오닝게, 그 때 그 장군님 뵈입시다.(정읍 구비)

다. 저승으 가서 자네 아버니를 뵙고 왔네.(정읍 구비)

'여쭈다', '여쭙다'는 흔히 '묻다'의 객체높임어로 이해되고 있지만, '여쭈다'는 원래 '묻다' 외에 '말하다'의 높임어로 쓰였던 말이다. 다만 현대국어에서 '말하다'의 높임어로 쓰이면 예스러운 말맛을 풍기기 때문에 단지 '묻다'의 객체높임 동사로 규정하고 있는 것이다. 서남방언에서 '여쭈다'는 잘 쓰이지 않으며, 높일 만한 객체에 대해서도 '여쭈다' 대신 '묻다'를 쓰는 것이 보통이다. 다만 예스러운 말맛을 풍길 때에는 서남방언에서도 '여쭈다'가 쓰이기도 하는데, 이때는 '묻다' 외에 '말하다'의 높임말로 쓰인다. (10)이 이런 경우이다.

(10)
가. 좀 뵙자고 여쭈면 어쩌냐고,(정읍 구비)
나. 그래서 그 사실 이야기를 지숙씨헌테 여쭈었든갑데.(함평 구비)
다. 말을 한 자리 여쭈어 올리겠습니다.(장성 구비)

'여쭈다' 외에 표준어의 '사뢰다'도 '말하다'의 객체높임어로 쓰이는데, 서남방언에서는 '사로다' 형태로 쓰인다.

(11) 어른들한테 인자 말씀을 사롸 봤는데,(함평 구비)

9장

부정법

한국어의 부정법은 두 가지 방식이 있다. 부정사 '안'이 서술어 앞에서 수식하는 경우와 부정의 보조용언 '않-'을 사용하는 경우이다. 그런데 후자의 경우 본용언의 품사에 연동되어 보조용언 '않-'의 활용 양상이 달라진다. '않-'의 본용언이 형용사면 형용사의 활용, 본용언이 동사면 동사의 활용을 하는 것이다.

(1)
가. 날씨가 춥지 않다.
나. 여기는 햇볕이 들지 않는다.

이러한 상이한 활용 양상은 '않-'에 포함된 'ㅎ'이 기원적으로 대용어 'ㅎ-'에 소급하기 때문이다(이기갑 2003:519). 잘 알려진 바와 같이 부정의 보조용언 '않-'은 중세어 '아니ㅎ-'에 소급하는데, 이때 'ㅎ-'가 앞선 본용언을 대신하는 대용어라는 점을 전제해야만 비로소 위와 같은 상이한 활용의 양상을 이해할 수 있다.[1] 따라서 이러한 대용성에 근거하여 이기갑(2003)에서는 '-지 않-'에 의한 부정을 '대용부정'(또는 '간접부정'), '안'에 의한 부정을 '직접부정'이라 불렀던 것이다.

'비가 온다'에 대해 '비가 안 온다'와 '비가 오지 않는다'의 두 가지 부정문이 가능하다면 그 두 부정문 사이의 차이는 무엇인가? 이 물음에 대한 해답은 대용부정에서 찾아야 할 것이다. 왜냐하면 직접부정은 중립적이며 무표적인 부정 형식인 반면, 대용부정은 의미나 통사적인 측면에서 유표적이기 때

---

1 전남 신안 지역의 구술발화 자료에서 확인된 예는 장형부정이 대용부정임을 명백히 보여 준다. 예에서 '열도 많이 안 널고'는 '열도 많이 안하고'처럼 쓰여야 할 구문인데, '안하고' 대신에 '안 널고'가 쓰였다. 여기서 '널-'은 '열-'의 방언형이므로 선행하는 동사 '열도'의 '열-'이 '안' 뒤에 다시 나타난 것이다. (예) 그리고 <u>열도 많이 안 널고</u>(=그리고 열기도 많이 안 열고.)(신안)

문이다. 본용언을 대용어로 대신한 뒤 이를 부정하는 복합적인 형식은 매우 이례적인 부정 방식이다. 이처럼 복합적인 대용부정 형식에서는 직접부정에서 불가능했던 보조사나 복수접미사의 결합이 가능하다.[2] 이례적인 대용부정의 존재 이유가 이 점에 있는 것이다. (2)에서 씨끝 '-지' 뒤에 보조사의 역할을 하는 조사 '를'과 '가'가 각각 동사와 형용사에 결합되어 있다. 부정문의 본용언 씨끝 '-지' 뒤에 올 수 있는 조사로는 '가'와 '를' 외에 '는, 도, 만, 야' 등의 보조사, 복수접미사 '-들'이 있다. 이러한 의미 화용적 기능을 하는 보조사가 결합되지 않는 경우를 '중립적인 부정'이라 한다면, 보조사가 결합한 경우는 '비중립적 부정'이 될 것이다. 그렇다면 중립적인 부정은 직접부정이나 보조사의 결합이 없는 대용부정에 의해 표현되며, 비중립적인 부정은 보조사가 결합된 대용부정으로 표현된다고 할 수 있다.

(2)

가. 사람들이 오지를 않는다.

나. 날이 춥지가 않다.

중세국어에서는 현대국어와 달리 대용부정의 본용언 씨끝으로서 '-디', '-들', '-든'이 오며, 보조사 '도'가 씨끝에 직접 결합된 형식도 보인다. '-디', '-들', '-든'은 기원적으로 의존명사 '드'에 조사 '이', '을', '은' 등이 각각 결합된 것이다. 그 밖에 '-든'과 같은 뜻의 '-디는'도 나타나는데, '-디'를 제외한 '-들, -든, -디는'이나 '도'가 결합된 형식은 모두 비중립적 부정을 나타낸다. 아래 예는 허

---

2 '나는 차를 마신다'처럼 어떤 사태를 단일문으로 기술하는 경우와 '나는 차를 마시기는 한다'처럼 복합문으로 기술하는 경우를 비교해 보면 '-기 하-'의 구문은 단일문과 달리 보조사의 결합이 가능하다. 이러한 차이는 '안 마신다'와 '마시지 않는다'에서도 똑같이 나타난다. 물론 '-기 하-'의 복합문에서는 보조사 없는 경우가 불가능하여 '-지 않-'과 다른 점이 있기는 하다.

웅(1975:437)과 이지영(2005:71-75)에서 가져온 것이다.

(3)

가. 得ㅎ디 아니ㅎ리 업ᄂ니(원각경언해 하2-2:43)

나. 法 듣들 아니ㅎ리라(월인석보 2:35)

다. 앗기ᄃᆫ 아녀도 너도 몯 ᄇ리고 나도 몯 ᄇ리니(순천김씨언간 40)

라. 내죵내 쓰디ᄂ 아니호라(번역소학 10:1)

마. 킈 젹도 크도 아니ㅎ고 슬히 지도 여위도 아니ㅎ니라(월인석보 1:25)

(3라)의 '-디ᄂ'은 '-ᄃᆫ'을 대체하기 위한 새로운 어형이다. '-디'가 굳어져 더 이상 주격조사의 결합형으로 인식되지 못한 채 본용언의 씨끝으로 자리매김 하면서 보조사가 새롭게 결합한 결과이다. 현대 표준어에서 '-ᄃᆯ'과 '-ᄃᆫ'은 더 이상 쓰이지 않고 '-지를'과 '-지ᄂ'으로 대체되었는데, '-디ᄂ'은 바로 '-지ᄂ'의 중세형이다. 그 밖에 (2나)처럼 형용사에 결합하는 '-지가'가 현대국어의 입말에 주로 쓰이는데 이 역시 '-디'에 포함된 주격조사가 인식되지 못하였기 때문에 가능한 결합이다. '-ᄃᆫ〉-지ᄂ'에 비해 '-ᄃᆯ〉-지를'과 '-디〉-지가'의 대체는 현대국어에 와서 생긴 변화로 보인다.

　중세국어 '-ᄃᆯ'과 '-ᄃᆫ'의 존재, 그리고 현대국어에서 본용언의 씨끝 '-지' 뒤에 여러 보조사들이 결합될 수 있다는 사실은 대용부정이 직접부정과 달리 말할이의 섬세한 표현 욕구를 채우기 위한 부정 형식임을 말해 준다.

9.1 직접부정과 대용부정의 사용 비율

직접부정과 대용부정의 사용 비율은 지역에 따라 달리 나타난다. 경기도
와 전남북의 양상을 알아보기 위해 4시간 동안의 구술발화에 나타난 부정
표현의 빈도를 비교해 보았다. 이때 '-면 안 되-', '안되-' '-잖아', '-잔해' 등과 같
이 언제나 직접부정과 대용부정 가운데 어느 한 형식으로만 쓰이는 관용 표
현은 제외하였다. 두 형식이 모두 가능한 경우에 어떤 부정 형식이 선택되는
지를 알아보려 했기 때문이다.

〈표 12〉 경기도와 전남북의 직접부정과 대용부정 사용 양상

		경기 파주	경기 이천	경기 화성	전북 군산	전북 임실	전남 영광	전남 영암
부정 전체		163회	118회	180회	131회	202회	277회	229회
중립 부정	직접부정	132	83	151	103	194	250	211
	대용부정	20	20	7	10	0	2	0
	합계	152회	103회	158회	113회	194회	252회	211회
비중립적 부정		11회	15회	22회	18회	8회	25회	18회
중립:비중립(%)		93:7	87:13	88:12	85:14	96:4	91:9	92:8
직접:대용(%)		81:19	70:30	84:16	79:21	96:4	90:10	92:8

〈표 12〉에서 직접부정은 중립부정에만 쓰이고, 대용부정은 중립과 비중
립 부정 모두에 걸쳐 사용된다. 따라서 직접부정과 대용부정의 사용 비율을
비교하려면, 대용부정의 경우 중립부정과 비중립 부정에 사용된 출현 횟수
를 모두 합하여야 한다. 이렇게 계산된 결과를 비교해 보면 조사 대상 지역
에서 직접부정이 대용부정에 비해 압도적으로 많이 사용되고 있음을 알 수
있다. 다만 그 비율은 지역에 따라 달리 나타난다. 경기도에서는 직접부정의
사용 비율이 70%~85%에 이르는 반면, 전남에서는 90%~97%로 높아진다. 이
에 따라 대용부정의 사용 비율도 경기도에서는 15-30%에 달하지만 군산을

제외한 전남북에서는 3-10%에 불과하다.[3] 전남북이 경기도에 비해 대용부정의 사용 비율이 낮은 이유는 무엇인가? 이에 대한 해답을 얻기 위해서는 경기도와 전남북 지역의 대용부정 양상을 살펴볼 필요가 있다.

〈표 13〉 대용부정의 사용 양상

		경기 파주	경기 이천	경기 화성	전북 군산	전북 임실	전남 영광	전남 영암
대용부정		31	35	29	28	8	27	18
[+지]	-지	20	20	7	10	0	2	0
	-지가	1	0	1	0	0	0	0
	-지도	5	3	5	3	0	0	1
	-지는	2	3	4	0	0	0	0
	-지를	3	9	11	1	0	0	0
	-지들	0	0	1	0	0	0	0
[-지]	-들	0	0	0	12	1	4	1
	-든	0	0	0	2	1	9	7
	도	0	0	0	0	6	12	9
[+지] : [-지]		31:0	35:0	29:0	14:14	0:8	2:25	1:17

〈표 13〉을 보면 경기도와 전남북의 상황이 완전히 다름을 알 수 있다. 경기도의 경우 대용부정은 씨끝 '-지'를 필수적으로 요구하며 여기에 보조사나 접미사가 결합될 수 있다. 반면 전남북은 '-지' 없이 줄기에 '-들, -든, 도' 등이 결합하는 경우가 대부분이다. 중세어의 대용부정 형식 '-디, -들, -든, 도' 등은 현대에 와서 '-지, -들, -든, 도' 등으로 형태가 바뀌었는데, 서남방언은 '-지'를

---

3 이기갑(2003:557-558)에서는 서울토박이말 자료나 뿌리깊은나무사 간행의 구술발화 자료를 바탕으로 하여 '서울(35%) 〉 동남(부산)(19%) 〉 충남(17%) 〉 동남(경북)(11%) = 제주(11%) 〉 서남(9%)'과 같은 대용부정 사용 비율을 제시한 바 있다. 한편 전북의 군산은 언어적으로 전북보다는 충남 지역에 가까운 양상을 보인다. 이는 물론 충남에 인접한 지리적 영향 탓이다.

제외한 나머지 형태들이 그대로 쓰이고 있는 것이다. 이 방언에서 '-지'가 대용부정에 쓰이지 않은 것은 중립적인 부정을 표현하기 위한 직접부정이 따로 있기 때문이다. 굳이 동일한 중립 부정을 나타내기 위해 직접부정과 '-지'에 의한 대용부정이 함께 쓰일 필요가 없는 것이 주된 이유라고 하겠다.

경기 지역어에서는 서남방언과 달리 '-들, -든, 도'가 직결되는 부정 방식은 사라지고 '-지'에 의한 대용부정으로 통합되었다. 그래서 '-들, -든, 도' 대신 '-지를, -지는, -지도' 등의 새로운 형식이 들어서게 된 것이다. 서남방언이 중세의 대용 부정 방식을 그대로 계승하되 단지 '-디'에 의한 중립적 부정 방식만 사라졌다면, 경기 지역어는 '-들, -든, 도'가 줄기에 직결되는 방식이 사라지고 '-디'의 후대형 '-지'에 의한 새로운 조사 결합 방식이 나타나게 되었다. 이러한 변화의 결과로 중립적인 부정은 경기 지역어의 경우 직접부정과 '-지'에 의한 대용부정 두 가지로 표현되는 반면, 서남방언은 오직 직접부정에 의해서만 표현되기에 이른 것이다. 만약 같은 시간 동안 경기도와 전남북의 말할이들이 사용하는 중립 부정의 사용 양이 비슷하다면, 서남방언의 직접부정 비율이 경기 지역어의 직접부정 비율에 비해 높을 것은 당연하다. 경기 지역어는 같은 양을 직접부정과 대용부정의 두 가지 방식으로 나누어 표현하기 때문이다.

〈표 13〉에서 흥미로운 사실은 전북 군산의 대용부정에서 [+지]와 [-지]의 사용 비율이 14:14로 같다는 점이다. 이는 오로지 [+지]만을 사용하는 경기도로부터 남쪽으로 내려갈수록 [+지]의 비율이 낮아지며, 군산은 이러한 추세의 중간 지대에 있음을 말해 준다. [-지]가 중세어를 계승하고 [+지]가 그 개신 형식이라면, 이 추세는 곧 남쪽으로 내려갈수록 부정문이 보수적이라는 사실을 의미한다.

9.2 대용부정

9.2.1 '안허- 〉 않-'의 변화

서남방언은 표준어와 같이 두 가지 부정법을 사용한다. 직접부정은 표준어와 아무런 차이가 없지만 대용부정에서 약간의 차이를 보인다. 우선 서남방언의 대용부정에서 보조용언 '-않-'은 '안허-'로 쓰이는 것이 일반적이다. 전남과 전북에서 부정의 보조용언이 쓰이는 양상을 정리하면 〈표 14〉와 같다.

〈표 14〉 '않-'과 '안허-'의 사용 양상

		전북 군산	전북 고창	전북 임실	전북 남원	전남 곡성	전남 광양	전남 영광	전남 영암
제보자 성별		여	남	여	여	남	여	여	여
않-	+자음	11	11	0	3	21	2	3	0
	+모음	4	0	0	0	0	0	0	0
안허-	+자음	0	1	5	2	5	8	11	10
	+모음	12	2	1	1	3	4	14	9
않- : 안허-		15:12	11:3	0:6	3:3	21:8	2:12	3:25	0:19

서남방언에서 '않-'과 '안허-'의 사용 양상을 점검할 때 매개모음이 결합되는 경우는 매개모음이 없는 씨끝을 대상으로 하였다. 그래서 '-으면'이나 '-으닝께' 등은 모두 자음으로 시작되는 씨끝으로 간주하였다. 또한 관용적인 표현은 통계에서 제외하였다. 예를 들어 확인의문을 나타내는 '-지 않아요', '-잖아', '-지 안했어'나 대조를 나타내는 '-잔해'(〈 -지 안해)와 같은 구성은 그 사용 횟수를 계산에 넣지 않았다. 관용구성이 갖는 본질적인 보수성, 또는 구성 전체가 표준말의 영향을 받을 가능성 때문에 관용 구성 내부의 변화를 측정하기 어렵기 때문이다.

〈표 14〉에서 우선 '않-'과 '안허-'의 사용 비율이 눈에 띈다. '않-'이 '안허-'보

914

다 많이 쓰이는 지역은 전북의 군산, 고창, 전남의 곡성 등지이다. 나머지 지역은 '안허-'가 '않-'에 비해 더 많이 쓰이거나 같은 비율을 보이는데 특히 전북 임실과 전남 영암은 '않-'이 단 한 번도 쓰이지 않았다. 역사적으로 부정의 보조용언은 '아니ㅎ- 〉안ㅎ- 〉않-'과 같은 단계적 변화를 겪었는데, 이지영 (2008:50)에서는 '아니ㅎ- 〉안ㅎ-'의 변화가 18세기 후반 이전에 일어난 것으로 보았다. 그러나 서남방언의 경우 군산 등 전북의 북부에서는 '안허- 〉않'의 변화가 상당히 일어났지만 전북의 남부와 전남에서는 '안허- 〉않'의 변화가 거의 일어나지 않아 아직도 '안허-'가 주된 형으로 쓰이고 있다. 〈표 14〉에서 전북 고창과 전남 곡성은 이러한 일반적인 양상과는 달리 '않-'의 비율이 '안허-'에 비해 상대적으로 더 높은데, 이는 두 지역의 제보자들이 모두 남성이기 때문이다. 남성은 여성에 비해 표준어의 영향을 더 많이 받는 경향이 있다. 여성 제보자만을 기준으로 한다면 전북 북부에서 남으로 내려갈수록 '안허- 〉않-'의 변화 예는 매우 소수임을 알 수 있다. 이는 씨끝 '-지'의 유무에 따라 남쪽으로 내려갈수록 보수적인 추세를 보였던 양상과 동일한 것이다.

전북 군산은 제보자가 여성이지만 '안허- 〉않-'의 변화가 상당히 일어났는데, 〈표 14〉를 보면 이 변화가 자음 씨끝 앞에서 우선적으로 일어났음을 알 수 있다. 남성 제보자가 보이는 '안허- 〉않-'의 변화에서도 '않-'은 오직 자음 씨끝 앞에서만 확인된다. 그런데 군산과 남성 제보자 지역(고창, 곡성)을 비교해 보면 군산은 '않-'이 자음뿐만 아니라 모음에도 일부 쓰였지만 남성 제보자 지역에서는 모음 씨끝 앞에서는 '않-'이 확인되지 않았다. 이것은 군산이 고창, 곡성 등지에 비해 '안허- 〉않-'의 변화가 더 진행되었음을 의미한다. 애초에 자음 씨끝 앞에서부터 시작된 변화가 모음 씨끝에까지 확대되었음을 보여 주기 때문이다.

한편 '안허-'가 주된 형으로 쓰이는 전북 남원·전남 광양·영광 지역에서 소수 나타나는 '않-' 역시 주로 자음 씨끝 앞에서 확인된다. 이로 보아 '안허- 〉않'의 변화는 자음 씨끝 앞에서 우선적으로 일어났음을 알 수 있다(이기갑 2003:531).

9.2.2 '-지'가 없는 대용부정

서남방언의 전형적인 대용부정은 표준어와 달리 씨끝 '-지' 대신 '-들', '-든'이 줄기에 직결되는 형식을 취한다. 이러한 형식이 중세어를 그대로 계승한 것이라는 사실은 이미 앞에서 언급한 바 있다.

(4)

가. 모시는 꾸들 안허고(=굽지를 않고) 막 쌩으로 기양.(곡성)

나. 그때는 어디 댕이들 안허고(=다니지를 않고) 산 시상이라.(영광)

다. 근디 잊어 불든 안하고(=잊어 버리지는 않고).(영암)

라. 그리 오래 데든 안했어라우(=되지는 않았어요).(신안)

마. 내가 한자 삼서는 배구파 보든 안했어(=배고파 보지는 않았어).(영광)

한편 전남 신안(압해도)과 전북 군산의 구술발화에서는 (5)에서 보듯이 '-들을', '-들은', '-든은', '-드나'와 같은 결합 형태가 소수 나타난다. '-들을'은 '-들'이 '드-올'의 결합체라는 기원을 인식하지 못하고 하나의 씨끝으로 간주한 탓에 다시 조사 '을'이 덧붙은 결과이다. '-든은'도 '-들을'과 마찬가지로 '-든'을 하나의 씨끝으로 해석하면서 여기에 조사 '은'이 중복 결합되었다. 이처럼 같은 조사가 중복되어 덧붙는 현상은 국어사에서 조사 '를'과 '는'의 형성 과정에서도 찾아볼 수 있다. '-드나'는 '-든은'의 변이형이다. (5나)의 '-들은'은 '-든은'의 잘못된 발화이거나, 아니면 '-들을'과 같은 어형의 형성 과정에서 '-들'을 '-지'처럼 중립적인 부정을 나타내는 씨끝으로 해석하여 여기에 조사 '-은'을 결합시킨 것으로 보인다.

(5)

가. 그 뒤로부터는 <u>가덜</u>을 안했었어요(=가지를 않았어요), 학교를.(군산)

나. 폴들은 이런 디서 누가 사 가도 안헝깨 폴도 안하고(=팔지는 이런 데서
　　 누가 사 가지도 않으니까 팔지도 않고).(신안)

다. 누가 오든은 안하고 낳도 안허고(=누가 오지는 않고 낳지도 않고).(신안)

라. 먼 보드나 안했어라우(=무슨 보지는 않았어요).(신안)

(6)은 중세어에서 보조사 '도'가 줄기 바로 뒤에 결합된 대용부정인데, 현
대 표준어에는 '오도 가도 못하다'와 같은 관용 표현으로 일부 남아 있다. 이
때의 조사 '도'는 강조를 나타내거나 '역시'의 의미를 나타낸다. 예를 들어 (6가)
는 강조, (6나)는 상반된 의미를 나열하여 대립시키면서 '역시'의 의미로 쓰
인 것이다.

(6)

가. 과글이 가슴알피를 어더 니르도 몯ᄒᆞᄂᆞ 사ᄅᆞ 믈(불정심다라니경 7)

나. 킈 젹도 크도 아니ᄒᆞ고(월인석보 1:25)

서남방언에서도 줄기 뒤에 보조사 '도'가 바로 연결되는 대용부정이 쓰이는
데 표준어와 달리 일반적인 대용부정 형식으로 널리 쓰이고 있다. 이것은 물
론 중세어의 용법을 그대로 유지한 결과이다. 이때 '도'가 '강조'와 '역시'의 의
미를 표현하는 것은 중세어와 같다. 아래 (7)의 (가)-(바)는 '강조', (사)는 '역
시'의 의미로 쓰인 경우이다.

(7)

가. 어이서 물 한 방울 안 나고 이런 논은 빳도 안하고(=빠지지도 않고),(진도)

나. 그리고 돈 가지고 성가셔 보도 안허고(=성가셔 보지도 않고).(영광)

다. 옛날은 보도 안하고(=보지도 않고) 중마해갖고 왔소.(영암)

라. 말게 주도 안합디다(=말려 주지도 않습디다), 차말로.(영암)

마. 지금은 누가 술을 해 묵도 안하제마넌(=해 먹지도 않지마는),(영암)

바. 우리가 많이 있닥 허먼 폴기도 하제마는 벨라 엄마 있도 안허고(=별로 얼마 있지도 않고) 그거 폴아 불면 안 됭께,(신안)

사. 지금은 신엉(=신행) 가도 안허고 멋도 안 허제.(영광)

이처럼 서남방언의 대용부정은 중세어의 형식을 그대로 답습한 것이 특징이다. 다만 중세어에 존재하였던 '-디 아니ᄒ-'가 나타나지 않는 점은 특이하다. '-디 아니ᄒ-'의 '-디'는 '-들'이나 '-든' 등과 비교해 볼 때 'ᄃ'에 주격조사 '이'가 결합한 것으로 해석할 수 있다. 그렇다면 '-디 아니ᄒ-'의 원래 의미는 '것이 아니하-' 정도가 될 것이다. '-디 아니ᄒ-'는 오늘날 '-지 않-'으로 이어지는 전형적인 중립 부정의 표현인데, 서남방언이 이를 계승하지 않았다는 사실은 매우 이례적이다. 그러나 9.2.3에서 살펴볼 몇 가지 경우를 보면 서남방언에서도 '-디 아니ᄒ-'의 후대형 '-지 안허-'가 한때 쓰였음을 짐작할 수 있다. 다만 직접부정과의 기능적 중첩 때문에 후대에 그 세력이 약화되어 사라졌을 뿐이다. 그러나 대용부정이 갖는 보조사의 결합 가능성은 줄기에 직접 결합하는 '-들', '-든', '도'의 존재로 인해 그대로 유지되므로 '-지'가 있는 대용부정이 없더라도 기능적 공백은 일어나지 않았다.

9.2.3 '-지'가 있는 대용부정

9.2.3.1 부정 명령

서남방언의 대용부정에 씨끝 '-지'가 쓰이지 않지만, 부정 명령의 '말-'에는 '-지'가 필수적이다. 이 방언의 대용부정에서 '-지'가 쓰이지 않게 된 것이 동일한 중립적 부정 의미를 나타내기 위한 방편으로서 직접부정이 더 있기 때문이라는 점은 앞에서 언급한 바 있다. 이런 이유라면 부정 명령 구문에서

918

'-지'가 사라지지 않은 이유도 자명해진다. 직접부정으로는 명령을 나타낼 수 없기 때문이다. 예를 들어 현대어에서 "안 먹어라'나 "안 먹자'와 같은 직접부정에 의한 명령 또는 청유는 불가능하며, 대신 '먹지 마라'나 '먹지 말자'와 같은 '말-'에 의한 형식을 사용해야 한다. 따라서 부정 명령의 경우에는 중복되는 부정 형식이 존재하지 않는다. 이 점이 부정 명령과 중립 부정의 차이이다. 이런 차이 때문에 중립 부정 표현에서는 '-지'가 사라지고 부정 명령 표현에서는 '-지'가 살아남은 것이다.

(8)

가. 유월달에 좀 가물지 말고 물 좀 흥케 해 도라 그 소린가?(곡성)

나. 연락이나 끊지 말고 삽시다.(진도)

다. 없는 집이서 거식허지 말고 하다못해 공장에 와서라도 느그들이 살아라.(보성)

라. 함부로 산에 가서 도벌해다 때지 마라 그고(=그러고),(보성)

마. 물 치지 말고,(영암)

바. 그래갖고 덮지 말고 그냥 그놈 쌂아.(영암)

사. 나 골병 든다고 사람들이 하지 마락 해도,(신안)

아. 화장터로 가지 말고,(신안)

자. "그릉깨 걱정하지 말고 가만있어." 내가 그랬제.(신안)

글쓴이의 직관에 따르면 부정 명령을 표현할 때, (9가)처럼 '-지'에 조사 '를', '는', '도'를 결합시키거나, 아니면 (9나)처럼 '-지' 없이 '-들', '-든', '도'가 오는 두 가지 방식 모두 가능하다. 이 두 방식은 기능이 중첩되므로 어느 하나가 사라질 법한데 그러지 않았다. 이것은 중립적인 부정 명령에서 씨끝 '-지'가 독점적으로 사용되고 있다는 사실, 그리고 명령이 아닌 대용부정의 경우 서남방언은 '-들', '-든', '도'를 줄기에 직결시키는 전통적인 방식을 지금도 활발히 쓰고 있다는 사실과 관련이 있다. [+지]와 [-지]의 두 방식이 모두 공존하므로 부정 명령에서도 이 공존하는 두 방식이 그대로 나타나는 것이다. 다만 [-지]에 의한 비중립적 부정 명령의 사용 빈도는 매우 낮기 때문에 구술발화에서는 거의 확인되지 않는다.

(9)

가. 가지를(가지는/가지도) 말어야.

나. 가들(가든/가도) 말어야.

9.2.3.2 대조 구문

대조를 나타내는 서남방언의 표현 '-잔해'에서도 씨끝 '-지'가 확인된다. 우선 그 예를 보기로 하자.

(10)

가. 썩후잔해 부드런 풀을 비여다가 막 바로 여요(=썩히는 것이 아니라 부드러운 풀을 베다가 막 바로 넣어요).(진도)

나. 지금 세상 같잔해 에전에는 대략적이로 바서 가족이 만해요(=지금 세상 같지 않고 예전에는 대략 가족이 많아요).(진도)

다. 이름이 있잔해 이빨보고 안닥 합디다(=이름이 있는 것이 아니라 이빨 보고 안다고 합디다).(진도)

라. 지금마이로 잊게 두 늘그이 살잔해 그런 때는 여러이 안 살았습닌자(=지금처럼 이렇게 두 늙은이 사는 것이 아니라 그때에는 여럿이 살았잖습니까)?(진도)

마. 누룩하고 섞잔해 그 누룩 거른 물하고 섞어요(=누룩하고 섞는 것이 아니라 그 누룩 거른 물하고 섞어요).(진도)

바. 거르잔해 기양 물 타요(=거르는 것이 아니라 그냥 물 타요).(진도)

사. 땀떼기는 여그만 나잔해 전체가 다 나(=땀띠는 여기에만 나는 것이 아니라 전체가 다 나).(영광)

아. 긍개 집얼 또 고롷고만 이잔해 짚 다발을 요만썩에 다 묶어(=그러니까 집을 또 그렇게만 이는 것이 아니라 짚 다발을 이만큼씩 다 묶어).(영광)

자. 달레 그르잔해 그냥반이 나 착실하다고 중마이해 죶다우(=달리 그런 것이 아니라 그 양반이 나 착실하다고 중매해 줬대요).(영암)

차. 나무로 만들잔해 인자 거 거시기로 세로 만들지요(=나무로 만드는 것이 아니라 이제 그 거시기로 쇠로 만들지요).(영암)

카. 씨만 뿌리잔해 쩌 그 모종을 헌당께(=씨만 뿌리는 것이 아니라 저 그 모종을 한다니까).(영암)

타. 나만 글잔해 그런 친구들이 그 우리 또리가 다 그래(=나만 그러는 것이 아니라 그런 친구들이 그 우리 또래가 다 그래).(신안)

(10)에서 '-잔해'는 '-는 것이 아니라'와 같은 대조의 의미를 갖는데, '-지 안해'가 축약된 것이다. '-지 안해'에서 이음씨끝 '-아'는 대조의 의미를 나타낸다. 표준어 '-는 것이 아니라'의 이음씨끝 '-라' 역시 대조의 씨끝 '-아'가 지정사 뒤에서 취하는 변이형이다. 옛말에서는 씨끝 '-아'가 이처럼 대조의 의미를 표현할 수 있었는데, 잘 알려진 바와 같이 씨끝 '-아〉-고'의 역사적 교체 때문에 오늘날에는 대조를 나타낼 때 '-아' 대신 '-고'가 흔히 쓰이게 되었다. 그래서 '-잔해'는 '-는 것이 아니라' 외에 '-지 않고'로도 바꿔 쓸 수 있게 되었다. 그렇다면 서남방언의 '-잔해'는 부정 구성에서 씨끝 '-지'를 포함하고 있을 뿐만 아니라 이음씨끝에서도 옛말 '-아'의 쓰임을 보존하고 있는 보수적 특징을 보여주는 셈이다. 결국 '-잔해'가 '-지 안해'의 축약형이라면, 서남방언에서도 역사적으로 '-지 안허-'의 구성이 있었던 셈이다. 다만 '-잔해'는 그 관용성 때문에 사라지지 않고 살아남은 것으로 보인다.

9.2.3.3 주어의 추정 구문

주어가 마음속으로 품는 추정의 생각을 나타내는 구문으로서 서남방언에는 '-지 않냐'나 '-지 안헌가'와 같은 대용부정의 표현이 있는데, 언제나 내포문으로 쓰인다. (11)이 이를 보여 준다. (11가)에서 '뒷산에 사는 호랑이가 물어가지 안했냐'는 호랑이가 물어간 것으로 추정하는 주어의 마음속 생각을 나타낸다. 만약 이 예를 직접부정으로 바꾸어 '뒷산에 사는 호랑이가 안 물어갔냐'로 말한다면 비문이라고 할 수는 없지만 매우 어색한 느낌을 준다. 이것은 서남방언에서 '-지 않냐', '-지 안헌가'로 표현되는 주어의 추정 구문이 매우 일반적인 것임을 의미한다. 그러므로 '-지 않냐'나 '-지 안헌가'와 같은 대용부정 형식이 직접 의문이 아닌 내포문 안의 간접 의문으로 남아 있다고 할 수 있다. 내포문은 일반적으로 언어 변화에 저항하는 보수적인 환경이다. 따라서 이런 내포문 안에서만 쓰이는 '-지 않냐'와 '-지 안헌가'와 같은 추정 표현은 서남방언에서 대용부정 형식이 한때 널리 쓰였음을 말해 주는 화석과 같은 형식이라 하겠다.

(11)

가. 그래서 가만히 생각해 봉께 필연적으로 '뒷산에 사는 호랑이가 <u>물어가지 안했냐</u>' 그런 생각으로 거그를 막 바삐 쫓아강께는,(신안 구비)

나. 내가 인자 생각허기에는 '그 섬이 붙어갖고 <u>있지 안했냐</u>' 그래가지고 그때게 모도 어려서 조금썩 들은 것을 종합해서 생각해 보면은 섬이 붙었다가 떨어질 판에 뭐 천지가 진동허고 그냥 노성 번개가 반짝반짝 험스로 딱 소리가 남스러 섬이 벌어지는데,(신안 구비)

다. '니가 이놈 우리 여펜네까지 당글네니까 <u>봐 불었지 않냐</u>' 의심을 하고는,(신안 구비)

라. 내 생각에 사방에 능 같은 것이 있고 그래서 무슨 가락국같이로 이 아

래 섬을 틀어잡고 무슨 에, 그 나라가 조그만 나라가 <u>생기지 안했는가</u>, 독이로(=돌로) 그 요불요불 깡거서(=깎아서) 맨드는 유물이 많이 생깄어요.(신안 구비)

9.2.3.4 어휘화 된 형용사

사람이나 사물의 품성, 모습 등을 나타내는 형용사의 대용부정어가 어휘화 되는 수가 있다. 예를 들어 '좋잔허-/좋자잔허-', '시덥잔허-', '이쁘잔허-', '나쁘잔허-' 등이 이런 예인데, 이들에서도 대용부정의 흔적이 남아 있다. '좋잔허-'는 '좋지 않-'의 의미를 지녀 어휘화 되었음에도 원래의 통사 구성과 의미적 차이는 없다. '좋자잔허-'는 '좋잔허-'에 형태 '자'가 첨가된 것인데 '자'는 아마도 후행하는 '잔'의 일부 형태를 반복한 것으로 추정된다. '시덥잔허-'는 '시덥허'의 부정어일 텐데 서남방언에서 '시덥허-'는 따로 쓰이지 않고 언제나 부정형식으로만 쓰인다. '시덥잔허-'는 '시원찮다'나 '보잘 것 없다' 정도의 뜻을 갖는다.

(12)
가. 그 노인이 대개 깨끗잔하고,(고흥 구비)
나. 가깝게 있으면은 혹 반갑잔한 말이거나 그 불쾌한 그 말이 자꾸 들어 오니께,(해남 구비)

9.2.3.5 표준어의 유입

위에서 살펴본 것처럼 씨끝 '-지'가 쓰이는 것은 과거의 형태를 계승한 보수적인 이유 때문이다. 경쟁 관계에 있는 다른 표현이 없거나 관용표현으로서 언어 변화를 겪지 않았기 때문이다. 이와 달리 원래 '-지'가 없는 중립적인 대용부정에 '-지'가 쓰이는 경우도 있는데 이는 모두 표준어의 영향 탓이다. 다시 말하면 표준어의 유입으로 인해 전통적인 [-지] 대신 새로운 [+지]의 형식을 쓰게 되었으니 앞에서 설명한 보수적인 유형과는 다른 개신적인 유형인 셈이다. 그 양상을 알아보기 위해 비교적 표준어 사용이 상대적으로 많은 보성 지역어의 자료를 검토해 보도록 하자. 보성 지역의 제보자는 조사 당시 77세의 남성이며, 학력은 없지만 군대 복무 기간 5년 외에 광산 노동자로서 9년을 외지에서 보낸 이력이 있다. 일반적으로 남성이 여성에 비해 표준어의 사용 비율이 높게 나타나는데, 이런 이유와 함께 9년을 외지에서 보낸 탓에 다른 제보자에 비해서는 표준어의 사용 비율이 높은 것으로 추정된다.

보성 지역의 구술발화에서 씨끝 '-지'를 사용한 대용부정은 모두 48회가 확인되었다. 이 가운데 '-지를'과 '-지도'는 모두 11회(24%) 확인된다. 이것은 전통적인 부정 형식 '-들'과 '-도' 대신 '-지를'과 '-지도'가 대체된 경우이다.

(13)

가. 인자 이것이 인자 잘 여그를 나오지도 않고,

나. 잘 오지도 않고 긍께,

다. 그것은 거 나락이 있어 봤댔자 여물지도 안허고,

라. 딱 촉촉허니 해갖고 찍으면은(=찧으면은) 그 뛰어나가지도 않고 잘 까지고 그래요.

마. A급이 그릏게 노푸지도 안해요, 야퍼요(=낮아요).

바. 습격당허로 와 뱄댔자 당허지도 않고,

(14)

가. 동지죽을 써 노문 새알이 풀어지질 않는디,

나. 물구녁(=물구멍)이 메여갖고 물이 허여푸질 않다.

다. 긍깨 시안(=겨울)에도 절대 놀질 않죠.

924

라. 어런덜이 여(=넣어. 끼워) 주질 안해.

마. 이 정 끄터리가 찐득찐득해갖고 잘 들어가질 않드라 이거에요.

한편 확인의문으로서 '-지 않습니까?' 또는 '-지 안해요?' 등이 모두 12회(31%)
나타난다. 확인의문은 전남방언에서 직접부정에서 기원한 형식이 일반적
으로 쓰이는데, 보성 지역의 제보자는 이 밖에도 표준어에서 유입된 대용부
정 형식을 사용하고 있다. 이 역시 전남방언의 전통적인 확인의문법을 표준
어의 형식으로 대체한 것이다.

(15)

가. 너 새경 얼마 주께 와서 살아라 글지 않습니까?

나. 그먼 인자 불이 써지지 않습니까?

다. 당산 밑에 막어 났지 않습니까?

라. 애기엄마허고 맘에 맞지 않습니까?

마. 귀얌괴석이라고 허지 않습니까요?

바. 없는 사람덜언 그렇지 않습니까요?

사. 삼십 리먼은 겁나 멀지 않습니까요?

아. 차가 넘어져 불었지 않습니까요?

자. 애기엄마도 농사질라고 그릉깨 바뿌지 안허요?

차. 안 갈아진 데가 있잔해요?

카. 녹두 같은 거 인자 아푼 사람들 미음 써 주기도 좋고, 좋지 안해요?

타. 옛날에는 그거이 없잔해요?

'-지 않-'은 '-고', '-으먼' 등의 이음씨끝이 결합된 경우에 나타나는 수가 많
다. 이 경우는 보조사 '를'이나 '도'가 없는 중립적 부정으로 쓰이는데, 모두 22
회가 나타나 전체의 45%를 차지한다. 이 비율은 보조사가 있는 경우나 확인

의문에 쓰이는 비율과 비교할 때 가장 높은 빈도이다. 이처럼 '-지 않-'이 이음씨끝, 그 가운데서도 '-고'나 '-으면' 등의 결합 환경에서 높은 출현 빈도를 보이는 것은 표준어 '-지 않-'이 서남방언에 유입되는 경로가 바로 이러한 통사적 환경임을 의미한다. 그 결과 서남방언에서 '-지 않-'이 마침법의 씨끝과 결합하는 비율은 매우 낮다. 구술발화에서 마침법의 씨끝과 결합한 예가 일부 확인되지만 이들은 모두 '-지를'이나 '-지도' 등과 결합한 경우로서 순전히 중립적인 부정의 의미일 때 마침법 씨끝과 결합한 예는 확인되지 않는다.

(16)

가. 그렇지 않고 언제이버터 우리 마을이 생겼다는 것은 확실히 모르고,

나. 그렇지 않고 인자 봄애 인자 설 쇠고 한 이삼월이 되면,

다. 또 그렇지 않고 나 그렇게나 논을 뭇갈림 주씨요 그래갖고,

라. 그렇지 않고 후퇴를 허그나 도망얼 가그나 근 놈은 총살시케 불랑깨 그리 알아.

마. 농사도 머 많지 않고,

바. 인자 노대지 않고 이리 뛰고 저리 뛰고 안 허고,

사. 벨라 거 거시기도 좋지 않고요,

아. 옛날 미신은 지키지 않고,

자. 제를 모시고 인자 차가 인자 거까지 올라가지 않고,

(17)

가. 그렇지 않으면 기양 막 무대뽀(むてっぽう. '무모함'을 뜻하는 일본어.) 그양 비어 논 놈은 걍 싯나락을 헌 것이예요.

나. 그렇지 않으면 인자 물방아 인자 거 가서 찧고요.

다. 그렇지 않으면 기양 머 도구통에다 기양 찍어서 쳉이(=키)로 까불라갖고,

926

라. 그렇지 않으면은 산에 가서 인자 나무 인자 거 옛날에 비어갖고,

마. 그렇지 않으면 이 괴베(=호주머니)나 머 이런 디까지 기양 전부 일본 놈들이 조사해갖고,

바. 그렇지 않으면 그눔이 활딱 벗어지면 그 모냥을 허고,

사. 그렇지 않으면 외로와요.

아. 인자 스지 안허믄 와와 그래갖고는 뒤로 인자 물러 또 그래.

(18)

가. 참 피해를 보지 않겄쿠롬 되아갖고 있어요.

나. 거 나락이 쏟아 나오지 않겄크롬 야물게 영끕니다(=엮습니다).

다. 그 마을에 비치지 않겄쿠름,

(19)

가. 가난헌 사람덜언 그렇지 않제마넌 부자덜언 그 욕심이란 것이 한이 없어요.

나. 즈그 누나 뵈이지 않은 디 가서는 기양 독으로 기양 그놈을 깨갖고 죽어 뿠어요.

9.2.4 '있다'와 '알다'의 부정

표준어에서 동사 '있다'와 '알다'는 독특한 부정 양상을 보인다. (20)에서 보듯이 '있다'가 '머무름'과 같은 소재의 의미를 나타낼 때는 직접부정이나 대용부정, 그리고 '없다'에 의한 어휘적 부정도 가능하다.

(20) 요새 서울에 안 있고(있지 않고/없고) 시골에 주로 있어.

그러나 (21)처럼 소유를 나타낼 때는 직접부정이 불가능하며, 대용부정과 '없다'에 의한 어휘적 부정은 가능하다. 특히 대용부정의 경우 조사 '도'가 결합될 때는 훨씬 더 자연스럽게 느껴진다.

(21)
가. 개가 꼬리가 *안 있네(있지도 않네/없네).
나. 나는 돈이 얼마 *안 있어(있지도 않아/없어).

'알다'의 부정도 통사적 부정에서 제약을 받는다. '알다'는 '안'에 의한 직접부정과 대용부정, 그리고 '못'에 의한 직접부정이 불가능하다. 오직 '못하다'에 의한 대용부정과 '모르다'에 의한 어휘적 부정만 가능하다. 이런 점을 보면 '모르다'는 '알지 못하다'와 의미적으로 동등함을 알 수 있다.

(22)
가. 나는 그 사람을 *안 안다(*알지 않는다).
나. 나는 그 사람을 *못 안다(알지 못한다/모른다).

이상의 양상을 정리하면 〈표 15〉와 같다. '있다'의 경우 소재의 의미일 때 통사적 부정과 어휘적 부정 모두 가능하지만 소유의 의미일 때에는 대용부정과 어휘적 부정만 가능하였다. '알다'의 경우에도 '못하다'에 의한 부정일 때에는 대용부정도 가능하지만 어휘적 부정이 일반적이라 할 수 있다. 그러므로 '있다'와 '알다'는 모두 대용부정과 어휘적 부정이 가능하지만 그 빈도에 있어 어휘적 부정이 주된 형인 셈이다.

〈표 15〉 '있다'와 '알다'의 부정 형식

		직접부정	대용부정	어휘적 부정	어휘 부정어
있다	소재	o	o	o	없다
	소유	x	o	o	없다
알다		x	x/o	o	모르다

서남방언도 '있다'와 '알다'의 경우 표준어와 양상이 거의 유사해서 통사적 부정보다는 어휘적 부정을 선호하는 편이다. (23)-(26)은 이 방언의 구술발화와 구비문학 자료에서 확인된 '있다'의 부정 표현들을 모아 놓은 것이다. 우선 (23)은 직접부정으로서 소재의 의미를 나타내는 경우이다.

(23) 그란디 어데를 돌아댕기기를 좋아항께 집이서 하래도 안 있고 밤나 돌아댕기고.(신안)

한편 대용부정은 '있들'과 '있도'가 확인되고 '있든'은 보이지 않는다. 글쓴이의 직관에 따르면 '있든 안허다'도 물론 가능한 표현인데, 구술발화나 구비문학대계의 자료에서는 확인되지 않는다. 두 구성에 비해 상대적으로 사용 빈도가 낮기 때문일 것이다.

(24)
가. 그러니 갑자기 그래 군병을 일으켜서 그 호위병을 막을 재간이 있들 안혀.(부안 구비)
나. 근디 그렇게 재주가 있는 사람들은 집이 붙어 있들 안혀.(군산 구비)
다. 박문수 박어사 집이 서울 장안에도 있들 않고, 성 바깥이 가서 쪼그만 헌 오두막집이가서 있어.(정읍 구비)
라. 머리 깎어 놓고 먹으라고 춤을 추고 장구를 치고 헐 놈이 있들 안혀.(정읍 구비)

마. 내가 여그 붙어 있들 않고.(정읍 구비)

바. 늙어 살다 봉개로 괘씸허고. 있들 못허것어, 딸한티 가서.(장성 구비)

(25)

가. 근디 이 녀석은 어디가 뒈졌는가 있도 않고, 집이 한 가호가 있는디 버
    드나무가 하나 있드라느만.(군산 구비)

나. 그리서 부처댕이 유명허다고 명당을 찾어댕기는디 그때는 부처 얘기
    는 있도 안헀어요.(정읍 구비)

다. 아, 금방 계셨응개 간 사람은 뭐 있도 않고 긍개.(정읍 구비)

라. 긍게 만날 방으도 있도 못허고,(정읍 구비)

마. 우리가 많이 있닥 허먼 풀기도 하제마는 벨라 엄마 있도 안허고 그거
    풀아 불면 안 됭께.(신안)

한편 (26)은 서남방언만의 독특한 부정 표현인 '있도 없다'를 보여 준다.

(26)

가. 구신(=귀신)이 어이가(=어디에) 있도 없다고. 어디도 읎어.(신안)

나. 그래서 건네져서 인자 그 집을 들어강께 도독놈은 있도 없고 도적질하
    러 가고 없고,(신안 구비)

(26)의 '있도 없다'는 '있도 안허다' 또는 어휘적 부정어인 '없다'와 동일한 의
미를 나타낸다. (26가)와 (26나)에서 '있도 없-' 뒤에 같은 뜻의 '읎어' 또는 '없
고'가 반복되는 것이 이러한 의미적 등치를 설명해 준다. '있도 없다'는 아마
도 대용부정인 '있도 안허다'와 어휘적 부정어인 '없다'가 혼태를 일으켜 생
긴 어형으로 추정된다. '있도 안허다'의 '안허다'를 어휘적 부정어인 '없다'로
대체한 것이다.

(혼태) 있도 안허- x 없- ⇒ 있도 없-

서남방언에서 '알다'의 부정은 '알들 못허다', '알든 못허다', '알도 못허다'처럼 '못허다'에 의한 부정이 일반적이나 의미에 따라 '안허다'의 부정도 보인다. 예를 들어 (27)처럼 '알다'가 '알아주다'의 의미일 때는 대용부정과 직접부정이 모두 허용된다.

(27)

가. 인자 그 잘살고 그러닝개 뭐 서삼춘을 삼춘으로 알도 않고.(정읍 구비)

나. 긍게 그것들 우리는 사람으로 안 알아.(영광)

다. 옛날에는 그런 것들은 사람으로 안 알았어.(영광)

라. 그라는데 여그는 긍게 안 알아줘요, 그걸.(진도)

(28)-(30)은 서남방언에서 '알들 못허다', '알든 못허다', '알도 못허다'의 세 가지 부정 형식이 쓰인 예를 모은 것이다. '알도 못허다'가 '알들 못허다'나 '알든 못허다'에 비해 사용 빈도가 상대적으로 높다. 이러한 빈도 차이는 후술할 '알도 모르다'와 같은 혼태형의 형성에 영향을 미치는 것으로 보인다.

(28)

가. 나는 그 택시고 뭐고 알도 못헝개 내가 당신 아내 될 자격이 못 됭개 가서 그런 자리 고르시요.(부안 구비)

나. 그래 동생 되는 이는 알도 못허고 훤허니 치다보니까,(군산 구비)

다. 떠나는 날 저녁보톰 알도 못허게 어떤 사람이 긍개 꼬마들이 와서 먹을 것은 갖다 줘서 생계 유지를 잘허고 있다.(군산 구비)

라. 과거는 언제 끝났는가 알도 못허는디.(군산 구비)

마. 알도 못허는 쇳주머니를 사가지고 나가서 남의 시조도 대 주고 자기

재산도 뫼으고 히서 아주 훌륭허니 잘살드래요.(정읍 구비)

바. 나도 잊어 불어서 알도 못허겄어, 갯수를.(영광)

(29)

가. 사람이 없어서 이 길로 갔는지 요 길로 갔는지 알들 못해서 이러고 섰
   다.(부안 구비)

나. 어디가 있는지 알들 못허고 그리서 이렇게 당신을 만나갖고 오늘 저녁
   으 내가 당신을 해꼬자(=해코지) 헐라고 헌 것이다고.(군산 구비)

다. 그맀는가 어쨌는가, 이거 알들 못허지만 내가 부왕부왕허요.(정읍 구비)

라. 알들 못혀요.(승주 구비)

(30)

가. 어떻게 알든 못허고 그러자 저녁밥상이 들왔는디 간단허니 채소이다
   가서 개(=蓋. 밥그릇 뚜껑)를 덮어서 딱 들여왔어.(군산 구비)

나. 잘 알든 못혀도 어느 정도 쪼금 아셔서 저는 가르칠 만허다고 그러거
   든.(군산 구비)

  한편 어휘적 부정은 표준어와 같이 '모르다'가 쓰인다. 이때 의미가 같은
대용부정과 어휘적 부정이 혼태를 일으키면 '알도 모르다'의 형식이 생겨나
게 된다. 그 혼태는 '있도 없다'와 같이 '알도 못허다'의 '못허다'를 어휘적 부
정어인 '모르다'가 대체한 것이다.

  (혼태) 알도 못허- x 모르- ⇒ 알도 모르-

(31)

가. 성님은 알도 모르고 그런 소래 했다고.(고흥 구비)

932

나. 그러니까 알도 모르고 했는가 몰라도 걍 쫓아 불어.(승주 구비)

다. 동생은 그런 걸 보고 뭐 할라고 웃는가? 똑똑히 알도 모름서.(화순 구비)

라. 너는 왜 알도 모르면 모른다 해 불제 거짓말을 갈쳐 줘갖고 놈의 애를 태겠냐고.(보성 구비)

마. 그런디 알도 모르고 미신으로 괜히 첨(籤) 뺀다고 그 앞에가 절을 허고 뭐 술 한 잔 떠다 놓고 일 년 신수 본다고 해.(전주 구비)

'있도 없다'가 '있도 안허다'와 '없다'의 혼태에 의해 생겨난 구성이라면, '있들 안허다'와 '있든 안허다'도 이러한 혼태에 참여할 가능성이 없지 않다. 그렇다면 그 결과로서 '있들 없다', '있든 없다'가 생길 수가 있는데, 실제 구술 발화나 구비문학 자료에서는 확인되지 않는다. 글쓴이의 직관으로도 이 두 구성은 '있도 없다'에 비해 자연스러움이 떨어진다. 그렇다면 '있도 안허다'만이 혼태에 참여하여 '있도 없다'를 형성한 것으로 보이는데, 이는 '있도 안허다'의 빈도가 다른 형식에 비해 상대적으로 높기 때문일 것이다. '알도 모르다'의 경우도 마찬가지다.

9.2.5 대용부정의 보충 형식

대용부정의 존재 이유가 보조사의 결합에 있다는 점은 앞에서 언급한 바 있다. 그런데 씨끝 '-지' 뒤에 결합 가능한 보조사는 '을, 는, 도, 만, 야' 등이며, '부터, 까지, 조차, 일랑' 등은 결합이 불가능하다. 이런 경우는 '-지' 대신 명사형 씨끝 '-기'를 쓰는 것이 자연스럽다.[4] 서남방언도 이 점은 마찬가지다. 예

---

4 서남방언에서도 이 점은 마찬가지다. (예) 막동이가, "그럼 형님이 저렇게 <u>오시기까지</u> 했는디 안 가남?" 하니까,(화순 구비)/일 년이먼 이렇게 많이 들오니 참말로 이거 어따 사실 어 이, <u>두기조차</u> 곤란한 이런 형편이어서,(신안 구비)

를 들어 '-기를 안 허-'는 원래 '-기를 허-'의 부정이다. '-기 허-'는 보조사의 결합 없이는 성립되지 않는 구성이므로, x가 보조사라면 언제나 '-기-x 허-'로만 쓰이는 구성이다. 그리고 이 x에 올 수 있는 보조사는 특별한 제한이 없기 때문에 '을, 는, 도, 만, 야'와 '부터, 까지, 조차, 일랑' 등이 올 수 있다. 부정 형식 '-기-x 안 허-'도 조사의 결합 양상은 긍정형과 같다. 따라서 부정형 '-기-x 안 허-'에도 제한 없이 보조사가 결합될 수 있으며, 이들 가운데 '을, 는, 도, 만, 야'가 결합되는 경우는 대용부정의 '-지를, -지는, -지도, -지만, -지야'와 동일한 의미를 나타낼 수 있다. 반면 '부터, 까지, 조차, 일랑'이 결합하는 경우는 대용부정에서 이러한 결합이 불가능하기 때문에 이 경우에 한하여 대용부정의 빈자리를 메우는 보충형으로 기능한다고 할 수 있다. 서남방언에서 '-지를, -지는, -지도, -지만, -지야'와 같이 '-지'가 쓰인 형식은 거의 쓰이지 않고, 대신 '-를, -든, -도'가 사용된다. 그렇다면 대용부정에 나타날 수 있는 보조사는 이 세 가지로 제한되는 셈이다. 나머지 보조사들을 대용부정으로 표현할 수 없는데 이 빈자리를 '-기-x 안 허-'로 채우게 된다. 그리하여 대용부정과 그 의미가 동일하다는 이유 때문에 '-기-x 허-'의 부정 형식인 '-기-x 안 허-'를 대용부정의 보충형으로 해석하게 되는 것이다. (32)는 서남방언에서 '을, 는, 도'가 명사형 씨끝 '-기'에 결합하여 부정문을 이루는 경우인데 이들은 각각 '-를', '-든', '-도'로 바꿔 쓸 수 있다. 즉 (32가)는 '나 주들 안항께', (32나)는 '돌아가시든 안허고', (32다)는 '보든 안허고', (32라)는 '뫼아지도 안허고'로 교체하더라도 원래의 의미가 그대로 유지된다. 이것은 대용부정과 명사형 씨끝 '-기'의 부정이 의미적으로 겹칠 수 있음을 말해 준다. 다만 씨끝 '-기'에 조사 '만, 야, 부터, 까지, 조차, 일랑'이 결합하여 부정문을 이루는 예는 구비문학 자료에서 확인되지 않는다. 그만큼 사용 빈도가 낮기 때문이다. 그럼에도 불구하고 (32마)처럼 직관에 근거하여 만든 예의 경우, 대응하는 대용부정이 없기 때문에 이 빈자리를 메우는 대용부정의 보충 형식으로 해석할 수 있는 것이다.

(32)

가. 이 도깨비가 나(=놔) 주기를 안 항께 못 와.(정읍 구비)

나. 그러고 뛰어나와서 보니까 돌아가시기는 안 허고,(보성 구비)

다. 옛날에는 서로 얘기만 해요, 보기는 안 허고.(보성 구비)

라. 돈도 많이 뫼아지기도 안 허고 생전 걍 그렇게 넘어가.(정읍 구비)

마. 철수는 묵기만(야/부텀/까장/조차) 안 헐 것이다.

9.3 직접부정

서남방언에서 직접부정은 중립적인 부정을 나타내는 가장 일반적인 방식
이다. 직접부정은 대용부정과 비교할 때 몇 가지 특징적인 모습을 보여 준
다. 첫째, 직접부정과 대용부정은 대부분 서로 교체되어 쓸 수 있지만 경우
에 따라 직접부정만 가능한 경우도 있다. 예를 들어 긍정과 부정을 대조하는
경우가 전형적인 예이다. (33)에서 보듯이 대조의 후행항에 나타나는 직접
부정을 대용부정으로 바꾸면 아주 어색하다. 이것은 이러한 대조적 환경에
서 보조사의 결합이 어색하여 중립적 부정만 가능하기 때문이다. 또한 의미
적 대조를 보여 주는 형태적 리듬 때문일 수도 있다.

(33)

가. 동네 사람들이 애기 난지 안 난지를(²낳들 안헌지를) 몰랐어.(영광)

나. 그 사람이 얌전헌지 안 얌전헌지(²얌전허들 안헌 지를) 바느질해서 옷
  해 입고 나오먼 다 알아 불었제.(곡성)

둘째, 뒤따르는 동사나 명사를 수식할 경우 직접부정이 우선적으로 쓰인
다. '-들 안허-'나 '-도 안허-'와 같은 대용부정이 불가능한 것은 아니지만 실제
용례는 찾기 힘들다. '-들'이나 '-도'가 갖는 화용적 의미가 장애로 작용하는
것으로 추정된다.

(34)

가. 생에(=상여) 안 메고 간 사람은 없제.(영광)

나. 돼지고기도 안 갖고 댕기고. 잡신이 따라댕에, 돼지고기 같은 것 갖고
  댕이먼.(영광)

다. 섣달 대목이먼은 안 팔고 나뒀다가,(영광)

936

라. 그런 거 저런 것도 안 생각고(=생각하지 않고) 내가 오후에 가서 인자, (곡성)

마. 이런 사람은 모르제라. 안 댕임서 바서(=다니면서 보지 않아서), 시집 살이 시겠는가 어쨌는가.(영광)

바. 방에다 나두고는 안 식을 정도만 이러고 덮어나, 보데기로.(영광)

사. 밑에 안 빠질 만 정도로 해서,(곡성)

셋째, 부정의 목적 표현 '-지 않도록'의 의미를 나타낼 경우 서남방언에서는 직접부정이 주로 쓰인다.[5]

(35)

가. 안 튀어나가라고. 그것보다 멧방석이락 해.(영암)

나. 쥐가 인자 범 안 하겄게 해야제.(영암)

다. 비가 안 새고꼬롬 짚으로 허든지,(곡성)

라. 구멍만 안 뚜러지게,(곡성)

마. 비가 오드라도 비가 안 들치게 고렇게 해 놓고,(진도)

바. 어틓게(=얼마나) 약을 헌다고, 아조 독허게. 꼬치(=고추)를 병 안 헐라고.(영광)

복합어 또는 복합어에 준하는 복합용언을 직접적으로 부정할 경우, 부정어 '안'이 복합어 앞에 오는 것이 일반적이지만 서남방언에서는 복합용언 내부에 오는 경우도 종종 발견된다. (36)에서 (가)-(마)는 '안'이 복합용언 앞에 오는 경우이고, (바)-(차)는 복합용언 내부에 오는 경우이다. '체내다', '장개

---

5 이 경우에 대용부정이 쓰이는 수도 있다. (예) 나무가 얼른 밑에 그 에 썩들 않겄꼬롬 에 그런 식으로 주춧돌을 헐어 잡는,(곡성)

가다' '성가시다', '뽀속뽀속허다', '얌잔허다'는 표준어의 경우 보조사가 복합어의 내부에 나타날 수 있으나 부정어 '안'이 오는 것은 허용되지 않는다. 반면 서남방언에서는 부정어 '안'까지도 복합어 내부에 출현할 수 있다.

(36)

가. 그것이 너물로 안 해먹었어⁶ 삐뿌젱이(=질경이).(영광)

나. 멩기옷(=명주옷)은 안 해입었는디.(영광)

다. 그런 애기(=얘기)를 안 헐락 했는디,(영광)

라. 시리떡은 벨라 안 거식헝게 상에 놀라고 쪼끔 허고.(영광)

마. 이릏게 탁탁 더해서 도팍(=돌멩이) 갖고 인자 안 거식해진 놈 이빨로 긁어감서 이르게잉게 삼제.(영광)

바. 우리는 긍개 <u>체 안 내로 댕에</u>(=체내러 다니지 않아), 지금은.(영광)

사. <u>장개 안 간</u> 사람은 생에(=상여) 안 메.(영광)

아. 그랬응게 그런 것은 나는 <u>성 안 가시고</u> 살았어.(영광)

자. 일을 해도 눈도 <u>뽀속뽀속 안 해</u>.(영광)

차. 부모들이 <u>얌잔 안 허먼</u>(=얌전하지 않으면) 모시옷 못 얻어 입어.(영광)

(37)은 보조용언 구성의 부정이다. 보조용언 구성에서 부정어 '안'은 본용언 앞에 오는 것이 일반적인데 (가)-(라)가 그런 예이다. 반면 (마)는 본용언 뒤에 보조사 '도'가 결합되어 있는데, 이런 경우 부정어 '안'은 본용언 앞보다는 보조용언 앞에 오는 것이 일반적이다. 부정어 '안'이 보조사를 넘어 보조용언에까지 영향력을 미치지는 못하기 때문이다.

---

6 '해먹다'나 '해입다'는 사전에서 한 낱말로 등재되어 있지 않지만, 그 의미로 보아 구가 아닌 낱말의 자격이 충분하다고 생각된다.

(37)

가. 지금잉게 안 숭거 부렁게 그러제.(영광)

나. 송아지는 안 내(=낳게 해) 봤어요.(영암)

다. 나는 아, 쇠주는 안 내레 봤는디 에레서 내린 디는 봤어.(영광)

라. 학실히 안 줘 바서,(진도)

마. 난 먼청(=먼저) 가고도 안 잡어(=가고 싶지도 않아). 오락 허먼 가.(신안)

9.4 부정문의 관용 형식

9.4.1 아니나 다를까/아닌 게 아니라

부정어가 포함되어 굳어진 형식이 몇 가지 있다. 그 가운데 관용적으로 쓰이는 '아니나 다를까' 또는 '아닌게 아니라'가 대표적이다. 이는 '짐작하거나 예상한 대로'의 의미를 지니며 문장부사 '과연'으로도 바꿔 쓸 수 있는 형식이다. 서남방언에서도 '아니나 다를까'는 표준어와 같이 일반적으로 쓰이는 관용 형식이다.

> (38)
> 가. 그랬는디 아니나 다를까 그 못을 쓴 후로 한 탯줄에 팔 형제를 낳서 그
>   장골이 모두 기골이 장대하고 늠늠하니까,(신안 구비)
> 나. 그라고는 딱 있는디 아니나 다를까 인자 밤이 돼갖고 오는디 국수 아
>   니고 떡국이여 떡국해다 주그든.(신안 구비)
> 다. 그 인자 배 타고 사공질을 허는디, 아니나 다를까 중국 놈 다섯 놈이 오
>   는디,(화순 구비)

한편 서술어가 '다르-'인 경우 그 앞에 선행하는 '아니나 다를까'의 '다를까'는 생략될 수 있다. (39)는 원래 '아니까 다를까 달라'라고 해야 하나 '다르-'가 겹치는 것을 피하기 위해 '다를까'가 생략된 것이다.

> (39) 그 사람이 아니나 달라.(장성 구비)

'아니나 다를까'와 거의 유사한 의미로 쓰이는 관용 형식으로 '아닌 게 아니라'가 있다. 『고려대한국어대사전』에 따르면 '아닌 게 아니라'는 '과연 그

렇게'의 뜻으로 풀이되어 있다. 또한 그 예로서 '대추의 빛깔이 꽤 맛스러워 보이는데, 먹어 보니 아닌 게 아니라 맛이 기가 막혔다.'를 제시하고 있다. 서남방언도 '아닌 게 아니라'가 쓰이는데 그 밖에 몇 가지 표현이 더 확인된다. (40나)는 '안 한 것이 아니라'가 같은 의미로 쓰임을 보여 준다. 한편 (40다)에서는 '아니랄까'가 역시 같은 의미로 쓰이고 있는데, 이는 '아니나 다를까'와의 혼태에 의해 생겨난 형태로 추정된다. '아니나 다를까'와 '아닌 게 아니라'가 각각 유사한 의미를 갖고 형태적으로도 유사한 면을 공유하므로 서로 간섭할 이유가 충분하다. 다만 혼태가 두 형식의 마지막 부분이 서로 합해져 일어난다는 점이 특별하다. 즉 '아닌 게 아니라'의 '아니라'와 '아니나 다를까'의 '다를까'가 합성되어 '아니랄까'가 생겨난 것으로 보이기 때문이다. (40라)와 (40마)에서는 '아니사까'가 보이는데 이는 '아니랄까'로부터 다시 파생된 형태임이 분명하다. 다만 '아니사까'의 '사'는 정체를 알기 어렵다.

(40)

가. 그러고는 <u>아닌 게 아니라</u> 저녁에 왔습니다.(함평 구비)

나. 쥔 모냐 들어강께 따러 들어가서 봉께 <u>안 한 것이 아니라</u> 얼굴이 기가 맥히게 어여뻐.(해남 구비)

다. 열이튿날까지 지다린데, <u>아니랄까</u> 유월 열이튿날 되니깐 인자 금방 되닝깨는, 진사보고 그 이야기를 안 헐 수는 없거든.(장성 구비)

라. <u>아니사까</u> 참 삼 일 되니게 왔어요, 중이.(해남 구비)

마. 아, 그런데 <u>아니사까</u> 울고 와. 계속해서 울고 강께,(해남 구비)

9.4.2 -으나 마나

관용 형식 '-으나 마나'는 『고려대한국어대사전』에 따르면 어떤 행동을 하여도 아니한 것과 다름없이 뻔하다는 뜻을 나타내는 말로 풀이되어 있다.

'그는 학교에서 있으나 마나 한 존재였다.'에서 그 용법을 확인할 수 있다. 이때 '있으나 마나'를 직접부정의 '있으나 안 있으나'로 바꾸면 '-으나 마나'와는 전혀 다른 대조의 의미를 나타내게 된다. 서남방언에서도 '-으나 마나'는 (41)의 (가)에서 보듯이 표준어와 똑같은 의미를 나타낼 수 있다. 반면 (나)의 '먹으나 마나'는 '먹으나 안 먹으나'처럼 대조의 의미를 나타낸다. (다)의 '나나 마나'는 '난다 할지라도'처럼 양보의 의미로 해석되는 점이 특별하다. 이 경우 서남방언에서는 '-으나따나'와 같은 또 다른 씨끝이 쓰이기도 한다(이기갑 2003:459-460).

(41)

가. 아, 들으나 마나 허지요.(정읍 구비)

나. 어짜피 우리 아버지도 죽을 것인디 그 약 먹으나 마나 마찬가지 아니요? 그래서 약을 안 지어갖고 왔소.(장성 구비)

다. "또 근가(=그런가) 한번 걸어 봐라." 긍게, "머냐(=먼저)보담 훨씬 더 크게 나." "크게 나나 마나 한번 걸어 봐."(정읍 구비)

'-으나 마나'가 지정사와 결합되면 '이나 마나'가 되어야 하는데, (42가)가 이를 보여 준다. 그런데 (42나)-(42다)에서는 '이나 마나' 대신 '이나 아니나'를 쓰고 있어 흥미롭다. 이것은 지정사 '이다'의 부정어가 '아니다'이기 때문에 생겨난 표현이다. (42)의 (가)-(다)에서 '이나 아니나'는 '이라고 해 봐야'와 같은 양보의 의미를 갖는다. 반면 (라)-(마)는 나열을 통한 대조를 나타내어 양보와는 전혀 다른 의미로 해석된다. 또한 지정사가 아닌 일반 동사에 '아니나'가 확대되어 쓰이는 점이 특별하다.

(42)

가. "너 이놈 당장에 죽이야 마땅하나 내가 백 분 용서를 해 주고 너 살려

주니 다시는 그러지 않도록 말아라." 다시 그런 행동이나 마나 그걸 베
었으니 뭐 어디 가 그런 짓 하겄어요?(군산 구비)

나. 그렁께 '왜 그 잡것 그러믄 한 점 더 먹어라. 더 띠어 주마.' 또 풀려 놓고
이놈을 절반이나 아니나 이놈을 갈라서 이놈을 막 몇 점 띠서 사방을
띵게 줬어. 띵게 중께 또 쳐넣거든.(보성 구비)

다. 밥이나 아니나 국에나 밥에나 맨 꾸렝이(=구렁이) 도막이 이리 걸치고
저리 걸치고 그랑께 묵도 안 하고 그냥 지 애비 붙어 묵으라고 하고 왔
다고 그라드라우.(해남 구비)

라. 한번 어디 가서 물어봐야 된다고 점을 하러 간다고 점하러 강께 점상
을 딱 받드니 쎄(=혀)를 끌끌 참시로(=차면서) 아깝다고 그람시로 점
상을 침스로, 보나 아니나 하라(=보든지 말든지 하라)고 그라드라우.
(해남 구비)

마. 당신이 장개 가기 전에 호사(虎死)하게 돼갖고 있응께, 가이내 놈의 신
세 그르치지 말고 가나 아니나 하라(=가든지 말든지 하라)고 그라드라
우.(해남 구비)

지정사에 결합된 '이나 아니나'가 지시어 '그'와 결합하면 '그나 아니나'와
같은 관용적 표현이 된다. 서남방언에서 '그나 아니나'는 (43)에서 보듯이 '그
러나저러나', '어찌 되었건', '아무튼'과 같은 의미를 갖는다. 양보의 의미를
갖는 점에서 '이나 아니나'의 의미를 그대로 이어받은 셈이다. 그러나 표준
어의 '그러나저러나'와 달리 '저러나' 대신 '아니나'가 쓰인 점이 특별하다. '그
러나저러나' 또는 '그나저나'의 경우 지시어 '그'와 '저'의 대립을 보이지만 '그
나 아니나'에서는 '그나'의 긍정과 '아니나'의 부정이 대립하고 있다. 이처럼
서남방언은 지정사에서 '-이나 아니나'의 형식을 주로 사용하고 이것이 확대
되어 '그나 아니나'와 같은 또 다른 관용 형식을 파생시키기에 이르렀다.

(43)

가. 인자 잘 믹이서 인자 한 며칠 만에 아, 그나 아니나 쟁이를 해서 뫼를 써
   야 할 것 아니요?(보성 구비)

나. 그나 아니나 지사 진설을 했어.(보성 구비)

다. 아이, 그나 아니나 사우놈한테 가서 말이라도 잠 해 보라고,(보성 구비)

라. 그나 아니나 소팅이는 밉지마는 그래도 그 끓이 줘야 할 것 아니여?(보
   성 구비)

마. 그나 아니나 어느 고장에 가서는 딱 내려 놓고는 그 범은, 인호불견이
   었어. 온 데 간 데가 없어.(보성 구비)

바. 그래 그나 아니나 즈그 형수들이나 조카들 나눠 주고 인자 산다 그 말
   이여.(신안 구비)

사. 그나 아니나 이정승 아들은 지가 시켜서 그랬제, 김정승 아들도 아무
   것도 몰라.(보성 구비)

'-으나 마나'의 '마나' 대신 '따나'가 쓰이는 수도 있다. '따나'의 '따'는 '마나'
에 비추어 보면 부정적인 의미를 지닌 용언임이 분명한데 그 기원은 미상이
다. (44가)에서 '-으나따나'의 양보적 의미를 확인할 수 있다. 한편 (44나)의 경
우 '아니나따나'를 '아니나싸나'로 발화한 것이 특이한데, '아닌 게 아니라' 정
도의 의미로 해석된다. 이음씨끝 '-으나따나'에 대해서는 6.3.8.3 참조.

(44)

가. 그런디 대문까지 뿌리고 문까지 뿌리면 뻴건허니 불긋불긋허니 보기
   싫지. 어디서 손님이 오시나따나(=오더라도) 피 뿌린 마냥 못써.(장성
   구비)[7]

나. 인자 영감이 딱 인자 멩지(=명주) 바지를 웃목에다 벗어서 나뒀어. 나
  두고, 아이 아니나짜나 아이 할멈도 사둔네 할멈도 속곳을 벗어 불고
  잠을 잤든 모양이여.(신안 구비)

10장

확인의문

10.1 수사의문과 확인의문

의문법은 상대에게 응답이나 설명을 요구하는 서법이다. 응답을 요구하면 '판정의문'(yes-no question), 설명을 요구하면 '설명의문'(wh-question)이다. 판정의문은 올림억양을 취하고 설명의문은 내림억양을 취한다. 그런데 경우에 따라 의문문이 응답이나 설명을 요구하지 않을 때가 있다. 수사의문문이 전형적인 예이다.

> (1)
> 가. 네가 그런다고 내가 그런 일을 하겠니?
> 나. 그런 힘든 일을 누가 하겠어?

(1)은 모두 표면상으로는 의문 형식을 띠고 있지만 의미상으로는 표면에 나타난 것과는 반대의 사실에 대한 말할이의 강한 확신을 표현한다. 따라서 이런 경우 상대는 굳이 이 문장에 대한 긍정이나 부정의 응답을 할 필요는 없다. 이처럼 말할이의 강한 서술을 표현하기 위해 의도적으로 의문 형식을 사용하기 때문에 수사적 의문이라 부른다. 수사의문은 올림억양과 내림억양 두 가지가 모두 가능한데, 의문문이라는 형식적 측면을 고려할 경우 올림억양을 취하고, 강한 서술의 의미를 고려하면 내림억양을 취하게 된다. 말할이는 상황에 따라 이 두 가지 가운데 어느 한 쪽을 택해서 발화할 수 있다.

　　수사의문문과 유사하면서도 구별해야 할 의문문으로서 확인 의문문이 있다. 확인 의문문도 수사의문문처럼 응답이 필요하지 않을 때가 있다.

> (2)
> 가. 내일 서울 간다고?
> 나. 내일 서울 가지?

다. 내일 서울 가잖아?

라. 내일 서울 가잖아? 그러면 거기서 이 사람을 한번 만나 봐.

(2가)는 내일 서울에 간다는 소식을 상대로부터 직접 아니면 간접적인 경로를 통해 들었을 때 이를 확인하는 물음이다. 이 경우 들을이의 응답은 필수적이다. (2나)는 상대가 서울에 간다는 것에 대한 말할이의 확신이 상당할 때 이를 확인하는 의문문이다. 이때도 말할이는 대체로 상대로부터 긍정의 응답을 기대하게 된다. (2가)와 (2나)는 모두 응답을 요구하거나 기대하므로 억양은 올림억양을 취한다. 그러나 (2다)는 상황이 전혀 다르다. 내일 서울에 가리라는 것에 대한 말할이의 확신이 (2가), (2나)에 비해 훨씬 강하므로 굳이 상대로부터 응답을 기대하지 않는다. 상대가 말할이의 확신 내용을 부정하더라도 자신의 확신에 대한 동의를 재차 요구하기도 하는데 이럴 때 (2다)와 같은 표현을 사용한다. 그러므로 (2라)처럼 연속되는 발화 안에서 서술문처럼 쓰여 바로 후행 발화에 이어질 수 있는 것이다. 그리고 억양은 당연히 내림억양을 취하게 된다.[1]

여기서는 (2다)의 확인 의문문에 한정하여 논의하고자 한다. (2다)의 확인 의문은 대용부정의 축약형 '-잖-'을 사용하는 것이 특징이다. 물론 이 '잖'은 부정의 반문을 나타내는 '-지 않-'이 축약된 것이다. 이 확인의문문은 단순히 자신의 확신한 내용을 확인하는 데 그치지 않고, 자신의 생각이나 주장이 옳다는 점을 상대에게 설득하거나, 새로운 사물이나 사태를 담화상에 도입하거나, 상대의 주장에 대한 강한 반론을 제기하는 등의 담화적 기능을 수행하기도 한다(손세모돌 1999, Suh Kyung-hee 2002, 최성호 2003, 이기갑 2015a:333 등).

---

[1] 다만 상대에게 서울 가는 일을 환기시킬 경우에는 올림억양이 가능하다.

10.2 '안'에 의한 확인의문

표준어가 '-잖'으로써 확인의문을 나타낸다면 서남방언은 '안'으로써 확인
의문을 나타낸다. 특히 전남 지역어에서 '안'에 의한 확인의문의 사용은 절
대적이다. '-잖'은 대용부정인 '-지 않'에서 비롯된 것이고, '안'은 직접부정
에서 기원한 것이다. 그렇다면 표준어와 서남방언은 부정문의 두 가지 형식
인 대용부정과 직접부정 가운데 어느 한 쪽을 택하여 확인의문을 발전시켰
음을 알 수 있다. (3)은 '안'으로써 확인의문을 나타내는 가장 일반적인 경우
를 보여 준다.

(3)

가. 큰애기(=처녀) 집에 와서 인자 요렇고 <u>게식을 안 허요</u>(=결혼식을 하잖
소)?(영광)

나. 그때는 부고를 써갖고 지금은 이러고 우페(=우표)를 <u>안 붙여 부리요</u>(=
붙여 버리잖소)?(영광)

다. 전에는 돈 쩨까썩(=조금씩) 주고도 <u>논 안 샀소</u>(=논 샀잖소)?(영광)

라. 아부이, 이 아래 개골이가 천하 영웅이라고 나랫님이 오락 헌다고 <u>안
허요</u>(=하잖습니까)? 그러니 나도 따라갈라우.(함평 구비)

마. 아이 그렁께, 좌수허고는 작은 원님이라 <u>안 허요</u>(=하잖소), 좌수보고
는?(함평 구비)

바. 누구를 잡으로 갈 지를 모릉께, 그래도 에펜네부터 잡으러 갔다 <u>안 허
요</u>(=하잖소)?(신안 구비)

사. 여그 앞에 할매 여그 <u>안 댕입디여</u>(=다니잖습디까)?(영광)

아. 시방 저짝(=저쪽)에 큰 집 그 지아집(=기와집) <u>안 있십디여</u>(=있잖습디
까)?(영광)

자. 아버지, 뭐라고 헙디여? 내가 그렇게 내가 아버지보다(=아버지보고)

안 헙디여(=하잖습디까)?(장성 구비)

차. 풍뎅이는 거 불 써 노면 와서 불 떼 갈라고 이리 <u>안 옵뎌</u>(=오잖습디까)?
그거여. 다 그 넋이여.(장성 구비)

카. 시방 각시들 노인들이 별놈의 이야기를 <u>안 허요</u>? 거기서 들은 것이여.
(전주 구비)

타. 아니, 거시기 저 엊저녁으 제사인가 좃인가 <u>안 지냈는가</u>?(부안 구비)

파. 낭중에는 누가 모략을 해서 이 사람을 역적으로 몰아 <u>안 죽였다고</u>?(부
안 구비)

하. 전부 노끈매끼를 꼬아갖고 짚세기를 삼은 그 뒤꿈치에다가, 삼이나 백
지 넣고 <u>안 삼습니까</u>?(부안 구비)

ㅏ. 당신이 또 서울서 돈도 보내고 하인 보내고 목수 보내서 집을 다 이렇
게 <u>안 지었소</u>? 그서 잉게 잘살게 되았는디 왜 그짓말허냐?(군산 구비)

ㅑ. 너그(=너희) 어메가 곧 죽게 <u>안 생겼냐</u>?(정읍 구비)

ㅓ. 선생님, 죄다 벗고 다순(=따뜻한) 이불 밑이 들어가서 자면 <u>안 좋으요</u>?
(정읍 구비)

위의 예들은 전사된 겉모습만을 본다면 중의적이다. 예를 들어 (3다)의 '논
안 샀소?'는 글쓴이의 직관에 따르면 올림 억양과 내림 억양의 두 가지 억양
이 가능하다. 첫째, 올림억양을 취하는 전형적인 경우는 순수한 부정 의문으
로 해석될 때이다. '논 샀소?'에 비해 '논 안 샀소?'와 같은 부정 의문은 말할이
의 전제나 예상, 기대 등의 심리가 포함되어 있을 수 있다. 그렇지만 어떻든
'논 안 샀소?'는 논의 구매에 대한 확신이 별로 없을 경우에 사용되는 의문이
다. '논 안직도(=아직도) 안 샀소?'와 같은 예가 여기에 해당한다. 한편 상대가
논을 샀는지를 이미 알고 있는 상태, 또는 이에 대한 강한 확신이 있을 때에
도 올림 억양이 가능하다. 말할이는 자신의 앎이나 믿음, 확신에 대해 상대
가 이를 부정하는 듯한 행동이나 말을 할 때, 자신의 생각을 재차 확인하기

위해 '안 샀소'를 사용할 수 있기 때문이다. 이 경우에도 '안'은 '샀소'와 하나의 쉼 단위를 형성하며 억양은 올림억양을 취한다. 예를 들어 '논 안 샀소? 내가 다 안디(=아는데).'와 같은 발화에 나타나는 '안 샀소'가 이런 경우이다. 이때의 올림억양은 부정 의문의 올림억양처럼 바로 끝이 올라가기도 하지만, 약간의 평탄함이 유지되다가 끝이 살짝 올라가는 모습을 취하는 것이 일반적이다. 이 경우의 올림억양은 사실을 부정하는 상대에 대한 의문 제기를 나타낸다. 우리는 이 경우를 '올림 확인의문'이라 부를 수 있을 것이다.

둘째, 내림억양을 취하면 말할이의 믿음이나 확신을 부정하는 상대에게 자신의 생각을 더 강요하거나 재확인하기도 하지만, 상대와의 앎을 공유하려는 의도를 나타내기도 한다. 이때는 표준어의 '-잖-' 형식이 갖는 의미 기능과 같다고 하겠다. 이러한 확인의문은 말할이 자신 직접 행하고 체험한 일에 대해 이야기할 때도 사용되는 점이 특징이다. 만약 말할이가 '내가 작년에 논 안 샀소? 걱다가 나락을 숭겄더니, …'처럼 내림억양으로 자신이 논을 사서 벼를 심은 이야기를 한다면, 이는 상대에게 자신의 생각을 강요하거나 확인하는 것이 아니다. 단지 자신이 한 일을 상대와 공유하고 싶을 뿐이다. 이런 경우에는 올림 확인의문이 사용될 수 없다. 그러므로 이런 경우는 '내림 확인의문'으로 부를 수 있다.

'논 안 샀소?'가 갖는 이러한 중의성은 부정 의문을 기반으로 하여 점차 그 의미가 넓혀진 것이다. 즉 '부정 의문 → 올림 확인의문 → 내림 확인의문'으로의 단계적 확대가 이루어졌다. '논 안 샀소?'의 가장 기본적인 용법은 부정 의문으로서 상대에게 논을 샀는지의 여부를 묻는 것이다. 여기서 말할이가 이미 상대가 논을 샀는지를 알고 있다면, '논 안 샀소?'는 상대에게 이에 대한 동의를 구하는 물음으로 바뀌게 된다. 논의 구매에 대한 사전 지식이 전제될 때는 부정 의문이 원천적으로 불가능하므로, 말할이의 사전 지식에 대한 상대의 동의만을 구하는 물음으로 바뀌는 것이다. 이것이 곧 우리가 '올림 확인의문'이라 불렀던 표현법이다. 이제 상대가 논을 산 사실이 말할이와 들을

이가 모두 공유하는 사전 지식이라면, 억양을 올려 상대에게 묻거나 동의를 구할 필요가 없게 된다. 이때는 단순히 말할이의 생각이 서술적으로 표현되게 되는데 이것이 우리가 '내림 확인의문'이라 불렀던 표현법이다. 부정 의문과 올림 확인의문이 들을이 지향의 표현법이라면 내림 확인의문은 말할이 지향의 표현법이다. '논 안 샀소?'에서는 들을이 지향에서 말할이 지향으로 그 의미 해석이 확대되어 갔음을 알 수 있다. 이에 따라 억양은 올림에서 내림으로 바뀌게 되는 것이다.

　이러한 의미 해석의 확대는 표현의 형태에도 영향을 미치게 된다. 특히 내림 확인의문에서 형식적 변화가 두드러진다. 내림 확인의문의 형식적 특징은 억양을 내리는 데에만 있지 않다. 무엇보다도 '안'의 문법적 기능 변화에 따른 운율의 변화가 특별하다. 직접 부정의 '안'은 후행하는 용언을 통사적으로 수식하고, 의미적으로 후행 용언의 의미 내용을 부정한다. 그런데 내림 확인의문의 경우 '안'은 더 이상 후행 용언을 수식하지 않는다. 예를 들어 '논 안 샀소?'가 내림 확인의문을 나타낼 경우 '안'은 뒤따르는 '샀소'에 이어 발화되지 않고 오히려 선행하는 '논'에 이어서 발화된다. 다시 말하면 '안'과 '샀소' 사이에 쉼이 개재되는 것이다. 이를 '논^안 #샀소'처럼 나타낼 수 있을 것이다. 이러한 운율적 분리는 '안'이 '샀소'를 수식하지 않음을 의미한다. 무릇 모든 수식어는 피수식어 앞에서 이어 발화되는 것이 일반적인데 내림 확인의문 구문에서 '안'은 이러한 운율 규칙을 어기고 있으므로 '안'을 더 이상 부정의 부사로 볼 수 없는 것이다. '안'이 선행 요소와 이어 발화될 때 '안'은 내림억양을 취한다. 예를 들어 '논 안 샀소?'에서 '논 안'이 내림억양을 취함에 따라 '논 안'은 자연스럽게 하나의 쉼 단위로 구분되는 것이다. 또한 내림 확인의문의 '안'은 후행 용언을 수식할 때와 비교하면 상대적으로 약하게 발음된다.

　'안'이 선행 표현 뒤에 이어 발화된다는 운율적 특징은 부사가 아닌 조사의 특징과 유사하다. 특히 '안'이 서술어 뒤에도 올 수 있는 위치적 특징은 이러한 조사와의 유사성을 강화시켜 준다. 예를 들어 '논 안 샀소?' 외에 '논 샀소 안?'도 가능한데, 이 두 표현은 완전한 동의 관계에 있다. '안'은 원래 용언(또는 서술어)의 수식어로서 동사구 내부에 갇혀 있던 성분인데, 동사구라는 통사 범주를 벗어나 문장 내의 어절 뒤에 자유롭게 출현하게 되었다. 이러한 위치의 변화가 급기야 '안'으로 하여금 서술어 뒤에까지 올 수 있게 만든 것이다. 또한 '안'은 한 문장 안에서도 여러 어절 뒤에 올 수 있으므로 다중 출현이 가능하다. 예를 들어 '전에는 돈 쩨까썩(=조금씩) 주고도 논 안 샀소?'가 원래의 발화이지만 '안'이 다중 출현하여 '전에는 안, 돈 쩨까썩 안, 주고도 안, 논 안, 샀소 안?'처럼 말할 수도 있는 것이다. 이러한 다중 출현은 높임의 조사 '요'와 유사한 행태이다. 다만 '안'은 문장의 첫머리에도 올 수 있으며, 서술어 뒤에 오는 '안'은 생략이 가능하다는 점에서 '요'와는 다른 면을 보이기도 한다. 문장 첫머리에 올 경우 위에서 든 예는 '안, 전에는 안, 돈 쩨까썩 안, 주고도 안, 논 안, 샀소 안?'처럼 바꿀 수 있다. '안'이 문장의 첫머리에 올 수 있는 점은 조사와 다른 점이다. 그러나 '샀소 안?'처럼 부사가 서술어 뒤에 오는 것 역시 우리말 어순의 규범에 어긋나는 것이다. 그래서 내림 확인의문의 '안'은 부사와 조사의 성격을 복합적으로 갖는 형태로 보인다. (4)는 '안'이 서술어 뒤에 오거나 다중 출현하는 경우이다.

(4)

가. 띠로 뭉꺼(=묶어)갖고 막 방망이로 뚜둘고 그라요 안(=그러잖소), 옛날에는?(영암)

나. 옛날에는 솜 나서도 바지 허요 안(=하잖소)?(영암)

다. 계란, 옛날에는 거 짚에다 싸요 안(=싸잖소)?(영암)

라. 광주가서 인자 거 씨름판이 있어. 근디 씨름판에 가서 봉께, 인자 그 전에 장사들이 씨름한다고 안(=씨름하잖소)? 지금 저 장사 씨름대회 한 디,(화순 구비)[2]

마. "인자 벌어묵고 깨판없이(=걱정 없이) 산디 <u>그냥 딱 데려가 불었소 안</u>
(=데려가 버렸잖소)?" "누가요?" "사또님이, 원님이, 밥 갖고 가는 사람
을, 도중에 가는 사람을."(해남 구비)

바. 여그 <u>비서릿대(=싸릿대) 안 나드라고 안</u>(=나잖는가)?(영암)

사. 옛날에는 먹을 <u>끄니(=끼니)에 쌀도 안 시어머니들이 내주고 안 그랬소
안</u>(=그랬잖소)?(영암)

내림 확인의문의 '안'은 부정문에도 올 수 있다. (5)는 한 문장 안에 '안'이
두 차례 쓰였는데, '안₂'가 직접부정을 나타내는 부정어라면 '안₁'은 내림 확인
의문을 나타내는 말로서 서로 구별된다. '안₁'이 확인의문을 나타내므로 선
행 표현과 이어 발화되며, '안₂'는 부정의 부사이므로 후행 서술어와 이어 발
화되게 된다. 따라서 '안₁'과 '안₂' 사이에는 쉼이 개재되어 운율적으로 분리
된다.

(5)

가. 니가 거그서 안₁ 안₂ 잤냐(=안 잤잖니)?

나. 거가 질(=제일) 안₁ 안₂ 좋습디여(=안 좋았잖아요)?

'안'이 선행 표현에 이어 발화되면 '안'의 부정 기능은 사라진다. '안'은 그
자체로 별다른 의미 내용을 갖지 못하고 단지 뒤따르는 표현과의 운율적 분
리를 조장할 뿐이다. 담화 안에서 운율적으로 분리가 일어나면 담화의 흐름
이 조절되는 효과가 발생한다. 한편 '샀소 안'처럼 서술어 뒤에 올 경우 '안'은
상대의 동의를 재촉하는 기능을 한다. 따라서 내림 확인의문 구문에서 '안'

---

2 '-은다고'는 반말로서 올림억양을 취하면 상대에게 되묻는 의문을 나타낸다. 그런데 여
기에 '안'이 결합되면 말할이의 생각에 대한 상대의 동의를 구하는 기능으로 바뀌게 된다.

은 위치에 따라 문중에서는 운율적 분리에 의한 담화의 흐름 조절 기능, 문말에서는 상대의 동의를 촉구하는 화용적 기능을 수행한다고 할 수 있는데, 위치에 따른 이러한 기능의 분화는 높임의 조사 '요'에서도 찾아볼 수 있다(이정민/박성현 1991).

문장 내부의 '안'에서 특별한 문법적 기능이 느껴지지 않으므로 이런 '안'은 생략이 가능하다. 그래서 '안'이 없음에도 불구하고 (6)의 예들은 확인의문으로 해석된다. 이들 문장들은 전사된 형태로만 보면 판정의문을 나타낼 듯하나, 내림억양을 취하기 때문에 판정의문이 아닌 확인의문으로 해석되어야 한다. 이때의 확인의문은 순전히 억양에 의해 표현된다고 할 수 있다. 그렇다면 이런 경우 '안'이 문장 내부나 문장 끝에 덧붙어 쓰이더라도 기능적으로는 군더더기에 불과할 것이다. 위에서 설명한 것처럼 '안'은 애초에 부정의 어휘적 의미를 갖다가 동의 촉구라는 화용적 의미로 변하였고, 문장 내부에서는 더 나아가 담화의 흐름을 조절하는 기능으로 바뀌게 되었다. 그런데 동의 촉구라는 화용적 의미는 억양에 의해 표현되고, 담화적 기능은 수의적이므로 '안'이 문장에 나타나야 할 필연적 이유가 없어진 셈이다. '안'이 생략된 채 나타나지 않을 수 있는 이유가 여기에 있는 것이다.

(6)

가. 하래(=하루)만 입어도 벗어 빨래랑 허요(=하잖소), 시방은?(영광)

나. 전에는 부자여사 먹제, 지금은 다 먹으요?(먹잖소?) 모다 부자나 아니나.(영광)

다. 옛날 튀기꾼들이 다 사로 댕겠소(=사러 다녔잖소), 그냥?(영광)

라. 거시기 나 아까 거 말합디여(=말했잖소)? 소리한 양반 있고 거.(영암)

마. 말이 있습디여(=있잖소)? 무수(=무) 한 가지 갖고 열두 반찬 만든다고.(영암)

바. 테레비서 그럽디여(=그러잖소)? 국수 언제 줄라나고 헙디여(=하잖

소)? 근디 여그는 국시(=국수) 법이 없어.(영광)

　내림 확인의문은 일부 씨끝에서 제한을 받는다. '-냐', '-은가', '-요', '-습니까', '-습디여' 등의 의문형 씨끝은 허용되지만, 반말의 '-어', '-제', '-을까'와 아주낮춤의 '-을래' 등은 허용되지 않는다. 또한 완형 보문의 축약 형식인 '-다냐', '-단가', '-다요/다우', '-답디여/답디까' 등에서도 불가능하다(이기갑 2015a: 347). '-제'는 자체로 확인의문을 나타내므로 다시 여기에 내림 확인의문을 추가할 필요는 없을 것이다. '-을까'와 '-을래'는 상대의 동의를 구하거나 상대의 의지 여부를 묻는 표현이므로 이러한 의미가 확인의문과 충돌하여 내림 확인의문이 불가능하다. 이처럼 '-제', '-을까', '-을래'가 내림 확인의문을 허용하지 않는 것은 씨끝 자체의 의미 때문이다. 반면 반말의 씨끝 '-어'가 불가능한 이유는 분명하지 않다. 표준어의 '-잖아'에서 보듯이 씨끝 '-어'에서 확인의문이 가능하므로 '-어'의 의미 기능이 내림 확인의문을 원천적으로 봉쇄한다고 할 수는 없다. 우선 (7)의 구술발화 예를 검토하여 씨끝 '-어'에서 '안'에 의한 확인의문이 가능한지 여부를 살펴보도록 하자.

(7)

가. 그것이 어쩌냐 허면. 꼭 늙은 엄매허고 아들 하나허고 살어. 논도 아니고 저 산에 가서 말하자면 저 팥밭 <u>안 이뤄</u>? 팥밭 팥밭? 팥밭이란 것이 산기시랑(=산기슭)에 이루는. 팥밭을 이룸서,(전주 구비)

나. 요놈이 무슨 수가 있는고는 봄 새에 솔 껍데기 빗기서 나팔이다고 <u>안 맹글아</u>? 맹근 놈을 마루 밑이다 뒀다가 고놈을 분 통에(=부는 바람에) 지네가 독을 올리갖고 그놈의 독에 죽게 생겼어.(정읍 구비)

다. 그 정씨라고 하는 양반이 인자 그 효자 났다고 <u>안 내가 얘기 안 해요</u>? (군산 구비)

라. <u>투가리라고 안 해</u>?(곡성)

마. 내가 <u>알매 찐다고 안 해?</u>(무주)

(7)은 모두 씨끝 '-어'를 포함하고 있는데, 올림억양으로 발화되며 확인의문을 나타낸다. 그래서 앞에서 살펴본 올림 확인의문에 속한다고 하겠다. 이 때문에 내림 확인의문이 갖는 여러 가지 운율적, 통사적 특징이 나타나지 않는다. 예를 들어 (7가)의 '팔밭 안 이뤄?'는 올림억양이며 '안'은 '이뤄'를 수식하며 바로 이어 발화되어 하나의 쉼 단위를 형성한다. 또한 '이뤄 안?'처럼 '안'이 '이뤄'의 뒤에 올 수 없다. 그 밖에 '팔밭 안 이뤄 안?'처럼 '안'이 중복하여 출현할 수도 없다. 이러한 차이들은 나머지 예인 (7나)-(7마)에도 그대로 나타난다. 그러므로 '안 이뤄'는 내림 확인의문이 아닌 올림 확인의문의 표현이다. 다만 (7다)의 '효자 났다고 안 내가 얘기 안 해요?'는 '안'이 두 차례 쓰이고 있는데 앞의 '안'은 내림 확인의문, 뒤의 '안'은 올림 확인의문을 나타낸다. 여기서는 씨끝 '-어'와 결합되는 예를 다루고 있으므로 뒤의 '안'이 문제될 뿐이다. (7)의 예들은 말할이가 이미 알고 있는 일에 대해 상대에게 확인하는 물음으로서 전형적인 올림 확인의문이다. 그렇다면 서남방언에서 반말의 씨끝 '-어'의 경우, 올림 확인의문은 가능하되 내림 확인의문은 불가능하다고 할 수 있다. 씨끝의 의미가 상충되지 않음에도 불구하고 '-어'에서 내림 확인의문이 불가능한 이유는 무엇일까? '팔밭 안 이뤄'와 '팔밭 안 이루냐'를 비교함으로써 이에 대한 해답을 찾아보기로 하자. '팔밭 안 이루냐'가 내림 확인의문을 나타낼 경우 '이루냐'는 독자적으로 내림억양을 취하면서 확인의문을 표현한다. '이루냐' 자체에 의문형 씨끝 '-냐'가 있기 때문에 이것이 확인의문을 나타낸다는 것은 형식적으로 알 수 있다. 그런데 '안 이뤄'에 반말의 씨끝 '-어'가 사용되므로 '이뤄' 자체에 의문을 나타내는 형태가 명시적으로 드러나 있지 않다. '-어'는 단지 운율에 의해 서술과 의문을 구별할 수 있다. 그러므로 '이뤄'가 내림억양을 취하면, 명시적인 의문의 형태가 없으므로 이때의 '이뤄'는 의문이 아닌 서술로 이해되게 된다. 서술의 서법으로는

확인의문을 나타낼 수 없는 것이다. 이러한 이유 때문에 서남방언에서는 '-어'의 경우 내림 확인의문이 불가능해진 것으로 추정된다.

앞에서 논의했듯이 내림 확인의문은 올림 확인의문으로부터 확대 전이된 것이다. 이러한 변화 과정에서 운율의 변이와 '안'의 문법적 지위의 변화가 수반되었다. 그런데 씨끝 '-어'의 경우, 그 운율적 특징으로 인해 내림 확인의 문으로의 변화가 일어나지 못했다. 그 결과 올림 확인의문 체계와 내림 확인의문 체계 사이에는 괴리가 발생했으며, 내림 확인의문 체계 내부에서도 빈자리가 생기게 되었다. 이 빈자리를 메울 필요가 생겼는데, 그 보충 형식으로서 대용부정에 의한 확인의문이 선택된 것으로 추정된다. 대용 부정 형식에 씨끝 '-어'가 결합된 '-지 안해' 또는 축약형 '-잔해'가 구술발화 자료에서 심심찮게 확인되는 것은 이 때문일 것이다. 이에 대해서는 10.3에서 다시 논의하기로 한다.

'안'은 드물기는 하지만 명령문과 청유문에도 쓰일 수 있다. 이때는 문장 끝에서만 출현하는 제약이 있는데, '안'이 쓰이면 상대에 대한 행동 요구의 강도가 강해진다. 즉 상대의 행동하기를 촉구하는 것이다. 이것은 확인의문의 서술어 뒤, 즉 문장 끝에 나타나는 '안'이 수행하는 상대의 동의 구하기와 같은 화용적 기능으로부터 생겨난 것이다. 의문문에서의 동의 구하기가 명령과 청유문에서는 행동 촉구로 해석되기 때문이다. (8)에서 (가)가 중립적인 명령문이라면 (나)는 재촉하는 명령문이다. 따라서 명령의 강도는 (8가) 보다 (8나)가 더 강하다. 한편 (8다)는 (8나)보다 더 강한 명령이며, 역시 재촉하는 명령이라 할 수 있다. 밥을 먹으라는 말을 여러 차례 했음에도 따르지 않는 아이에게 하는 행동 촉구의 명령인 것이다. (8라)는 청유문에 '안'이 쓰인 경우로서 역시 상대에 대한 행동을 촉구하고 있다. 내림 확인의문에 쓰인 문말의 '안'이 그 쓰임 영역을 명령문과 청유문까지 확대함으로써 화용적 기능의 적용 범위를 넓히고 있다고 하겠다.

(8)

가. 언능 묵어(=얼른 먹어).

나. 언능 묵어야.

다. 언능 묵어야 안.

라. 언능 묵자 안.

10.3 대용부정에 의한 확인의문

대용부정 형식은 확인의문을 나타낼 수 있다. 10.2에서 논의한 '안'에 의한 확인의문에서 올림 확인의문은 사실을 부정하는 상대에게 의문을 제기하는 기능을 하였다. 이러한 기능은 대용부정으로도 표현할 수 있다. 예를 들어 올림 확인의문의 '논 안 샀소?'에 대응하여 '논 사지 않았소?'처럼 말할 수 있기 때문이다. '사지 않았소'가 '사잖았소'로 축약되면 사실을 부정하는 상대에게 의문을 제기하거나 말할이의 확신 내용에 대해 상대에게 동의를 구하는 기능을 하고, '샀잖소'로 축약되면 '사잖았소'가 나타내는 기능을 포함하되 여기에 덧붙여 단순히 자신의 생각을 상대에게 드러내는 기능을 한다. '사잖았소?'는 올림억양을 취하고 '샀잖소'는 내림억양을 취한다. 따라서 '논 사잖았소?'는 올림 확인의문의 '논 안 샀소?'에 대응하고, '논 샀잖소?'는 내림 확인의문의 '논 안 샀소? 또는 '논 샀소 안?'에 대응한다. '논 샀잖소?'는 내림억양을 취하므로 이것도 내림 확인의문이라 부를 수 있을 것이다. 이에 대해 '논 사지 않았소?'나 '논 사잖았소?'는 올림 확인의문이라 하겠다.

서남방언에서 대용부정 형식으로써 확인의문을 나타낼 때, 가장 기본적인 형태는 (9)와 같은 것이다.[3] 이들은 중립적인 의문문이 아니라 말할이가 확신하고 있는 사실에 대해 상대에게 동의를 구하는 확인의문이다. 그런데 이 형식은 적어도 두 가지 특징을 갖는다. 첫째는 올림억양을 취한다는 점이다. 그래서 상대의 동의를 구하는 의미가 두드러진다. 이는 10.2에서 언급한 올림 확인의문과 같은 것이다. 둘째는 '-지 안했'처럼 보조용언 '안허-'에 과거시제를 나타낸다는 점이다. (9나)-(9사)가 이를 보여 준다. 과거시제 표지

---

3 '안'에 의한 확인의문과 대용부정에 의한 확인의문 두 가지 방식이 함께 쓰이는 경우도 확인된다. (예) 우리 선생님 여가 있는디, 왜 당신이 그저께 저 그제부터 나를 둘러먹었소(=속였소)? <u>여그 안 계시지 안허요</u>(=계시잖소)?(함평 구비)

가 '안허-'에 결합되는 것은 '-지 안허-'가 하나의 형태로 재구조화 되지 않았음을 말해 준다.

(9)

가. 나중에 순산하지도 못하고 그대로 그냥 죽어 불지 안해?(해남 구비)

나. 인자 똑같이 돌아댕임시러 그런 좋은 일을 많이 허지 안 했어요?(함평 구비)

다. 옛날에는 대개 거 지금보담도 대가족제도를 시었기 때문에 물런(=물론) 할아부지서부터서 아들 손잣님 전부 한 가정에가 전부 있지 안했어요이?(함평 구비)

라. 그전에는 조혼을 허지 안했어요?(함평 구비)

마. 그라고 앉었으니께 조금 있응께 서쪽서 초상났다고 소문이 나지 안했어?(신안 구비)

바. 말허자믄 과객 그전에는 과객이 많이 다니지 안혔어요?(정읍 구비)

사. 뒤에다가 비게 같은 것 지지 안혔어?(정읍 구비)

그런데 서남방언에서는 (9)와 같은 본디 형식보다는 (10)과 같은 축약형이 오히려 더 많이 쓰인다. 예를 들어 전북 고창 지역에서 부정의 조동사 '안허-'에 씨끝 '-어'가 결합되면 '안해', '안혀', '안히' 등으로 나타나므로 본동사의 씨끝 '-지'와 축약될 경우 '-잔해', '-잔혀', '-잔히' 등이 예상된다. 실제 자료에서는 이 가운데 '-잔해', '-잔혀'가 확인된다. 물론 고창 이외의 지역인 군산과 부안에서도 '-잔혀'가 보인다. 이 밖에 표준어의 유입형 '-잖-'도 쓰이고 있다. 축약형의 과거는 '-었잔해'나 '-었잔혀'처럼 과거시제 표지가 축약형의 앞에 결합되어 위에서 언급한 본디 형식과 차이를 보인다. 이는 '-잔허-'가 하나의 씨끝으로 재구조화 되었음을 의미한다. 또한 억양은 올림억양과 내림억양 두 가지가 가능하다. 올림억양을 취하면 말할이의 확신에 대한 상대의 동의를 구하고, 내림억양을 취하면 자신의 생각을 드러내는 기능을 한다. 본디 형식이 '-잔허-'로 축약되면서 억양도 올림 외에 내림이 가능해졌다. 내림 억양이 가능한 것은 그 기능도 내림 확인의문이 가능해졌다는 뜻이다. 따라서 (10)처럼 마침씨끝이 '-어'인 경우는 '안'에 의한 내림 확인의문이 불가능했던 빈자리를 메우는 보충 형식이라 할 수 있다.

(10)

가. 아까 저 오실 때 고추 재배헌 디 있잔해?(고창)

나. 지금언 그 읎잔해?(고창)

다. 인자 걸립이라고 있잔해, 걸립?(고창)

라. 나가니까 인자 그 사무실 있잔해? 그 나가는 데 부추장에서 나가먼 인자 거 사무실 있고.(고창)

마. 그때 또, 인자 우리 대한민국이 둘우왔잔해?(고창)

바. 또 인자 학도대원 다녔잔해?(고창)

사. 그 인자 문구를 느가지고 인자 쓰잔혀?(고창)

아. 돈도 되고, 좀 살림이 거식허고 그렁개 행실이 쫌 다른 디럴 반촌이라 구잔혀?(고창)

자. 다 인자 젊은 사람딜 그냥 씰어서 가넌 때가 있었잔혀?(고창)

차. 그전에는 육년 후, 말하자면 육대 되아먼 세앙을 모시잔혀?(고창)

카. 얻어다가 인자 개 있잔혀? 저기 그때넌 놓아믹이넌 개가 있어.(고창)

타. 메누리허고 시어마이허고 한테 살도 안허고 시방 따로 살고 있잔허?(고창)

파. 근디 그때는 지금 모자 사각모자를 쓰고 다녔어. 사각모자를 쓰고 다녔잔혀? (부안 구비)

하. 있잔혀? 저게 낮거무여.(군산 구비)

ㅏ. 바가지 두룸박(=두레박)을 맨들잔혀? 바가지 두룸박을 맨들었는디,

(군산 구비)

야. 그렇게 참 여수(=여우)를 안 때리 죽있으먼 집안이 망허잔혀?(군산 구비)

표준어의 영향을 받은 '-잖아'도 소수 보인다. '-잖아'는 '-지 안해'와 달리 주로 내림 억양을 취한다. '-잖'으로의 축약은 '안허-'가 '않-'으로 축약됨으로써 생긴 것이다. 서남방언에서는 부정의 조동사로서 '안허-'가 일반적이며 특히 모음 씨끝 앞에서는 '않-'으로 축약되는 예는 드물다.⁴ 따라서 '-잔해'에서 '-잖아'로 축약되려면 '안허- → 않-'의 축약과 씨끝 '-애 → -아', 또는 '-여 → -아'의 변화를 전제해야 하므로 불가능한 일이다. 그러므로 '-잖아'와 같은 확인의문 형식은 서남방언에서 자생적으로 생긴 것이 아니라 표준어에서 유입된 것으로 보아야 한다.

(11)

가. 어렸을 때 인자 그 밥 허는 조레 있잖아 조레?(고창)

나. 사실 말힜잖아? 농작도 벨로 읎고,(고창)

다. 깔담살이(=어린 꼴머슴)가 소 풀 비어다주고, 풀을 비어갖고 오먼 소가 옛날에는 그 풀을 먹었잖아요, 살었잖아요?(고창)

라. 그렁개 숫송개 숫소라고는 허는디, 숫소가 거시기, 성질이 괴팍허잖아요?(고창)

고창 이외의 전북 지역의 경우 씨끝 '-어' 외에 '-냐', '-요', '-습니까' 등에도 축약형 '-잖'이 쓰인 예가 확인된다. 이들은 모두 내림억양을 취하는데, (12 가)의 '살잖냐?'는 전남이라면 '안 사냐?'처럼 '안'에 의한 내림 확인의문으로

---

4 서남방언에서 안허-'가 자음 씨끝 앞에서 '않-'으로 축약되는 일은 흔히 있다(이기갑 2003: 531-535).

표현될 것이다. 그런데 전북은 '안'에 의한 확인의문을 잘 사용하지 않으므로 대용부정에 의한 확인의문이 널리 쓰이게 된 것이다.

(12)
가. 야, 너는 늘 돌아댕김서 물고기나 잡어먹고 대니지만, 나는 배추 잎사귀나 뜯어 먹고 살잖냐?(부안 구비)
나. 당신이 처분허든지 나하고 도망을 가든지 그럭허믄 좋잖냐?(부안 구비)
다. 사람이 지나가니 놀래서 울음을 그쳤잖소? 그대로 우는 자리는 사람이 안 지나간 자리고.(부안 구비)
라. 지금 요새 우리가 부모님 뫼가 이렇게 있잖습니까? 왜 이렇게 찔쭉허니(=길쭉하게) 나와 있제.(부안 구비)
마. 아, 길러 준 게 부모지, 낳아 준 건 부모가 아니잖습니까?(군산 구비)
바. 나무 땔 적으 솥 밑이 그 앉은 앉은검정이라고 있잖습니까?(군산 구비)
사. 그 옛날이 그 평양 앞닫이라고 있잖습니까?(군산 구비)

전남과 전북 전역에서 '안'에 의한 내림 확인의문과 대용부정에 의한 확인의문의 사용 양상을 알아보기 위해 국립국어원의 '지역어조사사업보고서'에 실린 구술발화 자료를 검토하였다. 약 4시간 동안 진행된 구술을 전사한 자료에서 '안'에 의한 내림 확인의문과 대용부정에 의한 확인의문의 사용 비율을 비교한 것이다. 〈표 16〉에서 내림 확인의문과 올림 확인의문은 모두 '안'을 사용한 경우이고 '-지 않-', '-잔허-', '-잖-' 등은 대용부정 형식을 사용한 경우이다.

〈표 16〉 전남과 전북의 확인의문 표현 방식의 비교

	영광	진도	신안	곡성	광양	보성	영암	남원	임실	무주
내림 확인의문	13	49	57	2	27	14	35	0	0	0
올림 확인의문	0	0	0	2	0	1	0	1	1	11
-지 않-	2	2	0	0	4	6	0	1	3	1
-잔허-	1	0	0	0	0	1	1	0	20	106
-잖-	15	0	0	12	0	0	0	14	10	182
합계	31	51	57	16	31	22	36	16	34	300
'안'의 비율	42%	96%	100%	25%	87%	68%	97%	0%	0%	0%
대용부정에서 '-어'의 비율	17/17	1/2	0/0	12/12	3/4	3/7	1/1	15/15	30/33	288/289

〈표 16〉을 통해 몇 가지 사실을 알 수 있다. 첫째, 전남 지역은 '안'에 의한 확인의문, 그것도 내림 확인의문을 주로 사용한다. 진도·신안·영암 등 전남의 남부 지역은 전체 확인의문 가운데 95%-100%를 차지함으로써 압도적인 비율을 보여 준다. 반면 전남의 북부인 영광·곡성은 '안'의 사용 비율이 50% 이내로 떨어진다. 대신 이들 지역은 대용부정에 의한 확인의문이 다수를 차지한다. 그 가운데서도 '-잖-'을 사용하는 비율이 높다. 광양·보성 등 전남의 동부 지역은 '안'의 사용 비율이 절반 이상을 차지하지만 남부에 비해서는 낮음을 알 수 있다. 둘째 전북 지역의 경우 '안'의 사용 비율이 거의 전무에 가깝다.[5] 『한국구비문학대계』의 자료를 반영한 앞의 예 (3)에서 보듯이 전북

---

5 전남과 접한 전북 고창의 구술발화에서 '안'에 의한 확인의문 예가 몇 개 보인다. (예) 그리가지고 집이럴 <u>안</u> 왔습디여? 왔넌디,/니가 그래도 법대래도 나와서 고시 합격허고 저거 허고 허먼은 그리도 <u>안</u> 거식허겠냐?/느그 형제간은 어치게 다 힘을 피고 <u>안</u> 살겠냐?/돈 물질적으로 힘 피는 거보다도 사람이 어깨 피고 사는 것이 큰 힘잉게, <u>안 살겠냐 했는</u>디, 그것을 못 했어요.(고창)

의 군산·전주·부안·정읍 등지에서 '안'에 의한 확인의문이 전혀 사용되지 않는 것은 아니나 그 사용 비율이 매우 낮다. 대신 대용부정에 의한 확인의문이 절대 다수인데, 그 가운데서도 '-잔허-'와 '-잖-'이 널리 쓰인다. '-잖-'은 전남의 곡성·전북 남원·무주 등지에서 절반 이상을 차지한다. 이는 전북의 동부와 전남의 동북부 지역에 해당되는데, 만약 '-잖-'을 표준어의 유입형이라 한다면 이들 지역의 표준어 유입 정도가 상당하다고 할 수 있다. 대용부정을 사용하여 확인의문을 나타낼 때, 〈표 16〉에서 보듯이 그 씨끝은 '-어'가 절대적이다. 이처럼 대용부정 형식으로 확인의문을 나타낼 때 씨끝 '-어'와의 결합이 절대 다수를 차지하는 것은 '안'에 의한 내림 확인의문이 씨끝 '-어'에서는 불가능하기 때문이다. 곧 '안'에 의한 내림 확인의문의 빈자리를 대용부정 형식이 메우기 때문인 것이다.

'-어'가 결합할 때의 형태는 '-잔허-'의 경우, '-잔혀', '-잔해', '-잔햐'가 보이고, '-잖-'은 '-잖아'와 '-잖어'가 보인다. 전남은 '-잔허-'의 비율이 낮지만 '-잔해'가 일반적이다. '-잖-'은 영광과 곡성에서 주로 쓰이는데, '-잖아'가 일반적이며 '-잖어'가 영광에서 한 예가 확인된다. 전북의 경우 '-잔허-'가 쓰일 때, 임실에서는 '-잔해'가 일반적이고 '-잔혀'가 소수 보인다. 임실에서는 '-자뇨'로 전사된 예가 확인되는데, 여기서는 '-잔혀'에서 변이된 것으로 해석하였다. 무주에서는 '-잔햐', '-잔혀', '-잔해'가 모두 쓰이되 그 사용 정도는 '-잔햐(73) 〉 -잔혀(21) 〉 -잔해(12)'의 순이다. 전북에서 '-잖-'이 쓰일 때는 '-잖아'가 일반적이며 '-잖어'도 소수 나타난다.

11장

인용문

11.1 인용문의 구조

인용은 상대의 발화를 발화된 상태 그대로 옮기는 직접인용과, 말할이의 주관적 관점에 따라 바꿔 옮기는 간접인용의 두 종류로 크게 나뉜다. 직접인용과 간접인용 구성은 모두 피인용문, 인용조사, 인용동사의 세 요소로 이루어진다. 여기서 피인용문은 필수적인 요소이지만 인용조사와 인용동사는 수의적인 요소로서 경우에 따라 생략되어 나타나지 않을 수도 있다. 또한 인용문 앞에 도입절이 오기도 한다. 따라서 인용문의 전체 구조는 아래와 같이 나타낼 수 있다.

도입절-[[피인용문-인용조사]-인용동사]]

구술자가 상대의 말을 도입절 없이 직접인용만으로 재생하는 경우가 있다. (1)은 구술자와 등장인물 두 사람의 대화를 구술자가 직접인용한 경우이다. 따라서 구술자가 대화에 직접 참여한 경우라 하겠다. (1)을 보면 인용동사는 철저히 '그러허-'가 쓰이고 있음을 알 수 있다.

(1) 그릉께 내가 먼 저 여짝이(=이쪽에) 거 아까침에 뚱뗑이(=뚱뚱이) 그 사람이 "나는 죽으면 저 어쭈고 할란가 몰라이." 그릉께 "어쭉해? 저 막 갖고가제." 내가 그러제. "막 갖고가서 목포 저 화장터에다 넣어 부루제 멋 헌단가?" 그렁께 "나는 그럴 것이여." 그럼서르 "그라면 누가 울 사람도 올까 읎으까?" 그러먼 "누가 울어? 집이 딸보다 울으락 해," 내가 그러제. "메느리가 먼 울음이 엄마나(=얼마나) 나온단가?" 그릉께, "그릉께이." 그러고, "나는 죽으면 진짜 그리 가겄네야." 그러드마. 그라고 헌디 "이 집서는 죽으면 쩌리 가겄구마." 그람서르, 쩌 건네 성원어매가 쩌 건네 친구 한나가 "아따 젊은 사람들이 밤낮 나이도 덜 묵은 사람

들이 죽응께 성가시네야. 우덜(=우리들) 같은 사람이 먼춤(=먼저) 가야 텐디." 그래서, "난 먼청 가구도 안 잡어(=싶어)." 내가 그러제 "난 먼청 가고도 안 잡어. 오락 허먼 가. 인제 인자 엄마(=얼마) 남지도 안했는디 멋 허러 가고 잡고 말고 해?" 내가 "오먼 가제 오락 허먼 가제." 그러제. "오락 허먼 가야제 누구든지. 젊으나 늙으나. 그렁께 성원어매도 저 하장터로는 안 가겄어." 그렁께 "그렁께이. 난 화장터로 가 부루먼 쓰겄소, 차라리. 누가 저 거 멋 가서 저 멋 할라먼 성가싱께이 저 멧(=묘) 돌치할라먼(=돌보려면) 성가시고 그렁께 저 화장터로 가 부루먼 쓰겄어. 거리서 거다 쓰지 말고 그리서 둘 쓸라먼 성가싱께." "아야, 영감이 거가 있잉께 그리 가게 데야갖고 있어. 그릉께 걱정하지 말고 가만있어." 내가 그랬제.(신안)

반면 구술자가 대화에 직접 참여하지 않고 참여자의 대화를 인용하는 경우가 있다. (2)에서 인용된 발화는 이야기의 등장인물들의 대화인데, 이들 대화는 직접인용문과 간접인용문이 번갈아 사용되고 있다.

(2) "아이, 보일씨 영감이 참 잡놈이고 거 참 똑똑헌 사람인디, 그 사람이 여그서 자고 두루매기허고 갓허고 이불 욱에다가 벗어났다고 그런디 참말로 그랬소?" 그렁께, 어디 그랬어야고(=그랬냐고) 팔짝 띤디.(신안구비)

(2)에는 동네 사람과 과부가 등장하고 이를 객관적으로 바라보는 구술자가 참여한다. 동네 사람이 과부에게 하는 말은 그대로 구술자가 직접인용 하였는데, 큰따옴표로 표시된 부분이 그것이다. 그리고 인용동사 '그렁께'가 뒤따른다. 이어서 발화되는 '어디 그랬어야고 팔짝 띤디'에서 밑줄 친 부분은 간접인용된 것이다. 아마도 실제 발화는 "내가 어디 그랬어라우?" 정도가 될 것

이다. '그랬어라우'가 '그랬어야로 중화되고 여기에 간접인용 조사 '고'가 덧붙어서 간접인용문 형식을 갖춘 것이다. 다만 간접인용문의 인용동사 '그럼 서'(=그러면서)나 '험서'(=하면서)는 생략되어 나타나지 않았다. (2)에서 구술자는 등장하는 두 인물의 대화를 자신의 관점에 따라 직접적인 인용과 간접적인 인용을 번갈아 가면서 사용하고 있는 것이다.

11.2 도입절

권재일(1998:255-270)에서는 중세어부터 근대어를 거쳐 현대어에 이르기까지 직접인용문의 도입절을 구성하는 서술어가 '닐오되/글오되 〉 닐오되/글오되/쳥컨댄/니르기를 〉 글오되/말ᄒ되/말ᄒ기를/보고ᄒ기를' 등과 같은 변화의 과정을 겪었음을 주장한 바 있다. '말하다'류의 동사가 쓰이되, 씨끝은 중세 및 근대에서는 '-되'가 주로 쓰이다가 현대에서는 '-기를' 등이 쓰이게 된 것이다. 물론 이러한 도입절은 수의적이므로 반드시 나타날 필요는 없다.

서남방언에서도 도입절이 수의적으로 쓰인다. 그런데 서남방언의 경우 이러한 서술어에 의지하기보다는 의문사를 포함한 의문 제기 형식이 주로 쓰인다. 이기갑(2002a)에서 논의한 의문 제기 형식은 말할이가 스스로 의문을 제기하고 그에 대한 응답을 후행 발화로써 제시하는 경우에 사용되는 말이다. 따라서 후행 발화에 초점을 맞추는 것이 의문 제기 형식의 주된 담화적 기능이므로, 도입절의 의문 제기 형식은 뒤따르는 피인용문에 초점을 가하는 효과를 갖게 된다. 도입절에 쓰인 의문 제기 형식은 '-냐 하면'과 '-는고 하니'의 두 가지 형식이 대표적인데, '-는고 하니'가 '-냐 하면'보다 더 오래된 형식이다. (3)에서 (가)-(나)는 '-냐 하면', (다)는 '-는고 하니'의 형식을 보여 준다.

(3)

가. 어찌 간청을 허냐면, "당신하고 나하고 오늘 저녁에 한번 인연을 맺읍시다." 하고 간청을 했어요.(신안 구비)

나. 인자 큰애기가 뭐이락 하냐면, "당신 찌울래(=때문에) 내가 살았응께 이 돈을 갖고 당신하고 나하고 쓰고 당신하고 나하고 좋은 배필을 맺어 삽시다, 시방."(해남 구비)

다. 마치 그때 소소리바람(=회오리바람)이 워하고 불디마는 문풍지가 달달달 떨거든. 그렁께 도골이가 멋이라고 헌고니, "누구여?" "누구는 누

구여? 문풍지제." 이랬든갑디다.(함평 구비)

(3)의 세 예 가운데 서남방언에서 가장 널리 쓰이는 도입절 형식은 (3다)의 '멋이라고 헌고니'이다. 이 밖에 '멋이라고 말헌고니'가 오는 경우도 있다. (4)는 전남 지역의 구비문학 자료에 나타난 '멋이라고 헌고니'류의 예를 모은 것이다.

(4)

가. 그래 가마이 뱃속에서 들옹께 <u>멋이라고 헌고니</u>, "아무갯덕은 애기 뱄단다. 밋 달차란다." 그래 쌓거든.(함평 구비)

나. 아, 인자 죽을라 힘시로는 삼 형제를 따악 불러 놓고는 <u>멋이라고 헌고니</u>, "큰놈은 맷독(=맷돌)을 짊어지고 나가, (중략) 느그 삼 형제 살어라." 도승이든갑디다. 압씨가(=아버지가) 멋을 알어, 세상을.(함평 구비)

다. 그에 먹고 나와서 중이 <u>머라고 허는고니</u>, "참 고마워. 양(兩) 이틀을 나를 이렇게 거식허니 고마우니 내가 멧이나 한 자리 주고 가마." 아, 참 감사하다고.(함평 구비)

라. 그러면서 제수씨가 <u>머라고 헌고니</u> 술 대접허면서 거나허니 인자 그 큰 서방님이 술이 이제 취헐 정도 되었으니까, "이제는 돌아가십시요." 허시면서 그 요새 같으면 한 낱 섬 갑이나 돈을 현찰을 드랬어요.(함평 구비)

마. 그렇께 부인이 <u>머이라고 헌고니</u> 깜짝 놀램시러, "아이, 머라고 허요?" "아이, 논 문서가 없다잉까." "아이, 저렇게 술 자신다고 저렇게 정신이 없구만이. (중략) 아이, 당신이 손수 그때 내서 주고 먼 말씀이냐고 말이여. 아, 그래서 나는 더 드랬으면 쓰겄다 했는디, 그 논."(함평 구비)

바. 그래 인자 마지못해서 그 방에 들어갔더니, 노인이 <u>머이라고 헌고니</u>, "자네 어린 놈이 그렇게 참 성의가 지극해서 식구들이 긍게 일 년 내 고생해서 돌 노적을 그렇게 안 했는가? (하략)" 긍게,(함평 구비)

974

사. 그러고는 한참 있다 <u>뭐라고 허는고니</u>, "아, 이 나무 장사 해 먹는 놈으 새끼가 어디 갔다 오도만 대학교 모자를 쓰고 양복을 입고 쏙 들오더라. 행여 그놈 말허는 것 아니냐?" 그러거든.(승주 구비)

아. 남자놈이 <u>뭐라고 허는고니</u>, "나가 몇 대째 내려오는 옛날 선조 때부터 내려온 괴짝을 너를 줄 수가 있냐? 못 준다." 도락 허니 못 준다 싸워. (승주 구비)

자. 그렇게 <u>머이라고 말헌고니는</u> "손님을 뫼셔서 못 가겠네." 근다 그 말이지.(승주 구비)

차. 그 최산두가 <u>뭐이라고 말허는고니는</u> 아까 그 게울(=거울) 갖곤 노구 함씨, 함씨를 보고 이 옆에서 뭐 맞대고 근게 아니라 역부러(=일부러) 이렇게 "체, 대감님치고 그걸 못 알어맞추고 죽네 사네 헌다고. 즈그 딸만 나, 즈그 딸만 날 주믄 내가 알어맞추지." 허, 근다 말여?(승주 구비)

'뭐라고 허는고니'는 인용조사 '고'와 상위문 동사 '허'가 탈락하여 '뭐라는 고니' 또는 '뭐이란고니'로 축약되어 쓰이기도 한다.

(5)

가. 그러니 나중에 끝에 가서 <u>뭐라는고니</u>, "요새는 박가들이 이가들보담 양반 됐담서?" 그 소리 한 자리만 허고 암 말도 않는단 말여.(승주 구비)

나. 아, 여러이 대신들이 돌아앉어서 <u>뭐이란고니는</u>, 자, 어찌공 허드니 나이 묵은 사람이라야 경험이 있고 어, 그런 거이니 이 아무 대감보고 알아맞히기로 허라곤디,(승주 구비)

'-는고 하니'가 상위문 동사 '하-'의 /ㅎ/만 탈락하여 '-는과니'로 축약되기도 한다. 이기갑(2002a)에서 국어사전에 등재된 '-는과니'를 보고한 바 있는데, 전남 해남 자료에서 이 형태가 확인된다. 해남 지역어는 '허-'가 아닌 '하-'가 쓰이는 지역이므로 이러한 축약이 가능하다. (6다)는 도입절에 의해 도입되는 인용문이 간접인용문임을 보여 준다. 이처럼 도입절은 직접인용문뿐만 아니라 간접인용문 앞에도 올 수 있다.

(6)

가. 인자 주의(=두루마기) 입고 막 문밖에 나성께 서구(인명)씨가 <u>뭣이락 한과니는</u>, "천지현황(天地玄黃)을 삼년독(三年讀)하니 언재호야(焉哉乎也)를 하시독(何時讀)고?" 한단 말이여.(해남 구비)

나. 하, 그래 며칠 놀다가 고산(孤山. 윤선도의 호)이 <u>뭣이라고 한과니는</u>, "아따, 자네 가 불고 그래서 하다 심심하고 그래서 여그저그 모두 댕겼드니 내 신위지지 한나를 구해 놨네." 그란단 말이여.(해남 구비)

다. 즈그 성수가 <u>뭣이라 한과니</u>, 놈(=남)들은 소뚜께비가 좋닥 항께 거그 가제, 거그는 안 가고 그라고 있냐고 그랑께, 즈그 동생이 즈그 성하고 성수한테, "돈 한 냥만 주시요. 나 갔다 올라우." 그랑께,(해남 구비)

인용문의 도입절에 명사 '말'과 주격조사의 결합체가 오는 수가 있다. 중세 및 근대어에서 '말하다'류의 동사가 쓰였고 20세기 초 신소설에서 '말하다'류 동사의 명사형 '-기'가 쓰였다면 방언에는 '말하다'의 뜻을 갖는 명사가 쓰이고 있는 것이다. '동사 〉 동사의 명사형 〉 명사'와 같은 점진적 변화가 일어났음을 알 수 있다. 또한 '말이'에는 주격조사가 쓰여 '말ㅎ기를'의 목적격조사와 대조된다. '말이'가 간접인용문에도 쓰일 수 있음을 (7마)가 보여 준다.

(7)

가. <u>도골이가 허는 말이</u> 개골이보다, "봐라 이 자석아 안 찾았나(=찾았잖니)?"(함평 구비)

나. 그렇게 <u>며나리 허는 말씸이</u> "아버님! 어서부텀 그렇게 비를 맞었습니

까?" 물응게, 이 시아부지 말이 "어서 비를 모님(=먼저) 맞어야? 갈모
꼭대기 욱에서부텀 여그서 맞었제." 따악 요놈을 대꾸를 했다 말이여.
(함평 구비)

다. 진둥개가 한단 말이 소새더러 "야, 너는 늘 돌아댕김서 물고기나 잡어
먹고 대니지만, 나는 배추 잎사귀나 뜯어 먹고 살잖냐?" 그링개 소새가
있다 한다 말이 "너는 좋겄다, 소고기 먹웅개."(부안 구비)

라. 시아부지가 하는 말이, "아니, 너야고(=너하고) 나야고 베를 매끄나?"
(신안)

마. 그릉깨 우리 시아부지 하는 말이, 다 애껴야 헌디 나무는 안 애껴야 헌
다고 하드락 하요.(신안)

바. 그렇게 그 사램이 허는 말이 상좌가 허는 말이, "오늘은 제 선산 구경을
좀 나가 봅시다." 그려.(정읍 구비)

그런데 이 '말이' 뒤에 '머냐 하면'이나 '멋이라 하는고니'와 같은 의문 제기 형
식이 수의적으로 덧붙을 수 있는데, 출현 비율은 '멋이라 헌고니'가 훨씬 높
다. (8자)는 간접인용문의 예이다.

(8)
가. 그래 거그서 허는 말이 머냐 허먼, "너 이번에 니 아들 여운담시러야(=결
혼시킨다면서)?" 그렁께,(함평 구비)

나. 앉었웅께 시아버이가 재차 허는 말이, 허는 말이 멋이라 허는고니, "너
그렇게 말이 안 나오냐? 할 말 있으면 똑 한번 해 봐라."(함평 구비)

다. 그러고는 그놈 잡던갑다. 잡응게 이놈이 허는 말이 뭣이라 허는고
니, "난장 친 것. 그런 소리 말고 또 드러눴어. 드러눴이면 또 존 일이
또 생길 것잉께." 그러게 농하더라우.(함평 구비)

라. 즈그 어머이가 허는 말이 멋이라고 헌고니, "아이 야, 멋을 손을 꼬무락

그려야 아구딱(=아가리)에 밥이 들어갈 것인디 너 어째 그러고 날이면
날마다 그렇게 있냐?" 그렁게,(함평 구비)

마. 즈그 어매가 허는 <u>말이 멋이라고 헌고니</u>, "너 머이라고 어뚱게쯤 되었
냐?" 헝께,(함평 구비)

바. 그 여인네 <u>말이 뭐라고 한고는</u>, "거 거북한 양반이 찾아도 잘못 찾았
어."(부안 구비)

사. 친구 <u>말이 뭐라고 헌거니는</u>, "가 봐야 못 헐 것이네."(부안 구비)

아. 감사 <u>말이 뭐락 헌고니</u>, "너 가서 너그 장모 좀 뵈어라."(정읍 구비)

자. 갖고 가시라고 헝개 그 중이 <u>하는 말이 뭐라고 했는고 허니</u>, 안 죽을라
면 빨리 따라나서라고 그러거든.(부안 구비)

11.3 직접인용

11.3.1 피인용문

직접인용의 성격상 애초의 발화가 그대로 반복되므로 피인용문은 원래의 형태와 아무런 차이를 보이지 않는다. 간접인용문이 피인용문의 상대높임 위계가 아주낮춤으로 중화되는 변화를 겪는다면 직접인용문은 발화 그대로의 위계가 유지된다. 따라서 아주낮춤 이외의 위계가 나타날 수 있다. 예를 들어 (9)의 직접인용문의 피인용문은 반말과 높임의 위계를 보여 준다.

(9)

가. 쩌 건네 성원어매가 쩌 건네 친구 한나가 "아따 젊은 사람들이 밤낮 나이도 덜 묵은 사람들이 죽웅께 성가시네야. 우덜 같은 사람이 먼춤 가야 덴디." 그래서,(신안)

나. "배먼(=배면) 포씨요(=파세요)." 그래서, 그런다고 그랬더니.(신안)

11.3.2 직접인용 조사

표준어에서는 직접인용문의 인용조사로 '(이)라고'가 쓰인다. 그러나 서울말이라 할지라도 일상적인 입말에서 인용조사 '이라고'가 쓰이는 경우는 극히 드물다(이기갑 2002b). 서울 또는 경기도 지역 토박이의 말에 보이는 직접 인용 조사의 부재는 서남방언에서도 마찬가지로 확인된다. (10)은 전남 신안 압해도 지역어에서 확인된 노인 여성들끼리의 대화인데, 직접인용 조사 없이 피인용문과 인용동사가 이어 쓰이고 있다. 결국 서남방언의 직접 인용문은 인용조사 없이 피인용문과 인용동사의 두 요소로 이루어지는 셈이다.

(10)

쩌 건네 성원어매가 쩌 건네 친구 한나가 "아따 젊운 사람들이 밤낮 나이
도 덜 묵은 사람들이 죽웅께 성가시네야 우덜 같은 사람이 먼춤 <u>가야덴디</u>"
그래서, "난 먼청 간다 가구도 <u>안 잡어(=싫어),</u>" 내가 그러제. "난 먼청(=먼
저) 가고도 안 잡어 오락 허먼 가. 인제 인자 엄마 남지도 안했는디 멋허러
가고 잡고 말고 해?" 내가 "오먼 가제 오락 허먼 <u>가제,</u>" 그러제. "오락 허먼
가야제 누구든지. 젊우나 늙으나. 그렁께 성원어매도 저 하장터로는 <u>안 가
졌어.</u>" 그렁께, "그렁께이~ 난 화장터로 가 부루먼 쓰겄소 차라리. 누가 저
거 멋 가서 저 멋 할라먼 성가싱께 이 저 멧 돌치할라먼(=돌보려면) 성가시
고 그렁께 저 화장터로 가 부루먼 쓰겄어. 거리서 거다 쓰지 말고 그리서
둘 쏠라먼 성가싱께." "아야, 영감이 거가 있잉께 그리 가게 데야 갖고 있
어. 그릉께 걱정하지 말고 <u>가만 있어,</u>" 내가 그랬제.

(11)은 직접인용문인데도 불구하고 인용조사로 '고'가 쓰였다. 이런 경우
가 드물지 않게 보이는데 간접인용 조사가 직접인용문에까지 확대되어 쓰
인 예라 할 수 있다.[1] (11나)에서 '-을랴'는 '-을래'와 같은 의미의 씨끝으로서
상대의 의향을 묻는 기능을 한다. 일반적으로 이 씨끝이 간접인용문의 피인
용문에 쓰일 수 없으므로 (11나)는 직접인용으로 보아야 하는데 여기에 조사
'고'가 쓰인 것이다. 이처럼 직접인용문에 간접인용의 조사 '고'가 사용된 것
은 서남방언에 직접인용 조사가 따로 없기 때문일 것이다.

---

1 중앙일보의 '우리말 바루기 685'(2006년 6월 18일자)에서는 간접인용문에 '라고'를 사용
하는 경우를 '기형적인 말투'라고 부르면서 예로서 '글쓰기는 타고난 사람만 할 수 있다
라고 여기던 시대는 지났다'와 '안다라는 것과 가르친다라는 것은 다르다.'를 들고 있다.
'고'의 자리를 '이라고'가 침범하는 예라 할 수 있는데. 이는 서남방언의 경우와는 그 방
향이 반대이다.

(11)

가. 인자 어머니라고 허고 인자 뵙기가 늦었다고 인자 인사를 허면서, "<u>어</u>
　<u>머니! 뵙시다.</u>"고 그럴 적에 그 아들 효성이 얼매나 지극허냔 말여.(정
　읍 구비)

나. "만일에, 나를 오늘 저녁에 극락세계를 안 보낸다면은, 내가 죽어 뿔(=버
　릴) 채비하고 절에 불을 전부 질러 뿔 거잉께, 그래도 <u>나 말 안 들을랴?</u>"
　<u>고</u> 그렁께.(고흥 구비)

　직접인용문에서 문장이 아닌 구나 낱말이 피인용문을 형성할 때 인용조
사의 기능을 하는 말로서 '하고'가 쓰이기도 한다. (12)에서 '하고'는 원래 인
용동사이고, 뒤따르는 '그러-'는 선행 발화를 아우르는 표현이다. 물론 '그러-'
가 아우르는 의미 영역 안에는 인용동사도 포함되므로 '하고 그러-'는 인용동
사가 겹쳐 쓰인 것으로도 해석이 가능하다. 그렇지만 기능적으로 '하고'는
표준어의 '이라고'에 대응된다. 서남방언에서 (12)처럼 부르는 말과 같은 단
편적인 표현들이 직접인용 될 때는 '이라고'가 아닌 '하고'가 쓰일 수 있는 것
이다. 물론 이때의 '하고'는 생략이 가능하다.

(12)

가. "저 애비 없는 새끼 조놈아! 애비 없는 새끼 조놈아!" <u>하고 그래</u> 쌍께,
　(고흥 구비)

나. "비비비비" 하고 기양 "이놈, 이놈" <u>하고 그란단</u> 말이여.(고흥 구비)

11.3.3 직접인용 동사

　서남방언에서 직접인용문의 인용동사는 '허-'보다 '그러-'가 주로 쓰인다.
'그러-'는 '그리허- → 글허- → 그러-'로 축약된 것인데, 전남의 남부에서는 '그

리하-'가 쓰이므로 축약된 형도 '글하-'나 '그라-'가 쓰이게 된다. (13)은 진도 지역어에서 확인된 것인데 '하-'보다 '그라-'의 사용 비율이 압도적으로 높게 나타나는 것은 직접인용의 생생함을 효과적으로 나타내기 위한 조처로 보인다. '그라-'는 '그리'와 '하-'의 합성어이기 때문에 지시부사 '그리'가 이러한 생생한 재현의 기능을 담당하는 것이다.

(13)

가. 인자 "아이고, 우리 고야리네(택호)가 베를 정말 잘 짠다." 그라고 어째 칭찬을 하면 우리 성님한테 미안합디다.(진도)

나. 올 설에도 우리 아들이 인자 즈그 큰아부지 돌아가셔서 인자 왔다 가 갖고는, "너머 바빵께 어머니 못 가겄습니다." 그라길래 "응, 바쁘면 오지 마라." 그랬는데.(진도)

다. 어머님이 "가 자거라." 그라먼 자고, 자란 말 안 하먼 결대(=절대) 못 자요.(진도)

라. 그랑께 우리 어머님이 (중략) "괴길아(=괴길에서 시집온 며느리 호칭) 야 니가 베 짜라." 인자 그래요.(진도)

마. "우리 부알(지명)에서 온 우리 간(=걔는) 베가 드물게 짱께 못씨겄다." 그랍시로(=그리하면서),(진도)

바. 여그는 가락(=가라고) 하는 것보고 "이라" 그라고 께피(=고삐)를 탁 쳐.(진도)

11.4 간접인용

간접인용문의 구성은 직접인용 구성과 마찬가지로 피인용문, 인용조사, 인용동사의 세 요소로 이루어진다. 여기에 도입절이 수의적으로 덧붙을 수 있다. 그런데 간접인용 구성은 직접인용 구성과 달리 인용과 무관한 경우도 많다. 형식적으로는 간접인용구성이지만 의미적으로는 인용과 관계가 없기 때문이다. (14)처럼 인용형식을 취하면서도 발화가 아닌 말할이의 생각을 표현하는 경우가 이런 예에 속한다(이기갑 2003:359-370).

(14)

가. 다른 사람한테 좀 녹음을 해서 갖구 오라구 그럴려구 해 봤더니,(박성
    현 1996)
나. 나는 일이 그렇게 간단히 끝날 거라고는 안 봐.
다. 내일 갑자기 3차 세계대전이 일어난다 그러면 어떻게 할래?

이처럼 인용 형식은 실제로 발화가 이루어진 경우와 생각에 머물러 있는 경우에 모두 쓰일 수 있는데, 발화가 이루어진 경우에는 의사소통과 관련된 '이야기하다, 소리치다, 주장하다, 떠들다, 적다, 보고하다 …' 등의 인용동사가 사용되고, 생각을 인용하는 경우에는 '마음먹다, 해석하다, 보다, 가정하다, 추정하다, 추측하다, 믿다, 의심하다 …' 등과 같은 동사가 쓰이게 된다. 그 밖에 '-으려고', '-느라고' 등도 표면적으로는 간접인용 구성과 유사한 모습을 띤다.

『표준국어대사전』에서 이음씨끝으로 제시한 '-다고'는 인용동사 없이 쓰이는 형식이지만 애초에는 간접인용 구성에서 발달한 것일 것이다. 『표준국어대사전』은 '-다고' 외에 '-냐고', '-으라고', '-자고' 등도 모두 이음씨끝으로 처리하고 있지만 그 기능에 있어서는 '-다고'와 동일하다. (15)는 전남 지역어에

서 확인되는 '-다고', '-냐고', '-으라고', '-자고'의 예이다.

(15)

가. 인자 대주(大主)의 수저가 없어졌다고 집안이 난리가 났지요.(함평 구비)

나. 지가 온양군수를 가졌다고 지원을 했단 말이여.(함평 구비)

다. 그럴 수가 있냐고 사람 박대를 분수가 있지, 물을 줌서로 어찌 이리 티를 뿌리느냐고.(고흥 구비)

라. 그놈 나 갖고 가서 해입으라고 주라드라.(신안 구비)

마. 어뜬 사람이 옆에서 보더니 그 부채 바꾸자고 인자 그 주인허고 시비를 헌다 그 말이제.(함평 구비)

그 밖에 'X-은다고 X–은 것이' 또는 'X-은다고 한 것이'와 같은 관용적 구성에서도 인용과 같은 형태적 특징을 찾아볼 수 있다. 이러한 구성은 표준어와 서남방언에서 모두 쓰인다.

(16)

가. 여운다(=결혼시킨다)고 여운 것이 두차(=둘째) 딸은 이붓어미 있는 디로 여웠어.(신안)

나. 한다고 한 것이 그 모양이네.

11.4.1 피인용문

간접인용 구성에서 피인용문이 문장이면 원래의 발화와 형식적 차이가 발생한다. 직접인용문에 발화 상황에 의존적인 요소가 그대로 쓰인다면 간접인용문은 발화 상황에서 벗어난 독립적인 문장이므로 지시, 시제, 인칭과 같은 상황적 요소가 바뀌어야 한다.

(17) 철수가 영희에게 말하기를 "내가 너한테 이거 내일 줄게."라고 했다.

　→ 철수가 영희에게 자기가 영희에게 그것을 다음날 주겠다고 했다.

(17)은 직접인용문이 간접인용문으로 바뀌면서 일인칭대명사는 재귀대명사로, 이인칭 대명사는 해당하는 명사로, '이것'과 '내일' 등의 발화 상황 의존적 표현은 '그것', '다음날'과 같이 발화 상황에 독립된 중립적 표현으로, '줄게'와 같은 반말은 아주낮춤의 위계로 바뀌는 변화를 보여 준다. 발화 상황에 의존하는 표현들이 간접인용문으로 바뀌면서 발화 상황에 독립적인 중립적 표현으로 전환되는 것은 아마도 언어 보편적인 현상일 것이다.

　그러나 실제 방언 예를 살펴보면 이와는 다른 양상이 나타남을 알 수 있다. 우선 인칭 대명사가 사용된 (18)을 보기로 하자.

(18)

가. 그래서 아주 잘못했다고 썩썩 빔시로, 잘못했다고 <u>내가 잘못했다고</u> 그래서,(해남 구비)

나. <u>당신네가 불르던 것이로 불러 보라고.</u>(군산 구비)

다. <u>당신네는 그렇게 일가친척도 하나도 없느냐고</u> 그렁게로,(군산 구비)

라. <u>당신이 무슨 놈의 열녀냐고</u> 그래 불곤 끊어져 버렸어 인자.(고흥 구비)

(18)의 밑줄 친 부분은 인용조사 '고'와 피인용문의 마침씨끝으로 보아 간접인용문임이 분명하다. 그런데 여기에 일인칭과 이인칭 대명사가 그대로 사용되었다. 만약 구술자의 관점에서 완전히 객관적인 간접인용문이라면 일인칭 대명사는 재귀대명사인 '자기', 이인칭 대명사는 문맥에 따라 적당한 명사로 바뀌어야 한다. (나)는 중이 아기의 부모에게 하는 말이므로 '당신네'는 '부모', (다)는 신부가 신랑에게 하는 말이므로 '당신네'는 '신랑 집', (라)는 어린 조카가 죽은 숙모에게 하는 말이므로 '당신'은 '숙모'와 같은 명사로 바뀌

어야 자연스러운 간접인용문이 될 것이다. 그럼에도 서남방언의 구비문학 자료에서는 인칭대명사가 그대로 쓰이고 있어 완전한 간접인용화가 이루어 졌다고 하기는 어렵다.

　(19)에 제시된 지시어 '이'가 포함된 표현의 경우도 마찬가지다. 지시어 '이' 는 발화상황에 의존하는 표현이므로 간접인용문에서는 중립적인 '그'로 바 뀌어야 한다. 그러나 예를 보면 '이'가 그대로 실현되어 있다. 게다가 (19다) 와 (19라)에서는 감탄사 '아'나 '에이' 등이 그대로 간접인용문에 나타나 있다. 감탄사는 직접인용문에서는 나타날 수 있지만 간접인용문에서는 부적절한 데 여기서는 감탄사가 그대로 쓰인 것이다.

　(19)

　　가. 금방 들어온 것 보고 들어왔는디 막 안 들어왔다고 한다고 막 내놓으 라고 하더니 화딱 뒤집으더니 두지(=뒤주) 안에가 들었는디 땅땅 뚜들 면서, 여기 끌러 보라고 하드라우.(해남 구비)

　　나. 시상에 아무개네는 이만저만 해갖고 와서 잘산디 어디서 뭘 고생하고 이렇게 그냥 오냐고 아주 깜짝 놀래드라우.(해남 구비)

　　다. 거 먼 소리냐? 아, 내 이렇게 부자로 사는데 멋 헐 것이냐고 그렇게 도 로 아비 짐(=이바지 짐)은 주고 돈을 가지고 왔드라네.(함평 구비)

　　라. 에이, 나 여그 올 디 아니라곰서(=아니라고 하면서) 걍 평생을 내달려 불더라요.(승주 구비)

　　마. 나 땜시 당신들 우애허고 다 이러고 사는지는 모르고 괜히 나한티 와 서 걍 포악허고 이렇게 고약허니 허냐고 긍게,(정읍 구비)

이처럼 간접인용문에서 인칭대명사나 지시어, 감탄사 등이 그대로 쓰이는 점을 고려하면 서남방언의 간접인용문은 전형적인 간접인용문이라고 할 수 없다. 피인용문의 마침씨끝과 인용조사 '고'를 제외한 발화 상황에 의존적인 나머지 요소들은 직접인용문의 형태를 그대로 유지하기 때문이다. 따라서 서남방언의 간접인용은 그 '불완전성'이 특징이라 하겠다. 그런데 간접인용문의 이러한 불완전성은 비단 서남방언에만 국한된 것은 아니다. 채숙희(2011)에서는 상대높임이 중화되면서 인칭대명사는 원래의 것을 유지하는 경우를 '반직접인용', 인칭대명사는 바뀌지만 동사 활용은 원래의 것을 유지하는 경우를 '반간접인용'이라 불렀다. 그렇다면 (18), (19)는 모두 반직접인용에 해당하는 것이라 할 수 있는데, 이와 같은 불완전한 간접인용은 서남방언뿐만 아니라 한국어 입말의 일반적인 현상인 셈이다.

상황 중립적인 표현 가운데 가장 두드러진 것으로 상대높임의 중화된 위계를 들 수 있다. 직접인용문은 상대에 대한 특정의 위계를 표현해야 하지만 간접인용문에서는 그럴 필요가 없기에 모든 위계가 아주낮춤으로 바뀌게 된다. 간접인용문에 나타나는 아주낮춤은 들을이에 대한 말할이의 위계를 실질적으로 반영하는 표현은 아니기 때문에 등분이 내려갔다기보다는 중화되었다고 하는 편이 옳을 것이다. 간접인용 구성에서 피인용문이 나타나는 보문은 상대높임법과 같은 발화 상황적 현상이 드러나지 않는 동결된 통사적 위치이기 때문에 이러한 중화 현상은 자연스럽게 일어난다.

그러나 상대높임의 위계가 중화되는 현상에 있어서, 서남방언은 표준어와 적어도 몇 가지 점에서 차이를 보인다. 첫째, 명령법 씨끝 '-으라' 대신 '-어라'가 수의적으로 쓰이는 점. 둘째, 지정사 '이라/아니라'가 '이다/아니다'로 수의적 변동을 보이는 점. 셋째, 감탄의 씨끝 '-어라'가 쓰이는 점. 넷째, 반말에 조사 '야'가 결합된 형식이 나타날 수 있는 점 등이다.

11.4.1.1 명령형 씨끝

간접인용문은 내포문이므로 명령법 씨끝은 '-으라'가 쓰이는 것이 일반적이다. '-으라'는 중세 시대의 씨끝이며 근대 이후 명령법 씨끝은 '-어라'로 바뀌었지만 내포문 안에서는 아직도 옛 형태를 유지하고 있다. 내포문이 언어 변화에 보수적인 환경이기 때문이다. 서남방언에서도 간접인용문에서 명령법 씨끝은 '-으라'가 흔히 쓰이지만 (20)에서 보듯이 '-어라'로 쓰이는 예도 상당수 발견된다. 간접인용문임에도 불구하고 직접인용문과 같은 씨끝이 사용된 것이다. 아마도 내포문에서 '-으라', 비내포문에서 '-어라'로 쓰이는 불규칙성을 '-어라'로 단일화 하려는 욕구가 작용한 것이 아닌가 한다. 그렇다면 서남방언은 내포문 안에서 '-으라 〉-어라'의 변화가 부분적으로 진행되고 있는 셈이다. 이러한 변화는 (20)의 (타), (파)처럼 이음씨끝으로 기능하는 경우에도 동일하게 나타남을 알 수 있다.

(20)

가. 아, 어머이가 가시면서 손님 오면 술을 <u>팔어라고</u> 그래서,(함평 구비)

나. 내려서 영감보고는 <u>먹어라고</u> 하고는,(화순 구비)

다. 옷을 활딱 <u>벗어라고</u> 하더니,(화순 구비)

라. 누나가 가가지고, <u>그러지 말아라고</u> 뭣 때문에 그러냐고 그러니깐,(장성 구비)

마. 삼 년을 <u>살아라고</u> 허니 뭐 갖다 주도 암것도 허지 말고 삼 년만 여그서 살고 끝을 마치고 가라고 허니 죽을 일이여.(정읍 구비)

바. <u>가만있어라고.</u> 서울 뭔 정승으로 정헐란다.(정읍 구비)

사. 그 빗지락은 다지금(=각각) 앞장이나 <u>쓸어라고</u> 허는 빗지락입니다.(정읍 구비)

아. 도둑놈 오면 서방 즈그 각시 도둑질 허러 오깨미 오면은 그냥 이 물인디 메가지(=멱)까지 차면 곧 빠징게로 놀래지 말고 <u>있어라고</u> 글드라우.(정읍 구비)

자. 거그 앉어서 시약시보고, "내 머리 이 잡어라." 허고서 시약시 물팍(=무르팍)으 둔너서(=드러누워서) 이 <u>잡어라고</u> 혀.(군산 구비)

차. 펄어라고(=팔라고). 올해는 비가 안 옵니다.(정읍 구비)

카. 사람은 인가가 없는 디가 처녀가 있응게 걍 <u>실어라고</u> 혔어.(정읍 구비)

타. 아부이, 아부이가 시상 버린 뒤로는 우리 삼 형제는 멋을 먹고 <u>살어라</u> <u>고</u> 아무것도 요러고 안 갈차 주시요?(함평 구비)

파. 거 가서 나 <u>맞어 죽어라고</u> 그러냐고 그렇게,(화순 구비)

경우에 따라서는 한 문장 안에 '-으라고'와 '-어라고'가 혼용되는 수가 있다. (21)에서 밑줄 친 부분 가운데 앞은 '-으라', 뒤는 '-어라'가 쓰인 것들이다.

(21)

가. 호랑이가 업고 와서 인자 실컷 그 남자보러(=남자보고), 미음 <u>써 놓으</u> <u>라고</u> 그려. 미음, 미음 죽 <u>쑤어라고</u> 그려.(화순 구비)

나. 물을 한 바께스를 떠갖고 와서 이 질에다가 딱 <u>찌크르라고</u>(=끼얹으라 <u>고</u>). 자기 가는 질에다. 그러고 쏠어 <u>담어라고</u>. 그러면 또 자기허고 살 겠다고 그렇게,(정읍 구비)

11.4.1.2 지정사의 간접인용

서남방언에서는 피인용문의 지정사에서 '-라' 대신 '-다'가 사용되는 예가 있다. (22)의 (사)-(자)는 피인용문이 이음씨끝처럼 기능하는 경우인데 이때 에도 '-다'가 쓰일 수 있다. 서남방언은 표준어와 달리 내포문 안에서도 '-라 〉 -다'의 변화가 일어난 결과인 것이다.

(22)

가. 긍께 수송부로 간 놈이 <u>질(=제일)이다</u> 그래 쌓고 야단인디.(보성)

나. 아, 그거 존 <u>일이다고</u>, 그렇게 하자고.(보성 구비)

다. 귀신 같으면 귀신이고 사램이면 <u>사램이다고</u> 이얘기를 허라.(군산 구비)

라. 저그 저 이상한 <u>일이다고</u>, 가 봐야 쓰겄다고 살살 밖으로 나와서,(군산 구비)

마. 머 인자 <u>넘우 어매다고</u>(=남의 어머니라고) 히서,(남원)

바. 암것도 <u>아니다고</u>(=아니라고) 그러데.

사. 요놈이 무슨 수가 있는고는 봄 새에 솔 껍데기 빗기서 <u>나팔이다고</u> 안 맹그라(=만들잖아)?(정읍 구비)

아. 이 남자가 딱 들어갔다 옹께로 제일 가운데 동강(=도막)을 인자 <u>서방이다고</u> 떠 줬어요.(보성 구비)

자. 아이, 거지꼴을 해갖고 거지 같은 사람이 와서 판사님을 <u>아들이다고</u> 들어갈란다고 해서 지금 이라고 있다.(보성 구비)

(22가)는 간접인용 조사 '고'가 없는 경우인데, 이때는 '이라'보다 '이다'가 훨씬 자연스럽게 느껴진다. 인용조사가 없으면 피인용문은 후행하는 인용동사와 이어지기보다는 독자적으로 제시되는 느낌을 준다. 마치 직접인용문의 피인용문과 같은 느낌을 주는 것이다. 이는 조사 '고'가 없는 경우가 있는 경우에 비해 '-라 〉-다'의 변화가 상대적으로 더 빠르게 진행되었음을 의미한다. 그러나 (사)-(자)처럼 이음씨끝으로 굳어져 쓰이는 경우에도 '-다'가 쓰이는 것을 보면 '고'가 있더라도 그 변화가 상당히 진행되었음을 알 수 있다.

11.4.1.3 '-어라고 허-' 구성

서남방언에는 (23)의 (가)-(바)에서 보는 것처럼 '-어라고 허-'의 구성이 있다. 이 구성은 일부의 형용사에 나타나는데, 표준어의 '-어하-'에 대응한다.[2]

---

2 이 점에서 다음 예에 보이는 '죽어라고'와는 다른 것이다. '죽어라고'는 '죽도록 애를 써

예를 들어 (23가)의 '싫어라고 헌다'는 '싫어한다'는 뜻이다. 그래서 '-어라고 허-'는 타동사적 성격을 가지므로 목적어가 필요한데, (23가)에서는 '하나 있는 아들'이 목적어로 제시되었다. '-어라고 허-'에서 상위문의 동사 '허-'는 '-으려고 하-'의 '하-'와 마찬가지로 주어의 심리나 감정을 나타낸다. 이때 동사 '허-'의 주어는 사람을 포함한 유정물이다. 무정물은 '-어라고 허-'가 표현하는 감정이나 심리를 갖지 못하기 때문이다. 형식적으로 '-어라고 허-'는 간접인용문의 구성과 같으며 내포문의 씨끝 '-어라' 역시 감탄의 씨끝과 같다. 특히 '-어라고 허-'가 형용사의 일부에 쓰이는 점도 감탄의 씨끝 '-어라'와의 유사성을 보여 준다. 그러나 '-어라고 허-'를 일반적인 간접인용문으로 볼 수는 없다. '-어라고 허-'가 간접인용문이라면 상위문의 동사 '허-'는 말하다류의 동사이어야 하는데, 실제는 그렇지 않기 때문이다. 또한 '-어라고 허-' 구성은 간접인용문에서 흔히 볼 수 있는 축약이 일어나지 않는다. 예를 들어 '싫어라고 헌다'는 결코 "싫어란다'로 축약되지 않는다. '-어라고 허-'의 '허-' 대신 '그러-'를 대체하면 불가능하지는 않지만 자연스러움이 떨어진다. 아마도 이런 이유로 실제 자료에서 '-어라고 그러-'가 거의 나타나지 않는 것으로 보인다. 이처럼 '그러-'와의 대체 가능성에서도 '-어라고 허-'가 전형적인 간접인용문 구성과 다름을 알 수 있다. 표준어에서는 감탄의 씨끝 '-어라'가 간접인용문의 피인용문에 직접 나타나지 않고 마침씨끝 '-다'로 중화되는 것이 원칙이다. 서남방언에서도 '-응거'와 같은 감탄의 씨끝은 중화되어 나타날 뿐 그대로 간접인용화 되지는 않는다. 이런 점을 고려하면 서남방언의 '-어라고 허-' 구성은 매우 이례적이라 할 수 있다. 아마도 간접인용문에 유추되어 생겨난 구성일 가능성이 크다. '-어라고 허-'는 의미적으로 '-어허-'와 거의 같은데, 그 분포에서도 완전히 일치한다. 그래서 "높아허다', "비싸허다'처럼 '-어

서'의 의미로 굳어진 표현이다. (예) 그렇게 <u>죽어라고</u> 이놈을 가지고 지그 아버지한테 올라오는 판인디,(장성 구비)

허-'가 불가능한 경우는 '-어라고 허-' 역시 불가능하여 *'높아라고 허다', *'비싸라고 허다'는 비문법적인 표현이 된다.

(23)의 (사)는 상위문 동사 '허-'가 생략되었다. 보조동사 '쌓-'은 언제나 본동사의 씨끝 '-어'를 요구하는데 (사)에서는 '좋아라고'가 선행 표현으로 나타나 있다. 이것은 씨끝 '-어'가 포함된 본동사 '해'나 '히'가 생략되었기 때문일 것이다. 이처럼 '-어라고 허-'의 구성에서 '허'는 생략될 수 있는데 이러한 생략이 관용적으로 쓰여 일반화 되면 (아)-(타)처럼 이음씨끝으로 기능하게 된다. 그것은 '-다고, -냐고, -으라고, -자고'가 이음씨끝처럼 기능하는 것과 같다. 이음씨끝의 기능을 하는 '-어라고'는 '-어라고 허-'와 달리 타동사적 성격을 갖지 못하므로 목적어가 올 수 없다. 단지 주어의 심리를 나타낼 뿐이다. 그래서 '-어허-'로 대체할 수 없는데, 이 점에서 '-어라고 허-' 구성과 차이를 보인다. 상위문 동사 '허-'가 없는 '-어라고'는 '-어서' 또는 '-어라 하면서'로의 대체가 가능하다. 그래서 (아)의 '미워라고'는 '미워서'나 '미워라 하면서', (자)의 '좋아라고'는 '좋아서'나 '좋아라 하면서' 등으로 바꿔 쓸 수 있다.

(23)

가. 아들 하나 있는 아들을 그렇금 미워허고 그렇금 <u>싫어라고 헌단</u> 말이여.(장성 구비)

나. 그래가지고는 이 가시낙(=여자)들이 즈그 성네들이 땅서방을 미와하거든. 뚝떡뚝떡하다 <u>미워라고 하다가는</u> 인자 불이 나 붙었네.(신안 구비)

다. 사우 얻었다고 그냥 모두 그냥 집안이서도 기냥 굉장허고 야단났던 갑이데. <u>좋아라 히 쌓고</u> 처남들도 인자 <u>좋아라고 히 쌓고</u>.(정읍 구비)

라. 아으, 자네 말 한 마리 들와서 참 <u>좋아라고 힜더니</u>, 아이 그놈의 것이 그렇게 말히든(=말썽 부리던) 갭이네.(정읍 구비)

마. 건달은 먹을 것 붙었으니 오직 <u>좋아라고 헐</u> 것이여?(정읍 구비)

바. 남편이 그렇게 부모한테 허는 걸 아무리 <u>싫어라고 했지마는</u>, 그 남편

의 거시기로 헐 수 없이 그대로 지냈던가.(부안 구비)

사. 그날 아침을 인자 해서 둘이 그놈을 나나 먹고, 각시가 <u>좋아라고</u> 쌓드라네.(화순 구비)

아. 중이 <u>미워라고</u> 가서는 그 딸각바우를 그것을 도술로 밀어 버렸어.(장성 구비)

자. 그랑께 인자 <u>좋아라고</u> 와서 봉께, 도구텅(=절구통)을 산이 생켜(=삼켜) 불었어.(해남 구비)

차. <u>좋아라고</u> 인제 그놈 닷 마지기를 얻어 놓고는 내우(=내외)에 아측이면 일찍허니 일어나서 개똥을 줏었어.(정읍 구비)

카. 선생님이 <u>좋아라고</u> 말여 '옳다, 인자 내한테 맘이 있잉게 나를 오라고 헌 것이구나.' 허고 갔단 말여.(정읍 구비)

타. 아, 그러자고 걍 <u>좋아라고</u> 걍 홀짝 헌단 말이야.(정읍 구비)

11.4.1.4 반말의 간접인용

서남방언에는 특유한 반말 간접인용문으로서 '-어야고'와 '-지야고'가 있다. 우선 '-어야고'를 살펴보기로 하자. '-어야고'의 '-어야'는 반말 씨끝 '-어'에 아주낮춤의 조사 '야'가 결합된 것이다. 그런데 이러한 '-어야'가 인용조사 '고'와 결합하여 간접인용문을 구성하는 것이 서남방언의 특징이다. (24)에서 보듯이 '-어야고' 뒤에 인용동사 '허-'나 '그러-'가 오고, '-어야고'의 '고'가 인용조사 역할을 하므로 '-어야고 허-'나 '-어야고 그러-'를 간접인용문으로 해석하는 것은 무리한 일이 아니다. 다만 일반적인 간접인용문과 달리 '-어야고'의 '고'는 인용동사 '허-' 앞에서 'ㄱ'으로 바뀌지 않는다. 그래서 '뭔 질을 내야고 헝께는'을 "뭔 질을 내약 헝께는'으로 바꾸면 비문이 된다. 또한 '고'를 아예 생략하여 '뭔 질을 내야 헝께는'으로 바꾸면 간접인용이 아닌 직접인용 문장이 된다. 따라서 '-어야고'에서는 '-고 → ㄱ'과 마찬가지로 '고' 탈락도 일어나지 않는다. '고' 탈락이 없으므로 인용동사와의 축약도 없다. 이런 점들은 '-어야고'가 일반적인 간접인용문과 다른 점이다. 그러나 이러한 차이에도 불구하고 (24)의 '-어야고'가 인용동사와 함께 간접인용문을 구성하는 것은 분명하다.

(24)

가. 젊은 사람덜이 안 서든디(=서두르는데) 어트게 늙은이들이 <u>히야고(=하느냐고)</u> 혔더니 자꾸 사고가 나요.(임실)

나. 한 마지기에 쌀 한 가마이 받고 주면 <u>뭣 해야고(=하느냐고) 긍개</u>,(임실)

다. 두 사우덜이 갈란다고 발정을 헝게, 자기도 인자 갈란다고 헝게 자기는 못 가게 허네. 인자 또 니 같은 자식이 가면 <u>멋 해야고(=뭐 하느냐고) 긍게</u>,(함평 구비)

라. 어찌어찌하면 대신 대목숨으로 잡어갖고 가고 사람을 살려줘야지 <u>어찌 이 사람을 잡아갖고 가야고(=가느냐고) 그러면</u>,(보성 구비)

마. 둘째 동서가 하는 말이, 하느님이 으째 무심할 리가 있느냐고 그람시롱 자기 차지가 <u>어째 없어야고(=없느냐고)</u> 그람시롱 그냥 솔갱이가 뼝아리 채 가듯이 기양 둘을 놔 둥께 다 끄어 가 불고 없제이.(보성 구비)

바. "저것을 시집을 보낼라면 누구보고 질을 내 주라(=길나게 해 달라고) 할까?" 남편을 보고 그렁께는, 그것 뭔 소리냐고, 질을 내다니 <u>뭔 질을 내야고(=내느냐고) 그렁께는</u>,(보성 구비)

(24)에서 '-어야고'는 모두 상대방의 말에 대한 의심·부정·반박 등의 수사의문문을 형성한다. 반말의 '-어'는 억양을 바꿔 서술·의문·명령·청유 등의 서법에 두루 쓰일 수 있는데 여기에 아주낮춤의 조사 '야'가 결합되면 서술문에서는 강조, 의문문에서는 되물음이나 수사의문, 명령문과 청유문에서는 행동의 재촉 등을 나타낸다. 그래서 '인자 어쭈고 살아야?'가 중립적인 의문

을 나타내는 설명의문이라면 비문이다. 이 문장이 정문이 되려면 상대의 말을 되묻거나, '살 방법이 없을 것'이라는 수사의문의 해석을 가져야 한다. 그런데 이러한 '-어야'가 간접인용문에 내포되면 오직 의문문으로만 쓰일 뿐 다른 서법은 불가능하다. 또한 의문문이라 할지라도 중립적인 의문은 나타낼 수 없고 수사적인 의문문으로만 해석된다.[3] (25)가 이를 보여 준다. (24)의 '-어야고'가 모두 수사의문으로 해석되는 것도 이 때문이다.

(25)

가. 영자는 시집가서 잘 살어야.(→ *영자는 시집가서 잘 살어야고 헌다.)

나. 철수가 가야?(→ *철수가 가야고 묻드라.)

다. 먼 놈우 비가 내일도 와야?(→ 먼 놈우 비가 내일도 와야고 그러드라.)

한국어의 간접인용문은 피인용문의 위계가 아주 낮춤으로 중화되는 것이 특징이다. 그래서 의문문인 경우 마침씨끝은 당연히 '-냐'이다. 그런데 서남 방언에서 간접인용문의 피인용문은 '-냐' 외에 '-어야'도 쓰일 수 있는 점이 특별하다. 다만 '-어야'는 '-냐'와 달리 피인용문에서 수사의문문을 형성할 뿐이다. 만약 '먼 놈우 비가 내일도 와요?'가 수사의문문으로 쓰였다면, 간접인용문은 '먼 놈우 비가 내일도 오냐고 허드라'와 '먼 놈우 비가 내일도 와야고 허드라'의 두 형식이 모두 가능하다. 그러므로 위계에 상관없이 어떤 발화가 수사의문을 나타낸다면 그 간접인용문은 '-냐고'나 '-어야고'로 중화되어야 한다.

'-어야고' 구문에서 인용동사 '허-'나 '그러-'는 생략되기도 하는데 (26)이 이를 보여 준다. 그러나 이 경우에도 상대의 발화 내용을 의심·부정·반박하는

---

3 그 밖에 '-어야'가 포함된 '그래야고'는 상대의 말에 대한 긍정의 반응어로 쓰기도 한다. 이에 대해서는 예 (35) 참조.

수사의문문으로의 쓰임은 동일하다. (26)의 (가)-(사)에서 첫 번째 밑줄은 상대의 발화, 두 번째 밑줄은 이를 부정하는 수사의문문의 '-어야고'이다. (타)-(ㅑ)는 '-어야고'의 '어'가 탈락하여 '-으야고'로 쓰이는 전북지역어의 예를 보여 준다.

(26)

가. "예, 그런 것이 아이라 <u>시방 천자가 시방 만주서 났소.</u> 탄생을 하니, 나 그 하늘에서 옥황상제가 가서 해복수발을 하고 천하에 있는 당귀신을 전부 시방 거리 보내서 해수복발을 가요." 이러거든. 아, 현재 이렇금 천재(天子)가 계시고 그런디, <u>어찌 거기서 천자가 낳야고</u>(=나느냐고). "예, 천재가 나요. 근디 그때 이 분이 인제 조선을 와 칠거여."(고흥 구비)

나. 밭 매다 물이 데게 목이 갈라서 <u>묵을라먼</u>… (중략) 늙었잉께 몸에 물이 몰라서 나는 목이 몰라 쌓지만, 누군(=너희는) 안중(=아직) 에린디 먼 <u>물을 묵어야고</u>(=먹느냐고) 함부로 못 묵게 해.(광양)

다. "아이, 보일씨 영감이 참 잡놈이고 거 참 똑똑헌 사람인디, 그 사람이 여그서 자고 두루매기허고 갓허고 이불 욱에다가 벗어났다고 그런디 참말로 <u>그랬소?</u>" 그렇께, <u>어디 그랬어야고</u>(=그랬냐고) 팔짝 떤디,(신안 구비)

라. "당신이 고향을 한번 <u>가고 싶지요?</u>" 그라드래요. 뭘 고향 <u>가고 싶어야고</u>(=가고 싶냐고) 말이여. 아 나 여그서 이렇게 행복하게 사는디 뭐 고향이 생각 있겠느냐고.(신안 구비)

마. 누구냐고 문을 열거든. 이래저래 나라 그렇께 아이, 어서 <u>들오라고.</u> 아이, <u>들어가서 뭣 해야고</u>(=뭐 하느냐고), 물리(=마루)에 앉어서 담배 한 대 태갖고 갈란다고.(신안 구비)

바. 그러니까 내려서 자기 시아부이한테 가서 그라믄 몇 시간이라도 어띠께 시아부지 <u>혼자 고생을 하셨느냐고</u> 아, 걱정을 하시거든. 그 여자가

996

즈그 시아부이가 뭔 걱정이냐고 잠깐에 <u>얼마나 거석해야고</u>(=거시기
하느냐고).(보성 구비)

사. "어째 당신이 <u>팔만 원을 주마고</u> 허요?" 그렇게, 나는 이분허고 앉아서
이얘기만 들었제 말이여이, 이런 손으로 직접 기린 것을 보덜 못했는
디 이런 물품을 귀중헌 물품을 <u>안 사야고이</u>(=안 사느냐고) 천만 원을
주고 더 주고 산다 그 말이제.(함평 구비)

아. 딸 임자는 아이구, 잘못했다고 사정해도, 아이, 놈의 자식 병신 아닌디
내가 이런 디다 아들 <u>줘야고</u>(=주느냐고) 소용없다고. 나 아들 썽썽헝
게(=멀쩡하니까) 다른 디 여워 묵을란다고 허고, 탁 가 버렀어.(함평
구비)

자. 내가 그런 넘들한테 먼 매럴 <u>맺헤야고</u>(=맞게 하느냐고), 내가 안 맞힌
다고.(임실)

차. 우리 작음메는(=작은어머니는) 사갖고 지사도 지내고 허지, 멋 흐게
그런 것얼 <u>해야고</u>(=하느냐고).(임실)

카. 암만(=아무리) 잘못이 났다고 흐지만 이럴 수가 <u>있어야고</u>(=있느냐고).
이 담에는 지사고 머고 펭질(=명절)이고 나 발걸음 안 흘팅개 어머니
혼차 그러고저러고 흐라고 흐더니,(임실)

타. 어디 젊은 것덜이 그런 디를 <u>따라댕기야고</u>(=따라다니느냐고).(임실)

파. 막 시어마이 막 어이서 시아바니 으른덜 앞으 저분(=젓가락) 땅땅질
함서 저분질 허고 밥 <u>먹으야고</u>(=먹느냐고) 베락을 내네.(임실)

하. 그도 한 동네 사람한티로 가야지 긓게 돈 만언 더 <u>받으야고</u>(=받느냐
고),(임실)

ㅑ. 옛날에 어른들이 노래도 못 부르게 해. 지집들이 어트게 노래를 <u>부르
야고</u>(=부르느냐고).(임실)

ㅑ. 왜 이런 아짐마(=아주머니)를 이렇게 촌구석에다 호맹이 자리(=호미
자루) 들려서 이릏게 <u>썩후야고</u>(=썩히느냐고). 나가서 멋을 허든지 허

라고 이릏게 허고.(남원)

　서남방언에서 '-디야'는 두 가지 경우가 있다. 첫째는 아주낮춤의 회상시제 의문형 '-디'에 아주낮춤의 조사 '야'가 결합된 것으로서 표준어의 '-더냐'에 대응한다. (27가), (27나)가 이에 해당한다. 둘째는 표준어 '-대'에 대응하는 표현이다. '-대'는 '-다고 해'가 축약된 것이며, 서남방언의 '-디야' 역시 같은 방식으로 축약된 것이다(고광모 2009). 따라서 '-디야'는 씨끝 '-어'가 포함된 반말 표현으로서 서술과 의문에 모두 쓰일 수 있다. (27다)와 (27라)가 이런 경우이다. 그런데 흥미로운 것은 (27다)와 (27라)가 모두 수사적인 의문의 해석을 갖는다는 점이다. 표준어 '-대'에 대응하는 '-디야'는 비내포문이라면 서술문이나 중립적 의문문에 쓰일 수 있는데, 이것이 내포화 또는 간접인용화되면 오로지 수사적 의문문으로만 그 쓰임이 제한되는 것이다. 이것은 '-디야'에 포함된 '-어' 때문이다. 위에서 살펴본 대로 '-어야고'는 언제나 수사 의문문을 형성하는데 '-디야고' 역시 '-어야고'를 포함하고 있기 때문에 수사 의문의 해석만 갖게 되는 것이다. 표준어의 '-대'는 간접인용문에서 [*]'-대고'로 쓰일 수 없으며 언제나 '-다냐고'로 쓰여야 한다. 반말 씨끝 '-어'가 간접인용문에 쓰일 수 없기 때문이다. 반면 서남방언에서는 '-대'에 대응하는 '-디야'가 간접인용의 조사 '고' 앞에 바로 나타나 '-디야고'를 형성할 수 있다. 서남방언에서 반말의 씨끝 '-어'가 내포문에 나타날 때는 조사 '야'의 결합이 필수적이므로 '-디야'에 조사 '야'가 결합하면 [*]'-디야야고'처럼 되어야 할 텐데, 실제는 [*]'-디야야고' 대신 '-디야고'로만 나타난다. 아마도 형태 '야'가 겹쳐서 발화되는 것을 피하기 위해 하나의 '야'가 탈락된 것으로 보인다. 다만 '-디야고'에 대해서는 몇 가지 문제가 있다. 첫째는 '-대'에 대응하는 '-디야'는 후술할 〈표 18〉에서 볼 수 있듯이 주로 전북에서 쓰이고 전남에서는 '-다여'가 일반적이라는 사실이다. 그런데 (27)의 (다)와 (라)의 예는 전남의 함평과 신안에서 확인된 것들이다. 또한 '-디야'는 문장 끝에 나타나며 문중에 나타날 때는 '-대'

로 쓰여야 하는데, 조사 '야'와 '고'가 결합되어 문말의 위치가 아님에도 "-대야고' 대신 '-디야고'가 쓰인다는 점이다. 이러한 문제는 전남의 함평·신안 지역어의 역사와 관계있을 가능성이 있으나 여기서는 문제를 제기하는 것으로 만족하고자 한다.

(27)

가. 그러더니 즈그 성님이 있다가 동생보고, "어이, 그 논문서 내놓소. 논한 삼십 도랑 주면 자기가 말 듣지 <u>안 들라디야고</u>."(승주 구비)

나. 내일 비가 <u>오디야고</u> 묻기래(=묻기에) 안 온다고 했어.

다. 내가 둘렀디야 어쨌디야(=(=속았대 어쨌대)? 이놈의 독맹이(=독사) 어디 가 붔디야? 아무리 속에 들어갔드라도 독 새이로 해서 뻔뻔헝게 비암(=뱀) 색깔이 금빛이 비 것인디(=보일 것인데) 어디 <u>갔디야고</u>(=어디 갔다냐고).(함평 구비)

라. 인자 양심이 틀아진 사람은 니미 씹할 놈의 돈을 날마다 얼마나 많아서 이렇게 사나끼(=새끼)에다가 끼라고(=꿰라고) <u>한디야고</u>(=한다냐고).(신안 구비)

서남방언에는 반말 씨끝이 간접인용화 된 것으로서 '-어야고' 외에 '-지야고'가 있는데, (28)에서 (가)-(나)는 서술문, (다)는 의문문의 예이다. '-지야고'는 '-어야고'와 달리 상대의 발화 내용을 의심하거나 부정하는 기능은 없다. 오히려 '-지야고'가 서술문으로 쓰일 때는 상대의 물음이나 요구에 대한 긍정 반응을 나타낸다. 그리고 의문문에서는 '-어야고'와 달리 수사의문이 아닌 확인 의문을 나타낸다. 다만 '-지'가 나타내는 명령과 청유의 서법은 '-지야고'에서는 표현되지 않는다.

(28)

가. 그러면은 한 달이라는 여유를 달라 했어요. 그러니까, 그렇게 <u>하지야
고(=하겠다고)</u> 그래서,(보성 구비)

나. 만날 날이 언지 <u>있지야고(=있을 것이라고)</u> 그러고 내리왔어.(정읍 구비)

다. 돈 삼백 냥허고 줌시로 이놈 가지면 <u>결혼허겄지야고(=할 수 있겠느냐
고)</u> 그릉께, 하, 혼인만 허야고 그릉께,(정읍 구비)

(29)는 인용동사가 생략된 경우로서, (가)-(아)는 서술문, (자)는 의문문의 예
이다. (가)-(바)는 특히 상대의 발화에 대한 긍정 응답이나 반응을 나타내고
있다. 이러한 용법은 인용동사가 있는 (28)과 완전히 동일한 것이다.

(29)

가. "아, 그럼 뭔 약이라도 이전에 써서 낫는(=나았던) 일이 없나?" 헝께로,
왜? <u>있지야고(=있다고)</u>. 있기는 있는디 나는 시방 이 약을 귀할라야(=
구할래야) 귀헐 수가 없어. 그렇게 나는 죽겠다.(고흥 구비)

나. "혹시 이 어른이 계실 때 혹 무슨 말씀 안 생기셨는가?" 항께는, <u>생겼지
야고(=생겼다고)</u>. 그럼 뭘 생겼냐 그랑께는, 동헌 마루 밑에 비문 하나
묻은 일이 <u>있지야고(=있다고)</u>.(해남 구비)

다. 아, 그러고 말고 <u>좋지야고(=좋다고)</u>. 그 그것이 참 좋은 것이라고. 아,
인자 본 것같이 이얘기 헌다 그 말이여.(신안 구비)

라. 몬자 그 곤륜산에 있는 거그를 잔 갈쳐 주면 어짜겠냐고. 그래야고. <u>갈
쳐 드리지야고(=가르쳐 드리겠다고)</u>.(해남 구비)

마. "그러면 형수님이 나 시킨 대로 말을 들어 보겠소?" 그렁께, <u>듣지야고(=듣
겠다고)</u>.(보성 구비)

바. "형님, 나 시킨 대로 꼭 하겠소?" 그렁께, <u>하지야고(=하겠다고)</u>.(보성
구비)

사. "삼춘이 나 장개도 안 보내 줘서 이만 역시 해서 거짓말을 해서 장개를 들었소." "그 어떻게 거짓말을 했냐?" "도둑질 잘헌 놈을 사우 삼는다 해서 도둑질 잘헌다 <u>했지야고</u>(=했다고). 그래서 나 장가를 들었소."(보성 구비)

아. 가야겄는디 다리가 떨어져야 <u>가지야고</u>(=가겠다고). 이러고 생겼으니 이 어쩌허면 좋끄냐고 긍게,(군산 구비)

자. 그라고 당신이 분명히 이 피리를 불었지야고(=불었느냐고). 불었다고. 들어갑시다.(신안 구비)

반말 씨끝 '-지'는 서술문에서는 완곡한 진술, 의문문에서는 말할이의 생각이나 믿음을 상대에게 확인하는 기능을 한다. 이러한 '-지'의 용법은 서남방언에서도 그대로이다. 한편 서남방언에서 '-지'에 조사 '야'가 결합되면 상대높임의 위계가 아주낮춤으로 바뀌면서 '-지'의 원래 의미 기능을 강조하게 된다. 서술법에서는 자신의 진술을 강요하고, 의문문에서는 확인의 기능을 강조하는데, (30)이 이를 보여 주고 있다. 결국 '-지'와 '-지야는 상대높임의 위계에 차이가 있을 뿐, 본질적인 의미 기능에는 별다른 차이가 없음을 알 수 있다. 일반적으로 '-지'가 간접인용문으로 바뀌면 의향법에 따른 아주낮춤의 씨끝을 취하게 된다. 그렇다면 간접인용문의 의문문에서는 '-냐'와 '-지야의 두 가지가 가능하게 될 것이다. 예를 들어 (30나)의 '실수했지야?'를 간접인용화 하면 '실수했느냐고'와 '실수했지야고'의 두 문장으로 변환이 가능하다. 표준어라면 '실수했느냐고'만 가능할 텐데 서남방언은 이 외에 '실수했지야고'가 가능하여 선택의 가능성이 넓어지는 차이가 있다. 다만 '실수했느냐고'로 중화되면 본디 발화가 갖는 확인의문의 기능은 드러나지 않는다. 이 때문에 '실수했지야고'와 같은 형식이 발달할 여지가 생기는 것이다.

(30)

가. 그 중놈이 헌 말이 이 선생이 헌 말이, "그것이 <u>헐 수 없는 일이지야.</u>" 허니께,(화순 구비)

나. "너 이만저만해서 실수나 안 했냐? 어쨌냐?" 헝께, 하인들이 묵묵부답이라 말이여 실수를 해 놓게. "느그 샌님, 작은 샌님 말이여! <u>실수했지야?</u>" 그렁게, "이만저만 이만저만했다우." (함평 구비)

다. 너 이놈의 새끼, 도적놈의 새끼, 요번 날 와서 솟단지 기양 해 놓고 너 오늘 솟단지 가져갈라고 <u>왔지야?</u> 느그 지킬라고 내가 있다.(함평 구비)

라. "아이, 니가 병이 있구나." 저녁에 잠시러는(=자면서는), "예." "깔끄막(=가풀막)에 올라가먼 다리 여 팍팍허고, 드러눴다 일어날락 허먼 지지러니 지지리 뇌곤허기도 <u>허지야?</u>" "예, 꼭 그래라우. 어찌 알았어요, 아저씨?"(함평 구비)

반말의 씨끝 '-어'와 '-지' 외에, 애초의 이음씨끝이 마침씨끝으로 전환되어 쓰이는 경우 뒤에 조사 '야'가 붙는 예도 다수 확인된다. (31)은 모두 군산 지역의 구술발화에서 가져온 것인데, 내포문의 마침씨끝 '-다'와 상위문의 이음씨끝 '-음서'(=-으면서)가 결합된 '-담서'에 조사 '야'가 덧붙었다. '-담서'는 표준어의 '-다면서'에 대응하며, 발화자 자신이 들은 바를 상대에게 되묻는 것, 곧 확인 의문문으로만 해석된다. 여기에 결합된 조사 '야'는 내포문 환경에서 상대높임의 위계를 아주낮춤으로 바꾸는 기능을 한다. 다만 (31)의 예에는 모두 인용동사가 생략되었다. (31가)의 '얻었담서야고'는 애초의 발화인 의문문 '얻었담서요?'를 간접인용화 한 것이다. 마찬가지로 (31나)는 두루높임의 '앉았담서요?', (31다)는 '고생한담서요?', (31라)는 아주낮춤의 '안담서야?'를 각각 간접인용화 하여, '앉았담서야고', '고생한담서야고', '안담서야고'로 바꾼 것이다. 그렇다면 '-담서야'는 일종의 중화된 씨끝이라 할 수 있다. 만약 표준어에서 '앉았다면서요?'를 간접인용문으로 바꾼다면 '앉았냐고' 외의 다른 대안은 없을 것이다. 그러나 '앉았냐고'에는 확인 의문의 기능이 포함되어 있지 않아 불완전한 변환이라 하겠다. 결국 표준어에서 확인의문을 간접인용문으로 바꿀 수 있는 방법은 없다. 그러므로 서남방언의 '-담서야'는 이 빈자리를 메우는 형식으로서 존재 이유를 갖는 셈이다.

(31)

가. 저그(=저희) 마느래 … 부자가 돼가지고 나옴서, "하, 영감 진즉 오시지 왜 인자 오시요?" 거그 가서 마느래 <u>얻었담서야고</u>. 소문났다고.(군산 구비)

나. "여기 사는 아무개라는 놈이, 이를테면 오동이라는 놈이 사는가 본데, 그놈이 지가 돈냥이나 모았다고 지가 관 쓰고 큰 담뱃대 뺄대고 <u>앉았 담서야고</u>." 처남이 그래.(장성 구비)

다. 내가 말을 들옹개 상처(喪妻)로 참 많이 <u>고생헌담서야고</u>. 내가 지금 현재 가진 것이 별로 없으니 우선 이놈 가지고서 쌀 말이나 팔어먹어라고 허면서 돈을 참 쪼금 준다 그 말요.(군산 구비)

라. 그 원이 그드라느만. "야! 니가 대소(=다소) 비가 올지 안 올지 그 천기를 <u>안담서야고</u>." 근디 안다고 히도 소용없고 모른다고 히도 소용없게 생기고, 안 되게 생깄드라는 것여. 대소간은 본다고 그러드랴 이넘이.(군산 구비)

'-담서야고'는 가능하지만 내포문 씨끝이 결합되지 않은 '-음서야고'는 불가능하다. '-음서'와 함께 다른 이음씨끝, 예를 들어 '-은디'(=-는데), '-옹께'(=-으니까), '-어서', '-고'나 여기에 내포문의 마침씨끝 '-다'가 결합된 '-단디', '-당께', '-다서', '-다고' 등에는 조사 '야'가 붙을 수 없다. 이들은 모두 확인의문을 나타내지 못하므로 간접인용문에 그대로 쓰일 수 없음은 자연스러운 일이다.

(32)는 이음씨끝 '-게'와 '-간디'가 마침씨끝으로 쓰이는 경우인데, 이때에

도 뒤에 '야'가 결합되어 쓰인다. (가)에서 '뭣 허게'는 반말이고 여기에 '야'가 결합되면 아주낮춤의 위계를 나타내는데, 이때 '뭣 허게?'나 '뭣 허게야?'는 모두 수사적 의문으로서 '아무런 필요가 없다'는 의미를 표현하고 있다. 이 '뭣 허게?'나 '뭣 허게야?'가 간접인용문으로 바뀌면 '뭣 허게야고'가 된다. '뭣 허게?'와 같은 수사의문의 반말이 간접인용화 되려면 아주낮춤의 조사 '야'가 필수적으로 결합된다. 그러나 이미 '야'가 포함된 '뭣 허게야?'는 그 표현 그대로 간접인용문으로 바뀔 수 있다. 따라서 '뭣 허게야?'의 본디 말은 '뭣 허게?'와 '뭣 허게야?'의 두 가지 가능성이 있다. '-어야고', '-지야고', '-담서야고' 등에서 보았던 것처럼 '야고'가 간접인용문에 쓰일 수 있는 것은 수사적 의문이나 확인 의문 등 비중립적인 의문으로 제한된다. '-게야고' 역시 수사적 의문이기 때문에 가능했던 것으로 보인다.

(32나)와 (32다)의 '-간디'가 마침씨끝으로 쓰이면서 수사의문을 나타내고 있다. 이처럼 수사의문을 나타내는 '-간디'에 '야'가 결합되어 간접인용문을 형성하는 것은 '-야고'의 사용 조건이 확인의문이나 수사의문이라는 사실을 재차 보여 주고 있다.

(32)
　가. 즈그 어매 즈그 아부지를 대고 때리는 놈을 알고는 그놈의 호로자식(=후
　　　레자식)한티 중신혀 줘야 <u>뭣 허게야고</u> 중신 안 해 준다고.(정읍 구비)
　나. 그르믄 사람마다 시집을 어쩌서 <u>가간디야고</u>. 못 먹고살고 그렁게로 서
　　　방님한테 벌어 도락 히서 먹고살라고 시집을 간디, 우리 서방님을 잡
　　　아잡수먼 나는 누가 벌어 멕이거나고.(정읍 구비)
　다. 또 둘째 딸네 집으로 갔더만 두째 딸 역시도 아, 나는 새끼 안 나간디,
　　　<u>없간디야고</u> 이렇게 말을 흐니,(정읍 구비)

'-고말고'는 『표준국어대사전』에서 '상대편의 물음에 대하여 긍정의 뜻을

강조하여 나타낼 때 쓰는 종결어미'로 풀이되어 있다. 사전에는 명시되어 있지 않지만 이 '-고말고'는 반말 씨끝인데, 이 씨끝도 간접인용문에 올 때는 조사 '야'가 필수적으로 결합된다. 반말을 아주낮춤으로 전환하기 위한 조처로서 (33)이 이를 보여 준다. (33가)에만 인용동사가 나타나고 나머지 예에서는 모두 인용동사 없이 쓰였다.

(33)

가. "느그가 통문을 해서 나래 옥새를 잊어 불었으나 만약에 찾어 줘야지 안 찾어 주면 큰일난다." "아이, 찾어 주고말고 헐 거이요?" 옥새를 찾어 주고말고야고.(보성 구비)

나. "아, 오시먼 꼭 좀 모시고 오쇼." 아, 그러고말고야고.(정읍 구비)

다. 그리믄 내가 한 자리 일러줄 팅게 쓸 것이냐고 말여. 아, 쓰고말고야고. 감사허다.(군산 구비)

라. 긍게 우리 인자 한 형제같이 알고 사당 뜯고 묘 쓰고말고야고. 쓰게 드리마고. 이 집은 전부 형님 드리리다.(정읍 구비)

마. 아, 그릏게 허고말고야고 말여.(정읍 구비)

바. 그믄 내가 하나 일러 드릴테니 그 자리를 쓰실라냐고. 아, 그러고말고야고. "참 일러만 주신다면은 감사히 거다 모시겠소."라고.(정읍 구비)

'-고말고'나 '-니 마니'와 같이 상대의 말에 대해 긍정의 맞장구를 나타내는 말 뒤에 '해'와 같은 반말이 결합되는 경우에도 당연히 '야'가 붙어야 간접인용문에 내포될 수 있다. (34)의 '허고 말고 해야고'나 '그러니 마니 해야고'는 물론 수사의문문으로서 이론의 여지가 없는 당연한 긍정을 표현한다.

(34)

가. 씨아재(=시동생) 하잔 대로 한디 못 할 것이냐고. <u>허고말고 해야고</u> 그

렁께.(보성 구비)

나. "그러면 아무 날 암 디 고랑으로 청주 한 동우를 이고 석 자 시 치 나무 신을 신고 저 청주 한 동우를 이고 오시시요." 그러니 마니 해야고, 형수가 그러요.(보성 구비)

상대의 말을 인정하는 대꾸어로 '그러냐', '그런가', '그러오', '그러십니까', '그래', '그래요' 등이 있을 수 있다. 이것들이 간접인용문에 내포되면 '그러냐고'나 '그래야고'로 중화되어 나타난다. 그리고 '-어야고'의 '어'가 탈락 가능한 전북 지역어에서는 '-으야고'도 쓰일 수 있다. 이들의 애초 발화는 의문의 씨끝을 가지고 있지만 결코 일반적인 의문을 나타내지 않는다. 단지 상대의 말에 대한 긍정의 반응어로 쓰인 것이기 때문이다. 그래서 수사의문과 마찬가지로 의미상으로는 긍정의 서술로 해석되어야 한다.

(35)

가. 게서 얼렁 영암군 신북면 갈곡리서 덕하리 안암부락에 간다고 여쭤라고 했드니 그래야고(=그러느냐고) 그랍디다.(영암)

나. 그릉께 "그그서 여 차돌에서 나온다네." 그래. 그래서 아 그래야고(=그러느냐고). 그래서 인자 '그것이 원자력 그 자료가 거그서 나온 것이다.' 나 그릏게 인자 인정을 했어요.(보성)

다. "그 죽전을 찾어가서 보니께 그 가운데가 돌이 하나 있어서 그 돌 떠들고 거기다가 묻었소." 그래. 하, 그래야고(=그러느냐고). "그러믄 지금 가믄 그 죽전을 찾고 알겄소?" 아, 아다뿐이냐고.(승주 구비)

라. 인자 즈 어매(=저희 어머니) 혼자 있다 그 말여. "나가 여그 부산서 왔는디 자제분 어디 가셨소?" 그렇게, 논에 논 갈러 갔다고 그러거든. 그리야고(=그러느냐고). 우리 아들허고 어찌게(=어떻게) 알고 지내야고? 그게 아니라 나가 잘 아는 사이라고.(승주 구비)

마. "와마, 집이 사우가 그냥 두 손을 합장을 해갖고 갱기(=쟁기)를, 소시랑
을 갱기랑을 해 불고 간디 시방 곧 죽게 되었소. 손이 탱탱 부었소." 참
말로 <u>그래야고</u>(=그러느냐고). 우리 사우를 죽에 놓고 그런 것 아니냐?
(보성 구비)

바. 내가 실은 달리 아픈 것이 아니라 그 박사님 한번 만나기를 원이라고
말여. 그러니 그 박사님만 좀 만나게 히 주면 내 공은, 이 은혜는 갚으
마고 말여. 내가 그분 땜이 병이 났다고(=나았다고). <u>그리야고</u>(=그러
느냐고) 아, 그럼 오시면 내가 모시고 오지야고. 그 내 말을 들응게
걱정 말으라고.(정읍 구비)

사. 아니, 아저끄(=어제) 본 것도 이야그 오늘 본 것도 이야긴디 뭔 이야그
를 대신 허야고 그렁께 그 사람 말이, <u>그리야고</u>(=그러느냐고), <u>그리야</u>
<u>고,</u> 그러믄 여러 말 헐 것 없이 (하략),(정읍 구비)

    서남방언에서 회상시제를 포함하는 아주낮춤의 물음씨끝으로 '-디'가 있
다. 그리고 이 '-디'는 조사 '야'가 붙어 '-디야'로 쓰이기도 한다. '-디야'는 '-디'
의 강조 표현이다. '-디'가 간접인용문에 나타나려면 '-드냐고'가 예상되는데,
서남방언에는 '-드냐고' 외에 '-디야고'도 가능하다. (36)이 이를 보여 주는데
(36)에서 조사 '야'가 없다면 모두 비문이 된다. 따라서 '-디'와 '-디야'의 간접
인용 표현은 '-드냐고'와 '-디야고'가 될 것이다. '-디야고'는 (36)에서 보듯이
수사의문으로 해석된다. '-디'는 독자적으로는 중립적인 의문과 수사의문을
나타낼 수 있지만 '-야고'와 결합되어 간접인용화 될 경우에는 언제나 수사의
문의 해석만을 갖는다. '-디야고'의 이러한 쓰임은 '-야고'에 의한 간접인용문
이 확인의문이나 수사의문과 같은 비중립적 의문에만 가능하다는 사실을
다시금 확인해 준다.

(36)

가. 그러더니 즈그 성님이 있다가 동생보고, 어이, 그 논 문서 내놓소. 논
한 삼십 도랑 주면 자기가 말 듣<u>안 들라디야고</u>(=안 듣겠냐고). 삼십
도랑 논 문서를 중게로, 아, 이거 자기로선 통 어이없는 거여.(승주 구비)

나. 내가 <u>뭐라고디야</u>(=뭐라고 하더냐)? 허다못혀 뭣을 허든지 허라고 내가
있지. 아, 이렇게 있으면은 안 된다고 <u>않디야고</u>(=않더냐고).(군산 구비)

지금까지 논의한 바대로 서남방언에서 반말이 간접인용화 될 경우, 형태
와 의미면에서 상당한 제약을 받는다. 반말이 간접인용문의 내포문에 나타
낼 때는 조사 '야가 필수적으로 결합되어야 한다. 이는 상대높임의 위계를
아주낮춤으로 전환시키기 위한 조처로 보인다. 한편 내포문에서 의문문으
로 쓰일 때에는 언제나 수사의문문이나 확인의문 등의 비중립적 의문문의
해석을 가져야 한다. 이것은 내포문에서 '-냐'로의 중화가 갖지 못한 의미 기
능이라 할 수 있다. 다만 반말 가운데 '-네2', '-구만', '-느만', '-거든', '-으까' 등
은 조사 '야와의 결합형으로서 간접인용문의 피인용문에 나타날 수 없다.

11.4.2 간접인용 조사

간접인용문의 인용조사는 표준어와 마찬가지로 서남방언에서도 '고'가 쓰
인다. '고'는 역사적으로 이음씨끝에서 기능이 바뀐 것이다. 이현희(1986)는
중세어의 'ᄒ야가 형식적 요소로서 현대 표준어의 인용조사 '고'에 대응하는
것임을 지적한 바 있다. (37)의 (가), (나)는 15세기, (다)는 17세기의 'ᄒ야를
보여 준다.

(37)
가. 스승님 어마니미 이에 잇다 ᄒ야 뉘 니르더니잇고(월인석보 23:84)

나. 一法을 讚嘆ᄒᆞ야 뵈야 죽사릿 受苦ㅣ ᄉᆞᆺ 업스리라 ᄒᆞ야 내 샹녜 이
   리 니르다니(석보상절 13:5)

다. 십리만 짜해 ᄒᆞᆫ 뎜이 이쇼ᄃᆡ 일호믈 瓦店이라 ᄒᆞ야 브르ᄂᆞ니(노걸대언
   해 상 10:1-3)

이 'ᄒᆞ야'는 이음씨끝 '-어'가 '-고'로 교체되는 일반적 변화에 힘입어 'ᄒᆞ고'로
변했고, 이 'ᄒᆞ고'에서 'ᄒᆞ-'가 탈락하고 남은 씨끝 '-고'가 인용조사로 재구조
화된 것이다(이기갑 2003:590). 전남의 구비문학 자료에서 인용조사처럼 쓰이
는 '하고'를 확인할 수 있다.

(38)

가. 즈그 어매보고 좀 들어오라 해서 칼을 딱 꼬나(=겨눠) 놓고 "어매가 참
   말로 말을 해 조야지 거짓말을 허면 어매 죽고 나 죽고 이래야 쓸 건디
   사실 이얘기를 해 주시요. 그래야 씨겠습니다." <u>하고 허니</u> 즈그 어무니
   가,(신안 구비)

나. "저 애비 없는 새끼 조놈아! 애비 없는 새끼 조놈아!" <u>하고 그래</u> 쌍께,
   (고흥 구비)

간접인용 조사는 직접인용 조사와 달리 입말에서도 널리 쓰인다. (39)-(40)
은 인용동사가 각각 '허-/하-'와 '그러-/그라-'가 쓰인 경우를 모아 본 것이다.

(39)

가. 우리 백이민족이라고 헌디.(곡성)

나. 행(=향) 같은 거 모든 것이 좀 못허다고 허고 그러니까 인자 구별이 있
   지마는 시방은 많이 갈아 버리니까 머.(곡성)

다. 돗노물(=돌나물)은 인자 거 간에 좋다고 허니까 모도 돗노물을 캐다가

짓국(=김칫국)도 담아 묵는 사람 있고.(곡성)

라. 그거이 또 좋다고 허니까 그걸 주로 짐치, 묽은 물김치를 담아갖고 많
　이 먹은 사람 있어요.(곡성)

마. 근디 우리는 산추(=산초)라고 해서 묵어 본 일이 없고,(곡성)

바. 고놈 인자 쪼각지라고 지금은 깍뚜기라고 허지만 옛날에는 또 쪼각지
　라고 고놈 또 담아서 묵고.(곡성)

사. 작년에 강께 집장을 담았닥 헌디 어찌게 담았냐 항께 그 보릿제(=보릿
　겨)를 깎아가지고 그렇게 띠워갖고 찹쌀죽을 쒀서 그렇게 담았다고 헌
　디 옛날같이 그렇게 안 맞나데요.(곡성)

(40)

가. 근다고 그래요.(곡성)

나. 여그서는 생채라고 그래.(곡성)

다. 그라고 인자 또 감태를 매러 가요. 간다고 그래.(신안)

라. 인자 바뿌면 얼릉 못 항께 나락베늘(=볏가리) 눌른다고(=가린다고) 그
　랍디여(=그러잖습디까)?(신안)

마. 응, 제(=겨) 소 준다고 그러제.(신안)

바. 그 밭에다가 좌우당간 '소풀'(=소를 먹이기 위해 기르는 풀)이라고 그
　러라우.(신안)

사. 대부치로(=암구러) 간다고 그래라.(신안)

아. 수났다고(=발정했다고) 그래라.(신안)

자. 대부치러(=암구러) 간다고 그라하요.(신안)

　서남방언은 인용동사가 '허-'인 경우 간접인용 조사 '고'의 모음 /ㅗ/가 탈
락하여 'ㄱ'으로 변동하기도 한다. 인용동사 '허-'의 첫소리 /ㅎ/은 약화되기
때문에 (41가)의 '뺀닥 허지'의 실제 발음은 [뺀다거지]로 실현된다. 다른 예

도 마찬가지이다. '고 → ㄱ'의 변동은 오로지 인용동사 '허-' 앞에서만 일어날 뿐 '그러-'에서는 일어나지 않는다. 따라서 (41타)처럼 인용동사가 생략된 경우 선행하는 '건닥'을 근거로 하여 생략된 인용동사가 '허지'임을 추정해 낼 수 있다. '고 → ㄱ'의 변동은 서남방언 전체에서 확인되지만 전북보다는 전남에서 쉽게 찾아진다. 전북의 구술발화에서는 소수가 발견될 뿐이다. (41차)에서는 '여우락 하드락 하요'처럼 '고 → ㄱ'의 변동이 연속해서 두 차례 나타나고 있다. 또한 (41카)에서는 '헌다고 하드락 하요'처럼 처음에는 인용조사 '고'가 그대로 나타나다가 나중에는 'ㄱ'으로 줄어든 형태가 나타났다. 이것은 '고 → ㄱ'의 변동이 수의적이라는 사실을 말해 준다.

(41)

가. 쩌그 죽산, 그 할마니, 베 잘 난 할마니는 그 바늘귀로 뺀닥 허지 않아요? 베가 언체 가느니까.(곡성)

나. 옛날에 풀은 메물 풀이 좋닥 헌디 메물로 인자 갈아가지고 풀을 쏘가지고,(곡성)

다. 옛날에 지금은 팬티락 허지만 옛날엔 빤스.(곡성)

라. 이불을 예를 들어서 꿰매가지고 드문드문허는 것은 시침이락 허고.(곡성)

마. 요로고 요로고 헌 것은 기양 준닥(=깁는다고) 허고,(곡성)

바. 동게미지보고 싱건지락 허지요.(곡성)

사. 말하자면 어찌게 스지(=서지) 마락 해도 스지라, 허리 아픙께.(진도)

아. 그렇게 좋아라 허드락 하요.(신안)

자. 그릉게 그릉게 좋아락 하고 쩌 나무도 몽창썩 해다가 긁어다가 갈쿠나무(=가리나무) 긁어다 정제(=부엌)다가 멍창(=몽땅) 들에나 주고,(신안)

차. 그래갖고는 어디 존 데 있잉께 여우락 하드락 하요, 우리 어매보다(=엄마보고).(신안)

카. 그릉께 우리 시아부지 하는 말이 다 애껴야 헌디 나무는 안 애껴야 헌
　　다고 하드락 하요, 즈그(=저희) 메느리가.(신안)

타. 서끌(=서까래) 큰 놈 건닥 않드라고? 니 구떼기(=네 귀퉁이)?(영광)

파. 지금은 하투(=화투)고 근디, 그것보고는 옛날에는 투전이락 했어.(고창)

하. 장사덜이 물감을 갖고먼, 물감 갖괐냑(=가지고 왔느냐고) 허먼 갖괐닥
　　허먼 이맨혼 봉다리(=봉지)다 싸갖고,(임실)

ㅏ. 그리서 인자 슨보러 온닥 히서 '오는가 보다.' 인자 나는 그맀어.(군산)

ㅑ. 그보다두 인자 나더러 참 까마득허닥 혀, 어터게 살었냐고들 힜어.(군
　　산)

ㅓ. 잏게 배가 불르야 으른들이 쟈 애기 가졌는가 보닥 혀.(군산)

간접인용 조사 '고'가 아예 없는 경우도 흔하다. (42)는 인용동사 '허-'와 '그
러-'가 인용조사 없이 쓰인 경우를 모은 것이다.

(42)

가. 엎운다 하더마, 흑(=흙)을.(진도)

나. 박는다 하는 것은 아주 배게 하는 것이요.(진도)

다. 그 모종한다 그라지요.(진도)

라. 인자 쟁기질 잘하는 사람은 다시 잏게 했다 그라믄 쪽바로 크고 적은
　　두둑이 없이 하고.(진도)

마. 내년에 요놈을 해야 데겄다 그라믄,(진도)

바. 이러고 이러고 하자 그람스러 또 베를 나루제, 베는.(신안)

사. 그 옛날에는 그거보다 '부상 났다' 그랬거등이라우.(신안)

아. 시집옹께 인자 쩌그다가 저 해우(=김)를 했는디 겁나 잘뎄다 그래라
　　우, 놈들 말이.(신안)

자. 저 거그 가서 돌아댕임서러 있으면 게적이랑 줏어갖고 온다 구래, 못

항께.(신안)

차. 그래갖고 다 딸 여워도 이붓어매 있는 디로는 안 여울란다 그러드라고
라우.(신안)

카. 잘살았는디 그 집 아부지가 그 병을 걸렸다 구래.(신안)

타. 우리 에기도 컸으면 저렇고 늙었겄다 그람스로,(신안)

인용조사가 없는 경우는 기저구조에 존재하였던 조사 '고'가 수의적으로 탈
락한 것이다. 조사 '고'의 탈락이 인용동사의 종류와 무관하다는 사실은 (42)
를 통해 알 수 있다. 또한 '고'의 탈락은 '고'의 약화 즉 '고 → ㄱ'의 변화와 관계
없이 일어난다. 즉 '고 → ㄱ → ɸ'와 같은 단계적인 과정 대신 '고 → ɸ'의 과정
을 거쳐 탈락이 이루어지는 것이다. 만약 '고 → ㄱ → ɸ'의 단계를 겪는다면
'고 → ㄱ'은 인용동사 '허-' 앞에서만 일어나므로 결과적으로 '고'의 탈락 역시
'허-'에서만 일어나야 한다. 그러나 (42)에서 보듯이 '고'의 탈락은 '허-' 외에
'그러-'에서도 자유롭게 일어나므로 이러한 탈락의 자유스러움을 설명하기
위해서는 '고 → ɸ'의 탈락이 인용동사에 대한 아무런 제약 없이 일어난다고
기술하지 않으면 안 된다.

11.4.3 간접인용 동사

서남방언에서 간접인용문의 인용동사는 '허-'와 '그러-'이다. 이 점은 직접
인용문의 경우와 같다. 직접인용문에서는 '허-'보다 '그러-'의 사용 비율이 높
았는데 간접인용문에서도 같은 양상이 보인다. 인용동사 '그러-'는 '허-'에 지
시어 '그리-'가 결합된 것이다. 피인용문 뒤에 출현하는 지시어는 본질적으
로 선행하는 피인용문을 아우르는 기능을 갖는다. 우리말에서는 복합적인
표현이 출현할 경우 이를 아우르는 지시어가 직후에 나타나는 경향이 있다.
예를 들어 '만두랑 탕수육이랑 짜장면이랑 그런 것들을 먹었지.'라는 문장에

서 지시어 '그런'은 선행하는 '만두랑 탕수육이랑 짜장면이랑'을 아울러 가리키는 말인데, 이 지시어가 포함된 '그런 것들을'이 없더라도 문장은 의미를 전달함에 있어 아무런 부족함이 없다. 하지만 한국어는 이렇게 복합적인 표현을 그대로 펼쳐 둔 채 진행하기보다는 이들을 일단 아우른 다음 이후의 발화를 진행하는 방식을 취하는 것이 일반적이다. 물론 이러한 아우르기는 의미적으로 필수적인 것은 아니나, 매우 빈번하게 사용되는 한국어의 말하기 방식, 즉 담화문법의 하나라 할 수 있다. 흔히 접속부사라 부르는 '그러나, 그런데, 그러므로, 그래서, 그러니까, …' 역시 아우르는 지시어의 일종으로서 앞선 복합적 문장들을 포괄하여 지시하는 담화적 기능을 수행한다. 서남방언의 인용동사 '그러-'에 포함된 지시어 '글'(≪ 그리) 역시 아우르는 지시어의 일종인데, 따라서 '그러-'는 아우르는 지시어와 '허-'가 합성된 복합어라 하겠다.

복합어 형식이 아닌 지시부사어가 독립적으로 아우르기에 쓰이는 수도 있다.

(43)

가. 시양치(=송아지) 인자 우리 한나 주고 큰 소 가져갔다고 <u>고러고</u> 허제.
(신안)

나. 인자 그란 물잉게 할마이가 새로 꼭 떠 갖고 오라고 <u>고렇게</u> 지랄하고.
(진도)

(43)에서 밑줄 친 '고러고'와 '고렇게'는 선행하는 문장을 각각 아우르는 말로서, '피인용문-인용조사-아우르는 지시어-인용동사'와 같은 선형 구조의 일부를 이룬다. 이때 아우르는 지시어가 인용동사 '허-'에 통합되면 '그러-'와 같은 인용동사가 되는 것이다. 따라서 '고러고 허제'와 '그러제'는 기능이 같으면서 단지 구와 낱말의 차이만 있는 셈이다. 서남방언의 인용동사로 '허-'보다 '그러-'가 더 널리 쓰인다는 것은 아우르는 지시어의 사용이 그만큼 일반

적이라는 사실을 말해 준다.

인용동사가 없는 경우도 흔하다.

(44) 내가 부모가 보고, 고향도 보고 싶고 헝게 내일은 한번 <u>가 봐야겠다고</u>. 대처(=과연), 참 <u>그리야지야고</u>.(정읍 구비)

(44)는 두 사람의 등장인물의 말을 구술자가 간접적으로 인용하고 있는데 인용조사 '고'의 사용이 이를 보여 준다. 이때 두 등장인물의 발화를 간접인용화 한 문장에서 아무런 인용동사가 나타나지 않았다. 등장인물의 대화 내용을 간접인용하면서 이야기의 진행을 빠르게 하려는 구술자의 의도 때문으로 보인다.

인용동사 대신 인용명사가 쓰이는 수가 있다.[4] (45)에 보이는 '말'과 '생각'은 각각 '말하다'류와 '생각하다'류의 인용동사 대신 쓰인 간접인용 명사이다. 이때 피인용문과 후행하는 지시어와 인용명사의 결합체는 '제시-지시'의 관계를 이룬다. 예를 들어 '철수 그 녀석 요즘 안 보이더라'에서 '철수'와 '그 녀석'의 관계와 같은 것이다. '제시-지시'도 넓은 범위의 아우르기에 해당된다. 예에 나타나는 인용명사 앞의 '그', '그런' 등은 이러한 아우르는 지시어로서 인용동사의 '그렇게'와 같은 기능을 하는 말이다. 그런데 인용동사의 경우 '그렇게'는 수의적이지만, 인용명사에서 지시어의 사용은 필수적으로 보인다. (45)에서 '그'나 '그런'을 생략하면 비문이 되기 때문이다. 만약 아우르는 지시어를 사용하지 않으려면 피인용문 뒤에 '한'이나 '하는'의 씨끝 '-은'이나 '-는'이 와야 한다. 씨끝 '-은'이나 '-는'이 사용되면 피인용문과 인용명사의 통사적 관계는 보문관계로서 내포된 관형절이 보문명사를 꾸미는 수식관계를 형성한다. '제시-지시'의 관계가 이루는 동격관계와는 통사적 자격이 다

---

4 인용명사는 보문명사의 하나이다.

르다고 하겠다.

(45)

가. 인자 즈 어매(=저희 엄마) 혼자 있다 그 말여.(승주 구비)

나. 저런 놈 한나썩 여그서 데레다 잠(=좀) 키먼 좋겠다 그런 생각 들드마.
   (신안)

다. 웅, 너머 너머 불쌍하다 그런 생각이 들데.(신안)

(45)에는 인용조사 '고'가 쓰이지 않았다. 인용명사 '말'의 경우에 '고'가 나타나면 비문을 형성한다. 반면 '생각'의 경우에는 어색한 느낌을 주지만 비문이라 하기는 어렵다. '말'과 '생각'이 갖는 인용명사로서의 의미 차이가 이러한 문법성과 용인성의 차이를 야기하는 것으로 보인다.

다만 (46)은 사정이 다르다. 이때의 '말'은 인용명사가 아니라 '말이여'를 하나의 단위로 하여 관용어처럼 쓰이는 표현이기 때문이다. 실제로 서남방언의 '말이여'나 표준어의 '말이야'는 어절 뒤마다 나타날 수 있는데, 말할이가 '말이여' 앞의 발화를 두드러지게 강조하는 담화적 기능을 수행한다. 이러한 기능의 차이 때문에 '말이여' 앞에는 인용조사 '고'가 나타날 수 있어 인용명사로서의 '말'과는 차이를 보이게 된 것이다.

(46) 내가 실은 달리 아픈 것이 아니라 그 박사님 한번 만나기를 원이라고
   말여. 그러니 그 박사님만 좀 만나게 히 주면 내 공은, 이 은혜는 값으
   마고 말여. 내가 그분 땜이 병이 났다고(=나았다고).(정읍 구비)

11.4.4 간접인용문의 축약

11.4.4.1 인용조사 '고'가 없을 때

11.4.4.1.1 '-는다 해'의 축약

간접인용문에서는 인용조사 '고'가 없는 환경에서 인용동사 '허-'의 줄기가 탈락할 경우 피인용문의 마침씨끝과 상위문의 인용동사 씨끝이 통합될 수 있다. 간접인용문의 축약이란 바로 이러한 씨끝의 통합 과정을 가리킨다. 이 러한 축약은 서남방언을 비롯한 대부분의 방언에서 일어난다. (47)은 서남 방언에서 간접인용문이 축약된 경우이다.

> (47)
> 가. "니가 나가구 난 뒤로 집이 망하구 부모님도 다 돌아가시구, 할 수 없어
> 서 이렇게 소금 장수로 <u>나섰단다</u>." 하니까,(화순 구비)
> 나. <u>노래하잔다</u> 춤을 추자.(화순 구비)
> 다. 이 국 저 국 다 버리고 미역국만 <u>드리란다</u>.(화순 구비)
> 라. 십이 년 <u>채랑개로</u>(=차이라니까).(남원)

인용동사 '허-' 탈락에 의한 축약은 인용동사가 서술법과 의문법일 때 가능 하며, 그 밖에 인용동사가 이음씨끝을 취할 때에도 가능하다. 이러한 제약은 모든 방언에 걸쳐 동일하다. 피인용문이 의문법이고 상위문이 의문법이면 축약이 불가능하나, 상위문의 인용동사가 회상시제를 포함하면 가능하다. 회상시제가 다른 시공간에서 체험한 사태를 발화의 시공간으로 옮겨와 보 고하는 것이기에, 의문법이 겹치는 어색함을 완화하는 것으로 보인다.

(48)

가. 잘사납디까?/'사냡니까?

나. 잘사납디여?/'사냐요?

다. 어디 가냐든가?/'가냔가?

피인용문이 서술법일 경우, 인용동사가 하오체 씨끝을 취하면 '-다요/라
요'가 일반적인데, 그 밖에 '-다우/라우'도 흔히 쓰인다. '-다우/라우'의 '-우'는
하오체의 씨끝 '-오'가 고모음화한 것이다. 서남방언의 하오체는 씨끝이 '-요/
소'로 쓰여 '허요체'라 부른다. 그러나 '-다우/라우'에 포함된 '-우'를 보면 이
방언의 과거에 '-우'의 전신 '-오'가 있었음을 알 수 있다. 이 '-오〉 -우'의 변화
는 '-을라우'를 제외하면 오직 간접인용문이 축약된 '-다오/라오'에서만 일어
났다.[5] 반면 '-오〉-요'의 변화는 모든 환경에서 일어났으므로 인용문 축약이
일어난 곳에서는 '-다우/라우'와 '-다요/라요'의 두 가지가 모두 가능하다.
(49)는 '-다요/라요', (50)은 '-다우/라우'의 예이다.

(49)

가. 술짐(=술김)에 모도 춤 치고 놀고 그런다고 온다요.(광양)

나. 차나락(=찰벼) 짚이 인자 재물(=잿물)이 마이(=많이) 나온다요.(광양)

다. 멋 한다요?(진도)

라. 넘우(=남의) 장사헌 사람은 넘우 빗(=빚) 갖고 많이 허제 어쩐다요?(영
광)

마. 전에는 다 미영베 옷을 허먼은 기냥 빨먼 때가 진다요?(영광)

바. "원자력 재료란 것이 그것이 머이라요(=뭐래요)?" 긍께,(보성)

---

5 의도를 나타내는 '-을라우'에서도 '-오〉-우'의 변화가 일어났다. '-을라우'의 원래 구성인
'-을라 하오'는 그 형태적 특징이 간접인용문과 매우 유사하다.

(50)

가. 밤새 까분다우(=까부른대요).(진도)

나. 기양 딱 연장 잡어가지고 가 버렸더라우.(함평 구비)

다. 그렇게 망신해가지고 답변허고 온 사둔도 있더라우.(함평 구비)

라. 한나에다 훑은다우?(영암)

마. 먼 손님들이라우?(해남 구비)

중부 방언에서는 인용동사 줄기 '하-'가 탈락하여 그 결과로 씨끝들이 합성된 '-단다, -으란다, -잔다'와 함께, '-댄다, -으랜다, -잰다'가 수의적으로 나타나기도 하나, 서남방언의 토박이들은 오직 '-단다, -으란다, -잔다' 형만을 사용한다. 'ㅏ → ㅐ'의 수의적 변동이 서남방언에는 일어나지 않기 때문이다.

(51)

가. 아무갯덕은 애기 뱄단다(ˊ뱄댄다).(함평 구비)

나. 저놈이 베락 때리란다(ˊ때리랜다).(함평 구비)

다. 가잔다(ˊ가잰다) 할 수도 없고.(화순 구비)

서남방언에서 인용동사가 '해'인 경우, '해'의 방언형에 따라 다양한 축약형이 쓰인다. 그러므로 축약형을 알아보기 위해서는 먼저 '해'의 방언형을 살필 필요가 있다. '해'는 지역에 따라 '해', '혀/히여', '햐/해야' 등으로 실현되는데, 전북 무주에서 '햐'와 '해야'가 확인된다.

(52)

가. 저 거그서 인재 고등핵교럴 나왔는데 아뭇 것도 주들 안햐.(무주)

나. 절얼 다 하지요, 절 다 햐.(무주)

다. 세우는 게 기동(=기둥)이고, 요곤 요 보라고 햐.(무주)

라. 명당은 다 찾덜 못해요. 찾덜 못해야.(무주)

'햐'와 '해야'는 주로 충청 지역에서 쓰이는 형태인데, 전북의 동북부에 위치한 무주에서도 나타난다. 동사 '하-'는 전북의 대부분의 지역에서 '허-'로 쓰이지만 무주에서는 '하-'가 주된 형을 이룬다. 따라서 무주에서 확인되는 '햐'와 '해야'는 동사가 '허-'가 아닌 '하-'이기 때문에 생긴 것이다. 고광모(2009)에서는 VjV의 모음 연쇄를 갖는 'ㅂ얌'이 '뱀'과 '뱜'의 두 갈래로 나뉘는 음운 변화의 과정을 제시한 바 있다. 움라우트와 반모음 탈락을 겪은 'pɛam'의 선행 모음(ɛ)이 후행 모음(a)을 잠식하면 '뱀ː'이 되고, 후행 모음이 선행 모음을 잠식하여 전설모음의 활음화가 나타나면 '뱜ː'으로 실현된다는 주장이다. 옛 동사 'ㅎ-'의 활용형 'ㅎ야'도 이와 평행된 변화를 입은 것으로 보았다. 즉 '뱀'의 변화를 겪으면 '해', '뱜'의 변화를 겪으면 '햐'가 된다. 무주 지역어에서 확인되는 '해야'와 '햐'는 이러한 변화 과정으로 쉽게 설명된다. '해야'는 '햐'로 변하기 이전의 선대형이며 '햐'는 후대형인데, 오늘날 두 형태가 무주 지역어에서 공존하고 있는 것이다.

이음씨끝 '-어서', '-어도', '-어야'의 결합형 '해서', '해도', '해야'에 나타나는 형태 '해'는 결코 '햐'로 쓰이지 않는다. 이러한 분포적 특징에 근거하여 고광모(2009)는 '해'와 '햐'가 공존하는 경우 문장 끝에서는 '햐', 그 밖의 환경에서는 '해'로 변한 것으로 기술하고 있다. 문장 끝 위치에서는 '해아 〉 해' 대신 '해아 〉 햐'의 변화가 일어났다는 것인데, 이러한 독자적인 변화는 문장 끝에서 '해아'의 모음 '아'가 장음을 갖는다는 운율적 특징과 관계있는 것으로 보았다. 무주 지역에서 반말 '해'에 높임의 조사 '요'가 결합하면 '*햐요'가 아닌 '해요'로 나타나는 것도 이러한 분포 제약으로 쉽게 설명된다. '해요'의 '해'는 문장 끝 위치가 아니기 때문이다.

(53)

가. 내가 바빠서 대견해서(=힘들어서) 못 하겠다.(무주)

나. 공무언 해서나 큰돈은 못 벌어도,(무주)

다. 술은 많이 해야 돼요.[6](무주)

라. 우리가 생각해도 속이 공간을 안 두는 것이 원칙이요.(무주)

마. 전화를 안 해도 평소에 잘 지내고.(무주)

바. 초등핵교 댕길 때부텀 갸는 집에 오먼 나가덜 안해요.(무주)

무주를 제외한 전북의 대부분 지역에서 동사 '하-'는 '허-'로 나타난다. 이에 따라 마침씨끝 '-어'가 결합된 '해'는 '혀'나 '히여'로 쓰이며, '허여'도 드물게 확인된다. '혀'(히여, 허여)는 문장 끝에 쓰이며, 그 밖의 자리에서는 '혜'가 쓰인다.

(54)

가. 이래야 혀. 아침이두 익쩍 일어나야 돼. 궁게 일어나서 히야고.(군산)

나. 옛날 혼례식은 간단혀.(군산)

다. 돌떡으로는 인저 대개 인절미 허구, 인저 수수망생이를 혀.(군산)

라. 이까짓 놈의 거 저리 치 놓고 어서 혀.(고창)

마. 아이, 허고 짚운 대로 혀.(임실)

바. 다 지기네 야(=저희네 것)만 혀.(임실)

사. 싸와야 혀(=싸워야 해).(남원)

아. 여그다 이렇게 딱 볼거리를 혀.(남원)

자. 절대 고론 걸 안 혀.(남원)

차. 가지고 가서 불얼 놓고, 저녁내 거기서 인자 철야럴 히여.(고창)

---

6 '-어야'의 '어'가 탈락하여 '-으야'로 쓰이는 전북의 상황에 따라 '해야지'가 '하야지'로 쓰이는 예도 확인된다. (예) 순리대로 하야지 머.(무주)

카. 녹후지 말고 기양 쩌야지, 녹핬다는(=녹혔다가는) 썰컹썰컹히여.(임실)

타. 먼 디(=먼 곳) 사람 비도(=보이지도) 안히여.(임실)

파. 저런 풀이 만헌 디(=많은 곳) 가서 초라고 히여, 초.(임실)

하. 물레라고 허여.(임실)

　무주를 제외한 전북의 대부분의 지역에서 이음씨끝이 결합된 '해서', '해도', '해야'는 '헤서', '헤도', '헤야' 또는 '히서', '히도', '히야' 등으로 나타날 뿐, '혀서', '혀도', '혀야'로 쓰이지 않는 것은 문장 끝 위치가 아니기 때문이다. 그런데 특이하게 군산 지역에서 '혀서', '혀도', '혀야'가 다수 확인된다. 특히 '혀서'는 '해서'보다 더 빈번하게 나타난다. 앞에서 충청 지역어나 무주 지역어에서 '해'와 '햐'가 문장 끝 위치 여부에 따라 달리 나타난다는 점을 언급한 바 있는데, 전북의 대부분의 지역에서도 동일한 변화를 가정할 수 있다. 즉 문말에서는 '혀'('히여', '허여'), 문중에서는 '헤'가 쓰이는 것이다. 그렇다면 군산 지역어에서 이음씨끝 '-어서', '-어도' 등과 결합할 때 나타나는 '혀'는 아마도 애초에 문장 끝에서만 쓰이던 것이 문중에까지 확산된 결과일 것이다.

(55)

가. 인자 애기 그렇게 둘 혀서 인자 걸리고 업고,(군산)

나. 그리가지구 오셔서 인자 점심을 혀서 디리고,(군산)

다. 저 옷 한 벌 혀서 늫고,(군산)

라. 식구가 나까지 혀서 아마 열 식군가베.(군산)

마. 밥 히 먹고 빨래해서 푸지(=푸새) 혀서 바느질 히서,(군산)

바. 한 번씩 했어. 거식혀서 한 번씩 허구 말지.(군산)

사. 그런 거 혀 놓고, 고기 혀서 이렇게 놓고.(군산)

아. 떡허고 다 혀서 다 늫구,(군산)

자. 그렇게 혀서 인자 가마이다 담어서 인자 보내야,(군산)

차. 여가 암만혀도 이상하다 혀가지고.(군산)

카. 동네 사람이 혀도 시방은 돈을 줘.(군산)

타. 일케 거시기를 혀야 앉어서 얘기덜도 허고.(군산)

'해'에 조사 '요'가 결합된 '해요'는 전북에서 대부분 (56)처럼 '해요'로 나타
나나, (57)처럼 '혀요'도 소수 보인다. '혀서', '혀도', '혀야'가 다수 확인된 군산
지역에서도 이때는 '해요'가 다수를 차지하며 '혀요'는 드물게 쓰인다. 문장
끝이 아닌 환경에서 형태 '해'가 쓰이는 제약이 그대로 유지된 탓이다. '혀요'
는 문장 끝에 나타나던 형태가 조사 '요' 앞이라는 제한된 위치까지 확대된
결과이다.

(56)

가. 다 기계로 갖다 분쇠를 해요.(군산)

나. 그때는 호미질을 못 해요.(군산)

다. 그 머야 온상 재배를 해요.(군산)

라. 그 참 독미륵님도 신기해요.(고창)

마. 시골 농촌에서 인자 열 섬짜리 계를 해요, 나락계를.(고창)

바. 내가 그것을 학인을 못 해요.(고창)

(57)

가. 그렇게 구분혀요.(군산)

나. 다래끼라 혀요.(임실)

다. 할매랑 하나씨랑 쫓아가서 야던얼 혀요.(임실)

라. 가식을 혀요.(임실)

마. 품앗이가 없고 그냥 다 지기네 야(=자기네 것)만 그냥 혀요.(임실)

전남의 경우, 중부와 북부에서 동사 '하-'는 '허-'로 쓰이지만 남부에서는 '하-'가 쓰인다. 그러나 반말 씨끝 '-어'가 결합되어 문장 끝에 나타나는 '해'는 전북과 달리 '혀'나 '햐'로 실현되지 않고 대부분 '해'로 쓰인다. 다만 전북과 접한 담양·영광 지역에서 '혀'나 '히여'가 나타난다. 따라서 전북과 접한 이들 지역을 제외한다면 전남에서는 대부분 '해'가 쓰이며 이음씨끝이 결합한 경우에도 '해서', '해도', '해야'가 일반적임을 알 수 있다.

(58)

가. 그럼서 동정재비(=동티가 났을 때 행하는 주술 의례)를 히여.(영광)

나. 아조 무수히 사정을 해.(보성 구비)

다. 김진사 댁을 찾아 와야 산다고 해서 김진사 댁을 찾아 왔습니다.(장성 구비)

라. 근디 장가를 보낼라고 해도 못 하게 하고,(화순 구비)

마. 십 년간을 가서 공부를 해야 한다.(화순 구비)

아래 〈표 17〉은 전남과 전북에서 '하-'와 그 활용형 등의 방언형을 정리한 것이다. 이음씨끝 '-어서', '-어도' 등과 결합할 때는 지역적인 차이가 거의 없지만 문장 끝에서 반말 씨끝 '-어'와 결합할 때는 '무주', '전북의 대부분과 전남 북부', '전남 중남부' 등의 세 권역에 따라 활용형이 달라짐을 알 수 있다.

〈표 17〉 '하-/해/해서/해요'의 방언형

표준어	전북 무주	전북 기타	전남 담양/영광	전남 중북부	전남 남부
하-	하-	허-	허-	허-	하-
해	햐	혀(히여)	혀(히여)	해	해
해서	해서	해서(혀서)	해서(히서)	해서	해서
해요	해요	해요(혀요)	해요	해요	해요

이상과 같은 인용동사 '하-'의 방언형에 따라 나타나는 간접인용문의 축약형을 보기로 하자. 고광모(2009)는 '해'와 '햐'가 공존하는 지역의 인용문 축약형을 '-다 ᄒ야 〉 -다 하야 〉 -다야 〉 -대야 〉 -대아 〉 -대/댜'와 같은 변화로 설명하고 있다. '-대'와 '-댜'는 '해'와 '햐'처럼 문장 끝이라는 위치 여부에 따라 달리 나타난다. 문장 끝에서는 '-대야/디야/댜', 그 밖의 위치에서는 '-대'가 쓰이는 것이다. 실제 무주의 구술발화에서는 문장 끝에서 '-대야', '-디야' 등이 확인된다. '-대야'와 '-디야'는 각각 선대형과 후대형인 셈이다.

(59)

가. 공고럴 보니께 셤(=시험) 볼라니까 아주 그냥 틀리대야.(무주)

나. 그 거시개 때 인재 국립묘지로 됐대야.(무주)

다. 지사를 못 얻어먹고 저 떠돌아다니는 귀신이 있디야.(무주)

그리고 높임의 조사 '요'가 결합되면 '-대요'로 쓰이며, "-대야요'나 "-디야요'는 불가능하다. 조사 '요' 때문에 문장 끝 위치가 아니므로 '-대야', '-디야' 대신 '-대'가 쓰인 것이다. 이것은 '해요'가 "해야요'나 "햐요' 대신 쓰이는 것과 같은 것이다.

(60)

가. 반날(=만날) 학교 나가고 머 바뿌대요. 바뻐.(무주)

나. 하, 근데 제가 마닥 흐면 어떻기야? 내가 날치기로, 누가 마대요(=마다고 해요)?(무주)

무주를 제외한 전북의 나머지 지역도 양상은 무주와 같다. 우선 문장 끝에서 '-디야', '-대야', '-대'가 쓰인다. 빈도상으로는 '-디야'와 '-대'가 다수 쓰이며 '-대야'는 소수 확인된다. '대야'는 '디야'와 '대'에 비해 선대형이기 때문으로 보인다. 무주와 다른 점은 문장 끝에서 '-대'형이 많이 확인된다는 사실이다. 또한 무주를 제외한 전북의 나머지 지역은 인용동사가 '허-'인데도, '하-'가 쓰이는 무주처럼 '-대', '-디야', '-대야가 쓰인다. 이러한 불일치에 대해 두 가지 해석이 가능하다. 첫째는 '-대', '-디야', '-대야 등이 충청 지역으로부터 유입되었을 가능성이다. 둘째는 과거 어느 시기에 전북 지역에서 현재와 달리 인용동사로서 '하-'가 주로 쓰였을 가능성이다. '하-'가 쓰였던 시기에 인용문 축약이 일어나 '-대', '-디야', '-대야가 생겼고 이후 '하- > 허-'의 대체가 일어났다고 가정하는 것이다.

(61)

가. 큰 구렁이가 염장 맛을 봐야 그 허물을 벗는디야.(정읍 구비)

나. 그래도 마다고 했디야.(전주 구비)

다. 그제는 각시가 한 번 웃어줘 버렸디야. 한 번 웃어주고는 상개로 아주 기맥히게 허고 살았디야.(전주 구비)

라. 그렁개 어떻게 적선을 허면 그렇게 되는 수가 있디야.(부안 구비)

마. 무엇을 물건을 감춰 놓고 알아맞추라고 한디야.(부안 구비)

바. 그래서 즈그 아버지를 찾아가지고 세배절을 드렸디야.(부안 구비)

사. 그때 무지개가 나왔디야.(군산 구비)

아. 지절로(=저절로) 죽드락까지 멕이서 묻었디야.(군산 구비)

(62)

가. 공고럴 보니께 섬 볼라니까 아주 그냥 틀리대야.(무주)

나. 그 거시개 때 인제 국립묘지로 됐대야.(무주)

(63)

가. 그 몇 시에 찾으로 온다는 말을 듣고는 찾아갔었대.(전주 구비)

나. 산이 깜짝 놀래서 주저앉았대. 거기 가서 그래갖고는 암마이산하고 숫
　　마이산이 됐대.(전주 구비)

다. 그냥 자그 집이 와서 걍 수신했대.(정읍 구비)

라. 하도 내가 장사가 안 되아서 천 냥짜리 점이 있대.(정읍 구비)

마. 그리서 아, 과거 한 장을 못 힜대, 그 원혼이 되아서.(정읍 구비)

바. 변소가 있는 처마 밑에다가 갖다가 디룽디룽 엮어 뒀대.(부안 구비)

사. 데릴사우마냥 사우를 삼었대.(부안 구비)

아. 그 여자를 작은마누래 삼고, 데리다가 그 영감님 대우 잘허구 잘허구
　　살았대.(부안 구비)

‘-대’에 높임의 조사 ‘요’가 결합되면 ‘-대요’가 된다. 조사 ‘요’는 문장 끝이라는
위치를 무화시키므로, 이 경우에는 당연히 "-디야요', "-대야요' 대신 ‘-대요’가
쓰이게 된다.

(64)

가. 산다는디, 죽는 법은 없대요.(부안 구비)

나. 기생 몸에서 났는디 군수라도 짤슴짤슴(=위태위태)했대요.(부안 구비)

다. 그 맹정승께서 그 초룹동이 한 사람을 사람을 맨들었다는 옛날 옛날
　　그런 전설이 있대요.(정읍 구비)

라. 제일 먼저 속옷에 수를 놓았대요.(전주 구비)

마. 무슨 글자를 인자 임금이 하사를 하면 그놈을 먼저 입는대요, 배자같
　　이.(전주 구비)

　전남에서는 인용문이 축약된 경우 축약형은 ‘-다여’가 가장 일반적이며, 그
밖에 ‘-대여’와 ‘-대야’가 소수 나타난다. ‘-대’는 잘 쓰이지 않으나 높임형 ‘-대
요’는 쉽게 찾아진다. ‘-다여’는 전남 지역의 가장 토착적인 방언형으로서 ‘-다

혀'로부터 축약된 것이다. (65)를 보면 함평·고흥·해남·화순·보성·광양·영암 등 전남의 대부분의 지역에서 '-다여'가 쓰이고 있음을 알 수 있다. 그런데 전북과 접한 전남의 북부 일부를 제외하고 반말로서 '혀'를 독자적으로 쓰는 곳은 없으며, 이들 지역에서는 대체로 '해'를 쓴다. 그럼에도 간접인용의 축약 구성에서 '-다여'가 쓰이는 것은 어떻게 설명할 수 있을까? 적어도 간접인용문의 인용동사로서 과거 전남에서는 '혀'가 가장 널리 사용되었다고 가정하지 않으면 안 된다. '-다여'는 그 시기에 생겼던 축약형이라 할 수 있다. 이후 문장 끝에서 '혀'는 '해'로 교체되어 오늘날과 같은 분포 상황을 보인 것으로 가정해야 할 것이다. 오늘날 전남의 구술발화 자료에 '-대'가 나타나지 않는 것은 인용동사가 '해'로 바뀌었을지라도 인용동사의 축약은 고형인 '혀'에서 일어났기 때문이다. 그렇다면 '-다 혀 → 다여'의 축약은 문장 끝에서 '혀'가 '해'로 바뀌기 이전에 일어난 것으로 해석해야 한다.

(65)

가. 그래가지고 그놈이 마적대장 노릇을 했다여.(함평 구비)

나. 갈쳐 주는 대로 묏을 썼다여.(함평 구비)

다. 그래 놓고 모른다여. 뒤짝은 잊어 불고 망심을 해서 모른다 그기여.(고흥 구비)

라. 그런 데는 미운 사람만 있으면 업어다가 거그다가 놔두고 문 쇠 채 부면(=자물쇠 잠가 버리면), 저녁에 잠자고 아침에 와 보면 죽어 분다여, 사람이.(해남 구비)

마. 어디 가서 씨름을 한다여.(화순 구비)

바. 가들 못하고, 무사서(=무서워서) 젊은이들이 그냥 벌벌 떨고 그냥 숨고 그냥 그랬다여.(화순 구비)

사. 그래갖고 고놈을 잡고는 아닌 것이 아니라 포수들이 안 오고 죽어 불었다여.(화순 구비)

아. 또 목을 비어서 죽여 불었다여.(화순 구비)

자. 그래서 가게를 잘 봐갖고 왔다여.(보성 구비)

차. 올라오다가 소고기를 한 뒤 근인가 샀다여.(보성 구비)

카. 날 가이내라고 여자라고 난 죽어도 된다여.(광양)

타. 가죽이 꼬치 가죽은 그렇게 들어가든 안헌다여.(영암)

(66)의 '-대여'는 '-다여'로부터 움라우트를 겪은 형이다.

(66)

가. 육이오 사변 때 사변 직전에 또 그래 됐대여.(고흥 구비)

나. 송충이를 다 잡아먹어 버링개 솔이 다시 회생했대여.(장성 구비)

(67)은 '-다야'와 '-대야'의 예인데 이 예가 확인된 신안·고흥 등 전남의 남부 지역은 '허-'보다 '하-'가 우세한 지역이다. 그렇다면 '-다 하야'에서 '하'가 탈락한 '-다야'가 가능하고 이로부터 움라우트를 겪은 '-대야'가 생길 수 있다.

(67)

가. 그란디 큰 집이로 인자 이사를 갔다야(=갔대), 그 웃집이로.(신안)

나. 아주 망할라고 이런대야.(고흥 구비)

다. 우짠대야?(고흥 구비)

전남의 구술발화 자료에서 '-대'는 확인되지 않으나 높임형 '-대요'는 쉽게 찾아진다. 이는 조사 '요' 앞에서 인용동사가 '혀'가 아닌 '해'로의 변화가 일어나서, 그 결과 '-다 해요 →-대요'의 축약이 가능해졌기 때문이다.

(68)

가. 그래서 거기 가서 그 독다말(=돌담)을 헐었대요.(고흥 구비)

나. 거기는 절대 그 가정에는 다 장가도 못 갔대요.(고흥 구비)

다. 그 부근에 샘이 있대요.(고흥 구비)

라. 팔월달에 그 묘를 팠대요.(신안 구비)

마. 밥 허는 사람이 쪼깨 더 나오라고 막대기로 그 쑤셔 봤대요.(장성 구비)

바. 지금도 현상이 있대요.(장성 구비)

사. 씨가 퍼져갖고 늘었대요.(화순 구비)

아. 고놈을 그냥 포수들이 그냥 싼대요(=쏜대요).(화순 구비)

자. 돈을 인자 중간에서 한 서너 번 바꿨대요.(보성 구비)

차. 도로 말을 태와갖고 그 묏을 데려다 주었대요.(보성 구비)

11.4.4.1.2 '-드라 해'의 축약

'-디야', '-대여'와 평행하여 회상시제 형태소가 결합된 경우 전북에서는 '-드리야', '-드래야'가 나타난다.

(69)

가. 인자 사흘만이 거그를 참석힜드리야.(군산 구비)

나. 인제 막 다 이렇게 걸어논 것이 죄다 복주머니드리야.(군산 구비)

다. 큰 바우 하나가 있는디 거그서 즈 아버지 소리가 나드리야.(군산 구비)

라. 저 지집(=계집)을 데리고 살다가서는 내가 살림을 못 허겠드리야.(정
읍 구비)

마. 날이 번허니 새드리야.(정읍 구비)

바. 그냥 그럼서 꼬랑댕이를 확 쳐갖고 그 사람 발질에까지 들이밀드랴.
(전주 구비)

(70)

가. 새가 인제 참 그 소리를 허드래야.(전주 구비)

나. 밑이서 불을 때고 훈짐이 낭게 거그서 순이 났드래야.(군산 구비)

다. 이렇게 봉게 불이 빤짝빤짝 비치드래야.(군산 구비)

라. 막 그냥 그라드래야, 금방내 낫었다고.(군산 구비)

마. 여자보고 앞으 가라고 하드래야.(군산 구비)

바. 그 여자가 받어 이고서나 할 수 없이 앞서서 가드래야.(군산 구비)

사. 긍게 그 뒤여부터는 참 잘 허시드래야.(정읍 구비)

아. 한 짐이 백 냥이드래야.(정읍 구비)

자. 저 뚜께비가 하나가 항시 부뚜막으로 오드래야.(정읍 구비)

그리고 '-디야'가 '요' 앞에서 '-대요'로 변동하듯이 '-드리야'도 '요' 앞에서 '-드래요'로 변동한다. 이때 '요' 대신 '이라우'로의 교체는 불가능하다.

(71)

가. 그전에 고려장 그 거시기가 있었드래요.(정읍 구비)

나. 허니 걍 나중으 돈을 얼매고 줘서 쓰게 허드래요.(정읍 구비)

다. 그런 사람이 있드래요.(군산 구비)

라. 차차 차차 살림이 늘어나넝게 살기가 좋고 히서 같이 의형제 삼고서
    잘 살드래요, 도둑놈허고.(군산 구비)

마. 그 뒤에는 통 내색을 안 허드래요.(전주 구비)

전남에서는 '다여'에 평행하게 (72)에서 보듯이 '-드라여'가 나타난다. '-드래여'도 보이는데 이는 '-대여'와 평행하게 쓰이는 형태로서 '-드라여'가 움라우트를 겪은 형이다. 그런데 '-대'는 잘 쓰이지 않지만 회상시제의 '-드래'는 꽤 많은 수가 확인된다. (74)가 이를 보여 준다.

(72)

가. 고개를 내밀고 서(=혀)를 널름널름허드라여.(함평 구비)

나. 돈 삼백 냥을 얻어가지고 와서 그 독담(=돌담) 속에다가 갖다 놓게 미
치겠드라여.(함평 구비)

다. 못 먹고 온다고 탄식을 허고 오드라여.(함평 구비)

라. "여보시요. 당신 조반 먹고 와서 모 심군 모 포기가 몇 개나 되요?" 허고
묻드라여.(승주 구비)

마. 초롱불을 써 놓고 침자질을 허고 있드라여.(승주 구비)

바. 거그 가다가는 각시가 내려서 쉬어 가자 하드라여.(해남 구비)

사. 며누리가 손바닥을 탁 침시로 낮에 그랬다고 하드라여.(해남 구비)

아. 그랑께는 그냥 순산이 되드라여.(해남 구비)

자. 바둑만 두고 있드라여.(장성 구비)

차. 그러고 떠나드라여.(화순 구비)

카. 하루는 중이 왔드라여.(보성 구비)

타. 쬐깐한 솔나무가 하나 있드라여.(보성 구비)

(73)

가. 어떤 큰애기(=처녀)가 한나가 나오드만 새립문(=사립문)을 끌러 주드
래여.(해남 구비)

나. 그럴 것이라고 살게 됐응게 내리가라고 그래 내려와서 잘 살었드래
여.(승주 구비)

다. 대체(=과연) 애기 났드래여.(해남 구비)

라. 중놈이 어찌께 교만하든지 당체 삼산면 일대 사람들 마음대로 움직이
지 못한다고 그라드래여.(해남 구비)

(74)

가. 형님들은 죄다 바보라 안 되고 지가 가야 된다고 뜰을 나서드래.(승주 구비)

나. 불칼이 그 짚단에 탁 백이드래(=박히더래), 짚단에.(승주 구비)

다. 죽은 고내기(=고양이)를 보니 똑 요거만 하드래.(승주 구비)

라. 인자 이 사람보고 모냐(=먼저) 가락 하드래.(해남 구비)

마. 안 한닥 하드래, 절대 안 한다고.(해남 구비)

바. 피만 줄줄 나오드래, 그 구녁(=구멍)에서.(장성 구비)

사. 삼 년을 살아도 애기가 없응께 삼 년 만에는 공 디리로 간다고 절로 가 드래.(보성 구비)

아. 다음에 절로 갔드래.(보성 구비)

자. 그 상좌가 도를 통했던가 순천 송광사에 불이 났드래, 백양사에서 보 니까.(장성 구비)

(75)는 '-드래'에 높임의 조사 '요'가 결합한 것이다. '-드라여'나 '-드래여'에 는 결코 '요'가 결합되지 않으며 오직 '-드래'에만 결합되는 것은 조사 '요'가 결합됨으로써 '-드라'가 문말이 아닌 문중의 환경에 놓이게 되고 그에 따라 인용동사가 '혀'가 아닌 '해'로 변했기 때문이다. 그래서 '-드라 해요→-드래 요'와 같은 축약이 일어났던 것이다.

(75)

가. 치(=키) 장시는 인자 참 고맙다 해갖고는 좀 도와 주고 그리갖고 잘 살 었드래요.(승주 구비)

나. 개 시(=세) 마리하고 고내기(=고양이)하고 막 싸우는데 여간 아니드래 요.(승주 구비)

다. 딱 호랭이가 굴 앞에 앙겄드래요(=앉았더래요).(해남 구비)

라. 개와춤(=호주머니)에 봉께 홀랑가지(=올가미) 노끈이 있드래요.(해남
　　구비)

마. 제방뚝을 걸어오다가는 느닷없이 팍 쓰러지드래요.(신안 구비)

바. 그냥 배고픈 맘이 하나도 없어지드래요.(신안 구비)

사. 그 진(=긴) 것이 이렇게 나오드래요. 방안으로 들오드래요.(신안 구비)

아. 나중에는 물이 나왔다 그러드래요.(장성 구비)

자. 입암산성 오니까 둘이 앉아서 술상 놓고 앉었드래요.(장성 구비)

차. 그 사람을 보니까 장래에 괜찮겠드래요.(보성 구비)

카. 물 건네를 자꾸 밤에 가드래요.(보성 구비)

축약형 '-대'와 '-드래'에 높임의 조사 '요'가 결합될 수 있지만, '요'에 대응하는 서남방언의 조사 '이라우'는 결합되지 않는다. 그래서 (76)에 포함된 '-대요'와 '-드래요'를 각각 '-대라우', '-드래라우'로 바꾸면 비문이 된다. 이것은 '요'보다 '이라우'의 문법화 시기가 상대적으로 더 늦기 때문이다.

(76)

가. 그 부근에 샘이 있대요(˚있대라우).(고흥 구비)

나. 그러고 고개를 숙이드래요(˚숙이드래라우).(신안 구비)

〈표 18〉은 '하-', '해'와 축약형 '-대', '-더래'의 방언형을 정리한 것이다. 전북 무주에서만 '하-'의 활용과 '-대/더래'의 활용 양상이 일치를 보인다. 그 밖의 다른 지역에서는 두 활용 사이에 괴리가 발생하는데, 전북의 대부분 지역은 '혀'와 '-디야/드리야가 쓰인다. 한편 전남 북부는 '혀', 중남부는 '해'를 사용하여 차이를 보이지만 '-대/더래'의 활용은 '-다여/드라여'로 동일한 양상을 보인다.

표준어	전북 무주	전북 기타	전남 담양/영광	전남 중북부	전남 남부
하-	하-	허-	허-	허-	하-
해	햐	혀(히여)	혀(히여)	해	해
-대	-댜	-디야	-다여	-다여	-다여
-더래	-드랴	-드리야	-드라여	-드라여	-드라여
-대요	-대요	-대요	-대요	-대요	-대요
-더래요	-드래요	-드래요	-드래요	-드래요	-드래요

11.4.4.1.3 '-마고 한다고'의 축약

중부 방언과 대부분의 서남방언에서는 약속의 씨끝 '-마'가 인용된 완형 보문에 나타날 수는 있으나 그것이 인용동사의 탈락과 함께 축약을 일으키지는 않는데, 전남의 진도 지역에서는 축약이 가능하다.[7] 이러한 축약은 인용동사가 '한다고'일 때에만 가능하다.

(77)

가. 초파일날 해남 대흥사를 가 봉께 영산홍, 자산홍 꽃나무가 있는데 내가 그 꽃을 좋아항께 그 나무럴 두 그루 <u>주만다고</u>라우. 절에서 만났던 어떤 사람이.(진도/민중자서전)

나. 내 새끼는 이왕 병신 됐제마는 고놈만큼은 고챠 주라고, 막 하라는 대로 <u>하만다고</u> 엎져서 막 빌었당께라우.(진도/민중자서전)

다. 가서 식당에가 고급으로 밥 많이 담으라고, 돈 더 <u>주만다고</u> 그랬소. 이 쓸게(=쓸게) 없는 에펜네가.(진도/민중자서전)

---

7 경남 하동 지역에서도 '-만다고'가 확인된다. (예) 그 소리 헌 사람헌티 가서 그 소리를 형께 아, 그리 하만다고 하며,(경남 하동)

'-만다고'는 형식적으로 약속의 씨끝 '-마'가 들어 있는 '-마고 한다고 (그랬다)'
에서 축약된 것이다. 이처럼 두 개의 절이 내포된 형식은 다른 방언에서는
잘 쓰이지 않는 것인데, 유독 전남의 진도와 경남 하동 지역어에서 나타난
다. 그러나 그 의미는 한 개의 절이 내포된 '-마고'와 마찬가지다.

11.4.4.1.4 '-는다 해도'의 축약

인용동사 '해도'는 두 가지로 축약된다. 첫째는 '해'의 'ㅎ'이 탈락하는 경우
로서 '-은다 해도'가 '-은대도'로 축약되는 경우이다. 이러한 축약은 표준어와
다름이 없다.

(78)

가. 그래서 더 좋은 금뎅이를 두 개, 세 개씩 <u>준대도</u> 마다네.(전주 구비)

나. 어찌게 그런 때는 죽고살고 <u>쩧는대도</u> 엄마나 쩧어서 냉가 놓겠소?(진
도)

둘째는 '해'가 통째로 탈락되는 경우이다(이기갑 1989).[8] 이때는 '-은다 해도'
가 '-은다도'로 축약된다. (79)가 이를 보여 준다.

(79)

가. 그래 다시 떠 <u>온다도</u>(=떠 온다 해도) 역시 마찬가지로 떠 온다 그 말이
여.(보성 구비)

나. 아까 그 검은 옷 입고 간 사람들 잘못이 <u>있다도</u>(=있다 해도) 좀 용서를

---

8 경북 예천과 충남 지역어에서도 이러한 현상이 확인된다. (예) 구경할라도 없어요.(경북
예천)/워딜 갈라도 걸어대니구 했지.(충남 태안)

해 주시요.(고흥 구비)

다. 거 보시요. 당신이 만날 거시기를 <u>했다도</u>(=했다 해도) 키는 것이 공이
크고 양아자도 부모고 생아자도 부모지마는 키는 부모가 부모제, 낳은
것은 부모가 아니다.(신안 구비)

'해' 전체가 탈락하는 씨끝으로는 '-어도' 외에 '-어서, -었자, -어야/어사'를 들
수 있다. (80)의 (가)-(나)는 'ㅎ'이 탈락한 '-대서', (라)-(마)는 '해'가 탈락한 '-다
서, -라야'의 예이다.[9]

(80)

가. 그런데 장삼도 안 입고 <u>있대서</u>, <u>잔대서</u> 그렁게로 마누래가 지은 노래
라고.(장성 구비)

나. 그 동네가 백여 가구가 <u>넘는대서</u> 배제라고 해.(화순 구비)

다. 그려서 그 마을을 헌무, 드릴 헌자 춤출 무자 춤을 <u>드린다서</u> 그 문맥을
따서 그 마을을 헌무정이라 그려갖고,(화순 구비)

라. 옛날에 <u>장이라야</u> 50 리, 50 리 걸어가는디,(화순 구비)

그러나 형태 '어'가 포함된 씨끝이라도 '-어, -었-, -어라' 등에서는 '해' 탈락이
일어나지 않는다.

---

9 '-을라고 해야'에서도 '-을래야'와 '-을라야'의 수의적인 교체형이 확인된다. (예) 그때에는
나가 버려서 물어볼래야 물어볼 수도 없고 암만 찾아도 없고 그래.(장성 구비)/뭐 당체
서울서 도저히 그놈을 잡을래야 잡을 길도 없고.(장성 구비)/볼라야 볼 수가 없다.(함평
구비)/그래갖고 즈그 어머니가 그 며느리한테 정을 쏟기 시작하는디, 인자 딸라야 딸 수
없는 판이여.(화순 구비)

(81)

가. 비가 온다고 해. →˚비가 온다.

나. 비가 온다고 했다. →˚비가 온닸다.

다. 비가 온다고 해라. →˚비가 온다라.

11.4.4.2 인용조사 '고'가 있을 때

전북 지역어에서는 간접인용 조사 '고'가 있는 환경에서 인용동사 '허-'의
줄기가 탈락하기도 한다. 인용조사 '고'가 있을 때 인용동사의 줄기 '허'의 탈
락은 전남에서는 거의 일어나지 않으나 전북에서는 쉽게 찾아진다.[10] (82)는
모두 '-고 허먼/헝개/허제/허데'에서 '허'가 탈락하여 '-고먼/공개/고제/고데'
등으로 쓰인 것들이다. 전남에서는 인용조사 '고'가 있을 경우 '허'는 탈락되
지 않는다. 대신 조사 '고'가 'ㄱ'으로 약화되는 일은 흔하다. 흥미로운 것은
전북에서도 이러한 변화가 일부 보인다는 점이다. 전북 고창의 예 (82나)에
서 '안 나간닥 헝게'가 이런 경우인데, 같은 제보자는 뒤 문장에서 '나간다고
먼'처럼 '허' 탈락 구성을 쓰고 있다. '고 → ㄱ'의 변동은 언제나 인용동사 '허-'
가 있어야 하며, 인용동사 '허'의 탈락은 조사 '고'가 있을 때에 한하여 일어난
다. 이런 점에서 보면 '고 → ㄱ'의 변동과 '허'의 탈락은 상보적인 셈이다.

(82)

가. 나는 시방도 내가 죽으먼 화장시켜서 뿌리라고먼, 어머니 돌아가셔서

---

10 전북과 인접한 충남지역어에서도 인용조사가 있을 경우 '허-' 탈락이 일어난다(이기갑
2003:501). 따라서 '허' 탈락은 충남과 전북에서 일어나며 전남에서는 일어나지 않는다고
할 수 있다. 다음 예는 충남 태안 지역어에서 확인된 것이다. (예) 가자고도 않고는/뭣허
러 환갑 잔치를 헐라고느냐?/안 오겠다고는 사람/신랑이 왔다고니깨 달아먹는 거야./작
은아버지가 그렇다고먼 헐 수 없다고 이력하니 가더라고.

화장시켜서 뿌리고 나면 우리가 모일 일이 없어요, 그러고 헌다니까.
(군산)

나. 으디 <u>안나간닥 헝게</u> 내가 시방 이 얘기를 허네요. 테레비 같은 데 뒤에
라도 어디 뭣이라도 <u>나간다고먼</u> 안 되지 해서.(고창)

다. 어느 정도 인자 평지허고, <u>평토제라고먼</u> 평지허고 비방하게 인자 일을
했일 때 걷다(=거기다) 인저 또 제사를 또 지내.(고창)

라. 일꾼들 밥 먹고 일 <u>나간다고먼</u>,(임실)

마. 술이 멧 말이냐? 뒤야지가 멧 마리냐? <u>그러고먼</u> 인자 막 부루라고(=부
르라고) 막 허먼 인자, 근디 우리는,(임실)

바. 그도 이만저만해서 제굼(=딴살림) <u>나간다공개</u>(=나간다고 하니까).(남원)

사. 하루도 못 <u>산다고지</u>.(군산)

아. 찰떡 히서 인자 노나 묵은 것이 인자 <u>돌떡이라구제</u>(=돌떡이라고 하
지).(남원)

자. 순만이(인명)가 그렇게 올해도 돈 십만 원 <u>췄다구데</u>(=췄다고 하데), 벌
초.(남원)

(83)은 '허'뿐만 아니라 '해'도 탈락할 수 있음을 보여 준다. '허-'에 과거시제
형태소가 결합된 전북 지역형 '힜-'이나 '-어서'가 결합된 '히서'에서 '히'가 탈
락한 것이다.

(83)

가. 그 뭐냐믄 면장보고는 <u>오라긌어</u>(=오라고 했어). <u>오라고서</u>(=오라고 해
서),(군산 구비)

나. 그러게 원청 <u>에뻐라긌어</u>(=예뻐라고 했어) 사우럴(=사위를).(임실)

다. 겁나게 <u>에뻐라긌어요</u>.(임실)

전남의 경우 '허'와 '해'의 탈락은 언제나 인용조사 '고'가 없는 환경에서 일어난다. 반면 전북은 '고'가 없는 경우에도 일어나지만, '고'가 유지된 경우에도 일어날 수 있다. '일꾼들 일 나간다 허먼'처럼 '고'가 없는 경우는 전남과 전북 모두 '허'가 탈락하여 '일꾼들 일 나간다먼'과 같은 축약문이 가능하다. 그런데 '일꾼들 일 나간다고 허먼'처럼 인용조사 '고'가 있으면 전남에서는 '허' 탈락이 불가능하나, 전북에서는 '일꾼들 일 나간다고먼'과 같은 축약문이 가능하다.

서남방언에서 인용동사 '허-'에 안맺음씨끝 '-을라-'가 있을 경우에는 '허-' 탈락이 일어나지 않는다.

(84)

가. 지끔 간다고 헐란다. →ˣ지끔 간달란다.

나. 지끔 간다고 헐래? →ˣ지끔 간달래?

인용조사 '고'에 보조사 '도'가 결합한 '고도'에서 '고'는 생략될 수 있다. 그 결과 피인용문에 보조사 '도'가 직결되는 결과를 낳는다. '도' 외에 '는', '만' 등도 결합이 가능하다.

(85)

가. 그 사람보고 불량허다도 안 허고 잘 했다고 허지.(정읍 구비)

나. "책방에 도련님은 밥을 갖다 주먼 그전에는 반도 못 묵은디 다 묵고, 시숫물도 떠다 주먼 맑한디 껌하고(=까맣고)." <u>그란다도</u> 숭(=흉)을 보고 그란디,(해남 구비)

11.4.4.3 유사 구문의 축약

간접인용과 유사한 구문 '-어야 허-'에서도 '허' 탈락이 일어난다. '-어야 허-'의 경우 후행 동사 '허-'의 줄기가 탈락하여 축약이 일어난다. 이때 후행 동사의 마침씨끝은 서술법과 의문법에 국한되고, 명령법이나 청유법은 불가능하다. 그 밖에 다양한 이음씨끝이 결합될 수 있다. 예 (86)이 이를 보여 준다. '-어야 허-'의 축약은 후행 동사 '허-'가 현재시제일 때에만 가능하며 과거나 회상시제에서는 일어나지 않는다.

(86)

가. 인간에 왔다가 조반이나 먹고 <u>가야다고</u> 밥을 지어 줬어.(화순 구비)

나. 그믄 <u>어찌야냐?</u>(군산 구비)

다. 그러고 인자 또 남 이야(=남의 것) 준 놈 그놈 이 년을 키웠잉게 그 사람을 <u>주야고.</u>(고창)

라. 바느질 헐랑개 인자 인두두 있이야고, 화리두 <u>있이야고.</u>(군산)

마. 나무도 <u>혀오야고.</u> 남자가 손을 안 대야 혀.(군산 구비)

바. 생이(=상여)를 <u>보내야게</u> 집으로 <u>보내야게,</u> 혼백 상자가 들려서 <u>보내야게.</u>(고창)

사. 더웁기는 헌디 껍딱을 <u>벳기야게.</u>(임실)

아. 논산서 그냥 집이 한 번 왔다 <u>가야디,</u> 그 질로 제주도로 보내 버렸어.(임실)

자. 거기를 먼저 <u>심궈야디</u>(=심어야 하는데).(화순 구비)

차. 다리를 감아. 씨름을 할라믄 다리를 <u>감아야디,</u>(부안 구비)

11.5 인용문 형식을 갖춘 관용 표현

11.5.1 -드라고

'-드라고'는 형태적으로 회상의 씨끝 '-드-'에 마침씨끝 '-라', 그리고 인용조사 '고'가 결합된 것인데, 표준어의 '-더라고'에 대응된다. 따라서 '-드라고'는 회상시제를 포함하되, '-드라'가 아주낮춤의 회상 표현이라면 '-드라고'는 반말의 회상 표현이다. 인용조사 '고'가 결합됨으로써 아주낮춤에서 반말로 위계가 바뀌었다. 반말의 회상 표현으로 '-데₂'가 있지만 '-드라고'는 '-데₂'보다 더 완곡한 말맛을 준다. '-데₂'가 말할이보다 낮은 상대에게 쓰일 수 있는 표현이라면 '-드라고'는 어른들 사이의 평교간에 가능한 표현이다. 따라서 서남방언에서 상대높임의 위계에 따른 서술법의 회상 표현은 '-드라', '-데₂/드라고', '-습디다'의 세 가지가 있는 셈이다. 이때의 '-드라고'는 동사와 형용사 모두에 결합될 수 있고, 다양한 시제의 안맺음씨끝과도 결합이 가능하다.

(87)
가. 그 사람들이 봉께 뭣이냐 검은 소가 앞발은 미처 못 일어나고 뒷발은 일어났드라고.(신안 구비)
나. 이놈을 한나 따서 묵어 봉께 한 메칠을 묵어도 못다 묵겄드라고.(신안 구비)
다. 딴 섬에서 산디 독팍으로 집을 지어갖고 산디 잘살드라고.(신안 구비)
라. 전라도도 가서 장사를 해 봉께 참 인심이 좋드라고.(화순 구비)
마. 노래에도 자꾸 그런 말 안 있드라고?(해남 구비)

그런데 같은 형태의 '-드라고'가 예사낮춤의 권유의 의미로 해석될 때가 있다. 이런 경우는 '-세'로의 대체가 가능하다. 다만 '-세'보다는 더 완곡한 말맛이 있다. 권유를 나타내므로 이때의 '-드라고'는 동사에만 결합될 수 있으며, 줄기에 직접 연결될 뿐 시제 등의 안맺음씨끝과는 결합되지 않는다.

(88)

가. 인자 가 보드라고.

나. 다 벗고 앉어서 놀드라고.(해남 구비)

11.5.2 아니라고?

'아니라고'는 억양을 달리함으로써 서술과 의문에 다 가능하다. 내림 억양을 취하면 어떤 사실이 아니라는 점을 다시 한 번 강조하는 반면, 올림 억양을 취하면 상대의 말을 확인하는 말로 기능하는데, 이 두 가지 기능에서는 표준어와 서남방언이 차이가 없다. 일반적으로 완형 보문과 인용조사 '고'의 결합 구성은 한 번 말한 바를 재차 확인하거나 강조하는 기능을 갖는데, '아니라고'도 이 점에서 일반적인 양상에 크게 벗어나지 않는다.

그런데 내림 억양을 취하면서도 의미상 확인의문의 기능을 하는 수가 있다. 이때는 예사낮춤의 위계를 나타내므로 표준어의 '이잖은가'와 같은 확인의문의 기능을 한다. '아니라고'가 지정사이므로 선행 표현은 명사나 명사 상당 표현이어야 한다. 구비문학대계의 자료를 보면 '아니라고'의 선행 표현은 '-을 것'과 같은 보문절이 대부분을 차지하며, 명사가 오는 경우는 많지 않다. 우선 명사가 오는 경우를 보기로 하자. (89)에서 '아니라고'는 표면상 말할이가 들을이에게 자신의 믿음에 대한 동의를 요구하는 것처럼 보인다. 그러나 실제 동의 여부는 문제되지 않는다. 말할이는 상대의 동의 여부에 관계없이 자신의 발화를 진행하기 때문이다. 그렇다면 '아니라고'는 형식상 확인의문 형식을 취할 뿐 실제 기능은 말할이가 자신의 생각을 드러내면서 상대에게 이를 상기시키는 데 있다고 할 수 있다. 이때 상기되는 것은 단순한 객관적 사실이나 사물일 수도 있지만 (89마)와 (바)처럼 논리적으로 또는 상황상 도출되는 자연스러운 결론이다. 이런 결론에 대한 동의를 상대에게 요구함으로써 자신의 발화에 대한 정당성을 확보하려는 것이 이런 구문의 주된 기능이라 하겠다.

(89)

가. 그리고는 인자 가매를, <u>옛날에는 가매 아니라고?</u> 가매 타와서는(=태워서는) 보내 버렸어.(화순 구비)

나. 그전에는 엽전 니모 반듯하게 뚫어진 것이 있거든. 그전에 돈 엽전 <u>그전에 그 아니라고?</u> 응, 니모 반듯하게 뚫어진 것이 있어.(화순 구비)

다. 형개 그 지경 됭개 <u>그 아들 놈이 그 이복 동생이 아니라고?</u> 동생한테 가서, 그 돈 삼천 냥을 "우리 아버지가 너를 주었응개 내 돈 삼천 냥만 도라. 그러면 좋다겠다." 그렁개 그놈이 한 푼도 안 썼다고 펄쩍 뛴단 말이여.(부안 구비)

라. <u>빽은 좋은 빽 아니라고?</u> (군산 구비)

마. 어떤 남자가 한 칠십 먹은 놈이 아들 십이 형제허고 딸 하나를 두었어. 십삼 남매. 아들 십이 형제 딸 하나. <u>긍게 열셋 아니라고?</u>(정읍 구비)

바. 아, 그렇게 긁어 주고 그냥 먹을 것도 이냥 자꾸 해 주고 잘 허고 허닝께, 그 돼지가 좋아라 할 것이 <u>사실 아니라고?</u>(장성 구비)

(90)은 (89)와 달리 '것'이 이끄는 보문절 다음에 '아니라고'가 오는 경우이다. 대체로 '-을 것' 다음에 오는 수가 많은데, 그 의미는 '-잖겠나'에 대응한다. '-을 것 아니라고'의 구문에서는 명사와 달리 특정의 사물이나 객관적 사태를 상기시키는 경우는 없다. 단지 '-을 것'이 이끄는 보문의 내용이 상황상 당연한 결론이라는 사실을 상대에게 상기시키면서 이에 대한 상대의 동의를 형식적으로 구할 뿐이다. 그 결과로 자신의 발화에 대한 정당성을 확보하는 점에

서 명사 뒤에 오는 '아니라고'와 기능상 별다른 차이가 없다. (90차)는 '-을 것'이 아닌 '-은 것'으로서 과거 사실을 상기하는 경우이다.

(90)

가. 율곡 같은 그런 성인이 봐도 벌써 용모가 딴 사람들보다는 틀릴 거 아니라고?(장성 구비)

나. 인자 결혼식 한다고 항께는 북이야 뭐 이렇다는 한량들, 노랫자락 하는 사람들이 올 거 아니라고?(화순 구비)

다. 그러면 가면서 실이 풀어져가지고 어디 종적이 있을, 실만 찾아가면 종적이 있을 것 아니라고?(화순 구비)

라. 인자 소문이 났을 것 아니라고?(화순 구비)

마. 아, 이거 웬 일인가 싶어서 인저 봉게 아, 인저 이거 갑작 일이라서 집이서 놀랄 것 아니라고?(화순 구비)

바. "아따, 이만저만해서 아무개 혼수감 좋은 놈으로 사 왔소." 그러거든. "아, 잘했네." 부잣집이니 그럴 것 아니라고?(화순 구비)

사. 긍개 잠을 깰 것 아니라고?(부안 구비)

아. 이냥(=이때까지) 소식도 적적했는디 오래간만에 왔응개 반가울 것 아니라고?(부안 구비)

자. 법관이 불러낼 것 아니라고?(부안 구비)

차. 옷을 많이 사가지고 큰 질 가상(=가. 邊)이 앉아서 아, 거지들기다(=거지들에게다) 가서 옷 시원찮은 사람들 다 옷을 주어. 요새나 다 옷 잘 입고 댕이지 그전이는 그런 것 아니라고?(정읍 구비)

서남방언에서 쓰이는 '그러 거 아니라고?'는 표준어의 '그렇잖겠나'에 해당하는 표현이다. 그런데 서남방언에는 추정의 확인의문을 나타내는 표현으로서 '안 그러겄는가?', '그러 거 아닌가?', '그러 거 아니겄는가?' 등이 있는데,

'그러 거 아니라고?'도 이들과 같은 위계에서 동일한 기능을 한다.

> (91) 그런디 해석을 잘못해서 꺼꾸로 해 불먼 베레 불어. 큰일이제. 그러
> 거 아니라고?

11.5.3 -달지/단지

구성 '-다고 헐지'에서 축약을 일으켜 생겨난 '-달지'는 사태나 사물을 나열
하는 기능을 하는데, 표준어의 '-다든가/라든가'와 그 기능이 같다. 그런데 전
남의 보성 지역에서는 '-단지' 형이 쓰여 다른 지역과는 다른 형태를 보인다.

> (92)
> 가. 내가 없는 새에 장난을 친달지(=친다든가) 떠든달지(=떠든다든가) 허
> 먼 안 되아.
> 나. 평상 머심이 와서 논 멧 마지기 매야 씨겄단지(=하겄다든가) 어쯯단지
> (=어떻다든가) 그러면 머심한테 시기고 그랬제.(보성)
> 다. 그 이생원이랄지 박생원이랄지 그 어른들이 너를 쪼깨 데꼬가서이 놀
> 다 오고 싶으시닥 허시니,(정읍 구비)
> 라. 어떤 짚은 산으로 들어갔는디, 그곳 독바우(=바위)이랄지 동굴 같은
> 데가 있어서 그곳을 들어가 보았어요.(부안 구비)
> 마. 관내에 뭔 일 있다먼 거그 있는 원님이랄지 도백들이 와가지고 인사허
> 고 부임되믄 인사허고,(군산 구비)

11.5.4 '머시락허다'와 '마닥허다'

서남방언에서 '머시락허다'는 '야단치다'나 '꾸중하다'의 뜻을 갖는 동사이

다. '머시락허다'는 지역에 따라 '머이락허다'로도 쓰이는데, 이 낱말은 기원적으로 의문대명사 '멋'(< 무엇)이 포함된 '멋이라고 허다'와 같은 통사적 구성에서 발달한 것이다. 굳이 표준어로 옮기자면 '무엇이라고 하다'가 될 것인데, 이러한 통사적 구성이 한 낱말로 굳어져 쓰이면서 '야단치다'라는 새로운 뜻을 지니게 된 것이다. 야단이나 꾸중이 본질적으로 말로 이루어지는 행위란 점에 그 이유가 있을 것이다. 똑같은 의미 변화가 동남 방언의 '머라카다'에서도 확인된다.

(93)
가. 우리 아들이 성질이 급해갖고 계양 막 머시락허제.(영광)
나. 본인이 간닥 헌디 머시락해요?(해남 구비)
다. 즈그 아부지가 통 머시락 안 헝께 애기들이 버르쟁이가 한나도 없어.

그러나 (94)는 이러한 관용적인 의미가 아니라 '뭐라고 하다'의 본래 의미에 충실한 경우이다.

(94) 곰방 들어갖고도 멋이락 한고 그래지고 언능 잊임(=잊음)이 만해갖고,(영암)

'머시락허다'처럼 인용문 형식이 굳어져 새로운 의미를 갖게 되는 또 다른 예로서 '마닥허다'를 들 수 있다. '마닥허다'는 동사 '말다'가 내포된 형식이지만, 그것이 굳어져서 '싫다고 하다'나 '거절하다'의 뜻을 갖는다. 표준어에서도 '마다하다'가 같은 의미로 쓰이는데, 서남방언은 표준어와 달리 인용조사 '고'의 축약형 'ㄱ'이 결합된 형으로 쓰여 차이를 보인다.

(95)

가. 아들을 여읬는데 도저히 그때 공방이라고 그러지요이. 공방이 들었든
　가 어쨌든가 도저히 그 여워났는디 도저히 마닥허요, 이것이 마닥해.
　(함평 구비)

나. 그리갖고 인자 자기 딸들을 그리 다 가락 헝게, 다 마닥헝게 자기 싯째
　딸이 간닥 혀.(화순 구비)

다. 첨에 온 사람은 마닥할 거이요, 두 사람(=두 번째 사람)이 와도 마닥할
　것이요, 시 사람(=세 번째 사람)이 와서 인자 하면 그 사람이 사갖고 갈
　것이요.(해남 구비)

라. 즈그 아부지가 인자 절대 마닥하드라우, 여자 아부지가.(해남 구비)

12장

피동법

12.1 피동문의 구조

피동문의 전형적인 통사적 구성은 '피동주-행동주-피동사'이다. 여기서 피동주는 주어로 기능하며, 행동주는 조사 '한테/에'가 결합된 부사구의 형식을 띤다. 행동주가 유정물이면 '한테'(글말에서는 '에게'), 무정물이면 '에'가 선택된다. 능동사는 타동사이며, 능동사의 주어는 피동문의 행동주, 능동사의 목적어는 피동문의 부사어로 기능한다.

(1)

가. 도둑놈이 주인한테 잡혔다고 하는구먼.

나. 아기가 개에게 물려서 고생했어요.

다. 나뭇잎이 바람에 흔들린다.

12.2 형태적 피동과 어휘적 피동

피동은 피동사에 따라 형태적 피동과 통사적 피동으로 나뉜다. 형태적 피동의 피동사는 능동사에 피동 접미사가 결합된 것이며, 통사적 피동은 조동사 '지다'나 '되다' 등을 이용한 피동이다. (2)는 피동 접미사가 사용된 형태적 피동의 예이다. 행동주는 모두 '한테'로 표시되었다. (2다)는 행동주 '바람'이 무정물인데도 '한테'가 쓰였지만 이것은 바람이 의인화 되었기 때문이다.

(2)

가. 노리란 놈이 <u>포수한테 쫓게서</u>,(함평 구비)

나. 사람이 좋응께 <u>넘한테 둘리고만</u>(=남에게 속고만) 살아.[1]

다. 내가 구름이 아무리 헌다 헐지라도 <u>바람한테 쫓겨</u> 댕이는 사람이요.
(함평 구비)

라. 그람 우리가 이번에 <u>니한테 술을 앳겼다</u>(=빼앗겼다). 그랑께 내기를
한 번 더 해야 될 것 아이냐?(고흥 구비)

'맞다, 속다, 지다, 당하다, 반하다'처럼 피동의 의미를 지닌 어휘들도 전형적인 피동사와 같은 통사적 구성을 형성한다. 이를 '어휘적 피동'으로 부를 수 있을 것이다. 형태적 관점에서는 피동문이라 할 수 없지만 의미 통사적 관점에서는 피동의 범주에 넣을 수 있기 때문이다. 어휘적 피동이 피동문의 격틀, 구체적으로는 행동주 역할을 하는 부사어를 갖는 것은 피동 접미사가 결합된 전형적인 피동문의 구조가 여기에 투사된 결과이다. 이러한 투사는

---

1 '둘리다'의 능동사는 '둘르다/둘리다'이다. 능동사 '둘르다'는 '둘러먹다'와 같은 합성어로 흔히 쓰인다. (예) 그렇게 자식은 부모를 둘러먹어도 부모는 자식을 안 둘른다는 거여. (화순 구비)/사람이란 것은 거짓말을 하고는 못 사는 것이고 남을 둘리고는 못 사는 것입니다.(신안 구비)

의미의 공통성 때문에 이루어진 것이다. '맞다'는 '때리다', '들키다'는 '찾다'나 '발견하다'의 어휘적 피동이다. '반하다' 역시 '마음이 쏠리다'는 뜻이므로 피동의 의미가 그 속에 담겨 있다고 보아야 한다. 따라서 이들이 쓰인 문장에는 모두 행동주를 나타내는 '한테'가 나타나 있다. 다만 동사에 따라 행동의 적극성 여부가 달라지는데, '들키다'와 '반하다'의 행동주가 소극적이라면, '맞다'의 행동주는 적극적인 행동을 취하여 차이를 보인다.

(3)

가. <u>그냥반한테 맞은</u> 숭게(=흉터)가 여가 있다. 매 터가 있어.(함평 구비)

나. 이렇게 영청(=늘) 갈쳐 나온 것이 <u>자석한테 결국은 맞어 죽게</u> 생겼어.
(고흥 구비)

다. 밤에 비는 보실보실 온디 앞문악(=앞문께)을 쳐다봉께 댐배불이 빤닥빤닥, '아이불사! 이거 <u>사둔한테 들켔구나.</u>'(함평 구비)

라. 도를 닦어야 할 거인디 도를 안 닦고 <u>여자한테 반해갖고,</u>(고흥 구비)

동사 '죽다'는 일반적으로 피동사로 분류되지 않는다. 그런데 (4)처럼 '죽다'가 '죽임을 당하다'의 의미일 때는 피동사의 구문을 필요로 한다. 따라서 죽음의 종류에 따라 자살이면 피동사가 아니지만, 피살이면 피동사로 볼 수 있다. (4)에서 행동주는 '호랭이'이며 피동주는 '나'이다.

(4) '아이구, 이놈우 호랭이한테 난 죽는 것이구나' 하고 있다가,(고흥 구비)

이상에서 기술한 피동문의 구조적 특징은 모든 방언에서 공통으로 나타나는 것이므로 방언적 차이가 드러나지 않는다. 따라서 피동의 방언적 변이는 피동사에 붙는 피동 접미사의 종류에 있는 셈이다. 아래에서 몇 가지 특징적인 피동 접미사를 제시하기로 한다.

서남방언에서는 '들리다'에 대하여 전남과 전북의 남원·군산 등지에서는 '듣키다/딛키다'가 쓰이고, 전북의 나머지 지역에서는 '들리다'가 사용된다. 또한 (풀에) '쏠리다'는 '썰키다'로 쓰인다. '날리다'는 대부분의 지역에서 '날리다'로 쓰이지만 전남 신안에서는 '날치다'가 쓰이기도 한다. 한편 '보-'와 '뚫-'의 피동형은 서남의 대부분 지역에서 표준어와 같은 어형이 쓰이지만 영남 지역과 이웃한 동부 지역에서는 '뵈기-'나 '뚧히-'형이 쓰이기도 한다. 표준어에서는 잘 쓰이지 않는 피동형이 이 방언에서는 일상적으로 쓰이는 예도 있다. 서남방언의 '쓰이다/씨이다'는 표준어의 '켜이다'에 대응하는 피동형으로서 '물이 자꾸 들이켜지다' 정도의 뜻을 갖는데, '켜이다'에 비해 사용되는 빈도가 훨씬 높다.

(5)
가. 짠 반찬을 묵었드니 물이 차꼬 씨이네(=들이켜지네).
나. 부칠라 허는디 종우가 없어서 문풍지를 찢어서 그놈을 인자 안 날치게 중간침 거시기를 두꺼비 허물을 손으로 잡고 위에 부쳐가지고 안 떨어졌는디,(신안 구비)
다. 폴뚝이 풀에 썰케서 아프다.
라. 그 버들나무 잎삭을 내서는 여그다가 딱 이마에다 붙이고 어무니보고, "나 뵈기시요(=보이시오)?" 물으니,(신안 구비)
마. 그런 편지가 전부 다 찔러져 있어. 아조 글자 환히 뵈기게 찔러 놨던 말이여.(정읍 구비)

피동 접미사가 붙은 피동사가 의미 변화를 일으켜 원래의 동사와 사뭇 달라진 경우도 있다. 예를 들어 '잊히-'는 표준어에서와 마찬가지로 이 방언에서도 '잊게 되다'와 같은 피동 의미로 해석되지만, 부정의 부사 '안'과 결합된 '안잊히-'는 '걱정이 되다' 또는 '마음이 놓이지 않다'의 뜻을 갖는 한 낱말로 굳어져 쓰인다. 피동사 '앵기-/앵키-'는 아마도 동사 '안다'에 피동 접미사 '-기'가 결합되어 생겨난 형태일 텐데, '안기다'의 뜻은 전혀 없고 단지 '손에 걸리다' 정도의 뜻으로 쓰인다. 피동사 '영치-'(=얹히-)는 동사 '영그-'(=얹-)의 피동사에서 온 말이지만, '체하다'의 뜻만을 갖는다. '볶-'의 피동사는 표준어와 마찬가지로 이 방언에서도 '볶이-'로 나타나는데 다만 서남방언의 '볶이-'는 대체로 '들볶이다'의 뜻으로만 쓰일 뿐, 어떤 물질이 불 위에서 볶아지는 과정을 뜻하지는 않는다.

(6)

가. 그래가지고 그 어린애를 이냥 싸다가, 싸다가 어디 다리 밑에다 내버렸어. 그래가지고 인자 그 또 안잊혀져 매일같이 가 봐.(장성 구비)

나. 앵기믄(=걸리면) 하여간 가만 안 놔둔다고 여자가 거 머라 그래.(보성 구비)

다. 아까침에 묵은 괴기가 영쳤는가 속이 깝깝허다.

라. ˚선반 위에 영쳐 있는 보퉁이(=선반 위에 얹혀 있는 보퉁이)

마. 헝게 밤새 볶이는 바람에 승낙을 헸어요.(군산 구비)

그 밖에 대응되는 능동사가 없으나, 피동의 의미를 표현하기 때문에 피동사로 볼 만한 경우로서 '물키다'(=물리다), '꿉히다'(=고이다) 등을 들 수 있다. '고이다'는 중세어에서 '곱다'로 나타나는데, 여기에 피동 접미사 '-히-'가 덧붙어 '곱히- > 곱히- > 꿉히-'와 같은 음변화가 일어났다. '곱다'의 의미가 '고이다'였으므로 여기에 덧붙은 '-히-'는 군더더기의 접미사인 셈이다.

(7)

가. 날마둥 괴기만 묵고 상께 인자 괴기에 물케(=물려) 불었네.

나. 맑은 물만 거가 싹 꿉히제.(곡성)

다. 耶輸ㅣ 드르신대 믈 굽고 蓮이 프니(월인천강지곡 상 22)

'갈리다'는 '헤어지다'의 뜻인데 아마도 '갈르다'(=가르다)에서 파생된 피동사
로 보인다.

(8) 산소에 가서 인자 또 절허고 그래 와서 또 집이 머 와서 밥 묵고 인자 갈
리고.(광양)

12.3 통사적 피동

조동사 '지-'가 결합하여 피동의 뜻을 갖는 수가 있는데, 이때 본용언의 씨끝은 '-어'이다.

(9)

가. 그 뒤에 절을 지었다가 절이 파해졌다고 이렇게 봐진다 이런 말씀을 들었고요.(함평 구비)

나. 그래 인자 감정이 좀 풀어졌다 말이여.(해남 구비)

다. 느닷없이 문이 펄떡 열어징께,(신안 구비)

라. 옛 고(古)자, 고자의 섬 모양이 사람의 귀와 같다는 데서 이 귀 이(耳)자를 따서 고이도라고 불러졌다고 합니다.(해남 구비)

마. 도독놈 대장이라고 피랭이에 써졌다고.(화순 구비)

바. 그 이후에는 송강파하고 하서파가 나눠졌다고 해요.(장성 구비)

사. 송도 성안이 기양 발딱 뒤집어졌다 그 말이여.(고흥 구비)

아. 뜨건 빨래 삶은 뜨건 물로 찌클어(=끼얹어) 불어서 나는 머리빡이 활딱 벗어졌다.(해남 구비)

자. 밥그릇 욱에가 복개(=밥그릇 뚜껑)가 덮어졌는디,(신안 구비)

차. 나무를 막 베다가 사드레(=사다리)를 인자 맨들어서 올라가서 보닝게 구녕이 뚫어졌는디 이렇게 크게 구녁이 떨어졌는디 그 안이는 훤해.(장성 구비)

카. 지금 홈이 파졌다 이 말여.(정읍 구비)

타. 이제 일 년째 대운이 터졌다고 하니,(부안 구비)

(9)는 형태적 피동사와 통사적 피동 구성이 병용되는 경우로서, '봐지다/보이다, 풀어지다/풀리다, 열어지다/열리다, 불러지다/불리다, 써지다/쓰이

다, 나눠지다/나뉘다, 뒤집어지다/뒤집히다, 덮어지다/덮히다, 뚫어지다/뚫리다, 파지다/파이다, 터지다/트이다'처럼 두 가지 형식이 모두 가능하다. 이처럼 두 형식이 가능할 때 형태적 피동과 통사적 피동 사이에는 어떠한 차이가 있는지 궁금한 문제이다. 우선 사용 빈도에서 차이가 날 수 있다. 글쓴이의 직관에 따르면, 두 형식이 실제 쓰이는 빈도는 동사에 따라 다른 듯하다. 이를 정리하면 아래와 같다. 이를 보면 일반적으로 형태적 피동보다는 통사적 피동의 사용 빈도가 더 높음을 알 수 있다.

  (a) 형태적 피동 〉 통사적 피동(봐지다/보이다)
  (b) 형태적 피동 = 통사적 피동(풀어지다/풀리다, 열어지다/열리다, 덮어
      지다/덮히다)
  (c) 형태적 피동 〈 통사적 피동(불러지다/불리다, 써지다/쓰이다, 나눠지
      다/나뉘다, 뒤집어지다/뒤집히다, 터지다/트이다, 파지다/패이다)

  형태적 피동과 통사적 피동이 함께 쓰이면서도 의미적 차이가 생기는 수가 있다. 대표적으로 '파다'와 '벗다'에서 두 형식의 피동 차이를 살피도록 하자. '파다'의 피동형 '파지다'와 '패이다'는 물론 사용 빈도에서도 '파지다'가 더 높지만, 용법에서도 차이가 나서 (10가)처럼 파인 정도가 작으면 '패이다'와 '파지다'가 모두 쓰일 수 있지만 (10라)와 같이 굴이 파일 정도로 크면 '패이다'는 불가능하다. 또한 (10다)와 같이 일부러 파는 경우 그 결과는 '파지다'로 표현할 뿐 '패이다'는 불가능하다. 따라서 규모나 고의성 유무가 '파지다'와 '패이다'를 구별 하는 요인으로 작용한다고 할 수 있다.

  (10)
  가. 아까 그 석봉바우에 가서 이 또 구녁(=구멍)이 또 이래 파졌습니다.(함
      평 구비)

나. 또 이상한 것은요 그 소나무 중턱에가 이 엉덩이가 파졌어요.(신안 구비)

다. 묘하게 천근(=천광)이 그 송장보다 쫌 잘룹게 파졌어요.(신안 구비)

라. 거 가가서 바우가 인자 굴이 이렇게 헝허니 파졌어요.(화순 구비)

동사 '벗다'의 피동사는 표준어에서 '벗기다'지만 서남방언에서는 쓰이지 않으며, 대신 '벗어지다'와 같은 통사적 피동이 주로 쓰인다. 표준어에서 '그는 옷이 벗긴 채 묶여 있었다.'와 같은 문장이 가능하나, 글말에 주로 쓰이며 입말에서는 '벗기다' 대신 '벗겨지다'와 같은 통사적 피동형이 흔히 쓰인다. 반면 서남방언에서는 '벗어지다'와 '벗겨지다'가 모두 쓰이는데 사용 빈도는 '벗어지다'가 압도적으로 높다. 아마도 서남방언의 '벗겨지다'는 표준어에서 유입되었을 가능성이 크다. '벗겨지다'는 피동사 '벗기다'에 다시 통사적 피동이 가해져 생긴 형태이다. 피동사 '벗기다'의 사용 빈도가 낮기 때문에 여기에 다시 통사적 피동이 이차적으로 가해진 결과이다. 서남방언에서 '벗어지다'가 주로 쓰이게 된 것은 이 방언에 '벗기다'와 같은 형태적 피동이 아예 발달하지 않았기 때문이다. 그래서 타동사 '벗다'로부터 바로 '벗어지다'와 같은 통사적 피동이 생긴 것이다. 반면 표준어는 형태적 피동사 '벗기다'가 주로 쓰이다가 그 세력이 약해지면서 여기에 다시 통사적 피동이 더해져 '벗겨지다'가 만들어졌다고 할 수 있다. (11)은 '벗어지다', (12)는 '벗겨지다'의 예이다. (11마)는 '벗어지다'와 '벗겨지다'가 동시에 사용되고 있음을 보여준다.

(11)

가. 그래 인제 이 밑이다가 석물을 했제. 꼴랑지(=꼬리) 벗어져서 꼴랑지 끄트머리에다가 했네.(함평 구비)

나. 쫙 씻어서 피알어(=내뱉어) 농께 이놈의 이빨 닦은 물에서 기피 고물이 벗어져가지고 둥둥 뜬단 말이여.(함평 구비)

다. 아적(=아침)에 날 새갖고 봉께는 대그빡이 활딱 디어 벗어져갖고 눈 멀렁멀렁 뜨고 쳐다보고 있그덩, 구렝이가.(해남 구비)

라. 이놈들이 패랭이 썬 놈들이 볼대집(=보릿대 짚) 모자가 다 날아감서 달음박질함서 패랭이 두루매기가 벗어져도 모르고 다 내빼드라.(신안 구비)

마. 요루코 막 도구태질(=절구질) 허면 그냥 문질러서, 껍닥 벗겨져. 묵장 다 벗어진다 말이지.(장성 구비)

바. 그 앞에서 아주 무릎이 벗어지도록, 손이 발이 되도록, 발이 머리 되도록, 배가 등 되도록 굴복을 허고, 항복을 허고,(장성 구비)

사. 나옹게로 구렁이 허물이 활딱 벗어져 버렸어.(장성 구비)

아. 이 야(=애)가 생각해 볼수록, 나이가 이자 에려서는 인자 어쩐지 멋 몰랐는디, 한 칠팔 살 십여 세가 벗어지고 남의 눈치를 알만 항께,(화순 구비)

자. 거기서 신발이 벗어져 버렸다네.(화순 구비)

차. 그러고 발광을 허다가, 허다가 보니까 그냥 바지가 벗어져 불었어요.(보성 구비)

카. 인자 깨댕이가 벗어졌어요(=발가벗겨졌어요).(보성 구비)

타. 와서 덮어 놓으면은 또 4~5년이 되면은 여름이면 쏘낙비로 벗어져 불고 해서 이 바위가 그러한 전설이 있었드랍니다.(보성 구비)

(12)

가. 요기 코를 빼고는 냄새를 맡는데, 어떻게 갖다 야물게 죽여 버렸는지, 호랑이가 여기에서 여기까지 싹 벗겨졌어.(화순 구비)

나. 그래서 가만히 보니께, 여기서 여기까지 벗겨져 죽어 있었어.(화순 구비)

다. 꼭 칠월 칠성날에는 대갈박이 벗겨져.(화순 구비)

(13)은 '벗어지다'와 같이 형태적 피동사가 없고 단지 통사적 피동만 있는 경우이다. 그러므로 이런 경우는 필연적으로 통사적 피동이 쓰이지 않으면 안 된다. 형태적 피동의 빈자리를 통사적 피동이 메우는 경우라 하겠다.

(13)

가. 묏이 쪼끔 내리 써졌다.(고흥 구비)

나. 가서 봉게 불이 방에가서 써졌다(=켜졌다) 그 말이여.(장성 구비)

다. 그냥 소내기가 쏟아져가지고 불이 꺼졌다.(장성 구비)

라. 뽀짝 그 옆에 가서 정구재라고 지금 예배당이 짓어졌는디,(신안 구비)

마. 그래서 막가지(=막대기) 갖고 이렇게 끌적기리서 봉께 배암 삐따구가 쏟아졌는디,(신안 구비)

바. 사람 입은 옆으로 찢어졌는디 저것은 입이 내리 찢어진 것이 참말로 이상하다.(신안 구비)

사. 조그마한 막이 쳐졌는디 방죽에 가 가만히 그 막 속에를 들어다봉께, (신안 구비)

아. 통 손이 안 펴지는디, 이 물을 묵고 피어졌다 해서 조막손이 샘이라는 전설이 있습니다.(화순 구비)

자. 떡을 찌다가 떡 시리(=시루)도 깨지고 솟단지(=솥)도 깨졌다네.(전주 구비)

차. 사방서 다 데려다가 뽑아도 끈떡도 안 혔는디 이 여자가 헝개 뿌드득 허며 반절이나 빠졌다가 콱 물고 또 안 빠져.(부안 구비)

(14)는 표준어 '벗겨지다'와 같이 형태적 피동사에 통사적 피동이 이차적으로 더해진 경우이다. '뚫다'는 보통 '뚫리다'와 '뚫어지다'의 두 형식이 가능한데, '뚫어지다'가 더 많이 쓰인다. 그런데 (14나)는 '뚫다'의 방언형 '뚤부다'의 피동사로서 '뚤피다'가 쓰였고 이 '뚤피다'가 다시 통사적 피동 형식을 가

져 '뚤피지다'로 쓰인 것이다.

(14)

가. 동네가 발딱 뒤집혀졌다 이 말여.(정읍 구비)

나. 들어가잉께네 한참 들어가면은 굴이 으릏게 까꿀로 사람이 들어가지
고 사람이 안 빌 정도 굴이 꺼꿀로 밑을 이리 뚤피졌다 이거여.(해남
구비)

(15)에서 '자빨치다/자빨씨다'와 '자빠라지다'는 각각 사동과 피동의 관계
이다. 이는 재구형인 ＊'자빨다'를 근간으로 하여 여기에 접미사 '-치-'(또는 '-씨-')
와 '-어지-'가 결합되어 사동형과 피동형의 분화가 일어난 것이다.

(15)

가. 절도 다 자빨써 불고,(해남 구비)

나. 아이, 이겨서 딱 내잦혀 놓고는 보니까 빗지락 몽댕이를 결국 자빨써
났다 그런 이야깁니다.(신안 구비)

다. 이 씨름이 서로 그 잡고 말입니다, 자빨씰라 해도 서로 지지 않는다 말
입니다.(신안 구비)

라. 그것을 자빨써 딴 곳에다가 치워 놀라고 하다 보면은 바로 그날 밤으
로 병이 나가지고,(신안 구비)

마. 나를 자빨씨지 말고 일으켜 세워라.(해남 구비)

바. 큰애기들이 모두 웃고 샘에 오다가 지게 통발을 딱 지쳐서 딱 그놈을
자빨쳐 불었소.(해남 구비)

사. 저 당산나무가 어찌서 저렇고 크나큰 당산나무가 자빠라졌다 일어났
다 허는고 허고,(정읍 구비)

아. 그에 즈그 집을 가닝까 옷을 멍체(=더럽혀)갖고 갔어. 역실러(=일부

러) 자빠라져갖고.(함평 구비)

자. 나무가 뿌렁구가 없응께 자빠라져가지고 죽어 불었는디,(신안 구비)

차. 죽은 제(=지)가 십 년 이상 된 고목이 자뿌라지지만 않고 있었는디,(신
안 구비)

카. 이놈이 뻗대고 자빠라져갖고 있으니,(보성 구비)

'-어지-'가 자동사에 결합할 수도 있는데, 이때는 피동이 아닌 '-게 되다'와
같은 의미를 나타낸다. 예를 들어 '전에는 시골 집에 자주 갔었는데 요새는
바빠서 잘 안 가지네.'의 '가지다'는 '가게 되다'의 뜻으로 해석된다. 그러나
서남방언에서 자동사에 붙는 '-어지-'가 아무런 의미를 더하지 못하는 경우
도 있다. 예를 들어 '타지다'는 자동사 '타다'에 '-어지-'가 결합한 것인데, '타
다'와 동의어로 쓰일 뿐 의미적 차이를 드러내지 못한다. 그래서 예 (16)의
'타지다'는 모두 '타다'로 바꾸어 쓸 수 있다. 다만 '애가 타다', '속이 타다', '입
술이 타다'와 같은 관용적 표현의 경우 '타지다'로 대체할 수 없다. 서남방언
에서 '입술이 타지다'는 비유적인 의미가 아닌 입술에 화상을 입었을 경우를
뜻한다.

(16)

가. 그러나 태워 버렸는디 용케 다 타지지 않고,(장성 구비)

나. "여서방네 집이가서 불났어." 그러고는, "얼마나 타지고, 타졌던가?" 항
께는,(화순 구비)

다. 오, 다 타지고 지둥(=기둥)만 남았어.(화순 구비)

라. 그래서 할 수 없이 장작불 갖다 놓고 불을 쳐옇 뺐네 그랴, 막 법당까지
기양. 아 그래 대웅전이 타졌거든, 그때.(고흥 구비)

마. 그 해(年)사 말고 날이 잔뜩 가물아가지고 온 들이 타지게 되아 불었어.
타져 불어. 타져서 온 들이 못 묵게 되았는디,(고흥 구비)

13장

사동법

13.1 사동문의 구조

사동은 사동주가 피사동주로 하여금 어떠한 행동을 하도록 하는 문법 범주이다. 사동은 의미적으로 '사동주-[피사동주-서술어]-사동사'와 같은 네 가지의 의미 성분을 필수적으로 갖는다. 사동은 사동사의 유형에 따라 형태적 사동과 통사적 사동으로 나뉜다. 형태적 사동은 사동 접미사, 통사적 사동은 '-게 하-'와 같은 통사적 구성이 사용된 경우이다. 사동의 직접성 여부에 따라 전자를 직접사동, 후자를 간접사동으로 부르기도 한다.

비사동문이 사동문으로 바뀌면 사동주가 새로운 주어로 도입되어야 하므로 동사의 필수적 논항 수는 하나 증가한다. 사동주가 주어로 도입되면 비사동문의 기존 주어 명사는 주어 자리에서 내려와 새로운 격을 배당받는데, 비사동문의 동사가 한 자리 서술어이면 목적격, 두 자리 서술어이면 여격, 세 자리 서술어이면 '로 하여금'과 같은 부사격을 배당받아 우언적 표현으로 쓰이게 된다. (1)이 이를 보여 준다. 이것은 '주격 〉 목적격 〉 여격 〉 부사격'과 같은 격의 보편적인 우선순위를 따른 것이다(Blake 1994, 송경안 2008).

(1)

가. 사람들이 웃는다. → 개그맨이 <u>사람들을</u> 웃긴다.

나. 아기가 젖을 먹는다. → 엄마가 <u>아이에게</u> 젖을 먹인다.

다. 반장이 학생들에게 시험지를 돌린다. → 선생님이 <u>반장으로 하여금</u> 학생들에게 시험지를 돌리게 한다.

이러한 사동의 방식은 모든 방언에 두루 적용된다. 다만 '-으로 하여금'과 같은 우언적 표현은 입말로만 존재하는 방언에서는 일반적으로 쓰이지 않는다. 따라서 방언에서는 (1다)처럼 사동 문장이 네 자리 서술어를 취하는 경우는 거의 없는 셈이다. 굳이 사동문을 만든다면 '반장한테다가 학생들한테'

처럼 '한테'라는 여격 표지의 형태를 약간 달리하여 표현할 수는 있을 것이다.

　형태적 사동은 사동사가 하나의 낱말로 이루어지지만 통사적 사동은 두 개의 낱말로 이루어진다. 이러한 형태 통사적 구성의 차이 때문에 형태적 사동과 통사적 사동 사이에는 상당한 차이가 발생한다. 첫째, 가장 흔히 지적되는 것은 사동의 직접성이다. (2가)에는 엄마가 우유병을 들고 아기의 입에 병의 꼭지를 물리는 것과 같은 직접적 행동이 포함되어 있다. 반면 (2나)에는 이러한 직접적 행동뿐만 아니라 아기가 우유를 먹을 수 있도록 말을 하는 등의 간접적 행위도 포함된다. 이러한 직접성 유무의 차이는 사동사의 형태 통사적 성격에 따라 빚어진 것이다.

(2)

가. 엄마가 아기에게 우유를 먹였다.

나. 엄마가 아기에게 우유를 먹게 했다.

둘째, 부정의 작용 영역의 차이이다.

(3)

가. 엄마가 아기에게 젖을 안 먹였다.

나. 엄마가 아기에게 젖을 안 먹게 했다.

(3나)는 엄마가 아기로 하여금 젖을 먹지 않도록 행동했다는 뜻이지만, (3가)는 젖을 먹도록 행동하지 않았음을 뜻한다. '안'의 부정 영역이 (3가)는 주어인 '엄마'의 사동 행위에 걸치지만, (3나)에서는 여격어인 '아이'의 먹는 행동에 작용한다. 이 역시 사동사의 형태 통사적 차이 때문에 발생한 것이다. 따라서 피사동주의 행동을 억제하려면 형태적 사동이 아닌 통사적 사동을 사용해야 한다. 방언 자료에서 통사적 사동이 쓰인 예 가운데 부정 형식이 많

이 발견되는 것도 이 때문이라 하겠다. 이에 대해서는 후술한다.

셋째, 통사적 사동의 경우 피사동주는 사동사의 자리 수에 따른 격을 배당 받을 수 있지만, 자리 수에 관계없이 주격을 배당 받을 수도 있다. 그래서 (3 나)의 '아기에게'는 '먹게 하다'가 세 자리 서술어이기 때문에 배당받은 여격형이지만, 그 외에 '아기가'처럼 주격형도 가능하다. 이러한 주격형은 [아기가 젖을 안 먹-]과 같은 내포문의 주어이기 때문에 배당 받은 것이다. 결국 '아기'는 전체 문장의 부사어, 또는 내포문의 주어로서의 중의적 해석이 가능하다.

13.2 형태적 사동

형태적 사동에서 일반적인 의미 해석과 다른 경우가 있다. 표준어에서 '씻다'의 사동형은 '씻기다'이다. '씻기다'는 사동사의 일반적 격틀에 따라 피사동주가 부사어로 올 수 있으나 (4가)에서 보듯이 자연스럽지 않다. 피사동주가 명시적으로 드러나면 오히려 어색한 말맛을 풍기는 것이다. 그리고 피사동주가 없을 경우 '씻다'와의 대립적 쓰임을 보여 준다. 우선 목적어에서 차이가 나타난다. '씻다'의 목적어가 무정물로 제한되는 반면, '씻기다'는 유정물에만 쓰이기 때문이다. 그래서 (4나)처럼 사람이면 '씻다'는 쓰일 수 없고 '씻기다'가 쓰여야 한다. (4다)의 목적어는 '아이의 얼굴'인데, '얼굴' 자체는 무정물이나 아이의 신체 일부이므로 유정물로 볼 수도 있다. 그래서 '씻다'와 '씻기다'가 모두 가능하다. 여기서 '씻기다'는 아이로 하여금 자신의 얼굴을 씻도록 했다는 사동의 의미가 아니라 주어인 엄마가 직접 자신의 손으로 아이의 얼굴을 씻은 경우를 말한다. 이런 의미에서도 '씻다'보다 '씻기다'가 더 자연스러운 느낌을 준다. 그런데 (4라)처럼 주어의 신체일 때는 '씻기다'가 불가능하다. 이러한 제약은 '씻기다'의 사동성 때문이다. 사동성과 재귀성은 원칙적으로 서로 모순을 일으키는 의미 범주인 것이다. (4마)와 (4바)는 목적어가 무정물이므로 '씻기다'는 허용되지 않고 '씻다'만 가능하다. '씻다'는 사동사가 아니므로 재귀적인 행위와 모순되지 않아 (4바)처럼 정문으로 인정된다. 그렇다면 '씻기다'는 명시적인 피사동주를 허용하지 않는 점에서 일반적인 사동사와 차이를 보이지만, 재귀성과의 모순을 일으키는 점에서는 아직도 사동성을 간직하고 있는 동사임을 알 수 있다.

(4)

가. 엄마가 아이에게 얼굴을 ?씻겼다(ˣ씻었다).

나. 엄마가 아이를 씻겼다(ˣ씻었다).

다. 엄마가 아이의 얼굴을 씻겼다(씻었다).

라. 엄마가 자신의 얼굴을 *씻겼다(씻었다).

마. 엄마가 아이의 옷을 *씻겼다(씻었다).

바. 엄마가 자신의 옷을 *씻겼다(씻었다).

'씻다'의 이러한 문법 양상은 서남방언에서도 그대로 나타난다. 서남방언은 '씻다'에 대해 '시치다'를 쓰지만 그 사동형은 표준어와 같이 '씻기다/씻그다' 등을 쓴다. 중세어 '싯다'를 고려하면 '시치다'는 '싳다'로부터 변화된 것으로 추정할 수 있다. '씻기다/씻그다'는 '싳다'로부터 사동 접미사 '-기-'가 결합된 것임은 분명하지만 사동사로 바뀌면서 낱말 첫 소리가 된소리로 변한 것이 특이하다. 그래서 주동사와 사동사 사이에는 형태적 차이가 생기게 되었다. 전남 진도를 비롯한 남해안 지역에서 행해지던 '씻김굿'은 씻김의 대상이 죽은 자의 넋인데 아마도 이 넋을 죽은 자와 분리가 불가능한 소유물 즉 유정물로 해석했기 때문에 사동형 '씻기다'가 사용되었을 것이다. 그렇지 않았다면 '*시침굿'이라고 부를 만한데 이러한 낱말은 존재하지 않는다.

(5)는 구비문학대계 자료에서 확인된 사동사의 예이다. 피사동주는 모두 '한테'나 '한테만'이 쓰였고, (가)는 '뵈이-'(=보이-), (나)는 '징기-'(=지우-)의 사동사를 보여 준다. (다)는 '지-'(負)의 사동사 '지우-'가 예상되나 '지-'가 쓰였다. '지우고'가 '지:고'로 축약된 것일 것이다. 만약 '지우고'의 축약형이라면 동사 '지-'에 대해 전남 지역어는 '지우-'와 '징기-'의 두 가지 사동사가 있는 셈이다.

(5)

가. 차라리 그 살착 <u>뵈어</u> 준 것이 낫제, 한 사람한테만 <u>뵈어</u> 주먼.(함평 구비)

나. 이거 전부 다 이렇게 허는 것은 책임은 장부가 져야제, 늙은 어무이 내 처한테 <u>징길</u> 것이요? 나가 그래도 이 집 홋주(戶主) 아니요?(고흥 구비)

다. 자네 혼자 어찌 돈 삼백 냥을 지고 갈 것인가? 허여 밥 차려 줄 테잉께 밥 먹고 우리 머심한테 <u>지고</u> 가소.(함평 구비)

서남방언에서 표준어와 같은 사동 접미사를 보이는 어휘로는 '신기다, 보이다, 입히다, 벗기다, 웃기다, 굶기다, 깨우다' 등을 들 수 있다. '신기다'는 [싱끼다로 소리 나면서 전남북 전역에서 같은 형태로 쓰인다. '입히다'도 같다. '벗기다, 웃기다, 굶기다'는 움라우트를 겪어 '벳기다/빗기다, 윗기다, 굉기다' 등이 수의적으로 나타난다. '깨우다'는 축약되어 '깨:다'로의 수의적 변동이 보인다.

표준어와 다른 접미사를 쓰는 경우도 적지 않다. '살리다'는 전남북 대부분의 지역에서 '살리다'를 쓰지만 전남 곡성에서는 '살류다'를 사용한다. 이처럼 표준어의 접미사 '-리-'에 대응하여 '-류-'를 쓰는 어형으로 '말리다'(=건조시키다)를 더 들 수 있다. 전남에서는 '몰리다'가 주로 쓰이나 접미사 '-리-'를 쓰는 점은 표준어와 같다. 전북의 완주와 군산 등지에서는 표준어와 같은 어형의 '말리다'가 보인다. '말류다'는 전남 곡성·전북의 무주·남원·임실 등 주로 영남 지역과 가까운 지역에서 나타난다. 접미사 '-류-'는 접미사 '-리-'에 새로운 접미사 '-우-'가 추가된 것이다.

표준어의 접미사 '-리-'에 '-구-'가 대응되는 수도 있다. '늘리다, 얼리다'가 그 예이다. '늘리다'는 '늘리다'나 '늘이다'가 주로 쓰이나 전북 전주와 남원에서는 '늘구다'가 쓰인다. '얼리다'는 전남의 대부분의 지역에서 표준어와 같은 어형을 보이는데, 전남 곡성과 전북의 대부분 지역에서는 '얼구다'가 쓰이고, 특히 전주에서는 거센소리로 바뀐 '얼쿠다'도 확인된다. '날다'의 사동형 '날리다'도 서남방언에서는 대부분 표준어와 같으나 전남 해남에서는 '날키다'의 예가 확인된다(예: 새 날킴시로 하루에 한 자리씩만 하라고 그래, 즈그 오빠가.) 한편 싸움을 '말리다'와 같은 경우 전남북 전역에서 '말기다'처럼 접미사 '-기-'가 쓰인다. '돋우다'는 전북 전주, 남원에서 표준어형 그대로 쓰이지만, 전남북의 나머지 지역에서는 '돋구다'처럼 접미사 '-구-'를 사용한다. 표준어의 접미사 '-우-'에 대응하여 '-구-'가 쓰이는 예이다. 한편 '늦추다'는 서남방언에서 '늦구다'가 일반적이다.

'녹이다'는 접미사 '-이-'가 개재된 것인데 서남방언에서는 '녹이다'(영암·신안·군산) 외에 '녹히다'(진도·영광·보성·임실·완주·남원)나 '녹후다'(곡성·무주) 등이 보인다. '썩히다'도 '썩히다'(영광·신안)와 '썩후다'(전남북 나머지 지역)가 확인된다. 표준어 '-히-'에 대해 '-후-'가 대응되는 예로는 '익후-, 식후-, 삭후-' 등을 더 들 수 있다.

'숨기다'는 전북 지역에서 '숭기다'(군산·무주·남원)나 '성기다'(임실·완주)로 쓰이고 전남에서는 접미사 '-기-'가 거센소리로 바뀐 '숭키다/성키다'가 일반적이다. 닭이 병아리를 부화시키기 위해 알을 품도록 할 때, 서남방언에서는 '안기다'의 방언형 '앵기다'가 쓰이기도 한다(예: 뺑아리 깔라고 알난 닭 앵기는 놈 인자 아 안 있소?/화순 구비).

'앉히다'는 '앉히다'(전북의 대부분·진도), '앙치다'(전남의 대부분·남원) 등이 보인다. 전남의 경우 '앉다'는 '안다/앙그다'로 쓰이는 것이 일반적이므로 그 사동형은 '안치다' 곧 '앙치다'가 되어야 한다. 전남 영암에서는 '안기다'의 예도 보인다(예: 그 마을에 들어강께는 딴 집이다가 안기드만요.).

사동 접미사 '-이-'의 예로는 '보이다'가 전형적이다. '보이다'는 서남방언에서 움라우트나 평순모음화를 거쳐 '뵈이다/베이다'가 쓰이고 축약형 '베:다'도 확인된다. 전남 신안에서는 /ㅇ/이 첨가된 '벵이다'형이 나타난다. 경남과 접한 광양에서는 '베기다'가 확인된다. '불이 옮겨 붙다'의 뜻을 갖는 '뎅그다'(=댕기다)의 사동형은 '딩기다'로 쓰이는데 '불이 딩겄다', '여그다 불을 딩게라'처럼 쓴다. 동사 '낳다'의 사동형으로 '내이다' 또는 '내:다'가 쓰인다. 이는 '동물의 새끼를 낳게 하다'는 뜻으로만 쓰이는데, 중세어 '나히다'로부터 /ㅎ/ 탈락과 움라우트를 겪은 말이다. 중세어 '나히다'는 서남방언형 '내이다'와 같은 제한된 의미가 아니라 '낳게 하다'나 '해산 구완하다' 등의 일반적인 의미로 쓰였던 말이다.

사동 접미사 '-우-'는 '낫우다'(=낫게 하다), '질우다'(=기르다), '일우다'(=불을 피우다) 등에 보인다. '낫우다'는 병을 낫게 하다의 의미로서, 예를 들어 '낫우는 약이 있어야. 오늘 지녁에 나 시기는 대로만 카마이 있거라. 약은 해서 낫는다.'(함평 구비)처럼 쓰인다. '질우다'는 형용사 '길다'의 방언형 '질다'에서 파생된 사동사로서 머리, 손가락, 원금(元金)과 같은 몸체로부터 머리카락, 손톱, 이자(利子) 등이 자라나게 하는 것을 의미한다. '머리를 질운 것이 더 낫겄는디.', '멀라고 손톱을 고롷게 질우냐?', '돈을 질울라면 이자가 높은 디다 맽게야 되아.'처럼 쓰인다. 중세어 '길우다'를 계승한 말이다. '일우다'는 불꽃 등이 일어나게 한다는 뜻이다. 자동사 '일다'는 '희미하거나 약하던 것이 왕성하여지다'는 뜻을 갖는데, '불길이 일다'와 같이 쓰인다. 서남방언에서 사동형 '일우다'는 대체로 불을 피울 때 불꽃이 일어나게 하는 것을 가리키며, '불을 일운다'처럼 쓴다. 동사 '타다'는 불씨나 높은 열로 불이 붙어 번지거나 불꽃이 일어난다는 뜻인데 그 사동형 '태우다'는 서남방언에서 '태우다/태:다'처럼 쓰이는 것이 일반적이지만, 잘못하여 지나치게 익히다는 제한된 뜻일 때에는 '태우다'와 함께 '태추다'라는 사동사가 가능하다. '밥을 태춘다', '구들장이 너무 뜨구와서 방바닥을 태촤 불었다'처럼 쓰인다. 형태 '태'로 미루어 '태추다'는 '태우다'에 이어 생겨난 새로운 어형으로 추정된다. 오줌을 '쌔이다'는 표준어 '싸이다'의 방언형으로서 움라우트를 겪은 형이다. '쌔이다' 외에 '쌔우다'로도 쓰인다. '메다'의 사동형 '메우다'는 서남방언에서 '미:다'가 일반이지만 그 밖에도 '메꾸다', '메쿠다' 등이 확인된다.

사동 접미사 '-치-'는 (6가)에서 보듯이 씨끝 '-어' 뒤에 결합하는데 이는 표준어 '-어뜨리-'에 그대로 대응한다. 특히 '꺼치다'를 통해 씨끝 '-어'가 있음을 확인할 수 있다. 반면 (6나)는 씨끝 '-어'가 /ㄹ/ 뒤에서 생략될 수 있음을 보여준다. 물론 이 생략은 접미사 '-치-' 앞에서만 일어날 뿐 피동접미사 '-지-'에서는 일어나지 않는다. 그래서 '떨어지다', '자빨아지다'는 결코 *'떨지다'나 *'자빨지다'로는 쓰이지 않는다. 이러한 '-어' 생략의 불균형성을 해소하기 위해 '떨치다'를 동사의 줄기 '떨-'에 접미사 '-치-'가 결합한 것으로 보고, '떨어치다'는 피동형 '떨어지다'에 유추되어 생겨난 후대형으로 해석할 수도 있다. '떨치다'에 비해 '떨어치다'의 사용 비율이 낮은 점도 이러한 해석을 뒷받침한다. 여기서는 우선 두 가지 가능성을 제시하는 것으로 만족하고자 한다. (6다)는 (6나)와 달리 씨끝 '-어'가 포함된 형은 불가능하다. 그래서 *'오글아치다', *'꾸불어치다', *'쪼굴아치다' 등은 존재하지 않는 어형이다. 그러므로 '오글치다'를 '오글아치다'에서 '아'가 탈락한 것으로 볼 수는 없다. 표준어 '오그라뜨리다'를 고려하면 동사 '오글다'를 상정할 수 있다. 서남방언에서도 '오글다'가 실제로 타동사로 쓰이고 있어, 예를 들어 '철사를 고롷게 오글먼 못 써.'와 같은 문장이 가능하다. (6다)의 나머지 예들도 마찬가지여서 '꾸불먼', '쪼굴고 있으먼', '자울먼'과 같은 동사의 활용형이 가능하다. 그러므로 (6다)는 동사의 줄기에 '-치-'가 결합한 것으로 해석된다. (6라)는 전남의 남해안 지역에서 '-치-'에 대응하여 사용되는 '-씨-'의 예를 보여 준다. 그런데 남해안 지역에서도 '빠치다', '터치다'처럼 사동접미사 '-치-'가 쓰이므로 '-치-'와 '-씨-'는 음운적 변이 관계에 있는 것으로 보인다. 즉 '-씨-'는 /ㄹ/ 뒤에 나타나고, '-치-'는 그 밖의 환경에 나타나는데, 이러한 변이 관계는 1.2.2.2 ①의 강세접미사에서도 확인한 바 있다. (6가)-(6다)를 보면 사동접미사 '-치-'는 모두 피동의 '-어지-'에 대응하는 것임을 쉽게 알 수 있다. 그래서 '-어지-'의 사동형이라 할 만하다.

(6)

가. 꺼치다(=꺼뜨리다), 터치다(=터뜨리다), 타치다(=태우다), 빠치다(=빠뜨리다), 퍼치다(=퍼뜨리다)

나. 떨치다/떨어치다(=떨어뜨리다), 자빨치다/자빨아치다(=넘어뜨리다), 낼치다/낼아치다(=떨어뜨리다)

다. 오글치다(=오그라뜨리다), 꾸불치다(=구부러뜨리다), 쪼굴치다(=쪼
그라뜨리다), 자울치다(=기울이다)

라. 일씨다(=일으키다), 자울씨다(=기울이다), 오글씨다(=오그라뜨리다),
자빨씨다(=자빠뜨리다), 벌씨다(=벌리다), 어풀씨다(=엎어뜨리다)

위에 든 사동접미사 '-치-'가 단지 사동의 의미만을 부여하는 것은 아니다. 예를 들어 '꺼치다'는 타동사 '끄다'와 달리 전기 등을 끄는 데에는 사용할 수 없고 연탄불이나 화롯불, 장작불 등 피운 불을 실수로 꺼뜨리는 경우에 주로 사용된다. '터치다'는 타동사 '트다'에서 파생된 것이지만 표준어 '터뜨리다'와 같은 의미를 갖는다. 그런데 '터뜨리다'의 경우 목적어는 '풍선, 울음, 불만, 폭탄' 등이 올 수 있는데 '터치다'는 이 가운데 '풍선'과 '폭탄'만이 가능하다. 추상적인 사물은 일반적으로 '터치다'의 목적어로 쓰일 수 없음을 보여 준다. '터치다'도 '꺼치다'와 마찬가지로 행동주의 의도가 개입된 행동을 가리키기도 하지만, 행동주의 의도와 무관한 행동 즉 잘못하거나 실수로 일어난 경우를 가리키는 수가 많다. '타치다'는 자동사 '타다'에서 파생된 것인데 이때도 '잘못하여'의 의미가 추가되어 실수로 태우는 경우에 쓰인다. 그래서 마당의 낙엽을 태울 때에는 '타치다'를 쓸 수 없다. '빠치다'의 어근인 '빠-'는 따로 동사를 상정하기 어렵지만 기원적으로 동사였을 것으로 추정되며 여기에 '-치-'가 결합되어 '빠뜨리다'의 의미를 갖는다. 물에 '빠치는' 것은 의도적인 행동이지만 지갑을 길에 '빠치는' 것은 '잘못하여'의 의미가 개재된 경우이다. '낼치다'는 어근 '내리-'에서 파생된 것인데, '내려뜨리다'와 '실수로 떨어뜨리다'의 두 가지 의미를 갖는다. 예를 들어 '알로 쪼께만 낼치면 쓰겄다.'(=아래로 조금만 내려뜨리면 되겠다.)가 전자의 예라면, '그륵을 낼치면 깨져야.'(=그릇을 떨어뜨리면 깨져.)는 후자의 예이다.

서남방언에서 '모이다'와 '모으다'는 모두 하나의 동사 '모두다/모투다/모테다'로 쓰인다. 옛말에서 자동사는 '몯다', 사동사는 '몯오다'였으므로 사동

접미사는 '-오-'였다. '몯오다'는 이미 『금강경삼가해』나 『번역소학』 등 15, 16 세기 문헌에 '모토다'나 '몯토다'처럼 거센소리를 반영하는 표기 예가 보인다. 그러므로 서남방언형은 이러한 옛 형태를 그대로 보존한 것이라 할 수 있다. 다만 자동사 '몯다'가 쓰이지 않게 되면서 원래 사동사였던 '모두다/모투다/모테다'가 자동사의 용법까지 갖게 된 것으로 추정된다. (7)은 '모테다'와 '모투다'를 보여 주는데 (가)-(마)는 타동사, (바)는 자동사의 예이다. (7)에서는 타동사로서 '모테-', 자동사로서 '모투-'가 쓰인 예를 보여 주지만, 실제는 자타동사의 여부에 관계없이 이 두 형태는 모두 교체가 가능하다.

(7)

가. 떡이 빠져 농께 쌀쌀 감스로 줏어 모텄소그랴.(해남 구비)

나. 그래서 그놈을 한나 남은 것 없이 싹 쓸어서 마당 가운데 모테 놔 두고 는 다 불사라 불고는,(해남 구비)

다. 우리가 차린 것은 없지마는 열 동서끼리 성의를 모타가지고 음식을 장만했지마는,(화순 구비)

라. 인제 그전에 잿구덕이라고 하는 것이 큰 솥, 밥해 먹는 큰 솥 옆에가, 재를 담어서도 두고, 부숴논 재를 모타 논 그 잿구덕이 있어.(화순 구비)

마. 돈을 다소 벌어 놨어도 얻다 씰 종도 모리고 아 이놈으 돈을 쥔기다(=주인에게다) 모테 놓고 있는디,(정읍 구비)

바. 인자 그래갖고는 정월 초하룻날 열 형제가 인자 한 집으로 딱 모툴 것 아니여?(화순 구비)

'찡기다'도 자동사와 사동사를 겸하는 예이다. '찡기다'는 '끼다'의 사동형인데, 사동 접미사 '-기-'가 결합된 '끼기다'가 구개음화와 /ㅇ/ 첨가를 거쳐 '찡기다'로 변했다. '찡기다'는 '끼이다'와 '끼우다'의 두 가지 뜻으로 쓰인다. 전남과 전북 완주·남원·고창 등지에서는 '찡기다'가 쓰이고 전북의 나머지 지역은 '끼이다'가 쓰인다. (8)의 (가)-(나)는 사동, (다)-(라)는 피동의 예이다.

(8)

가. 대롱을 둘을 깔라가지고 양짝 눈에다가 대롱을 꽈악 찡그럽게 해갖고
   되게 쫌매놓께 대롱만 데레다보고 있는디.(함평 구비)

나. 발 다 해, 해서 찡기고, 말굴레 다 찡기고 해가지고, 그놈을 타고 저거
   집으로 돌아갔어.(고흥 구비)

다. 쥐구멍 속에가서 능금이 한 개가 있어. 찡겨갖고 있어.(장성 구비)

라. 비좁은 방에 찡겨 자다가,(화순 구비)

'머끄다'는 '멈추다'의 서남방언형이다. 표준말 '멈추다'는 자동사 '멎다'에
사동 접미사 '-후'가 결합된 '머추다'에서 발달한 말이다. 중세어에 '머추다'가
문헌에서 확인되며, '멈추다'는 '머추다'에서 /ㅁ/이 첨가된 후대형이다. 사동
접미사가 결합되었으므로 '머추다'는 원래 타동사로 쓰였을 것이나 현대에
와서 자동사로까지 쓰일 수 있도록 그 의미가 확대되었다. 서남방언에서 '멈
추다'는 쓰이지 않고 '머끄다'가 주로 쓰인다. 아마도 '멎다'에 사동 접미사
'-구-'가 결합된 것으로 추정되며, 이 '머끄다'도 표준어 '멈추다'와 마찬가지
로 오늘날에 와서는 자동사와 타동사 양쪽으로 쓰일 수 있다.

(9)

가. 차가 머끄먼 타그라.

나. 멫 번을 머꺼갖고 그래 쌓고, 젊은 사람들이.(영암)

표준어에서 '품다'는 괴어 있는 물을 계속해서 많이 푸거나(예: 웅덩이에서 물
을 남의 논으로 품다), 입이나 용기 속에 든 액체를 내뿜는 것을 뜻하는 동사이
다. 한편 '풍기다'는 '냄새가 나다'나 '냄새를 퍼뜨리다'의 뜻을 나타낸다. '풍

기다'의 옛말이 '품기다'였으므로 '품다'와 '풍기다'는 동일한 기원에서 출발한 말인데, '풍기다'는 '품다'의 사동형임과 동시에 내뿜는 것이 냄새로 한정된 의미 변화를 겪은 것으로 보인다. '풍기다'의 서남방언형 '핑기다'는 (10)의 (가)-(다)에서 보듯이 냄새나 액체 외에 고체 따위를 뿌리는 것을 나타낼 수 있어 표준어와 차이를 보인다. '품다' 역시 (라)-(마)에서는 표준어와 같이 괴어 있는 물을 퍼내는 것을 의미하나 (바)에서는 단순히 약을 뿌리는 행위를 가리키고 있다. 그렇다면 (10바)의 '품다'와 (10나)의 '핑기다'는 서로 유사한 의미를 나타내는 셈이다. 이처럼 '품다'와 '핑기다'의 의미가 서로 유사한 것은 그 기원이 같기 때문일 것이다.

(10)
가. 행내 핑기는 기집애한테들을 가까이 연연해 헌디,(고흥 구비)
나. 호랑이가 내려와서 걍 막 꼬리에다 물을 히서 막 속에다 막 핑기면서 걍 호령을 추상같이 질른단 말여.(정읍 구비)
다. 베룩허고는 방으다 한 대롱 핑기고, 모그는 마당으다 핑겨 놓으시요. 그러면 방으 들어가니 빈대가 물고 베룩 물고 마당으가 잔다고 허다가 마당으가 자면 모그 달러들어서 못 자.(정읍 구비)
라. 이 젊은 놈들이 괴기를 잡으러 와서 막 물을 품고 야단이니 독속으 들어도 안 나올 수 없지.(정읍 구비)
마. 인자 역군을 시기서 막 거그를 막고서 막 물을 품어내 봉게 늘(=널. 관)이여.(군산 구비)
바. 그렁게로 가서 인제 안 옹게로 물을 찌클어다 약을 히서 품었어.(정읍 구비)

사동사 '달리다'는 '무게를 달게 하다'의 뜻을 갖는 사동사이다. 전남 광양 지역의 사동사인데 서남방언에서는 일반적으로 잘 쓰이지 않는 말이다.

(11) 인자 좋은 거는 좋은 것대로 그래갖고 인자 좋은 거느 인자 멘사무소
에 갖다 달리고.(광양)

13.3 통사적 사동

앞에서 잠깐 언급한 바와 같이 통사적 사동은 부정문에 많이 나타난다. 부정어 '못'과 '안'은 본용언 앞에 오는 것이 일반적인데 이때 부정어의 수식 범위가 후행하는 서술어에 미치므로 그 결과 피사동주의 행동을 막거나 부정하는 사태를 표현하기에 적당하다. 반면 형태적 사동의 경우 부정어의 수식 범위는 사동주에 미치기 때문에 피사동주의 행동 부정이 표현되기 어렵다. 이러한 이유로 통사적 사동이 부정 구문에 널리 사용되는 것이다. (12)는 부정어 '못'이 쓰인 부정의 사동문이다. 의미 해석에 필요한 사동주나 피사동주가 명시되지 않았을 때에는 괄호 안에 이를 표시하였다. (12나)에서는 '모르다'가 통사적 부정이 아닌 어휘적 부정 표현으로 처리하여 여기에 포함시켰다. (12사)의 '듣겄게'는 '들을 수 있도록'의 의미이다. 여기서 부정어 '못'은 모두 후행하는 본동사를 수식함으로써 이를 부정하고 있다.

(12)

가. 그렇게 두 사우덜이 갈란다고 발정을 헝게, 자기도 인자 갈란다고 헝게 (장인이) 자기는 <u>못 가게</u> 허네.(함평 구비)

나. 그래 항 속에다 기양 속에다 감차 버렸어. 인자 전연 안 보이겄제. 암도 (=아무도), 식구들 <u>모르게 허고</u> 아부지허고 아들허고 둘이만 알고 따악 감차 비장해 버렸제.(함평 구비)

다. 자식은 그리 결혼을 헐라고 허는 디도 불고허고, 부모들이 <u>못 허게</u> 허는 수가 있고,(고흥 구비)

라. 당각시가 당신이 총각한테 반해가지고 도저히 그 배를 <u>못 나가게</u> 허니, 그 아무튼 나갈라고 하면 그 총각을 내려놓고 나가야 씨겄소.(신안 구비)

마. 과부가 밥을 내갖고 옴시로 들옹께 아, 즈그 일 베 매느이라고 (일꾼의

부인을) <u>못 가게 허고</u> 자기가 갖고 왔는디 그런 난처한 일이 없단 말이
여.(함평 구비)

바. 우리 작은아버지는 어쩌서 <u>못 허게 허는고</u> 또 그런 생각이 들어.(장성
구비)

사. 암도 <u>못 듣겄게 허라</u> 그래서,(화순 구비)

아. 너는 자식 여워서 그 거시기를 보는디 재미를 보는디, 왜 내 자식은 갖
다 벽장에다 갖다놓고 <u>밥도 못 주게 허냐고</u>. 당장 내놔라고. 게 벽장으
거시기를 영게 걍 날러가 불어.(화순 구비)

자. 그런디 제사가 인자 며칠 만에 돌아오는디 콩나물 놔야겄는디, 콩나물
도 <u>못 놓게 허거든</u>.(화순 구비)

차. 그 방에 헐 수 없이, 에, 자부 혼차 <u>못 자게 허고</u> 웃목에를, 여하튼 시아
버지가 자고 아룸목에는 즈이 자부가 자는디,(화순 구비)

카. 그래서 박동이가 그 동네에서 <u>못 나가게 허고</u> 거그다 선생질허고 선생
<u>으로</u> 앉혀가지고 거그서 장개가갖고 아, 그 마을을 거작 차지해갖고
또 그렇게 살았다요.(신안 구비)

(13)은 '못' 대신 부정어 '안'이 쓰인 경우인데, '못'에 비해서는 그 사용 빈도
가 상대적으로 낮은 편이다. 이때도 부정어 '안'의 수식 범위는 후행하는 용
언이며 사동사는 이에 포함되지 않는다.

(13)

가. 인자 보일 것은 <u>안 보이게 허고</u>.(함평 구비)

나. "오냐! 내가 <u>안 놀래게 허마</u>." 그랬단 말이여.(화순 구비)

다. 생각해 두소이. 큰소리가 나면은이 큰소리 나면 하루 한 개씩배께 안
낭게 좀 큰소리 <u>나들 안허게 허라</u>.(장성 구비)

(14)는 긍정의 사동문이다. 괄호 안에는 명시되지 않은 피사동주를 제시하였다. (14가)-(14다)는 사동사가 세 자리 서술어로서 피사동주는 여격형으로 제시되었다. 유정물인 피사동주인 경우 '한테'가 사용되었고, 무정물인 (14다)에서는 '에'가 쓰였다. 두 자리 서술어인 (14라)-(14마)에서는 피사동주가 목적격형으로 제시되는 것이 자연스럽다.

(14)

가. 우리 종가에서 말이여이. 아직 애기 한나도 못 났응께, 내 야를(=내 것을) 그래 분다 치면 쓰겄는가? 그렁게로 작은시아재를 그렇게 또 까서 (시어머니한테 그것을) 대레 묵게 허제.(함평 구비)

나. 아들 고놈 여의갖고 (아들한테/아들이) 진사 판사를 낳게 허고, 내외가 그렇고 잘되었어.(화순 구비)

다. 그래 서당을 막 즈그 뫼같(=멧갓)에 가서 솔을 비다가 막 불일성조(=불일성지)를 해서 지어서 크게 지어서 (서당에) 방이 크나큰 방이 둘이나 되겄게 허고 대청 놓고 그렇게 선생이 서당을 해서 갈친단 말이여.(신안 구비)

라. 집안에 사람들이 "안 되겄다. 신부를 방으로 모시고, 신랑도 방으로 들어가게 허고, 신부도 들어가게 해라." 그래.(고흥 구비)

마. 어떤 자식이 어떻게 나를 성가시게 허는고?(신안 구비)

14장

보조용언

14.1 보조동사

14.1.1 버리다

보조동사 '버리-'는 동사 '버리-'(捨)에서 문법화 된 것으로서, 원래의 의미에서 벗어나 '어떤 행위를 해치움' 또는 '행위의 완료' 등을 나타낸다. 이 때문에 본용언은 언제나 동사로 제한된다. 그러나 서남방언에서 '버리-'의 본용언은 동사 외에 형용사도 가능하다. '버리-'는 충남과 접한 전북 지역에서는 '번지-'(옥구·완주)가 쓰이고, 그 밖의 전북 지역에서는 '버리-'(익산·진안·김제·부안·정읍·고창), '뻐리-'(무주·임실·장수), '뿌리-'(순창), '뿐지-'(남원) 등의 여러 형태가 쓰인다. 한편 전남 지역어에서는 '부리-'의 모음 / ㅣ /가 탈락하여 '불-'로 쓰이는 것이 일반적이다. 이때 '불-'의 과거형 '불었-'은 '붔-'으로 변동하기도 한다.

(1)

가. 서당에서 애기들이 멀만(=뭐만) 잃어 부리기만 잃어 부리면 다 찾아 줍니다.(함평 구비)

나. 저거 안부모가 돌아가시 부리고 밖부모 혼자 기신 부모를 모시고 산다 그 말이여.(고흥 구비)

다. 세 번 운 뒤로 올라가서 말을 타러 강께 말은 밸밸이 기양 가 불고 없어.(고흥 구비)

라. 그라고 나서는 기양 없어져 불어. 집도 없어져 불고, 그 노인도 없어져 불고 그래.(고흥 구비)

마. 딱 살아 불어 놔서 할 수 없이 호랭이가 딱 돼 불었단 말이지.(고흥 구비)

바. 인자 물레장으로 툭 떨어져 붕께는 큰애기가 자물쎄(=까무러쳐) 불었어.(해남 구비)

사. 늘 닦으다 봉께 여가(=여기가) 해게져(=해어져) 붔어.(보성 구비)

아. 인자 남편이 아들을 그냥 여우기는 여웠어. 여워 놓고 남편이 나중에
　죽어 뿌렀어.(부안 구비)

자. 다 내보내고 그 병자 하나만 두고 다 나오라고 긍개 죄다 다 나와 번지
　지.(부안 구비)

차. 여자 시집옴서 다소 히갖고 온 것도 싹 녹여 번지고 내우간 몸뚱이만
　남었어.(부안 구비)

카. 사또알라(=사또조차) 다 쳐 쥑여 뻔졌어.(전주 구비)

타. 또 한 놈은 삼십이 다 먹드락 머심을 사는디 저그 아부지도 없고 저그
　어매도 죽어 뿐지고,(정읍 구비)

　서남방언은 '버리-'에 대응하는 다양한 형태를 보이기도 하지만, 무엇보
도 다른 방언에 비해 쓰이는 빈도가 잦다는 것이 특징이다. 예를 들어 약 4시
간 동안의 구술발화에서 사용된 보조동사 '버리-'의 출현 횟수를 비교할 때,
경기도의 화성 자료에서는 7회, 전남 영광의 자료에서는 152회가 확인되어
거의 20배 정도의 차이가 나타났다. 이렇게 사용 빈도가 높다 보니 표준어와
다른 쓰임새도 생겼다. 우선 부정의 본동사에 '버리-'가 쓰이는 예가 드물지
않게 보인다.

(2)
가. 꼿도 많이 <u>안 페 부르고</u>(=안 피어 버리고) 많이 열도 안허고 그래갖고,
　(영광)

나. 지금잉게 <u>안 숭거 부링게</u>(=안 심어 버리니까) 그러제.(영광)

다. 밑올 삿올 있고 대고(=함부로) 그것을 이기 허면 베가 <u>안 되아 버러</u>(=
　안 돼 버려).(영광)

(2)는 모두 본동사가 부정되고 있으므로 본동사는 그 동작이 완료될 수 없다.

그럼에도 보조동사 '버리-'가 쓰인 것은 이때의 '버리-'가 완료나 해치움과 같은 상적 의미와는 무관함을 말해 준다. 대체로 말할이의 기대나 예상과는 다른 사태의 발생이라는 양태적 의미가 강하다.

'버리-'가 갖는 이러한 양태적 의미는 형용사에 쓰이는 '버리-'에서도 재차 확인된다. 서남방언에서 '버리-'는 잦은 쓰임 때문에 사용 분포가 확대되어 형용사에까지 쓰일 수 있다.[1] '버리-'의 본용언이 형용사이므로 형용사의 속성상 '해치움' 또는 '완료' 등의 의미가 부가될 수 없는데, 이때는 대체로 '예상과 다른 상태'를 나타내게 된다. (3가)는 예상 외로 추운 날씨, (3나)는 지나치게 비싼 무 값에 대한 서술이다.

(3)

가. 날이 겁나게 추와 부네.

나. 무시(=무)가 이렇고 비싸 불먼 누가 사겄는가?

14.1.2 쌓다

보조동사 '쌓-'은 표준어의 '대-'에 의미적으로 대응하는 것으로서 어떤 행위를 반복적으로 지속함을 나타낸다. '쌓-'은 '대-'와 마찬가지로 본동사가 동사인 것이 일반적이나, 서남방언에서는 (4바)처럼 형용사에도 쓰일 수 있다. 이러한 제약의 완화는 보조동사 '버리-'에서도 확인된 바 있는데, 쓰임의 빈도가 잦아지면서 생긴 새로운 변화로 해석된다.

---

1 제주방언에서도 '버리-'가 형용사에 쓰인 예가 확인된다(이기갑 2003:649). (예) 그 물 쫙 먹으민 직접 좋아 불어.

(4)

가. 산에 범은 울어 쌓고, 어떻게 노숙을 할 것이요?(고흥 구비)

나. 대가집이서 그랗게 집안에서 쑥덕그려 쌓고.(해남 구비)

다. 이미 이렇게 나서서 오는 길을 들고 재촉해 싸면 어떻게 하겠는가?(신안 구비)

라. 뒷집이 신영감 안 불러 싸요(=불러 대잖아요)?(보성 구비)

마. 그래서 거기서 불러 쌍께, 아, 방에서 어떤 각시가 다 나오드라네.(화순 구비)

바. 올해는 너무다 추와 싸서 걱정이네.

14.1.3 놓다

『표준국어대사전』은 보조동사 '놓다'에 대해 두 가지 뜻풀이를 제시하고 있다. 첫째는 동사 뒤에 쓰이는 경우로서 앞말이 뜻하는 행동을 끝내고 그 결과를 유지함을 나타내는 경우이다. '더우니 문을 열어 놓아라.'가 그 예이다. 둘째는 형용사나 '이다' 뒤에 쓰이는 경우로서 앞말이 뜻하는 상태의 지속을 강조하는 말인데, 주로 뒷말의 내용에 대한 이유나 원인을 말할 때 쓰인다고 하였다. '그는 워낙 약해 놓아서 겨울이면 꼭 감기가 든다.'나 '그 친구가 워낙 멋쟁이라 놓아서 누구에게나 인기가 있다.'가 그 예이다.

서남방언에서도 '놓다'는 이 두 가지 용법을 갖는다. 첫 번째 용법은 표준어와 차이가 없으나 두 번째 용법에서 약간의 차이가 있다. 이 용법은 언제나 '-어 놔서'의 형식으로 쓰이는데, 그 의미는 이음씨끝 '-어서'와 같다. 그래서 '-어 놔서'를 '-어서'로 대체해도 별다른 의미차가 생기지 않는다. 표준어에서는 형용사와 지정사에 쓰이는 것으로 기술되어 있으나 서남방언에서는 동사에도 쓰일 수 있다. 또한 서남방언은 표준어에 비해 사용빈도가 훨씬 높다.

(5)는 동사에 '놔서'가 쓰인 경우이다. (5라)와 (5마)는 본동사가 부정문인데도 '놔서'가 쓰였다. 따라서 이런 경우 '동작 완료된 후 그 상태가 지속됨'이라는 첫 번째 용법을 적용하기 어렵다. 완료의 전제 없이 단순히 이유를 나타내는 기능으로 쓰였다고 해야 한다.

(5)

가. 그랑께 갖고 있으란 소리를 다 들어 놔서, 엿듣고 다 해 놔서, 급하다고 베슬하러 간다고 그래.(해남 구비)

나. 간 디를 봉께 질이 여러 달 다녀 놔서 질이 뺀하니 생겼거든.(해남 구비)

다. 준다고는 해 놔서 '어쩌야 쓸까?' 하고 걱정을 하고 있는디,(해남 구비)

라. 그란디 해필 즈그 마누라 지사를 여러 해를 안 지내 놔서 제삿날 지녁에 왔어.(해남 구비)

마. 한젱일(=하루 종일) 안 믹이(=먹여) 놔서 기양 젓(=젖)이 터질라 한다 말이여.(고흥 구비)

(6)은 형용사와 지정사에 쓰인 경우이다.

(6)

가. 새 보신을 신어 놓게 말리(=마루)가 미끄러와 놔서 말이여, 넉사자로 드러누어 버렸으니,(함평 구비)

나. 그래서 인자 입담이 없어 놔서 무심허다 그러고는 인자 그것이 그대로 끝났는디,(신안 구비)

다. 항시 사십 년 동안 대감집이서 상 심부름을 허고 일한 습관이 있어 놔서 언늠 일어서서 받을라고 했단 말이여.(장성 구비)

라. 대막대기로 주령(=지팡이)을 짚은 것이라 놔서 뺍따구 매두(=매듭)가 이렇고 있던 모냥이제.(함평 구비)

마. 그 집으로 가는 <u>길이라 놔서</u> 인자 들어갔다 말이여.(고흥 구비)

바. 그양반이라서 저 <u>대감이라 놔서</u> 동냥도 못 가고,(장성 구비)

사. 다리빵(=다리 기둥)을 그 때는 <u>나무다리라 놔서</u> 말이여, 다리빵을 잘 붙들고,(화순 구비)

아. 걍 그 불구허고 사정을 허고 그 애끓는 말을 헝게로 <u>여자끼리라 놔서</u> 그 맘으 애처런 생객이 있다 그 말여.(정읍 구비)

(7)은 보조동사와 보조형용사에 '놔서'가 쓰인 경우이다. 이때는 보조용언이 겹쳐 쓰인 경우라 하겠다. 이때도 '놔서'는 단순히 이유를 나타낼 뿐이다.

(7)

가. 사방에 있는 돌은 다 갖고 인자 집이다 <u>모아 불어 놔서</u> 그때는 인자 여름이 지나고 가을이 됐어요.(함평 구비)

나. 샛길로 가서 신작로로 가지 말고, 하도 <u>만나 싸 놔서</u>, 호랭이를, 논에 대니면서.(화순 구비)

다. 너무다 <u>묵고 자와 놔서</u> 껍닥도 안 빗기고 묵어 불었제.

이상에서 본 바와 같이 서남방언에서 '놔서'는 표준어와 달리 완료나 상태의 지속의 의미보다는 단순히 이유를 나타내는 용법으로 바뀌어 쓰인다. 그래서 '-어 놔서'는 '-어서'로 대체될 수 있을 정도이다. 이러한 '놔서'의 의미 기능은 형용사나 지정사에 결합할 때 더욱 두드러진다.

14.2 보조형용사

14.2.1 싶다

보조형용사 '싶-'은 표준어에서 '바람'과 '추정'을 나타내는 두 가지의 용법을 갖는다. 바람은 씨끝 '-고'와 함께 쓰일 때 가능하지만, 추정의 '싶-'은 서술과 물음의 완형 보문, '-었으면'과 같은 현실과 다른 사태를 희망하는 경우, 그리고 의존명사 '성' 다음에 오는 것이 보통이다.

> (8)
> 가. 나도 가고 싶다.
> 나. 잘한다 싶으면 그냥 훼방을 놓아.
> 다. 비가 올까 싶다.
> 라. 갔으면 싶었는데 못 갔다.
> 마. 그 사람이 갈 성 싶니?

'바람'을 나타내는 보조형용사 '싶다'의 서남방언형은 '싶다'와 '잪다'의 두 가지다. '싶다'는 전북의 군산처럼 충남과 접한 북부 전북 지역에서 쓰이는데, 전남북의 나머지 지역에서도 표준어의 영향으로 유입되어 토착적인 방언형 '잪다'와 혼용되는 수가 많다. (9)에서 이를 확인할 수 있다.

> (9)
> 가. 보고 싶으면 이따 내가 베 줍시다(=보여 주겠습니다).(진도)
> 나. 인자 아뭇거나 부치고 싶은 대로 부쳐.(영광)
> 다. 자기 인자 떡을 해다 주고 싶으면 떡을 해다 주고,(영광)
> 라. 헨찰 딱 받고 싶은디 시방 보간해갖고 있소.(영암)

마. 자기가 허고 싶을 때 인자 놉얼 데레다 헌 것이요.(영광)

바. 나 낳고 싶은 대로 인자 나서,(곡성)

사. 보통 인자 먹고 싶으면,(영암)

아. 묵고 싶어서 먹으니까,(영암)

자. 먹고 싶고 그라든 안했어.(영암)

차. 가매 타고 싶었는디,(군산)

카. 자기 허고 싶은 대로만 허는 거여.(군산)

타. 누구 주구 시푸믄 주구 그럭하고,(무주)

파. 그냥 누구든지 쓰구 시푸면 살 수 있잖아요?(무주)

하. 많이 허고 시푸면 많이 허고,(남원)

ㅑ. 자꾸 밖에만 나가고 싶어요.(고창)

서남방언의 토착형인 '잪다'는 전북 무주에서 '젆다'로 나타난다. 이 형은 충남에서 널리 쓰이는 형인데(이기갑 2003:539-540), 무주도 이러한 충남의 영향을 받은 것이다.

(10) 보아내고 젆어도 못 보냈어요.(무주)

'잪다'는 전남북의 대부분 지역에 나타난다.[2] (11)은 전북 임실, 전남의 보성과 영광 등에서 확인된 것들이다.

---

2 지역에 따라서는 '잪-' 대신 '자프-'가 쓰이기도 한다. (예) 이거 며느리가 들와서는 걍, 걍 꼭 때리 죽이고 자프더니 걍 아 어찌케 잘허는지 걍 우리 메느리가 걍 사랑시러워서 걍 한시만 못 봐도 못 견뎌.(정읍 구비)/이제 죽어도 원은 없지마는 그나지나 사람이 살믄 또 살고 자프드라고.(정읍 구비)

(11)

가. 다른 것도 맘대로 부치고 짚은 대로 아뭇거라도 부쳐.(영광)

나. 기냥 자기가 꼬지고 짚은 대로 꼬진 것이 손톱모.(보성)

다. 그양(=그냥) 오고 짚어서 왔어.(임실)

라. 너그(=너희)가 먹고 짚은 대로 쌂아 먹더이 꿔 먹더니라고(=구워 먹더
니 하라고) 내버렁개 머.(임실)

마. 기양 시방 같으면 때레쥑이 버리고 짚덤만(=싶더구먼).(임실)

바. 헤기 싫지 그먼 허고 짚아?(임실)

사. 먹고 짚으면 거그서 하나썩 구먹 속으서 빼다가 먹고.(임실)

아. 허고 짚은 대로 혀.(임실)

'짚-'은 '잡-'으로도 쓰인다. 이것은 '짚- 〉 잡-'의 변화를 겪었기 때문이다.
(12)는 전남 영광의 예인데 '짚-'과 '잡-'이 함께 쓰이고 있다. 이처럼 '짚-'과 '잡-'
이 공존할 때는 오직 규칙활용만 가능하다.

(12)

가. 젓갈은 먹고 잡은 대로 사다 먹제.(영광)

나. 먹고 짚은 대로 생인(=생긴) 것 다 먹고.(영광)

반면 (13)은 '잡-'으로 통일되어 쓰이는 경우인데 이때는 '잡-~자우-'의 변동이
일반적이다.

(13)

가. 시어마니들이 어쩨 짐치가 좋은 놈 한 쪼각 잡수고 자와서(=싶어서)
살째기 숨케갖고 가서 벤소에 가서 짐치 쪼각을 잡사 보고 그랬다요.
(곡성)

나. 얼매나 담배 피우고 자완는지(=싶었는지) 우리 시어마니는 저 다므락
(=담벼락)에 가서 호박 입삭을 뜯어다가 싹싹 비베갖고 피우고 그랬어
요.(곡성)

다. 애기들이 보고 자와(=싶어) 몬 있겄드라고.(광양)

라. 묵고 잔(=싶은) 음석도 머 죽 묵고 자면(=싶으면) 죽 해 주고,(광양)

마. 보리밥 징그라 안 묵고 자(=싶어).(남원)

바. 안 먹고 장개(=싶으니까) 어디 밥 쪼깨만 입에 너갖고,(남원)

전남 영암에서는 규칙활용과 불규칙활용이 혼재되어 나타난다. 이는 이 지
역이 규칙활용에서 불규칙활용으로 변해가는 중간 단계에 있음을 의미한다.

(14)

가. 금없이(=뜬금없이) 오중어가 묵고 잡아요.(영암)

나. 그러고는 인자 애기딜 있어도 멋 묵고 잔는가(=싶었는가) 어쨌는가 모
르겠소요.(영암)

다. 해묵고 자면(=싶으면) 인자 사다가 담어(=담가) 묵제.(영암)

'추정'을 나타내는 '싶다'는 서남방언에서 '싶다' 또는 '시푸다'가 일반적이
다. 다만 전북 무주에서는 '젚다'가 보인다. 물론 무주에서도 '젚다' 외에 '싶
다'가 쓰일 수 있음은 (15나)가 보여 준다. 무주의 '젚다'는 충남의 영향을 받
은 것이다. 이기갑(2003:539-540)에서는 충남에서 추정을 나타내는 '싶다'가 '젚
다'로 쓰이는 다수의 예를 보인 바 있다. 따라서 충남과 전북 무주는 '바람'과
'추정' 두 가지 의미를 모두 '젚다'로 표현하는 셈이다.

(15)

가. 무식해서 저런 소리한다고 이런 소리하까 젚어서,(무주)

나. 급하그 죽으먼 저것들 멧자리 얻다 쓸 줄도 몰루고 그래 내가 자리 잡
아 났다 싶어서,(무주)

　무주를 제외한 전남북의 나머지 지역에서는 모두 '싶다' 또는 '시푸다'를
쓴다. 따라서 이들 지역은 '바람'과 '추정'의 의미에 따라 '잪-/잡-'과 '싶-'의 두
가지 형태를 갖는다. '싶다'에 의한 추정 구문에서 보문으로 쓰이는 문장은
표준어와 마찬가지로 서술문과 의문문이 가능하다. 우선 (16)은 서술문 뒤
에 '싶다'가 오는 경우인데 보문의 서술어에 모두 안맺음씨끝 '-겄-'이 있음이
눈에 띈다. 물론 '-겄-'이 필수적인 요소는 아니나 많은 예에서 '-겄-'이 출현하
는 것은 이 구문의 기능이 추정에 있음을 보여 준다. 보문 서술어와 상위문
서술어 '싶다'에 모두 추정의 의미가 나타나 있는 셈이다.

(16)
가. 해묵겄다 싶어서 고놈 해다가 인자 쌂아요.(곡성)
나. 전라도 사람치고는 이 이상 더 좋은 사람이 없겄다 싶웅께,(보성)
다. 그리갖고는 그 뒤로는 안 되겄다 시푸고,(임실)

　보문이 의문문일 때 '-는가/는고', '-은가/은고', '-을까/을꼬' 등이 온다. 보
문이 서술문일 때 추정의 '-겄-'이 흔히 출현하는 경향이 있었는데, 이 '-겄-'에
대응하는 추정 표현이 바로 의문문의 '-는가/는고'와 '-을까/을꼬'이다.

(17)
가. 이거 어천 일인고 싶은 생각나데요.(보성)
나. 그런 거는 전에는 인자 그런 거를 인자 했는가 싶다다만 해도,(광양)
다. 왜 이런가 시푸고,(남원)
라. 광산을 멩에(=명의)를 자기 명으(=명의)로 인자 돌리까 싶어서 상공부

에 가서 알아봉께 그것은 도저히 헐 수 없고,(보성)

마. 인자 해나(=행여나) 때리까 싶어서,(광양)

바. 멕여야 쓰겄어, 기암허고들 거식허까 싶어서.(고창)

다만 전북 군산에서는 '-나'가 쓰여 대조를 이룬다. 아마도 중부 방언의 영향으로 보인다.

(18) 시방 생각허먼 어트게 살어 나왔나 싶어.(군산)

그 밖에 (19)와 같은 의문문도 '싶-' 앞에 올 수 있다.

(19)
가. 어쩐 중도 모르고 기양, 이게 웬일이여 시푸고 떨리기만 허고,(임실)

나. 자들 국민핵교래두 가르치랴 싶으니까 정신이 파딱 나드라고.(군산)

　의존명사 '성'의 경우 서남방언은 표준어와 달리 '싶다' 대신 '부르다'가 온다. '성 부르다'는 '것 같다'로 대체해도 뜻의 차이가 없다. 다만 (20다)에서 '궁금한 성'은 표준어의 '궁금할 것'으로 대체 가능한데, 관형형 씨끝의 차이는 의존명사 '성'과 '것'의 차이에서 비롯된 것이다. 의존명사 '성' 앞에 '-은'이 올 경우 현재나 과거로 해석된다. (20마)처럼 군산에서는 '-은' 대신 '-는'이 오는데 이는 현재시제의 경우 이 지역에서 '느' 탈락이 일어나지 않았기 때문이다.

(20)
가. 그란 성 부르요.(진도)

나. 장난꾼이 사랑에서 갖다 먹은 성 부르요.(함평 구비)

다. 다름이 아니라, 이 농촌이 궁금한 성 불러 영사기를 갖고 왔습니다.(화

순 구비)

라. 하여튼 담배들 한 대를 떡 피우고, 이언(=의원)이 겨우 심사를 헌 성 부
르더래이.(부안 구비)

마. 봉게 불은 빤히 써 놨는디 내오간이 품자리를 허는 성 부르드래여.(군
산 구비)

(21)은 '성' 앞에 '-을'이 쓰인 경우로서 표준어 '-을 것 같다'에 대응하는 구문
이다. (21차)는 '-을'이 왔지만 '-은 것 같다'에 대응시키는 것이 더 나을 듯하
다. 지정사의 추정은 '-은'과 '-을'이 혼용되는 것으로 보인다.

(21)

가. 진사가 구대(九代)는 날 성 부르고 십이대(十二代) 만석궁을 받을 성
부르요.(함평 구비)

나. 종일에 그라다 인자 못 해볼 성 부르그덩, 장자가. 못 해볼 성 부릉께
할 수 없이 인자 쓰라고 그랬어.(해남 구비)

다. 혼이 나갈 성 부르닝께,(화순 구비)

라. 쇠 먹은 것이 쇠 먹고 큰 것인데 불로 쥑이면 죽을 성 부르지.(군산 구비)

마. 나 같으면 데리고 사는 것이 될 성 부르다고 긍게,(군산 구비)

바. 자기가 가서 힘껏 때리쥑이도 그 마음적으로는 죽일 성 부르지.(군산
구비)

사. 쥔양반을 올라탈라고 봉게 내가 벼락을 맞을 성 불르고,(정읍 구비)

아. 재산을 지키덜 못헐 성 불러.(정읍 구비)

자. 중단허고 삼을 캐먼 캘 성 불르단 말여.(정읍 구비)

차. 이것 보통이 아닐 성 불러.(정읍 구비)

(22)는 '부르다' 외에 '시푸다'가 쓰인 경우인데, 아마도 표준어의 영향으로 보

1094

인다. 다만 '시푸다'는 '부르다'에 비해 용례가 많지 않다.

(22)

가. 광주 어디 가면 친구가 있응개 돈 몇 냥 줄 성 시풍개 거그를 가 보자.
   (부안 구비)

나. 너 같은 놈을 그냥 둘 성 시푸냐?(부안 구비)

다. 어떻게 미음이라도 끓이 멕이고 그러먼은 살어날 성, 회생헐 성 시푸
   다고.(군산 구비)

라. 아무리 생각혀도 울 아버지인 성 시푸다.(정읍 구비)

14.2.2 보다

보조형용사 '보다'는 서술과 의문의 완형 보문 뒤에 출현하여 추정, 의도
등의 양태적 의미를 나타낸다. 『표준국어대사전』은 보조형용사 '보다'의 용
법을 네 가지로 구분해 놓았다. 첫째, '-은가/는가/나 보다' 구성일 경우 추측
이나 어렴풋한 인식을 나타낸다. 둘째, '-을까 보다'의 구성으로써 말할이의
의도를 나타낸다. 셋째, '-을까 봐(서)'의 구성일 때 주어의 염려를 나타낸다.
넷째, '-다 보니', '-고 보니' 구성으로 쓰여 이유나 원인을 나타낸다. (23)이 이
러한 쓰임을 보여 준다.

(23)

가. 열차가 도착했나 보다.(추정)

나. 한 대 때릴까 보다.(말할이의 의도)

다. 야단맞을까 봐 얘기도 못 꺼냈어.(주어의 염려)

라. 돌이 워낙 무겁다 보니 혼자서 들 수가 없었다.(이유)

'보다'가 추정을 나타낼 때 문장의 서법은 서술법만 가능하며 이음씨끝의 활용은 불가능하다. 그래서 (24가)-(24다)처럼 의문법이 쓰이면 비문을 형성하며, 명령법이나 청유법은 아예 올 수 없다. 다만 (24라)에서 보듯이 '-지'에 의한 확인의문은 가능하다. (24마)는 '보다'가 이음씨끝의 활용을 허용하지 않음을 보여 준다.

(24)

가. *열차가 도착했나 봅니까?

나. *가족이 많은가 보니?

다. *열차가 도착했나 보자.(추정의 의미로)

라. 열차가 도착했나 보지?

마. *열차가 도착했나 봐서 승강장으로 나가 보았다.

서남방언에서도 보조형용사 '보다'가 쓰이며 그 용법은 표준어와 거의 같다. 다만 몇 가지 점에서 차이를 보인다. 우선 추정을 나타낼 때 보문의 씨끝은 '-나'가 아닌 '-은가/는가'가 쓰인다. 물론 이 방언에서도 '보다'의 서법은 서술법으로 제한되며, 이음씨끝의 활용 역시 일어나지 않는다. (25)는 전남 지역의 구비문학 자료에서 확인된 예들이다.

(25)

가. 저가(=저기에) 사람이 사는가 보다.(고흥 구비)

나. 또 속은가 보다 하고 또 가 보니,(해남 구비)

다. 술 갖고 오는가 보다 하고 있는디, 봉깨는 술이 아니라 냉수여.(장성 구비)

라. "구렁이가 그렇고 뚫고 다닌가 보다이. 잘 잡었다." 그러거등.(장성 구비)

마. 그라고 봉께 바로 자기 딸이그덩. 그랑께 사주팔자에 타고나는가 보지라이.(해남 구비)

1096

바. 요때 아마 결혼을 했던가 보죠.(장성 구비)

사. 운문 유씨가 상당히 옛날에는 부자로 살았던가 보제.(화순 구비)

아. 호롱불 밑에서 바느질을 하다가 보니까 시간이 열두 시가 넘어 한 시 쯤 되았든가 보지요.(화순 구비)

자. 요놈들이 호멩이(=호미)를 갖고 왔던가 보데.(화순 구비)

차. 신라왕 때인가 보네.(장성 구비)

카. 그 사람이 여러 날 며칠 공부를 해갖고, 그 홀엄씨 집이를 들어갔든가 보드만.(함평 구비)

타. 아조 피곤했던갑제, 피곤했던가 봐.(화순 구비)

파. 그 집이가 숯을 꾸던 집인가 봐.(보성 구비)

하. 그러니까 그분네가 지금으로 말하믄 배달부였던가 봐요.(고흥 구비)

구술발화에서 추정을 나타내는 '-은가 보-'에 반말의 씨끝 '-어'가 결합된 활용형은 서남방언에서 네 가지로 나타난다. 첫째, '-은가 봐'로서 표준어와 같은 것이다. (25)의 (타)-(하)처럼 전남에서도 보이지만 (26)에서 보듯이 주로 전북 지역어에서 많이 쓰인다.

(26)

가. 내가 쫌 뭐 쫌 알긴 알었는가 봐.(군산)

나. 우리 시누들두 그게 못마땅힜든가 바.(군산)

다. 그들이 여그도 만했든가 바요.(신안)

라. 빗이 지고, 무엇을 어치게 하다가 빗이 졌든가 바요.(고창)

마. 그렇게 무선가 봐요, 사람이.(임실)

바. 세 집 들왔는가 봐요.(임실)

사. 싸 주먼 기양 종우떼기 속으서 큰가 봐요.(임실)

아. 어트게 해서 인자 주택자금이 나왔든가 바요.(고창)

자. 그렇게 헌가 바, 항시.(남원)

차. 거 땅이 시방 거가 있는가 바.(남원)

둘째, 보조형용사 '보-'의 모음이 탈락하고 앞선 완형 보문과 축약을 일으킨 '-은갑다/은갑네/은갑소/은갑습니다'와 같은 형식으로 쓰인다. 이때 '-은갭이다/은갭이네/은갭이요/은갭입니다'처럼 지정사 '이-'가 개재된 표현도 가능하다.[3] 이승재(1980)에서는 지정사 '이-'의 개재를 근거로 '-은갑이다'의 '갑'이 '-가보-'에서 의존명사로 재구조화 되었음을 주장한 바 있다. 의존명사 '갑'으로 재구조화 된 표현은 전남의 북부와 전북의 남부 지역에서 확인된다.

(27)

가. 인자 그래서 인자 헌 소린 갑이여. 다 그 소리가 먼 소린가 몰라도.(곡성)

나. 지금으로 말허면 채석같이 그릏게 딱 세와 났는 갭이예요.(보성)

다. 그렁개로 한 칠 개월이나 육칠 개월 되았는 갑이여.(남원)

라. 긍개 기양 얌전허다고 혼언(=혼인) 났넌 갑이여.(남원)

셋째, '-은 갑이여'가 '-은가벼/은개벼'나 '-은가베'처럼 축약된 경우이다. 이런 표현은 주로 전북에서 쉽게 찾아볼 수 있다.

(28)

가. 섬에도 그 나병한자들 만했든가벼.(신안)

나. 그게 긍개 두 번 헌다고 허는개벼.(군산)

다. 안 딴 병도 술 냄새가 나는개벼.(군산)

---

3 마침씨끝 '-어'가 아닌 경우 지정사 '이-'가 없는 형이 흔히 쓰인다. (예) 많이 있었든갑드라야.(신안)/동전(=동티) 났든갑소, 그때.(영암)

라. 각시가 물어봤는개벼.(임실)

마. 저 모팅이서 손을 까불까불힜는개벼.(임실)

바. 쌍놈이 아닌가벼.(군산)

사. 그게 삼천 원이었는가베.(군산)

아. 나까지 혀서 아마 열 식군가베.(군산)

자. 꼴베기 싫웅개 누가 그랬던가베.(고창)

차. 옛날같이 여자가 어디 출입도 안 허고 사는 세상이 돌아와야 할란가
베.(고창)

넷째, '-은갑서'로 쓰이는 경우인데 이는 전남에서 주로 찾아지며, 전북에서
는 전남과 접한 정읍 지역에서 확인된다. '-은갑서'는 '-은갑이여'와 달리 지정
사 '이-'가 개재되지 않는다. (29하)처럼 '-은갑서' 뒤에 아주낮춤의 조사 '야'
가 올 때는 '-은갑서'의 '서'가 '시'로 수의적인 변동을 보여 '-은갑시야'로 쓰일
수 있다.[4]

(29)

가. 인자가 더 따뜻한갑서라우.(신안)

나. 밭은 인자 산속에 의식진(=으슥한) 덴갑서.(신안 구비)

다. 그래서 백년배필 될라고 거로(=거기로) 갔는갑서.(고흥 구비)

라. 어쩌면 저놈 마누라를 내가 뺏을꼬 이런 생각이 떡 났는갑서.(화순 구비)

마. 약이 읎었는갑서, 애초에.(신안)

바. 인자 방애를 좀 찧어 주고 가락 했는갑서라.(신안)

사. 만날 그 조개빼끼느 안 잡았는갑서.(광양)

---

4 반말의 씨끝 '-어'의 앞에 /ㅆ/이 오고 뒤에 조사 '야'가 결합될 경우, '-어'는 '-이'로 변동할
수 있다. (예) 있어야(있이야)./없어야(없이야)./갔어야(갔이야)./허겄어야(허겄이야).

아. 옛 사람이 인제 홀애비로 살든갑서.(정읍 구비)

자. 많이 쌀을 찧어 놓깨 재밌든갑서.(신안)

차. 만날 씨어매를 종매니로 부려 먹웅께 인자 애기가 없든갑서.(보성 구비)

카. 인자 자기 부부간에 쌈이 났던갑서.(정읍 구비)

타. 소아마비가 왔든갑서요.(광양)

파. 더 만했든갑서라우.(신안)

하. 그랬든갑서야/그랬든갑시야.(신안)

보조형용사 '보다' 앞에 '-을까'가 이끄는 완형 보문이 오면, 말할이의 의도나 주어의 추정을 나타낸다. 이때 '보다'는 '부다'로도 쓰인다. '-을까 보다'처럼 서술법이 오면 주어는 언제나 일인칭이며, 말할이의 의도를 나타낸다. 그래서 '-을까 보다'의 주어로 이인칭이나 삼인칭이 오면 (30나)처럼 비문이 된다. '-을까 보다'가 표현하는 의도는 말할이가 처음부터 가졌던 의도가 아니라 상황에 따라 어쩔 수 없이 갖게 된 의도이다. 그래서 (30가)의 '지켜볼까 부다'와 서남방언의 전형적인 의도 표현 '지켜볼란다' 사이에는 약간의 의미 차이가 있다. '지켜볼란다'가 말할이의 자발적인 의도라면, '지켜볼까 부다'는 상황에 따라 마지못해 갖게 된 의도인 것이다.

(30)

가. 모자간에 일을 허고 또 옹개, 아 저녁에 밥을 또 해 놨어. 사흘을 그렇게 밥을 해 놨어. 그 이튿날 새복에는, "에이 내가 지켜볼까 부다." 가서 참 사흘만에 한 번 또 붙잡았다.(전주 구비)

나. *니가(*철수가) 갈까 보다.

'-을까 보-'가 의문법을 취하면 씨끝은 언제나 '-냐'가 올 뿐 다른 의문의 마침씨끝은 올 수 없어, 상대높임의 위계에 따른 *'-을까 본가', *'-을까 보요', *'-을

1100

까 봅니까' 등은 불가능하다. 그리고 '-을까 보냐'는 언제나 수사의문으로 해석되며 (31)에서 보듯이 주어의 의도나 확신을 강하게 표현한다.

(31)

가. 내가 너한테 요놈을 주까 보냐? 절대로 못 준다.

나. 그것이 사람이 아니고 뭣이까 보냐고.(군산 구비)

다. 중놈으로서 고기를 먹는 법이 어디가 있을까 보냐고 그 책망을 해.(전주 구비)

'-을까 보-'가 이음씨끝을 취할 때에는 '-어/-어서'로 제한된다. 그래서 "-을까 보면', "-을까 봉개', "-을까 보고' 등의 활용은 불가능하다. '-은가/는가 보-'는 이음씨끝의 활용이 아예 없었는데, '-을까 보-'는 그래도 '-어/어서'의 활용은 허용한다. 실제 구술발화 자료에서는 '-어서'보다는 -어'가 주로 쓰인다. 이음씨끝 '-어'가 결합된 '-을까 봐'는 그 굳어진 분포 때문에 형태적인 변이를 겪는다. 그래서 방언 자료에서는 '-으까 바'나 '-으까 비'가 보이고, 경우에 따라 '바'나 '비'의 첫 자음 /ㅂ/이 /ㅁ/으로 바뀐 '-으까 마-'와 '-으까 미-'로 쓰이기도 한다. 이런 형태에 이르게 되면 보조형용사 '보-'와의 관련성을 찾기 어려우므로, '-으까마'나 '-으까미'를 '염려'나 '우려'를 나타내는 이음씨끝으로 재분석해야 한다. '-으까미'는 움라우트를 겪어 '-으깨미'로도 흔히 쓰인다. 또한 '-으까마'는 '-으까마니'나 '-으까매'로 쓰이기도 한다.[5] '-을까 봐'가 '-으까미' 등으로 재구조화 되는 것에 대한 자세한 기술은 6.3.1.4 참조.

---

5 광양에서는 '거이라가'가 '-을까 봐'의 의미로 쓰이기도 한다. '거이라가'는 의존명사 '것'에 지정사의 활용형 '이라'(=이어), 그리고 '가지고'의 방언형 '가'가 결합된 것이다. 그래서 표준어로는 형태적으로 '것이어가지고'에 대응하지만, 의미적으로는 '-을까 봐'에 대응한다. (예) 받아갖고 인자 또 또 토 또 요놈 떨어지 거이라가(=떨어질까 봐) 안 떨어지게 헌다고 요리 인자 또 볼을 받아.(광양)

(32)

가. 그때는 서로 못살면 누가 <u>오까 봐</u> 사립문도 닫고, 인심이 그랬다는 것 이여.(부안 구비)

나. 며느리가 밥상을 들고 가다가 방구를 꿍개 시아버지가 며느리보고 <u>무 안할까 보아서</u>, "아들 날 방구다." 그렁개,(장성 구비)

다. 그놈 먹으면 <u>죽일까마니</u> 못 먹고 벌벌 떨고 안 먹은단 말이여.(해남 구비)

라. 이 여자가 즈그 아부지 <u>폴까마니</u>(=팔까 봐) 이 여자가 무장(=점점 더) 공대를 하고,(보성 구비)

마. 인자 <u>그락까미</u>(=그럴까 봐) 즈그 아버지 찾아간다고 할까 무성께(=무 서우니까) 즈그 엄마는 못 갈쳐 줬는디,(해남 구비)

바. 전에 옛날에는 죽은 사람이 <u>사까미</u> 초분을 해 논디,(해남 구비)

사. 헌병들은 전부 문악(=문 앞)에 기양 <u>도망가깨미</u> 못 가게 실탄 콱콱 박 아갖고 총 취케 들고 섰고,(보성)

아. 바느질 고리다 막 똘똘 막 헝겊대기다 싸서 인자 누가 <u>보깨미</u> 말여, 싸 놓고 있는 거여.(군산 구비)

자. 그렇게 아, 대감 이것이 저 <u>잡아먹을깨미</u> 아, 문을 닫으로 나온디,(정읍 구비)

차. 남자가 인자 처음에 자기가 잘못했다는 것으로 베틀 밑에 앉아서 그 노래를 지었어. 지어서 부르면 그 각시가 <u>쳐다볼까매</u>.(부안 구비)

'-을까 보-'는 '-은가 보-'와 몇 가지 점에서 차이를 보인다. 우선 의미가 다르 다. '-을까 보-'는 일인칭 주어일 때 의도를 나타내며, 의도가 아닐 때에는 추 정을 나타낼 수 있다. 반면 '-은가 보-'는 오직 추정만을 나타낸다. 그래서 추 정의 경우에 두 형식은 겹칠 수 있는데, 그 용법에 차이가 있다. '-은가 보-'가 명시적인 증거에 기반한 추정을 표현한다면 '-을까 보-'에는 그러한 증거가 필수적으로 요구되지 않는다. 한편 '-은가 보-'는 모음 탈락에 따라 '-은갑-'으로 축약되지만 '-을까 보-'에서는 모음 탈락과 이에 따른 축약이 일어나지 않는다. 그리고 '-은가 보-'는 이음씨끝의 활용을 허용하지 않지만 '-을까 보-'는 이음씨끝 '-어/어서'의 활용은 허용하는 차이가 있다. 이러한 활용의 차이 때문에 이음씨끝 '-응가미/응개미'는 '-은가 봐'에서 재구조화 된 것이 아니라 '-으까미/으깨미'로부터 유추되어 생겼을 가능성에 대해서는 이미 6.3.1.4에서 언급한 바 있다.

15장

담화 문법

15.1 설명 또는 이야기의 시작

15.1.1 역행 대용어

① 그랬다냐, 그랬드라냐

대화 중에 상대가 어떤 일에 대해 설명이나 해명을 요구할 때가 있다. 이 요구는 '왜', '어떻게', '무슨'과 같은 의문사로 이루어지는데 이에 대해 말할이는 짤막하게 대답할 수도 있지만, 긴 이야기를 필요로 할 수도 있다. 이처럼 설명으로서 긴 이야기를 펼쳐 나갈 때 말할이는 설명의 시작을 알리는 신호를 따로 보내기도 한다. 물론 이 시작 신호는 필수적인 것이 아니므로 말할이의 선택에 따라 수의적으로 출현한다. 그럼에도 그 신호의 형태가 방언에 따라 일정한 형식을 따르고 있어 담화 문법의 하나로 볼 만하다. 서남방언에서는 역행대용 표현이 설명의 시작 신호로 쓰인다. 구술자가 말할 내용을 아우르는 대용 표현을 미리 발화함으로써 자신이 앞으로 어떤 설명을 펼쳐 나갈 것이라는 시작 신호를 상대에게 보내는 것이다. 이러한 역행 대용 표현은 상대로 하여금 앞으로 전개될 설명에 주의와 관심을 집중하도록 하는 효과를 갖기도 한다.

서남방언에서 설명의 시작 신호로 '그랬다냐?', '그랬드라냐?'와 같은 대용 표현이 사용되는데, 상대높임의 위계에 따라 '그랬단가?', '그랬다요?', '그랬드란가?', '그랬드라요?'와 같은 표현도 가능하다. 이들은 모두 의문문이라는 점이 공통이다.[1] 이 의문은 상대에게 응답을 요구하는 중립적인 의문이 아

---

1 '그랬단다/그랬드란다', '그랬다네/그랬드라네', '그랬다요/그랬드라요'와 같은 서술의 대용 표현도 이야기의 시작 표현으로 쓰일 수 있을 듯하다. 하지만 의문문보다는 사용 빈도가 낮은데, 이는 아마도 상대와의 공감 유도 기능이 없기 때문으로 추정된다.

니라 상대와의 공감을 유도하는 비중립적 의문이다. 형태적으로 이들은 대용언인 내포문과 상위문의 의문법 씨끝이 축약된 합성 표현으로 이루어진다. 그래서 축약되지 않은 '그랬다고 허냐?'나 '그랬드라고 허냐?'는 시작 신호로 쓰이지 못한다. 내포문의 시제는 과거나 과거회상인데 펼쳐질 설명이 모두 과거의 이야기이기 때문이다. 역행대용어로써 설명의 시작을 알리는 경우는 모두 과거의 이야기에 한정된다. 따라서 과거시제가 포함되는 것은 당연한 일이다. 그러므로 '그런다냐?'나 '그러드라냐?'처럼 비과거시제는 시작 신호로 쓰일 수 없다. 내포문은 완형 보문 형식을 띠는데 이는 설명의 내용을 아우르는 대용 형식이기 때문이다. 여기에 덧붙는 상위문의 의문형 씨끝은 상대방의 공감을 이끌어내기 위한 것이다. 따라서 '그랬다냐'나 '그랬드라냐'는 [설명의 내용]과 [상대의 공감 유도]라는 두 요소를 포함한다. (1)에서 (가)-(라)는 의문사를 통한 상대의 설명 요구에 응답하는 과정에서 설명의 시작 신호가 사용되었다. (1마)는 형식적으로 '먼 애기라?'와 같은 상대의 설명 요구가 있지만 그 이전 발화가 '그란디 할멈한테 한번 나도 묘한 얘기 좀 할라네.'이므로 이 경우는 설명의 요구에 대한 응답이 아니라 말할이가 자발적으로 이야기를 시작하면서 제시한 시작 신호로 볼 수 있다. 그러므로 시작 신호는 설명의 요구에 대한 수동적인 반응과, 설명의 요구가 없는 상황에서 능동적이고 자발적인 이야기를 꺼내는 경우의 두 가지로 나눌 수 있을 것이다. 전자를 '설명의 시작', 후자는 '이야기의 시작'으로 구분한다. 설명의 시작은 대화 참여자 간의 상호 작용이 작용한 경우이며, 이야기의 시작은 말할이의 주도적인 담화 행위라는 점에 차이가 있다. (1바)는 이야기의 시작 신호로 사용된 경우인데, 다른 경우와 달리 '옛날에'라는 시간 부사어가 선행하고 있다. 이러한 부사어의 존재는 이야기의 시작 신호가 관용적인 형식으로 완전히 굳어진 것이 아니라 아직도 역행 대용어의 기능을 가지고 있음을 말해 준다. 이처럼 담화의 시작 신호는 설명의 시작과 이야기의 시작 두 가지로 크게 구분되는데, '그랬다냐'나 '그랬드라냐' 형식은 이 두 가지 경우에 모두 사용된다. (1)에서 보듯이 '그랬다냐'나 '그랬드라냐' 형식은 모두 전남 지역의 구비문학 자료에서 확인된 것이다.

(1)

가. "먼 손님들이라우?" 그랑께는, "아야, 그랬다냐? 질 가는 양반들이 이렇게 배고프다고 이렇게 (중략). 그라나 무엇으로 밥 해 주끄나?" 그랑께,(해남 구비)

나. 그랑께는 "명가가 어떻게 해서 성이 내 좆 같다는 것인가?" "그랬다요? 우리 시조 할아버지가 강원도 금강산에서 있었든 것입디다. 있어가지고 일찍허니 돌아가서 불고 우리 할머니만 거기 금강산 속에가 살었든 것입디다. 아, 상께는 홀엄씨가 인자 있응께는 월봉사에서 사는 중놈이 와서 우리 함씨를 붙으고 일봉사에서 와가지고 우리 함씨를 붙어갖고 난 것이 하필 어떤 놈 자식인지 모릉께는, 일(日)자 월(月)자를 보태 갖고 밝은 명자를 해가지고 그래서 내가 명가라고 해서 성이 좆 같아서 내가 안 갈쳐 줄라다 갈쳐 디리요." 그랬드라요.(보성 구비)

다. "뭔 일이십니까?" "그랬드란가? 자네 아다시피 내가 마침 젊은 여자를 데꼬 살지 않는가?" "그렇지요."(신안 구비)

라. "그래이, 뭔 일 있었든가 할멈도?" 긍께는 "그랬드라요? 아이, 저 어덕 밑에 오막살이 처음에 짓고 지을 때게 영감은 그라고 돌아댕기고 하다 하다 웅색항께 굴씨 영감보고 와서 토수일 쫌 해 주라 했습디다. (중략) 아, 그랬드니 막둥이 자 아그를 낳단 말이요." 그랑께,(신안 구비)

마. "그란디 할멈한테 한번 나도 묘한 얘기 좀 할라네." 그랑께, "뭔 얘기라?" "그랬드란가? 나도 할멈하고 사이 떨어져서 이라고 돌아댕기면서 넘우(=남의) 유부녀하고도 접촉도 해 보고 홀어머니한테도 접촉도 해 보고 묘한 꼴 다 당해 봤어. 그래 참 사람은 가지각색이데. 그러나 다 인제 늙어서 지내가 버린 일이 어짜겠는가?" 그랑께,(신안 구비)

바. 옛날에 <u>그랬드라요?</u> 인제 숯을 굽는디 늙은 즈그 어머니하고 둘이 숯을 굽고 아무것도 없응께 장가도 못 가고 숯을 굽고 산디, 아, 매일 그렇굼 댕기다가 숯 구어 놓고는 인자 또 그놈을 끄러 간 것입디다.(해남 구비)

② 그런 것이냐, 그런 것이요

서남방언에서 '그런 것이다'는 선행 발화나 그 내용을 지시하면서 단언하거나 추정한다. 따라서 이때의 '그런'은 순행 대용어로 기능하는데, (2)가 이를 보여 준다.

(2) 허허, 갈(渴)하믄 잡수라고 말이여, 잔뜩 목은 몰라겄다, 자기가 기운이 없소, 총객이. 그러니 물을 마시믄 체래해(=체해). 물 체래하믄 죽어. 그리니 버들 잎사귀가 바가치에 뜨면은, 그놈 부니라고 쪼까썩 쪼까썩 마싱께 체래 안 한다. 그래서 <u>그런 것이다.</u> 뭐 미와서 <u>그런 거 아니라.</u>
(고흥 구비)

그런데 '그런 것이냐', '그런 것이요?'와 같은 의문문의 '그런'이 순행 대용어로 해석하기 어려운 경우가 있다. (3가)에서 '그런 것이냐'는 의문사 '어찌'가 포함된 설명 의문문에 대한 대답의 첫머리에 쓰였다. 이 경우 '그런'의 선행사를 설정할 수 없다. (3나)는 어머니에게 설명을 강하게 요구하는 아들의 발화에 대한 응답에 '그런 것이냐'가 쓰였다. 이 역시 '그런'의 선행사를 설정하는 것은 무리하다. 이 경우도 설명의 시작 부분에 사용된 점이 (3가)와 같다. 따라서 '그런 것이냐?'는 정상적인 의문문으로 볼 수 없고, 설명이나 이야기의 시작 신호로 쓰이는 ①의 '그랬다냐'류와 같은 기능의 표현으로 이해해야 한다. '그랬다냐'가 의문문이듯이 '그런 것이냐'도 의문문이다. 이는 물론 상대의 공감을 유도하기 위한 것이다. '그랬다냐'의 경우 내포문인 '그랬다'가 역행대용적 표현임은 쉽게 이해되는 데 반해 '그런 것이냐'의 '그런'이 역행대용어인지는 불분명하다. 글쓴이의 직관으로도 이런 판단이 쉽게 내려지지 않는다. 그러나 순행 대용어가 아니므로 남은 선택은 역행 대용어뿐이다. 따라서 '그런 것이냐'의 '그런'을 역행 대용어로 규정할 수밖에 없다. 말할이가 앞으로 풀어 갈 자신의 설명이나 이야기를 시작하면서 그 설명이나 이야기를 역행 대용어 '그런'으로 먼저 제시한 뒤 이어서 구체적인 설명이나 이야기를 풀어 나가는 것인데, 표준어라면 전혀 불가능한 용법이다.

(3)

가. "아무 거시기야, 아무 거시기야!" 항게 한 상전이, 아래에 있는 한 30대 총각으로 장가 안 간 것이거든. "아이고, 어찌 저 서방님 이렇게 여기까지 올라왔어요?" "그런 것이냐? 저 귀짝(=궤짝)이 내가 벌면 저 귀짝이 다 먹는단다. 그래서 저 귀짝을 없앨라고 하능게, 우리 마누라가 강물에다는 못 띄우게 하여. 그래 네 절간에는 별 상관없고 하닝게 니네 절간이나 갖다 써라."(부안 구비)

나. "아이, 꼭 어머니께서 안 갈쳐 주시면 불효한 말로 이 칼로 제 목을 찔러 죽을랍니다. 어머니가 안 갈쳐 주면 제가 살 필요가 있소?" 목에다 칼을 딱 대네그려. 안 되겠어, 그놈 허는 짓이 안 되겠어. 그래서, "가만 있거라. 그런 것이냐? 나는 늘 애기를 딸만 낳든 댐이라(=다음이라) 어정지아그(=부엌데기), 그 아그는 첫애기다. 아, 애기가 한날한시에 비쳐. 그러면 정지 것은 저짝 방에서 비치고 나는 이 방에서 낳게 되는디 나는 애기를 순산해 놓고 보니 여식이여. 그래서 '이것 또 여식이구나.' 하고 한탄하고 있는 참에 저짝에서 애기 소리가 나드라. 그러니까 저 놈은 첫애기니까 첫애기를 낳고 나면은 산모는 정신을 바로 나(=놔) 불어야. 그래서 얼른 가 보니까 니를 낳았드라. 그래서 안 갖고 와 불었

냐(=가져와 버렸잖니)? 바까서 키운 것이다. 그 죄밖에 없다." 그렁께,
(보성 구비)

'그런 것이냐' 외에 '그런 것이요?'도 설명의 시작 신호로 쓰이는데, 이는 단
지 상대높임의 위계만 다른 경우이다. 다만 구비문학 자료에서는 '그런 것이
냐'보다 '그런 것이요'의 사용 비율이 압도적으로 높게 나타난다. '그런 것이
요'는 전남과 전북 전역에서 확인되어, 전남의 자료에서만 보이는 '그랬다요/
그랬드라요'와 사용 지역에서 차이를 보인다. (4)의 (가)-(카)는 의문사가 있
는 설명 요구에 대한 응답의 발화에 '그런 것이요'가 사용되었다. 반면 (타)-
(파)에서는 의문사가 없지만 명시적으로 설명을 요구하는 상대의 발화에 대
한 응답에 '그런 것이요'가 쓰였다. 한편 (하)-(ㅏ)는 그러한 상대의 요구가 없
는 상황에서 말할이가 자발적으로 자신의 이야기를 펼쳐 나가는 과정에서
'그런 것이요'를 시작 신호로 사용하였다. 이처럼 설명의 시작과 이야기의
시작 신호로 '그런 것이냐'와 '그런 것이요'가 쓰이는 것은 '그랬다냐'류의 표
현과 완전히 동일한 것이다. 그러므로 서남방언의 '그런 것이냐'와 '그런 것
이요'를 설명이나 이야기의 시작 신호로 해석할 수밖에 없다.

(4)
가. "주인양반! 소실 둬겠소?" "소실 한나 두긴 뒀소." "언제 뒀소?" "인자사
(=이제야) 몇 개월, 사오 개월 되았소." "그람 그 사람 <u>어서(=어디서)</u> 구
<u>득했소?</u>" "<u>그란 것이요?</u> 울 어머니가 뜽금없이 건강한 양반이 배가 아
프고 가슴이 아프다고 해서 아주 의원이라고 하는 의원은 다 들여도
백약이 무효란 말이여. 그런디 한 의원이 와서 뭣이라고 하는고 하니,
…".(해남 구비)
나. <u>뭔 애기냐고</u> 애기 잔 하라고. "아, <u>그란 것이요?</u> 며칠 전에 딸자식 한나
가 있는디 삼산면 아무 냇갈(=냇가)로 빨래하러 보냈어라우. 그란디

빨래하러 가서 빨래도 않고 빨래통도 거그다 집어내불고 신까지도 내불고 아, 없습디다. (하략)"(해남 구비)

다. "뇌와라고 써 붙인 것은 <u>무슨 뜻이냐</u>?" "<u>그란 것이요</u>? 그것이 황새, 꾀꼬리 애기가 나온디 황새, 꾀꼬리가 내 소리가 좋니, 니 소리가 좋니 서로 이김질이 나가지고 따오기한테 누구한테 갔다 하드라? 응, 따오기하고 꾀꼬리하고, 황새한테 물어보러 갔어. 재판을, 판단을 해 주라고. (중략) 그래서 인자 벼슬에 나가 봤자, 나는 빈손으로 나가 봤자 아무 것도 바친 것이 없응께 늘 떨어지고 떨어지고 했어. 그래서 인자 한탄하고 하는 것이 뇌와란 소리여. 그래서 황새 애기를 그렇게 한 것이여."(해남 구비)

라. "<u>어쩐 일이요</u>? <u>누가</u> 죽어서 <u>누구</u> 제사를 지냅니까?" 그렁게, "<u>그런 것이요</u>? 우리가 팔십살이 다 넘었소. 넘었는디 우리가 한 이십여 세 먹어서 자식을 하나 나갖고 키다가 열댓 살 먹어서 죽었소. 그리서 우리 생전이는 그 지사를 지내 줘. 우리 죽어지면 안 지내지요. 그래서 거 우리 아들, 여우도 못헌 우리 아들 지사를 지내 주는디 그저 자식을 못 낳고 봉게 죽은 자식 그놈 생각이 나서 이렇게 시방 거시기 헌다고."(군산 구비)

마. "그서(=그래서) <u>뭣 헐래</u>?" "<u>그런 것이요</u>? 저 아까 첫번(=처음)에 그 정승 급제헌단 놈이라우, 아 요 자식이 엊저녁에 그양 저녁을 묵고 서당을 같이 오는디, 아, 웃다리에서 쥐란 놈이 지내감서 뽀시락허잉게 이놈이 깜짝 놀래서 아, 이 큰일 났다고 저한테 달라들으라우. 고런 놈이 정승 급제를 히라우? 고렇게 배짱 적은 것이 정승 급제혀? 고런 놈 좆 하나를 그양 주뎅이에다 물리야겠소." 그러거든.(정읍 구비)

바. "아니, 경은 말 들으닝게 븍이 많으단디, <u>얼매나</u> 븍이 많여?" "아, <u>그런 것이요</u>? 제가 아들 십이 형제 딸 하나를 뒀습니다. 했는디 아, 전부 십이 형제 아들이 걍 다 천 석 천 석씩이를 받<u>으요</u>. 큰아들도 천 석, 두째

아들 천 석, 세째 아들 천 석, 네째 아들 천 석, 다섯째 아들 오천 석 전부 이 십이형젱게 열둘도 다 천 석을 받으요."(정읍 구비)

사. "그나 이 구슬이 <u>어이서 났냐?</u>" "아, <u>그런 것이요?</u> 어저끄 말허자면 아버님 드릴라고 생선 다섯 마리를 샀어라우. 생선 다섯 마리를 사가지고 배를 타 봉게 그 속으가 구슬이 들었어라우."(정읍 구비)

아. "그리여. 그러면 <u>어트케 히서</u> 그 구슬이 도로 생였소(=생겼소)?" "아, <u>그런 것이요?</u> 그서 인자 제가 오늘 여그 올 날 아닌기라우? 그리서 아들 십이 형제 내외 시물넷허고 딸허고 사우허고 히서 스물여섯 뫼아 놓고는, 소허고 돼아지허고 잡아 놓고 잔치를 안 힜읍니까?"(정읍 구비)

자. "<u>어쩐 일이냐?</u> 상고(=장사) 안 하고는 왜 집에 와서 두러누워 있느냐?" 그러고 물응께, "<u>그런 것이요?</u> 가서 그 돈이로 물건을 사가지고 한양으로 올라오려고 하였드니 복이 없나 봅디다. 거그서 물건을 사가지고 오다 모두가 화냥을 만나가지고 물건은 다 잃고 뽀듯이 목숨만 살아왔소." 그러거든.(화순 구비)

차. "우리 부락에는 살아생전에 열녀문을 짓니라고, 저 열녀문 짓니라고 집 짜는 소리요." 하면서 자랑 삼아서 이야기를 해. "하기야 살아생전에 열녀문을 짓다니? 열녀문은 거개는 죽어 사후에 짓는 것인디, 이 웃째 살아생전에 열녀문을 지아?" 그랑께, "<u>그런 것이요?</u> 이얘기를 헐 것이니께 잠 들어 볼라요?" 그래 뭐 좀 해 보라고.(고흥 구비)

카. 그래 그 연유를, "<u>어짠 일이냐?</u>" 그 연유를 물응께는, "아, <u>그런 것이요?</u> 어느 사람이 그랬는가 금뎅이를 줘서 우리가 살기는 살게크롬 되았습니다마는 우리 아부지 복장에 맞어서 비명치사를 했습니다." 비명치사를 당해서 이렇게 복을 입고 있는 중이라고.(해남 구비)

타. 대처 그러겄다고 허고 그 영감보고, "아이 경, 그때에 나루를 건널 때에 <u>아무 일이 없었소?</u>" "아, <u>그런 것이요?</u> 나루 사공놈이 관가에 뭣 흐러 갔다 오냐고 히서, 아, 이러저러히서 돈 나루 저 쌌으로 천 냥을 주고 아,

또 말허자먼은 뭣 흐러 갔다 오야고 히서 이러이 좋은 보물을 주어서 갖고 온당게 이놈을 보자고 허더니 바닷속에다 던져 버립디다."(정읍 구비)

파. "저그 오는디 들녘도 너릅고 땅이 옥토로 보인디 전부 묵어갖고 누각에 집이 있는디 그 욱으로 올라강께 집이 전부 전복되아갖고 있소. 그런디 <u>그 이유를 알라고 왔소.</u>" "우리도 시방 오늘만 내일만 하요. <u>그런 것이요?</u> 지리산 저 안에 들어가면 큰 대찰 절이 있소. 대찰이 있는디 아, 거 도채비(=도깨비)가 나가지고 (중략) 밤이면 전복을 시켜 불었소. 절도 다 자빨써 불고 대웅전만 남아갖고 있소. 그래서 인자 우리한트로 침범할 성 부릉께 우리도 시방 오늘만 내일만 어디로 갈 것이냐고 공량하는 중이라고."(해남 구비)

하. "아무개 아버지, 아무개 양반, <u>지 말 들어 보실라오.</u>" "어디 해라. 요 따순 디로 앙거라." 그러고는 도란도란 인자 그 머시매 아들이 장개를 갔는디, "아 <u>그런 것이요?</u> 아, 내가 김생원보다가 항상 애문소리를 했는디, 아내가 한낮에 가 봉게로 시키먼 먹구렁이가 그렇게 방천을 뚫고 물을 빼던갑디다. 내가 그래서 삽으로 허리를 그냥 내가 딱 삽으로 딱 찍어서, 대를 내가 깎아갖고 꼬쟁이를 해서 전부 대꼬쟁이를 해서 몸땡이다 내가 박아 놨소."(장성 구비)

ㅏ. 아이, 저놈 부자 된다, 부자 된다 치먼은 저 고댕광실 높은 집에 내빈옹게 접대허고 손님 밥 준단 놈이라우. 아, <u>그런 것이요?</u> 오늘 아침에 분판에다 글씨를 쓰는디 고놈이 와서 깜밥(=누룽지)을 가지고 개와주머니(=호주머니)에다 넣고 내 먹읍디다. "나 조깨 도라." "지랄허네, 너 줄 거 없어." 아, 개와에다 남은 놈은 너 버려. 아이, 고런 놈이 아이, 고런 놈이 제 손님을 접대허끄라우? 깜밥을 남 안 준 놈이 지가 손님 접대를 혀? 고놈 주뎅이 하나 물리야겠소.(정읍 구비)

15.1.2 '아니라' 구문

① 다른 것이 아니라, 나문 것이 아니라

'A가 아니라 B이다' 구문은 A를 부정하고 B를 긍정함으로써 대조를 나타낸다. '이 문제의 정답은 2가 아니라 3이다'와 같은 예가 전형적이다. 그런데 만약 A가 '다른 것'이라면 이때 '다른 것'은 '특별한 것' 또는 '특정한 것'을 가리킴으로써 일반적인 대조가 아닌 후행항 B에 초점을 맞추어 강조하는 해석을 갖게 된다. '이 문제의 정답은 다른 것이 아니라 3이다'는 정답이 바로 3임을 강조하는 것이다. 'A가 아니라 B이다'는 'A가 아니다. B이다'처럼 두 개의 문장으로 나누어서 표현할 수 있으므로 '다른 것이 아니라 B이다' 역시 '다른 것이 아니다. B이다'와 같은 두 문장으로 표현할 수도 있다. 아래의 (5)가 이런 경우를 보여 준다. 이때 '다른 것이 아니다'는 필수적인 표현이 아니지만, 이 표현이 사용됨으로써 후행 발화에 초점이 놓이는 효과가 발생한다.

(5)

가. 야, 불로초가 아무리 구해도 없으니 불로초가 <u>다른 것이 아니다</u>. 쌀이 불로초라. 그러니, 우리가 나락 모가치를 열 명이면 열 명, 다 세 이삭씩 바칠 밖에 없다. 도저히 목이 달아날 적에 달아나더라도 불로초가 없는데 어떠하냐?(전주 구비)

나. "오늘 가니께는 이라고 이라고 그 큰애기가 나가 저그 오니께는 새암가에 버드나무를 탁 하나 껑드마는 꺼꿀로 꽂어가지고 가운데 손가락을 딱 연그드마는(=얹더니마는) 거울을 품에서 내드마는 거울을 딱 비쳐 보드만 도로 딱 해갖고 덮어갖고 그라고 그냥 가 불드라." 그랑께는, "잉, 그랄 것이다. 그것이 <u>다른 것이 아니다</u>. (중략) 그믐 사이로 너를 만나자는 그 소리다."(보성 구비)

구비문학 자료에서는 '다른 것이 아니다'보다 '다른 것이 아니라'처럼 이음씨끝이 포함된 표현의 사용 비율이 압도적으로 높다. '다른 것이 아니라'는 표준어의 글말투인 '다름이 아니라'에 대응한다. '다른 것이 아니라'의 가장 전형적인 쓰임은 (6)과 같이 주제어 뒤에 오는 경우이다. 주제어 뒤에 와서 새로운 정보를 나타내는 논평을 강조하거나 초점화 한다.

(6)

가. <u>내가 여기 온 것은 다른 것이 아니라</u> 내가 부자만 되았제 내의 명예가 아조 나뻐서 자식을 여울(=결혼시킬) 수가 없어. 그러니 이제는 돈 갖다 뭣해? 그러니까 돈하고 자네 딸하고 바꾸세.(해남 구비)

나. 근디 <u>사당골은 다른 것이 아니라</u> 옛날 그 국세를 받아갖고 가는 사람들이 거그를 지내다가 그 기생들을 그그다 요롱고 술을 팔고 허는 기생들을 사다가 산 곳이 사당골입니다.(신안 구비)

다. 하야간 그 '지리산 들어간 포수는 있어도 나오는 포수가 없다.' 옛말이 그랬거든. <u>그건 다른 것이 아니라</u>, 지리산에서 호랭이가 사람을 잡는 것이 아니라 사람이 호랭이를 잡아야 사람이 사람을 잡어.(장성 구비)

라. "그래 소원이란 네 소원이 뭣이냐?" 그라고 인자 소리를 지릉께는, "예, <u>우리 소원이란 다른 것이 아니라</u> 우리가 이 집 식구를 다 잡아갔어요. 다 잡아갔는디, 오늘 차례가 오늘 저녁에는 큰애기 차렌디 우리가 돈이 잃게 공기를 못 쐥께 우리가 기양 돈이 둔갑을 했어요. 둔갑을 해서 공기를 못 쐥께 소원을, 내 소원을, 우리 소원을 풀어 주시요."(해남 구비)

예 (7)은 (6)과 달리 주제-논평 구조를 보이지 않는다. (가)-(마)는 대신 의문사를 통해 설명을 요구하는 상대에게 응답하는 발화의 첫머리에 '다른 것이 아니라'를 사용하고 있다. 이는 ①에서 논의하였던 설명의 시작 신호와 같은 것이다. '다른 것이 아니라'는 새로운 정보를 초점화 하는 기능을 갖는데,

이러한 기능이 설명에 적용되면 설명의 시작 신호로 작용하게 되는 것이다. (바)-(타)의 '다른 것이 아니라'는 상대의 설명 요구가 없는 상황에서 말할이가 자발적으로 이야기를 전개해 나가는 첫머리에 사용된 이야기의 시작 신호이다. 이처럼 서남방언에서 '다른 것이 아니라'는 설명과 이야기의 시작 신호로 쓰일 수 있다. 이 점에서 표준어의 '다름이 아니라'와 기능적으로 동일하다. '그랬다냐'나 '그런 것이요'는 설명이나 이야기의 전체를 역행적으로 지시함으로써 설명이나 이야기의 시작 신호로 기능한다. 반면 '다른 것이 아니라'는 새로운 정보를 초점화 하는 것이 본래의 기능이지만 그것이 확대 적용됨으로써 시작 신호로 작용한다. 그 결과 '다른 것이 아니라'는 설명이나 이야기의 전체를 시작하는 경우에도 나타나지만, (6)처럼 이야기의 일부를 도입하는 데도 쓰인다. 따라서 그 작용 영역에서 '그랬다냐'나 '그런 것이요' 와 차이를 보이게 된다.

(7)

가. 그날 저녁에 있는디 봉께는 그날 저녁에가 어짠 일인지 막 들어강께 곡성이 나, 막 곡성이 나. "어째 곡성이 난고?" 그라고 하인보고 불러서 물어 봉께는, 다른 것이 아니라 금방 당혼한 큰애기가 있는디, 당혼한 큰애기가 금방 기절을 하고 그래서 곡성이 난다고.(해남 구비)

나. "아이, 어느 총각이 어찌 나를 부리냐?" 이렇게, "아이, 다른 것이 아니라 내가 아무 날 내일 우리 밭을 가는디 밭을 알으싱께 우리 밭 안 있소? 밭을 맬랑께 좀 와서 하래 매 주시요." 그렁께,(신안 구비)

다. "이 음식이 무슨 음슥인가? 자네 생일인가?" "인자 그런 게 아니라, 자네들허고 이런 뭘 알음장 헐려고 허네. 다른 것이 아니라 여기 박선생이 안 살아 계셨는가? 돌아가신. 따님이 안 계신가? 그 따님을 나하고 형제간으로 결의형제를 헐려고 자네를 알루케 할려고 그렇게 음식을 장만혀갖고 불렀네." 그러더니,(화순 구비)

라. 밤에 또 뭐 사람 오락할 것도 없고, 찾응게 어떤 홀엄씨 하나가 나와서, 그 뉘시냐고 대답한다 그것이여. "아니, 다른 것이 아니라 길 가는 나그네인디, 이 산중을 들어와갖고 오디(=어디) 올 디 갈 디도 없고 날은 저물어 버려서 불만 보고 찾아왔노라고. 하루 저녁 자고 가면 어떠냐?"고 그런다 그것이여.(화순 구비)

마. "여보쇼, 여보쇼!" 흔들어 깼어. 긍게로, 어떤 놈이 잠자는디 으른(=어른) 잠자는디 깨야고 막 호령을 벼락같이 허거든? "아, 다른 것이 아니라 우리 수인사나 허고 지냅시다."(군산 구비)

바. 다른 것이 아니라 삼대 독자 외아들 한나가 있던 갑디다, 어뜬 사람이. 아, 그랬는디 아들을 여웠어요.(함평 구비)

사. 다른 것이 아니라 성명은 잊어 버려서 잘 몰라. 옛날 그 어떤 한 사람이 어디 가서 선정을 했다는 얘긴데,(장성 구비)

아. 지렁이 그 얘기가 아니고 또 다른 얘기가 있어. 다른 것이 아니라, 한 부부이 살다가, 아들 하나를 났어. 해서, 인자 그 아들을 낳고 얼마 안 돼서 서방님이 죽어 뻔졌어.(장성 구비)

자. "자네가 우리 집이서 가지간 돈이 암만여(=얼마야). 긍게 이것 내 자네가 내 말만 꼭 들으면 내 이것 탕감도 해 주고 논 한섬지기를 줄 팅게 자네가 내 말만 꼭, 나 허라는 대로만 허라."고. 아, 얼매나 존 일여? "그러라."고. "다른 것이 아니라 내가 병이 났는디, 아무 약을 써도 못 낫어. 근디 어서(=어디서) 물어보닝게 저 자식들 간을 내서 먹어야 낫는대야. 그런다니 자네가 그렇게 소문을 퍼트려 달라."고. 그것 참 사람으로서는 못 헐 노릇이지.(군산 구비)

차. "내가 너그들기다가 헐 말이 있다." "무슨 말씀이요? 아버님. 큰아버님." "다른 것이 아니라 내가 벌써 너그 집으로 온 지가 한 너댓 달이 되야. 그래라도 내가 이 동네 노인 양반들을 술 대접 한 번도 못 힜어. 그렸으니 낼은 내가 이 아랫마을 노인 양반들 전부 데르다가 술을 한 잔

대접해야겄어. (중략) 어쩌면 좋냐?"(정읍 구비)

카. "너, 시방 옳은 정신으로 있느냐?" "예, 시방 정신이 말똥말똥헙니다."
"그려? 인자 임자 만났다. <u>다른 것이 아니라</u>, 내가 그전이 이 집 주인여.
주인인디, 재산을 많이 뫼야가지고 시방 뒤안이다가 전부 금싸래기를
묻어 놨어."(부안 구비)

타. "지가 심 닿는 대로 허지요." "<u>다른 것이 아니라</u> 이만저만허갖고서는
시방 경상도 어느 골에 가서나 자리가 비었어. 원 자리가 비었어.(군산
구비)

전남의 일부 지역에서는 '다른 것이 아니라'와 같은 의미로 '나문 것이 아
니라'도 쓰인다. 그 용법은 '다른 것이 아니라'와 완전히 동일하다. 관형사 '나
문'에 대해서는 3.1 ③ 참조.

(8)

가. 한 가지 약이 있는데 그 약은 <u>나문 것이 아니라</u> 느그 남편 그 붕알을 한
쪽 까서 내가 그놈을 먹으면은 아조 속시원허게 이렇게 낫겄다마는 어
짜끄나?(신안 구비)

나. "어무니, 그럼 좋은 수가 있습니다." "무슨 좋은 수가 있냐?" "<u>나문 것이
아니라</u> 우리 막둥이 씨아재(=시동생)로 말허자면 인자 결혼한 제 엄마
(=얼마) 되지도 않고, …" (신안 구비)

다. <u>나문 것이 아니라</u> 아, 느그 그 남편 붕알을 꼭 한 쪽만 내가 까서 묵었으
면 내 배가 꼭 낫을 것으로 이렇게 생각을 가지고 있는디,(신안 구비)

라. "아이고 어무니, 하나 어렵게 생각하지 마시고 어서 말씀을 하세요."
그러니까, "그럼, 내가 말을 할란다. <u>나문 것이 아니라</u> 꼭 느그 남편 붕
알 한 쪽만 내가 먹으면은 배가 쑥 낫겄다마는. 아이고 어짜끄나?" 이
렇게 염려스런 표정으로 이야기를 하니까,(신안 구비)

② 그것이 아니라, 그런 것이 아니라

'그것이 아니라'는 원래 어떤 의견을 반박하거나 부정하면서 그와는 다른 의견을 제시할 때 사용하는 관용적 표현이다.[2] '그것이 아니라'에 포함된 '아니라'는 대조 구문에서 쓰이는 말이므로 이러한 표현이 적절하게 쓰이기 위해서는 선행항의 존재가 전제되지 않으면 안 된다. 예를 들어 (9)에서는 '장수 설화의 주인공이 문화 류씨 집안'이라는 선행항을 제시하고, '그게 아니라'는 이를 부정 또는 반박하면서 후행항인 '이씨 가문'을 대조시키고 있다. 따라서 '그것이 아니라'의 '그것'은 선행항을 가리키는 순행 대용어이다.

(9) 애기 장수의 이야기를 하는 동안에 류○○씨는 애기 장수 설화의 주인공이 세상에는 문화 류씨 집안에 있었던 이야기라고 알려진 듯한데 <u>그게 아니라</u> 이씨 가문에 있었던 얘기라고 극구 강조하는 것이었다.

그런데 구비문학 자료에는 '그것이 아니라'가 선행항 없이 쓰이는 예가 다수 보인다. (10)에서는 상대가 의문사를 통해 설명을 요구하므로 여기에는 어떤 의견의 제시가 있을 수 없다. '그것'이 가리키는 선행항이 존재하지 않는 것이다. '아니라' 때문에 '그것'은 결코 역행대용어일 수는 없다. 또한 선행항 또는 선행사가 없으므로 정상적인 순행 대용어라 하기도 어렵다. '그것이 아니라'의 '그것'을 순행 대용어로 해석하려면 '특별한 어떤 것'과 같은 부정

---

2 '아니라' 대신 '아니고'도 쓰일 수 있다. 이는 물론 씨끝 '-어 〉 -고'에 따른 결과이다. (예a)에서는 '그것'의 선행사가 명시되어 있지만 (예b)에서는 선행사의 설정이 불가능하다. 따라서 이 경우는 설명의 시작 신호로 해석되어야 한다. 이처럼 '그것이 아니라'와 함께 '그것이 아니고'도 설명의 시작 신호로 사용될 수 있다. (예a) '저렇게 변허먼 우릴 때려 죽일라 그런 것이다.' 허고 벌벌벌벌 떨었는디 <u>그것이 아니고</u> 참 계속해서 잘 허그든. (신안 구비)/(예b) "아씨가 왜 나를 반가히 해 주냐?" "<u>그것이 아니고</u> 당신 기다리기만 내가 바랬다."(장성 구비)

(不定)의 대상을 가정하고, 이와의 대조를 통해 '그것이 아니라'는 '다른 것이 아니라'와 동일한 해석을 갖도록 할 수는 있을 것이다. 이처럼 '아니라' 구문에서 선행항이 없이 후행항만 제시된다면 이때의 '그런 것이 아니라'는 대조 구문을 형성할 수 없다. 단지 제시된 후행항을 알려 주는 표지로 기능할 뿐이다. 이 점에서 '그것이 아니라'는 ①의 '다른 것이 아니라'와 같다. 그렇다면 (10)에서 '그것이 아니라'는 선행항을 부정하면서 후행항과의 대조를 나타내는 원래의 기능에서 벗어나, 설명의 신호라는 담화적 장치로 그 기능이 바뀌어 쓰인 것으로 보아야 한다. '그것이 아니라'는 (10)에서 보듯이 주로 설명의 시작 신호로 쓰이며, 이야기의 시작 신호로 쓰이는 예는 찾아보기 힘들다. 또한 '그것이 아니라'에는 '다른 것이 아니라'와 달리 주제어 뒤의 논평을 이끄는 기능은 없다. 그래서 (6)의 '다른 것이 아니라'를 '그것이 아니라'로 대체하면 어색한 담화가 된다. 설명의 시작 신호인 '그것이 아니라'는 (바)-(사)에서 보듯이 '그게 아니라'처럼 축약형이 쓰일 수 있다.

(10)

가. "아, 먼 일이요? 아자씨! 이렇게 동네 사람을 다 모으고…." 이렇게 해서 헝게, "그것이 아니라 이만저만허고 이만 일이 있다 마시(=말일세). 근디 이것을 어쩌야 할 것인가? 이것을 없애 버러야 헐 것이요?" 헝게,(함평 구비)

나. "느이 집이는 먼 손님이 와서 이 밤중이 다 되아도 잠을 안 자고 공부만 하고 잇냐?" "그것이 아니라 아문 데 아무 자석이 밍이 단명하다고 해서 이 절 공부를 십 년을 하라고 해서 한답니다." 그래.(해남 구비)

다. "아니, 어째서 안에서 무신 곡성이요?" "그것이 아니라 내가 말로에 아들 둘을 두었기에 아, 둘 다 오늘 새벽에 죽어 버려요. 그렁께 모도 여자들이 곡성을 낸 것이요."(신안 구비)

라. "잘 죽였다. 그런디 그 구렁이를 자근자근(=여러 차례 짓밟는 모양) 꼴

랑지까지 다 죽여갔고, 벗기 놓고 사르제, 어찌 죽였냐?' 헝게, "그것이 아니라 부애 난 뒤라 허리토막을 한가운데를 내가 딱 찍어서 대꼬쟁이를 깎아서 몸뚱이다 전부 꽂아 놨소." 그러거든.(장성 구비)

마. "언제 기다(=그렇다) 하드냐?" 아니, 그것이 아니라 어려운 일을 맡아 이러고 이러고 했다고 쭉 헝께, "옳다. 그날이 기다." 그러고,(신안 구비)

바. 아이, 왜 그라냐고 사정 사정하니까, "그것이 아니라 니는 내직에 있으면서, 중앙 정부에 있으면서 요런 디 해변에 와서 회 같은 걸 안 먹었다. 안 먹고 그란디 어른들이 해변에 오니까 니가 조금 높으다 그래갖고 졸개들이 고기회도 해 주고, 뭣도 해 주고 그래갖고 딱 그 고기 비늘이, 비늘이 식도에가 걸렸다 그것이여.(보성 구비)

사. "하이고 영감님, 감사합니다. 무신 부탁이오니까?" "그게 아니라, 내가 신도 아니요, 사람도 아니요, 실지는 내가 용이다. (하략)"(고흥 구비)

아. 저만치 가다 들웅게스니 울음소리가 나는디 봉게스니 솔찬히 울음소리가 크게 난다 그 말여. 아장보고 물었어. "야, 이게 어서(=어디서) 나는 울음이냐?' 닝게, "예, 그게 아니라 선조대왕께서 지금 장군님이 도로 가성게 시방 실퍼서 그렇게 웁니다."(군산 구비)

'그것이 아니라'와 함께 '그런 것이 아니라'도 설명의 시작 신호로 쓰인다.[3] '아니라'가 포함되어 있으므로 '그런 것이 아니라'도 원래는 대조의 구문을 형성하였을 것이다. 그러나 (11)에서 보듯이 의문사를 통한 상대의 설명 요구에 대한 응답 발화에 '그런 것이 아니라'가 쓰인 것을 보면 더 이상 대조 구문을 형성하지는 않는다. '그런 것'이 지시하는 선행사가 없기 때문이다. 따

---

3 '그런 것이 아니라'와 함께 '그런 것이 아니고'도 쓰인다. 예에서는 '그런 것이 아니고'와 이를 수정한 '다른 것이 아니고'가 함께 설명의 시작을 알리고 있다. (예)"당신 소청이 뭐요?" 그렁게는, "그런 것이 아니고, 다른 것이 아니고 저 아룸묵에 시방 누신 할머니가 엉나허고 무순 친갈(=친척)이 된다."고 이야기를 했어.(화순 구비)

라서 '그런 것이 아니라'는 '그것이 아니라'와 마찬가지로 대조 표현에서 시작 신호로 기능이 전환되었다고 할 수 있다. '그런 것이 아니라'는 설명의 시작뿐만 아니라 (11)의 (카)-(하)처럼 이야기의 시작 신호로도 쓰인다. '그것' 보다 '그런 것'의 의미 영역이 더 넓기 때문에 이야기의 넓은 영역에까지 적용되는 것으로 보인다. (11)의 '그런 것이 아니라' 역시 '그것이 아니라'와 마찬가지로 '다른 것이 아니라'로의 대체가 가능하다. (11마)는 '그런 것이 아니라'에서 주격조사 '이'가 생략될 수 있고, (11바)는 '그런 것이'가 '그런 게'로 축약될 수 있음을 보여 준다.

(11)

가. "아 이 사람아, 자네 돈 삼백 냥을 주면 <u>머덜라고</u> 도라고(=달라고) 허는가?" 그렁게, "<u>그런 것이 아니라</u> 내가 처음에 나무 장사를 허는디 아침마다 나무를 이고 댕이고 팔아 먹어. 점(店)에 와서 돈 장사 허는 사람이 제일 부렀습디다. 그에 나도 거가서 돈 장사를 한번 해 볼라고 장씨(長氏)한테 와서 허요." 긍게,(함평 구비)

나. "아이, <u>어짜고</u> 지낸가?" "어이, <u>그런 것이 아니라</u> 내가 오늘 아직에(=아침에) 말이세, 이리저리해서 어웅 참봉댁에 가서 내가 돈 삼백 냥 얻어다 놨는디, 그런디 나 이거 점에 가서 전리 장사를 한번 해 볼라고 얻어다 놨는디, 아무리 생각해도 좀 부족헐 것 같네. 그래서 내가 자네보고 돈 백 냥만 어웅 얻어 달라고 왔네." 그렁게,(함평 구비)

다. "예 말이여(=여보세요), 도사님! 도사님!" "뭐달라 그라냐?" "<u>어쩨</u> 오셨다 그냥 가시냐?" "<u>그란 것이 아니라</u> 산신령에서 저 내 밥을 줬는디 가서 내가 밥을 묵을라고 보니 배 속에가 애기가 있다고, 하나를 묵으라고 밥을 줬는디 목숨 둘을 못 묵응께 이대로 간다."(해남 구비)

라. "아부지! <u>어쩨</u> 그렇게 걱정을 하요?" 그랑께 암만 안 갈쳐 줄락 해. 암만 안 갈쳐 줄락 항께 하다 물어 봐 쌓고 "안 갈쳐 주먼 나 죽어 불라우." 그

랬어. "그란 것이 아니라 절에 도사님이 오셔서 니가 열아곱 살만 묵으면 호식해 간다고 그래서 그란다."(해남 구비)

마. "왜 안 데꼬(=데리고) 기양 오냐?" 그라거든. 홍정승 딸 말이, "그런 거 아니라, 자기하고 타합(=타협)을 해야 할 거 아니냐고. 장거(=장가)는 자기한테 머여(=먼저) 들었지. 저거는 실패했고. 그렁께 자기보고 물어야 오고 가고 할 거 아니냐?"(고흥 구비)

바. "할머니, 무신 소원이 간절허시간데, 그렇게 조왕에다 공을 이렇게 드리시오?" "예, 그런 게 아니라, 실은 우리 남편이 죽은 지가 지금 삼 년입니다."(고흥 구비)

사. "그라믄 너는 그 내력을 이약을 해 봐라. 어찌 항우, 패꽁이 나온단 말이냐?" 이렇게, "그런 것이 아니라, 이 집 주인양반 대감께서 열다(=여기다) 성주를 하시고 살기를 방지한다는 뜻으로 대문 벽상에다가 항우하고 패꽁이 화상을 무섭게 기려서 붙여 났습니다. (중략) 그 나무 속에가 시방 항우가 백혀갖고 있습니다. 그기 원귀가 되어가지고 그렇게 됩니다."(고흥 구비)

아. "그라믄 적선할 방침을 잠 갈쳐 주라." "아, 그런 것이 아니라, 이 건네 산골착이가(=산골짝에) 처녀가 삼십이 넘두록 음양 맛을 못 보고, 그 나환자로 문디병이라 말이여. 나환자로 늙어 죽게 되니, 내가 오늘 지녁에 술을 줄 거잉께, 술을 묵고 가서, 그 나환자한테 가서 잠을 한번 자 주믄 어떻겠냐'고 그렇게 이야기를 한다, 저거 마느래가.(고흥 구비)

자. 이 어쩨 온 사램이, 새로 온 원님이 돼가지고 이렇게 하냐고 그랑께, "아니, 그런 것이 아니라, 내가 다른 사램이 아이라, 아무 연번에 내 폴을 맽겨 났던 그 사램이요." 그러고 이약을 하는디,(고흥 구비)

차. "아이고 아버지! 느닷없이 갑자기 사랑이 갔다 오더니 떨고 들오시우?" "아, 그런 것이 아니라, 내가 담배 먹을라고 담배를 몇 발을 해서 말려 논 게 있는디, 전매청서서 담배를 뒤러(=뒤지러) 나온다고 항개, 얻다

감춘 방법이 생각나들 안허고 이러고 몇 집 왔다든디 미구에 올 것 같
은디, 어트게 묘책이 안 생겨서 마음이 자꾸 땅긴다." 형개,(부안 구비)

카. "나하고 얘기 좀 합시다." "뭘 얘기요?" 살던 얘기를 주절주절하네. "그
런 것이 아니라 사실이 이렇게 이렇게 돼서 내가 시방 이러고 돌아다
니는 사람이라고." 전적(=지난) 얘기를 죽했어.(부안 구비)

타. 왜 헛웃음을 치냐고 그랬어요. 그니까, "그런 것이 아니라 뭐 나 혼자
생각 중인디 얘기 헐 것 없다." 그렇게,(군산 구비)

파. 그 상에다 홍시를 놓았어. 다른 것은 먹어도 그 홍시는 안 먹어. 안 먹
어서 이건 우리 어머니 갖다 드릴란다고 안 먹응깨, "그런 것이 아니라
오늘 저녁에 제사를 지내면 이게 마감이여. 올해는 마감이라, 명년은
다시 인자 홍시를 맨들면 되고, 지금도 있으니까 자시라고."(부안 구비)

하. 와가리란 놈이 하리는 똘 가(=도랑 가)에 가서 붕어 한 마리를 잡어가
지고 소리개(=솔개)한티를 갔어요. "소리개 선생, 소리개 선생." "찾은
게 거 누군가?" "나 아무골 사는 와가리올시다." "어서 들오소." "아, 그
런 것이 아니라 내가 저 똘 가를 지나다 봉게 붕어가 한 마리 좋은 놈 있
걸래 선생 생각히서 내 이걸 잡어갖고 왔소."(군산 구비)

(5)에서 '다른 것이 아니라' 대신 '다른 것이 아니다'와 같은 서술문이 옴으
로써 같은 사태를 두 문장으로 표현할 수 있음을 보인 바 있다. (12)에서도
'그런 것이 아니라' 대신 '그런 것이 아니네'와 같은 서술문이 포함된 발화가
사용되었다. 여기서 '그런 것이 아니네'는 상대높임의 위계에 따라 (나)-(마)
처럼 '그런 것이 아니요'나 '그런 것이 아닙니다'로도 쓰일 수 있다. 선행 발화
에는 '왜', '무슨', '어째서' 등의 의문사가 포함된 상대의 이유 설명 요구가 있
고, 이에 대한 반응 발화로서 설명이 뒤따르고 있다. 이 설명의 첫머리에 '그
런 것이 아니네'가 사용된 것이다. 부정어 '아니네'가 있기 때문에 '그런 것'은
선행 발화의 내용이어야 한다. 그러나 상대의 선행 발화는 의문사를 포함한

설명의 요구이므로 이로부터 '그런 것'의 지시물을 파악하기는 어렵다. 굳이 '그런 것'의 선행사를 찾는다면 '상대방의 생각 속에 있는 그 무엇'처럼 모호한 대상이 될 것이며, '그런 것은 아니네'는 이를 부정하고 자신의 말을 새롭게 전개하고 있다고 해석할 수도 있을 것이다. 그러나 이러한 추정은 무의미하며, 현실적으로 '그런 것이 아니네'는 단지 자신의 설명을 펼쳐 나가는 시작 신호로 기능할 뿐이다. '그런 것이 아니라'처럼 이음씨끝이 포함된 구성뿐 아니라 서술문 자체가 설명의 시작 신호로 쓰인다는 사실이 특별하다. 15.1.1의 '그랬다우'나 '그런 것이요' 등에서는 서술문이 불가능하기 때문이다. '그런 것이 아니네'처럼 서술문은 또한 상대의 설명 요구가 없는 말할이의 자발적인 이야기의 시작 신호로는 쓰이지 않는다. 비록 선행사의 정체를 파악할 수는 없지만 '그런 것이 아니네'는 상대의 요구에 대한 반응 발화이기 때문이다. 이런 점에서 '그런 것이 아니라'와는 다르다. '그런 것이 아니라'는 (11)에서 보았듯이 이야기의 시작 신호로도 쓰일 수 있다.

(12)

가. "아니 어머니를 팔로 간다고 해서 빚을 얻어 줘가지고 다 줬는디 왜 이리 안 팔리고 되돌아왔소? 도로 델고 왔소?" "<u>그런 것이 아니네</u>. 내 말 들어 보소. 서울서 나만 팔로 온 거이 아니고 조선 천지 사람이 다 팔로 왔는디, 근(斤)을 떠서 팔데. 근으로 떠서 파는데 닷 근이 모지라데. 닷 근이 모자라서 닷 근을 채와갖고 갈라고 왔네."(화순 구비)

나. "사또, <u>무슨 근심이 계시요?</u>" "<u>그런 것이 아니요</u>. 이것이 참 어려운 난치병이 있다드니 말이여, 참말로 어려운 문제가 있다."고, 이렇게 말을 했거든요.(장성 구비)

다. "말이나 한 마리 주시오. 저 애기하고 나허고 팽상 장께 저 애기를 데꼬 갈라요." 아 말(=아무 말)도 안 허거든. "<u>왜</u> 아 말도 안 허요?" "<u>그런 것이 아니요</u>. 나 저 애기가 주기가 싫소." 그래.(보성 구비)

라. "아이, 여보시요! <u>왜</u> 젊은 놈이 마을 뒤에서 콧등을 킁킁킁킁 끼고 있
　　냐?"고 그러니까, "아이, <u>그런 것이 아니요</u>. 다 이유가 있어서 그런 거
　　요."(보성 구비)

마. "니가 <u>어쩌서</u> 이렇게 울고 있냐?" 그래, 자꾸 울어 쌓게. "<u>그런 것이 아
　　닙니다</u>. 우리 아버지가 이 고을 이방인디, 돈 삼천 냥 국고금을 쓰고 내
　　일 목 자르게 됐습니다. 그래서 여기 와서 이 보살님한테 백 일을 빌었
　　습니다. 그래도 오늘 저녁이 아무런 감각이 없어서 내가 저도 모르게
　　울은 것이 이렇게 됐습니다."(장성 구비)

③ 달리 그런 것이 아니라

'그런 것이 아니라'와 형태적으로 유사하지만 기원이 다른 표현으로 '달리
그런 것이 아니라'가 있다. '달리 그런 것이 아니라'의 '그런 것'은 (13)에서 보
듯이 말할이 자신의 선행 발화를 가리킨다. '달리'가 없는 '그런 것이 아니라'
의 경우 '그런 것'의 지시 대상이 모호하거나 설정하기 어려운 것이었음에 비
해 '달리 그런 것이 아니라'에서 '그런 것'의 지시 대상은 분명하다. 더구나 이
때의 '그런 것'은 상대가 아닌 말할이 자신의 선행 발화란 점에서 '달리'가 없
는 '그런 것이 아니라'와는 완전히 구별된다. (13)의 (가)에서 '그런 것'은 잉어
를 팔라는 요구, (나)에서는 형을 자지 못하게 한 동생의 행동, (다)에서는 집
으로 들어오라는 주인의 행동 등을 가리킨다. 말할이 자신의 선행 행동에 대
해 상대방이 부정적으로 판단하거나 이해를 못할 경우에, 상대의 오해를 풀
어 주기 위해 자신의 새로운 해명을 시작할 때 '달리 그런 것이 아니라'가 쓰
인다. 이런 점에서 이 역시 설명의 시작 신호 기능을 한다고 할 수 있다. 다만
이때는 상대의 설명이나 해명 요구가 없으며, 말할이 스스로의 판단에 따라
설명이 필요하다고 생각될 경우에 쓰인다. 따라서 같은 설명의 시작 신호라
할지라도 그 설명이 자발적인지 아니면 상대의 요구에 따른 것인지에 따라

구별된다고 하겠다. '그런 것이 아니라'는 요구에 따른 수동적 설명, '달리 그런 것이 아니라'는 말할이 스스로의 판단에 따른 능동적 설명인 것이다.

(13)

가. "여보시요. 그 잉어 좀 팔으시요." 우리 점드락(=저물도록) 서이 이것 한 마리 잡었는디 팔자고 허냐고. "달리 그런 것이 아니라 우리 어머니 가 지신디 잉에를 잡수면 낫는다고 잉에를 구해라고서 오늘 사흘채 이 러고 댕기다 저기 잉어를 만났응게 사람 하나 살려 주고 팔으시요."(군 산 구비)

나. 성, 성! 나 미워허지 말소. 달리 그런 것이 아니라 내가 그때 저 거시기 내가 연을 떨궈서 연을 따라와가지고는 여그 어덕에 밑이가 있응게로 담 너머로 총각 하나가 넘어오더니 이 방으 들와서는 저양반허고 얘기 허는 소리가 '오면은 어떻게 죽일 거냐'고 글드라고. 그리서 목을 쳐 죽 인다고 그리서 성을 못 자게 힜네. 긍게로 저 앞닫이 속에가 시방 저 사 람이 들었네.(정읍 구비)

다. "동냥 왔습니다. 소승이 문안이요." 긍게 손 까불름시롱, "이거 들오시 쇼." 긍게, "그도 그럴 수가 있냐고." "아이, 걱정 말고 들오라고." 그 말 깡(=마루)에 앉혀 놓고, "내가 달리 그런 것이 아니라 명대감이 사는디 나보고 계집이 갓 쓴 상놈이라고 날마닥, 한두 번도 아니고 듣기 싫어 죽겄다고. 그렇게 그렇게 그리라우. 그르믄 동냥을 내가 후히 주마고." 긍게,(정읍 구비)

15.2 의문 제기 형식

11.2에서 서남방언의 인용문을 도입하는 도입절로 의문 제기 형식이 쓰인다는 사실을 지적한 바 있다. 의문 제기 형식은 이기갑(2002a)에서 처음으로 논의된 담화적 표현인데, 이 형식은 방언에 관계없이 우리말의 모든 방언에서 쓰이는 것으로 추정된다. 서남방언에서도 의문 제기 형식은 비단 인용문의 도입절뿐 아니라 다양한 경우에 쓰여 일정한 담화적 기능을 수행한다. 의문 제기 형식은 일반적으로 의문사를 포함하고 상위문 서술어로 '하니'나 '하면'이 오는 구조를 갖는데, 뒤따르는 발화를 부각시키고, 말할이로서는 담화의 흐름을 조절할 시간을 갖기 위해 사용하는 담화적 표현이다.

의문 제기 형식은 알려진 정보와 새로운 정보 사이에 출현하는 것이 특징이다. 보다 정확히 표현하자면 새로운 정보 앞에 놓여 그 정보를 초점화 하고 부각시키는 기능을 한다. 사실 의미적으로 의문 제기 형식은 생략해도 아무런 문제가 없다. 그럼에도 말할이가 의문 제기 형식을 사용하는 것은 뒤에 올 새로운 정보를 제시할 때 그 새로움을 더욱 효과적으로 드러내기 위한 것이다. 의문 제기 형식은 들을이에게 새로운 정보에 대한 궁금증을 불러일으키는 기능을 한다. 처음부터 새로운 정보를 곧바로 제시하지 않고 일단 궁금증을 유발한 뒤 그에 합당한 정보를 제시하는 전략을 취함으로써 새로운 정보를 더욱 두드러지게 만드는 것이다. 결국 의문 제기 형식이 포함된 담화는 [알려진 정보]-[궁금증 유발]-[새로운 정보]와 같은 세 단계의 전개 과정으로 이루어지는 셈이다. 일반적인 '주제-논평' 구성이 [알려진 정보]-[새로운 정보]의 두 단계로 이루어진다면, 의문 제기 형식의 담화는 그 중간에 [궁금증 유발]이라는 중간 단계를 더 설정하여 새로운 정보에 대한 초점화의 효과를 극대화한다.

15.1에서 우리는 설명이나 새로운 이야기를 시작하는 신호 기능을 하는 표현을 살펴보았다. 이들도 뒤에 오는 설명이나 이야기를 두드러지게 부각

하는 효과를 가져오는 것이 사실이다. 그런데 설명이나 이야기의 시작 신호가 포함된 담화는 일반적으로 [알려진 정보]가 제시되어 있지 않다.[4] 그리고 시작 신호 역할을 하는 역행대용어의 경우 [궁금증 유발] 효과가 없는 것은 아니지만 의문 제기 형식만큼 강력한 것은 아니다. 이처럼 궁금증 유발의 강도가 차이나는 것은 시작 신호가 이끄는 설명이나 이야기가 비교적 긴 담화인 반면 의문 제기 형식의 새로운 정보는 상대적으로 짧기 때문이다. 또한 의문 제기 형식의 의문사는 뒤에 오는 새로운 정보의 범주가 인물·장소·사물이나 사태·이유 가운데 어느 것인지를 알려 주기 때문이다. 반면 역행대용어에 의한 시작 신호는 이야기 전체를 대용어로 아울러 표현하므로 새로운 정보의 구체적 성격이나 속성을 알려 주지 못한다. 이러한 차이 때문에 후행 담화에 대한 초점화의 강도 차이가 생기게 된다.

예 (14)에서 표준어 '-는고 하니'에 대응하는 서남 방언형 '-은고 허니'의 예를 제시한다. 이 '-은고 하니'를 '다른 것이 아니라'로 대체해도 정보적인 측면에서는 별 차이가 없다. '-은고 하니'와 '다른 것이 아니라' 모두 새로운 정보를 도입하는 표현이기 때문이다.

(14)

가. 명두란 것은 <u>뭐인고 허니</u> 여자가 죽어가지고 원귀가 된 걸 명두라고 허거든.(고흥 구비)

나. 그래 천양판은 <u>뭣하는 딘고 허니</u> 천 냥씩 받고 점허는 디여.(신안 구비)

다. 그 뒤로 표○○씨는 <u>뭣 했는고 허니</u> 에, 우리가 알 때까지 측량사였어.
(신안 구비)

라. 그래서 이 사람이 <u>어떻게 욕심을 불른고 허니</u> 없는 사람이 거지가 와

---

4 주제-논평 구조에 쓰인 '다른 것이 아니라'는 알려진 정보가 제시되어 있지만, 이때의 '다른 것이 아니라'는 설명의 시작을 알리는 신호 구실을 하지 않는다.

서 동냥을 달라고 허면은 장군을 맨들어가지고 장군 속에다가 쌀을 담어가지고는 거그서 내가라고 헌단 말이여.(신안 구비)

마. 이 처녀는 그 뒷날부터 마음이 <u>어디가 있는고</u> 허니, 그 사신으로 수행한 그 청년한테 마음이 있어가지고 매일 틈만 생기면은 그 우게(=위) 잔등(=자그마한 언덕)으로 올라가서 저그 서해 바다 쪽을 매일 바라봤다고 그래요.(신안 구비)

바. 그 도승이 <u>뭐라고 말을 했는고</u> 허니 이 나무가 비어 버리면 동네가 망할 것이니까 언제든지 이 나무는 몇 천 년이고 보호를 해라 이런 유언이 있었다 그래요.(신안 구비)

사. 남편이 (중략) 죽은 뒤로 어 <u>뭔 말을 하는고</u> 허니 나한테 유언하기를 "내 무덤에 풀이 죽거든 개가를 해라." 하고 에, 아, 그래서 그 유언을 받고 삼년상을 넘어 봉께,(신안 구비)

아. 이랑께 그 노파 대댑이 <u>뭔고</u> 허니, "예, 음식은 안 보믄 깨끗합니다." 음식은 안 보믄 깨끗한 거이지. 어쩌기나 안 보믄 깨끗해.(고흥 구비)

자. 이 종이 한번 가마이 생각해 봉께, 그걸 쓰고 잡단 말이여. 쓰고 잡는데, 계책이 없어. <u>무어라고 말을 붙인고</u> 허니, "아, 진사어른!" "뭐달래?" (고흥 구비)

차. 그 이유가 한나 <u>뭣인고</u> 허니 그 근방 백산 사람들이 그 응암산에 올라가서 장독대를 만들기 위해서 다리를 갖다가 이 돌을 주어다가 장독대를 만들어 노면 그 이튿날 밤에 없어졌답니다. (중략) 그런 얘기도 있어.(신안 구비)

카. 이○○씨가 영판 알긴 알아요. 영웅이란 말을 들었는디 <u>어째서 그런고</u> <u>허니</u> 이○○씨가 그 요 욱에 가면 영평 지암을 한다고 그래. 지암 땅이 푹 꺼져.(신안 구비)

타. 그것은 <u>왜 그렇게 돼갖고 있는고</u> 허니 옛 어른들이 그것을 인공적으로 해서 그렇게 나무를 기형적으로 맨들았든 것입니다.(신안 구비)

또한 '-은고 허니'의 축약형 '-은고니'도 서남방언에서 쉽게 찾아진다.

(15)

가. 지 그 남편이 헌다 말이 뭣고니, 처가집이 가서 논 거시기 열 마지기 뺏어 올란다고 헝게나.(장성 구비)

나. 근디 그때에 뭣인고니 또 이얘기가 있어. 그 일 때밀로 중을 잡어딜이라는 영이 내렸어.(군산 구비)

다. 가다 보니까 뭣이 있었는고니 큰 냇가, 냇가를 아마 건네게 됐답니다. (신안 구비)

라. 이 재앙스러운 선생이 뭐라고 갤쳐준고니 "장개를 가면 콩을 한 되쯤 볶아갖고 그놈을 가매 안에서 조근조근 먹고 가서 첫날 저녁에 아들을 낳는 것이다."라고 갈쳐 줬단 말이여.(보성 구비)

마. 게 천지판이다 뭐라고 쓰는고니는 '봉엄어사하니 정화산이라'.(정읍 구비)

바. 이 무등산 신호가 누굴 좋아한고니, 요 지질 사는 저 초당 주인이라고, 그분하고 좋아했어.(화순 구비)

사. 시방 대국을 차지허랴는 분이 누군고니 주원장씨여.(군산 구비)

아. 마침 그 저짝 다리에 온 사람이 누군고니, 가마니 하나 말어서 꺼적대기 짊어지고 누덕누덕진 옷을 입고 참 걸인 하나가 떡허니 달라들어서 외나무다리를 깐닥깐닥깐닥 건너오드래요.(군산 구비)

자. 허닝게 그때 태조 그 어른이 들어앉어갖고설랑은 어떡허는고니, '아무리 해 봐도 말이지, 황정승을 모셔 와야겄다.' 그리가지고서는 벼슬까장 헌디,(군산 구비)

차. 글을 한 착 짓는디 어찌콤 지었는고니는 '백운산성에 능초초, 백운산 욱에 능히 뛰고 뛰드라.' 그렇곰 글을 짓거든.(승주 구비)

카. 그런디 요짝에 대감집이서는 어쩐 수가 있는고니는, "널을 하나 가서

일찍허니 걍 안에 가서 갖다 안장해 뿔어라." 그래갖고 저그 하인들 딱 보냈는디,(승주 구비),

타. 게울(=거울)은 <u>어디서 났는고니는</u>, 중국서 이 돌 비늘을 갈아가지고 깎아갖고 게울을 맨들어서 중국서 그것이 나오는디,(승주 구비)

파. 그 <u>왜 좌천댄고니</u> 거그 바오가 전부 으 붉은 돌여.(정읍 구비)

하. 그 파 갈 적에 <u>어째서 파 갔는고니</u>, 돈을 울려(=뜯어) 먹을라고 파 갔어요.(장성 구비)

'-은고 허니'는 상위문 동사 줄기 '허'의 탈락에 의해 '-은고니'가 되지만 경우에 따라 '허' 대신 /ㅎ/이 탈락한 '-은과니'로 쓰이는 수도 있다. '-는과니'가 일부 국어사전에 등재되어 있음은 이기갑(2002a)에서 지적된 바 있는데, 유독 전남의 해남 지역 구비자료에서 '-은과니'가 확인된다. 해남은 '허-' 대신 '하-'를 사용하는 지역이므로 '-은과니'로의 축약이 가능하다. 상위문에 '허-'가 쓰인 '-은고 허니'의 경우 '-은궈니'로 축약된 예는 보이지 않는다.

(16)

가. 그래서 <u>뭔 장사를 연구를 한과니는</u> 대추, 대추장사를 연구했어.(해남 구비)

나. 서구씨가 <u>뭣이락 한과니는</u>, "천지현황을 삼년독하니 언재호야를 하시독고?" 한단 말이여.(해남 구비)

다. 고산이 <u>뭣이라고 한과니는</u>, "아따, 자네 가 불고 그래서 하다 심심하고 그래서 여그저그 모두 댕겼드니 내 신위지지 하나를 구해 났네." 그란 단 말이여.(해남 구비)

의문 제기 형식이 일반적으로 의문사를 포함하므로 의문형 씨끝은 '-은고'가 와서 '-은고 하니'처럼 쓰여야 한다. 그럼에도 일부 예에서 '-은가 하니'가 확인된다. 이는 '-은고 〉 -은가'의 변화가 내포문에까지 확대되어 일어났기 때문이다. 서울말에서도 '-는가 하니'의 예가 한 차례 확인된 바 있다(이기갑 2002a). 서남방언에서 '-은가 하니'의 축약형 '-은가니'는 찾아지지 않는다. 아마도 '-은가 하니'의 사용 빈도가 극히 낮기 때문으로 보인다.

(17)

가. 그 사람이 인자 <u>누가 나갔는가</u> 허니 아까 오성대감이 나갔다 그 말이여.(장성 구비)

나. 그러다 동시에 <u>어딜 가는가</u> 허니 한가운데를 가더니 큰 잘사는 부자집 기와집 속으로 쏙 들어가거든.(장성 구비)

'-은고 하니'와 기능은 같지만 역사적으로 후대 형식인 '-으냐 허먼'이 있다. 이는 물론 표준어의 '-느냐 하면'에 대응하는 서남방언형이다.

(18)

가. 아, 술을 붓는디 <u>누가 붓냐</u> 허먼 이여송 마느래가 와서 붓소.(함평 구비)

나. 남해에가서 고씨 한 분이 머슴을 살았는디, 칠 년간을 사는디, 그 앞집에가 <u>누가 사냐</u> 허먼 박좌수라는 이가 살았어요.(장성 구비)

다. 이제 자손들이 그 섬에다 묏을 쓰고 삼 년 세모를 산다디 <u>세모가 무엇이냐</u> 허먼은 묘에 가서 삼 년 동안 세수도 안 허고 옷도 안 갈아입고 못에 지켜서 거그서 밥 해먹고 삼 년 동안 살고,(신안 구비)

라. 그러자 그때에 <u>어느 때냐</u> 허먼 이삼사월 밭 매는 때여.(함평 구비)

마. 그래 놓고는 산 채 때려 넣고, 산 채 때려 넣고 일곱에다 다 담았어. 담아서 <u>어디로 갔냐</u> 허믄 임금님한테 바치러 갔어.(장성 구비)

바. 아, 그래서 나중에 그것이 인제 <u>어떻게 됐냐</u> 허먼 그렇게 주고받고 하는 순간에 꼬꼬 하고 닭이 울어 부리거든.(신안 구비)

사. 그런디 어디를 왔냐 허먼 그 암행어사가 방방곡곡 돌아댕기고 전라북
　　도 전주를 왔어요.(장성 구비)

아. 동지죽이라 뿌리는 것은 어찌 그러냐 하믄 팔도에 오방신장이 다 운동
　　을 하입니다. 운동을 해서 그 액을 다 물리느라고 뿌립니다.(장성 구비)

자. 그러면 그 비가 어째 섰냐 하믄 저 시방 나주 금성이가 있어. 나주 사람
　　하나가, 밤에 호랑이를 물고 갔어.(화순 구비)

차. 그 집 가서 머심을 살으되 그 좀해(=어지간해서는) 돈은 갖고 못 나온
　　단 말이여. 어째 못 나오냐 허먼 그 홀엄씨로 사는 여자가 이쁘기도 허
　　고 자식도 없고 그렁께,(신안 구비)

'-으냐 허먼'은 '-으냐먼'으로 축약될 수 있다. 그러나 '-은과니'처럼 /ㅎ/ 탈락
에 의한 축약은 일어나지 않는다.

(19)

가. 그런디 그 사람들을 머라고 그르느냐먼 '쥐꼬리 명당 자손이다.' 그러
　　제.(함평 구비)

나. 몇 살이냐 먹었느냐먼 인자 에러서 그때 한 열두 살이나 먹어서부텀
　　학교를 대닌다 말이여.(장성 구비)

다. 그분네는 작은마느래 얻어가지고 주막을 허면서 멋 헐라고 허냐먼 돈
　　얻으러 온 놈이 말이여, 열 냥을 주면 말이여, 석 냥어치는 술 받어 먹
　　고 가거든.(함평 구비)

라. 그래서 들어간다고 들어간 것이 방을 찾아간다고 들어간디 어디로 들
　　어갔냐먼 안사둔들 자는 방으로 들어갔소.(함평 구비)

결국 서남방언에서 의문 제기 형식은 '-은고 허니'와 '-으냐 허먼'의 두 형식이
쓰이는데, '-은고 허니'는 예스러운 말맛을 풍기고, 주로 나이든 세대가 사용

하는 점, 그리고 '-으냐 허면'은 젊은 세대의 말 속에서 흔히 찾아지는 점 등을 고려하면 '-은고 허니 > -으냐 허면'의 변화가 진행 중임을 알 수 있다. 이러한 변화는 우리말의 모든 방언에서 일어나는 것으로 추정된다. 그런데 공시적으로 이 두 형식이 공존하는 것이 현실이므로, 말할이에 따라서는 이 두 형식이 서로 간섭을 일으켜 혼태를 일으킬 수도 있다. (20)의 '-으냐 허니'가 그런 경우이다. 하위문의 마침씨끝이 '-으냐'이면 상위문 서술어는 '허면'이 와야 되는데 '허면' 대신 '허니'가 쓰였기 때문이다. 이는 '-으냐 허면'과 '-은고 허니'의 혼태의 결과로밖에 설명할 수 없다.

> (20) 그래서 <u>그 어디로 피신을 했느냐 허니</u> 요기 요 남창에 남창 고랑에 그
> 백명동이가 있어요. 자작놀이. 자작놀인가? 아 뭐, 자장동이라는 디
> 가 있어요.(장성 구비)

이기갑(2002a)에서는 서울말에서 '뭐냐면'이나 '뭐냐 하면'이 의문 제기 형식에서 메움말(filler)로 문법화 되어 쓰이는 예를 제시한 바 있다. (21)이 그 예들의 일부이다. 이들이 더 이상 의문 제기 형식이 아니라는 사실은 주어를 상정하기 어려워 서술어로 볼 수 없기 때문이다. 이처럼 메움말로의 문법화는 의문사 '뭐'를 포함한 '뭐냐 하면'이나 '뭐냐면'에서만 가능하고 다른 의문사에서는 일어나지 않는다. '뭐'가 다른 의문사에 비해 지시범위가 넓고 포괄적이기 때문일 것이다.

> (21)
> 가. 그러니까 내가 아니까 이렇게 표시를 하는데 요새들은 <u>뭐냐 하면은</u> 이
> 것만 이제 대행업자가 있어.
> 나. 그 한 칸이래두 쪼꼬만 거 있구, 큰 게 있구, 그 <u>뭐냐면은</u> 천천이 가요.
> 그러믄 가는 거를 문을 안국동 댕기는 거는 문이 없을 때가 있었어요.

서울말에서와 마찬가지로 서남방언에서도 메움말로의 문법화가 확인되는
데, 이 경우도 서울말과 같이 '뭐'를 포함한 형식이 문법화를 겪는다. 다만 상
위문이 '허먼' 외에 '허니'일 때도 문법화를 겪는 점이 서울말과 다를 뿐이다.
(22)의 '머이냐 허먼/멋이냐먼'이나 '뭣인고니'는 모두 주어를 상정할 수 없는
것이므로, 이것들은 단순히 말할이가 담화의 흐름을 조절하기 위해 사용하
는 메움말로 기능할 뿐이다.

(22)

가. 완만히 따악 먹고 나가서는 <u>멋이냐먼</u> 동네 돌아댕임시러 <u>머이냐 허먼</u>,
"아, 우리 아무개 아자씨 딸허고 아무개 모심(=머슴)허고 이러고저러
고 돼 있는디 고놈을 쥑에야 쓰겄소, 살려야 쓰겄소?" 허고 나발을 불
어 불었어 전부 다.(함평 구비)

나. 근디 절이라는 것이 흔히 본다 치면은 <u>뭣인고니</u> 떨컹 닫히면 밑으로
떨어지게스니 만들어 놓았단 말여.(군산 구비)

다. 그런 뒤에는 <u>뭣인고니</u> 신돈이란 중놈이 말허기를, "애기 다 생겼으니
아들 낳는다, 틀림없이." 허고는 색동저고리를 해 입혀서 보낸단 말
여.(군산 구비)

라. 한 사람은 <u>뭣인고니</u> 그때에 남매간인디 저그 처남 되는 사람이 중질을
혀.(군산 구비)

의문 제기 형식은 본질적으로 새로운 정보를 도입하여 해당 발화를 부각
시키는 기능을 한다. 그러므로 15.1.2에서 살펴본 '다른 것이 아니라'류와 기
능이 중첩될 여지가 있다. 그러나 의문 제기 형식은 의문사를 포함하며 그
의문사에 대응되는 후행 발화를 부각시키기 때문에 '그런 것이 아니라'처럼
초점이 가해지는 발화의 영역이 크지 않다. 굳이 그 차이를 구별한다면 후행
발화의 전면성/국부성 여부가 될 것이다. 이 때문에 의문 제기 형식은 설명

이나 이야기의 시작 신호로 쓰이지는 않는다. 또한 '다른 것이 아니라'는 의문 제기 형식과 달리 메움말로의 문법화가 일어나지 않는다.

15.3 자리채움말(placeholder)

자리채움말은 특정의 목표 표현(구, 낱말, 낱말의 일부, 음절 등)이 쓰일 자리에 대신 쓰이는 임시적인 표현이다. Cheung(2015)에 제시된 중국어 자리채움말의 예를 들면 (23)과 같다. (23)에서 말할이는 자신이 방금 전에 컴퓨터 라우터를 껐음을 상대방에게 알리고 싶었으나, 라우터라는 이름이 얼른 생각나지 않자 이름 대신 'na (ge) shenme'라는 표현을 대신 쓰고 있다. 'na'는 지시어 '그', 'ge'는 분류사 '개(個)', 'shenme'는 '무엇'을 가리키는 중국어로서, 이들의 결합체인 'na (ge) shenme'가 곧 자리채움말이다.

(23)

Wo gang guandiao-le na (ge) shenme le.

I just turn off-PERF DEM CL what SFP

'I just turned off that whatchamacallit(=router).'

'na (ge) shenme'에서 보듯이 중국어의 자리채움말에는 지시어와 의문사가 사용되고 있는데, 언어유형론적으로 지시어나 의문사가 자리채움말을 형성하는 것은 매우 일반적이다. 예를 들어 영어에는 'whatchamacallit'(='what-d'you-call-it'), 'whatshisname'(='what-is-his-name'), 'whatshisface'(='what-is-his-face'), 'you-know-what', 'you-know-who'처럼 의문사가 포함된 자리채움말이 사용되고 있다.

이러한 자리채움말이 쓰이는 것은 여러 가지 이유 때문인데, Cheung(2015)에서는 그 이유로서 다섯 가지를 들고 있다. 첫째, 그 상황에 맞는 말이 얼른 떠오르지 않을 때. 둘째, 문화적 금기어를 피하려 할 때. 셋째, 정치적 탄압을 피하려 할 때. 넷째, 잉크 등이 번져 해당 글자를 읽을 수 없을 때. 다섯 째, 제삼자가 알아듣지 못하도록 말할이와 들을이가 공모하여 말할 때 등이다. 이것은 결국 특정의 표현 대신 말할이가 일부러 자리채움말을 사용하는 경우와 상황 때문에 어쩔 수 없이 사용하는 경우의 두 가지로 나눌 수 있다.

이러한 이유에서 알 수 있듯이 자리채움말은 특정 명사나 동사/형용사 등을 대신하는 기능을 한다. 또는 낱말보다 더 큰 단위인 구를 대신할 수도 있고, 경우에 따라 낱말보다 작은 단위를 대신할 수도 있다. 따라서 자리채움말은 문장의 통사 구조에서 필수적인 요소로 기능하며, 문장의 의미 해석에도 절대적으로 기여한다. 이런 점에서 명제의 의미에 독립적인 담화표지(discourse marker)와는 다르다. 서남방언에서도 자리채움말로 기능하는 낱말이 있는데 '머시기'와 '거시기'가 대표적이다(이기갑 2018). 이들은 의문사나 지시어를 포함하고 있어 언어유형론적으로도 매우 일반적인 유형을 따르고 있음을 알 수 있다.

15.3.1 머시기

'머시기'는 역사적으로 '무엇'의 중세형 '므슥'의 주격형 '므스기'가 한 낱말로 재구조화 된 것이다. 『전라북도 방언사전』에 따르면 전북 지역어에서는 '므시기'라 하기도 하므로 서남방언에서 '므스기 〉 므시기 〉 머시기'의 변화가 있었음을 알 수 있다. 한편 '허-'와 더불어 쓰일 때 '머시기허-'와 함께 '머식허-' 또는 '머석허-'가 쓰이기도 한다. 이 '머식'은 '머시기'의 끝 모음 /ㅣ/가 수의적으로 탈락한 결과이다. '머시기', '머식허-'는 서남방언에서 활발히 쓰이는 말이지만, 그 밖에도 동남방언, 서북방언, 강원 지역어 등에서도 소수가 확인된다.

'머시기'는 어원과 달리 의문사나 부정대명사로 쓰이지 않는다. '머시기'는 대부분 자리채움말로 쓰이는데, 의문대명사의 부정대명사적 용법과는 차이가 있다. 부정대명사 '누구'와 '무엇'은 가리키는 대상을 군이 밝혀서 말하지 않을 때 사용된다. '누구 좀 만나고 왔네.'나 '뭐 좀 먹을래?'와 같은 것이 이런 예이다. 이때 '누구'는 '어떤 사람', '무엇'은 '어떤 것'으로 바꿔 쓸 수 있을 것이다. 반면 '머시기'는 '어떤 사람'이나 '어떤 것'으로 바꿀 수 없다. '머시기'는 경우에 따라 두 가지 해석을 갖는다. '머시기' 뒤에 동지시 표현이 바로 뒤따를 경우, 적당한 표현이 생각나지 않아 임시적으로 그 성분의 자리를 채우는 말이므로, 의미적으로 비어 있는 형식적 형태라고 생각할 수 있다. 반면 선행사가 있거나 앞뒤 문맥을 통하여 '머시기'의 지시물을 해석할 수 있는 경우에는 해당 지시물을 말할이의 관점에서는 특정하고 있는 것으로 보인다. 다만 표면적으로 '머시기'가 쓰였을 뿐이다.

발화 당시 말할이가 적당한 표현이 생각나지 않아 임시로 사용한 자리채움말이 '머시기'의 전형적인 기능이다. 이때 '머시기'의 지시물이 선행 담화에 있지 않으면, 그 지시물은 선행 담화의 내용이나 같은 문장의 문맥을 통해 간접적으로 파악된다. (24)에서 (가)의 '머시기'는 그 내용을 '풍비박산' 정도로 이해할 수 있는데, 이는 순전히 선행 담화의 내용에 근거한 것일 뿐, '풍비박산'이라는 표현이 선행사로 실재하는 것은 아니다. (나)는 '본가에 돌아오다', (다)는 '부자로 살다', (라)는 '움직이다', (마)는 '딸이라고 하다', (바)는 '짓다', (사)는 '돈이 많다', (아)는 '내버리다', (자)는 '내다', (차)는 '평가하다' 정도의 의미 해석을 부여할 수 있는데, 이러한 해석 역시 모두 선행 담화나 같은 문장의 의미 내용을 통해 파악한 것이며, 이러한 의미가 실제로 담화상에 구체적인 표현으로 나타나 있는 것은 아니다. 이처럼 '머시기'는 전후 문맥을 통해 추정되는 의미 해석을 가질 수 있다. 이 경우 '머시기'나 '머시기허-'는 적당한 표현이 생각나지 않거나 언어의 집중력이 떨어진 탓에, 구체적인 표현 대신 모호한 표현을 사용하여 대충 얼버무려 말한 자리채움말이라 할 수 있다. 금기어를 피하거나 상대에게 정보의 내용을 알려주지 않기 위해 일부러 사용한 경우는 아니기 때문이다. 사실 (24)에서 '머시기'나 '머시기허-'의 의미 내용을 보면 (24가)를 제외하고는 발화하기 어려운 것이라고 볼 수는 없다. 그럼에도 자리채움말이 쓰인 것은 말할이의 언어 집중력이 떨어져서 꼼꼼하고 정확하게 표현하지 못하고 대충 말하려 했기 때문이다.

(24)

가. 즈그 형수 말이 그래, "우리집이가 지금 대대로 이렇게 다 <u>머시기가</u> 되 았는디 서방님이나 장개를 얼름 들어야 인자 이 거시기를 우리 대를 이어갈 것인디 무슨 짓이냐고?" 그랑께 절대 거부하거덩, 인자.(보성 구비)

나. 그전에는 다 장가를 가면 해를 믹여서(=묵혀서) 다 인자 <u>머시기를</u> 하 <u>거든</u>.(해남 구비)

다. '그 사람도 얼마나 잘하고 얼마나 <u>머시기해서</u> 이렇게 접빈을 한고?' 갔 드니 가서 보니까 거처하는 방도 내 집만 못하고 집도 내 집만 못하고 또 찬 같은 것도 모든 것이 내 집만 못하더라.(해남 구비)

라. 호랭이는 또 사람을 업으면 어찌게 업냐 하면 등거리(=등)다 지 등거 리하고 맞대 업는다 하드만요. 그랑께 손노릇만 <u>머시기 못 하겄고</u> 인 자 손을 꽉 뀌아 뛰서 인자 지 다리에다 뀌어갖고 항께,(해남 구비)

마. 딸이 인자 모냐(=먼저) 들어강께 즈그 딸 아니라고 그라드라우. 죽어 서 멧 년이 되고 지사(=제사)가 멧 년 넘어가고 멧 년 되았는디 무슨 인 자 <u>머시기하냐고</u> 그랑께 아니, 저 딸이라고 항께 귀신이라고 막 쫓아 내드라우.(해남 구비)

바. 그 사람이 인자 죄를 <u>머시기해서</u> 인자 용왕에서 인자 천당에서 인자 내려보내지 안하고 인자 그런 사람인디 거그서 약혼하고 인자 언제 여 자는 거그 가서 하늘에서, 아 애기들도 솔찬이(=상당히) 커갖고 있더 라요.(해남 구비)

사. 지와등(=고래기와집)에가 산 사람이 김동지였어. 성은 영광 김썬디 동 지 벼슬을 했단 말이여이. 김동진디 어떻게 잘산 부자로 잘살아가지고 노복이 수백 명이었어. 그러니까 잘살고 <u>머시기하니께</u> 말 터가 이 산 이고 앞산이고 시방 말 터가 그대로 있어.(해남 구비)

아. 아, 거그를 오부작(=허비적거리며) 팡께 거가 계란이 들었드라우, 땅

1142

속에가. 계란 그놈을 딱 파서 <u>머시기하고</u> 곤 놈을, 자기가 갖고 온 놈을 거그다 묻어 났어.(해남 구비)

자. 요 안채로는 딱 봉해가지고 훤하게 창만 <u>머시기해</u> 논 모양이여.(해남 구비)

차. 그래서 그 시관이 점수를 다 <u>머식해서</u> 참 모도 머시기 베슬자리 베슬 한 사람 베슬 주고 뭣 한 사람 뭣 주고 모도 이러저리했는디,(신안 구비)

한편 (25)는 '머시기' 또는 '머시기허-'의 선행사가 선행 담화에 있는 경우로 서, 이런 경우 말할이가 표현할 적당한 말이 생각나지 않았다고 설명하기는 어렵다. 그러나 구체적인 예를 보면 역시 알맞은 표현이 생각나지 않아 '머 시기'가 쓰인 것으로 설명할 수밖에 없다. 우선 선행사를 포함한 포괄적인 지시물을 표현하려 하나 적당한 말이 생각나지 않아 '머시기'를 사용한 경우 로서, (25가)-(25나)가 이에 해당한다. (25가)는 선행사 '주막'이 앞선 발화에 쓰였지만, '머시기'는 주막을 포함한 포괄적인 숙박시설을 가리키는 것으로 해석된다. 이때 발화자는 '숙박시설'과 같은 글말투의 전문적인 어휘가 생각 나지 않았기 때문에 그 자리에 자리채움말 '머시기'를 사용한 것이다. (25나) 의 '머시기허-'도 밑줄 친 '거두라'를 포함한 포괄적인 사태를 가리키는 것으 로 보인다. 이처럼 '머시기'는 선행사를 포함하는 포괄적인 지시물을 가리키 는 데 사용된다. (25다)는 '가매'를 '사인교'로 고쳐 말하면서 뒤따르는 서술 어인 '태워서' 대신 임시적인 자리채움말로 그 자리를 메운 경우이다. 고쳐 말하기에 집중하느라 정작 '태워서'와 같은 서술어를 제대로 말하지 못하고 자리채움말로 얼버무린 것이다. 넓은 의미로 적당한 말이 생각나지 않은 경 우에 포함시킬 수 있을 것이다. 한편 (25라)는 이와는 다른 예이다. (25라)의 선행사는 바로 앞선 문장의 '자기 남편을 호랭이가 덜컥 물고 간다'인데, 바 로 이어진 문장에서 같은 내용을 전달하기 위해 '머시기허-'가 쓰였다. 이 경우는 선행 문장 내용을 표현할 말이 생각나지 않았다고 할 수는 없다. 바로 직전에 해당 문장이 쓰였기 때문이다. 그렇다면 이때의 '머시기허-'는 선행 문장을 대신하는 대용어처럼 쓰인 경우라 하겠다. 자리채움말이라기보다는 대용어의 구실을 하는 셈이다. 아마도 선행 문장이 '목적어-주어-서술어'처럼 완전한 성분을 갖춘 문장 형식이기 때문에 이를 다시 반복하는 것이 번거롭고 부자연스러웠을 가능성이 크다.

(25)

가. 그 가이나(=계집애)가 그렇게 컸든가, 참말로 시집가게 컸든가 <u>주막집 그런 머시기서</u> 데려다 키웠든가 하루 저녁에는 남자가 주막에 갔드라우.(해남 구비)

나. 옛날에 누나하고 남매를 낳아 놓고 엄매 아배가 다 죽어 불었는 것입디다. 죽어 붕께 인자 누나보고 그 애기를 <u>거두라고</u> 그 재산을 다 누나한테 주권을 맫게 불었지요. 맫게 불고 인자, "니 동생을 키워서 여워서 분가해 놓고 인자 <u>머시기를 해라.</u>" 그라고 인자 맫게 불었는디,(해남 구비)

다. 노인이 (중략) 우리집에다 가매 <u>태워다</u> 주라고 해 쌓게 해필 노인을 어찌게 할 수가 없응께 노인을 인자 참말로 가매 인자 사인교 인자 <u>머시기해서</u> 그 집에다 들였드라요.(해남 구비)

라. 그러니께 저녁에 잠을 자다 보니께는 무엇이 훅 한디 아, <u>자기 남편을 호랭이가 덜컥 물고 간다</u> 그 말이여. 그라니께 부인이 눈 떠 봉께 <u>머시기항께</u> 쫓아 나가서 호랭이를 꽉 끌어 보듬음시로,(해남 구비)

'머시기'나 '머시기허-'가 역행대용어처럼 쓰이기도 한다. (26)에서 보듯이 말할이는 말하고자 하는 대상을 일단 '머시기'로 표현한 뒤 바로 뒤를 이어 그것과 동지시를 갖는 후행사를 발화한다. 그 결과 '머시기'와 후행사는 역행대용의 관계를 맺게 되는 것이다. 통사적으로도 (가)-(라)처럼 '머시기'가 동지시의 후행 표현과 같은 조사를 갖거나, (타)처럼 '머시기허-'가 후행 용언과 동일한 활용을 보이는 것도 '머시기'와 '머시기허-'의 역행대용성 즉 자리채움말로서의 기능을 말해 준다. (26)을 보면 '머시기'와 밑줄 친 후행사는 바로 인접하거나 매우 가까운 거리에 위치하는 것이 특징이다. 이것은 할 말이 순간적으로 생각나지 않아 통사적인 성분의 자리를 일단 자리채움말 '머시기'로 채운 뒤, '머시기'의 후행사를 이어서 발화한 결과이다.

(26)

가. 그랑께 머시기가 호랭이랄 놈이 (중략) 인자 동구리가 내려와서 봉께, 벌려 봉께 한나도 없어. 떡이 다 빠져 불었어.(해남 구비)

나. 여그서 한 몇 년을 살면 내가 그 머시기를 해원풀이를 해 주마.(해남 구비)

다. 어떤 시님이 뭣인가 애기를 아들을 열다섯인가 열여섯인가 났는디 다 붉은 띠 해 주드라우. 붉은 띠를 띠어서 인자 자기 인자 머시기를 절에서 인자 태어났다 그것 할라고.(해남 구비)

라. 부엌에다 묻어 놓고 인자 남자가 나중에 봉께 그래갖고 자식을 딱 쥑에 불고 이 머시기는 처남은 살아갖고 있드락 안 하요?(해남 구비)

마. 몸뚱아리만 멩지(=명주)제 손만 대면 능글능글 녹아 나제. 요새 머시기 참 비닐종우, 그 얄법디 얇은 휴지 그것같이.(해남 구비)

바. 니가 땅 내려다보고, 어푸러질 때 땅 보고 하늘 쳐다봤으면 니가 하늘 머시기를 다 알고 땅 지리도 인자 다 (알 것인디),(해남 구비)

사. 절로 들어가갖고 인자 절에서 인자 공부도 좀 하고 그 절 머시기 저 대사를 만나갖고 대사한테다 그 원정을 했어.(해남 구비)

아. 이 충청두 계룡산 어구로 인자 들어강께 아조 사람 대그빡(=대갈빡) 모도 뼈따귀 징하드라우. 간 사람은 다 잡아묵고 인자 내뿔어서. 그란디 한긋 들어강께는 즈그 머시기 저 아부지 그랑께 머리든 것이드락

해.(해남 구비)

자. <u>웃집 머시기 대맹이</u>(=큰 구렁이)<u>한테로 갈래?</u>(해남 구비)

차. 둘째 딸 저구 <u>앞집 머시기 아무개한테로</u> 시집을 보내라. 그리 정혼을 해라. 정혼을 안 하면은 너는 금방 어쭈꾸 기양 머시기 죽일 텡께.(해남 구비)

카. 인자 거그를 다 봐갖고는 인자 <u>머시기 그 빼딱</u>(=뼈다귀) <u>모도 머리 있는 것을</u> 다 거그다 묻어서 장사를 시켰드라우.(해남 구비)

타. 그래 연등을 내링께는 거가 찬물에 <u>머시기한 반들반들한</u> 바돌(=바둑돌) 같은 돌이, 바돌 같은 놈도 있고 주먹만씩한 놈도 있고, 납작납작한디 놀기 좋겠드락 해, 까만디.(해남 구비)

파. 그래서 그람스로 그 호랭이가 하는 말이 나는 여그서 한 백 년을 살았다. 충청도 여그 계룡산에서 백 년을 살았는디 내가 도련님 <u>머시기한 것을</u> 다 안다고이, <u>뭣 하라 오신 것을</u> 다 안다고 그랑께는,(해남 구비)

하. 너는 욱에서 하고 나는 아래서 한디 니가 꾸정물을 <u>머시기해서</u> 아래로 내려오면은 내가 공부에 지장이 있응께 절대 꾸정물을 <u>일으키지</u> 말고 맑하니 아주 고진하니 목간을 해라.(해남 구비)

ㅏ. 말을 사갖고 내가 저그 <u>머시기해서</u> 멧 백 리를 <u>담박질</u>(=달음박질)<u>해갖고</u> 모냐 들어선 놈이 인자 각시를 뺏기로 그라자고 인자 즈그 마느래 보고 그랑께,(해남 구비)

ㅑ. 그래서 그놈 쓰고 즈그 어매 모셔다가 인자 참 그 사람이 안 가고 다른 사람 <u>머시기해서</u> 인자 <u>가마에 태서</u> 즈그 어매 모셔다가 그 집에서 인자 내외간 맺어갖고 삼스로 아들딸 남스로 참 행복하게 살았드라요.(해남 구비)

  (26)의 예들은 생각나지 않은 말을 '머시기'로 일단 대신한 뒤, 하려는 말이 생각나 '머시기'의 뒤에 바로 발화한 경우였다. 하지만 경우에 따라 말하려

는 표현이 전혀 생각나지 않을 때가 있다. 그럴 때는 후행사 없이 '머시기'만 나타나게 된다. (27)이 이런 경우이다. (27가)는 '삼세판'에 대응하는 방언 표현 '삼시시판'을 발화하려다 '시판'이 생각나지 않은 경우이다. '머시기라고' 뒤에 오는 '시판'은 '머시기'의 내용이 아니라 '시판째'로 해석되는 다른 낱말을 가리킨다. (27나)에서는 상투의 특정한 줄의 이름이 생각나지 않아 '머시기 줄'이라고 표현한 것이다. (27다)도 마찬가지다.

(27)

가. 그래갖고 또 윷 놀아서 이깅께 뭣이든지 <u>삼시 머시기라고</u> 시 판 또 인자 졌제.(해남 구비)

나. 상투 그 <u>머시기 줄</u> 안 있소이? 이놈을 풀어가지고 봉께, 쬐깐한 솔나무가 한나 있드라여.(보성 구비)

다. 이 남자가 (중략) 그 부잣집이서 혼인하자고 쌀가마니 들어오고 거그서 쌀 갖고와서 장사(葬事) <u>머시기</u> 일도 하고 그랬드라요. 그 부잣집에 장개도 들고.(해남 구비)

'머시기'는 (28)처럼 자리채움말과 부정칭의 두 가지 해석이 가능할 때가 있다. 여기서 '신 머시기'는 '신 아무개'와 같은 뜻이다.

(28) 그 저 팽촌골 <u>신 머시기가</u> 어디서 사는고는 저 어디 어디 마을서 산다고 그라고 갈쳐 주드라네.(보성 구비)

전후 문맥을 통해 이끌어낸 의미 내용 가운데 어떤 것은 직접적인 말로 표현하기 어려운 경우가 있다. (29)에서 '머시기'는 이야기 내용으로 미루어 개와 여자, 기름장수와 여자와의 교접을 의미하는데, 이렇듯 성적인 표현처럼 직접적으로 표현하기 곤란한 경우는 '머시기'가 매우 유용한 방법일 수 있다.

이런 예는 적당한 말이 생각나지 않아서가 아니라 의도적으로 해당 표현을 기피하기 위한 수단으로 '머시기'나 '머시기허-'가 쓰인 경우이다.

(29)

가. 혼자 와서는 쿤네 안 오냐고 항께는 꼬리만 해헤 치고 여자만 <u>머시기 해갖고는</u>, 아, 그라드니 잠장께는 아, 여전히 개가 그랑께 하드라우. (해남 구비)

나. 그래서 여자한테 가서 어떻게 더듬어서 인자 <u>머시기를</u> 시작을 허니까 여자는 자기 남편인지 알고 허락을 해 불었다 이것입니다.(보성 구비)

'머시기'는 담화의 흐름을 조절할 때도 쓰일 수 있다. 담화는 이상적인 경우라면 매끄럽게 진행되어야 한다. 그런데 발화자가 일부러 담화의 속도를 줄이거나 발화 도중에 군더더기처럼 보이는 말을 개재시켜 발화 시간을 버는 수가 있다. 이처럼 담화의 흐름을 조절하기 위해 사용되는 표현을 메움말 (filler)이라 하는데 넓은 의미의 담화표지에 속하는 말이다. '머시기'도 이러한 담화표지로 기능하는 경우가 있다. '머시기'가 자리채움말로 쓰일 때 적당한 표현이 생각나지 않아 임시적으로 해당 성분의 자리를 메우게 된다. 그러나 담화표지와 달리 적당한 말을 찾기 위한 시간을 버는 기능은 없다. 그러므로 자리채움말은 통사적 층위에서 기능하고, 메움말/담화표지는 담화적 층위에서 기능한다고 할 수 있다. 그런데 같은 형태의 '머시기'가 자리채움말 외에 담화표지로 쓰이는 경우가 있어 흥미롭다. 경우에 따라 이 두 가지 기능은 구별이 되지 않을 수도 있다.

(30)의 (가)-(나)는 담화표지 '머시기'와 '저'가 함께 쓰이는 예이다. '저'는 대표적인 담화표지인데 이 경우는 두 가지의 담화표지가 이어서 쓰이고 있다. 뒤따르는 발화가 서술어임에도 '머시기허-'가 아닌 '머시기'가 쓰인 것 역시 '머시기'를 자리채움말로 볼 수 없게 한다. '머시기'와 해당 서술어를 역행

대용의 관계로 볼 수 없기 때문이다. 그 점은 (다)-(사)도 마찬가지다. '머시기' 뒤에 서술어 또는 절이 와서 '머시기'가 자리채움말이 아닌 담화표지로 쓰였음을 알 수 있다. 한편 담화표지로 쓰이는 '머시기'에는 조사의 결합이 불가능하다. 이 점에서도 자리채움말과의 차이가 있다.

(30)

가. 나는 여가 이렇게 한 백 년 살기는 살었어도 사냥해갖고 와도 젊은 놈들 즈그가 다 퍼묵어 불고 나는 얻어묵도 잘 못하고 실지는 인자 이빨도 없고, 다 빠져 불고 없고 이랑께 <u>머시기</u> 저 얻어묵도 못하고 서럽게 살고 있다고 나를 잔 죽여 주지 마라고 인자 그라먼 도련님을 따라갈란다고 그라고 하드라우.(해남 구비)

나. 아, 이것 참말로 두 번이나 뚜께비를 안 줄라고 인자 늘 홀려서 인자 그렇게 했는디 아니, <u>머시기</u> 저 어찌게 거짓말할 수도 없고, 변명을 할 수가 없어. 어찌게 그랑께 주락 하기도 에럽고 그랑께 우두거니 보고 있어.(해남 구비)

다. 포수가 하나 있는디 봄 새는 이른 봄에 구렝이가 나와서 인자 구렝이 굴이 인자 <u>머시기</u> 가다 봉께 있어서 그것을 보고는 한 종일 사냥을 못하고 그냥 오거든요.(해남 구비)

라. 오늘 씨집갈 가시내를 업고 왔어. 그랑께 성(=형)이 <u>머시기</u> 물 떠 믹이고 지름 믹이고, 그라고 즉 어매보고 인자 물 떠 믹이고 지름 믹이고 그라락 항께는 살아나드라우.(해남 구비)

마. 가이내가 인자 시집갈락 할 날 받어 놓고는 치매 멩지(=명주) 거 멩지에다 날마당 초에다 당구고 낮에는 당구고 저녁에는 비쳐서 몰리고 낮에는 <u>머시기</u> 당구고 또 저녁에는 당구고 아직에는 그라고 늘 고따이(=こうたい. '교대'의 일본어.)해서 했어.(해남 구비)

바. 그래 하루는 여름인디 보리방아를 찧어서 마당에다 떡 널어 놓고, "머

<u>시기</u> 그냥 자주 보리쌀 잔, 보리 잔 몰리시요(=말리시오)." 그라고 갔
단 말이여.(해남 구비)

사. 그렁께는 호랭이가 훌떡 뛰어들어 옹께는 그냥 즈그 어매가 거그서 딱
푸르르하니 자물쎄(=까무러쳐) 불어. 풀하니(=파랗게) 자물쎄 불었어.
그래서는 <u>머시기</u> 즈그 어무니가 자물쎄 불어서 미음을 쓰고 해서 어무
니를 어쭈구 살렸어.(해남 구비)

이상에서 살펴본 바와 같이 '머시기'는 자리채움말의 기능이 기본이지만,
그 밖에 대용어나 담화표지로 쓰이는 수가 있어 다양한 용법을 갖는다고 할
수 있다.

15.3.2 거시기

서남방언에는 '머시기' 외에 자리채움말로 기능하는 표현으로 '거시기'가
더 있다. '거시기'는 '머시기'보다 사용 지역이 훨씬 방대하다. 서남방언의 사
용 빈도가 가장 높기는 하지만, 그 밖에도 서북, 중부, 동남방언 등 대부분의
방언에서 소수로나마 쓰이기 때문이다. '거시기'의 '거'는 지시어 '그'의 변이
형이며, '시기'는 '므스기'로부터 유추된 것이다(이기갑 2018:222). '거시기'는 접
미사 '-허-'와 결합할 경우 '거식'으로 변동하는데 이는 '거시기'의 끝 모음 /] /
가 탈락했기 때문이다. '거시기'가 '머시기'를 기반으로 생겨난 것이라면 '머
시기'에 비해 후대에 만들어진 것은 분명하다. 그러므로 '거시기'만 사용되는
지역은 유추의 기반 역할을 했던 '머시기'가 '거시기'를 만들어 놓은 뒤 사라
져갔다고 보아야 한다.
'거시기'의 형태 구조는 (23)에서 제시된 중국어의 자리채움말 'na shenme'
와 매우 유사하다. 언어유형론적으로 자리채움말은 지시어나 의문사로부
터 생겨나는 것이 일반적인데, 이런 점을 고려하면 서남방언의 '거시기'는 자

리채움말로서 보편적인 형태를 갖춘 셈이다. '머시기'가 있음에도 '거시기'가 새로 자리채움말로 생겨난 것은 '머시기'와 달리 지시어 '그'가 포함되어 있기 때문일 것이다. '그'는 '머시기'에 비해 특정성의 의미가 두드러진다.

'거시기'의 자리채움말로서의 용법은 '머시기'와 크게 다를 바 없다. 적당한 말이 생각나지 않아 임시로 해당 성분의 자리를 메우는 역할을 하거나, 금기시하는 지시물을 피하기 위해 사용된다. '거시기'는 '머시기'와 마찬가지로 문맥을 통해 그 의미를 추정할 수 있는 경우에 쓰인다. 예를 들어 (31가)의 '거시기'는 '흠을 잡지 않는다' 정도의 의미로 해석되고, (31나)의 '거식하다'는 '힘들다'나 '지키기 어렵다' 정도의 해석을 갖는다. (31다)는 대립관계에 있기 때문에 '거식허-'는 '방천이 안 무너지고' 정도의 의미로 해석된다. 이처럼 '거시기'는 앞뒤 문맥으로써 그 의미를 추출해 낼 수 있을 때 사용이 가능하다.

(31)

가. 인자 늙은 사람들이 과거 뭐 있다 해도 <u>거시기도</u> 안 할 것이고 우리가 큰일이 닥쳤으니 이것을 해결하기 위해서는 알아야 씨겠다고 마느래 보고 사정헝께,(신안 구비)

나. 그러니 에 그 아무리 <u>거식하다</u> 해도 유언쯤은 지켜야 할 것 아니냐 말이여.(신안 구비)

다. 그래갖고 제를 잘못 지내면은 그 방천이 무너져 불고 제를 잘 지내면은 방천이 <u>거식해갖고</u> 동네 농사를 지 묵고.(보성 구비)

'거시기'는 또한 '머시기'와 마찬가지로 선행 담화에서 언급된 선행사를 지시할 수 있다. (32)에서 밑줄 친 부분은 '거시기'의 선행사로 볼 만한 표현이다. 이런 선행사가 있음에도 자리채움말이 필요한 것은 '머시기' 항에서도 언급한 바와 같이 말할이의 집중력이 떨어져서 말을 꼼꼼하고 정확하게 표현하려는 의지가 없기 때문이다. 이것은 그만큼 '거시기'가 자리채움말로서 일상화 되었음을 의미한다. (32가)에서 '거시기'는 '나락'을 가리킨다. 이때 '거시기'와 '나락' 사이에는 몇 개의 문장이 놓여 있다. 이런 긴 거리에도 불구하고 선행 담화의 내용으로 미루어 '거시기'가 '나락'을 지시하고 있음을 쉽게 짐작할 수 있다. (32나)도 마찬가지다. (32다)에서 '거시기'는 손에 묻은 똥을 가리키는 것으로 보인다. '거시기'에 의한 순행대용에서 선행사와 '거시기'는 서로 인접하지 않는 속성을 지니므로 바로 앞선 '손'을 선행사로 볼 수는 없다. (32라)에서 '비지땅'과 '불 때는 거시기'는 동일한 의미를 갖는다. 따라서 '거시기'는 '막대기' 정도로 해석할 수 있고, 선행 발화를 부연한다고 하면 '거시기'를 '비지땅'으로 해석할 수도 있다.

(32)

가. 그전에 이조 때 세금을 받어서 싣고 댕긴다. 돈으로 받는 것이 아니라 나락으로 받어서 곡으로 받아가지고 싣고 댕긴다, (중략) 몇 달을 가는지 가서 그 거시기를 세금으로 실으먼은 딱 배 빼 놓고는 배 속에다가 그 도구통(=절구) 같은 거나 또 매 그 나락 실어서 껍딱 빗기는 매조차 뭐 실어가지고,(신안 구비)

나. 병조판서를 제일 친하다고 찾아왔는디 구제해 줄 깽이는(=커녕) 종로 바닥에다 삼태기 잡어서 집어 내부릉께 분허기가 한이 없그던. 이 사람이 즈그 집을 와서 밤새도록 땅을 두드리고 운다. 좌불왈상하고 옹께 이 거시기가 인자 아칙에 날이 훤히 생께 이, 어, 방에 갔어.(신안 구비)

다. 그러디마는 얼마나 씨아부지가 물을 떠 오랑께 급헝께 그냥 똥 그 손구락으로 딲은 손 거시기를 씻도 안허고 물을 떠 옹께,(신안 구비)

라. 샘에서 나온 놈을 구먹을 비지땅(=부지깽이)으로 불 때는 거시기로 쑤세 붕께는 안 나오거둥.(해남 구비)

할 말이 순간적으로 생각나지 않아 일단 그 자리를 '거시기'로 채운 다음 그 내용에 맞는 발화가 이어지는 경우, 즉 역행대용의 관계에 '거시기'가 쓰일 수 있는데 이 역시 앞서 설명한 '머시기'와 완전히 일치한다. (33)에서 보듯이 역행대용에서는 순행대용과 달리 '거시기'와 후행사가 서로 인접해 있는데 이 역시 '머시기'와 같다. (33차)에서는 '뭣도 거시기허고 굿도 놀고'에서 보듯이 목적어와 서술어 자리를 각각 대용어 '뭣'과 '거시기허고'로 채운 다음 여기에 해당하는 구체적 표현이 뒤따르고 있다. 그렇다면 부정의 대명사 '뭣'과 용언 '거시기허-'가 모두 자리채움말로 쓰이고 있음을 알 수 있다. '거시기'가 역행대용의 관계처럼 쓰일 때, '거시기'와 후행 동지시 표현은 조사를 공유하는 수가 대부분이다. 동일한 격조사를 쓰거나 보조사를 사용함으로써 '거시기'와 후행 표현이 역행 대용의 관계에 있음을 명시적으로 보여 준다.

(33)

가. 그 거시기는 중우는 안 입고.(신안 구비)

나. 섬에서 인자 둘이 살면서 그 구렁이는 할 수가 없제마는 거시기가 그 공주가 좌우간 멫 백 일 멫 달이 됐든지 그저 날마다 엎져서(=엎드려서) 빈다 그 말이여.(신안 구비)

다. 부칠라 허는디 종우가 없어서 문풍지를 찢어서 그놈을 인자 안 날치게 (=날리게) 중간침 거시기를 두꺼비 허물을 손으로 잡고 위에 부쳐가지고 안 떨어졌는디,(신안 구비)

라. "우리 딸을 내 사우 노릇을 허면 내가 토지 멫 십 마지기를 준다." 이렇게 인자 거시기를 선전을 해 농께,(신안 구비)

마. 이것이 '저 여자가 무슨 거시기를 조화를 꾸매가지고 저러는고?' 그렇게 생각허니,(신안 구비)

바. 그래서 나가서 봉께 서울서 뭐 거시기를 약을 지어가지고 어디를 내린

다고,(신안 구비)

사. 그렇께 그 근방 논 번(=부치는) 사람, 전답 버는 사람들이 그냥 <u>거시기</u> <u>로 뭐 삽</u> 갖고와서 흙을 떠 붓어서 장사를 해 불었거든.(해남 구비)

아. 뭐 천지가 진동허고 그냥 노성 번개가 반짝반짝험스로 딱 소리가 남스 러 섬이 벌어지는데 <u>거시기서 굴에서</u> 송장군이 나와서 섰고,(신안 구비)

자. 그러고 또 석기시대 돌도끼를 내가 여그 그 동네서 줏어가지고 <u>거시기</u> <u>다 군에다</u> 갖다 줘서 지금 군에가 있는가 없는가 모르겠소마는,(신안 구비)

차. 초랭이패가 모도 그 남사당도 끼이고 <u>뭣도 거시기허고 굿도 놀고</u> 오는 디,(해남 구비)

카. 거그를 지내면 아무도 거그를 다른 사람도 <u>거시기를 못 갔소. 말을 타</u> <u>고 쉬 지내지를 못 가.</u>(신안 구비)

(34)는 '거시기'가 담화표지로 쓰이는 경우이다. 담화표지는 '머시기'에서 도 설명한 바처럼 담화의 흐름을 조절하는 데 사용되는 표현을 말한다. 말할 이가 발화의 시간을 벌기 위해 뜸을 들일 때 그 담화의 빈자리를 채워 주는 filler가 전형적이다. (34가)에서 적당한 말을 찾는 동안 발화되는 '뭐라 하냐', '뭣이냐', '거시기'는 모두 같은 기능의 표현으로서 담화의 빈자리를 메우는 담화표지이다. 발화의 중간에 뜸을 들이는 것은 표현할 말이 생각나지 않기 때문만은 아니다. 통사적으로 분리되는 자리에서는 말할이가 약간의 쉼을 가질 수 있는데, 이러한 쉼의 자리에 '거시기'가 쓰일 수 있는 것이다. (34 나)-(34다)는 여러 개의 항목을 열거할 때, (34라)-(34바)는 이미 말한 바를 고 치려 할 때, (34사)는 'A에서 B까지'의 통사적 구성의 중간 위치에, (34아)는 말을 시작할 때 등에 '거시기'가 쓰였다. 이들은 모두 통사적으로 분리되는 자리인데, 이러한 자리에 음성적으로 쉼이나 기타 다양한 담화표지가 나타 날 수 있는 것이다. '거시기'도 이런 담화표지의 하나이다.

(34)

가. 그래서 에, 지금도 그 효열비가 지금도 있지요. 있고 나라에서 상장도 오고 또 그 유림에서도 상장도 오고 그 또 뭐라 하냐, 거시기, 거시기, 뭣이냐, 거그서도 거 뭣이냐 향교, 향교에서도 상장이 오고 그랬소.(신안 구비)

나. 저 경상도 함양에서 한 동네서 진사가 둘 났습니다. 둘 났었는데, 한 분은 여그 와서 거시기 뭣이냐 자기 아버지가 교장을 했었고 진사는 이 뭣이냐 저 제기 장사를 했는디.(신안 구비)

다. 따라가서는 쇠고기를 멧 근이나 뜨고 거시기 술도 잘 대접허고 가지고 왔단 말이여.(신안 구비)

라. "아, 그 서숙(=조) 씨를 여그다 뿌려라." 해서 뿌렸더니, 서숙 씨를 전부 다 가져와야지 안 가져오먼은 거시기 못 가져오면 쫓아낸다 해서 쫓겨나게 생겨서 울고 있다.(신안 구비)

마. 이 경상도 쪽으로 이 거시기 이 전라도 쪽 여수 쪽이나 이 아래 진도나 전부 다 이리해서 댕긴디. 딱딱 털어묵고 거시기가 안 올라오거든, 세금이.(신안 구비)

바. 그래서 말은 이것이 져서 땅 거시기 난수땅이라고 있지 않드라고.(신안 구비)

사. 송공리서 어, 거시기 망운 매화촌까장 가서 술을 먹었다는 에, 말이 있습니다.(신안 구비)

아. 아이, 그 항애장시(=황아장수)가 아이, 거시기 우리 오늘 내기를 하자고. "뭘 내기야?" 항께, "아이, 거시기 저 당신이 지면 내가 항애 짐을 주고 저 이기면 항애 짐을 주고 당신이 지면 큰애기 싯(=셋)을 나를 주라." 하거든.(신안 구비)

담화표지로 쓰이는 '거시기'는 다른 담화표지와 함께 쓰이는 수가 많다. (35)

에서 '거시기'는 '그'나 '저'와 함께 쓰였다.

(35)

가. 그래 사랑에서 잠을 자는디 그 심부름허는 아이가 밥을 가지고 와서 인자 밥을 먹으라 허는디, 아조 안사랑에서 그 많은 사람들이 저렇게 모여 있어. "먼 이야기를 저렇게 하고 있느냐?" 하고 물응께, "<u>그 거시기</u> 명사들이 모여서 거시기 산소를 가지고 이야기헙니다."라고 그러거든.(신안 구비)

나. 옛날에도 또 씨아부지 밥상만 들이놓고 그렇게 벤소를 가는디. <u>저 거시기</u> 만날 똥구녁을 얼다 딲냐 허면 지둥나무에다 딲고 나오드라요. (신안 구비)

다. 인제까장 멫 명이 살고 <u>그 거시기</u> 거짓말이 통과가 안 돼서 다 그냥 돌아갔다. 그런디 너도 그러면 어쩔라냐?(신안 구비)

(36)은 대용어 '그것'과 '거시기'가 순행대용의 상황에서 혼용되는 경우로서 선행사는 '쪽제비'이다. 이때 선행사에 가까운 위치에서는 '그것', 여러 개의 문장이 중간에 개재된 먼 위치에서는 '거시기'가 쓰이고 있어 두 표현의 차이를 보여 준다. '그것'은 특정된 지시물을 가리키는 대명사지만, '거시기'는 대명사 '그것'에 비해 특정성이 떨어지는 차이가 있다. 특정된 대용어는 선행사로부터 멀리 떨어질 수 없지만, 특정성이 약한 자리채움말은 선행사와의 거리가 멀 때 더 유용하게 쓰인다.

(36) 그런디 폴린(=팔린) 뒤에 <u>쪽제비</u>(=족제비)라 할까 <u>그것보고</u>, 말이 쪽제비는 거시기는 지네가 없다 안 했어? <u>고것이</u> 인자 느닷없이 와. (중략) 밤중이나 됭께. 그렇게 '요것이 인자 나 죽일라고 나를 잡어갈라고 그런가 부다.' 허고는 발로 어떻게 밀어서는 문트멍(=문틈)을 내 농

께 지(=제)가 거두든 <u>거시기가</u> 들올라고(=들어오려고) 서둘러 싼단 말이여.(신안 구비)

지금까지 살펴본 '거시기'의 용법은 앞에서 검토한 '머시기'와 별다른 차이가 없다. 그렇다면 서남방언의 토박이들은 '거시기'와 '머시기'를 수의적으로 혼용하고 있다고 할 수 있다. 다만 (28)에서처럼 '신 아무개'라고 할 것을 '신 머시기'라고 표현했던 예가 있었는데, 이를 '신 거시기'라고 하면 어색한 느낌을 준다. '머시기'에서 보였던 부정칭의 용법이 '거시기'에는 없는 듯하다.

16장

그 밖의 문법

16.1 명사형 씨끝 '-음'

용언의 명사형을 만드는 씨끝은 중세어에서 안맺음씨끝 '-오-'가 필수적으로 결합된 '-음'이 주로 쓰였다. 이 '-음'은 근대 이후 '-기'로 대체해 갔는데, 현대국어에서 '-음'은 입말에서는 사용되는 일이 드물고 글말에 주로 남아 있다. 예를 들어 '-음에도 불구하고'와 같은 것이 전형적인 글말투의 표현이다. 반면 '-기'는 현대국어의 대표적인 명사형 씨끝으로서 입말과 글말에 두루 쓰이고 있다.

서남방언도 표준어와 같이 '-음'에서 '-기'로의 대체가 일어나서 현대 서남방언에서 '-기'는 주된 명사형 씨끝으로 쓰인다. 반면 '-음'은 거의 사라진 씨끝이지만, 일부에 남아 있기도 하다. 우선 명사형 씨끝 '-음'이 쓰인 예들을 보기로 하자. (1)을 보면 '-음'이 결합된 용언으로는 '잘살-, 남-, 친하-, 있-, 묻-, 막-, 죄받-, 죄닦-' 등이 있음을 알 수 있다. (자)-(차)의 '죄받음'과 '죄닦음'은 한 낱말로 해석할 가능성이 없지 않으나 여기서는 일단 용언의 활용형으로 해석한다. 이런 용언들에 나타나는 '-음'은 '-기'로의 변화를 거부하는 보수적인 예라 하겠다.

(1)

가. 그전에 황새원(=황생원) 하나가 말여 잘살어. <u>잘살음과</u> 동시에 물론 친구도 많을 터지.(정읍 구비)

나. "아니요. 주인한테 인사를 드리고 가야지요." "주인한테 인사드릴 것 없어. 우리 집 재산 갖고도 니 먹고 <u>남음이</u> 있다."(화순 구비)

다. 이 얘기는 그 참 꼬돌이(=근거)가 있고 그래서 지금까지도 전설이 되어가지고 그 <u>남음에</u> 있어가지고 우리도 지금 그 전설을 표현하는 것이여.(장성 구비)

라. 그랑께 부자유친도 아부지가 자석을 친할 만해야 자식도 <u>친함이</u> 된 것

이고 벗과도 벗도 믿음이 있을 만한 정도로 해사 믿음이 <u>있음과</u> 같일로 씨엄씨(=시어머니)도 씨엄씨다와야 씨엄씨가 안 맞제. 메느리 밥을 굶기니 죽일락 하니 안 맞일 수가 있냔 말이여?(해남 구비)

마. 또 <u>물음을</u> 해보시라고 하니까,(고흥 구비)

바. 그렁게 시방 중은 합천 해인사로 갔고, 그 인자 거그서 갈려갖고는 오가리골 와서 하 이것 또 <u>물음을</u> 떠봐얄 것 아녀?(정읍 구비)

사. 자버리(=자벌레)가 이렇게 한 자 한 자 걸어간 것도 <u>막음이</u> 없으면은 능히 만 리를 간다.(정읍 구비)

아. 어떻게 혀야 그것을 <u>막음을</u> 헐까 어떻게 혀야 평정을 시킬까 그리가지고서는 인자 생각헀다가서나는,(군산 구비)

자. 얼마 안 가서 죽을 몸이니, 좋은 밥을 먹고 죽으면 저승에 가서 자기가 아는 죄를 <u>죄받음을</u> 못한다고 여자가 그려.(부안 구비)

차. 절로 들어가서 인제 거그서 좀 수양을 좀 허고 <u>죄닦음을</u> 좀 허까 허고,(정읍 구비)

이 밖에 특히 관용적으로 쓰이는 '봄에'와 '들음에'에서도 보수적인 '-음'을 찾아볼 수 있다. 서남방언에서도 명사형 씨끝 '-기'가 결합된 '보기'와 '듣기'가 일반적이지만, '봄'과 '들음'이 화석처럼 남아 쓰이기도 한다. 우선 서남방언에 나타나는 신형 '보기'와 '듣기'의 예를 보기로 하자. (2)는 '보기'에 주격, 목적격, 처격과 같은 격조사와 '는', '도' 등의 보조사가 결합되어 사용됨을 보여 준다. '보기'에 붙는 조사에 별다른 제약이 없음을 알 수 있다.

(2)

가. 그런데 부잣집 영감이 가만히 보니까 칠 형제하고 아버지하고 이렇게 달라들어서 그 황무지를 개간을 허는데 참 그 보기가 좋다 이것입니다.(보성 구비)

나. 쥔 보기가 원근(=워낙) 무안스러웅께 떠나 버렀는디,(함평 구비)

다. 그런디 거가 지와집이 여가 저가 인자 골통 개와집이 이 사람이 보기를 질(=제일) 나은 성 부르그넝. 그래 거그를 찾아 들어갔든 것입디다. (해남 구비)

라. 자기 메느리는 그 사람 보기를 징해서 못 보겄다 해도,(신안 구비)

마. 뭣이 담 넘어서 넘어온 것 같거든, 어사 보기에.(고흥 구비)

바. 그 아들이 보기에 그양반이 진짜 풍수라고 생각이 들었어.(화순 구비)

사. 한 군데 보기는 봤습니다마는….(장성 구비)

아. 인자 남은 것이 씨애비하고 젊은 과수하고 둘이 남었으니, 참 며느리 보기도 미안할 거 아니야?(고흥 구비)

(3)은 '듣기'의 예인데, '듣기'도 '보기'와 마찬가지로 결합되는 격조사나 보조사에 제약이 없는 것으로 보인다. 다만 '듣기에'처럼 처격조사가 결합된 예의 빈도가 다른 조사에 비해 상대적으로 높다는 차이가 있기는 하다.

(3)

가. 그때는 알었기 땀에 부끄럽제, 즉 어머니 듣기가.(해남 구비)

나. 이 놈의 이견(=의견)을 본다치면 작은아들만 아들로 알고 사는디, 아, 하루는 소문 듣기를 뭐라고 듣기는가 하면은,(부안 구비)

다. 아랫집에서는 항시 싸우니까 웃집에서 듣기에는 아조 안 좋습니다. (보성 구비)

라. 똑 그날매이로(=그날처럼) 그렇게 이약(=이야기)을 해, 듣기에.(고흥 구비)

마. 너를 서울서 듣기에 니가 교만성이 만해가지고 못된 짓을 한다고.(해남 구비)

바. 감중골당에는 닭이 있었다고 그래요, 말 듣기에.(신안 구비)

사. 자기 혼자만 듣기는 아까와서 그 언더리 산신을 전부 다 불렀어요.(신
   안 구비)

(2)-(3)에서 보듯이 서남방언에서 '보기'와 '듣기'는 다양한 조사들이 결합
될 수 있어 온전한 명사형의 구실을 하고 있음을 알 수 있다. 이에 반해 씨끝
'-음'이 결합된 '봄'과 '들음'은 사정이 다르다.

(4)
가. 이 들음에 그런 독헌 사람이라고 하더니 와서 보니까 사실이 그렇지가
   않습니다.(함평 구비)
나. 아무개야, 오늘 저녁 울 아부지 느그들 봄에 울 아부지 뼉다구가 오직
   불쌍허드냐? 그렁께 어디다 흙 파고 묻을란다. 그렁께 느그들 와서 흙
   멫 짐씩 져 주라.(신안 구비)
다. 내 봄에도 암것도 모르는 사람이나 봄에도 괜찮을 것 같고 또 어디 갈
   데도 없고 하니까 할 수 없이 여그다 지금 씨는 격입니다.(신안 구비)
라. 그래 먹고는 가만히 생각을 해 봉께, 응, 그런 산중에 이런 오막살이에
   이렇게 어찌게 봄에 그 허리가 날씬하게 생겼는디 말이야, 그 그냥 보
   기가 아까와, 놈의 것이지마는.(화순 구비)
마. 나가서 가만히 들어 봉께 인자 학생보고 허는 말이, "나가 봄에 당신이
   안 맞춘 것 같은데 당신이 당돌허게 맞췄다 그러냐고?" "아, 사람 둘이
   서 한나가 안 맞췄으면 나가 안 맞췄다 해도 맞춘 사람이 안 되냐고 말
   이여. 그렁께 맞췄다 해야지 뻴 수가 있냐고 말이여."(보성 구비)
바. 너 이놈아, 젊은 놈이 왜 봄에 병신도 아닌데 다리를 잡고, 역불로(=일
   부러) 잡고 퍼떡거리고 댕기냐?(보성 구비)
사. 봄에 과게(=과거) 허로 가는 분인디 이렇게 범람헐 마음을 먹고서야
   무슨 과게를 바래겄냐면서,(군산 구비)

아. 근디 산 오다가 보닝게 그 욱에가서 묘한 자리가 좋은 묘가 있는디 참 봄에 좋아.(정읍 구비)

자. 여보쇼, 어사가 그런 걸 갖고서 있소? 난 그 봄에 아무것도 아니요. 거 여자를 속여도 유분수지 날 그 속일라고 그러냐고.(정읍 구비)

(4)에서 보듯이 '봄'과 '들음'은 오직 처격조사 '에'와만 결합되어 쓰인다. 따라서 '봄에', '들음에'와 같은 관용 형식을 구성하는데 이는 의미적으로 표준어의 '보기에', '듣기에'와 같다. '들음'과 '봄'은 처격조사 '에' 외의 다른 조사와는 결합되지 않아, 예를 들어 '봄이, 봄을, 봄만, 봄도'와 같은 결합형은 불가능하다. 이것은 '봄에'와 '들음에'가 관용형으로 굳어져 있음을 의미한다. 사라져 가는 명사형 씨끝이 관용적으로 쓰이는 '봄에'와 '들음에'에 화석처럼 남아 있는 것이다. '봄'과 '들음'이 오직 처격조사만을 허용하는 것은 이 경우의 사용 빈도가 가장 높기 때문일 것이다. 사라져 가되 사용 빈도가 높은 관용 형식에 자신의 흔적을 남기는 것, 이것이야말로 언어 변화의 일반적인 과정이라 하겠다. '봄에'와 '들음에'는 공시적으로 한 낱말인 부사로 해석할 수 있을 것이다.

명사형 씨끝 '-음'이 '-기'에 대체되었으므로 '-음'이 결합된 어형이 명사형이 아닌 파생명사로 다루어야 할 경우도 있다. (5)의 '잊임'이 그런 예이다. 구비문학 자료에서는 '잊임'이 용언 '허리-'와 결합되어 쓰이는 예가 주로 확인된다. '허리-'의 정체는 불분명하다. 형용사 '흐리-'이거나 아니면 서남방언의 동사 '헐히-' 가능성이 있다. 『전라북도 방언사전』에 따르면 '헐히-'는 '휴식하거나 멈추어 서다'의 의미를 갖는 동사이다. '잊임이 흐리-'나 '잊임이 헐히-'라 하더라도 '흐리-'나 '헐히-'는 '잊임'의 뜻에 묻혀 의미적으로 기여하는 바가 없다. 그래서 단순히 '잊다'의 뜻으로 해석된다. 결국 '잊임'은 '잊음'에서 변화된 파생명사로서 '망각'의 뜻일 텐데, 여기에 동사 '흐리-' 또는 '헐히-'가 결합되어 '건망증이 심하다' 정도의 뜻을 나타내는 것으로 보인다.

(5)

가. 노래 부를 지 알었이믄 노래 줌치(=주머니)를 내나 갖골(=갖고 올) 것
    을 잊임이 허른 골로 내 못 갖고 왔네.(화순 민요)

나. 옛날에도 서이(=셋이) 질을 가는디, 한 놈은 우둑시럽고 한 놈은 멍청
    허고 한 놈은 잊음이 허려.(정읍 구비)

다. 모가지가 뚝 떨어져 나옹게 잊음 흐린 놈이, "아까도 이놈이 이렇게 생
    겼디야."(정읍 구비)

라. 곰방 들어갖고도 멋이락 한고 그래지고 언능 잊임이 만해갖고,(영암)

예 (6)에 보이는 '덕성몰음'에서도 접미사 '-음'을 확인할 수 있다. '덕성몰음'
은 표준어 '멍석말이'에 대응하는 것이므로 낱말로 해석한다.

(6) "저놈 두 놈 갖다가 덕성몰음을 시겨라." 덕성몰음이라 하면 옛날에 죄
    를 지면 두 사람을 몰아서 작두로 써는 것이라. 그래서 덕성(=멍석)이
    다 따르르 몰아가지고 나무허고 연못 사이다 놨단 말여.(부안 구비)

반면 (7)의 '이김질'은 '이김'에 접미사 '-질'이 결합한 파생명사로서 '말로 겨
루기'나 '말싸움'과 유사한 뜻의 명사이지만 여기에 포함된 '이김'은 파생명
사가 아닌 명사형으로 보인다. 따라서 이때의 '-음'은 씨끝으로 해석해야 한다.

(7)

가. 황새, 꾀꼬리가 내 소리가 좋니, 니 소리가 좋니 서로 이김질이 나가지
    고.(해남 구비)

나. 그런디 메느리가 하루 저녁에 동서들끼리 모여 앉어서 심심항께 바느
    질을 함서 옛날에 이가 뭣이 됐냐고 서로 이김질이 났어요. 그래 큰메
    느리는 '화에서 이가 된다.', 가운데메느리는 '때굽자구쟁이가 이가 된

다.', 끝에 메느리는 '보물아치가 이가 된다.' 그라고 서로 우겼그덩.(보
성 구비)

16.2 '주다'와 '달다'

표준어에서 동사 '달다'는 '다오', '달라'와 같은 두 가지의 명령 활용형만을 허용한다. '다오'는 말할이가 자신에게 어떤 것을 주도록 들을이에게 요구할 때 쓰인다. 반면 '달라'는 '다오'와 달리 언제나 내포문에 나타나며 내포문의 주어가 자신에게 어떤 것을 주도록 요구할 때 쓰인다. 그래서 '저기 있는 책 좀 다오', '철수가 그 책을 달라고 한다.'와 같은 예가 가능하다. 이러한 분포의 차이는 보조동사로 쓰일 때에도 마찬가지여서, '책 좀 읽어 다오.', '철수가 그 책을 읽어 달라고 한다'와 같이 사용된다. 내포문과 비내포문 모두 수여의 수혜자는 여격으로 표현되는 점이 공통이나, 비내포문에서는 여격어가 일인칭이어야 한다는 제약이 있어, 그 결과 주어지는 대상은 자연스럽게 말할이가 된다. 명령법 이외의 서법에서 '다오/달라'는 쓰이지 않으며 대신 '주다'가 쓰인다. 그래서 '준다, 주느냐, 주네, 주는가, 주오, 주십시오, 줘, 줘요' 등의 다양한 마침씨끝과 '주니까, 주면, 줘서,..' 등의 이음씨끝 결합이 가능해진다. 결국 '달라'와 '다오'는 활용이 매우 제약된 역사적 화석형인 셈이다.

서남방언에서는 표준어처럼 '다오', '달라'의 두 형태가 쓰이지 않고 '도라'라는 하나의 형태만 쓰인다. 따라서 '도라'는 내포문과 비내포문 모두에 쓰일 수 있다. 보조동사로 쓰일 경우에도 마찬가지다. (8가)는 비내포문에서 '도라'가 본동사로 쓰인 경우인데, 수혜자로는 말할이인 '나한테'가 가장 자연스럽지만, 그 밖에도 말할이와 관련된 '내 아들한테'처럼 삼인칭 명사도 가능하다. 그러나 삼인칭인 '철수한테'로 바꾸면 매우 어색하다. 결국 비내포문에서는 말할이 자신이나 말할이와 관련된 사람이 수혜자라면 '도라'의 사용이 허용된다고 할 수 있다. 보조동사의 경우 수혜자를 상정하기는 쉽지 않다. (8라)에서 철수를 보내는 곳이 '나한테'처럼 말할이일 수 있지만 '영희한테'와 같이 삼인칭도 가능하다. 따라서 수혜자의 특별한 제약은 없는 것으로 보인다.

(8)

가. 그러니 그 닭을 나 도라.(신안 구비)

나. "아, 너는 니 마누래가 너무 과하더라. 그걸 나를 도라." 하잉개,(부안 구비)

다. 아들 만허닝까 하나 도라 허제 어쩨라우?(함평 구비)

라. 철수 좀 보내 도라.

마. 저 노랑쇠 나구(=당나귀)만 태와 보내 도라고 그러소.(함평 구비)

바. 병을 낫어 도라고(=낫게 해 달라고) 허든 게입니다.(함평 구비)

사. 인자 해 도란 사람도 없어.(전라도닷컴 205호:28)

아. 비가 부슬부슬 오는디, 남자가 누워서 머리 이 좀 잡아 도라고,(부안 구비)

자. 뭐 금은보화를 준다고 해도 마다하고 그 반지만 도라고 허시요.(전주 구비)

한편 '도라'가 쓰일 자리에 '주라'가 쓰이는 수도 있다. 이것은 '도라'의 자리를 '주라'가 침투한 것으로 볼 수 있다. '도라→주라'의 대체가 일어나고 있는 것이다. 이것은 매우 자연스러운 단일화의 현상이다. 통사적으로 극히 제약된 환경에 나타나는 역사적 화석 형태 '도라'를 사용 분포가 넓고, 의미적으로 유사하며, 생산적으로 쓰이는 동사 '주-'가 대체하려는 것은 형태를 단일화 하려는 자연스러운 심리이기 때문이다. 나이든 세대에서는 아직까지 '도라'가 쓰이지만, 젊은 세대에서는 '주라'로의 대체가 완료된 것으로 보인다.

(9)

가. "그 곰을 우리를 주면 너는 앞으로 큰 살 일 생길 텡께 그 곰을 주라." 긍께,(신안 구비)

나. 밤나(=밤낮) 옷 주라고 성가시게 하거등이라우.(해남 구비)

다. 그놈을 하나 주라고 해라. 하나 주락 해.(해남 구비)

라. 그런디 눈 속에 눈은 막 눈보라가 치는디 무엇을 명주를 한 앞에 하나
   씩 주라고 그러거든.(신안 구비)

마. "아나, 우리 마느래 데꼬왔다. 더우 좀 빼 주라." 그랑께,(신안 구비)

바. 좀 낫어 주라(=낫게 해 달라고) 헝께,(신안 구비)

사. 그 섬에다 나를 묻어 주라 그랬어요.(신안 구비)

'주라'는 '주-으라'로 분석되며 명령형 씨끝 '-으라'가 쓰인 형이다. 씨끝 '-으
라'는 옛말에 쓰였던 명령형 씨끝으로서 지금은 내포문 안에서만 나타나는
형태이다. 그런데 서남방언의 경우 비내포문의 환경에서도 '주라'처럼 '-으
라'가 쓰이는 점이 특별하다. 이러한 이례적 형태 결합은 '도라'의 '도'를 '주
다'의 줄기 '주'가 대체하였기 때문이다. 이러한 대체의 결과 비내포문 환경
에서 '주라'와 '줘라'는 (10)에서 보듯이 의미적 차이를 갖게 되었다. (10가)에
서 '주라'가 말할이 또는 말할이와 관련된 사람에게 혜택을 베풀라는 의미를
갖는다면, (10나)의 '줘라'는 제 삼자에게 줄 것을 말할이가 들을이에게 요청
하는 것을 나타내기 때문이다. 만약 (10나)에서 여격어를 일인칭 대명사로
설정하면 말할이를 매우 객관적인 인물로 간주하게 된다. 보조동사로 쓰일
때, (10다)에서 보듯이 '주라'는 말할이 자신뿐만 아니라 말할이와 관련된 사
람을 위해 행동을 해 달라는 요청을 나타낸다. 그 점에서 본동사로 쓰이는
'주라'와 용법이 같다. 한편 (10라)에서는 '도라', '주라', '줘라'의 세 형태가 모
두 가능하다. '도라'와 '주라'는 철수의 빚을 갚아 주는 것이 말할이에게 유익
한 일이 될 것이라는 함축이 있다. 반면 '줘라'는 말할이에 대한 유익성의 강
도가 훨씬 떨어지면서 상대적으로 객관성이 높아지는 차이가 있다.

(10)

가. 돈 좀 주라/도라(=돈 좀 다오).

나. 철수한테(?나한테) 돈 좀 줘라.

다. 내 빗(=빚) 좀 갚아 주라/도라(=갚아 다오).

라. 철수 빗 좀 갚아 줘라/도라/주라.

이상을 종합하면 서남방언에는 '주다' 동사에 대한 아주낮춤의 명령형으로서 '도라', '주라', '줘라'의 세 가지 형태가 있음을 알 수 있다. '도라'는 역사적으로 가장 오래된 형으로서 아마도 줄기 "들-'에 명령형 씨끝 '-으라'가 결합된 '-들라'에서 변화된 형일 것이다. '도라'는 비내포문 환경에서 수혜자가 말할이거나 말할이와 관련된 인물일 때에 한하여 쓰이는 제약이 있다. 반면 내포문 환경에서는 2, 3인칭의 여격어가 수혜자가 될 수 있다. '도라'가 쓰이지 않는 환경에는 '줘라'가 쓰인다. 그렇다면 '도라'와 '줘라'는 수혜자의 측면에서 상보적인 관계에 있는 셈이다. 이러한 변동의 관계를 없애고 단일한 낱말로 평준화하기 위한 방책으로 '도라' 대신 '주라'라는 새로운 낱말이 생겨나게 되었다. 즉 '도라→주라'는 '도라/줘라'의 변동을 단일화하기 위한 방책인 것이다. 나이 든 세대에서는 아직도 '도라'가 쓰이지만 젊은 세대에서는 '주라'만이 쓰이므로 결국 젊은 세대의 경우 '주라'와 '줘라'의 두 형태가 쓰이고 있는 셈이다. 이 두 형태는 수혜자에 따라 구별될 것이다. '주라'의 수혜자가 기본적으로 말할이이지만 '주라' 대신 '줘라'를 쓰면 말할이를 삼인칭의 인물처럼 객관화하는 느낌을 갖게 된다. 이러한 차이는 보조동사로 쓰일 때에도 나타난다.

16.3 '것이' 구문

의존명사 '것'이 주격조사를 취하고 앞에 관형절이 오면 그 관형절은 관계절 또는 보문으로 기능하여, 후행 서술어에 대한 주어 역할을 하게 된다. '철수가 입은 것이 비싼 거야.'라거나 '내일 그 친구가 온다는 것이 사실이냐?'와 같은 문장이 그런 예일 것이다. 그런데 서남방언의 '것이'가 서술어의 주어로 해석되지 않을 때가 있다. 아래 (11)은 모두 '것' 앞에 보문이 오는 경우로서 이때 관형절 씨끝 '-은'이나 '-는'은 현재 또는 과거를 나타낸다. 현재시제를 취하면 발화 상화에서 확인할 수 있는 사태를 가리키고, 과거시제를 취하면 발화 상황 기준 과거의 사태를 가리킨다. 이때 '것이'는 '것을 보니'로 해석되기 때문에 뒤에 오는 절을 '것이'의 서술어로 보기 어렵다. '것이'가 이끄는 선행절의 내용은 후행절 판단의 근거로 작용하며, 후행절은 이 근거에 바탕하여 말할이의 추정이나 확신과 같은 심리를 나타내게 된다. 말할이가 추정하는 것은 선행절의 의미 내용에 대한 '이유'이다. 즉 의미적으로 후행절은 선행절의 이유로 작용한다. 이때 '것'에 선행하는 보문의 내용은 (11)의 (가)-(다)처럼 발화 상황에서 확인할 수 있는 사실이거나 (라)처럼 과거의 사실이다. 발화 상황에서 확인이 가능하므로 들을이로서도 결코 새로운 정보라고 할 수는 없다. (라)의 경우도 이미 선행 발화에서 이러한 내용이 언급되었을 것으로 추정되므로 이 역시 이미 알려진 사실이라 하겠다. 따라서 '것이'가 이끄는 구문은 이미 알려진 사실에 근거하여 새로운 정보 가치를 지닌 '이유'를 제시하는 구문이라 할 수 있다.

(11)

가. 날이 쌩구룸헌 것이 눈이 올랑갑다.

나. 맛이 시구룸헌 것이 쪼까 빈했능갑다.

다. 아따, 손구락 싯 드는 것이 너 떡 시 개 먹었지야?(함평 구비)

라. 겔혼허자마자 집을 산 것이 즈그 아부지가 돈을 많이 줬는갑다.

한편 '것이'가 선행 발화의 일부를 반복할 때가 있다. 아래 (12)가 이런 예이다.

(12) 그러니 다 폴기는 폴아도 집은 폴지 말아라. <u>집은 폴지 말 것이</u>, 엄마나(=얼마나) 몇 십 년 고상하던지 하믄, 집을 파믄은 너는 영원히 죽은 사람이여. 그러니까 집은 살려 놔라.(고흥 구비)

(12)에서 밑줄 친 '집은 폴지 말 것이'는 선행 발화의 내용을 되풀이하는 것이므로 당연히 알려진 정보이다. 그 후행절은 선행절의 내용에 대한 이유를 설명하는 것이다. 그래서 (12)의 '집은 폴지 말 것이'는 '왜 팔지 말아야 하느냐면'의 뜻으로 이해된다. '것이'가 이끄는 절의 내용이 알려진 정보이며 후행절은 이에 대한 이유를 나타낸다는 점에서 (12)는 (11)과 성격이 같다. 다만 '것' 앞의 씨끝이 '-을'이라는 점이 다르다. 그런데 (12)의 밑줄 친 부분인 '집을 폴지 말 것이'를 '집을 폴지 말아야 헌 것이'처럼 '-은'으로 대체해도 별다른 의미 차이가 생기지 않는다. 다만 '집을 폴지 만 것이'로 바꾸면 비문이 된다. 이것은 '말-'이 갖는 금지의 의미가 씨끝 '-은'을 허용하지 않기 때문이다. 아래 (13)도 '것' 앞의 씨끝으로 '-은/는'과 '-을'이 모두 가능함을 보여 준다. 그런데 '은/는'에 비해 '-을'은 마땅함 또는 말할이의 확신과 같은 양태적 의미가 더 포함된 느낌을 준다.

(13)
가. 다들 일찍 죽었어. 일찍 죽은(죽었을) 것이, 너무 고생을 많이 한 거야.
나. 내일 다들 모인다는데. 내일 모이는(모일) 것이, 함께 모일 날이 별로 없거든.

예 (12)는 선행 발화를 반복하였지만 대용어로 대신할 수도 있다. 예를 들어 '집은 폴지 말 것이'는 '그럴 것이'로 대용화 될 수 있는 것이다. 아래 (14)는 대용어가 쓰인 경우인데, 이때 '그럴 것이'는 선행 발화인 '미심헌 데가 있다'의 내용을 대신하고 있으므로, '미심헌 데가 있는 것은' 또는 '미심헌 데가 있는 이유는' 정도로 해석된다. '그럴 것이'를 '그런 것이'나 '그러는 것이'로 바꾸면 어색하다.

> (14) "그래라, 그래 가 보되 내가 한 가지 조끔 돌아대니던 중에 미심헌 데가 있다. <u>그럴 것이</u> 금강산에를 들어가가지고 조끔 더 자세허니 보드만(=봐야) 할 것을, 거기서 보고 나온 것이 조끔 미심헌 일이 있으니, 금강산 어느 골차기를 가거든 좀 더 유심잡어 봐라." 하고 자식한테 부택(=부탁)을 했던 모양이제.(고흥 구비)

이 '그럴 것이'는 흔히 '그도 그럴 것이'로 쓰인다. 『우리말샘』에 제시된 '그는 기분이 나빴다. 그도 그럴 것이 하는 일마다 실패로 돌아갔던 것이다.'가 그 전형적인 예이다. '그도 그럴 것이'는 표준어에서도 쓰이는 표현인데, 서남 방언은 (14)에서 보듯이 '그도'가 생략될 수 있고, 더욱이 (12)처럼 대용어가 아닌 완형표현이 쓰일 수 있다는 점에서 차이를 보인다. 또한 완형표현이 반복될 경우 관형형 씨끝은 '-을' 외에 '-은'이나 '-는'이 가능하다는 차이도 있다.

최윤지(2019)에서는 '그도 그럴 것이'가 역행적 인과관계를 나타내는 데 쓰이는데, 이때 이 접속부사어에는 선행 문장의 내용에 대해 '그러할 만하다'고 판단하는 말할이의 시각이 수반된다고 하였다. 앞에서 '-을 것이'가 '-은 것이'나 '-는 것이'에 비해 마땅함이나 말할이의 확신과 같은 양태적 의미가 포함되어 있다고 언급한 것과 유사하다. 이러한 양태적 의미가 수반되기 때문에 '그럴 것이'가 새로운 정보를 나타내며 이 때문에 '것'에는 '은'이 아닌 '이'가 쓰인 것으로 설명하였다. 그러나 '그럴 것이'가 새로운 정보를 나타낸다는 점에서는 동의하기 어렵다. 아래 (15)의 (가)와 (나)는 선행 발화의 일부를 후행 발화에서 일부 반복하는 구문인데, 이처럼 알려진 정보를 갖는 반복 표현이 모두 주격조사를 가졌다. 오히려 보조사 '은'으로 바꾸면 어색하거나 비문이 된다. 이런 점을 고려하면 역행적 인과관계 표현에서 주격조사의 사용은 필수적인 것으로 판단된다. 이때 '것이'는 '것을 보니'와 같은 굳어진 표현이므로 '것이'의 '이'를 일반적인 주격조사로 해석하기는 어려울 것이다. 이와 달리 (15다)의 '것은'은 주제어이므로 보조사 '은'의 결합이 가능하다.

(15)

가. 철수가 어제 모임에 안 왔더라. 철수가/²철수는 어디 아픈 모양이야.

나. 철수가 어제 모임에 안 왔더라. 안 온 것이/²안 온 것은 어디 아픈 모양이야.

다. 철수가 어제 모임에 안 왔더라. 안 온 것은 어디가 아프기 때문이겠지?

'그도 그럴 것이'와 유사한 구문으로서 '그도 그렇지만', '그도 그럴 법허다' 등의 예가 보인다.

(16)

가. 생각보다 손이 갈 만한 반찬들이 많아서 도대체 뭐부터 손을 대야 할지 어려웠네요. 그도 그렇지만 삼겹살 집인데도 정갈하고 한식집처럼 반찬 세팅을 해 주셔서 감동했잖아요. (인터넷 글)

나. "아버지, 나 서당에 안 갈랍니다." "왜 안 가야?" "형님은 서당에 안 가고 일한디, 동생이 어떻게 서당에를 간답니까? 안 갈랍니다." 대차(=과연) 형님 의형제를 맺어 줬으니 그도 그럴 법하거든이요. (신안 구비)

'그도 그럴 것이', '그도 그렇지만', '그도 그럴 법하다', '그도 그러네'와 같은 구성은 모두 두 개의 '그'를 포함하고 있는데 이들의 지시 대상은 동일하다. 따라서 이들은 주어와 서술어를 반복하는 구문의 일종이라 하겠다. 예를 들어 '좋은 것도 좋은 것이지만'은 주어와 서술어가 같은 형용사 '좋-'을 반복시키고 있는데 이를 대용화 하면 '그도 그렇지만'이 될 것이다. 이처럼 동일 지시 표현이 반복되기 때문에 선행하는 '그도'는 굳이 사용할 필요가 없는데, 서남방언의 예 (12), (14)가 이를 보여 준다.

16.4 강조의 반복 구문

우리말에서는 용언이나 명사를 반복하는 구문이 있다. 예를 들어 '먹고 먹고 또 먹었어'나 '먹다 먹다 지쳤다' 등은 동사 '먹-'의 반복 구성인데 이때는 모두 다수의 먹는 행위를 나타낸다. '살다 살다 이런 꼴은 처음 보네'에서는 다수의 삶보다는 오랜 삶을 강조한다. 한편 명사도 반복 구성을 형성할 때가 있는데, 이때는 다양한 조사의 결합이 가능하다. 전형적인 예로서 (17)과 같은 경우를 들 수 있다. 예에서 보듯이 '똥은 똥은' 역시 다수의 똥을 가리키고 있어 용언의 반복과 같은 의미 양상을 보여 준다.

(17) "똥은 똥은 다 줏어다가 우리 논이고 밭이고 이겨 놨는지. 우리 농사 못 짓어 묵어." 그라고 항께는,(해남 구비)

그러나 명사 반복의 경우 언제나 다수만을 가리키지는 않는다. (18)에서 (가)-(다)는 다수를 나타내지만 (라)는 그렇지 않다. 따라서 명사의 반복 자체는 강조를 나타내는 구문이라고 해석해야 한다. 이러한 강조의 반복 구문은 모든 방언에서 사용되어 방언적 차이가 없을 것으로 생각된다.

(18)
가. 그 여자 살이 살이 말도 못하게 쪘어.
나. 똥을 똥을 하루 종일 싸고만 있네.
다. 일도 일도 얼마나 많은지.
라. 집도 집도 그렇게 높은 집은 처음 봤네.

참고문헌

경남방언연구보존회(2017), 『경남방언사전』(상)(하). 경상남도.

고광모(1999), 문법화의 한 양상-전남 방언의 주체 높임법에 쓰이는 '-게-'의 경우. 『언어와 역사』(성백인교수 정년퇴임기념논문집). 태학사.

고광모(2000a), 일부 방언들의 주체높임법에 나타나는 '-겨-'의 역사(1)-과거시제 선어말 어미 '-어겼-'의 형성. 『한글』 250. 한글학회.

고광모(2000b), 상대 높임의 조사 '-요'와 '-(이)ㅂ쇼'의 기원과 형성 과정. 『국어학』 35. 국어학회.

고광모(2001a), 일부 방언들의 주체높임법에 나타나는 '-겨-'의 역사(2)-선어말 어미 '-어겨-'의 형성과 '-겨-'의 분포 변화. 『언어학』 28. (사)한국언어학회.

고광모(2001b), 반말체의 등급과 반말체 어미의 발달에 대하여. 『언어학』 30. (사)한국언어학회.

고광모(2004), 전남 방언의 상대높임법 조사 '-(이)라우, -(이)람니짜, -(이)람니야, -(이)랑가'와 '-이다'의 기원과 형성 과정. 『언어학』 38. (사)한국언어학회.

고광모(2009), VjV의 축약에 대하여-'바얌 > 뱜' 형과 '바얌 > 뱜' 형의 두 갈래 변화-. 『언어학』 55. (사)한국언어학회.

고광모(2021), 존칭 주격조사 '-께서'의 형성: 의미적 혼태의 한 사례. 『언어학』 90. (사)한국언어학회.

구종남(2000), '-뿐이'의 형태와 통사에 대하여. 『언어학』 2. 대한언어학회.

권재일(1982), 경북 방언의 문장 종결사 '이'에 대하여. 『인문과학연구』 1. 대구대학교.

권재일(1998), 『한국어 문법사』. 도서출판 박이정.

권재일(2021), 개정판 『한국어 문법사』. ㈜박이정.

기세관(2015), 『광양방언사전』. 한국문화사.

김미숙(1991), 전라방언의 '아니'에 의한 부정문 연구-완도 지역어를 중심으로. 이화여대 석사논문.

김병제(1965), 『조선어 방언학 개요(중)』. 사회과학원출판사. 평양.

김병제(1988), 『조선 언어지리학 시고』. 과학백과사전 종합출판사. 평양.

김송희(2014), 서남방언 '-든', '-들' 부정문의 통사적 특징과 의미 기능.『방언학』20. 한국방언학회.

김승곤(1996), 한국어 조사의 어원 연구.『우리말 역사 연구』.(한말연구회 엮음). 박이정 출판사.

김영배(1992),『남북한의 방언 연구-그 현황과 과제』. 경운출판사.

김영태(1977), 경남방언 종결어미의 경어법 고찰.『경남대 논문집』4. 경남대학교.

김영태(1998),『경남방언과 지명 연구』. 경남대학교출판부.

김영황(1982),『조선어 방언학』. 김일성종합대학출판사. 평양.

김완진(1980),『향가 해독법 연구』. 서울대학교출판부.

김웅배(1971), 전라남도 방언의 접미사에 관한 연구. 전남대 석사논문.

김웅배(1983), 서남방언의 '-라우'에 대하여.『목포대 논문집』5. 목포대학교.

김웅배(1991),『전라남도 방언 연구』. 학고방.

김웅배(2002),『전남방언연구』. 박이정.

김윤한(1988),『인구어 비교언어학』. 대우학술총서 인문사회과학 27. 민음사.

김이협(1981),『평북방언사전』. 한국정신문화연구원.

김정수(1979), 17세기 초기 국어의 때매김법과 강조 영탄법을 나타내는 안맺음씨끝에 대한 연구.『언어학』4. (사)한국언어학회.

김정수(1984),『17세기 한국말의 높임법과 그 15세기로부터의 변천』. 정음사.

김주원(1998), 奇靈玄妙經.『문헌과 해석』겨울호. 통권 5호.

김창섭(1997), <한국방언자료집>에 따른 서남방언의 특징.『한국어문』4. 한국정신문화연구원.

김태균(1985),『함북방언사전』. 경기대학교 출판국.

김태인(2015), 서남방언 담화표지 '이' 고찰.『방언학』21. 한국방언학회.

나진석(1972),『우리말 때매김 연구』. 과학사.

남기심(1994),『국어 연결어미의 쓰임-'-고, -어서, -니까, -다가'의 의미 통사적 특징』. 서광학술자료사.

노은주(2021), 한국어 전달문의 혼합 유형에 관한 몇 가지 관찰-자유간접화법과 내포직접화법을 중심으로.『담화와 인지』28권 2호. 담화인지언어학회.

문숙영(2012a), 한국어 문법 연구와 방언 문법.『방언학』15. 한국방언학회.

문숙영(2012b), 인용과 화시소의 전이.『국어학』65. 국어학회.

문숙영(2018), 자유간접화법의 지표와 인용문의 해석적 사용.『한국어 의미학』62. 한국어의미학회.

박경래(1992), 충청북도 방언의 특징과 방언구획. 김영배(1992)에 실림. 경운출판사.

박성현(1996), 한국어 말차례 체계와 화제. 서울대 박사학위논문.

박승윤(1986), 담화의 기능상으로 본 국어의 주제.『언어』11.1. 한국언어학회.

박양규(1980), 서남방언 경어법의 한 문제-이른바 주체존대법에 나타나는 '-게-'의 경우.『방언』3. 한국정신문화연구원.

박용후(1988),『제주방언 연구(고찰편)』. 과학사.

박형례(1983), 전남 방언의 들을이 대우법 연구. 전남대 석사논문.

배주채 (1997), 고흥방언의 장형부정문.『애산학보』20. 애산학회.

배주채(1998), 서남방언. 서태룡 외(1998)에 실림. 태학사.

서정목(1989), 반말체 형태 '-지'의 형태소 확인.『이혜숙교수 정년기념논문집』. 한신문화사.

서정수(1994),『국어문법』. 뿌리깊은나무사.

서주열(1980), 전남·경남 방언의 등어지대 연구. 명지대학교 석사논문.

서태룡·민현식·안명철·김창섭·이지양·임동훈(1998),『문법 연구와 자료』 (이익섭 선생 회갑 기념 논총). 태학사.

소강춘(2017),『전북 고창 지역의 언어와 생활』. 역락.

손세모돌(1999), '-잖-'의 의미, 전제, 함축.『국어학』33. 국어학회.

송경안(2008), 격의 유형론. 송경안/이기갑 외(2008) 2권에 실림.

송경안·오윤자(2005), 격에 대한 유형론적 접근.『언어학』41. (사)한국언어학회.

송경안·이기갑 외(2008),『언어유형론』1.2.3. 월인.

송복승(1998), 전남 동부 지역어의 단형확인문과 부정소 '안'의 기능 변화.『어학연구』9. 순천대 어학연구소.

송복승(2009), 전남 방언의 형용사 파생 접미사에 대하여.『남도문화연구』17. 순천대학교.

송복승(2010a), 전남 방언의 부사 파생 접미사에 대하여.『남도문화연구』18. 순천대학교.

송복승(2010b), 전남 방언의 동사 파생 접미사에 대하여.『남도문화연구』19. 순천대학교.

송복승(2017), 전남방언에서 '사람'을 의미하는 파생접미사 '-보'의 특성.『배달말』51. 배달말학회.

송철의(1992),『국어의 파생어 형성 연구』. 태학사.

안병희(1963), 즈갸 語攷.『국어국문학』25. 국어국문학회.

오선화(2007), 연변지역어의 호격조사에 관한 일고찰: 선행 체언과 상대높임법과의 관계를 중심으로.『방언학』5. 한국방언학회.

오선화(2008), 함경도 방언의 담화 표지 '응'과 '야'의 고찰.『방언학』8. 한국방언학회.

오홍일(2005),『전남 무안 지방의 방언사전』. 무안문화원.

위평량(1993), 여천 지역어 연구. 호남대학교 대학원 석사논문.

유영대 · 이기갑 · 이종주(1998).『호남의 언어와 문화』. 백산서당.

유창돈(1964/1975),『이조 국어사 연구』. 이우출판사.

유필재(2009), 서울방언과 국어사 연구.『방언학』10. 한국방언학회.

이광호(2004),『근대국어문법론』. 태학사.

이기갑(1978), 우리말 상대높임 등급 체계의 변천 연구. 서울대 언어학과 석사논문.

이기갑(1981), 씨끝 '-아'와 '-고'의 역사적 교체.『어학연구』17.2. 서울대학교 어학연구소.

이기갑(1982a), 전남 북부 방언의 상대높임법.『언어학』5. (사)한국언어학회.

이기갑(1982b), 전남 방언의 하위구획-문법적 형태를 기준으로.『한국언어문학』21. 한국언어문학회.

이기갑(1983a), 유추와 의미.『한글』180. 한글학회.

이기갑(1983b), 전남 방언의 매인이름씨.『언어학』5. (사)한국언어학회.

이기갑(1985a), 현실법 표지 '-느-'의 변천-중앙어와 전남방언에서.『역사언어학』(김방한선생 회갑기념논문집). 전예원.

이기갑(1985b), 물음말 '어느'의 빈자리 메우기-전남방언에서.『국어학신연구』(김민수교수 회갑기념논문집). 탑출판사.

이기갑(1986),『전라남도의 언어지리』. 탑출판사.

이기갑(1987a), 미정의 씨끝 '-으리-'와 '-겠-'의 역사적 교체.『말』12. 연세대 한국어학당.

이기갑(1987b), 의도 구문의 인칭 제약.『한글』195. 한글학회.

이기갑(1987c), 전남 방언의 토씨 체계.『국어국문학연구』(장태진교수 회갑기념논문집). 삼영사.

이기갑(1989), 전남 방언의 간접인용문 축약 현상.『이정 정연찬교수 회갑기념논문집』. 탑출판사.

이기갑(1991), 국어의 경어법-표준어와 서남방언.『새국어생활』1.3. 국어연구원.

이기갑(1993), 한국어의 문법화.『언어와 문화』8집. 목포대학교 어학연구소.

이기갑(1997), 한국어 방언들 사이의 상대높임법 비교 연구.『언어학』21. (사)한국언어학회.

이기갑(1998a), '-어/어서'의 공시태에 대한 역사적 설명.『담화와 인지』5.2. 담화인지언어학회.

이기갑(1998b), 전남방언의 상대높임법.『한글』240. 한글학회.

이기갑(1998c), 호남방언 문법의 이해. 유영대/이기갑/이종주(1998)에 실림. 백산서당.

이기갑(1999a), 국어 방언의 시상 체계-그 분화의 역사.『언어학』25. (사)한국언어학회.

이기갑(1999b), 제주방언의 이음씨끝 '-언/엉'과 '-곡'.『언어의 역사』(성백인교수 정년퇴임 기념논문집). 태학사.

이기갑(2000), 국어 방언의 조사 체계.『언어학』27. (사)한국언어학회.

이기갑(2001), 사태의 연속성을 강조하는 '는'과 '을랑'.『국어학』37. 국어학회.

이기갑(2002a), 국어 입말 담화의 의문 제기 형식.『담화와 인지』9.2. 담화인지언어학회.

이기갑(2002b), 국어 입말 담화에서의 인용문.『문법과 텍스트』.(고영근선생 정년퇴임기념논문집). 서울대출판부.

이기갑(2003),『국어방언문법』. 태학사.

이기갑(2004), '-다가'의 의미 확대.『어학연구』40.3. 서울대학교 언어교육원.

이기갑(2005a), 전남방언의 파생접미사(1)-명사와 동사의 파생을 중심으로.『언어학』41. (사)한국언어학회.

이기갑(2005b), 부치사의 기능-유형론의 관점에서-.『어학연구』41.3. 서울대언어교육원.

이기갑(2006), 전남 방언의 파생 접미사(2)-형용사와 부사의 파생을 중심으로.『인문논총』54. 서울대학교 인문학연구원

이기갑(2007),『전남 곡성 지역의 언어와 생활』. 태학사.

이기갑(2008), 부치사의 유형론. 송경안/이기갑 외(2008) 2권에 실림. 월인.

이기갑(2009),『전남 진도 지역의 언어와 생활』. 태학사.

이기갑(2011a),『전남 영광 지역의 언어와 생활』. 태학사.

이기갑(2011b), 전남 신안군 하의면 방언 문화.『도서문화 유적 지표조사 및 자원화 연구』8. 목포대도서문화연구원.

이기갑(2011c), 서남방언의 대명사 '그놈'과 '그것'의 담화문법.『담화와 인지』18.1. 담화인지언어학회.

이기갑(2012), 전남 신안군 신의면 방언 문화.『도서문화 유적 지표조사 및 자원화 연구』9. 목포대 도서문화연구원.

이기갑(2013a),『전라도의 말과 문화』. 지식과 교양.

이기갑(2013b), 전남 신안군 암태면 방언 문화.『도서문화 유적 지표조사 및 자원화 연구』10. 목포대 도서문화연구원.

이기갑(2014a), 전남 신안군 자은면 방언 문화.『도서문화 유적 지표조사 및 자원화 연구』11. 목포대 도서문화연구원.

이기갑(2014b), 전남 신안군 장산면 방언 문화.『도서문화 유적 지표조사 및 자원화 연구』12. 목포대 도서문화연구원.

이기갑(2015a),『국어담화문법』. 태학사.

이기갑(2015b), 응답어의 문법화-전남방언의 화용 첨사 '에, 야, 어이, 웨'.『방언학』24. 한국방언학회.

이기갑(2016a),『전남 보성 지역의 언어와 생활』. 역락.

이기갑(2016b),『전남 영암 지역의 언어와 생활』. 역락.

이기갑(2017),『전남 광양 지역의 언어와 생활』. 역락.

이기갑(2018),『국어 방언의 담화표지』. 역락.

이기갑(2019),『전남 신안(압해도) 지역의 언어와 생활』. 역락.

이기갑 · 고광모 · 기세관 · 정제문 · 송하진(1998),『전남방언사전』. 태학사.

이기문(1980), 19세기 말엽의 국어에 대하여.『난정 남광우박사 화갑기념논총』. 일
　　조각.

이기문(1998),『신정판 국어사개설』. 태학사.

이돈주(1971), 국어의 어형확대고.『장암 지헌영선생 화갑기념논총』. 장암 지헌영
　　선생 화갑기념논총 간행위원회. 호서문화사.

이돈주(1974),「전남방언」. 형설출판사.

이돈주(1979), 진도의 방언.『호남학』(구 호남문화연구) 11권. 전남대학교 호남학
　　연구원.

이병근(2004),『어휘사』. 태학사.

이병근 · 박경래(1992), 경기 방언에 대하여. 김영배(1992)에 실림. 경운출판사.

이상규(1994),『방언학』. 학연사.

이상규(1998), 경북 방언의 성격.『방언학과 국어학』(청암 김영태박사 화갑기념논
　　총). 태학사.

이상규(1999),『경북 방언 문법 연구』. 박이정.

이상규(2000),『경북방언사전』. 태학사.

이승재(1980), 남부 방언의 형식명사 '갑'의 문법-구례 지역어를 중심으로.『방언』 4.
　　한국정신문화연구원.

이승재(1985), 경기 지역의 청자경어법 어미에 대하여-의문법을 중심으로.『방언』
　　8. 한국정신문화연구원.

이승재(1994), '-이-'의 삭제와 생략.『주시경학보』 13. 탑출판사.

이승재(2004),『방언 연구-자료에서 이론으로』. 태학사.

이윤구(2001), 무주 방언 종결어미의 언어지리학적 연구. 대구대학교 박사학위논문.

이익섭 · 채완(1999),『국어문법론』. 학연사.

이재현(1994), 연결어미 '-니까'의 의미 통사적 특성. 남기심(1994)에 실림.

이정민 · 박성현(1991), '요' 쓰임의 구조와 기능: 문중 '요'의 큰 성분 가르기 및 디딤
　　말 기능을 중심으로.『언어』 15.2. 한국언어학회.

이지영(2005), 국어의 용언 부정문에 관한 역사적 연구. 박사학위논문. 서울대학교.

이지영(2008),『한국어 용언부정문의 역사적 변화』. 국어학총서 61. 태학사.

이진호(2014), 감탄사 '하모' 계통의 방언형에 대하여.『방언학』19. 한국방언학회.

이태영(1984), 동사「가다」의 문법화에 대하여-특수조사「가(서)」의 설정을 위하여.
『국어국문학』92. 국어국문학회.

이태영(1985), 전북 방언의 특수조사에 대하여.『국어문학』26. 국어문학회.

이태영(1988),『국어 동사의 문법화 연구』. 한신문화사.

이태영(1991), 접속어미 {-관듸}의 변천과정과 방언의 {-간다}.『국어의 이해와 인식』
(김석득교수 회갑기념논총). 김석득교수 회갑기념논총 간행 위원회. 한국문화
사.

이태영(1992a), 전북 방언 문법 연구의 현황과 과제.『전라문화논총』5. 전북대 전라
문화연구소.

이태영(1992b), 대명사 '누, 누구(誰)'의 변천 과정과 방언 분화.『유재영박사 회갑기
념논총』. 유재영박사 회갑기념논총 간행위원회. 이회문화사.

이태영(1995), 전라방언 '-ㅂ디어?' 구성의 의문법과 경어법,『국어문학』31. 국어문
학회.

이태영(2010), 전라방언 융합형 '-ㄴ고니'의 문법과 화용적 특성.『한국언어문학』
75. 한국언어문학회.

이태영(2011),『전라북도 방언 연구』. 역락.

이태영(2012),『국어사와 방언사 연구』. 역락.

이현희(1982), 국어 종결어미 발달에 대한 관견.『국어학』11. 국어학회.

이현희(1986), 중세국어 내적 화법의 성격.『한신대논문집』3. 한신대.

이현희(1994),『중세국어 구문 연구』. 신구문화사.

임지룡(1981), 존칭보조어간 -겨- 설정 시론-안동 방언권을 중심으로.『문학과 언어』
2. 문학과 언어 연구회.

임지룡(1998), 안동 방언의 청자대우법.『방언학과 국어학』(청암 김영태박사 화갑
기념논총). 태학사.

전라북도(2020),『전라북도 방언사전』.

전성탁(1977), 강릉 방언의 형태론적 고찰.『논문집』17. 춘천교대.

정성경(2012), 전남 방언의 파생접미사 '-치-'와 '-씨-'의 기능.『방언학』15. 한국방
언학회.

정승철(1998), 제주 방언. 서태룡 외(1998)에 실림. 태학사.

정연찬(1984), 중세국어의 한 조사 (助詞)「-으란」에 대하여 - 대제격(對題格)으로 세운다.『국어학』13. 국어학회.

정영주(1993),『경상도 토씨 연구-진주 지역어를 중심으로』. 홍문각.

정인호(2011), 疑問形 종결어미의 方言 分化.『방언학』14. 한국방언학회.

정재영(1995),『의존명사 'ᄃᆞ'의 문법화』. 국어학 총서 23. 태학사.

제주도(1995),『제주어사전』.

조미라(준비중), 전남 완도방언의 언어지리학적 연구.

조병현(2014),『진도사투리사전』. 진도문화원.

채숙희(2011), 현대 한국어 인용구문 연구-구어 자료를 중심으로. 서울대 박사학위 논문.

최명옥(1980),『경북 동해안 방언 연구』. 영남대학교 민족문화연구소.

최명옥(2007), 구술발화 자료와 개별방언론.『방언학』6. 한국방언학회.

최성호(2003), 통시적 공시성에 기반하는 자연언어 연구방법론: 한국어 교착소 '잟' 의 역사적 발달을 중심으로.『인문학지』26. 충북대 인문학연구소.

최윤지(2019), 접속 부사어 '그도 그럴 것이'의 통사와 의미-(준)분열문과 기대논리. 『국어학』92. 국어학회

최전승(1995), 아주낮춤의 종결어미 '-일다'와 예사낮춤의 '-일세/-일시/-시'의 형성 과 방언적 발달.『선청어문』24. 서울대 국어교육과.

최전승(1997), '춘향전' 이본들의 지역성과 방언적 특징.『오당 조항근선생 화갑기 념논총』. 보고사.

최전승(2000), 19세기 후기 전라방언의 처소격 조사 부류의 특질과 변화의 방향.『우 리말글』20. 우리 말글학회.

최전승(2003), 중세국어 '는 커니아'에서 공시적 방언형 '은(는)커녕' 계열까지의 통 시적 거리.『우리말글』28. 우리말글학회.

최전승(2004),『한국어 방언의 공시적 구조와 통시적 변화』. 역락.

최전승(2009),『국어사와 국어방언사와의 만남』. 역락.

최전승(2014),『한국어 방언사 탐색』. 역락.

최전승(2019), 국어사에서 형태론적 조정과 음성변화에 대한 일고찰-명사파생접사

'-이'의 기능을 중심으로. 최전승(2020)에 실림.

최전승(2020), 『근대국어 방언사 탐구』. 역락.

최전승(예정), 구상적 형태와 정도에서 인식 양태와 동급 비교의 부사격 조사로 이르는 문법화 과정에 대한 일고찰- 전라방언에서 '맹이로/마니로/마냥으로'의 3부류 형성을 중심으로-.

최전승 · 김홍수 · 김창섭 · 김중진 · 이태영(1992), 전북 방언의 특징과 변화의 방향. 『어학』 19. 전북대학교 어학연구소.

최학근(1978), 『한국방언사전』. 현문사.

최현배(1937/1975), 『우리말본』. 경성 연희전문학교 출판부.

한국정신문화연구원(1987-1995), 『한국방언자료집』. 한국정신문화연구원.

한영목(2004a), 충남방언의 보조사 연구(1). 『우리말글』 30. 우리말글학회.

한영목(2004b), 충남방언의 보조사 연구(2). 『어문연구』 44. 어문연구학회.

한영목(2005), 이문구 소설어와 충남방언. 『우리말글』 35. 우리말글학회.

한영목(2008), 『충남방언문법』. 집문당.

한영목(2010), 충남방언 '-일랑사리'와 '-할래' 구문 연구. 『방언학』 12. 한국방언학회.

한영순(1957), 『조선어 방언학』. 종합대학출판사. 평양.

허웅(1953), 『중세국어연구. 정음사.

허웅(1975), 『우리옛말본』. 샘문화사.

허웅(1977), 15세기에서 16세기에 이르는 국어 때매김법의 변천. 『세림 한국학논총』 제1집.

허웅(1989), 『15세기 우리옛말본』. 샘문화사.

허웅(1995), 『20세기 우리말의 형태론』. 샘문화사.

현평효 · 강영봉(2011), 『제주어 조사 어미 사전』. 제주대학교 국어문화원.

홍윤표(1978), 전주 방언의 격 연구. 『어학』 5. 전북대 어학연구소.

홍윤표(2009), 『살아있는 우리말의 역사』. 태학사.

황문환(2001), 이인칭대명사 '자네'의 기원. 『국어학』 37. 국어학회.

小倉進平(1924), 『南部 朝鮮の 方言』. 朝鮮史學會.

小倉進平(1944), 『朝鮮語 方言 の 研究』. 岩波書店. 東京.

Bauer, L.(1983), English Word-Formation. Cambridge: Cambridge University Press.

Blake, B.(1994), Case. Cambridge: Cambridge University Press.

Bybee, J., R. Perkins & Pagliuca, W.(1994), The Evolution of Grammar: Tense, Aspect, and Modality in the Languages of the World. Chicago: University of Chicago Press.

Cheung, Y. L.(2015), *Uttering the Unutterable with wh-Placeholders*. Journal of East Asian Linguistics 24.

Comrie, B.(1989), Language Universals and Linguistic Typology(2nd edition). Chicago: University of Chicago Press.

Curme, G.(1931), Syntax. D. Health and Company.

Faltz, L. M.(1977/1985), Reflexivization: A Study in Universal Syntax. New York: Galrand Publishing Company.

Haspelmath, M.(2004), *Coordinating Constructions: An Overview*. in Coordinating Constructions(2004) ed. by Haspelmath, M. Amsterdam/Philadelphia: John Benjamins.

Heine, B.(1975), A Typology of African Languages Based on the Order of Meaningful Elements. (Kölner Beiträge zur Afrikanistik, 4.) Berlin: Dietrich Reimer.

Heine, B., Claudi, U. & Hünnemeyer, F.(1991), Grammaticalization: A Conceptual Framework. Chicago: University of Chicago Press.

Hopper, P. & Traugott, E.(1993), Grammaticalization. Cambridge: Cambridge University Press.

Keenan, E. & Comrie, B.(1977), *Noun Phrase Accessibility and Universal Grammar*. Linguistic Inquiry 8.

König, C.(2004), Case in Afrika. 언어유형론 워크숍 발표 원고. 전남대학교.

König C. & Heine, B.(2003), *Location and Motion* in !Xun(Nambia). in: Shay, E. & Seibert, U.(eds.). Motion, Direction and Location in Languages. Amsterdam/Philadelphia: John Benjamins.

König, E. & Kortmann, B.(1991), *On the Reanalysis of Verbs as Prepositions*. In G. Rauh(ed.). Approaches to Prepositions. Gunter Narr Verlag. Tübingen.

Kuno, S.(1987), Functional Syntax-Anaphora, Discourse and Empathy. Chicago:

The University of Chicago Press.

Li, C. & Thompson, S.(1975), *Subject and Topic: A New Typology of Language*. In Li, C.(1975), Subject and Topic. New York: Academic Press.

Stassen, L.(2000), *AND-languages and WITH-languages*. Linguistic Typology 4.

Suh, Kyung-hee.(2002). *The Korean Sentence-final marker cianha in Conversational Discourse*. 『사회언어학』 10.2. 한국사회언어학회.

Traugott, E. & Heine, B.(eds.)(1991), Approaches to Grammaticalization. Volume 1. (Typological Studies in Language. 19.1) Amsterdam, Philadelphia: Benjamins.

어형 찾아보기

ㄴ

술어 찾아보기